中国社会科学院老年学者文库

中国社会科学院老年学者文库

中国新石器时代考古八十四年文献目录（1923~2006）

上 册

缪雅娟 / 主 编

王 涛 王 铮 / 副主编

尉 苗 郭引强 刘忠伏 / 成 员

社会科学文献出版社

SSAP

SOCIAL SCIENCES ACADEMIC PRESS（CHINA）

主要作者简介

缪雅娟

1951 年出生于浙江省萧山县，女，汉族。1976 年毕业于北京大学历史系考古专业。中国社会科学院考古研究所研究员。主要研究方向为中国新石器时代考古、夏商考古及中国文明起源问题研究。发表学术论文有《二里头遗址墓葬浅析》、《沙窝李遗址分析—试论裴李岗文化分期》、《我国新石器时代考古发掘和研究的几点认识》、《关于中国文明形成的思考》等十余篇。出版有《中国新石器时代考古文献目录（1923~1989）》工具书、《中国文明起源研究要览》（合著）学术资料集。

王 涛

1976 年出生于陕西户县，男，汉族。1998 和 2001 年在西北大学考古学专业获学士和硕士学位，2005 年北京大学考古学专业获博士学位。现为首都师范大学历史学院考古学系副教授。主讲《考古学导论》、《新石器时代考古》和《田野考古学》等课程，主要研究方向为新石器时代考古和陶器分析。主持两项关于陶器研究的国家社科基金项目，发表《中国关于早期陶器的研究》、《国外早期陶器的发现与研究》等论文二十余篇。

王 铮

1979 年出生于河南安阳，男，汉族。先后就读于武汉大学和中国社会科学院研究生院，获考古学硕士学位，主研中国新石器时代考古，曾撰写《宝墩文化研究》等多篇专题研究文章。现就职于国家文物局，从事考古管理工作。

中国社会科学院考古研究所
重点课题·2009

序　言

中华民族是世界上具有独立文化体系和古老传统的民族。考古资料表明，距今二百多万年时中国大地上已有人类活动的印迹；距今 10000～4000 年，中国处于历史上重要发展阶段——新石器时代。这一时代以农耕、畜牧、磨制石器和纺织等出现为标志，是人类由依赖原始自然采集渔猎经济跃进到农牧业生产经济，由无阶级、无剥削的原始氏族社会迈向文明时代的重要阶段。由于传世文献记载不多，且杂糅了后世史家大量想象与渲染的成分，难以从中知其真貌；因此，丰富多彩的新石器时代考古发掘遗存，成为探索中国原始农牧业和手工业起源、原始文化艺术起源，探寻中华文明起源与形成、中华文明与世界文明比较研究以及中国史前史、中国史前社会研究等方面重要的、弥足珍贵的实物资料。

1921 年瑞典学者安特生在中国学者袁复礼等的协助下发掘河南渑池仰韶村遗址，1926 年李济在山西夏县西阴村遗址发掘，揭开了中国学者自行主持田野考古发掘的序幕。此后至今，中国的新石器时代考古已走过了近百年发展历程，经历了翻天覆地的变化。考古发掘的新石器时代遗址，从新中国成立前的仰韶村、城子崖、良渚、后岗等寥寥数个，到如今遍布大江南北、长城内外，遗址数量须以万计；学界公认的考古学文化，从内涵笼统的彩陶文化、黑陶文化、细石器文化等屈指可数的几支，到如今仰韶、龙山、大汶口、马家浜、河姆渡、大溪、屈家岭、石峡、昙石山、兴隆洼、红山文化等等，犹如满天星斗，成为世界史前文明中一道亮丽的风景线。到 20 世纪末，各地新石器文化发展序列已基本建立，新石器时代文化面貌日趋清晰，新石器文化整体研究渐成态势，中国上古史上的诸多空白已得到填补。

近百年来新石器时代考古取得的巨大收获，同时澄清和解决了中国史前史研究上的一些重大学术问题，如中国史前文化本土起源问题。正如1983年3月夏鼐先生应日本广播协会的邀请在日本东京、福冈和大阪三地作公开演讲时所指出："我们根据考古学上的证据，中国虽然并不完全同外界隔离，但是中国文明还是在中国土地上土生土长的，中国文明有它的个性、它的特殊风格和特征。中国新石器时代主要文化中已具有一些带中国特色的文化因素，中国文明形成的过程是在这些因素的基础上发展的。"演讲为中国文化西来说画上了句号，中国作为世界上几个原生文明之一，证据确凿，无可辩驳。又如中国史前文化的发展特点问题，也一直是考古学界关注的重点。考古发掘表明，我国新石器时代文化在发展过程中存在若干个中心，各地新石器文化各具特点，在相互交流影响下，不断融合互进，最后形成多元一体的格局。肇始于一万年前的历史大势，奠定了中国历史和中华文化的总特点和总趋势。

近百年来中国新石器时代考古经历的巨大发展，取得的丰硕成果，不仅促进了考古研究的深入，也使考古界前辈提出以考古学重建中国上古史和中国史前史的构想逐步成为现实。中国历史是世界历史的重要组成部分，近百年中国新石器时代考古取得的累累硕果，同时也为其在世界史前史研究中的重要学术地位打下了坚实基础。放眼看世界，当中国考古学举步向世界迈进的时候，我们相信作为其中重要组成部分的中国新石器时代考古必将会发挥更重要的作用。

工欲善其事，必先利其器。对研究文献的梳理和掌握，是所有学科尤其是人文学科从事研究的基础，对考古学研究亦是如此。将近百年的新石器考古发掘资料和研究成果系统梳理，编撰考古文献目录，供考古学人研究参考，对于中国新石器时代考古研究来说不仅十分必要，而且非常及时。

中国考古学界对考古文献整理工作素有渊源。早在1951年，安志敏先生即编撰《中国史前考古学书目》。其后，多有全国性的考古学文献目录出版，如中国社会科学院考古研究所著录的《中国考古学文献目录》，还有一些省区汇编的《陕西省考古学文献目录》、《西北五省（区）考古学文献目录》等。这些文献目录的出版，对学者开展研究颇有助益。但即使如此，比较全面、系统梳理中国新石器时代考古文献资料的工具书一直阙如。有鉴于此，本书主编缪雅娟等学者于1993年编撰出版了《中国新石器时代考古文献目录（1923～1989）》。

从1990年至今，我国新石器时代考古发掘和研究又取得了长足的发展，在诸多考古界前辈和同仁的鼓励下，我们申报了中国社会科学院考古研究所专项课题—"中国新石器时代考古文献目录（1923～2006）增订本"。该项目于2009年由考古研究所立项并成为所重点课题。

对于增订本的编撰工作，我们做了很大改进，增加了科技考古、环境考古以及文化遗产保护等方面新内容。与国内其他同类考古文献目录工具书相比，本书的特色之处是在对考古资料进行传统编排的基础上，又增加了围绕学术研究专题编排项目，这种编排方式，既有利于对中国新石器时代考古进行系统、综合研究，又有利于中国新石器时代考古进行各项专题研究。通过系统收集、整理80余年来中国新石器时代考古文献资料，使学术界对中国新石器考古研究的历史、现状及学科发展趋势等问题有较为全面的了解，而且在此基础上形成的文献资料又可为今后中国新石器时代考古深入研究提供重要的参考和数据支持，成为新石器时代考古研究课题指南和检索方面的工具书。

经过7年多时间的努力，现在这部分上下两册的工具书终于面世了。希望这本凝结了我们编研团队辛勤劳动的工具书能有助于各位学者顺利开展中国新石器时代考古研究，也希望这本工具书能对中国新石器时代考古的研究发展起积极促进作用。

编 者
2017年春

凡　例

一、本书是一部检索中国新石器时代考古文献的工具书。收录 1923 ~ 2006 年国内公开出版的中文书籍和中文报刊资料，兼收部分我们能见及的内部资料，包括专著、论文、简报、简讯、资料、工具书、图录等。

二、除收录有关中国新石器时代考古文献方面的资料外，为研究工作参考便利，同时也兼收若干相关学科的文献，如：中国古代史、中国科技史、中国文化史、中国美术史、中国民族史、古人类学、历史地理等，并选录了部分国外原始社会研究方面的译著。选录的标准，主要视该文献内容与新石器时代考古学关系的远近、引用资料的多寡及研究工作需要而定。

三、收录资料的编排，在各种分类项下，基本按内容以类相从，依发表的时间先后为序。出版年月以公元纪年为准。论著资料的编排，以研究专题分类。同一类下综合性论述在前，专题性探讨在后；各地田野调查及发掘资料的编排，以地区为纲；跨越省区的，置于全国性综述部分。

四、书目部分，收中国新石器时代及有关论著。收录各书的著译者、出版单位、出版年月、开本、页数、图版；摘录各书的章节、主要内容。1989 年前收录书目，附有关刊物发表的评论文章篇目。

五、报刊资料部分，共收文献 11300 余条，引用报刊 650 种，分析著录专著、论文集、资料集 1700 余种，详见附录。每篇文章按篇名、著者、译者、期刊名称、卷次、期数、页数及出版年月辑录。一篇文章曾在两种以上杂志（论文集）发表者，主录一种杂志外，同时也附录其他杂志（论文集）。1989 年前资料，页码遵照《中国新石器时代文献目录（1923~ 1989)》原书录入，只注起始页。

六、各种论著资料的编著者，原题为机关团体名称者，不再注执笔人姓名，译著和译文，先列原著者，后列译者。

七、本文献目录，主要根据中国社会科学院考古研究所图书室、中国社会科学院图书馆、中国国家图书馆、中国科学院图书馆、北京大学图书馆的书刊，并参考上海图书馆编的《全国主要报刊资料索引》、参考中央和各地方公开出版和内部编印的历史、考古和文物等方面的资料编辑而成。

目　录

·上册·

第一部分　图书资料

第二部分　报刊资料

· 下册 ·

第二部分　报刊资料

第一部分

图书资料

第一部分

图片资料

一　总类

（一）考古学通论

考古学（国立暨南大学文学院丛书）　张凤编著　国立暨南大学文学院出版　1930年12月初版　16开　文135页

该书分五编：一、前论，二、古物的范围，三、发掘，四、研究，五、后论。

考古学通论（百科小丛书）　濱田耕作著　俞剑华译　商务印书馆　1931年5月初版　32开　文106页　图版13页

该书分五编：一、序论，二、资料，三、调查，四、研究，五、后论。

东亚文化之黎明　濱田耕作著　汪馥泉译　黎明书局　1932年12月　32开　文141页　图版10页　又名《东亚文明的曙光》　杨链译　商务印书馆　32开　文61页　图版21页

目录：一、序言，二、东亚底旧石器时代，三、中国底新石器时代及其人种问题，四、彩绘土器与西方文化底关系，五、殷墟底遗物与金石并用期，六、中国青铜器文化底极盛期，七、铁器底使用与所谓秦式底艺术，八、所谓斯基脱文化及其影响，九、汉代底文化，十、汉代文化底东渐与南满北鲜，十一、南朝鲜与西日本底中国文化，十二、原始日本，附录：日本文化底黎明。

中国考古小史　卫聚贤编　商务印书馆　1933年　32开　文107页

目录：一、前人对考古史的论文，二、古生物，三、近代的发掘，四、外人在中国考古的成绩及纠纷

该书介绍了中国考古的历史，并对近十年所得的考古资料作一节略介绍。

中国民族史二册（中国文化史丛书）林惠祥著　商务印书馆　1936年 11 月　32 开　文 593 页

本书论述了各民族起源、名称沿革、支派区别、文化变迁、各民族间的关系等，包括中国民族之分类、中国民族史之分期、华夏系、东胡系等 9 章。

四川古代文化史（华西大学博物馆专刊之一）　郑德坤著　华西大学博物馆印行　1946 年 7 月　16 开　文 157 页

目录：一、史前文化，二、巴蜀始末，三、大石文化遗迹，四、广汉文化，五、秦代之开发，六、版岩葬文化，七、汉代之政治与社会，八、汉代之建置，九、西南夷始末，十、交通与实业，十一、汉墓调查，十二、汉墓文化

该书论述了四川境内史前至汉代各种古代文化。

考古学通论　梁钊韬编　中央人民政府高等教育部代印　1953 年16 开　文 369 页

目录：一、导论，二、考古资料，三、考古调查发掘与整理研究方法。其中第二章第四节：中国中石器时代及新石器时代文化

该书原作高等学校交流讲义。

大众考古学（宾鸿堂丛书之一）　朱彤著　上海怡兴印务局　1954年　32 开　文 26 页

该书分为前言、大众考古学、陶器讲话三节。书中介绍了河南渑池仰韶村及甘肃、青海等地发现的彩陶，山东城子崖和浙江杭县良渚出土的黑陶及商周、汉唐以后的部分陶器。

考古学通论讲稿　夏鼐著　北京大学史学系讲义　1955 年　16 开文 61 页

目录：一、绪论，二、考古学简史，三、四、旧石器时代，五、中

石器时代和新石器时代，六、远古新石器文化，七、新石器末期和铜器时代初期，八、九、古代东方阶级社会的产生——青铜时代，十、青铜时代，十一、铁器时代的开始，十二、十三、汉代的物质文化，十四、南北朝一元物质文化。

考古学通论 荆三林著 山东师范学院教务处 1956 年 32 开 文 234 页 1981 年再版 郑州大学历史系讲义 32 开 文 426 页

目录：上编：绪论，中编：历史物质资料论，下编：考古方法论。中编第三篇：原始社会历史物质资料遗存。

考古学基础（中国科学院考古研究所工作人员业务学习教材） 中国科学院考古研究所编著 科学出版社 1958 年 7 月第 1 版 1959 年 2 月再版 32 开 文 411 页 有插图

书评：1. 评裴文中先生在《考古学基础》中的《石器时代考古总论》 曾骐 考古 1959 年 1 期 10～13 页；2.《考古学基础》读后的几点意见 杨锡璋 考古通讯 1958 年 12 期

目录：基础知识、专题报告、考古技术。基础知识第一节为石器时代考古。

考古教材 中国科学院考古研究所短期考古训练班参考教材编写小组编 文物出版社 1959 年 1 月 32 开 文 85 页 图 38 页

目录：一、各时代的遗迹和遗物，二、怎样调查和发掘。书中石器时代部分从文化的发现和分布、文化特征、遗迹、遗物等方面分别介绍了中石器时代和新石器时代文化。

中国考古学（初稿） 北京大学历史系考古专业中国考古学编写组编著 1960 年 7 月征求意见本 16 开 4 册 共 478 页

目录：一、旧石器时代，二、新石器时代，三、商周，四、战国秦汉，五、魏晋——宋元。

新中国的考古收获（考古学专刊甲种第 6 号） 中国科学院考古研究所编著 文物出版社 1961 年 12 月 16 开 文 136 页 图版 130 页

书评：1. 读《新中国的考古收获》 史明 历史研究 1962 年 3 期 160～165 页；2.《新中国的考古收获》 永年 科学通报 1962 年 4 期

48～49 页

目录：一、原始社会，二、奴隶社会，三、封建社会。原始社会分黄河中下游、黄河上游、长江流域、华南地区、北方草原、东北六个地区论述

该书概括地介绍了新中国成立 10 年来考古工作的主要收获。

中国史稿 第一册 原始社会 奴隶社会 郭沫若 主编 人民出版社 1962 年 6 月 文 197 页 32 开；又：中国史稿 第一册 1977 年

本书目录：第一编 原始社会：第一章 中国历史的开端，第二章 母系氏族公社时期，第三章 父系氏族制度 原始公社的解体；第二编 奴隶社会：第一章 中国奴隶制国家的诞生—夏代，第二章 中国奴隶社会的发展—商代，第三章 强盛的奴隶制国家—西周，第四章 中国奴隶社会的逐渐瓦解和封建制的出现—春秋。

细说史前中国 黎东方著 台北仙人掌出版社 1968 年 8 月 16 开 文 304 页 插图 598 幅

目录：一、中国的旧石器时代与中石器时代，二、中国的新石器时代，三、中国彩陶与中东近东彩陶，四、史后传说中的史前事实

该书作者利用考古资料，论述了中国的旧石器与中石器时代，通过对新石器时代石器、骨器、陶器及农作物、家畜、埋葬方式、社会组织诸方面分析，说明了中国新石器时代的演进情况，并与中东、近东的考古学文化进行了比较。史后传说中的史前事实一文谈了商的先世、夏朝、尧舜等人物，并与地下实物进行了印证。

工农考古基础知识 吉林大学历史系考古专业、河北省文物管理处编 文物出版社 1978 年 3 月 16 开 文 233 页 插图 210 幅

目录：上编考古技术，分七章：一、考古调查，二、考古钻探，三、遗址发掘，四、墓葬发掘，五、遗物处理，六、绘图，七、测量；下编历代考古基本知识，分六章：一、旧石器时代考古，二、新石器时代考古，三、商周考古，四、战国秦汉考古，五、三国两晋南北朝考古，六、隋唐考古。

文物考古工作三十年（1949～1979） 文物编辑委员会编 文物出

版社　1979 年 11 月　16 开　文 413 页　图版 32 页

该书叙述了中华人民共和国建立 30 周年来，全国各省、市、自治区文物考古工作的主要成果。

云南考古　汪宁生著　云南人民出版社　1980 年 6 月　32 开　文 231 页　图版 104 页　插图 80 幅

该书按时期分五章。把云南地区新中国成立以来发现的上起远古、下迄大理国时期考古材料及流传文物进行汇集整理，并作了初步综合研究。

考古工作手册（考古学专刊丙种第三号）　中国社会科学院考古研究所编　文物出版社　1982 年 12 月　32 开　文 464 页　有插图

目录：一、田野考古方法——调查、发掘与整理，二、出土物的清理和修复，三、考古摄影，四、考古测量，五、考古绘图，六、花粉分析与考古学，七、人骨鉴定，八、兽骨鉴定，九、介绍几种断代方法。

中原文物丛谈　陈显泗　中州书画社　1983 年 5 月　32 开　文 198 页

该书以实物资料为依据，参照文献记载，对中原地区从远古到明清有代表性的文化、文物及其历史有重点地进行了探索和介绍。

考古学概论　林向著　四川大学历史系编印　1983 年 9 月　16 开　文 104 页

目录：一、考古学的定义与研究对象，二、考古学的田野工作及断代方法，三、考古学的应用，四、中国考古学简史

该书曾作高等院校讲义。

新中国的考古发现和研究（考古学专刊甲种第十七号）　中国社会科学院考古研究所编著　文物出版社　1984 年 5 月　16 开　文 661 页　彩色图版 24 页　黑白图版 216 页　插图 104 幅

目录：一、旧石器时代，二、新石器时代，三、商周时代，四、秦汉时代，五、魏晋南北朝时代，六、隋唐至明代

该书为最近 30 年来中国考古学发现和研究的一个综合性叙述，是研究中国物质文明史和新中国考古学史方面的参考书。

考古学概论 易漫白著 湖南教育出版社 1985年2月 32开 文206页 插图7幅

目录：一、绪论，二、中国考古学简史，三、田野考古略说。该书曾为高等院校教材。

河南考古 杨育彬著 河南考古学会编 中州古籍出版社 1985年10月 32开 文689页 黑白图版104幅 插图58幅

书评：读《河南考古》 陈绍棣 社会科学评论 1987年7期68页

目录：一、旧石器时代，二、新石器时代，三、夏商，四、周代，五、秦汉，六、魏晋南北朝，七、隋唐，八、宋金元明。该书介绍了35年来河南考古工作的重要发现和收获。

陕西考古重大发现（1949～1984） 陕西省考古学会编 陕西人民出版社 1986年7月 32开 文184页 彩色版8页 黑白版28页 插图45幅

该书分石器时代、商周、春秋战国秦、两汉和隋、唐宋金元时期五部分，介绍了新中国成立以来陕西考古的主要收获。

青海古代文化 赵生琛、谢端琚、赵信著 青海人民出版社 1986年9月 32开 文225页 黑白版35页 插图35幅

书评：1. 读《青海古代文化》 叶茂林 考古与文物 1987年6期105页；2.《青海古代文化》一书出版 田富强 文物报 1987年6月26日

目录：一、青海文物考古工作概况，二、原始社会，三、汉魏晋时期，四、唐宋元明时期。该书根据青海古代物质文化的发展序列，论述了该地区上自原始社会、下至明代的古文化。

中国都城发展史 叶骁军著 陕西人民出版社 1987年2月 32开 文332页

该书收录自夏代至1949年历代各都城的有关线图和照片约200幅，集中了有关都城研究方面的成果。

世界文明史 爱德华·麦克诺尔·伯恩斯、菲利普·李·拉尔夫著 罗经国、沈寿源、袁士槟、赵树濂、黄钟青、梅平、陈光月、周发译

商务印书馆 1987年11月1版 1990年4月2次印刷 共4册 32开
文100多万字

该书叙述了世界各地从史前社会到20世纪70年代人类文明的演化过程。

考古学一百五十年（外国考古学译丛） 格林·丹尼尔著 黄其煦译 安志敏校 文物出版社 1987年7月 32开 文439页

目录：一、古物学的背景，二、古物学革命与地质学革命，三、考古学的诞生（1840~1870），四、成熟的考古学（1870~1900），五、1900年之前技术方法的发展，六、近东文明的发现（1900~1950），七、欧洲史前学（1900~1950），八、世界史前学的发展，九、技术方法的发展（1900~1950），十、回顾与展望，十一、1945~1970年的考古学。该书为论述考古学史名著之一。内容以欧洲考古学为中心，论述了考古学的涵义及其诞生、发展史实，并综述了考古学家的业绩和技术方法的发展等，可供国内学术界参考借鉴。

考古学通论 蔡凤书、宋百川主编 山东大学出版社 1988年12月 32开 文419页 黑白图版18页 插图9页

目录：一、概论，二、旧石器时代，三、新石器时代，四、商周时代，五、战国秦汉时代，六、魏晋南北朝隋唐时代

该书为高校《考古学通论》教材，是山东大学历史系教师把多年来《考古学通论》讲义系统加以整理，重新组织人力编写而成的。旧石器时代分为概说，旧石器时代初期、中期、晚期；新石器时代分为概说、黄河流域、长江流域、其他地区的新石器时代文化遗存等节论述。

吴越文化新探（浙江文化丛书） 董楚平著 浙江人民出版社 1988年12月 32开 文367页 图版8页

书评：《吴越文化新探》读后 李学勤 历史研究 1989年3期120页

目录：一、夏越关系新探，二、吴越文化的形成与特征，三、其他"蛮夷"文化对吴越地区的影响，四、吴越地区的古代文化成就，五、古代吴越地区的海洋文化及其海外影响，六、吴越青铜器铭文集录简释

该书利用浙江出土的石器时代、商周及以后的考古资料，并结合文献记载，对吴越文化的形成、发展与周围地区文化交流及所起的作用等问题进行了探索。

世界考古学概论　李连等编著　江苏教育出版社　1989年4月　文398页　插图195幅　大32开

本书共分九章，分别论述欧洲、西亚、非洲、南亚、中亚、北亚、日本、朝鲜、美洲、东南亚及大洋洲的古代文化。较全面地概述了18世纪以来世界考古发掘与研究的主要成果，简要介绍了有关人类的起源和发展、世界各民族原始农业、畜牧业、手工业的发展、古代城市、国家的兴起以及宗教、建筑、丧葬习俗等情况。

中华文明史（第一卷）　《中华文明史》编纂工作委员会编　河北教育出版社　1989年10月　16开　文416页　彩版32页　插图236幅

该书第一卷为史前时期，分十三章，内容包括：文化地理环境、多源的史前文化、原始农业、原始手工业技术、原始居民、科学知识的萌芽、原始社会的社会组织与习俗、原始思维、原始宗教、原始体育、音乐、舞蹈、史前美术、文字起源及原始教育等。

北京考古四十年　北京市文物研究所编　北京燕山出版社　1990年1月　文221页　插图71幅　彩色图版14页　黑白图版46页　16开

本书分四编，共15章。上起自旧石器时代，下迄清代，综述新中国成立以来北京市考古调查、发掘和研究的主要收获。所用资料，自1950至1988年，侯仁之为本书作序。

中国文物学概论　李晓东著　河北人民出版社　1990年2月　文404页　大32开

本书从理论和方法的角度出发，对文物学的整体结构和体系作了比较概括的论述。全书分九章：一、文物与文物学，二、文物价值与作用，三、文物分类，四、文物鉴定，五、古器物，六、文物古迹，七、文物管理，八、文物保护技术，九、文物学与相关学科，附：文物学科大事记。

古人类古文化　"国立编译馆"主编　贾士蘅译　台北：五南图书出版公司　1990年5月　文677页　插图167幅　大32开

本书是被欧美许多大学广泛采用的考古学专业教科书，论述人类起源至16世纪的历史文明和人类发展。全书分六部：第一部、史前史；第二部、早期人类；第三部、狩猎－采集者；第四部、农夫；第五部、旧世界诸文明；第六部，新世界文明。书后附"考古学书目"和"世界史前史书目"。中文译本根据原书第四版译出。

中国古代物质文化　王玉哲主编　高等教育出版社　1990年5月文483页　插图76幅　彩色图版7页　大32开

本书分九章，论述中国远古时期至明清时期的物质文化。内容涉及生产工具的发展状况、科学技术的应用、生活资料（衣食住行）的发展变化，以及文房四宝、各种乐器、宗教用品等的出现与变化情况等。

中国考古学通论　孙英民、李友谋主编　河南大学出版社　1990年8月　文384页　插图36幅　大32开

本书在1987年编写的考古教材的基础上进一步充实修改而成。全书分五章：一、导论，二、石器时代考古，三、青铜时代考古，四、五、铁器时代考古。

中国西南民族考古（云南省博物馆研究丛书）　张增祺著　云南省博物馆编　云南人民出版社　1990年9月　文379页　插图44幅　彩色图版8页　大32开

本书以考古学文化为主，结合有关文献记载，对云南古代民族进行了全面、系统的分析研究。

文物考古工作十年（1979～1989）　文物编辑委员会编　文物出版社　1991年1月　文388页　黑白图版32页　16开

本书是《文物考古工作三十年（1949～1979）》的续编。共收32篇文章，分别介绍各省、市、自治区（包括台湾省）及港、澳地区的文物

考古工作，反映了 1979~1989 年我国文物考古工作的主要发现和研究成果，附录国家文物局文物处编的《文物考古工作十年记事》。

黑龙江区域考古学 谭英杰等著 中国社会科学出版社 1991 年 6 月 文 194 页 插图 28 幅 黑白图版 57 页 16 开

本书概括了半个多世纪以来，特别是新中国成立 40 年来黑龙江地区田野考古调查发掘的研究成果。全书包括七章：一、黑龙江地区史前文化，二、松嫩平原的青铜时代，三、从早期铁器时代到发达的铁器时代，四、唐代渤海文化遗存，五、辽代黑龙江地区考古，六、金元内地的遗迹与文化，七、元明考古集萃。

先秦都城复原研究 曲英杰著 黑龙江人民出版社 1991 年 8 月 文 461 页 插图 20 幅 32 开

本书采用古文献资料与考古发掘资料相结合的研究方法，按照考地望、定方位、复原貌、探布局、寻特点、叙沿革的内容方式，对每座先秦古都进行了研究和论述。

中国考古学通论 张之恒主编 南京大学出版社 1991 年 12 月 文 353 页 插图 186 幅 彩色图版 2 页 黑白图版 4 页 16 开

本书分九章：第一章概论，第二章中国考古学简史，第三至第九章，分别论述旧石器时代、新石器时代、商周、战国秦汉、三国两晋南北朝、隋唐、宋元考古。

云南考古（增订本） 汪宁生著 云南人民出版社 1992 年 1 月 文 325 页 插图 102 幅 黑白图版 120 页 大 32 开

本书 1980 年 6 月第一版，书中按时期分五章，把云南地区新中国成立以来发现的上起远古、下迄大理国时期考古材料及流传文物进行汇集整理，并作了初步综合研究。此次第二版增订本，对原有各章一仍其旧，仅改动个别字句。对近年来新发现的材料进行综合整理后，另写一章（1979~1990 年云南考古的新发现）作为本书的增补部分。原书附录两个表格及参考书目，根据新材料重加编写。

东北古文化（东北文化丛书） 高青山等著 春风文艺出版社 1992 年 6 月 前言 10 页 目次 8 页 文 344 页 彩色图版 4 页 插图 84 幅 大 32 开

本书概述了从上古至近代东北文化的流变和发展史，分为：旧石器时代、新石器时代、青铜时代及明清等八章。

田野考古方法论 方酉生编著 武汉大学出版社 1992 年 8 月 文 161 页 插图 24 幅 32 开

本书是大学考古学专业教材，包括田野考古理论和技术操作规程两大部分，内容涉及田野考古调查、钻探和发掘以及室内整理资料、编写发掘报告等方面。

民族考古学初论 容观夐、乔晓勤著 广西民族出版社 1992 年 8 月 文 196 页 32 开

本书是根据作者在中山大学人类学系讲授《民族学与考古学专题》课时的讲稿整理而成。全书有六章：一、考古民族志与民族考古学；二、民族考古学研究史述略；三、民族考古学的理论问题；四、民族志类比分析法；五、实例；六、附论。附论中选收文章 6 篇。其中有论文 2 篇、书评 2 篇、译稿 2 篇。

考古学研究（一）—纪念向达先生诞辰九十周年夏鼐先生诞辰八十周年（北京大学考古学丛书） 北京大学考古系编 文物出版社 1992 年 10 月 文 501 页 插图 252 页 黑白图版 16 页 16 开

本书收录了向达的《安西榆林窟记录》和夏鼐的《考古学通论》以及其他学者的论文共 15 篇。邹衡为本书写了"代后记"，《永远怀念向达先生和夏鼐先生》。

古代社会与国家（美术考古丛刊 1） 杜正胜著 允晨文化实业股份有限公司 1992 年 10 月 文 1047 页 16 开

本书对中国原始社会进入早期国家的过程和古代社会的特质提出了体系性的解释。全书分六部分：一、研究方法与课题，二、国家起源与发展，三、封建政治与社会，四、古代城邑的特质，五、礼制、家族与伦理，六、附录。

中国考古（文物教材）安金槐主编　上海古籍出版社　1992年12月　文768页　插图150幅　大32开

本书是为文博干部培训教学的需要而编辑的教材。全书共七章，包括：旧石器时代考古、新石器时代考古、夏商周考古、秦汉考古、三国两晋南北朝考古、隋唐五代考古、宋辽金元明考古。

山东通史·先秦卷　安作璋主编　山东人民出版社　1993年7月　前言18页　目次10页　文678页　图版8页　地图6页　32开

本书目录：综述（引言，一、山东历史的开端，二、夏、商、周时期的山东历史，三、春秋时期的山东历史，四、战国时期的山东历史），典志，列国，世家，列传。

田野考古学　冯恩学主编　林沄审定　吉林大学出版社　1993年11月　文283页　32开

本书是为大学考古专业编写的教材，阐述了田野考古学的理论、方法和技术。全书分十一章：一、绪论；二、地层学与类型学；三、考古调查；四、探方发掘；五、墓葬发掘；六、几种重要遗存类型的发掘与清理；七、考古测量；八、考古绘图与拓印；九、考古摄影；十、室内整理；十一、编写田野报告。

中国古代都城制度史研究　杨宽著　上海古籍出版社　1993年12月　文613页　彩色图版、图版20幅　插图90幅　大32开

本书分上、下两编。上编：中国都城的起源和发展，论述先秦到唐代半封闭式都城制度的起源和发展变化（其日文译本于1987年11月出版）。下编：宋代以后都城制度的变革及其重要设施。

田野考古入门（文博系统培训教材）　北京市文物研究所编　北京燕山出版社　1994年3月　文229页　32开

本书介绍了考古调查、钻探、发掘、测量、绘图、摄影、拓印、整

理、保管等方面的知识。

东夷文化与淮夷文化研究 王迅著 北京大学出版社 1994 年 4 月
文 159 页 16 开

本书在收集和整理大量考古资料的基础上，分夏、商、周三个阶段
对东夷文化和淮夷文化进行论定；结合传说与文献对东夷和淮夷各分支
族系的源流进行考证；对商周时期的夷人礼俗作了探索。邹衡为本书作
序。

中国通史（第二卷：远古时代） 苏秉琦主编 上海人民出版社
1994 年 6 月 目录 7 页 序言 20 页 文 549 页 大 32 开

本书根据考古资料写成。内容包括：序言；第一章、我们的远古祖
先；第二章、新石器时代；第三章、铜石并用时代；第四章、周边地区
的远古文化。由苏秉琦和严文明、张忠培分别撰稿。

河南考古四十年（1952~1992） 河南省文物考古研究所编 河南
人民出版社 1994 年 6 月 序 11 页 目录 11 页 文 518 页 16 开

本书是对 1952~1992 年河南考古发现与研究成果的总结。分上、下
两编。上编是对旧石器时代至宋元明时期的考古发现与研究的综述。下
编是对一些重大课题进行的专题性研究。

山西考古四十年 山西省考古研究所编 山西人民出版社 1994 年 7
月 序 4 页 目录 13 页 文 370 页 彩色图版、图版 12 页 16 开

本书介绍了山西考古研究所 1953~1993 年所取得的主要收获。全书
共九章，上起旧石器时代早期，下迄宋元时期。

中国陶瓷（文物教材） 冯先铭主编 上海古籍出版社 1994 年 11 月
文 656 页 大 32 开

第一编：古代陶器；第二编：原始瓷与青瓷的烧制成功；第三编：
隋唐五代与辽的陶瓷；第四编：宋金时期的陶瓷；第五编：元明清时期
的陶瓷。

东北考古研究（三）（东北亚研究） 张泰湘著 中州古籍出版社
1994 年 12 月 文 390 页 16 开

本书概述黑龙江流域的考古发现与研究成果。第一编：黑龙江考古

综合研究；第二编：黑龙江原始文化研究；第三编：黑龙江考古发现研究；第四编：民族史研究；第五编：历史地理研究。

东夷文化史 逄振镐著 中国社会科学出版社 1995年1月 文391页 32开

本书综合考古材料和古文献记载，论述山东省及其邻近地区的史前文化；古代东夷人的生产关系、物质生活、文化艺术和原始宗教；以及山东考古学的一些新问题。

湖北考古发现与研究 杨宝成主编 武汉大学出版社 1995年1月 文341页 插图62幅 16开

本书反映1949年以来湖北省在田野考古和学术研究方面的成绩。所收资料大体截止于1991年。全书共七章：一、湖北旧石器时代考古发现与研究；二、新石器时代；三、商和西周时期；四、春秋战国时期；五、秦汉时期；六、六朝隋唐时期；七、宋—明时期。

黄河上游地区历史与文物 芈一之主编 重庆出版社 1995年2月 文736页 彩色图版48幅 地图1幅 大32开

本书是在考古发掘和历史研究基础上，结合历史文献，对黄河上游地区（甘肃、宁夏、青海、内蒙古）的历史与文化加以集中论述的专著。全书共设74个小标题，以时间为序，并按内容分类编排。

外国考古学史 杨建华著 吉林大学出版社 1995年8月 212页 折页地图3幅 插图15幅 32开；1999年12月 第2版 文231页 插图15幅 表11幅 大32开

全书分为五章：一、考古学萌芽期（文艺复兴～19世纪40年代），二、考古学的形成与发展，三、考古学的成熟（1919～20世纪40年代），四、考古学转变期（20世纪40～60年代），五、考古学发展新时期。英国剑桥大学考古系克林·伦福儒教授为本书作序。

田野考古学 于海广、任相宏、崔大勇、蔡凤书编 山东大学出版社 1995年12月 文291页 插图36幅 32开本书为高等学校考古专业教材。全书共分四章：一、考古学简史，二、考古调查，三、考古发掘，四、资料整理与报告编写。

中国古代北方民族文化史：专题文化卷 张碧波、董国尧主编 黑龙江人民出版社 1995 年 12 月 目录 38 页 正文 1724 页 作者小传 7 页 彩色图版 45 幅 大 32 开

本书由东北、华北、西北地区多位学者撰写。内容涉及考古、历史、民族史、宗教、语言文字、神话、岩画、石窟、科技史、教育史、文学史等许多专题。全书共分三编，第一编北方地区，第二编东北地区，第三编西北地区。对于我国北方民族文化史作了较为系统的总结，对北方民族区域文化历史的发生、发展、演变的历史进程、发展形态作了考察。

中国古代城市规划史 贺业钜著 中国建筑工业出版社 1996 年 3 月 第 2 版 文 678 页 16 开

本书论述中国古代各时期区域规划和城市规划的内容、基本特征、规划理论、规划制度等，对华夏城市规划体系之形成及其传统的发展作了较为系统的论述。全书分上、下两卷，共六章。前三章是上卷：一、导论；二、原始社会氏族公社聚落规划；三、奴隶社会都邑规划—体系形成期。后三章是下卷：四、前期封建社会城市规划—体系传统革新探索期；五、中期封建社会城市规划—体系传统革新成熟期（前期）；六、后期封建社会城市规划—体系传统革新成熟期（后期）。

中国现代学术经典：李济卷 刘梦溪主编 李光谟编校 河北教育出版社 1996 年 8 月 总序 76 页 正文 748 页 大 32 开

本卷汇辑李济[①]所著的四部专著。其中，除《西阴村史前的遗存》原为中文，另三种原以英文出版。现《中国民族的形成》第一次译成中文发表，《中国文明的开始》对已有译文作了补正，《安阳》对已有译文作了校改，又收入《中国的若干人类学问题》等四篇文章。卷首有"李济

---

① 李济，字济之。

之先生小传"，卷末附"李济之先生学术年表"和"李济之先生著译要目"。

陕西通史·1：原始社会卷　石兴邦主编　陕西师范大学出版社1997年3月　文365页　彩色图版20页　插图80幅　大32开

本卷共十一章，分别介绍陕西旧石器时代早期文化，中期文化和晚期文化，先陶时代氏族群落，白家氏族公社，半坡母系氏族公社，史家母系氏族公社，福临堡氏族聚落文化，龙山文化时期的社会经济形态，陕南地区汉水流域的氏族聚落文化以及炎黄时代。

中华文明大博览　2册　李默主编　广东旅游出版社　1997年6月文2065页　大16开

本书采用编年体形式，将历史资料与考古成果相结合，图文并重地反映中国文明的发展历史。李学勤为本书作序。

深圳古代简史　深圳博物馆编　文物出版社　1997年6月　文205页　插图32幅　大32开

本书共分七章，对于深圳从先秦时期至明清古代历史作了简要概述。

北京城的起源与变迁（京华博览丛书）　侯仁之、邓辉著　北京燕山出版社　1997年8月　文181页　黑白图版15幅　插图33幅　大32开

本书用通俗的语言展示了北京地区从史前到明清北京城这一历史发展的过程。全书分八章，书后有主要参考文献目录和后记。

中国古代文明与国家形成研究　李学勤主编　云南人民出版社1997年12月　文549页　彩色图版16幅　插图43幅　大32开

本书是为纪念恩格斯逝世100周年，由中国社会科学院历史研究所先秦研究室部分学者共同撰写的学术专著。利用近年新出土的考古资料，结合古文献、甲骨文、金文和民族学材料，对中国文明起源与国家形成问题进行新的思考。全书分上、下两编，上编探索三代（夏商周）国家形成以前，中国文明起源与早期国家形成的途径和物质基础；下编论述

夏、商、周三代王朝以王权为核心的国家形态。李学勤为本书作序言，王宇信作后记。

东北古代民族·考古与疆域　张博泉、魏存成主编　吉林大学出版社　1998 年 1 月　文 733 页　大 32 开

全书共三编，其中的考古编论述了自旧石器时代至辽金元明各个时期东北地区的考古遗存和考古文化。

考古人类学　郭立新主编　广西民族出版社　1998 年 5 月　文 428 页　插图 73 幅　大 32 开

本书是为高等院校开设"考古学通论"课程而编写的教科书。全书设三编九章：上编探讨考古学的理论和方法，下编介绍考古学的发现与认识，附编回顾考古学的发展历程。

面向大地的求索：20 世纪的中国考古学　知原主编　文物出版社　1999 年 3 月　文 377 页　插图 29 幅　大 32 开

本书回顾了 20 世纪中国考古学发生、发展的历程和取得的成就，展望了 21 世纪中国考古学的发展方向。附录：1. 台港澳地区考古，2. 中国考古学文化一览，3. 中国考古学大事记（1899～1997），4. 本书介绍的学者姓名索引。

中日交流的考古研究　蔡凤书著　齐鲁书社　1999 年 3 月　文 276 页　插图 39 幅　黑白图版 11 幅　大 32 开

本书利用考古调查发掘资料，参考古代文献，并吸收人类学、地质地理学和民族学的研究成果，探讨自旧石器时代至元末明初的中日文化交流史。严文明为本书作序。

中国考古学通论（修订本）　孙英民、李友谋主编　河南大学出版社　1999 年 6 月　文 372 页　插图 36 幅　彩色图版 6 页（11 幅）　大 32 开

本书在 1990 年 8 月第一版基础上修订而成。全书分五章：一、导论，

二、石器时代考古，三、青铜时代考古，四、五、铁器时代考古。

民族考古学基础（研究所系列教材）　王恒杰、王雪慧编著　中央民族大学出版社　1999年6月　文518页　插图71幅　大32开

全书分3篇12章。上篇：导论，一、民族考古学的形成及研究领域，二、民族考古学与相关学科的关系，三、民族考古学的实用价值及理论意义；中篇：理论与方法，四、民族考古学工作的基础理论，五，民族田野考古工作的实施与操作，六、整理资料与进行研究；下篇：分论·区域民族考古，七、东北地区民族考古，八、北方地区民族考古，九、西域考古，十、西藏考古，十一、西南地区民族考古，十二、华南地区民族考古。

中国东南土著民族历史与文化的考古学观察　吴春明著　厦门大学出版社　1999年7月　文280页　插图40幅　16开

全书设3篇8章23节，上篇（第1～4章）探讨考古学上的东南土著各族历史，下篇（第5～7章）研究考古学上的东南土著社会与文化；附篇（第8章），总结东南考古的理论与方法。李伯谦为本书作序。

中华人民共和国重大考古发现：1949～1999　《中华人民共和国重大考古发现》编辑委员会编　宿白主编　文物出版社　1999年9月　文518页　大16开

本书介绍中华人民共和国成立50年来考古发掘和研究的主要成果和进展。全书内容按旧石器时代、新石器时代、夏商周、秦汉、魏晋南北朝、隋唐、宋辽金元明编排。每个段落选择介绍若干具有代表性的重大考古发现。各段主编由张森水、张忠培、邹衡、俞伟超、宿白、杨泓、徐苹芳担任。张文彬为本书作序。

新中国考古五十年　文物出版社编　文物出版社　1999年9月　文536页　16开

本书是继《文物考古工作三十年：1949～1979》和《文物考古工作十年：1979～1989》之后编辑的又一部全面反映新中国成立50年以来考古发现和研究成果的文集。全部文章由各省、市、自治区文物考古工作管理部门或研究机构提供。

土家族区域的考古文化（土家族研究丛书） 邓辉著 中央民族大学出版社 1999年10月 文362页 插图19幅 大32开

全书共11章，围绕已发现的考古材料，论述土家族区域不同历史时期的考古文化，并设章节介绍该区域发现的崖葬墓和战国、两汉时期的窖藏青铜器。

中国民族文化源新探（中国社会科学院青年学者文库） 徐良高著 社会科学文献出版社 1999年11月 文355页 大32开

本书利用考古资料，分析新石器时代至夏商周时期的陶器、青铜器、玉器、聚落、墓葬、文字的特征及其反映的社会文化面貌。俞伟超为本书作序。

甘肃文物工作五十年 甘肃省文物局、丝绸之路杂志社编 甘肃文化出版社 1999年11月 文393页 彩色图版8页（12幅）大32开

本书收录33篇文章，总结1949～1999年甘肃省文物工作发展的历程，回忆其中一些重要活动。附：甘肃文物工作50年大事记。

外国考古学史 杨建华著 吉林大学出版社 1999年12月 第2版 文231页 插图15幅 表11幅 大32开

本书在内容和篇幅上较1995年初版略有扩充。作者在"第二版前言"中对中外考古学发展过程中的一些问题作了比较和阐述。

剑桥插图考古史〔英〕 保罗·G.巴恩（Paul G. Bahn）主编 郭小凌、王晓秦译 山东画报出版社 2000年6月 文361页 插图236幅 16开

本书译自剑桥大学出版社1996年出版的《The Cambridge Illustrated History of Archaeology》。全书以大量插图、特定事例和重大考古发现反映考古学发展的历史，介绍重要考古遗址和考古学家，评述考古学现状和前景。附录1500年以来考古大事年表。

先秦城市考古学研究 许宏著 北京燕山出版社 2000年8月 文186页 插图115幅 大16开

本书收集了1988年以前发表的有关先秦城市考古的资料，将先秦城市分为肇始、确立和转型三个时期，阐述先秦城市的性质、特征、演变规律及其在历史发展中的作用。徐苹芳为本书作序。

江苏考古五十年（江苏文物丛书） 邹厚本主编 姚建平、谷建祥副主编 南京出版社 2000年10月 文449页 插图339幅 彩色图版16页 大16开

本书以各时代物质文化为线索，总结江苏考古工作的发展历程和主要成就，并进行世纪展望。附录江苏考古大事记。

山西文物50年 山西省文物局编 郭士星主编 山西人民出版社 2000年11月 文248页 16开

本书是对山西文物工作的总结与回顾，分上下编，其中包括新石器时代相关内容。

民族文物通论（中国考古文物通论丛书）宋兆麟著 紫禁城出版社 2000年11月 文285页 插图63幅 16开

本书包括三个部分：第一部分理论方法问题，第二部分民族文物比较研究，第三部分古代民族风俗画研究。

滇文化（20世纪中国文物考古发现与研究丛书） 张增祺著 文物出版社 2001年6月 文201页 插图44幅 彩色图版8幅 大32开

本书回顾古滇国考古发现与研究成果，探讨滇文化的渊源、主要内容及其与中原文化的关系。

中华文明传真 刘炜主编 上海辞书出版社、（香港）商务印书馆有限公司 2001年11月 10册 16开

1. 原始社会：东方的曙光 赵春青、秦文生编著，2. 商周：神权变革一千年 尹盛平著，3. 春秋战国：争霸图强的时代 刘炜、何洪著，4. 秦汉：开拓帝国之路 刘炜著，5. 魏晋南北朝：分裂动荡的时代 罗宗真著，6. 隋唐：帝国新秩序 尹夏青著，7. 两宋：在繁华中沉没 杭侃著，8. 辽夏金元：草原帝国的荣耀 杭侃著，9. 明：兴与衰的契机 王

莉著，10. 清：中华民族新生的阵痛　陈万雄、张倩仪编著。

夏商周文明新探　江林昌著　浙江人民出版社　2001 年 12 月　文
408 页　彩版 6 页（17 幅）　32 开

本书分三编，上编：夏商周文明的特征，中编：夏商周文明的源流，
下编：夏商周文明的个案研究。

中亚文明史　（第一卷 文明的曙光：远古时代至公元前 700 年）丹
尼 A. H、马松 V. M　主编　芮传明译　余太山审订　中国对外翻译出
版公司　2002 年 1 月　文 444 页　16 开

本书追溯了中亚地区从旧石器时代至公元前 700 年阿黑门尼德帝国奠
定建国基础之时的人类历史。书中涉及中国考古学文化部分的有：第二
章旧石器时代早期文化，第四章旧石器时代晚期文化，第七章中亚东部
的新石器时代聚落，第十三章中亚东部的青铜器时代考古学文化。

考古学：关于其若干基本概念和理论的再思考（张光直学术作品集）
〔美〕张光直著　曹兵武译　辽宁教育出版社　2002 年 2 月　文 150 页
插图 5 幅　图版 7 幅　32 开

本书是考古学理论著作，全书分九章。第一章，再思考古学，第二
章，时间与空间概念的再思考；第三章，聚落；第四章，微观环境；第
五章，类型学与比较方法；第六章，考古结构与方法（之一）；第七章，
考古结构与方法（之二）；第八章，集大成的考古学；第九章，考古学与
现实世界。书后附译后记及参考书目。

古代中国考古学（张光直学术作品集）　〔美〕张光直著　印群译
辽宁教育出版社　2002 年 2 月　文 546 页　插图 334 幅　图版 6 幅　32
开

本书为中国古代考古学研究的专著。书前有卷首语、中文版自序、
序言。全书分七章，第一章，旧石器时代的基础；第二章，早期的农人；
第三章，中国北方地区新石器时代文化的发展；第四章，中国南方地区
新石器时代文化的发展；第五章，中国文明相互作用的范围与基础；第

六章，最早的文明：夏、商、周三代；第七章，"三代"以外的最早文明；最后一部分是结语。书后附跋、中英文名称对照表、注释、译后记和中文版跋。

西亚考古史：1842～1939（北京大学古代文明研究中心学术丛书之一）　拱玉书著　文物出版社　2002 年 4 月　文 244 页　插图 185 幅　彩色图版 18 幅　16 开

本书是研究二战以前的西亚考古史的专著。作者将这一时期的西亚考古史分为"英雄时代"、"向科学考古学迈进"、"科学考古学的诞生"和"黄金时代"四个阶段分别加以论述。此外还对西亚古物学和楔形文字的研究给予介绍。刘家和为本书作序。

石璋如先生访问纪录（中研院近代史研究所口述历史丛书：80）石璋如口述　陈存恭、陈仲玉、任育德访问　台北中研院近代史研究所 2002 年 4 月　文 542 页　照片 34 幅　大 32 开

本书记述石璋如参加安阳殷墟发掘的经历、抗战期间参加的调查和研究、在台湾的考古活动与教学工作，回忆中研院史语所的一些重要活动。附录：1. 石璋如先生调查诸遗址之位置；2. 石璋如先生所参加之考古发掘；3. 石璋如先生主要著作目录。

敦煌考古漫记　夏鼐著　王世民、林秀贞编　百花文艺出版社 2002 年 10 月　文 356 页　图版 23 幅　大 32 开

本书选编夏鼐撰写的"敦煌考古漫记"，以及介绍考古学知识、回顾中国考古学发展的历史、考古学专题研究方面的文章 22 篇。部分篇章系首次公开发表。

考古学理论·方法·技术　栾丰实、方辉、靳桂云著　文物出版社 2002 年 10 月　文 322 页　大 32 开

本书包括考古地层学、考古类型学、考古学文化、聚落考古学、国外考古学理论流派、现代科学技术在考古学中的应用等章节。

考古学方法与理论　贺云翱主编　南京大学历史系考古专业　2003

年 5 月　2 册 800 页　16 开

本书为南京大学历史系考古专业自编教材，收录国内外考古学者的 82 篇文章，分为七编：一、考古学综论；二、考古调查发掘、资料整理及发掘报告；三、考古地层（层位）学和考古类型学；四、考古科技学；五、考古文化学；六、其他方法及理论；七、附录。

田野考古学　冯恩学主编　吉林大学出版社　2003 年 6 月第 2 版　文 331 页　32 开

本书是为大学考古专业编写的教材，阐述了田野考古学的理论、方法和技术。1993 年 11 月第 1 版，新出 2 版增加了"计算机在田野考古绘图中的应用"一章。

考古学与二十世纪中国学术　沈颂今著　学苑出版社　2003 年 11 月　文 331 页　32 开

本书是一部考古学史研究的专著。全书以考古学界各时期代表人物为主线，对于中国考古学与 20 世纪中国学术进程的相互影响作了详细剖析。全书分为：一、传统金石学向近代考古学的转变——以马衡为中心的考察；二、梁氏父子与中国近代考古学的建立和发展；三、丁文江与中国早期考古学；四、傅斯年与中国近代考古学；五、李济与古史重建运动；六、试论古史辨与考古学的关系；七、抗战时期的考古学；八、马克思主义理论与中国考古学的发展——以郭沫若为中心的考察；九、徐旭生的古史传说研究；十、黄文弼与西北史地研究；十一、徐中舒的古史研究成就；十二，张光直与中国现代考古学研究；十三，尹达的考古学研究成就；十四，中国考古学的发展历程——以苏秉琦为中心的考察；十五，新考古学论纲。书后有附录。

中华远古史　王玉哲著　上海人民出版社　2003 年　文 743 页　32 开

本书共分十五章。内容包括"原始群居的社会生活"、"父系氏族公社"、"商代阶级国家的形成"等。

中国考古学史 阎文儒著 广西师范大学出版社 2004年5月 文167页 32开

本书作者将中国考古学的发展历程进行了科学断分，对各个时期中国所取得的考古成就和涌现的考古学作了简要记述。作者并从社会、政治、经济等各个方面着手，分析促发中国考古学嬗变的各种原因，以及由此所引领的考古形态上的变更。

四川古代文化史（华西研究丛书） 郑德坤著 巴蜀书社 2004年6月 文223页 地图3幅 32开

作者曾任原华西大学博物馆馆长。本书据1946年初版重新整理，共十二章：一、史前文化；二、巴蜀始末；三、大石文化遗迹；四、广汉文化；五、秦代之开发；六、岩葬文化；七、汉代四川之政治与社会；八、汉代之建置；九、西南夷始末；十、交通与实业；十一、汉墓调查；十二、汉墓文化。

中国古代史纲（上）原始社会——南北朝（修订本） 张传玺著 北京大学出版社 2004年7月第四版 文402页 32开

本书为教材，起自原始社会，止于清朝后期中英鸦片战争（1840年）以前。全书分三编，第一编原始社会，第二编奴隶社会，第三编（上）封建领主制社会，第三编（下）封建地主制社会。

二十世纪固原文物考古发现与研究 马建军编著 宁夏人民出版社 2004年7月 文169页 彩色图版31幅 图版89幅 32开

本书论述了宁夏固原地区旧石器时代—近现代人类历史发展进程和考古发现成果。

齐文化的考古发现与研究 张光明著 齐鲁书社 2004年7月 文203页 插图56幅 彩色图版8页 16开

本书以齐地近几十年来田野考古发掘资料为基础，围绕齐文化的渊源与发展，齐文化考古发掘遗址、墓葬、出土遗物与齐史研究等问题进行了综合研究。

云贵高原的西南夷文化（长江文化研究文库/文物考古系列） 张增祺著 湖北教育出版社 2004年8月 文407页 插图35幅 彩色图版

8 页　32 开

本书介绍西南夷早期文化、西南夷青铜文化、昆明文化、羌文化、夜郎文化。

考古学理论　陈淳编著　复旦大学出版社　2004 年 8 月　文 284 页 16 开

本书介绍考古学理论、思维方法的沿革、当前的研究进展和发展方向。

长江古城址（长江文化研究文库/文物考古系列）主编俞伟超　曲英杰著　湖北教育出版社　2004 年 8 月　文 407 页　插图 38 幅　32 开

本书分三章：一、长江上游古城址，二、长江中游古城址，三、长江下游古城址。全书系统论述了长江流域考古调查和发掘的上起史前、下至唐宋的古城址。书前有季羡林总序。

考古学：理论、方法与实践　〔英〕科林·伦福儒、保罗·巴恩著　中国社会科学院考古研究所译　文物出版社　2004 年 10 月　文 631 页　插图 655 幅　16 开

本书译自 Thames&Hudson 公司 2000 年出版的《Archaeology：Theories，Methods and Practice》（第三版），是一部考古学教科书。"引论"部分阐述考古学的本质和目标。第一编：考古学的框架，讲述考古学简史、考古材料的基本种类、遗存的调查和发掘、测年方法和年代。第二编：发现人类经历的多样性，内容涉及社会考古学、环境考古学、生存和饮食、工艺技术、贸易与交换、认知考古学、艺术与宗教，关于人的考古、考古学的阐释。第三编：考古的世界，介绍若干当代考古学研究项目、考古学与公众的理解。

齐鲁史前文化与三代礼器（齐鲁文化学术书库）王永波、张春玲著　齐鲁书社　2004 年 10 月　文 700 页　插图 146 幅　32 开

本书分两编，上编：鼎鬲文化与三代铜器；下编：鼎鬲文化与三代礼仪用玉。

长江上游的巴蜀文明（长江文化研究文库/文物考古系列）　赵殿增、李明斌著　湖北教育出版社　2004 年 10 月　文 462 页　插图 139 幅

32 开

本书介绍四川盆地的新石器时代文化、宝墩文化、三星堆文化、十二桥文化、晚期巴蜀文化、秦汉时期的巴蜀文化。

当代考古学（复旦文博系列教材） 陈淳著 上海社会科学院出版社 2004 年 10 月 文 238 页 插图 143 幅 16 开

本书介绍什么是考古学、考古学的诞生、考古学的进展，人类文化与考古记录、时间与断代，考古材料的保存与发现、考古发掘、考古材料的整理，技术与工具、生存方式与经济形态，聚落考古与社会研究，意识形态与宗教信仰。

考古学反映的山东古史演进（齐鲁历史文化丛书） 张学海著 山东文艺出版社 2004 年 10 月 文 130 页 32 开

本书通过丰富的物质文化资料，反映了山东远古以来历史发展脉络。内容包括：山东旧石器时代遗存、山东旧石器时代向新石器时代过渡、山东氏族社会时期、山东部落社会时期、山东古国时代等。

二十世纪郑州考古（中国·郑州考古，五） 郑州市文物考古研究所编著 张松林主编 香港国际出版社 2004 年 12 月 文 498 页 插图 138 幅 彩色图版 64 页 单色图版 3 页 16 开

本书介绍郑州地区旧石器时代遗址的发掘和研究，裴李岗文化遗址的发掘和研究，仰韶文化遗址的发掘和研究，龙山文化遗址的发掘和研究，夏商周考古发现和研究，帝王陵与古墓葬、古城址、陶瓷遗址、古代冶金技术的发现与研究。张松林为本书作序。

中日考古学的历程 蔡凤书著 齐鲁书社 2005 年 1 月 文 283 页 插图 60 幅 32 开

本书对中、日两国考古学史进行比较研究，全书分九章：一、萌芽期的差距，二、探索期的异同，三、近代考古学的产生，四、战争与考古学，五、战后的恢复期，六、直线上升与波动前进，七、继续发展与动荡不安，八、差距逐步缩小的十年，九、与世界考古学同步。

关陇文化与赢秦文明（早期中国文明）　陈平著　江苏教育出版社　2005 年 4 月　文 798 页　插图 260 幅　彩色图版 12 页（23 幅）　18 开

本书共十二章：一、关陇的远古文化，二、商周时期的关陇文化，三、先西垂期的赢秦文明——祖先传说、族源与文化，四、西垂前期的陇上秦文化，五、西垂后期的陇上秦文化，六、陈仓与平阳春秋型初创期秦文化，七、雍城早期的秦文化，八、雍城中期的秦文化，九、雍城晚期的秦文化，十、咸阳早期的秦文化，十一、咸阳中期的秦文化，十二、咸阳晚期的秦文化。

海岱文化与齐鲁文明（早期中国文明）　高广仁、邵望平著　江苏教育出版社　2005 年 4 月　文 745 页　插图 280 幅　彩色图版 16 页（53 幅）　18 开

全书共十章：一、海岱区旧石器时代、中石器时代，二、海岱早期农业文化，三、大汶口文化，四、海岱龙山文化，五、夏代东夷的方国文明，六、商代东土的方国文明，七、西周时期齐鲁文明，八、春秋时期齐鲁文明，九、战国时期齐鲁文明，十、秦的统一。

东北文化与幽燕文明（早期中国文明）　郭大顺、张星德著　江苏教育出版社　2005 年 4 月　文 737 页　插图 292 幅　彩色图版 16 页（34 幅）　18 开

全书共六章：一、东北地区的旧石器时代，二、东北地区的新石器时代，三、东北地区的早期青铜时代，四、商周时期的燕与幽燕地区多民族文化的融合，五、燕秦帝国的建立与统一——多民族国家的形成，六、先秦时期的东北与东北亚。

北方文化与匈奴文明（早期中国文明）　田广金、郭素新著　江苏教育出版社　2005 年 4 月　文 539 页　插图 204 幅　彩色图版 16 页（34 幅）　18 开

本书共十章：一、中国北方文化地理环境，二、北方地区的远古文化，三、新石器时代北方地区的原始文化，四、北方地区早期文明的孕育形成，五、夏商时期北方方国文明的出现，六、两周时期的夏家店

上层文化，七、戎狄诸族文化，八、匈奴族的崛起，九、匈奴帝国的建立，十、匈奴帝国衰亡和南匈奴归汉。

三星堆文化与巴蜀文明（早期中国文明）　赵殿增著　江苏教育出版社　2005 年 4 月　文 762 页　插图 213 幅　彩色图版 16 页（35 幅）　18 开

本书共十三章：一、四川旧石器时代文化，二、四川新石器时代文化，三、三星堆考古发现与成都史前城址群，四、三星堆古国的祭祀礼仪与国家形态，五、三星堆古城与巴蜀文明的形成，六、三星堆古蜀文明的宗教信仰及社会内涵，七、三星堆时代的社会经济，八、三星堆造型艺术与文化交流，九、十二桥文化与杜宇氏蜀国，十、晚期巴蜀文化与开明氏蜀国，十一、巴史传说与巴文化，十二、晚期巴文化与川东巴国，十三、战国晚期秦汉之初的巴蜀文化。

南方文化与百越滇越文明（早期中国文明）　许智范、肖明华著　江苏教育出版社　2005 年 4 月　文 470 页　插图 164 幅　彩色图版 16 页（42 幅）　18 开

本书共九章：一、南方文化的曙光，二、南方进入文明时期，三、南方文化的昌盛，四、南方文明的持续发展，五、港澳台地区早期文明，六、红土高原上的早期人类与文化遗存，七、滇人及其青铜文明，八、滇西南、滇南的青铜文化，九、滇西各族及其青铜文化。

山东 20 世纪的考古发现和研究　山东省文物考古研究所编著　佟佩华主编　科学出版社　2005 年 7 月　目录 17 页　文 628 页　插图 211 幅　彩色图版 36 页　16 开

本书回顾总结 20 世纪山东考古发现、发掘和研究的进程和成果，阐明其学术价值。严文明为本书作序。

文物学　李晓东著　学苑出版社　2005 年 10 月　文 331 页　32 开

本书在河北人民出版社 1990 年版《中国文物学概论》的基础上，增补文物定名、古书画、古文献、近现代文物、21 世纪的文物学等内容。

中国民族的形成（国学书库·文史类丛，第一辑）　李济著　江苏教育出版社　2005 年 11 月　文 355 页　图 87 幅　地图 78 幅　表 78 幅　16

开

本书译自哈佛大学出版社 1928 年版《The Formation of Chinese People》，收录李济的 3 篇著述：1. 中国民族的形成：一次人类学的探索（博士论文，1923 年），2. 再论中国的若干人类学问题，3. 中国人的种族历史。

考古学理论导论（中山大学人类学系考古学译丛） 〔英〕马修·约翰逊（Mathew Johnson）著 魏峻译 岳麓书社 2005 年 12 月 文 260 页 插图 27 幅 32 开

本书译自 1999 年版《Archaeological Theory：An Introduction》，是考古学理论的入门读物。书中阐述考古学理论是什么，它与考古实践之间的关系，考古学理论的发展，考古学思想与人文科学和学术理论的相互联系。书后有术语表、补充阅读书目和参考文献。

理论考古学（中山大学人类学系考古学译丛）〔英〕肯·达柯（Ken R. Dark）著 刘文锁、卓文静译 岳麓书社 2005 年 12 月 文 302 页 插图 47 幅 32 开

本书译自 1995 年版《Theoretical Archaeology》，回顾现代考古学的主要理论运动，包括过程主义、后过程主义、文化—历史学派、马克思主义考古学等流派，介绍相关观点。卷首有中文版序和译序，卷末有术语表和参考文献。

阅读过去（中山大学人类学系考古学译丛） 〔美〕伊恩·霍德（Ian Hodder）、司格特·哈特森（Scott Hutson）著 徐坚译 岳麓书社 2005 年 12 月 文 266 页 插图 6 幅 32 开

本书译自 2003 年版《Reading the Past》，被认为是后过程主义考古学理论的代表作。卷首有中文版序、第一版序、第二版序和第三版序。卷末有参考文献。

浙江通史（第一卷）：史前卷 林华东著 浙江人民出版社 2005 年 12 月 文 447 页 插图 109 幅 彩版 8 页 16 开

本卷讲述浙江远古时代的自然环境与古人类、马家浜文化、河姆渡文化、崧泽文化、良渚文化。

中华文明史（第一卷）　严文明主编　李零副主编　北京大学出版社　2006年4月　绪论24页　文456页　插图116幅　彩版12页（15幅）　16开

四卷本《中华文明史》由北京大学国学研究院组织撰写。本卷运用文物考古资料讲述先秦文明史。

北方幽燕文化研究　陈平著　群言出版社　2006年10月　文523页　插图142幅　彩版16幅　16开

本书以战国全燕时燕国疆域为基准，综述中国北方幽燕地区的考古学文化。分作三编：一、旧石器时代的北方文化，二、新石器时代的北方文化，三、青铜时代的北方文化。以两周时代燕文化为论述重点。

黑龙江鹤岗地区古代文化遗存　邹晗著　黑龙江人民出版社　2006年12月　文149页　插图97幅　彩版48页　16开

本书共五章，内容包括鹤岗地区出土的古动物化石、鹤岗地区新石器时代的文化遗存、鹤岗地区汉魏至隋唐时期的文化遗存等。

（二）　论文集

吴越文化论丛（中外文化要籍影印丛书）　吴越史地研究会编　上海文艺出版社　1990年5月影印　江苏研究社　32开　文388页　1937年7月

该书内收录有关浙江新石器时代遗址发掘及研究论文7篇。

梁思永考古论文集（考古学专刊甲种第五号）　中国科学院考古研究所编辑　科学出版社　16开　文162页　有插图、图版　1959年10月

该书收录梁思永先生遗著8篇。书内有著者关于满蒙草原细石器文化的分析、对仰韶龙山殷代文化关系的论断及所据材料。尤其是后岗三叠层的发现，确定了仰韶、龙山、小屯三种文化的时代序列，给以后研究中国新石器时代与青铜时代遗存找到了解决关键性问题的钥匙。

考古学论文集（考古学专刊甲种第四号）　夏鼐著　中国科学院考古研究所编辑　科学出版社　16 开　文 182 页　有图版　1961 年

该书内容分两部分：第一部分是关于我国原始社会遗存的调查和发掘报告，其中《齐家期墓葬的新发现及其年代的改订》一文，从地层学上确认仰韶文化比齐家文化为早，否定了安特生关于甘肃新石器时代文化的分期；第二部分是根据出土文物所作的专题研究，内容有汉简、外国货币、唐三彩的艺术造诣。

树皮布印纹陶与造纸印刷术发明（中研院民族学研究所专刊之三）　凌纯声著　中研院民族学研究所　16 开　文 257 页　图版 10 页　1963 年

该书收集有关树皮布研究论文 8 篇：1. 中国古代的树皮布文化与造纸术发明，2. 宋元以后造楮钞法与树皮布纸的关系，3. 唐宋以来的纸甲纸衣纸帷考，4. 北宋初年的金粟戕考，5. 树皮布印花与印刷术发现，6. 印纹陶的花纹及文字与印刷术发明，7. 华南与东亚及中美洲的树皮布石打棒，8. 台湾与环太平洋的树皮布文化（凌曼立著）

著者认为：新石器时代印纹陶与树皮布两种文化，影响了印刷术的发明。

考古论文选（第一集）　厦门大学历史系、厦门大学历史研究所、厦门大学人类博物馆编印　16 开　文 252 页　1980 年 3 月

该书收集东南沿海地区旧石器时代至明清考古发现研究论文 23 篇。

中国考古学会第一次年会论文集（1979）　中国考古学会编辑　文物出版社　16 开　文 461 页　图版 16 页　1980 年 12 月

中国考古学会是考古学界群众性学术团体，于 1979 年 4 月在古都西安召开成立大会及第一次年会。第一次年会论文集收入论文 46 篇，内容包括新石器时代、商周、汉唐及宋代考古研究。有关新石器时代论文 13 篇。

中国考古学会第二次年会论文集（1980）　中国考古学会编辑　文物出版社　16 开　文 233 页　图版 12 页　1982 年 6 月

中国考古学会第二次年会于 1980 年 11 月 17~22 日在武昌东湖召开。

会议中心议题是楚文化研究。讨论了楚文化的渊源、发展、分布、楚都位置、楚墓的分类和分期等问题，其中有关新石器时代论文10篇。

陕西省文博考古科研成果汇报会论文选集（1981年） 陕西省文物事业管理局 16开 文369页 图版8页 1982年11月

选集收入论文34篇，内容论及陕西省从原始社会、商周、秦汉、隋唐、宋元的考古发现和专题研究及革命文物、博物馆工作等。

陕西省考古学会第一届年会论文集（考古与文物丛刊第三号）《考古与文物》编辑部出版 16开 文286页 有插图 1983年11月

陕西省考古学会第一届年会1982年12月在西安召开，文集收年会论文38篇，内容包括陕西省从旧石器时代至明代的考古研究。

中国考古学会第三次年会论文集（1981年） 中国考古学会编辑 文物出版社 16开 文279页 图版8页 插图81幅 1984年4月

中国考古学会第三次年会1981年12月8~13日在杭州召开。学术讨论的重点有两个：一是东南沿海的新石器时代文化，二是青瓷及其窑址的研究。收入论文34篇，其中石器时代论文15篇。

苏秉琦考古学论述选集 苏秉琦著 文物出版社 16开 文338页 图版8页 插图67幅 1984年6月

该书选录苏秉琦从事考古工作50年来的文章。内容分三部分：第一部分"调查、发掘报告文选"中摘录和全文收录了3篇考古报告；第二部分"考古类型学与区系类型研究文选"，收集论文、讲授提纲、讲话记录稿14篇；第三部分，"关于考古事业建设的文选"，收文章6篇。每一部分所收文章，均依写作年月的先后顺序编排。

辽宁省博物馆学术论文集 第一辑 1949~1984 辽宁省博物馆编 辽宁省博物馆出版 16开 文713页 1985年1月

该书收录的是辽宁省博物馆自1949年建馆至1984年馆内同志在报刊上发表的主要学术论文，共计112篇，内容包括历史考古、历史地理、古代建筑、文物、图书、古文字与少数民族文字、近现代文物、博物馆学等方面的研究，其中有关新石器时代论文9篇。

先秦两汉考古学论集 俞伟超著 文物出版社 16开 文269页

黑白图版 16 页　插图 43 幅　1985 年 6 月

　　文集收作者 30 年来主要论文 20 篇。内容分两部分：前一部分有作者对古史分期问题的考古学观察、中国古代都城规划发展阶段、商代、马王堆汉墓出土物等方面的研究；第二部分是对羌戎文化、楚文化的探索，对长江中游新石器时代考古学文化发展系列、区域、类型及族属等问题进行了分析研究。

中国考古学会第四次年会论文集（1983）　中国考古学会编辑　文物出版社　1985 年 12 月　16 开　文 295 页　图版 12 页　插图 91 幅

　　中国考古学会第四次年会 1983 年 5 月 9～17 日在郑州召开。中心议题是夏文化的探索、商文化的研究、中国各地青铜文化。收入论文 30 篇，其中有关新石器时代论文 6 篇。

中国考古学研究——夏鼐先生考古五十年纪念论文集（二）　《中国考古学研究》编委会编　科学出版社　16 开　文 327 页　插图 104 幅
　　1986 年 5 月；另有同名书文物出版社　实为第一集，16 开　文 363 页
　　插图 121 幅　1986 年 8 月

　　书评：《中国考古学研究——夏鼐先生考古五十年纪念论文集》（共两集）已出版　考古　1986 年 10 期 872 页

　　该书分二集，收入中国社会科学院考古研究所高、中级研究人员论文 51 篇，内容包括新石器时代至明代的各种专题研究。新石器时代对北辛、裴李岗、仰韶、马家窑、大溪、龙山诸文化作了分析研究，还对史前龟灵与犬牲、陶寺龙山文化木器等问题进行了探讨。第一集卷端有王仲殊、安志敏合写的"序言"，王仲殊写的《夏鼐先生传略》。

考古学专题六讲　张光直著　文物出版社　32 开　文 132 页　插图 14 幅　1986 年 5 月

　　目录：一、中国古代史在世界史上的重要性，二、从世界古代史常用模式看中国古代文明的形成，三、泛论考古学，四、考古分类，五、谈聚落形态考古，六、三代社会的几点特征——从联系关系看事物本质两例

　　该书是 1984 年 8 月 22 日到 9 月 7 日，美国哈佛大学人类学系张光直

教授在北京大学考古系讲演的记录。

燕山南北长城地带考古——专题座谈会文集 辽宁省文物考古研究所、辽宁省博物馆编 16 开 文 61 页 1986 年 8 月

该文集是 1983 年 7 月 26～29 日，朝阳地区文物部门邀请北京、天津、内蒙古、河北、辽宁等地的考古研究所，以及北京大学、吉林大学等考古单位的专家、学者到东山嘴遗址进行实地考察，又观摩了凌源、建平等县出土的红山文化玉器，建平水泉、朝阳魏营子等地点的陶器标本，举行专题座谈会后的讨论文集。

文物与考古论集——文物出版社成立三十周年纪念 文物出版社编辑部编 文物出版社 16 开 文 370 页 插图 124 幅 1986 年 12 月

该书收论文 27 篇。内容包括考古学方法论问题，从旧石器时代到宋代的各类考古专题研究。石器时代部分论文，有关于中国旧石器时代考古 36 年的总结，也有对新石器时代、仰韶、龙山等文化的论述。

建筑考古学论文集（中国环境文化研究中心丛刊） 杨鸿勋著 文物出版社 16 开 文 331 页 彩版 1 幅 插图 280 幅 1987 年 4 月

该书收集建筑史学研究论文 19 篇。作者利用考古资料，对新石器时代至唐代发现的重要建筑遗址进行了研究，其中有仰韶文化居住建筑发展问题及河姆渡早期木构工艺等问题论述。

华夏文明 田昌五主编 北京大学出版社 32 开 文 493 页 插图 17 幅 1987 年 7 月

书评：夏文化研究的新成果——读《华夏文明》第一集 王宇信 光明日报 1988 年 8 月 10 日 3 版。

该书为近年讨论夏文化的集成。收文 24 篇，内容分四组：就陶寺类型龙山文化探讨华夏文明；就豫西龙山文化、二里头文化探讨华夏文明，其中涉及偃师商城；探讨中国古代城市问题并就城市出现说明华夏文明起源；与夏朝有关与同时的方国部落及地区性文化，书后附新中国成立以来讨论夏史、夏文化文章目录索引及夏代史料选编

湖北省考古学会论文选集（一）（武汉大学学报社会科学论丛） 湖北省考古学会选编 武汉大学学报编辑部 16 开 文 235 页 插图 41 幅

1987 年 7 月

该书共收入论文 32 篇，以湖北省考古学会第六次年会论文为主，适当选刊一至五次年会尚未公开发表的文章，其中有关新石器时代论文 6 篇。

中国考古学研究论集——纪念夏鼐先生考古五十周年 《中国考古学研究论集》编委会编 三秦出版社 16 开 文 502 页 插图 105 幅 1987 年 12 月

该文集是陕西考古学界为纪念夏鼐先生从事考古 50 年而编写。收有关旧石器、新石器时代至唐代考古研究论文 35 篇。书前有石兴邦、张忠培、王世民、杨泓悼念夏鼐先生的文章。张光直先生《对于中国考古学现阶段发展方向的拙见》一文，对中国现阶段考古的条件、技术问题、方法论、中国史前史与历史考古主要课题等提出了见解。

考古学文化论集（一） 苏秉琦主编 文物出版社 16 开 文 301 页 黑白图版 4 页 插图 105 幅 1987 年 12 月

该书收入论文 14 篇。内容包括新石器时代、青铜时代文化研究，数学方法在考古学研究中的应用，从地形变化和地理分布观察古文化发展及中国古代居民种系分布探讨等。书后有苏秉琦先生 1984 年在北京大学考古专业的讲话提纲《做考古学新时期的开拓者》一文。

中国考古学会第五次年会论文集（1985） 中国考古学会编辑 文物出版社 16 开 文 203 页 有插图 1988 年 3 月

中国考古学会第五次年会 1985 年 3 月 1~6 日在北京召开，学术讨论重点是中国古代城市问题，收入论文 24 篇。论文对考古发现的自龙山文化至元代的古城址进行了探讨。

民族考古学论集 汪宁生著 文物出版社 424 页 黑白图版 16 页 16 开 1989 年 1 月

本集共收论文 25 篇。时间从新石器时代至秦汉时期，地点包括中原地区和西南地区。论述内容分两方面：民族志材料的类比和民族学田野调查的成果。

考古类型学的理论与实践 俞伟超主编 文物出版社 16 开 文 306

页　1989 年 5 月

该文集的编辑，是编者为表达 70 年代末至 80 年代初对促进当时我国考古类型学进步的一些想法，并记录下了那段时间的工作经历。文集收入论文 7 篇。

李学勤集——追溯·考据·古文明（开放丛书）李学勤著　黑龙江教育出版社　文 413 页　大 32 开　1989 年 5 月

本文集以中国古代文明为主题，收录作者 1984 年以来的论文 45 篇。

中研院第二届国际汉学会议论文集（历史与考古组）（全二册）　中研院第二届国际汉学会议论文集编辑委员会编　台北中研院　正文 1160 页　附录 24 页　16 开　1989 年 6 月

本文集所收考古论文，史前时期包括《论台湾及环中国南海史前时代的玦形耳饰》等文章。

中研院第二届国际汉学会议论文集（语言与文字组）（全二册）　中研院第二届国际汉学会议论文集编辑委员会编　台北中研院　正文 914 页　附录 24 页　16 开　1989 年 6 月

本集下册收录论述古代陶文、甲骨文、金文的论文 4 篇。

庆祝苏秉琦考古五十五年论文集　《庆祝苏秉琦考古五十五年论文集》编辑组　文物出版社　16 开　文 554 页　有插图　1989 年 8 月

此书是苏秉琦先生的学生为庆祝苏先生 80 寿辰、从事考古工作 55 周年而辑。书前附有苏先生著作目录，书内收入有关新石器时代至元代论文 49 篇，论文按内容的类别和时代排列。

半坡博物馆三十年学术论文选编（1958～1988）　西安半坡博物馆编　西北大学出版社　32 开　文 497 页　1989 年 8 月

该书为纪念半坡博物馆建馆 30 周年而辑，收录馆内业务人员已发表学术论文 38 篇，内容包括史前考古学专题研究、民族学专题研究、博物馆学专题研究三部分。

考古学文化论集（二）　苏秉琦主编　文物出版社　16 开　文 374 页　图版 12 页　1989 年 9 月

该书是考古学文化论集（一）的续编。全书收入论文 19 篇，其中有关新石器时代研究论文 11 篇。书后有苏秉琦先生《中国考古学从初创到开拓——一个考古老兵的自我回顾》一文。

尹达史学论著选集　中国社会科学院历史研究所中国史学史研究室编　人民出版社　32 开　文 474 页　1989 年 9 月

该书为纪念尹达先生逝世 5 周年而辑。收入尹达先生著作 17 篇，其中有关新石器时代论著有：中国原始社会、龙山文化与仰韶文化之分析，论我国新石器时代的考古研究工作，论中国新石器时代的分期问题，新石器时代研究的回顾与展望，中华民族及其文化之起源等。书前有侯外庐先生为该书写的序言，书后有林甘泉等写的尹达评传，并附有尹达著作目录。

云南省博物馆学术论文集　云南省博物馆编　云南人民出版社　文 565 页　大 32 开　1989 年 9 月

本文集所收论文内容涉及古人类研究、新石器文化研究、青铜文化研究、铜鼓研究、文物研究、近现代史研究等。

中国古代天文文物论集（考古学专刊甲种第二十一号）　中国社会科学院考古研究所编　文物出版社　文 478 页　插图 98 幅　彩色图版 1 页　黑白版 31 页　16 开　1989 年 12 月

本书是《中国古代天文文物图集》（1980 年出版）的姊妹篇，共收论文 40 篇。对新石器时代至明清各代的天文文物、论著和文献记载，分别进行了研究和考证，收录了论文作者各自的简介。同时，对藏、蒙古、傣族等少数民族的天文历法也有论及。本书内容集中反映了我国天文史研究的最新成果，有较高的参考价值。

人类学研究——庆祝芮逸夫教授九秩华诞论文集　谢世忠、孙宝刚主编　台北南天书局　文 516 页　28 开　1990 年 3 月

本书收录考古与体质人类学、社会与文化、民族史方面的论文共 14 篇。

吴越文化论丛　吴越史地研究会编　上海文艺出版社　文 388 页　插

图 10 幅　32 开　1990 年 5 月　据江苏研究社 1937 年版重印

本集汇录有关吴越文化的论文 24 篇，分别论述了古代吴越的历史、文化特性、生活风习、介绍了 30 年代江浙地区的考古发现。

中国考古学会第六次年会论文集（1987）　中国考古学会编辑　文物出版社　文 218 页　插图 50 幅　16 开　1990 年 6 月

本书选收 1986 年中国考古学会第六次年会论文 20 篇。中心议题是"东北地区的考古问题"。涉及红山文化、辽东地区原始文化及东北地区少数民族文化等方面。

纪念北京大学考古专业三十周年论文集（北京大学考古学丛书第 1 号）　北京大学考古系编　文物出版社　文 371 页　插图 106 幅　黑白版 12 页　16 开　1990 年 6 月

本书是为纪念北京大学历史系考古专业建立三十周年而编辑的论文集，共收论文 14 篇（均为首次发表），集中了北大考古系近年来的重要研究成果，内容涉及考古学、历史学、古文字学，对目前学术界许多重大课题作了较深入的探讨。苏秉琦先生的《考古学的新时代》一文为本书代序，宿白先生写了编后记。

李济考古学论文选集　张光直、李光谟选编　文物出版社　文 994 页　插图 371 幅　黑白图版 8 页　16 开　1990 年 6 月

本选集收入李济 20 世纪 20~70 年代有代表性的考古学术论文 50 篇。按六大类编排，即中国人类学、古史研究一般、中国石器时代史、殷墟发掘、殷墟器物（附论周代器物）、殷墟文化研究。张光直为本书写了长编"编者后记"。书后附有"李济著作目录"。

中国西南民族考古论文集　童恩正著　文物出版社　文 301 页　插图 99 幅　16 开　1990 年 6 月

本集收录作者 1964~1986 年之间所撰写的有关中国西南地区考古的论文 19 篇。按内容的时代先后及问题的性质编排。绝大部分文章已经发表过。除个别文章作了删节，其余均保存了它们的本来面目。张光直为本书作序。

湖南博物馆文集 湖南省博物馆编 岳麓书社 文 200 页 插图 114 幅 黑白版 8 页 16 开 1991 年 1 月

本书为庆祝新中国成立 40 周年而编辑，共收论文和简报 38 篇。

北京文物与考古（第二辑） 北京市文物研究所编 北京燕山出版社 文 315 页 插图 73 幅 黑白图版 9 页 16 开 1991 年 2 月

本辑收录燕文化研究、发掘报告、墓志考释及北京史论文等，共 20 篇。

巴渝文化（第二辑） 重庆市博物馆《巴渝文化》编辑委员会编 重庆出版社 文 496 页 插图 82 幅 大 32 开 1991 年 3 月

本集是"庆祝重庆市博物馆建馆 40 周年特辑"，共收论文 28 篇。

巴蜀历史·民族·考古·文化 李绍明等主编 巴蜀书社 340 页 插图 11 幅 大 32 开 1991 年 4 月

本书收录论文 27 篇，其中半数以上为考古方面的论文。

青岛文博论丛（纪念青岛城市建置百年专辑） 马芹桥、周荃主编 青岛出版社 文 384 页 大 32 开 1991 年 6 月

木集收录论文 35 篇，汇集了博物馆学、文物与考古、地方史研究的一些新成果。

考古与历史文化—庆祝高去寻先生八十大寿论文集（全二册） 宋文薰、李亦园、许倬云、张光直主编 台北正中书局 上册文 388 页 插图 188 幅 下册文 362 页 插图 27 幅 16 开 1991 年 6 月

本集收编考古学论文 30 余篇。

湖北省考古学会论文选集（二） 湖北省考古学会选编 《汉江考古》编辑部 文 197 页 16 开 1991 年 7 月

本书是湖北省考古学会第七次年会的论文选辑，汇集论文 32 篇。

当代国外考古学理论与方法 中国历史博物馆考古部编 三秦出版社 文 428 页 大 32 开 1991 年 7 月

本译文集选择当代国外考古学理论与方法的文章 25 篇，既有理论上的概括、方法上的探索，也有对人类历史上一些重大历史问题的论述。俞伟超为本书写了长篇序言。

庆祝武伯纶先生九十华诞论文集 陕西省考古学会编 三秦出版社 文228页 插图36幅 彩色照片1幅 黑白照片1幅 16开 1991年9月

本书是一部综合性考古论文集，收录论文31篇。石兴邦作长篇序文。

内蒙古东部区考古学文化研究文集 内蒙古文物考古研究所编 海洋出版社 文195页 插图32幅 16开 1991年9月

本集收录内蒙古东部地区考古学术研讨会会议纪要、发言、论文共20篇，是一部内蒙古东部地区考古发现与研究的综合性文集。编录重点放在内蒙古东部地区的新石器时代、青铜时代及辽代三部分。

黑龙江考古民族资料译文集（第一辑） 吴文衔主编 北方文物杂志社 文244页 图版2页 16开 1991年9月

本译文集选择翻译了新中国成立前一批俄国和日本的考古工作者以俄文、英文、日文发表在《东省杂志》、《满洲通报》、《普尔热瓦尔斯基研究会科学著作集》和《哈尔滨自然科学家和民族学家协会会刊·考古学专辑》等刊物上的文章。共收入译文49篇，包括黑龙江地区的旧石器时代、新石器时代、青铜时代和渤海辽、金、元、明、清等不同的历史时期。在编排上分考古、民族和历史三大类。采用插图108幅。

比较考古学随笔（百家文库·史论集）李学勤著 香港中华书局有限公司 文222页 插图31幅 32开 1991年10月

本书收录作者所著论文20篇。饶宗颐为本书作序。

先秦考古学（香港中文大学中国文化研究所 中国考古艺术研究中心专刊：6） 林寿晋著 香港中文大学出版社 文176页 大32开 1991年

本文集收录论文15篇，包括仰韶文化研究、上村岭虢国墓地、洛阳东周陶器、玉器、铜剑研究等。徐苹芳、张光直为本文集作序。

楚文化研究论集（第三集） 楚文化研究会编 湖北人民出版社 文450页 32开 1992年2月

本书收入 1990 年湘、鄂、豫、皖四省楚文化研究会第五次年会和湖南省考古学会第四次年会上提交的论文 36 篇。

江西先秦考古 彭适凡著 江西高校出版社 文 282 页 插图 49 幅 大 32 开 1992 年 4 月

本书收录作者近十年所撰文章 20 篇，主要包括六个方面的内容：原始文化、青铜文明、采矿与冶铸、悬棺葬俗、铭文考释、史地考证。

中国考古学会第七次年会论文集（1989） 中国考古学会编辑 文物出版社 文 344 页 插图 109 幅 16 开 1992 年 9 月

本集收录 1989 年在长沙召开的中国考古学会第七次年会的论文 28 篇。对南方的石器时代文化、南方的青铜时代文化、巴蜀文化及北方的新石器时代文化，做了广泛的探讨。有的论文对唐宋遗物、遗迹进行了论证和考察。

纪念山东大学考古学专业创建二十周年文集 山东大学历史系考古教研室编 山东大学出版社 文 484 页 大 32 开 1992 年 9 月

本书汇集山东大学考古专业教师及毕业生所作考古学论文 47 篇。

山西省考古学会论文集（1） 山西省考古学会、山西省考古研究所合编 山西古籍出版社 文 300 页 16 开 1992 年 10 月

本文集收录山西省考古学会第一届（1984 年）、第二届（1986 年）年会论文 49 篇。

上海博物馆集刊—建馆四十周年特辑：第六期 上海博物馆集刊编辑委员会编 上海古籍出版社 文 447 页 16 开 1992 年 10 月

本集刊是上海博物馆建馆四十周年特辑，共收论文 34 篇，研究时代从史前至明清，其中属新石器时代文化研究论文 5 篇。论文对良渚文化的纹饰、陶文、祭坛、文化分期及文明进程等问题进行了研究。

北京文物与考古（第三辑） 北京市文物研究所编 文 310 页 图版 9 页 16 开 1992 年

本辑内容分六部分：一、石器时代；二、专题调查；三、先秦时期；四、北京东周山戎文化考古成果研讨会发言；五、唐辽金元时期；六、明清时期。

羊城文物博物研究—广州文博工作四十年文选 广州市文化局、广州市文物博物馆学会编 广东人民出版社 文 513 页 16 开 1993 年 1 月

本书收录考古、文物研究的论文 20 篇。

南京博物院建院 60 周年纪念文集（1933～1993） 南京博物院编辑 梁白泉主编 南京博物院 文 620 页 彩色图版 6 幅 16 开 1993 年 1 月

本书是南京博物院院庆纪念论文集，共收文章资料 70 余篇，按内容划分为"回顾与展望"、"考古与文物研究"、"博物馆工作研究"、"历史与民俗"、"工艺与美术"、"文物保护技术"和"院史研究"等栏目。

福建历史文化与博物馆学研究—福建省博物馆成立四十周年纪念文集 福建省博物馆编 福建省教育出版社 目次 6 页 文 322 页 彩色图版 7 页 黑白图版 5 页 16 开 1993 年 3 月

本文集所收文章按专题编排，其中"考古与史前文化"8 篇，"闽越文化"3 篇，"古代民俗"3 篇，"古代陶瓷"2 篇。

中国考古学论丛：中国社会科学院考古研究所建所 40 周年纪念（考古学专刊 甲种 第二十二号） 中国社会科学院考古研究所编著 科学出版社 文 501 页 16 开 1993 年 5 月

本书是为纪念中国社会科学院考古研究所建所 40 周年而出版的。收入考古学论文 47 篇，均以我国考古发掘的文物资料为基础，分别对中国史前时期的历史、中国文明的起源、中国古代社会特点，以及中国古代城市和手工业的发展问题进行了研究。此外，还包括新石器时代至元代历史的研究论文，如对新石器时代不同文化类型之间的关系、金文的考释、古代城市遗址的复原等问题进行了讨论和研究。

河洛文明论文集 洛阳市第二文物工作队编 中州古籍出版社 文 622 页 大 32 开 1993 年 7 月

本书选收 1991 年"河洛文明学术研讨会"上提交的论文 44 篇。张书田为本书作序。

考古学研究——纪念陕西省考古研究所成立三十周年 《考古学研究》编委会编 三秦出版社 文 794 页 彩色图版 8 页 黑白图版 17 页 16 开 1993 年 10 月

本论文集收入 1989 年 "陕西省考古研究所、半坡博物馆成立三十周年学术讨论会" 上提交的论文 59 篇,内容涉及农业起源、文明起源、国家起源以及史前和周秦汉唐考古博物馆学等方面。石兴邦为本书作序。

浙江省文物考古研究所学刊——建所十周年纪念 (1980～1990) 浙江省文物考古研究所编 科学出版社 文 348 页 图版 24 页 16 开 1993 年 10 月

本文集汇编了浙江省文物考古研究所建所十年来考古发掘和科研成果的论文 25 篇。发掘资料包括新石器时代至明代的墓葬和遗址;对考古发掘和科研工作有专文综述;还收入有关宋代桥梁、元代大木作的专题研究论文。

岭南古越族文化论文集 香港博物馆编制 郑兴华编辑 香港市政局 文 240 页 彩色图版 220 幅 16 开 1993 年 11 月

1993 年 11 月至 1994 年 2 月,中山大学人类学博物馆、深圳市博物馆、香港博物馆共同举办了《岭南古越族出土文物展》,为此出版本文集。文集中收录论文 16 篇。黄崇岳、商志𩵋、何清显分别为本书作序。

考古学文化论集 (三) 苏秉琦主编 文物出版社 文 465 页 16 开 1993 年 12 月

本书以北方地区的新石器至商周时期文化研究为重心,主要包括西北、山东、东北等地这一时期的文化类型学研究,同时还收录了一些专题讨论和有关国外考古研究的论文。

青果集—吉林大学考古专业成立二十周年考古论文集 吉林大学考古系编 知识出版社 文 408 页 图版 173 幅 16 开 1993 年 12 月

本文集收录论文 37 篇,张忠培为本书写后记。

潮汕考古文集(潮汕文库·潮汕考古文物丛书) 陈历明编 汕头大学出版社 文 357 页 插图 151 页 32 开 1993 年 12 月

本书收集 50 年代对潮汕历代遗址、墓葬等进行发掘、清理、考察而写成的文章43篇，陈历明为本书作序。

广西博物馆建馆60周年论文选集 广西壮族自治区博物馆编 广西民族出版社 文376页 16开 1993年12月

本书选收已发表过的论文64篇，内容涉及古人类、石器时代文化、青铜文化、先秦秦汉时期文化、岩画、铜鼓、岩洞葬、陶瓷等方面。

宁夏考古文集 许成主编 李祥石副主编 宁夏人民出版社 文208页 插图134幅 图版8页 16开 1994年1月

本文集是宁夏文物考古研究所建所十周年的成果汇编。收录考古报告、论文21篇，内容涉及宁夏地区原始社会文化、东周时期北方少数民族青铜文化、岩画以及西夏考古等方面。许成为本书作序言。

国际百越文化研究 浙江省社会科学院国际百越文化研究中心、中国百越民族史研究会编 魏桥主编 中国社会科学出版社 文491页 大32开 1994年2月

本书选收1990年8月首届国际百越文化学术讨论会上提交的论文44篇。作者包括许多国际著名学者。内容分为总论、专论、资料、考释、方法论等。

走出疑古时代 李学勤著 辽宁大学出版社 序5页 文318页 大32开 1994年3月

本书介绍作者近年来在研究中国古代文明方面的收获。全书有论文五篇，第一篇：论古代文明；第二篇：神秘的古玉；第三篇：新近考古发现；第四篇：中原以外的古文化；第五篇：海外文物拾珍。

山西省考古学会论文集（二） 山西省考古学会、山西省考古研究所编 山西人民出版社 文279页 16开 1994年4月

本论文集收入山西省考古学会第三届年会（1993年4月）论文和报告43篇，内容涉及理论、学科关系、文明起源、遗址、墓葬、货币、壁画、碑刻墓志、古建筑、古陶瓷及史迹考订等问题。

楚文化研究论集（第四集） 楚文化研究会编 河南人民出版社

文 692 页　大 32 开　1994 年 6 月

本论文集收录 1992 年 9 月在河南召开的"鄂、湘、豫、皖四省楚文化研究会第六次年会"上提交的论文共 68 篇。

深圳考古发现与研究　深圳博物馆编　文物出版社　文 320 页　彩色图版 8 页　16 开　1994 年 6 月

本书分上、下两编。上编是 10 篇考古发掘简报，下篇是 12 篇专题研究论文。附录部分收入介绍深圳的文物古迹及文物保护情况的文章 7 篇。

三晋考古（第一辑）　山西省考古研究所编　杨富斗主编　山西人民出版社　文 312 页　图版 16 页　16 开　1994 年 7 月

本书收录有关晋文化研究的发掘报告、研究论文 21 篇。新石器时代考古方面有《对西阴村遗址再次发掘的思考》等文章。

内蒙古文物考古文集（第一辑）　内蒙古文物考古研究所编　李逸友、魏坚主编　中国大百科全书出版社　文 697 页　彩色图版 4 幅　图版 16 幅　插图 502 幅　16 开　1994 年 8 月

本论文集是为纪念内蒙古文物考古研究所成立四十周年而出版的。收录国内学者关于内蒙古地区文物考古的论文、发掘调查报告共 71 篇，反映了 40 年来内蒙古文物考古新发现和学术研究成果。苏秉琦、赵芳志为本书作序。

中国考古学：实践、理论、方法　张忠培著　中州古籍出版社　文 186 页　32 开　1994 年 9 月

本书共收作者 80 年代以来发表的中国考古学实践、理论、方法相关论文 15 篇，个别论文稍作改动。

中日古人类与史前文化渊源关系——国际学术研讨会论文集　周国兴主编　中国国际广播出版社　文 268 页　黑白图版 9 页　16 开　1994 年 10 月

本书为 1994 年召开的"中日古人类与古文化渊源关系"国际研讨会论文集，共收旧石器—新石器时代论文 20 篇，其中有 6 篇论文对白莲洞洞穴堆积的年代与古生态环境进行了专题研究。贾兰坡为本书作序。

考古学研究（二）　北京大学考古系编　北京大学出版社　文 434

页　黑白图版 16 页　插图 149 幅　16 开　1994 年 11 月

本集收录了宿白的《甘肃连城鲁土司衙和妙因显教两寺调查记》以及其他学者的论文共 20 篇，还收入李光谟所编《李济先生学行记略（未定稿）》。严文明为本书写后记。

李济与清华（清华文丛之七）　李光谟编　清华大学出版社　文 245 页　图版 6 页　大 32 开　1994 年 11 月

本书为纪念清华国学研究院成立七十周年和李济一百周年诞辰而出版。书中收集迄今发现的李济在国学院期间发表的《西阴村史前遗存》等论文 10 多篇，并附纪念、评述李济的文章及他的学术简表和著述要目。

巴渝文化·第三辑：首届全国巴渝文化学术讨论会成立暨重庆巴文化研究会成立大会特辑　中国先秦史学会、重庆巴文化研究会等单位合编　西南大学出版社　文 398 页　大 32 开　1994 年 12 月

首届全国巴渝文化学术讨论会暨重庆巴文化研究会成立大会于 1993 年在重庆召开。本辑收录探讨巴渝古代文化的论文 34 篇。

南中国及邻近地区古文化研究：庆祝郑德坤教授从事学术活动六十周年论文集　邓聪编　香港中文大学出版社　文 500 页　彩色图版 16 幅　图板 21 幅　插图 152 幅　16 开　1994 年

本论文集为 1994 年 2 月举办的第二届"南中国及邻近地区古文化研究"国际会议而出版。收录论文 52 篇（其中中文 47 篇，英文 5 篇）。张光直为本书作序，邓聪作后记。

考古与古代史　蔡葵著　云南大学出版社　文 200 页　大 32 开　1995 年 1 月

本书收作者所著论文 13 篇，按内容集中为三部分：一、论述中国考古学一些分支问题的文章 3 篇；二、有关云南考古的文章 5 篇；三、综合考古与古代史的文章 5 篇。

浙东文化论丛　董贻安主编　中央编译出版社　文 397 页　大 32 开　1995 年 3 月

本书是以浙东文化为研究对象的学术论文集，收入 1994 年以前发表的论文 44 篇，内容涉及文物、考古、博物馆等领域，如河姆渡文化、越窑青瓷、浙东学派、天一阁古籍文献、浙东佛教文化、宁波对外文化交流等。

东南亚考古论文集　香港大学美术博物馆　文 525 页　插图 231 幅（组），大 16 开　1995 年 3 月

本文集汇编论文 41 篇，按五个专题加以集中：一、东南亚地区史前文化通论；二、考古遗址及专题研究；三、古物维修鉴证及发掘技法；四、文物古迹的保护及法律；五、香港考古研究。

北方民族文化遗产研究文集　王叔磐主编　吴学恒、吴金副主编内蒙古教育出版社　文 412 页　插图 15 幅　大 32 开　1995 年 6 月

本书是北方民族文化遗产研究会编辑的第一部论文集。收录论文 24 篇，内容涉及北方民族文化的诸多方面，其中专论文物考古的论文 4 篇。书后附录《近 70 余年来（1919～1993）中国古代北方民族文化论文目录》。

长江文化论集（第一辑）：首届长江文化暨楚文化国际学术讨论会文集　首届长江文化暨楚文化国际学术讨论会筹备委员会编　湖北教育出版社　文 451 页　16 开　1995 年 7 月

本论文集选收 1995 年在武汉召开的首届长江文化暨楚文化国际学术研讨会上提交的论文共 66 篇。

夏商文明研究：91 年洛阳"夏商文化国际研讨会"专集　洛阳市第二文物工作队编　胡厚宣主编　中州古籍出版社　文 516 页　大 32 开　1995 年 8 月

本论文集收录 1991 年在洛阳召开的"夏商文化国际研讨会"上提交的中外学者的论文 44 篇，对有关夏文化、夏代文明与国家的形成及其结构、殷商历史和殷墟甲骨文等方面的课题进行了探讨。胡厚宣为本书作序。

考古人类学随笔　张光直著　台北联经出版事业公司　文 157 页　大 32 开　1995 年 9 月

本书收录作者文章 40 篇，分为五组。一、汇集了为 11 部考古学著作所作的序言；二、对考古学学科发展的展望；三、关于台湾考古学；四、作者 1993～1994 年在《中国文物报》上撰写的专栏文章 13 篇；五、杂文 4 篇。

中国北方古代文化国际学术研讨会论文集　赤峰市北方国际文化研究中心编　苏赫主编　中国文史出版社　文 334 页　彩色图版 3 页　16开　1995 年 9 月

本书是 1993 年 8 月在赤峰举行的"中国北方古代文化国际学术研讨会"的论文集，选录中外学者提交的论文共 30 篇。内容涉及红山诸文化，夏家店下层文化、夏家店上层文化、契丹辽文化在中华文明和国家起源与发展过程中的作用问题，中国北方文化与中原内地文化以及外部文化的交流与传播问题，中国北方文化在各个发展阶段中的发展面貌，文化成果、社会性质等诸多方面。

巴蜀文化新论（巴蜀学林丛书）　林向著　成都出版社　文 290 页　插图 20 幅　彩色图版 4 幅　大 32 开　1995 年 10 月

本书收入作者有关巴蜀考古学文化的论文 14 篇，其中某些文章曾发表过。全书分三部分。上篇：导论；中篇：巴蜀文明；下篇：巴蜀的文明与交通。李绍明为本书作序，谭继和作跋。

中国考古学论文集　张光直著　台北联经出版事业公司　文 332 页　16 开　1995 年 12 月

本书收编作者从事考古研究四十年来所发表的论文 17 篇。其中发表于 1957、1959、1960 年的各一篇，1977 年的两篇，其余均为近作。

历史与文化　贺云翱著　中国人事出版社　文 555 页　插图 91 幅　大 32 开　1996 年 2 月

本书汇编作者从事考古研究 10 余年各类文章 38 篇，内容涉及湖熟文化、徐淮夷文化、长江文化、佛教初传南方之路以及博物馆工作等方面。

考古学是什么：俞伟超考古学理论文选　俞伟超著　王然编　中国

社会科学出版社　文 245 页　插图 2 幅　肖像 1 幅　大 32 开　1996 年 3月

本书汇集俞伟超 1982～1993 年期间有关考古学理论的论述 15 篇。编成本书后，作者对若干文章的内容作过少量修改。张承志为本书作序。

洛阳考古四十年：一九九二年洛阳考古学术研讨会文集　洛阳市文物工作队编　叶万松主编　科学出版社　目录、序 11 页　正文 398 页彩色图版 2 页　插图 72 幅　16 开　1996 年 3 月

本书是洛阳文物工作队建队十周年和"1992 年洛阳考古学术研讨会"的纪念文集，汇编论文 52 篇。

考古学的历史、理论与实践　中国社会科学院考古研究所编　中州古籍出版社　文 432 页　插图 28 幅　表 14 幅　大 32 开　1996 年 5 月

本书编译介绍西方考古学中的一些理论、方法以及与中国考古学相关的著述 30 篇。任式楠为本书作序。

陕西历史博物馆馆刊（第三辑）　陕西历史博物馆馆刊编辑委员会编　周天游主编　西北大学出版社　文 283 页　彩色图版 6 幅　彩色插图4 版　16 开　1996 年 6 月

本辑是"陕西历史博物馆"建馆 5 周年纪念专辑。汇编中外学者论文 60 篇，并集中在九个专栏下：考古研究、史学论坛、简牍与典籍、馆藏文物丛谈、唐墓壁画研究、学术博览、随笔札记、文物保护、博物馆学。

河南文物考古论集　河南省文物考古学会编　河南人民出版社　文534 页　16 开　1996 年 8 月

本书收录 1994 年河南省文物考古学会学术讨论会上提交的论文 74篇，内容涉及史前诸文化、古代文明起源、古城古国及夏、商、周、秦、两汉、魏晋、隋、唐、五代、宋代考古等方面。张文彬为本书写前言。

中国考古学会第八次年会论文集（1991）　中国考古学会编辑　文物出版社　文 207 页　插图　16 开　1996 年 8 月

本文集选收中国考古学会 1991 年第八次年会论文 15 篇。

锄头考古学家的足迹：李济治学生涯琐记　李光谟撰　中国人民大

学出版社　文 197 页　黑白图版 12 幅　大 32 开　1996 年 9 月

　　本书为纪念李济 100 周年诞辰而编写，作者系李济之子。通过 50 篇文章，记述李济求学、治学、田野考古、人类学研究的各种活动，并介绍了李济对中国考古事业所做的贡献。

　　上海博物馆集刊（第七期）　上海书画出版社　文 334 页　彩色图版 15 幅　插图 451 幅　16 开　1996 年 9 月

　　本期收录论文 25 篇。内容涉及青铜器、玺印、陶瓷、书画、石窟寺和马桥文化、良渚文化遗址等方面。

　　环渤海考古国际学术讨论会论文集　河北省文物研究所编　知识出版社　文 291 页　插图 56 幅　16 开　1996 年 9 月

　　1992 年 8 月在河北省石家庄市召开了"第四次环渤海考古国际学术讨论会"。本文集选编提交本次会议的国内外学者论文 40 篇。

　　夏文化研究论集　中国先秦史学会、洛阳市第二文物工作队编　中华书局　文 302 页　插图 11 幅　16 开　1996 年 9 月

　　"全国夏文化学术研讨会"于 1994 年在河南洛阳召开。本文集汇集本次会议论文 41 篇。

　　一剑集：北京大学考古专业八六届毕业生十周年纪念文集　古方等编　中国妇女出版社　文 184 页　书迹 10 幅　插图 60 幅　16 开　1996 年 10 月

　　本书收录北京大学考古专业八六级毕业生学术论文 18 篇。李伯谦为本书作序。

　　考古文物研究：纪念西北大学考古专业成立四十周年文集（1956～1996）　西北大学文博学院编　三秦出版社　文 481 页　插图 173 幅　16 开　1996 年 12 月

　　本文集内容分三部分：一、贺信，二、贺文及忆文，三、研究论文 46 篇。

　　东南考古研究（第一辑）　厦门大学历史系考古教研室编　吴绵吉、吴春明主编　厦门大学出版社　文 186 页　插图 16 幅　16 开　1996 年 12 月

本书汇编厦门大学历史系教授和兼职教授撰写的论文 15 篇，内容集中为"东南古文化""东南陶瓷"等专题。

四川考古论文集　四川省文物考古研究所编　文物出版社　文 231 页　插图 56 幅　16 开　1996 年 12 月

本文集收录论文 19 篇，内容涉及四川新石器时代文化的源流和特征、三星堆遗址的研究、巴蜀文化的面貌、特征、年代分期及文化族属、宗教信仰和科技考古等方面。苏秉琦为本书作序。

湖南先秦考古学研究　何介钧著　岳麓书社　文 260 页　16 开　1996 年 12 月

本论文集选辑作者有关湖南和湖南所处的长江中游地区先秦古文化研究的论文 22 篇，绝大多数曾先后发表在考古学期刊和文集中。

四川考古研究论文集（《四川文物》1996 年增刊）　《四川文物》编辑部　文 127 页　黑白图版 8 版　封二、封三黑白图版 9 幅　16 开

本书收录论文 14 篇、考古报告 2 篇，内容涉及巴蜀文化、船棺葬、佛教南传路线、青川木牍、水文地震考古等方面。

四川岷江上游地区历史文化研究　冉光荣、工藤元男主编　四川大学出版社　文 308 页　折页地图 1 幅　大 32 开　1996 年 12 月

1996 年中国四川联合大学文学院历史系与日本早稻田大学长江流域文化调查队共同对岷江上游的茂县和成都平原的宝墩遗址进行了民族历史文化和考古学调查，研究古蜀文化的源流。本文集收录中日学者论文 25 篇。

文物考古与齐文化研究　淄博市博物馆编　刘武军、张光明主编　山东大学出版社　文 603 页　32 开　1996 年 12 月

本书是为庆贺淄博市博物馆建馆二十周年（1975～1995）而出版的纪念文集，选收历年发表论文 40 余篇，其中有关新石器时代论文 4 篇。上编选收利用文物考古资料对齐文化进行研究的成果，下编选收博物馆学和博物馆工作的研究文章。书后附录《淄博市博物馆建馆 20 年（1975～1995）发表著述目录索引》。吕济民、周元军分别为本书作序。

中国上古史专题研究 王仲孚著 "国立编译馆"主编 五南图书出版公司 文746页 32开 1996年12月

本书共收集有关讨论中国上古史的专题论文18篇，作者不仅对探求古史的真相，也对近代古史研究的发展经过和变动过程进行了检讨和回顾。作者利用中国古代文献、结合近代考古成果和前人研究意见，对中国上古史作了多方面研究，其中包括对夏初传说及夏文化等问题的研究。

东方博物（第一辑） 浙江省博物馆编 杭州大学出版社 文281页 插图115幅 16开 1997年1月

本辑收录海内外学者论文39篇，内容涉及考古学、历史学、博物馆学、民俗学、古人类学和古生物学等方面。俞剑咏为本书作序。

北京建城3040年暨燕文明国际学术研讨会会议专辑（北京市文物研究所科研系列丛书之四） 北京市文物研究所编 齐心主编 北京燕山出版社 文406页 插图29幅 16开 1997年3月

本书汇集1995年8月召开的北京建城3040年暨燕文明国际学术研讨会论文44篇，内容集中为四个议题：燕国始封年代、燕文化起源、燕文化内涵、燕文化与周边文化之关系。

考古学文化论集（四）苏秉琦主编 文物出版社 文307页 插图90幅 16开 1997年4月

本集主要围绕"环渤海考古"这一课题，涉及东北、胶东及朝鲜半岛、日本列岛等地区古文化的研究，共收录论文25篇，其中包括日、美等国学者的研究成果10篇。

考古求知集—'96考古研究所中青年学术讨论会文集 中国社会科学院考古研究所编 中国社会科学出版社 文511页 大16开 1997年4月

本文集收录了中国社会科学院考古研究所1996年中青年学术讨论会论文39篇。论文以我国考古发掘的资料为基础，分别对考古学的理论和方法进行了探讨，对旧石器至汉唐时期考古、西藏考古、日本考古的某些问题以及科技考古和文物保护等方面进行了研究。

考古学研究（三）（北京大学考古学丛书） 北京大学考古系编 科学出版社 文501页 黑白图版48幅 16开 1997年6月

本书收录北京大学考古系部分教师和研究生的学术论文15篇、遗址发掘简报4篇。内容涉及各个不同时期的考古学研究。书后附马世长、徐自强所著《阎文儒先生传略》。

陕西历史博物馆馆刊（第四辑） 陕西历史博物馆馆刊编辑部编 周天游主编 西北大学出版社 文367页 彩色图版6幅 16开 1997年6月

本辑收录陕西历史博物馆馆内外学者论文和译文共65篇，按内容集中在考古研究，史学论坛，历史地理研究，民族、宗教史研究，馆藏文物精品，文物丛谈，唐墓壁画、艺术史研究，学术博览，随笔札记，文物保护和博物馆学等11个专栏下。

内蒙古文物考古文集（第二辑） 内蒙古文物考古研究所编 魏坚主编 中国大百科全书出版社 文783页 16开 1997年7月

本辑是为纪念内蒙古自治区成立50周年而编辑出版的，收录自治区内外有关单位和学者的田野调查简报、发掘报告和论文65篇，其中包括内蒙古中南部和东部区原始文化的发掘报告和论文、关于青铜时代考古学和战国秦汉以来北方民族文化研究，以及辽金元三代考古学研究的最新资料和成果。严文明、赵芳志分别为本书作序。

中国考古学与历史考古学之整合研究（中研院历史语言研究所会议论文集之四） 臧振华编辑 台北中研院历史语言研究所出版品编辑委员会 天翼电脑排版印刷股份有限公司 文1143页 16开 1997年7月

本书为1994年召开的"中国考古学与历史考古学整合研讨会"论文集。内容包括方法和理论、文明的形成和发展、考古与历史、考古与美术、文字与文献等。书后附载管东贵、石璋如等开幕致辞。

比较考古学随笔（学术文丛） 李学勤著 广西师范大学出版社 文230页 大32开 1997年8月

本书1991年曾由中华书局（香港）有限公司出版。本次简体字版增加了作者近年文章 10 篇，作为该书的第二部分。

文物考古文集 王光镐主编 武汉大学出版社 文 335 页 插图 67 幅 16 开 1997 年 9 月

本书为武汉大学考古学专业成立十五周年纪念论文集。收录历届毕业生撰写的论文 30 篇。内容涉及古人类、新石器时代考古、殷周文化、楚文化等方面。朱雷为本书作序。

浙江省文物考古研究所学刊（第三辑） 浙江省文物考古研究所编 长征出版社 文 368 页 插图 210 幅 黑白图版 44 页 16 开 1997 年 12 月

本书汇集浙江省文物考古研究所近年的考古发掘资料和科研论文。内容涉及新石器时代遗址、商周时期遗址、"石棚"和大石盖墓、江山县碗窑窑址，以及良渚文化、两汉吴西晋墓葬、浙江古代瓷业、古代建筑的研究等。

走出疑古时代（修订本） 李学勤著 辽宁大学出版社 文 318 页 插图 13 幅 大 32 开 1997 年 12 月

本版增加了第六篇《续见新知》，收录作者近期论著中选取的 7 篇文章，本书后有作者所作"修订本跋"。

中国考古学会第九次年会论文集（1993） 中国考古学会编 文物出版社 文 297 页 大 16 开 1997 年 12 月

中国考古学会第九次年会 1993 年在山东济南召开，会议的中心议题是"黄河中下游和东南沿海的考古学研究"。本文集收入论文 20 篇，其中史前研究方面论文 14 篇，对海岱地区、长江流域等地新石器时代考古进行了研究。

考古琐谈 李济著 湖北教育出版社 文 301 页 肖像 1 幅 大 32 开 1998 年 2 月

本书整理辑录作者的 33 篇文章，其中多数未在中国大陆发表过。前 11 篇（包括 3 篇整理的手稿）偏重于论述治学之道与倡导科学等方面，后 22 篇内容涉及人类学、考古学、民族学等领域。书后附"李济先生学术活动年表"和"李济先生著述要目"。张光直为本书作序。

"迎接二十一世纪的中国考古学"国际学术讨论会论文集 北京大学考古学系编 科学出版社 文 618 页 黑白图版 28 页 16 开 1998 年 4 月

本书收录 1993 年在北京大学召开的"迎接二十一世纪的中国考古学"国际学术讨论会的论文 42 篇。内容包括旧石器考古、新石器考古、青铜器、夏商周考古、瓷器彩绘、民族考古学、中国文化与国外文化的交流、博物馆学等专题的研究成果。

北京大学百年国学文粹·考古卷 北京大学中国传统文化研究中心编 李伯谦主编 北京大学出版社 文 713 页 插图 271 幅 地图 1 幅 16 开 1998 年 4 月

本书收录北京大学多位学者历年发表的论文 60 篇。上溯史前考古，下至宋元考证，展示了北京大学百年来在中国考古学研究方面的发展轨迹。

跋涉集：北京大学历史系考古专业七五届毕业生论文集 于炳文主编 书目文献出版社 文 326 页 插图 72 幅 书迹 10 幅 照片 2 幅 16 开 1998 年 4 月

本书是为北京大学建校一百周年而出版的纪念论文集。收录考古专业 75 届同学的 39 篇论文。李伯谦为本书作序。

四川大学考古专业创建三十五周年纪念文集 四川大学考古专业编 四川大学出版社 文 440 页 插图 178 幅 16 开 1998 年 4 月

本书收录四川大学考古专业历届校友的 31 篇考古报告和研究论文。

刘敦愿先生纪念文集 山东大学考古学系编 山东大学出版社 文 570 页 插图 171 幅 照片 8 幅 16 开 1998 年 4 月

本书收录刘敦愿生前友好和学生撰写的论文 42 篇，内容包括新石器时代至秦汉及其以后时期考古和历史研究等。书后附录 2 篇纪念文章，以及"刘敦愿先生年表"和"刘敦愿先生论著目录"。

云南考古学论集 李昆声著 云南人民出版社 文 430 页 肖像 1 幅

插图 208 幅　大 32 开　1998 年 5 月

本书是作者近十五年来在国内外学术刊物上所发表论文的结集。收录论文 28 篇（包括英文论文 1 篇）。内容涉及云南新石器时代文化，云南青铜时代的文化艺术、音乐舞蹈、玺印、铜鼓及古代民族等问题，南诏国和大理国时期的农业、城址和佛教艺术等。

陕西历史博物馆馆刊（第五辑）　陕西历史博物馆馆刊编辑部编周天游主编　西北大学出版社　文 394 页　彩色图幅 7 幅　16 开　1998 年 6 月

本书收录论文 50 余篇，时代从史前至明清。

广州文物考古集（广州市文物考古研究所专刊之二）　广州市文物考古研究所编　萧亢达主编　文物出版社　文 358 页　彩色图版 4 页（10 幅）插图 122 幅　16 开　1998 年 6 月

本书收录广州市文物考古研究所的论文、发掘报告、考古简讯等 34 篇。书后附录：广州市文物考古大事记。萧亢达为本书作前言。

河南博物院落成暨河南省博物馆建馆 70 周年纪念论文集　河南省博物馆编　中州古籍出版社　文 356 页　彩色图版 8 幅　16 开　1998 年 7 月

本书是庆祝河南省博物馆建馆 70 周年和新馆河南博物院落成庆祝文集，共收论文 70 余篇，按内容划分为"综合论述"、"考古学"、"历史学"、"博物馆学"、"图书馆学"、"古生物学"和"译文"等栏目。

开封考古发现与研究　开封市文物工作队编　丘刚主编　李合群、刘春迎副主编　中州古籍出版社　文 236 页　插图 73 幅　黑白图版 20 页　16 开　1998 年 9 月

本书收录反映 20 世纪 80 年代以来开封城市考古工作成果的 26 篇发掘简报和论文。丘刚为本书撰文，总结回顾开封文物考古工作。张文彬为本书作序。

文物研究（第十一辑）　安徽省文物考古研究所编著　黄山书社文 392 页　彩色图版 10 幅　插图 141 幅　16 开　1998 年 10 月

本辑收录论文和发掘简报 70 篇，并按专题编排，依次是：考古与古

文化研究、文物考古新发现、古建筑研究、古陶瓷研究、冶金考古、楚文化研究、古文字研究、文物科技、文物藏品、古钱币研究等。书后附录：安徽省文物考古研究所十年大事记（1988～1998）；安徽省文物考古研究所所发表论著及文物考古资料简目（1988～1997）。

云南考古文集 云南省文物考古研究所编 王大道主编 云南民族出版社 文490页 插图336幅 彩色图版6幅 16开 1998年10月

本书是为纪念云南省文物考古研究所建所十年而出版的论文集。收录该所研究人员的论文26篇、田野考古发掘报告15篇。书后附录：云南省文物考古研究所十年考古大事记（1988～1998）、云南考古测定年代数据集、云南省文物考古研究所著作目录。贺光曙为本书作前言，肖明华作序。

缀古集 李学勤著 上海古籍出版社 文302页 大32开 1998年10月

本书汇集作者近10余年撰写的各类文章64篇。内容包括文物考古与古文字研究、中国古代历史文化研究和回忆、纪念文章等。

岭南文物考古论集 杨式挺著 广东省地图出版社 文382页 插图156幅 16开 1998年11月

本书收录作者29篇论文，内容涉及岭南新石器文化、青铜文化、早期铁器，以及栽培稻作的起源与南海早期交通贸易等方面。苏秉琦为本书作序。

周秦文化研究 《周秦文化研究》编委会编 石兴邦等主编 陕西人民出版社 文1010页 插图114幅 照片46幅 16开 1998年11月

本书为纪念周京歧邑、秦都雍城和咸阳遗址发掘研究30周年，1993年在西安召开"周秦文化学术讨论会"论文集，共收中外与会代表论文95篇。会议围绕周秦文化的渊源与周秦两大族团在国家形成和发展过程中的特点、考古发掘的主要成果、周秦文化在中国古代历史文化发展中的地位及作用等问题进行了研讨。

青果集：吉林大学考古系建系十周年纪念文集 吉林大学考古系编 知识出版社 文494页 插图181幅 16开 1998年12月

本书收录吉林大学考古系历届校友的论文42篇。

古代的巴蜀（童恩正文集·学术系列：第一卷）　童恩正著　重庆出版社　文336页　插图17幅　大32开　1998年12月

本卷收录专著1部、人物纪念文章2篇、关于古代巴蜀文化研究的论文9篇。其中《古代的巴蜀》曾于1979年由四川人民出版社出版。张光直为"童恩正文集·学术系列"作序。

南方文明（童恩正文集·学术系列：第二卷）　童恩正著　重庆出版社　文652页　插图140幅　大32开　1998年12月

本卷收录作者关于西南民族考古研究的论文27篇。

远望集：陕西省考古研究所华诞四十周年纪念文集　《远望集》编委会编　陕西人民美术出版社　2册　文891页　16开　1998年12月

本书收录论文100篇，内容涉及考古学理论与方法、农业的起源与发展模式、史前环境与气候、商代考古、先周文化、夏商聚落与城址、铜器铭文、西周年代学、西周乐器与兵器、甲骨文、西周手工业、彩陶、酿酒、戎狄文化、秦文化、巴蜀文化、汉唐城址与墓葬、汉唐建筑、金银器、玉器、石窟、岩画、瓷器等。

江西古代文明探索　李科友著　江西科学技术出版社　文391页　大32开　1998年12月

本书收录作者写作于1981年以后的文章40余篇，内容包括对江西考古与文博工作成果的总结和有关古代江西的农业、陶瓷、城址、崖墓等方面的研究。

纪念浙江省文物考古研究所建所二十周年论文集（1979—1999）

浙江省文物考古研究所编　西泠印社　文299页　插图174幅　大16开　1999年1月

本书收录浙江省考古研究所研究人员撰写的有关文物考古、文物保护、古建筑维修、历史文化名城保护等方面的论文25篇。刘军为本书作前言。

中国考古学的跨世纪反思 许倬云、张忠培主编 商务印书馆（香港）有限公司 文 540 页 插图 121 幅 表 30 幅 大 32 开 1999 年 1 月

1997 年 5 月在香港中文大学召开"中国考古学：跨世纪的回顾与前瞻"研讨会。本书收录会议的论文 22 篇，内容主要集中于两个方面：一、中国考古学的过去、现在和未来方向，二、自旧石器时代至唐代中国各地的区域考古研究。许倬云为本书作序，张忠培作后记。

李学勤学术文化随笔（二十世纪中国学术文化随笔大系·第二辑）李学勤著 李缙云编 中国青年出版社 文 497 页 32 开 1999 年 1 月

本书围绕中国文明起源、发展问题，选收作者历年撰写的 50 篇文章，分为古史篇、文献篇、甲骨篇、青铜器篇、简帛篇、文物考古篇、海外文物篇 7 部分，这些文章均曾在海内外期刊或论文集中发表过，书后附作者自传、作者简历及著述年表。

当代学者自选文库：李学勤集 李学勤著 安徽教育出版社 目录 4 页 自序 5 页 正文 721 页 大 32 开 1999 年 5 月

本书收录作者从历年发表的论著中自选的 70 篇文章，基本涵盖了作者学术生涯中的各个研究领域。书后附录作者小传和主要著作目录。

考古人类学随笔（张光直作品系列） 张光直著 生活·读书·新知三联书店 文 244 页 大 32 开 1999 年 7 月

本书收录作者 20 世纪 80～90 年代撰写的书序、讲演稿、报刊文章及访谈记录等。附录：1. 中国考古学向何处去：张光直先生访谈录（陈星灿），2. 与张光直交谈（海基·菲里）。

安金槐考古文集 安金槐著 中州古籍出版社 文 381 页 插图 63 幅 彩色图版 4 页 黑白图版 12 页 16 开 1999 年 8 月

本书选收作者从事文物考古工作数十年来写作和发表的论文 45 篇，分类编排，包括综述研究、龙山文化和夏文化研究、商文化研究、原始瓷器研究、河南文物研究所四十年发展回顾等 5 个方面的内容。书后附作者编年事迹和著作目录。杨肇清为本书作序。

中国考古学论文集（张光直作品系列）　张光直著　生活·读书·新知三联书店　文445页　插图32幅　表6幅　大32开　1999年9月

本书从作者20世纪50年代以来陆续以中文写作和发表的论文中选出19篇，汇辑成书。本书曾于1995年12月由台湾联经出版事业公司出版。

曾昭燏文集　曾昭燏著　南京博物院编辑　文物出版社　文358页　照片13幅　16开　1999年9月

本书整理和选编曾昭燏的专著和论文30篇，以写作时间为序，分为考古、历史·艺术、博物馆和文学4类，附录曾昭燏论著目录、生平年谱和有关纪念文章。徐湖平为本书作序。

考古与文化　曹兵武著　文物出版社　文203页　32开　1999年9月

本书收录作者对田野考古工作、中国考古学和其他有关问题随感30篇。

洛阳博物馆建馆四十周年纪念文集：1958～1998（洛阳文物与考古）洛阳市文物局、洛阳博物馆编　科学出版社　文270页　16开　1999年9月

本书收录有关洛阳地区文物、考古、历史、博物馆等方面研究的论文32篇。王绣为本书作前言。

耕耘论丛（一）（洛阳文物与考古）　洛阳市文物局编　科学出版社　文274页　插图81幅　16开　1999年10月

本书选编洛阳地区文物考古工作者的有关考古学、博物馆学、石窟寺、考古绘图、文物摄影和技术等方面的论文41篇。马学曾为本书作序。

考古耕耘录：湖南中青年考古学者论文选集　湖南省文物事业管理局编　岳麓书社　文369页　插图133幅　16开　1999年10月

本书收录论文31篇，内容涉及湘资沅澧流域新旧石器时代遗址、湖南商时期文化和出土青铜器、湖南楚墓和楚文化、马王堆汉墓、古窑址的发现和发掘等方面。何介钧为本书作序。

东方博物（第四辑）　浙江省博物馆编　杭州大学出版社　文270

页 16 开 1999 年 11 月

本辑收录有关浙江史前考古、良渚玉器、古陶瓷研究、古文字研究、古窑址调查和文物保护研究方面的论文 38 篇。

浙江文博七十年文萃 浙江省文物局、浙江省博物馆编 浙江大学出版社 文 444 页 插图 172 幅 大 16 开 1999 年 11 月

本书是浙江省博物馆建馆 70 年纪念文集,收录浙江省博物馆(考古部、自然部)研究人员历年发表的论文和国内学者有关浙江古文化研究的论文 50 篇,反映该馆 70 年来学术发展的面貌。毛昭晰为本书作前言。

中国历史暨文物考古研究 傅举有著 岳麓书社 文 395 页 插图 515 幅 16 开 1999 年 11 月

本书选录作者历年来发表于海内外学术刊物中的论文 32 篇,内容涉及历史、考古、文物、工艺、美术等方面。

东南考古研究(第二辑) 香港中文大学中国考古艺术研究中心、厦门大学历史系考古教研室编 邓聪、吴春明主编 厦门大学出版社 文 309 页 插图 123 幅 16 开。 1999 年 12 月

本辑收录考古发掘简报、研究论文和译文 22 篇,包括浙、闽、越等地早期文化的调查发掘新资料、东南考古文化区系类型及其相关的史前社会经济形态复原成果、海洋考古与海交史迹的调查研究、三峡考古的部分收获等内容。还收录郑德坤的旧作《沙捞月考古》(1967)的中译文。

夏商文化论集 陈旭著 科学出版社 序、前言、目录 10 页 文 323 页 照片 1 幅 插图 19 幅 16 开 2000 年 1 月

本书收录作者 1980 年以后发表的有关夏文化、郑州商文化与郑州商城、偃师商城和小双桥遗址及其他问题的研究论文 38 篇。邹衡为本书作序。

香港考古论集 商志醰著 文物出版社 目录、序 5 页 文 356 页 插图 67 幅 16 开 2000 年 3 月

本书辑录作者有关香港考古的发展历程、香港新石器时代考古、史前沙丘遗址考古和青铜时代考古、香港史前考古与生态环境、史前时代居民与族属关系、香港地区窑址等问题研究的论文 19 篇。

学术研究文集：南阳市博物馆建馆四十周年（1959～1999）　南阳市博物馆编　科学出版社　文 257 页　插图 71 幅　彩色图版 4 页（11 幅）　16 开　2000 年 4 月

本书收录南阳地区文物考古工作者撰写的有关南阳地区历史、考古方法与研究、馆藏文物等方面的论文 34 篇。

河南文物考古论集（二）　河南省文物考古学会编　中州古籍出版社　文 376 页　插图 64 幅　16 开　2000 年 5 月

本集收录河南省文物考古学会 1996 年年会论文 63 篇，内容涉及古生物化石、新石器时代文化诸类型、夏文化探索、商文化研究、古城古国、汉画艺术、科技考古、陶瓷、古钱币、石刻、古建筑和文物保护等方面。

鲁西文博论丛　陈昆麟主编　齐鲁书社　文 576 页　大 32 开　2000 年 5 月

本书收录山东聊城地区文物工作者撰写的考古发掘与研究、文物调查、文物保护、历史地理等方面的论文 65 篇。

海岱区先秦考古论集　高广仁著　科学出版社　文 341 页　插图 104 幅　16 开　2000 年 7 月

本书收录作者有关海岱区考古的研究论文 23 篇，分为 6 部分：1. 海岱区先秦考古综论，2. 北辛文化、大汶口文化研究，3. 海岱龙山文化、岳石文化研究，4. 海岱区商、周、秦考古研究，5. 专题研究，6. 文化与环境关系的考古学研究。

东北古族古国古文化研究　张碧波、王绵厚、王禹浪著　黑龙江教育出版社　3 册　文 426 页、文 339 页、文 289 页　大 32 开　2000 年 8 月

本书收《朝鲜箕氏考》、《契丹族文化渊源杂考》、《东北古代夫余部的兴衰及王城变迁》和《黑龙江溯源》等 80 多篇文章。

文化的馈赠——汉学研究国际会议论文集（考古学卷）　北京大学中国传统文化研究中心编　北京大学出版社　文 348 页　大 16 开　2000

年 8 月

本书是庆祝北京大学百年华诞而召开的汉学研究国际会议论文集（考古学卷）。收录论文和提要 43 篇，其中关于史前考古研究方面论文 14 篇。

夏鼐文集（上、中、下）（考古学专刊甲种第二十六号） 夏鼐著 中国社会科学院考古研究所编辑 社会科学文献出版社 3 册 上册（文 433 页 插图 58 幅 照片 8 页 黑白图版 24 页）、中册（文 508 页 插图 160 幅 黑白图版 20 页）、下册（文、英文目录 442 页 插图 80 幅 黑白图版 6 页） 16 开 2000 年 9 月

全书收录作者的论著和论文 140 余篇，分为六编：考古学通论和考古学史、中国史前时期考古研究、中国历史时期考古研究、中国科技史的考古研究、中外关系史的考古研究及外国考古研究、历史学论著及其他文字。多数论文曾公开发表。卷首有"夏鼐先生传略"，卷末附"夏鼐先生学术活动年表"。

奋发荆楚，探索文明：湖北省文物考古研究论文集 湖北省文物考古研究所编著 陈振裕主编 李天元、杨权喜副主编 湖北省科学技术出版社 文 283 页 16 开 2000 年 9 月

本书是湖北省文物考古研究所建所 10 年纪念论文集，收录论文 28 篇，其中多数文章此前已发表过。陈振裕为本书作前言。

史前研究（2000） 西安半坡博物馆编 三秦出版社 文 689 页 插图 192 幅 16 开 2000 年 9 月

本集收录各地考古工作者有关史前文化研究和遗址博物馆的论文 63 篇。

中国考古学跨世纪的回顾与前瞻：1999 年西陵国际学术研讨会文集 张忠培、许倬云主编 科学出版社 序、目录 10 页 文 393 页 插图 72 幅 16 开 2000 年 10 月

西陵研讨会由中国文物研究所、河北省文物研究所和香港中文大学历史系等单位合办。本书收录会议论文 32 篇，分为"回顾与展望"、"理论和方法的探讨"和"专题研究"三部分。许倬云、张忠培为本书作序，

张忠培作后记。

苏秉琦先生纪念集 宿白主编 科学出版社 文 205 页 照片 32 页 16 开 2000 年 10 月

本书收录苏秉琦逝世后，国内外发来的唁函和唁电、悼念和纪念文章、反映苏秉琦学术活动的照片、苏秉琦年谱和论著目录。

考古学研究（四） 北京大学考古学系编 科学出版社 文 519 页 插图 208 幅 黑白图版 16 页 16 开 2000 年 10 月

本辑收录有关新石器、商周、秦汉、隋唐各时代考古的研究论文 18 篇，涉及居址、墓地、古文字、瓷窑、玉石器等方面，还有 3 处遗址的调查发掘报告。

考古学论文集：外一种（二十世纪中国史学名著） 夏鼐著 河北教育出版社 2 册 文 763 页 肖像、手迹、书影 3 幅 大 32 开 2000 年 12 月

本书收录 20 世纪 60 年代结集出版的《考古学论文集》、70 年代出版的《考古学和科技史》，附录《中国文明的起源》等 5 篇著述。王世民为本书作前言。书后辑有"夏鼐著述要目"。

东方文明之韵：吴文化国际学术研讨会论文集 徐湖平主编 岭南美术出版社 文 335 页 插图 159 幅 彩色图版 8 页（36 幅） 大 16 开 2000 年 12 月

本书收录考古发掘简报和论文 45 篇，探讨吴国历史、吴文化与周邻文化交流与融合、吴国物质文化成就，附录：吴文化周围地区相关田野考古资料和研究论述、吴文化研究要事纪略。陆九皋为本书作序。

四川大学考古专业创建四十周年暨冯汉骥教授百年诞辰纪念文集 四川大学历史文化学院考古学系编 四川大学出版社 文 454 页 插图 143 幅 照片 6 幅 手迹 2 幅 彩色图版 3 幅 16 开 2001 年 3 月

本书收录《冯汉骥先生考古学论文集》中未收论文 9 篇，另附张勋燎的文章"冯汉骥先生师门从学考古记"以及四川大学考古专业历届校

友的论文 26 篇。

三门峡考古文集：庆祝三门峡市文物工作队建队 15 周年 许海星、杨海青主编 中国档案出版社、时代（远东）出版社 文 360 页 照片、彩色图版 16 页（55 幅） 16 开 2001 年 3 月

本书收录三门峡市文物工作者撰写的考古学、历史学、博物馆学、文物保护等领域的论文 83 篇。

苏秉琦与当代中国考古学 宿白主编 科学出版社 文 721 页 插图 249 幅 16 开 2001 年 6 月

本书收录论文 51 篇，分为 4 组，分别是：苏秉琦学术思想研究、考古学文化区系研究、区系理论指导下的专题研究、中国文明起源研究。宿白为本书作序。

岭南考古论文集（一） 中山大学岭南考古研究中心编 张镇洪主编 岭南美术出版社 文 179 页 插图 25 幅 大 16 开 2001 年 6 月

本辑收录岭南考古及相关问题的多学科研究论文 22 篇。

华南考古论集（广东省文物考古研究所论丛） 徐恒彬著 科学出版社 文 300 页 插图 73 幅 彩色图版 2 页 黑白图版 8 页 16 开 2001 年 6 月

本书收录作者论文 34 篇，论及华南地区古代民族、岭南青铜文化和古代文明、宝镜湾岩画、秦平岭南、南越王赵佗、广东汉代农业生产、俚人铜鼓等专题。

许顺湛考古论集 许顺湛著 中州古籍出版社 文 446 页 插图 19 幅 16 开 2001 年 8 月

本书收录作者论文 54 篇，内容涉及史前文化社会性质的探讨、夏商文化研究、炎黄文化和龙文化研究、考古学与博物馆学研究。张忠培为本书作序。

汪宁生论著萃编 汪宁生著 云南民族出版社 2 册 文 1589 页 16 开 2001 年 8 月

本书汇编作者已出版的《民族考古学论集》、《古俗新研》、《中国西南民族历史与文化》、《文化人类学论集》、《云南沧源岩画的发现与研

究》、《云南考古》、《铜鼓与南方民族》和《文化人类学调查》等著作 8
种。

夏商周青铜文明探研　李先登著　科学出版社　文 335 页　插图 66
幅　图版 2 页　16 开　2001 年 9 月

本书收录作者有关中国古代文明起源与夏商周文化、青铜器、古文
字研究的论文 40 篇。严文明为本书作序。

深圳文博　深圳市博物馆编　王璧、杨耀林主编　人民出版社　文
230 页　大 16 开　2001 年 11 月

本书是深圳市文博研究论文集。涉及史前考古、史学研究、学术论
坛、文博工作等多个方面。

广东省文物考古研究所建所十周年文集　广东省文物考古研究所编
岭南美术出版社　文 428 页　图版 32 页　大 16 开　2001 年 11 月

本书收录了广东省文物考古研究所以及原广东省文物工作队文物考
古工作者撰写的考古论文、报告、计算机在田野考古上的应用，以及古
建筑、近现代革命史迹等方面的文章 32 篇。

河北省考古文集（二）　河北省文物研究所编　北京燕山出版社　文
563 页　插图 295 幅　黑白图版 12 页　彩色图版 12 页　16 开　2001 年 12 月

本书为河北省文物研究所建所 20 周年纪念文集，收录发掘简报和论
文 43 篇。附录该所 1981～2001 年田野考古资料及论述目录索引。

文物研究（第十三辑）　文物研究编辑部编　黄山书社　文 452 页
彩色图版 8 页　16 开　2001 年 12 月

本书收录文章百余篇，其中史前研究文章 7 篇。

古俗新研　汪宁生著　敦煌文艺出版社　文 383 页　插图 137 幅　32
开　2001 年 12 月

本书收录作者利用考古学和民族学资料研究中国古代社会史、文化
史的论文 17 篇。

重写学术史　李学勤著　河北教育出版社　文 441 页　32 开　2002

年 1 月

本书收录作者 1998 年、1999 年发表的 98 篇文章,严格按写作时间编排,文集的主线是对学术史的探索。

莒文化研究文集 中国先秦史学会、政协莒县委员会编 山东人民出版社 文 690 页 插图 99 幅 图版 14 页 大 32 开 2002 年 2 月

本书收录曾内部印行的《莒文化研究专辑》(一)、(二)中的论文和 2000 年"莒文化专题研讨会"上提交的论文,共 59 篇。

闽豫考古集 欧谭生著 海潮摄影艺术出版社 文 331 页 彩色图版 8 页 16 开 2002 年 3 月

本书内容包括:河南信阳发现两批春秋铜器、罗山高店春秋铜器、福建先秦史研究若干问题等近 50 篇文章。

石璋如院士百岁祝寿论文集:考古、历史、文化 宋文薰、李亦园、张光直主编 台北南天书局 文 612 页 插图 100 幅 照片 23 幅 16 开 2002 年 4 月

书中收录考古学论文 20 篇、历史与文化研究论文 14 篇。附"石璋如先生著作目录"。

古代文明(第 1 卷) 北京大学中国考古学研究中心、北京大学古代文明研究中心编 文物出版社 文 468 页 插图 164 幅 图版 10 页 16 开 2002 年 4 月

本卷收录中国古代文明研究论文 13 篇,田野发掘报告 1 篇,西方古代文明研究论文 1 篇。严文明为本书作"发刊辞"。

四海为家:追念考古学家张光直 三联书店编 生活·读书·新知三联书店 文 358 页 照片、手迹 64 页 大 32 开 2002 年 5 月

本书辑录回忆和悼念文章 34 篇。附录:张光直作品目录。

南京大学历史系考古专业成立三十周年纪念文集 蒋赞初主编 天津人民出版社 文 490 页 插图 232 幅 大 16 开 2002 年 5 月

本文集收录南京大学历史系考古专业教师和历届毕业生的论文 62 篇,多数文章为新作。

揖芬集:张政烺先生九十华诞纪念文集 《张政烺先生九十华诞纪

念文集》编辑委员会编　社会科学文献出版社　文778页　黑白图版27幅　16开　2002年5月

本文集为纪念张政烺先生九十华诞，收录论文80余篇，时代包括史前至近代。

文博研究（第二辑）　潍坊市文博学会编　戴维政主编　文物出版社　文402页　大32开　2002年7月

本书是潍坊市文博学会主编的文博研究论文集，书中收录论文多篇，时代从史前到近代。

陕西历史博物馆馆刊（第九辑）　周天游主编　三秦出版社　文350页　16开　2002年7月

本辑共收录研究性论文60余篇，研究范围从史前至明清，并附书讯若干。

古史的考古学探索　俞伟超著　文物出版社　文372页　插图146幅　16开　2002年7月

本书选收作者的44篇论文（其中35篇是1990年以后发表的），内容包括考古学研究所涉及的人类历史进程中一些理论问题、新石器时代晚期至秦汉两晋的考古学研究、长江三峡与成都平原的古文化研究、东北和西北地区出土文物的研究、秦汉至魏晋时期日本古坟与中国古文化影响的关系等。附录：俞伟超学术工作概况。

追寻中华古代文明的踪迹：李学勤先生学术活动五十年纪念文集　文集编委会主编　复旦大学出版社　文523页　插图121幅　照片10幅　16开　2002年8月

文集中收录中外学者的59篇论文，内容涉及甲骨文、金文、简牍帛书、古代史、考古学等研究领域。附录：李学勤学术编年和论著目录。

齐鲁文博：山东省首届文物科学报告月文集　谢治秀主编　齐鲁书社　文620页　大32开　2002年8月

本书是山东省首届文物科学报告月文集。全书分史前考古、商周考古、汉代考古、艺术考古、专题综论、文物研究、文物科技等部分。

宿白先生八秩华诞纪念文集　《宿白先生八秩华诞纪念文集》编辑

委员会编 文物出版社 2 册 文 755 页 插图 305 幅 图版 14 幅 16 开 2002 年 9 月

本书收录论文 34 篇，内容以中国历史考古学为主。卷首辑有宿白先生学术论著目录。

长江文化论丛（二） 《长江文化论丛》编辑部 贺云翱主编 中国社会出版社 文 217 页 32 开 2002 年 10 月

本辑收录关于长江流域古代文化的考古学、历史学研究论文 18 篇，其中包括长江流域新石器时代玉器研究等论文。另有书评 4 篇。

边疆考古研究（第 1 辑）：中国北方长城地带青铜时代考古国际研讨会论文集 吉林大学边疆考古研究中心编著 朱泓主编 科学出版社 文 368 页 插图 154 幅 16 开 2002 年 10 月

本辑收录 2001 年"中国北方长城地带青铜时代考古国际研讨会"上提交的论文 32 篇。

上海博物馆集刊（第九期） 上海博物馆集刊编辑委员会编 上海书画出版社 文 693 页 16 开 2002 年 12 月

本辑是上海博物馆建馆五十周年特辑，收录文章 55 篇。其中史前研究主要涉及太湖地区史前文化等相关内容。

辛勤耕耘：宜昌博物馆二十年纪念文集 宜昌博物馆编著 科学出版社 文 473 页 16 开 2002 年 12 月

本书是宜昌博物馆文物考古工作者的论文选集，其内容包括考古类，文博类和其他方面的论文 63 篇，考古学论文涉及自原始社会至隋唐时代的多方面研讨文章。主要反映三峡的历史与文化，特别是巴、楚文化的内容，文博类论文则对民族文物的保管、建档、陈列展览等方面进行了论述，另有关于三峡航运史等方面的文章。

北京文物与考古（第五辑） 北京市文物研究所编 北京燕山出版社 文 325 页 插图 110 幅 彩色图版 36 幅 大 16 开 2002 年 12 月

本辑收录 5 篇考古调查发掘简报和 33 篇论文。

考古随笔 陈星灿著 文物出版社 文 292 页 32 开 2002 年 12 月

本书是作者在考古实践中的随笔集。考古的目的是重建历史，历史的重建需要多方面资料的整合。作者在田野考古发掘过程中，发现一些不易为人重视的问题，探幽发微，结合民族志、古代文献、国外考古学的资料等，对这些问题做了初步的札记性的工作，希望引起大家的关注，以使未来的中国上古史更丰满。

夏文化论集（北京大学古代文明研究中心学术丛书之二）　郑杰祥编　文物出版社　2 册　文 868 页　插图 94 幅　16 开　2002 年 12 月

本书收录各个时期有关夏文化研究的代表性论文 60 余篇，以发表时间为序编排，基本体现夏文化探索的历程。邹衡为本书作序，郑杰祥撰写前言。附录：夏文化研究论著目录索引。

21 世纪中国考古学与世界考古学——纪念中国社会科学院考古研究所成立 50 周年大会暨 21 世纪中国考古学与世界考古学国际学术研讨会论文集　中国社会科学院考古研究所编　中国社会科学出版社　文 695 页　大 16 开　2002 年 12 月

本书是"21 世纪中国考古学与世界考古学国际学术研讨会"论文集。收入论文 51 篇，研究内容包括史前考古、文明起源与夏商周考古、汉唐考古、专题与区域考古、外国考古、科技考古以及 21 世纪中国考古学的发展方向等方面。

中国考古学（英文版，第二卷，2002）　考古杂志社编　刘庆柱主编　中国社会科学出版社　文 284 页　插图 429 幅　大 16 开　2003 年 1 月

本卷收录发掘简报、研究论文、会议纪要 44 篇，编为"论坛"、"专题研究"、"科技考古"、"考古调查与发掘"及"学术信息"等 5 组，反映 2002 年度中国考古学界的新成果。

史前与古典文明（第三届国际汉学会议论文集：历史组）　臧振华主编　台北中研院历史语言研究所　文 220 页　插图 18 幅　32 开　2003 年 2 月

本届会议历史组分"华南、台湾与东南亚的史前史"与"古典文明"

两个组。本书"史前部分"收录刘益昌、吴春明、邓聪分别撰写的 3 篇论文。

中原文物考古研究（大象考古文库：1） 河南省文物考古学会编 大象出版社 文 439 页 16 开 2003 年 2 月

本书遴选河南省文物考古学会 2000 年郑州年会上提交的 83 篇论文，内容涉及新石器时代考古、夏商周考古、古代墓葬、古代建筑、墓志石刻、瓷器等方面。

耕耘论丛（二） 洛阳市文物局编 科学出版社 文 434 页 插图 73 幅 16 开 2003 年 2 月

本辑收录洛阳市文物考古工作者撰写的考古学、博物馆学、石窟寺、墓志及考古技术等方面的论文 65 篇。

考古学的理论与研究 陈淳著 学林出版社 文 739 页 32 开 2003 年 3 月

本书选编作者 20 世纪 90 年代以来发表的 44 篇文章，内容涉及考古学理论、考古学方法论、石器时代考古、农业起源、文明与国家起源等专题。

青藏高原古代文明 汤惠生著 三秦出版社 文 541 页 插图 168 幅 32 开 2003 年 3 月

作者将以往发表的探讨青藏高原史前文化、彩陶、岩画、佛教艺术的 19 篇论文结集出版。

古代文明（第 2 卷） 北京大学中国考古学研究中心、北京大学震旦古代文明研究中心编 文物出版社 文 538 页 插图 193 幅 图版 8 页 16 开 2003 年 6 月

本卷收录"聚落演变与早期文明国际学术研讨会"上提交的论文 6 篇、其他专题的考古学研究论文 16 篇，以及 3 篇周原遗址 1999 年和 2001 年的调查发掘报告。

考古学研究（五）：庆祝邹衡先生七十五寿辰暨从事考古研究五十年论文集（北京大学考古学丛书） 北京大学考古文博学院编 科学出版社 2 册 文 1052 页 插图 182 幅 照片 56 幅 16 开 2003 年 7 月

本辑收录中外学者的 70 篇论文，编为"述评"、"新石器时代"、"夏商时代"、"周代"和"其他"5 部分。卷首收录邹衡自述："我与夏商周考古学"。卷末附"邹衡先生主要学术事迹编年"和"邹衡先生发表论著简目"。宿白为本书作序。

辽宁考古文集 辽宁省文物考古研究所编 辽宁民族出版社 文 314 页 插图 184 幅 图版 32 页 16 开 2003 年 7 月

本书收录辽宁省文物考古研究所同仁撰写的考古调查发掘简报 11 篇、研究论文 12 篇。郭大顺以"我对东北文化区的认识"一文代序。

中国古代文明十讲（名家专题精讲系列，第二辑） 李学勤著 复旦大学出版社 文 270 页 32 开 2003 年 8 月

本书论述的内容包括：中国古代文明研究、古代文明的发展过程、考古学与古代文明、文字起源研究与古代文明、甲骨学与古代文明、青铜器研究与古代文明、简帛学与古代文明、古代文明与区域文化研究、古代文明与多学科交叉研究、古代文明与学术史。附录：从最新发现看古代文明。

郑州文物考古与研究（一） 郑州市文物考古研究所编著 张松林主编 科学出版社 2 册 文 1623 页 插图 1049 幅 彩色图版 18 页 黑白图版 56 页 16 开 2003 年 9 月

本书回顾郑州文物考古工作，汇编考古调查和发掘简报 91 篇，收录考古学理论探讨与研究的论文 44 篇。书中多数文章此前已发表过。

孙作云文集：美术考古与民俗研究（河南大学学人文丛） 孙作云著 河南大学出版社 文 690 页 大 32 开 2003 年 9 月

本文集收录作者 1935～1978 年论文 44 篇。其中涉及新石器时代考古研究的有中国古代器物纹饰中所见的动植物、彩陶花纹中的人头像等。

华夏文明的形成与发展：河南省文物考古研究所建所五十周年庆祝会暨华夏文明的形成与发展学术研讨会论文集 河南省文物考古研究所编 大象出版社 文 364 页 插图 41 幅 彩色图版 9 页 16 开 2003 年 10 月

本次会议于 2002 年 7 月在郑州召开。本书收录 43 篇论文，涉及考古

学理论与方法、史前考古、夏商周考古、汉唐考古、环境考古等方面。

南京博物院文物博物馆考古文集 徐湖平主编 文物出版社 文796页 大16开 2003年10月

本书选收南京博物院学者历年来发表的考古学、文物研究、历史学、文化史论、博物馆学、文物保护方面的论文89篇，反映建院70年来的学术发展历程。

南粤文物考古集 莫稚著 文物出版社 文527页 插图216幅 16开 2003年11月

本书辑录作者有关广东和香港考古的各类文章60篇，分为"综合论述"、"史前考古"、"古陶瓷研究"、"古建筑研究"、"造像及石刻"和"近现代史研究"等6个专题。

燕秦文化研究：陈平学术文集（北京市文物研究所文物与考古系列丛书） 陈平著 北京燕山出版社 文434页 插图100幅 大16开 2003年11月

本书辑录作者历年发表的55篇论文，内容涉及燕文化研究、铜器、简牍与古文字研究、史前文化与古史传说研究、北京史地与文物古建研究等方面。

东南考古研究（第三辑） 厦门大学人文学院历史系考古教研室、香港中文大学中国考古艺术研究中心编 邓聪、吴春明主编 厦门大学出版社 文396页 插图133幅 黑白图版12页 16开 2003年12月

本辑收录38篇论文和书评，分5个专题编排：田野报告、石器专论、东南研究、周邻关系、学术评论。

中国考古学（英文版，第三卷，2003） 考古杂志社编 刘庆柱主编 中国社会科学出版社 文198页 插图286幅 大16开 2003年12月

本卷收录发掘简报、研究论文28篇，编为"考古新发现"、"考古调查与发掘"和"专题研究"等3组，反映2003年度中国考古学界的新成果。

邯郸考古文集　邯郸市文物保护研究所编　新华出版社　文 932 页　插图 979 幅　图版 121 幅　16 开　2004 年 1 月

本书汇编已发表的有关邯郸古代文化的考古调查、发掘简报和研究论文，共 80 篇。

北方考古论文集　田广金、郭素新著　科学出版社　文 382 页　插图 170 幅　16 开　2004 年 3 月

本书收录作者的 20 篇论文，分为 3 组：1、石器时代—青铜时代考古学研究；2、北方畜牧—游牧民族的考古学研究；3、区域性聚落考古和环境考古学方面的探讨。

桃李成蹊集：庆祝安志敏先生八十寿辰（中国考古艺术研究中心专刊，十二）　邓聪、陈星灿主编　香港中文大学中国考古艺术研究中心　文 412 页　插图 207 幅　照片 8 幅　16 开　2004 年 3 月

本书收录中外学者的 37 篇论文，内容涉及东亚大陆、东南亚、欧亚草原的考古学研究。卷首有安志敏先生年谱和著作目录。

华南考古（一）　广东省文物考古研究所、广州市文物考古研究所、深圳博物馆编　文物出版社　文 304 页　插图 138 幅　彩色图版 16 页　16 开　2004 年 4 月

本辑收录广东省文物考古工作者撰写的 16 篇论文和 8 篇考古调查发掘简报。内容涉及华南地区旧石器文化、新石器时代遗址、青铜时代文化、百越民族史、秦汉以后考古、水下考古与丝绸之路等方面。

粤港考古与发现　区家发著　三联书店（香港）有限公司　文 287 页　插图 125 幅　彩色图版 8 幅　16 开　2004 年 4 月

本书收录作者历年来发表的论文 11 篇、参与编写的调查发掘简报 11 篇。

考古学：追寻人类遗失的过去　曹兵武著　学苑出版社　文 234 页　插图 89 幅　16 开　2004 年 5 月

本书介绍考古学的基本理论和方法、考古学家的工作、现代科技在考古学中的应用前景、当前考古学研究中关注的热点问题。

湖南考古（2002）　湖南省文物考古研究所、湖南省考古学会合编

岳麓书社　2册　文686页　插图350幅　图版4页　16开　2004年5月

本辑收录考古发掘简报25篇、论文17篇。

边疆考古研究（第二辑）　吉林大学边疆考古研究中心编　科学出版社　文457页　插图133幅　16开　2004年5月

本辑收录29篇论文和3篇调查发掘报告，内容涉及中国边疆地区的古代人类、古代环境与文化、考古学理论与方法的探讨。

广西考古文集　广西壮族自治区博物馆编　文物出版社　文386页　插图316幅　彩色图版4页　图版20页　16开　2004年5月

本书收录广西文物考古工作者撰写的考古调查发掘报告和简报17篇，收录对该地区考古课题进行研究探讨的文章10篇。

巴蜀考古论集（巴蜀文化研究丛书）　林向著　四川人民出版社　文384页　插图56幅　32开　2004年6月

书中收录作者19篇论文，探讨殷墟周原卜辞中的"蜀"与成都平原考古学文化相对应而形成巴蜀文化区、蜀与夏文化亲缘关系，讨论古蜀文明的特征，论述巴蜀文化区的民族、古今交通和文化交流。

广西博物馆文集（第一辑）　广西博物馆编　黄启善主编　广西人民出版社　文239页　插图28幅　16开　2004年6月

本辑收录论文33篇，内容涉及文物考古、史学、文物保护、崖画、民族学、民俗学、博物馆学等领域。

大考古：考古·文明·思想　中国文物报社编　曹兵武、孙秀丽选编　济南出版社　文310页　插图127幅　16开　2004年6月

书中汇集曾发表在《中国文物报》《文物天地》中的54篇文章，介绍国内外考古学热点话题、理论方法和技术手段、考古学家，以及考古工作的进展。

庆祝张忠培先生七十岁论文集　吉林大学边疆考古研究中心编　科学出版社　文603页　插图173幅　照片54幅　16开　2004年7月

本书收录论文42篇，内容涉及考古学理论与方法、中国考古学史、史前考古、历史考古、博物馆学和文物保护等方面。卷首有张忠培先生

主要论著目录。

东北文物考古论集　刘国祥著　科学出版社　文430页　插图213幅
16开　2004年7月

本书收录作者有关新石器时代至青铜时代考古研究的29篇论文，编
为4个论述单元：考古学研究、玉器研究、青铜器研究、域外考古。

中国古都研究（第十五辑）　中国古都学会、新郑古都学会编　三
秦出版社　文321页　32开　2004年8月

本辑收录1998年中国古都学会第十五届年会暨新郑古都与中原文明
学术研讨会上提交的32篇论文。

中国古都研究（第十九辑）：文明起源与城市发展研究　何一民、王
毅、蒋成主编　四川大学出版社　文398页　32开　2004年8月

本辑收录"长江上游城市文明起源学术研讨会暨中国古都学会2002
年学术年会"上提交的论文30篇、论文摘要20篇。

先秦考古探微　印群著　人民日报出版社　文387页　插图22幅
32开　2004年8月

书中收录作者的9篇论文，内容涉及黄河中下游和北方地区东周时
期葬制、葬俗和社会等级制度等方面，对龙山文化鲁东南类型、夏商周
社会形态等问题提出自己看法。殷玮璋为本书作序。

史前研究（2002）　西安半坡博物馆编　三秦出版社　文558页
插图126幅　16开　2004年9月

本辑收录72篇论文，内容涉及史前考古、文化艺术、民族民俗、原始
信仰、田野实践、史前遗址博物馆等方面。附：慕容捷主编的《张光直先
生作品目录》。

中国考古学（英文版，第四卷，2004）考古杂志社编　刘庆柱主编
中国社会科学出版社　文195页　插图241幅　16开　2004年10月

本卷收录洹北商城的报告2篇、济南大兴庄甲骨等考古新发现介绍4
篇、广西南宁豹子头遗址等调查与发掘简报12篇、湖北应城门板湾遗址
聚落围壕与围墙等专题研究论文8篇。

从清华园到史语所：李济治学生涯琐记　李光谟著　清华大学出版

社　文 358 页　插图 78 幅　照片 9 幅　32 开　2004 年 10 月

本书是《锄头考古学家的足迹》一书的增订版。

北京文物与考古（第 6 辑）　北京市文物研究所编　民族出版社
文 339 页　插图 184 幅　16 开　2004 年 10 月

本辑收录考古调查发掘简报 11 篇、研究论文 22 篇。

胶东考古研究文集　烟台市文物管理委员会、烟台市博物馆编　王
锡平主编　齐鲁书社　文 456 页　插图 104 幅　16 开　2004 年 11 月

本书收录有关胶东地区史前文化、岳石文化、东夷文化研究的论文
44 篇。附录：1. 苏秉琦 1978 年有关烟台考古工作的谈话；2. 1987 年胶
东考古座谈会的发言记录。

西安文物考古研究：西安市文物保护考古所成立十周年纪念　西安
文物保护考古所编　孙福喜主编　陕西人民出版社　文 450 页　插图 110
幅　彩色图版 6 页　16 开　2004 年 11 月

本书收录 41 篇论文，分为 7 组：考古学探索、文物研究、古史探微、
遗址调查报告、地方史研究、文物保护修复技术、文物管理工作。孙福
喜、程林泉为本书撰文，回顾建所十年的考古工作。

东方考古（第 1 辑）　山东大学东方考古研究中心编　科学出版社
文 449 页　插图 105 幅　图版 8 页　16 开　2004 年 12 月

本辑收录 30 篇论文，内容涉及中国东方地区和东亚地区考古学文化
谱系、相关文献、社会发展及文明化进程等方面。此外还收录 1 篇山东
章丘小荆山遗址的发掘报告。

东亚古物（A 卷）　南京师范大学文博系编　王仁湘、汤惠生主编
文物出版社　文 333 页　插图 119 幅　16 开　2004 年 12 月

本卷收录 21 篇论文，大致分为 4 组：史前考古、青铜文化、农业起
源、考古学理论。另有重庆市万州胡家坝汉魏墓葬发掘报告 1 篇。

**浙江省文物考古研究所学刊（第六辑）：第二届中国古代玉器与传统
文化学术研讨会专辑**　浙江省文物考古研究所编　杭州出版社　文 209 页
插图 128 幅　彩色图版 8 页　16 开　2004 年 12 月

本次会议 2003 年在杭州召开。本书所录提交会议的玉器研究论文 22

篇。费孝通写前言《中国古代玉器与中华民族多元一体格局》。

古代文明（第 3 卷）　　北京大学中国考古学研究中心、北京大学震旦古代文明研究中心编　文物出版社　文 490 页　插图 207 幅　图版 6 页　16 开　2004 年 12 月

本卷收录 17 篇论文，论述聚落考古、陶寺文化谱系、礼制遗存与礼乐文化、古文字、环境与文明起源、小屯东北地建筑基址等问题。此外还收录 2 篇发掘简报。

考古学、民族学的探索与实践　　何力编　四川大学出版社　文 277 页　插图 46 幅　16 开　2005 年 1 月

本书收录四川大学历史系考古专业 1978 级同学的 17 篇文稿，内容涉及中国西部地区考古学与民族学研究、汉唐时期文物考古资料的研究、民族文化遗产的研究等方面。

故宫学刊（2004 年，总第一辑）　　故宫博物院编　李文儒主编　紫禁城出版社　文 595 页　插图 204 幅　16 开　2005 年 1 月

本辑收录 18 篇论文，内容涉及中国新石器时代考古、玉器、造像、书画、瓷器、清宫典籍、藏传佛教绘画等方面。

边疆考古研究（第三辑）　　吉林大学边疆考古研究中心编　朱泓主编　科学出版社　文 398 页　插图 214 幅　彩色图版 12 页　16 开　2005 年 3 月

本辑收录考古调查发掘报告和研究论文 24 篇，内容涉及中国边疆地区的古代人类、古代环境与文化、考古学理论和方法等方面。

中国古代文明研究　　李学勤著　华东师范大学出版社　文 443 页　16 开　2005 年 4 月

本书收录作者 2000～2003 年间撰写的 108 篇文章，内容涉及甲骨学研究、青铜器研究、战国文字研究、简帛学研究、年代学研究、文明起源研究、学术史研究。

李学勤文集（中国社会科学院学术委员文库）　　李学勤著　上海辞

书出版社 文 517 页 插图 12 幅 32 开 2005 年 5 月

本书收录作者的 70 篇文章，内容涉及古代文明、史前与传说时期、夏商周、甲骨文、金文、战国文字、简牍帛书。

黄盛璋先生八秩华诞纪念文集 陕西师范大学、宝鸡青铜器博物馆主办 中国教育文化出版社 文 450 页 插图 53 幅 16 开 2005 年 6 月

本书收录古文字学、历史地理学等方面的论文 50 篇。附录：黄盛璋论著目录。

四川历史考古文集 徐鹏章著 四川大学出版社 文 276 页 插图 199 幅 16 开 2005 年 6 月

本书收录作者撰写的历史考古文章 13 篇、考古调查报告 3 篇、考古发掘简报 10 篇、译文 2 篇。

中国考古学：九十年代的思考 张忠培著 文物出版社 文 380 页 插图 106 幅 16 开 2005 年 7 月

本书收录作者的 31 篇著述，多发表于 20 世纪 90 年代，辑为四组：一、苏秉琦与中国考古学、中国考古学的回顾与前瞻，二、考古学的文化分期、序列和谱系，三、中国古代文明的起源、形成和走向秦汉帝国的道路，四、人与自然的关系。

广西博物馆文集（第二辑） 广西博物馆编 黄启善主编 广西人民出版社 文 341 页 插图 52 幅 照片 8 页 16 开 2005 年 8 月

本辑收录论文 43 篇，内容涉及文物考古研究、考古调查和发掘、文物、铜鼓、崖画、文物保护、民族学、博物馆工作等方面。

安金槐先生纪念文集 河南省文物考古研究所编 大象出版社 文 405 页 插图 48 幅 彩色图版 24 页 16 开 2005 年 10 月

本书收录怀念文章 33 篇、研究论文 26 篇、安金槐生平和年谱、唁电唁函。研究论文的内容涉及夏商文化、王城岗遗址、二里头遗址、郑州商城等专题。

新世纪的中国考古学：王仲殊先生八十华诞纪念论文集 中国社会科学院考古研究所编 科学出版社 文 1065 页 插图 392 幅 16 开 2005 年 10 月

本书收录 58 篇论文，内容涉及史前文化谱系、聚落与农业起源、商周青铜器与古文字、汉唐都城与宫殿、宗教与中西交通、科技考古等领域。

再现昔日的文明：东方大港宁波考古研究 林士民著 上海三联书店 文 506 页 插图 264 幅 图版 56 页（237 幅）16 开 2005 年 11 月

本书汇辑作者的 41 篇文章，内容涉及宁绍地区考古、古代港口城市宁波、瓷器与海上丝绸之路、中外文化交流等方面。

长江文化议论集（长江文化研究文库：综论系列） 季羡林、陈昕编选 湖北教育出版社 2 册 文 944 页 插图 81 幅 32 开 2005 年 11 月

本书是对长江流域文化的研究论文集，时间从史前到近代。

浙江省文物考古研究所学刊（第七辑） 浙江省文物考古研究所编 杭州出版社 文 560 页 插图 476 幅 彩色图版 4 页 16 开 2005 年 11 月

本辑收录一批 20 世纪 50～60 年代写成的、未正式发表的考古调查发掘简报，另有 1986 年杭州老和山汉墓发掘报告、1987 年湖州杨家埠古墓葬发掘报告。

湖南省博物馆馆刊（第二期） 陈建明主编 岳麓书社 文 521 页 插图 322 幅 彩色图版 14 页（66 幅） 16 开 2005 年 12 月

本期收录 68 篇论文，编为五个专题：马王堆汉墓研究、考古发现与研究、文物研究与鉴赏、历史文化研究、博物馆学研究。

文物研究（第十四辑） 安徽省文物考古研究所、安徽省考古学会主办 杨立新主编 黄山书社 文 564 页 插图 519 幅 彩色图版 4 页 16 开 2005 年 12 月

本辑收录文物考古新发现、古建筑、古陶瓷、古文字、文物科技、文物藏品等方面的论文、调查发掘简报、学术消息 103 篇。

中国考古学（英文版，第五卷，2005） 考古杂志社编 刘庆柱主编 中国社会科学出版社 文 238 页 插图 317 幅 16 开 2005 年 12 月

本辑收录专题报道 4 篇、调查与发掘报告 16 篇、各类研究论文 12

篇。

上海博物馆集刊（第十期） 上海博物馆编 上海书画出版社 文439 页 插图 538 幅 彩色图版 11 页 16 开 2005 年 12 月

本期收录上海博物馆青铜器、陶瓷、书画、工艺、考古等部门研究人员撰写的论文 28 篇。

周口文物考古研究 秦永军、李全立主编 中州古籍出版社 文388页 彩版 32 页 16 开 2005 年 12 月

本书汇集了研究文章 50 余篇，包括《周口大汶口文化与龙山文化初探》、《从考古勘查探索鹿邑太清宫遗址的早期概况》、《陈国文化觅踪》等。

传薪有斯人：李济、凌纯声、高去寻、夏鼐与张光直通信集 李卉、陈星灿编 生活·读书·新知三联书店 文 286 页 插图 20 幅 32 开 2005 年 12 月

书中收录李济致张光直书信 34 通、凌纯声致张光直书信 58 通、高去寻致张光直书信 21 通、夏鼐致张光直书信 46 通、张光直致夏鼐书信 33 通。陈星灿为本书撰写前言。

中国古代文明探索：庆祝李民先生 70 寿辰论文集 《庆祝李民先生70 寿辰论文集》编委会编 中州古籍出版社 文349 页 16 开 2006 年1 月

本书收录论文 39 篇，内容包括学术述评、文明起源与形成、夏商考古与历史、两周史、西汉至宋代史等。

广西考古文集（第二辑）：纪念广西考古七十周年专辑 广西壮族自治区文物工作队编 科学出版社 文576 页 插图 296 幅 彩版 16 页16 开 2006 年1 月

本辑收录综述 8 篇、报告 13 篇、论文 14 篇，总结 70 年来广西在旧石器时代、新石器时代、先秦两汉以及岩洞葬、崖壁画、铜鼓、古玻璃等领域的研究成果。

跋涉续集：北京大学历史系考古专业七五届毕业生论文集　《跋涉续集》编辑委员会编　文物出版社　文377页　插图91幅　16开　2006年1月

本集收录北京大学历史系考古专业七五届毕业生论文38篇。李伯谦为本书作序。

二十一世纪的中国考古学：庆祝佟柱臣先生八十五华诞学术文集　中国社会科学院考古研究所编　文物出版社　文926页　插图293幅　16开　2006年2月

本书收录佟柱臣先生传略、著作目录和56篇史前考古、商周考古、秦汉考古、科技考古方面的论文。刘庆柱为本书作序。

岭南考古研究（五）　中山大学岭南考古研究中心编　张镇洪主编　香港考古学会出版　文260页　插图87幅　16开　2006年2月

本辑收录27篇论文和香港西贡黄地峒遗址的发掘资料。

河洛文化论丛（第三辑）　洛阳市历史文物考古研究所编辑　中州古籍出版社　文467页　插图40幅　32开　2006年2月

本辑收录洛阳地区文物考古工作者撰写的33篇论文，内容涉及古代都城、石刻墓志、河图洛书等。郭引强撰写前言，朱绍侯、徐苹芳分别为本书作序。

文明起源与夏商周文明研究　张国硕著　线装书局　文316页　插图25幅　16开　2006年3月

本书收录作者论文40篇，分五部分：研究方法、文明起源与形成、夏代文明、商代文明、周代文明。

边疆考古研究（第四辑）　吉林大学边疆考古研究中心编　朱泓主编　科学出版社　文379页　插图138幅　图版24页　16开　2006年3月

本辑收录22篇论文，内容涉及中国边疆地区的古代人类、古代环境与文化、考古学理论与方法。另有1篇书评和1篇吉林前郭查干吐莫辽墓的发掘报告。

新世纪的考古学：文化、区位、生态的多元互动　许倬云、张忠培

主编　紫禁城出版社　文 573 页　插图 138 幅　插表 42 幅　16 开　2006 年 4 月

2003 年台北中研院历史语言研究所主办"海峡两岸考古学者第三次学术会议"。主题是"文化、区位、生态的多元互动"。本书收录提交会议的 25 篇论文，探讨史前文化与区位、环境的关系，研究古代城市、史前玉器、青铜文化。许倬云、张忠培分别为本书作序。

东方考古（第 2 集）　山东大学东方考古研究中心编　科学出版社　文 456 页　插图 185 幅　表 15 幅　图版 9 页　16 开　2006 年 4 月

本集收录研究论文 23 篇、考古调查和发掘报告 3 篇，内容涉及中国东方地区和东北亚地区考古学文化谱系、相关文献、社会发展和文明化进程等方面。

李京华文物考古论集　李京华著　中州古籍出版社　文 228 页　插图 88 幅　表 7 幅　照片 4 页　16 开　2006 年 4 月

本书收录作者历年发表的文章 42 篇，内容涉及龙文化与皇帝文明、登封王城岗夏代遗址及相关问题、古代冶金技术、古代制陶技术、古代采水技术等方面。张文彬、许顺湛、孙新明分别为本书作序。

巴蜀文化研究（第三辑）：巴蜀文化研究新趋势国际研讨会论文集　段渝主编　四川出版集团巴蜀书社　文 292 页　插图 90 幅　表 11 幅　16 开　2006 年 5 月

四川师范大学巴蜀文化研究中心 2005 年主办"巴蜀文化研究新趋势国际研讨会"。本辑收录会议论文 26 篇，编为九组：一、总论，二、国家文明与起源，三、考古研究，四、青铜器研究，五、巴蜀史地研究，六、民族研讨，七、宗教文化，八、文化交流与比较，九、其他。

甘肃博物馆学术论文集　甘肃省博物馆编　俄军主编　三秦出版社　文 519 页　插图 200 幅　彩版 16 页（44 幅）　16 开　2006 年 5 月

本辑收录 69 篇论文，编为八组：博物馆管理、考古发掘与研究、简牍学研究、佛教与敦煌学研究、文物文献研究、历史研究、文物科技与标本化石、博物馆陈列。

尹达集（中国社会科学院学者文选） 尹达著 中国社会科学院科研局组织编选 中国社会科学出版社 文463页 32开 2006年6月

本书以《新石器时代》为基础，增补散见于各报刊的其他文章，收录考古报告和论文10篇，历史学论文10篇，评述、悼念文章和序言、后记等，共计28篇

附录一：照林与侯家庄1001大墓（石璋如），附录二刘耀先生考古的五大贡献（石璋如），作者论著目录，作者生平年表。

文物考古与探索发现 王善才著 科学出版社 文238页 照片24页 16开 2006年6月

本书收录作者的43篇文章，内容涉及远古人类、"野人"考察、古代巴人、楚文化、赤壁考察、文化保护等方面。

华夏文明论集 王克林著 山西人民出版社 文348页 插图65幅 16开 2006年7月

本书收录作者的33篇文章，内容涉及华夏文明起源、夏商周三族源流、晋文化、戎狄文化、北朝文化东徙等方面。

李济文集 李济著 张光直主编 李光谟执行副主编 上海人民出版社 5卷 16开 2006年8月

卷一：中国人类学，古史研究一般序20页、文456页、照片16幅，其中有李济的博士论文《中国民族的形成——一次人类学的探索》和演讲集《中国文明的开始》的中译本；

卷二：石器时代史，西阴村发掘，城子崖发掘，安阳殷墟发掘，文481页，照片、图版27幅，收录有关石器时代史的论著以及李济参加和领导的几次重要考古发掘的报告，如《西阴村史前的遗存》、《安阳》；

卷三：殷墟陶器研究，石、玉、骨器研究，小屯及豫北等铜器研究文693页，照片、图版8幅，其中收有《殷墟器物甲编：陶器（上辑》；

卷四：殷墟铜器研究，殷商文化研究，文628页，照片、图版16幅；

卷五：学术论谈，序跋致辞，学事忆旧，书文评介，未译论著，早年文录，李济先生学行纪略，文489页，照片16幅。

川大史学：考古学卷 霍巍主编 黄伟副主编 四川大学出版社

文 696 页 32 开 2006 年 8 月

本书收录曾执教于四川大学的多位学者的考古学研究代表作 32 篇，以纪念四川大学建校 110 年。

长江文化论丛（第四辑） 南京大学文化与自然遗产研究所编 贺云翱主编 中国文史出版社 文 316 页 插图 20 幅 32 开 2006 年 9 月

本书设考古发现与研究、文化遗产研究、区域历史与文化、文物学研究、博物馆学研究等栏目。

李宇峰考古文集 李宇峰著 中国社会出版社 文 382 页 16 开 2006 年 9 月

本书收录作者的 60 篇文章，内容涉及新石器时代考古发现与研究、战国至汉晋考古发现与研究、辽代墓葬与城址、辽代考古研究、辽塔及塔铭研究、金元明考古发现、农业考古等方面。

山西省考古学会论文集（四） 山西省考古学会、山西省考古研究所编 山西人民出版社 文 322 页 插图 72 幅 图版 23 页 16 开 2006 年 9 月

本书收录 2005 年"山西省考古学会第五届年会"上提交的论文 52 篇，内容涉及山西史前考古、晋文化考古和北朝考古等方面。

北京平谷与华夏文明：国际学术研讨会论文集（2005）（夏商周文明研究，七） 中国殷商文化学会、平谷区人民政府编 王宇信、秦刚、王云峰主编 社会科学文献出版社 文 392 页 插图 46 幅 照片 6 帧 16 开 2006 年 9 月

本书收录论文 49 篇，内容涉及平谷建置与平谷地区古文化、黄帝文化与平谷轩辕黄帝陵、上宅文化研究、刘家河商代遗址与青铜文化研究、夏商周文明研究。此外，收录悼念邹衡先生文章 7 篇，会议纪要 2 篇。

西部考古（第一辑）：纪念西北大学考古专业成立五十周年专刊 西北大学考古学系、西北大学文化遗产与考古学研究中心编 三秦出版社 文 510 页 插图 182 幅 表 52 幅 16 开 2006 年 10 月

本辑收录 4 篇回忆西北大学考古专业发展历程的文章和 44 篇历届毕业生撰写的论文。

河南文物考古论集（四） 河南省文物考古学会编 大象出版社 文 421 页 插图 8 幅 16 开 2006 年 10 月

本书收录 76 篇论文，内容涉及考古学文化的探讨、出土文物研究、古代建筑的考察与保护修缮、文化遗产的保护等方面。

中国古代文明研究与学术史：李学勤教授伉俪七十寿庆纪念文集 江林昌等主编 河北大学出版社 文 544 页 插图 54 幅 表 23 幅 16 开 2006 年 11 月

本书收录 61 篇论文，内容涉及甲骨文、青铜器、简牍文字、古文献学、考古学等方面。

中国考古学（英文版，第六卷，2006） 《考古》杂志社编 刘庆柱主编 中国社会科学出版社 文 194 页 插图 280 幅 16 开 2006 年 12 月

本卷收录考古调查和发掘简报 15 篇、研究论文 11 篇。

考古学研究（六）：庆祝高明先生八十寿辰暨从事考古研究五十年论文集（北京大学考古学丛书） 北京大学考古文博学院编 科学出版社 文 586 页 插图 112 幅 表 16 幅 照片 8 页 16 开 2006 年 12 月

本卷收录有关古文字、商代考古、青铜器、漆器方面的论文 38 篇。另有 2 篇论述高明在古文字研究方面的成就。

边疆考古研究（第五辑） 吉林大学边疆考古研究中心编 朱泓主编 科学出版社 文 363 页 插图 147 幅 彩版 4 页 16 开 2006 年 12 月

本辑收录考古发掘简报 4 篇、研究论文 22 篇，内容涉及中国边疆地区的古代人类、古代环境与文化、东北亚地区考古等。

中国考古学与瑞典考古学：第一届中瑞考古学论坛文集 中国社会科学院考古研究所、瑞典国家遗产委员会考古研究所编 科学出版社 文 222 页 插图 143 幅 表 7 幅 16 开 2006 年 12 月

2005 年，中国社会科学院考古研究所与瑞典国家遗产委员会考古研究所在北京共同主办"中国—瑞典考古学论坛"。本书收录中、瑞学者在论坛上的演讲和报告 18 篇，内容涉及史前考古、都城考古、聚落考古、

文明起源研究、青铜器和铁器起源研究、冶金考古、家畜和农作物起源研究、环境考古、体质人类学、田野数字建档等方面。正文后附录本次论坛纪要。刘庆柱和本特·约翰松分别为本书作序。白云翔撰写后记。

法国汉学（第十一辑）：考古发掘与历史复原　《法国汉学》丛书编辑委员会编　陈星灿、米盖拉主编　中华书局　文404页　插图167幅　图版21幅　16开　2006年12月

本辑收录中外学者的26篇文章，编为四组：一、对中国考古的贡献，二、欧亚非考古与文明，三、"历史、考古与社会"中法学术系列讲座，四、法国远东学院在东南亚的部分考古工作简介。卷首是米盖拉的"致读者"，卷尾有陈星灿所做"后记"。

性别研究与中国考古学（北京大学震旦古代文明研究中心学术丛书之十二）〔美〕林嘉琳（Katheryn M. Linduff）、孙岩主编　科学出版社　文289页　插图92幅　表47幅　图表13幅　16开　2006年12月

本书译自《Gender and Chinese Archaeology》，收录12位曾在美国匹兹堡大学工作和学习过的学者所撰写的有关中国考古学中性别研究的论文，分为新石器时代、商代、周代、汉代四部分，从墓葬、聚落、文物、文献等方面，探讨性别差异所反映的社会现象，侧重女性在社会中所起的作用。李伯谦、许倬云为中译本作序。

巴蜀文化暨三峡考古学术研讨会文集（中国先秦史学会区域历史文化丛书）　中国先秦史学会、西南师范大学历史文化学院编　黎小龙主编　西南师范大学出版社　文211页　插图33幅　16开　2006年12月

本书收录由中国先秦史学会与西南师范大学等单位联合举办的"巴蜀文化暨三峡考古学术研讨会"提交的多篇论文。主要围绕巴蜀文化与三峡考古两大议题展开。

川大史学：冯汉骥卷　冯汉骥著　张勋燎、白彬编　四川大学出版社　文524页　插图123幅　32开　2006年12月

本卷收录冯汉骥中文著述33篇、英文著述9篇。附：冯汉骥论著系年目录，冯汉骥小传。

古代文明（第5卷）　北京大学中国考古学研究中心、北京大学震

旦古代文明研究中心编　文物出版社　文 394 页　插图 149 幅　表 10 幅
彩版 16 页　图版 12 页　16 开　2006 年 12 月

　　本卷收录研究论文和调查发掘报告 22 篇，内容涉及早期陶器、文明
起源、国家起源、文字起源、周公庙遗址的调查和研究、商周史、玉器
纹饰、郑州太子岗遗址的调查、山西浮山桥北遗址商周墓的发掘等。

　　西南天地间：中国西南的考古、民族与文化（中国文化中心讲座系
列）　霍巍著　香港城市大学出版社　文 279 页　插图 106 幅　　32 开
2006 年

　　本书是作者 2004 年在香港城市大学开设"西南考古文化"系列讲座
的记录稿。

　　九十四年台湾考古工作会报报告集　"国立"台湾史前文化博物馆
等编　文 502 页　有插图、图版　16 开　2006 年 3 月

　　本书为 2006 年 3 月在"国立"台湾史前文化博物馆国际会议厅召开
的"2005 年台湾考古工作会报"论文集。

（三）　工具书

　　东北新石器时代文献要目　佟柱臣编　油印本　1949 年 8 月　16 开
文 14 页

　　目录：前言，一、论文；二、单行本：A. 报告书，B. 概论书，C.
纪行书；三、西文

　　该书收录的是 1949 年前东北地区新石器时代文献目录。内分论文、
单行本，西文三部分，按时间先后顺序编排，供研究东北新石器文化参
考。

　　中国史前考古学书目（燕京学报专号之二十三）　安志敏著　燕京
大学出版社　1951 年 6 月　16 开　文 126 页

　　目录：序；凡例；中、日文书籍期刊简称表；西文书籍期刊简称表；
书目：通论，地域，其他，中日文著者引得，西文著者引得

该书收录了 1950 年前约 40 余年间有关中国史前考古学方面的中、日、英文书目。所收资料分地域，依发表年代之先后排列，是一本研究中国新石器时代考古的必要参考书。

中国史学论文索引　共四册　上、下编　中国科学院历史研究所第一、二室及北京大学历史系合编　科学出版社　1957 年 6 月　大 16 开上编文 421 页　下编文 791 页；第 2 版，中国社会科学院历史研究所编中华书局　1979 年　16 开　上册文 331 页　下册文 753 页

该书搜罗了 3 万多篇论文，索引是研究中国历史的工具书，其中包括最近 50 多年来的 1300 余种定期刊物。上编第三类中国考古学（古器物学）论文，其中第二部分为石器时代考古资料；第 2 版，分上、下两册，是 1957 年版的续编。收录了 1937 ~ 1949 年国内发表的史学论文目录，上册第四项考古学，第二部分为石器时代资料。

东北考古论著目录（草稿）　中国科学院考古研究所编　1965 年 2 月　16 开　文 90 页

目录：一、一般论著，二、旧石器时代，三、新石器时代，四、铜器时代（附西周），五、战国时代，六、汉魏晋，七、高句丽，八、渤海

该目录汇集了 1965 年以前有关东北的考古论著，并附录了朝鲜民主主义人民共和国考古论著目录：东北部分，断限至渤海；朝鲜民主主义人民共和国部分，断限至高句丽。所收地域包括辽宁、吉林、黑龙江三省及河北省北部，内蒙古自治区东部等有关地区。

中国古代史论文资料索引（1949 ~ 1974）　上、中、下三册，附一册，上海复旦大学历史系资料室、四川省哲学社会科学研究所资料室编　内部发行　1975 年 12 月　附册　1978 年 5 月　16 开　上册文 491、中册文 321、下册文 266、附册文 92 页

该索引是研究中国古代史的工具书。上册《总类》，共分 16 个专题，第 13 个专题文化，其中第五节是文物考古资料。中、下册《分类》，按时间顺序编排，收录从原始社会至元明清资料。第一部分是原始社会和石器文化。附册，分补遗、补编之一，勘误表三部分，其中第二部分分

类第一节为原始社会资料。

中国考古学文献目录（1949～1966） 中国社会科学院考古研究所图书资料室编　文物出版社（限国内发行）　1978年12月　文348页16开

目录：书目部分：壹，总类；贰，田野考古资料；叁，考古学分论；肆，考古学专论；伍，美术考古；陆，科学技术；柒，文化生活；捌，历史地理与名胜古迹。报刊资料索引部分：壹，总类；贰，考古学分论；叁，考古学专论；肆，田野考古资料；伍，美术考古；陆，古代科学技术；柒，古代文化生活；捌，宗教遗迹与遗物；玖，少数民族地区考古；壹零，历史地理与名胜古迹；壹壹，中外关系与文化交流。引用期刊、报纸、文集和资料集一览表

该目录包括书目和报刊资料索引两部分。收录文献发表时间为1949～1966年。书目部分，收中国考古学及有关论著共537种；报刊资料索引部分，收文献7000余条，引用期刊184种，报纸50种，论文和资料集39种。论著编排，在各种分类项下，按内容以类相从，以发表时间先后为序；综合研究和专题研究文章的排列，大体上全面性论述在前、专题性探讨在后；调查发掘资料的排列，以地区为纲，地区之下再分时代。

陕西考古学文献目录（1900～1979） 楼宇栋编　陕西省考古研究所　内部交流　1980年　32开　文142页

目录：一、各代考古，二、旧石器时代考古，三、中石器时代考古，四、新石器时代考古，五、商周考古，六、秦汉考古，七、魏晋南北朝考古，八、隋唐考古，九、宋元明清考古，十、名胜古迹、游记，十一、其他

该目录收集了陕西省1900～1979年，总计80年间报刊公开发行的文献资料；同时兼收了部分所见的内部资料。以考古学资料为主，兼收少量与考古学有关的历史地理、名胜古迹、游记等。目录编排，以时代为序。在各时代内，大体按总论、遗址、墓葬、遗物等次序排列。重要的遗址、墓葬、遗物，另立标题。

中国历史学年鉴 中国历史学年鉴编辑组编　年鉴1979年版　生活、

读书、新知三联书店 1980 年 6 月第 1 版 只限国内发行 32 开 文 544 页

该书是一本大型资料性工具书，介绍每年的中国史研究情况和成果。主要内容有：一年史学研究、学术讨论会、新书选介、史学界动态、考古文物新发现、史学研究机构及高等院校历史系简介、书目、论文索引等。每年一册。有关新石器时代考古资料见于：一年史学研究栏，其中一章介绍了当年新石器时代考古研究概况；一年新书选介、论文索引收录有新石器时代及原始社会史方面资料；考古文物新发现报道有当年新石器时代考古的新发现。

文物书目（1956 ~ 1966） 文物出版社 1981 年 32 开 文 193 页

文物书目（1972 ~ 1976） 文物出版社 1981 年 32 开 文 50 页

目录：一、革命文物（墨迹，手稿、纪念图册），二、历史文物（调查、发掘报告、论著、综合性图录、法书、碑帖、绘画、青铜器、陶瓷、织绣、工艺品、石窟、古建筑、知识读物、图片、期刊）

该目录是根据文物出版社 1956 ~ 1966 年期间出版的图书所藏样本编成的。文物书目（1972 ~ 1976）是上书的续编。所收书籍，注明书名、开本、页数、出版年月、定价以及印刷册数，并简单介绍每本书的主要内容。

七十六年史学书目（1900 ~ 1975） 中国社会科学院历史研究所资料室编 中国社会科学出版社 1981 年 4 月 16 开 文 461 页

该目录收录了 1900 ~ 1975 年间中国人著译的史学著作 9000 余种，不包括现代史的著作及地方志书目。书目分上下两编：上编包括史学理论和历史研究法、中国史、世界史、考古学和物质文化史、综合参考 5 章；下编包括经济史、政治史、军事史、史学史、史料学等 15 章。有关新石器时代考古书目见于上编第 4 章。

文物考古学文献目录（1925 ~ 1980） 谢端琚、赵生琛、赵信编 青海人民出版社 1981 年 9 月 32 开 文 72 页

目录：壹，总类；贰，甘肃省；叁，青海省；肆，宁夏回族自治区

该书收编了甘肃、青海、宁夏地区文物、考古学书目与报刊资料目

录。所收文献发表时间主要为 1949～1980 年底；同时也收录了一部分新中国成立前发表的书目。论著资料的编排，在各种分类项下，尽量按内容以类相从，并依发表时间先后为序。报刊资料的编排，以省为纲，在省区之下再分时代，跨越省区的置于总类之后。

浙江地方史论文资料索引（1949～1981） 杭州大学历史系资料室编 1982 年 9 月 32 开 文 252 页

该索引是供浙江地方史教学和研究参考用的工具书，收录了 1949～1981 年全国有关浙江地方史的报刊论文资料篇目约 4500 条。著录内容共分四编。其中有关新石器时代考古的资料在第二编"古代的浙江"。

中国古玉书目 杨建芳编 香港中文大学出版社 1982 年 16 开 文 141 页

目录：序言；凡例；壹：中文玉器书目（一）总论，（二）玉材、产地，（三）琱玉工艺，（四）用途·释名·杂考，（五）发掘出土玉器，（六）传世玉器，（七）博物馆及私家藏玉，（八）古玉图录，（九）现代玉器，（十）玉器纹饰研究，（十一），玉器图籍辑录，（十二）展览目录、图录，（十三）注释、评论，（十四）辞书；贰：日文玉器书目（一）总论，（二）史前玉器，（三）商代玉器，（四）周代玉器，（五）汉代玉器，（六）综合论述，（七）杂考，（八）其他；叁：西文玉器书目 A 部—G 部，H 部—Q 部，R 部—Z 部，Supplement；肆：玉器论著作者索引

该书包括中国古玉文献目录及作者索引两部分。对所收古玉文献予以分类编排，出土古玉按时代、地区列举；作者索引依姓氏或写作单位名称首字之笔画为序，西文以字母为序。书中共收录正式发表目录 2000 余条。

史学论文索引（1979～1981）上、下册 北京师范大学历史系资料室编印 1983 年 6 月 内部发行 16 开 上册文 327 页，下册文 288 页

该索引为教学科研用工具书，收编了 1979～1981 年间国内报刊上发表的史学论文资料题录卡片 2 万余条。上册内容为中国古代史，分总类和分类两大部分。下册收中国近、现代史，世界历史部分文章题录。上

册分类原始社会一章中收录了有关新石器时代考古的文献目录。

1972——1982《文物》《考古》《考古学报》目录索引　郑州大学历史系资料室编印　1983年7月　16开　文312页

目录：一、总类，二、考古学分论，三、考古学专论，四、田野考古资料，五、古代科技，六、美术考古，七、古文化生活，八、民族地区考古，九、历史地理与名胜古迹，十、中外关系与文化交流。

考古200期总目索引（1955年1月至1984年5月）　徐元邦、白云翔编　科学出版社　1984年　16开　文116页

目录：壹，考古学总论；贰，考古学分论；叁，考古学专论；肆，田野考古资料；伍，考古技术与资料；陆，中外关系与文化交流；柒，外国考古；捌，书刊评价；玖，人物传记；壹零，学术活动及动态；壹壹，论著目录；壹贰，论评；壹叁，其他。该索引收录了《考古》（原名《考古通讯》）杂志自创刊以来200期发表的全部论著及资料。所收目录的编排，论著分为十三类，按内容依类相从，依发表先后为序；田野考古资料分省，省区之下再分时代。

湖南考古文献目录（1950～1983）（内部资料）　吴铭生主编　长沙市文物工作队　1984年5月　32开　文82页

目录：一、专著，二、综述，三，石器时代考古，四、商周考古，五、春秋战国考古，六、秦汉考古，七、马王堆汉墓考古，八、魏晋南北朝考古，九、隋唐五代考古，十、长沙铜官窑考古，十一、宋元考古，十二，明清考古

该目录收集湖南省1950～1983年文献考古资料及部分有关论述，以时代为序，按发表时间先后排列。

八十年来史学书目（1900～1980）　中国社会科学院历史研究所编　中国社会科学出版社　1984年10月　16开　文641页

该书目收集1900～1980年中国人著译的史学著作12400余种，包括部分通俗读物。全书分上、下两编，其中上编第四部分是考古学和物质文化史，包含有新石器时代的论著和报告。

中国考古学年鉴　中国考古学会编　文物出版社　1984年12月第1

版 每年一册 32 开；1985～1988 年版，于 1985 年 12 月、1988 年 3 月、1988 年 10 月、1989 年 10 月出版

该书是中国考古学会刊物，反映一年内我国考古发现与研究的基本情况和动态。内容包括考古学研究、考古文物新发现、文物工作、国内外展览、学术会议、对外交流、考古学文献资料目录等。考古学研究部分有一年来石器时代考古研究概况综述；石器时代考古发现见于考古文物新发现部分；文献资料目录中收集有当年出版或发现的有关石器时代考古论著目录。至 1989 年该书已出版 6 册。

湖北文物考古文献目录（1949～1983） 雷鸣编 湖北省文物志编辑室 1985 年 32 开 文 134 页

目录：壹，总述；贰，古遗址；叁，古墓葬；肆，古建筑；伍，遗物；陆，历史地理；柒，名胜古迹；捌，革命文物；玖，文博事业；拾，古生物化石及其他

该目录所收的是 1949～1983 年间发表的有关湖北省文物考古文献资料。书内分总述、古遗址等十个部分，编排顺序，名胜古迹按地区，遗物、文博事业按类别，其他部分，综述在前，分述在后，内容以时代为序，同一内容者，则按发表时间先后排列。

云南文物考古文献目录（1949～1984） 云南省博物馆编 1985 年 32 开 文 229 页

目录：一、考古论述与研究，二、文物考古调查、清理发掘及报导，三、美术考古，四、民族考古与文物，五、近现代文物，六、文物志，七、文博工作，八、专著及评价，九、外文民族考古论著，后记

该目录收集了云南省博物馆资料室收藏期刊中 1949～1984 年间有关云南考古文章，以公开发行报刊为主，兼收部分内部发行刊物，分九部分，按文章发表的先后顺序排列。

江西文物考古文献目录 江西省博物馆、江西省文物工作队编 1985 年 10 月 32 开 文 158 页

目录：一、文物考古工作与文物保护，二、学术动态，三、考古方法和技术，四、考古学论述，五、田野考古报告，六、考古专题，七、

历史地理、名胜古迹

　　该书收编了 1941～1984 年发表的有关江西省文物、考古的文献资料。所收资料，统一编排为七类，类下划分时代或小专题。各类主要按照年代先后为序，同类专题中分中央刊物、地方刊物以发表先后排列。

　　中国北方八省市考古论著汇编（总目）　吉林省社会科学院历史研究所主编　张志立汇编　张璇如、孙进己审编　长春市人民印刷厂　1986年 3 月　16 开　文 126 页

　　目录：序（佟柱臣），编者的话，一、综述，二、分述，三、田野报告及研究，四、岩画，五、名胜古迹与古建，六、其他，七、附录一：未收编日报目录，八、附录二：未收编专著与专题报告书目

　　该书汇编的是 1949～1984 年间中国北方八省、区、市，即北京市、天津市、河北省、山东省、内蒙古自治区、辽宁省、吉林省、黑龙江省发表的考古发掘报告和研究论文。

　　文物 三五〇期总目索引（1950 年 1 月至 1985 年 7 月）　文物编辑委员会编　文物出版社　1986 年 7 月　16 开　文 288 页

　　目录：一、论述及研究，二、考古及文物资料，三、文博、图书馆工作，四、其他

　　该索引收录《文物》自创刊号至第 350 期（1950 年第 1 期至 1958 年第 12 期为《文物参考资料》、1959 年第 1 期起改名《文物》）发表的论著及资料。内容分四部分，篇目以类相从，按发表先后为序。"考古及文物资料"按省区归纳；跨越省区的收入全国性综述中，省区之下再分时代，亦按发表先后为序。

　　中国大百科全书·考古学　中国大百科全书总编辑委员会《考古学》编辑委员会、中国大百科全书出版社编辑部编　中国大百科全书出版社　1986 年 8 月　16 开　文 815 页　彩色图版 80 页　插图 800 幅。

　　书评：1. 我国考古学界的一件大事——《中国大百科全书·考古学》简介　胡人瑞　百科知识 1987 年 2 期第 36 页；2.《中国大百科全书·考古学》卷　边哲　考古　1987 年 3 期第 287 页；3.《中国大百科全书·考古学》卷出版发行　石克　文物报　1987 年 4 月 3 日；4. 读《中国

大百科全书·考古学》卷　　〔日〕町田章　　熊海堂翻译　欧阳忆耘校译
东南文化　1988年3～4期第164页

　　该书为我国第一部大型综合性百科全书，考古卷对我国考古学界的现有研究成果作了全面总结，收条目1000余条。内容包括概论、中国旧石器时代考古、中国中石器时代和新石器时代考古、商周考古、秦汉考古、三国两晋南北朝—明考古、国外考古。文后有中国考古学年表，条目汉字笔画索引，条目外文索引，条目内容索引，以便检索。

　　广西文物考古文献目录　黄启善、陈左眉主编　广西壮族自治区博物馆　1986年　32开　文205页

　　目录：一、综合专著，二、综论，三、古脊椎动物，四、旧石器时代，五、新石器时代，六、古墓葬，七、青铜器，八、钱币、玺印、铜镜，九、古陶瓷、古窑址，十、古代建筑，十一、古代农业，十二、摩崖造像，十三、碑刻，十四、书画，十五、民族文物考古，十六、少数民族服饰、工艺品，十七、近现代史，十八、文博事业，十九、历史地理、名胜古迹，二十、其他文章

　　该书收录1949至1986年6月所发表的有关广西文物考古文献资料及有关学科的文献目录。

　　四川文物考古文献目录（1921至1986年6月）　四川省文物考古研究所资料室编　1986年　32开　文399页

　　目录：一、考古论述，二、考古调查及清理发掘，三、考古专题，四、近现代文物，五、文物科技保护，六、文博工作，七、文物政策、法令、通知，八、名胜古迹及游记，九、历史文化名城——成都，十、化石，十一、专著及评介，十二、其他

　　该目录收集四川省1921至1986年6月文物考古文献资料及若干相关文献，分十二部分，按文献发表先后顺序排列。

　　河南文博考古文献叙录（1913～1985）　河南省博物馆编　1987年3月　16开　文537页

　　目录：一、综论，二、遗址，三、墓葬，四、古建，五、石刻，六、遗物，七、近现代文物，八、科技考古，九、名胜与地名，十、文博事

业

该书收录 1913～1985 年有关河南文博考古方面的专著，全国及地方报刊所刊载的有关文章及少量内部资料，总计 3500 条，65 万余字，每篇文章均有内容提要。所收内容共分十类，每类论述在前，资料在后，按时代顺序排列，同一时代按发表时间先后排列。

文物出版社图书总目（1957～1987） 文物出版社 1987 年 32 开 文 578 页 彩版 14 页

目录：一、革命文物，二、历史文物，三、普及读物，四、小图片，五、期刊、丛刊

该书为纪念文物出版社成立 30 周年而编辑。30 年来，文物出版社共出版图书 1300 余种，10853 万册（部）。总目介绍了出版物书名、开本、页数、出版年月及内容简释等。

贵州文物考古博物馆文献目录（1949～1986） 龚正英编 贵州省社会科学院印刷厂承印 1988 年 6 月 32 开 文 186 页

目录：一、考古学综论，二、考古方法和技术，三、古遗址，四、古墓葬及历史人物墓，五、古建筑、历史纪念建筑及民族建筑，六、革命遗址、遗迹及纪念建筑，七、摩崖、崖画、造像、石雕、碑刻、墓志，八、考古发现与文物研究，九、文博工作与文物保护

该目录收 1949～1986 年间发表的涉及贵州考古、文物研究、文博工作专业文章 2100 多篇。

中国陶瓷文献指南 徐荣编著 轻工业出版社 1988 年 11 月 32 开 文 872 页

书评：一部优秀的文物研究工具书——《中国陶瓷文献指南》介绍 傅振伦 中国文物报 1989 年 9 月 8 日 3 版

目录：一、序，二、编辑说明，三、类目详表，四、《中国陶瓷文献指南》正文，五、附录［（一）引用中文报刊一览表，（二）分析著录中文专著、论文集一览表，（三）引用日文书刊一览表］，六、著者索引

该书是一部检索中国陶瓷文献的工具书。收录清初至 1985 年底 300 年间所发表的关于中国陶瓷方面专著、论文、资料、简报、图版等文献

7893 条，其中以古陶瓷文献为主。该书依中国陶瓷发展史，按时代顺序编排，每个时代前列"综述""概论"，后按专题、地区、分门别类。书中对绝大部分篇目作了内容简介或解题类文字说明。

西北五省（区）考古学文献目录（1900～1986） 楼宇栋、谢端琚、赵生琛、赵信编 青海人民出版社 1989 年 2 月 32 开 文 366 页

书评：《西北五省区考古学文献目录》 古文、吉怀 中国文物报 1990 年 4 月 19 日第 3 版

目录：一、陕西省，二、甘肃省，三、宁夏回族自治区，四、青海省，五、新疆维吾尔自治区。该目录收集西北五省（区）1900～1986 年的考古学文献资料及少量与考古学有关的历史地理、名胜古迹、游记等，编排以时代为序，在各时代内，大体按总论、遗址、墓葬、遗物等次序排列。重要遗址、墓葬和遗物另立标题。

简明陶瓷词典 汪庆正主编 上海辞书出版社 1989 年 11 月 文 276 页 插图 323 幅 彩色图版 8 页 32 开

本词典共收词目 2441 条，包括新石器时代陶器、历代窑口、陶瓷器种类、坯釉原料、成形、窑炉窑具、烧成、器型、装饰技法、纹饰、釉彩、款识、名家、著作及精品珍赏等 15 类。附有《历代窑址分布图》。

中国历史文物常识 齐吉祥编著 山东教育出版社 1989 年 11 月 文 390 页 插图 284 幅 彩色图版 21 幅 大 32 开

本书是一部带有工具书性质的普及读物。全书分为遗址、墓葬、建筑、农业、纺织、冶金、陶瓷、货币、绘画、石刻、天文、四大发明及其他，共 12 类，收列条目 600 余个。

中国考古学年鉴（1989） 中国考古学会编 文物出版社 1990 年 10 月 文 465 页 大 32 开

该书反映 1988 年我国考古发现与研究的基本情况和动态。内容包括考古文物新发现、考古学研究、文物展览、学术动态、对外学术交流、考古教学、考古研究、文博机构一览、考古学文献资料目录等。

中国玉器大全（中国文物大系之一）　艺术家工具编委会主编　台北艺术家出版社　1991 年 1 月　文 436 页　大 32 开

本书为艺术家工具书。中国玉器大全目录：说玉，中国玉器概论，世界各国博物馆收藏的古代玉器图，美国印第安纳波里美术馆收藏的中国玉器，古玉辨，玉器的起源和发展，中国玉器大全图录索引。

考古学辞典　中国大百科全书出版社《考古学辞典》编写组编　知识出版社　1991 年 4 月　文 502 页　插图 133 幅　32 开

本辞典是在《中国大百科全书·考古学》卷的基础上编辑出版的，主要供中等以上文化程度的读者查阅之用。全书共收词条 1622 条。

简明中国文物辞典　中国历史博物馆编　福建人民出版社　1991 年 5 月　文 623 页　32 开

本辞典选收中国古代文物辞条约 3000 条。自史前时期至清代。内容包括各个时期的重要文物、遗址、墓葬等。

中国考古学文献目录（1900~1949）北京大学考古系资料室编　文物出版社　1991 年 7 月　文 382 页　　16 开

本书是一部供查阅有关中国考古学及其相关学科文献的资料工具书，收录 1900~1949 年间国内出版的中文书籍和报刊资料共 8280 条，其中书目 2380 条，论文 5900 条。

中国考古学年鉴（1990）　中国考古学会编　文物出版社　1991 年 9 月　文 521 页　大 32 开

该书反映 1989 年我国考古发现与研究的基本情况和动态。内容包括中国考古学会第七次年会会议情况、考古学研究、考古文物新发现、学术动态、文物展览、对外学术交流、考古教学、考古学文献资料目录等。

台湾地区史前考古文献目录　连照美、宋文薰主编　台湾史前文化博物馆筹备处　1991 年 10 月　文 135 页　16 开

本目录收集 1896~1990 年有关台湾地区史前考古的中、西、日文文献资料 1237 条，包括专著、论文、田野工作报告、书评、书目、翻译、学术消息等。

中国文物鉴赏辞典 高大伦等主编 漓江出版社 1991年12月 文421页 插图1639幅 彩色图版36幅 16开

本辞典收录陶器、瓷器、青铜器、金银器、玉器、漆器、古钱、铜镜、书法、绘画等十类常见文物共1639条（件），每一辞条均由文字和照片组成。使用资料截止于1988年年底。附录文物鉴赏常识和文物藏品定级标准。

汉英文物词汇与图录 孟君编译 高国沛校订 香港两木出版社1991年 文186页 图版424页 大16开

本书收录文物词汇及有关条目5000余条，包括文物综类、陶瓷器、铜器、书画、漆木器、古建园林等15个部分。

中国考古学年鉴（1991） 中国考古学会编 文物出版社 1992年8月 文541页 大32开

该书反映1990年我国考古发现与研究的基本情况和动态。内容包括国家文物局颁布考古发掘资格审定办法、考古发掘团体和发掘领队资格审定公告、考古学研究、考古文物新发现、文物展览、学术动态、对外学术交流、考古教学、考古学文献资料目录等。

汉英考古分类词汇 康昱编 黑龙江科学技术出版社 1992年11月 文485页 48开

本书是一部汉英考古分类辞书，收录考古学及相关学科的专业词汇11400余条。

湖北文物考古文献目录：1984~1992 雷鸣、张征雁编 湖北省志文物志编辑室 1992年 文189页 32开

本书收文献目录2160条。分十个部分编排：一、总述；二、古代遗址；三、古代墓葬；四、古代遗物；五、古代建筑；六、名胜古迹；七、历史地理；八、近现代文物史迹；九、文物保护管理；十、文博事业。

中国大百科全书（文物·博物馆）　中国大百科全书总编辑委员会《文物·博物馆》编辑委员会、中国大百科全书出版社编辑部编　中国大百科全书出版社　1993年1月　文879页　彩色图版80页　16开

本书是一部大型综合性文博工具书。全书分前言、凡例、文物、博物馆、条目分类目录（附彩图插页目录）、正文、条目汉字笔画索引（附繁体字和简化字对照表）、条目外文索引、内容索引（附外国人名译名对照表）等部分。

中国新石器时代考古文献目录：1923～1989　缪雅娟、郭引强、刘忠伏编　科学出版社　1993年12月　文221页　16开

本书收录了1923～1989年间国内公开出版的有关中国新石器时代考古发掘和研究方面的中文书籍、报刊资料，兼收部分内部资料及若干相关学科的文献。图书部分共收有关论著237种；报刊资料部分共收文献4851条，引用期刊425种，报纸53种。

中国考古学年鉴（1992）　中国考古学会编　文物出版社　1994年　文539页　大32开

该书反映1991年我国考古发现与研究的基本情况和动态。内容包括考古学研究、考古文物新发现、文物展览、学术动态、对外学术交流、考古教学、考古学文献资料目录等。

陕西考古学文献目录（四）：1987—1991　王学理、雷玉英编　陕西省考古研究所　1994年　文354页　32开

本辑收录1987～1991年五年间的考古学文献目录。分34个专题，大致划分为"综述"、"各代考古"和"杂类"三个部分，其中有关西汉景帝阳陵园考古发现的文献，后续到1993年初。

中国墓葬文献目录（中国墓葬研究书系）　叶骁军编　甘肃文化出版社　1994年5月　文143页　16开

本书为中国各时期墓葬研究文献的目录，收录年代从史前至明清。

民国时期总书目（1911～1949）：历史·传记·考古·地理（上、下

册） 北京图书馆编 书目文献出版社 1994年8月 目次10页 文 969页 索引119页 16开

书中第717~748页为"文物考古"部分，收录图书300种。

中国新石器时代资料集成（全五册） 罗二虎编 〔日〕京都大学 东南アヅアセンター（东南亚中心）1995年1月 五册 各文508页、 510页、638页、603页、680页 16开

本书收录1949~1993年正式发掘过的中国新石器时代遗址，以及少量试掘或调查的中国新石器时代遗址的资料。资料来源为有关考古学专业杂志和田野考古报告集，依行政区域和文化的基本性质分为五册

第一册：以稻作为主的区域，即长江中、上游部分地区和岭南地区、云贵高原等区域；第二册：以稻作为主的区域和个别以旱作为主的区域，即长江下游、长江中游部分地区，淮河中下游部分地区和东南沿海等区域；第三册：以旱作为主的区域，即黄河下游和中游部分地区、燕山以南一带；第四册：以旱作为主的区域，即黄河中游部分地区；第五册：以旱作为主的区域和以狩猎采集为主的区域。 罗二虎为本书撰写文章"中国新石器时代的文化区系与分期"。

中国考古学年鉴（1993） 中国考古学会编 1995年6月 文物出版社 文447页 大32开

该书反映1992年考古新发现及考古学研究成果与现状。内容包括考古学研究、考古文物新发现、文物展览、学术会议、对外学术交流、考古教学及考古学文献资料目录等。

中国文物精华大辞典·陶瓷卷 彭卿云、耿宝昌等著 上海辞书出版社、商务印书馆（香港）有限公司 1995年9月 文510页 彩色图版1565幅 特大16开

本卷收录全国各地博物馆收藏的陶瓷精品1565件，其中一部分是首次发表，每件文物均有文字说明。附：陶瓷器基本常识名词解释。

中国文物精华大辞典·金银玉石卷 彭卿云、史树清等编著 上海

辞书出版社、商务印书馆（香港）有限公司 1995 年 12 月 文 507 页
彩色图版 1200 幅 特大 16 开

本卷收录全国各地博物馆收藏的文物精品 1467 件，涉及石器、玉
器、铁器、石刻、砖瓦、金银器、甲骨、简牍、印玺、牙骨器、料器、
漆木器、织绣、货币、文献拓片、杂项（如文房四宝、钟表、景泰蓝）
等 16 大门类，每件文物均有文字说明。附：金银玉石基本常识名词解
释。

中国考古学年鉴（1994） 中国考古学会编 文物出版社 1997 年
1 月 文 471 页 大 32 开

该书综述 1993 年考古新发现及考古学研究成果与现状。内容包括考
古学研究、考古文物新发现、文物展览、学术会议、对外学术交流、考
古教学及考古学文献目录等。

中国考古集成：东北卷（东亚文库） 孙进己、冯永谦、苏天钧主
编 北京出版社 1997 年 1 月 全 20 卷 文 16372 页 大 16 开

1. 卷 综述（一）张志立、孙海、张春霞编，2. 卷 综述（二）张
志立、孙海、张敬军编，3. 卷 旧石器时代 张志立、杨新平、张岩编
4. 卷 新石器时代（一）孙海、蔺新建、清格勒编，5. 卷 新石器时代
（二）孙海、李晓钟、石篯编，6～20 卷 为青铜时代至元明清。

河南文博考古文献叙录（1986～1995） 河南博物院编 孙传贤主
编 中州古籍出版社 1997 年 7 月 文 649 页 16 开

本书编辑 1986～1995 年文物考古研究的图书和论文文献题录 3800
条。按内容分为综论、遗址、墓葬、古建筑、石刻、遗物、近现代文物、
科技考古、名胜与地名、文博事业等部分。

河南新石器时代田野考古文献举要（1923～1996） 河南省文物考
古研究所编 方燕明编著 中州古籍出版社 1997 年 11 月 文 201 页
16 开

本书为文摘形式的文献题录，汇编散见于各种期刊、报纸中的考古

调查、发掘报告和简报，各篇后均附"编者记"。全书分作三部分：一、河南新石器时代考古概述；二、田野考古资料举要；三、田野考古资料索引。杨育彬为本书作序。

中国考古学年鉴（1995） 中国考古学会编 文物出版社 1997年12月 文463页 大32开

该书综述1994年考古新发现及考古学研究成果与现状。内容包括考古学研究、考古文物新发现、文物展览、学术会议、对外学术交流、考古教学及考古学文献目录等。

中国纹样词典 郭廉夫等主编 张朋川等撰稿 天津教育出版社 1998年1月 文343页 彩色图版30幅 16开

本辞典是专门介绍中国古代器物装饰纹样的工具书。

中国古陶瓷图典 《中国古陶瓷图典》编辑委员会编 冯先铭主编 耿宝昌、杨根副主编 文物出版社 1998年1月 文469页 彩色插图480幅 16开

本书是一部关于中国古陶瓷的历史、技术与鉴赏的专业工具书。所设词目共1603条。书中所涉及的内容，截至1996年底以前发表的资料。

中国考古学文献目录（1971～1982） 中国社会科学院考古研究所资料信息中心编 文物出版社 1998年6月 目录15页 正文406页 16开

本书是《中国考古学文献目录》（1949～1966）的续编，收录1971～1982年全国各地（台湾省和港澳地区除外）出版的中国考古学文献。结构上仍按原体例编排，其中收录论著500余种，报刊文献7000余条。

《文物》五○○期总目索引（1950.1——1998.1） 文物编辑部编 文物出版社 1998年6月 文444页 16开

本书收录《文物》自创刊号至第500期（1950年第1期～1958年12期为《文物参考资料》，1959年第1期起改名《文物》）的全部篇目。全

书分四部分：一、论述及研究，二、考古及文物资料，三、文博、图书馆工作，四、知识介绍及其他。

中国考古学年鉴（1996）　中国考古学会编　文物出版社　1998 年 6 月　文 479 页　大 32 开

该书综述 1995 年考古新发现及考古学研究成果与现状。内容包括考古学研究、考古文物新发现、文物展览和学术动态、对外学术交流、考古教学、考古学文献资料目录等方面。并收录 1990～1995 年全国十大考古新发现名单。

英汉·汉英文化考古词典　吉林大学《英汉·汉英文化考古词典》编写组编　韩兴华主编　外文出版社　1998 年　文 623 页　32 开

本书是一部文物考古方面的双语工具书，收录名词、术语 13000 余条，书后有"中国重要考古发现（1898～1994）"等 13 项附录。

云南文物古迹博览　熊正益主编　中国画报出版社　1999 年 11 月文 264 页　大 16 开

本书以地域为分类，介绍了云南重要古迹，其中包括野石山新石器时代遗址。

中国考古学年鉴（1997）　中国考古学会编　文物出版社　1999 年 12 月　文 474 页　大 32 开

本书总结和报道 1996 年中国考古学研究动态、考古文物新发现、文物展览和学术动态、对外学术交流、考古教学，刊载年度考古学文献资料目录。

江苏文物古迹通览（江苏文物丛书）　唐云俊主编　束有村副主编上海古籍出版社　2000 年 4 月　文 389 页　彩色图版 16 页（63 幅）16 开

本书收录江苏省境内各级各类文物保护单位的条目 2625 条，分为古遗址、古墓葬、古建筑、石刻铸塑、近现代重要史迹及代表性建筑等5类。

中国考古学年鉴（1998） 中国考古学会编 文物出版社 2000年9月 目录14页 正文448页 大32开

本书综述1997年我国考古学研究成果与进展，报道各地文物考古新发现，文物展览和学术动态、对外学术交流、考古教学，刊载年度考古学文献资料目录。

中国文物大典·1：铜器、陶器、石器、玉器 王然主编 孙华、李水城、李宗山、古方分类主编 中国大百科全书出版社 2001年1月 文739页 大16开

本书共三册，内容包括铜器、陶器、石器、玉器、瓷器、骨牙角蚌器、竹木器、漆器、铁器、金银器、玻璃器、纺织品、钱币、绘画、书法、雕塑、古建筑17类，基本涵盖了中国古代文物的各个方面，为一部权威性的大型文物工具书。

中国考古学文献目录：1983～1990 中国社会科学院考古研究所资料信息中心编 文物出版社 2001年3月 目录26页 文1080页 16开

本书对1983～1990年间中国内地、香港和台湾地区发表的23000余种考古学著作和论文加以汇辑。

中国考古学年鉴（1999） 中国考古学会编 文物出版社 2001年5月 文526页 大32开

本书总结1998年中国考古学研究成果，报道1998年全国文物考古新发现，介绍文物展览和学术交流、考古教学等情况，刊载1998年发表的考古学文献资料目录。

考古研究所编辑出版书刊目录索引及概要（考古学专刊乙种第三十四号） 考古杂志社编 四川大学出版社 2001年5月 文375页 16开

本书为中国社会科学院考古研究所主办的《考古》《考古学报》《考

古学集刊》和中国考古学专刊的篇目索引和书目概要。时间跨度自创刊至 2000 年。附著者索引。

中国考古学年鉴（2000） 中国考古学会编 文物出版社 2002 年 4 月 文 480 页 大 32 开

本书总结和报道 1999 年中国考古学研究动态、考古文物新发现、文物展览和学术动态、考古教学等情况，刊载年度考古学文献资料目录。

中国考古学年鉴（2001） 中国考古学会编 文物出版社 2002 年 12 月 文 538 页 大 32 开

本书综述 2000 年中国考古学研究动态，介绍田野发掘工作和考古新发现、文物展览和学术交流活动、考古教学，刊载本年度考古学文献资料目录。

中国考古学年鉴（2002） 中国考古学会编 文物出版社 2003 年 10 月 文 614 页 32 开

本书综述 2001 年中国考古学研究动态，介绍田野发掘工作和考古新发现、文物展览和学术交流活动，考古教学等情况，刊载本年度出版的考古学文献资料目录。

中国文明起源研究要览（考古学专刊乙种第三十七号）中国社会科学院考古研究所、中国社会科学院古代文明研究中心编 文物出版社 2003 年 12 月 文 496 页 16 开

本书收集、摘编有关中国文明起源研究的论文、论著近 800 篇（部），将其归纳编排为 5 个方面：1. 宏观研究和理论探索；2. 专题研究；3. 区域研究；4. 与文明起源有关的古史研究；5. 成果评介和回顾。

中国古玉研究文献指南 赵朝洪主编 科学出版社 2004 年 1 月

文 362 页　16 开

本书收录截至 2000 年的中国出土玉器和玉器研究的文献资料，包括考古报告、图录、研究论著、日文文献和西文文献。

中国考古学年鉴（2003）　中国考古学会编　文物出版社　2004 年8 月　文 646 页　32 开

本书综述 2002 年中国考古学研究新成果，报道考古文物新发现、文物展览和学术交流活动等，辑录 2002 年考古学书目、考古学论文资料及西方出版中国考古学书目（1900～2000）。

中国考古学年鉴（2004）　中国考古学会编　文物出版社　2005 年8 月　目录 15 页　文 658 页　32 开

本书综述 2003 年中国考古学研究成果，报道 2003 年考古文物新发现、学术和教学动态、对外学术交流等情况，辑录 2003 年考古学文献资料目录。

汉英文物考古词汇　王殿明、杨绮华编译　紫禁城出版社　2005 年10 月　文 512 页　16 开

本书收录 26 类汉英对照词汇：文物考古、古墓葬、古建筑、宫殿园林、明清宫廷、明清职官、青铜器、陶瓷、玉器、书法、古代碑刻、绘画、织绣、漆器、古代家具、宫廷器物、古玺印、古乐器、古书籍、科技文物、宗教、博物馆、重点文物保护单位、世界遗产在中国、中国历史年表。

中国考古学年鉴（2005）　中国考古学会编　文物出版社　2006 年8 月　目录 14 页　文 651 页　32 开

本书综述 2004 年中国考古研究成果，报道 2004 年文物考古新发现、文物展览、学术动态、对外学术交流、考古教学等情况，辑录 2004 年考古学文献资料目录。

（四） 图录

彩陶　中国科学院考古研究所绘图室编　朝花美术出版社　1955 年 2 月　32 开　文 5 页　图版 26 页

书评：评《彩陶》一书　马承源　考古通讯　1955 年 6 期　第 72 ～ 76 页　附《彩陶》一书编绘者的来信

目录：仰韶文化中的彩陶图案，彩色版，仰韶文化彩陶：甘肃仰韶文化半山期彩陶，甘肃仰韶文化马厂期彩陶；单色版，仰韶文化彩陶：甘肃仰韶文化彩陶，甘肃仰韶文化半山期彩陶，甘肃仰韶文化马厂期彩陶，辛店文化彩陶。该书为普及本，较为系统地向读者介绍了一些祖国早期艺术品的面貌。

浙江新石器时代文物图录　浙江省文物管理委员会、浙江省博物馆编　浙江人民出版社　1958 年 5 月　8 开（线装本）　解说 28 页　附录 7 页　图版 96 页

书评：评《浙江新石器时代文物图录》　饶惠元　考古　1959 年 2 期第 112 ～ 113 页

目录：序一（夏鼐），序二（浙江新石器时代文物图录编辑委员会），浙江新石器时代文化遗址介绍：一、吴兴钱山漾新石器时代文化遗址，二、杭县良渚新石器时代文化遗址，三、杭州老和山新石器时代文化遗址，四、瑞安山前山新石器时代文化遗址，五、淳安进贤石铜并用时代文化遗址，六、其他各地发现的新石器时代文化遗址与遗存，七、结语。该图录选编的是 5 年来浙江省新石器时代文化发掘和调查采集所得的文物。

江苏省出土文物选集　南京博物院、南京市文物保管委员会、江苏省文物管理委员会、江苏省博物馆合编　文物出版社　1963 年　16 开　文 51 页　图版 226 幅

该书收录了 1963 年前江苏省境内出土的新石器时代至明代部分文物，

按年代早晚顺序排列。

内蒙古出土文物选集　内蒙古自治区文物工作队编　文物出版社 1963 年 7 月　16 开　文 10 页　图版 144 页

该书收录内蒙古自治区 15 年来出土的旧石器时代至元代的重要文物 188 件，按时代顺序依次编排。

江苏彩陶　南京博物院编　文物出版社　1978 年 10 月　16 开　文 5 页　彩版 7 页　黑白版 66 页　图版说明 4 页

编排顺序：前言，图版目次，图版，图版说明，参考书文简目

该书编录了江苏境内青莲岗文化各遗址和葬地出土的彩陶，依器物本身早晚发展顺序、分遗址排列。编者还介绍了江苏彩陶的发现、分布、特征，以及早、中、晚三个发展阶段彩陶演变的不同特点。

甘肃彩陶　甘肃省博物馆编　文物出版社　1979 年 12 月　16 开　文 8 页　彩版 28 页　黑白版 126 页

书评：甘肃省博物馆编《甘肃彩陶》　逊时　考古　1980 年 3 期第 287～288 页

编排顺序：前言，目次，图版，图版说明，参考书文简目

书中收录了新中国成立以后甘肃各地考古调查和发掘出土的马家窑、半山、马厂类型遗物，分类型、依时间顺序编排。

河北省出土文物选集　河北省博物馆、文物管理处编　文物出版社 1980 年 5 月　16 开　文 83 页　彩版 12 页　黑白图版 240 页　插图 28 幅

该书收录了河北省 1949～1980 年间出土的新石器时代至元明清各代的重要文化遗物。按时代顺序编排，反映了河北省考古发掘工作的主要成果。

青海彩陶　青海省文物考古队编　文物出版社　1980 年 10 月　16 开　文 7 页　彩版 32 页　黑白版 185 页

书评：《青海彩陶》介绍　赵信　考古　1982 年 1 期第 111 页

编排顺序：前言，图版目录，图版，图版说明，参考资料简目

该书收录了新中国成立后青海地区出土的彩色陶器，按不同文化类型，依时间早晚顺序编排。

上海古代历史文物图录　上海市文物保管委员会编　上海教育出版社　1981 年 11 月　16 开　图 117 页

目录：前言，一、从考古发现看上海的成陆进程，二、上海的原始文化，三、上海的历史发展，结束语，编后记

该图录收集了上海境内从成陆到鸦片战争期间的古代文物、历史遗址、遗迹，反映了上海历史发展情况。

中国新石器时代陶器装饰艺术　吴山编著　文物出版社　1982 年 5 月　16 开　文 67 页　图版 289 页　插图 75 幅

书评：有益的探索·珍贵的资料——评《中国新石器时代陶器装饰艺术》　刘剑菁　艺苑　1984 年 1 期第 57 页

目录：中国新石器时代陶器装饰艺术；壹，装饰艺术的起源：（一）器皿造型的起源，（二）装饰图案的起源；贰，形式原理的运用：（一）器皿造型，（二）装饰图案，（三）装饰色彩；叁，各地区、各时期装饰艺术的风格及其特点：（一）黄河流域，（二）长江流域，（三）华南地区的印纹陶，（四）其他地区；编后记

该书为《中国古代装饰艺术丛书》之一，编者根据我国新石器时代已发掘几百处遗址的出土物，对新石器时代装饰艺术进行探讨。

马家窑文化的彩陶艺术　李纪贤编著　人民美术出版社　1982 年 10 月　16 开　文 14 页　图版 31 页　插图 22 幅。

该书为《中国古代美术作品介绍》丛书之一。收录马家窑文化出土彩陶器盆、钵、碗、勺、豆、三联器、瓶、壶、杯、罐、带流瓮、人头形器盖、铃、纺轮等彩陶器 60 余件，并对马家窑文化彩陶器不同阶段器物造型、独特风格作了介绍，反映了马家窑文化光辉灿烂的彩陶艺术。

甘肃彩陶　甘肃省博物馆、甘肃省文物工作队编　文物出版社　1984 年 12 月第 2 版　文 25 页　彩色图版 39 幅　黑白图版 168 幅　16 开

本书从甘肃彩陶之展品精华中选取了 149 件代表性文物，以图文并茂的形式编撰成册。反映了甘肃远古彩陶艺术发展历史。

彩陶与彩绘陶器　张孝光编　人民美术出版社　1985 年 2 月　彩色版 12 页　单色版 137 页

本书以新石器时代彩陶为重点，收录有仰韶、马家窑、大汶口、红山文化等彩陶，还收录有陕西、湖北、辽宁、河南、湖南、新疆等省出土的彩绘陶器，按照时代和地区进行编排。

日照两城镇陶器　南京博物院编　文物出版社　1985 年 7 月　16 开　文 22 页　彩版 9 页　黑白图版 56 页

目录：悼念尹达同志（夏鼐），龙山文化是中国文明的一个来源——《日照两城镇陶器》，图版（1～64），图版说明，英文提要

该书收录日照两城镇陶器 96 件。

山东史前陶器图录　山东省文物考古研究所　杨子范编　齐鲁书社　1986 年 6 月　16 开　文 5 页　彩版 16 页　黑白版 128 页

该书从山东汶、泗、沂、沭、潍、淄流域较为典型遗址发掘品中，选录珍品 152 件，按时代先后，以遗址为单位著录。

中国古代陶瓷　肇靖编　文物出版社　1986 年 6 月　32 开　文 32 页　彩版 64 页　黑白版 190 页

目录：一、陶器的发明和陶器遗存的分布，二、绚丽多彩的彩陶艺术，三、"黑如漆、明如镜"的黑陶、红陶、灰陶和白陶，四、制陶工艺的进一步发展和釉陶的发明，五、斑驳灿烂的三彩釉陶、琉璃和珐华陶器，六、驰名中外的紫砂陶和宜钧，七、历史悠久的青瓷，八、莹洁如雪的白瓷，九、五色缤纷的彩瓷和单色釉瓷，十、黑釉、花釉和钧窑，十一、中国古代陶瓷器的外销。

中国美术全集·工艺美术编 9·玉器　杨伯达主编　文物出版社　1986 年 6 月　小 8 开　文 336 页

该书选录新石器时代至清末各个时期玉器精品 300 余件，彩色精印，是迄今为止最系统的一部玉器图集。卷首载杨伯达《中国古代玉器发展》一文。

海外遗珍·玉器　"国立"故宫博物馆编辑委员会编　"国立"故宫博物院　1986 年 6 月初版，1989 年 12 月再版　文 200 页　彩色图版、黑色图版 200 幅　大 16 开

本书收录新石器时代至清代玉器精品 200 件。

中国出土古玉（第一册） 杨建芳编著 香港中文大学出版社 1987 年 文 369 页 图版 16 页 黑白图版 74 页 大 16 开

本书包括图版和图版说明两个部分，所收出土古玉资料截止于 1984 年初。

中国陶瓷·福建陶瓷 中国陶瓷编辑委员会编 上海人民美术出版社 1988 年 2 月 文 25 页 插图 25 幅 彩色图版 247 幅 8 开

本图录选收福建新石器时代至清代及部分近现代陶瓷作品 233 件，窑址及窑厂照片 14 幅。每幅图版均有文字说明。书后附有两篇论文，即曾凡的《福建陶瓷的历史》，徐本章、王丛慧的《福建陶瓷艺术》。

中国历代装饰纹样（1 ~ 4 册） 吴山编 人民美术出版社 1988 年 3 月 ~ 1989 年 7 月 4 册 文 17 页 彩色图版 128 页 纹样 1904 页 大 32 开

本书分 4 册：第一册为新石器时代、商、西周、春秋装饰纹样。第二册为战国、秦、汉装饰纹样。第三册为三国、魏晋南北朝、隋唐五代、宋装饰纹样。第四册为辽、金、元、明、清装饰纹样。每个时代以品种分类编排。共选收历代具有一定代表性的装饰纹样近万件。

中国原始社会雕塑艺术 杨晓能编著 香港泰道图书出版有限公司 1988 年 文 29 页 彩色图版 15 页 黑白图版 112 页 插图 34 幅 16 开

本图录收录器物 176 件，包括新石器时代仰韶、马家窑、红山、龙山、良渚文化等出土的陶器、玉器等。

古代陶瓷大全（中国陶瓷大系之一） 艺术家工具书编委会主编 台北艺术家出版社 1989 年 8 月 文 101 页 彩色图版 369 页 插图 10 幅 大 32 开

本书包括文字和图版两个部分。文字部分有四章：一、新石器时代的陶瓷；二、夏商周春秋时期的陶瓷；三、战国时期的陶瓷；四、三国两晋南北朝的陶瓷。图版部分收录世界各国博物馆收藏的中国古代陶瓷。

青海彩陶纹饰 刘溥编 青海人民出版社 1989 年 9 月 文 16 页 插图 7 幅 纹饰图案 212 页 16 开

书前言、目录及图版说明均为中、英、日文对照。

中国彩陶图谱 张朋川著 文物出版社 1990年10月 文358页 插图115幅 地图10幅 彩色图版265页 16开

本书分研究篇、图谱篇、解说篇和资料篇四部分。研究篇《中国彩陶概论》，论述各区、系、类型的彩陶和彩陶艺术。图谱篇收录彩陶图版2009幅。彩陶出土地点按截止于1982年底时国家公布的名称为准。资料篇包括"中国彩陶著作目录索引""中国彩陶分布图"等共七项。

古器物造型——中国历代日用器皿图集 刘锡朋编绘 天津杨柳青画社 1990年11月 文21页 插图28幅 黑白图版230页 16开

本书是一部综合性的历代日用器皿素描画集，自石器时代至明清，比较系统地介绍了古器物的造型特点及其发展变化情况。

洛阳文物图案集 洛阳文物工作队编 尚巧云、郑虹绘图 朝华出版社 1991年 文7页 图版202页 20开

本书辑录的花纹图案以出土文物为主，包括新石器时代至明清时期。

中国古玉 王震球著 台北汉光文化事业股份有限公司 1991年2月 文319页 彩色图版 大32开

本图录收新石器时代晚期至秦汉时代的古玉。每幅图版均有详细文字解说，文字部分内容包括古玉形制、古玉释名、古玉纹饰、古玉泌色、古玉年代及其雕工的变化等，并附有"中国古玉自文化期至汉代的流行风格探讨一览表"。

海外遗珍·玉器（二） 台湾故宫博物院编辑委员会编 1991年5月 文5页 彩色图版73页 黑白图版127页 大16开

本图录收录新石器时代至清代玉器200件，每件玉器注明时代、名称、尺寸、收藏于何处。

山东省博物馆藏品选 山东省博物馆编 山东友谊书社 1991年5月 文187页 彩色图版191幅 大16开

本书选收山东省博物馆藏品包括陶器、青铜器、甲骨文、陶文、玺印、封泥、简牍、石刻、石器、玉器、瓷器、书法、绘画、服饰、漆器

及其他类型的文物 191 件。

云南省博物馆（中国博物馆丛书第 10 卷） 云南省博物馆编 文物出版社、日本讲谈社 1991 年 10 月 文 73 页 彩色图版 121 幅 黑白图版 69 幅 8 开

本图录介绍云南省博物馆收藏的新石器时代至明清及少量现代文物 190 件。包括新石器时代文物、青铜器、铜鼓和贮贝器，"南中大姓"时期文物，南诏、大理时期文物、绘画、少数民族文物等。每幅图版均附有详细文字说明。

环珠江史前文物图录（香港中文大学中国文化研究所中国考古艺术研究中心专刊：7） 深圳博物馆、香港中文大学中国考古艺术研究中心、中山大学人类学系合编 香港中文大学出版社 1991 年 文 198 页 彩色图版 5 幅 图版 319 幅 16 开

本图录是"南中国海及邻近地区史前文化国际学术讨论会"的纪念出版物。图版部分前收文 3 篇，分别是邓聪、区家发所撰《珠江口史前考古学刍议》；黄崇岳所撰《深圳先秦文物概论》和商志所撰《西樵山遗址的往昔与未来》。

玉器——西安市文物管理委员会收藏 韩保全主编 陕西旅游出版社 1992 年 1 月 文 134 页 彩色图版 176 幅 16 开

本图录收入新石器时代至清代的玉器，书前是韩保全所作《中国古代玉器概论》和《中国古代玉器的雕琢艺术》两篇文章。

细说古玉 徐正伦著 香港有成书业有限公司 1992 年 1 月 文 224 页 彩色图版 186 幅 大 32 开

本书分十部分，以图文对照的方式，把有关古玉器的常识深入浅出地加以说明。

国之重宝（修订版） 台湾故宫博物院编辑委员会编 台北故宫博物院 1992 年 1 月 文 399 页 彩色图版 173 幅 大 16 开

本书收录台湾故宫博物院收藏的文物精品，包括铜器、陶瓷、玉器、

漆器、珐琅、小雕刻、服饰、法器、文具、书法碑帖、名画图像、织绣、图书文献，共 16 个部分，每部分均有一篇文字介绍，每幅图版均有文字说明。

古代人物图像资料 王常平、王常树编 人民美术出版社 1992 年 2 月 文 2 页 图 231 页

本书编绘了从新石器时代至清代的人物图像 4500 幅，采自历代的陶塑、石刻、画像砖、寺窟墓室壁画、帛画、版画和绘画等，表现古代不同时期的人物造型、服饰及与其相关的建筑、道具、动植物等。

中华古文明大图集 《中华古文明大图集》编辑委员会编 人民日报出版社、香港乐天文化等 1992 年 7 月 8 册 有图版 大 16 开

全书分为 8 部：始祖、神农、铸鼎、通市、社稷、文渊、世风、颐寿。

中国美术七千年图鉴 奚传绩编著 江苏教育出版社 1992 年 7 月 彩色图版 302 页 图版说明 131 页 16 开

本书是一部以图片为主的中国美术史。自原始社会的美术至当代美术，共分九章，反映了中国美术自古至今大体的面貌。

吐鲁番博物馆 吐鲁番博物馆编 新疆美术摄影出版社 1992 年 8 月 彩色图版 125 页 大 16 开

本书是反映吐鲁番博物馆藏品的文物图册。选收有代表性文物 200 余件，按时代顺序排列，分为：新石器时代、车师（姑师）时期、高昌郡、麴氏王朝、唐代西州和回鹘王朝等六大部分。

燕园聚珍（北京大学赛克勒考古与艺术博物馆展品选粹） 北京大学考古系编 文物出版社 1992 年 9 月 文 54 页 插图 6 幅 彩色图版 265 页 8 开

本书收录北京大学赛克勒考古与艺术博物馆有代表性的展品 170 件，每幅图均有较详细的文字说明。书前刊有《北京大学赛克勒考古与艺术博物馆展品概述》一篇。

四川省博物馆（中国博物馆丛书 第 12 卷） 四川省博物馆编 文物出版社、日本讲谈社 1992 年 12 月 文 84 页 彩色图版 126 幅

黑白图版 70 幅　　8 开

　　本卷选收四川省博物馆馆藏精品图版 196 幅。内容分为：大溪文化、巴蜀青铜器、陶塑艺术、画像砖、石刻艺术、绘画法书、少数民族文物、王建墓出土文物及其他，共八类。各卷均有综述性介绍文章一篇，每件藏品均有必要的文字说明。卷前有该馆原副馆长谢雁翔所作序。

　　国宝荟萃：北京故宫博物院、台北故宫博物院藏品精华　杨新、张临生主编　香港商务印书馆有限公司　1992 年 12 月　上卷：文 296 页　下卷：文 256 页　彩色图版 479 幅　黑白图版 7 幅　8 开

　　本图录从北京故宫博物院和台北故宫博物院院藏文物珍品中各选 76 件，合计 152 件，汇编成书。按历史时代分四期编排：一、先史时代至先秦；二、秦汉至魏晋南北朝；三、隋唐至两宋；四、元明清。每件文物均附详细说明。

　　故宫博物院藏新石器时代玉器图录　邓淑萍著　台北故宫博物院 1992 年 12 月　文 311 页　彩色图版 127 幅　10 开

　　本图录所收玉器集中为四类：一、装饰品类；二、工具武器类；三、礼器类；四、功能不详类。文字部分是《试论中国新石器时代的玉器文化》和《故宫所藏新石器时代玉器的特色总论》两篇论文。

　　考古精华—中国社会科学院考古研究所建所四十年纪念（考古学专刊乙种第二十九号）　中国社会科学院考古研究所编著　科学出版社 1993 年 1 月　目录 24 页　文 371 页　彩色图版 290 组（幅）　10 开

　　本图录收录中国社会科学院考古研究所建所四十年部分有代表性的考古发掘成果，分为史前时期、夏商时期、汉唐及其以后时期三个部分，包括具有重要学术意义的 55 个项目，各类遗物 588 件（组），并配以适当的遗址现场照片和图表。

　　华夏瑰宝　华夏瑰宝编委会主编　殷志强编辑　郭群摄影　台北艺术图书出版公司　1993 年 3 月　文 333 页　彩色图版 245 幅　8 开

　　本图录汇集南京博物院所藏文物 250 余件。全书共分陶器、瓷器、玉

器、青铜器、金银器、漆木竹器、织绣、玺印、佛像、图书文献、书法、绘画等十二大类。冯其庸为本书作序。

古玉至美 殷志强编著 郭群摄影 台北艺术图书出版公司 1993年3月 文379页 彩色图版280幅 8开

全书分人文之美、质材之美、造型之美、工艺之美四部分，共62篇短文，介绍中国古代玉器的演化历史、所用材料、造型特征、加工工艺等。所用玉器图版，以考古出土品为主。

中国玉器全集1·原始社会（中国美术分类全集） 中国玉器全集编辑委员会编 牟永抗、云希正主编 河北美术出版社 1993年5月 目录6页 文36页 彩色图版212页 图版说明95页 大16开

本集选收新石器时代玉器精品301件。全书分三部分：一、专论，收论文两篇：《中国古代玉器概述》（杨伯达著）、《中国史前艺术的瑰宝—新石器时代玉器巡礼》（云希正、牟永抗著），二、图版；三、图版说明。

中国陶瓷图案集 薛建华编绘 上海书店 1993年6月 前言4页 图版258页 24开

本书汇集了历代具有代表性的典型陶瓷纹样，基本上展现了中国陶瓷纹样的全貌。其中新石器时代有仰韶文化、马家窑文化、大汶口文化、大溪文化、红山文化等陶器纹样。

中国文物精华·1993 《中国文物精华》编辑委员会编 文物出版社 1993年8月 文378页 彩色图版151页 大16开

本书是1993年第三届中国文物精华展的大型展品图录。收入近200件（组）文物，按器物类别排列。附有英文、日文图版说明。

天津市艺术博物馆藏玉 天津市艺术博物馆编 文物出版社、两木出版社 1993年10月 文244页 彩色图版227幅 10开

本图录选收馆藏玉器200件。云希正作序，尤仁德撰文《中国古玉的文化学和美学论略》。

龙集：历代龙像500图 张鸿修编著 三秦出版社 1993年11月 文242页 图版201页 12开

本图册搜集从原始社会至清末的龙像共527幅，采用线描和拓本的形

式，按年代顺序排列。序言中阐述了龙的产生、龙的应用和龙的艺术。王禹时为本书作序。

黄河彩陶　程征、钱志强著　台北南天书局　1994 年 2 月　文 429 页　彩色图版 449 幅　图版 69 幅　16 开

本书是对黄河流域 8 个省 40 多个博物馆的几万件彩陶实物进行实地考察后选编而成的图录。文字部分除程征撰写的《彩陶图画与方圆意识》、《彩陶图画符号与文字符号》，以及钱志强撰写的《黄河彩陶与中国古代的符号文化》3 篇文章外，另收《黄河彩陶概述》、《黄河流域彩陶类型代表遗址分布图》、《黄河彩陶考察路线图》和《黄河彩陶体系和世界各地彩陶出现的时间对照表》。

中国历代器物图案集成（全二册）　龚宁主编　台北南天书局 1994 年 3 月　文 894 页　彩色图版 64 页　图版 1701 幅　大 16 开

本书选录史前新石器时代至清代工艺美术品造型与纹饰图案 1700 余幅，分为九大类：一、陶瓷器；二、铜器；三、金银器；四、玉器；五、砖刻；六、石雕刻；七、漆器；八、织绣；九、其他。书前是邓福星所撰《中国传统图案论纲》一文。每幅图版均注明年代、出处和简要说明。卷末附主要纹饰索引。

黄帝陵与龙文化　李西兴编　上海古籍出版社　1994 年 3 月　文 136 页　彩色图版 179 幅　16 开

本书是一本文物画册，收录陕西地区上至新石器时代下迄近代有关龙的文物 100 余件，展示龙文化在陕西的发展沿革。

青海文物　青海省文物处、青海省考古研究所编　文物出版社 1994 年 4 月　文 163 页　彩色图版 243 幅　16 开

本书是一部反映青海考古文物成果的大型画册。按历史年代，分为旧石器时代、新石器时代、青铜时代、汉魏至南北朝时期、唐宋时期、元明清时期五个部分，收录文物图片 243 幅。附图版说明和《青海文物概述》一文。

湖北省博物馆（中国博物馆丛书　第14卷）　湖北省博物馆编　文物出版社、日本讲谈社　1994年10月　文70页　彩色图版117幅　黑白图版63幅　8开

本卷选收湖北省博物馆馆藏精品图版180幅。内容分为：新石器时代文物、商周青铜器、楚文物、曾侯乙墓出土文物、秦汉漆器、其他，共六类。各类均有综述性介绍文章一篇，每件藏品均有必要的文字说明。卷首是该馆馆长谭维四、副馆长后德俊所作的序。

中国新疆古代艺术（汉、英文对照）　穆舜英主编　祁小山、张平副主编　新疆美术摄影出版社　1994年10月　文251页　10开

本图录选收400余件文物，分石器、陶器、铜器（附金银器）、岩画、绘画、编织、木器、石雕、泥塑、玉琢、建筑等11类加以编排，是一部介绍新疆古代文物的画册。

中国历代艺术：绘画编（上）　《中国历代艺术》编辑委员会编　陈允鹤编　人民美术出版社　1994年10月　文360页　彩色图版271幅　8开

本书内容包括自新石器时代至南宋的中国绘画艺术作品。种类有岩画、彩陶画、帛画、石刻画、壁画、卷轴画等270余件。卷首是李松所撰介绍性文章《中国传统绘画的萌生与发展》。每件作品均有图版说明。

国之重宝特展图录　台湾故宫博物院编辑委员会编　台湾故宫博物院　1994年10月　文300页　彩色图版320页　8开

本书为台湾故宫博物院建院七十周年高雄市特展纪念图录，分历代玉器特展、历代文房百宝特展、明清珐琅器特展及清代单色釉瓷特展四个单元。器物总数为370组（422单件）。

中国历代艺术：雕塑编　《中国历代艺术》编辑委员会编　刘玉山编　人民美术出版社　1994年10月　文377页　彩色图版328幅　8开

本卷收入新石器时代至清末的雕塑作品328件，有圆雕、浮雕、纪念性雕塑、案头雕塑、建筑及器皿装饰雕塑等，内容涉及宗教、祭祀、劳动生活、民俗和历史传说等题材。卷首是李已生所撰介绍性文章《中国

雕塑艺术的光辉历程》；卷末附每幅作品的图版说明。

中国考古文物之美 1：文明曙光期祭祀遗珍——辽宁红山文化坛庙冢

辽宁省文物考古研究所著　文物出版社、光复书局企业股份有限公司
1994 年 12 月　文 178 页　　彩色图版 87 幅　　地图 2 幅　8 开

《中国考古文物之美》共 10 册，《文明曙光期祭祀遗珍——辽宁红山文化坛庙冢》为第一册，由孙守道、郭大顺主笔。内容包括六部分：一、彩色图版：牛河梁、东山嘴、胡头沟和附近收集的红山文化玉器，查海遗址出土的玉器（53 个版面），牛河梁、东山嘴、查海和沈阳新乐遗址出土陶器与牛河梁、东山嘴遗址出土的泥塑（21 个版面），红山文化和查海遗址出土石器（9 个版面）。二、本文一：红山文化新发现新认识。三、本文二：牛河梁坛庙冢面面观。四、附录：牛河梁遗址第一地点女神庙、第二地点积石冢及墓葬、牛河梁、东山嘴和赤峰红山后遗址的主要出土文物女神头像、陶器、玉石器线图，新石器时代年代表与各地新石器文化出土陶器图例，中国龙纹演变示意图等。五、彩色图版说明。六、中国考古学年表、中国主要考古遗迹分布表、红山文化考古大事纪要、红山文化及辽宁省主要考古遗迹分布图和牛河梁及附近导览图。

辉煌古中华　《辉煌古中华》编辑委员会编　解放军出版社　1995 年 2 月　全 8 册　32 开

本书是《中华古文明大图集》的精选本，共八册。第一册：始祖，第二册：神农，第三册：铸鼎，第四册：通市，第五册：社稷，第六册：文渊，第七册：世风，第八册：颐寿。

中国古玉精华　张庚编纂　河北美术出版社　1995 年 3 月　文 423 页　彩色图版 200 幅　大 16 开

本图集选择六卷本《中国玉器全集》中的精粹，汇编成册。书中的器物图片，绝大部分来自"全集"，并有少量增补。杨伯达作前言《绚丽多彩的中国古代玉器艺术》。

中国历代装饰纹样大典　黄能馥、陈娟娟编著　中国旅游出版社

1995 年 5 月　文 23 页　线描图 1527 页（3833 幅）彩色图版 62 幅　大 16 开

本书汇集中国古代装饰纹样，并按类集中。一、彩陶纹样；二、龙纹；三、凤纹；四、动物纹样（一）：走兽纹；五、动物纹样（二）：鱼龟虫蝶纹；六、动物纹样（三）：鸟纹；七、花卉纹样；八、人物景物纹样；九、几何纹样、云纹、几何填花纹；十、吉祥图案。图版部分前是作者撰文《中国历代装饰纹样简述》。

玉石器的故事（故宫宝藏·青少年特编）　袁旃主编　邓淑萍文字撰述　台北故宫博物院　1995 年 5 月　文 79 页　彩色图版 52 幅　大 16 开

本册为庆祝台北故宫建院 70 年出版的青少年特编丛书之一，讲述了有关玉石器方面的知识。

古玉掇英　傅熹年编著　中华书局（香港）有限公司　1995 年 7 月文 320 页　彩色图版 196 幅　　8 开

本书是《古玉精英》的姊妹篇，收录傅忠谟先生珍藏的新石器时代至明清的玉器 258 件。

古玉新探　邱福海著　淑馨出版社　1995 年 9 月　文 165 页　彩色图版 46 幅　大 32 开

本书分文字说明和图版介绍两部分。文字部分，作者将研玉之心得分玉器文化的起源、形成、古玉的鉴定、殉葬玉与殓葬玉、古玉器中的仿古玉与伪古玉等分篇作简单说明；图版介绍以个人与友朋收藏为主，对藏品的规格、色泽、形制、源流及来自何处作了说明。

群玉别藏　邓淑萍著　台北故宫博物院　1995 年 10 月　文 247 页彩色图版 91 组（幅）大 16 开

本书是为台北故宫博物院 70 周年院庆举办的"群玉别藏特展"而出版的图录，汇集了吾悦园、表德轩、养德堂、暂集轩四家的私人藏品。

蓝田山房藏玉百选　邓淑萍作　台北年喜文教基金会　1995 年 10 月文 296 页　彩色图版 100 幅（组）　8 开。

本书为台北私人藏玉的展品图录，选收新石器时代至东汉玉器 100

件。书前是邓淑萍作《由蓝田山房藏玉论中国古代玉器文化的特质》一文。附"年表"和"本书所录东周两汉玉器常见之几何花纹类别表"。

中国历代玉器精品 100 件赏析（工艺的、美术的、文物的、中华艺术精品 100 件丛书）　徐湖平主编　马久喜编著　山东科学技术出版社

1995 年 12 月　文 205 页　彩色图版 200 幅　大 16 开

本书选编 100 件中国历代玉器精品，编辑出版，以飨读者。

玉器（全三册）（故宫博物院藏文物珍品全集 40/41/42）商务印书馆（香港）有限公司　1995 年 12 月

上册：新石器时代至魏晋南北朝　周南泉主编　文 283 页　彩色图版 232 幅　8 开　中册：唐代至明代　周南泉主编　文 290 页　彩色图版 222 幅　8 开　下册：清代　张广文主编　文 292 页　彩色图版 244 幅　8 开。

中国历代陶瓷精品 100 件赏析（工艺的、美术的、文物的、中国艺术精品 100 件丛书）　薛建华编著　山东科学技术出版社　1995 年 12 月　文 205 页　彩色图版 200 幅　16 开

本图录收录从新石器时代至明清陶瓷器 100 件，每件陶瓷器下注明题名、年代、规格、出土地点、收藏者。其中属新石器时代陶器 15 件。

故宫藏玉（中英文对照）　故宫博物馆编　张广文、张寿山撰稿　紫禁城出版社　1996 年 6 月　文 158 页　彩色图版 150 幅　大 16 开

本图录为故宫藏玉，其中新石器时代玉器包括良渚文化的玉琮等。

兰州文物　兰州市博物馆编　崔震坤主编　甘肃人民美术出版社 1996 年 7 月　文 114 页　彩色图版 5 ~ 113 页（124 幅）　12 开

本书选收兰州地区出土的马家窑文化彩陶器、东汉墨迹纸、隶王千字文书法长卷及明代白衣寺塔出土文物等。

北京文物精华　单霁翔主编　北京燕山出版社　1996 年 9 月　文 171 页　彩色图版 153 幅　16 开

本图录汇编北京各博物馆、文物保护单位所藏历史文物和革命文物，

年代自新石器时代至近现代。

良渚古玉　浙江省文物局编　浙江人民出版社　1996 年 10 月　文
143 页　彩色图版 110 幅　大 16 开

本书是为纪念良渚文化发现 70 周年而出版的玉器图录。以余杭反
山、瑶山发掘的玉器精品为主，同时收录一些近年来在浙江其他地县发
现的良渚玉器。

宁波文物集粹（宁波历史文化名城丛书）　《宁波文物集粹》学术
编辑委员会编　董贻安主编　华夏出版社　1996 年 11 月　文 239 页　彩
色图版 150 幅　大 16 开

本图录记录了宁绍平原几十年来考古和文物保护工作的成果，包括
三方面内容：河姆渡遗址考古所获精品、东汉至唐宋时期浙东青瓷窑考
古和研究所取得的成果、天一阁及其藏书。马承源为本书作序。

华夏之路·第一册：旧石器时代至春秋时期　中国历史博物馆编
俞伟超主编　朝华出版社　1997 年　文 271 页　彩色图版 274 幅　大 16
开

本书通过中国历史博物馆馆藏文物石器、陶器、玉器、青铜器、甲
骨文、金文、货币、建筑构件等遗物，展示中国古代距今约 170 万年前至
公元前 476 年这一阶段历史面貌。展现我国人类的起源、氏族社会组织的
产生、文明诞生、夏商周王朝建立以及与周边民族文化的关系等。

羊城文物珍藏选　《羊城文物珍藏选》编委会　麦英豪主编　广州
市文化局　1997 年 5 月　文 288 页　彩色图版 250 幅　大 16 开

为纪念广州建城 2210 周年，特举办"羊城文物珍藏"展览。本书是
展品目录。展品由广州博物馆等六个单位选送，共 262 件（组），包括铜
铁器、玉石印玺、陶瓷器、其他工艺以及书画等。

哈密古代文明　哈密地区文物管理所、博物馆编　刘国瑞、祁小山
编著　新疆美术摄影出版社　1997 年 7 月　文 87 页　彩色图版 208 幅
大 16 开

本书对哈密地区从史前至明清各个时期的文物均有介绍。

楚文化：奇谲浪漫的南方大国（中国地域文化大系）　舒之梅、张绪球主编　商务印书馆（香港）有限公司　1997年7月　文283页　彩色图版432幅　地图7幅　插图15幅　图表4幅　大16开

本书以图文结合的形式介绍楚国兴起以前江汉地区的文化与文明、楚人的世界以及楚文化的传播。

中国文物精华（1997）　《中国文物精华》编辑委员会编　文物出版社　1997年9月　文344页　彩色图版151幅　大16开

本书是1997年在中国历史博物馆举办的"全国考古新发现精品展"的展品图录。

牛河梁红山文化遗址与玉器精粹　辽宁省文物考古研究所编　文物出版社　1997年9月　文102页　彩色图版101幅　插图29幅　16开

本图录展示牛河梁遗址、墓葬及所出土的文物。书前是由郭大顺撰写的论文《中华五千年文明的象征：牛河梁红山文化坛庙冢》，介绍红山文化特别是牛河梁遗址的重要发现及其意义，对遗址的性质及其在中国文明史上的地位进行了探讨。

长江三峡工程坝区出土文物图集　国家文物局三峡工程文物保护领导小组湖北工作站主办　王晓田、王风竹主编　科学出版社　1997年11月　文17页　图版、图版说明247页（彩色图版78幅　黑白图版285幅）　大16开

本图录汇集三峡工程坝区考古发掘所获主要文物，反映该地区文物保护和文物发掘工作所取得的成果。陈振裕、王晓田分别为本书撰文：《湖北三峡库区的考古与发现》和《长江西陵峡先秦文化概述》。

中国古代科技文物展　《中国古代科技文物展》编辑委员会　朝华出版社　1997年　文126页　彩色图版223幅　大16开

本书是为"中国古代科技文物展"而出版的展览图录。选取天文、造纸、印刷术、指南针、火药、农业、陶瓷、纺织、铜铁冶铸、机械等十个专题，各部分前有简要文字介绍。

长江三峡出土文物精粹 张一品主编 中国三峡出版社 1998 年 3 月 文 83 页 彩色图版 151 幅 16 开

本书选收三峡地区出土各类文物 163 件，分作陶瓷器、青铜器、金银器、玉石器四组。俞伟超为本书作序。

中国通史陈列 中国历史博物馆编 朝华出版社 1998 年 文 190 页 彩色图版 424 幅 大 16 开

本书选取四卷本《华夏之路》中的主要图版，还补充了一部分文物和辅助展品的图版，以反映中国历史博物馆"中国通史陈列"的全貌。

北京大学赛克勒考古与艺术博物馆馆藏品选（1998） 北京大学考古学系编 科学出版社 1998 年 4 月 文 165 页 彩色图版 100 幅 16 开

本图录选录北京大学赛克勒考古与艺术博物馆所收藏的文物精品 100 件，其中陶器、瓷器和陶俑 51 件，金属器 23 件，玉石器 24 件，甲骨卜辞 2 件。

中国历代装饰艺术：纹样与造型 葛春学、潘美娣编绘 上海画报出版社 1998 年 4 月 文 405 页 大 32 开

本书是作者对于中国历代装饰艺术资料的实物速写集，共分彩陶、商周、战国、秦汉、魏晋南北朝、唐、宋、元明清八个时期。

新疆彩陶 新疆文物考古研究所主编 穆舜英、祁小山编著 文物出版社 1998 年 8 月 文 108 页 彩色图版、黑白图版 165 幅 16 开

本图录收录了近十多年来在新疆境内发现的大量彩陶。分哈密彩陶、天山南山谷地彩陶和静—轮台彩陶、伊犁彩陶四组介绍。

中国社会科学院考古研究所考古博物馆洛阳分馆（考古学专刊乙种第三十二号） 中国社会科学院考古研究所编著 文化艺术出版社 1998 年 9 月 文、彩色图版 115 页 大 16 开

本图录展示中国社会科学院考古研究所在洛阳及其周边地区，长期从事考古调查、发掘和室内研究所获成果。共收录展品 314 件（套），多数展品为近年来的考古新发现。

中国历代装饰纹样 黄能馥、陈娟娟编著 中国旅游出版社 1999年1月 文1~24页 彩色图版25~72页 纹样图案1038页 16开

本书将所收录的历代装饰纹样辑为8类，即彩陶纹样、龙纹、凤纹、动物纹（兽纹、鱼龟虫蝶纹、鸟纹）、花卉纹样、人物景物纹样、几何纹样·云纹·几何填花纹、吉祥图案。

中国文物事业五十年：1949~1999 国家文物局、中国历史博物馆、中国革命博物馆编 朝华出版社 1999年1月 文78页 图版310幅 大16开

本书以图为主，介绍"中国文物事业五十年"特别展中有关考古成果、革命文物工作、博物馆事业、文物修缮和保护、文物事业的发展与展望等方面的内容。

中国考古大发现 龚良主编 山东画报出版社 1999年3月 2册（文234页、255页）插图161幅 大32开

本书采用图文结合的形式，综述20世纪中国考古活动中有代表性的33项发现和成就。

云南古代艺术珍品集 李昆声编著 云南大学出版社 1999年4月 文125页 彩色图版227幅 大16开

本图录将选收的文物按类编排，包括云南史前艺术、青铜艺术、画像砖石与碑刻艺术、佛教艺术、陶瓷艺术、书画艺术和玉雕艺术等。

宗日遗址文物精粹及论述选集 格桑本、陈洪海主编 四川科学技术出版社 1999年5月 文1~14页 插图8幅 彩色图版42~137页 大16开

宗日遗址位于青海省海南藏族州同德县，是黄河上游的一处新石器时代遗址。1994~1996年先后3次进行发掘。本书收录出土文物图版、发掘现场的照片以及10篇概述文章。

中国古代玉器图谱 常素霞编著 河北美术出版社 1999年5月 文338页 图1480幅 16开

本书选用个人收藏和其他有关图录中的玉器线图和拓片资料，按时代编排。卷首有专论文章，探讨中国玉器的发展与审美特征。

新疆文物古迹大观　新疆维吾尔自治区文物管理局、新疆维吾尔自治区文物考古研究所、新疆维吾尔自治区博物馆编　新疆美术摄影出版社　1999年7月　文439页　彩色图版1095幅　大16开

本书以大量图版介绍新疆维吾尔自治区昆仑山北麓、天山南麓和天山以北地区的文物古迹，并收录论文12篇，论述新疆早期石器遗存、彩陶、铜器、古尸、岩画艺术、草原石人和鹿石、吐鲁番文书、古文字、出土织物、佛教遗址、古代钱币、伊斯兰教建筑艺术等问题。岳峰为本书撰文，概述1949年以来新疆文物考古工作的成就。

中华国宝·陕西珍贵文物集成：玉器卷　王长启主编　高曼副主编陕西人民教育出版社　1999年8月　文29页　图、表311页　彩色图版144幅　8开

本卷收录陕西出土历代玉器144件（组），按类编排，分作礼器、兵·工具·葬玉·装饰品、艺术品、实用品等5类。附录"陕西玉器墓葬（窖藏）出土一览表"。

湖南考古漫步　湖南省文物考古研究所编　湖南美术出版社　1999年8月　文100页　彩色图版331幅　大16开

本书以图版为主，展示近半个世纪以来湖南考古工作所取得的成就，部分图片资料为首次发表。

彩陶（南京博物院珍藏系列）　徐湖平主编　上海古籍出版社1999年9月　文6页　彩色图版52页（50幅）　16开

本书采用的材料主要是南京北阴阳营遗址和邳州大墩子遗址出土的彩陶器，以及部分青莲岗遗址出土的彩陶片。

国之瑰宝：中国文物事业五十年（1949～1998）　国家文物局、中国历史博物馆、中国革命博物馆编　朝华出版社　1999年9月　文317页　彩色图版297幅　大12开

为庆祝中华人民共和国成立50周年，由国家文物局、中国历史博物馆和中国革命博物馆共同举办的"中国文物事业50年"特别展于1999年8～10月在北京展出。本图录选收考古发掘出土、博物馆征集收购和拣选、个人捐赠的近300件文物，并将全部文物图版按时代顺序编排。

图说北京史 齐心主编 北京燕山出版社 1999 年 9 月 2 册 目录 14 页 文、彩色图版 477 页 16 开

本书结合近年来的考古新发现，以图版资料为主，按原始时代、燕蓟遗迹、汉唐北方军事重镇、辽南京城、金中都、元大都、明清北京城等专题，介绍北京各个时代的历史风貌和遗迹遗物。梅宁华、徐苹芳分别为本书作序，齐心作前言。

百大考古发现 = 100Greatest Archae-ological Discoveries 〔英〕杰奎琳．迪宁（Dineen, J.）著 钱屿、钱律译 上海科技教育出版社 1999 年 9 月 文 109 页 彩色图版 174 幅 16 开

本书以图为主，选择介绍 19 世纪以来世界 100 项重大考古发现。

尘封瑰宝：江西配合基本建设出土文物精品 江西省文物考古研究所编 樊昌生主编 刘诗中、邹仰东副主编 江西美术出版社 1999 年 9 月 文 117 页 插图 5 幅 彩色图版 170 幅 大 16 开

本图录反映江西省近年来为配合基本建设而进行的考古发掘清理工作的成就。将全部出土文物的图版分为石器・玉器、陶器・陶俑、瓷器、青铜器、金银器、漆器、木器、纺织品等类。张文彬为本书作序。

河南文物精华・藏品卷 河南省文物管理局编 常俭传主编 文心出版社 1999 年 9 月 文 232 页 彩色图版 250 幅（组） 大 16 开

本卷收录河南省各级文物单位收藏的各类文物 250 余件（组），分为青铜器、陶器、瓷器、玉器、石刻造像和其他文物等 6 部分，并概述各部分文物的出土情况、地方特色及其历史、科学和艺术价值。

中国历史文化名城武威文物精品集 赵继洲主编 敦煌文艺出版社 1999 年 9 月 彩色图版 60 页 12 开

本书将选录武威地区出土的精品文物编辑成册，文物年代从史前直至宋元时期，反映了武威地区悠久灿烂的历史文化。

浙江考古精华 浙江省文物考古所编 文物出版社 1999 年 10 月 文 258 页 彩色图版 279 幅 大 16 开

本书反映了浙江文物考古研究所建所 20 年来文物考古发掘和研究工作的主要成果，内容包括：宁绍平原的史前文化、杭嘉湖平原的史前文

化、吴越古文化、瓷窑址考古和汉唐宋元考古。其中部分资料属首次发表。刘军为本书作前言。

山西省博物馆馆藏文物精华 山西省博物馆编 夏路、刘永生主编 山西人民出版社 1999年10月 文319页 彩色图版578幅 大16开

本图录选收山西省博物馆收藏的有代表性的文物580件（组），包括铜器、陶瓷器、石刻、货币、书画、杂项（玉器、金银器、甲骨·盟书、印玺、漆木器、织绣、版本、铁器等）6类。

广东省博物馆藏品选 广东省博物馆编 邓炳权主编 文物出版社 1999年10月 文289页 彩色图版299幅 大16开

本书是为纪念新中国成立50周年和广东省博物馆建馆40周年而编辑的藏品目录，选收该馆收藏的书画、陶瓷、金石、杂项等各类文物300余件，多数为未发表过的藏品。邓炳权为本书作序。

古都洛阳 洛阳市文物管理局编 马学曾主编 余扶危、张剑、石磊副主编 朝华出版社 1999年 文220页 彩色图版208幅 大16开

本书采用图文结合形式，以历史时代为序，介绍史前居民在伊洛平原的活动，以及洛阳作为重要古代都城的历史演进和不同历史时期的文化胜迹。蒋若是为本书作序。

江汉地区先秦文明 湖北省博物馆等编 香港中文大学文物馆（出版）1999年 文192页 插图9幅 彩色图版98幅 大16开

湖北省博物馆、荆州地区博物馆、宜昌市博物馆和香港中文大学文物馆于1999年共同举办"江汉地区先秦文明"展览，本书为展览图录，选收展出的旧石器时代至战国晚期的文物98件，包括石器、陶器、玉器、铜器、金器、漆器和纺织品等器类。舒之梅、高美庆共同为本书作前言。

萧山文物 萧山市政协文史工作委员会、萧山市文物管理委员会办公室、萧山市博物馆编著 西泠印社 2000年1月 文151页 彩色图版110幅（组）大16开

本书选收：第一篇史前遗存及古窑址，第二篇重点文物保护单位，第三篇馆藏文物（史前遗物、陶瓷器、金属器、玉杂器、书画）。

北京文物精粹大系：石雕卷 《北京文物精粹大系》编委会、北京市文物事业管理局编 北京出版社 2000 年 1 月 文 39 页 彩色图版 265 幅 图版说明 27 页 大 16 开

本卷选编北京地区各文博单位收藏的和部分散存的石雕文物 150 余件，年代自新石器时代至民国时期。滕艳玲为本卷撰文，概述北京地区的石雕艺术，分析、考释秦君神道石柱及秦君石墓阙残件。赵启昌为本卷作序。

楚文物图典 高至喜主编 湖北教育出版社 2000 年 1 月 目录 35 页 文 445 页 彩色图版 56 页 16 开

本书收录青铜器、铁器、金银锡铅器、陶器、漆木竹器、纺织品、玉石器、玻璃器、量衡器、玺印、简帛、其他等 12 类楚文物与楚系文物条目 2275 条。

中国陶瓷全集·1：新石器时代（中国美术分类全集） 本卷主编安金槐 上海人民美术出版社 2000 年 2 月 文 331 页 彩色图版 254 幅 大 16 开

本书选录了各地文物机构收藏的新石器时代陶器 254 件，基本上概括了我国新石器时代陶器艺术的发展概况。

甘肃彩陶大全 甘肃省博物馆供稿 张鹏川主编 台北艺术家出版社 2000 年 4 月 文 303 页 大 32 开

本书为纪念甘肃省博物馆建馆 60 周年而编。甘肃彩陶发现于 1923 年，本书刊登了 200 余幅彩陶照片，为研究甘肃彩陶提供了基本资料。

20 世纪中国考古大发现（考古学专刊乙种第三十三号） 中国社会科学院考古研究所编著 刘庆柱主编 四川大学出版社 2000 年 6 月 文 331 页 随文图版 711 幅 8 开

本书作为中国社会科学院考古研究所建所 50 周年纪念，力求再现中国考古学发生、发展历程，探寻中国文明发展的历史轨迹。刘庆柱为本书作序。

长江三峡文物存真（长江三峡书系）　俞伟超主编　李书敏、黄克忠副主编　重庆出版社　2000 年 6 月　文 248 页　彩色图版 130 幅　大 16 开

本书收录湖北省文物考古研究所、重庆市博物馆、四川省文物考古研究所、四川省博物馆、中国科学院古脊椎动物与古人类研究所等单位提供的三峡库区有关市、县历年来出土的文物。俞伟超为本书作序。

草原瑰宝：内蒙古文物考古精品　上海博物馆编　陈燮君、汪庆正主编　上海书画出版社　2000 年 6 月　文 283 页　彩色图版 155 幅　大 16 开

内蒙古文物考古研究所、内蒙古博物馆与上海博物馆于 2000 年共同主办了"内蒙古文物考古精品展"。本书为展品图录，配有图版说明和介绍青铜器铭文、北方青铜文化、红山文化、内蒙古辽代考古、辽代墓制的汉化、辽墓出土陶瓷、蒙元时代的文化遗存的文章。

河南博物院：精品与陈列　孙英民主编　田凯副主编　大象出版社　2000 年 8 月　文 185 页　彩色图版 150 幅　大 16 开

本书分陈列体系和院藏精品 2 个部分，陈列包括："河南古代文化之光"、"楚国青铜艺术馆"、"河南古代玉器馆"和"恐龙世界"等；院藏精品共 150 件，其中包括新石器时代陶器、玉器。

南京文物精华：器物编　南京市文化局、南京市文物局编　徐耀新主编　魏正谨副主编　上海人民美术出版社　2000 年 9 月　文、彩色图版 314 页　大 16 开

本书介绍南京地区考古发现的历代器物，有玉石器、陶器、瓷器、青铜器、金银器、书画、杂件等 7 个章节，共有器物图片 439 幅，每幅图片附有说明。

江苏馆藏文物精华（江苏文物丛书）　徐湖平主编　姚建平、谷建祥副主编　南京出版社　2000 年 9 月　文 141 页　彩色图版 115 幅　大 16 开

本图录选收江苏馆藏文物 115 件（套），以时代为序，以发掘品为主，展出从新石器至清代各类文物。

珠海文物集粹 珠海市文物管理委员会、珠海市博物馆、香港中文大学中国考古艺术研究中心合编 李世源、邓聪主编 2000 年 10 月 文 353 页 彩色图版 329 幅 大 16 开

本书包括遗址与发掘，岩画，新石器时代前段、后段，新石器时代玉石作坊、石器，先秦、汉唐、宋、元至民国和历史建筑等内容，反映了近年来珠海文物考古工作的成果。邓聪为本书撰文《环珠江口考古之崛起：玉石饰物作坊研究举隅》，饶宗颐为本书作序。

凌家滩玉器 安徽省文物考古研究所编著 文物出版社 2000 年 11 月 文 160 页 彩色图版 140 幅 大 16 开

本书收录 1987~1998 年凌家滩遗址发掘出土玉、石器 140 件。张敬国撰文介绍凌家滩玉器的发现和研究情况。图版部分后收录俞伟超、张忠培、严文明撰写的 3 篇文章。

黄河彩陶：华夏文明绚丽的曙光（中国博物馆漫步） 张朋川主编 浙江人民美术出版社 2000 年 12 月 文 158 页 彩色图版 190 幅（组） 大 16 开

本书重点介绍甘肃省博物馆收藏的黄河流域彩陶。

宝藏：中国西藏历史文物 甲央、王明清主编 朝华出版社 2000 年 共 5 册 文 1411 页 彩色图版 714 幅 大 16 开

本图录汇集 700 余件（组）文物，反映西藏自旧石器时代至 1949 年的历史和文化，第一册：史前时期、吐蕃时期，第二册：分治时期，第三册：元朝时期、明朝时期，第四册：清朝时期，第五册：清朝时期、中华民国时期。

流失海外的国宝 陈文平著 上海文化出版社 2001 年 1 月 2 册文字卷：文 348 页 插图 132 幅，图录卷：彩色图版 399 页 16 开

本书收录海外所藏中国文物的资料，记述文物的流失过程。附录：1860~1945 年中国文物厄难大事年表、流失海外文物珍品知悉录、中国文物保护法律和国际公约。

中国古陶器（掌上珍系列珍赏丛书）　段清波主编　湖北美术出版社　2001年1月　导言3页　目录5页　彩色图版310页　48开

本图集包括从新石器时代到西夏的古陶器，涉及"陶灯"、"陶灶"、"双耳罐"、"陶盆"和"陶量"等各类文物310件。

博古之旅：古文物中的中国史　中国历史博物馆编　知识出版社2001年2月　文261页　彩色图版130幅　大32开

本书以中国历史博物馆通史陈列内容为主线，兼及近年来考古重大发现，介绍了中国古代文明史。

新田：山西侯马文物精选　田建文主编　山西省考古研究所侯马工作站、山西省侯马市文物局　2001年4月　文112页　彩色图版110幅　大16开

本图录收录山西侯马从旧石器时代至清代文物110件，书后附图版说明。

雪域藏珍：西藏文物精华　上海博物馆编　陈燮君、汪庆正主编上海书画出版社　2001年5月　文217页　彩色图版127幅　索引11页　8开

本书是西藏历史文物图集，内容包括西藏文物考古工作的回顾与思考、中原文物流传西藏考略、西藏唐卡艺术、西藏民俗文化、宗教文物、法器等。其中西藏文物考古工作的回顾与思考中提到西藏发现了许多重要旧、新石器时代遗址。

中国博物馆陈列精品图解　李文儒主编　文物出版社　2001年6月　文285页　彩色图版364幅　大16开

本书以图文对照的形式介绍1997～1999年中国博物馆界各年度10大精品陈列的创作过程和特色。

中国陶纹艺术　张广立编　人民美术出版社　2001年6月　彩色图版、纹样图238页　24开

本书选编中国西北地区的新疆、甘肃、青海、陕西以及渭水流域和内蒙古地区出土的古代陶器纹饰。

三秦瑰宝：陕西新发现文物精华　陕西省历史博物馆编　冯庚武、

周天游主编　陕西人民出版社　2001 年 6 月　文 159 页　彩色图版 149 幅　大 16 开

本书是 2001 年"陕西省新发现文物精品展"图录，展示陕西省近十年考古发现和文物征集工作的成果。

西藏博物馆　西藏博物馆编　中国大百科全书出版社　2001 年 8 月　文 215 页　彩色图版 215 页　大 16 开

本书展示西藏史前文化、西藏与中央政府的关系、文化艺术、民俗及馆藏文物等。

中华农器图谱（第一卷）　宋树友主编　中国农业出版社　2001 年 12 月　目次 41 页　图版 578 页　大 16 开

本卷收集了原始农器、古代农器和近代农器的图像资料。

世纪国宝：中华的文明　孔祥星等编　李季等撰稿　中华世纪坛 2001 年　文 221 页　彩色图版 143 幅　大 16 开

本书是 2001 年在中华世纪坛举办的"世纪国宝展"展品图录，展出各地近年考古发掘所获文物精品 140 余件，配有图版说明。

百年学府聚珍：西北大学历史博物馆藏品集　西北大学文博学院考古专业编　文物出版社　2002 年 1 月　文 157 页　图版 149 幅　大 16 开

本图录展示西北大学历史博物馆 60 余年来通过考古发掘、交换调拨、捐赠征集等方式形成的文物馆藏。

南京大学文物珍品图录　洪银兴、蒋赞初主编　科学出版社　2002 年 4 月　前言、目录 23 页　彩色图版 224 页　8 开

本图录收录南京大学历史博物馆馆藏文物 100 件，包括书画、碑帖、青铜器、玉器、陶瓷器等类。

启封中原文明：20 世纪河南考古大发现　河南省文物考古研究所编著　秦文生主编　河南人民出版社　2002 年 7 月　文 263 页　图版 328 幅　大 16 开

本画册收入了河南省 20 世纪考古发现中的 50 项具有重大学术价值、

意义和影响的古遗址及古墓葬出土文物。

咸阳文物精华　陕西省咸阳市文物局编　文物出版社　2002 年 9 月文 206 页　彩色图版 191 幅　大 16 开

本书收录咸阳市博物馆藏品和新出土文物 190 件（组），分为陶瓷器、青铜器、玉器、金银器、陶俑、壁画、砖雕和石刻等 8 部分。

山东大学文物精品选　山东大学考古学系、山东大学博物馆编　齐鲁书社　2002 年 9 月　文 136 页　彩色图版 113 幅　大 16 开

本图录为纪念山东大学考古学系建立 30 周年而编，收录山东大学考古学系发掘实习所获和博物馆所藏玉石器、青铜器、陶瓷器、骨角器等。

长江流域古代美术（史前至东汉）：玉石器　张正明、邵学海主编湖北教育出版社　2002 年 9 月　文 184 页　彩色图版 142 幅　大 16 开

本图录选收包括四川、重庆、贵州、陕西、河南、湖北、江西、湖南、江苏、上海、浙江等地出土的玉、石器，展示了史前至东汉中国美术史的长江万里图。

长江流域古代美术（史前至西汉）：陶器与陶塑　张正明、邵学海主编　湖北教育出版社　2002 年 9 月　文 176 页　彩色图版 107 幅　大 16 开

本图录选收包括长江流域各地出土的陶器与陶塑，展示了史前至西汉中国美术史的长江万里图。

福建博物院文物珍品　福建博物院编　福建教育出版社　2002 年 9 月　文 262 页　彩色图版 199 幅（组）　大 16 开

本图录收入福建博物院藏品 199 件（套），共计照片 247 幅，内容包括陶瓷、玉石牙雕、漆器木雕、纺织、书画等门类。新石器时代遗物有昙石山文化的彩陶壶、陶鼎、彩绘陶杯等。

北京文物精粹大系：玉器卷　北京文物精粹大系编委会、北京市文物局编　本卷主编于平　北京出版社　2002 年 10 月　彩色图版 309 幅图版说明 39 页　大 16 开

本图录主要选录北京地区出土和北京各博物馆收藏的玉器，按时代顺序（新石器至明清）、器型、样式进行版面编排。

河姆渡文化精粹 河姆渡遗址博物馆编 叶树望主编 文物出版社 2002年12月 文195页 彩色图版186幅 大16开

本书选收河姆渡文化磁城磁湖、奉山名山后、象山塔山、余姚鲻山等遗址出土遗物186件，包括玉石器、骨角牙器、木器、陶器、木构遗迹等，为庆祝河姆渡遗址博物馆建馆10周年而辑。

广西博物馆古陶瓷精粹 广西壮族自治区博物馆编 黄启善主编 文物出版社 2002年12月 文177页 彩色图版187幅 16开

本图录选收广西壮族自治区博物馆收藏的从新石器时代至明清的陶瓷器187件。书前有张凯撰写的《广西壮族自治区博物馆馆藏古陶瓷概述》。

中国舞蹈文物图典 刘恩伯编著 上海音乐出版社 2002年12月 文399页 图731幅 16开

本书将彩陶、岩画、玉器、青铜器、漆器、俑、陶瓷器、墓室壁画与雕饰、石窟壁画与雕饰、寺观壁画与雕饰、绘画等文物中的舞蹈图像，搜集汇编成册。

陕西历史博物馆珍藏：陶瓷器 杨培钧主编 陕西人民美术出版社 2003年1月 文191页 彩色图版156幅 大16开

本图录选收陕西历史博物馆珍藏的从新石器时代至清代的陶瓷器156件。

甘肃彩陶 张力华主编 重庆出版社 2003年1月 文10页 彩色图版 文225页 8开

本图录收集甘肃出土的大地湾、半坡类型，庙底沟、石岭下类型，以及马家窑、半山、马厂、齐家、辛店、四坝、沙井等类型的彩陶，集中展示了甘肃彩陶经历的萌芽、发展、鼎盛、衰退四个阶段的文化面貌。

震旦艺术博物馆文物精粹 刘玉娟、郑安芬著 台北震旦文教基金委员会 2003年5月 文217页 图版84幅 16开

本书是震旦艺术博物馆正式启用的纪念册，书中精选新石器时代晚

期至清代的玉器55件，东魏至明代的佛教文物23件，汉代及北魏的画像石6件，总计84组件精品，概略呈现震旦艺术博物馆的典藏方向。

震旦艺术博物馆古玉选粹（一） 陈臻仪著 台北震旦文教基金委员会 2003年5月 文409页 图版180组 大16开

本书精选震旦艺术博物馆的玉器藏品180组件，时代从新石器时代红山文化、良渚文化、龙山文化、齐家文化、商代、西周、春秋、战国到汉代，这四五千年的时间是中国古代玉器最昌盛的时期，各代玉器的造型与纹饰都可以在本书中一览无遗。书中导论《君子比德》一文，由故宫博物院研究员邓淑苹先生撰写，宏观阐述中国崇玉文化的发展。

三峡文物珍存：三峡工程重庆库区地下文物卷 重庆市文物局编 北京燕山出版社 2003年7月 文150页 彩色图版334幅 大16开

本书介绍三峡文物保护二期移民阶段（1997至2003年6月）43个地点的考古发掘成果，内容涉及新石器时代至明清各个时期的文物遗存。

揭阳的远古与文明：榕江先秦两汉考古图谱 揭阳考古队、揭阳市文化局编 邱立诚、魏峻主编 香港公元出版有限公司 2003年10月 文142页 彩色图版161幅 16开

本书是揭阳考古队在对榕江流域各地先秦两汉时期的文化进行绘图、拓片、拍照和资料建档工作的基础上，选择其中保存较好、制作精美或者具有较高科学研究价值的一百余件文物编纂而成，并有揭阳市古代文化综述和文物基础研究工作介绍等。

旅顺博物馆 旅顺博物馆编 刘广堂主编 文物出版社 2004年4月 文239页 彩色图版203幅（组） 16开

本书展示旅顺博物馆收藏的青铜器、陶瓷器、玉器、漆器、书画、杂项，以及佛教造像、大连文物、新疆文物和国外文物。

牛河梁遗址 朝阳市文化局、辽宁省文物考古研究所编 学苑出版社 2004年4月 文88页 彩色图版104幅 16开

本书介绍牛河梁遗址概貌、女神庙与山台、积石冢与祭坛、遗址布

局。

敖汉文物精华 邵国田主编 内蒙古文化出版社 2004 年 4 月 文 266 页 彩色图版 470 幅 线图、拓片 67 幅 16 开

本书共分三部分：第一部分介绍内蒙古敖汉旗考古发掘的 15 处遗址 和墓葬出土文物；其中包括新石器时代兴隆洼、赵宝沟等遗址的发掘成 果；第二部分介绍敖汉旗博物馆馆藏文物；第三部分介绍敖汉旗博物馆 近年抢救清理的辽墓壁画。

金坛三星村出土文物精华 南京师范大学、金坛市博物馆编 王根 富主编 南京出版社 2004 年 4 月 文 179 页 彩色图版 150 幅 16 开

本书收录江苏金坛三星村新石器时代遗址 1993～1998 年田野发掘出 土文物 150 件，包括骨、角、陶、玉、石器。

卢锡波先生收藏考古标本图录（"国立"台湾史前文化博物馆资料汇 编之三） 夏丽芳主编 台东"国立"台湾史前文化博物馆 2004 年 4 月 文 319 页 彩版 209 页 16 开

卢锡波先生历时 27 年采集标本约计 6944 件，2001 年捐赠给"国立" 台湾史前文化博物馆收藏。本图录选登考古标本 209 件，内容包括两部 分，一、骨、角、木器，二、装饰品。

尘封的瑰宝：丹江口水库湖北淹没区文物图珍 王红星著 湖北美 术出版社 2004 年 6 月 文 187 页 彩色图版 193 组 16 开

本图录选收丹江口水库湖北淹没区旧石器时代至清代的文物近 200 件，基本包括了该地区近半个世纪以来的重要考古发现。

中国古代玉器艺术 中国文物信息咨询中心编著 张永昌、云希正 主编 人民美术出版社 2004 年 6 月 2 册 文 659 页 彩色图版 307 幅 8 开

本书收录中国文物信息咨询中心收藏的 305 件新石器时代至清代的玉 雕作品。

首都师范大学历史博物馆藏品图录 首都师范大学历史系编 科学 出版社 2004 年 9 月 文 221 页 彩色图版 208 幅 16 开

本书选录首都师范大学历史博物馆收藏的玉石器、青铜器、古钱币、

古文书、甲骨、陶瓷器等，多为传世品。

安徽省出土玉器精粹（杨建芳师生古玉研究会古玉图录系列，三）
安徽省文物局编　李修松主编　台北众志美术出版社　2004 年 10 月　文
314 页　图版 178 组　插图 76 幅　16 开

本书选录安徽省考古发掘出土的新石器时代至清代的玉器。附录陈
启贤的论文：安徽省出土玉器雕琢工艺显微探索。李修松、杨建芳分别
为本书作序。

清江考古掠影及出土文物图录　湖北省清江隔河岩考古队、湖北省
文物考古研究所编　王善才主编　科学出版社　2004 年 10 月　文 229 页
彩色图版 193 幅　16 开

本图录选收近 10 余年来配合清江水电站建设工程，考古发掘出土重
点遗址和墓地的遗物及部分文博单位藏品照片。时代从旧石器至宋元明
清。

西安文物精华：玉器　西安市文物保护考古所编著　孙福喜主编
世界图书出版公司　2004 年 11 月　文 167 页　彩色图版 195 幅　16 开

本图录选收西安市文物保护考古所收藏的新石器时代至明清时期玉
器 200 件，分礼玉、佩饰、镶嵌玉器、器具与陈设玉器四部分编排，其后
有图片详细说明。

马家窑文化彩陶瑰宝新赏　张朋川、王新村主编　文物出版社
2004 年 12 月　文 175 页　彩色图版 138 幅　8 开

本图录展示王新村收藏的马家窑文化彩陶，其中包括石岭下类型 3
件、马家窑类型 56 件、半山类型 34 件、马场类型 45 件。

上海博物馆藏品精华　陈燮君、汪庆正主编　上海书画出版社
2004 年 12 月　文 363 页　8 开

本书从上海博物馆藏品中遴选 170 余件，分为金石类、陶瓷类、书画
文献类、工艺类。

中国织绣服饰全集：历代服饰卷（第 3 卷）（上）（中国美术分类全
集）　刘正、高春明、袁杰英主编　天津人民美术出版社　2004 年 12 月
专论、目录 32 页　彩色图版 492 页　16 开

本卷收录远古至两宋服饰图像和实物图版。

山西博物院珍粹 山西博物院编 山西人民出版社 2005 年 1 月 文 257 页 图版 178 幅（组） 16 开

本书辑录了 177 件（套）文物，是山西博物院所藏众多文物精品中的一部分，许多是近年来的最新考古发现。

齐家古玉 彭燕凝、仁厚编著 四川出版集团·天地出版社 2005 年 1 月 文 190 页 24 开

本书集中收录有齐家文化的琮、璧、钺、玉牙璋、圭、环、刀、戈、斧、凿、佩、玦等玉器。每件玉器均配有说明：特征、年代、玉质、尺寸以及著者对齐家古玉进行的考释和研究。

中国史前陶艺 关善明著 香港沐文堂美术出版社有限公司 2005 年 2 月 图文 315 页 16 开

本书目录：总序、前言，中国史前陶艺。书中除收录有关新石器时代裴李岗、仰韶、大汶口、龙山、河姆渡、崧泽、良渚、大溪、屈家岭、兴隆洼、红山、马家窑等文化陶器外，还收录有夏家店文化和二里头文化部分陶器。著者对出土陶器的特点和创作等问题进行了阐述，认为中国新石器时代的陶器是多元性的，从地域上可分为三个主要系统，即黄河中上游，长江流域及东北农业地区，所出陶器内容丰富，各具特色。

北京文物精粹大系：陶瓷卷（上） 《北京文物精粹大系》编委会、北京市文物局编 马希桂主编 北京出版社 2005 年 5 月 文 47 页 彩色图版 229 幅 图版说明 31 页 16 开

本卷选录北京地区文博单位收藏的元代以前陶瓷器 193 件。

重庆中国三峡博物馆、重庆博物馆 王川平主编 刘豫川副主编 文物出版社 2005 年 6 月 文 237 页 彩色图版 229 幅 16 开

本书是重庆中国三峡博物馆馆藏精品文物图录。其中有部分史前时期文物。

辽上京文物撷英 唐彩兰编著 远方出版社 2005 年 7 月 文 251

页　彩色图版 413 幅　16 开

本书介绍内蒙古巴林左旗的文物考古工作，展示辽上京博物馆藏品，分三部分：新石器时代至魏晋遗存、辽代文物、金元明清文物。附录：巴林左旗重点文物保护单位、近年考古发掘调查的 8 处遗址的墓葬、契丹文字墓志。

文明的曙光：良渚文化文物精品集　中国国家博物馆、浙江省文物局编辑　中国社会科学出版社　2005 年 7 月　文 351 页　彩色图版 212 幅　16 开

本书为展览图录，展品分为三组：一、石器，二、陶器和织物，三、玉器。收录 3 篇文章：良渚文化与中国文明的起源（严文明）、良渚文化的发现与研究（刘斌）、良渚玉器的种类及其纹饰（方向明）。附录：良渚文化考古发现与研究大事记。

河南省文物交流中心三十年集珍　河南省文物交流中心编　邱向军主编　大象出版社　2005 年 8 月　文 181 页　16 开

本书精选 160 件文物，分为陶瓷器、玉器、青铜器、杂项四个大类，展示了河南省文物交流中心成立三十年来的丰硕成果。

馆藏卑南遗址玉器图录　臧振华、叶美珍主编　"国立"台湾史前文化博物馆　2005 年 9 月　文 233 页　彩版 67 幅　16 开

本图录选收馆藏卑南遗址出土玉器 167 件。

瑞典藏中国陶瓷：海上丝路、哥德堡号、安特生、仰韶文化　故宫博物院编　2005 年 9 月　文 431 页　彩色图版 181 幅　16 开

本书是 2005 年中瑞共同主办的"瑞典藏中国陶瓷展"展览图录，选录从"哥德堡号"沉船中打捞出的外销瓷器 29 件、瑞典藏中国瓷器 122 件、故宫藏西洋风格瓷器 15 件、安特生搜集的甘青彩陶 12 件。此外，收录 6 篇专题文章：1. 中国瓷器外销与外销瓷器的生产（李辉炳），2. 略谈瑞典藏中国陶瓷（吕成龙）3. 瑞典典藏中国外销陶瓷（J. Vansvik），4. 瑞典王国与"东印度人—哥德堡三号"（Jan‐Erik Nilsson），5. 从古代哥德堡到"哥德堡三号"（Goran behre），6. 安特生与中国石器时代大发现（EvaMyrdal）。附录：瑞典藏中国陶瓷珍品的目录和说明，中国与欧

洲经贸、文化交往大事件，瑞典参展博物馆介绍。

中国出土玉器全集　古方主编　科学出版社　2005 年 10 月　15 卷 16 开

本书共十五卷，收录从新石器时代到近代的玉器。第一卷：北京、天津、河北，于平等主编；第二卷：内蒙古、辽宁、吉林、黑龙江，刘国祥等主编；第三卷：山西，宋建中主编；第四卷：山东，梁中合等主编；第五卷：河南，田凯主编；第六卷：安徽，杨立新主编；第七卷：江苏、上海，殷志强等主编；第八卷：浙江，刘斌主编；第九卷：江西，彭明瀚主编；第十卷：湖北、湖南，张昌平等主编；第十一卷：广东、广西、福建、海南、香港、澳门、台湾，全洪主编；第十二卷：云南、贵州、西藏，王丽明主编；第十三卷：四川、重庆，江章华等主编；第十四卷：陕西，刘云辉主编；　第十五卷：甘肃、青海、宁夏、新疆，叶茂林等主编。

铢铢寸累：广州考古十年出土文物选粹（广州文物考古集之四）广州市文物考古研究所编　文物出版社　2005 年 10 月　文 309 页　图版 296 幅　16 开

本书是为广州市文物考古研究所成立十周年而出版的大型图集。全书收录 1995～2005 年十年间广州重大考古发现出土的文物 300 余件，其中有被评为 2004 年全国十大考古新发现的南汉康陵的文物精品，全面反映了广州市十年来的考古成果。很多文物是第一次发表，具有较高的资料和学术价值。

魅力洛阳：河洛地区文物考古成果精华　王绣主编　大象出版社 2005 年 12 月　文 118 页　彩色图版 100 幅　16 开

本书从考古发现的 1700 余件文物中选出近百件精品，旨在再现华夏千年帝都的辉煌。

贞石之语：先秦玉器精品展图集　广东省博物馆编　肖洽龙主编　岭南美术出版社　2006 年 1 月　文 228 页　彩版 260 幅　16 开

2006年11月　文237页　彩版148幅（组）　16开

"湖北出土文物精粹"展在中国国家博物馆举办，展出了湖北省最具代表性的文物150余件（套）。本图录目录：序（王红星），引言，石器时代，商周时代，战国秦汉简牍，秦汉隋唐时代，宋元明时代。附：湖北省文物考古大事简表。

赤峰博物馆文物典藏　刘冰编著　远方出版社　2006年12月　文280页　彩版281幅（组）　16开

本图录选收赤峰博物馆馆藏文物279件，为纪念赤峰博物馆建馆20周年。

上海考古精粹　上海文物管理委员会编　陈燮君主编　黄宣佩、宋建副主编　上海人民美术出版社　2006年12月　文436页　彩版408幅　16开

本书收录上海地区考古发掘出土的400余件文物，编为7组：马家浜文化、崧泽文化、良渚文化与广富林文化、马桥文化、吴越文化和楚文化、汉唐五代文物、宋元明清文物。

中华瑰宝：上海博物馆珍藏文物展（中）　上海博物馆、〔美〕宝尔博物馆（Bowers Museum）编　上海博物馆出版　2006年　文198页　彩版192组　16开

本书为上海博物馆在美国宝尔博物馆举办的"中华瑰宝·上海博物馆珍藏文物展"的配套图录，收录上博所藏青铜器、书画、陶瓷、玉器、竹木雕刻等诸多门类的珍贵文物，大都是没有展出、出版过的。

二　考古学分论

（一）　考古学分论

中华远古文化　摘印地质汇报第五号　安特生著　袁复礼节译　农商部地质调查所印行　1923 年　16 开　中文 46 页　英文 68 页　图版 17 幅

目录：绪言，中国器形之源流，古代文化之遗址，石器遗址之年代，仰韶文化与中国人种之关系，仰韶文化与古代外国文化之关系

该书叙述了安特生当时在中国北部、河南诸省对新石器时代遗址之研究，书中介绍了奉天锦西沙锅屯遗址的采掘及 1921 年河南渑池仰韶村遗址的发掘。

甘肃考古记　地质专报甲种第五号　安特生著　乐森璕译　农商部地质调查所印行　1925 年 6 月　16 开　中文 50 页　英文 52 页　图版 11 幅

目录：导言，住址与葬地，遗址地形，甘肃远古器物各论，甘肃远古文化之相对年代，甘肃远古文化之绝对年代，新石器时代之缺失，文化之迁移，甘肃史前人种说略（步达生著，李济译）

该书是安特生在甘肃为期两年考古所作。1923～1924 年他在甘肃境内进行了一些考古调查、采集及小规模发掘，将甘肃远古文化分为六期，认为齐家文化早于仰韶文化。夏鼐在《齐家期墓葬的新发现及其年的改订》一文中对安的错误看法作了纠正；尹达在《中国新石器时代》一书

一　林惠祥著　原刊于厦门大学学报 1955 年社会科学版第 4 期　厦门大学人类博物馆加印本　16 开　文 13 页　图版 7 页

目录：一、考察采集的经过，二、遗址概况，三、遗物分论，四、遗物总论，五、推论

该书著者研究了台湾新石器文化的特征、来源以及人种等问题，认为：台湾不是在近古的元明以来方归入中国版图，早在新石器时代，无论人种和文化都有大部分是由中国大陆过去的。

中国新石器时代　尹达著　三联书店　1955 年 10 月　32 开　文 159 页　有图版　1979 年 2 月第 2 版　文 256 页

书评：尹达著《中国新石器时代》　岑家梧　《光明日报》1956 年 2 月 2 日 3 版

目录：中国新石器时代，龙山文化与仰韶文化之分析，论中国新石器时代的分期问题，关于赤峰红山后的新石器时代遗址，论我国新石器时代的考古研究工作，后记

该书是作者在 20 年里所写的关于我国新石器时代的几篇主要论文的集子。书内用不少篇幅对安特生的错误理论进行了批判，同时对中国新石器时代试作了新分期。增补一章，主要是在《新中国考古收获》基础上所作的综合研究。

华东新石器时代遗址　尹焕章编著　上海学习生活出版社　1955 年 11 月　32 开　文 76 页　图 26 幅

目录：一、华东新石器时代遗址分布概况，二、华东新石器时代文化的分析，三、两个尚待解决的问题。书中分述了华东各省新石器时代遗址的发现、分布及特征，并把华东地区新石器时代文化分作龙山文化、混合文化、台形遗址文化、印纹硬陶文化四系。提出了该地区文化关系中龙山文化与殷商文化、印纹硬陶文化与吴越文化关系两个尚待解决的问题。

仰韶文化的彩陶　马承源著　上海人民出版社　1957 年 8 月　32 开　文 119 页　图版 20 页

书评：马承源著《仰韶文化的彩陶》　康捷、吴汝祚　考古通讯

1958年2期第71页 《仰韶文化的彩陶》读后 一知 文物参考资料
1958年5期第61页

目录:一、仰韶文化遗址的发现,二、殖民主义考古学家安特生及其错误的理论,三、彩陶是怎样制成的,四、彩陶的用途和美丽的图案,五、仰韶式彩陶,六、马家窑式彩陶,七、半山式彩陶,八、马厂式彩陶。该书对新中国成立前后仰韶文化遗址的发现和发掘状况作了简要介绍,批判了安特生的"六期"理论及"文化西来说",并根据地区和彩陶的特点将其分为仰韶式、马家窑式、半山式、马厂式四种类型。还介绍了彩陶的制法、用途、造型及各类型彩陶器的图案风格。

中国文明的开始 李济著 万家保译 中山学术文化基金董事会编译 台湾商务印书馆 1970年7月初版 1980年1月2版 32开 文56页 图版50页 插图9幅

目录:一、中国文明的开始,二、中国文明的起源和它早期的发展,三、中国的青铜时代。著者认为,讨论早期的中国历史应自新石器时代开始。

中原远古文化 许顺湛著 河南人民出版社 1983年6月 32开 文516页 有图

目录:一、中原远古文化之源流——旧石器时代,二、中原远古文化之源流——新石器时代,三、创造中原远古文化的主人,四、生产斗争和科学技术的成就,五、意识形态的发展变化

该书是一部综合研究性著作。作者以考古资料为基础,结合历史文献,系统地对中原地区(旧石器时代至夏文化以前)的远古文化进行了研究。

中国文明的起源 夏鼐著 文物出版社 1985年7月 32开 文131页 图版32页 插图27幅

书评:评价《中国文明之起源》 功献 考古 1984年8期第767页

目录:一、中国考古学的回顾和展望,二、汉唐丝绸和丝绸之路,三、中国文明的起源。该书是著者于1983年3月应日本广播协会邀请在

日本所作的三次公开讲演稿。著者认为：中国的文明还是在中国土地上土生土长的。中国文明有它的个性、它的特殊风格和特征。中国新石器时代主要文化中已具有一些带中国特色的文化因素。中国文明的形成过程是在这些因素的基础上发展的。

中国新石器时代文化　张之恒著　南京大学出版社　1988年10月32开　文358页　黑白图版4页　彩版4页　有插图。

书评：《中国新石器时代文化》评价　佟柱臣　考古与文物　1990年4期第107页

目录：一、概论，二、黄河中游地区的新石器时代文化，三、黄河上游的新石器时代文化，四、黄河下游的新石器时代文化，五、长江中游的新石器时代文化，六、长江下游地区的新石器时代文化，七、华南地区的新石器时代文化，八、中国北方地区的新石器时代文化，九、中国新石器时代考古学简史

该书初稿为南京大学历史系考古专业本科生讲义。书中按地区、时代及文化来阐述中国各地区的新石器时代文化，并提出了作者对中国新石器文化的一些观点。

远古之旅——中国原始文化的交融（当代史学丛书）　马洪路著　陕西人民出版社　1989年5月　32开　文274页　有插图

目录：一、原始文化讨论中的主要流派——起源与传播论，二、原始文化交流的轨迹——迁徙论，三、文化交融的发端——中石器时代概说，四、新石器时代早期原始文化的交融，五、新石器时代中期原始文化的交融，六、新石器时代晚期原始文化的交融，七、文化交融的思考——历史与现实。

中国文明的起源问题　列·谢·瓦西里耶夫著　郝镇华、张书生、杨德明、莫润先、诸光明译　文物出版社　1989年12月　32开　文427页

书评：评瓦西里耶夫《中国文明的起源问题》　邵望平、莫润先　考古　1989年12期第1132页

目录：中译本说明，一、关于文明发生的若干一般问题，二、关于中国文明起源的史学，三、突变和混血在原始中国人的人类学类型和种

族类型形成中的作用（中国的旧石器时代和中石器时代），四、中国农业新石器文化的起源问题，五、彩陶农业新石器文化（仰韶），六、黑—灰陶新石器文化（龙山文化与类龙山文化），七、殷文明的兴起，结语，文献目录。

中国古代文明——从商朝甲骨刻辞看中国史前史 〔意〕安东尼奥·阿马萨里著 刘儒庭、王天清译 社会科学文献出版社 1990 年 10 月 文 203 页 大 32 开

本书分六章，从商朝甲骨刻辞探讨中国古代文明的起源。

甑皮岩遗址研究 张子模主编 漓江出版社 1990 年 12 月 文 359 页 32 开

本书选收近 20 年来有关研究单位及部分专家、学者对甑皮岩遗址的研究文章 20 篇。文章分别从考古发掘、出土文物、岩溶地质、古生物、古动物，葬俗葬式、信仰崇拜以及孢粉年代等方面作了分析研究。

漳州史前文化 尤玉柱主编 福建人民出版社 1991 年 6 月 文 166 页 彩色图版 8 页 插图 73 幅 16 开

本书对漳州地区近年来出土、采集的史前文化遗物进行综合研究，阐述了自旧石器时代晚期至商周时期，漳州地区先民的经济活动、文化概貌及与生态环境的关系。贾兰坡为本书作序。

保山史前考古 张兴永主编 云南科技出版社 1992 年 1 月 文 220 页 图版 14 页 16 开

本书是介绍怒江中游、中上游史前考古发现和研究的著作。按时代和地域分布介绍了旧石器遗址 6 处，新石器地点 80 处。除文化遗存的介绍性文章外，还收入论文 10 篇。书末附有保山史前文献目录。

河姆渡文化初探（浙江文化丛书）　林华东著　浙江人民出版社
1992 年 4 月　文 382 页　插图 80 幅　彩色图版 6 幅　黑白图版 8 幅　大
32 开

本书分十一章，对河姆渡遗址的发现、文化命名、分期和分布范围
作了介绍；对河姆渡人的生态环境、独特的陶器群及木构建筑等作了分
析研究；对河姆渡文化生产力、经济特点、原始艺术、文化性质及对中
外古代文明演进的贡献等作了阐述。

长江中游新石器时代文化概论　张绪球著　湖北科学技术出版社
1992 年 10 月　文 326 页　大 32 开

本书是一部介绍长江中游新石器时代考古学文化的专著。论述了城
背溪文化、大溪文化、屈家岭文化、石家河文化等的分布、类型、年代
分期、经济发展、聚落形态等问题，并对古史传说进行了分析研究。严
文明为本书作序。

遮蔽的文明　陈绶祥著　北京工艺美术出版社　1992 年 10 月　文
486 页　32 开

本书对中国传统文化的诸多专题进行了阐述。内容涉及中国文化的
人性特征、与龙文化有关的文化现象、面具与农业文明、彩陶艺术、玩
具艺术、建筑艺术、美术史等方面。

黄河文明的曙光　许顺湛著　中州古籍出版社　1993 年 10 月　文
595 页　大 32 开

本书采用考古材料并结合文献，从中原、海岱、甘青等地区石器时
代文化遗址入手，研究中国文明的起源，着重研究黄河文明的起源。

中国河姆渡文化　刘军、姚仲源编著　浙江人民出版社　1993 年 10
月　文 149 页　彩色图版 65 页　12 开

本书是以河姆渡遗址的遗迹、遗物为素材编写而成的。文字部分
《河姆渡遗址的发掘》，介绍了地理环境、发掘经过、地层堆积、文化分
期及每一期文化遗存的情况。图版部分每幅都附有中英文对照的图版说

中国文明起源新探　苏秉琦著　生活·读书·新知三联书店　1999
年 6 月　文 189 页　插图 159 幅　大 32 开

本书最初于 1997 年 10 月由商务印书馆(香港)有限公司出版。

黄河流域聚落论稿:从史前聚落到早期城市　王妙发著　知识出版
社　1999 年 12 月　文 525 页　插图 3 幅　大 32 开

本书利用田野考古资料,研究黄河流域史前聚落的地域分布规律、
环境特征、聚落类型划分、聚落规模统计、居住年限比较研究、不同规
模聚落的人口估算、形态学分析、命名等问题。

美丽洲:良渚文化与良渚学引论　周膺著　中华书局　2000 年 9 月
文 194 页　大 16 开

本书是良渚文化研究论著,对于良渚文化的聚落、玉器、祭祀、礼
制萌芽等多方面作了论述。

虞夏时期的中原　董琦著　科学出版社　2000 年 10 月　文 308 页
插图 46 幅　大 32 开

本书以中原文化区虞夏时期(即龙山文化时期和二里头文化时期)
的考古学文化为研究对象,从自然地理因素和历史因素两方面考察虞夏
时期考古学文化的形成机制,论证龙山文化时期与二里头文化时期之间
已有质的变化,结合传说与文献考证陶唐文化、虞文化、夏文化、先商
文化和先周文化。邹衡为本书作序。

中国史前城址与文明起源研究　钱耀鹏著　西北大学出版社　2001
年 1 月　文 319 页　插图 84 幅　大 32 开

本书回顾了中国史前城址的发现与研究历程,探讨各类型城址形成
的环境因素,分析史前城址的内涵与性质,考察史前城址发生、发展的
社会历史背景,揭示史前城址在文明起源过程中的作用。严文明、石兴
邦为本书作序。

郑洛地区新石器时代聚落的演变　赵青春著　北京大学出版社
2001 年 6 月　文 282 页　插图 79 幅　大 32 开

本书分析郑洛地区裴李岗文化、仰韶文化前期、仰韶文化后期、龙
山文化各阶段的聚落分布、单个聚落形态和聚落内部遗迹，描述聚落的
形成、发展与分化、主从聚落格局的形成、城堡的出现等新石器时代文
明的发展脉络。严文明为本书作序。

史前社会与格萨尔时代（雪域藏民族文化博览丛书）尕藏才旦编著
甘肃民族出版社　2001 年 6 月　文 140 页　32 开

世界最长的英雄史诗《格萨尔》是藏民族史前文化的活见证，本书
分四章：一、人类早期活动足迹，二、最早的藏人，三、格萨尔时代，
四、史前部落社会。本书探明了藏文化的源泉问题，并从多侧面佐证了
青藏高原的藏民族对人类文化的重大贡献。

美术、神话与祭祀（张光直学术作品集）　〔美〕张光直著　郭净
译　辽宁教育出版社　2002 年 2 月　文 141 页　插图 49 幅　图版 6 幅
32 开

本书是张光直学术作品集之一。书前有新版序，译者的话、中译本
作者前记、序言、鸣谢等。全书分七章。第一章，氏族、城邑与政治景
观；第二章，道德权威与强制力量；第三章，巫觋与政治；第四章，艺
术——攫取权力的手段；第五章，文字——攫取权力的手段；第六章，
对手段的独占；第七章，政治权威的崛起。七章后附录三代帝王表。书
后有附记及注释。

中国文明起源的人地关系简论　宋豫秦等著　科学出版社　2002 年 9
月　文 227 页　插图 13 幅　彩色图版 2 页　16 开

本书从环境—社会复合系统的理念出发，依据田野考古资料和全新
世环境变迁研究的成果，探讨西辽河流域、甘青地区、环岱海地区、海
岱地区、四川盆地、江汉平原、环太湖地区、中原地区在文明起源过程
中的人地关系作用机理。

中国新石器时代文化地理　毛曦著　陕西人民出版社　2002 年 9 月　文 241 页　32 开

本书从地理环境、文化发展（包括中华文明的形成）及其相互关系等方面对中国新石器时代文化地理进行了初步探讨。

仰韶文化（20 世纪中国文物考古发现与研究丛书）　巩启明著　文物出版社　2002 年 10 月　文 239 页　插图 30 幅　彩色图版 8 幅　大 32 开

本书是 20 世纪中国文物考古发现与研究丛书之一，对中国新石器时代仰韶文化作了科学的总结，是仰韶文化发现、发掘和研究 80 年来的学术回顾史。重点介绍了仰韶文化的考古成就与原始社会史的密切关系，展示了对仰韶文化研究的发展脉络以及争论观点，并对新世纪的仰韶文化研究进行了展望。

甘青地区史前考古（20 世纪中国文物考古发现与研究丛书）　谢端琚著　文物出版社　2002 年 11 月　文 258 页　插图 39 幅　彩色图版 4 页（8 幅）　大 32 开

本书是 20 世纪中国文物考古发现与研究丛书之一，回顾了 20 世纪甘青地区史前考古的主要发现与研究成果。从发现与研究简史、分布与文化特征、类型与分期、社会经济形态、精神文化生活等方面介绍了甘青地区的史前考古学文化，并对其族属进行了初步探讨。

中国史前古城（中国建筑文化研究文库）　马世之著　湖北教育出版社　2003 年 3 月　文 221 页　彩色图版 24 幅　大 16 开

本书介绍中原地区、海岱地区、江汉地区、江浙地区、巴蜀地区、河套地区的史前古城城址，探讨中国史前古城所反映的历史与文化、史前古城在文明起源中的作用、史前古城的性质与地位。

中国史前考古学导论　张宏彦编著　高等教育出版社　2003 年 6 月　文 235 页　插图 99 幅　大 32 开

本书根据史前考古学研究多学科交叉的特点，将内容分为史前考古方法论、史前环境论、史前人类论、史前文化论四部分。其中史前文化部分又分为史前文化区系论、史前技术论、史前经济论、史前聚落论、史前墓葬论等五个专题，并尽可能归纳各部分的基本知识和主要线索，突出考古学的基本方法和系统知识；全书收录近百幅插图，图文并茂，便于教学。

中国北方地区新石器时代文化研究（北京大学震旦古代文明研究中心学术丛书之六）　韩建业著　文物出版社　2003 年 9 月　文 273 页　插图 257 幅　16 开

本书所指的北方地区为北方草原地区以南、中原地区以北，受中原文化影响的地区。作者以兴隆洼文化时期、仰韶文化前期、仰韶文化后期、龙山时代为分期，从文化分期、文化谱系、聚落形态、人地关系等方面，对北方新石器时代文化进行综合研究。严文明为本书作序。

长江中下游地区史前聚落研究（北京大学震旦古代文明研究中心学术丛书之五）　张弛著　文物出版社　2003 年 9 月　文 248 页　插图 109 幅　彩色图版 16 幅　16 开

全书有四章：一、新石器时代早、中期聚落的特征；二、新石器时代晚期（前段）聚落的繁荣；三、新石器时代晚期（后段）聚落的分化；四、长江中下游新石器时代文化的衰落。严文明为本书作序。

东北石器时代考古（吉林大学边疆考古研究中心系列学术著作）赵宾福著　吉林大学出版社　2003 年 12 月　文 461 页　插图 143 幅　彩色图版 3 幅　32 开

本书是东北地区石器时代考古专著，全书分两章，第一章为东北旧石器时代考古，第二章为东北新石器时代考古。

裴李岗文化（20 世纪中国文物考古发现与研究丛书）　李友谋著文物出版社　2003 年 12 月　文 211 页　插图 24 幅　彩色图版 7 幅　32 开

本书介绍裴李岗文化的发现和意义，分析裴李岗文化的内涵和特征，论述裴李岗文化年代与分期、生产生活与社会发展阶段、文化源流、与磁山文化和老官台文化的关系。

黄河流域史前考古与传说时代 刘宝山著 三秦出版社 2003 年
文 184 页 插图 52 幅 彩色图版 18 页 32 开

　　本书论述黄河流域新石器文化的考古学文化格局与古史传说中的东
夷集团、黄帝集团、炎帝集团、蚩尤集团、三苗集团等史前部落集团的
关系，推测这些集团可能存在的时间和地望。

中国文明的形成（中国文化与文明丛书） 徐苹芳等著 新世界出
版社、（纽黑文）耶鲁大学出版社 2004 年 6 月 文 416 页 图版 364 幅
（组） 8 开

　　本书利用中国考古学资料和研究成果，探讨中国古代文明的起源、
形成和发展历史，中国古代社会经济与文化的特点，中国文明形成的特
点及其在世界文明史上的地位。各章的撰稿人是：徐苹芳、严文明、张
忠培、邵望平、卢连成、张光直、王幼平、许宏、王仁湘。徐苹芳为本
书作序。

新石器时代考古（20 世纪中国文物考古发现与研究丛书） 张江凯、
魏峻著 文物出版社 2004 年 6 月 文 276 页 插图 44 幅 彩色图版 7
幅 32 开

　　本书综述了 20 世纪中国新石器时代考古的重要发现和研究成果，展
示了我国新石器时代考古学文化的丰富内涵，并探讨了一些前沿性的学
术问题。

长江中游新石器时代文化（长江文化研究文库/文物考古系列） 何
介钧著 湖北教育出版社 2004 年 8 月 文 474 页 插图 95 幅 彩色图
版 12 页 32 开

　　此书较为全面地对长江中游及其邻近地区新石器时代文化进行了梳
理，将长江中游地区新石器文化分为：长江中游中心区域新石器时代考
古学文化、长江中游边缘地区新石器时代考古学文化、江西省境内新石
器时代考古学文化等区域，并以分区探讨为基础，揭示了长江中游地区
内新石器时代文化间的相互关系。

红山诸文化研究概览（赤峰学院红山文化研究丛书之三）　徐子峰主编　中国文史出版社　2004年8月　文375页　图版6页　32开

红山诸文化是北方地区新石器时代的主要文化。本书收集了学术界从20世纪80年代开始，对新石器时代红山诸文化的研究成果。

长江流域的稻作文化（长江文化研究文库/经济科教系列）裴安平、熊建华著　湖北教育出版社　2004年8月　文513页　插图157幅　32开

本书分上下两篇，包括稻作起源与长江流域、史前长江流域稻作农业的发展与繁荣、历史时期的稻作等内容。

长江下游新石器时代文化（长江文化研究文库/文物考古系列）　张之恒著　湖北教育出版社　2004年8月　文268页　插图87幅　彩色图版12页　32开

本书介绍了长江下游地区新石器时代的历史，包括江淮地区的新石器时代文化、宁镇地区的新石器时代文化和宁绍地区的河姆渡文化等几部分内容。

先秦时期的南海岛民：海湾沙丘遗址研究　肖一亭著　文物出版社　2004年9月　文315页　插图70幅　16开

本书论述以环珠江口地区为中心的沙丘遗址的形成、文化性质、文化分期、墓葬反映的定居生活、沙丘先民的房屋、生产生活、石刻岩画、文化关系，揭示距今6000～3000年前海南岛民的居住与活动。附录：有关沙丘遗址研究的部分著述。严文明为本书作序。

中国5000年文明第一证：良渚文化与良渚古国（长江文明丛书）周膺、吴晶著　浙江大学出版社　2004年9月　文207页　插图352幅（组）16开

本书是良渚文化研究专著。全书分六章，包括古国古城、器具世界、思想话语、精神庙宇、文明化育、学术发问等部分，书后有后记和主要参考文献。

部落联盟与酋邦——民主·专制·国家：起源问题比较研究（东方历史学术文库）　易建平著　社会科学文献出版社　2004年11月　文650页　32开

本书分四部分：一、部落联盟，二、酋邦与社会演进，三、酋邦、酋邦模式与专制政治，四、早期社会与非专制政治。

中国东北西辽河地区的文明起源 田广林著 中华书局 2004 年 12 月 文 290 页 插图 45 幅 32 开

本书作者运用大量考古发掘资料，指出西辽河地区考古文化独具特色的文化内涵和相对独立的发展态势，特别认识到从兴隆洼到红山文化时期，该地区在整个文化发展全局中具有一种明显的强势地位，成为中华文明的重要源头，率先显现出文明的"曙光"；透过对西辽河地区考古文化发展态势的分析，折射出中华文明的"多元一体"格局。

大汶口文化（20 世纪中国文物考古发现与研究丛书） 高广仁、栾丰实著 文物出版社 2004 年 12 月 文 205 页 插图 39 幅 彩色图版 8 幅 32 开

本书是 20 世纪中国文物考古发现与研究丛书之一，本书论述了大汶口文化发现的经过和半个世纪以来学术界的研究成果，对于中国史前文化的多源性以及大汶口文化在中国史前时代所具有的主体性地位作了论证。

屈家岭文化（20 世纪中国文物考古发现与研究丛书） 张绪球著 文物出版社 2004 年 12 月 文 238 页 插图 52 幅 32 开

本书全面论述了 20 世纪屈家岭文化考古的重要发现和研究成果，并对其研究现状进行了深入探讨。

五帝时代研究（河南博物院学术文库） 许顺湛著 中州古籍出版社 2005 年 2 月 文 549 页 16 开

本书以距今 6000～4000 年之间作为五帝时代年代框架的上下限，考察与之对应的考古学文化和区域文明。

红山文化（20 世纪中国文物考古发现与研究丛书） 郭大顺著 文物出版社 2005 年 2 月 文 235 页 插图 59 幅 彩色图版 10 幅 32 开

本书回顾 20 世纪 80 年代以前红山文化的发现与研究，介绍牛河梁"坛庙冢"遗址群和红山文化玉器、红山文化与中国文明起源的讨论、红

山文化的源流、红山文化研究的新课题。

壮族文明起源研究（壮学丛书） 郑超雄著 广西人民出版社
2005 年 3 月 文 329 页 彩色图版 12 页 32 开

本书作者依据"中华民族多元一体格局"的理论，根据考古学、民族学、人类学、语言学、经济学、生态学等多学科的综合研究，提出了中华文明起源的四大板块结构说，对壮族文明起源的时代及其相关特点以及古国、方国的特征作了分析论述。

新石器文化与夏代文明（早期中国文明）郑杰祥著 江苏教育出版社 2005 年 4 月 文 584 页 插图 112 幅 彩色图版 21 幅 18 开

本书论述中原地区文明起源和形成过程，介绍其文化序列，分述裴李岗文化时代、中原仰韶文化时代、河南龙山文化时代、二里头文化与夏文化、夏王朝的建立及其社会形态、夏王朝的兴亡。

龙山文化：黄河下游文明进程的重要阶段 李伊萍著 科学出版社
2005 年 4 月 文 169 页 插图 38 幅 16 开

本书从建立龙山文化的分期入手，以不同类别和不同形式的陶器为标准，讨论龙山文化地方类型的划分，以及不同时段内各地方类型分布区的变动情况。张忠培、陈雍为本书作序。

昙石山文化研究（南强史学丛书） 钟礼强著 岳麓书社 2005 年
7 月 文 334 页 插图 52 幅 图版 14 页 32 开

本书回顾昙石山文化的发现与研究，分析昙石山文化的地层、分期与年代，讨论昙石山文化陶器群、经济形态、区域源流关系、周邻关系、与台湾史前文化的关系、人群与社会、宗教和艺术。

红山文化研究（辽宁大学"东北边疆与民族"项目丛书） 张星德著 中国社会科学出版社 2005 年 12 月 文 215 页 插图 107 幅 16 开

本书论述红山文化的发现与研究、分布与特征、分期与类型、红山文化与女神崇拜、红山文化的墓葬与玉器、红山文化的渊源与流向、红山文化与文明起源。郭大顺为本书作序。

中国文明起源研究（二十世纪中国人文学科学术研究史丛书：史学专辑）　朱乃诚著　福建人民出版社　2006 年 1 月　文 487 页　32 开

全书分四章：一、中国文明起源研究的历程，二、夏鼐与苏秉琦对中国文明起源的研究，三、中国文明起源研究过程中对理论问题的探索，四、中国几个主要区域文明起源研究的历程。

龙山文化（20 世纪中国文物考古发现与研究丛书）　张学海著　文物出版社　2006 年 1 月　文 224 页　插图 37 幅　彩版 7 幅　32 开

本书回顾 20 世纪龙山文化发现和研究的历史与成果，将其分为四个阶段：泛龙山文化的发现与初期研究（1930～1959 年）、龙山文化考古的初步发展（1960～1981 年）、深入发展（1981 年以后）、全面发展（1991 年以后），分别予以论述，提出存在的主要问题与建议。

西阴文化：中国文明的滥觞　余西云著　科学出版社　2006 年 2 月　文 248 页　插图 129 幅　插表 16 幅　16 开

本书分析西阴文化的典型遗存及其在晋陕豫地区的其他遗存，探讨西阴文化的时空结构、西阴文化聚落形态、西阴文化的起源、与同期诸文化的关系、西阴文化的瓦解等问题。

河洛与海岱地区考古学文化的交流与融合（"中国古代文明与考古学"研究丛书之三）　靳松安著　科学出版社　2006 年 3 月　文 235 页　插图 70 幅　16 开

本书分析河洛地区和海岱地区史前文化和夏代文化的分期与类型，廓清其年代对应关系，探讨这两个地区史前至夏商时期文化交流与融合的内容、途径、方式及其产生原因和历史背景。

壮族历史文化的考古学研究（中国壮学文库）　郑超雄、覃芳著　民族出版社　2006 年 3 月　文 566 页　插图 37 幅　32 开

本书包括史前时期的文化遗存、壮族先民史前社会生产生活状况、史前宗教、古代壮族与同根生民族的分布区域、方国文明的形成等内容。

日照地区龙山文化　刘红军主编　山东友谊出版社　2006 年 6 月　文 167 页　插图 59 幅　表 5 幅　32 开

本书介绍了日照地区龙山文化的考古历程、文化遗址分布、重点遗

址、建筑墙体的营建技术、原始崇拜等内容。

河姆渡文化（20世纪中国文物考古发现与研究丛书） 刘军著 文物出版社 2006年7月 文192页 插图47幅 彩版8幅 32开

本书回顾河姆渡遗址的发现和初步研究，介绍河姆渡先民的生存环境、经济生活、对人类文化的贡献，评述河姆渡文化研究的发展和前景。

珠海沙丘遗址研究（珠海人文风物丛书） 肖一亭著 珠海出版社 2006年10月 文347页 插图58幅 表16幅 16开

本书论述珠海沙丘遗址的形成、文化性质、文化分期、墓葬所反映的定居生活、沙丘先民的房屋、生产生活、环珠江口地区先秦时期岩画、沙丘遗址文化关系。

磁山文化（河北考古大发现） 乔登云、刘勇著 花山文艺出版社 2006年11月 文206页 插图88幅 彩版24页 16开

本书作者参加了磁山遗址的考古发掘工作，并长期从事磁山文化的探索与研究，书中对磁山文化遗址的发掘纪略、主要发现、学术会议等作了全面而系统的论述，同时还对磁山文化的学术价值、文化堆积等问题进行了广泛而深入地探讨。

五帝时代：以华夏为核心的古史体系的考古学观察 韩建业、杨新改著 学苑出版社 2006年12月 文182页 16开

五帝时代曾一度被认为是中国古史的传说时代，不足征信；本书从考古学的角度出发，对以华夏为核心的古史体系进行了较为系统的观察，结果表明：三皇五帝并非神话。古史传说中的文化图景日渐清晰。

从史前时代后期的考古资料研究金门与中国东南沿海的移民关系 计划主持人：郭素秋、刘益昌 "内政部"营建署 2006年 文219页 16开

本书共十一章：第一章，前言；第二章，研究方法；第三章，金门地区的研究简史；第四章，金门相关资料的解读与检讨；第五章，台湾相关资料的解读与检讨；第六章，福建（金门以外的地区）相关资料的解读与检讨；第七章，江苏、浙江与江西相关资料的解读与检讨；第八章，广东相关资料的解读与检讨；第九章，越南北部、菲律宾北部与日

本八重山群岛相关资料的解读与检讨；第十章，讨论；第十一章，结语。

（二）　原始社会研究

中国原始社会之探究（史地小丛书）　曾松友著　商务印书馆1935 年　32 开　文 157 页

书评：李伯黍　华年周刊　5 卷 20 期第 378 页　1936 年 5 月

目录：一、绪论，二、北京猿人是否为汉族直接祖先考，三、汉族在原始时代迁移之阶段，四、原始社会发展之阶段，五、中国旧石器时代之讨论，六、中国新石器时代，七、中国铜器时代，八、中国原始艺术，九、结论。

中国原始社会史　吕振羽著　耕耘出版社（上海）　1942 年　32 开文 199 页；光华书店　1949 年 1 月　32 开　文 208 页

目录：一、绪论，二、中国社会形势发展的诸阶段，三、古代社会特征的一般，四、神话传说所暗示之野蛮时代的中国社会形态，五、传说中之"尧舜禹"的时代——母系氏族社会，六、传说中的夏代——男系本位的氏族社会，七、神话传说所暗示由氏族到市区之转变的形迹，八、仰韶各期出土物与传说时代，九、中国古代各民族系别的探讨，十、洪水的传说和其时代。该书为 1933 年初版《史前期中国社会研究》增订版

中国原始社会史　吴泽著　桂林文化供应社　1943 年　文 126 页32 开

本书包括人种的起源，史前原始社会的经济构造，社会组织与家族形态，原始社会的意识形态 4 章。

中国古史的传说时代　徐炳昶著　重庆中国文化服务社　1943 年科学出版社　1961 年增订新版　文物出版社　1985 年 10 月　32 开　文302 页

目录：一、我们怎样来看传说时代的历史，二、我国古代部族三集团考，三、洪水解，四、徐偃王与徐楚在淮南势力的消长，五、五帝起源说，六、所谓炎黄以前古史系统考。

中国原始社会 尹达著 作者出版社 1943年5月 16开 文159页 有图版

目录：一、从考古学上所见到的中国原始社会，二、从古代传说中所见到的中国原始社会，三、补编（中华民族及其文化之起源，关于殷商社会性质争论中的几个重要问题，关于殷商史料问题）。

中国原始社会研究 郑子田著 上海永祥印书馆 1945年 32开 文54页

本书分上下两编，包括原始共产社会和氏族社会两部分内容

原始社会之土地形态的研究 秦元邦著 商务印书馆 1946年2月 32开 文112页

目录：一、土地共通进化的过程，二、日耳曼人之村落共同体，三、斯拉夫人之村落共同体，四、瑞士之共有地，五、荷兰之村落共同体，六、爱尔兰色特勒族之土地制度，七、法国之共有地，八、亚（阿）拉伯人及其他民族之土地共同体，九、爪哇及印度之村落共同体，十、日本琉球之土地共有制，十一、中国通过村落共同体的时期，十二、结论。

中国社会史纲（第一卷原始社会史） 吕振羽著 上海耕耘出版社 1949年 32开 文514页

目录：增订版序，原版李序，原版自序，一、绪论，二、中国社会形势发展的诸阶段，三、古代社会特征的一般，四、神话传说所暗示之野蛮时代的中国社会形态，五、传说中之"尧舜禹"的时代——母系氏族社会，六、传说中的夏代——男系本位的氏族社会，七、神话传说所暗示由氏族到市区之转变的形迹，八、仰韶各期出土物与传说时代，九、中国古代各民族系别的探讨，十、洪水的传说和其时代。

原始社会史 〔苏〕B.K.尼科尔斯基著 庞龙译 作家书屋 1952年11月初版 1953年再版 32开 文152页

目录：一、在原始石器时代及旧石器时代上期与中期原始公社氏族

制度的发生，二、旧石器下期与中石器时期原始公社氏族制度的发展，三、新石器时代原始公社氏族制度的繁荣，四、新石器末期与金属时期原始公社氏族制度的解体，五、原始文化。该书根据莫斯科教科书出版局1951年版译出。

原始社会史及人类学 中山大学历史系梁钊韬编 中央人民政府高等教育部代印 1953年 16开 文211页

目录：一、导论，二、化石人类学——"从猿到人"的发展，三、原始社会的发展，四、种族志，五、苏联及中国各民族。该书为高等学校交流讲义。

原始文化史纲 柯斯文著 张锡彤译 人民出版社 1955年9月 32开 文256页

目录：引言，一、文化的萌芽，二、早期氏族社会的文化，三、技术的发展，四、经济的发展，五、经济的发展（续），六、社会的发展，七、精神文化，八、金属时代的早期文化，九、原始公社制的解体，结束语：最早的阶级社会的发生。该书是原苏联科学院作为大众科学丛书之一出版的，著者是原苏联著名人文志学家。

中国原始社会通俗小史 刘秉中编著 河北人民出版社 1957年6月 32开 文33页 有插图

该书浅述了人类的由来、原始人的生活、工具的创造发明、原始社会的发展及解体经过，并介绍了几个反映早期人类征服自然的神话传说。

原始社会史 〔苏〕阿·尼·格拉德舍夫斯基著 东北师范大学历史系翻译室译 高等教育出版社 1958年8月 32开 文188页

目录：原始社会史的对象、史料、年代学与分期，人类的起源，原始石器时代和旧石器时代早期的群居公社，旧石器时代中期上古氏族公社，旧石器时代晚期和中石器时代的上古氏族部落公社，高度发展的母权氏族公社，原始公社氏族制度的解体，精神文化，原始社会史的史学，在资本主义条件下和在社会主义制度下的原始氏族部落公社。该书为著者在我国东北师范大学历史系世界古代史教师进修班的讲稿。

中国原始社会史 宋兆麟、黎家芳、杜耀西著 文物出版社 1983年3月 32开 文499页 有图

目录：一、原始群和血缘公社，二、母系氏族初期的经济，三、母系氏族社会，四、母系氏族发展时期的经济，五、母系氏族的高度发展，六、母系制向父权制的过渡，七、父系社会生产的发展，八、父权制和阶级的产生，九、物质文化生活，十、原始文化和艺术，十一、科学技术的萌芽，十二、原始宗教。该书在有文有图的《简明中国历史图册》第一册——原始社会（一）一书的基础上修改、扩篇而成。

中国原始社会史稿 岑家梧著 民族出版社 1984年3月 32开 文155页 插图5幅

目录：一、绪论——中国原始社会史的研究，二、从原始人群到氏族制，三、母系氏族制的发展，四、父系氏族制及原始公社的解体，五、原始社会的文化。该书是已故民族学家岑家梧先生的遗作。作者利用考古学、民族学和历史学等史料，力图用马克思主义的观点阐明中国原始社会的发生、发展和解体。

原始社会史 林耀华主编 中华书局 1984年4月 32开 文515页 黑白版24页 插图55幅

目录：一、人类社会的产生——由原始群到血缘家族公社（旧石器时代早期），二、原始公社氏族（母系）制度的产生（旧石器时代中、晚期），三、原始公社氏族（母系）制度的发展和繁荣（中石器时代、新石器时代），四、原始公社氏族（父系）制度的解体（新石器时代末期至金石并用时代），五、原始社会的精神文化，六、私有制、阶级和国家的出现。该书运用国内各民族包括汉族和少数民族资料，以及世界各地区各民族一些有关的最新研究成果，阐述原始社会发展的规律，并勾画出原始时代各个阶段的面貌专著。

中国原始社会史述 李友谋著 中州古籍出版社 1986年2月 32开 文251页

目录：一、人类社会历史的开端，二、原始社会的组织结构，三、母系氏族社会与父系氏族社会，四、原始社会的生产，五、原始社会的

婚姻与住室，六、原始社会的文化艺术，七、原始社会的宗教迷信。该书利用考古、民族调查及文献资料，对中国原始社会的组织结构、生产、婚姻及文化艺术等方面进行了研究。

原始社会发展史 杨堃著 北京师范大学出版社 1986 年 8 月 32 开 文 363 页

书评：原始社会研究的新成就——评介杨堃先生新著《原始社会发展史》 周星作 民族研究 1987 年 4 期 第 45 页

目录：一、导论，二、原始社会的起源和形成期，三、原始社会的发展和繁荣期，四、铜石并用时代从母系氏族公社到父系部落公社的过渡，五、原始社会的衰颓和解体期，六、向阶级社会过渡的问题，七、结论。该书原为高校教科书，著者利用世界范围内的考古、民族、民族学等方面的资料，对马克思主义原始社会史学的建设，作了理论的分析和探讨，并提出了自己的见解。

中国原始社会经济研究 李根蟠、黄崇岳、卢勋著 中国社会科学出版社 1987 年 10 月 32 开 文 485 页

目录：一、导论——关于原始社会史的分期，二、原始采猎业，三、各地区原始农业概貌，四、农业起源与原始农业牧业的发展阶段，五、原始手工业，六、原始社会的分工与交换，七、血缘家庭和氏族的起源，八、母系制及其向父系制的过渡，九、家族公社与农村公社，十、私有制和国家的形式。该书运用古文献资料和考古学、民族学丰硕成果，对我国原始社会经济生活做了探索。

原始社会 〔苏〕A. H. 别尔什茨主编 苗欣荣、庄孔韶、林德懋、王濂溪译 中央民族学院出版社 1987 年 32 开 文 292 页

目录：一、人类社会的产生，二、氏族制度的形成和发展，三、原始公社制度的解体与阶级社会的产生，四、前资本主义社会的原始边缘地区，五、原始边缘地区在近代和现代的命运。该书反映了近年来苏联原始社会史研究的最新成果。

原始社会初探 程德琪著 中央民族学院出版社 1988 年 2 月 32 开 文 274 页

该书收入论文 23 篇，汇集了作者对原始社会探索的一些成果，内容涉及历史发展规律、原始社会分期、原始婚姻家庭、母系社会制度、父系宗族制度及古史传说、史前神话等问题。

原始社会史 张维罴著 兰州大学出版社 1994 年 7 月 文 629 页 大 32 开

全书有五编：第一编：旧石器文化；第二编：中石器时代文化；第三编：新石器时代（上）——北方新石器时代文化；第四编：新石器时代（下）——南方新石器时代文化；第五编：原始社会概述。

中国小通史（第一卷）原始社会 罗琨、张永山著 中国青年出版社 1995 年 8 月 2000 年 12 月第 2 版 文 497 页 32 开

本书目录：前言，揭开原始社会之谜，历史的开端，伏羲氏登上历史舞台，开辟新时代，农业的产生和发展，从游徙到定居，技术的进步与新兴的手工业部门，氏族制度的形成及其特征，母系氏族制度的繁荣，母系氏族制度向父系氏族制度的转化，私有制像酸一样腐蚀了氏族制度，文明初曙，科学文化。附录：大事年表。

中国通史参考资料选辑（第一集）原始时代 束世澂编辑 新知识出版社 1955 年 3 月 32 开 文 160 页

目录：第一编民族起源与文化起源，第二编史前期的考古研究（一、旧石器时代，二、新石器时代，三、铜器时代），第三编原始时代的传说[一、初民的传说，二、发明用火的人群，三、传说的伏羲氏，四、传说的祝融氏、共工氏，五、传说的神农氏（附蚩尤），六、传说的五帝，七、夏代的传说]，编后小记。

永宁纳西族的母系制 严汝娴、宋兆麟著 云南人民出版社 1983 年 2 月 32 开 文 449 页 图版 10 页 有插图

书评：《永宁纳西族母系制》一书评介 程志方作 云南社会科学 1983 年 5 期

目录：一、血缘群婚与族外群婚，二、母系氏族——"尔"和"斯日"，三、母系氏族——"衣社"，四、女方居住的走访婚，五、长期阿

肖，六、生育制度，七、母系制在住俗上的反映，八、母系氏族的葬俗，九、原始宗教信仰，十、纳西族的母系亲属制，十一、阿肖同居——对偶家庭，十二，母系家庭和双系家庭，十三、共夫制与共妻制，十四、一夫一妻制，十五、父系家庭，十六、历史渊源和民族交往，十七、母系制长期延续的原因。该书以探讨永宁纳西族母系氏族的遗俗为中心，同时利用其他一些民族的资料作初步比较研究，对母系氏族的发生、发展提出了见解。

父系家族公社形态研究 林耀华、庄孔韶著 青海人民出版社1984 年 2 月 文 217 页 32 开

目录：中国的原始家族公社遗存（代前言），一、关于原始时代的家族公社问题，二、父系家族公社形态的平行与序列比较，三、父系家族公社形态研究散论，四、中国西南山地民族父系大家族与干栏住房。

（三） 史前考古文集

中国原始社会史文集 夏鼐选编 历史教学社 1964 年 10 月 32 开文 361 页 有插图

文集共收入论文 14 篇。前 4 篇介绍由原始人群到氏族公社产生的旧石器时代，接着几篇介绍氏族制度繁荣时期的原始社会——新石器时代，最后一篇总结。

大汶口文化讨论文集 山东大学历史系考古教研室编 齐鲁书社1979 年 11 月 1 版 1981 年 4 月第二次印刷 32 开 文 322 页

该书属大汶口文化研究专集，收入论文 23 篇，讨论的重点是有关大汶口文化的社会性质。

中国新石器时代论集 （考古学专刊甲种第十八号）安志敏著 中国社会科学院考古研究所编辑 文物出版社 1982 年 12 月 16 开 文 273页 彩色图版 1 页 黑白图版 24 页

书评：《中国新石器时代论集》 梁岩 考古 1985 年 2 期第 191 页

该书收集了著者 1947～1981 年发表的关于中国新石器时代考古学论文 20 篇。内容可分为两部分：一部分是对全国或地域性新石器文化所作的综述；另一部分是对新石器时代遗迹、遗物的分析讨论。

新乐遗址学术讨论会文集 沈阳市文物管理办公室 1983 年 1 月 16 开 文 84 页

新乐遗址学术讨论会于 1982 年 7 月 5～8 日在沈阳召开，会上讨论了新乐遗址文化内涵、特征、原始农业和艺术等问题，此为会议论文集。

山东史前文化论文集 山东省《齐鲁考古丛刊》编辑部编 齐鲁书社 1986 年 9 月 32 开 文 283 页 黑白图版 25 幅 插图 19 幅

1982 年 8 月，由山东省文物考古研究所、山东省考古学会主持的山东省史前考古学术讨论会第一次会议在山东荣成县石岛召开。会议的中心议题是关于胶东半岛的原始文化、大汶口文化、龙山文化以及夏文化。该书收入山东史前文化探讨论文 15 篇。

论仰韶文化（纪念仰韶村遗址发现六十五周年学术讨论会论文集） 河南省考古学会、渑池县文物保护管理委员会编 《中原文物》特刊 1986 年 12 月 16 开 文 325 页 插图 31 幅

文集收入论文 50 余篇，对仰韶文化区系类型、时代分期、文化渊源、经济形态、社会性质及与其他原始文化的关系等方面进行了探讨，还对自然科学与考古相结合研究仰韶文化进行了尝试，反映了 65 年来仰韶文化研究成果。

裴文中史前考古学论文集 文物出版社 1987 年 11 月 16 开 文 298 页 图版 12 页。

书评：介绍《裴文中史前考古学论文集》 刘志雄 考古 1988 年 4 期第 382 页

该书为纪念裴文中先生 50 多年来对中国史前考古学研究的贡献而编。共收考古学论文 12 篇，内容大致可分为三个方面：涉及史前考古学基础理论方面的论文，关于我国旧石器方面的研究论文及有关史料，史前考古调查报告。收文属著者不同时期的代表作。

良渚文化（余杭文史资料第三辑） 浙江省余杭县委员会文史资料

委员会编　1987 年 12 月　32 开　文 191 页　黑白图版 12 页

该书为纪念良渚文化发现 50 周年专辑，内收集有关良渚文化研究论文 17 篇。

磁山文化论集　河北省文物考古学会、河北省文物研究所、邯郸市文物管理处编　河北人民出版社　1989 年 6 月　16 开　文 189 页

该书为 1987 年 12 月 6 日在邯郸召开磁山文化学术讨论会文集。书内对磁山文化的内涵、性质，与裴李岗、仰韶文化的关系等问题进行了论述。

中国原始文化论集——纪念尹达八十诞辰　田昌五、石兴邦主编　文物出版社　1989 年 6 月　16 开　文 447 页

书评：在科学田野考古基础上，深入研究我国原始文化——评《中国原始文化论集》　华平　中国文物报　1990 年 4 月 19 日 3 版

该文集为纪念尹达 80 诞辰而编写。编者认为："尹达一生的学术贡献是多方面的，最重要的还是对新石器时代考古的贡献。"文集以中国原始文化为重点，共收论文 29 篇。书前是田昌五、石兴邦、严文明的纪念文章，书后附尹达的生平和著述年表。

中国东北地区和新石器时代考古论集　佟柱臣著　文物出版社　1989 年 10 月　16 开　文 283 页　图版 16 页

该书内容分两部分：第一部分 10 篇为东北考古；第二部分 9 篇中国新石器时代考古，末附一篇边疆民族考古论文。文集从侧面反映了作者在东北考古学和新石器时代考古学的主要研究成果。

仰韶文化研究　严文明著　文物出版社　1989 年 10 月　16 开　文 358 页　黑白图版 12 页

目录：前言，一、典型遗存分析，二、类型、起源和发展阶段，三、聚落形态，四、埋葬制度，五、彩陶初探，小结和讨论。该书收集了著者 20 多年中所写的有关仰韶文化的研究论文。

中国北方考古文集　张忠培著　文物出版社　1990 年 3 月　文 266 页　插图 49 幅　黑白图版 16 页　16 开

本集收录考古论文 22 篇。涉及的年代基本上为新石器时代，少数商周时期。主要讨论的是考古学文化的特征、性质、分期、序列、谱系和社会制度。

内蒙古中南部原始文化研究文集　内蒙古文物考古研究所编　海洋出版社　1991 年 9 月　文 216 页　插图 67 幅　16 开

本集主要收录"内蒙古中南部原始文化研究暨园子沟遗址科学保护论证会提交的论文和讲话稿"。另外，为了较全面地反映本区的考古文化面貌，还收录了北京大学研究生的两篇毕业论文。全书共收文章 17 篇。

山东龙山文化研究文集　蔡凤书、栾丰实主编　齐鲁书社　1992 年 3 月　文 362 页　插图 8 幅　大 32 开

本集收编论文 19 篇，约三分之二已经发表过。附录：山东、苏北及辽东半岛地区碳十四年代数据一览表、山东龙山文化论著目录。

纪念城子崖遗址发掘 60 周年国际学术讨论会文集　张学海主编　齐鲁书社　1993 年 11 月　文 313 页　16 开

本集收录了 1991 年"纪念城子崖遗址发掘 60 周年国际学术讨论会"的部分文献资料，选编论文 28 篇。内容涉及黄河、长江中下游和内蒙古长城地带广大地区龙山时代、史前考古和中国文明的起源等诸多问题。

华人·龙的传人·中国人——考古寻根记　苏秉琦著　辽宁大学出版社　1994 年 9 月　文 262 页　彩色图版 6 页　16 开

本书汇集苏秉琦近十年（1984～1994）的论著共 60 篇。其中 27 篇为首次发表。内容分四部分：一、区系考古的理论与实践；二、中华文明起源和重建中国史前史；三、世界的中国考古学；四、学会与学科建设。各部分基本按年代排列。

文明的曙光：良渚文化（余杭市政协文史资料·第十辑）　余杭市

政协文史资料委员会、余杭市文物管理委员会、余杭市良渚文化学会、余杭市城建局编　主编周如汉　浙江人民出版社　1996年3月　文423页　彩色图版7页　大32开

本书是为纪念良渚文化发掘60周年而编辑的论文集。收录海内外学者纪念文章和论文15篇。书后选辑良渚文化早期发现成果3篇，附录"良渚文化论文资料索引"和"良渚文化考古研究大事记（1936～1995）"，毛昭晰、李小花为本书作序。

东方文明之光：良渚文化发掘60周年纪念文集（1936～1996）　徐湖平主编　海南国际新闻出版中心　1996年9月　目录8页　序3页　文520页　彩色图版8版　黑白图版12版　插图293幅　16开

本文集分甲编、乙编和附编。甲编收录12篇发掘报告和有关资料，包括良渚文化中心区域的考古成果，良渚文化影响区域的考古收获。乙编收录海内外学者有关良渚文化的论文36篇，附编包括有关遗址的分布图、文献资料索引和大事记等内容。徐湖平为本文集作序。

长江中游史前文化暨第二届亚洲文明学术讨论会论文集　湖南省文物考古研究所编　何介钧主编　岳麓书社　1996年12月　文346页　16开

由湖南省文物考古研究所发起和主办的"长江中游史前文化暨第二次亚洲文明学术讨论会"于1995年8月在长沙召开。本书选编会议论文26篇。

海岱地区考古研究　栾丰实著　山东大学出版社　1997年6月　文414页　插图112幅　16开

本书收录了作者近10年来研究海岱地区考古学文化谱系方面的论文18篇，内容涉及后李文化（1篇）、北辛文化（1篇）、大汶口文化（7篇）、海岱龙山文化（5篇）、岳石文化（3篇）、辽东半岛古文化（1篇）。

磁山文化综论（武安文史资料·第五辑）　政协武安市委员会学习·文史委员会编　高秀珍主编　1997年9月　文294页　彩色图版14

幅　插图 25 幅　大 32 开

本书收录论文和报告 19 篇。附录《发掘磁山遗址相关人员简介》和《磁山文化大事记（1972～1995 年）》。

走向 21 世纪的考古学　严文明著　三秦出版社　1997 年 11 月　文229 页　插图 12 幅　大 32 开

本书收录作者论文、访谈录等 18 篇，反映作者对于考古学理论与方法、考古学的学科性质和发展方向的研究与思考。

史前考古论集　严文明著　科学出版社　1998 年 1 月　文 411 页插图 66 幅　黑白图版 2 页　16 开

本书收录作者 1958～1990 年发表的关于中国史前考古的主要论文 40 篇。分三部分编排：一、综合性研究（10 篇），论述中国史前文化的发展谱系、聚落形态的演变、新石器时代考古研究的历史等问题；二、地区性研究（21 篇），分别就长城以北、黄河中上游、黄河下游和长江流域新石器时代的文化性质、年代分期、发展阶段和相互关系等课题进行讨论；三、专门性研究（9 篇），涉及中国农业和养畜业的起源及有关东夷文化等问题。

民族考古论文集　李仰松著　科学出版社　1998 年 4 月　文 207 页　插图 70 幅　肖像 1 幅　黑白图版 32 幅　16 开

本书收录论文 30 篇，包括民族考古学及其相关问题、原始制陶与史前生产工具、史前人类埋葬习俗、原始艺术与巫术、中国谷物酿酒的起源、中国聚落考古与文明的起源等。附录：云南西盟佤族概况，"民族考古学"教学大纲。

史前研究：西安半坡博物馆成立四十周年纪念文集（1958～1998）　西安半坡博物馆编　三秦出版社　1998 年 9 月　文 562 页　插图 150幅　16 开

本书收集中外学者有关史前文化研究和遗址博物馆的论文 70 篇。附录中国文明起源探讨论著目录（1954～1992）。

河姆渡文化研究　浙江省文物局、浙江省文物考古研究所、河姆渡

遗址博物馆编 杭州大学出版社 1998 年 10 月 文 333 页 大 32 开

本书收录 1994 年在浙江余姚召开的河姆渡文化研究学术讨论会论文 17 篇，毛昭晰为本书作序。

东亚考古论集 安志敏著 香港中文大学中国考古艺术研究中心 1998 年 文 284 页 彩色图版 6 幅 黑白图版 13 幅 大 16 开

本文集收录作者自选的 40 篇文章，以 20 世纪 80 年代以后的新作为主。书后附录作者 1945～1997 年的论著目录。

良渚文化玉璧研究论文集 南宋钱币博物馆编 1999 年 文 211 页 彩色图版 5 幅 插图 14 页（40 幅） 16 开

"中国良渚文化玉璧专题学术研讨会"于 1997 年在杭州召开。本辑以 5000 年前新石器时代晚期的良渚文化玉璧（玉器）为重点研究对象，在浙江博物馆、良渚博物馆和南宋钱币博物馆联合举办的"专题学术研讨会"基础上，收录北京、上海、江苏、浙江、湖南、河南、山东、甘肃各地专家、学者提交的会议论文 21 篇。

良渚文化研究：纪念良渚文化发现六十周年国际学术讨论会文集 浙江省文物考古研究所编 科学出版社 1999 年 6 月 文 344 页 插图 165 幅 16 开

本书收录会议论文 32 篇，内容涉及良渚文化的社会性质、聚落形态、玉器、农业生产，以及良渚文化衰亡的原因等方面。附录：良渚文化专题文献目录。陈文锦为本书作序。

中国考古学：走近历史真实之道 张忠培著 科学出版社 1999 年 6 月 文 315 页 大 32 开

本书是作者系统的总结中国考古学历史，尤其是田野考古实践及综合研究写出的专题论文集。收录作者《中国考古学：实践·理论·方法》（中州古籍出版社，1994）一书的 15 篇文章和 1994～1998 年所写的 9 篇文章。

农业发生与文明起源 严文明著 科学出版社 2000 年 8 月 文 338

页　插图 39 幅　彩色图版 4 幅　黑白图版 2 幅　16 开

本书是《史前考古论集》的续集，收录作者 1991～2000 年撰写的学术论文 47 篇，分为农业的发生与传播、文明起源的探索、区域性考古研究、散论和考古随笔等 5 个论述单元。

稻作、陶器和都市的起源　严文明、安田喜宪主编　文物出版社 2000 年 11 月　文 197 页　插图 99 幅　大 16 开

"稻作、陶器和都市的起源"国际学术讨论会于 1998 年在日本京都召开。本书是中文版会议论文集，收录中外学者论文 15 篇。

河姆渡文化新论：海峡两岸河姆渡文化学术研讨会论文集　王慕民、管敏义主编　海洋出版社　2002 年 1 月　文 284 页　插图 19 幅　大 32 开

本文集收录 1999 年在宁波召开的"河姆渡文化学术研讨会"上提交的论文和论文摘要 43 篇。毛绍晰、杨建新分别为本书作序。

大地湾考古研究文集　程晓钟主编　甘肃文化出版社　2002 年 10 月 文 399 页　插图 74 幅　图版 8 页　32 开

本书辑录以往发表的有关大地湾遗址的考古发掘简报和研究论文 36 篇。严文明为本书作序。

中国史前考古论集　王仁湘著　科学出版社　2003 年 3 月　文 519 页　插图 157 幅　16 开

本书收录作者 32 篇论文，分作 5 个专题：考古学与考古学文化、史前西南区域考古、史前社会的考古研究、史前器具研究、史前彩陶与陶器纹饰研究。

三门峡文史资料·第十二辑：灿烂的仰韶文化　杨顺发主编　政协河南三门峡市委员会编印　2003 年 10 月　文 445 页　插图 8 幅　32 开

本辑为仰韶文化专题研究文集，对仰韶文化的发现与发掘、文化分布与分期、文化内涵、社会组织，以及仰韶文化发现的意义等多方面问题作了论述。

中国史前考古学研究：祝贺石兴邦先生考古半世纪暨八秩华诞文集

陕西省文物局、陕西省考古研究所、西安半坡博物馆编 三秦出版社
2003 年 11 月 文 515 页 插图 85 幅 16 开

本书收录史前考古研究方面的论文 46 篇。卷首文章《一位叩访古代中国的勤谨谦和的学者》，介绍石兴邦的学术活动和对中国考古学的贡献。

台湾新石器时代卑南研究论文集 照美主编 台北历史博物馆
2003 年 文 272 页 16 开

本论文集选录台大考古人类学系对于台东卑南遗址发掘以来的个人研究著作 14 篇。

中国考古学要论（"名师讲义"丛书） 佟柱臣著 鹭江出版社
2004 年 4 月 文 559 页 插图 77 幅 32 开

本书收录作者的 3 篇授课讲稿：考古学基础、考古材料的陈列、中国石器时代考古学的成就；还收录 13 篇论文，主要是作者从事中国新石器时代考古研究的成果。

长江下游地区文明化进程学术研讨会论文集 上海博物馆编 上海书画出版社 2004 年 8 月 文 253 页 插图 96 幅 16 开

本书收录会议论文 23 篇，探讨长江下游地区新石器文化年代和谱系、玉器的产地和制作工艺、聚落形态、环境与人类社会的互动关系及其在文明化进程中的作用等问题。

长江文明的曙光（长江文化研究文库/文物考古系列） 严文明著
湖北教育出版社 2004 年 10 月 文 335 页 插图 25 幅 32 开

本书收录作者有关长江流域稻作农业和文明起源的 15 篇论述，其中包括 1998 年与日本学者梅原猛的谈话录，讨论稻作和陶器的起源、城市文明的曙光。

中国考古学：走向与推进文明的历程（故宫博物院学术文库） 张忠培著 紫禁城出版社 2004 年 11 月 文 343 页 插图 115 幅 16 开

本书收录作者的 21 篇论文，阐述对考古学遗存的社会学解析、中国古代文明研究、农业型和渔猎型两类新石器文化、农业型和牧业型两类

文化的认识。

任式楠文集（中国社会科学院学术委员文库） 任式楠著 上海辞书出版社 2005年5月 文589页 插图65幅 32开

本书收录作者研究中国新石器时代考古的21篇论文，多发表在20世纪80年代以后，编为三组：总论、论长江流域新石器文化、专题研究。

史前研究（2004）：中国博物馆学会史前遗址博物馆专业委员会第五届学术研讨会暨西安半坡遗址发掘五十周年纪念文集 西安半坡博物馆、良渚文化博物馆编 张礼智主编 三秦出版社 2005年8月 文526页 16开

本书为2004年5月在杭州召开的中国博物馆学会史前遗址博物馆专业委员会第五届学术研讨会暨西安半坡遗址发掘五十周年纪念会文集，共收会议论文62篇。

中国文明的开始（国学书库·文史类丛，第一辑） 李济著 万家保译 李光谟校 江苏教育出版社 2005年8月 文147页 插图9幅 图版40页（50幅） 16开

本书收录李济1953～1972年有关中国上古文明和文化的8篇著述。其中，《中国文明的开始》一篇，译自1957年版《The Beginnings of Chinese Civilization》，是李济1955年在华盛顿大学所作的3篇学术讲演，采用台北商务印书馆1980年的中译本。

中国古代文明的探索（齐鲁文化学术文库） 王震中著 云南人民出版社 2005年10月 文522页 插图46幅 32开

本书分上、下两编，收录作者的22篇论文。上编：早期国家与文明起源；下编：族落文化与宗教崇拜。

古代文明研究（第一辑） 中国社会科学院考古研究所、中国社会科学院古代文明研究中心编 文物出版社 2005年12月 文291页 插图50幅 16开

本辑收录中国社会科学院古代文明研究中心2001年"中国古代文明的起源及早期发展国际学术讨论会"的论文20篇，内容涉及文明起源的

理论，陶寺、良渚、红山个案研究，中国考古的现状。

华南及东南亚地区史前考古：纪念甑皮岩遗址发掘 30 周年国际学术研讨会论文集 中国社会科学院考古研究所编 文物出版社 2006 年 1 月 文 479 页 插图 92 幅 彩版 16 页 16 开

本次会议于 2003 年在桂林召开，讨论的内容涉及七方面：一、甑皮岩遗址的发现与研究，二、华南地区旧石器向新石器时代的过渡，三、华南及东南亚史前的文化谱系和年代框架，四、华南地区史前环境、生态和资源，五、华南史前文化与长江中下游地区、东南亚地区史前文化的联系与交往，六、区域考古研究，七、越南、泰国、菲律宾、老挝等东南亚国家史前考古。本书选收中外学者提交的论文 36 篇。

农业、文化、社会：史前考古文集 裴安平著 科学出版社 2006 年 3 月 文 326 页 插图 108 幅 16 开

本书汇编作者历年发表的论文 21 篇，分为四组：一、理论与探讨，二、史前稻作农业研究，三、史前文化研究，四、史前聚落与社会形态研究。

中原地区文明化进程学术研讨会文集（"中国古代文明与考古学"研究丛书之二） 韩国河、张松林主编 科学出版社 2006 年 3 月 文 340 页 插图 30 幅 16 开

2004 年，中国社会科学院古代文明研究中心与郑州大学共同举办"中原地区文明化进程学术研讨会"。本书收录的 32 篇论文，围绕"文明"的概念、中原地区在文明化进程中的地位、文明起源、聚落形态、环境考古、中原地区文明的发展脉络等问题展开讨论。书中部分文章已于结集前发表。王巍为本书作序。

红山文化研究：2004 年红山文化国际学术研讨会论文集 赤峰学院红山文化国际研究中心编 席永杰、刘国祥主编 文物出版社 2006 年 6 月 文 586 页 插图 160 幅 16 开

本书收录海内外学者的 55 篇论文，讨论红山文化面貌、文化谱系、经济生活、玉器制作工艺、玉文化内涵、聚落形态、埋葬制度、宗教信

仰、社会结构、辽河流域文明起源等问题。编为三组：一、综合研究与个论，二、玉文化专题研究，三、相关问题研究。王巍为本书作序。

凌家滩文化研究（安徽省文物考古研究所专刊之二）　安徽省文物考古研究所编　张敬国主编　文物出版社　2006年9月　文263页　插图145幅　彩版8页　16开

本书收录论文38篇，探讨凌家滩玉器的文化内涵、凌家滩祭坛，以及凌家滩玉器的物相、材质、微痕分析等方面，反映近年来凌家滩文化的研究成果。

浙江省文物考古研究所学刊（第八辑）：纪念良渚遗址发现七十周年学术研讨会文集　浙江省文物考古研究所编　科学出版社　2006年10月　文615页　插图305幅　表15幅　彩版40页　16开

本辑收录论文44篇，内容涉及华东和华南地区史前考古学文化区系类型、文化面貌、文化性质、文明化进程等方面。此外，收录有关考古报告《反山》的书评2篇。

良渚文化探秘　浙江省社会科学院良渚文化研究中心编　林华东主编　人民出版社　2006年11月　文472页　插图15幅　32开

本书收录2005年11月"良渚文化专题学术讨论会"论文28篇。讨论良渚文化的下限，分析良渚文化衰落的原因和走向、与周边文化和中原文化的关系、对台湾史前文明的影响。

东方考古（第3集）　山东大学东方考古研究中心编　科学出版社　2006年12月　文443页　插图110幅　表33幅　图版8页　16开

本集收录了2005年山东日照"龙山时代早期国家国际学术研讨会"的27篇论文，讨论日照地区龙山文化遗址的发掘与研究、区域系统调查与聚落考古研究、龙山时代的社会性质和早期国家的形成、环境考古的理论与实践、古代经济活动等问题。

（四）　考古普及与其他

什么是原始社会　徐嵩编撰　上海华东人民出版社　1953年铅印本；

上海人民出版社　1959 年 10 月第 2 版修订本　32 开　文 44 页　有图

　　该书内容：劳动创造了人类社会，原始人群的渔猎生活，畜牧业和农业的发展，原始社会的公社制度，原始社会的思想意识，原始社会的瓦解，怎样认识原始社会等。

　　原始社会　史星著　上海人民出版社　1972 年 11 月　32 开　文 54 页　有插图

　　目录：一、劳动创造了人类社会，二、原始人群的渔猎生活，三、畜牧业和农业的发展，四、原始社会的公社制度，五、原始社会的意识形态，六、原始社会的解体，七、怎样认识原始社会。

　　中国原始社会（历史知识读物）　张景贤著　中华书局　1973 年 8 月　32 开　文 58 页　有插图

　　目录：一、劳动创造了人，二、原始群时期，三、母系氏族公社时期，四、父系氏族公社时期和原始公社的解体，五、结束语。

　　中国原始社会　陕西省西安半坡博物馆编　文物出版社　1977 年 2 月　32 开　文 111 页

　　目录：一、人类社会的形成，二、母系氏族社会，三、父系氏族社会的发展和原始社会的解体。

　　中国原始社会史话　黄淑娉、程德祺、庄孔韶、王培英编著　北京出版社　1982 年 8 月　32 开　文 148 页　有插图

　　目录：一、祖国土地上最早的居民，二、形成中的母系氏族公社，三、母系氏族公社的繁荣，四、父系氏族公社，五、原始公社制度的瓦解。该书为普及读物《中国历代史话》之一。

　　半坡遗址介绍　西安半坡博物馆编印　1958 年　32 开　文 13 页　图版 21 幅

　　目录：一、遗址的发现及发掘经过，二、居住的房子，三、生产工具和生活用具，四、烧制陶器的窑址，五、埋葬的制度和习俗，六、结语。

　　半坡村遗址（中国历史小丛书）　刘昭豪编　中华书局　1962 年 4 月第 1 版 1981 年 8 月第 2 版　32 开　文 17 页　图版 4 页

目录：一、居住区和建筑遗迹，二、生产工具和生产活动，三、生活用具和生活情况，四、文化艺术，五、氏族公共墓地和埋葬习俗，六、结束语。该书根据半坡遗址的发掘情况，分五个部分对遗址作了介绍，作者认为：半坡先民还处于母系氏族社会阶段，半坡遗址是一处原始氏族公社时期的聚落。

仰韶文化（历史知识小丛书）　安志敏编写　中华书局　1964 年 8 月第 1 版 1978 年 10 月重印　32 开　文 25 页　有插图

目录：一、什么叫"仰韶文化"，二、村落和建筑，三、生产活动，四、手工业的发展，五、文化艺术，六、墓葬习俗。该书根据考古发掘资料，介绍了我国新石器时代晚期黄河流域的仰韶文化，为人们描绘出了一幅仰韶文化时期——母系氏族公社生产、生活的画图。

龙山文化（中国历史小丛书）　佟柱臣编写　中华书局　1965 年 6 月　32 开　文 23 页　1978 年 8 月重印　图版 3 页

目录：一、一幅龙山文化的图景，二、龙山文化是怎样发现的，三、村落遗址，四、父系氏族公社的形成，五、精美的陶器，六、衣服和装饰，七、占卜和信仰，八、私有制、贫富分化和原始公社的解体。该书依据考古发掘资料，对我国新石器时代末期龙山文化的特征、经济生活及社会组织等方面作了较详细的介绍。

半坡氏族公社　石兴邦著　陕西人民出版社　1979 年 8 月　32 开　文 169 页　有插图

目录：一、半坡氏族公社时期的自然环境，二、半坡氏族部落的社会经济形态和物质生活状况，三、半坡氏族公社时期的工艺制作技术，四、半坡氏族公社时期的社会组织及生活状况，五、半坡氏族公社时期人们的意识形态和精神生活状况，六、半坡人是我们中华民族的直系祖先——半坡氏族部落的人种及文化渊源问题。该书利用考古资料并结合民族志材料，介绍了半坡氏族公社——我国古代母系氏族社会制度。

半坡遗址综述　香港中文大学中国文化研究所中国考古艺术研究中心专刊（二）　林寿晋编著　香港中文大学出版社　1981 年初版　25 开　文 134 页　黑白图版 27 页　插图 42 幅

目录：一、七千年前的村落，二、村落区划、防卫壕沟与居住建筑，三、农业与养畜业，四、狩猎、捕鱼与采集经济，五、石器、骨角器与木器工艺，六、制陶、纺织、编结与制革，七、氏族的物质生活，八、绘画雕塑艺术与记事符号，九、埋葬风俗、图腾崇拜与原始宗教，十、生产关系、氏族组织与婚姻形态，十一、人种与年代，十二、评"仰韶文化西来说"。该书主要依据《西安半坡》发掘报告，综述半坡遗址的重要发现及研究成果。

七千年前的奇迹——我国河姆渡古遗址 梅福根、吴玉贤编写 上海科学技术出版社 1982 年 7 月 32 开 文 92 页（内有插图）

目录：1. 今天鱼米之乡，昔日文化之邦，2. 别具一格的木构干栏住宅，3. 引人瞩目的栽培稻，4. 家畜的驯养，5. 狩猎工具和木桨，6. 民以食为天，7. 独特的夹炭黑陶，8. 石器时代里的骨器世界，9. 编结与纺织，10. 精湛的工艺美术。该书对河姆渡遗址先民的建筑技术、原始农业、家畜饲养、制陶、纺织、原始艺术等方面作了详细介绍，反映了远古时期河姆渡人生产、生活概况，表明长江和黄河流域同是中华民族古代文化的摇篮。

西安半坡 西安半坡博物馆编 文物出版社 1982 年 10 月 16 开 文 9 页 图版 130 幅（附中、英文说明）

目录：一、生产工具和生产活动，二、居住区和建筑遗存，三、生活用具和生活情况，四、文化艺术，五、氏族公共墓地和埋葬习俗，六、氏族公社的缩影。该书参照西安半坡博物馆遗址陈列编写而成。

西安半坡 西安半坡博物馆编 文物出版社 1985 年 5 月 16 开 文 76 页 图版 120 余幅

该书系统地介绍了我国原始氏族公社——"半坡"居住、生产、生活、埋葬及文化艺术诸方面状况。

半坡仰韶文化纵横谈 西安半坡博物馆编 文物出版社 1988 年 8 月 32 开 文 150 页 有插图

该书所录各家以新的论点探讨新的研究领域。采用考古资料结合人类学、民族学、生态环境、生物学等与考古文化相连的近缘或边缘学科，论述了半坡人的生活环境、相貌、村落、农业生产、聚落和建筑、婚姻形态、埋葬习俗、原始宗教、创造发明、彩陶艺术、刻划符号、氏族考源等问题。多学科、不同角度的探讨，加深了对仰韶文化的认识和研究。

中国史前文化（中国文化史知识丛书）　王仁湘著　中共中央党校出版社　1991年11月　文140页　插图19幅　彩色图版8页　32开　王仁湘、贾笑冰著　商务印书馆　1998年11月增订版　文231页　彩色图版16幅　32开

本书通过诸多史前文化遗址发掘资料，系统了解史前时代人类的社会结构、经济生产、日常生活、宗教信仰、科学与艺术活动、探索史前文化的发展进程，阐明华夏文明的根基之所在。

河姆渡：中华远古文化之光　邵九华编著　中国大百科全书出版社　1998年6月　文163页　彩色图版39幅　大32开

本书分六章。主要介绍了河姆渡遗址的发现，河姆渡遗址的文化面貌、生产生活以及河姆渡博物馆建设等内容，李从军、刘军为本书作序。

文明起源史话（中华文明史话）　杜金鹏、焦天龙著　中国大百科全书出版社　1998年8月　文168页　插图32幅　32开：

本书共有七章，一，文明与文明起源；二，旧石器时代的人与文化；三，新石器时代前期的文化；四，跨越文明的门槛；五，成熟的文明；六，辉煌的商文明；七，关于中国文明起源研究的几点认识。

良渚文化史话（浙江文化史话丛书）　陈白夜著　宁波出版社1999年12月　文116页　插图17幅　彩色图版8幅　32开

本书介绍了良渚文化的发现，良渚先民生产生活的遗迹、遗物及良渚玉器的内涵和功能，探讨了良渚文化衰落的原因。

龙出辽河源（谁发现了文明丛书）　郭大顺著　百花文艺出版社2001年9月　文271页　插图73幅　彩色图版4页（9幅）　大32开

本书介绍红山文化及相关文化遗存，阐明辽河流域的文明发展进程。

稻米部族：河姆渡遗址考古大发现（古代文明探索之旅丛书）　周新华著　浙江文艺出版社　2002年3月　文137页　插图140幅　32开

本书是古代文明探索之旅丛书之一，对于河姆渡遗址考古大发现从稻作、陶器、艺术、狩猎渔业等多方面作了通俗性解读。

文明的曙光：广西史前考古发掘手记（文化田野系列丛书·八桂风谣书系）　蒋廷瑜、彭书琳著　广西人民出版社　2006年1月　文133页　插图135幅　24开

作者对广西史前考古工作进行了研究，书中包括巨猿化石和百色手斧的发现、遍地螺壳的贝丘遗址——狩猎采集生活、石器制作市场——革新桥、农业文明的象征——大石铲、原始的稻作农业——晓锦的炭化米等内容。

龙现中国：陶寺考古与华夏文明之根（《回望山西》丛书）　宋建忠著　陕西人民出版社　2006年6月　文121页　插图169幅　16开

陶寺是山西南部的一个史前遗址，在中华文明起源和早期国家形成的研究中占有重要地位。本书图文并茂地介绍了陶寺王国的发现、瑰宝、生活、秩序、兴起与消亡等内容。

三　田野考古资料

（一）田野考古报告

奉天锦西县沙锅屯洞穴层（中国古生物志丁种第一号第一册）　安特生著　袁复礼译　农商部地质调查所印行　1923 年 4 月。

西阴村史前的遗存（田野考古报告集，清华学校研究院丛书第三种）李济著　清华学校研究院印行　1927 年 8 月　16 开　文 40 页　图版 12 页

目录：缘起，挖掘的经过，储积的内容，遗存的大概情形，陶片，带彩的陶片，石器及杂件，结论。西阴村是一处新石器时代遗存，是我国学者第一次自行主持有目的发掘的新石器时代遗址。

城子崖（山东历城县龙山镇之黑陶文化遗址）（中国考古报告集之一）　傅斯年、李济、董作宾、梁思永、吴金鼎、郭宝钧、刘屿霞著国立中央研究院历史语言研究所　1934 年　大 8 开　中文 105 页　英文 30 页　图版 54 页

目录：序一，序二；第一章，城子崖遗址及其发掘之经过；第二章，城子崖地层之构成；第三章，建筑之遗留；第四章，陶片；第五章，陶器；第六章，石骨角蚌及金属制器；第七章，墓葬与人类、兽类、鸟类之遗骨及介类之遗壳；附录城子崖与龙山镇。城子崖遗址是中国考古学家有计划的、未经前人之手遗址的第一次发掘。遗址在 1928 年由吴金鼎先生发现，1930 年和 1931 年两次发掘。遗址可分上下两层文化，上层灰

陶文化，发现陶窑、墓葬等遗迹；下层黑陶文化，发现城墙遗迹。出土遗物有陶、石、骨、角、蚌器及金属器，还出土兽类、鸟类的遗骨及介类的遗壳。

杭州古荡新石器时代遗址之试探报告　浙江省立西湖博物馆　吴越史地研究会编　杭州吴越史地研究会印　1936 年　文 30 页　图版 24 页

目录：一、杭州古荡新石器时代遗址之试掘报告序，二、古荡新石器时代遗址试掘报告，三、古荡附近地质，四、古荡石器出土在东南文化上之价值，五、古荡为制造石器工厂之推测，六、古荡考古的前途，附录，古荡出土之新石器与吴越文化，江苏古文化时期之重新估定。古荡遗址位于杭州西北之老和山下，工人掘土时发现。试掘开探坑 4 个，出土新石器时代石器 6 件，吴越时代陶片三块，采集石器 10 余件。遗址的发掘，证实了江南石器文化的存在，并为南方新石器时代文化的发掘和研究提供了新资料。

杭县良渚镇之石器与黑陶（吴越史地研究会丛书之一）　何天行编　1937 年　16 开　文 16 页　英文 9 页　图版 24 页

目录：一、绪言，二、遗址的发见，三、地层的大概，四、遗物的种类，五、结语。该书是编者于杭县良渚镇作小部分发掘后所编的报告。

良渚（杭县第二区黑陶文化遗址初步报告）　施昕更著　浙江省教育厅　1938 年 6 月　8 开　文 46 页　插图 13 页　图版 21 页

目录：第一章绪言，第二章遗址，第三章地层，第四章遗物，第五章结论。杭县良渚遗址，1936 年发现，其后作三次小规模发掘。地层堆积可分三层，下层黑陶文化，出土遗物陶器和石器，陶器器形有豆、罐、壶、杯等，石器有斧、锛、刀、锤等。发掘者认为，杭县黑陶文化与山东城子崖比较，形式上较有地方色彩。它的发现，不但说明了浙江文化渊源悠久，确可与中原并驾齐驱，而且进一步证实了中国文化其原始皆出自本土，对于纠正文化西来的一元论有重要意义。

云南苍洱境考古报告（甲编，国立中央博物院专刊乙种之一）　吴金鼎、曾昭燏、王介忱合著　国立中央博物院筹备处编辑委员会编　中央博物院筹备处　1942 年　文 76 页　图版 8 页目录：第一章、苍洱境古迹考查总报告，第二章、马龙遗址发掘报告，第三章、佛顶甲乙二址发掘报告，第四章、龙泉遗址发掘报告，第五章、白云甲址发掘报告。1938 年著者自昆明往大理调查古迹，在苍洱境内，发现遗址 38 处，已发掘 4 处，其中马龙遗址早期、佛顶甲乙二址等属史前时期遗存。

甘肃史前考古报告（初稿） 裴文中、米泰恒著 经济部中央地质调查所北平分所油印本 1948 年 1 月

书评：《甘肃史前考古报告初稿出版》 安志敏 燕京学报 1948 年 6 月 34 期第 303 页。

海南岛凤鸣村新石器时代遗迹调查 广东省人民政府民族事务委员会编印 1951 年 11 月 文 12 页 图 7 页 32 开

该资料为中央访问团第二分团访问海南兄弟民族期间，对海南凤鸣村新石器时代遗址做的调查，发现新石器时代遗迹、新石器时代遗物 80余件。

韩江流域史前遗址及其文化 饶宗颐著 1950 年香港出版 文 24 页图版 12 页 16 开

目录：一、发见史略，二、遗址，三、石器，四、陶器及陶片，五、假定结论，六、后记。该报告略记了 1941 年以来，粤东韩江流域各地对于史前遗物采集经过及所得遗物。

南京附近考古报告（南京博物院集刊之一） 南京博物院编辑 上海出版公司印行 1952 年 16 开 文 42 页 图版 30 页

本报告内容分两部分：（一）江宁湖熟史前遗址调查，发现了城岗头、老鼠墩、前岗、木鱼墩、船墩等 10 余处遗址，使考古工作者意识到南方的史前文化似另成一个系统，和黄河流域不同；（二）邓府山汉末六朝初两座古墓清理。

庙底沟与三里桥（黄河水库考古报告之二）（中国田野考古报告集考古学专刊丁种第九号） 中国科学院考古研究所编著 科学出版社1959 年 9 月 16 开 文 128 页 彩版 1 页 黑白版 96 页

书评：评《庙底沟与三里桥》 杨建芳 考古 1961 年 4 期第 222 页

目录：一、序言，二、庙底沟（地理环境及工作概况、文化堆积、仰韶文化遗物、龙山文化遗物、东周文化遗物、唐墓），三、三里桥（地理环境及工作概况，文化堆积，仰韶文化遗物、龙山文化遗物、东周文化遗物），四、文化性质及年代，五、结束语（参考文献、俄文摘要、英文摘要）。

庙底沟和三里桥遗址包含仰韶文化、龙山文化、东周时期三层堆积。较大规模的发掘，发现仰韶文化灰坑 215 个、房址 2 座、陶窑 2 座、墓葬 3 座；龙山灰坑 129 个、房址 1 座、窑址 2 座、墓葬 146 座及一些晚期地层和墓葬。出土陶、石、骨、角、蚌、矛器及铜、铁器。报告论述了仰韶文化和龙山文化之间的相互继承关系并澄清了以往的某些错误观点。

河北考古报告选集 河北省文化局文物工作队 1959 年 10 月 16 开 文 53 页 图版 29 页

目录：1. 河北迁安第四纪哺乳动物化石发掘简报，2. 河北唐山市大城山遗址发掘报告，3. 邢台曹演庄遗址发掘报告，4. 河北石家庄市市庄村战国遗址的发掘。

唐山大城山遗址，1955 年发现，同年发掘。发掘面积 145 平方米。地层堆积可分两层。发现遗迹土沟、人工铺石、白灰面、墓葬、灰坑，遗物有陶、石、玉、骨蚌器，还出土两块红铜牌。发掘者认为，从出土遗物看，尤与山东、河南两地龙山文化有很多共同的地方，有些遗物如深腹盆形器及鬲形器等，又与河北商代遗址中出土物无显著区别。

沣西发掘报告（中国田野考古报告集 考古学专刊丁种第十二号）中国科学院考古研究所编著 文物出版社 1963 年 3 月 16 开 文 194 页 图版 110 页

书评：《沣西发掘报告》读后 求是 考古 1964 年 12 期第 629 页

目录：一、1955～1957 年沣西发掘概述，二、客省庄居住遗址，三、张家坡居住遗址，四、张家坡和客省庄的两周墓葬，五、张家坡的西周车马坑，附录，编后记。

陕西长安县沣河西岸客省庄遗址包括仰韶文化、"客省庄第二期文化"、西周及战国的遗存。张家坡遗址主要是西周遗存。在客省庄和张家坡发掘

新疆考古发掘报告（1957～1958）（中国田野考古报告集 考古学专刊丁种第二十五号） 黄文弼著 中国社会科学院考古研究所编 文物出版社 1983 年 10 月 16 开 文 122 页 黑白图版 88 页

目录：第一章，哈密地区；第二章，伊犁的调查；第三章，焉耆地区；第四章，库车地区。

该报告是 1957 年 9 月至 1958 年 9 月黄文弼教授在新疆调查了 5 个专区、2 个自治州、2 个市、24 个县的考古资料。调查和发掘有哈密、伊犁、焉耆、库车地区的新石器时代晚期遗址、魏晋至元代城址、佛教寺庙遗址、石窟寺、乌孙和突厥族墓葬等。

宝鸡北首岭（中国田野考古报告集 考古学专刊丁种第二十六号） 中国社会科学院考古研究所编著 文物出版社 1983 年 12 月 16 开 文 200 页 彩版 2 页 黑白版 88 页。

书评：评《宝鸡北首岭》——兼说上层遗存的文化性质 苏迎堂 考古 1985 年 2 期第 158 页

目录：一、发掘区和文化堆积，二、居住遗址，三、遗物，四、墓葬。结语部分附录遗址中的动物骨骸、颜料的 X 射线分析、人骨研究报告、墓葬登记表、出土器物索引表。

北首岭遗址是一处保存较完整的仰韶文化村落遗址。先后七次发掘，发现房址 50 座，灰坑 75 个，窑 4 座，排水沟 2 道，灶坑 2 个，墓葬 451 座；出土遗物 5000 余件。

青海柳湾——乐都柳湾原始社会墓地（中国田野考古报告集 考古学专刊丁种第二十八号）（上、下册） 青海省文物管理处考古队、中国社会科学院考古研究所著 中国社会科学院考古研究所编辑 文物出版社 1984 年 5 月 16 开 上册文 408 页，下册彩版 4 页，黑白版 212 页

书评：《青海柳湾》 梁岩 考古 1986 年 6 期第 575 页

目录：一、地理环境与工作概况，二、马家窑文化半山类型墓葬，三、马家窑文化马厂类型墓葬，四、齐家文化墓葬，五、辛店文化墓葬，六、墓葬分期。结语部分附录人骨研究、石器质料鉴定、墓葬登记表。

柳湾遗址是一处原始社会晚期氏族公共墓地，共发掘墓葬 1500 座，

其中半山类型 257 座、马厂类型 872 座、齐家文化 366 座、辛店文化 5 座。出土遗物 3 万余件。该书为黄河上游地区田野考古发掘第一部报告。

昌都卡若（中国田野考古报告集 考古学专刊丁种第二十九号）
西藏自治区文物管理委员会、四川大学历史系著 中国社会科学院考古研究所编辑 文物出版社 1985 年 1 月 16 开 文 179 页 黑白版 64 页 彩版 4 页

书评:《昌都卡若》介绍 木金 考古 1987 年 1 期第 95 页

目录: 一、自然环境和工作概况, 二、文化堆积, 三、建筑遗存, 四、生产工具和生活用具, 五、结论, 参考文献, 附录（卡若遗址兽骨鉴定与高原气候的研究, 卡若遗址孢粉分析与栽培作物的研究）, 编后记, 藏文提要, 英文提要。

卡若遗址是迄今为止我国发现的海拔最高, 经度最西的一处新石器时代遗存。两次发掘, 发现房屋基址 28 座, 道路 2 条, 石墙 3 段, 圆石台 2 座, 石围圈 3 座, 出土石、骨器 8000 余件, 陶片 20000 多片。遗址的发掘, 为研究我国西藏地区原始社会史提供了资料。

邹县野店 山东省博物馆、山东省文物考古研究所编著 文物出版社 1985 年 1 月 16 开 文 190 页 彩版 2 页 黑白图版 88 页 插图 98 幅

目录: 一、概论, 二、遗址, 三、大汶口文化墓葬综述, 四、大汶口文化典型墓例, 五、大汶口文化墓葬分期与年代, 六、结语。

野店遗址是一处主要内涵为大汶口文化和龙山文化的新石器时代遗存, 面积约 56 万平方米。遗址 1965 年发现, 1971 年春试掘并发掘, 揭露面积 1660 平方米。发现大汶口文化灰坑、房基、墓葬、龙山文化灰坑、房基, 以及周代的灰坑及灰沟。出土遗物石器有铲、斧、锛、凿, 陶器, 龙山文化有鼎、鬶、瓮、盆、罐、豆、杯等, 大汶口文化有鼎、钵、碗、盆、鬶等。遗址的发掘丰富和充实了大汶口文化的内容, 对于证明山东地区龙山文化和大汶口文化相对年代及文化渊源关系有重要意义。

崧泽——新石器时代遗址发掘报告 上海市文物保管委员会编著
文物出版社 1987 年 9 月 16 开 文 141 页 插图 68 幅 彩版 8 页 黑白版 80 页

地三部分；二期史家类型；三期庙底沟类型；四期西王村类型；五期属客省庄二期文化。姜寨遗址延续时间长，内涵丰富，为新石器时代仰韶文化进一步研究提供了资料。

淅川下王岗 河南省文物研究所、长江流域规划办公室考古队河南分队 文物出版社 1989年10月 16开 文444页 黑白图版128页

书评：1. 喜读《淅川下王岗》 严文明作 华夏考古 1990年4期第107页 2. 丹江流域灿烂古文化的再现——《淅川下王岗》评介 华平作 中国文物报 1990年9月13日第3版

目录：一、概貌，二、下王岗仰韶文化，三、下王岗屈家岭文化，四、下王岗龙山文化，五、下王岗二里头文化，六、西周文化，七、结语。

下王岗遗址1971年5月至1974年6月发掘，发现遗迹房基47座、陶窑5个、灰坑348个、墓葬689座、各期文化遗物7254件。遗址发现有仰韶、屈家岭、龙山、二里头、西周五种文化遗存，在地层上解决了丹江流域古文化发展系列问题。

洛阳发掘报告（1955～1960年洛阳涧滨考古发掘资料） 中国社会科学院考古研究所编著 北京燕山出版社 1989年12月 16开 文199页 黑白图版92页 插图146幅

目录：一、前言，二、同乐寨、西干沟仰韶文化和龙山文化遗址，三、东干沟龙山文化和二里头文化遗址，四、西干沟、瞿家屯西周遗址，五、东周城遗址，六、汉河南县城遗址，七、结语。

1954～1960年在洛阳涧河沿岸纵横约4公里的范围内考古发掘，发现了新石器时代至唐宋各个时期文化遗存。为探讨仰韶文化、河南龙山文化、二里头文化的性质及研究周汉两代城市形制、手工业等问题，研究洛阳古代历史提供了资料。

龙岗寺——新石器时代遗址发掘报告 陕西省考古研究所编著 文物出版社 1990年8月 文230页 插图111幅 黑白图版128页 16开

本报告全面公布了陕西省南郑县龙岗寺新石器时代遗址的发掘资料。

计有：老官台文化李家村类型墓葬 7 座、灰坑 9 个，仰韶文化半坡类型墓葬 423 座，灰坑 158 个，另外还对仰韶文化庙底沟类型和龙山文化的遗存作了介绍。

台湾考古志——光复前后先史遗迹考证 金关丈夫、国分直一著 谭继山译 陈昱审订 台北武陵出版有限公司 1990 年 9 月 文 402 页 插图 148 幅 大 32 开

本书分为三卷：一、《台湾考古学研究简史与工作》；二、《考古学调查与挖掘报告》；三、《台湾先史时代的文化介绍与影响》。附卷：《琉球波照间岛下田原贝冢的发掘报告》。

泗水尹家城 山东大学历史系考古教研室编著 文物出版社 1990 年 11 月 文 363 页 插图 199 幅 黑白图版 112 页 16 开

本书介绍了 1973～1986 年间先后五次对山东省泗水县尹家城遗址发掘的收获。尹家城遗址包含有大汶口文化、龙山文化、岳石文化、商周时代文化、两汉文化的堆积，其中以龙山文化和岳石文化遗存最为丰富。书后附录动、植物标本鉴定报告和岳石文化铜器鉴定报告。

兖州西吴寺 国家文物局考古领队培训班编著 文物出版社 1990 年 12 月 文 263 页 插图 176 幅 黑白图版 80 页 16 开

山东兖州西吴寺遗址保存有龙山文化和周代两个时期的遗存资料，1984～1985 年进行三次发掘。本书介绍了西吴寺遗址的发掘收获，对西吴寺的文化遗存进行了分期。附录西吴寺遗址人骨、兽骨鉴定报告、植物孢粉分析报告等。

民和阳山 青海文物考古研究所编著 文物出版社 1990 年 12 月 文 228 页 插图 93 幅 黑白图版 64 页 16 开

阳山墓地是一处新石器时代晚期马家窑文化半山类型的墓地，1980 年 8 月至 1981 年 11 月进行发掘，本书是该墓地的发掘报告。全书分八个部分：一、前言，二、墓葬概述，三、圆形祭祀坑概述，四、随葬品，五、阳山墓地的分期、布局与内部结构，六，墓地所反映的一些社会问题及其文化归属，七，采集器物，八，结语。

青龙泉与大寺（中国田野考古报告集　考古学专刊丁种第四十号）
中国社会科学院考古研究所编著　　　科学出版社　　1991 年 6 月
文 217 页　插图 151 幅　黑白图版 88 页　　16 开

　　青龙泉与大寺遗址是 1959～1962 年发掘的两处古文化遗址，它们包含有新石器时代中期偏晚至末期的仰韶、屈家岭、青龙泉三期和龙山四种文化遗存。本书是该遗址的发掘报告。全书包括：序言、青龙泉、大寺、结论，共四部分。附录青龙泉遗址瓮棺葬、土坑墓登记表。

珠海考古发现与研究　珠海市博物馆、广东省文物考古研究所、广东省博物馆编　广东人民出版社　1991 年 11 月　文 338 页　插图 181 幅　彩色图版 4 页　黑白图版 8 页　16 开

　　本书包括发掘篇（4 篇）、调查篇（20 篇）、论述篇（9 篇）和附录（4 篇），共收文章 37 篇，是珠海市近 10 年来考古新发现和工作的总结。

登封王城岗与阳城　河南省文物研究所、中国历史博物馆考古部编著　文物出版社　1992 年 1 月　文 343 页　插图 194 幅　黑白图版 104 页　16 开

　　本报告发表 1975～1981 年对王城岗遗址和东周阳城遗址的全部考古发掘材料。本报告分二编，共十章。第一编王城岗遗址，包括六章：一、概述，二、王城岗裴李岗文化，三、王城岗龙山文化，四、二里头文化，五、商代二里岗期与商代晚期，六、周代文化。第二编东周阳城，包括四章：一、概述，二、龙山文化早期，三、战国时期，四、阳城铸铁遗址。

西宁朱家寨遗址　〔瑞典〕安特生著　刘竞文译　青海人民出版社　1992 年 2 月　文 111 页　黑白图版 29 页　32 开

　　朱家寨遗址是一处包含马家窑文化、齐家文化、卡约文化的新石器时代和青铜时代文化遗存。本书内容包括居住遗址、49 座墓葬，以及陶器、石器、骨器等，并附有插图和图版。这是一部中国史前考古学早期的著作，第一次译成中文出版。

台湾地区重要考古遗址初步评估：第一阶段研究报告（中国民族学会专案研究丛刊之一） 宋文薰等编著 台北中国民族学会 1992 年 6 月 文 273 页 插图 20 幅 彩色图版 140 页 16 开

本报告共列考古遗址 109 处，以遗址为单位，按表格形式显示每个遗址的位置与内涵，图版部分显示各遗址的现状及文化内涵。

珠海平沙出土宋元文物 古运泉、李祥主编 广东人民出版社 1993 年 3 月 文 119 页 彩色图版 102 页 16 开

本书介绍了 1992 年广东珠海平沙大虎水井口遗址出土的一批文物。分为遗址发掘纪要和文物图版两部分。早期文化遗存属新石器时代晚期，晚期文化遗存属宋元时期。俞伟超为本书作序。

西花园与庙台子（田野考古发掘报告） 武汉大学历史系考古教研室、襄樊市博物馆、随州市博物馆编著 武汉大学出版社 1993 年 5 月 目录 14 页 文 216 页 图版 40 页 16 开

湖北省随州市西花园遗址和庙台子遗址发掘于 1983 年。西花园遗址包括有东周、石家河文化和屈家岭文化三个时期的遗存。庙台子遗址内涵有石家河文化、商代、西周、春秋、战国文化遗存。本书是这两个遗址的发掘报告。

宝鸡福临堡——新石器时代遗址发掘报告 宝鸡市考古工作队、陕西省考古研究所宝鸡工作站编著 文物出版社 1993 年 6 月 文 227 页 图版 88 页 16 开

本书是 1984～1985 年对福临堡仰韶文化遗址进行考古发掘的报告。第一章，概述；第二章，遗址；第三章，墓葬；第四章，结语。书后有附表、附录、英文提要。其仰韶文化遗存可分作三期：第一期基本属于庙底沟类型，第二期是庙底沟类型与半坡晚期类型的过渡类型，第三期属西王村类型。

北阴阳营——新石器时代及商周时期遗址发掘报告 南京博物院编著 文物出版社 1993 年 8 月 文 168 页 插图 77 幅 图版 74 面 16 开

北阴阳营遗址是我国南方较早发掘的遗址之一，包括新石器时代、商代、西周三个文化层。本书报道了 20 世纪 50 年代对该遗址进行四次发掘所获资料。

济青高级公路章丘工段考古发掘报告集　山东省文物考古研究所编著　齐鲁书社　1993 年 11 月　文 201 页　彩版 4 页　图版 37 页　16 开

本书汇集了济青高级公路章丘工段的考古发掘报告四篇。内容包括龙山文化、晚商西周、东周、两汉和宋、元、明时期遗址与墓葬的发掘资料。

广西文物考古报告集：1950～1990　广西壮族自治区文物工作队编　广西人民出版社　1993 年 12 月　文 662 页　16 开

本书选入 1950～1990 年公开发表的有关广西的文物考古调查、发掘资料。

贵州田野考古四十年（1953～1993）　贵州省博物馆考古研究所编　熊水富、宋先世主编　贵州民族出版社　1993 年 12 月　文 470 页　彩色图版 7 幅　黑白图版 1 幅　16 开

本书收入 1953～1993 年 40 年中贵州田野考古发掘调查所积累的报告、简报等资料 90 篇。按时代顺序排列。熊水富作"前言"。

曲冰（中研院历史语言研究所田野工作报告之二）　陈仲玉著　台北中研院历史语言研究所　1994 年 6 月　序 9 页　目录 18 页　正文 392 页　彩色图版、黑白图版 154 幅　附图 27 幅　表 79 幅　16 开

曲冰遗址是台湾一处史前文化遗址，先后进行过三次发掘。本书是该遗址的调查发掘报告，共十一章。石璋如为本书作序。

陕南考古报告集　陕西省考古研究所、陕西安康水电站库区考古队编　三秦出版社　1994 年 6 月　目录 17 页　图版 120 页　16 开

本报告集包括李家村遗址、何家湾遗址、阮家坝遗址、马家营遗址、白马石遗址五个部分，反映了陕南汉江上游地区新石器时代考古发掘和研究的成果。

临潼白家村（中国田野考古报告集 考古学专刊丁种第四十四号）
中国社会科学院考古研究所著 巴蜀书社 1994年8月 目录8页
文148页 黑白图版48页 插图76幅 16开

白家村遗址是渭河流域新发现的一种前仰韶文化遗址。1982年10月至
1984年5月先后四次进行了发掘。本发掘报告分八章：一、地理环境和遗址
概况；二、早期文化遗存；三、晚期文化遗存；四、制陶工艺；五、白家村
文化遗存的分期；六、白家村文化遗存性质及年代问题；七、白家村文化遗
存的社会发展阶段；八、白家村遗址发掘的意义及其有关问题。

马城子—太子河上游洞穴遗存 辽宁省文物考古研究所、本溪市博
物馆编著 文物出版社 1994年12月 目录15页 文337页 彩色图
版4页 图版80页 16开

本发掘报告汇集了山城子B、C二洞，马城子A、B、C三洞，北甸
A洞，张家堡A洞4个地点7座洞穴的考古发掘材料。第一章，地理环境
与洞穴分析；第二章，新石器时代文化遗存；第三章，青铜时代洞穴墓
葬；第四章，马城子文化有关问题研究。

西藏考古（第1辑，1994年） 四川联合大学西藏考古与历史文化
研究中心、西藏自治区文物管理委员会编 霍巍、李永宪、石应平主编
四川大学出版社 1994年12月 文206页 彩色图版2页 黑白图版
6页 插图96幅 16开

本辑选编西藏地区考古调查、发掘简报5篇，国内学者论文7篇，
国外学者论文（译文）4篇。发掘资料中包括西藏贡嘎县昌果沟新石器时
代遗存调查报告等。

通古达今之路：宁沪高速公路（江苏段）考古发掘报告文集（《东南
文化》1994年增刊二号） 南京博物院《东南文化》编辑部编 南京博
物院出版 文190页 彩色图版10幅 书迹3幅 16开

本书收录1992～1993年间配合宁沪高速公路工程建设进行考古发掘所编
写的简报10篇。季根章为本书作序，蔡家范作前言，徐湖平作后记。

新疆文物考古新收获（**1979～1989**） 新疆文物考古研究所编 王

炳华主编　新疆人民出版社　1995 年 8 月　文 686 页　16 开

　　本书收录考古发掘简报 66 篇，反映了 1979~1989 年 10 年间新疆文物考古研究所考古发掘调查的重要成果，内容涉及新疆地区石器时代、青铜时代、汉唐时期至喀喇汉王朝等不同阶段的各个领域。书后有附录：一、碳十四测定年代数据一览（1962~1990）；二、1979~1994 文物考古资料索引。

　　汝州洪山庙（河南考古志丛书）　河南省文物考古研究所编著　中州古籍出版社　1995 年 9 月　目录 6 页　文 113 页　彩色图版 8 幅　黑白图版 16 幅　插图 36 幅　16 开

　　河南汝州洪山庙遗址，是一处仰韶文化——东周文化多层堆积的遗址。1989 年和 1993 年为配合焦枝铁路复线工程，先后两次进行发掘。本发掘报告共有五部分：一、前言；二、遗址；三、仰韶文化墓葬；四、遗址与墓葬的相关问题；五、彩陶图案的初步研究。

　　粤东考古发现　〔意〕麦兆良（FrRaFeal　MagLioni，1891~1953）著　刘丽君译　汕头大学出版社　1996 年 2 月　文 235 页　插图 67 幅附图 2 幅　大 32 开

　　本书根据香港考古学会 1975 年英文版翻译而成。书中论述了作者 1934~1946 年间在华南地区田野考查、文物采集、分类研究三方面工作，是作者一生考古成就的总结。

　　枣庄建新：新石器时代发掘报告　山东省文物考古研究所、枣庄市文化局编　何德亮、刘志敏主编　科学出版社　1996 年 6 月　目录 9 页　文 240 页　黑白图版 80 版　插图 144 幅　16 开

　　本书报道 1992~1993 年为配合济枣公路建设工程在枣庄建新遗址进行的较大规模考古发掘所获全部资料。全书共五章：一、枣庄建新的地理环境与遗址发掘过程；二、地层堆积；三、大汶口文化遗存；四、龙山文化遗存；五、结语。书后有附表和附录。

　　三晋考古（第二辑）　山西省考古学会、山西省考古研究所编　山西人民出版社　1996 年 10 月　文 337 页　肖像 2 幅　黑白图版 10 幅　插

图 243 幅　16 开

本辑是为纪念西阴村遗址发掘 70 周年、李济先生 100 周年诞辰而编辑出版的。收录近年山西新石器时代考古工作的部分调查发掘报告 8 篇，其中包括仰韶时期、庙底沟二期、龙山时期不同阶段的文化遗存。同时还附录了李济的《西阴村史前遗存》，梁思永、严文明的两篇专题研究论文，以及董光忠 1931 年发掘万泉荆林遗址的主要收获。杨富斗为本书作前言，张忠培为本书作序。

双砣子与岗上：辽东史前文化的发现和研究（中国田野考古报告集考古学专刊丁种第四十九号）　中国社会科学院考古研究所著　科学出版社　1996 年 12 月　目录 10 页　文 164 页　黑白图版 104 版　插图 86 幅　16 开

本书是中国科学院考古研究所 1963～1964 年在辽宁省大连市发掘双砣子、将军山、岗上、楼上、卧龙泉和尹家村等六处新石器时代至青铜时代遗址和墓葬的考古报告。通过这次发掘工作，确立了以双砣子一、二、三期文化和尹家村一、二期文化的谱系序列和断代标准，对辽东史前文化的序列和源流进行了分析。书后有五种附表。

澳门黑沙　香港中文大学中国文化研究所中国考古艺术研究中心田野考古报告专刊（一）　邓聪、郑炜明编　澳门基金会　香港中文大学出版社　1996 年　文 200 页　彩版 9 页　黑白图版 45 页　16 开

本书为 1995 年 1 月，香港中文大学考古队与澳门学者在澳门基金会支持下，于澳门的路环黑沙发现一处距今约 4000 年前的玉石环玦作坊遗址的发掘报告，是澳门地区第一本田野报告书。

新疆文物考古新收获（续）：1990～1996　新疆文物考古研究所、新疆维吾尔自治区博物馆编　王炳华、杜根成主编　新疆美术摄影出版社　1997 年 8 月　文 785 页　插图 468 幅　16 开

本书汇集 1990～1996 年新疆考古发掘、调查、研究的成果报告 62 篇。王中俊作"新疆考古文化与研究"一文代序。

东北亚考古学研究：中日合作研究报告书 辽宁省文物考古研究所、日本中国考古学研究会编 郭大顺、秋山进午编 文物出版社 1997 年 8 月 目录 5 页 序 4 页 文 344 页 彩色图版 8 幅 插图 217 幅 16 开

本书日文版 1995 年曾由东京同朋舍出版。全书共三章：一、中日考古学合作研究经过；二、考古学的合作调查报告（4 篇调查报告）；三、东北亚考古学研究（12 篇论文）。苏秉琦、樋口隆康分别为本书作序。

大汶口续集：大汶口遗址第二、三次发掘报告 山东省文物考古研究所编 科学出版社 1997 年 9 月 目录、前言 15 页 正文 242 页 彩色图版 2 版 黑白图版 96 版 插图 140 幅 插表 15 幅 附表 12 幅 16 开

大汶口文化遗址的第二次和第三次发掘，分别于 1974 年和 1978 年进行。本报告报道了这两次发掘所获资料，阐明了大汶口文化早期墓地情况和北辛文化晚期遗存中居住址等布局状况，论证了北辛文化与大汶口文化的承袭关系等问题。

敖汉赵宝沟：新石器时代聚落（中国田野考古报告集 考古学专刊 丁种第 52 号） 中国社会科学院考古研究所编著 中国大百科全书出版社 1997 年 11 月 目录 9 页 文 247 页 插图 147 幅 彩色图版 4 版 黑白图版 96 版 16 开

本书是中国社会科学院考古研究所内蒙古队于 1986 年发掘敖汉旗赵宝沟新石器时代晚期居住遗址的发掘报告。本报告将发掘 2000 平方米所获的遗迹、遗物，按考古单位基本全部发表。

新疆考古记（瑞典东方学译丛：西域探险考古大系） 〔瑞典〕贝格曼著 王安洪译 新疆人民出版社 1997 年 11 月 文 378 页 图版 135 页 大 32 开

本书据 1935 年出版的英文本译出，原系 55 卷本《斯文·赫定博士所率中国西北科学考察团报告集》中的一卷。全书有四部分：一、新疆史前考古发现；二、历史时期的罗布泊地区；三、罗布泊北缘考古发现；四、罗布泊南缘考古发现。书后有三则附录及贝格曼发表在《斯文·赫定七十诞辰纪念文集》中的论文《罗布泊沙漠新发现的墓葬》。杨镰为中译本作序：《"小河"之谜与新疆考古探险》。

驻马店杨庄：中全新世淮河上游的文化遗存与环境信息　北京大学考古学系、驻马店市文物保护管理所编著　科学出版社　1998年3月文213页　插图132幅　彩色图版4页　黑白图版28页　16开

　　本报告公布了1992年发掘杨庄遗址的石家河文化、中原龙山文化、二里头文化的资料及对孢粉、植硅石、黏土矿物、碳化稻粒及果核等进行分析所获得的古环境、古农业方面的信息。

黄河小浪底水库文物考古报告集　河南省文物管理局、水利部小浪底水利枢纽建设管理局移民局编　黄河水利出版社　1998年4月　文127页　线图65幅　彩色图版104页　黑白图版24页　16开

　　本书分两编，上编报道古遗址和墓葬，下编介绍石窟、栈道、民居和石刻。杨焕成为本书作序。

四川考古报告集　四川省文物考古研究所编　文物出版社　1998年5月　文453页　插图154幅　彩色图版8页　黑白图版16页　16开

　　本书收录20世纪80年代以来四川地区田野考古发掘报告或简报16篇，内容包括古代居住遗址资料、古墓葬和古窑址资料、祭祀坑和窖藏等古代文化遗存的资料。

大南沟：后红山文化墓地发掘报告　辽宁省文物考古研究所、赤峰市博物馆编著　科学出版社　1998年7月　文154页　插图130幅　彩色图版8页　黑白图版36页　16开

　　本报告报道了1977年在内蒙古赤峰市北发掘的两处后红山文化墓地的资料。共发掘83座墓，出土陶器220余件、石器160余件、装饰品近百件。反映出由新石器时代红山文化向早期青铜时代夏家店下层文化的过渡和社会变革情况。

河北省考古文集　河北省文物考古研究所编　东方出版社　1998年10月　文548页　彩色图版8页　黑白图版40页　插图400幅　16开

　　本文集收录旧石器时代至元代考古报告20篇、新石器时代至辽金时期的研究论文11篇，以及考古科技方面的论文2篇。

三峡考古之发现　国家文物局三峡工程文物保护领导小组湖北工作

站编　陈振裕主编　湖北科学技术出版社　1998 年 10 月　文 560 页　插图 597 幅　16 开

本书汇编 1992 年以前的三峡地区考古调查与发掘资料。书后附录"长江三峡地区文物考古资料目录（止于 1996 年）"。陈振裕为本书作序。

晋中考古　国家文物局、山西省考古研究所、吉林大学考古学系编著　文物出版社　1999 年 1 月　目录 11 页　文 221 页　插图 144 幅　彩色图版 44 页　16 开

本报告公布了 1982～1983 年对汾阳与孝义、娄烦、离石与柳林、杏花村进行调查、试掘和发掘的收获。附录：1. 杏花村遗址古代人骨研究，2. 晋中考古石器鉴定。

鄂东考古发现与研究　黄冈市博物馆编　吴晓松主编　湖北科学技术出版社　1999 年 2 月　文 458 页　插图 102 幅　彩色图版 4 页　黑白图版 32 页　16 开

本书选收 1949～1997 年刊发的鄂东地区考古发掘简报与研究论文，包括新石器时代 12 篇、商周 2 篇、秦汉 6 篇、南朝至明 11 篇。附录：鄂东文物考古资料目录索引。谭维泗为本书作序。

舞阳贾湖　河南省文物考古研究所编著　科学出版社　1999 年 2 月　2 册　目录 30 页　文 1041 页　插图 367 幅　彩色图版 48 页　黑白图版 224 页　16 开

本报告公布了 1983～1987 年在河南舞阳县发掘的贾湖新石器时代聚落遗址的原始资料。上卷阐述该遗址的发掘经过、文化内容、分期、年代、性质及其与周围文化的关系，下卷探讨其自然环境、人种和人类体质、经济结构、制陶工艺、聚落形态、原始宗教、音乐文化等。书后有附表 20 种。俞伟超为本书作序，张居中撰写前言。

师赵村与西山坪（中国田野考古报告集　考古学专刊丁种第五十三号）　中国社会科学院考古研究所编著　中国大百科全书出版社　1999 年 4 月　目录 17 页　文 350 页　插图 227 幅　彩色图版 8 页　黑白图版

144 页　16 开

中国社会科学院考古研究所甘青工作队于 1981～1990 年对甘肃天水师赵村和西山坪两遗址进行了发掘，本书报道全部发掘资料。正文后有附表 13 种、附录 3 种。

兖州六里井　国家文物局考古领队培训班编著　科学出版社　1999 年 5 月　文 235 页　插图 134 幅　黑白图版 56 页　16 开

本书报道国家文物局第六期考古领队培训班为进行田野考古实习培训，于 1991 年对山东兖州六里井遗址进行考古发掘所获的全部资料。该遗址包括大汶口文化、东周时期和汉代 3 个阶段。书后有附表 9 种、附录 5 种。

镇江营与塔照：拒马河流域先秦考古文化的类型与谱系　北京市文物研究所编著　中国大百科全书出版社　1999 年 5 月　2 册　目录 14 页　文 574 页　插图 290 幅　彩色图版 8 页　黑白图版 128 页　16 开

北京市文物研究所于 1986～1990 年对北京市房山区的镇江营与塔照两处遗址进行发掘，发现 9 种先秦时期文化，分属新石器时代和商周时代。本报告发表了发掘所获资料。书后有附表 9 种、附录 4 种。张忠培为本书作序。

肖家屋脊：天门石家河考古发掘报告之一　湖北省荆州博物馆、湖北省文物考古研究所编著　张绪球主编　文物出版社　1999 年 6 月　2 册　目录 17 页　文 454 页　插图 278 幅　彩色图版 20 页　黑白图版 184 页　16 开

本报告发表 1987～1991 年对湖北天门肖家屋脊遗址进行的 8 次清理发掘所获资料，包括屈家岭文化遗存、石家河文化遗存、8 座楚墓等内容。

龙虬庄：江淮东部新石器时代遗址发掘报告　龙虬庄遗址考古队编著　张敏主编　科学出版社　1999 年 9 月　目录 24 页　文 564 页　插图 558 幅　彩色图版 12 页　黑白图版 88 页　16 开

由南京博物院考古研究所会同扬州市博物馆、盐城市博物馆、高邮市文管会的专业人员组成的考古队，于 1993～1995 年，先后对江苏高邮

龙虬庄新石器时代遗址进行了 4 次发掘。本报告整理和报道了发掘所获遗迹、遗物资料，还从人类学、环境科学、生物学和农学方面对该遗址进行了研究。

黄河小浪底水库考古报告（一）　河南省文物管理局、河南省文物考古研究所编　中州古籍出版社　1999 年 11 月　目录 21 页　文 429 页　插图 329 幅　插表 54 幅　彩色图版 20 页　黑白图版 100 页　16 开

本书是 1992 年、1995～1997 年发掘的 8 处遗址的考古报告，依次为：济源长泉、济源留庄、济源交兑、新安槐林、新安马河、新安麻峪、新安冢子坪和新安西沃。附录：黄河小浪底水库考古发掘出土的动物群落。常俭传为本书作序，杨肇清撰写前言。

胶东半岛贝丘遗址环境考古（中国田野考古报告集　考古学专刊丁种第六十二号）　中国社会科学院考古研究所编著　社会科学文献出版社　1999 年 12 月　文 236 页　插图 133 幅　黑白图版 16 页　16 开

本书是 1994～1998 年对山东胶东半岛地区的贝丘遗址进行环境考古研究的报告。内容涉及胶东半岛新石器时代自然环境的演变、海岸线迁移与海平面变化、植被与气候演变，并对我国沿海其他地区贝丘遗址及日本的贝丘遗址作了比较研究。

英德史前考古报告　英德市博物馆、中山大学人类学系、广东省文物考古研究所编著　广东人民出版社　1999 年 12 月　文 226 页　插图 130 幅　黑白图版 44 页　16 开

本书收录 2 篇考古发掘报告（《英德云岭牛栏洞遗址》和《英德沙口史老墩遗址》）和 3 篇研究论文（《牛栏洞遗址硅质体、孢粉、碳屑分析》《英德清溪古文化遗址及邻区的地质、地貌特征》《英德青塘洞穴文化遗存的研究》）。

拉萨曲贡（中国田野考古报告集　考古学专刊丁种第五十四号）中国社会科学院考古研究所、西藏自治区文物局编著　中国大百科全书出版社　1999 年 12 月　目录 10 页　文 284 页　插图 145 幅　彩色图版 4 页　黑白图版 94 页　16 开

本书报道了 1990～1992 年对西藏拉萨曲贡遗址发掘所获的全部资料，

曲贡遗址的年代约当公元前 2000～前 1500 年。遗址出土大量的石制生产工具、陶器、骨器、还出土了小件青铜器，发掘者将它命名为"曲贡文化"。报告对曲贡墓葬的结构特点及其反映的葬俗、族属等问题，对曲贡文化的性质和年代、经济形态、精神生活及其与周边地区古文化的关系等问题，进行了阐述和分析。

胶东考古 北京大学考古学系、烟台市博物馆编著 严文明主编 王锡平副主编 文物出版社 2000 年 1 月 目录 11 页 文 309 页 插图 179 幅 黑白图版 63 页 16 开

1979～1988 年，北京大学考古系、烟台市博物馆等单位在胶东地区进行考古调查和发掘。本书收录 8 篇调查发掘报告。严文明撰写"胶东考古记"代序。

山东王因：新石器时代遗址发掘报告（中国田野考古报告集 考古学专刊丁种第四十五号） 中国社会科学院考古研究所编著 科学出版社 2000 年 2 月 目录 15 页 文 456 页 插图 237 幅 彩色图版 4 页 黑白图版 144 页 16 开

本书为 1975～1978 年山东省兖州市王因村新石器时代遗址发掘报告，报道遗址中的北辛文化（晚期）遗存和大汶口文化（早期）遗存，包括房址、灰坑、大汶口文化墓葬，以及出土的生产和生活用具、随葬品及亚热带动物遗骸等资料。

豫东杞县发掘报告 郑州大学文博学院、开封市文物工作队编著 科学出版社 2000 年 7 月 文 260 页 插图 165 幅 彩色图版 2 页 黑白图版 19 页 16 开

本报告报道 1989～1990 年对豫东杞县的段岗遗址和鹿台岗遗址进行发掘所获资料，侧重揭示遗址内的龙山和夏代的文化遗存，并采集了遗址的有关环境信息。

岱海考古（一）：老虎山文化遗址发掘报告集 内蒙古文物考古研究所编著 科学出版社 2000 年 9 月 序、目录 29 页 正文 523 页 插图

462 幅　插表 65 幅　彩色图版 8 页　黑白图版 72 页　16 开

本书报道 1979~1989 年对内蒙古凉城县岱海地区龙山时代老虎山文化遗址群进行勘察与发掘的收获，包括老虎山、园子沟、西白玉、面坡和大庙坡 5 个遗址和史前古城墙和白灰面窑洞式房屋的有关资料。附录各遗址的房址或灰坑登记表。张忠培为本书作序：《岱海考古的启示》。

山东省高速公路考古报告集（1997 年）　山东省文物考古研究所编著　李传荣主编　科学出版社　2000 年 9 月　序、目录 9 页　文 316 页　插图 233 幅　黑白图版 42 页　16 开

本书汇编 1997 年配合山东省高速公路建设工程进行考古发掘所获的资料，包括前埠下、后埠下、王府等 10 处新石器、商周、汉魏时期遗址的 9 篇考古发掘报告。

三峡考古之发现（二）：1993~1997　国家文物局三峡工程文物保护领导小组湖北工作站编　陈振裕主编　王风竹、周国平副主编　湖北科学技术出版社　2000 年 10 月　文 573 页　插图 592 幅　16 开

本书发表 1992~1997 年为配合三峡工程，在库区和迁建区进行的考古发掘所获得的资料，包括考古调查报告 3 篇、遗址发掘报告 31 篇、墓葬清理报告 7 篇。

扶风案板遗址发掘报告　西北大学文博学院考古专业编著　科学出版社　2000 年 10 月　目录 12 页　文 295 页　插图 179 幅　彩色图版 8 页　黑白图版 62 页　16 开

本报告公布 1984~1993 年对陕西扶风案板遗址进行 6 次发掘取得的资料和研究成果，介绍了仰韶、龙山、西周及汉代等不同时期的文化遗存，对遗址中的动植物遗存进行鉴定分析。书后有附表 4 种，附录 3 种。

福泉山：新石器时代遗址发掘报告　上海市文物管理委员会编著　黄宣佩主编　文物出版社　2000 年 10 月　目录 10 页　文 220 页　插图 89 幅　彩色图版 40 页　黑白图版 58 页　16 开

本书报道 1979~1986 年对福泉山遗址进行的试掘和正式发掘所获得的居址、墓葬、各类出土文物的资料。附录热释光断代、人类遗骸和兽骨研究、出土种子的鉴定、孢粉组合与环境分析、出土石器的类型与特

征分析、出土古玉的地质研究和 x 射线衍射分析等多项报告。

武穴鼓山：新石器时代墓地发掘报告 湖北省京九铁路考古队、湖北省文物考古研究所编著 科学出版社 2001 年 2 月 目录 18 页 文 281 页 插图 190 幅 彩色图版 8 页 图版 100 页 16 开

鼓山墓地是一处新石器时代中晚期墓地。1993～1994 年为配合京九铁路建设，发掘清理 238 座墓葬，出土 1685 件随葬品。本书公布发掘资料，探讨墓地的埋葬规律、文化因素、社会发展阶段，提出该墓地以薛家岗文化因素为主，同时具有油子岭、屈家岭、马家浜、崧泽文化等因素。

万家寨水利枢纽工程考古报告集 内蒙古自治区文物考古研究所编 曹建恩主编 连吉林副主编 远方出版社 2001 年 5 月 文 200 页 插图 212 幅 图版 16 页 16 开

本书刊布 1994～1998 年配合万家寨水利枢纽建设进行的考古工作的部分成果，收录新石器时代晚期至明清时期考古遗存的调查发掘简报 15 篇。

朝天嘴与中堡岛 国家文物局三峡考古队编著 文物出版社 2001 年 7 月 目录 15 页 文 313 页 插图 119 幅 黑白图版 76 页 16 开

本报告发表 1985～1986 年发掘秭归县朝天嘴遗址所获新石器时代文化遗存和夏商文化遗存的资料，以及宜昌县中堡岛遗址新石器时代文化遗存、商时期文化遗存和宋代墓葬资料。

成都考古发现（1999） 成都市文物考古研究所编著 科学出版社 2001 年 7 月 文 318 页 插图 213 幅 图版 14 页 16 开

本书收录 1999 年成都平原及其附近地区考古发掘简报 20 篇，包括十街坊、郫县古城、鱼凫村、芒城等新石器时代晚期遗址和成都黄忠村、岷江小区、郫县清江村等商周时期遗址，以及一批唐、宋、明时期的墓葬和遗址。俞伟超为本书作序。

河口与振兴：牡丹江莲花水库发掘报告（一） 黑龙江文物考古研

究所、吉林大学考古学系编著　科学出版社　2001 年 7 月　目录 10 页
文 178 页　插图 140 幅　图版 48 页　16 开

为配合牡丹江莲花水电站建设，1994、1995 年对河口和振兴遗址进
行重点发掘，初步确立了牡丹江流域新石器时代至隋唐时期考古学文化
相对年代序列。本报告为黑龙江东部考古工作提供了可资比较的标尺。

垣曲古城东关（黄河小浪底水库山西库区考古报告之二）　中国历
史博物馆考古部、山西省考古研究所、垣曲县博物馆编著　佟伟华主编
科学出版社　2001 年 9 月　目录 24 页　文 596 页　插图 376 幅　插表
41 幅　图版 132 页　16 开

本书为山西垣曲古城东关遗址 1982～1986 年发掘工作报告，对该遗
址包含仰韶文化 1～4 期，庙底沟二期文化早、中、晚期，龙山文化早、
晚期以及商周宋代等各时期遗存进行分期和年代学研究。

郑州大河村　郑州市文物考古研究所编著　科学出版社　2001 年 10
月　2 册　目录 24 页　文 689 页　插图 345 幅　彩色图版 28 页　图版
180 页　16 开

本书为郑州大河村遗址 1972～1987 年发掘报告，遗址内含仰韶文化
遗存、龙山文化遗存、二里头文化遗存和商文化遗存，仰韶文化材料较
为丰富。杨育彬为本书作序。

蒙城尉迟寺：皖北新石器时代聚落遗存的发掘与研究（中国田野考
古报告集　考古学专刊丁种第六十五号）　中国社会科学院考古研究所
编著　科学出版社　2001 年 10 月　目录 19 页　文 464 页　插图 241 幅
彩色图版 12 页　图版 114 页　16 开

本报告报道 1989～1995 年安徽蒙城尉迟寺大型聚落遗址的发掘资料
和研究成果。确立了大汶口文化晚期一个新的地方类型，其建筑遗存、
农作物遗存、刻划符号成为大汶口文化新的研究内容。

岱海考古（二）：中日岱海地区考察研究报告集　内蒙古文物考古研
究所、日本京都中国考古学研究会编著　田广金、秋山进午主编　科学
出版社　2001 年 10 月　文 541 页　插图 305 幅　彩色图版 12 页　图版
68 页　16 开

本书为 1995 ~ 1997 年中日两国合作开展"岱海地区文明起源和发展""游牧民族文化的形成与发展过程"考古学研究的成果。收录有石虎山Ⅰ／Ⅱ、王墓山坡上、板城史前遗址及饮牛沟战国墓地的发掘报告 4 篇，另有研究报告和论文 10 篇。

重庆库区考古报告集：1997 年卷（长江三峡工程文物保护项目报告甲种第 1 号）　重庆市文物局、重庆市移民局编　科学出版社　2001 年 11 月　前言 7 页　文 759 页　插图 661 幅　彩色图版 24 页　大 16 开

本卷收录三峡工程重庆库区 1997 年考古发掘报告 31 篇。

宜都城背溪　湖北省文物考古研究所编著　文物出版社　2001 年 11 月　　目录 19 页　文 310 页　插图 204 幅　彩色图版 12 页　图版 78 页　16 开

本报告汇集 1983 ~ 1984 年湖北宜都城背溪、金子山、栗树窝、枝城北、青龙山、孙家河、花庙堤、茶店子、鸡脑河、蒋家桥、王家渡、石板巷子等 12 处新石器时代遗址的发掘资料。严文明为本书作序。

好川墓地　浙江省文物考古研究所、遂昌县文物管理委员会编著　文物出版社　2001 年 12 月　目录 17 页　正文 346 页　插图 229 幅　彩色图版 31 页　图版 100 页　16 开

本书报道 1997 年在浙江省遂昌县好川墓地发掘的 80 座新石器时代墓葬的资料，对典型墓例和随葬品形制给予重点论述，分析好川墓地的文化内涵、面貌及其与周围文化的关系。毛昭晰、石兴邦、李伯谦分别为本书作序。

和龙兴城：新石器及青铜时代遗址发掘报告　吉林省文物考古研究所、延边朝鲜族自治州博物馆编著　文物出版社　2001 年 12 月　目录 10 页　文 177 页　插图 101 幅　彩色图版 4 页　图版 56 页　16 开

吉林省有关单位 1986 ~ 1987 年对兴城遗址进行发掘，发现新石器时代和青铜时代居住址和遗物，以及两个时代遗迹之间房址叠压、打破的关系。本书对此进行报道和分析。

宜昌路家河：长江三峡考古发掘报告　长江水利委员会编著　科学出

版社 2002年2月 目录9页 文149页 插图85幅 彩色图版4页 黑白图版34页 16开

本书全面介绍湖北宜昌路家河遗址的发掘成果，路家河遗址包括距今8000年前的城背溪文化到宋明时期的七期八段遗存。附录：制陶法考察报告、动物遗骸鉴定报告、花粉分析报告。

洛阳王湾：田野考古发掘报告 北京大学考古文博院编著 北京大学出版社 2002年5月 文205页 插图106幅 彩色图版4页 黑白图版61页 16开

本报告发表1959年、1960年对洛阳王湾遗址进行考古发掘中所获资料，包括豫西地区新石器时代遗迹遗物、周代墓地、魏晋墓葬和北朝遗物等实物资料。

半支箭河中游先秦时期遗址 国家文物局合组（中国社会科学院考古研究所、内蒙古自治区文物考古研究所、吉林大学边疆考古研究中心）、赤峰考古队编著 科学出版社 2002年8月 文334页 插图137幅 彩色图版24页 黑白图版100页 16开

本报告刊布1996～1998年对内蒙古赤峰市西南半支箭河中游220处先秦时期古代遗址进行考古调查所获得的资料，年代范围从新石器至战国前后。张忠培、张柏分别为本书作序。

沪杭甬高速公路考古报告 浙江省文物考古研究所编著 文物出版社 2002年9月 文309页 插图248幅 彩色图版32页 黑白图版48页 16开

本书公布20世纪90年代配合沪杭甬高速公路的建设，发掘良渚文化墓葬、西周至战国墓葬、汉六朝至唐代墓葬8篇考古发掘报告。

成都考古发现（2000） 成都市文物考古研究所编著 科学出版社 2002年9月 文358页 插图223幅 图版17页 16开

本书收录考古报告10篇，包括茂县营盘山新石器时代遗址、成都市区商业街战国早期大型船棺墓、彭县磁峰窑和都江堰金凤窑2处宋代窑址、巴中石窟等遗址的考古发掘和调查资料。

城固宝山：1998年发掘报告 西北大学文博学院编著 文物出版社

2002 年 12 月　文 211 页　插图 148 幅　彩色图版 8 页　黑白图版 60 页　16 开

　　本报告公布 1998 年发掘陕西汉中城固县宝山遗址 A 区所获全部资料，包括仰韶文化遗存、龙山文化遗存、商时期遗存和汉代遗存。李学勤为本书作序。

马桥：1993～1997 年发掘报告　上海市文物管理委员会编著　上海书画出版社　2002 年 12 月　目录 20 页　文 140 页　插图 309 幅　彩色图版 9 页　黑白图版 89 页　16 开

　　本书报道 1993～1997 年对马桥遗址 4 次发掘的成果，包括文化遗存（良渚文化遗存，马桥文化遗存，春秋战国、唐代、宋元时期文化遗存）、自然遗存（微体古生物、植物和土壤，动物），讨论马桥文化与良渚文化的关系、马桥文化与夏商文化和岳石文化的关系、马桥文化的分区和类型、马桥文化遗址的分布及其环境特征、陶文、原始瓷和红褐陶等问题。

宝墩遗址：新津宝墩遗址发掘和研究　成都市文物考古研究所、四川大学历史系考古教研室、早稻田大学长江流域文化研究所编著　〔日〕有限会社阿普（ARP）出版　2003 年 3 月　文 240 页　插图 111 幅　图版 21 页　16 开

　　宝墩遗址 1995～1996 年进行调查、发掘，本书介绍了中日两国考古学家合作发掘、研究宝墩遗址的重要收获。

宁夏菜园：新石器时代遗址、墓葬发掘报告　宁夏文物考古研究所、中国历史博物馆考古部编著　科学出版社　2003 年 4 月　文 368 页　插图 160 幅　插表 37 幅　彩色图版 8 页　黑白图版 64 页　16 开

　　菜园遗址群位于宁夏海原西安乡，包括 3 处遗址和 5 处墓地，属新石器时代晚期遗存。本书发表 1985～1988 年发掘中所获资料，论述遗址的文化性质、分期与年代、社会性质、生产生活、体质形态等。附录孢粉分析、人骨鉴定、动物骨骼鉴定、陶器分析等 4 种报告。张忠培为本书作序。

秭归庙坪（长江三峡工程文物保护项目报告，乙种第一号）　湖北省文物事业管理局、湖北省三峡工程移民局编　孟华平、周国平主编科学出版社　2003年5月　文324页　插图248幅　彩色图版4页　黑白图版87页　大16开

庙坪遗址的年代自新石器时代晚期延续到明代。1995～1997年，湖北省文物考古研究所先后4次在此发掘。本报告对发掘资料进行分析整理，附录出土动物骨骼、人骨和东周铁剑的分析报告。

邓家湾（天门石家河考古报告之二）　湖北省文物考古研究所、北京大学考古学系、湖北省荆州博物馆石家河考古队编著　文物出版社2003年6月　文309页　插图239幅　彩色图版32页　黑白图版79页16开

邓家湾遗址为石家河新石器时代遗址群之一，主要包括屈家岭文化和石家河文化两个时期的文化遗存。本书介绍1956年、1978～1992年进行的4次考古发掘所获资料，研究石家河古城的年代、城垣的基本结构和一批宗教性遗迹。严文明以《邓家湾考古的收获》一文代序。

花厅：新石器时代墓地发掘报告　南京博物院编著　文物出版社2003年6月　目录11页　文260页　插图182幅　彩色图版16页　黑白图版48页　16开

南京博物院于1952年、1953年、1987年和1989年，先后对江苏新沂花厅遗址进行了4次考古发掘，发现大汶口文化晚期的重要遗存，以及良渚文化和大汶口文化两类不同文化遗存共存的现象。附录6种，包括人骨鉴定报告、出土陶器、埋葬情况、"文化两合现象"的分析等。另有附表4种。

武昌放鹰台　湖北省文物考古研究所编著　文物出版社　2003年6月　文204页　插图89幅　彩色图版4页　黑白图版40页　16开

武昌放鹰台遗址包括新石器时代、西周和宋代三个文化遗存。本书公布1965年发掘所获资料。附录1997年第二次发掘的资料。

秭归柳林溪（长江三峡工程文物保护项目报告，乙种第二号）　国务院三峡工程建设委员会办公室、国家文物局编著　王风竹、周国平主

编　科学出版社　2003 年 7 月　文 294 页　插图 195 幅　插表 34 幅　彩色图板 8 页　黑白图版 72 页　大 16 开

柳林溪遗址位于湖北秭归茅坪镇。本报告记录湖北省文物考古研究所 1994～2001 年在此进行的调查发掘工作。重点报道新石器时代遗存、二里头文化遗存和周代文化遗存，兼及少部分汉代以后墓葬材料。附录：1. 动物群研究报告；2. 人骨鉴定表。

辉县孟庄　河南省文物考古研究所编著　中州古籍出版社　2003 年 7 月　目录 22 页　文 567 页　插图 268 幅　彩色图版 8 页　黑白图版 120 页　16 开

河南省文物考古研究所 1992～1995 年对河南辉县孟庄遗址进行发掘。遗址包含裴李岗文化遗存、仰韶文化遗存、龙山文化早期遗存、龙山文化晚期遗存、二里头文化遗存、二里岗文化遗存、殷墟文化遗存、西周文化遗存、春秋文化遗存和战国文化遗存，本书分别予以报道和分析。正文后有附表 37 幅。附录：辉县孟庄遗址人骨的人类学研究。

岱海考古（三）：仰韶文化遗址发掘报告集　内蒙古文物考古研究所、北京大学中国考古学研究中心"聚落演变与早期文明"课题组编著　科学出版社　2003 年 7 月　文 263 页　插图 208 幅　插表 28 幅　彩色图版 16 页　黑白图版 54 页　16 开

本书是内蒙古凉城县岱海地区仰韶文化遗址的发掘和勘察报告，包括王墓山坡下、王墓山坡中、红台坡下、东台坡上、东滩、孤子山六处遗址，涵盖了仰韶文化一至三期。讨论了年代分期、各期遗存间的关系和地方特色、聚落间相互关系、聚落演变与社会发展特点、人地关系等问题。正文后附录动物骨骼鉴定报告。

湖北库区考古报告集（第一卷）（长江三峡工程文物保护项目报告，甲种第二号）　国务院三峡工程建设委员会办公室、国家文物局编著　沈海宁主编　科学出版社　2003 年 7 月　文 755 页　插图 755 幅　彩色图版 16 页　大 16 开

本书收录三峡工程湖北库区巴东、秭归两地 1997～2000 年考古发掘报告 43 篇。

重庆库区考古报告集（1998卷）（长江三峡工程文物保护项目报告，甲种第三号）　重庆市文物局、重庆市移民局编　王川平主编　科学出版社　2003年7月　文894页　插图809幅　彩色图版40页　大16开

本书是1998年三峡工程重庆库区考古项目的成果汇总，收录发掘报告（简报）32篇。卷首是王川平、邹后曦撰写的《重庆库区1998年度考古综述》。

河姆渡：新石器时代遗址考古发掘报告　浙江省文物考古研究所编著　文物出版社　2003年8月　2册　上册：目录26页　文513页　表39幅　插图244幅　下册：目录10页　彩色图版72页　黑白图版208页　16开

20世纪70年代，先后对河姆渡遗址进行过两次较大规模的发掘，发现木构建筑遗迹、木构水井遗迹和动植物遗存，出土骨、石、木、陶器等，本书是对所获资料的整理和公布，同时讨论了古环境与古气候、各期的文化特征、文化分期与年代、先民的经济、与相邻地区原始文化的关系。正文后有附表7种、附录10种。

瑶山（良渚遗址群考古报告之一）　浙江省文物考古研究所编著　文物出版社　2003年9月　文343页　插图199幅　彩色图版652幅　大16开

1987～1998年浙江省文物考古研究所对浙江余杭瑶山遗址进行了5次发掘，发掘良渚文化祭坛1座、墓葬12座，采集出土一批良渚文化遗物。本报告除公布发掘所获资料外，还就墓葬的器物组合与年代、玉器纹样和制作工艺、祭坛与墓地等问题做了研究。

庙子沟与大坝沟：新石器时代遗址发掘报告　魏坚编著　中国大百科全书出版社　2003年10月　2册　目录28页　文650页　插图712幅　彩色图版64页　黑白图版136页　16开

本书公布1985～1992年内蒙古文物考古研究所对庙子沟和大坝沟两处遗址进行发掘所获的资料，讨论了聚落形态和文化源流等相关问题。附录8篇古人类、古动物、古环境研究的文章。

华县泉护村（黄河水库考古报告之六，中国田野考古报告集　考古

学专刊丁种第六十三号） 北京大学考古学系著 中国社会科学院考古研究所编 科学出版社 2003 年 10 月 文 135 页 插图 73 幅 黑白图版 64 页 16 开

1958～1959 年，为配合三门峡水库修建工程，北京大学历史系考古专业组成黄河水库考古工作队陕西分队华县队，对泉护村遗址进行发掘。本报告报道发掘所获资料，分析泉护一期、二期和三期遗存的文化面貌和特征，讨论它们的性质及其与其他遗存的关系。

正定南杨庄：新石器时代遗址发掘报告 河北省文物研究所编著 科学出版社 2003 年 10 月 文 116 页 插图 94 幅 黑白图版 32 页 16 开

1980 年和 1981 年对河北正定县南杨庄遗址进行发掘，发现新石器时代房屋 4 座、窑址 3 座、连排灶 8 处、瓮棺葬 7 座、墓葬 40 座；战国时期墓葬 25 座；汉代墓葬 31 座。本报告公布发掘所获新石器时代的有关资料，将新石器时代遗存分为五期，对其性质、年代和相互关系进行了讨论。

桂林甑皮岩（中国田野考古报告集 考古学专刊丁种第六十九号） 中国社会科学院考古研究所、广西壮族自治区文物工作队、桂林甑皮岩遗址博物馆、桂林市文物工作队编著 文物出版社 2003 年 11 月 目录 25 页 文 703 页 插图 187 幅 彩色图版 16 页 黑白图版 72 幅 16 开

本报告公布甑皮岩遗址 2001 年及其之前历年发掘清理中发现的文化和自然遗物，发表对遗址的生存环境、生业模式、工艺技术、体质特征和遗址年代的研究成果，分析甑皮岩遗址的文化内涵、主要特征和考古学意义，对甑皮岩遗址与湖南地区、岭南地区和东南亚地区的史前考古进行比较研究。附录有关甑皮岩遗址古动物、古植物、石器、陶器和骨器的分析检测报告，以及大事记和文献索引。

内蒙古东部（赤峰）区域考古调查阶段性报告 赤峰中美联合考古研究项目编著 科学出版社 2003 年 11 月 文 219 页 插图 38 幅 16 开

本书是中美合作对内蒙古赤峰市阴河、半支箭河及锡伯河下游古代遗址调查的阶段性报告。分为五章，中、英文对照。一、"绪论"，介绍此项目的研究目标和框架；二、赤峰地区聚落分布的演变；三、聚落考

古研究的实践；四、区域性人口规模重建之尝试；五、区域考古研究的实践与改进。张柏、张忠培、林嘉琳分别为本书作序。

永不逝落的文明：三峡文物抢救纪实　徐光冀主编　山东画报出版社　2003年12月　文215页　插图168幅　彩色图版24页　16开

本书介绍三峡文物抢救保护工程中的34个项目，邀请课题项目的一线负责人撰稿。

珠海宝镜湾：海岛型史前文化遗址发掘报告（广东田野考古报告）广东省文物考古研究所、珠海市博物馆编著　邱立诚、肖一亭主编科学出版社　2004年1月　文397页　插图105幅　插表16幅　彩色图版8页　图版52页　16开

本书报道1997~2000年对宝镜湾遗址进行四次发掘所获资料。附录：1. 宝镜湾遗址出土陶片加速质谱（AMS）^{14}C测试报告；2. 出土陶片^{14}C年代测定结果报告；3. 出土陶片烧成温度测试报告；4. 出土陶片成分分析测试报告；5. 宝镜湾遗址环境考古研究报告；6. 出土石坠的研究。徐恒彬为本书作序。

忻州游邀考古　忻州考古队编著　张忠培、王克林主编　科学出版社　2004年3月　文220页　插图115幅　图版48页　16开

1987年和1989年，考古工作者先后两次对山西忻州盆地游邀遗址进行发掘。本报告介绍龙山文化至夏时期考古学文化遗存。附录：1. 游邀遗址的西阴文化遗存；2. 游邀遗址夏代居民的人类学特征；3. 游邀遗址的孢粉分析；4. 游邀遗址^{14}C标本年代测定报告。

闽侯县昙石山遗址第八次发掘报告（福建文物考古报告，一）　福建博物院编著　科学出版社　2004年5月　文127页　插图65幅　附表13幅　彩色图版8页　图版16页　16开

昙石山遗址的文化内涵以新石器时代遗存为主，兼有青铜时代遗存。本书公布1996~1997年对其进行第八次发掘所获资料。

成都考古发现（2002）　成都市文物考古研究所编著　科学出版社

2004 年 6 月　文 441 页　插图 363 幅　彩色图版 26 页　16 开

本书收录 14 篇考古调查发掘报告，涉及金沙遗址新石器至商周时期古文化遗存、十二桥遗址新一村西周晚期至春秋时期文化遗存、郫县两处战国至西汉墓葬群、新都崖墓、成都和新津两处宋墓、杜甫草堂唐宋遗址、安岳与蒲江摩崖石刻等内容。

禹州瓦店（夏商周断代工程丛书）　河南省文物考古研究所编著　世界图书出版公司　2004 年 7 月　文 190 页　彩色图版 8 页　图版 60 页　插图 154 幅　16 开

1997 年，根据"夏商周断代工程"中"夏代年代学研究"课题工作的需要，河南省文物考古研究所"早期夏文化研究"专题组对禹州瓦店遗址进行考古发掘。本报告公布此次发掘的成果，也收录了 20 世纪 80 年代初发掘所获且已发表的资料。附录：禹州瓦店龙山文化人骨的研究报告。

内蒙古文物考古文集（第三辑）：**配合国家基本建设专集**　内蒙古自治区文物考古研究所编著　陈永志主编　科学出版社　2004 年 8 月　文 532 页　插图 387 幅　彩色图版 52 页　16 开

本辑收录内蒙古自治区文物考古研究所配合国家基本建设进行考古调查、发掘的 22 篇报告和 9 篇论文。陈永志为本辑撰文，介绍内蒙古近年配合基本建设开展文物考古研究工作的主要收获。

白音长汗：新石器时代遗址发掘报告　内蒙古自治区文物考古研究所编著　科学出版社　2004 年 8 月　2 册　目录 24 页　文 604 页　插图 389 幅　表 87 幅　彩色图版 20 页　图版 112 页　16 开

1988～1991 年在内蒙古自治区赤峰市林西县白音长汗遗址进行过 3 次发掘，发现小河西、兴隆洼、赵宝沟、红山、小河沿等五个时期各类型文化遗存，其中兴隆洼文化白音长汗类型有两处环壕聚落。附录：1. 出土动物遗存；2. 石制品原料。

清江考古（长阳地区考古发掘报告）　湖北省清江隔河岩考古队、湖北省文物考古研究所编著　科学出版社　2004 年 9 月　目录 24 页　文 529 页　插图 324 幅　彩色图版 24 页　图版 184 页　16 开本书发表配合鄂西地区清江水电基本建设工程，对库区文物进行抢救发掘获得的资料。其中遗址 14 处，包括旧石器时代遗址、新石器时代遗址、巴文化遗址、楚文化遗址；墓葬 9 处，包括新石器时代墓葬、巴人墓葬、东汉墓葬、六朝及唐代墓葬。刘庆柱为本书作序。

辽宁省道路建设考古报告集（2003） 辽宁省文物考古研究所编著 辽宁民族出版社 2004 年 9 月 文 350 页 插图 335 幅 图版 20 页 16 开

1997～2000 年，配合沈阳—山海关、锦州—朝阳、锦州—阜新 3 条高速公路和秦皇岛—沈阳高速铁路的建设，进行考古调查，发现一批古代遗址和墓葬。本书收录 9 篇考古发掘报告。

马家浜文化 嘉兴市文化局编 浙江摄影出版社 2004 年 9 月 文 243 页 彩色图版 371 幅 16 开

本书收录发掘简报和有关资料 18 篇，多数曾发表。附录：1. 马家浜文化纪事；2. 马家浜文化文献资料。吴汝祚为本书作序。

翼城枣园 山西省考古研究所编著 薛新明主编 科学技术文献出版社 2004 年 9 月 文 226 页 插图 93 幅 彩色图版 4 页 图版 28 页 16 开

山西翼城县枣园遗址是一处新石器时代遗址。本书报道 1991 年和 1999 年对其进行考古调查和田野发掘所获得的资料。

临潼零口村（陕西省考古研究所田野考古报告，第 31 号） 陕西省考古研究所编著 三秦出版社 2004 年 11 月 目录 23 页 文 562 页 插图 355 幅 插表 48 幅 彩色图版 8 页 图版 80 页 16 开

1994～1995 年，配合西安—临潼高速公路向东延伸工程，在零口村遗址进行发掘。本报告将遗址的文化遗存分为白家村文化、零口村文化、仰韶文化半坡类型、仰韶文化西王村类型、战国秦人遗存和汉代遗存等六期，分别予以报道。附录：1. 零口村文化层的热释光年龄；2. 脊椎动物遗骸研究；3. 孢粉分析报告；4. 墓葬人骨研究。

跨湖桥（浦阳江流域考古报告之一） 浙江省文物考古研究所、萧山博物馆编著 蒋乐平主编 文物出版社 2004 年 12 月 目录 19 页

文 379 页　插图 226 幅　图表 62 幅　彩色图版 54 页　图版 44 页　16 开

1990 年、2001 年、2002 年，先后三次对浙江萧山跨湖桥遗址进行发掘。本书全面公布遗址发掘资料和研究成果，以及全新世大海侵证据等。发表附近同时期新石器时代遗址——下孙遗址的发掘资料。附录：1. 出土头骨片的鉴定；2. 出土陶器的研究；3. 水牛遗存分析。

潜山薛家岗　安徽省文物考古研究所编著　文物出版社　2004 年 12 月　目录 28 页　文 632 页　插图 485 幅　彩色图版 23 页　图版 190 页　16 开

1979～2000 年，在安徽潜山薛家岗遗址共进行 6 次发掘，发现新石器时代遗存、夏商周时期遗存和少量唐宋时期遗存。本报告报道田野发掘资料及其研究成果。附录：1. 薛家岗玉器简述；2. 遗址考古散记。

卑南考古发掘 1980～1982：遗址概况、积累层次及生活层出土遗物分析　宋文薰、连照美著　台湾大学出版中心　2004 年 12 月　文 274 页　图版 173 幅　插图 68 幅　16 开

本书对 1983 年发表的《台东县卑南遗址发掘报告》和 1986 年完成的《遗址堆积层次及文化层出土遗物之分析研究》（卑南遗址发掘资料整理报告，第三卷）进行修订增补，报道遗址前八次发掘（1980～1982 年）的资料。附录：卑南遗址抢救考古发掘始末。

陇县原子头　宝鸡市考古工作队、陕西省考古研究所编著　文物出版社　2005 年 1 月　目录 34 页　文 310 页　插图 174 幅　彩色图版 32 页　图版 148 页　16 开

1991～1993 年，配合宝鸡—中卫铁路工程建设，对陇县原子头遗址进行清理发掘，清理新石器时代房址 40 座、陶窑 3 座、墓葬 1 座，新石器时代及汉代灰坑 126 个，汉代窖穴 1 个。汉、唐等时期的墓葬 56 座。本报告发表这批发掘资料，论述遗址所包含的前仰韶时期文化遗存、仰韶文化遗存、龙山文化遗存以及其他历史时期遗存。

成都考古发现（2003）　成都市文物考古研究所编著　科学出版社

2005 年 5 月　文 550 页　插图 417 幅　图版 22 页　16 开

本书是成都市文物考古研究所 2003 年度考古发掘报告集，收录考古发掘和调查简报 22 篇。报道成都金沙村等古文化遗址和墓葬的发掘资料，以及邛崃磐陀寺等唐代摩崖造像的调查资料。

湖北库区考古报告集（第二卷）（长江三峡工程文物保护项目报告，甲种第四号）　国务院三峡工程建设委员会办公室、国家文物局编著沈海宁主编　科学出版社　2005 年 6 月　文 521 页　插图 489 幅　彩色图版 8 页图版 16 页　16 开

本卷收录三峡工程湖北库区巴东、秭归两县 1997～2000 年田野考古发掘报告 36 篇。

秭归官庄坪（长江三峡工程文物保护项目报告，乙种第四号）　国务院三峡工程建设委员会办公室、国家文物局编著　周国平主编　科学出版社　2005 年 6 月　目录 24 页　文 653 页　插图 555 幅　彩色图版 12 页　图版 140 页　16 开

本书报道 1997～2003 年在湖北秭归官庄坪遗址进行的 6 次发掘所获资料，包括屈家岭文化遗存、石家河文化遗存、二里头文化遗存、商代遗存、东周时期遗存、元代遗存、明代遗存、模糊遗存。附录：1. 遗址出土动物遗骸研究报告，2. 遗址出土人骨鉴定报告，3. 遗址东周时期墓葬出土人骨的形态学研究，4. 遗址古代居民的 mtDNA 研究报告。

青藏铁路西藏段田野考古报告（西藏高原田野考古系列报告之一）西藏自治区文物局、四川大学考古系、陕西省考古研究所编著　科学出版社　2005 年 8 月　目录 16 页　文 212 页　插图 121 幅　彩色图版 56 页　16 开

本书报道 2003～2004 年青藏铁路西藏段沿线考古调查所发现的 36 处文物点的有关资料，包括石器地点与石器遗址、古代墓葬、古代祭祀遗址、古代建筑遗址和其他遗迹。附录：1. 那曲祭祀坑的动物遗存，2. 柳吾乡拉觉墓地陶片观察，3 西藏那曲古代祭祀人骨。

揭阳考古（2003～2005）　揭阳考古队、揭阳市文化广电新闻出版局编著　李伯谦、邱立诚主编　科学出版社　2005 年 9 月　文 315 页

插图 218 幅　彩色图版 24 页　图版 28 页　16 开

本书是"古揭阳（榕江）先秦—两汉考古学文化综合研究"课题研究成果之二。上篇收录有关普宁虎头埔、揭东面头岭墓地和宝山崊遗址的 3 篇发掘报告，对揭阳市古遗址、揭东先秦两汉遗址、揭东华美沙丘遗址、揭西赤岭埔遗址的调查报告 4 篇。下篇收录 9 篇研究论文，其中 4 篇此前已发表。李伯谦为本书撰写前言。

反山（良渚遗址群考古报告之二）　浙江省文物考古研究所编著
文物出版社　2005 年 10 月　2 册　上册：目录 8 页　文 378 页　插图 295 幅　下册：目录 26 页　彩色图版 374 页　16 开

1986 年，浙江省文物考古研究所对浙江余杭反山遗址进行抢救性考古发掘，清理 1 处土台遗迹和 9 座良渚文化贵族墓葬，出土陶器、石器和玉器，本书报道这批资料。

神木新华（河套地区先秦两汉时期文化、生业与环境研究系列报告之一，陕西省考古研究所田野考古报告第 35 号）　陕西省考古研究所、榆林市文物保护研究所编著　科学出版社　2005 年 10 月　目录 23 页
文 403 页　插图 282 幅　彩色图版 28 页　图版 60 页　16 开

1996 年、1999 年先后两次对陕西神木新华新石器时代晚期遗址和墓葬进行发掘。本报告描述房址、灰坑、陶窑、祭祀坑等遗迹，介绍出土遗物，讨论遗存的基本特征、文化分期年代、文化的命名、文化分区及源流、出土玉器、居民及其生业与环境。附遗址登记表 6 种，附录：1、人骨鉴定报告，2、遗址中的动物遗骸，3、出土玉器鉴定分析报告，4、放射性碳年龄测定数据报告，5、2001 年神木新华遗址调查简报，6、神木新华遗址环境考古研究。张忠培、张柏分别为本书作序。

南河浜：崧泽文化遗址发掘报告　浙江省文物考古研究所编著　刘斌主编　文物出版社　2005 年 11 月　目录 18 页　文 424 页　插图 212 幅　图版 204 页　16 开

南河浜遗址位于浙江嘉兴，文化内涵以崧泽文化为主，1996 年对其进行抢救性考古发掘，本书报道遗址内发现的生活遗存和墓葬资料，讨论遗址的分期与年代、气候与环境，分析崧泽文化的因素及其所反映的

社会生活状况，阐述崧泽文化的分区及与良渚文化的关系。附录：1. 南河浜遗址地层资料，2. 陶墩遗址出土陶器资料，3. 南河浜 H2 资料，4. 南河浜遗址人骨鉴定报告，5. 动物骨骼鉴定报告，6. 孢粉鉴定报告，7. 植物硅酸体分析报告，8. 出土崧泽文化陶片的 PIXE 分析报告，9. 出土石器鉴定报告，10. 南河浜玉器地质考古学报告。张忠培为本书作序。

良渚遗址群（良渚遗址群考古报告之三）　浙江省文物考古研究所编著　文物出版社　2005 年 12 月　文 441 页　插图 90 幅　随文图版 80 页　彩色图版 48 页　16 开

本书介绍良渚遗址群已确定的 135 处遗址，包括已发掘的 25 处遗址和试掘过的约 30 处遗址，着重介绍试掘资料，另附一些必要的钻探资料，对个别曾作发掘的遗址进行拾遗补缺；报道遗址群内历年征集和收缴的遗物；考察遗址群聚落面貌。附录：1. 余杭良渚遗址群古环境研究，2. 良渚—杭县第二区黑陶文化遗址初步报告（施昕更著，1938 年，影印），3. 良渚遗址群相关考古报告和主要论著。

庙前（良渚遗址群考古报告之四）　浙江省文物考古研究所编著　文物出版社　2005 年 12 月　目录、文 372 页　插图 256 幅　彩色图版 109 页　16 开

本书公布 1988～2001 年前后六次发掘庙前遗址获得的全部资料，讨论墓葬的分期和年代、陶器反映的文化面貌和相关问题、聚落形态。同时发表马家坟遗址（1992 年发掘）、荀山东坡遗址（1985 年发掘）、金霸坟遗址（1999 年发掘）和茅庵里遗址（1992 年发掘）的资料。

湖北库区考古报告集（第三卷）（长江三峡工程文物保护项目报告，甲种第五号）　国务院三峡工程建设委员会办公室、国家文物局编著　沈海宁主编　科学出版社　2006 年 1 月　文 516 页　插图 501 幅　插表 4 幅　彩版 22 页　16 开

本卷收录三峡工程湖北库区 2002～2003 年田野考古发掘报告 33 篇。

重庆库区考古报告集（1999 卷）（长江三峡工程文物保护项目报告，

甲种第六号） 重庆市文物局、重庆市移民局编 王川平主编 科学出版社 2006 年 1 月 文 806 页 彩版 24 页 16 开

本书收录三峡工程重庆库区 1999 年田野考古发掘报告 27 篇。王川平、邹后曦、白九江撰写《重庆库区 1999 年度考古综述》一文。

巴东楠木园（长江三峡工程文物保护项目报告，乙种第五号） 国务院三峡工程建设委员会办公室、国家文物局编著 余西云主编 科学出版社 2006 年 1 月 目录 17 页 文 499 页 插图 341 幅 插表 35 幅 彩版 32 页 图版 92 页 16 开

2000 ~ 2003 年，配合三峡水利枢纽工程建设，武汉大学考古系等单位先后七次对湖北巴东楠木园遗址进行发掘，发现楠木园文化遗存、大溪文化及后续文化遗存、商周时期遗存、汉至六朝时期遗存、唐宋明清时期遗存。本报告对这批资料予以报道和分析，提出楠木园文化的概念，并探讨其文化特征、分期、文化性质、绝对年代等问题。

卑南遗址发掘（1986 ~ 1989） 连照美 宋文薰原著 连照美编著 台湾大学出版中心 2006 年 1 月 文 314 页 16 开

本书包括卑南遗址第 9—10 次发掘工作报告，第 11—13 次发掘工作报告，台东县卑南文化公园考古试掘报告三部分内容。

新乡李大召：仰韶文化至汉代遗址发掘报告（"中国古代文明与考古学"研究丛书之一） 郑州大学历史学院考古系（韩国河、赵海洲）编著 科学出版社 2006 年 3 月 目录 22 页 文 430 页 插图 244 幅 插表 45 幅 彩版 8 页 图版 32 页 16 开

2002 ~ 2003 年，郑州大学考古专业师生先后四次发掘河南新乡李大召遗址。该遗址内涵丰富，包括仰韶文化遗存、龙山文化遗存、二里头文化遗存、二里岗文化遗存、晚商文化遗存、东周墓葬、汉代墓葬，其中以龙山文化时期遗存为主。本书公布发掘所获资料。杨育彬为本书作序。

枣阳雕龙碑（中国田野考古报告集 考古学专刊丁种第七十二号） 中国社会科学院考古研究所编著 科学出版社 2006 年 4 月 目录 20 页 文 433 页 插图 272 幅 插表 23 幅 彩版 12 页 图版 144 页 16 开

本书发表 1990~1992 年湖北枣阳雕龙碑新石器时代遗址发掘工作的成果，分析遗址的文化性质和年代、社会生活和社会形态、与周边文化的关系，发表人骨分析、动物骨骼研究、出土木炭研究、白色粉末状物及相关物质分析、房址复原、孢粉分析等专题报告。

秦安大地湾：新石器时代遗址发掘报告　甘肃省文物考古研究所编著　文物出版社　2006 年 4 月　2 册　目录 36 页　文 945 页　插图 464 幅　彩版 43 页　图版 304 页　16 开

1978~1984 年，甘肃省博物馆文物工作队在秦安大地湾遗址进行持续发掘，1995 年又做补充发掘。本报告将该遗址文化遗存分作五期，依次为前仰韶文化、仰韶文化早期、仰韶文化中期、仰韶文化晚期、常山下层文化，整理发表清理出的各期文化遗迹、遗物和墓葬的资料，讨论大地湾遗存的文化特征、性质和命名，房屋遗址和聚落形态，自然环境和经济形态，年代。正文后有附表 27 种。附录：动物遗存鉴定报告，古代树种木炭鉴定报告，植物遗存鉴定报告，出土彩陶（彩绘陶）颜料及块状颜料分析研究，出土陶器成分分析，玉器鉴定报告。严文明为本书作序。

成都考古发现（2004）　成都市文物考古研究所编著　科学出版社　2006 年 4 月　文 509 页　插图 391 幅　表 13 幅　图版 16 页　16 开

本书是成都市文物考古研究所 2003 年度考古发掘报告集，收录考古发掘报告 24 篇。包括岷江上游、安宁河流域的几处遗址的调查试掘资料，成都市高新西区、金沙遗址等几处新石器时代至商周时期古文化遗址与墓葬的发掘材料，彭州宋代青铜器窖藏清理，蒲江摩崖石刻造像等遗迹的调查报告。

中国盐业考古：长江上游古代盐业与景观考古的初步研究（第一集）　李水城、罗泰（Lothar Von Falken - hausen）主编　科学出版社　2006 年 6 月　文 368 页　插图 48 幅　彩版 6 页　16 开

本书为北京大学与美国加州大学洛杉矶分校的合作项目"四川盆地及其周边地区古代盐业的景观考古学研究"阶段性成果，反映 1999 年野外人类学、考古调查和研究工作的收获，收录 4 篇调查报告和 4 篇研究论

文。以汉、英双语出版。

彭头山与八十垱　湖南省文物考古研究所编著　科学出版社　2006年8月　2册　目录31页　文734页　插图344幅　插表74幅　彩版48页　图版142页　16开

湖南澧县彭头山遗址和八十垱遗址属新石器时代中期早段遗址。1988年发掘彭头山遗址，1993~1997年发掘八十垱遗址。本书公布发掘所获资料，并就彭头山文化的基本特征、文化分期与年代、制陶工艺、环壕聚落特点、生态与经济、文化的来源及其与本地旧石器文化的联系，以及与周边同时期文化的关系等问题进行分析和研究。何介钧为本书作序。

凌家滩：田野考古发掘报告之一　安徽省文物考古研究所编著　文物出版社　2006年8月　目录19页　文349页　插图224幅　彩版245页　16开

1987年、1998年，曾经三次对安徽含山凌家滩遗址进行发掘，共发现墓葬44座、祭祀遗址1座、祭祀坑3个、积石圈4处、红烧土遗迹1处，出土玉器、石器和陶器等遗物。本书发表发掘所获资料，讨论凌家滩遗存的文化性质和年代，分析出土玉器的质地、工艺技术和原料来源。附录：出土部分古玉器玉质成分研究报告，玉器玉材来源考察报告，玉器成分分析及相关性研究，87M4出土朱砂测试报告，凌家滩出土古玉的科学测试综述。严文明为本书作序。

新地里　浙江省文物考古研究所、桐乡市文物管理委员会编著　文物出版社　2006年8月　2册　目录20页　文646页　插图300幅　彩版392页　16开

新地里遗址位于浙江省桐乡市，2001年对其进行抢救性考古发掘，共清理良渚文化墓葬140座。灰坑、灰沟、水井、红烧土遗迹、红烧土建筑遗迹等40余处，出土各类器物近2000件。本书发表遗址资料，分析新地里遗址在良渚文化中的定位、所反映的社会结构、嘉兴—沪南地区良渚文化的地域特色、外来文化因素、玉石器的来源。附录：加速器质谱（AMS）碳—14测试报告，石器鉴定报告，出土人骨DNA检测报告，马

桥文化遗存。

昆山　浙江省文物考古研究所、湖州市博物馆编著　文物出版社
2006 年 9 月　目录 27 页　文 502 页　插图 312 幅　插表 7 幅　彩版 176
页　16 开

本书是浙江湖州昆山遗址 2004 年发掘工作报告。本次发掘的新石器
时代文化遗存，主要是 61 座墓葬；清理的高祭台类型时期遗存，主要有
建筑基址、灰坑和沟。书中还发表历年来昆山遗址的调查记录，并就昆
山遗址新石器时代文化遗存和高祭台类型时期文化展开讨论。附录：加
速器质谱^{14}C 测试报告，孢粉和树木遗存分析报告等。

三晋考古（第三辑）　山西省考古研究所、山西省考古学会编　石
金鸣主编　山西人民出版社　2006 年 9 月　文 380 页　插图 275 幅　图
版 35 页　16 开

本辑是西阴遗址发掘 80 周年、山西省考古研究所侯马工作站建站 50
周年纪念专辑，收录近年配合基本建设进行考古调查和发掘的 24 篇简
报，包括丁村遗址、吉县沟宝遗址、清徐都沟和襄汾小陈新石器时代遗
址、柳林商代夯土基址、侯马祭祀遗址等。

淄川考古：北沈马遗址发掘报告暨淄川考古研究　任相宏、张光明、
刘德宝主编，齐鲁书社　2006 年 9 月　文 254 页　插图 89 幅　表 13 幅
彩版 8 页　图版 16 页　16 开

本书收录考古调查、发掘简报和研究论文 13 篇，内容涉及淄川古遗
存的调查与研究、淄川北沈马遗址的发掘与研究、淄川周代墓葬的发掘
与研究、淄川古窑址的发掘与研究。

黄河小浪底水库考古报告（二）　河南省文物管理局编　中州古籍
出版社　2006 年 12 月　目录 20 页　文 285 页　插图 228 幅　彩版 10 页
图版 86 页　16 开

本书报道 1996 年河南孟津妯娌新石器时代遗址、寨根新石器时代遗
址的发掘资料，以及周代和汉代遗存。附表 32 种。附录：出土人骨和动
物骨骼的研究报告。

旬邑下魏洛（"古豳地"考古报告之一）　西北大学文化遗产与考古

学研究中心、陕西省考古研究所编著　科学出版社　2006 年 12 月　目录 21 页　文 570 页　插图 376 幅　插表 115 幅　彩版 8 页　图版 72 页 16 开

　　2004 年，西北大学文博学院、陕西省考古研究所和旬邑县博物馆联合组队发掘下魏洛遗址。遗址内涵丰富，包括仰韶文化遗存、龙山文化时期遗存、周代文化遗存和汉代文化遗存，龙山时期遗存是其中主要部分。本书以发掘区为序，全面公布发掘所获资料，分析遗存的时代与性质、龙山文化时期遗迹分布与聚落形态、窑址的功能。附表 2 种。附录：旬邑县几处遗址的调查记录，下魏洛遗址出土人骨和动物遗骸的鉴定报告，下魏洛村民居调查报告。

　　巴蜀埋珍：四川五十年抢救性考古发掘纪事　四川省文物考古研究院编　天地出版社　2006 年 12 月　文 177 页　彩版 205 幅　16 开

　　本书记录四川省 50 年间进行抢救性考古发掘之事，新石器方面包含大溪文化陶器等内容。

　　云南考古报告集之二（云南省文物考古研究所田野考古报告，第五号）　云南省文物考古研究所编　杨德聪编　云南科技出版社　2006 年 12 月　文 303 页　插图 315 幅　表 19 幅　彩版 18 页　16 开

　　本集收录 15 篇发掘报告和 2 篇调查报告。

（二）　资料汇编和地方考古成果介绍

　　福建省新石器时代遗址资料汇编　福建省文物管理委员会编印 1959 年 5 月　16 开　文 329 页

　　该资料集汇编福建省 50 年代新石器时代遗址调查、试掘、发掘简报 35 篇，汉代遗址调查一篇，论文一篇（《关于东南地区几何印纹陶时代的初步探测》），反映了福建省 50 年代田野考古工作概况。

　　甘肃省十年来遗址墓葬清理发掘资料汇编（上册）　甘肃省博物馆编　1959 年 10 月　16 开　文 254 页　油印本

该书收集有甘肃省 10 年来新石器时代至明代的遗址、墓葬清理发掘资料，其中有关新石器时代资料 9 篇。

福建省南安丰州狮子山新石器时代遗址发掘报告　泉州海州交通史博物馆、泉州市文物管理委员会　油印本　1960 年 3 月　16 开　文 15 页　插图 11 幅

目录：一、遗址的发现和发掘经过，二、文化层堆积和重要迹象，三、出土遗物，四、结论。

遗址 1957 年发现，1966 年发掘，开探方 9 个，发掘面积 100 平方米，发现建筑遗存、灰坑，遗物有石器、陶器等。

内蒙古文物资料选辑　内蒙古文物工作队编　内蒙古人民出版社　1964 年 4 月　16 开　文 215 页　图版 64 页

目录：一、概论，二、旧石器时代，三、新石器时代，四、战国时代，五、汉代，六、北魏、唐代，七、辽代，八、西夏、金代，九、元代，十、明、清代。

该书搜集了 1961 年底前内蒙古自治区重要文物资料。

内蒙古文物古迹简述　内蒙古大学蒙古史研究室编　内蒙古人民出版社　1976 年　32 开　文 95 页　图版 16 页

该书介绍了内蒙古自治区旧石器时代至明清时期的文物古迹。

江西考古资料汇编——原始社会部分　江西省博物馆编　1977 年 5 月　16 开　文 159 页　有插图

该书汇编了江西省历年发掘的新石器时代考古资料及研究论文。

邯郸地区文物普查资料汇编（内部资料）　邯郸地区文化局　1978 年 11 月　16 开　文 109 页　插图 28 幅

目录：一、革命文物，二、古代人类文化遗址，三、瓷窑址，四、古城址，五、古墓葬，六、古建筑，七、石窟及碑碣，八、古地道，九、炼铁遗址，十、地震资料，十一、古生物化石。

该书为 1976 年 3 月至 1977 年 9 月，邯郸地区文物普查组对全区 16 个县（市）进行第二次文物普查后所作的总结。

新疆考古三十年　新疆社会科学院考古研究所编　新疆人民出版社

1983 年 6 月第 1 版　16 开　文 796 页（内图版 309 幅）

目录：新中国成立后 30 年新疆考古的主要收获，一、考古调查与发掘，二、专题论文与研究，三、图版、索引。

该书属资料研究性质，汇辑了 1949 年至 1979 年 4 月全国专业期刊和散见于其他主要报纸杂志以及个别未公开刊布的材料中有关新疆考古的资料和文章，反映了 30 年来新疆考古工作的主要收获和研究成果。

裴李岗文化　河南省开封地区文物管理委员会编　河南第二新华印刷厂印刷　1979 年 9 月　16 开　文 82 页　图版 12 幅

裴李岗文化遗址的发掘和研究，推动了我国新石器早期文化的调查和探索，该书将已经调查、发掘的裴李岗、裴沟、铁生沟、马良沟遗址的发掘报告和有关论文汇编成册，以便资料检阅。

苏州文物资料选编　苏州地区文化局、苏州市文物管理委员会、苏州博物馆合编　1980 年 9 月　16 开　文 232 页

该书收录新中国成立 30 年来在报刊上发表过的有关苏州和苏州地区新石器时代至太平天国时期的文物研究报道文章、部分未经发表的资料，共计 93 篇，按时代先后次序编排。

洛阳古都史　苏健著　博文书社　1989 年 12 月　401 页　32 开

本书《洛阳的远古文化》一章中包含《"豫西人"的发祥地》《"仰韶人"的故乡》等文章。

香港考古之旅　邓聪编著　香港区域市政局　1991 年 11 月　文 95 页　彩色图版 95 幅　大 16 开

本书是一本介绍香港考古的普及读物。分别对考古学的内涵、野外调查和发掘方法、遗物的整理、遗物的研究方法、近年来本地成果、考古学与现代社会等方面作了介绍。

5000 年前的神秘王国　卜昭文著　新华出版社　1991 年 11 月　文 135 页　插图 15 幅　32 开

本书选收 15 篇文章和一篇红山文化资料，是一部有关山海关外历史文化考古的通俗著作。

香港文物 布义敦编 香港古物古迹办事处 1992 年 1 月 文 77 页 大 16 开

本书介绍了香港史前、青铜时代、历史时期文物，并介绍了香港各个文物保护机构。

湖北文物奇观 湖北省文物考古研究所编写小组编著 湖北人民出版社 1993 年 9 月 文 456 页 32 开

本书从科学性、知识性和趣味性的角度，介绍湖北省的文物史迹。

赵都考古探索 赵树文、燕宇编著 当代中国出版社 1993 年 12 月 文 180 页 32 开

本书记述了古城邯郸的考古发现，自新石器时代至宋元时期。

内蒙古历史文化遗迹（内蒙古历史文化丛书） 丁学芸编著 内蒙古人民出版社 1994 年 8 月 文 201 页 图版 1 幅 插图 24 幅 大 32 开

本书介绍内蒙古从旧石器时代至明清的历史文化遗迹以及文物考古工作的收获。

章丘文物汇考 章丘市文物保护管理委员会编 济南出版社 1994 年 8 月 文 152 页 彩色图版 16 页 大 32 开

本书以章丘古代文化发展为线索，结合考古新发现、新资料和新成果，介绍了该地区的考古学文化、文物古迹和馆藏文物。

赤峰文物大观 王燃主编 内蒙古大学出版社 1995 年 10 月 文 151 页 彩色图版 56 幅 黑白图版 51 幅 32 开

本书选录和介绍赤峰地区部分出土文物，时代从史前至明清。全书六章，分玉器、陶器、瓷器、青铜器、金银器和其他等六大类。苏赫为本书作序。

呼和浩特文物（可爱的"呼和浩特"丛书） 内蒙古人民出版社 1997 年 文 204 页 大 32 开

本书是一部以文物讲史的著作，时代从史前至近代，介绍了呼和浩特地区的重要文化遗址和文物。

莱芜文物 莱芜市政协文史资料委员会编 齐鲁书社 1998年12月 文174页 黑白图版、彩色图版90页 大32开

本书是莱芜文史资料专著，以文物资料再现了莱芜的发展历史。全书分七部分，包括居住址、墓葬、建筑、石刻、馆藏文物等内容。

圣地之光：城子崖遗址发掘记 石舒波、于桂军著 山东友谊出版社 2000年6月 文318页 彩色图版7幅 黑白照片2幅 大32开

本书以20世纪30年代初城子崖遗址发掘为切入点，多方位地展现了中国近代考古学的诞生和最初的发展历程，城子崖发掘的社会与学术背景、发掘过程和重大发现。

苏州考古（苏州文化丛书） 钱公麟、徐亦鹏著 苏州大学出版社 2000年8月 文251页 大32开

本书分史前文化篇、吴文化篇、吴地文化篇三部分。书后附主要参考资料。

文物之邦显辉煌：考古发掘与文物保护纪实 浙江省政协文史资料委员会、浙江省文物局编 浙江人民出版社 2000年12月 文609页 大32开

本辑收录了《河姆渡遗址》、《忆浙江文物考古研究所的建立》、《康陵发掘亲历记》和《延福寺历尽沧桑放异彩》等方面文章。

文明的曙光——中国史前考古大发现 郭文编著 中国纺织出版社 2001年1月 文251页 36开

本书向读者介绍了"北京人"、西藏昌都"卡若文化"的考古发掘以及黄河、长江两大流域一系列震惊世界的考古发掘。

宁夏考古记事（宁夏文史资料第24辑） 宁夏政协文史和学习委员会、宁夏回族自治区文化厅编 宁夏人民出版社 2001年4月 文270

页 彩色图版 12 页 大 32 开

本书收录宁夏考古工作者从旧石器时代至明清考古发掘记事 38 篇，新石器时代记事有鸽子山遗址、菜园遗址的考察与考古发掘等。

考古的故事：世界 100 次考古大发现 保罗·G. 巴恩等著 郭小凌、周辉荣译 山东画报出版社 2002 年 3 月 文 286 页 插图 306 幅 16 开

本书展示了世界上 100 次最伟大的考古发现，全书书前有前言，导论，正文按非洲、欧洲、西亚和中亚、远东、澳大利亚、新大陆等六部分进行叙述。书后有地图、参考文献，并附后记。

20 世纪陕西重大考古发现 雒长安主编 三秦出版社 2003 年 1 月 文 100 页 彩色图版 155 幅 16 开

本书以调查、发掘的先后为序，选取了陕西省最具代表性的 20 余个考古项目，突出陕西历史文化中仰韶文化和周、秦、汉、唐文化的特点，并收录了近年发表的一些新成果、新资料。

手铲下的文明：江西重大考古发现 孙家骅、詹开逊主编 江西人民出版社 2004 年 7 月 文 566 页 插图 416 幅 彩色图版 24 页 32 开

本书介绍江西万年仙人洞和吊桶环遗址、吴城遗址、新干大墓、瑞昌铜岭商周铜矿、龙虎山崖墓、历代名窑、德安南宋周氏墓、李渡无形堂元代烧酒作坊、明藩王墓等 9 项考古发现。

固原历史文物 宁夏固原博物馆编著 科学出版社 2004 年 8 月 文 281 页 彩色图版 176 幅（组） 16 开

本书介绍固原地区新石器文化遗存、春秋战国时期"北方系"青铜文化、两汉墓葬、原州佛教文化、北魏漆棺画、北朝和隋唐墓葬壁画、隋唐时期粟特人墓葬、罗马金币、波斯银币与"丝绸之路"，宋墓与孝子故事砖雕，西夏、金时期的固原，元开城府遗址出土文物与明清时期固原古城及碑刻。

国宝发掘记　蔡凤书主编　齐鲁书社　2004 年 10 月　文 279 页　插图 220 幅　16 开

本书介绍了 40 余项中国重要考古发现，时代从史前至明代。史前部分包括红山文化女神像、含山凌家滩玉器等。

杭州的考古（杭州文化丛书）　马时雍主编　杭州出版社　2004 年 12 月　文 281 页　插图 546 幅　32 开

本书介绍了杭州地区旧石器时代、新石器时代、夏商周时期、秦汉时期、三国两晋南北朝隋唐时期、吴越国时期、两宋时期、元明清等时期的考古发现。

草原藏宝：内蒙古重大文物考古发现纪实　刘兆和主编　内蒙古大学出版社　2005 年 11 月　文 248 页　插图 102 幅　16 开

本书介绍了内蒙古地区的重要考古发现，如大窑遗址、赵宝沟文化等。

考古人和他们的故事（一）：探索古辽西　郭大顺著　学苑出版社　2006 年 3 月　文 121 页　插图 155 幅　16 开

本书是考古学通俗读物，介绍了郭大顺等考古学家对于辽西地区史前文明的探索过程。全书分三章。第一章，魏营子类型提出的前前后后；第二章，走进"与夏为伍"的方国大门；第三章，从东山嘴到牛河梁。

考古人和他们的故事（二）　汪宁生、王学理、李仰松著　学苑出版社　2006 年 3 月　文 224 页　插图 190 幅　16 开

本书是考古学通俗读物。全书分三章。第一章，历九州之风俗，考先民之史迹（汪宁生著）；第二章，寻找秦帝国的都城（王学理著）；第三章，寻找解开考古学中哑谜的钥匙（李仰松著）。

和田考古记（新疆社会史丛书）　李吟屏著　新疆人民出版社　2006 年 4 月　文 88 页　插图 82 幅　16 开

本书收入作者撰写的关于和田地区考古探险经历的文章，反映了和田考古萌生、兴衰、发展的轨迹，其中包括和田发现的距今 10000~7000 年新石器时代遗物。

考古烟台　烟台市博物馆编　齐鲁书社　2006 年 6 月　文 253 页　插图 306 幅　32 开

本书介绍 1949 年以来烟台地区考古发现和研究成果。

山东考古新发现（山东当代文化丛书：精神文明卷）　王守功、张振国编著　山东人民出版社　2006 年 12 月　文 244 页　插图 30 幅　32 开

本书介绍了山东考古新发现，包括旧石器时代、新石器时代、夏商周时期及汉代等重要考古发现。

洛阳考古集成：原始社会卷　洛阳师范学院河洛文化国际研究中心编　毛阳光、杨作龙主编　北京图书馆出版社　2006 年 12 月　文 261 页　插图 270 幅　16 开

本卷汇编 1956~2002 年发表的洛阳地区原始社会时期考古发掘资料 33 篇，其中部分简报为节录。收录文章依发表时间为序编排。

（三）　中国重要考古发现报道

1999 中国重要考古发现　国家文物局主编　文物出版社　2001 年 6 月　135 页　彩色图版 263 幅　16 开

本书介绍 1999 年中国重要田野考古发现 27 项，刊发发掘现场和出土文物的照片。

2000 中国重要考古发现　国家文物局主编　文物出版社　2001 年 10 月　文 131 页　彩色图版 326 幅　16 开

本书介绍 2000 年中国重要田野考古发现 24 项，刊发发掘现场和出土文物的照片。

2001 中国重要考古发现　国家文物局主编　文物出版社　2002 年 9 月　文 156 页　彩色图版 346 幅　16 开

本书为国家文物局主编的中国重要考古发现年度快报，2001 年收录中国重要考古发现 25 项。时代上至旧石器，下至明清时期。

2002 中国重要考古发现　国家文物局主编　文物出版社　2003 年 6 月　文 168 页　　16 开

本书为国家文物局主编的中国重要考古发现年度快报，2002 年收录中国重要考古发现 31 项。时代上至旧石器，下至明清时期。

2003 中国重要考古发现　国家文物局主编　文物出版社　2004 年 4 月　文 164 页　　16 开

本书为国家文物局主编的中国重要考古发现年度快报，2003 年收录中国重要考古发现 30 项。时代上至旧石器，下至明清时期。

2004 中国重要考古发现　国家文物局编著　文物出版社　2005 年 5 月　文 180 页　彩色图版 380 幅　16 开

本辑遴选 2004 年具有代表性和重要学术价值的 37 项考古发现给予介绍。

2005 中国重要考古发现　国家文物局主编　文物出版社　2006 年 5 月　文 181 页　插图 450 幅　16 开

本卷从 2005 年全国考古发现中遴选出具有代表性和重要学术价值的 34 项，以图文形式给予介绍。

中国重大考古发现　文物出版社编　文物出版社　（台北）锦绣出版社　1990 年　文 274 页　彩色插图 344 幅　　12 开

本书由海峡两岸出版界共同合作出版。全书精选 42 处遗址，作了概括介绍和综合研究，反映出中国考古学的辉煌成果和发展历程。

中国重要考古发现（中国文化史知识丛书）　黄石林、朱乃诚著中共中央党校出版社　1991 年 11 月　文 140 页　彩色图版 8 页　32 开 1998 年 11 月增订版　商务印书馆　文 221 页　插图 10 幅　彩色图版 16 幅　32 开

本书以时代为序，介绍了从史前到明清的中国重要考古发现。

十大考古奇迹：传奇·掌故·趣闻　叶保民等著　台北世界文物出版社　1992 年 5 月　文 200 页　32 开

本书介绍了中国较有影响的十大成果。分别是：一、北京人；二、殷墟；三、敦煌；四、定陵；五、满城汉墓；六、马王堆汉墓；七、银雀山汉简；八、河姆渡遗址；九、秦陵兵马俑；十、曾侯乙墓。

穿越时空：二十世纪中国重大考古发现（华夏文明探秘丛书）辛爱罡、张征雁、赵策著　四州教育出版社　1996 年 10 月　文 263 页　彩色图版 15 幅　插图 51 页　大 32 开

本书是一本考古学通俗读物，以时间为线索，对从史前至明清的重要发现和遗址作了概括性介绍。

中国 100 处考古发现（中国自然与文化 100 系列丛书）　张昌倬主编　广西人民出版社　1998 年 8 月　文 476 页　大 32 开

本书介绍历年 100 项重要考古发现，时代从旧石器至明清，其中新石器时代考古发现有舞阳贾湖、阜新查海、余姚河姆渡等 20 余处。

中华文明的历史足迹：新中国重大考古发现记　孙维昌、黄海、徐坚著　上海远东出版社　1999 年 9 月　文 283 页　彩色版图 10 页（28 幅）大 32 开

本书包含中华文明的曙光——红山文化的"女神庙"、黄河下游的远古居民——大汶口文化寻踪等内容。

复活的文明：一百年中国伟大考古报告　张自成、钱冶主编　团结出版社　2000 年 2 月　文 423 页　大 32 开

本书介绍我国重要的考古发现，如：仰韶遗址、秦始皇兵马俑、马王堆古地图等。

寻找文明的足迹：二十世纪重大发现与发明·考古卷　彭明瀚、段

红编著 宁波出版社 2001年4月 文246页 插图89幅 大32开

本书对于20世纪重大考古发现作了重点普及性介绍，全书分为遗址篇、城址篇、墓葬篇、文献篇、综合篇、国外篇等部分。

20世纪中国考古十大发现 林华东、俞为洁、宋煊编著 浙江古籍出版社 2001年12月 文282页 插图44幅 彩色图版6页 大32开

本书共分九部分，分别是：古老的中国猿人——北京人，七千年前的文化宝库——河姆渡文化，华夏史前文明之光——仰韶文化，中华文明的曙光——良渚文化，失落的帝国文明——殷墟，中国古代音乐的殿堂——曾侯乙墓，世界第八大奇迹——秦始皇陵兵马俑，千古不朽的神奇女尸——马王堆汉墓，中国佛教艺术的圣地——敦煌石窟，神秘的地下宫殿——定陵。

中国十年百大考古新发现 国家文物局、中国考古学会、中国文物报社编著 李文儒主编 文物出版社 2002年5月 2册 文812页 图版886幅 大16开

本书介绍了1990～1999年10年间的百大考古新发现，全书分旧石器时代、新石器时代、夏商周时代、秦汉时代、三国两晋南北朝时代、隋唐时代、宋元明清时代七编。

二十世纪中国百项考古大发现（考古学专刊 乙种第三十五号）考古杂志社编著 刘庆柱主编 中国社会科学出版社 2002年5月 436页 大16开

本书介绍了20世纪中国100项重大考古发现的发掘经过和发现内容，评述其科学价值和意义。附录：20世纪中国考古发现大事记。

最新中国考古大发现：中国最近20年32次考古新发现 许虹、范大鹏主编 山东画报出版社 2002年9月 文209页 图244幅 16开

本书以"全国十大考古新发现"评选为依托，选取中国最近20年32次考古新发现，以时代为序，有重点地介绍了涉及考古发掘的几个方面，诸如遗址、墓葬、窖藏、古建筑等。

中国年度十大考古新发现（2000 年卷）　中国文物报社、中国考古学会编　生活·读书·新知三联书店　2005 年 12 月　文 194 页　插图 288 幅　16 开

本书是中国文物报社和中国考古学会对于 2000 年评选出的十大考古发现的介绍。

发现中国：2004 年 100 个重要考古发现（中国文物报书系·考古）中国文物报社编　曹兵武、李卫主编　学苑出版社　2006 年 4 月　文 363 页　插图 361 幅　16 开

本书是《中国文物报》在 2004 年期间所报道的考古发现的精选，汇集 2004 年度中国 100 个最重要的考古新发现。

发现中国：2005 年 100 个重要考古发现（中国文物报书系·考古）中国文物报社编　曹兵武、李卫主编　学苑出版社　2006 年 4 月　文 330 页　插图 398 幅　16 开

本书是《中国文物报》在 2005 年期间所报道的考古发现的精选，汇集 2005 年度中国 100 个最重要的考古新发现。

中国年度十大考古新发现（2004 年卷）　中国文物报社、中国考古学会编　生活·读书·新知三联书店　2006 年 5 月　文 227 页　插图 346 幅　16 开

本卷介绍由中国文物报社和中国考古学会共同评选出的 2004 年中国十大考古新发现。徐苹芳撰写总序，刘庆柱为本卷作序。

四 科技·文化

（一） 古代艺术与工艺

1. 古代美术与美术史

中国美术的演变 王钧初著　　北平文心书业社　1934 年 8 月

本书目次：1、艺术起源的烟幕，2、火的发现与工具的萌芽，3、东西文化的亲近血缘，4、从武器到食器，5、象形的与图案的，6、祭坛上的反光，7、铁的火花与奴隶的血汗。

中国美术史 郑昶著　中华书局　1941 年　又：湖南大学出版社 2014 年

本书分六章，第一章绪论，第二章雕塑，第三章建筑，第四章绘画，第五章书法，第六章陶瓷。该书系统地阐述了雕塑、建筑、书法、绘画等中国美术的各种形态自原初社会至明清时期的发展历史和成就。

中国美术史 胡蛮著　上海群益出版社　1946 年　又见：中国美术史　祜曼（胡曼）著　群益出版社　1950 年 4 月初版　25 开，　文 216 页　图版 29 页；又：新文艺出版社　1953 年 10 月再版　大 32 开　文 197 页　图版 32 页

书评：对胡蛮著《〈中国美术史〉（增订本）的几点意见》李行百，《美术》1956 年 7 期第 19～21 页；《一本用庸俗社会学观点写成的〈中国美术史〉》（胡蛮著），刘纲纪《美术》1956 年 7 期第 17～19 页；《评

胡蛮（祜曼）著〈中国美术史〉》，徐嘉龄　《美术》1956 年 10 期第
50～53 页

本书分十二章，第一章为原始时代中国美术。该书为新中国成立初
期至"文革"前的美术理论专业教科书。

中国美术发达史　刘思训著　商务印书馆　1946 年 4 月重庆初版、
1946 年 4 月上海初版　1947 年 2 月 2 版　1948 年 4 月上海第 3 版　1950
年 11 月第 4 版　32 开　文 123 页

本书分四编，第一编：自太古至秦汉，第二编：魏晋南北朝，第三
编：自隋唐至宋，第四编：元明清。

中国美术史纲　李浴编著　人民美术出版社　1957 年 9 月　文 340
页　图版 76 页　大 32 开

本书分八章：一、原始时代的美术，二、青铜时代的殷周美术，三、
秦汉时代的美术，四、魏晋南北朝时代的美术，五、封建文化鼎盛时代
的隋唐美术，六、五代两宋的美术，七、元明清的美术，八、简述辛亥
革命以来的美术概势及本篇的最后余论。

中国美术史略　阎丽川编著　人民美术出版社　1958 年 8 月　大 32
开　文 229 页　图版 73 页；1980 年 12 月修订本　文 370 页　图版 80 页
　大 32 开

本书论述了中国原始时代的文化艺术和商周、秦汉及以后的中国历
代美术。

中国美术史　张光福编著　知识出版社　　1982 年 11 月　文 478 页
图版 20 页　　大 32 开

本书分为原始社会的美术，商周时期的美术，春秋、战国时期的美
术，秦汉时期的美术，魏晋南北朝时期的美术，隋唐时期的美术，五代、
宋、辽时期的美术，元明清时期的美术等章。比较系统地阐述了我国美
术发展的概况。

中国美术史　王逊著　上海人民美术出版社　1985 年 6 月　文 508
页　插图 446 幅　32 开；1989 年 6 月版　文 548 页　插图 412 幅　32 开
本书分六章，自原始社会至明清时期，扼要地阐述了绘画、雕塑、

建筑艺术、工艺美术等美术门类在各个历史阶段的成就和发展规律。

中国美术简史 周之骐著 青海人民出版社 1985 年 8 月 文 208 页 黑白图版 232 幅 大 32 开

本书收集有 1200 幅从原始社会到清朝各代的美术作品及艺术品图片。

中国美术通史（第一卷） 王伯敏主编 山东教育出版社 1987 年 11 月 文 393 页 插图 230 幅 彩色图版 18 页 16 开 1996 年 9 月 山东教育出版社第二次印刷出版

本书集国画、雕塑、版画、油画、书法篆刻、建筑艺术、工艺美术为一体，采用朝代顺延方法编著。第一卷有三编：原始社会美术；夏、商、周三朝美术；秦、汉朝美术。第二卷为魏晋南北朝美术；第三卷隋唐两代美术；第四卷五代、南、北宋美术；第五卷元、明美术；第六卷清代美术；第七卷近、现代美术。

中国北方民族美术史料 鄂嫩哈拉·苏日台编著 上海人民美术出版社 1990 年 6 月 文 638 页 黑白图版 104 页 32 开

本书分九章：一、北方原始美术概论，二、北方青铜时代的美术，三，北方石窟艺术崛起时代的美术，第四章至第九章，分别论述隋、唐、五代、宋、辽代、西夏、金、元、明、清时代北方各民族的美术。

中国美术简史 中央美术学院美术史系中国美术史教研室编著 高等教育出版社 1990 年 9 月 文 261 页 彩色图版 10 页 黑白图版 69 幅 大 32 开

本书共分五篇：包括史前及先秦、秦汉、魏晋南北朝、隋唐、五代、宋、元、明、清、近代。全书从绘画、雕塑、建筑和工艺等方面，简明介绍中国美术发展史。

中国古代美术（中国文化史知识丛书） 冯杰著 山东教育出版社 1991 年 1 月 文 159 页 插图 29 幅 32 开

本书分十四章：一、史前美术掠影；二、青铜文化中美的历程；三、秦汉美术概观；四、魏晋六朝的石窟艺术；五、山水画及花鸟画的缘起；

六、"画圣"的时代；七、"盛唐气象"的物质载体；八、"徐黄二体"与皇家画院；九、宋代工艺意匠；十、山水画之"南北宗"；十一、明清文人画坛流派；十二、"四大高僧"与"金陵八家"；十三、清初三朝的工艺高峰及其缺憾；十四、"扬州八怪"的崛起；书后有结语。

广东美术史 李公明著 广东人民出版社 1993年7月 文659页 彩图25幅 图版203页 32开

本书是一部地方性的美术通史。论述了从石器时代到清代广东美术的发展过程。书中运用了大量的考古学、民俗学和人类学资料。

中国陶瓷美术史 熊寥著 紫禁城出版社 1993年8月 文345页 彩色图片16页 32开

本书结合考古出土实物、陶瓷古典文献和科技测试研究资料，以陶瓷艺术历史发展和陶瓷品种兴衰为线索，内容涉及陶瓷艺术理论、陶瓷考古、陶瓷鉴赏和古瓷复制艺术。

美术考古与古代文明（美术考古丛刊2） 刘敦愿著 台北允晨文化实业股份有限公司 1994年4月 文573页 16开

本书收录作者多年来所写的关于中国古代文化史方面论文。内容分为两大类：一是关于中国古代史方面的研究；二是关于考古发现中古代造型艺术的探索。

美术考古学导论 刘凤君著 山东大学出版社 1995年2月 目录7页 序3页 文487页 插图108页 大32开；2002年6月第2版 文455页 大32开

本书分上、下两卷。上卷：理论与方法卷，论述西方与中国美术考古学的产生、发展，美术考古学的研究方法，与其他学科的关系，以及中国古代美术的民族特征等问题。下卷：分类与研究卷，从雕塑、佛教造像、画像石与画像砖、绘画、建筑、陶瓷、玉器、铜器、石碑和墓志形制、其他古代工艺美术等10方面分别做了论述。严文明为本书作序。

中国美术简史 李茂昌编著 河南大学出版社 1996年10月 文221页 16开

本书分十章：第一章原始社会的美术；第二章奴隶社会的美术；第三章战国、秦代的美术；第四章两汉的美术；第五章三国、魏、晋、南北朝的美术；第六章隋、唐的美术；第七章五代、两宋的美术；第八章元代的美术；第九章明代的绘画；第十章清代的美术。

蒙古族美术史 鄂·苏日台著 内蒙古文化出版社 1997年4月 文163页 黑白图版34幅 大32开

本书内容按时代编排。包括史前、蒙古汗国时期、元代和明清时代的蒙古族美术四部分。

美术考古半世纪：中国美术考古发现史 杨泓著 文物出版社 1997年7月 文446页 插图51幅 大32开

本书上篇分述史前、商周、秦汉、魏晋南北朝和隋唐各代美术考古。下篇是俑、古代瓷器、古代家具等的专题研究。附录李力的文章《叩素禅林：中国石窟寺研究四十年》。

中国美术史（原始卷） 邓福星主编（王朝闻总主编） 齐鲁书社、明天出版社 2000年12月 总序21页 目录4页 文296页 插图137幅 彩色图版、图版说明245页（490幅） 附录11页

本卷论述了自美术发生至大约四千年前中国美术发生发展的历史，探讨了中国史前美术的起源和与之相应的原始审美意识的发生发展，对中国原始先民创造的石器、骨器、玉器等进行剖析与评价。

中国美术史简编 贺西林、赵力编著 高等教育出版社 2003年8月 文365页 彩色图版20幅 插图330幅 大32开

本书包括新石器时代雕塑、新石器时代绘画、新石器时代工艺、新石器时代建筑等内容。

美术考古 100 问（中外美术提问丛书）　　刘凤君、魏学峰主编　　四川美术出版社　2004 年 3 月　文 343 页　32 开

本书由"理论篇""中国篇""外国篇"三个部分组成，精选 100 个具有代表性的问题，对现代美术的历史演绎进行了探索。

中国美术史图录简编　赵力、贺西林编著　　高等教育出版社　2004 年 7 月　文 299 页　插图 907 幅　彩色图版 100 幅　16 开

本书共分为八个部分：石器时代的美术、夏商周美术、秦汉美术、三国两晋南北朝美术、隋唐五代美术、宋辽金元美术、明清时代美术、近现代美术。每部分都介绍了这一时期的美术发展和特征。

中国美术考古学史纲　阮荣春主编　　天津人民美术出版社　2004 年 12 月　文 567 页　插图 109 幅　32 开

本书为高校美术考古教材。上编介绍美术考古学的历史、理论与实践，下编讲述中国美术考古学的分期研究。

美术与考古（台湾学者中国史研究论丛）　　颜娟英主编　　中国大百科全书出版社　2005 年 5 月　2 册　文 748 页　插图 452 幅（组）　16 开

本书收录台湾学者有关美术史和美术考古的论文 14 篇。代表台湾艺术史学界老中青三代学者的部分成果。收有：《君子比德——论崇玉文化的形成与演变》等文章。颜娟英为本书撰写导言。

礼仪中的美术：巫鸿中国古代美术史文编（开放的艺术史丛书：第一辑）　〔美〕巫鸿著　郑岩等译　　生活·读书·新知三联书店　2005 年 7 月　2 册　文 716 页　插图 607 幅　彩色图版 8 幅（组）　16 开

本书收录作者的 31 篇论文，编为四组：一、史前至先秦美术考古；二、汉代美术；三、中古佛教与道教美术；四、古代美术沿革。

黄土上下：美术考古文萃　张明川著　　山东画报出版社　2006 年 7 月　文 323 页　插图 274 幅　16 开

本书选编作者的 39 篇文章，内容涉及彩陶装饰纹样、丝绸之路古代

艺术、文物鉴赏。

美术考古与美术史文集 倪志云著 齐鲁书社 2006年9月 文293页 插图90幅 32开

本书将作者历年所作美术考古与古代史研究论文14篇集结，其中4篇是未曾发表过的授课讲稿。

中国工艺美术简史 中央工艺美术学院编著 人民美术出版社 1983年3月 文133页 插图34幅 彩色图版59幅 黑白图版113幅 大32开

本书分五章：第一章原始社会的工艺美术，第二章奴隶社会的工艺美术，第三章封建社会的工艺美术，第四章近百年的工艺美术，第五章新中国的工艺美术。

中国工艺美术史（中国工艺美术丛书） 田自秉著 知识出版社 1985年1月 文384页 插图99幅 彩色图版13幅 黑白图版125幅 大32开

本书汇集和整理我国古今工艺美术史料，阐述我国各种工艺美术的历史沿革和发展，分析艺术特色，介绍制作工艺。

中国工艺美术简史 龙宗鑫著 陕西人民美术出版社 1985年7月 文377页 插图51幅 彩色图版28幅 黑白图版47幅 大32开

本书分九章：一、原始社会工艺美术；二、商周时期工艺美术；三、秦汉时期工艺美术；四、两晋南北朝工艺美术；五、隋唐五代工艺美术；六、宋元时期工艺美术；七、明代工艺美术；八、清代工艺美术；九、新中国工艺美术事业的蓬勃发展和巨大成就。

中国美术全集·工艺美术编（11）：竹木牙角器 中国美术全集编辑委员会编 本卷主编朱家溍、王世襄 文物出版社 1987年12月 文103页 插图15幅 彩色图版190页 大16开

本书目录：一、竹刻总论；二、牙角器概述；三、明清家具。本书牙角器部分，收录有陕西省西乡何家湾出土的仰韶文化骨雕人头像，黑

龙江密山新开流骨雕鹰头，浙江余姚河姆渡出土的象牙雕刻双鸟朝阳、象牙圆形器、象牙雕刻鸟首饰物。编者认为，这些骨、牙、角器虽发现不多，但已属于原始的工艺美术品了。

中国工艺美术简史（设计教材丛书） 田自秉著 浙江美术学院出版社 1989 年 1 月 文 36 页 彩色图版 12 幅 黑白图版 105 幅 16 开

本书按时代分为十章，简明扼要地介绍了原始社会至清代的工艺美术，包括彩陶、黑陶、铜器、陶瓷、染织、漆器、家具等各个方面。

中国工艺美术大辞典 吴山主编 江苏美术出版社 1989 年 8 月 文 1495 页 插图 3100 幅 16 开

本书共收词目 11875 条。内容主要包括总类、陶瓷、染织、服饰、漆器、家具、建筑、园林艺术、金属工艺、雕塑工艺、壁画、印章、装裱、各地著名工艺美术等。

中国工艺美术史 王家树编 文化艺术出版社 1994 年 4 月 目次 7 页 文 430 页 插图 264 组（幅） 彩色图版 24 页 大 32 开

全书共八章、分别介绍了石器时代、商、西周、春秋时期、战国时代、秦汉、三国两晋南北朝时期、隋唐五代、宋元、明清的工艺美术。

中国工艺美术史纲 李翎、王孔刚编著 辽宁美术出版社 1996 年 8 月 文 402 页 插图 251 幅 大 32 开

本书论述中国工艺美术史，将新石器时代的彩陶工艺分为半坡类型、庙底沟类型、马家窑类型等。

新编中国工艺美术史 华梅、贾彬著 天津人民美术出版社 1999 年 1 月 文 194 页 彩色图版 16 页（76 幅） 插图 322 幅 16 开

本书介绍原始社会的工艺美术品有新石器时代大汶口文化象牙梳、红山文化的青玉鸟形饰等。

中国工艺美术史 李龙生编 安徽美术出版社 2000 年 4 月 文 132

页　插图 298 幅　16 开

本书简要地介绍我国各个历史时期工艺美术的成就及其发展、沿革，并以丰富的图片资料配合阅读，内容包括石器工艺、陶器工艺等。

2. 古代艺术与艺术史

中国艺术史概论　李朴园著　上海良友图书印刷公司　1930 年　文 261 页　32 开

本书主要论及造型艺术，从建筑、雕刻、绘画三大方面展开探讨，系统梳理从原始社会到 20 世纪 30 年代初中国艺术变迁史。

史前艺术史（百科小丛书）　岑家梧著　长沙商务印书馆　1938 年 3 月

本书作者以人类学、考古学、文献学等方面的资料对史前艺术和中国古代美术进行了研究。

中国器物艺术　刘良佑著　台北雄狮图书股份有限公司　1976 年 11 月初版　1986 年 4 月七版　文 206 页　彩色插图 34 幅　黑白插图 204 幅　大 32 开

本书作者以其研究中国艺术史的心得，分别详述陶器、塑造、漆器、景泰蓝、雕刻、铜器、织绣、瓷器、雕玉和营造共 10 项发展、成长的经过及在艺术史上的价值。

美的历程　李泽厚著　文物出版社　1981 年 3 月　32 开　文 216 页

该书从美学角度，对中国历史文物与文学艺术作了历史评述和分析。内容包括原始艺术——图腾歌舞和陶器花纹、青铜艺术、汉画像石、北魏唐宋雕塑、宋元山水画及各代文艺著作。

中国彩陶艺术（中国文化史丛书）　郑为著　上海人民出版社 1985 年 12 月　文 70 页　彩色图版 180 页　32 开

本书对黄河流域、长江流域已经发现的彩陶，从其地区范围、纹饰主题和类型等进行了排比和分析。著者认为，新石器时代的彩陶艺术，不仅有关中国艺术发展的起源，也是中国文化发展史的一个重要阶段。

中国史前艺术（龙文化大系丛书） 谢崇安著 三环出版社 1990年10月 文166页 插图81幅 32开

本书内容包括三章：一、艺术的起源，二、艺术史的巡礼，三、美学观与民族风格的形成。

中国古代陶瓷艺术（中国文化史知识丛书） 刘凤君著 山东教育出版社 1990年12月 文141页 插图71幅 32开

本书根据考古发现的资料，按时代先后顺序，对各时期的典型陶瓷和著名瓷窑的制作工艺、造型特点、釉色变化和装饰风格等，作了简要分析介绍。

考古学与雕塑艺术史研究 刘凤君著 山东美术出版社 1991年10月 文322页 图64页 32开

本书选录论文15篇，按时代先后顺序编排。刘开渠作序。

中国艺术文物讨论会论文集：器物（全二册） 台湾故宫博物院编辑委员会编 台湾故宫博物院 1992年6月 文840页 上册：彩色图版19幅 下册：彩色图版29幅 大16开

本论文集收录有关中国古代文物研究的论文35篇。

东北艺术史（东北文化丛书） 李浴等著 春风文艺出版社 1992年8月 序10页 文543页 彩色图版4页 插图308页 大32开

本书分四编，书中对于史前东北地区的美术、音乐、舞蹈等内容有所涉及。

中国八千年器皿造型 吴山等著 台北艺术图书公司 1994年5月 文799页 16开

本书论述了从新石器时代至清代的器皿造型，并对中国器皿造型的起源和成型诸因素进行了探索。

中国彩陶图案的艺术形式探寻 贾荣建、刘凤琴编著 河北美术出版社 1994年6月 文76页 插图122幅 线描图172幅 16开

全书共四部分：一、中国彩陶艺术的概况；二、彩陶装饰纹样的主要类型；三、彩陶图案构成的形式特点；四、彩陶图例。

云南艺术史 李昆声著 云南教育出版社 1995年12月 文468页 彩色图版62幅 插图265幅 大32开；2001年8月第2版 文451页 插图265幅 彩色图版62幅 大32开

本书共七章：一、原始社会艺术；二、商至西汉时期的艺术；三、东汉至隋的艺术；四、唐宋（南诏国和大理国）时期的艺术；五、元明时期的艺术；六、清代的艺术；七、近现代各民族的艺术。

中国原始艺术 吴诗池著 紫禁城出版社 1996年8月 文247页 彩色图版32幅 黑白图版45幅 插图99幅 16开

本书从考古材料出发，探索中国原始艺术中装饰、雕刻、绘画、陶塑、乐舞、镶嵌、蚌石塑、青铜、建筑等门类艺术产生和发展的轨迹，并在结语部分对原始艺术的界定、内涵、起源、分期、特点等问题进行分析。石兴邦为本书作序。

丝绸之路草原民族文化（丝绸之路研究丛书·9） 盖山林著 新疆人民出版社 1996年11月 文527页 大32开

本书概述中国北方草原地带从古至今的民族文化艺术成就。全书共十二章，分别论述了中国北方地区从石器时代至明清及当代的草原文化艺术，论述了草原艺术的类型、演化和特点等内容。

中国古代装饰艺术 田少鹏编著 湖北美术出版社 1997年7月 文5页 图316页 16开

本书对原始至两汉时期中国古代装饰艺术进行了收录研究。书中以大量装饰纹样图，介绍中国古代的岩画艺术、彩陶艺术、青铜艺术、玉器艺术、漆绘艺术、织绣艺术、瓦当艺术、汉画艺术。其中史前部分包

括岩画艺术和彩陶艺术两部分。

中国古代工艺珍品 朱家溍、曹者祉主编 上海文化出版社 1997年 11 月 文 437 页 插图 58 幅 彩色图版 80 幅 大 32 开

本书选收各博物馆珍品 161 件（组），包括玉石器、铜器·金银器、瓷器、漆器、竹木牙雕、织绣、文房四宝、紫砂·珐琅器等。

西藏原始艺术（"西藏文明研究"系列） 李永宪著 四川人民出版社 1998 年 1 月 文 328 页 插图 73 幅 彩色图版 20 幅 大 32 开

本书阐述西藏地区旧石器时代、新石器时代、青铜时代至"吐蕃部落时期"的原始艺术。

中国原始艺术符号的文化破译 孙新周著 中央民族大学出版社 1998 年 3 月 文 184 页 插图 120 幅 大 32 开

本书论述原始艺术与巫术，原始艺术与生殖崇拜、祖先崇拜的符号构成，原始艺术与民族文化源流。陈兆复为本书作序。

中国原始艺术（蝙蝠丛书） 刘锡诚著 上海文艺出版社 1998 年 4 月 文 462 页 插图 188 幅 彩色图版 9 幅 大 32 开

全书分十一章。第一章概述，第二章至第十一章分门别类地对中国原始艺术—人体装饰、新石器时代的陶器装饰、原始雕塑、史前巨石建筑、史前玉雕艺术、原始岩画、原始绘画、原始舞蹈、原始诗歌和原始神话进行介绍和梳理，第十二章为结束语。

中国历代装饰艺术：纹样与造型 葛春学、潘美娣编绘 上海画报出版社 1998 年 4 月 文 405 页 大 32 开

本书包括新石器时代彩陶艺术至元明清时期的装饰艺术。

西藏原始艺术（"西藏文明研究"系列） 李永宪著 河北教育出版社 2000 年 12 月 文 258 页 插图 90 幅 大 32 开

本书结合考古资料，研究西藏史前时期石器艺术、人体装饰艺术、陶器艺术、岩画艺术和大石遗迹，分析西藏原始艺术中的高原文化特征和宗教特征。

中国器物艺术论（中国艺术论丛书） 高丰著 山西教育出版社
2001年1月 文338页 大32开

本书论述中国传统器物的功能特征、艺术和审美特征、文化特征，介绍陶器、玉器、青铜器、漆器、瓷器、金银器等器物的功能、造型、装饰、色彩和制作工艺。

中国古代的艺术与文化（艺术与思想史丛书） 〔英〕罗森
(Jessica Rawson) 著 孙心菲等译 北京大学出版社 2002年7月 文
439页 插图299幅 大32开

本书是作者近年发表的多种论著中部分论文的结集，内容涉及青铜器、陶瓷器、玉器、器物纹饰等方面。

剑桥插图史前艺术史 〔英〕保罗·G.巴恩著 郭小凌、叶梅斌译
山东画报出版社 2004年2月 文307页 插图298幅 20开

本书译自1998年版 *The Cambridge Illustrated History of Prehistoric Art*，本书讨论史前艺术的性质以及创作过程和原因并揭示远古祖先的生活状态等。其中物体的艺术一章中提及新石器时代的陶器。

中国艺术考古学初探（考古新视野丛书） 孙长初著 文物出版社
2004年12月 文335页 插图146幅 32开

本书对艺术考古学的研究对象及其范围、分类和特征，艺术考古学的研究方法以及与其他相关科学之间的关系等方面做了探索性的论述。其中艺术与考古的研究方法中提及新石器时代仰韶文化半坡遗址出土的人面鱼纹彩陶盆。

战国前考古学文化谱系与类型的艺术美学研究 王政著 安徽大学
出版社 2006年6月 文433页 插图395幅 32开

本书主要研究考古学发现中所透露的人们的审美意识、负载在传世文物上的各种艺术形式、审美规律等。内容涉及大汶口文化、红山文化等。

3. 古代书画与雕塑

中国绘画史 王伯敏著 上海人民美术出版社 1982 年 12 月 文 747 页 插图 664 幅 32 开

本书共分九章，每章先论述概况，次就绘画作品、代表作家和绘画理论名著等进行述评。全书论述起自原始社会，迄于清末，为新中国成立以来第一部系统地阐述中国绘画发展的专史。

中国美术全集·绘画编（1）：原始社会至南北朝绘画 中国美术全集编辑委员会编 本卷主编张安治 人民美术出版社 1986 年 8 月 专论 34 页 图版说明 61 页 彩色图版 171 页 大 16 开

目录：一、原始岩画、彩陶画、地画，二、战国秦汉绘画，三、魏晋南北朝绘画。编者认为，原始社会至南北朝，是中国绘画艺术由孕育、萌发到逐渐成熟的奠基阶段。

中国绘画三千年（中国文化与文明丛书） 杨新、班宗华、聂崇正、高居汉、郎绍君、巫鸿著 外文出版社、（纽黑文/伦敦）耶鲁大学出版社 1997 年 文 402 页 彩色插图 325 页 8 开

本书为《中国文化与文明丛书》的首卷。分为八章，由中、美 6 位艺术史专家分别撰写，论述了从旧石器时代至近现代中国画的起源、发展、各历史时期所呈现的特点及流派、画家和作品。书中所刊画作广泛收集于中、美、英、法、日等国著名美术馆、博物馆和私家珍藏。

中华雕刻史（上册）（中华科学技艺史丛书） 郑家璘、邓淑萍编著 台湾商务印书馆 1987 年 6 月版 文 225 页 图版 121 幅（组） 插图 55 幅 大 32 开

本册内容包括史前至战国时期的玉器艺术、西汉至清代的玉器艺术。

中国美术全集·雕塑编（1）：原始社会至战国雕塑 中国美术全集编辑委员会编 本卷主编金维诺 人民美术出版社 1988 年 4 月 专论 32 页 图版说明 74 页 彩色图版 234 幅 大 16 开

本书分四部分：一、原始社会雕塑，二、商代雕塑，三、西周雕塑，四、春秋战国雕塑。本册收录作品，着重从艺术成就角度进行介绍。我

国新石器时代中晚期，以泥、木、牙骨、玉石等各类材料制作的人和动物形象，采用圆雕、浮雕、线刻等不同表现手法，开始确立了中国雕塑艺术传统的一些基本特征。

中国雕塑艺术史　王子云著　人民美术出版社　1988 年 10 月　2 册
上册文 478 页　下册黑白图版 760 幅　16 开

本书共分八章，第一章介绍中国原始社会的雕塑艺术。第二章介绍中国奴隶社会的雕塑艺术，论述了商、周和春秋时代青铜器雕塑铸造所达到的高度艺术水平。第三章至第八章，介绍中国封建社会——战国、秦代至元、明、清的雕塑艺术及其伟大成就。曾竹韶、朱培钧、陈少丰分别为本书作序。书后附录《中国古代美术中的佛教题材简介》。

中国古代雕塑艺术　杨晓能编著　香港泰道图书出版有限公司
1988 年　文 302 页　16 开。

本书根据考古资料，论述了中国古代雕塑艺术的起源和发展过程，认为中国古代雕塑艺术的传统和独特造型，有许多可溯源于原始社会。

中国古代雕塑漫谈　任荣编著　上海教育出版社　1989 年 8 月　文
232 页　32 开

本书《雕塑溯源》中新石器时代雕塑部分，不仅包括人头人面雕塑，还有如猪、牛、犬、乌龟等家畜和动物雕塑。

中华雕刻史（下册）（中华科学技艺史丛书）　那志良编著　台湾商务印书馆　1991 年 4 月　文 243 页　黑白图版 52 页　插图 84 幅　大 32
开

本册内容包括四个方面：一、雕骨角象牙，二、雕竹木，三、雕漆，四、中国立体雕塑的发展。

中国雕塑史话（中国文化史知识丛书）　顾森著　商务印书馆
1991 年 12 月　文 132 页　插图 15 幅　彩色图版 4 页　32 开

本书目录：一、原始雕塑与民间雕塑，二、青铜雕塑，三、俑，四、陵墓雕塑，五、佛教雕塑，六、玉、雕刻与盆景。

中国雕塑史 孙振华著 中国美术学院出版社 1994年10月 文167页 图版107幅 16开

全书分八章：一、中国雕塑的基本类型；二、先秦雕塑；三、秦汉雕塑；四、魏晋南北朝雕塑；五、隋唐雕塑；六、五代宋辽金雕塑；七、元明清雕塑；八、全书结语。

鬼斧神工—中国古代雕刻研究 邢永川著 陕西人民教育出版社 1996年12月 文165页 插图65幅 32开

本书侧重介绍中国古代雕刻的艺术特色和美学成就。全书分十章，前二章论述了中国新石器时代的制陶、制玉艺术，其余八章分别论述了中国古代的青铜器、俑雕塑艺术、建筑、陵墓、工艺雕刻及中国佛教和寺庙雕刻艺术。作者认为，中国古代雕刻，历史悠久，源远流长，早在新石器时期就已茁壮成长，至青铜时代的商周已有惊人的成就。中国古代雕刻，是天人合一的意象艺术。

中华雕塑（画说中华文化形象） 刘兴珍编著 广西教育出版社 1997年7月 彩色图版、单色图版64页（99幅） 16开

本书是《画说中华文化形象》丛书之一，全书分七部分，收录了从原始社会至明清时期代表性的雕塑。

河南古代陶塑艺术（大象博物文库） 河南博物院编著 张得水主编 大象出版社 2005年6月 文359页 插图79幅 彩色图版206幅 16开

本书收录河南博物院收藏的出土古代陶塑品206件，探讨俑的起源，介绍河南古代陶塑的出土情况、题材内容、艺术风格、制作工艺。

女书与史前陶文研究 李荆林著 珠海出版社 1995 年 9 月 文 345 页 大 32 开

作者对湖南江永的女书与史前陶器刻划符号进行了比较研究。本书分七编：一、女书综观；二、史前陶文综述；三、女书与史前陶文的比较；四、女书分类；五、女书与其它文字的比较；六、自然现象在陶文中的反映；七、女书源流及中国陶文时代。附录：女书字汇，陶文汇录，中国民族古文字字母表。李学勤为本书作序。

符号·初文与字母：汉字树 饶宗颐著 商务印书馆（香港）有限公司 1998 年 7 月 文 189 页 插图 80 幅 大 32 开（专论）

本书利用海内外有关陶符、图形文的考古发现，结合考古学与民族学若干新资料，对汉字的成就进行考察，探索原始时代汉字的结构和演进历程。

中华万年文明的曙光：古彝文破译贾湖刻符、彝器辨明文物（彝族文化研究丛书） 朱琚元著 云南人民出版社 2003 年 11 月 文 289 页 32 开

本书综合运用文字、语言、历史、文献、考古、民族、宗教、民俗等学科资料，对彝文的起源进行了探索，同时还对彝文与古汉字、彝文与地下考古出土陶器刻、绘符号等进行对比研究。

4. 古代印染、丝绸与纺织

中国染织史（中国文化史丛书） 吴淑生、田自秉著 上海人民出版社 1986 年 9 月 文 299 页 插图 90 幅 彩色图版 15 页 黑白图版 53 页 大 32 开

本书分十二章，第一章总论：丝织、麻织、毛织、棉织、印染工艺，第二至十二章，论述了从原始社会至清代的染织工艺。

中国印染史略 张道一著 江苏美术出版社 1987 年 10 月 文 54 页 插图 16 幅 大 32 开

本书分为八个部分，自原始时代至明清时代，对我国印染工艺的发展作了概述。

丝绸史话（中国历史小丛书） 陈娟娟、黄能馥编写 中华书局 1963 年 8 月 文 35 页 32 开；又：1980 年 12 月 第 2 版 文 44 页 插图 15 幅 32 开

本书分八部分：一、发明蚕丝的故事，二、一门古老的工艺，三、"丝绸之路"，四、考古工作中发现的汉代丝绸，五、无比精美的唐代丝绸，六、宋代的织锦和缂丝，七、元代的"纳石矢"，八、明清时代丝织技术上的新成就。

中国丝绸史（通论） 朱新予主编 纺织工业出版社 1992 年 2 月 文 381 页 插图 79 幅 彩色图版 28 幅 大 32 开

本书通论部分根据历史文献和各地出土的丝绸文物，以断代形式从纵向勾勒了自原始社会至清代末期的丝绸生产发展的面貌，对各历史阶段的蚕桑丝绸生产技术和丝绸经济文化，以及中外交流等方面做了系统论述。

丝绸艺术史 赵丰著 浙江美术学院出版社 1992 年 3 月 文 203 页 插图 132 幅 彩色图版 15 幅 16 开

本书分上、下两篇，共 10 章。上篇为品种篇，下篇为图案篇。是一部集品种、图案、技法于一体的叙述我国丝绸艺术发展史的专著。

中国丝绸科技艺术七千年：历代织绣珍品研究 黄能馥、陈娟娟著 中国纺织出版社 2002 年 12 月 文 466 页 插图 1045 幅 大 16 开

本书汇集了大量的珍贵文物资料，包括中国历代丝绸织锦、缂丝、刺绣、服装、织绣书画、屏条、佛像、宫扇、荷包香囊、丝毯、坐垫，等等，以丝绸品种和纹样的演变为线索，以时代为序，考证中国丝绸织绣艺术和工艺科技发展的成就，探讨品种组织、纹样花色、织机提花装

置及特殊线材的制法、缂丝戗色技法、刺绣针法、图案创作设计等问题。

中国丝绸艺术史　赵丰著　文物出版社　2005 年 6 月　文 217 页
插图 332 幅　彩色图版 32 组　16 开

本书对浙江美术学院出版社 1992 年版《丝绸艺术史》进行修订，新增"刺绣"一章。内容包括：生产技术、丝织品种、染缬品种、刺绣品种、商律周韵、云间众兽、丝路大转折、南北异风、民俗大观等。生产技术一章中提及仰韶文化遗址出土的蚕茧。

中国丝绸通史　赵丰主编　苏州大学出版社　2005 年 11 月　文 835
页　插图 1358 幅　16 开

本书论述各个历史时期丝绸生产的发展和成就、生产技术、丝绸品种、艺术风格。附录：丝绸文物重大考古发现一览表。

中国古代纺织史稿　李仁溥著　岳麓书社　1983 年 7 月　文 329 页
32 开

目录：一、原始社会时期的纺织，二、奴隶社会时期的纺织，三、封建社会时期的纺织，后记。著者认为：我们的祖先从新石器时代晚期仰韶时期就已知用纺轮捻线，用简单织机织麻布，用骨针缝制衣服，用竹、苇编织席子。

中国纺织科学技术史（古代部分）　陈维稷主编　科学出版社
1984 年 4 月　文 438 页　插图 411 幅　彩色图版 104 幅　16 开

本书共分三编，第一编为原始手工纺织时期，第二编为手工机器纺织形成时期，第三编为手工机器纺织发展时期。全书内容以截至 20 世纪 70 年代末的出土文物和历代文献记载为依据，叙述了纺织技术在中国的萌芽、形成和发展的过程，并把历代学者对纺织技术的学术总结和概括作了一些扼要介绍，力求阐明纺织技术在中国发展的特点及规律。

中华五千年文物集刊：织绣篇（一）　张湘雯主编　台北中华五千年文物集刊编辑委员会　1989 年 6 月　目次 10 页　正文 175 页　彩色图版 82 幅　黑白图版 5 幅　插图 22 幅　大 16 开

本篇收录的纺织品，包括新石器时代至魏晋南北朝各时期的遗存。

楚人的纺织与服饰：（楚学文库）　彭浩著　湖北教育出版社　1996年8月　文223页　彩色图版、黑白图版46幅　插图109幅　大32开

本书共十章，论述长江中下游地区的原始纺织，东周时期楚国桑蚕纺织技术的发展，楚人的织品、刺绣品的纹样，丝织品的生产与流通，东周以前的服饰，东周时期楚人的服饰、配饰与发饰、服饰与社会生活等问题。

纺织卷（中国少数民族科学技术史丛书）　陈炳应主编　广西科学技术出版社　1996年10月　文827页　插图71幅　大32开

第一编：原始手工纺织时期（远古—殷商），第二编：手工机器纺织时期（西周—五代），第三编：动力机器纺织萌生时期（宋代—民国初年）。

棉麻纺织史话（中华文明史话）　刘克祥著　中国大百科全书出版社　2000年1月　文194页　32开

本书系统地讲述了我国棉麻栽培和纺织的起源与发展，对历史上棉麻纺织生产状况，包括产地分布、产品结构、生产方式、生产工具、生产发展、工艺技术、经营范围、经营方式等做了详细的介绍。包括新石器时代原始纺纱工具等内容。

5. 古代玉器与玉文化

玉——中国传统美德的象征（中英对照）　台湾历史博物馆编辑委员会编辑　台湾历史博物馆　1988年　文96页　16开

释玉　李更夫著　台北李更生（增益堂玉器有限公司）　1988年11月初版　1995年8月第6版　文262页　大32开

本书内容包括七个方面：一、新玉；二、玉与玄学；三、古玉；四、

纹饰；五、礼器；六、佩饰；七、杂谈。

玉器史话 张广文著 紫禁城出版社 1989年12月初版 1991年
10月2版 32开 文114页 彩版4页 黑白图版8页

目录：一、古代的玉材与玉器，二、玉器的起源，三、奴隶制时代
的玉器，四、玉器的理念化与神秘化，五、缓慢的进程，六、生活气息
的渗入，七、玉雕艺术的再度繁荣，八、宫廷玉美冠天下，九、古代玉
器的鉴别。该书以大量传世、出土文物及文献资料为依据，考察和剖析
了玉器制造、使用的历史及丰富的内涵。

中国玉器历代史 张文骥著 香港艺美图书公司 1990年8月 文
121页 彩色图版77幅 插图160幅 16开

本书概述了中国新石器时代至近代的玉器概况，同时对中国的玉石
工艺、玉石产地、玉器在世界上的地位等问题也作了论述。

中国玉器时代 曲石著 山西人民出版社 1991年8月 文337页
彩色图版16页 大32开

本书内容包括中国古代玉器发展历程、新石器时代的玉器、新石器
时代的雕塑人像、商殷玉器、两周玉器、古代玉器质料探微等方面。附
录：杨伯达的《中国古代玉器面面观》，夏鼐的《汉代的玉器》和许勇翔
的《唐代玉雕中的云龙纹装饰研究》。

古代玉雕大全（中国文物大系之二） 艺术家工具书编委会主编
台北艺术家出版社 1991年8月 文417页 彩色图版350幅 大32
开

本书收录世界各国博物馆所藏中国玉雕，年代从新石器时代到清末，
书前是王逊作《玉在中国文化上的价值》一文，书后有汉英对照图录索
引。

古玉图考导读 邓淑萍著 台北艺术图书公司 1992年9月 文157
页 彩色图版77幅 大32开

本书对吴大澂1889年所作《古玉图考》一书进行评介，并配以新近出土和传世古玉，相互比照。

古玉考 杨伯达著（徐氏艺术馆学术研究专刊之一）香港徐氏艺术基金出版 1992年 文99页 彩色图版128幅 16开

本书收录作者1980～1989年撰写的有关中国古玉的论文和讲义共10篇。

中国玉器图案集（中国传统图案丛书） 范滇编绘 上海书店 1992年12月 116页 24开

本书汇集历代优秀玉器纹样和造型，用墨拓线描等方法加以表现。

古玉器（文物鉴赏丛书） 周南泉著 上海古籍出版社 1993年2月 文159页 插图92页 彩色图版6页 32开

本书以鉴赏的形式对古代玉器作了简要介绍。

古玉简史（史前篇） 邱福海著 台北淑馨出版社 1993年7月 1995年9月2版 大32开

本书目录：第一编，旧石器时代——中国最早的人类；第二编，新石器时代；第三编，国家形成期。本书共四册：第一册史前篇，第二册殷商至汉，第三册盛汉至元，第四册明、清及翡翠篇。

古玉新鉴（第3编）刘良佑著 台北尚亚美术出版社 1993年8月 文419页 8开

全书共有14个单元，以历史时代为序列，依次是释玉新石器时代、夏商周、春秋战国、汉南北朝、隋唐五代、宋辽金、元明清等各代古玉的鉴定，各单元前有简要文字说明并附参考资料选辑。

古玉鉴赏与收藏 冯乃恩编著 吉林科学技术出版社 1993年11月 文220页 32开

本书介绍了从新石器时代至明清时期玉器的形制特点、纹饰风格、产地和加工方法、鉴定方法、收藏方法。

玉器鉴赏（中国文物鉴赏丛书） 高大伦著 漓江出版社 1993年12月 文221页 彩色图版、图版38幅 32开全书分七章，对玉器的演变和时代特征作了论述。

古玉博览（艺术瑰宝：3） 周南泉编著 台北艺术图书公司 1994年4月 文304页 插图433幅 8开

本书以专题形式，介绍新石器时代至清代的玉器，共设150个专题。邓淑萍为本书作序。

中国历代玉器鉴赏 张寿山著 中国广播电视出版社 1994年5月 文147页 黑白图版27幅 32开

本书为通俗性读物，介绍了新石器时代凌家滩、红山、大溪、良渚、大汶口、龙山文化玉器以及商周到明清时期玉器。

良渚古玉（中国文物鉴赏全集·2） 张明华编著 台北渡假出版社有限公司 1995年8月 文144页 彩色图版231幅 16开

本书分"珍赏篇"和"鉴析篇"两部分。作者利用考古资料对良渚玉器文化图徽的涵义、琢玉工具、各式玉器的用途，以及良渚玉器的影响力等问题，阐述了个人的观点。

天地之灵：中国古玉漫谈（华夏文明探秘丛书） 古方著 四川教育出版社 1996年10月 文233页 彩色图版14幅 插图60幅 大32开

本书介绍了从史前到明清时期古玉的时代背景和所蕴含的文化意义。

中国玉器（中华文明宝库） 赵桂玲著 上海古籍出版社 1998年7月 文111页 彩色图版28幅 32开

本书包括红山文化玉器、齐家文化玉器、仰韶文化玉器等内容。

东亚玉器（香港中文大学中国文化研究所中国考古艺术研究中心专刊·10·庆祝中国考古艺术研究中心创立二十周年论集）邓聪主编 香港中文大学中国考古艺术研究中心（出版） 1998年 3册（文395页、文458页、文369页）彩色图版473幅 大16开本书收录亚洲和欧美学者的论文 77 篇。这些论文分别从考古学、文献历史学、古文字学、矿物学、美术史学和鉴定学等角度，对东亚玉器文化进行剖析和研究。邓聪为本书作序。

古玉史论 杨伯达著 紫禁城出版社 1998 年 8 月 文 241 页 彩色图版 240 幅 大 32 开

本书是作者的第二本古玉论文集，选收作者 1990～1995 年的 12 篇论文。

古玉史话（中华文明史话）卢兆荫著 中国大百科全书出版社 2000 年 1 月 文 179 页 插图 39 幅 32 开

本书目录：序，引言，一、中国玉器文化的萌芽时期，二、中国玉器文化的发展时期，三、中国玉器文化的繁荣时期，四、中国玉器文化的成熟时期，五、中国玉器文化的新旧交替时期，六、中国玉器文化发展的新时期。

中国古代玉器 殷志强编著 上海文化出版社 2000 年 3 月 文 492 页 插图 377 幅 彩色图版 32 页（80 幅）大 32 开

本书详述了中国玉器的概貌、发展历史、鉴定要点、玉文趣事等内容，再现了中国玉器七千年的发展史。

中国古玉文化 臧振、潘守永著 中国书店 2001 年 1 月 文 358 页 插图 231 幅 大 32 开

本书旨在综合近年古玉器研究与古代社会文化研究的成果，对当时社会文化风貌作新的探讨。全书分上中下三编：一、古玉概说，二、古玉鉴赏，三、古玉文化探讨。

出土玉器鉴定与研究 杨伯达主编 紫禁城出版社 2001 年 4 月 文 475 页 插图 175 幅 彩色图版 32 页（88 幅）大 32 开

本书收录中国出土玉器鉴定与研究学术论文 35 篇。

中国古玉研究论文集（杨建芳师生古玉研究会古玉论著系列之一）杨建芳著 台北众志美术出版社 2001 年 9 月 上下 2 册 文 243 页

文 246 页　16 开

本书收录作者历年发表的古玉研究论文 41 篇。其中有新石器时代良渚、大溪、石家河等遗址出土的玉器研究。

古代玉器通论（中国考古文物通论）　尤仁德著　紫禁城出版社 2002 年 2 月　文 367 页　插图 121 幅　16 开

本书目录：绪论，第一章玉器的产生，第二章新石器时代玉器，第三章夏代玉器，第四章商代玉器，第五章周代玉器，第六章秦代玉器，第七章汉代玉器，第八章魏晋南北朝玉器，第九章隋唐五代玉器，第十章宋辽金玉器，第十一章元代玉器，第十二章明代玉器，第十三章清代玉器，第十四章余论——中国玉器鉴定的理论阐述。附录：中国古今玉石产地名录。

玉魂国魄：中国古代玉器与传统文化学术讨论会文集　费孝通主编　北京燕山出版社　2002 年 12 月　文 249 页　16 开

由费孝通先生倡议的"中国古代玉器与传统文化"学术讨论会于 2001 年 5 月在沈阳召开，本文集收录研讨会论文 19 篇。

史前琢玉工艺技术　钱宪和、方建能编著　台湾博物馆　2003 年 3 月　文 246 页　插图 63 幅　16 开

2001 年台湾大学地质科学研究所主办"海峡两岸古玉学会议"。本书收录会议论文 12 篇，内容包括文献的回顾、考古研究者的看法、凌家滩玉器、良渚玉器、台湾史前玉器、微痕分析、工具的探讨、管钻技术的解释、实验考古研究的报道。

杭州古玉　李海主编　文物出版社　2003 年 8 月　文 205 页　彩色图版 235 幅　大 16 开

本书介绍杭州地区古代玉器的考古发掘和收藏情况，主要展示杭州历史博物馆藏玉，兼收杭州地区其他文博单位所藏玉器。

冰清玉洁：中国古代玉文化（中华文明之旅）　古方著　四川人民

出版社　2004年1月　文190页　插图340幅　16开

《中华文化之旅》丛书之一。本书分温润光洁话美玉、源远流长玉生辉——史前时代至西周玉器、君子比德于玉——春秋战国至汉代玉器、绵延不绝终辉煌——魏晋至清代玉器等章节，这是一部较为全面介绍中国古代玉器的书籍。

中国玉文化玉学论丛（续编）　杨伯达主编　紫禁城出版社　2004年4月　文305页　插图117幅　彩色图版45幅　32开

本书为《中国玉文化玉学论丛》的续集，收录论文19篇，分为五个专题：玉文化玉学专论、玉礼、玉殓、玉德、出土玉器综论。

中国古玉：发现与研究100年　张明华著　上海书店出版社　2004年10月　文406页　随文图版643幅　16开

本书对100年来中国新石器时代至明清时期的古玉进行了系统梳理，并围绕玉学理论，区域、族属和特色玉文化，纹饰、图徽与铭文，历代琢玉工艺，玉器器物等问题进行了研究。

巫玉之光：中国史前玉文化论考　杨伯达著　上海古籍出版社2005年9月　文262页　插图96幅　彩色图版109幅　16开

本书收录作者有关出土史前玉器研究、地方玉材和玉文化的25篇论文。

长江流域玉文化（长江文化研究文库：经济科教系列）　杨建芳著湖北教育出版社　2006年6月　文453页　插图119幅　32开

本书结合考古发现，论述长江流域各个历史时期（新石器时代—明清）玉文化的内涵和特点。

玉器时代：新石器晚期至夏代的中国北方玉器　艾丹著　中国青年出版社　2006年6月　文131页　插图25幅　彩版48幅　16开

本书作者长期从事古物研究，在本书中，他将多年收藏的商代之前的玉器，辅以翔实的文字，编纂成集。

玉文化论丛（1）（杨建芳师生古玉研究会玉文化研究论丛系列之一）

杨建芳师生古玉研究会编著　陈启贤主编　文物出版社、台北众志美术出版社　2006年7月　文326页　插图733幅　16开

本文集收录有关玉文化研究论文21篇。其中有新石器时代玉器雕琢工艺研究等论文。

古代玉器（20世纪中国文物考古发现与研究丛书）　张明华著　文物出版社　2006年8月　文214页　插图68幅　图版8页　32开

本书回顾20世纪中国古代玉器的考古发现和研究成果，将古代玉器分为礼仪类、佩饰类、丧葬类、生活用具类分别予以介绍，阐述玉器的纹饰、铭文工艺、辨伪等问题。

6. 古代陶瓷与陶瓷史

中国陶瓷史（中国文化史丛书）　吴仁敬、辛安潮著　商务印书馆　1936年12月初版　又：1954年修订重版　32开　文128页　图版96幅　湖南大学出版社　2014年新版

本书目录：序，第一章 原始时代，第二章 唐虞时代，第三章 夏商周时代，第四章 秦汉时代，第五章 魏晋时代，第六章 南北朝时代，第七章 隋唐时代，第八章 五代时代，第九章 宋时代，第十章 元时代，第十一章 明时代，第十二章 清时代，第十三章 民国时代，后记。本书全面而系统地论述了中国各个朝代陶瓷发展的基本历史，对于陶瓷的起源和种类、各地制瓷名窑、釉色与装饰的进步，以及有关制瓷、品瓷的名家名作等都有扼要的记述。

陶瓷史话（中国科技史话丛书）　本书编写组编　上海科学技术出版社　1982年1月　32开　文203页　彩版18幅　有插图

该书根据从陶到瓷的不同发展时期，编入论文17篇，反映了从新石器时代到近代陶瓷发展史概貌。

中国陶瓷史　中国硅酸盐学会编　文物出版社　1982年9月　16开　文457页　彩版32页　黑白图版32页

书评：评介《中国陶瓷史》　朱全　考古　1985 年 9 期 863 页

目录：序言，一、新石器时代的陶器，二、夏商周春秋时期的陶瓷，三、战国秦汉时期的陶瓷，四、三国两晋南北朝的陶瓷，五、隋唐五代的陶瓷，六、宋、辽、金的陶瓷，七、宋、辽、金的陶瓷（续），八、元代的陶瓷，九、明代的陶瓷，十、清代的陶瓷，后记。该书由中国硅酸盐学会邀请全国各方面的陶瓷专家集体编写而成。

中国陶瓷（仰韶文化—宋代）　杨根等编著　科学出版社　1985 年 10 月　文 50 页　插图 4 幅　彩色图版 171 幅　10 开

本书分四部分：一、新石器时代的陶器，二、由陶向瓷的过渡，三、隋、唐、五代烧瓷技术、四、宋代烧瓷技术的成就。

中国陶瓷　华石编　文物出版社　1985 年 10 月　文 212 页　插图 54 幅　彩色图版 225 幅　黑白图版 180 幅　16 开

本书收录了中国古代各个时期不同窑口的陶瓷器 400 余件，反映了我国从原始社会到封建社会末期陶瓷工艺发展的概貌。新石器时代收录有裴李岗、仰韶、大汶口、龙山、河姆渡、屈家岭、马家窑文化出土的陶器。

中国陶瓷文化之研究与考据　何启民著　台湾商务印书馆　1986 年 9 月　文 273 页　插图 32 幅　小 32 开

第一篇：陶瓷文化之研究，主要介绍彩陶文化、黑陶文化、殷商文化及由陶至瓷的发展历程等。第二篇：陶瓷原料之研究。

中国陶瓷（中华艺术丛书之一）（全五册）　台北光复书局股份有限公司　1986 年 12 月　大 16 开

第一册：史前·商·周陶器　谭旦冏编著　159 页　彩色图版 82 幅　本册收录史前、商、周时代的陶器 82 件，卷首是"陶冶通释"和"史前·商·周陶器概述"两篇文章。并附"我国陶瓷演进的年表"和"我国主要窑址分布图"。

第二册：汉·唐陶瓷，谭旦冏编著，159 页；第三册：宋·元瓷器，陈昌蔚编著，159 页；第四册：明代瓷器，陈昌蔚编著，151 页；第五册：清代瓷器，谭旦冏编著，159 页。

华夏之美—陶瓷　刘良佑著　台北幼狮文化事业股份有限公司
1987 年 4 月　文 182 页　彩色图版 199 幅　16 开

全书分七章：一、团泥幻化的史前陶艺；二、商周两代的陶艺发展；
三、秦汉六朝的陶艺成就；四、隋唐五代的陶瓷艺术；五、宋代陶瓷的
创作高峰；六、辽金元陶瓷的发展；七、明清两代陶瓷成就。

中国南方古代印纹陶　彭适凡著　文物出版社　1987 年 9 月　文 32
开　文 413 页　插图 208 幅

书评：《中国南方古代印纹陶》出版　林彬　中国文物报　1988 年 5
月 6 日 4 版

目录：我国南方古代印纹陶研究历史的回顾与展望（代序），一、拍
印技术的萌芽与几何形印纹陶的产生，二、几何形印纹陶的发展与兴盛，
三、几何形印纹陶的简化与衰退，四、几何形印纹陶与古越族，五、几
何形印纹陶的影响与传播，六、几何形印纹陶的制作工艺。

中国美术全集·工艺美术编（1）：陶瓷（上）　中国美术全集编辑
委员会编　本卷主编杨可扬　上海人民美术出版社　1988 年　专论 30
页，图版说明 82 页　彩色图版 243 幅　大 16 开

本编上册收入各大博物馆中选出新石器至南北朝时期陶瓷精品彩图
200 余幅，使读者对我国陶瓷艺术面貌有一个系统了解。

中国陶瓷（吾土吾民文物丛书 1）　杨永善、杨静荣著　台北淑馨出
版社　1988 年 11 月　文 156 页　彩色图版 47 页　12 开

本书内容包括八个部分：一、中国远古的陶瓷；二、瓷器的发明；
三、中国陶瓷的发展历史；四、陶瓷工艺；五、著名佳作；六、陶瓷与
中国文化；七、陶瓷的外销及新中国陶瓷事业的发展。附录："中国陶瓷
史中文著述及其研究概况"。

中国陶瓷漫话　赵宜生编著　上海人民美术出版社　1989 年 6 月
文 94 页　插图 40 幅　彩色图版 54 幅　32 开

本书共 12 节，内容包括彩陶、秦兵马俑、秦汉瓦当、青白瓷、唐三
彩、青花、彩瓷、釉上彩及宋代名窑、瓷器造型、瓷都景德镇等。

中国古陶瓷鉴赏 陈文平编著 上海科学普及出版社 1990 年 7 月 文 307 页 插图 57 幅 彩色图版 8 页 黑白图版 32 页 大 32 开

本书分二篇。第一篇：中国古代陶瓷发展简史，介绍了中国各代陶器、瓷器的发明和发展、中国古代陶瓷的对外输出。第二篇：中国古陶瓷鉴定基本知识，介绍了古陶瓷鉴定的一般法则、各地主要瓷窑的基本特征及其鉴定要领、历代陶瓷款识的确定。

中国的陶瓷（祖国丛书） 杨静荣、杨永善编著 人民出版社 1990 年 9 月 文 247 页 插图 13 幅 32 开

本书是一本普及性读物，较全面地介绍了中国陶瓷的产生、发展、艺术特色及其在世界陶瓷史上的独特地位。

中国陶瓷与中国文化 熊寥著 浙江美术学院出版社 1990 年 11 月 文 489 页 插图 83 幅 大 32 开

本书共 17 章。对中国陶瓷艺术的起源和发展，提出了许多新的见解。在探讨中国陶瓷历史事实和艺术神韵的进程中，还揭示了中国陶瓷与中国文化的内在关系。

中国古代陶瓷（中国文化史知识丛书）李知宴著 天津教育出版社 1991 年 11 月 文 122 页 插图 5 幅 彩色图版 2 页 32 开

本书是中国文化史知识丛书之一，主要介绍陶瓷文化，全书分十三章，内容包括序论、制陶劳动、各个时期的陶瓷文化特色等。

福建陶瓷 叶文程、林忠干著 福建人民出版社 1993 年 10 月 文 399 页 彩色图版 16 页 大 32 开

全书共有九章，除绪论外，第一章至第八章概述福建自新石器时代至清末的陶瓷发展历程，第九章总结福建陶瓷的文化历史地位。

河南陶瓷史 赵青云著 紫禁城出版社 1993 年 12 月 文 226 页 彩版 16 页 图版 32 页 16 开

本书是论述河南地区自新石器时代至近代陶瓷历史的专著。分三篇九章：上篇论述自裴李岗文化至魏晋南北朝时期河南陶瓷的品种、原始

形态、进步与影响；中篇论述唐宋时期河南陶瓷名窑及民窑的鼎盛局面；下篇综述辽以后河南陶瓷各窑系的变化。全书收入各类图版270余幅。

中国古代陶瓷纹饰（中华文博系列丛书·一） 刘兰华、张柏著
哈尔滨出版社 1994年6月 目次6页 文280页 附图318页 图版9页 16开

本书共分八章，对于中国从新石器时代至明清陶瓷纹饰作了全面论述。

陶器鉴赏（中国文物鉴赏丛书） 叶茂林著 漓江出版社 1995年1月 文422页 彩色图版24幅 黑白图版24幅 插图189幅 大32开

本书分六章。第一章，陶器常识；第二章，陶器历史；第三章，器皿之美；第四章，陶塑艺术；第五章，陶艺别品；第六章，欣赏鉴藏。李学勤为本书作序，书后有参考书目和后记。

中国古代制陶工艺研究（中国历史博物馆丛书·第三号） 李文杰著 科学出版社 1996年11月 目录12页 文362页 黑白图版76页 插图182幅 16开

本书以田野考古为基础，将出土陶器上所遗留的痕迹和现象作为研究古代制陶工艺的最可靠依据，以模拟实验作为验证古代制陶工艺的手段，在陶器线图上绘出与制陶工艺有关的痕迹和现象，并绘制了陶器制作工艺流程图。本书总结了黄河流域、长江流域等地区新石器时代至汉代制陶工艺的成就。俞伟超为本书作序。

江西陶瓷史 余家栋著 河南大学出版社 1997年10月 文524页 插图129幅 黑白图版227幅 大32开

本书是一部研究江西陶瓷制作和生产过程的专著。全书共七章，分别介绍新石器时代、夏商周春秋时期、战国至秦汉时期、三国两晋南北朝时期、隋唐五代时期、宋元时期、明代、清代的陶瓷制作与生产历史。

姚公骞为本书作序。

中国陶瓷史（中国文化史丛书）吴仁敬、辛安潮著 商务印书馆
1998 年 4 月重印本 文 128 页 彩色图版、黑白图版 96 幅 32 开

本书分十三章，第一章原始时代，第二章唐虞时代，第三章夏商周
时代，第四章秦汉时代，第五章魏晋时代，第六章南北朝时代，第七章
隋唐时代，第八章五代时代，第九章宋时代，第十章元时代，第十一章
明时代，第十二章清时代，第十三章民国时代。

中国陶瓷史 吴仁敬、辛安潮著 北京图书馆出版社 1998 年 9 月
重印本 文 87 页 黑白图版 92 幅 32 开

本书精简扼要介绍了我国数千年的陶瓷兴衰史。

中国古代陶瓷：陶器 褚毅编著 新疆美术摄影出版社 1999 年 1
月 文 285 页 彩色图版 282 幅 64 开

本书论述中国古代陶器，新石器时代陶器包括仰韶文化鹳鱼石斧图
彩陶缸等内容。

中国陶瓷全集·1 新石器时代 中国陶瓷全集编辑委员会编 本卷主
编安金槐 上海人民美术出版社 2000 年 2 月 文 331 页 彩色图版 254
幅 大 16 开

本书选录了各地文物机构收藏的新石器时代陶器 254 件，基本上概括
了我国新石器时代陶器艺术的发展情况。

福建陶瓷考古概论 曾凡著 福建省地图出版社 2001 年 6 月 彩
色图版 1~80 页 附图 83~142 页 文 143~224 页 16 开

本书论述了新石器时代至清代的福建陶瓷器。附论部分有：福州怀
安的窑具与装烧技术、建窑和德化窑的有关问题研究等。

2005 年古陶瓷科学技术国际讨论会论文集 郭景坤主编 上海科学

技术文献出版社　2005 年 9 月　文 567 页　插图 389 幅　16 开

　　本书收录中外学者提交的 81 篇论文，内容涉及陶器、原始瓷、瓷器的科学技术、工艺、原料、测试方法、窑炉、考古、仿制、修复等方面，除中国古陶瓷外，还有俄罗斯滨海州地区、中亚（突厥）、乌兹别克斯坦、朝鲜、日本、印度、泰国、印度尼西亚、东南亚唐代沉船发现的古陶瓷。

中国陶瓷史　叶喆民著　生活·读书·新知三联书店　2006 年 1 月　文 630 页　插图 973 幅　16 开

　　本书在其原作《中国陶瓷史纲要》的基础上又补充了近 20 年来的新发现和新认识，不仅阐述了中国历代陶瓷工艺的发展历程，也反映了各个朝代的政治、经济、贸易往来等变迁。

洪荒燧影：甘肃彩陶的文化意蕴（陇文化丛书）　林少雄著　甘肃教育出版社　1999 年 7 月　序 12 页　文 206 页　插图 58 幅　彩色出版 4 页　大 32 开

　　全书分八章：一、亮相与登场——陶器的发生与陶器时代的出现；二、遍地流光——甘肃彩陶的华夏背景；　三、一枝独秀——甘肃彩陶的类型分布；四、敬天亲人——甘肃彩陶与史前巫术宗教；五、天人合一——甘肃彩陶文化中的时空意识；六、道器之际——甘肃彩陶的哲学意蕴；七、审美定格——"陶器时代"的结束及影响；八、曾经沧海——甘肃彩陶与华夏文明的起源等章节。

中国新疆古代陶器图案纹饰艺术　李肖冰著　新疆人民出版社、浙江教育出版社　2000 年 5 月　文 161 页　彩色图版、纹饰图 102 幅（组）大 16 开

　　本书汇集了新疆历史上各地区不同时期的陶器花纹装饰图案，从彩陶器形到彩绘花纹布局的变化，充分反映了新疆从远古时期开始，既已

表现出了不同地区多民族多文化风格的特点。

人文晨曦：中国彩陶的文化读解（中国彩陶文化解密丛书） 林少雄著 上海文化出版社 2001年1月 序、前言9页 文337页 插图105幅 彩色图版17幅 大32开

本书力图将彩陶与整个中国文化联系起来研究，并对彩陶这一重要的远古文化现象在整个人类文明史上的意义进行了阐述，书中第一次提出陶器时代这一新的文化史阶段的划分概念。

地母之歌：中国彩陶与岩画的生死母题（中国彩陶文化解密丛书）户晓辉著 上海文化出版社 2001年1月 序、前言13页 文239页 插图69幅 彩色图版23幅 大32开

本书的主要目的是利用岩画、神话、民俗、古文字等相关材料及跨文化视野，对中国新石器时代陶器（特别是彩陶），做整体揭示和综合破译，作者认为，斑斓璀璨的彩陶印证着远古先民的生死观念，并从中孕育出了道家哲学。

远古神韵：中国彩陶艺术论纲（中国彩陶文化解密丛书） 程金城著 上海文化出版社 2001年1月 序、前言9页 文243页 插图33幅 彩色图版21幅 大32开

本书作者从艺术的角度出发，对彩陶造型、彩陶纹饰风采、彩陶与先民心理、彩陶与中国艺术精神进行了研究。并认为，无论彩陶是艺术还是非艺术，从中流淌出的是源远流长的中国艺术精神。

破译天书：远古彩陶花纹揭秘（中国彩陶文化解密丛书） 蒋书庆著 上海文化出版社 2001年1月 序、前言9页 文441页 彩色图版8页 大32开

本书作者主要对彩陶的起源、彩陶图案中日月纹、人面纹、蛙纹、鱼纹、鸟纹、漩涡纹等纹饰所蕴含的寓意内涵进行了分析研究。作者从天文学、易学的角度进行解读，认为这些彩陶花纹乃物候的象征、天象的记录，反映了远古先民天文历算方面的丰富知识。

彩陶（遥望星宿：甘肃考古文化丛书）　郎树德、贾建威著　敦煌文艺出版社　2004年2月　文171页　插图81幅　彩色图版88幅　16开

"遥望星宿：甘肃考古文化丛书"共有10种。彩陶一书论述了彩陶的起源、彩陶的制作工艺、甘肃彩陶的时空分布及彩陶初始期的大地湾文化、彩陶繁荣期的仰韶文化、彩陶鼎盛期的马家窑文化、彩陶衰落期的齐家、四坝、辛店、沙井文化和主要彩陶纹饰及其演变。

（二）　古代文化生活

1. 古代生活

中国服饰五千年　上海戏曲学校中国服装史研究组编著　商务印书馆香港分馆、学林出版社　1984年3月　文256页　插图456幅　大16开

五千年来的中国服饰，是中国文化史中不可分割的一个组成部分，它对于人们了解各个时期思想、经济、文化、艺术等方面有重要的价值。本书按时代顺序，分上古、秦汉等章进行论述。

中国历代服饰　上海市戏曲学校中国服装史研究组编　学林出版社　1984年4月　文72页　插图152幅　彩色图版362页　黑白图版350页　8开

本书按朝代分为：上古、秦汉、魏晋南北朝、隋唐、宋、辽金元、明、清、近代等九个部分。每个部分之前均有论述文字，对历代的服饰沿革、服饰特点及服饰制度作了比较系统的介绍。并附录有关文字记载和大量图版及其说明文字，书后附有"中国服饰沿革简明图表"。

中国古代服饰史　周锡保著　中国戏剧出版社　1984年9月　文542页　插图842幅　彩色图版29幅　16开

本书分十五章：第一章服饰的起源，第二章冕服，第三章弁服及其

他服饰，第四章周代后期的服饰，第五章汉代服饰，第六章魏、晋、南北朝服饰，第七章隋、唐服饰，第八章五代服饰，第九章宋代服饰，第十章辽代服饰，第十一章金代服饰，第十二章元代服饰，第十三章明代服饰，第十四章清代服饰，第十五章辛亥革命后的主要几种服饰演变。本书是我国各专业院校的通用教材，该书第一次完整、系统地勾勒出了我国自上古以至明清、近代服饰的形成、演变、特色以及前后的递嬗、传承关系。

中华五千年文物集刊：服饰篇（全二册） 陈夏生主编 台北中华五千年文物集刊编辑委员会 1986 年 9 月 文 443 页 彩色图版 260 幅 黑白图版 75 幅 大 16 开

本篇探讨中国服饰的演变与特色。主要内容包括：概论、一、引言；二、史前服饰概述；三、冕服服章制度；四、历代服饰概说。

中国服装史 华梅著 天津人民美术出版社 1987 年 7 月 文 146 页 插图 305 幅 16 开

本书目录：第一章先秦服装，第二章秦汉服装，第三章魏晋南北朝服装，第四章隋唐五代服装，第五章宋辽金元服装，第六章明代服装，第七章清代服装，第八章 20 世纪前半叶汉族服装，第九章 20 世纪前半叶少数民族服装，第十章 20 世纪后半叶服装。

中国古代服饰简史 戴争编著 轻工业出版社 1988 年 6 月 文 226 页 插图 186 幅 彩色图版 15 页 大 32 开

本书目录：第一章 服饰的起源和发展，第二章 中国古代纺织原料、工具的出现及演变，第三章 夏、商、周、春秋、战国时期的服饰，第四章 秦汉的服饰，第五章 魏晋南北朝的服饰，第六章 隋唐五代的服饰，第七章 宋代的服饰，第八章 辽、金、元时期的服饰，第九章 明代的服饰，第十章 清代的服饰。

华夏衣冠五千年（文明的探索丛书） 赵超著 中华书局（香港）有限公司 1990 年 6 月 文 214 页 彩色图版 48 幅 黑白图版 125 幅 大 32 开

本书论述了中华民族五千年来，从石器时代至清代的服装发展史。

中国历代服装资料 张书光编绘 安徽美术出版社 1990 年 8 月 文 34 页 图 174 页 32 开

本书起自史前，止于明清，按朝代排列，每一朝代前有千余字的介绍，说明当时的服装特点及演变趋势。

中国服装史 黄能馥、陈娟娟编著 中国旅游出版社 1995 年 5 月 文 396 页 插图 1036 幅 彩色图版 32 页 16 开

本书按时代顺序，介绍中国自原始社会至现代的服饰艺术发展演变，包括服装制度、服装形式、服装纹样、首饰配饰等。本书着重考古科学的成果，并与历史文献图集相印证。

中国服饰史稿（学人文库） 朱和平著 中州古籍出版社 2001 年 7 月 文 361 页 插图 82 幅 大 32 开

本书包括服饰的起源与功能，夏商西周时期服饰的渐进，春秋战国时期——中华服饰文化变革的第一个浪潮，以古朴为特征的两汉服饰等 14 章内容。其中的《原始服饰文化》中提及在裴李岗文化中人类已经使用骨针。

古代服饰（20 世纪中国文物考古发现与研究丛书） 华梅著 文物出版社 2004 年 2 月 文 228 页 插图 58 幅 彩色图版 6 幅 32 开

本书介绍 20 世纪考古发现中的服饰资料及其研究成果，揭示中国历代服饰的发展特点和艺术风格。从原始社会、商周、战国直至辽金元时期以来由于朝代更替、政权更迭而出现的衣冠制度的相承、服饰制度的差异、款式风格的演变等。

中国服饰史 沈从文、王㐨著 陕西师范大学出版社 2004 年 5 月 文 174 页 插图 254 幅 32 开

本书包括原始社会服饰、商周服饰、春秋战国服饰、秦汉服饰、魏晋南北朝服饰、隋唐五代服饰、宋辽金元服饰、明清服饰、近代服饰等

章节。

中国服饰史（专题历史系列丛书）　黄能馥、陈娟娟著　上海人民出版社　2004年9月　文623页　插图923幅　32开

本书以中国服饰文化的起源、形成、繁荣、发展及演变过程的物质特点和精神特点为对象，记述各个历史时期服饰文化的发展演变，其中涉及服饰门类、穿着方式、服饰制度、服饰材料、服饰纹样、发式打扮诸方面。

中国古代服饰研究（世纪文库）　沈从文编著　上海书店出版社　2005年4月　文648页　插图151幅　16开

本书以历史朝代为编排顺序，通过出土和传世文物的图像，并结合有机连续的174篇文章，对中国古代服饰制度的沿革及其与当时社会物质生活、意识形态的关系，作了广泛深入的探讨，反映了自殷商至清代3000多年间中华民族服饰的情况。其中包括新石器时代的绘塑人形和服装资料、新石器时代的纺织等内容。

中国饮食文化（中国文化史丛书）　林乃燊著　上海人民出版社　1989年10月　文189页　插图25幅　彩色图版10页　大32开

本书分十部分：一、中国饮食文化概述，二、中国饮食文化的渊源，三、中国饮食文化的蓬勃发展，四、中国七大菜系的形成和发展，五、茶叶和米酒的故乡，六、与饮食文化密切相关的三个重要环节，七、饮食文化的两极世态，八、饮食文化向其他文化领域的延伸，九、对饮食文化贡献较大的若干历史人物，十、中国饮食文化的特征和出色的历史性贡献。

饮食考古初集　王仁湘编著　中国商业出版社　1994年3月　文241页　插图71幅　大32开

本书收入作者37篇文章。按五个专题加以集中：一、综论；二、食物史的考古研究；三、饮食与烹饪器具的考古研究；四、古代烹饪方式

的考古研究；五、古代饮食礼俗方面的考古研究。

中国古代酒具　杜金鹏、焦天龙、杨哲峰编著　上海文化出版社
1995 年 12 月　文 407 页　彩色图版 50 幅　单色图版 318 幅　大 32 开
　　本书选择介绍中国古代酒具 254 件。

中国箸文化大观　刘云主编　王仁湘、木芹副主编　科学出版社
1996 年 8 月　目录 29 页　正文 259 页　彩色图版 39 版（114 幅）　小
16 开
　　全书共五篇十三章，第一篇：中国古代餐匙；第二篇：中国箸文化
史；第三篇：中国箸文化的社会功能；第四篇：中国少数民族箸文化；
第五篇：中国箸文化在国外的传播。俞伟超为本书作序。

中国史前饮食史（中华饮食文库）　王仁湘主编　青岛出版社
1997 年　文 213 页　插图 80 幅　彩色图版 30 幅　16 开
　　本书运用考古资料，结合历史文献，从人类对火的运用、旧石器时
代的狩猎、农耕文化的起源、家畜的起源、新石器时代的渔猎、原始烹
饪术、史前人的进食方式、饮食器具、酿酒的起源与饮酒、食物存储与
加工、史前饮食与中国文明起源等方面论述史前中国饮食文化的状况。

干兰——西南中国原始住宅的研究　戴裔煊著　岭南大学西南社会
经济研究所印行　1948 年 12 月　32 开　文 80 页　有插图
　　目录：一、名称考释，二、干兰的类别及其特征，三、干兰式建筑
的作用，四、巢居栅居的分布与传播，五、栅居的变迁与残存。著者认
为：西南中国古代最流行的一种住宅叫做干兰，干兰式建筑可分为巢居、
栅居及浮宅三种。远古栅居的中心是东南亚沿海地区。东南亚栅居的变
迁，与受印度和西洋文化的影响有关，西南中国方面栅居的变迁，则受
汉化的影响。

中国古代建筑史（第二版）　建筑科学研究院建筑史编委会组织编写　刘敦桢主编　中国建筑工业出版社　1984 年 6 月第二版　1984 年 6 月第四次印刷　文 423 页　16 开

本书目录：绪论，第一章原始社会时期的建筑遗迹，第二章夏、商、西周、春秋时期的建筑，第三章战国、秦、两汉、三国时期的建筑，第四章两晋、南北朝时期的建筑，第五章隋唐、五代时期的建筑，第六章宋、辽、金时期的建筑，第七章元、明、清时期的建筑。本书是一本关于中国古代建筑历史的理论著作，系统地叙述了我国古代建筑的发展和成就。附录：一、注释，二、中国历史年表，三、历代尺度简表。

华夏之美——建筑　李乾朗著　台北幼狮文化事业公司　1986 年 1 月　文 172 页　彩色插图 93 幅　黑白插图 75 幅　16 开

本书内容包括五章：一、中国建筑的起源及特征；二、一座中国建筑是如何建造起来的；三、中国建筑的空间与造型；四、各种不同用途的建筑；五、历代著名的建筑。

天津古代建筑（天津城市建设丛书）　《天津城市建设》丛书编委会《天津古代建筑》编写组编　天津科学技术出版社　1989 年 11 月　文 213 页　插图 250 幅　彩色图版 50 页　16 开

本书分五章，论述天津自原始社会至明清古建筑发展史迹，综合分析了各种古建筑类型，具体说明了一些典型建筑的历史沿革、营造法式、结构特征、修缮过程和现存状况。同时探讨了古建筑保养、加固、修复的原则、方法和工程技术。附录：天津古建碑刻。

陕西古建筑　赵立瀛主编　陕西人民出版社　1992 年 11 月　文 319 页　插图 186 幅　彩色图版 24 页　12 开

本书是一部按历史年代顺序编排的关于陕西古建筑的实录，上起远古，下迄清末，包括现存的重要建筑实物和已发现的重要建筑遗址。

中国古代建筑史（第一卷）　（原始社会、夏、商、周、秦、汉建

筑）　刘叙杰主编　中国建筑工业出版社　2003 年 7 月　612 页　16 开

本书论述了中国古代建筑的初创、形成与第一次发展高潮，包括原始社会、夏、商、周、秦、汉建筑。全书分五章，第一章　中国原始社会建筑（远古至公元前 2100 年），第二章　夏、商时期建筑（公元前 2070 年至公元前 1046 年），第三章　周代建筑（公元前 1040 ~ 公元前 256 年），第四章 秦代建筑（公元前 221 ~ 公元前 206 年），第五章　汉代建筑（公元前 206 ~ 公元 220 年）。

行路难（文明的探索丛书）　马洪路著　中华书局（香港）有限公司　1990 年 10 月　大 32 开　文 222 页

本书介绍中国古代交通历史，从石器时代至宋元明清，包括陆路、内河航运和海上交通。

2. 古代音乐、舞蹈与体育

中国古代音乐史稿　（第一分册·增订版）　李纯一著　音乐出版社　1964 年 3 月　文 50 页　黑白图版 17 页　32 开

本书分二章：一、远古和夏代的音乐，二、商代的音乐。

中国古代音乐史稿　杨荫浏著　人民音乐出版社　1981 年 2 月　2 册　文 1070 页　插图 134 幅　大 32 开

本书分上下 2 册，论述了我国自远古以来直至清朝末年的音乐发展史，包括：中国历代社会背景与音乐发展的联系，各种音乐形式发展的历史沿革，中国音乐的多种体裁和题材等。其中从远古到宋代部分的内容，已于 1964 年分为上、中两册由音乐出版社出版。现作者重新修订并补充元、明、清三代的内容，分为上、下册出版，成为一部完整的音乐史稿。

中国音乐史图鉴　中国艺术研究院音乐研究所编　刘东升、袁荃猷编撰　人民音乐出版社　1988 年 11 月　文 186 页　彩色插图 158 幅　黑白插图 339 幅　8 开本书为中国音乐史研究的大型文物图像资料专集。以图片为主，辅以简要的文字说明。辑入上自远古下迄清末各种珍贵的音乐文物图片共497帧，全书分为远古至战国、秦汉至南北朝、隋唐五代、宋元、明清5大部分，各部分依图片内容性质编排。其中远古乐舞部分，收有青海省大通县上孙寨出土舞蹈纹彩陶盆，乐器部分收有浙江余姚河姆渡遗址出土的骨笛、陶埙，仰韶文化西安半坡遗址出土的陶埙，打击乐器收有陕西长安客省庄龙山文化遗址和河南三门峡庙底沟遗址出土的陶钟，山西襄汾陶寺遗址出土的石磬。

中国乐器 赵沨主编 现代出版社 1991年1月 文105页 插图4幅 彩色图版64页 16开

本书文字部分包括：古遗存中所见乐器和现存乐器。书前是赵沨的一篇文章：《从古遗存中所见的中国乐器看中国音乐史的发展轮廓》。

中国古代音乐（中国文化史知识丛书） 伍国栋著 商务印书馆 1991年12月 文144页 插图44幅 彩色图版4页 32开

本书论述中国古代音乐，新石器时代遗物有浙江余姚县河姆渡遗址出土的骨哨等。

先秦音乐史 李纯一著 人民音乐出版社 1994年9月 文224页 黑白图版16页（43幅） 插图99幅 大32开

本书对先秦音乐进行了系统梳理和研究。全书分五章：一、远古和夏代的音乐，二、商代音乐，三、西周音乐，四、春秋音乐，五、战国音乐。

齐鲁音乐文化溯源 林济庄著 齐鲁书社 1995年7月 文181页 附图37幅 大32开

全书除"绪论"外，共七章，前三章是"史前篇"，介绍了沂源人原始音乐文化，北辛音乐文化和大汶口音乐文化；后四章是"文明篇"，概述龙山·岳石音乐文化、东夷音乐文化、齐鲁音乐文化、山东汉画像石乐舞刻石及汉乐舞杂技陶俑。刘再生为本书作序。

中国上古出土乐器综论　李纯一著　文物出版社　1996 年 8 月　目
录 16 页　正文 463 页　黑白图版 81 幅　插图 276 幅　表 112 幅　16 开

本书是对中国上古出土乐器进行考古研究的成果总结。分击乐器、
管乐器和弦乐器三类。所收考古资料以 1987 年以前发表者为主。

中国音乐文物大系　《中国音乐文物大系》总编辑部　黄翔鹏主编
大象出版社　（下分地区卷）

中国音乐文物大系：湖北卷　《中国音乐文物大系》总编辑部　本
卷主编王子初　1996 年 10 月　文 348 页　彩色图版、单色图版拓片
566 幅　8 开

全书分"乐器""图像""曾侯乙墓"专辑三章。书前有王子初所作
介绍文章《湖北音乐文物综述》。书后附录图片索引、附表、曾侯乙墓音
乐论著索引、曾侯乙墓钟、磬铭文释文与考释、湖北省音乐文物分布图。
本卷收录湖北省 700 余件音乐文物，其中新石器时代音乐文物有京山朱家
嘴、黄冈牛角山、枣阳雕龙碑等遗址出土陶响球，天门石家河发现的陶
铃等。

中国音乐文物大系：北京卷　《中国音乐文物大系》总编辑部
本卷主编袁荃猷　1996 年 11 月　文 292 页　彩色图版　单色图版拓片
676 幅　8 开

全书分"乐器"和"图像"两章。书前有袁荃猷所作介绍文章《北
京音乐文物综述》。书后附录图片索引和部分形制数据和测音结果。本卷
收故宫博物院和中国历史博物馆所藏新石器时代至清代音乐文物 301 项，
新石器时代音乐文物有舞阳贾湖骨笛、浙江余姚河姆渡骨哨、河南陕县
庙底沟陶钟、甘肃兰州永登乐山坪彩陶鼓等。

中国音乐文物大系：陕西卷·天津卷　《中国音乐文物大系》总编
辑部　方建军（陕西卷）主编；黄崇文（天津卷）主编　大象出版社
1996 年 11 月　文 247 页　彩色图版 149 幅（组）（陕西卷）；45 幅（组）
（天津卷）　8 开

陕西卷由中国艺术研究院音乐研究所、陕西省考古研究所和西安音乐学院共同编著，分"乐器"和"图像"两章，并有附录6种，方建军撰文《陕西音乐文物综述》。其中收录的新石器时代音乐文物有西安半坡和临潼姜寨遗址出土的陶埙、华县井家堡遗址出土陶角、姜寨和铜川李家沟遗址出土的陶响器等。天津卷由中国艺术研究院音乐研究所、天津艺术博物馆、天津市历史博物馆共同编著，分"乐器"和"图像"两章，黄崇文为本卷撰写《天津音乐文物综述》。

中国音乐文物大系：河南卷　《中国音乐文物大系》总编辑部　本卷主编赵世刚　大象出版社　1996年12月　文329页　彩色图版　697幅　8开

本卷由中国艺术研究院音乐研究所、河南省文物考古研究所和河南省博物馆合编，分《乐器》和《图像》两章。赵世纲为本卷撰写《河南音乐文物综述》。本卷收集河南省从新石器时代至元明时期音乐文物，其中新石器时代音乐文物有舞阳贾湖和汝州中山寨遗址的骨笛、禹州谷水河遗址陶号角、郑州大河村遗址的陶鼓和陶铃、禹州阎砦遗址的石磬、临汝大张遗址的陶鼓等。

中国古代乐器概论（远古—汉代）　方建军著　陕西人民出版社1996年12月　文161页　附表30幅　插图123幅　16开

本书是一部音乐考古学研究的专著。探讨了中国古代乐器研究的意义、研究对象和内容、研究方法、研究历史以及中国古代乐器的发现和种类、击乐器、管乐器和弦乐器。

中国音乐史　秦序编著　文化艺术出版社　1998年1月　文162页32开

本书分八章：一、远古及夏代的音乐，二、商、周的音乐，三、秦、汉的音乐，四、魏、晋、南北朝的音乐，五、隋、唐、五代的音乐，六、宋、元的音乐，七、明、清的音乐，八、近、现代的中国音乐。概略介绍了8000年来中国音乐的发展历程。

中国音乐文物大系：甘肃卷　《中国音乐文物大系》总编辑部　本卷

主编郑汝中　大象出版社　1998 年 9 月　文 299 页　彩色图版、单色图版 522 幅　　8 开

本卷分"乐器"和"图像"两部分，收录甘肃境内从新石器时代至清代音乐文物。图像部分，介绍了敦煌莫高窟、安西榆林窟和河西石窟壁画。郑汝中为本卷撰写《甘肃音乐文物综述》。附录图片索引、甘肃音乐文物分布图。收录的新石器时代音乐文物有陶响器、陶鼓、陶埙以及齐家文化石磬等。

追寻逝去的音乐踪迹：图说中国音乐史　吴钊著　东方出版社 1999 年 10 月　文 438 页　彩色图版 636 幅　小 8 开

本书分上、中、下三卷。上卷：神奇的音乐世界——远古三代秦汉的音乐（一、中国音乐文明之源，二、中国礼乐制度的起源——龙山文化石磬和陶寺大墓的特磬与鼍鼓）；中卷：艺术的觉醒——三国魏晋六朝隋唐的音乐；下卷：从宫廷到市井——晚唐五代宋元明清音乐。该书是利用出土文物和图像资料编撰的中国音乐文化史专著，通过大量反映中国古代音乐生活的绘画，雕塑及出土乐器的图版，展现中国音乐文化的起源和发展。于润洋为本书作序。

中国音乐文物大系：山西卷　《中国音乐文物大系》总编辑部　本卷主编项阳　副主编李治国　大象出版社　2000 年 6 月　文 369 页　彩色图版 235 组　8 开

本卷发表山西境内古代乐器资料和音乐图像资料。重点介绍陶寺遗址出土的乐器和云冈石窟的音乐图像。项阳、陶正刚为本卷撰写专论。陶寺遗址出土的乐器有鼍鼓、石磬、陶埙、土鼓、陶铃、铜铃等。

中国音乐文物大系：山东卷　《中国音乐文化大系》总编辑部　本卷主编周昌富、温增源　大象出版社　2001 年 12 月　356 页　8 开

本卷收入山东省音乐文物 500 余件，分《乐器》和《图像》两章，周昌富撰写《山东音乐文物综述》。其中收录的新石器时代音乐文物有

日照东海峪和章丘城子崖遗址出土的陶响器、莒县陵阳河遗址出土的陶角和笛柄杯、潍坊姚官庄和烟台邱家庄遗址出土的陶埙、泰安大汶口遗址出土的陶铃、邹城野店遗址出土的陶鼓等。

中国古代音乐史 余甲方著 上海人民出版社 2003 年 1 月 文 217 页 插图 233 幅 彩色图版 121 幅 16 开

本书从先秦雅乐的鼎盛到明清俗乐的争盛，以民歌、歌舞、说唱、戏曲、器乐等五大传统音乐体裁分类，对中国古代音乐史进行了探究。原始音乐这一章中提及马家窑文化青海大通上孙寨出土的舞蹈纹彩陶盆。

中国音乐考古学（中国传统音乐学丛书） 王子初著 福建教育出版社 2003 年 8 月 文 632 页 插图 335 幅 32 开

本书第一章为"绪论"，介绍音乐考古学的基本概念、形成与发展、相关学科、研究对象。第二至第八章，按历史时代，分别讲述从史前至明清音乐文物的分类、时代特征和形态特征。第九章介绍音乐考古学的研究方法。第十章是研究专论。

困知选录：李纯一音乐学术论文集（中国音乐研究文库） 李纯一著 上海音乐学院出版社 2004 年 12 月 文 330 页 32 开

本书收录作者的 29 篇旧文，内容涉及中国音乐考古学，中国古代音乐史，先秦音乐思想探索。

先秦音乐史（修订版） 李纯一著 人民音乐出版社 2005 年 7 月 文 251 页 彩色图版 43 页 插图 104 幅 32 开

本书在 1994 年版基础上修订。全书分五章：一、远古和夏代的音乐，二、商代音乐，三、西周音乐，四、春秋音乐，五、战国音乐。

地下音乐文本的解读：方建军音乐考古文集（天津音乐学院学术丛书）方建军著 上海音乐学院出版社 2006 年 12 月 文 420 页 插图 49 幅 插表 46 幅 32 开

本书汇集作者的 36 篇论文，内容涉及出土乐器研究、音乐考古的理论和方法、古代音乐文化。

中国舞蹈史（先秦部分）　孙景琛著　文化艺术出版社　1983 年 10 月　32 开　文 158 页　图版 8 页　有插图

目录：一、远古，二、夏、商，三、西周、春秋、战国。远古部分内容分 6 节：1. 概况，2. 原始文化和舞蹈的起源，3. 舞蹈在氏族公社中的发展，4. 古代传说中的原始氏族、部落和舞蹈，5. 原始舞蹈的内容、形式和社会作用，6. 结语。

中国舞蹈发展史（中国文化史丛书）　王克芬著　上海人民出版社　1989 年 10 月　文 358 页　插图 46 幅　彩色图版 8 页　黑白图版 32 页　大 32 开

本书分八章：第一章原始舞蹈产生与发展的轨迹，第二章夏商奴隶制时代舞蹈的发展，第三章两周时期舞蹈的发展和变革，第四章舞蹈艺术取得重大发展的汉代，第五章各族乐舞在纷呈交流中发展的三国、两晋、南北朝时代，第六章辉煌唐舞，第七章舞蹈艺术发展的转折期——辽、宋、西夏、金代的舞蹈，第八章元、明、清舞蹈艺术的传承与变异。该书是一部阐述中国舞蹈发展史的专题学术著作，系统地论述了我国舞蹈艺术自原始社会至明清时期产生、发展、传承、变异的历史轨迹，展现了中国舞蹈艺术在不同历史时期的风貌、成就和艺术特色。

中国古代舞蹈（中国文化史知识丛书）刘芹著　商务印书馆　1991 年 12 月　文 136 页　插图 37 幅　彩色图版 8 页　32 开

本书是中国文化史知识丛书之一，介绍中国古代舞蹈。全书分十六章，时代从原始时期至明清。

中华舞蹈图史　王克芬著　台北文津出版社　2002 年 2 月　文 247 页　插图 669 幅　大 16 开

本书对各类文物和石窟佛寺中的舞蹈形象进行搜集、整理和研究，利用图像资料论述中国舞蹈发展的历史。

中国古代体育史简编 李季芳、周西宽、徐永昌主编 人民体育出版社 1984年8月 文312页 32开

本书分九章：第一章 体育的起源和萌芽，第二章 夏商西周时期的体育，第三章 春秋战国时期的体育，第四章 秦汉三国时期的体育，第五章两晋南北朝时期的体育，第六章 隋唐五代时期的体育，第七章 宋元时期的体育，第八章 明清（鸦片战争以前）时期的体育（上），第九章明清（鸦片战争以前）时期的体育（下）。附章：中国古代各项体育活动发展概要。

中国古代体育文物图集 邵文良编著 人民体育出版社 1986年8月 文40页 彩色图版76幅 黑白图版101幅 大16开

本图集展示了有关古代体育的文物精品。其中包括古代铭刻资料、古代雕塑或绘画作品，以及器物上的装饰图案等图片177幅。并分别以不同的形式，从不同的角度反映了射箭、角力、技击、蹴鞠、击球、捶丸、游水和竞渡、围棋和象棋、导引、马术、冰嬉、游戏、百戏等13类体育活动真实情景。

中国古代体育史话 刘秉果著 文物出版社 1987年11月 文141页 插图33幅 黑白图版48幅 大32开

本书分十个部分，内容包括：蹴鞠、击鞠、中华武术、摔跤、田径、水上运动、骑射、围棋、导引、民俗体育。中国古代体育的发展不仅有大量文献记载，而且青铜器、汉画像石、铜镜、陶俑、绘画、雕刻等文物上面均有反映体育运动的图像，为世界其他国家所仅见。本书选择了部分文物图像配合文字，以便读者能够较清晰地了解我国古代体育运动发展的全貌。

中国体育史·上册：古代部分 林伯原编著 北京体育学院出版社 1989年6月 文405页 插图74幅 32开

本书记录、描述和总结了中国体育发展全过程。上册第一章为体育的起源与原始体育形态，第二章为夏商西周时期的体育。

中国古代体育史　毕世明主编　北京体育学院出版社　1990 年 6 月　文 432 页　插图 13 幅　彩色图版 15 页　黑白图版 17 页　32 开

本书分八章，第一章论述体育的起源和原始状态的体育，第二至八章，分别论述夏、商、西周至明清的体育。

中国古代体育（中国文化史知识丛书）　任海著　商务印书馆 1991 年 11 月　文 118 页　插图 3 幅　彩色图版 2 页　32 开

本书论述中国古代体育，认为原始社会半坡居住遗址中发现的大批石球与体育活动有关。

中国体育史　谷世权编著　北京体育大学出版社　1997 年 5 月　文 394 页　32 开

本书分十二章：第一章体育的起源和原始状态的体育，第二章夏、商、西周时期的体育，第三章春秋战国时期的体育，第四章封建社会前期的体育（秦、汉、三国、两晋南北朝），第五章封建社会中期的体育（隋、唐、五代十国），第六章封建社会后期的体育（宋、元、明、清时期），第七章传统体育的继承发展与西方体育的传入中国，第八章民初与北洋军阀统治时期的体育，第九章国民党政府统治时期的中国体育，第十章革命根据地时期的体育，第十一章中华人民共和国的体育（上），第十二章中华人民共和国的体育（下）。附录：台湾省暨香港、澳门体育简介。

中国体育史　刘秉果著　上海古籍出版社　2003 年 8 月　文 429 页　32 开

本书为文献资料、文物资料两者结合编写的一部中国古代体育史。全书分导引、武术、击剑、足球、马球、田径、骑射、游泳、戏车等二十章。

3. 古代丧葬习俗

中国古代的人牲人殉　黄展岳著　文物出版社　1990 年 2 月　文 302 页　插图 79 幅　大 32 开

本书分九章：一、中国史前期人牲人殉遗存，二、商代的人牲，三、殷商墓葬中人殉人牲的考察，四、西周的人牲人殉，五、东周的人牲人殉，六、秦汉至明清的人牲，七、秦汉至明清的人殉，八、明清皇室的宫妃殉葬制，九、人牲人殉与中国古代社会。人牲人殉的起源作为代序。其中第一、三、八章作为单篇论文曾发表过。

中国丧葬礼俗（中国社会史丛书）　徐吉军、贺云翔著　浙江人民出版社　1991 年 10 月　文 458 页　黑白图版 4 页　插图 61 幅　32 开

丧葬礼俗是中国历史和文化研究的一个大题目。本书分七章，对中国古代的丧葬观、丧葬礼仪、葬法和葬式、墓室与棺椁、丧服制式、居丧生活及明器与殉葬进行了全面论述。葬法一节中论述了新石器时代的一次葬、二次葬、屈肢葬等，墓地制度、殉葬制度；二节中论述了史前墓地和龙山文化时期的人殉习俗。

中国墓葬历史图鉴（上、中、下三卷）（中国墓葬研究书系）　叶骁军著　甘肃文化出版社　1994 年 5 月　上卷：文 310 页　彩色图版 4 幅　中卷：文 293 页　彩色图版 2 幅　下卷：文 289 页　彩色图版 3 幅　16 开

本书收录有关图版 2000 余幅，论述中国历代墓葬发生、发展和衰落的历史。内容涉及墓地墓位选择，墓穴墓圹和棺椁的形制，葬式及随葬品，墓上封土和地面建筑，列石和茔域范围，陪葬墓等。上卷：新石器时代至秦汉；中卷：魏晋、隋唐和宋元时期；下卷：明清和民国时期。书后附"中国墓葬研究的文献目录"。

中国墓葬发展史（中国墓葬研究书系）　叶骁军著　甘肃文化出版社　1994 年 5 月　文 171 页　16 开

本书论述了我国自新石器时代至近代墓葬发生、发展和衰落的历史。第一编新石器时代墓葬，第二编商周墓葬，第三编秦汉墓葬，第四编魏晋南北朝墓葬，第五编隋唐墓葬，第六编宋元墓葬，第七编明清墓葬，第八编中华民国南京政府时期重要墓葬。

中国丧葬史（中国文化史丛书·26） 张捷夫著 台北文津出版社 1995 年 7 月 文 324 页 彩色图版 20 幅 大 32 开

本书共七章，分别介绍了先秦、秦汉、魏晋南北朝、隋唐五代、宋元、明清和古代少数民族的丧葬制度、葬俗礼仪。杨向奎为本书作序。

中国丧葬史 徐吉军著 江西高校出版社 1998 年 1 月 目录 8 页 文 570 页 插图 119 幅 彩色图版 20 幅 大 32 开

本书共九章。第一章，原始社会的丧葬；第二章，夏商西周时期的丧葬；第三章，春秋战国时期的丧葬；第四章，秦汉时期的丧葬；第五章，魏晋南北朝时期的丧葬；第六章，隋唐五代时期的丧葬；第七章，宋元时期的丧葬；第八章，明清时期的丧葬；第九章，民国时期的丧葬。

丧葬史话（中华文明史话） 张捷夫著 中国大百科全书出版社 2000 年 1 月 文 171 页 插图 21 幅 32 开

本书介绍了中国丧葬文化的兴衰史，讲述了不同民族、不同时期丧葬思想的表现形式及其在历史上的不同影响。其中包括原始社会时期山东大汶口遗址的丧葬习俗和思想。

古代人牲人殉通论 黄展岳著 文物出版社 2004 年 12 月 文 306 页 插图 132 幅 16 开

作者在 1990 年版《中国古代的人牲人殉》一书基础上，补充新的考古资料，重点对前五章中有关史前期至东周的人牲人殉部分进行增补修订。

4. 原始宗教信仰

图腾艺术史 岑家梧著 学林出版社 1986年8月 32开 文159页 彩版4页 插图70余幅

目录：一、释图腾制，二、图腾制之地理分布，三、图腾的文学，四、图腾的装饰，五、图腾的雕刻，六、图腾的图画，七、图腾的跳舞，八、图腾的音乐，九、结论。图腾制普遍存在于世界各民族的原始社会中，图腾制的研究，对研究原始氏族的社会结构，原始人类的活动方式具有重要意义，对研究艺术和宗教的起源等有很大价值。作者征引了国内外大量材料，进行排比分析，提出了自己的见解。本书是作者30年代在日本留学期间写成的。

巫与巫术 宋兆麟著 四川民族出版社 1989年5月 32开 文397页 有插图

目录：一、巫的源流，二、巫师，三、巫师的信仰，四、预言、征兆和占卜，五、祭祀，六、巫术，七、巫医，八、神判和法律，九、巫和文学艺术，十、巫和自然科学。

原始信仰和中国古神 王小盾著 上海古籍出版社 1989年10月 32开 文163页

目录：一、引言：人的世界和神的世界，二、社神和稷神，三、自然信仰，四、神秘的姓氏，五、图腾信仰，六、伏羲和女娲，七、祖先信仰，八、结语：中国古神和中国新神。该书为文化春秋丛书之一。

虎豹熊罴演大荒：图腾与中国史前文化 王一兵著 陕西人民教育出版社 1991年9月 文206页 32开

本书目录：1、文化的标志，2、文化的族属，3、文化的交锋，4、文化的融合，5、文化的统一。该书论述了图腾与中国史前文化的关系。

中国古代龟卜文化 刘玉建著 广西师范大学出版社 1992 年 4 月
文 432 页 插图 28 幅 大 32 开

全书分七章：一、神圣的龟，二、龟卜的起源，三、夏代龟卜概述，四、商代龟卜的鼎盛发展，五、西周龟卜的继续发展，六、春秋时期龟卜大普及时代，七、战国以后龟卜的衰亡。刘大钧为本书作序。

中國古代神格人面岩畫 宋耀良著 三聯書店（香港）有限公司
1992 年 10 月 文 365 頁 插圖 400 幅 大 32 開

本书概述中国史前人面岩画的三大分布带的发现，论述了人面岩画的符式特征、制作技法、分布区域及传播演变过程；并结合史前彩陶、甲骨文、金文、商周青铜器纹饰、上古神话、傩戏面具等，提示中国史前人面岩画为中国文化的源头之一。

中国史前神格人面岩画 宋耀良著 三联书店上海分店 1992 年 10月 文 365 页 插图 293 幅 16 开

本书分九章：一、分布范围与地理特征，二、图像特征与类型，三、制作技法与伴生符号，四、主要遗存址，五、制作年代与制作者族属，六、符式的起源、传播与演变，七、性质与功能，八、对中国文化的意义，九、流向何处。

龙与中国文化 刘志雄、杨静荣著 人民出版社 1992 年 11 月 文327 页 彩色图版 103 幅 大 32 开

本书以考古、文物资料为基础，结合古代文献、探讨龙的起源、形成、演变以及历代文物上龙纹的含义，张忠培为本书作序。

生命之树（中国民艺民俗与考古文化丛书） 靳之林著 中国社会科学出版社 1994 年 4 月 目录、图版、目录 41 页 文 488 页 图版700 组 彩色图版 45 组 16 开

此书是《中国民艺民俗与考古文化丛书》的第二部，是作者继第一部《中华民族的保护神与繁衍之神——抓髻娃娃》之后，对长江流域及黄河下游进行民间文化和考古文化的实地考察后完成的。

中国史前神格人面岩画 宋耀良著 上海三联书店 1994 年 4 月

文 365 页　图版 400 幅　大 32 开

本书概述中国史前人面岩画三大分布带的发现，论述了人面岩画的符式特征、制作技法、分布区域及传播演变过程。书中图片大部分为第一次发表。

中国古代面具研究　李锦山、李光雨著　山东大学出版社　1994 年 12 月　文 279 页　插图 80 幅　附表 7 幅　大 32 开

本书收集考古学、文献学、民族学资料，论述中国古代面具的产生与发展，以及在各种仪式、场合中的用途。全书共三章：第一章，史前面具研究；第二章，西周面具研究；第三章，两汉面具研究。蒋英炬为本书作序。

神话考古　陆思贤著　文物出版社　1995 年 12 月　文 370 页　插图 138 幅　大 32 开

本书是利用考古资料研究中国古代神话的专著。共分九章：一、华山玫瑰与伏羲氏诞生神话；二、女神庙的发现和女娲神话；三、鸟形图画字记载远古东夷系神话；四、鱼形、虎形装饰反映羌戎系神话；五、"半角柱"图案与伏羲氏"仰观俯察"；六、羊角图腾柱用为立杆侧影的诸神起源；七、伏羲氏"观象画卦"的远古依据；八、"伏羲鳞身、女娲蛇躯"的渊源；九、"龙马负图、洛龟载书"的奥秘。

中国面具史　顾朴光著　贵州民族出版社　1996 年 1 月　文 475 页　彩色出版 40 幅　插图 288 幅　大 32 开

本书论述了中国古代面具史，其中《远古时期的面具》一章中包含旧石器时代、新石器时代发现的面具。

中国各民族原始宗教资料集成：考古卷　于锦绣、杨淑荣主编　中国社会科学出版社　1996 年 3 月　总序、目次、前言 46 页　正文 837 页　彩色图版 43 幅　黑白图版 104 幅　16 开

本书是《中国各民族原始宗教资料集成》系列丛书的分卷，汇编中国原始宗教遗存的考古资料，内容包括各种形式的原始墓葬、氏族村落、

墓地、祭祀场所遗址、岩刻、石刻，以及各种随葬的、出土的带有宗教意味的器具和物品。年代上起北京周口店山顶洞人文化期，下迄原始社会末期，地点遍及全国，资料按地区编排。卷首有于锦绣、杨淑荣所作前言《中国考古发现在原始宗教研究中的价值和意义》。

东方文明的曙光——中原神话论（东方学术丛书） 张振犁、陈江凤等著 东方出版中心 1999年2月 文279页 32开

本书是探讨中原神话文化价值的学术专著，作者通过10多年的调查访问，在口碑相传的中原活神话材料的基础上，结合文献记载写成本书，旨在为中国神话学规范化的学科建设奠定基础。

中国风俗通史：原始社会卷 宋兆麟著 上海文艺出版社 2001年文599页 32开

本卷介绍了原始风俗的起源、性质、特点，总结原始风俗的发展规律，以及原始风俗的历史地位和影响等。

（三） 古代科学技术

1. 古代科技与科技史

中国科学技术史稿（上册） 杜石然等编著 科学出版社 1982年8月 文372页 32开， 北京大学出版社 2012年2月

本书分十章：第一章原始技术和科学知识的萌芽，第二章技术和科学知识的积累，第三章古代科学技术体系的奠基，第四章古代科学技术体系的形成，第五章古代科技体系的充实和提高，第六章古代科学技术体系的持续发展，第七章古代科学技术发展的高峰，第八章传统科学技术的缓慢发展，第九章西方科学技术的开始传入，第十章近代的科学技术。《中国科学技术史稿》是国内外第一部以时代先后顺序综合论述中国

科学技术通史的专著。结合历史上各个时期的社会背景，《中国科学技术史稿》给出了我国科学技术发展的初始、体系形成、高潮的起落等合乎科技发展自身内在规律的阐述。对我国传统科学技术（农业、医药、天文历法、数学、地理、地图、建筑、机械、制瓷、造纸、桥梁等）各个方面的杰出成就，从文献学、考古学、历史学、比较文化史学等方面进行了充分论说。结语部分，对我国古代科学技术体系问题及我国近代科技发展迟缓、滞后的原因等问题进行了探讨。

中国科技史话（上册）　杨文衡等编著　中国科学技术出版社 1988 年 7 月　文 302 页　插图 54 幅　大 32 开

本书介绍中国古代科学技术成就。内容包括：数学、天文、物理、化学、农学、生物学、建筑、水利、地学、采矿和冶炼等，由新石器时代写到隋唐时期。

中国上古时期科学技术史话　容镕编著　中国环境科学出版社 1990 年 6 月　文 202 页　插图 10 幅　32 开

本书分原始社会和奴隶社会两个部分，分别按数学、物理、化学、天文、地学、生物等基础科学以及农牧业和工程技术等进行阐述。

中国工业技术史　祝寿慈著　重庆出版社　1995 年 6 月　目次 10 页 文 1477 页　大 32 开

全书分上下两编，共计 12 章。上编：中国各时代工业技术史，内设三章，分别阐述中国古代工业技术特点及各个历史时期的发展、中国近现代工业技术发展的特点和演变。下编：中国各部门工业技术史，共 9 章，依次讲述了石器和骨器工艺、陶瓷工业、纺织印染工业、矿冶工业、金属器物铸锻、化学与兵器工业、制车造船工业和漆器工艺、造纸和印刷工业、食品工业等门类的工业技术发展过程、技术特点和突出成就。本书大量引用了现代考古发掘的成果。

中国科技史求索　王星光著　天津人民出版社　1995 年 8 月　文 354 页　大 32 开

本书收录作者论文 32 篇。按内容分为生产工具史研究、农业史研究、科技人物研究、科技史综论四部分。多数文章曾在报刊上发表过。

中华科技五千年 华觉明主编 郭书春等副主编 山东教育出版社
1997 年 10 月 文 477 页 大 16 开

本书是面向青年读者的普及型读物。由中国科学院自然科学史研究所、中国科学技术大学科学史研究室、中国历史博物馆科技史组和清华大学科学技术史暨古文献研究所的多位作者共同撰写。路甬祥为本书作序。

黄河与科技文明 王星光、张新斌著 黄河水利出版社 2000 年 1
月 文 384 页 32 开

本书分十二章：一、黄河与中国传统科技文明，二、黄河与中国传统农业科学技术，三、黄河与中国传统水利科学技术，四、黄河与中国传统陶瓷技术，五、黄河流域传统纺织技术，六、黄河与中国传统交通运输工程技术，七、黄河流域传统冶金技术，八、黄河与中国传统城市建筑技术，九、黄河与中国古代的四大发明，十、黄河与中国传统生物学的发展，十一、黄河与中国传统地学的发展，十二、黄河与中国传统天文学、数学及物理学的成就。傅振伦为本书作序。

中国科学技术史：通史卷 杜石然主编 金秋鹏副主编 科学出版社
2003 年 1 月 文 979 页 插图 579 幅 16 开

本书在《中国科学技术史稿》的基础上，结合近 20 年考古新发现和研究新成果，进行修订和增补。

2. 原始农业

中国史前时期之农业 安志敏著 燕京社会科学第二卷抽印本

1949 年 12 月　16 开　文 58 页　插图 3 幅

著者认为：中国史前时期，至少在中原地方，自新石器时代末期已完全进入农业社会，以农业为主要生产，形成了农业社会之村落。由考古学上直接或间接之证明，史前之农作物有粟、麦、稻三种；收获用之农具有石刀、石镰、蚌镰。

中国生产工具发达简史　荆三林著　山东人民出版社　1955 年 12 月　32 开　文 117 页　有插图

目录：上编：石制生产工具时代（远古——纪元前 2200 年前后的夏代）；中编：金属生产工具的发生及发达时代（夏、殷、周即公元前 2200 年～公元前 221 年）；下编：机械生产工具的发生与发达时代（秦汉至明清即公元前 221 年～公元 1908 年）。

该书主要叙述中国古代劳动人民在生产工具上伟大创造的历史。

耒耜的起源及其发展　孙常叙著　上海人民出版社　1959 年 6 月　文 47 页　32 开

耒耜为先秦时期的主要农耕工具。本书目录：一、耒是从尖头木棒发展来的，二、耒的两种发展，三、耜的两种发展，四、结语。

中国古农具发展史简编（中国农史研究丛书）　犁播编　农业出版社　1981 年 2 月　文 128 页　插图 134 幅　大 32 开

本书分两篇：第一篇原始社会和奴隶社会农业生产工具，第二篇封建社会农业生产工具。

中国农业技术发展简史　闵宗殿、董凯忱、陈文华编著　农业出版社　1983 年 4 月　32 开　文 133 页

目录：一、农业技术的萌芽时期（新石器时代距今 10000～4000 年），二、农业技术的初步发展时期（夏、商、西周即公元前 2000～公元前 771 年），三、精耕细作农业技术的发生时期（春秋战国即公元前 770～公元前 221 年），四、北方旱作技术体系的形成时期（秦汉至南北朝即公元前 221～公元 581 年），五、南方水田农业技术的发展时期（隋、唐、宋、元即 581～1368 年），六、传统农业技术的深入发展与继续提高时期（明清即 1368～1840 年），结束语。

原始农业史话（中国农学普及丛书）　倪波、陈日朋编著　农业出版社　1985年5月　32开　文70页　插图31幅

目录：一、史前诱人之课题，二、人类文明之母，三、人类童年的生活，四、石斧，开辟了农业之路，五、最古老的农作物，六、从野兽到家畜，七、制陶、纺织、建筑，八、第一支农业大军，九、原始社会的农业革命。

中国古代农业科技史图说（中国农业博物馆丛书）　中国农业博物馆农史研究室编　闵宗殿、彭治富、王潮生主编　农业出版社　1989年9月　文461页　插图655幅　表472幅　16开

本书分六章：第一章农业技术的萌芽时期，第二章农业技术的初步发展时期，第三章精耕细作技术的发生时期，第四章北方旱地精耕细作技术的形成时期，第五章南方水田精耕细作技术的形成时期，第六章精耕细作技术深入发展时期。

中国农业科学技术史稿　梁家勉主编　农业出版社　1989年10月　16开　文628页　有插图

目录：一、原始社会时期，二、夏、商、西周时期，三、春秋战国时期，四、秦汉时期，五、魏晋南北朝时期，六、隋唐五代时期，七、宋元时期，八、明清时期。该书记述了上起原始社会农业发生时期，下迄鸦片战争前后，中国历史上各民族地区，农、林、牧、渔、副等领域农业科学技术发展概况。

论农业考古　陈文华著　江西教育出版社　1990年7月　文344页　插图96幅　大32开

本书是一部农业考古论文集，收入论文13篇。

中国古代农业科技史图谱　陈文华编著　农业出版社　1991年12月　文510页　插图1436幅　16开

本书分五编共30章，以图文结合的方式，在文献资料的基础上，尽量采用考古学成果，从生产力的角度研究中国古代农业历史。重点是研

究历代田间生产技术和农业工具。

中国东北农业史（长白丛书研究系列之二十一） 衣保中著 吉林文史出版社 1993 年 12 月 文 702 页 32 开

本书共分十章。介绍了东北地区从史前时期至历史时期的农业发展历程，书后有后记和附记。

农业的起源和发展 香港树仁学院编著 王玉棠、吴仁德、张之恒、陈文华主编 南京大学出版社 1996 年 3 月 文 475 页 黑白图版 5 页（11 幅） 大 32 开

本书选收 1991 年 8 月在南昌召开的"首届农业考古国际学术讨论会"上提交的论文 33 篇，并按内容编排为五章：一、中国农业起源概论；二、中国水稻的起源和传播；三、中国各地区农业的起源及发展；四、中国大豆、马铃薯、蚕丝、苎麻的栽培和发展；五、中国古代农业工具。

农史研究文集 游修龄编著 中国农业出版社 1999 年 7 月 文 493 页 大 32 开

本书辑录作者近 20 年来发表于不同刊物上的有关农作物起源和传播、稻作历史与文化研究的文章近 20 篇。

农业科技史话（中华文明史话） 李根蟠著 中国大百科全书出版社 2000 年 1 月 文 196 页 插图 18 幅 32 开

本书从中国农业的起源和发展，对动植物的驯化、引进和利用，传统农具的创新和演进，中国传统农业科学体系等方面加以阐述，揭示了中国传统农业和农业科技的丰富内涵和巨大成就。

农业考古（20 世纪中国文物考古发现与研究丛书） 陈文华著 文物出版社 2002 年 2 月 文 205 页 插图 65 幅 彩色图版 4 页 大 32 开

本书全面综述了 20 世纪中国农业考古的重要发现和研究成果，探讨了农业的起源和发展历史。

史前农业探研 刘兴林著 黄山书社 2004 年 12 月 文 156 页 32 开

本书分"史前农业的发生"、"动物的驯化与农业的起源"、"史前稻作农业"、"史前旱作农业"、"史前农业生产工具和生产方式"、"史前先民的食物构成与粮食加工"、"原始农业宗教与文化"、"史前农业的发展和文明的起源"以及"史前农业研究的展望与思考"九个方面，对史前农业进行了分析和研究。

中国古代农业文明 陈文华著 江西科学技术出版社 2005 年 10 月 文 424 页 插图 104 幅 16 开

本书以文献记载和考古学、民族学、民俗学材料，以宏观的历史视角，阐述农业在发生、发展过程中所形成的文化现象及其演变进化的历程。全书分六章，从农业文明的萌芽新石器时代至农业文明的发达宋元、明清时期。

3. 古代天文

中国天文学史 中国天文学史整理研究小组编著 科学出版社 1981 年 5 月 文 265 页 16 开

本书介绍了从远古到近代的中国天文学发展史。分原始社会和奴隶社会、春秋到明末、明末到鸦片战争，近代中国四个时段进行叙述。其中对春秋到明末这一段以概况、历法、日月食、太阳系天体、宇宙论及天文仪器等七个专题分述，其余时段各为一章。

天文学史话（中华文明史话）　　冯时著　　中国大百科全书出版社
2000 年 1 月　文 226 页　插图 24 幅　32 开

本书结合文献学和考古学，从一个新的角度对中国古代天文学史进
行了系统的阐释，对诸如天文学的起源、二十八宿体系的形成、四象体
系的建立、星图的发展等重要问题都作了解释。书中提到河南濮阳西水
坡出土的新石器时代二象北斗星象图。

中国天文考古学（中国社会科学院青年学者文库）　　冯时著　　社会
科学文献出版社　2001 年 11 月　文 413 页　插图 202 幅　彩色图版 8 页
（17 幅）16 开

本书以考古发掘资料、古代器物和古文献资料为基础，探讨中国自
新石器时代以降的天文考古学问题，揭示古代先民在天文学领域取得的
成就，阐释天文学起源与文明起源的相互关系。

中国古代的天文与人文　　冯时著　　中国社会科学出版社　　2006 年 1
月　文 349 页　插图 69 幅　彩版 2 页　32 开

本书探讨中国古代天文学与古代文化的关系。以古代时空观的讨论
为前提，论述古代天文学与古代礼制、祭祀制度、宗教观念、哲学观念
的关系。

4. 古代兵器

中国古代兵器图集　　成东、钟少异编著　　解放军出版社　　1990 年 9
月　文 303 页　插图 1065 幅　彩色图版 37 页　12 开

本图集以考古发现的古兵器实物为主要资料，结合古代文献记载，
以图文并茂的方式，系统介绍自原始社会晚期至清代末年中国古代兵器
的发展历史。全书按朝代分十三章。各章均有概述，综合介绍每一朝代

兵器的演变过程，使用情况。每一章再分门别类介绍各种兵器。

兵器史话（中华文明史话） 杨毅、杨泓著 中国大百科全书出版社 2000 年 1 月 文 193 页 插图 44 幅 32 开

本书从远古时代兵器与生产工具分离的历史写起，以大量的考古资料和古文献资料为基础，对中国古代冷兵器时期的各种兵器和防护装具的特征及其在当时战争中的作用进行了较为详细的介绍，同时也介绍了中国古代火药和原始火器的发明及其在战争中的作用，以及元明时期火铳的发展历史。"兵器的起源"论述了新石器时代的兵器。

古代兵器通论（中国考古文物通论丛书） 杨泓著 紫禁城出版社 2005 年 12 月 文 270 页 插图 301 幅 16 开

本书分九章。一、绪论，二、石器时代的兵器，三、青铜时代的兵器，四、青铜兵器向钢铁兵器的过渡，五、秦汉兵器，六、魏晋南北朝兵器，七、隋唐兵器，八、宋代兵器，九、元明清兵器。

中国兵器史稿 周纬著 百花文艺出版社 2006 年 1 月 文 332 页 插图 51 幅 随文图版 92 版 彩版 16 页（37 幅）图版 16 页（35 幅）16 开

本书据新华书店 1957 年版重新整理出版。本书系统研究了中国古代兵器的发展源流、形制演变与制作工艺，其中包括新石器时代之石兵器等内容。

（四） 科技考古与文物保护

1. 总论

现代自然科学在考古学中的应用 日本第三次《大学与科学》公开

学术研讨会组织委员会编　韩钊等译　西北大学出版社　1992年8月
文154页　16开

　　本书汇辑了1989年11月初在东京举行的第三次《大学与科学》学术研讨会的论文14篇，内容涉及古代环境的复原、新的考古调查方法的应用等课题。包括《由海成冲积层中的海贝研究古环境的变迁——围绕绳纹时代展开讨论》等文章。

科技考古论丛（第二辑）　王昌燧主编　左健副主编　中国科技大学出版社　2000年5月　文236页　插图130幅　16开

　　本辑收录1998年第五届全国科技考古学术讨论会会议论文43篇，分8个专题：1、综述，2、科技考古中的新理论、新技术和新方法，3、断代测年与文物产地，4、遗址勘探技术及其应用，5、文物的成分、性能及制作工艺，6、文物保护与文物修复，7、计算机考古与其他，8、特邀报告（英文）。

考古文物与现代科技：现代科技考古研讨会论文汇编（中英文对照）
　　"现代科技考古研讨会"会议文集编辑委员会编　沙因、徐元邦、高广仁主编　人民出版社　2001年1月　文297页　插图54幅　题辞、彩色图版、照片8页　大16开

　　研讨会于1998年在中国科学院高能物理研究所召开。本文集收录探讨现代科技在考古研究工作中的作用和意义、现代核分析技术和其他非核分析方法应用于考古研究工作的成果（侧重中国古陶瓷的研究）等方面的论文30篇。

科技考古论丛（第三辑）　王昌燧主编　中国科学技术大学出版社　2003年8月　文246页　插图131幅　16开

　　本辑收录2001年第六届全国科技考古学术讨论会的论文40篇，编为4组：1.综述论评，2.文物结构、产地和制作工艺，3.遥感考古及其他，4.文物保护与修复。李家治为本辑作序。

科技考古（第一辑） 中国社会科学院考古研究所考古科技研究中心编 中国社会科学出版社 2005 年 10 月 文 466 页 插图 174 幅 彩色图版 8 页 16 开

本辑是中国社会科学院考古研究所考古科技研究中心成立十周年纪念论文集，收录论文 35 篇、笔谈 20 篇。附录：1. 考古科技中心 1995～2004 年研究成果著作目录，2. 考古科技中心 1995～2004 年技术工作成果目录。刘庆柱为本书作序。

科技考古学概论 赵丛苍主编 高等教育出版社 2006 年 5 月 448 页 16 开

本书介绍科技考古的发展历史和理论方法、考古探查、发掘与遗迹、遗物的采集与保存、遗迹遗物的分析研究、考古测年、文物形态结构与组成的研究、文物产地与矿料来源研究、生业考古、古代人骨研究。

2. 碳十四测年

中国考古学中碳十四年代数据集（1965～1981）（考古学专刊 乙种第二十一号） 中国社会科学院考古研究所编著 文物出版社 1983 年 6 月 16 开 文 321 页

书评：评《中国考古学中碳十四年代数据集（1965～1981）》 康捷 考古 1984 年 3 期

目录：前言，上篇：一、^{14}C 测定年代数据表使用说明，二、^{14}C 测定年代数据表，三、索引；下篇：一、^{14}C 年代的原理，二、^{14}C 测定年代的实验方法，三、^{14}C 年代测定中的有关问题，四、^{14}C 年代测定对我国考古学的贡献；参考文献，后记，英文提要。该书分上下篇。上篇碳－14 测定年代数据表，以中国社会科学院考古研究所实验室测定的 517 个考古数据和 95 个地质数据为基础，并附入其他实验室测定的考古数据 418 个。

书中考古数据分省（市、自治区）编排，还绘有标明遗址位置的分省图备查。下篇介绍碳－14测定年代的原理，样品采集，样品化学制备，测量方法，数据处理及其在考古研究中的应用。

中国^{14}C年代学研究　仇士华主编　科学出版社　1990年12月　文366页　插图127幅　16开

本书分二篇共21章，第一篇是关于^{14}C测定年代方法的基本原理和实验技术，共6章，分别阐述^{14}C测定年代方法的基本原理及发展概况，^{14}C样品的采集、制备、测量的实验技术，^{14}C测定年代方法的误差分析和我国的现代碳标准等。第二篇是^{14}C测定年代方法在晚第四纪研究中的应用。

中国考古学中碳十四年代数据集（1965~1991）（考古学专刊乙种第二十八号）　中国社会科学院考古研究所编　文物出版社　1992年3月　文487页　16开

本书收集1965~1991年间各碳十四实验室发表过的考古年代数据2146个，按省、市、自治区编排，并列出有关的文献资料。书后附有四种索引。

3. 考古技术

考古测量　王树林编著　北京大学出版社　1993年10月　文184页　插图230幅　16开

考古测量是考古工作的一项基本技术。本书作者集多年考古测量实践经验，从田野考古实际出发，系统介绍考古测量的原理和方法。该书可以作为大学考古专业教材和田野考古工作者的实用技术手册。

植硅石分析－在考古学和地质学中的应用　〔美〕多洛雷斯·派潘

诺著 姜钦华、王宪增、邓平译校 北京大学出版社 1994 年 3 月 文 176 页 黑白图版 96 幅 16 开

本书是论述植硅石分析的专著。介绍了植硅石分析的原理与方法，植硅石的形态和分类学，以及这门学科在考古学和地质学中的应用现状和前景。

考古绘图 马鸿藻编著 北京大学出版社 1993 年 4 月 文 160 页 16 开

本书介绍了将制图学理论和技术应用于考古工作和研究的一些必要知识，共六章，包括绪论，绘图的基本原理和基本常识，投影作图的法则及在考古工作中的应用，各类型考古绘图的基本要求和画法，以及插图的阅读与分析。重点介绍出土文物的正投影绘图。各章节都选择典型实例，全面系统地介绍考古绘图的原则和方法。

考古勘探 朱俊英编著 科学出版社 1996 年 9 月 文 194 页 插图 91 幅 16 开

本书从我国考古勘探的起源、发展、性质、任务以及手工铲探、考古物探、遥感技术、资料记录和整理、考古勘探工作管理等方面进行阐述，并对考古勘探的地层学原理、新石器时代至隋唐时期的城址、遗址、墓葬的特点作了介绍。石兴邦为本书作序。

遥感考古学 宋宝泉、邵锡惠编著 中州古籍出版社 2000 年 12 月 文 369 页 插图 56 幅 图版 64 页 16 开

本书介绍遥感考古学的理论基础、技术方法、仪器设备、国内外在文物保护和考古工作中的研究和应用，阐述现代遥感科学、信息科学和计算机技术在文物考古工作中的应用和意义。俞伟超为本书作序。

定量考古学（大学文科基本用书·考古文博） 陈铁梅编著 北京

大学出版社　2005年9月　文287页　插图60幅　表101幅　16开

　　本书为北京大学考古文博学院考古学系列教材之一，分上、下两篇。上篇介绍考古研究中的概率统计学基础；下篇结合 SPSS 统计软件，介绍多元统计方法在考古研究中的应用。严文明为本书作序。

4. 环境考古学

　　浙江余姚河姆渡新石器时代遗址动物群（浙江自然博物馆研究专著）魏丰、吴维棠、张明华、韩德芬著　海洋出版社　1989年3月　16开　文125页　黑白图版17页　插图56幅

　　该书根据1973～1974和1977～1978年浙江余姚河姆渡遗址两次发掘出土遗物，在对大量动物遗骸分类研究的基础上，对动物群的性质、遗址先民对环境的利用和改造、家畜的驯养、兽骨利用以及动物遗骸上反映的民俗现象进行了探讨。本书为浙江河姆渡新石器时代遗址动物群研究专著。

　　环境考古研究（第一辑）　周昆叔主编　科学出版社　1991年7月　文236页　插图57幅　黑白图版4页　16开

　　本书汇集了1990年10月"中国环境考古学术讨论会"上提交的论文38篇。书中论述了环境考古学的历史、内容、作用及前景，还就地层、沉积、古生物、遗存等方面，阐述了古文化与古环境的关系，讨论了环境考古的方法等问题。

　　环境考古研究（第二辑）　中国第四纪研究委员会环境考古专业委员会、北京大学环境科学研究中心合编　周昆叔、宋豫秦主编　科学出版社　2000年3月　文210页　插图36幅　16开

　　本辑为1994年"中国环境考古学术研讨会"论文集，收录论文34

篇，内容着重于中国全新世环境演变和人地关系机理研究方面，分为综合研究、古环境与古文化、专题研究三部分。宋豫秦为本书作序，周昆叔撰写前言。

花粉分析与环境考古　周昆叔著　学苑出版社　2002 年 9 月　文 277 页　插图 126 幅　16 开

本书结集了中国科学院地质与地球物理研究所周昆叔研究员 30 篇论著，是他或以他为主对中国 20 世纪后半叶诞生的花粉分析与环境考古两门新兴学科的研究成果。论述了第四纪古植被、古气候与古环境及其与人类生存和文化创造的密切关系。

长江三峡地区历史地理之研究　陈可畏主编　北京大学出版社　2002 年 11 月　文 329 页　插图 15 幅　32 开

本书从历史地理的角度，总结、分析三峡地区的历史地理演变及其经验、教训，对三峡地区今后的发展，文物古迹的保护与利用等问题提出意见和建议。

清江流域古动物遗存研究　陈全家、王善才、张典维著　科学出版社　2004 年 5 月　文 191 页　插图 203 幅　彩色图版 4 页　黑白图版 48 页　16 开

1987 ~ 1996 年，在清江流域旧石器时期遗址、新石器时期遗址、夏商周时期遗址中出土古动物遗存，本书予以报道和研究，并讨论动物群性质、生业模式、骨角制品的工艺流程、气候与生态环境等问题。袁靖、王善才分别为本书作序。

生态环境变迁与夏代的兴起探索　王星光著　科学出版社　2004 年 9 月　文 152 页　16 开

本书利用历史学、历史地理学、考古学、环境考古学、生态学、环境变迁学等学科的资料和综合研究的方法，对黄河中下游地区生态环境变迁进行了较为系统的探索，旨在探明生态环境条件在黄河中下游地区形成早期文明中心，并进而建立起夏王朝过程中的实际影响。李学勤、

李民分别为本书作序。

环境考古学 汤卓炜编著 科学出版社 2004年10月 文323页 插图54幅 16开

本书介绍环境考古学发展简史、研究现状、涵义、学科属性、分支和相关学科；阐释区域环境考古、遗址环境考古的原理和内容；说明地学环境考古、生物考古学、体质人类学、古环境病理研究的方法；分析生业模式、资源环境的人地关系、居址和聚落、自然灾害、骨骼病理、战争等环境因素。周昆叔为本书作序。

长江下游考古地理 高蒙河著 复旦大学出版社 2005年2月 文343页 插图97幅 表28幅 32开

本书考察长江下游先秦时期生态系统和人地关系的演变，探讨植根于历史地理学的考古地理学。本书目录：一、时空框架，二遗址分布，三、聚落景观，四、水陆环境，五、生物景观，六、矿产资源，七、人群迁徙与分布，结语，各表所引文献对照。

环境考古研究（第三辑） 中国第四纪科学研究会环境考古专业委员会、山东省文物考古研究所、郑州市文物考古研究所合编 周昆叔、莫多闻、佟佩华、袁靖、张松林主编 北京大学出版社 2006年10月 文274页 插图65幅 16开

本辑收录2002年第三届中国环境考古学大会上提交的32篇论文和3篇会议演讲稿，分为三组：综合研究、区域古环境与古文化、专题与方法研究。

5. 体质人类学

体质人类学 朱泓主编 高等教育出版社 2004年12月 文375

页　插图 136 幅　16 开

本书在 1993 年版基础上，增补中国古人类学、古人种学的新资料和近年的研究成果，评述一些新的理论框架。

中国西北地区古代居民种族研究　韩康信、谭婧泽、张帆著　复旦大学出版社　2005 年 4 月　文 293 页　插图 14 幅　图版 38 幅　16开

本书对青海大通上孙家寨遗址和甘肃玉门火烧沟遗址中出土的古代人类骨骼进行体质测量学和形态学研究，分析两个墓地人口的性别年龄分布结构、人骨的形态变异量度、种族、形态特征与周邻地区古代和现代居民之间的形态学关系等问题。金力为本书作序，韩康信撰写前言。

6. 文物保护

文物保护学基础　康忠熔主编　四川大学出版社　1995 年 2 月　文234 页　32 开

本书为高等学校考古及文物保护专业教材。全书有八章：第一章至第五章介绍与文物相关的科技基础知识；第六、七章介绍文物保护与鉴定的现代方法；第八章阐述文物科技保护的社会性。本书着重反映国内近十多年来文物保护的科技成果。

文物保存环境概论　郭宏编著　科学出版社　2001 年 9 月　文 290页　插图 125 幅　16 开

本书阐述各种环境因素对文物材料变质作用的过程、机理和预防对策。

中国文物分析鉴别与科学保护　马清林、苏伯民、胡之德、李最雄编著　科学出版社　2001 年 12 月　文 256 页　插图 46 幅　彩色图版 4 幅

16 开

本书论述文物的科学分析、科学保护及科学考古的方法、原理和应用，对陶器、织物、漆器、木器、青铜器、颜料、壁画等不同材质的文物进行分析。樊锦诗为本书作序。

重庆·2001 三峡文物保护学术研讨会论文集（长江三峡工程文物保护项目报告，丁种第一号）　重庆市文物局、重庆市移民局编　王川平主编　科学出版社　2003 年 7 月　文 358 页　插图 119 幅　大 16 开

文集收录论文 48 篇，内容涉及三峡地区旧石器时代、新石器时代、夏商周、秦汉各时段考古发掘和考古学研究，以及科技考古、地面文物保护、文物保护技术和文物档案保管等方面。

文物科技研究（第一辑）　中国文物研究所编　科学出版社　2004年 1 月　文 178 页　插图 46 幅　16 开

本辑收录有关文物保护理论与方法、应用技术研究、保护工程技术研究的论文 22 篇。

文物保护技术（管理学丛书）　王成兴、尹慧道主编　安徽大学出版社　2005 年 3 月　文 337 页　16 开

本书介绍文物保护中的环境因素以及陶瓷器、青铜器、金属类文物、石质文物、宝石玉器、玻璃珐琅器、纸质文物、纺织品、竹木漆器、骨角牙器的保护技术。

文物保护与科技考古　西北大学文博学院、中国化学会应用化学委员会考古与文物保护化学委员会、中国科技考古学会（筹）编　三秦出版社　2006 年 10 月　文 579 页　图 30 页（112 幅）　16 开

本书是 2006 年"第八届科技考古学术讨论会"和"第九届考古与文物保护化学学术研讨会"论文集。收录科技考古论文 35 篇，分为五组，一、断代测年，二、冶金考古，三、陶瓷、玻璃和玉器考古，四、环境

考古，五、其他。收录文物保护方面的论文 105 篇，分为七组，一、漆、木、竹器类文物保护，二、纸质、纺织品类文物保护，三、金属类文物保护，四、土遗址保护，五、彩绘壁画、泥塑类文物保护，六、博物馆环境，七、其他。此外，收录摘要 15 篇。

（五） 丛书、科普读物

1. 丛书

中国历史的童年（中国历史小丛书合订本）　中华书局编辑　中华书局　1982 年 11 月　32 开　　文 216 页　插图 54 幅

目录：一、蓝田人，二、北京人，三、仰韶文化，四、半坡村遗址，五、龙山文化，六、夏代文化，七、郑州商代城遗址，八、安阳殷墟。

文明的轨迹——从考古发掘看中国文明的演进（文明的探索丛书）杨泓著　中华书局（香港）有限公司　1988 年　文 144 页　有插图

目录：从长城和舞龙谈起——代前言，1. 蟠伏的巨龙（史前期的文明曙光），2. 青铜的光辉（商周的文明），3. 百花齐放（春秋战国的文明），4. 统一的夸耀（秦代文明）。

百川归海（文明的探索丛书）　乌恩著　中华书局（香港）有限公司　1989 年 8 月　文 150 页　插图 101 幅　大 32 开

本书根据文献记载和考古发现，介绍中国古代各少数民族的经济文化发展与交流。

中国史前文化（中国文化史知识丛书）　主编 王绍曾、罗青　蔡凤书著　山东教育出版社　1991 年 8 月　文 113 页　32 开

本书目录：前言，一、中国史前文化概述，二、进军自然的先驱——石器，三、绚丽多彩的骨、角、蚌器，四、史前文化的重大发明——陶器，五、从穴居野处到村落聚居，六、最初的谋生手段——渔

猎与采集，七、农业是文明产生的基础，八、从狩猎到驯养，九、原始
手工业面面观，十、家庭、婚姻与氏族，十一、生者与亡灵，十二、原
始信仰及习俗，十三、萌芽状态中的原始艺术，十四、原始科学知识和
文字的萌芽。

中国远古暨三代艺术史 吴耀利著 人民出版社 1994 年 12 月 文
207 页 32 开

本书根据考古资料，叙述了中国远古至明清艺术史。

中国远古暨三代习俗史 郑若葵著 人民出版社 1994 年 12 月 文
230 页 32 开

本书利用大量考古发掘资料，再现了中国远古至明清习俗，涉及社
团、生产、生活、婚姻、丧葬、宗教礼俗等各种历史现象和风貌。

中国远古暨三代宗教史 王吉怀著 人民出版社 1994 年 12 月 文
192 页 32 开

本书依据大量的考古资料，叙述了中国远古至明清宗教史。

中国远古暨三代科技史 殷玮璋、曹淑琴著 人民出版社 1994 年
12 月 文 161 页 32 开

本书论述了从远古暨三代的中国科技史。

华夏文明的曙光——中国远古文化（炎黄文化漫游丛书） 郑曦原
著 人民日报出版社 1995 年 1 月 文 201 页 小 32 开

本书目录：上篇，燃烧的山洞；中篇，温情的村庄；下篇，坚固的
城郭。

东北文化：白山黑水中的农牧文明（中国地域文化大系） 徐秉琨、
孙守道主编 商务印书馆（香港）有限公司 1996 年 3 月 文 242 页
彩色图版 301 幅 地图 7 幅 大 16 开

全书共七章，分上中下篇，论述了东北地区从史前到明清的文明历
程。书前有总序及绪论，书后附东北地区大事年表和图片索引。

草原文化：游牧民族的广阔舞台（中国地域文化大系）赵芳志主编
商务印书馆（香港）有限公司　1996年3月　文310页　彩色图版390
幅　地图15幅　大16开

全书共分六章，论述了北方草原民族从史前到历史时期的发展脉络，
揭示了草原文化的内涵。书前有总序及绪论，书后有参考书目、后记、
内蒙古地区大事年表、图片索引等。

齐鲁文化：东方思想的摇篮（中国地域文化大系）刘振清主编　商
务印书馆（香港）有限公司　1996年3月　文266页　彩色图版、黑白
图版362幅　地图8幅　大16开

本书共分七章。第一章，灿烂的东夷文明；第二章，齐鲁文化的兴
起；第三章，儒学与孔子世家；第四章，海岱与道教；第五章，汉代艺
术的东方重镇；第六章，儒道中心区的佛教；第七章，大运河——纵贯
山东的南北大动脉。书前有总序及绪论，书后有余风篇，并附录齐鲁地
区大事年表和图片索引。

星汉流年：中国天文考古录（华夏文明探秘丛书）　冯时著　四川
教育出版社　1996年10月　文260页　彩色图版14幅　插图60幅　大
32开

本书是对中国古代天文考古学的探索，全书分天文与星占、观象授
时、仰则观象于天、星象考源、宇宙模式、太极八卦六部分。

呼风唤雨八千年：中国龙文化探秘（华夏文明探秘丛书）　庞进著
四川教育出版社　1998年7月　文245页　插图70幅　彩色图版13幅
大32开

本书对于龙文化进行了研究。研究范围从史前至现代，书后有后记
和参考文献。

考古纪原：万物的来历（华夏文明探秘丛书）　黄展岳著　四川教
育出版社　1998年7月　文313页　插图76幅　彩色图版13幅　大32
开

本书是一本考古学通俗读物，全书对于考古出土遗物作了通俗性解

释。涉及人·住·行、农耕与畜养、工艺品、日常器用、编织纺织、文具书画、武备、科技、宗教信仰、乐器·游艺、货币等方面。书后有附录。

千秋索隐，百年寻觅：中国文明的起源（华夏文明探秘丛书）　李季著　四川教育出版社　1998年7月　文286页　插图51幅　彩色图版12幅　大32开

本书通过对史前时期仰韶、龙山文化及夏文化的探索，论述了作者对于文明起源的相关认识。

人之初：华夏远古文化寻踪（华夏文明探秘丛书）　知原著　四川教育出版社　1998年7月　文281页　插图40幅　彩色图版14幅　大32开

本书是一本史前考古学研究的通俗性读物，在旧石器时代、新石器时代、铜石并用时代考古学研究成果基础上，对中国远古时代的历史进行了复原与探讨。

醉乡酒海：古代文明与酒文化（华夏文明探秘丛书）　杜金鹏、岳洪彬、张帆著　四川教育出版社　1998年7月　文258页　插图56幅　彩色图版13幅　大32开

本书写新石器时代已有浙江余姚河姆渡遗址、山东大汶口遗址与龙山遗址中发现的尊、罍、杯等陶质酒具。

大礼安魂：中国古代墓葬制度（华夏文明探秘丛书）　霍巍著　四川教育出版社　1998年7月　文223页　插图27幅　彩色图版15幅　大32开

本书是一本考古学通俗读物，全书对于从史前到明清的中国古代丧葬制度进行了介绍。

文物与历史（"中国文物与学科"丛书）　朱筱新著　东方出版社1999年4月　文211页　插图107幅　彩色图版16幅　大32开

本书以中国历史发展为线索，借助文物资料，介绍中国文明的产生、国家的形成、统一的多民族国家的建立，以及先民所创造的有代表性的

物质文明和精神文明。

文物与语文：（"中国文物与学科"丛书）　朱启新著　东方出版社 1999年7月　文206页　插图74幅　彩色图版17幅　大32开

本书运用考古发掘资料，从文物角度探讨语文现象，全书有六章，分别阐述中国文字的起源、汉字字体的演变、古代的文体、语文中的文物、文具的改进，以及书籍的出现。

文物与美术（"中国文物与学科"丛书）　杨泓、李力著　东方出版社　1999年7月　文218　插图81幅　彩色图版19幅　大32开

本书介绍中国古代绘画、雕塑、宗教艺术、建筑、实用美术等各类文物，侧重反映近年美术考古的新成果。

文物与生物（"中国文物与学科"丛书）　时墨庄著　东方出版社 1999年7月　文157页　插图61幅　彩色图版15幅　大32开

本书利用文物遗存和科技史资料，介绍远古生物化石、中国古代种植业和畜牧业，以及中国古代生物科学的成就。

考古探秘（科学丛书）李伯谦、徐天进编著　科学技术文献出版社 1999年10月　文268页　插图彩色图版91幅（组）　大32开

本书选编了中文版《科学美国人》杂志中的14篇文章，另邀有关学者撰写了9篇文章。书中内容涉及人类的起源和迁徙、中国史前稻作、陶器的起源、骑马术的起源、新石器时代的堡垒、丧葬遗迹、青铜时代和早期铁器时代的王侯陵墓与宫殿、玛雅文化、尼雅之谜等诸多方面。

北京文明的曙光（北京历史丛书）　武弘麟著　北京出版社　2000年1月　文115页　32开

本书目录：引言——从人类的进化谈起，一、旧石器时代说北京，二、新石器时代说北京，三、传说历史时代说北京。

文物与地理（"中国文物与科学"丛书）　朱玲玲著　东方出版社 2000年4月　文257页　插图129幅　彩色图版8页（15幅）　大32开

本书目录：一、中国古人类生存环境的信息，二、史前时期人类对环境的选择与改造，三、统一多民族国家形成的地域概况，四、中华大

地上的环境改造，五、领先于世界的中国古代地图学，六、结束语。

文物与体育（"中国文物与科学"丛书） 徐永昌著 东方出版社 2000年9月 文183页 插图59幅 彩色图版13幅 大32开

本书通过古代的体育文物和文献资料，从体育的演变过程中，展示中国古代体育的社会职能及其文化价值。其中包括古代萌芽状态新石器时代的体育运动。

穿越时光隧道：世界考古探秘（世界之门丛书） 东之龙、胡秉华主编 广西民族出版社 2000年9月 文348页 18开

本书将世界五大洲古代文明中有代表性的遗迹，如早期人类的莱托里脚印、恰塔尔休于遗址、尼尼微城址、特洛伊城、马其顿王陵等名胜古迹辑录成册。

文物与音乐（"中国文物与科学"丛书） 王子初、王芸著 东方出版社 2000年11月 文203页 插图100幅 彩色图版8页（13幅）大32开

本书内容包括：新石器时代文物，源远流长8000年——中国音乐文物综述，一唱三叹华夏音——秦后的音乐文物简介，身世显赫的青铜族——青铜类音乐文物介绍等。

文物精品与文化中国（清华大学文化素质教育丛书） 彭林著 清华大学出版社 2002年5月 文230页 彩色图版10幅 插图56幅 大32开

中国考古学是以往一百年中发展最为迅速的领域，本书通过10件（组）文物，结合文献的记载，介绍古代中国在农业、天文、乐律、玉器、青铜器、纺织、冶金、建筑等方面的杰出成就。

山东文物丛书 朱正昌主编 山东友谊出版社 2002年10月 12册 大32开

第1册：青铜器 杨波、李大营等编著 文424页，彩色图版10幅；**第2册**：陶瓷 邵云等编著，文417页，彩色图版8幅；**第3册**：化石 张生、孙承凯、钟蓓等编著，文511页，彩色图版14幅；**第4册**：遗址

鲁文生等编著，文 506 页，彩色图版 8 幅；**第 5 册**：服饰　王绣等编著，文 212 页，彩色图版 9 幅；**第 6 册**：汉画像石　张从军等编著，文 495 页，彩色图版 8 幅；**第 7 册**：书画　尚大竺、李慧芹等编著，文 399 页，彩色图版 4 幅；**第 8 册**：玉器　郭思克等编著，文 281 页，彩色图版 10 幅；**第 9 册**：文字与钱币　王之厚、张建华、于秋伟等编著，文 498 页，彩色图版 9 幅；**第 10 册**：碑刻造像　郭建芬等编著，文 589 页，彩色图版 10 幅；**第 11 册**：工艺　张金平、肖贵田等编著，文 395 页，彩色图版 9 幅；**第 12 册**：建筑　由少平、常兴照等编著，文 631 页，彩色图版 8 幅。

定格历史：隐藏于古墓中的奥秘（走进考古）　于海广主编　齐鲁书社　2003 年 8 月　文 133 页　插图 93 幅　大 32 开

本书是"走近考古"丛书之一，全书包括史前篇、先秦篇、秦汉篇、魏晋南北朝篇、唐宋明清篇五部分。分时段介绍不同时期的墓葬形制与埋葬习俗等。

追寻远古的呼唤：百年考古学历程（走进考古）　蔡凤书著　齐鲁书社　2003 年 8 月　文 135 页　插图 114 幅　大 32 开

本书是"走进考古"丛书之一，全书分八部分。第一部分，源远流长的古代考古学；第二部分，近代考古学的序幕；第三部分，战火中的探索；第四部分，百废待兴的新中国考古；第五部分，考古调查发掘的全面展开；第六部分，在十年动荡中艰难生存；第七部分，新中国考古学的第二个春天；第八部分，硕果累累的十五年。

沉睡的文明：探索古文化与古文化遗址（走进考古）　蔡凤书著　齐鲁书社　2003 年 8 月　文 134 页　插图 137 幅　大 32 开

本书是"走进考古"丛书之一，全书分五部分。第一部分，走出洪荒——旧石器文化；第二部分，文明的前夜——早期新石器文化；第三部分，东方的第一抹曙光——中晚期新石器文化；第四部分，走进文明——夏商周青铜文化；第五部分，华夏文明的巅峰——汉唐遗存。

岁月遗珠：考古文物拾萃（走进考古）　冯普仁、左烨著　齐鲁书

社　2003 年 8 月　文 129 页　插图 74 幅　大 32 开

本书是"走进考古"丛书之一，选择了陶瓷、玉石、青铜、金银、漆器、织绣等六类文物，按其性质用途，对考古出土的部分文物精品作简要的概述。

经历原始：青海游牧地区文物调查随笔（文化田野图文系列丛书，西部田野书系）　汤惠生著　广西人民出版社　2004 年 1 月　文 134 页　插图 91 幅　24 开

本书采用随笔的写法，通过图文并茂的形式传达来自青海游牧地区田野的文化信息。书中含有"野牛沟的故事"、"连接古今的连臂舞"（马家窑文化舞蹈盆）、"车与车猎"等二十四个专题文章。

木石生辉：长江流域的玉石陶瓷漆木器　刘森淼编著　中国言实出版社、武汉出版社　2006 年 4 月　文 325 页　32 开

本书分玉石、陶瓷和漆木 3 篇。上篇：1、和璧随珠，2、玉石源流，3、玉神·人；中篇：4、搏土成金，5、翠岭红霞，6、陶瓷之魂；下篇：7、古漆风流，8、浪漫灵光。该书为《中华长江文化大系》八编之第二编第 3 卷。

2. 科普读物

原始社会生活：知母不知有父时代（中国历史故事丛书）　吴学衡编著　民丰印书馆　1953 年 1 月　文 39 页　32 开

本书为科普读物，包括"不知有爸爸""男子出嫁""首次出现的陶工"等 10 个小故事。

中国原始社会参考图集　上海博物馆《中国原始社会参考图集》编辑小组　上海人民出版社　1977 年 6 月　文 74 页

本书分三部分：第一部分原始群时代，第二部分母系氏族公社的形成和发展，第三部分父系氏族公社——原始社会的解体。

旅游文物艺术　安旭编著　南开大学出版社　1990年6月　文403页　插图59幅　彩色图版8页　大32开

本书从旅游角度介绍文物及艺术，全书共十三章，内容包括原始社会文物、青铜器艺术、古代陶瓷、石刻与俑、古代绘画、书法篆刻、古代建筑、服饰艺术等。

文物纵横谈　郭伯南著　文物出版社　1990年12月　文400页　插图82幅　彩色图版18幅　32开

本书辑录文物鉴赏文章100篇。内容涉及近年发现的从原始社会到清代的陶瓷器、玉石器、青铜器、金银器等各类文物。

寻找中国金字塔　郑重著　上海书店出版社　1994年3月　文457页　大32开

本书是关于中华民族起源和中国文明形成及发展的通俗性学术著作。

黄河文化　侯仁之主编　华艺出版社　1994年10月　文564页　图版35幅　地图2幅　16开

本书为综述黄河流域历史文化的科普读物。全书分六编，第一编：黄河流域的自然环境、地质、地貌、自然地理、黄土等；第二编：黄河流域文化的萌芽；第三编：黄河流域的古代文明；第四编：以长安为中心的黄河文化；第五编：重心转移时期的黄河文化；第六编：以北京为中心时期的黄河文化。

中国文物与考古：静态的历史见证（青少年文史库）　徐湘人、晏京山著　湖北人民出版社　1995年4月　文123页　黑白图版40幅　32开

本书是青少年文史库丛书之一，主要介绍重大考古发现和出土文物，全书分两部分，第一部分，废墟里的辉煌，主要介绍重要考古发现；第

二部分，史河中的明珠，主要介绍出土文物。时代从史前至明清。

文明的曙光（世界五千年史话）　雷家宏著　长江文艺出版社
1996 年 11 月　文 168 页　32 开

　　该书为一套"思想性、知识性、趣味性"结合的科普读物，讲述世界古代史、中世纪史、世界近现代史故事 400 余个。本书讲述故事 46 个。

三峡史话（文史知识文库）　杨铭等编著　中华书局　1997 年 5 月
文 197 页　32 开

　　本书是有关三峡知识的普及性读物，上至三峡形成的地质时代，下迄清末。介绍了三峡历史的演变和有关研究以及文物古迹的新发现和新观点。全书分八章，书后有后记。

中国考古博览（新世纪百科知识金典）　沈宁编著　重庆出版社
1999 年 4 月　文 221 页　彩色图版 10 幅　32 开

　　本书以专题的形式，总结了我国 70 余年来文物考古工作的丰硕成果，并以图文互映的方式，向读者简要介绍了考古学的基本知识，介绍了我国考古领域的重大发现。

考古学史话（中华文明史话）　朱乃诚著　中国大百科全书出版社
2000 年 1 月　文 210 页　32 开

　　本书以考古学学科发展历程为主线，以考古发现和研究的重大进展为基本内容，以故事形式，系统地阐述了中国考古学的前身——金石学自宋代的开创至明清的发展及在 20 世纪初向考古学的转变，考古学在中国的兴起及至 20 世纪 90 年代发展的主要成绩。

中国史前遗宝　杜金鹏、杨菊华编著　上海文化出版社　2000 年 7
月　文 468 页　插图 193 幅　彩色图版 24 页（51 幅）　大 32 开

　　本书是文物考古普及性读物。全书共分七部分，分别为辽河流域远古文化、黄河中游远古文化、黄河上游与青藏高原远古文化、黄河下游远古文化、长江中游远古文化、长江下游与太湖地区远古文化、珠江流域与台湾远古文化等部分。

趣味考古　叶文宪著　上海古籍出版社　2002年6月　文277页　插图214幅　大32开

本书分趣味考古、趣探事源、趣谈考古、趣觅古迹和趣话文物等几个部分，以科普的语言介绍考古学的相关内容。

探秘抚仙湖：寻找失去的古代文明　张增祺著　云南民族出版社　2002年8月　文232页　插图50幅　彩色图版87幅　16开

本书目录：前言，第一章　揭开抚仙湖水下建筑之谜，第二章发掘古代动物化石　再现湖岸奇妙世界，第三章悠久的史前文化　叙说着人间沧桑，第四章滇国墓地及其青铜文化。

中国通史（上）史前、夏、商、周、秦汉、三国、晋、南北朝　邢涛、纪江红主编　北京出版社　2003年10月　文111页　16开

本书分为上中下三卷，记叙了从170万年至1949年中国历史上发生的重大事件。上卷：第一章文明的进化（史前、夏、商、周），第二章华夏一统（秦、汉），第三章动荡的年代（三国、晋、南北朝）。

考古的历史（彩色人文历史）　〔英〕梅芙·肯尼迪（Maev Kennedey）著　牟翔等译　希望出版社　2003年12月　文191页　插图224幅　大32开

本书根据1998年版的《Hamlyn History of　Archaeology》译出。全书分十章，书前有前言、人类考古简明年谱、世界主要文明遗址分布图等。第一章 人类的远祖，第二章 青铜时代，第三章 中东，第四章 埃及，第五章 中国及东南亚，第六章 希腊，第七章 罗马，第八章《圣经》考古，第九章 美洲，第十章 其他。

探索史前文明　陈彦、甲申主编　中国物资出版社　2004年　256页

本书包括"管窥史前遗迹"、"史前建筑奇观"、"智慧的玛雅文明"、"永恒的金字塔魅力"和"人类奇迹始皇陵"等内容。

混沌初开：中国史前时代文化（中华文明之旅） 张征雁著 四川人民出版社 2004年1月 文192页 插图295幅 16开

本书以人类起源与进化、传说时代、农业发生等诸多历史事件为线索，以浅近的语言向读者介绍中国史前文化。

中国文物（人文中国书系） 李力著 五洲传播出版社 2004年7月 文138页 插图126幅 16开

本书选择中国文物中具有代表性的十二大类进行介绍，包括陶器（新石器时代）、青铜器、玉器、雕塑、金银器、瓷器、墓室壁画、石窟寺等。

科学发现历史：科技考古的故事 后晓荣、王涛著 北京出版社 2004年9月 文173页 16开

本书通俗地讲述了物探考古、水下考古、沙漠考古、聚落考古、环境考古、遥感考古、数字考古、DNA分析考古、碳14测年技术等考古知识。

考古人手记（第三辑） 朱启新编 生活·读书·新知三联书店 2004年10月 文243页 插图221幅 16开

本辑记述西安半坡遗址、湖北江陵马山一号楚墓、山东海阳嘴子前、杭州雷峰塔、陕西周原马坑的发掘过程。

图说考古：追溯文明的星河 于海广主编 齐鲁书社 2004年10月 文304页 插图158幅 彩色图版14幅 16开

本书是考古学科普读物。全书共十二篇，包括远古文化篇、农业篇、畜牧业篇、手工业篇等多方面内容。书后有后记。

水下帝国——来自海底的史前文明 北京大陆桥文化传媒编译 中国发展出版社 2005年12月 文186页 16开

本书以《传奇》系列电视纪录片的内容为蓝本，以通俗的笔法展示海底的神秘世界，包括打捞诺亚方舟、洪水、万年前的新纪元——马耳

他海域探秘、史前文明踪迹——日本沿海探秘等。

中国考古学之父——李济（中国民间人物）　赵淑静等主编　云南人民出版社　2006 年 1 月　文 87 页　16 开

本书是中央电视台"人物"栏目专题片的文字脚本。

考古人的兴奋　广东省博物馆编　肖治龙主编　岭南美术出版社 2006 年 1 月　文 221 页　16 开

本书介绍了 20 世纪七八十年代至今，我国大型墓葬及遗址出土的大量工艺精湛的玉器。内容包括：走进神巫的世界、瑶山访玉、肖家屋脊遗址石家河文化玉器发掘记、殷墟妇好墓的发现与研究、殷墟瑰宝等。

五　文物地图集和其他

中国历史地图集（第一册）　　（原始社会、商、西周、春秋　战国时期）　中国历史地图集编辑组编辑　中华地图学社　1975年第一版　文60页　16开

本书目录：中华人民共和国全图、原始社会时期、商时期、西周时期、春秋时期、战国时期。

中国历史地图集（第一册）　　（原始社会、夏、商、西周、春秋战国时期）　中国社会科学院主办　　谭其骧主编　中国地图出版社　1982年10月第1版　1996年6月河北第3次印刷　文63页　16开

本书目录：中华人民共和国全图，原始社会遗址图（原始社会时期），原始社会早期遗址图（旧石器时代），黄河流域原始社会晚期遗址图（新石器时代），夏时期、商时期、西周时期、春秋时期、战国时期图，索引。谭其骧为本书撰写前言。

中国文物地图集（河南分册）　国家文物局主编　中国地图出版社　1991年12月　文643页　地图235页　文物图64页　16开

本册内容包括：序图、专题文物图、市县文物图、重要文物图、文物单位简介、文物单位索引，共六个部分。

云南文物古迹大全　邱宣充等编著　云南人民出版社　1992年1月

文 796 页　32 开

本书对云南省各级政府公布的文物保护单位作了科学简述，为历史学、考古学、民族学、地理学等研究提供了资料。

石家庄文物大观　高英民著　新华出版社　1992 年 8 月　文 288 页　彩色图版 8 页　32 开

《石家庄文物大观》一书，是在石家庄地区文物志的基础上修订、充实而成的。第一章，革命遗址和革命纪念建筑物；第二章，古代文化遗址；第三章，古代墓葬；第四章，古代建筑；第五章，石窟寺；第六章，石刻及其他；第七章，古代钱币；第八章，名人胜迹；第九章，古代重要文物藏品。书后附跋和后记。

中国文物地图集（吉林分册）　国家文物局主编　中国地图出版社　1993 年 10 月　地图、图版 156 页　文 253 页　16 开

本图集收录文物点 4547 处，其中古遗址 3507 处，古墓葬 477 处，古建筑 83 处，石刻 31 处，近现代史迹 321 处，近现代典型建筑 19 处，第四纪哺乳动物化石出土地点 109 处。此外，还收录了已经发掘的文物点 23 处，包容于大文物单位的重要文物点 58 处。

黑龙江省志·文物志　黑龙江省地方志编纂委员会编　干志耿主编　黑龙江人民出版社　1994 年 11 月　目录 21 页　正文 498 页　彩色图版、插图 241 幅　16 开

全书共有三篇、十二章、593 条词条。第一篇　历史遗迹：一、遗址·史迹，二、墓葬，三、城址，四、建筑·石刻。第二篇　重要藏品：一、历史文物，二、革命文物，三、民族·民俗文物。第三篇　事业与管理：一、机构队伍，二、考古调查·发掘，三、文物征集·陈列展览，四、学术研究，五、文物保护管理。

陕西省志·第六十六卷：文物志（中华人民共和国地方志丛书）
陕西省地方志编纂委员会编　王文清主编　　三秦出版社　1995年8月
目录38页　正文634页　彩色图版20页　地图3幅　16开

　　本书选收陕西境内现存的重要古遗址、古墓葬、古建筑、石窟寺、石刻和馆藏文物。时间由旧石器时代至近、现代。文物发现或发掘时间为1992年年底以前。全书分上中下三编。上编包括不可移动文物和石质类文物；中编包括各类馆藏文物；下编是文物事业发展简况。

湖南省志·第二十八卷：文物志　湖南省地方志编纂委员会编　侯良主编　湖南出版社　　1995年9月　目录47页　图版目录10页　正文905页　彩色图版12页　黑白图版28页　大32开

　　本志共五篇。第一篇：历史考古，第二篇：名胜古迹，第三篇：馆藏书画，第四篇：版刻图书，第五篇：近现代文物。其中"历史考古篇"自新石器时代至1840年，编排上分三章：一、遗址（包括窑址、城址），二、古墓葬，三、窖藏及其他文物。

湖北省志：文物名胜　湖北省地方志编纂委员会编　湖北人民出版社　1996年2月　目录84页　正文871页　彩色图版117幅　8开

　　全书分为六部分：一、概述，二、文化遗迹，三、文物藏品，四、名胜，五、考古发掘和科学研究，六、文物保护管理。书后附录"湖北文物考古纪事（1949～1992）"。

西安历史地图集　史念海主编　西安地图出版社　1996年8月　文178页　地图89幅　　彩色图版89幅　8开

　　本书以西安辖境为主，反映这一区域历代自然环境演变、政区沿革、城市变迁及郊区陵寝、园林等。时间上起旧石器时代"蓝田猿人"时期，下迄1995年。书后附地名索引。

北京历史地图集（二集）　北京历史地图集二集编辑委员会编　侯

仁之主编　北京出版社　1997年2月　文80页　地图80幅　8开

本集是"北京平原早期开发环境变迁研究"的成果汇编。共分序图、总图。(一)、旧石器时代、新石器时代和总图（二）五部分，重点在新石器时代。选取镇江营遗址、雪山遗址、上宅遗址和北埝头遗址分别代表的三种文化，反映文化与环境的关系。上宅文化是本图集的重点。

上海文物博物馆馆志（上海市专志系列丛刊）《上海文物博物馆馆志》编辑委员会编　马承源主编　黄宣佩、李俊杰副主编　上海社会科学院出版社　1997年6月　目录12页　文510页　彩色图版29页　16开

全书分为大事记、文物古迹编、博物馆事业编、管理编和人物编五部分。马承源为本书作序。

中国文物地图集：湖南分册　国家文物局主编　湖南省地图出版社　1997年9月　地图·彩色图版230页　文542页　16开

本册反映湖南省历次文物普查工作的成果，收集截止于1987年的不可移动的文物点共9702处，其中古遗址4225处、古墓葬3033处、古建筑1130处、石窟寺及石刻584处、近现代重要史迹475处，近现代代表性文物建筑26处、其他文物点229处。将湖南省文物普查（1988~1996）中发现的文物点，以及省级文物保护单位、全国重点文物保护单位名单，附录于后。并有专题文物图、市县文物图、重点文物图、文物单位简介、文物单位索引。

中国文物地图集：陕西分册　国家文物局主编　本卷主编张在明　西安地图出版社　1998年12月　2册　文1223页　16开

本书收录陕西省境内文物点18471处，另有包含于大文物单位的文物点共计21020处。其中古遗址8822处、古墓葬5699处、古建筑2106处、石窟寺及石刻2494处、近现代重要史迹901处、近现代代表性建筑158处、其他文物点840处。收录资料截止于1994年底。书后附：文物单位索引、文物单位简介。

江苏文物古迹通览（江苏文物丛书）　唐云俊主编　束有春副主编　上海古籍出版社　2000年4月　文389页　彩色图版16页（63幅）　16开

　　本书收录江苏境内各级各类文物保护单位的辞目2625条，分为古遗址、古墓葬、古建筑、石刻雕塑、近现代重要史迹及代表性建筑等5类。

中国文物地图集：云南分册　国家文物局主编　云南科技出版社　2001年3月　目录8页　地图、图版210页　文、索引349页　16开

　　本图集收录云南省文物点4102处，包括古遗址、古墓葬、古建筑、石窟寺与石刻、近现代重要史迹和代表性建筑等。

中国文物地图集：天津分册　国家文物局主编　中国大百科全书出版社　2002年1月　目录、概述14页　地图、图版153页　文160页　索引14页　16开

　　本图集收录天津历史文物点1282处，包括古遗址、古墓葬、古建筑、近现代重要史迹、近现代优秀建筑等。

中华人民共和国文物博物馆事业纪事（1949～1999）　国家文物局编　文物出版社　2002年9月　2册　文1014页　照片76幅　16开

　　本书所记载的主要是新中国50年文物博物馆事业发展过程的重大事件，涵盖全国31省、自治区、直辖市的文物博物馆工作。

中国文物地图集：湖北分册　国家文物局编　黄传懿主编　西安地图出版社　2002年12月　2册　文375页、692页　16开

　　本书收录湖北境内不可移动文物点11180处，包括古遗址、古墓葬、古建筑、石窟寺及石刻、近现代重要史迹、近现代代表性建筑等。上册是地图和照片，下册为文字介绍。

贵州省志：文物志　贵州省地方志编纂委员会编　贵州人民出版社

2003 年 4 月　文 1293 页　彩色图版 32 页　16 开

本书收录贵州省境内的古遗址、古墓葬、古建筑、岩画与石刻、历史文化名城、民族村寨等。

中国文物地图集：内蒙古自治区分册　国家文物局主编　郭素新主编　西安地图出版社　2003 年 11 月　2 册　文 440 页、文 650 页　16 开

本书收录内蒙古自治区文物点共 10951 处、其中古遗址 9071 处、古墓葬 1046 处、古建筑 228 处、石窟寺及石刻 173 处、近现代重要史迹及代表性建筑 272 处、其他文物点 161 处。所收资料截至 1995 年底。

深圳文物志　深圳市文物管理委员会编　文物出版社　2005 年 1 月　目录 25 页　文 336 页　彩色图版 62 幅　16 开

本志介绍深圳市的文博机构、地下古遗址与遗迹、古窑址和窖藏、墓葬、历史建筑、古城（寨）烟墩与炮台、馆藏文物、文物保护与文物安全。附录：深圳市文博工作大事记（1981～2000）。

中国古代地图集：城市地图　郑锡煌主编　西安地图出版社　2005 年 3 月　文 371 页　图版 213 幅　8 开

本书收录从新石器时代晚期至清末的城市（聚落）地图 85 种、213 幅；选择部分城市（或城图），撰写研究性文章，共 19 篇。陈述彭为本书作序，郑锡煌撰写前言。

四川省文物志　四川省文物管理局编　徐荣旋主编　巴蜀书社　2005 年 11 月　3 册　文 2148 页　彩色图版 96 页　16 开

本志介绍四川省境内的古遗址、古墓葬、石刻碑志、陶瓷器、青铜器、玉石器、古代建筑、石窟摩崖造像、民族文物、画像砖与画像石、近现代文物、工艺美术与民俗文物、书画、历代刻本。

陕西文物古迹大观（三）：陕西省省级文物保护单位巡礼　陕西省文物局编　赵荣主编　三秦出版社　2006 年 10 月　文 590 页　插图 528 幅

16 开

本书介绍陕西省人民政府公布的第一至第四批省级文物保护单位，其中古遗址类 186 处、古墓葬类 72 处、古建筑类 138 处、石窟寺类 23 处。

中国文物地图集：山西分册　国家文物局主编　中国地图出版社 2006 年 12 月　3 册　1450 页　16 开

本册收录文物点总计 20585 处，（包括大文物单位的文物点）其中古遗址 6181 处、古墓葬 2440 处、古建筑 7223 处、石窟寺及石刻 1234 处、近现代重要史迹 1342 处、近现代代表性建筑 98 处、其他文物点 2067 处。

第二部分
报刊资料

一　田野考古资料

（一）综　述

近四十年中国考古学上之重要发现与古史之展望　姚绍华　新中华
1936 年 10 月 4 卷 19 期 51 页

日人在华之考古事业　安志敏　益世报史地周刊　1946 年 9 月 3、17
日 5、7 期

八年来日人在华北诸省所作考古工作记略　宿白　大公报图书周刊
1947 年 1 月 11 日 2 期

九一八以来日人在东北各省考古工作记略　安志敏　益世报史地周
刊　1947 年 3 月 11、25 日，4 月 1 日，32 期，34～35 期

三年来我国考古学方面的成就　夏鼐　历史教学　1952 年 10 期

一九五二年我国考古的新发现　安志敏　光明日报　1953 年 5 月 16
日；新华月报　1953 年 7 期 171 页

华东区两年来在基本建设中出土许多历史文物　文物参考资料
1954 年 1 期 92 页

华东区两年来生产建设中出土文物简介　华东文物工作队、南京博
物院　文物参考资料　1954 年 4 期 13 页

四年来华东区的文物工作及其重要的发现　华东文物工作队　文物
参考资料　1954 年 8 期 3 页

对《四年来华东区的文物工作及其重要的发现》一文来函更正　曾

昭燏、尹焕章　文物参考资料　1954 年 10 期 46 页

全国基础出土文物会展中所见的石器时代　安志敏　文物参考资料 1954 年 9 期 75 页

读《四年来华东区的文物工作及其重要的发现》一文质疑　张子祺 文物参考资料　1955 年 3 期 112 页

对《读〈四年来华东区的文物工作及其重要的发现〉一文质疑》的 答复　曾昭燏、尹焕章　文物参考资料　1955 年 3 期 116 页

四年来中国考古工作中的新收获　尹达　文物参考资料　1954 年 10 期 41 页

一九五三年我国考古的新发现　安志敏　考古通讯　1955 年 1 期 47 页

一九五四年发现的新石器时代遗址与遗物　刘启益　文物参考资料 1955 年 4 期 95 页

解放以来热河省考古的新发现　郑绍宗　考古通讯　1955 年 5 期 52 页

一九五四年我国考古工作　夏鼐　考古通讯　1955 年 6 期 3 页

三门峡和刘家峡的考古发现　安志敏　人民日报　1956 年 9 月 6 日 7 版

黄河水库考古调查的收获及其展望　安志敏　科学通报　1956 年 11 期 66 页

广西云南所见古文化遗址　刘启益　文物参考资料　1958 年 3 期 69 页

十年来的中国考古新发现　夏鼐　考古　1959 年 10 期 505 页

中国科学院考古研究所 1960 年田野工作的主要收获　中国科学院考 古研究所资料室　考古　1961 年 4 期 214 页

中国科学院考古研究所 1961 年田野工作的主要收获　中国科学院考 古研究所资料室　考古　1962 年 5 期 272 页

关于《中国科学院考古研究所 1961 年田野工作的主要收获》的补充 说明　中国科学院考古研究所资料室　考古　1962 年 8 期 452 页

我国近五年来的考古新收获　夏鼐　考古　1964 年 10 期 485 页

无产阶级"文化大革命"中的考古新发现　夏鼐　考古　1972 年 1 期 29 页

长江下游新石器时代考古工作获巨大成果　人民日报　1977 年 10 月 30 日 4 版

山西河南发现新石器时代遗迹十五处　卫聚贤　中山大学语言历史学研究所周刊　1982 年 7 月 4 卷 37 期 35 页

近年来中国考古工作新发现　游学华　明报　1985 年 7 月 20 卷 7 期 77 页

中国近两年重要考古新发现　杨朝岭　瞭望（海外版）　1987 年 40 期 36 页

近年我国考古收获十例　姚喁冰　文史知识　1987 年 1 期 91 页

考古发现硕果累累 出土文物举世瞩目——1987 年我国文物考古重要新发现简述　中国文物报　1988 年 1 月 15 日 1 版

1987 年度全国重大考古发现综述　文纪　文物天地　1988 年 1 期 48 页

1987 年度全国重大考古发现综述　文纪　中国文物报　1988 年 4 月 29 日 4 版

一九八八年几项重要考古发掘　王路伟　文物天地　1989 年 2 期 11 页

中国近年来的考古新发现　徐光冀　百科知识　1989 年 8 期 7 页

本报评出九一年十大考古新发现　蒋迎春　中国文物报　1992 年 2 月 2 日 1 版

1991 年重要考古新发现综述　文纪　文物天地　1992 年 2 期 46 页

'92 十大考古新发现评选揭晓　蒋迎春　中国文物报　1993 年 1 月 17 日 1 版

一九九二年重要考古发现综述　文纪　文物天地　1993 年 2 期 46 ~ 48 页

记龙山时代小麦、青瓷、石灰和西周板瓦的发现　黄石林　文物天

地　1993 年 3 期 33～35 页

山东大学考古专业二十年来田野考古主要收获　于海广、马良民　山东大学学报（哲社版）1993 年 4 期 91～93 页

三峡工程坝区考古发掘工作全面展开　任风　中国文物报　1993 年 9 月 12 日 1 版

西游撷英　戚鸿玮　北方文物　1994 年 1 期 23～29 页；2 期 23～29 页

川江千里呼声急：全国政协三峡文物考察团随行记　秦纪民　人民政协报　1994 年 2 月 22 日

三峡考古获大面积丰收　蒋迎春　中国文物报　1994 年 7 月 24 日 1 版

'94 全国十大考古新发现揭晓　中国文物报　1995 年 1 月 29 日 1 版

'94 全国十大考古新发现揭晓　人民日报　1995 年 2 月 19 日 5 版

三峡库区文物价值引起关注　张建利　光明日报　1995 年 3 月 28 日 2 版

'94 中国十大考古新发现　谷菽　文物天地　1995 年 2 期 2～5 页

东北地区发现三十处新石器时代房址遗迹　石云子　人民日报（海外版）1995 年 6 月 21 日 1 版

三峡库区古今考察有新发现　刘小兵　光明日报　1996 年 1 月 4 日 1 版

九五年八五期间十大考古新发现分别揭晓　蒋迎春　中国文物报 1996 年 2 月 18 日 1 版

1995 年我国考古十大新发现　曲志红　文汇报　1996 年 2 月 27 日 5 版

去年全国十大考古新发现评出　曲志红　人民日报　1996 年 2 月 27 日 4 版

'95 全国十大考古新发现　谷菽　文物天地　1996 年 2 期 2～5 页

95 年全国十大考古新发现　光明日报　1996 年 4 月 2 日 5 版

三峡工程坝区数以万计珍贵文物重现天日　陈新洲、戴劲松　文汇

报 1996 年 4 月 11 日 6 版

三峡工程坝区文物抢救发现结束 陈新洲、戴劲松 人民日报 1996 年 4 月 19 日 5 版

九四、九五年度国家文物局田野考古奖揭晓 中国文物报 1996 年 7 月 21 日 1 版

长江流域上游地区相继发现史前城址 肖庆 文汇报 1996 年 11 月 14 日 5 版

考古新发现：八五期间每年评选的全国十大考古新发现 鉴赏家 1997 年 1 期 124～125 页

'96 全国十大考古新发现评选揭晓 蒋迎春 中国文物报 1997 年 2 月 2 日 1 版

'96 全国十大考古新发现 谷菽 文物天地 1997 年 2 期 15～18 页

新中国田野考古成就概述 苗林 文物季刊 1997 年 2 期 83～92 页

1997 年全国十大考古新发现评选揭晓 中国文物报 1998 年 2 月 18 日 1 版

近年来中国考古的重大发现（上、下） 张素琳 文史知识 1998 年 2 期 43～47 页；3 期 103～109 页

访宿白、张忠培谈 97 年大陆十大考古新发现 谷菽 故宫文物月刊 184 期 102～117 页

三峡地区文物撷珍 乔梁 文物天地 1998 年 3 期 34～39 页

1998 年全国十大考古新发现评选揭晓 李政 中国文物报 1999 年 9 月 26 日 1 版

1999 年全国十大考古新发现评选揭晓 李政 中国文物报 2000 年 5 月 31 日 1 版

1999 年全国十大考古新发现 中国文物报 2000 年 5 月 31 日 3 版

2000 年中国重大考古发现回眸 中国文物报 2001 年 5 月 23 日 5 版

新实践、新探索、新发现和新成果——长江三峡库区的考古新发现综述（续） 郑若葵 书品 2000 年 2 期 72～79 页

1999 年全国十大考古新发现述评 本刊记者 文物天地 2000 年 4

期 2～6 页

2000 年度全国十大考古新发现揭晓 曹兵武 中国文物报 2001 年 7 月 29 日 1 版

2000 年度全国十大考古新发现 中国文物报 2001 年 7 月 29 日 6、7 版

2001 年中国考古新发现 名未 中国历史文物 2002 年 2 期 75～77 页

2001 年度全国十大考古新发现 中国文物报 2002 年 4 月 19 日 6、7 版

20 世纪末的中国考古发现 徐苹芳 中国文物报 2002 年 9 月 13 日 7 版

1990～2001 全国十大考古新发现名单 本刊编辑部 文物天地 2002 年 5 期 17 页

考古学拒绝平庸——第十二个全国十大考古新发现 本刊编辑部 文物天地 2002 年 5 期 4～14 页

中国社科院考古所首次赴国外考古 刘国祥等 中国文物报 2002 年 11 月 22 日 1 版

古代文物之光：2002 年（中国社会科学院）考古所田野发掘新收获 中国社会科学院院报 2003 年 2 月 20 日 2 版

全国十大考古新发现揭晓 曹兵武等 中国文物报 2003 年 4 月 16 日 1 版

2002 年度全国十大考古新发现 中国文物报 2003 年 4 月 18 日 6、7 版

全国十大考古新发现（2002 年度） 文物天地 2003 年 5 期 4～13 页

厚重的峡江历史文化 王凤竹 文物天地 2003 年 6 期（湖北篇）16～25 页

2003 年度"全国十大考古新发现"评选揭晓 光明日报 2004 年 4 月 12 日 A2 版

2003 年度全国十大考古新发现　中国文物报　2004 年 4 月 16 日 6、7 版

2003 年度全国十大考古新发现揭晓　孙秀丽整理　文物天地　2004 年 5 期 6 ~ 11 页

穿越历史与现实：南水北调文物保护工程　国家文物局文物保护司　中国文化遗产　2004 年冬季号 8 ~ 74 页

2003 年度"中国十大考古新发现"揭晓　李舫　人民日报　2005 年 4 月 18 日 11 版

2004 年度全国十大考古新发现　中国文物报　2005 年 4 月 22 日 6 ~ 7 版

2004 年度全国十大考古新发现出土文物精品鉴赏　中国文物报 2005 年 5 月 4 日 5 版

2004 年度全国十大考古新发现揭晓　李珍萍　文物天地　2005 年 5 期 4 ~ 5 页

专家盘点 2005 年考古界重要收获——七大考古成果闪耀文明之光 李航　人民日报　2006 年 1 月 11 日 11 版

2005 年度全国十大考古新发现　王海明等　中国文物报　2006 年 5 月 10 日 2 ~ 3 版

2005 年度十大考古发现评出　文汇报　2006 年 5 月 10 日 7 版

2005 年度全国十大考古新发现揭晓　文物天地　2006 年 6 期 90 ~ 91 页

2005 年度南方地区考古新发现　安徽省文物考古研究所　南方文物 2006 年 3 期 20 ~ 74 页

（二）北　京

北京近郊发现新石器时代的磨光石斧等古物　人民日报　1953 年 11 月 9 日 3 版

北京北郊清河镇发现新石器时代磨光石斧　文物参考资料　1953年12期109页

河北密云县坑子地发现新石器时代的遗物　尤文远　文物参考资料　1954年2期94页

北京西郊西山发现了石器　王克林　文物参考资料　1955年6期113页

北京海淀区发现细石器　魏效祖　文物参考资料　1956年7期72页

昌平发现四千年前遗址　单丹　北京日报　1960年12月18日

在昌平县以西雪山村附近发现一处新石器时代至辽金时代遗址　向群　北京日报　1961年11月21日

昌平发现新石器时代遗址　光明日报　1961年11月23日

北大历史系考古专业四年级在京郊实习——发掘到新石器时代至辽代文化遗址　光明日报　1962年4月2日

北京房山县考古调查简报　北京市文物工作队　考古　1963年3期115页

北京东胡林村的新石器时代墓葬　周国兴、尤玉柱　考古　1972年6期12页

北京市文物工作者在平谷北埝头和上宅发现两处新石器时代文化遗址　光明日报　1985年1月21日

上宅新石器时代遗址发掘喜摘硕果　中国文物报　1988年10月28日1版

北京（平谷）上宅原始文化特征独具　人民日报　1988年12月5日3版

北京平谷上宅新石器时代遗址发掘简报　北京市文研所、北京市平谷县文管所、上宅考古队　文物　1989年8期1页

北京平谷北埝头新石器时代遗址调查与发掘　北京市文研所、北京市平谷县文物管理所北埝头考古队　文物　1989年8期9页

北京昌平张营遗址发掘喜获硕果　王武珏、郁金城　中国文物报　1990年1月11日1版

北京先农坛发现古代粮食　孙玲　中国文物报　1991 年 5 月 5 日 1 版

北京发掘镇江营遗址　陈光　中国文物报　1991 年 6 月 9 日 1 版

北京地区考古发现硕果累累　齐心　中华文化画报　1997 年 1 期 5～20 页

北大校园发现新石器文化遗物　李彤　文汇报　1998 年 1 月 6 日 5 版

北京地区基建考古工作回顾　王有泉　北京文博　1998 年 1 期 76～81 页

北京转年新石器时代早期遗址的发现　北京文博　1998 年 3 期彩二、彩三、彩四

考古耕耘十五载　首善之区谱新篇　北京市文物研究所　中国文物报　2002 年 7 月 26 日 7 版

燕园遗址调查简报　岳升阳　陈福友　夏正楷　考古与文物　2002 年增刊·先秦考古 9～12 页

近年来北京考古新成果　宋大川　北京文物与考古　（第五辑）2002 年　1～7 页

2000 年——2002 年基建考古成果　王清林、王鑫　北京文物与考古（第五辑）2002 年 8～13 页

北京东胡林遗址的新发现　东胡林考古队（郁金城等）　北京文博　2004 年 1 期 46～48 页

北京东胡林新石器时代早期遗址获重要发现　赵朝洪等　中国文物报　2003 年 5 月 9 日 1 版

东胡林人遗址发掘再获重要成果　北京发现我国新石器早期完整人类骨架　李家杰　光明日报　2003 年 10 月 26 日 A1 版

北京新石器时期考古的重要突破　东胡林考古队　中国文物报 2003 年 11 月 7 日 1 版

东胡林人及其遗址　北京市文物研究所（郁金城）　北京文物与考古（第 6 辑）　2004 年 3～9 页

平谷县龙坡遗址发掘简报　北京市文物研究所（王鑫、楼朋林）
北京文物与考古（第6辑）　2004年10~21页

东胡林人及其遗址的发现与研究　东胡林考古队（赵朝洪等）　史
前研究（2004）2005年200~231页

东胡林遗址第三次发掘又获重要成果　赵朝洪等　古代文明研究通
讯27期　2005年46~48页

北京东胡林遗址发掘再获丰硕成果　赵朝洪等　中国文物报　2005
年12月30日1版

北京市门头沟区东胡林史前遗址　北京大学考古文博学院、北京大
学考古学研究中心（赵朝洪）　考古　2006年7期3~8页

（三）天　津

天津市郊古遗址、古墓葬的调查与发掘记略　云希正　北国春秋
1959年1期92页

天津市北郊和宝坻县发现石器　天津市文物管理处　考古　1976年4
期278页

考古工作者首次发掘新石器时代遗址证明天津是六千岁的"老寿
星"，对进一步探索中原和北方地区原始文化有重要价值　天津日报
1979年11月4日3版

天津蓟县围坊遗址发掘报告　天津市文物管理处考古队　考古
1983年10期877页

天津宝坻县牛道口遗址调查发掘简报　天津市历史博物馆考古队、
宝坻县文化馆（梁宝玲）　考古　1991年7期577~586页

天津考古随笔　陈雍　天津史志　1994年2期24~25页

天津考古随笔（续一、续二）　陈雍　天津史志　1994年3期31~
34页；4期15~19页

天津出土一批明及史前文物　路清枝　光明日报　1995年4月30日

2 版

蓟县云摩洞内发现仰韶晚期遗物　梁宝玲　中国文物报　1995 年 6 月 11 日 1 版

天津有人类活动史提前一千年　文汇报　1997 年 12 月 4 日 5 版

天津人类文化遗存提前千年　刘静华　人民日报（海外版）　1997 年 12 月 17 日 8 版

（四）河　北

河北安新县留村发现新石器时代遗址　孙德海　文物参考资料 1954 年 6 期 113 页

河北曲阳县发现彩陶文化遗址　人民日报　1954 年 12 月 11 日 3 版

曲阳县晓林村发现彩陶文化遗址　光明日报　1954 年 12 月 15 日 2 版

曲阳县附近新发现的古文化遗址　赵印堂、杨剑豪　考古通讯 1955 年 1 期 45 页

河北省曲阳县发现彩陶遗址　董增凯、孟昭林　文物参考资料 1955 年 1 期 119 页

河北正定杨家庄发现古代遗址　文物参考资料　张志纯　1955 年 5 期 107 页

河北省唐山大城山发现古代遗址　文物参考资料　1955 年 5 期 108 页

河北正定县南杨庄卧龙岗彩陶文化遗址　孟昭林　文物参考资料 1955 年 11 期 73 页

河北昌黎县发现古代石器和墓葬　孟昭林　文物参考资料　1956 年 2 期 68 页

河北省几年来发现的考古资料　河北省文化局文物发掘组　文物参考资料　1956 年 7 期 15 页

滦县发现新石器时代石斧　边清泉　文物参考资料　1956 年 8 期 69 页

河北正定县再次发现彩陶遗址　孟昭林　考古通讯　1957 年 1 期 50 页

唐县发现古城址古遗址各一处　冯秉其　文物参考资料　1957 年 8 期 79 页

河北卢龙县双望乡发现细石器与陶器　李捷民、孟昭林　考古通讯 1958 年 6 期 45 页

抚宁县发现古遗址　唐云明、冯秉其　文物参考资料　1958 年 6 期 71 页

蔚县发现彩陶和黑陶文化　陈应琪　文物　1959 年 4 期 72 页

河北张家口地区新石器时代遗址调查　河北省文化局文物工作队 考古　1959 年 7 期 332 页

河北磁县讲武城调查简报　河北省文物管理委员会　考古　1959 年 7 期 354 页

河北承德附近的新石器时代遗址　郑绍宗　考古　1959 年 7 期 369 页

1958 年邢台地区古遗址、古墓葬的发现与清理　河北省文化局文物工作队　文物参考资料　1959 年 9 期 66 页

河北唐山市大城山遗址发掘报告　河北省文物管理委员会　考古学报　1959 年 3 期 17 页

1957 年邯郸发掘简报　北京大学、河北省文化局、邯郸考古发掘队 考古　1959 年 10 期 531 页

磁县岳城水库上潘汪村 2 号遗址发掘记　河北省文化局文物工作队 文物　1960 年 5 期 74 页

河北蔚县发现古生产工具——大石刀　冯秉其　光明日报　1960 年 8 月 3 日

河北邯郸涧沟村古遗址发掘简报　河北省文化局文物队　考古 1961 年 4 期 197 页

河北省考古工作介绍　河北省文化局文物工作队　考古　1962 年 10 期 553 页

河北永年县台口村遗址发掘简报　河北省文化局文物工作队　考古 1962 年 12 期 635 页

河北承德地区的古文化遗址调查　河北省文化局文物工作队　考古 1962 年 12 期 641 页

河北邢台柴庄遗址调查　唐云明　考古　1964 年 6 期 316 页

关于唐山大城山遗址发掘报告中的几个问题　唐云明　考古　1964 年 7 期 364 页

河北邯郸百家村新石器时代遗址　罗平　考古　1965 年 4 月 205 页

磁县界段营发掘简报　河北省文物管理处　考古　1974 年 6 期 356 页

磁县下潘汪遗址发掘报告　河北省文物管理处　考古学报　1975 年 第 1 期 73 页

河北磁山新石器遗址试掘　邯郸市文物保管所、邯郸地区磁山考古 队短训班　考古　1977 年 6 期 361 页

河北省石家庄地区的考古新发现　石家庄地区文化局文物普查组 文物资料丛刊　1977 年 12 月 149 页

磁县下七垣遗址发掘报告　河北省文物管理处　考古学报　1979 年 第 2 期 185 页

我省文物考古工作者在武安磁山村发现距今七、八千年原始社会遗 址　河北日报　1980 年 5 月 17 日 3 版

一九七九年蔚县新石器时代考古的主要收获　张家口考古队　考古 1981 年 2 期 97 页

正定南杨庄遗址试掘记　河北省文管处　中原文物　1981 年 1 期 6 页

河北武安磁山遗址　河北省文物管理处、邯郸市文物保管所　考古 学报　1981 年 3 期 303 页

蔚县考古纪略　张家口考古队　考古与文物　1982 年 4 期 10 页

河北三河县孟各庄遗址　河北省文物管理处、廊坊地区文化局　考古　1983 年 5 期 404 页

河北玉田县发现新石器和青铜时代遗址　马洪路　考古　1983 年 5 期 478 页

河北武安洺河流域几处遗址的试掘　河北省文物管理处、邯郸地区文物保管所、邯郸市文物保管所　考古　1984 年 1 期 1 页

河北迁安安新庄新石器遗址调查和试掘　河北省文物管理处　考古学集刊　1984 第 4 集 96 页

河北张家口市考古调查简报　陶宗治　考古与文物　1985 年 6 期 13 页

保定地区新发现三百多处古遗址　光明日报　1986 年 9 月 18 日 1 版

河北容城县午方新石器时代遗址试掘　河北省文物研究所　考古学集刊　（第 5 集）1987 年 61 页

河北怀来小古城发现新石器时代遗址　刘建华　考古　1987 年 12 期 1133 页

河北阳原桑干河南岸考古调查简报　张家口地区博物馆　北方文物　1988 年 2 期 21 页

河北怀来官厅水库沿岸考古调查简报　张家口考古队　考古　1988 年 8 期 673 页

河北易县涞水古遗址试掘报告　拒马河考古队　考古学报　1988 年 4 期 421 页

冀东原始人类文明史新结论　起始时间可上溯到五千年前　新华社　人民日报　1989 年 1 月 18 日 3 版

河北阳原油房细石器发掘报告　谢飞、成胜泉　人类学学报　1989 年 1 期 59 页

西寨遗址揭示冀东原始文化面貌　张殿仁、翟良富　中国文物报　1989 年 3 月 10 日第 2 版

河北崇礼石嘴子发现新石器时代遗址　张家口地区文管所　文物春秋（创刊号）　1989 年 138 页

河北任丘发现龙山文化遗址　新华社　人民日报　1989 年 5 月 6 日 4 版

冀东考古发现两件珍品　许贵元　人民日报　1989 年 5 月 20 日 4 版

任丘发现龙山文化遗址　杨凤仪　中国文物报　1989 年 6 月 23 日 2 版

河北黄骅发现的细石器　黄骅细石器调查小组　考古　1989 年 6 期 481 页

河北永年石北口遗址发掘简报　河北省文物研究所、邯郸地区文物管理所　文物春秋　1989 年 3 期 27 页

燕山南麓发现细石器遗址　河北省文物研究所　考古　1989 年 11 月 967 页

邯郸县两处新石器时代遗址的调查和试掘　邯郸市文物管理处（刘勇、乐庆森）　文物春秋　1990 年 2 期 40~45 页

河北安新县梁庄、留村新石器时代遗址试掘简报　保定地区文物管理所等（徐浩生、金家广）　考古　1990 年 6 期 481~488 页

河北唐山地区史前遗址调查　北京大学考古实习队（张弛）　考古　1990 年 8 期 684~692 页

河北平山县考古调查简报　河北省文物研究所（任亚珊）　文物春秋　1990 年 3 期 4~13 页

河北永年县洺关遗址试掘简报　河北省文物研究所（郭瑞海）文物春秋　1990 年 4 期 1~7 页

任县卧龙冈遗址调查简报　河北省文物研究所、任县文保所　文物春秋　1990 年 4 期 8~10 页

徐水发现万年前的新石器时代早期遗存　徐浩生　中国文物报 1990 年 12 月 20 日 1 版

突破万年的南庄头新石器早期遗址　徐浩生、金家广　文物春秋 1991 年 2 期 93 页

秦皇岛首次试掘细石器地点　石守仁、王恩林　中国文物报　1992 年 1 月 12 日 1 版

河北崇礼石嘴子发现新石器时代遗址　张家口地区文管所（贺勇）考古　1992 年 2 期 184~186 页

河北省承德县新石器时代遗址调查　承德县文物保护管理所（李林）考古　1992 年 6 期 481~488 页

迁西出土六千年前石雕双人头像　顾铁山　中国文物报　1992 年 8 月 9 日 1 版

武安赵窑遗址发掘报告　河北省文物研究所、河北文化学院（陈惠、江达煌）　考古学报　1992 年 3 期 329~362 页

河北涞水县北封村遗址试掘简报　河北省文物研究所（吴东风等）考古　1992 年 10 期 894~899 页

河北徐水县南庄头遗址试掘简报　保定地区文物管理所（徐浩生等）考古　1992 年 11 期 961~970 页

河北省永年县何庄遗址发掘报告　邯郸地区文物保管所（张沅、王立军）　华夏考古　1992 年 4 期 9~32 页

河北迁西县西寨遗址调查　唐山市文物管理处、迁西县文物管理所（孟昭永、顾铁山）　考古　1993 年 1 期 1~4 页

河北滹沱河流域考古调查与试掘　滹沱河考古队（吴东风等）　考古　1993 年 4 期 300~309 页

河北怀安县第五窑城址调查简报　范秀英　文物春秋　1993 年 2 期 82~85 页

河北磁县境内牤牛河两岸考古调查　邯郸地区文物保管所　华夏考古　1993 年 2 期 46~53 页

河北省怀安县新石器时代遗址调查简报　怀安县文保所（徐建中）文物春秋　1993 年 3 期 1~6 页

河北滦平县后台子遗址发掘简报　承德地区文物保管所、滦平县博物馆（沈军山）　文物　1994 年 3 期 53~74 页

河北曲阳县考古调查简报　史云征、李兰珂　考古　1994 年 4 期 301~305 页

河北临城县仰韶文化遗址调查　李振奇　考古与文物　1994 年 2 期

7～11 页

河北三河县刘白塔新石器时代遗址试掘　廊坊市文物管理所、三河县文物管理所　考古　1995 年 8 期 673～677 页

河北承德县考古调查　河北文物研究所（任亚珊）　文物春秋 1996 年 1 期 1～5 页

阳原姜家梁发现新石器时代墓地　谢飞　中国文物报　1996 年 4 月 7 日 1 版

河北容城县北庄遗址调查报告　容城县文物保管所（孙继安、王亚飞）　文物春秋　1996 年 2 期 1～4 页

涿州市松林店遗址调查简报　保定文管所（李文龙等）　文物春秋 1996 年 2 期 9～10 页

河北昌黎淳泗涧细石器遗址的新材料　王恩霖　人类学学报　1997 年 1 期 1～9 页

我国最早新石器遗址发现　文汇报　1997 年 8 月 26 日 5 版

徐水县发现我国北方最早的新石器遗址　蔺玉堂　光明日报　1997 年 9 月 15 日 4 版

迁西西寨新石器时代遗址出土一组玛瑙石器　陈环　文物春秋 1998 年 1 期 76～77 页

河北滦平县药王庙梁遗址调查　滦平县博物馆（马清鹏）　考古 1998 年 2 期 85～89 页

河北发掘易县北福地仰韶文化遗址　樊书海　中国文物报　1998 年 8 月 2 日 1 版

永年县石北口遗址发掘报告　河北省文物研究所、邯郸地区文物管理所　河北省考古文集　1998 年 46～105 页

河北沧县陈圩遗址发掘简报　河北省文物研究所　河北省考古文集 1998 年 106～116 页

永年县榆林遗址发掘简报　河北省文物研究所等（段宏振）　河北省考古文集　1998 年 117～126 页

内邱小驿头遗址发掘报告　河北省文物研究所（张珺、张治强）

河北省考古文集　1998 年 154～178

　　张家口考古获重要成果　雷金铭、韩立森　中国文物报　1999 年 3 月 21 日 1 版

　　河北 1998 年文物考古工作成绩喜人　刘洁　中国文物报　1999 年 4 月 14 日 1 版

　　围场县双水泉遗址调查简报　张守义、彭立平　文物春秋　1999 年 2 期 25～27 页

　　京张高速公路考古发掘获丰硕成果　周云　中国文物报　1999 年 7 月 21 日 1 版

　　河北容城县上坡遗址发掘简报　河北省文物研究所等（段宏振等）考古　1999 年 7 期 1～7 页

　　沧州商周以前古文化遗址的发现与认识　卢瑞芳　三代文明研究（一）——1998 年河北邢台中国商周文明国际学术研讨会论文集　440～447 页

　　邯郸市峰峰电厂义西遗址发掘报告　河北省文物研究所等（张治强等）　文物春秋　2001 年 1 期 22～39 页

　　河北阳原县姜家梁新石器时代遗址的发掘　河北省文物研究所（李珺等）　考古　2001 年 2 期 13～27 页

　　河北张北县一带的细石器遗存　闫永福　考古　2001 年 3 期 1～5 页

　　唐山发现新石器晚期文化遗址　光明日报　2001 年 10 月 18 日 A1 版

　　河北兴隆发现 1.3 万年前的刻纹角器　海泉　中国文物报·收藏鉴赏周刊　2002 年 8 月 28 日 2 版

　　承德县 2002 年文物普查的新收获　刘朴　文物春秋　2003 年 4 期 47～50 页

　　河北三河县刘白塔新石器时代遗址第二次试掘　廊坊市文物管理处（刘化成、吕冬梅）　文物春秋　2004 年 2 期 38～49 页

　　留住历史　留住文明——南水北调中线工程河北段的文物保护与考古工作　魏振军、王红卫　中国文物报　2004 年 6 月 4 日 5 版

　　河北易县北福地史前遗址发掘取得重要收获　段宏振　中国文物报

2004 年 10 月 1 日 1 版

1990 年迁西县史前遗址调查　李珺、翟良富　文物春秋　2004 年 4 期 17 ~ 20 页

河北滦平县石佛梁遗址调查　承德市文物局文物科、滦平县文物管理所（沈军山等）　文物春秋　2004 年 4 期 21 ~ 31 页

承德市惊现史前组雕石像　蔺玉堂　光明日报　2005 年 2 月 17 日 1 版

河北太行山发现史前村落遗址　王文化、王斌　人民日报　2005 年 2 月 21 日 11 版

河北邢台市葛家庄遗址 1999 年发掘简报　河北省文物研究所等（朱永刚等）　考古　2005 年 2 期 3 ~ 27 页

历史对视：2004 年我省考古重大发现　刘成群、刘萍　河北日报 2005 年 3 月 4 日 9 版

河北三河县刘白塔新石器时代遗址第二次试掘简报　廊坊市文物管理处（刘化成、吕冬梅）　华夏考古　2005 年 2 期 3 ~ 12 页

河北易县北福地史前遗址的发掘　河北省文物研究所（段宏振）考古　2005 年 7 期 3 ~ 9 页

河北易县北福地新石器时代遗址发掘简报　河北省文物考古研究所等（段宏振）　文物　2006 年 9 期 4 ~ 20 页

（五）山　西

山西万泉新石器时代遗址发现的经过和见解　卫聚贤　东方杂志 1929 年 26 卷 4 期 69 页

万泉石器时代古物　大公报　1931 年 5 月 29 日

山西万泉发现大批石器时代器皿——考古学家卫聚贤等掘得现正整理将公开展览　大公报　1931 年 6 月 4 日

山西万泉石器时代遗址发掘之经过　董光忠　师大月刊　1932 年 3

期 99 页

大同发现史前细石器　李星学　科学通报　1950 年 1 卷 8 期 598 页；华西文物　1951 年 1 期 41 页

大同云岗石佛窟对岸之史前遗址　裴文中　《雁北文物勘查团报告》 1951 年 2 月 21 页

大同高山镇之细石器文化遗址　裴文中　《雁北文物勘查团报告》 1951 年 2 月 23 页

浑源县李峪村庙坡之彩陶文化遗址　裴文中　《雁北文物勘查团报告》　1951 年 2 月 91 页

察哈尔左云县冯家窑附近石器遗址　贾兰坡　科学通报　1951 年 2 卷 5 期 506 页

大同云岗附近的新石器时代遗存　安志敏　文物参考资料　1953 年 5/6 期 143 页

太原市六区义井村发现史前文化遗址　光明日报　1953 年 8 月 24 日 3 版

山西洪洞县坊堆村及永凝东堡发现古代文化遗址　畅文斋、张吉先 文物参考资料　1953 年 12 期 150 页

山西省绛县周家庄发现古代文化遗址　李奉先　文物参考资料 1954 年 3 期 115 页

山西临汾发现黑陶遗址和彩陶时代的农具　畅文斋、张德光　文物 参考资料　1954 年 3 期 116 页

在基本建设中太原市发现古遗址及唐宋墓葬　戴尊德、曾广亮　文 物参考资料　1954 年 3 期 116 页

山西省文管会在雁北忻县两专区发现古代遗址　郭勇　文物参考资 料　1954 年 4 期 117 页

山西稷山、永济、芮城发现彩陶遗址　酒冠五、张来瑞、王寄生 文物参考资料　1954 年 6 期 115 页

山西太原市郊区发现古代文化灰层　戴尊德、曾广亮　文物参考资 料　1954 年 6 期 115 页

山西繁峙、原平、五台、定襄等地发现古遗址　酒冠五、李建宁　文物参考资料　1954 年 8 期 135 页

山西省文管会重点调查汾城县古代遗址　张德光、李奉山　文物参考资料　1954 年 8 期 136 页

山西曲沃县发现古代遗址　酒冠五　文物参考资料　1954 年 10 期 135 页

云岗附近发现的古代陶片　王伯敏　文物参考资料　1954 年 12 期 98 页

山西汾城县连村史村的古遗址　文物参考资料　1955 年 1 期 121 页

山西文水县发现古遗址及摩崖造像　酒冠五　文物参考资料　1955 年 7 期 150 页

山西芮城县发现古遗址及汉墓　郭勇　文物参考资料　1955 年 12 期 153 页

山西祁县梁村仰韶文化遗址调查简报　杨富斗、赵歧　考古通讯 1956 年 2 期 41 页

山西文物普查组在潞安北部浊漳河流域及附近山区调查古遗址　朱江　文物参考资料　1956 年 7 期 74 页

太原市郊阎家沟发现新石器时代遗址　梁宗和　文物参考资料 1956 年 8 期 70 页

晋南五县古代人类文化遗址初步调查简报　山西省文物管理委员会　文物参考资料　1956 年 9 期 53 页

交城县发现新石器文化遗址和宋瓷　酒冠五　文物参考资料　1956 年 9 期 71 页

高平县店上村发现石器时代遗址　郭勇　文物参考资料　1956 年 12 期 74 页

读《晋南五县古代人类文化遗址初步调查简报》后的意见　唐云明　文物参考资料　1957 年 7 期 85 页

太原光社新石器时代遗址的发现与遭遇　寿田　文物参考资料 1957 年 1 期 57 页

山西壶关文物普查组发现古遗址三处　壶关文物普查组文化科　考古通讯　1957 年 2 期 51 页

山西吉县麦城村的几处遗迹　陈寒　考古通讯　1957 年 2 期 61 页

壶关海头村发现古代文化遗址　王玉山　文物参考资料　1957 年 6 期 89 页

马首山南的新石器时代遗址　酒冠五　文物参考资料　1958 年 4 期 72 页

永济县金盛庄与石庄的新石器时代遗址　张德光　文物参考资料 1958 年 5 期 47 页

义井遗址调查所见　范英杰　文物参考资料　1958 年 7 期 69 页

偏关发现古代文化遗址　解希恭　文物参考资料　1958 年 10 期 70 页

平鲁县王高登发现古文化遗址　边成修　文物参考资料　1958 年 12 期 59 页

云岗石窟对岸的新石器时代文化遗址　边成修、丁来普　文物 1959 年 1 期 72 页

朔县发现三处古文化遗址　边成修　文物　1959 年 1 期 72 页

山西襄汾县发现的两处遗址　杨富斗　考古　1959 年 2 期 107 页

五寨峰台梁发现一处新石器时代遗址　边成修、张秉仁　文物 1959 年 5 期 73 页

吕庄水库工地发现新石器时代的文物　李治安、李民　人民日报 1959 年 5 月 14 日 6 版

山西平陆新石器时代遗址复查试掘简报　黄河水库考古工作队河南分队　考古　1960 年 8 期 5 页

太原义井村遗址清理简报　山西省文物管理委员会　考古　1961 年 4 期 203 页

山西闻喜汀店新石器及周代遗址　山西省文物管理委员会、山西省考古研究所　考古　1961 年 5 期 282 页

光社遗址调查试掘简报　解希恭　文物　1962 年 4/5 期 28 页

晋西南地区新石器时代和商代遗址的调查与发掘　中国科学院考古研究所山西工作队　考古　1962 年 9 期 459 页

山西垣曲下马村发现新石器时代陶器　代尊德、邓林秀　考古 1963 年 5 期 278 页

山西芮城南礼教村遗址发掘简报　中国科学院考古研究所山西工作队　考古　1964 年 6 期 270 页

山西芮城东庄村和西王村遗址的发掘　中国科学院考古研究所山西工作队　考古学报　1973 年 1 期 1 页

绛县发现新石器时代人骨骼架　山西日报　1979 年 10 月 7 日 1 版

襄汾县发现"龙山文化"墓群遗址　山西日报　1979 年 12 月 10 日 2 版

山西襄汾县陶寺遗址发掘简报　中国社会科学院考古研究所山西工作队、临汾地区文化局　考古　1980 年 1 期 18 页

汾阳发现五千年前文化遗址　吕世豪、荀必正　山西日报　1982 年 4 月 6 日

晋豫鄂三省考古调查简报　北京大学考古专业商周组、山西省考古研究所、河南省安阳、新乡地区文化局、湖北省孝感地区博物馆　文物　1982 年 7 期 1 页

1978 ~ 1980 年山西襄汾陶寺墓地发掘简报　中国社会科学院考古研究所山西工作队、临汾地区文化局　考古　1983 年 1 期 30 页

山西夏县东下冯龙山文化遗址　中国社会科学院考古研究所、中国历史博物馆、山西省文物工作委会员、东下冯考古队　考古学报　1983 年第 1 期 55 页

山西发现龙山文化大型遗址　人民日报　1983 年 10 月 25 日 1 版

山西汾阳县峪道河遗址调查　山西省考古研究所　考古　1983 年 11 期 961 页

山西天镇县楼子町发现细石器　陈哲英、吴永春　考古与文物 1984 年 3 期 1 页

山西襄汾陶寺遗址首次发现铜器　中国社会科学院考古研究所山西

工作队、临汾地区文化局　考古　1984 年 12 期 1069 页

山西石楼岔沟原始文化遗存　中国社会科学院考古研究所山西工作队　考古学报　1985 年 2 期 185 页

山西右玉丁家村新石器时代遗存　山西省考古研究所、右玉县图书馆　考古　1985 年 7 期 662 页

山西垣曲古文化遗址的调查　中国社会科学院考古研究所山西工作队　考古　1985 年 10 期 875 页

山西垣曲龙王崖遗址的两次发掘　中国社会科学院考古研究所、山西工作队　考古　1986 年 2 期 97 页

山西闻喜县发现龙山晚期大石磬　李裕群、韩梦如　考古与文物 1986 年 2 期 94 页

山西洪洞县耿壁、侯村新石器时代遗址的调查　山西省考古研究所、洪洞县博物馆　考古　1986 年 5 期 394 页

1982～1984 年山西垣曲古城东关遗址发掘简报　中国历史博物馆考古部、山西省考古研究所、垣曲县博物馆　文物　1986 年 6 期 27 页

山西左云县的两个石器地点　陈哲英　史前研究　1986 年 3/4 期 57 页

陶寺遗址 1983～1984 年Ⅲ区居住址发掘的主要收获　中国社会科学院考古研究所、山西省临汾地区文化局　考古　1986 年 9 期 773 页

山西阳城、大同地区石器时代遗址调查报告　中国社会科学院考古研究所下川工作队、山西省文物工作委员会　考古学集刊（第 5 集）1987 年 1 页

山西垣曲丰村新石器时代遗址的发掘　中国社会科学院考古研究所山西工作队　考古学集刊　（第 5 集）1987 年 27 页

永济县长旺村发现仰韶文化遗址　光明日报　1987 年 5 月 5 日

山西襄汾县大柴遗址发掘简报　中国社会科学院考古研究所山西工作队　考古　1987 年 7 期 586 页

晋西南三县市古文化遗址的调查　张文君、高青山　考古与文物 1987 年 4 期 3 页

山西定襄县西社村龙山文化遗址调查　山西省博物馆　考古　1987年 11 期 970 页

山西曲沃县方城遗址发掘简报　中国社会科学院考古研究所山西工作队、山西省临汾行署文化局　考古　1988 年 4 期 289 页

山西普查文物三万余处　贺海　人民日报　1988 年 6 月 27 日 3 版

山西长治小神村遗址　山西省考古研究所晋东南工作站　考古 1988 年 7 期 577 页

山西襄汾大崮堆山发现新石器时代石磬坯　陶富海　考古　1988 年 12 期 1137 页

山西太谷白燕遗址第一地点发掘简报　晋中考古队　文物　1989 年 3 期 1 页

山西太谷白燕遗址第二、三、四地点发掘简报　晋中考古队　文物 1989 年 3 期 22 页

晋南考古调查报告　中国社会科学院考古研究所山西工作队　考古学集刊（第 6 集）　1989 年　1 页

山西汾阳孝义两县考古调查和杏花村遗址的发掘　晋中考古队　文物　1989 年 4 期 22 页

山西娄烦、离石、柳林三县考古调查　晋中考古队　文物　1989 年 4 期 31 页

山西沁源史前文化调查简报　山西省考古研究所、沁源县文物馆 文物季刊　1989 年 2 期 13 页

临水和吉家庄遗址的调查　张德光　文物季刊　1989 年 2 期 27 页

山西吉县柿子滩中石器文化遗址　山西省临汾行署文化局　考古学报　1989 年 3 期 305 页

山西忻州市游邀遗址发掘简报　忻州考古队　文物季刊　1989 年 4 期 289 页

山西侯马发现四千年前大型谷仓　田建文　中国文物报　1990 年 3 月 1 日 1 版

山西闻喜古文化遗址调查简报　张国维　考古　1990 年 3 期 200 ~

205 页

山西平陆县西侯新石器时代遗址调查　王志敏　考古　1990 年 3 期 286～288 页

山西陵川县大泉头发现细石器　陈哲英、梁宏刚　华夏考古　1990 年 2 期 9～10 页

榆次大发细石器遗址及其在地层学及古气候学上的意义　吴志清等　考古与文物　1990 年 5 期 63～69 页

山西发现新石器时代粮仓　人民日报　1990 年 7 月 18 日 3 版

侯马市东阳呈遗址调查简报　侯马市博物馆（田建文、周忠）　考古与文物　1990 年 6 期 32～35 页

山西侯马东呈王新石器时代遗址　山西省考古研究所、山西大学历史系考古专业　考古　1991 年 2 期 110～124 页

山西省襄汾县丁村新石器时代遗址发掘简报　山西省考古研究所（马升）　考古　1991 年 10 期 882～891 页

太原、垣曲两处史前瓮棺墓　山西省考古研究所（海金乐）　文物季刊　1992 年 1 期 14～17 页

山西高平县羊头山细石器　王益人、常四龙　文物季刊　1992 年 2 期 1～6 页

山西翼城枣园新石器时代早期遗址调查报告　山西省考古研究所（薛新民）　文物季刊　1992 年 2 期 7～15 页

翼城四遗址调查报告　山西省考古研究所（杨林中）　文物季刊 1992 年 2 期 16～21 页

山西广灵县洗马庄石器遗存　陈哲英　文物季刊　1992 年 3 期 1～6 页

山西大同马家小村新石器时代遗址　山西省考古研究所、大同市博物馆（海金乐）　文物季刊　1992 年 3 期 7～16 页

山西襄汾陈郭村新石器时代遗址与墓葬发掘简报　山西省考古研究所、襄汾县博物馆（王万辉等）　考古　1993 年 2 期 97～102 页

山西侯马褚村遗址试掘简报　山西省考古研究所（田建文等）　文

物季刊　1993 年 2 期 1～10 页

襄汾、曲沃、闻喜、侯马三县一市考古调查报告　山西省考古研究所　文物季刊　1993 年 3 期 1～8 页

山西翼城北橄遗址发掘报告　山西省考古研究所　文物季刊　1993 年 4 期 1～47 页

陶寺龙山文化大墓发掘追记　郑若葵　文物天地　1993 年 6 期 7～9 页

平朔十年考古发掘获重大成果　雷云贵　中国文物报　1993 年 12 月 19 日 1 版

山西左云县的两处原始文化遗存　李壮伟等　文物春秋　1994 年 1 期 40～42 页

太原东太堡出土的陶器和石器　郭淑英　文物季刊　1994 年 1 期 29～31 页

山西的考古发现与研究　杨富斗　山西省考古学会论文集（二）1994 年 1～19 页

平朔地区十年考古综述　平朔考古队　山西省考古学会论文集（二）　1994 年 20～22 页

山西新绛县古堆、白村遗址调查　山西省考古研究所（田建文等）文物季刊　1994 年 2 期 19～28 页

山西榆社台曲遗址发掘　山西省考古研究所（海金乐等）　三晋考古（第一辑）　1994 年 55～70 页

山西大同及偏关县新石器时代遗址调查简报　北京大学考古系等（戴向明）　考古　1994 年 12 期 1037～1062 页

丁村遗址再次发现细石器文化地点　陶富海、王益人　文物季刊　1995 年 1 期 14 页

西阴村遗址再次发掘获丰硕成果　田建文、范文谦　中国文物报　1995 年 4 月 30 日 1 版

山西省垣曲县古城东关遗址Ⅳ区仰韶早期遗存的新发现　中国历史博物馆考古部等（许志勇等）　文物　1995 年 7 期 40～51 页

山西榆社细石器遗存　刘景芝等　人类学学报14卷　1995年3期206～218页

朔州发现原始火塘　陈哲英等　中国文物报　1995年12月17日1版

长治小常乡小神遗址　山西省考古研究所晋东南工作站（宋建忠等）考古学报　1996年1期63～110页

山西翼城县开化遗址调查　山西省考古研究所（薛新民等）　文物季刊　1996年1期54～57页

山西侯马乔山底遗址1989年Ⅱ区发掘报告　山西省考古研究所侯马工作站（田建文）　文物季刊　1996年2期1～28页

西阴村史前遗存第二次发掘　山西省考古研究所　三晋考古（第二辑）　1996年1～62页

垣曲古城东关遗址庙底沟二期文化和龙山文化遗存　张素琳、佟伟华　三晋考古（第二辑）　1996年141～191页

山西河津固镇遗址发掘报告　山西省考古研究所（海金乐等）　三晋考古（第二辑）　1996年63～126页

洪洞侯村新石器时代遗址调查、试掘报告　山西省考古研究所、洪洞县博物馆　三晋考古（第二辑）　1996年192～219页

山西五台县阳白遗址发掘简报　山西大学历史系考古专业等（胡建、贾志强）　考古　1997年4期46～57页

山西翼城马尾巴山遗址调查收获　田建文　考古学集刊　1997年11期289～291页

垣曲宁家坡遗址发掘获重大成果　宋建忠、薛新良　中国文物报1998年2月4日1版

山西垣曲县小赵新石器时代遗址的试掘　中国社会科学院考古研究所山西队（郑文兰）　考古　1998年4期7～15页

我国新石器时代最完整陶窑群出土　王东平　光明日报　1998年6月3日1版

垣曲宁家坡陶窑址发掘简报　山西省考古研究所（薛新民、宋建忠）

文物　1998 年 10 期 28 ~ 32 页

　　近年来山西考古新发现　任志录　中华文化画报　1998 年 5 期 6 ~ 15 页

　　山西黎城古文化遗址调查报告　山西省考古研究所晋东南工作站（杨林中等）　文物季刊　1998 年 4 期 11 ~ 22 页

　　山西临汾下靳墓地发掘简报　下靳考古队（石金鸣等）　文物1998 年 12 期 4 ~ 13 页

　　临汾下靳墓地发掘获重要成果　石金鸣　中国文物报　1998 年 12 月20 日 1 版

　　陶寺遗址发掘简报　山西省考古研究所（宋健忠、薛新民）　文物季刊　1999 年 2 期 3 ~ 10 页

　　山西临汾下靳村陶寺文化墓地发掘报告　山西省临汾行署文化局、中国社会科学院考古研究所山西工作队（梁星彭等）　考古学报　1999年 4 期 459 ~ 486 页

　　山西翼城县故城遗址调查报告　张辛　考古学研究（四）　2000 年404 ~ 442 页

　　尧舜古城在晋发现　池茂花、帅政　人民日报　2000 年 6 月 7 日 5版

　　陶寺遗址发现夯土遗存　梁星彭　中国文物报　2000 年 7 月 16 日 1版

　　晋东南发掘大规模古遗址　王京燕、畅红霞　中国文物报　2000 年10 月 1 日 1 版

　　山西考古的新突破——陶寺遗址发现早期城址遗迹　梁星彭　文物世界　2000 年 5 期 4 ~ 5 页

　　山西滹沱河流域考古调查报告　侯毅　山西省考古学会论文集（三）2000 年 20 ~ 38 页

　　山西垣曲小赵遗址 1996 年发掘报告　中国社会科学院考古研究所山西工作队（梁星彭、李健民）　考古学报　2001 年 2 期 189 ~ 226 页

　　黄河流域史前最大城址进一步探明　何驽、严志斌　中国文物报2002 年 2 月 8 日 1 版

山西襄汾县丁村曲舌头新石器时代遗址发掘简报　山西大学历史系考古专业（胡建）　考古　2002 年 4 期 29～40 页

山西芮城清凉寺墓地玉器　山西省考古研究所、芮城县博物馆　考古与文物　2002 年 5 期 3～6 页

2002 年山西襄汾陶寺城址发掘　中国社会科学院考古研究所山西第二工作队等（何驽、严志斌）　中国社会科学院古代文明研究中心通讯　2003 年 5 期 40～49 页

襄汾陶寺城址发掘显现暴力色彩　何驽等　中国文物报　2003 年 1 月 31 日 1 版

山西襄汾县陶寺遗址 Ⅱ 区居住址 1999～2000 年发掘简报　中国社会科学院考古研究所山西队、山西临汾行署文化局（严志斌等）考古 2003 年 3 期 3～17 页

陶寺城址发现陶寺文化中期墓葬　中国社会科学院考古研究所山西队等（何驽等）　考古　2003 年 9 期 3～6 页

2003 年陶寺城址考古发掘的新收获　中国社会科学院考古研究所山西队等（何驽）　中国社会科学院古代文明研究中心通讯　2004 年 7 期 56～63 页

山西襄汾陶寺遗址发现大型史前观象祭祀与宫殿遗址　何驽等　中国文物报　2004 年 2 月 20 日 1 版

山西襄汾县陶寺城址发现陶寺文化大型建筑基址　中国社会科学院考古研究所山西队（何驽）　考古　2004 年 2 期 3～6 页

中华文明起源研究的重大突破——陶寺城址考古新成果的价值与意义　申维辰　光明日报　2004 年 3 月 25 日 C3 版

山西芮城寺里—坡头遗址发现庙底沟二期文化墓地　薛新明　中国文物报　2004 年 4 月 16 日 1 版

山西芮城寺里—坡头遗址勘查与清凉寺墓地的重要收获　薛新明　文物世界　2004 年 3 期 3～5 页

山西垣曲县宁家坡遗址发掘纪要　薛新民、宋建忠　华夏考古 2004 年 2 期 3～16 页

山西襄汾陶寺城址祭祀区大型建筑基址 2003 年发掘简报　中国社会科学院考古研究所山西队等（何驽）　考古　2004 年 7 期 9～24 页

山西发现两座早期陶窑址　杨及耘等　中国文物报　2004 年 8 月 27 日 1 版

山西新绛孝陵遗址发现新石器时代窑群　王金平等　中国文物报 2004 年 9 月 15 日 1 版

陶寺中期小城内大型建筑 IIFJTI 发掘心路历程杂谈　何驽　古代文明研究通讯　2004 年 23 期 47～58 页

山西芮城寺里一坡头遗址调查报告　山西省考古研究所（薛新明等）　古代文明（第 3 卷）　2004 年 405～435 页

山西芮城清凉寺揭露庙底沟二期文化大型墓地　薛新明　中国文物报　2005 年 2 月 23 日 1 版

山西襄汾陶寺城址 2002 年发掘报告　中国社会科学院考古研究所山西队（严志斌、何驽）　考古学报　2005 年 1 期 307～346 页

山西绛县周家庄发掘一处古代文化遗址　王力之等　中国文物报 2005 年 6 月 1 日 1 版

2004～2005 年山西襄汾陶寺遗址发掘新进展　中国社会科学院考古研究所山西队等（何驽等）　中国社会科学院古代文明研究中心通讯 2005 年 10 期 58～66 页

山西新绛县发现一处新石器时期聚落遗址　杨及耘、范文谦　中国文物报　2005 年 9 月 2 日 1 版

山西抢救性发掘陶寺墓地被盗墓葬　王晓毅、严志斌　中国文物报 2005 年 11 月 9 日 1 版

山西芮城清凉寺新石器时代墓葬　山西省考古研究所（薛新明）文物　2006 年 3 期 4～16 页

山西西部南流黄河地带区域考古调查　山西课题组　中国文物报 2006 年 8 月 4 日 7 版

陶寺中期墓地被盗墓葬抢救性发掘纪要　王晓毅、严志斌　中原文物　2006 年 5 期 4～7 页

（六） 内蒙古

西北科学考查团发现新石器时代之遗物　中山大学语言历史学研究所周刊　1927 年 11 月 1 卷 1 期 26 页

热河查不干庙林西双井赤峰等处所采集之新石器时代石器与陶片　梁思永田野考古报告（第一册）　1936 年 8 月 1 页

赤峰附近新发见之汉前土城址与古长城　佟柱臣　历史与考古（沈）1946 年 10 月 1 期 32 页

包头市东门外转龙藏发现细石器文化遗址　内蒙文物工作组　文物参考资料　1954 年 8 期 162 页

内蒙古发现新旧石器时代的文物古迹　光明日报　1954 年 12 月 11 日 2 版

西喇木伦河流域的新石器时代遗址　汪宇平　考古通讯　1955 年 5 期 9 页

内蒙古昭乌达盟林西县发现了古代陶片、石器　汪宇平　文物参考资料　1955 年 6 期 115 页

内蒙古文物组配合基建工程在包头进行调查发掘　李逸友　文物参考资料　1955 年 6 期 115 页

昭乌达盟阿鲁科尔沁旗德博勒庙区发现大型石犁一件　汪宇平　文物参考资料　1955 年 7 期 151 页

包头市韩庆坝发现石器、陶片　李逸友　文物参考资料　1955 年 8 期 152 页

内蒙古巴林右旗益司毛道村发现细石器遗址　汪宇平　文物参考资料　1955 年 10 期 118 页

昭盟克什克腾旗经棚街发现细石器遗址　汪宇平　文物参考资料　1955 年 11 期 124 页

内蒙文化局再次调查昭盟林西县锅撑子山细石器遗址　汪宇平　文

物参考资料　1956 年 1 期 59 页

内蒙古海拉尔市附近发现细石器文化遗址　汪宇平　考古通讯
1956 年 3 期 54 页

内蒙昭盟赤峰红山细石器文化遗址调查　汪宇平　考古通讯　1956
年 4 期 36 页

包头市韩庆坝新石器文化遗址　郑隆、张郁　考古通讯　1956 年 4
期 37 页

土默特旗哈拉沁有新石器时代遗址　张郁　文物参考资料　1956 年
11 期 70 页

内蒙古自治区发现的细石器文化遗址　内蒙古自治区文化局文物工
作组　考古学报　1957 年第 1 期 9 页

《内蒙古自治区发现的细石器文化遗址》读后　严文明　考古通讯
1958 年 4 期 79 页

几年来的内蒙古文物工作　内蒙古文物工作组　文物参考资料
1957 年 4 期 12 页

清水河县和郡王旗等地发现的新石器时代文化遗址　李逸友　文物
参考资料　1957 年 4 期 26 页

赤峰东八家石城址勘查记　佟柱臣　考古通讯　1957 年 6 期 15 页

宁城县西头道营发现细石器文化遗址　张郁　文物参考资料　1957
年 11 期 77 页

内蒙古赤峰县元茂隆乡的细石器　李逸友　考古通讯　1958 年 5 期
31 页

内蒙赤峰红山考古调查报告　吕遵谔　考古学报　1958 年第 3 期 25
页

昭乌达盟巴林左旗细石器文化遗址　内蒙古自治区文化局文物工作
组　考古学报　1959 年 2 期 1 页

伊克昭盟郡王旗发现新石器时代文物　吴德元　文物　1959 年 11 期
72 页

内蒙林西考古调查　吕遵谔　考古学报　1960 年第 1 期 9 页

内蒙（呼和浩特市美岱村、包头市东河区）发现新石器时代遗址 光明日报 1960 年 2 月 26 日

苏尼特右旗伊尔丁曼哈发现石器时代遗址 齐永贺 文物 1960 年 5 期 85 页

内蒙东乌珠穆沁旗霍尔赤根河新石器时代的遗物 刘华 考古 1960 年 6 期 34 页

1957 年以来内蒙古自治区古代文化遗址及墓葬的发现情况简报 内蒙古自治区文物工作队 文物 1961 年 9 期 5 页

内蒙古清水河县白泥窑子村的新石器时代遗址 汪宇平 文物 1961 年 9 期 10 页

清水河县台子梁的仰韶文化遗址 汪宇平 文物 1961 年 9 期 13 页

伊金霍洛旗新庙子村附近的细石器文化遗址 汪宇平 文物 1961 年 9 期 14 页

内蒙地区十余年来考古工作成绩显著，发掘出大批遗址文物积累丰富考古资料 光明日报 1961 年 10 月 11 日

扎赉诺尔北矿发现古文物 郑隆 光明日报 1962 年 1 月 11 日

内蒙古白音浩特发现的齐家文化遗物 齐永贺 考古 1962 年 1 期 22 页

内蒙古中南部考古调查 洲傑 考古 1962 年 2 期 92 页

对《内蒙古中南部考古调查》一文的商榷 张森水 考古 1962 年 11 期 605 页

内蒙古伊盟达拉特旗瓦窑村的新石器时代遗址 汪宇平 考古 1963 年 1 期 9 页

呼和浩特东郊二十家子村的新石器文化遗址 汪宇平 考古 1963 年 1 期 51 页

内蒙古昭乌达盟石羊石虎山新石器时代墓葬 内蒙古自治区昭乌达盟文物工作站 考古 1963 年 10 期 523 页

内蒙古巴林左旗富河沟门遗址发掘简报 中国科学院考古研究所内蒙古工作队 考古 1964 年 1 期 1 页

阿拉善沙漠中的打制石器　戴尔俭等　古脊椎动物与古人类　1964年 8 卷 4 期 414 页

内蒙古哲盟科左中旗新艾力的新石器时代遗址　齐永贺　考古 1965 年 5 期 253 页

内蒙古中南部黄河沿岸新石器时代遗址调查　内蒙古历史研究所　考古　1965 年 10 期 487 页

内蒙古清水河县白泥窑子遗址复查　内蒙古历史研究所　考古 1966 年 3 期 115 页

察右中旗大义发泉村细石器文化遗址调查和试掘　内蒙古自治区博物馆、文物工作队　考古　1975 年 1 期 23 页

内蒙古托克托县新石器时代遗址调查　吉发习　考古　1978 年 6 期 426 页

赤峰蜘蛛山遗址的发掘　中国社会科学院考古研究所内蒙古工作队　考古学报　1979 年第 2 期 215 页

内蒙古准格尔旗大口遗址的调查与试掘　吉发习、马耀圻　考古 1979 年 4 期 308 页

内蒙古北部地区发现的新石器　刘志雄　考古　1980 年 3 期 299 页

内蒙古苏尼特右旗吉日嘎郎图新石器时代遗存　纳古善夫　考古 1982 年 1 期 103 页

昭乌达盟石棚山考古新发现　李恭笃　文物　1982 年 3 期 11 页

赤峰西水泉红山文化遗址　中国社会科学院考古研究所内蒙古工作队　考古学报　1982 年第 2 期 183 页

内蒙古布拉格芒和新石器时代遗址　内蒙古地质局第一区调队　考古学集刊（第 2 集）　1982 年 12 月 6 页

准格尔旗大路公社新石器时代文化遗址　汪宇平　文物资料丛刊 1983 年 2 月 7 期 75 页

科尔沁右翼中旗呼林河沿岸原始文化遗存　李殉甫、朱声显　文物资料丛刊　1983 年 2 月 7 期 115 页

内蒙古科尔沁右翼中旗嘎查石器时代遗址的调查　吉林省文物工作

队　考古　1983 年 8 期 673 页

内蒙古锡林郭勒草原上的新石器时代遗存　崔璿　考古学集刊（第 3 集）　1983 年 11 月 81 页

内蒙古伊盟杭锦旗锡尼镇附近的新石器时代遗址　盖山林　考古 1983 年 12 期 1097 页

内蒙古包头市阿善遗址发掘简报　内蒙古社会科学院蒙古史研究所、包头市文物管理所　考古　1984 年 2 期 97 页

内蒙古翁牛特旗三星他拉村发现玉龙　翁牛特旗文化馆　文物 1984 年 6 期 6 页

内蒙古锡盟贺斯格乌拉的细石器文化遗存　马秀　考古学集刊（第 4 集）　1984 年 10 月 64 页

石器时代遗物　肖斯　内蒙古日报　1985 年 2 月 2 日 4 版

内蒙古敖汉旗兴隆洼遗址发掘简报　中国社会科学院考古研究所内蒙古工作队　考古　1985 年 10 期 865 页

克鲁伦河下游右岸原始社会遗址　盖山林　北方文物　1986 年 1 期 19 页

内蒙古敖汉旗发现七千多年前的聚落遗址　王大方　文物报　1986 年 5 月 16 日第 1 版

内蒙古大青山西段新石器时代遗址　包头市文物管理所　考古 1986 年 6 期 485 页

内蒙古敖汉旗发现红山文化积石冢　邵国田　文物报　1987 年 5 月 15 日第 2 版

内蒙古敖汉旗小山遗址　中国社会科学院考古研究所内蒙古工作队 考古　1987 年 6 期 481 页

内蒙古巴林右旗那斯台遗址调查　巴林右旗博物馆　考古　1987 年 6 期 507 页

内蒙古敖汉旗四稜山红山文化窑址　李恭笃、高美璇　史前研究 1987 年 4 期 52 页

致力于龙神探源研究的陆思贤认为，龙起源于七、八千年前的古蒙

古　光明日报　1987 年 12 月 14 日

陆思贤认为在距今七、八千年前，龙的形象发源于内蒙古草原　文汇报　1987 年 12 月 14 日

内蒙古发现新石器文化遗址　人民日报　1988 年 1 月 5 日 3 版

内蒙古出土新石器时代冶铜模具　邵国田、石云子　人民日报　1988 年 1 月 10 日 3 版

内蒙古敖汉旗赵宝沟一号遗址发掘简报　中国社会科学院考古研究所内蒙古工作队　考古　1988 年 1 期 10 页

内蒙古清水河白泥窑子 C、J 点发掘简报　崔璿、斯琴　考古　1988 年 2 期 97 页

内蒙古清水河白泥窑子 L 点发掘简报　崔璿　考古　1988 年 2 期 109 页

内蒙古又发现一件新石器时代玉龙　贾鸿恩　中国文物报　1988 年 4 月 8 日第 1 版

份子地遗址及出土石钺　邵国田　中国文物报　1988 年 4 月 8 日第 3 版

内蒙古伊金霍洛旗朱开沟遗址 VII 区考古纪略　田广金　考古　1988 年 6 期 481 页

大青山石器文明新发现　孙振远　人民日报　1988 年 7 月 18 日 3 版

内蒙古朱开沟遗址　内蒙古文物考古研究所　考古学报　1988 年 3 期 301 页

内蒙古凉城发现圆子沟人类聚落遗址　中国文物报　1988 年 11 月 11 日 1 版

内蒙古凉城县岱海周围古遗址调查　乌盟文物站凉城文物普查队　考古　1989 年 2 期 97 页

内蒙古普查出一万五千处文物遗存　中国文物报　1989 年 10 月 13 日 1 版

乌盟新发现的原始文化遗址　富占军　中国文物报　1989 年 11 月 3 日 3 版

文物普查的重大收获　内蒙古乌盟文物工作站　中国文物报　1989年11月3日3版

参观内蒙文物普查成果展　张慧君　中国文物报　1989年11月10日2版

内蒙古察右前旗庙子沟遗址考古纪略　内蒙古文物考古研究所　文物　1989年12期29页

敖汉旗普查出文物点3800余处　文捷　中国文物报　1989年12月15日1版

内蒙配合中苏水电工程开展额尔古纳河流域文物调查　王大方　中国文物报　1990年11月1日2版

内蒙古准格尔煤田黑岱矿区文物普查述要　内蒙古文物考古研究所、伊克昭盟文物工作站（魏坚、王志浩）　考古　1990年1期1～10页

内蒙古包头市西园新石器时代遗址发掘简报　西园遗址发掘组（杨泽蒙等）　考古　1990年4期295～306页

西道村遗址发掘获重大成果　王立早　中国文物报　1991年3月31日1版

敖汉旗南台地赵宝沟文化遗址调查　敖汉旗博物馆（邵国田）　内蒙古文物考古　1991年1期2～10页

内蒙古克什克腾旗龙头山遗址第一、二次发掘简报　内蒙古自治区文物考古研究所、克什克腾旗博物馆（曹建恩、齐晓光）　考古　1991年8期704～717页

内蒙古托克托县发现的几件磨制石器　陈星灿　考古　1991年9期859～860页

内蒙古阿拉善左旗发现原始文化遗存　李壮伟　考古　1992年5期385～388页

内蒙古中南部三处古遗址调查　崔树华　考古　1992年7期607～614页

内蒙古商都县新石器时代遗址调查　内蒙古乌兰察布盟文物工作站（富占军）　考古　1992年12期1082～1091页

兴隆洼聚落遗址发掘获硕果　中国社会科学院考古研究所　中国文物报　1992 年 12 月 13 日 1 版

内蒙古巴彦浩特的细石器　李壮伟　考古　1993 年 4 期 289 ~ 294 页

内蒙古和林格尔浑河沿岸新石器时代遗址调查　李兴盛　北方文物　1993 年 3 期 28 ~ 32 页

内蒙古林西县白音长汗新石器时代遗址发掘简报　内蒙古自治区文物考古研究所（郭治中等）　考古　1993 年 7 期 577 ~ 586 页

内蒙古腾格里沙漠中的一原始文化遗存　李壮伟　考古　1993 年 11 期 981 ~ 984 页

兴隆洼聚落遗址发掘再获硕果　杨虎、刘国祥　中国文物报　1993 年 12 月 26 日 1 版

去年内蒙古田野考古成绩显著　王大方、侯峰　中国文物报　1994 年 5 月 22 1 版

巴林左旗二道梁红山文化遗址细石器　张景明　内蒙古文物考古　1994 年 1 期 39 ~ 44 页

1993 年内蒙古田野考古成果综述　王大方　内蒙古文物考古　1994 年 2 期 1 ~ 6 页

伊金霍洛旗架子圪旦遗址发掘简报　伊克昭盟文物站（高毅、尹春雷）　内蒙古文物考古　1994 年 2 期 7 ~ 14 页

呼和浩特市东郊大窑新石器时代遗址清理简报　张景明　内蒙古文物考古　1994 年 2 期 15 ~ 20 页

内蒙古包头市西园遗址 1985 年的发掘　内蒙古社会科学院历史研究所、包头市文物管理处　考古学集刊（第 8 集）　1994 年 1 ~ 27 页

内蒙古商都县两处新石器时期遗址的调查与试掘　内蒙古文物考古研究所、商都县文物管理所　北方文物　1995 年 2 期 4 ~ 20 页

内蒙古发现八千年前玉器　石云子　光明日报　1995 年 6 月 19 日 2 版

1994 年内蒙古文物考古成果综述　王大方　内蒙古文物考古　1995 年 1/2 期 128 ~ 132 页

克什克腾旗南台子遗址发掘简报　内蒙古文物考古研究所（连吉林、杨杰）　内蒙古文物考古文集　1994年87～95页

准格尔旗周家壕遗址仰韶晚期遗存　内蒙古文物考古研究所（魏坚、曹建恩）　内蒙古文物考古文集　1994年167～173页

准格尔旗寨子上遗址发掘简报　内蒙古文物考古研究所（魏坚、张海斌）　内蒙古文物考古文集　1994年174～182页

内蒙古乌兰察布盟北部地区新石器时代遗址调查　乌兰察布盟文物工作站（崔利明）　考古　1996年2期9～16页

内蒙古巴林右旗锡本包楞出土玉器　朝格巴图　考古　1996年2期88页

内蒙古巴彦淖尔盟的史前时代遗存——中瑞西北科学考察团考古资料的整理与研究之一　陈星灿　考古学集刊（11集）　1997年1～31页

内蒙古敖汉旗兴隆洼聚落遗址1992年发掘简报　中国社会科学院考古研究所内蒙古工作队（杨虎、刘国祥）　考古　1997年1期1～26页

内蒙古赤峰大南沟新石器时代墓地的发掘　项春松　文物　1997年4期18～33页

内蒙古凉城县王墓山坡上遗址发掘纪要　内蒙古文物考古研究所中日岱海地区考察队、日本京都中国考古学研究会（杨泽蒙）　考古1997年4期16～23页

中日内蒙古岱海地区文明起源考古学研究再获新成果　王大方　中国文物报　1997年5月18日1版

内蒙古托克托县海生不浪遗址发掘报告　北京大学考古系等　考古学研究（三）　1997年196～239页

克什克腾旗南台子遗址　内蒙古文物考古研究所（连吉林、杨杰）　内蒙古文物考古文集（第2辑）　1997年53～77页

林西县水泉遗址发掘述要　内蒙古文物考古研究所（索秀芬等）内蒙古文物考古文集（第2辑）　1997年78～84页

准格尔旗鲁家坡遗址　内蒙古文物考古研究所（连吉林）　内蒙古文物考古文集（第2辑）　1997年120～136页

商都县章毛勿素遗址　内蒙古文物考古研究所等（魏坚、富占军）
内蒙古文物考古文集（第 2 辑）　1997 年 137～150 页

清水河县庄窝坪遗址发掘简报　乌兰察布博物馆、清水河县文物管
理所（胡晓农）　内蒙古文物考古文集（第 2 辑）　1997 年 165～178 页

清水河县白泥窑子遗址 K 点发掘报告　内蒙古社会科学院历史研究所
考古研究室（崔璇）　内蒙古文物考古文集（第 2 辑）　1997 年 179～190
页

河北县白泥窑子遗址 D 点发掘报告　内蒙古社会科学院历史研究所
考古研究室（崔璇）　内蒙古文物考古文集（第 2 辑）　1997 年 211～
237 页

凉城县王墓山坡上遗址发掘报告　内蒙古文物考古研究所、日本京
都中国考古学研究会岱海地区联合考察队（杨泽蒙、索秀芬）　内蒙古
文物考古文集（第 2 辑）　1997 年 238～270 页

丰镇市北黄土沟遗址发掘简报　内蒙古文物考古研究所、丰镇市文
物管理所（曹建恩）　内蒙古文物考古文集（第 2 辑）　1997 年 271～
279 页

准格尔旗寨子塔遗址　内蒙古文物考古研究所（魏坚）　内蒙古文
物考古文集（第 2 辑）　1997 年 280～326 页

内蒙古万家寨水利工程考古发掘获丰硕成果　王大方　中国文物报
1997 年 11 月 30 日 1 版

内蒙古巴林右旗敖包恩格日遗址调查　朝格巴图　内蒙古文物考古
1997 年 2 期 52～54 页

内蒙古商都县新石器时代遗址调查　崔利明、秦有云　内蒙古文物
考古　1997 年 2 期 55～64 页

内蒙古准格尔旗二里半遗址第二次发掘报告　内蒙古文物考古研究
所（魏坚）　考古学集刊（第 11 集）　1997 年 84～129 页

田野考古工作四十年回顾与展望　董新林　内蒙古文物考古　1998
年 1 期 72～77 页

内蒙古岔河口遗址考古新发现　王大方、吉平　丝绸之路　1998 年 6

期 39 页

岔河口史前环壕聚落发掘获重大发现　王大方、吉平　中国文物报 1998 年 6 月 7 日 1 版

内蒙古发现新石器时代环壕聚落遗址　光明日报　1998 年 6 月 12 日 1 版

内蒙古发现新石器时代环壕　人民日报（海外版）　1998 年 6 月 22 日 3 版

内蒙古又发现新石器时代早期遗址　石圭平　人民日报　1998 年 7 月 15 日 5 版

敖汉旗发现一大型兴隆洼文化环壕聚落　杨虎等　中国文物报 1998 年 7 月 26 日 1 版

清水河出土新石器时代巨型鱼龙夯土雕像及大批文物　王大方、吉平　中国文物报　1998 年 8 月 19 日 1 版

内蒙科左中旗玻璃山新石器时代遗址调查　孙衷然　北方文物 1998 年 4 期 5～7 页

内蒙古乌兰察布盟石虎山遗址发掘纪要　内蒙古文物考古研究所中日岱海地区考察队、日本京都中国考古学研究会（杨泽蒙）　考古 1998 年 12 期 1～17 页

内蒙古自治区的重大考古成果综述　王大方　内蒙古社会科学 1999 年 1 期 55～62 页

内蒙古发现一罕见新石器时代祭坛遗址　文汇报　1999 年 3 月 24 日 3 版

内蒙古中南部古代遗址调查简报　中国社会科学院考古研究所内蒙古工作队（金学山）　考古学集刊（12 集）　1999 年 20～40 页

内蒙古中南部史前考古又有新发现　王大方、杨泽蒙　中国文物报 1999 年 6 月 6 日 1 版

呼盟出土新石器时代晚期文物　杜弋鹏　光明日报　1999 年 12 月 2 日 2 版

海拉尔团结遗址调查获丰收　刘国祥等　中国文物报　2000 年 1 月 2

日 1 版

内蒙古喀喇沁旗发现大型小河西文化聚落　刘国祥、张义成　中国文物报　2000 年 1 月 16 日 1 版

赤峰区域性考古调查成果概述　赤峰中美联合考古队　中国文物报 2000 年 1 月 19 日 3 版

固阳县细石器遗址调查　包头市文物管理处（姜涛、郑树青）　内蒙古文物考古　2000 年 1 期（包头专辑）62 ~ 66 页

大青山内发现的新石器时代遗址　包头市文物管理处（张海斌）内蒙古文物考古　2000 年 1 期（包头专辑）67 ~ 69 页

土默特右旗纳太遗址发掘简报　内蒙古文物考古研究所　内蒙古文物考古　2000 年 1 期（包头专辑）70 ~ 73 页

内蒙古敖汉旗兴隆沟新石器时代遗址调查　中国社会科学院考古研究所内蒙古工作队、敖汉旗博物馆（杨虎等）　考古　2000 年 9 期 30 ~ 48 页

考古工作者实地考察后认定，城子山遗址为四千年前最大祭祀中心杜弋鹏　光明日报　2000 年 11 月 5 日 A2 版

洪格力图红山文化墓葬　苏布德　内蒙古文物考古　2000 年 2 期（巴林右旗专辑）17 ~ 20 页

黑德宝龙新石器时代遗址调查简报　巴林右旗博物馆（朝格巴图）内蒙古文物考古　2000 年 2 期（巴林右旗专辑）21 ~ 26 页

查干诺尔新石器时代遗址调查简报　内蒙古文物考古研究所等（塔拉等）　内蒙古文物考古　2000 年 2 期（巴林右旗专辑）27 ~ 38 页

哈日巴沼遗址调查简报　巴林右旗博物馆（刘志安、朝格巴图）内蒙古文物考古　2000 年 2 期（巴林右旗专辑）39 ~ 43 页

查日斯台遗址调查简报　朝格巴图　内蒙古文物考古　2000 年 2 期（巴林右旗专辑）44 ~ 51 页

遥远的祭坛——20 世纪最后一个考古大发现　刘国祥等　中国文物报　2001 年 1 月 3 日 5 版

内蒙古海拉尔市团结遗址的调查　中国社会科学院考古研究所内蒙

古工作队、呼伦贝尔盟民族博物馆（乌恩等）　考古　2001 年 5 期 3～17 页

　　内蒙古发现五千年前"金字塔""米"字符号神秘莫测　文汇报 2001 年 7 月 6 日 6 版

　　内蒙古发现珍贵古石雕神像　文汇报　2001 年 7 月 31 日 8 版

　　敖汉出土 5500 年前石雕神像　杜弋鹏　光明日报　2001 年 8 月 3 日 A1 版

　　敖汉旗发现红山时代石雕神像　王大方等　中国文物报·收藏鉴赏周刊　2001 年 8 月 29 日 1 版

　　红山文化方形玉璧出土　邵国田　中国文物报·收藏鉴赏周刊 2001 年 9 月 26 日 1 版

　　石虎山遗址发掘报告　内蒙古文物考古研究所、日本京都中国考古学研究会岱海地区考察队（杨泽蒙）　岱海考古（二）——中日岱海地区考察研究报告集　2001 年 18～145 页

　　王墓山坡上遗址发掘报告　内蒙古文物考古研究所、日本京都中国考古学研究会岱海地区考察队（杨泽蒙）　岱海考古（二）——中日岱海地区考察研究报告集　2001 年 146～205 页

　　板城遗址勘查与发掘报告　内蒙古文物考古研究所、日本京都中国考古学研究会岱海地区考察队（韩建业、田文涛）　岱海考古（二）——中日岱海地区考察研究报告集　2001 年 206～277 页

　　赤峰兴隆沟遗址发掘可望解决多项学术课题　刘国祥等　中国文物报　2001 年 11 月 16 日 1 版

　　林西县发现红山文化石雕像　王刚　内蒙古文物考古　2001 年 2 期 94 页

　　红山文化考古又有重大发现　光明日报　2001 年 12 月 5 日 A1 版

　　内蒙古林西发现红山文化石雕件　王刚　中国文物报　2001 年 12 月 7 日 2 版

　　内蒙古林西县白音长汗新石器时代遗址发掘简报　内蒙古文物考古研究所、吉林大学考古学系（郭治中、索秀芬）　文物　2002 年 1 期 1～

15 页

兴隆沟遗址发掘获重要成果　中国社会科学院考古研究所内蒙古工作队（刘国祥等）　中国社会科学院古代文明研究中心通讯　2002 年 3 期 64～67 页

谁来开发八千年前的村落，内蒙古敖汉旗掘出"华夏第一村"　王衍诗　光明日报　2002 年 2 月 24 日 A2 版

内蒙古发现五千年前精美石雕像　柴海亮　光明日报　2002 年 2 月 25 日 A1 版

内蒙古发现 5000 年前精美石雕像　柴海亮　中国文物报·收藏鉴赏周刊　2002 年 3 月 27 日 2 版

内蒙古巴林右旗查日斯台嘎查遗址的调查　朝格巴图　考古　2002 年 8 期 91～96 页

巴林右旗出土石雕人像　朝格巴图　北方文物　2002 年 4 期 52 页

与仰韶、红山文化年代相当，内蒙古命名新考古学文化"哈克文化"　高平　光明日报　2002 年 9 月 1 日 A1 版

最大的"中华始祖聚落"惊现敖汉　高平　光明日报　2002 年 10 月 30 日 A3 版

内蒙古赤峰地区区域性考古调查阶段性报告（1999～2001）　中美赤峰联合考古队（塔拉等）　边疆考古研究（第 1 辑）　2002 年 357～368 页

兴隆沟聚落遗址 2002 年考古发掘的主要成果　中国社会科学院考古研究所内蒙古工作队（刘国祥等）　中国社会科学院古代文明研究中心通讯　2003 年 5 期 31～35 页

兴隆沟遗址发掘又有重要发现　刘国祥等　中国文物报　2003 年 1 月 31 日 1 版

兴隆沟聚落 2002　刘国祥等　文物天地　2003 年 1 期 36～39 页

内蒙古赤峰地区 1999 年区域性考古调查报告　赤峰联合考古调查队（腾铭予等）　考古　2003 年 5 期 24～34 页

清水河县牛龙湾遗址调查简报　内蒙古文物考古研究所（吉平等）

内蒙古文物考古　2003 年 1 期 1～5 页

清水河县后城嘴新石器时代遗址调查　崔利明　内蒙古文物考古
2003 年 1 期 6～8 页

清水河县九辅岩遗址调查简报　内蒙古文物考古研究所　内蒙古文
物考古　2003 年 1 期 9～15 页

乌兰察布盟文物考古的主要收获　李兴盛　内蒙古文物考古　2003
年 1 期 49～61 页

红山文化考古重现史前文明聚落　高平　光明日报　2003 年 7 月 6
日 A1 版

赤峰红山史前遗址群调查获重要成果　刘国祥等　中国文物报
2003 年 7 月 11 日 1 版

牛河梁遗址第十六地点发掘获重大成果　朱达、王来柱　中国文物
报　2003 年 9 月 5 日 1 版

内蒙古呼伦贝尔大草原调查发掘两处细石器遗址　刘景芝等　中国
文物报　2003 年 12 月 5 日 1 版

清水河县岔河口新石器时代遗址调查　内蒙古文物考古研究所（吉
平、武成）　内蒙古文物考古　2003 年 2 期 1～15 页

克什克腾旗上店遗址及墓地再认识　索秀芬、李少兵　内蒙古文物
考古　2003 年 2 期 27～31 页

林西县发现兴隆洼文化石杯　王刚　内蒙古文物考古　2004 年 1 期
78 页

阿拉善左旗头道沙子遗址调查　李国庆、巴戈那　内蒙古文物考古
2004 年 1 期 26～38 页

内蒙古赤峰市兴隆沟聚落遗址 2002～2003 年的发掘　中国社会科学
院考古研究所内蒙第一工作队（刘国祥等）　考古　2004 年 7 期 3～8 页

达拉特旗草原村遗址调查　内蒙古自治区文物考古研究所、达拉特
旗文物管理所（陈永志、乔金贵）　内蒙古文物考古文集（第三辑）
2004 年 16～24 页

托克托县耿庆沟上游支流西沟与南沟沟畔遗址的调查与发掘　内蒙

古自治区文物考古研究所、托克托县博物馆（张文平、陈永志） 内蒙古文物考古文集（第三辑） 2004 年 25～50 页

达拉特旗瓦窑村遗址 内蒙古自治区文物考古研究所、达拉特旗文物管理所（陈永志、乔金贵） 内蒙古文物考古文集（第三辑） 2004 年 51～71 页

托克托县后郝家窑遗址 内蒙古自治区文物考古研究所、托克托县博物馆（张文平、陈永志） 内蒙古文物考古文集（第三辑） 2004 年 72～80 页

清水河县城嘴子遗址发掘报告 内蒙古自治区文物考古研究所（张文平、陈永志） 内蒙古文物考古文集（第三辑） 2004 年 81～128 页

内蒙古清水河县西岔口遗址发掘重要成果 曹建恩、孙金松 中国文物报 2004 年 11 月 19 日 1 版

科尔沁右翼中旗霍林河右岸考古调查 盖山林 内蒙古文物考古 2004 年 2 期 1～7 页

内蒙古呼伦贝尔辉河水坝和哈克－团结细石器遗址 刘景芝 华南及东南亚地区史前考古——纪念甑皮岩遗址发掘 30 周年国际学术研讨会论文集 2006 年 466～478 页

内蒙古科右中旗嘎查营子遗址调查 连吉林、朴春月 北方文物 2005 年 1 期 5～10 页

内蒙古敖汉旗蚌河、老虎山河流域新石器时代遗址调查简报 中国社会科学院考古研究所内蒙古工作队、内蒙古自治区敖汉旗博物馆（李新伟、邵国田） 考古 2005 年 3 期 7～20 页

翁牛特旗解放营子乡新石器时代遗址调查报告 赤峰博物馆、翁牛特旗博物馆（刘冰等） 内蒙古文物考古 2005 年 1 期 6～21 页

阿巴嘎旗丹仑土仑遗址调查 盖山林 内蒙古文物考古 2005 年 1 期 22～29 页

内蒙古赤峰上机房营遗址考古发掘取得丰硕成果 陈国庆、张全超 中国文物报 2005 年 11 月 9 日 1 版

内蒙古林西县水泉遗址发掘简报 内蒙古文物考古研究所（索秀芬

等）　考古　2005 年 11 期 19～29 页

　　2002 年、2004 年度岱海地区区域性考古调查的初步报告　岱海中美联合考古队（尹贵格等）　内蒙古文物考古　2005 年 2 期 1～12 页

　　内蒙古赤峰地区发现红山及夏家店下层文化时期陶窑　陈国庆、陈全超　吉林大学社会科学学报　2005 年 6 期 21 页

　　内蒙古林西县井沟子西梁新石器时代遗址　吉林大学边疆考古研究中心、内蒙古文物考古研究所（朱永刚等）　考古　2006 年 2 期 3～14 页

　　内蒙古巴林右旗发现绳纹陶罐　朝格巴图　北方文物　2006 年 2 期 19 页

　　赤峰市松山区三座店遗址 2005 年度发掘简报　内蒙古文物考古研究所（张亚强、郭治中）　内蒙古文物考古　2006 年 1 期 1～8 页

　　2005 年赤峰市三座店库区考古调查记　吉林大学边疆考古研究中心（李雨生等）　北方文物　2006 年 4 期 7～11 页

　　内蒙古南部黄河地带区域性考古调查　内蒙古课题组　中国文物报　2006 年 8 月 4 日 7 版

　　内蒙古巴丹吉林发现古代岩画群　张万和　中国文物报　2006 年 8 月 9 日 2 版

　　内蒙古阿拉善盟巴彦博日格境内发现新的岩画群　王大方、马晓丽　中国文物报　2006 年 9 月 7 日 2 版

　　内蒙古首次发现国内唯一的后红山文化时期人体彩塑　李富　中国文物报　2006 年 11 月 29 日 2 版

　　内蒙古扎鲁特旗发现新石器晚期墓葬群　塔拉、吉平　中国文物报　2006 年 12 月 29 日 2 版

　　西拉木伦河流域考古的新进展　朱永刚　内蒙古文物考古　2006 年 2 期 1～7 页

（七）辽　宁

　　旅顺双台子山新石器时代遗迹　江上波夫、驹井和爱　人类学杂誌

1934 年 49 卷 1 期 1 ~ 11 页

朝阳附近之新石器时代遗迹 〔日〕八幡一郎著 高桂华译 禹贡半月刊 1937 年 5 月 7 卷 5 期 11 页

复州城及长兴岛史迹调查记 三宅俊成 满洲史学 1937 年 1 卷 3 期 35 页

凌源附近新石器时代之调查 佟柱臣 满洲古迹古物名胜天然纪念物保存协会会誌 1943 年 4 期 39 ~ 83 页

大连大岭山发见鱼形石器 冲野安造 古代文化 1943 年 14 卷 9 期

辽西五年来发现很多古墓葬与历史文物 阎宝海 文物参考资料 1954 年 2 期 92 页

辽南地区文物古迹调查工作中发现新石器时代遗址一处 光明日报 1954 年 1 月 14 日;文物参考资料 1954 年 2 期 94 页

辽宁省西部发现的几处新石器时代遗址 刘谦 考古通讯 1955 年 6 期 13 页

旅大市郊甘井子区发现了古遗址 于临祥 文物参考资料 1955 年 10 期 120 页

辽阳县亮甲区发现很多汉墓和新石器时代晚期墓葬 陈大为 文物参考资料 1956 年 3 期 81 页

辽宁朝阳两处新石器时代遗址 刘谦 考古通讯 1956 年 6 期 19 页

朝阳县长立哈达村发现新石器时代遗物 王增新 文物参考资料 1957 年 12 期 99 页

辽宁新民县偏堡沙岗新石器时代遗址调查记 东北博物馆文物工作队 考古通讯 1958 年 1 期 1 页

辽宁海城二轻山新石器时代遗址调查记 王增新 考古通讯 1958 年 1 期 53 页

对《辽宁海城二轻山新石器时代遗址调查记》的一点意见 曹大曾 考古通讯 1958 年 6 期 44 页

鞍山市及辽阳市郊外新石器时代文化遗址的分布 曹大曾 文物参考资料 1958 年 1 期 79 页

旅大市的三处新石器时代遗址　许明纲　考古　1959 年 11 期 600 页

桓仁县考古调查发掘简报　陈大为　考古　1960 年 1 期 5 页

旅大市金县发现新石器时代遗址　许明纲　考古　1960 年 2 期 14 页

辽宁北镇县发现新石器时代遗址　佟甫华　考古　1960 年 3 期 12 页

庄河县发现新石器时代遗址　许明纲　文物　1960 年 10 期 74 页

本溪谢家崴子洞穴及其附近发现古代文化遗址　许明纲　辽宁日报
1961 年 11 月 19 日

旅大市长海县新石器时代贝丘遗址调查　许明纲（旅顺博物馆）
考古　1961 年 12 期 689 页

旅大市长海县新石器时代贝丘遗址调查　旅顺博物馆（许明纲）、于
临祥　考古　1962 年 7 期 345 页

记旅大市的两处贝丘遗址　安志敏　考古　1962 年 2 期 76 页

原始时代的辽宁考古新发现　李文信、孙守道　辽宁日报　1962 年 5
月 30 日

辽宁北票县丰下遗址 1972 年春发掘简报　辽宁省文物干部培训班
考古　1976 年 3 期 197 页

辽宁敖汉旗小河沿三种原始文化的发现　辽宁省博物馆、昭乌达盟
文物工作站、敖汉旗文化馆　文物　1977 年 12 期 1 页

旅顺老铁山积石墓　旅大市文物管理组　考古　1978 年 2 期 80 页

沈阳新乐遗址试掘报告　沈阳市文物管理办公室　考古学报　1978
年第 4 期 449 页

我市发现一处六千年前的原始社会居住址——"新乐文化"　沈阳
日报　1978 年 12 月 30 日 2 版

重要的发现，珍贵的文物——我市发掘出的六千年前"新乐文化"
介绍　沈阳日报　1979 年 1 月 11 日 3 版

沈阳近郊发现原始社会居住址——新乐遗址　辽宁日报　1979 年 2
月 20 日 3 版

新民县高台子公社发现新石器时代晚期墓葬群　沈阳日报　1979 年
10 月 26 日 1 版；辽宁日报　1979 年 11 月 4 日 1 版

辽北首次发现原始文化遗址 辽宁日报 1980 年 10 月 29 日 3 版

辽北地区原始文化遗址调查 辽宁铁岭地区文物组 考古 1981 年 2 期 106 页

长海县广鹿岛大长山岛贝丘遗址 辽宁省博物馆、旅顺博物馆、长海县文化馆 考古学报 1981 年第 1 期 63 页

康平境内发现原始细石器文化遗址 辽宁日报 1981 年 4 月 17 日 1 版

旅顺于家村遗址发掘简报 旅顺博物馆、辽宁省博物馆 考古学集刊 1981 年 11 月第 1 集 88 页

沈阳新民县高台山遗址 沈阳市文物管理办公室 考古 1982 年 2 期 121 页

新民高台山新石器时代遗址 1976 年发掘简报 新民县文化馆、沈阳市文物管理办公室 文物资料丛刊 1983 年 2 月 7 期 80 页

大连新金县乔东遗址发掘简报 旅顺博物馆 考古 1983 年 2 期 122 页

丹东市东沟县新石器时代遗址调查和试掘 丹东市文化局文物普查队 考古 1984 年 1 期 21 页

辽宁发现五千年前原始神殿遗址 新华社 人民日报 1984 年 1 月 20 日

辽宁建平县红山文化考古调查 李宇峰 考古与文物 1984 年 2 期 18 页

辽宁阜新县胡头沟红山文化玉器墓的发现 方殿春、刘葆华 文物 1984 年 6 期 1 页

大连市郭家村新石器时代遗址 辽宁省博物馆、旅顺博物馆 考古学报 1984 年 3 期 287 页

辽宁省喀左县东山嘴红山文化建筑群址发掘简报 郭大顺、张克举 文物 1984 年 11 期 1 页

沈阳新乐遗址第二次发掘报告 沈阳市文物管理办公室、沈阳故宫博物馆 考古学报 1985 年 2 期 209 页

辽宁新发现文物古迹一万一千三百余处　王辅捷、李善远、苗家生　光明日报　1986 年 4 月 28 日 2 版

辽宁东沟大岗新石器时代遗址　辽宁省博物馆　考古　1986 年 4 期 300 页

辽宁凌源县三官甸子城子山遗址试掘报告　李恭笃　考古　1986 年 6 期 497 页

一种时代偏早的原始文化类型的发现——赴辽西走廊锦县、绥中考古调查记　李恭笃、高美璇　北方文物　1986 年 3 期 2 页

辽宁西部发现五千年前文化遗址、中华文明起源问题找到新的线索　人民日报　1986 年 7 月 25 日 3 版

辽西发现五千年前祭坛女神庙积石冢群址　光明日报　1986 年 7 月 25 日 1 版

辽西发现五千年前文化遗址　文汇报　1986 年 7 月 25 日 1 版

中华文明史提前千余年，"三皇五帝"传说找到实据，辽西发现五千年前文化遗址　文汇报　1986 年 7 月 25 日 1 版

辽西发现五千年前祭坛女神庙积石冢群址　文汇报　1986 年 8 月 22 日第 1 版

辽宁牛河梁红山文化"女神庙"与积石冢群发掘简报　辽宁省文物考古研究所　文物　1986 年第 8 期 1 页

辽西古文化古城古国——兼谈当前田野考古工作的重点或大课题　苏秉琦　文物　1986 年第 8 期 41 页

辽西五千年前石冢进一步显露出惊人面貌　光明日报　1986 年 9 月 1 日 1 版

考古工作者进一步揭示出辽西"女神庙"由多室和单室"庙室"建筑组成　光明日报　1986 年 9 月 9 日 1 版

辽西积石冢又有新发现　文物报　1986 年 10 月 3 日 1 版

辽宁丹东地区鸭绿江右岸及其支流的新石器时代遗存　许玉林、金玉柱　考古　1986 年 10 期 865 页

锦州山河营子遗址发掘报告　刘谦　考古　1986 年 10 期 873 页

辽东半岛发现古遗址　吴青云　文物报　1987 年 4 月 17 日

新民县公主屯后山遗址试掘简报　沈阳市文物管理委员会办公室
辽海文物学刊　1987 年 2 期 34 页

丹东后洼遗址掘出六千年前艺术石雕陶塑　人民日报　1987 年 5 月
18 日 3 版

辽宁考古工作者继辽西女神庙后又有重大发现，后洼遗址出土 **40** 多
件原始图腾石雕和人形陶像　光明日报　1987 年 5 月 18 日

辽东半岛六千年前经济文化已发达　人民日报　1987 年 5 月 20 日

辽东半岛发现 **200** 余处新石器时代的村落遗址，出土大量生产工具、
生活用具及陶器石器等　光明日报　1987 年 5 月 20 日

辽东半岛黄海沿岸考古研究获重要成果 新石器时代村落遗址重见天
日　文汇报　1987 年 5 月 20 日

本溪地区太子河流域新石器至青铜时期遗址　齐俊　北方文物
1987 年 3 期 6 页

沈阳新乐遗址　李惠春　文物报　1987 年 7 月 24 日 3 版

辽东半岛考古屡获重大发现　许玉林　文物报　1987 年 7 月 24 日 1 版

辽东半岛新石器时代考古又有重要发现——岫岩发掘出一种新的文
化类型　许玉林、杨永芳　中国文物报　1988 年 2 月 12 日第 1 版

辽东发现大规模原始文化遗址　人民日报　1988 年 2 月 15 日 3 版

阜新查海新石器时代遗址试掘简报　辽宁省文物考古研究所　辽海
文物学刊　1988 年 1 期 11 页

东沟县西泉眼新石器时代遗址调查　许玉林　辽海文物学刊　1988
年 1 期 17 页

本溪水洞遗址及附近的遗迹和遗物　齐俊等　辽海文物学刊　1988
年 1 期 20 页

康乎县新石器时代遗址调查　张少青　辽海文物学刊　1988 年 2 期 1 页

辽西发现查海原始村落遗址　人民日报　1988 年 10 月 8 日 3 版

岫岩发掘北沟远古房址　人民日报　1988 年 12 月 27 日 3 版

大连新石器时代遗址掠影　许明纲　中国文物报　1989 年 2 月 3 日 3 版

本溪发现新石器时代文化遗址　人民日报　1989 年 2 月 8 日 1 版

辽宁本溪发现新石器时代文化　光明日报　1989 年 2 月 8 日 1 版

沈阳肇工街和郑家洼子遗址的发掘　中国社会科学院考古研究所东北工作队　考古　1989 年 10 期 885 页

辽西红山文化遗址又有惊人发现　光明日报　1989 年 12 月 23 日 1 版

辽西发现史前巨型建筑　人民日报　1989 年 12 月 22 日 1 版

辽宁东沟县后洼遗址发掘概要　许玉林、傅仁义、王传普　文物 1989 年 12 期 1 页

阜新查海出土七八千年前的玉器　魏运亨、卜昭文　中国文物报 1990 年 2 月 8 日 1 版

红山文化遗址又发现五千年金字塔式巨型建筑　魏运亨、卜昭文 中国文物报　1990 年 2 月 8 日 1 版

沈阳新乐遗址 1982——1983 年发掘报告　李晓钟　辽海文物学刊 1990 年 1 期 7～24 页

海岫铁路工程沿线考古调查和发掘情况简报　许玉林　北方文物 1990 年 2 期 11～19 页

辽宁东沟县石佛山新石器时代晚期遗址发掘简报　许玉林　考古 1990 年 8 期 673～683 页

辽宁沈阳新乐遗址抢救清理发掘简报　沈阳新乐遗址博物馆、沈阳市文物管理办公室（周阳生）　考古　1990 年 11 期 969～980 页

大连农业考古获重大发现　吴青云　中国文物报　1991 年 10 月 13 日 1 版

凌源发现夏家店下层文化祭祀遗址　张洪波　中国文物报　1992 年 2 月 23 日 1 版

辽宁康平县赵家店村古遗址及墓地调查　张少青、许志国　考古 1992 年 1 期 1～10 页

辽宁省瓦房店市长兴岛三堂村新石器时代遗址　辽宁省文物考古研究所等（陈全家等）　考古　1992 年 2 期 107～121 页

辽宁桓仁浑江流域新石器及青铜时期的遗迹和遗物　齐俊　北方文

物 1992 年 1 期 10 ~ 20 页

瓦房店交流岛原始文化遗址试掘简报 辽宁省文物考古研究所等 （王璜、陈国庆、刘俊勇） 辽海文物学刊 1992 年 1 期 1 ~ 6 页

东辽河流域的若干种古文化遗存 金旭东 考古 1992 年 4 期 347 ~ 356 页

辽宁岫岩北沟西山遗址发掘简报 许玉林、杨永芳 考古 1992 年 5 期 389 ~ 398 页

辽宁省庄河县古遗址调查 曲枫、孙德源 北方文物 1992 年 3 期 24 ~ 28 页

大连发掘大潘家村遗址 刘俊勇 中国文物报 1992 年 12 月 13 日 1 版

后洼发现东北目前最早的陶埙 许玉林 中国文物报 1993 年 7 月 4 日 1 版

辽宁去年考古发掘成绩斐然 吴炎亮 中国文物报 1994 年 3 月 27 日 1 版

辽宁大连市郊区考古调查简报 刘俊勇、王璜 考古 1994 年 4 期 306 ~ 319 页

查海遗址发掘又获新成果 辛岩 中国文物报 1994 年 5 月 1 日 1 版

牛河梁女神庙平台东坡筒形器群遗存发掘简报 辽宁省文物考古研究所（华玉冰） 文物 1994 年 5 期 54 ~ 59 页

大连市北吴屯新石器时代遗址 辽宁省文物考古研究所等（许玉林等） 考古学报 1994 年 3 期 343 ~ 377 页

大连市北吴屯遗址出土兽骨的鉴定 傅仁义 考古学报 1994 年 3 期 377 ~ 379 页

后洼遗址发现东北地区最原始吹乐器——陶埙 许玉莲 北方文物 1994 年 4 期 51 页

辽宁大连大潘家村新石器时代遗址 大连市文物考古研究所（刘俊勇） 考古 1994 年 10 期 877 ~ 894 页

辽宁阜新县查海遗址 1987——1990 年三次发掘 辽宁省文物考古研

究所（甸村、新言）　文物　1994 年 11 期 4～9 页

辽宁去年田野考古成绩显著　吴炎亮　中国文物报　1995 年 2 月 26 日 1 版

查海遗址发掘再获重大成果　辛岩　中国文物报　1995 年 3 月 19 日 1 版

阜新查海遗址发现大型石块堆塑龙　（瑜）　北方文物　1995 年 2 期 77 页

东辽河上游考古调查发掘简报　吉林省文物考古研究所（王国范、金旭东）　辽海文物学刊　1995 年 2 期 1～10 页

辽宁岫岩县太老坟石棚发掘简报　许玉林　北方文物　1995 年 3 期 78～79 页

法库县几处新石器时代遗址调查　许志国　辽海文物学刊　1996 年 1 期 42～50 页

近年来辽宁考古新收获　辽宁省文物考古研究所（辛占山等）　辽海文物学刊　1996 年 1 期 69～78 页

辽宁去年田野考古成果显著　吴炎亮　中国文物报　1996 年 4 月 28 日 1 版

辽西发现八千年前龙图腾　人民日报　1996 年 6 月 14 日 5 版

大连北部新石器文化遗址调查简报　王嗣洲、金志伟　辽海文物学刊　1997 年 1 期 1～5 页

辽宁八千年前新石器时代遗址中发现龙图腾　高美璇　中国文物报　1997 年 6 月 8 日 1 版

辽宁牛河梁第五地点一号冢中心大墓（M10）发掘简报　辽宁省文物考古研究所（甸村）　文物　1997 年 8 期 4～8 页

辽宁牛河梁第二地点一号冢 21 号墓发掘简报　辽宁省文物考古研究所（朱达）　文物　1997 年 8 期 9～14 页

辽宁牛河梁第二地点四号冢筒形器墓的发掘　辽宁省文物考古研究所（朱达、吕学明）　文物　1997 年 8 期 15～19 页

沈山高速公路沿线考古工作圆满结束　吴炎亮　中国文物报　1998

年 3 月 18 日 1 版

近年辽宁考古取得显著成果　吴炎亮　中国文物报　1998 年 3 月 25 日 1 版

辽宁评出五十年十大考古发现　辽宁省文物局　中国文物报　1999 年 11 月 3 日 3 版

去年辽宁田野考古工作取得丰硕成果　吴炎亮　中国文物报　2000 年 2 月 6 日 1 版

建国以来辽东抚顺地区的考古发现和研究　萧景全　博物馆研究 2000 年 3 期 57 ~ 62 页

辽宁再次发现红山文化遗址　文汇报　2000 年 7 月 31 日 8 版

辽宁凌源市牛河梁遗址第五地点 1998——1999 年度的发掘　辽宁省文物考古研究所（朱达、吕学明）　考古　2001 年 8 期 15 ~ 30 页

查海遗址 1992——1994 年发掘报告　辛岩、方殿村　辽宁考古文集 2003 年 12 ~ 43 页

牛河梁遗址出土第三枚玉猪龙　苗家生　光明日报　2004 年 1 月 4 日 A1 版

辽宁阜新县胡头沟红山文化积石冢的再一次调查与发掘　方殿春、刘晓鸿　北方文物　2005 年 2 期 1 ~ 3 页

辽宁葫芦岛市杨家洼新石器时代遗址发掘简报　辽宁省文物考古研究所、葫芦岛市文物管理办公室（李宇峰、孙建军）　博物馆研究 2005 年 2 期 32 ~ 37 页

辽宁康平县两家子乡聂家村西南坨子新石器时代文化遗址调查　许志国　博物馆研究　2006 年 4 期 48 ~ 50 页

（八）吉　林

吉林龙潭山遗迹报告　李文信　满洲史学　1937 年 1 卷 2 期 57 页、1 卷 3 期 47 页，1938 年 2 卷 2 期 46 页

新京大屯—中部满洲新石器时代遗迹　广松健二朗　人类学杂誌 1944 年 59 卷 11 期 408～414 页

吉林市附近之史迹及遗物　李文信　历史与考古（沈）　1946 年 10 月 1 期 22 页

长春近郊伊通河流域史前文化遗迹调查报告　荆三林　厦门大学学报　1954 年 1 期 157 页

吉林第四区土城子发现重要的新石器时代遗址　文物参考资料 1954 年 9 期 158 页

浑江中游的考古调查　康家兴　考古通讯　1956 年 6 期 25 页

在长春伊通河畔的田野考古调查　王雅周　文物参考资料　1956 年 11 期 46 页

对《在长春伊通河畔的田野考古调查》一些问题的商榷　荆三林 文物参考资料　1957 年 7 期 62 页

长春市郊新石器时代遗址　王恒杰　考古通讯　1957 年 1 期 6 页

吉林延吉县龙井镇附近发现新石器时代遗址　白瑢基　考古通讯 1957 年 1 期 52 页

吉林江北土城子古文化遗址及石棺墓　吉林省博物馆　考古学报 1957 年 1 期 43 页

吉林市附近出现多处古代文化遗址　王诚贤、籍秀阁　考古通讯 1957 年 3 期 68 页

伊通河畔（长春至伊通县之间）文物调查　赵凤山　文物参考资料 1958 年 7 期 71 页

长春近郊新石器时代遗址调查记　单庆麟　史学集刊　1957 年 2 期 74 页

延边汪清县西崴子发现新石器时代遗址　金万锡　考古通讯　1958 年 5 期 32 页

吉林头道江下游考古调查简报　李莲　考古通讯　1958 年 9 期 49 页

白城发现细石器文化遗址　李莲　文物参考资料　1958 年 11 期 8 页

四平市郊发现新石器时代遗址　赵凤山　文物　1959 年 2 期 73 页

吉林安广县永合屯细石器遗址调查简报　李莲　文物　1959 年 12 期 37 页

吉林通化市江口村和东江村考古发掘简报　吉林省文物管理委员会　考古　1960 年 7 期 23 页

吉林省前郭、扶余、德惠考古调查　吉林省文物管理委员会　考古　1961 年 1 期 56 页

吉林九台上河湾考古调查　吉林省文化局群众文化处　考古　1961 年 3 期 142 页

吉林镇赉县细石器文化遗址　吉林省博物馆　考古　1961 年 8 期 398 页

一九六二年春季吉林辑安考古调查简报　李殿福　考古　1962 年 11 期 566 页

珲春发现一处原始文化遗址　惠昌　吉林日报　1964 年 7 月 31 日

吉林辑安浑江中游的三处新石器时代遗址　陈相伟　考古　1965 年 1 期 42 页

吉林市郊二道岭子、虎头砬子新石器时代遗址调查　董学增　文物　1973 年 8 期 55 页

吉林珲春南团山、一松亭遗址调查　李云铎　文物　1973 年 8 期 69 页

吉林科右中旗的新石器时代遗存　盖山林　考古　1977 年 3 期 178 页

吉林集安大朱仙沟新石器时代遗址　吉林省博物馆集安考古队、集安县文物管理队　考古　1977 年 6 期 426 页

吉林奈曼大沁他拉新石器时代遗址调查　朱凤瀚　考古　1979 年 3 期 209 页

延边发现原始社会遗址　吉林日报　1979 年 10 月 28 日 1 版

双阳县发现一座新石器时代村落遗址　长春日报　1981 年 3 月 31 日 1 版

吉林永吉星星哨新石器时代遗址调查与探掘　吉林市博物馆　考古学集刊　1982 年 12 月 2 集 25 页

吉林洮安县双塔屯原始文化遗址调查　吉林省文物工作队　考古

1983 年 12 期 1092 页

梨树陈家屯遗址调查　刘景文　博物馆研究　1984 年 3 期 85 页

通榆敖包山遗址调查　吴喜才、田广生　博物馆研究　1984 年 3 期 88 页

吉林大安县洮儿河下游右岸新石器时代遗址调查　吉林省文物工作队　考古　1984 年 8 期 689 页

吉林怀德县发现新石器时代遗址　怀德县文物工作队　考古　1984 年 8 期 759 页

吉林通榆新石器时代遗址调查　王国范　黑龙江文物丛刊　1984 年 4 期 50 页

吉林省农安德惠考古调查简报　吉林大学历史系考古专业　北方文物　1985 年 1 期 30 页

吉林省德惠王家坨子北岭发现的古代遗存　刘红宇　北方文物　1985 年 1 期 39 页

吉林海龙原始社会遗迹调查　王洪峰　博物馆研究　1985 年 2 期 60 页

集安浑江流域新石器时代遗址调查　集安县文物保管所（孙仁杰、董长富等）　博物馆研究　1985 年 3 期 61 页

吉林汪清考古调查　延边朝鲜族自治州博物馆　北方文物　1985 年 4 期 2 页

集安岭前鸭绿江流域原始社会遗址　集安县文物保管所（张雪岩、周云台）　博物馆研究　1986 年 2 期 67 页

吉林省饮马河沿岸古文化遗存调查简报　长春市文物管理委员会　考古　1986 年 9 期 782 页

长岭县腰井子遗址发掘的重要收获　刘景文　博物馆研究　1987 年 2 期 59 页

柳河县三通河流域原始文化遗址调查　耿铁华　博物馆研究　1988 年 2 期 46 页

和龙县兴城遗址发掘　吉林省考古研究所　博物馆研究　1988 年 2

期 63 页

靖宇县的古代文化遗存 甸甫、维儒 博物馆研究 1988 年 3 期 49 页

1985 年吉林东丰县考古调查 吉林省考古研究所、东丰县文化馆 考古 1988 年 7 期 584 页

吉林白城靶山墓地发掘简报 吉林省文物考古研究所 考古 1988 年 12 期 1072 页

农安左家山新石器时代遗址 吉林大学考古教研室 考古学报 1989 年 2 期 187 页

吉林农安县元宝沟新石器时代遗址发掘 吉林省文物考古研究所 考古 1989 年 12 期 1067 页

吉林省伊通河上游考古调查 何明 北方文物 1990 年 3 期 11 ~ 16 页

吉林首次发现新石器玉器墓 人民日报 1990 年 10 月 4 日 4 版
吉林发现新石器时代玉器墓 光明日报 1990 年 10 月 4 日 1 版

吉林东丰县西断梁山新石器时代遗址发掘 吉林省文物考古研究所（金旭东等） 考古 1991 年 4 期 300 ~ 312 页

吉林省第二松花江流域的新石器文化遗存 何明 博物馆研究 1991 年 1 期 60 ~ 66 页

吉林省乾安县新石器时代遗址调查 郭珉、李景冰 北方文物 1992 年 1 期 22 ~ 24 页

吉林东辽公路沿线文物调查简报 唐洪源 博物馆研究 1992 年 1 期 73 ~ 80 页

双城市同心乡同心村出土的玉斧 陈家木、范淑贤 北方文物 1992 年 2 期 85 页

吉林长岭县腰井子新石器时代遗址 吉林省文物考古研究所等（刘景文） 考古 1992 年 8 期 673 ~ 688 页

吉林市文物综述 董学增 博物馆研究 1992 年 3 期 79 ~ 83 页

吉林珲春市迎花南山遗址、墓葬发掘 吉林省图珲铁路考古发掘队

（庞志国）　考古　1993 年 8 期 701～708 页

辉南县原始文化遗址调查　迟勇　博物馆研究　1993 年 3 期 58～66 页

吉林省郭县青山头发现一座古墓　何明　考古　1994 年 6 期 564 页

1990 年四平地区新石器时代遗址调查简报　金旭东　博物馆研究 1994 年 2 期 65～71 页

吉林长白县民主遗址的调查与清理　吉林省文物考古研究所、长白县文物管理所（丁贵民）　考古　1995 年 8 期 686～690 页

吉林省图们石岘原始社会墓地的调查与清理　侯莉闽等　博物馆研究　1995 年 2 期 54～65 页

我国首次发现新石器时期地穴式大房子遗址　光明日报　1996 年 1 月 20 日 2 版

长春发现一地穴式大房子遗址　文汇报　1996 年 1 月 21 日 1 版

吉林镇赉县下场北山遗址调查　刘雪山　考古　1996 年 3 期 81～82 页

吉林辽源市龙首山遗址的调查　辽源市文物管理所（唐洪源）　考古　1997 年 2 期 28～35 页

白城市西郊出土石磨盘和石磨棒　董玉芬　北方文物　1997 年 1 期 108 页

通化市八脖子遗址及附近几处地点的调查与发掘　吉林省文物考古研究所、通化市文物管理办公室（王青等）　博物馆研究　1997 年 2 期 59～62 页

镇赉县镇南山头出土文物是我县又一重大发现　李景冰　博物馆研究　1998 年 1 期 78 页

吉林长岭县腰井子村发现鱼形玉佩　郭珉　北方文物　1998 年 2 期 37 页

吉林镇赉县聚宝山新石器时代遗址　吉林省博物馆（王则）　考古　1998 年 6 期 39～41 页

镇赉出土人面头像饰　李成　中国文物报　1998 年 7 月 1 日 1 版

蛟河新乡砖厂遗址调查　陈永祥　博物馆研究　1998 年 3 期 56～58
页

吉林省镇赉县出土人面头像饰　李成　北方文物　1999 年 1 期 97 页

近年来吉林省基建考古综述　李东、翟旭华　博物馆研究　2000 年 1
期 55～61 页

白山市原始社会遗址调查述略　张殿甲　博物馆研究　2000 年 1 期
70～76 页

吉林大安后套木嘎石制品研究　陈全家等　边疆考古研究（第四辑）
1～25 页

吉林省通榆县敖包山遗址复查　白城市博物馆、通榆县文管所（郭
珉）　博物馆研究　2006 年 4 期 42～47 页

（九）黑龙江

昂昂溪史前遗址　梁思永　国立中央研究院历史语言研究所集刊
1932 年第四本第一分 1 页

北满海拉尔附近石器时代坟墓发见遗物　岛田贞彦　考古学杂志
1938 年 28 卷 8 期 548 页

松江县依兰县倭肯河史前遗址调查报告　文物参考资料　1951 年 2
卷 9 期 125 页

依兰倭肯哈达的洞穴　李文信　考古学报　1954 年第 7 册 61 页

哈尔滨附近黄山的早期新石器时代文化　〔苏〕B. 包诺索夫　张奇
水译　中国第四纪研究　1958 年 1 卷 2 期 163 页

嫩江下游左岸考古调查简报　黑龙江省博物馆　考古　1960 年 4 期
15 页

哈尔滨市东郊黄山南北城遗址调查　黑龙江省博物馆　考古　1960
年 4 期 18 页

黑龙江宁安牛场新石器时代遗址清理　黑龙江省博物馆　考古

1960 年 4 期 20 页

牡丹江中下游考古调查简报　黑龙江省博物馆　考古　1960 年 4 期 23 页

黑龙江宁安县发现新石器　丹化沙、吕遵禄　考古　1960 年 6 期 23 页

黑龙江省三江沿岸考古调查　丹化沙　考古　1960 年 7 期 69 页

我省松花江流域等地区发现的骨甲片　丹化沙　黑龙江日报　1961 年 8 月 3 日

嫩江沿岸细石器文化遗址调查　黑龙江省博物馆　考古　1961 年 10 期 534 页

黑龙江肇源望海屯新石器时代遗址　丹化沙　考古　1961 年 10 期 544 页

黑龙江宁安大牡丹屯发掘报告　黑龙江省博物馆　考古　1961 年 10 期 546 页

黑龙江安达县青肯泡遗址调查记　赵善桐　考古　1962 年 2 期 82 页

黑龙江宾县老山头遗址探掘简报　赵善桐　考古　1962 年 3 期 139 页

原始居民的粮食　张泰湘　黑龙江日报　1964 年 9 月 23 日；光明日报　1964 年 10 月 25 日

出土的小陶兽（宁安县莺歌岭原始社会村落遗址出土）　张泰湘　黑龙江日报　1964 年 9 月 23 日

黑龙江拉林河右岸考古调查　黑龙江省博物馆　考古　1964 年 12 期 603 页

黑龙江省海浪河中下游考古调查简报　黑龙江省博物馆　考古　1965 年 1 期 4 页

黑龙江饶河小南山遗址试掘简报　黑龙江省博物馆　考古　1972 年 2 期 32 页

乌苏里江流域考古调查　黑龙江省博物馆　文物　1972 年 3 期 11 页

黑龙江新巴尔虎左旗细石器文化遗址调查　盖山林　考古　1972 年 4

期 20 页

　　昂昂溪新石器时代遗址的调查　黑龙江省博物馆　考古　1974 年 2 期 99 页

　　东康原始社会遗址发掘报告　黑龙江省博物馆　考古　1975 年 3 期 158 页

　　黑龙江宁安县东升新石器时代遗址调查　宁安县文物管理所　考古　1977 年 3 期 173 页

　　黑龙江东宁大城子新石器时代居住址　黑龙江省博物馆　考古 1979 年 1 期 15 页

　　密山县新开流遗址　黑龙江省文物考古工作队　考古学报　1979 年第 4 期 491 页

　　黑龙江宁安县莺歌岭遗址　黑龙江省文物工作队　考古　1981 年 6 期 481 页

　　黑龙江鸡西市永台发现原始社会遗址　郝思德　考古　1982 年 1 期 106 页

　　依安县乌裕尔河大桥新石器时代遗址调查　于凤阁　黑龙江文物丛刊　1982 年 2 期 56 页

　　宁安县镜泊湖地区文物普查　黑龙江省文物考古工作队　黑龙江文物丛刊　1983 年 2 期 56 页

　　密山新开流遗址——省级文物保护单位之一　谭英杰　黑龙江文物丛刊　1983 年 2 期 82 页

　　今年文物普查又获新成果　贺文章　黑龙江文物丛刊　1983 年 4 期 79 页

　　昂昂溪新石器时代遗址——省级文物保护单位之一　谭英杰　黑龙江文物丛刊　1983 年 4 期 80 页

　　桦川万里霍通原始社会遗址调查　郝思德　黑龙江文物丛刊　1984 年 1 期 35 页

　　鹤岗市郊梧桐河下游右岸的几处原始社会遗址　邹晗　黑龙江文物丛刊　1984 年 1 期 41 页

富拉尔基老龙头原始社会遗址调查　齐齐哈尔文物管理站　黑龙江文物丛刊　1984 年 2 期 69 页

街津口地区的细石器遗存　时墨庄　史前研究　1985 年 3 期 24 页

大庆市沙家窑新石器时代遗址调查　郝思德、岳日平　北方文物　1987 年 1 期 21 页

黑龙江省兰河西口遗址调查简报　黑龙江省文物考古研究所　辽海文物学刊　1987 年 2 期 39 页

黑龙江省刀背山新石器时代遗存　武威克、刘焕新、常志强　北方文物　1987 年 3 期 2 页

黑龙江尚志县亚布力新石器时代遗址清理简报　黑龙江省文物考古研究所　北方文物　1988 年 1 期 2 页

黑龙江水电站淹没区第一期文物普查工作圆满完成　黑龙江省文物考古研究所　北方文物　1989 年 4 期 46 页

黑龙江省宁安县石灰场遗址　牡丹江市文物管理站　北方文物　1990 年 2 期 3～10 页

昂昂溪遗址发现陶塑鱼鹰　崔福来　中国文物报　1990 年 4 月 19 日 1 版

齐齐哈尔市碾子山区发现的石器　魏正一、李龙　北方文物　1990 年 3 期 3～10 页

黑龙江中下游文物普查取得可喜成果　铁犁　中国文物报　1990 年 8 月 3 日 1 版

大庆地区新石器时代遗址调查　唐国文　北方文物　1990 年 4 期 3～7 页

黑龙江省杜尔伯特李家岗新石器时代墓葬清理简报　杜尔伯特蒙古族自治县博物馆（任青春、曹凤君）　北方文物　1991 年 2 期 9～12 页

哈尔滨市呼兰县团山遗址调查简报　哈尔滨市文物管理委员会办公室（刘颜、甄培秀）　北方文物　1992 年 2 期 18～21 页

讷河县二克浅墓地的石器时代遗存　陶刚、贾伟明　北方文物　1992 年 4 期 28～29 页

黑龙江庆安县出土玉器、石器　徐风　考古　1993 年 3 期 378～379 页

黑龙江考古述要　志文　黑龙江史志　1996 年 1 期 56～60 页；2 期 58～60 页；3 期 61～64 页；4 期 63～64 页；5 期 51～55 页

巴彦县出土锯齿形骨器　刘展等　学习与探索　1995 年 1 期 143 页

黑龙江省泰来县嫩江沿岸细石器文化遗址调查报告　王广文、王永祥　北方文物　1995 年 1 期 9～16 页

黑龙江省巴彦县王八脖子山遗址考古与调查简报　刘展、李彦军　北方文物　1995 年 1 期 23～26 页

巴彦出土锯齿形骨器　邱立英、刘展　中国文物报　1995 年 5 月 28 日 1 版

海林振兴遗址发掘的主要收获　众成　中国文物报　1995 年 8 月 6 日 3 版

黑龙江省饶河县小南山新石器时代墓葬　佳木斯市文物管理部、饶河县文物管理所（李英魁、高波）　考古　1996 年 2 期 1～8 页

黑龙江省海林市三道河乡东兴遗址 1994 年考古发掘简报　黑龙江省文物考古研究所、吉林大学考古学系　北方文物　1996 年 1 期 2～6 页

黑龙江省肇源小拉哈遗址调查简报　黑龙江省文物考古研究所　北方文物　1996 年 1 期 7～11 页

海林三道河乡河口遗址又有新发现　瑜　北方文物　1996 年 1 期 35 页

黑龙江水电站淹没区逊克县考古调查　黑龙江省文物考古研究所（于汇历）　北方文物　1996 年 2 期 8～15 页

1995 年海林三道河乡河口遗址发掘的主要收获　黑龙江省文物考古研究所、吉林大学考古系（王培新等）　北方文物　1996 年 2 期 16～18 页

黑龙江省海林东兴遗址 1992 年试掘简报　黑龙江省文物考古研究所（赵永军、王晶）　北方文物　1996 年 2 期 26～27 页

关于昂昂溪采集遗物的考察　〔日〕大贯静夫著　刘晓东译　北方文物　1996 年 3 期 93～98 页

黑龙江省海林市东兴遗址发掘简报　黑龙江省文物考古研究所、吉林大学考古学系（陈国庆等）　考古　1996年10期15~22页

黑龙江省肇源县小拉哈遗址发掘简报　黑龙江省文物考古研究所、吉林大学考古学系（于汇历等）　北方文物　1997年1期34~44页

黑龙江省海林县振兴遗址发掘简报　黑龙江省文物考古研究所、吉林大学考古学系（赵虹光、李伊萍）　北方文物　1997年3期2~9页

黑龙江肇源白金宝遗址1986年发掘简报　黑龙江省文物考古研究所、吉林大学历史学系考古专业（谭英杰等）　北方文物　1997年4期10~22页

五常市砂河子镇西山石棺墓的考古调查　刘展等　中国文物报1997年10月19日3版

黑龙江考古千里行获重要成果　中国文物报　1998年3月8日2版

黑龙江省富锦市南部考古调查简报　佳木斯市文物管理站、富锦市文物管理所（潘玲）　北方文物　1999年2期1~10页

黑龙江省佳木斯地区发现的穿孔石器　王海燕　北方文物　1999年3期23~24页

绥芬河流域发现新石器时代人类文化遗存　郑重　中国文物报2001年8月12日2版

黑龙江东宁发现大型跨代村落遗址　陈学泉、陶凯　中国文物报2002年1月18日2版

黑龙江省同江市街津口遗址调查报告　王海燕、张立玫　北方文物　2003年1期1~5页

黑龙江省讷河杨树林发现的古代遗址　霍永良　北方文物　2003年1期21~22页

黑龙江省穆棱河上游考古调查简报　陶刚、倪春野　北方文物　2003年3期1~14页

黑龙江省富锦、同江市及抚远县部分地区考古调查简报　鄂善军　博物馆研究　2003年2期38~45页

黑龙江省讷河市红马山遗址调查　霍永良　北方文物　2003年4期

15～17 页

黑龙江省萝北、绥滨县文物普查简报 鹤岗市文物管理站（范忠泽）
北方文物 2003 年 4 期 18～25 页

乌裕尔河上的 9 天——裕尔河流域考古调查纪实 徐晓慧 文物天
地 2003 年 5 期 30～33 页

黑龙江宁安市牛场遗址发现的几件石器 范忠泽 北方文物 2004
年 2 期 11～12 页

宁安市渤海镇西安村东遗址发掘简报 牡丹江市文物管理站（王祥
滨等） 北方文物 2004 年 4 期 19～34 页

黑龙江省齐齐哈尔市滕家岗遗址三座新石器时代墓葬的清理 马利
民等 北方文物 2005 年 1 期 1～4 页

黑龙江省萝北县都鲁河下游文物普查简报 范忠泽 北方文物
2005 年 2 期 14～17 页

黑龙江省宾县发现刻划人物陶片 张弢、张泰湘 北方文物 2005
年 3 期 19～20 页

黑龙江省宾县三宝乡新石器时代遗址考古调查 邓树平 北方文物
2006 年 1 期 8～13 页

黑龙江省乌斯浑河下游考古调查简报 黑龙江省文物考古研究所
（张春峰） 北方文物 2006 年 1 期 24～28 页

黑龙江省配合尼尔基水利工程建设考古发掘取得重要收获 张春峰
北方文物 2006 年 2 期 12～13 页

黑龙江水电站淹没区第一期文物普查工作圆满完成 黑龙江文物考
古研究所 北方文物 1989 年 4 期 46 页

（十）上 海

青浦县淀山湖新石器时代文物的初步调查 青浦县文物调查工作组
文物 1959 年 4 期 9 页

上海淀山湖发现的新石器时代遗物　康捷　考古　1959年6期314页

上海县发现新石器时代遗址　何其烈　文物　1960年2期75页

马桥古文化遗址发掘工作进展顺利，根据出土文物推测已有三千年历史　孙维昌　文汇报　1960年3月18日

上海地区古史研究获重要资料，史学界深入探讨马桥公社文化遗存　黄宣佩、孙维昌　文汇报　1960年3月18日

研究上海古代史的珍贵材料，上海史学界探讨发掘马桥古遗址的意义　人民日报　1960年4月1日

新发现的马桥古物　黄宣佩　解放日报　1960年5月14日6版

江苏上海县马桥俞塘新石器时代遗址调查　上海市文物保管委员会　考古　1960年3期30页

青浦发现古文化遗址　黄宣佩　文汇报　1960年12月24日

三千年前的上海村落——青浦发现新石器时代遗址　黄宣佩　解放日报　1961年3月5日

三千年前的古墓和地窖　黄宣佩　解放日报　1961年7月16日

上海市松江青浦两县古遗址调查　上海市文物保管委员会　考古　1961年9期493页

上海郊区发现九处远古时代文化遗址　人民日报　1962年1月29日

上海市青浦县崧泽遗址的试掘　上海市文物保管委员会　考古学报　1962年第2期1页

上海市松江县广富林新石器时代遗址试探　上海市文物保管委员会　考古　1962年9期465页

上海市松江县汤庙村古遗址调查　黄宣佩、孙维昌　考古　1963年1期49页

上海青浦县发现千步村遗址　黄宣佩、徐英铎　考古　1963年3期172页

上海青浦县的古文化遗址和西汉墓　上海市文物保管委员会　考古　1965年4期207页

上海马桥遗址第一、二次发掘　上海市文物管理委员会　考古学报　1978 年 1 期 109 页

青浦县崧泽遗址第二次发掘　黄宣佩、张明华　考古学报　1980 年第 1 期 29 页

五千年前的古井　张明华　文汇报　1982 年 3 月 8 日 3 版

本市文物考古大量新发现证明，上海成陆年代约在五千年前　文汇报　1980 年 10 月 14 日 1 版

上海市郊福泉山古文化遗址最近新发现三座古墓葬　孙维昌、朱习理　文汇报　1982 年 10 月 31 日

本市大规模发掘青浦古文化遗址　徐洁人　文汇报　1983 年 12 月 6 日

青浦福泉山出土大批古文物　黄宣佩、孙维昌　文汇报　1983 年 12 月 22 日

上海福泉山古文化遗址发掘出罕见文物器件　光明日报　1984 年 1 月 15 日

上海福泉山良渚文化墓葬　上海市文物保管委员会　文物　1984 年 2 期 1 页

发掘福泉山遗址告一段落　文汇报　1984 年 2 月 24 日

从出土文物看上海的历史　徐洁人　文汇报　1984 年 5 月 23 日

六千年上海尽收眼底——青浦福泉山古遗址出土文物印象记　文汇报　1984 年 6 月 27 日

夹砂大陶鼎　张明华　文汇报　1984 年 11 月 2 日 4 版

上海松江县汤庙村遗址　上海市文物保管委员会　考古　1985 年 7 期 584 页

上海青浦福泉山良渚文化墓地　上海市文物保管委员会　文物　1986 年 10 期 1 页

我国用砖块建筑始于何时，青浦福泉山遗址发掘出四千多年前良渚文化时期的三组红烧土块建筑物　文汇报　1987 年 3 月 20 日

福泉山遗址第三次发掘的重要发现　上海市文物保管委员会　东南文化　1987 年 3 期 51 页

青浦福泉山遗址发现良渚文化人殉墓葬　文汇报　1987 年 7 月 10 日

考古新发现玉戚出土这种王权的象征物证明太湖地区 4000 年前就形成国家　文汇报　1987 年 11 月 12 日

上海福泉山考古新发现"良渚"古墓有陪葬奴隶　人民日报　1988 年 1 月 3 日 1 版

上海新发现的三座"良渚"古墓表明夏王朝前南方已有奴隶制　文汇报　1988 年 1 月 3 日 2 版

"良渚"古墓有陪葬奴隶　中国文物报　1988 年 1 月 15 日 4 版

上海发现我国最早古井，比夏禹时期发明的水井还早 2000 多年　张明华、宋建　文汇报　1988 年 1 月 12 日 2 版

上海发现六千年前水井　人民日报　1989 年 7 月 1 日 4 版

金山发现四千年前墓葬　诸连标　中国文物报　1988 年 11 月 18 日 2 版

上海青浦县金山坟遗址发掘　上海市文物保管委员会　考古　1989 年 7 期 577 页

良渚文化考古又喜获新成果　黄萍、卢连明　中国文物报　1990 年 4 月 19 日 1 版

1990 年青浦福泉山遗址崧泽文化遗存　上海市文物管理委员会（张明华）　考古学报　1990 年 3 期 307～337 页

上海地区考古　黄宣佩　上海文化史志通讯　1991 年 13 期 49～51 页

1987 年上海青浦县崧泽遗址的发掘　上海市文物管理委员会（张明华、宋建）　考古　1992 年 3 期 204～219 页

崧泽文化遗址新发现　顾咪咪　人民日报（海外版）1995 年 6 月 28 日 8 版

河姆渡文化又添新证　陈旭钦、袁尧明　人民日报（海外版）1997 年 1 月 9 日 8 版

上海市福泉山良渚文化墓地的新发现——人殉墓及其随葬的精美玉器　孙维昌　故宫文物月刊　1997 年 166 期 58～65 页

上海市闵行区马桥遗址 1993～1995 年发掘报告 上海市文物管理委员会 考古学报 1997 年 2 期 197～236 页

上海发掘奉贤江海遗址 张明华 中国文物报 1997 年 7 月 13 日 1 版

广富林遗存的发现与思考 广富林考古队 中国文物报 2000 年 9 月 13 日 3 版

1994～1995 年上海青浦崧泽遗址的发掘 上海市文物管理委员会（周丽娟） 上海博物馆集刊 2000 年第八期 13～46 页

松江广富林遗址考古显示中原先民下江南，黄河文明现申城 张立行 文汇报 2001 年 1 月 9 日 1 版

广富林遗址考古发掘的新成果 广富林考古队 文物天地 2001 年 3 期 35～36 页

上海市松江县姚家圈遗址发掘简报 上海市文物管理委员会考古部（宋建等） 考古 2001 年 9 期 3～12 页

松江广富林遗址惊现五座良渚文化墓葬珍贵古陶引人注目 张立行 文汇报 2002 年 2 月 5 日 1 版

上海广富林遗址考古发掘取得新成果、良渚文化确有竹编井圈 余传诗 光明日报 2002 年 2 月 5 日 A2 版

广富林遗址考古发掘获新成果 李峰 中国文物报 2002 年 2 月 22 日 1 版

2001～2002 上海广富林遗址发掘新收获 上海市文物管理委员会考古部（周丽娟） 中国社会科学院古代文明研究中心通讯 2002 年 4 期 41～43 页

上海青浦区寺前史前遗址的发掘 上海博物馆考古研究部（周丽娟、陈杰） 考古 2002 年 10 期 13～30 页

上海松江区广富林遗址 1999～2000 年发掘简报 上海博物馆考古研究部（宋建等） 考古 2002 年 10 期 31～48 页

上海金山区亭林遗址 1988、1990 年良渚文化墓葬的发掘 上海博物馆考古研究部（张明华、李峰） 考古 2002 年 10 期 49～63 页

上海奉贤县江海遗址 1996 年发掘简报　上海市文物管理委员会（张明华）　考古　2002 年 11 期 20～30 页

上海考古随想　宋建　上海文博论丛　2004 年 1 期 60～61 页

崧泽遗址发现上海最早先民墓葬　余传诗　光明日报　2004 年 5 月 6 日 A1 版

崧泽遗址考古再获惊人发现：“上海老祖宗”年逾六千岁　张立行、张抗抗　文汇报　2004 年 5 月 13 日 1 版

上海青浦崧泽遗址考古发掘获重要成果　崧泽遗址考古队　中国文物报　2004 年 6 月 9 日 1 版

（十一）江　苏

南京发现新石器时代遗址　卫聚贤　东方杂志　1930 年 1 月 27 卷 1 期 65 页

记湖熟镇发现史前遗址　南京博物院　文物参考资料　1951 年 2 卷 7 期 164 页

苏北新安县新沂河的古遗址　贾兰坡　文物参考资料　1953 年 1 期 51 页

江苏新沂县花厅村发现新石器时代遗址　文物参考资料　1953 年 5/6 期 55 页

三年来江苏境内发现大量的新石器时代遗址　王志敏　文物参考资料　1954 年 3 期 119 页

江苏松江县古代海防要地金山卫遗址的现况　朱江　文物参考资料　1954 年 3 期 120 页

江苏铜山发现古遗址　李鉴昭　文物参考资料　1954 年 6 期 119 页

南京城内发现新石器时代遗址　王志敏　文物参考资料　1954 年 10 期 137 页

江苏南部新石器时代文化　王志敏　考古通讯　1955 年 1 期 32 页

南京城内阴阳营发现的新石器时代遗址勘察情况　尹焕章　文物参考资料　1955 年 1 期 128 页

江苏无锡仙蠡墩发现古遗址及汉墓　谢春祝、石祚华　文物参考资料　1955 年 1 期 129 页

江苏省吴江县发现古遗址　胡继高　考古通讯　1955 年 2 期 51 页

丹徒发现新石器时代文化遗址　茅贞　考古通讯　1955 年 4 期 61 页

南京北郊发现石器等遗物　文物参考资料　1955 年 6 期 119 页

江苏无锡仙蠡墩新石器时代遗址清理简报　江苏省文物管理委员会　文物参考资料　1955 年 8 期 48 页

淮安县青莲岗新石器时代遗址调查报告　华东文物工作队　考古学报　1955 年第九册 13 页

江苏吴江县松陵镇附近发现古遗址　文物参考资料　1955 年 11 期 128 页

江苏丹徒大港中学"课外历史活动小组"在丹徒烟墩山等地采集到大量陶片　文物参考资料　1955 年 12 期 161 页

江苏无锡公山公园古遗址清理简报　江苏省文物管理委员会　文物参考资料　1956 年 1 期 26 页

南京市北阴阳营文化遗址发掘的近况　赵青芳　江海学刊　1956 年 1 期 63 页

南京锁金村发现新石器时代遗址　李鉴昭　考古通讯　1956 年 4 期 33 页

吴兴练市镇发现新石器时代遗物　赵人俊　考古通讯　1956 年 5 期 26 页

南京博物院及江苏省文管会联合派员重点调查苏南地区新石器时代遗址　百龄　文物参考资料　1956 年 5 期 76 页

江苏溧阳社渚确有新石器时代文化遗存　尹焕章　文物参考资料　1956 年 5 期 77 页

江苏丹徒癞鼋墩发现新石器时代遗存　魏百龄　考古通讯　1956 年 6 期 57 页

扬州凤凰河工地发现古文化遗址　张世全　考古通讯　1956 年 6 期 61 页

新沂花厅村新石器时代遗址概况　南京博物院新沂工作组　文物参考资料　1956 年 7 期 23 页

苏州市郊金鸡墩发现新石器时代遗迹　李鉴昭　文物参考资料 1956 年 12 期 76 页

南京中央门外发现新石器时代遗址　葛家瑾　考古通讯　1957 年 1 期 54 页

江苏昆山陈墓镇发现新石器时代遗址　金诚　考古通讯　1957 年 1 期 55 页

值得重视的丹徒地下宝藏　茅贞　考古通讯　1957 年 2 期 50 页

江苏海州发现石器　田心　考古通讯　1957 年 3 期 60 页

吴县发现新石器时代遗址　人俊　文物参考资料　1957 年 3 期 81 页

江苏丹徒葛村新石器时代遗址探掘记　南京博物院　考古通讯 1957 年 5 期 18 页

铜山县台上村发现古遗址　张恺慈　文物参考资料　1957 年 8 期 82 页

南京锁金村古遗址第二次发掘的新收获　陈福坤、柴旺顺、张世全 文物参考资料　1957 年 8 期 83 页

南京锁金村遗址第一、二次发掘报告　尹焕章等　考古学报　1957 年第 3 期 13 页

太湖湖底发现大批石器等遗物　柴旺顺　文物参考资料　1957 年 11 期 78 页

南京市北阴阳营第一、二次的发掘　南京博物院　考古学报　1958 年第 1 期 7 页

苏南新石器时代台形遗址的新发现　尹焕章　江海学刊　1958 年 1 期 41 页

邳县发现龙山文化遗址　王德庆　文物参考资料　1958 年 8 期 75 页

丹阳香草河发现文物　朱江　文物参考资料　1958 年 9 期 93 页

江苏淮安青莲岗古遗址古墓葬清理简报　南京博物院　考古通讯 1958 年 10 期 45 页

徐州高皇庙遗址清理报告　江苏省文物管理委员会　考古学报 1958 年第 4 期 7 页

对《徐州高皇庙遗址清理报告》的几点意见　芸阁　考古　1959 年 9 期 493 页

江南新石器文化遗址的又一线索　陈微　考古通讯　1958 年 12 期 49 页

宁镇山脉及秦淮河地区新石器时代遗址普查报告　尹焕章、张正祥 考古学报　1959 年第 1 期 13 页

近年来江苏省出土文物　王志敏　文物　1959 年 4 期 19 页

江苏江宁元山镇遗址的试掘与调查　尹焕章、黎忠义　考古　1959 年 6 期 316 页

江苏昆山陈墓镇新石器时代遗址　金诚　考古　1959 年 9 期 478 页

江苏新海连市锦屏山地区考古调查和试掘简报　南京博物院　考古 1960 年 3 期 21 页

1959 年冬徐州地区考古调查　南京博物院　考古　1960 年 3 期 25 页

江苏昆山荣庄新石器时代遗址　王德庆　考古　1960 年 6 期 4 页

江苏新沂县三里墩古文化遗址第二次发掘简介　南京博物院　考古 1960 年 7 期 20 页

苏州市和吴县新石器时代遗址调查　南京博物院　考古　1961 年 3 期 151 页

江苏新海连市和东海县新石器时代、商、汉迹址　江苏省文物工作 队　考古　1961 年 6 期 319 页

江苏新海连市大村遗址勘查记　江苏省文物工作队　考古　1961 年 6 期 321 页

江苏无锡许巷村新石器时代遗址　江苏省文物工作队　考古　1961 年 8 期 457 页

江苏连云港市二涧村遗址第二次发掘　江苏省文物工作队　考古

1962 年 3 期 111 页

江苏赣榆新石器时代至汉代遗址和墓葬　南京博物院　考古　1962 年 3 期 129 页

江苏邳县刘林新石器时代遗址第一次发掘　江苏省文物工作队　考古学报　1962 年第 1 期 81 页

淮阴地区考古调查　尹焕章、赵青芳　考古　1963 年 1 期 1 页

江苏吴江梅堰新石器时代遗址　江苏省文物工作队　考古　1963 年 6 期 308 页

江苏邳海地区考古调查　南京博物院　考古　1964 年 1 期 19 页

江苏射阳湖周围考古调查　南京博物院　考古　1964 年 1 期 26 页

江苏邳县四户镇大墩子遗址探掘报告　南京博物院　考古学报 1964 年第 2 期 9 页

洪泽湖周围的考古调查　尹焕章、张正祥　考古　1964 年 5 期 220 页

江苏邳县刘林新石器时代遗址第二次发掘　南京博物院　考古学报 1965 年第 2 期 9 页

江苏铜山丘湾古遗址的发掘　南京博物院　考古　1973 年 2 期 71 页

江苏常州圩墩村新石器时代遗址的调查和试掘　常州市博物馆　考古　1974 年 2 期 109 页

江苏省吴县洞庭西山消夏湾出土一批石器和青铜器　南波　文物 1977 年 1 期 91 页

圩墩新石器时代遗址发掘简报　吴苏　考古　1978 年 4 期 223 页

江苏武进潘家塘新石器时代遗址调查与试掘　武进县文化馆、常州市博物馆　考古　1979 年 5 期 404 页

江苏江阴县发现原始社会的鹿角镐　江阴县文化馆　文物　1979 年 10 期 79 页

江苏吴县草鞋山遗址　南京博物院　文物资料丛刊　1980 年 5 月 3 期 1 页

江苏武进寺墩遗址的试掘　南京博物院　考古　1981 年 3 期 193 页

江苏吴县光福镇发现一批新石器时代的石犁　文物　1981 年 10 期 92 页

江苏邳县大墩子遗址第二次发掘　南京博物院　考古学集刊（第 1 集）　1981 年 11 月 27 页

江苏江阴县璜塘发现四口良渚文化古井　文物资料丛刊　1981 年 12 月 5 期 195 页

江苏越城遗址的发掘　南京博物院　考古　1982 年 5 期 463 页

江苏吴县张陵山遗址发掘简报　南京博物院　文物资料丛刊　1982 年 7 月 6 期 25 页

昆山绰墩吴县张陵山东山出土史前琮璧，证明长江下游是中国古代文明发源地之一　新华日报　1982 年 11 月 23 日

我国又一次罕见的重大考古发现，武进发掘出四千多年前的墓葬　新华日报　1982 年 11 月 24 日 1 版

吴县发现一处新石器时代古文化遗址　张志新　文博通讯　1982 年 6 期 53 页

江苏发掘四千年前古墓葬　人民日报　1983 年 2 月 1 日

探索中国文明起源的重要例证——介绍武进寺墩遗址的考古发现　汪遵国、李文明　江海月刊　1983 年 2 期 127 页

江苏海安青墩遗址　南京博物院　考古学报　1983 年第 2 期 147 页

吴县宝山发现古文化遗址　叶玉奇等　文博通讯　1983 年 3 期 43 页

武进发现一件史前玉琮　人民日报　1983 年 9 月 12 日

江苏昆山绰墩遗址的调查与发掘　南京博物院、昆山县文化馆　文物　1984 年 2 期 6 页

江苏常熟良渚文化遗址　常熟市文物管理委员会　文物　1984 年 2 期 12 页

江苏武进寺墩遗址的新石器时代遗物　常州市博物馆　文物　1984 年 2 期 17 页

1982 年江苏常州武进寺墩遗址的发掘　南京博物院　考古　1984 年 2 期 109 页

常州圩墩新石器时代遗址第三次发掘简报　常州市博物馆　史前研究　1984年2期69页

长江下游考古工作又一重要发现——南京营盘山氏族葬地遗址的发掘　魏正谨　南京史志　1984年5期3页

江苏句容城头山遗址试掘简报　镇江市博物馆　考古　1985年4期289页

江苏丹阳王家山遗址发掘简报　镇江博物馆　考古　1985年5期389页

江苏丹徒磨盘墩遗址发掘报告　南京博物院、丹徒县文教局　史前研究　1985年2期71页

金坛北渚荡发现马家浜文化遗址　镇江博物馆　考古　1985年8期750页

太湖孤岛考古发现五千多件石器工具出土　顾龙友　文汇报　1986年1月19日4版

江苏吴县高景山、茶店头新石器时代遗址　吴县文管会　考古　1986年7期661页

江苏吴县张陵山东山遗址　南京博物院、角直保圣寺文物保管所　文物　1986年10期26页

江苏吴江县首次出土玉琮　吴国良　考古　1987年2期180页

沙洲发现五处新石器时代遗址　王德庆　文物报　1987年4月17日2版

瓜墩文化——苏北马陵山爪墩遗址调查报告　张祖方　东南文化　1987年2期1页

江苏发掘大伊山古墓群　王迎生　文物报　1987年5月15日2版

武进发现新石器文化遗址　徐伯元　文物报　1987年8月7日2版

江苏沙洲县新石器时代遗址调查简报　王德庆、缪自强　考古　1987年10期873页

花厅文化遗址有新发现　人民日报　1987年11月28日

苏北花厅村古墓群出土一批贵重文物展现我国最早人殉人祭现象，

为阐明我国奴隶制文明的发轫提供确凿论据　王宝洪　文汇报　1987 年
12 月 14 日

　　常州发现新岗古文化遗址　徐伯元　中国文物报　1988 年 1 月 15 日
第 2 版

　　花厅遗址又有重要发现　新文　中国文物报　1988 年 1 月 22 日第 2
版

　　江苏省昆山县少卿山遗址　苏州博物馆、昆山县文管会　文物
1988 年 1 期 52 页

　　淮阴沭阳县考古调查　江苏沭阳考古队　东南文化　1988 年 1 期 51
页

　　江苏灌云大伊山新石器时代遗址第一次发掘报告　连云港市博物馆
东南文化　1988 年 2 期 37 页

　　江苏新沂花厅遗址 1987 年发掘纪要　南京博物院花厅考古队　东南
文化　1988 年 2 期 46 页

　　江苏沭阳万北遗址试掘的初步收获　谷建祥、尹增淮　东南文化
1988 年 2 期 49 页

　　新沂发现罕见玉璧　中国文物报　1988 年 6 月 17 日 2 版

　　江南吴江梅埝龙南遗址 1987 年发掘纪要　龙南遗址考古工作队　东
南文化　1988 年 5 期 49 页

　　吴江发现五千年前的村落遗址　钱公麟、丁金龙　中国文物报
1989 年 5 月 26 日 2 版

　　江苏句容县发现早期新石器时代文化遗址　吴荣清　中国文物报
1989 年 5 月 26 日 2 版

　　江苏发现我国最早人殉墓葬　人民日报　1989 年 12 月 13 日 1 版

　　江苏发现我国最早人殉墓葬　光明日报　1989 年 12 月 13 日 2 版

　　江苏花厅村古墓葬区发掘材料表明，5 千年前人殉已成习俗　文汇报
　1989 年 12 月 15 日 1 版

　　新沂发现我国最早人殉墓　李健、夏雨　中国文物报　1989 年 12 月
22 日 1 版

丹江出土湖熟马家浜文化遗物　杨再年　中国文物报　1990 年 1 月 18 日 1 版

江阴出土新石器时代鹿角匕首　林嘉华　中国文物报　1990 年 2 月 22 日 1 版

1987 年江苏新沂花厅遗址的发掘　南京博物院（钱锋）　文物 1990 年 2 期 1～26 页

江苏镇江市戴家山遗址清理报告　镇江市博物馆（谈三平）　考古 与文物　1990 年 1 期 21～27 页

江苏张家港许庄新石器时代遗址调查与试掘　苏州博物馆、张家港 市文管会（王德庆）　考古　1990 年 5 期 390～397 页

江苏吴江龙南新石器时代村落遗址第一、二次发掘简报　苏州博物 馆、吴江县文物管理委员会（钱公麟等）　文物　1990 年 7 期 1～27 页

江苏吴县南部地区古遗址调查简报　姚勤德　考古　1990 年 10 期 865～878 页

江苏句容丁沙地遗址试掘钻探简报　南京博物院（吴荣清）　东南 文化　1990 年 1/2 期 241～254 页

江苏新沂花厅遗址 **1989** 年发掘纪要　南京博物院花厅考古队　东南 文化　1990 年 1/2 期 255～261 页

江苏丹阳凤凰山遗址发掘报告　凤凰山考古队（刘建国等）　东南 文化　1990 年 1/2 期 269～317 页

宿迁市骆马湖以东的考古调查　淮阴市博物馆、宿迁市图书馆（尹 增淮）东南文化　1990 年 4 期 189～196 页

江苏沭阳万北遗址新石器时代遗存发掘简报　南京博物院（谷建祥、 尹增淮）　东南文化　1992 年 1 期 124～133 页

江苏洪泽县考古调查简报　尹增淮、裴安年　东南文化　1992 年 1 期 134～145 页

江淮地区考古获重要发现　张敏、朱国平　中国文物报　1993 年 3 月 21 日 1 版

江苏丹阳墩头山遗址调查与试掘　施玉平等　考古　1993 年 8 期

683～693 页

高邮龙虬庄遗址发掘获重大成果　张敏等　中国文物报　1993 年 9 月 5 日 1 版

龙虬庄遗址发掘再获重大成果　张敏等　中国文物报　1994 年 2 月 27 日 1 版

高邮周邶墩遗址发掘取得重要收获　田名利等　中国文物报　1994 年 5 月 15 日 1 版

苏州发现六千年前古稻田遗址　王裕仁　人民日报　1994 年 5 月 21 日 4 版

江苏丹阳西沟居新石器时代遗址试掘　南京博物院、镇江博物馆（林留根）　考古　1994 年 5 期 385～391 页

4500 年前太湖流域出现"国家"　金仲良等　文汇报　1995 年 1 月 6 日 4 版

草鞋山遗址有六千年前古稻田　贺勃　人民日报（海外版）1995 年 2 月 9 日 8 版

高邮龙虬庄遗址发现七千年前炭化稻米　杨开民　光明日报　1995 年 2 月 21 日 2 版

江苏高邮龙虬庄遗址考古披露重大成果——江淮东部文化独具特色　赵霞　文汇报　1995 年 2 月 21 日 4 版

龙虬庄遗址有新发现　杨磊　人民日报　1995 年 2 月 23 日 5 版

六千年前水稻田遗迹被发现　人民日报（海外版）1995 年 6 月 17 日 3 版

草鞋山遗址首次发现我国六千年前的水稻田遗迹　中国文物报 1995 年 6 月 18 日 1 版

良渚文化考古获重要成果寺墩遗址发掘为探索中国文明起源提供主要例证　王奇志等　中国文物报　1995 年 6 月 25 日 1 版

江苏张家港徐家湾新石器时代遗址　苏州博物馆、张家港市文物管理委员会　考古学报　1995 年 3 期 313～363 页

常州圩墩遗址第五次发掘报告　江苏省圩墩遗址考古发掘队　东南

文化　1995 年 4 期 69～94 页

高邮龙虬庄遗址的发掘及其意义　张敏　东南文化　1995 年 4 期 95～97 页

金坛发现六千年前稻谷　于建林、刘一民　人民日报（海外版）1995 年 9 月 6 日 8 版

昆山发现我国最早"土筑金字塔"　秋石、江文　文汇报　1995 年 9 月 8 日 4 版

赵陵"古国文化"新发现　陈益　人民日报（海外版）1996 年 5 月 1 日 1 版

连云港藤花落遗址发掘　高峰、马富胜　文汇报　1996 年 5 月 29 日 5 版

锡山市东亭北街巷遗址出土遗物　邹忆军　无锡文博　1996 年 2 期 10～12 页

江苏藤花落遗址试掘有新发现：龙山文化及岳石文化遗存出土　人民日报（海外版）　1996 年 6 月 25 日 3 版

连云港藤花落遗址有重要收获　南浦　中国文物报　1996 年 8 月 25 日 1 版

金坛三星村遗址发掘获重大成果　王根富等　中国文物报　1996 年 9 月 22 日 1 版

江苏常熟钱底巷遗址发掘报告　南京大学历史系考古专业、常熟博物馆（宋建等）　考古学报　1996 年 4 期 473～513 页

金坛三星村成考古"新星"　赵霞　人民日报（海外版）　1996 年 10 月 31 日 8 版

长江下游六千年前即有稻米生产——苏州草鞋山发现世界最早古水稻田　文汇报　1996 年 11 月 21 日 5 版

江苏吴江获重大考古发现　景旭峰　人民日报（海外版）　1996 年 12 月 30 日 3 版

吴江广福马家浜遗址发掘出 18 具完整骨架 6 千年前先民遗骸见天日　蔡子云、梅香衣　文汇报　1997 年 1 月 6 日 5 版

连云港藤花落遗存试掘有重要发现——古今居民一脉传　周锦屏、戴心平　文汇报　1997 年 7 月 7 日 5 版

高邮出土颗粒完整的 4000 余粒稻米——5500 年以前中国已有人工优化水稻品种　翟景耀、张延豹　人民日报（海外版）　1997 年 11 月 3 日 3 版

江苏昆山少卿山考古发掘取得重大成果，初步证明——长江，人类文明的摇篮　曹家骧　文汇报　1997 年 12 月 1 日 5 版

南京薛城新石器时代遗址发掘获重大成果　薛城考古队　中国文物报　1998 年 1 月 28 日 1 版

良渚文化遗存又有新发现　江文　文汇报　1998 年 2 月 19 日 5 版

南京史前考古的重大收获：高淳薛城遗址的发现及初步认识　薛城考古队　南京史志　1998 年 2 期 36～38 页

三星村新石器时代遗址考古获重要发现　潘文俊、李国平　人民日报　1998 年 6 月 10 日 5 版

江苏武进姬山遗址调查　王岳群　东南文化　1998 年 4 期 30～36 页

金坛三星村遗址考古喜获重大成果　王根富等　中国文物报　1998 年 9 月 13 日 1 版

无锡市博物馆四十年考古综述　蔡卫东　无锡文博　1998 年 3 期 9～11 页

三星村遗址揭开历史尘封　郑晋鸣　光明日报　1998 年 10 月 6 日 1 版

三星村 5000 年前文明揭秘记　郑晋鸣　光明日报　1998 年 10 月 6 日 2 版

吴江梅堰龙南新石器时代村落遗址第三、四次发掘简报　苏州博物馆、吴江市文物管理委员会（张照根）　东南文化　1999 年 3 期 17～26 页

江苏常熟罗墩遗址发掘简报　苏州博物馆、常熟博物馆（张照根等）　文物　1999 年 7 期 16～30 页

小徐庄遗址抢救发掘喜获成果　程东辉、张浩林　中国文物报

1999 年 8 月 22 日 1 版

张家港东山村遗址发掘的主要收获 张照根、姚瑶 东南文化 1999 年 4 期 28~38 页

江苏昆山市绰墩遗址发掘报告 苏州博物馆、昆山市文物管理所（张照根等） 东南文化 2000 年 1 期 40~55 页

昆山绰墩遗址考古获重大成果 王金春、丁金龙 中国文物报 2000 年 1 月 30 日 1 版

江阴高城墩遗址考古取得重大成果 陆建方、唐汉章 中国文物报 2000 年 2 月 6 日 1 版

江苏镇江市左湖遗址发掘简报 南京博物院、镇江博物馆（林留根、王奇志） 考古 2000 年 4 期 12~31 页

江苏昆山市少卿山遗址的发掘 苏州博物馆等（丁金龙等） 考古 2000 年 4 期 32~49 页

江苏高淳县薛城新石器时代遗址发掘简报 南京市文物局等（周裕兴等） 考古 2000 年 5 期 1~20 页

江阴高城墩新石器时代遗址入选 1999 年全国十大考古新发现 本刊编辑部 无锡文博 2000 年 2 期 1 页

张家港市东山村遗址发掘简报 苏州博物馆、张家港市文物管理委员会（陈瑞近等） 文物 2000 年 10 期 45~57 页

江苏昆山绰墩遗址第二次发掘报告 苏州博物馆、昆山市文物管理所（丁金龙等） 东南文化 2000 年 11 期 23~40 页

1985 年江苏常州圩墩遗址的发掘 常州市博物馆（陈丽华等） 考古学报 2001 年 1 期 73~110 页

江苏连云港藤花落遗址考古发掘纪要 南京博物院等（孙亮等） 东南文化 2001 年 1 期 35~38 页

江阴祁头山遗址考古获新突破 杭涛等 中国文物报 2001 年 2 月 28 日 1 版

江苏吴江广福村遗址发掘简报 苏州博物馆、吴江市文物陈列室（丁金龙等） 文物 2001 年 3 期 41~51 页

江阴高城墩遗址发掘简报　江苏省高城墩联合考古队（陆建方等）　文物　2001 年 5 期 4~21 页

江苏句容丁沙地遗址第二次发掘简报　南京博物院考古研究所（陆建方等）　文物　2001 年 5 期 22~36 页

比甲骨文更早的文字——露容最新发现的"山"字型符号比甲骨文早一千年　陈琪　文汇报　2001 年 8 月 31 日 6 版

姑苏独墅湖惊现古井群　朱金龙、沈石声　文汇报　2001 年 11 月 16 日 7 版

宜兴发现六千年前建筑遗址　佘辰　光明日报　2001 年 12 月 10 日 A1 版

苏州独墅湖底发现原始村落　丁金龙、朱伟峰　古代文明研究通讯　11 期 49~51 页

江苏昆山绰墩遗址又有发现　朱庆、苏雁　光明日报　2002 年 1 月 9 日 A1 版

绰墩山遗址考古又有进展　发现战国木梯等珍贵文物　高坡、朱金龙　文汇报　2002 年 1 月 23 日 7 版

昆山发现良渚时期立柱式房子　朱庆　光明日报　2002 年 1 月 28 日 A2 版

宜兴骆驼墩遗址考古发掘纪要　骆驼墩考古队（徐建清）　无锡文博　2002 年 1 期 1 页

常州新岗遗址发掘崧泽文化墓葬　唐星良等　中国文物报　2003 年 3 月 21 日 2 版

宜兴下湾发现崧泽文化大型壕沟和土墩墓　徐建清等　中国文物报 2003 年 5 月 30 日 1 版

江苏宜兴市骆驼墩新石器时代遗址的发掘　南京博物院考古研究所（林留根等）　考古　2003 年 7 期 3~9 页

吴县郭新河遗址发掘简报　苏州博物馆（朱伟峰、丁金龙）　东南文化　2002 年 7 期 6~14 页

长江下游史前考古新发现——太湖西部骆驼墩文化遗存　林留根

中国社会科学院古代文明研究中心通讯 2002 年 4 期 34～40 页

环太湖史前考古新突破 林留根等 中国文物报 2002 年 8 月 31 日 1 版

宜兴西溪遗址试掘简报 南京博物院、宜兴市文物管理委员会（徐建清） 东南文化 2002 年 11 期 6～10 页

江苏金坛三星村新石器时代遗址 江苏省三星村联合考古队（王根富、张君） 文物 2004 年 2 期 4～26 页

江苏连云港朝阳遗址发掘简报 南京博物院、连云港市博物馆 东南文化 2004 年 2 期 32～48 页

澄湖遗址甪直区崧泽文化聚落 丁金龙等 古代文明研究通讯 2004 年 20 期 16～20 页

澄湖遗址发现崧泽时期水稻田 丁金龙、张铁军 中国文化遗产（创刊号）2004 年 70～71 页

江苏阜宁县东园新石器时代遗址 南京博物院等（朱国平等） 考古 2004 年 6 期 7～21 页

江苏宜兴西溪遗址发掘取得重要收获 田名利等 中国文物报 2004 年 10 月 22 日 1 版

江苏吴江市同里遗址进行抢救性发掘 张照根、朱颖浩 中国文物报 2004 年 12 月 1 日 1 版

2003～2004 年连云港藤花落遗址发掘收获 周润垦等 东南文化 2005 年 3 期 15～19 页

江苏东台市开庄新石器时代遗址 盐城市博物馆、东台市博物馆（俞洪顺、赵永正） 考古 2005 年 4 期 12～27 页

宁淮高速公路淮安段发掘两处先秦遗址 胡兵 中国文物报 2005 年 8 月 31 日 2 期

江苏无锡丘承墩遗址首次发现良渚文化高台墓地的双祭台 张敏等 中国文物报 2006 年 4 月 19 日 1 版

江阴南楼遗址考古新收获 江苏省南楼遗址考古队 江阴文博 2006 年 1 期 2～4 页

江苏江阴南楼发现保存完整的松泽文化聚落——出土清晰的松泽文化葬具及大量陶器、玉石器　南楼联合考古队　中国文物报　2006 年 7 月 19 日 2 版

江苏无锡锡山彭祖墩遗址发掘报告　南京博物院等（朱国平等）考古学报　2006 年 4 期 473 ~ 508 页

江苏溧阳神墩遗址发掘马家浜文化氏族墓地　田名利等　中国文物报　2006 年 10 月 27 日 2 版

祁头山文化遗址、南楼松泽文化遗址的发掘与思考　陆建芳等　浙江省文物考古研究所学刊第八辑——纪念良渚遗址发现七十周年学术研讨会文集　2006 年 158 ~ 176 页

一件造型独特的黑陶罐　李彦锋　中国文物报　2006 年 12 月 27 日 5 版

江苏江阴祁头山遗址 2000 年度发掘简报　祁头山联合考古队（陆建芳、左骏）　文物　2006 年 12 期 4 ~ 17 页

（十二）浙　江

杭州古荡发现大批古石器　科学　1936 年 7 月 20 卷 7 期 597 页

浙杭县发现黑陶文化遗址　杭州通讯　历史教育　1937 年 2 月 1 期 44 页

杭县第二区远古文化遗址试探简录　施昕更　时事新报　1937 年 4 月 14、21 日古代文化 4 ~ 5 期；江苏研究　1937 年 6 月 3 卷 5 ~ 6 期 1 页；吴越文化论丛　1937 年 7 月

杭县第二区的史前遗存与黑陶文化　何天行　时事新报　古代文化 1937 年 5 月 19 日 9 期

双城访古记　陈志良　时事新报　古代文化　1937 年 7 月 7 日 16 期

天目山发现新石器　图书月刊　1941 年 6 月 1 卷 5 期 42 页（原载上海正言报）

富春江南岸发现石器残片　图书月刊　1941 年 6 月 1 卷 5 期 42 页（原载上海正言报）

杭州发掘出大量新石器时代遗物　科学通报　1953 年 9 期 107 页

浙江瓯江下游发现四处古代遗址　古塞　文物参考资料　1954 年 12 期 180 页

读《浙江瓯江下游发现四处古代遗址》报道的意见　朱伯谦　文物参考资料　1955 年 7 期 168 页

萧山湖岸发现新石器时代陶片　何天行　考古通讯　1955 年 4 期 62 页

浙江嘉兴双桥古文化遗址调查记　董巽观　考古通讯　1955 年 5 期 19 页

浙江嘉兴双桥发现的新石器时代遗址　党华　考古通讯　1955 年 5 期 22 页

二年来浙江发现的新石器时代遗址与遗物　党华　文物参考资料 1955 年 8 期 68 页

临平发现新石器时代陶片　何天行　考古通讯　1956 年 1 期 28 页

良渚黑陶又一次重要发现　浙江省文物管理委员会　文物参考资料　1956 年 2 期 25 页

良渚长坟黑陶遗址清理工作概况　汪济英、党华　文物参考资料 1956 年 3 期 84 页

吴兴练市镇发现新石器时代的遗址　赵人俊　考古通讯　1956 年 5 期 26 页

绍兴漓渚附近发现新石器时代遗存和古墓葬　金祖明　考古通讯 1956 年 5 期 43 页

浙江塘栖发现新石器时代遗址　何天行　考古通讯　1956 年 5 期 45 页

浙江温州附近的新石器时代遗存　方介堪　考古通讯　1956 年 6 期 56 页

浙江湖州市市区初次发现大量印纹硬陶　张云、金镇、陈达农　考

古通讯　1956 年 6 期 79 页

钱塘江流域五个县的几处古遗址初步调查　浙江省文物管理委员会 文物参考资料　1956 年 8 期 25 页

浙江新登、余姚发现新石器时代遗物　赵人俊　考古通讯　1957 年 1 期 53 页

浙江建德安仁乡发现新石器时代遗址　钟公佩　考古通讯　1957 年 1 期 53 ~ 54 页

浙江崇德罗家谷古遗址调查记　冯信敖　考古通讯　1957 年 4 期 48 页

西湖疏浚过程中出土大批文物，有新石器时代石斧石刀和历代货币 孙祖康　文汇报　1958 年 1 月 25 日

杭州西湖九曜山发现新石器　钟公佩　文物参考资料　1958 年 1 期 82 页

杭州老和山遗址 1953 年第一次的发掘　蒋缵初　考古学报　1958 年 第 2 期 5 页

浙江嘉兴双桥附近新石器时代遗址的调查　赵人俊　考古通讯 1958 年 7 期 48 页

浙江寿昌杨树岗发现古代文化遗址　钟公佩　考古通讯　1958 年 7 期 49 页

浙江湖州长生庵出土的一批骨器　陈达农　考古通讯　1958 年 8 期 49 页

浙江余姚上林湖出土的大型石犁　金祖明　考古通讯　1958 年 9 期 71 页

浙江吴兴邱城遗址发掘简介　梅福根　考古　1959 年 9 期 479 页

吴兴钱山漾遗址第一、二次发掘报告　浙江省文物管理委员会　考 古学报　1960 年第 2 期 73 页

杭州水田畈遗址发掘报告　浙江省文物管理委员会　考古学报 1960 年第 2 期 93 页

海宁县发现人面纹陶片　白哲士　文物　1960 年 7 期 70 页

浙江嘉兴马家滨新石器时代遗址的发掘　浙江省文物管理委员会　考古　1961 年 7 期 345 页

浙江嘉兴雀幕桥发现一批黑陶　浙江省博物馆、嘉兴县展览馆　考古　1974 年 4 期 249 页

河姆渡发现原始社会重要遗址　浙江省文管会、浙江省博物馆　文物　1976 年 8 期 6 页

河姆渡遗址第一期发掘报告　浙江省文物管理委员会、浙江省博物馆　考古学报　1978 年第 1 期 39 页

余姚河姆渡原始社会遗址发掘纪实　浙江日报　1978 年 4 月 24 日 4 版

浙江宁波市八字桥发现新石器时代遗址　林士民　考古　1979 年 6 期 560 页

浙江河姆渡遗址第二次发掘的主要收获　河姆渡遗址考古队　文物　1980 年 5 期 1 页

一支七千年前的船桨　劳伯敏　光明日报　1981 年 1 月 12 日 4 版

桐乡县罗家角遗址发掘报告　罗家角考古队　浙江文物考古所学刊　1981 年 11 月 1 页

嘉兴市古遗址调查　陆跃华　浙江文物考古所学刊　1981 年 11 月 197 页

湖州花城发现的良渚文化木构窖藏　隋全田　浙江文物考古所学刊　1981 年 11 月 202 页

舟山群岛发现新石器时代遗址　王和平、陈金生　考古　1983 年 1 期 4 页

浙江定海县唐家墩新石器时代遗址　王明达、王和平　考古　1983 年 1 期 71 页

光辉灿烂的河姆渡文化　叶树望　历史知识　1983 年 4 期 39 页

浙江瑞安隆山发现新石器晚期墓葬　瑞安县文物馆（俞天舒）　考古学集刊　1983 年 12 月 8 期 124 页

浙江定海唐家墩又发现一批石器　王和平　考古　1984 年 1 期 86 页

浙江嘉善新港发现良渚文化木筒水井　陆跃华、朱瑞明　文物 1984 年 2 期 94 页

舟山群岛出土大型石器　文物报　1986 年 1 月 7 日 3 版

良渚文化遗址考古又有重大发现　光明日报　1986 年 6 月 24 日 1 版

浙江嘉兴市雀幕桥遗址试掘简报　嘉兴市文化局　考古　1986 年 9 期 769 页

良渚遗址发掘有新发现　光明日报　1986 年 9 月 27 日 1 版

浙江余杭反山发现良渚文化重要墓地　浙江省文物考古研究所　文物　1986 年 10 期 36 页

余杭发现良渚文化大型墓葬群　文物报　1986 年 11 月 28 日 2 版

研究沿海岛屿史前文化的珍贵史料玉环发现三合潭古文化遗址　文汇报　1987 年 1 月 8 日 2 版

浙江衢州市衢江北区古遗址调查简报　衢州市文物管理委员会　考古　1987 年 1 期 5 页

浙江河姆渡发现原始骨笛　文物报　1987 年 1 月 30 日 2 版

玉环发现三合潭古文化遗址　文物报　1987 年 2 月 20 日 2 版

余杭瑶山发现与墓葬复合的祭坛遗迹　光明日报　1987 年 5 月 29 日

浙江良渚文化考古有突破性进展　人民日报　1987 年 6 月 1 日

浙江仙居下汤遗址调查简报　台州地区文管会、仙居县文化局　考古　1987 年 12 期 1057 页

浙江余杭反山良渚墓地发掘简报　浙江省文物考古研究所反山考古队　文物　1988 年 1 期 1 页

余杭瑶山良渚文化祭坛遗址发掘简报　浙江省文物考古研究所　文物　1988 年 1 期 32 页

海宁发掘新石器时代遗址　潘六坤　中国文物报　1988 年 4 月 22 日 2 版

浙东史前考古有新突破　符永才　中国文物报　1988 年 7 月 29 日 2 版

泰顺发现八处新石器时代遗址　高启新　中国文物报　1988 年 9 月 2

日 2 版

慈湖遗址发掘获重要成果　晓永　中国文物报　1988 年 12 月 23 日 2 版

浙江省建德县出土一批新石器时代的陶器　人民日报　1990 年 1 月 3 日 3 版

良渚文化发现一处居住遗址　肖永　中国文物报　1990 年 3 月 29 日 1 版

浙江仙居下汤新石器时代遗址　金祖明　东南文化　1990 年 6 期 311～313 页

良渚文化遗址考古又有新发现　光明日报　1990 年 11 月 26 日 1 版

庙前良渚文化遗址发现木质窖藏　王云路　中国文物报　1990 年 12 月 6 日 1 版

象山半岛发掘出史前墓葬群　人民日报　1991 年 1 月 11 日 4 版

余杭县"良渚文化"野外考古近年来重大成果　王云路　杭州考古 1991 年 3 期 16—22 页

浙江嘉兴大坟遗址的清理　陆耀华　文物　1991 年 7 期 1～9 页

奉化名山后发现五千年前的人工土台　王海明　中国文物报　1992 年 1 月 26 日 1 版

浙江乐清古文化遗址发掘简报　徐定水、金福来　考古　1992 年 9 期 791～794 页

浙江绍兴县里谷社遗址再发掘　周燕儿、符杏华　南方文物　1992 年 3 期 14～18 页

新安江流域发现良渚文化玉器　鲍绪先　东南文化　1993 年 1 期 152～155 页

余杭再次发现良渚文化大墓　王云路　中国文物报　1993 年 6 月 6 日 1 版

浙江省飞云江上游古文化遗址调查　泰顺县文博馆（夏碎香、高启新）　考古　1993 年 7 期 587～591 页

海宁清理良渚文化祭坛和墓葬　王明达等　中国文物报　1993 年 9

月 19 日 1 版

余杭莫角山清理大型建筑基址　杨楠、赵晔　中国文物报　1993 年
10 月 10 日 1 版

浙江新石器时代考古十年述要　刘军　浙江省文物考古研究所学刊
1 ~ 6 页

嘉兴双桥遗址发掘简报　浙江省文物考古研究所（吴玉贤）　浙江
省文物考古研究所学刊　1993 年 38 ~ 55 页

余杭吴家埠新石器时代遗址　浙江省文物考古研究所（王明达）
浙江省文物考古研究所学刊　1993 年 55 ~ 84 页

浙江北部地区良渚文化墓葬的发掘（1978 ~ 1986）　浙江省文物考
古研究所（芮国耀）　浙江省文物考古研究所学刊　1994 年 85 ~ 103 页

宁波慈湖遗址发掘简报　浙江省文物考古研究所、宁波市文物考古
研究（丁友甫、王海明）　浙江省文物考古研究所学刊　1994 年 104 ~
118 页

奉化名山后遗址第一期发掘的主要收获　名山后遗址考古队（王海
明）　浙江省文物考古研究所学刊　1994 年 119 ~ 123 页

余杭良渚庙前遗址发掘的主要收获　浙江省文物考古研究所（丁品）
浙江省文物考古研究所学刊　1994 年 124 ~ 127 页

杭州文物考古综述　姚桂芳　杭州考古　1994 年 1/2 期 4 ~ 5 页

桐庐柳岩大麦凸发现新石器时代遗存和遗物　许重岗　杭州考古
1994 年 1/2 期 20 页

1993—1994 年杭州考古工作概述　唐俊杰　杭州考古　1994 年 1/2
期 18 ~ 19 页

永嘉坦下发现新石器时代遗址　蔡钢铁　温州文物　1994 年总 7 期
15 页

鲞架山遗址发掘获重要成果　黄渭金　中国文物报　1994 年 12 月 4
日 1 版

海盐发现一处崧泽文化晚期至良渚文化早期祭祀址　刘斌　中国文
物报　1994 年 12 月 25 日 1 版

舟山出土新石器时代陶片　杜上军　人民日报（海外版）1995 年 1 月 5 日 2 版

温州出土新石器时代晚期石犁　蔡钢铁　中国文物报　1995 年 2 月 26 日 1 版

浙江余杭良渚文化遗址群考察报告　费国平　东南文化　1995 年 2 期 1～14 页

考古发现证实橡子是原始人食物　谢健、郑黎　光明日报　1995 年 5 月 8 日 2 版

余杭大观山果园及反山周围良渚文化遗址调查　费国平　南方文物　1995 年 2 期 50～57 页

海宁发现良渚文化重要墓地　刘斌、赵晔　中国文物报　1995 年 8 月 6 日 1 版

"河姆渡"附近又发现大规模新石器遗址　陈旭钦　人民日报（海外版）1996 年 10 月 9 日 8 版

嘉兴发掘崧泽文化基址和祭坛　孟凡夏　人民日报（海外版）1996 年 11 月 23 日 3 版

鲻山遗址又获重大发现　袁尧明　文汇报　1996 年 11 月 29 日 5 版

河姆渡鲻山遗址新发现　叶辉　光明日报　1996 年 12 月 4 日 1 版

嘉兴南河浜遗址发掘取得丰硕成果　刘斌、蒋卫东　中国文物报 1996 年 12 月 15 日 1 版

浙江余姚市鲞架山新石器时代遗址调查　河姆渡遗址博物馆考古调查组（姚晓强、黄渭金）　考古　1997 年 1 期 37～39 页

杭州历史文化的实物　盛久远　杭州考古总第 12 期　1997 年 26～30 页

志在弘扬爱国情——96 年度考古发掘工作简要回顾　杭州市文物考古所　杭州考古总第 12 期　1997 年 2 页

余姚鲻山遗址发掘有新收获　袁尧明　中国文物报　1997 年 4 月 13 日 1 版

余姚河姆渡文化又有新发现　郑黎、夏明　光明日报　1997 年 4 月

17 日 2 版

汇观山祭坛与墓葬发掘记　陈欢乐　浙江学刊　1997 年 2 期 129 页

浙江余杭汇观山良渚文化祭坛与墓地发掘简报　浙江省文物考古研究所、余杭市文物管理委员会（刘斌等）　文物　1997 年 7 期 4～19 页

遂昌好川发现良渚文化大型墓地　王海明、罗兆荣　中国文物报 1997 年 10 月 19 日 1 版

萧山跨湖桥新石器时代遗址　浙江省文物考古研究所　浙江省文物考古研究所学刊　1997 年 6～21 页

象山县塔山遗址第一、二期发掘　浙江省文物考古研究所、象山县文物管理委员会　浙江省文物考古研究所学刊　1997 年 22～73 页

浙江余杭汇观山良渚文化祭坛与墓地发掘报告　浙江省文物考古研究所、余杭市文管会　浙江省文物考古研究所学刊　1997 年 74～93 页

海宁达泽庙遗址的发掘　浙江省文物考古研究所、海宁市博物馆 浙江省文物考古研究所学刊　1997 年 94～112 页

余杭卢村遗址的发掘及其聚落考察　刘斌　浙江省文物考古研究所学刊　1997 年 113～119 页

海盐县石泉高地遗址的初步调查　沈咏嘉、李林　浙江省文物考古研究所学刊　1997 年 120～125 页

浙江桐乡普安桥遗址发掘简报　北京大学考古系等联合考古队（赵辉、芮国耀）　文物　1998 年 4 期 61～74 页

浙江台州灵江出土的史前文化遗物　王子　东南文化　1998 年 3 期 50～52 页

海盐发现新型良渚文化墓地　孙国平等　中国文物报　1998 年 6 月 14 日 1 版

桐乡新桥遗址试掘报告　张梅坤　农业考古　1999 年 3 期 77～87 页

杭金衢高速路考古发掘获可喜成果　孙国平等　中国文物报　1999 年 10 月 6 日 1 版

浙江省五十年来史前考古的主要收获　王明达　东方博物（第四辑） 1999 年 11～18 页

海盐周家浜遗址抢救发掘获硕果　蒋卫东、李林　中国文物报 1999 年 11 月 17 日 1 版

嘉兴凤桥高墩遗址发掘获重要成果　蒋卫东、刘斌　中国文物报 1999 年 12 月 5 日 1 版

新石器时代考古有重大发现　诸暨找到六千年前的"龙"　骆仁东 文汇报　2000 年 1 月 11 日 8 版

浙江发现 6000 年前的"龙"　蒋乐平　中国文物报　2000 年 1 月 23 日 1 版

象山发现新石器时代遗址　夏乃平　中国文物报　2000 年 2 月 13 日 1 版

余姚市鲞架山遗址发掘报告　孙国平、黄渭金　史前研究　2000 年 385～427 页

良渚遗址又有新发现，5000 年前的一座贵族墓地出土　张立行、蒋萍　文汇报　2000 年 12 月 18 日 6 版

良渚文化遗址又有惊人发现　慎海雄　光明日报　2001 年 1 月 2 日 A2 版

桐乡发现部族墓葬　文汇报　2001 年 5 月 15 日 6 版

桐乡出土罕见神兽玉器　文汇报　2001 年 5 月 18 日 5 版

浙江出土稀世珍宝神兽纹玉牌饰　潘剑凯　光明日报　2001 年 6 月 5 日 A2 版

浙江良渚文化遗址发现贵族大墓　王旻　文汇报　2001 年 6 月 11 日 11 版

4000 年前良渚文化为何突然消失　万润龙、蒋萍　文汇报　2001 年 7 月 16 日 1 版

浙江桐乡新地里遗址被确认为良渚文化时期最大墓葬群 87 座墓葬一本地书　万润龙、蒋萍　文汇报　2001 年 7 月 16 日 4 版

"新地里"传递的考古信息　万润龙、蒋萍　文汇报　2001 年 7 月 16 日 4 版

浙江良渚文化遗址出土 30 余件珍贵文物　潘剑凯　光明日报　2001

年 7 月 17 日 A2 版

新地里遗址挖掘惊喜不断："三件套"组合石犁等为良渚文化遗址中首次发现　累月等　文汇报　2001 年 7 月 27 日 6 版

浙江发现新石器文化遗存，萧山跨湖桥遗址可能早于河姆渡　潘剑凯　光明日报　2001 年 7 月 29 日 A2 版

良渚文化考古又有新发现　黄顺淦等　中国文物报　2001 年 8 月 5 日 1 版

浙江高塘岛发现新石器时代遗存　浙文　中国文物报　2001 年 8 月 12 日 2 版

余杭文家山发现良渚文化显贵墓葬　赵晔、王宁远　中国文物报 2001 年 9 月 28 日 1 版

浙江桐乡新地里遗址发掘概况　蒋卫东　古代文明研究通讯　2001 年第 10 期 34 ~ 37 页

浙江余姚市鲻山遗址发掘简报　江苏省文物考古研究所、厦门大学历史系（王海明）　考古　2001 年 10 期 14 ~ 25 页

浙江海盐县龙潭港良渚文化墓地　江苏省文物考古研究所、海盐县博物馆（孙国平、李林）　考古　2001 年 10 期 26 ~ 45 页

余杭发现良渚文化磨砺石器作坊遗迹　丁品　中国文物报　2001 年 12 月 7 日 3 版

余杭莫角山遗址 1992 ~ 1993 年的发掘　浙江省文物考古研究所（赵晔）文物　2001 年 12 期 1 ~ 19 页

浙江良渚庙前遗址第五、六次发掘简报　浙江省文物考古研究所（方向明、楼航）　文物　2001 年 12 期 20 ~ 29 页

余杭瑶山遗址 1996 ~ 1998 年发掘的主要收获　浙江省文物考古研究所（芮国耀）　文物　2001 年 12 期 30 ~ 35 页

良渚文化汇观山遗址第二次发掘简报　浙江省文物考古研究所（南辕）　文物　2001 年 12 期 36 ~ 40 页

浙江发现早于河姆渡的新石器时代遗址　蒋乐平、王屹峰、郑建明、孟国平　中国文物报　2002 年 2 月 1 日 1 版

浙江发现最早的新石器时代文化遗存，跨湖桥遗址比河姆渡早一千年　潘剑凯　光明日报　2002 年 3 月 30 日 A2 版

海宁郜家岭良渚文化墓地发掘报告　浙江省文物考古研究所、海宁市博物馆（胡继根）　东南文化　2002 年 3 期 30~43 页

桐乡考古丰富良渚文化　蒋卫东等　中国文物报　2002 年 4 月 12 日 2 版

浙江跨湖桥遗址考古研究获新进展　人民日报　2002 年 5 月 9 日 6 版

塘山遗址发现良渚文化制玉作坊　王明达等　中国文物报　2002 年 9 月 20 日 1 版

良渚文化遗址惊现制玉作坊——精美玉器的制作谜团有望逐步解开　李建、蒋萍　文汇报　2002 年 9 月 23 日 2 版

宁波慈城小东门遗址发掘简报　浙江省文物考古研究所（王宁远）东南文化　2002 年 9 期 17~30 页

余杭良渚遗址群调查简报　浙江省文物考古研究所（赵晔）　文物 2002 年 10 期 47~56 页

浙江余杭上口山遗址发掘简报　浙江省文物考古研究所（赵晔）文物　2002 年 10 期 57~66 页

浙江余杭钵衣山遗址发掘简报　浙江省文物考古研究所（丁品）文物　2002 年 10 期 67~75 页

桐乡——文明的曙光在何处闪耀　张梅坤　真如集——浙江考古学会学术论文集　2002 年 23~24 页

萧山挖出迄今世界上最早的船　潘剑凯　光明日报　2002 年 12 月 1 日 A2 版

跨湖桥遗址发现中国最早独木舟　蒋乐平等　中国文物报　2003 年 3 月 21 日 1 版

浙江海宁金石墩遗址发掘报告　海宁市博物馆（周建初等）东南文化　2003 年 5 期 11~20 页

温州老鼠山遗址发现四千年前文化聚落　王海明等　中国文物报

2003 年 5 月 28 日 1 版

    海盐发现大规模祭台和墓地表明远在崧泽文化期祖先已能筑土台
蒋萍　文汇报　2003 年 6 月 3 日 7 版

    余杭卞家山遗址发现良渚时期"木构码头"等遗存　赵晔　中国文
物报　2003 年 9 月 17 日 1 版

    杭州市萧山区茅草山遗址发掘报告　浙江省文物考古研究所、萧山区文
物管理委员会（郑建明、蒋乐平）　东南文化　2003 年 9 期 6 ~ 14 页

    浙江浦江县发现距今万年左右的早期新石器时代遗址　蒋乐平等
中国文物报　2003 年 11 月 7 日 1 版

    **宁波发掘出重要古文化遗址——二十座古墓葬遗存展现五千年文化
脉络**　严红枫　光明日报　2004 年 1 月 12 日 A2 版

    浙江下孙发掘出石器时代遗址——"跨湖桥文化"的命名条件成熟
潘剑凯　光明日报　2004 年 1 月 18 日 A2 版

    **浙江浦江县上山新石器时代遗址——钱塘江流域早期稻作文化的最
新发现**　蒋乐平　中国社会科学院古代文明研究中心通讯　2004 年 7 期
51 ~ 55 页

    浙江海盐仙坛庙发现崧泽文化早期到良渚文化晚期文化遗存　王宁
远等　中国文物报　2004 年 2 月 4 日 1 版

    宁波发现"河姆渡第二"的田螺山遗址初步确认距今 5500 ~ 7000 年
蒋乐平　文汇报　2004 年 6 月 5 日 4 版

    **浙江余姚发现另一个河姆渡　田螺山遗址初步确定距今六千五百多
年**　严红枫　光明日报　2004 年 6 月 9 日 A2 版

    浙江余姚田螺山遗址初现端倪　孙国平、黄渭金　中国文物报
2004 年 8 月 6 日 1 版

    浙江湖州市毗山遗址发掘取得重要收获　罗先文　浙江文物　2004
年 4 期 27 页

    浙江余杭星桥三亩里发掘良渚文化村落遗址　丁品、林金木　中国
文物报　2004 年 9 月 10 日 1 版

    浙江平湖庄桥坟发现良渚文化最大墓地　徐新民等　中国文物报

2004 年 10 月 29 日 1 版

良渚文化的最大墓地——平湖庄桥坟 徐新民等 文物天地 2004 年 11 期 20～25 页

浙江萧山下孙遗址发现早于河姆渡的文化遗存 蒋乐平等 中国文物报 2004 年 12 月 3 日 1 版

宁波傅家山遗址撩开面纱：部分出土文物为河姆渡文化中首次发现 张品方、蒋一娜 浙江文物 2004 年 6 期 7 页

平湖庄桥坟——良渚文化的最大墓地 徐新民 浙江文物 2004 年 6 期 26 页

宁波傅家山遗址考古获重大成果 严红枫 光明日报 2004 年 12 月 29 日 1 版

浙江遂昌好川墓地发现史前平民墓区 谢文君等 中国文物报 2005 年 1 月 7 日 1 版

浦江上山遗址发现距今万年的栽培稻遗存 严红枫、叶辉 光明日报 2005 年 1 月 21 日 1 版

世界农业文明最早起源地之一：浦江上山遗址 严红枫、叶辉 光明日报 2005 年 1 月 21 日 2 版

浙江发现距今万年稻作遗址——把长江下游的稻作历史上溯了 **2000 年** 杨振华、蒋萍 文汇报 2005 年 1 月 21 日 6 版

浙江发现万年前栽培稻遗存 鲍洪俊、梁孟伟 人民日报 2005 年 1 月 22 日 2 版

浙江湖州塔地遗址发掘获丰硕成果 塔地考古队 中国文物报 2005 年 2 月 9 日 1 版

绍兴杨汛桥发现马家浜文化遗址 于海明 浙江文物 2005 年 1 期 32 页

杭州余杭星桥后头山遗址发掘一处良渚文化墓地 丁品、林金木 中国文物报 2005 年 3 月 11 日 1 版

浙江桐乡姚家山发现良渚文化高等级贵族墓葬 王宁远等 中国文物报 2005 年 3 月 25 日 1 版

浙江嘉兴吴家浜遗址发掘简报　浙江省文物考古研究所、嘉兴市博物馆（徐新民）　文物　2005 年 3 期 34 ～ 42 页

北仑沙溪新石器时代遗址发掘简报　浙江省文物考古研究所、宁波市北仑区博物馆（蒋乐平、徐军）　南方文物　2005 年 1 期 1 ～ 13 页

浙江嘉兴南河浜遗址发掘简报　浙江省文物考古研究所（刘斌、蒋卫东）　文物　2005 年 6 期 4 ～ 15 页

浙江平湖市底桥坟良渚文化遗址及墓地　浙江省文物考古研究所（徐新民、程杰）　考古　2005 年 7 期 10 ～ 14 页

百座五千年前古墓堪比沪上遗址　崧泽文化惊现安吉　余婕　文汇报　2005 年 7 月 21 日 7 版

浙江湖州钱山漾遗址进行第三次发掘　丁品等　中国文物报　2005 年 8 月 5 日 1 版

浙江嵊州小黄山遗址开始发掘，出土距今九千年的石雕人首　潘剑凯　光明日报　2005 年 8 月 10 日 2 版

诸永高速公路诸暨段发掘尖山湾遗址　孙国平　浙江文物　2005 年 4 期 26 页

海宁发掘东八角漾遗址　周建初　浙江文物　2005 年 4 期 27 页

浙江嵊州小黄山遗址发现新石器时代早期遗存　张恒等　中国文物报　2005 年 9 月 30 日 1 版

艺里遗址考古发掘成果丰硕　程永军　浙江文物　2005 年 5 期 23 页

浙江桐乡新地里发掘简报　浙江省文物考古研究所、桐乡市文物管理委员会（蒋卫东等）　文物　2005 年 11 期 4 ～ 31 页

浙江是否有万年稻作栽培史？1 粒米带来新线索　陈穆商　人民日报　2006 年 1 月 5 日 11 版

浙江浦江上山遗址进行第三次考古发掘——早期灰坑浮选出"万年"稻米　蒋乐平、盛丹平　中国文物报　2006 年 2 月 8 日 1 版

浙江长兴江家山遗址抢救性发掘获重要收获　楼航等　中国文物报　2006 年 4 月 21 日 1 版

平湖图泽遗址考古发掘有重要收获　陆敏仙、田敏　浙江文物

2006 年 2 期 35 页

浙江建德市久山湖新石器时代遗址的发掘　张玉兰　考古　2006 年 5 期 87～90 页

良渚发现古代贵族墓　潘剑凯　光明日报　2006 年 6 月 19 日 4 版

浙江湖州市昆山遗址的新石器时代墓葬　浙江省文物考古研究所、浙江省湖州市博物馆（方向明等）　南方文物　2006 年 2 期 16～30 页

长兴江家山遗址发掘的主要收获　楼航、梁奕建　浙江省文物考古研究所学刊第八辑——纪念良渚遗址发现七十周年学术研讨会文集 2006 年 586～599 页

长江下游确认最早新石器时代遗址——"上山文化"距今约有万年　许政泓、蒋理仓　文汇报　2006 年 11 月 8 日 6 版

年代比河姆渡文化还早　考古界命名"上山文化"　袁亚平、梁孟伟　人民日报　2006 年 11 月 9 日 12 版

我国考古又有重大发现，"上山文化"在浙江浦江被正式命名　严红枫　光明日报　2006 年 11 月 13 日 2 版

（十三）安　徽

安徽寿县史前遗址调查报告　王湘　中国考古学报　1947 年 3 月第二册　179 页

安徽灵璧县蒋庙村新石器时代遗址调查报告　胡悦谦　考古通讯 1955 年 5 期 14 页

安徽亳县城父区附近发现古代遗址及墓葬　文物参考资料　李灿 1955 年 11 期 129 页

安徽绩溪县胡家村发现古代遗址　文物参考资料　胡悦谦　1956 年 1 期 61 页

安徽当涂洞阳镇发现古墓葬与古遗址　马人权　考古通讯　1956 年 3 期 58 页

安徽安庆发现古遗址　金杏村　考古通讯　1956 年 6 期 62 页

临泉县发现新石器时代遗址　王步艺　文物参考资料　1956 年 10 期 78 页

安徽新石器时代遗址的调查　安徽省博物馆　考古学报　1957 年第 1 期 21 页

安庆市发现划文陶器　白冠西　文物参考资料　1957 年 9 期 79 页

安徽濠城集古文化遗址和汉唐墓葬中出土许多文物　朱福臻　文物参考资料　1957 年 10 期 82 页

泾县赤麓山发现新石器时代遗址一处　周彬　文物参考资料　1957 年 12 期 81 页

繁昌鼓墩新石器时代遗址　张道宏　文物参考资料　1958 年 6 期 75 页

阜南县王化乡万家沟古城发现新石器时代遗址　葛介屏　文物参考资料　1958 年 9 期 73 页

定远县发现两处新石器时代遗址　王业友　文物参考资料　1958 年 10 期 71 页

安徽寿县牛尾岗的古墓和五河濠城镇新石器时代遗址　修燕山、白侠　考古　1959 年 7 期 371 页

芜湖蒋公山遗址调查小记　殷涤非　考古　1959 年 9 期 479 页

安徽肖县花家寺新石器时代遗址　安徽省博物馆　考古　1966 年 2 期 55 页

潜山薛家岗新石器时代遗址　安徽省文物工作队　考古学报　1982 年第 3 期 283 页

安徽肥西县古埂新石器时代遗址　安徽省文物考古研究所　考古 1985 年 7 期 577 页

太湖县王家墩遗址试掘　高一龙　文物研究　1985 年 12 月第一期 3 页

肥东县古城吴大墩遗址试掘简报　张敬国、贾庆元　文物研究 1985 年 12 月第一期 14 页

宿松县黄鳝嘴遗址发掘简介　贾庆元、阚绪杭、姚申亮　文物研究

1985 年 12 月第一期 36 页

屯溪下林塘遗址试掘简报 杨德标 文物研究 1985 年 12 月第一期 42 页

望江汪洋庙新石器时代遗址 安徽省文物考古研究所 考古学报 1986 年 1 期 43 页

安徽宿县发现新石器时代遗址 冀和、王敏 考古 1986 年 4 期 363 页

怀宁黄龙新石器时代遗址试掘简报 许闻 文物研究 1986 年 12 月第二期 1 页

安徽肥东、肥西古文化遗址调查 张敬国 文物研究 1986 年 12 月第二期 5 页

江淮流域发现新石器时代早期文化类型 阚绪杭、胡欣民 文物报 1987 年 2 月 20 日第 2 版

歙县新州发现新石器时代遗址 邵国榔 文物报 1987 年 4 月 17 日第 2 版

安徽两次重大考古发现 安徽省文物考古研究所 文物报 1987 年 8 月 21 日 2 版

安徽枞阳、庐江遗址调查 安徽省文物考古研究所 江汉考古 1987 年 4 期 7 页

宿松黄鳝嘴新石器时代遗址 安徽省文物考古研究所 考古学报 1987 年 4 期 451 页

安徽潜山县天宁寨新石器时代遗址 安徽省文物考古研究所 考古 1987 年 11 期 974 页

蚌埠发现新石器时代蚕形刻划 徐大立 中国文物报 1988 年 5 月 6 日 2 版

安徽望江县新石器时代遗址调查 望江县文物管理所 考古 1988 年 6 期 495 页

黄山境内发现新石器晚期遗址 人民日报 1988 年 11 月 15 日 3 版

安徽含山大城墩遗址第四次发掘报告 安徽省文物考古研究所、含山县文物管理所 考古 1989 年 2 期 103 页

安徽郎溪欧墩遗址调查报告　宋永祥　考古　1989 年 3 期 199 页

萧县金寨村发现一批新石器时代玉器　安徽省萧县博物馆　文物
1989 年 4 期 18 页

安徽含山凌家滩新石器时代墓地发掘简报　安徽省文物考古研究所
文物　1989 年 4 期 1 页

安徽含山出土一批新石器时代玉石器　张敬国、杨德标　文物
1989 年 4 期 95 页

凌家滩遗址展现新的文明曙光　殷伟、张敬国　中国文物报　1989
年 4 月 14 日 2 版

安徽省文物考古研究所在含山县凌家滩新石器遗址发掘出一处原始
墓葬群　人民日报　1989 年 5 月 8 日 4 版

定远县侯家寨新石器时代遗址发掘简报　阚绪杭　文物研究　1989
年 9 月第五期 157 页

安徽望江县沿江区狮子林遗址调查简报　宋康年　东南文化　1990
年 4 期 204～206 页

安徽望江县新石器时代遗址的调查　宋康年　考古与文物　1992 年 1
期 5～8 页

安徽濉溪石山子新石器时代遗址　安徽省文物考古研究所（贾庆元）
考古　1992 年 3 期 193～203 页

安徽望江汪家山发现新石器时代遗址　宋康年　考古　1992 年 10 期
950～951 页

尉迟寺遗址出土大型排房式建筑　中国社会科学院考古研究所安徽
队　中国文物报　1993 年 1 月 3 日 1 版

尉迟寺遗址再获重要发现　中国社会科学院考古研究所安徽队　中
国文物报　1993 年 6 月 13 日 1 版

安徽淮北地区新石器时代遗址调查　中国社会科学院考古研究所安
徽工作队（梁中和等）　考古　1993 年 11 期 961～980 页

安徽宿县小山口和古台寺遗址试掘简报　中国社会科学院考古研究
所安徽队（王吉怀等）　考古　1993 年 12 期 1062～1075 页

尉迟寺遗址又获重要发现　中国社会科学院考古研究所　中国文物报　1994 年 1 月 16 日 1 版

安徽蒙城尉迟寺遗址发掘简报　中国社会科学院考古研究所安徽工作队（吴加安等）　考古　1994 年 1 期 1～13 页

大汶口文化考古又有重大发现　偶正涛　人民日报　1994 年 6 月 12 日 4 版

皖南发现新石器文化遗址　吴胜雄　光明日报　1995 年 1 月 19 日 2 版

尉迟寺新石器时代聚落遗址初见规模　梁中合　中国文物报　1995 年 2 月 12 日 1 版

安徽黄山市蒋家山新石器时代遗址调查　安徽省黄山市黄山区文化局（程先通）　考古　1995 年 2 期 97～102 页

尉迟寺古遗址发掘近千文物　马在民　人民日报（海外版）1995 年 6 月 5 日 3 版；光明日报　1995 年 6 月 12 日 1 版

歙县新州遗址揭示出新的古文化类型　黄文　中国文物报　1995 年 6 月 25 日 1 版

尉迟寺聚落遗址发掘成果累累　梁中合　中国文物报　1995 年 7 月 9 日 1 版

皖北大汶口文化晚期聚落遗址群的初步考察　梁中合等　考古　1996 年 9 期 14～22 页

原始第一屯——尉迟寺遗址纪行　王吉怀　文物天地　1997 年 2 期 36～39 页

沪蓉高速公路安徽怀宁段考古发掘获得重要发现　韩立刚　中国文物报　1997 年 5 月 25 日 1 版

肥东出土安徽首件大玉琮　彭余江、桂金元　中国文物报　1997 年 6 月 8 日 1 版

安徽省霍邱、六安、寿县考古调查试掘报告　北京大学考古学系商周组、安徽省文物工作队　考古学研究（三）　1997 年 240～299 页

安徽青阳县中平遗址调查　陶能生　考古　1997 年 11 期 86～88 页

华夏原始第一村——安徽蒙城尉迟寺史前聚落遗址　王吉怀　中华

文化画报　1998 年 2 期 70~75 页

安徽安庆发掘张四墩遗址　朔知　中国文物报　1998 年 2 月 15 日 1 版

望江黄家堰遗址发掘成果丰硕　张敬国、贾庆元　中国文物报
1998 年 5 月 10 日 1 版

安徽新石器时代考古概述　朔知　华夏考古　1998 年 3 期 62~69 页

贵池市境内几处新石器时代遗址　刘玉斌　文物研究（第十一辑）
1998 年 70~71 页

望江县口新石器时代遗址调查与麻圆墩遗址的试掘　阚绪杭　文物
研究（第十一辑）　1998 年 72~77 页

固镇孟城新石器时代遗址　朔知　文物研究（第十一辑）　78~88
页

歙县下冯塘遗址发掘简报　宫希成、程平　文物研究（第十一辑）
1998 年 89~100 页

巢湖凌家滩古文化遗址出土"中华第一龙"　翟福琼　文汇报
1998 年 11 月 24 日

凌家滩遗址考古发掘获重大成果　张敬国等　中国文物报　1998 年
12 月 9 日 1 版

凌家滩考古散记　朔知　文物天地　1999 年 3 期 28~30 页

含山凌家滩遗址第三次考古发掘主要收获　张敬国　东南文化
1999 年 5 期 14~17 页

安徽发现我国迄今最早的"石刀"　李斌　人民日报　1999 年 10 月
25 日 5 版

安徽含山县凌家滩遗址第三次发掘简报　安徽省文物考古研究所、
含山县文物管理所（张敬国）　考古　1999 年 11 期 1~12 页

皖北地区史前遗存中农业经济的考古调查　王吉怀、王增林　考古
1999 年 11 期 21~27 页

广德县莫村遗址调查　广德县文物管理所（郑振）　文物研究（第
十二辑）　2000 年 67~74 页

安徽徽州呈坎村发现古代遗址　先学、国胜　中国文物报　2000 年

11 月 26 日 1 版

安徽第六次发掘薛家岗遗址　黄俊英　中国文物报　2001 年 4 月 4 日 2 版

蒙城出土史前人类豪宅　何孔勇　文汇报　2001 年 6 月 11 日 11 版

尉迟寺遗址再现辉煌——一排长达百米的红烧土排房揭开神秘的面纱　王吉怀、张卫东　中国文物报　2001 年 7 月 29 日 1 版

歙县新州遗址东区、北区的发掘　安徽省文物考古研究所、歙县文物管理所（吴卫红等）　文物研究（第十三辑）　2001 年 118～124 页

尉迟寺遗址第二阶段（2001 年度）发掘的主要收获　中国社会科学院考古研究所安徽工作队、蒙城县委县政府（王吉怀等）·　中国社会科学院古代文明研究中心通讯　2002 年 3 期 68～72 页

安徽安庆市夫子城新石器时代遗址的发掘　安徽省文物考古研究所（宫希成）　考古　2002 年 2 期 14～29 页

安徽潜山薛家岗遗址第六次发掘简报　安徽省文物考古研究所（唐杰平）　江汉考古　2002 年 2 期 3～13 页

大汶口文化惊现罕见器物　王吉怀、陶威娜　中国文物报·收藏鉴赏周刊　2002 年 5 月 1 日 1 版

蒙城尉迟寺聚落再显宏大规模——一处 1000 余平方米的活动广场和鸟形“神器”惊现遗址中心　王吉怀等　中国文物报　2002 年 6 月 21 日 1 版

中国城市历史提前一千年，正在发掘的含山凌家滩原始部落遗址是最早城市　周剑虹、孙晓胜　光明日报　2002 年 7 月 21 日 A1 版

安徽含山凌家滩发现五千五百年前城市遗址　我国城市史提前一千年　文汇报　2002 年 7 月 23 日 7 版

凌家滩发现我国最早红陶块铺装大型广场　张敬国、杨竹英　中国文物报　2000 年 12 月 24 日 1 版

尉迟寺遗址发现记　路炳烈　中国文物报　2003 年 10 月 31 日 3 版

安徽尉迟寺遗址发现造型独特的七足镂孔器　张莉等　中国文物报　2003 年 12 月 24 日 1 版

安徽安庆市张四墩遗址试掘简报　北京大学考古学系、安徽省文物考古研究所（宫希成）　考古　2004 年 1 期 20 ～ 31 页

尉迟寺聚落遗址第二阶段发掘获多项重要成果　王吉怀　中国文物报　2004 年 1 月 21 日 1 版

安徽蒙城县尉迟寺遗址 2003 年度发掘的新收获　中国社会科学院考古研究所安徽工作队、蒙城县文化局（张莉、王吉怀）　考古　2004 年 3 期 3 ～ 6 页

安徽马鞍山烟墩山遗址发现新石器至西周文化遗存　叶润清　中国文物报　2004 年 6 月 11 日 1 版

安徽枞阳县汤家墩遗址发掘简报　安徽省文物考古研究所（宫希成）中原文物　2004 年 4 期 4 ～ 14 页

安徽抢救发掘蒋家山新石器时代遗址　吴卫红　中国文物报　2004 年 11 月 10 日 1 版

安徽蒙城县尉迟寺遗址 2003 年发掘简报　中国社会科学院考古研究所安徽工作队、蒙城县文化局（张莉等）　考古　2005 年 10 期 3 ～ 24 页

安徽亳州程井遗址考古取得重要收获　汪景辉、杨立新　中国文物报　2005 年 11 月 4 日 1 版

安徽霍邱县王郢古墓葬发掘简报　安徽省文物考古研究所（唐杰平）东南文化　2006 年 3 期 33 ～ 42 页

庐江大神墩遗址发掘简报　安徽省文物考古研究所、庐江县文物管理所（张钟云）　江汉考古　2006 年 2 期 8 ～ 11 页

（十四）　福　建

闽西发现古代石器　科学　1937 年 8 月 21 卷 8 期 661 页

福建武平的石器　林惠祥　时事新报　古代文化　1939 年 7 月 18 日 18 期

厦门大学校址内发现史前古物　光明日报　1953 年 4 月 5 日 3 版

惠安、厦门发现史前古物　厦门大学人类博物馆　科学通报　1953年 5 期 104 页

福建闽侯县昙石山发现完整新石器时代遗址　文物参考资料　1954 年 2 期 96 页

华东文物工作队试掘闽侯县昙石山新石器时代遗址　林钊　文物参考资料　1954 年 5 期 98 页

福建闽侯县甘芦恒心联乡新石器时代遗址考察报告　林惠祥　厦门大学学报　1954 年 5 期 173 页

福建罗源县发现石器及六朝唐代墓葬　林钊　文物参考资料　1954 年 6 期 117 页

福建光泽县发现三处新石器时代遗址　林钊　考古通讯　1955 年 2 期 50 页

福建华安县武平县发现古代遗址　马春卿　文物参考资料　1955 年 3 期 160 页

福建光泽新石器时代遗址调查简报　曾凡　考古通讯　1955 年 6 期 16 页

福建龙岩县东宝山发现石器　文物参考资料　1955 年 9 期 158 页

福建省文管会再次调查光泽县古遗址并在邵武县发现古遗址　林钊　文物参考资料　1955 年 10 期 126 页

闽侯县昙石山新石器时代遗址探掘报告　华东文物工作队福建组、福建省文物管理委员会　考古学报（第十册）　1955 年 53 页

福建南安石壁水库发现石器　郑元福　考古　1956 年 3 期 55 页

厦门大学人类博物馆在长汀县发现新石器时代遗址及汉代铁器　厦门大学人类博物馆　文物参考资料　1956 年 3 期 84 页

福建南安石壁水库工程中发现了三件新石器时代的工具　郑元福　文物参考资料　1956 年 4 期 82 页

福建武平县新石器时代遗址　林惠祥　厦门大学学报　1956 年 4 期 115 页

同安县及南安县发现古代遗物　衣周　文物参考资料　1956 年 8 期

74 页

福建南部有三处发现古代遗存　杨启成　文物参考资料　1957 年 1 期 81 页

福建光泽新石器时代遗址的调查　福建省文物管理委员会　考古学报　1957 年第 1 期 31 页

福建长汀河田新石器时代遗址的调查　厦门大学人类博物馆　考古学报　1957 年第 1 期 37 页

福建长汀县河田区新石器时代遗址　林惠祥　厦门大学学报　1959 年 1 期 101 页

福建邵武考古调查记　黄汉杰　考古通讯　1957 年 3 期 60 页

福建仙游县发现新石器时代文化遗址　叶文程、蒋炳剑　考古通讯　1957 年 3 期 65 页

南安、同安发现新石器时代及唐宋遗物　庄为玑、吕荣芳　文物参考资料　1957 年 3 期 84 页

莆田、仙游、南安发现新石器时代遗址和文物　蒋炳剑、叶文程　文物参考资料　1957 年 5 期 85 页

福州浮村新石器时代遗址开始试掘　曾凡　文物参考资料　1957 年 5 期 85 页

闽江下游发现新石器时代文化遗址　马春卿　文物参考资料　1957 年 7 期 84 页

福建莆田、仙游、南安新石器时代遗址的调查　叶文程、蒋炳剑　考古通讯　1958 年 1 期 54 页

南福铁路工程中福州附近的考古发现　曾凡　考古通讯　1958 年 1 期 59 页

南安石壁水库发现新石器时代遗址　黄炳元　文物参考资料　1958 年 2 期 81 页

南安石壁水库溢洪道下游发现古遗物　怀华　文物参考资料　1958 年 2 期 82 页

厦门大学考古队参加发掘福清县东张镇白豸寺新石器时代遗址简报

厦门大学人类博物馆 学术论坛 1958 年 2 期 67 页

福建漳浦新石器时代遗址的调查 林宗鸿 考古通讯 1958 年 4 期 53 页

建瓯县桂林乡发现古遗址 黄天水 文物参考资料 1958 年 5 期 73 页

福建浮村遗址的发掘 曾凡 考古学报 1958 年第 2 期 17 页

南安桃源水库新石器时代遗址 黄炳元 文物参考资料 1958 年 11 期 81 页

闽西文物普查队进行普查 陈仲光 文物参考资料 1958 年 12 期 61 页

南靖县新石器时代遗址 林宗鸿、林剑 文物参考资料 1958 年 12 期 61 页

厦门市灌口区临石寨山发现新石器时代遗址 吕荣芳 文物参考资料 1958 年 12 期 61 页

福建莆田发现大型石器 文汇报 1959 年 1 月 23 日 3 版

福清县东张镇白豸寺新石器时代遗址第 11～39 探方发掘报告 厦门大学人类博物馆 厦门大学学报 1959 年 1 期 111 页

闽侯县石山新石器时代遗址探掘报告 福建省新石器时代遗址资料汇编 1959 年 1 页

福州浮村遗址的发掘 福建省新石器时代遗址资料汇编 1959 年 21 页

光泽新石器时代遗址的调查 福建省新石器时代遗址资料汇编 1959 年 48 页

闽北建瓯建阳新石器时代遗址调查报告 许清泉 福建省新石器时代遗址资料汇编 1959 年 55 页

武平新石器时代遗址调查报告 福建省新石器时代遗址资料汇编 1959 年 97 页

闽东新石器时代遗址调查简报 闽东文物普查工作队 福建省新石器时代遗址资料汇编 1959 年 191 页

长泰县新石器时代遗址的调查　福建新石器时代遗址资料汇编 1959 年 199 页

东山县蚵仔底山遗址的调查　福建省新石器时代遗址资料汇编 1959 年 204 页

平和斜坑遗址的调查　福建省新石器时代遗址资料汇编　1959 年 208 页

福建邵武越王台探掘记　福建省新石器时代遗址资料汇编　1959 年 210 页

建宁县新石器时代遗址调查　福建省新石器时代遗址资料汇编 1959 年 237 页

闽清县新石器时代遗址调查　福建省新石器时代遗址资料汇编 1959 年 248 页

屏南县新石器时代遗址调查　福建省新石器时代遗址资料汇编 1959 年 252 页

政和县新石器时代遗址的调查　福建省新石器时代遗址资料汇编 1959 年 254 页

浦城县新石器时代遗址调查　福建省新石器时代遗址资料汇编 1959 年 258 页

尤溪县新石器时代遗址调查　福建省新石器时代遗址资料汇编 1959 年 267 页

将乐县新石器时代遗址的调查　福建省新石器时代遗址资料汇编 1959 年 274 页

泰宁县新石器时代遗址调查　福建省新石器时代遗址资料汇编 1959 年 279 页

三明县新石器时代遗址的调查　福建省新石器时代遗址资料汇编 1959 年 283 页

松溪县新石器时代遗址的调查　福建省新石器时代遗址资料汇编 1959 年 289 页

福建顺昌、邵武新石器时代遗址调查纪录　福建省新石器时代遗址

资料汇编 1959 年 307 页

崇安城村等地的古遗址 福建省新石器时代遗址资料汇编 1959 年 309 页

福建漳浦新石器时代遗址调查 曾凡 考古 1959 年 6 期 273 页

福建崇安新石器时代遗址调查 福建省文物管理委员会 考古 1959 年 11 期 601 页

闽东新石器时代遗址调查 曾凡、黄炳元 考古 1959 年 11 期 633 页

福建龙岩石器时代遗址的发现 林惠祥 厦门大学学报 1960 年 2 期 111 页

闽侯庄边山新石器时代遗址试掘简报 福建省文物管理委员会 考古 1961 年 1 期 40 页

福建武平新石器时代遗址调查报告 福建省文物管理委员会 考古 1961 年 4 期 179 页

闽北建瓯和建阳新石器时代遗址调查 福建省文物管理委员会 考古 1961 年 4 期 185 页

福建晋江流域丰州地区考古调查 泉州海外交通史博物馆 考古 1961 年 4 期 193 页

福建丰州狮子山新石器时代遗址 泉州海外交通史博物馆、泉州市文物管理委员会 考古 1961 年 4 期 194 页

闽南新石器时代遗址的调查 福建省文物管理委员会 考古 1961 年 5 期 237 页

福建龙溪县发现新石器时代遗址 马海髯 考古 1961 年 5 期 288 页

闽东北文物调查简报 林钊 文物 1961 年 11 期 50 页

闽侯县石山新石器时代遗址第二至四次发掘简报 福建省文物管理委员会、厦门大学人类学博物馆 考古 1961 年 12 期 669 页

福建省平潭县原始社会的贝丘遗址 文林 福建日报 1962 年 4 月 12 日

本省考古工作者发现近千处原始社会人类遗址 林钊 福建日报 1962 年 10 月 5 日

闽清坂东发现古文化遗址 张其海、曾凡 福建日报 1963 年 6 月 4 日

福建闽侯县石山新石器时代遗址第五次发掘简报 福建省文物管理委员会、厦门大学考古实习队 考古 1964 年 12 期 601 页

福建东山县坑北发现新石器时代遗址 杨启成 考古 1965 年 1 期 44 页

福建福清东张新石器时代遗址发掘报告 福建省文物管理委员会 考古 1965 年 2 期 49 页

福建闽清永泰新石器遗址调查 曾凡 考古 1965 年 2 期 91 页

福建南安四都发现新石器时代遗址和宋瓷窑窑址 泉州海外交通史博物馆 文物 1973 年 1 期 63 页

闽侯县石山遗址第六次发掘报告 福建省博物馆 考古学报 1976 年 1 期 83 页

闽侯白沙溪头新石器时代遗址发掘工作简讯 福建省博物馆溪头遗址发掘队 福建文博 1980 年 1 期 31 页

闽侯县小箬发现一古文化遗址 张其海 福建文博 1980 年 1 期 36 页

福建闽侯白沙溪头新石器时代遗址第一次发掘简报 福建省博物馆 考古 1980 年 4 期 289 页

介绍闽西出土的两件石器 丘荣州、郭升元 考古 1982 年 3 期 274 页

关于《介绍闽西出土的两件石器》的一点看法 王振镛 考古 1982 年 6 期 664 页

闽侯县石山遗址发掘新收获 陈存洗、陈龙 福建文博 1983 年 1 期 6 页

闽侯溪头新石器时代遗址的第二次发掘 王振镛、林公务、林聿亮 福建文博 1983 年 1 期 30 页

福建闽侯县昙石山遗址发掘 福建省博物馆 考古 1983 年 12 期 1076 页

闽侯庄边山遗址 82～83 年考古发掘简报　福建省博物馆庄边山遗址发掘队　福建文博　1984 年 2 期 40 页

闽侯溪头遗址第二次发掘报告　福建省博物馆　考古学报　1984 年 4 期 459 页

福建浦城石排下遗址试掘　福建省博物馆、浦城县文化馆　考古 1986 年 12 期 1057 页

福建东山县大帽山发现新石器贝丘遗址　徐起浩　考古　1988 年 2 期 124 页

福建诏安考古调查简报　福建省博物馆、厦门大学人类学系　福建文博　1987 年 1 期 3 页

霞浦发现贝丘遗址　黄亦钊　文物报　1987 年 7 月 24 日 2 版

福建南安发现成套石锛　中国文物报　1987 年 10 月 1 日 2 版

福建文物普查工作历时五载结束，八闽文物分布点逾五千　陈有仁 光明日报　1987 年 11 月 26 日

云霄县尖子山贝丘遗址　郑辉　福建文博　1988 年 1 期 13 页

明溪发现更新世晚期动物群化石和史前人类洞穴居住遗址　程必宏 中国文物报　1989 年 3 月 24 日 2 版

霞浦黄瓜山遗址调查简报　福建省博物馆　福建文博　1989 年 1、2 期合刊 5 页

福建建瓯县古文化遗址调查　张家　江西文物　1990 年 1 期 42～51 页

福建云霄县尖子山贝丘遗址调查　福建省博物馆（郑辉）　考古 1990 年 6 期 500～503 页

浦城党溪牛鼻山新石器时代遗址的发掘　林聿亮、郑辉　福建文博 1990 年 1 期 29～30 页

东山大帽山新石器时代贝丘遗迹　郑辉　福建文博　1991 年 1、2 期 合刊 39～43 页

南平樟湖宝峰山遗址发掘报告　福建省博物馆等　福建文博　1991 年 1、2 期合刊 44～56 页

福建平潭壳坵头遗址发掘简报　福建省博物馆（林公务）　考古

1991 年 7 期 587~599 页

福建浦城三处古遗址调查简报　林忠干、赵洪章　考古　1993 年 2 期 122~127 页

辛勤耕耘结硕果——福建省博物馆文物考古工作四十年　王振镛　福建历史文化与博物馆学研究　1993 年 6~18 页

福建南安县发现成套石锛　张仲淳、郑东　考古　1993 年 4 期 376~377 页

霞浦黄瓜山古贝丘遗址发掘简记　陈永庚　福建史志　1993 年 2 期 62~63 页

漳浦出土近千件文物　何荣林、王文径　中国文物报　1993 年 7 月 11 日 1 版

福建新石器文化与青铜文化概述　林钊　考古　1994 年 5 期 421~434 页

福建霞浦黄瓜山遗址发掘报告　福建省博物馆（林公务）　福建文博　1994 年 1 期 3~37 页

1992 年福建平潭岛考古调查新收获　福州市文物考古队、厦门大学考古专业（吴春明、林果）　考古　1995 年 7 期 577~584 页

福建漳州市史前文化遗址调查　福建省博物馆　考古　1995 年 9 期 769~774 页

福建浦城县牛鼻山新石器时代遗址第一、二次发掘　福建省博物馆（郑辉）　考古学报　1996 年 2 期 165~197 页

1996 年福建考古的重要收获　福建省博物馆　福建文博　1997 年 1 期 6~10 页

福建闽侯庄边山遗址发掘报告　福建省博物馆（林公务）　考古学报　1998 年 2 期 171~227 页

厦门的史前考古发现　陈国强　厦门博物馆建馆十周年成果文集　1998 年 9~10 页

福建金门金龟山与浦边史前遗址　陈仲玉　东南考古研究（第二辑）　1999 年 52~61 页

福建厦门先秦时期文化遗存调查概述 厦门市博物馆、厦门大学历史考古教研室（陈娟英、郑东） 东南考古研究（第二辑） 1999 年 62～70 页

邵武斗米山遗址发掘报告 福建省博物馆（林公务） 福建文博 2001 年 2 期 1～49 页

寻觅历史的踪迹——跨世纪的福建考古 郑国珍 福建文博 2003 年 2 期 1～8 页

福建东山县大帽山贝丘遗址的发掘 福建博物院、美国哈佛大学人类学系（范雪春等） 考古 2003 年 12 期 19～31 页

漳州后壁山发现小石器 范雪春等 福建文博 2004 年 2 期 13～15 页

福建霞浦黄瓜山遗址第二次发掘 福建博物院（林公务等） 福建文博 2004 年 3 期 1～18 页

闽侯县石山遗址 2004 年考古钻探报告 福建博物院 福建文博 2004 年 3 期 25～27 页

福州东张发现大批史前墓葬 证明史前福建地区多种文化相互影响 高建进 光明日报 2004 年 10 月 22 日 A2 版

福清下湾墓地第一次发掘简报 福建博物院（林聿亮） 福建文博 2005 年 1 期 11～22 页

福建南安发现史前文化遗址 朱彩云 人民日报 2005 年 6 月 9 日 11 版

福建漳浦发现细小石器 阮永好等 福建文博 2005 年 2 期 23～25 页

福建浦城发掘连墩下山尾新石器时代遗址 陈寅龙 中国文物报 2006 年 2 月 17 日 2 版

福鼎马栏山等三处古文化遗址 福建博物院、福鼎市博物馆（郭芳娜、陈兆善） 福建文博 2006 年 2 期 16～27 页

连城草营山遗址发掘简报 福建博物院（彭菲） 福建文博 2006 年 3 期 1～10 页

福建东山大帽山遗址第二次发掘报告 福建博物院（范雪春等） 福建文博 2006 年 4 期 1～20 页

（十五）江 西

江西清江樟树镇东南牛头山大姑山发现的石器和陶片　饶惠元著　安志敏摘要　科学通报　1950 年 1 卷 7 期 477 页

清江石器之发现　饶惠元　中国考古第一册　1950 年 8 月 3 页

南昌齐城岗石器陶片古墓发现报告　何国维　文物参考资料　1950 年 12 期 22 页

江西定南发现新石器　何国维　考古通讯　1955 年 4 期 61 页

江西清江县的古遗址、古墓葬　饶惠元　文物参考资料　1955 年 6 期 89 页

江西新建县泻湖里发现一处古遗址　何国维　文物参考资料　1955 年 8 期 164 页

江西清江县狮子山发现古遗址　文物参考资料　1955 年 11 期 136 页

江西清江的新石器时代遗址　饶惠元　考古学报　1956 年第 2 期 33 页

清江的新石器时代遗址　戚志信　江西日报　1956 年 12 月 19 日 3 版

土城规模在、石器陶片多（樟树镇发现新石器时代遗址）　长空　文汇报　1956 年 12 月 27 日 3 版

我对《土城规模在、石器陶片多》一文的几点意见　徐元邦　考古通讯　1957 年 4 期 87 页

清江发现新石器时代和殷周时期的遗址　文物参考资料　1957 年 1 期 83 页

江西清江临江镇发现新石器　张林生　考古通讯　1957 年 4 期 55 页

清江临江镇附近发现古遗址　张林生　文物参考资料　1957 年 11 期 82 页

江西南昌油桐岭的新石器时代遗址　唐有荣　考古通讯　1958 年 12 期 46 页

江西清江县马家寨遗址调查　陈柏泉　考古　1959 年 12 期 685 页

江西万年县古文化遗址调查记　江西省文物管理委员会　考古
1960 年 10 期 14 页

江西南昌青云谱遗址调查　江西省文物管理委员会　考古　1961 年
10 期 555 页

江西修水发现新石器时代遗址　江西省文物管理委员会　光明日报
1961 年 10 月 13 日

江西首次发现原始社会居住遗址　江西省文物管理委员会　光明日
报　1961 年 10 月 25 日

一九六一年江西万年遗址的调查和墓葬清理　江西省文物管理委员
会　考古　1962 年 4 期 167 页

江西清江盘里遗址发掘报告　江西省文物管理委员会　考古　1962
年 4 期 172 页

江西波阳王家咀遗址调查简报　江西省文物管理委员会　考古
1962 年 4 期 198 页

江西修水山背地区考古调查与试掘　江西省文物管理委员会　考古
1962 年 7 期 353 页

我省考古队在万年县大源公社发现一座古人类居住过的洞穴遗址
郭远谓、李家和　江西日报　1962 年 10 月 13 日

江西万年大源仙人洞洞穴遗址试掘　江西省文物管理委员会　考古
学报　1963 年 1 期 1 页

南昌莲塘新石器遗址调查　江西省文物管理委员会　考古　1963 年 1
期 12 页

一九六二年江西万年新石器遗址、墓葬的调查与试掘　江西省文物
管理委员会　考古　1963 年 12 期 637 页

江西临川新石器时代遗址调查简报　江西省文物管理委员会　考古
1964 年 4 期 169 页

清江筑卫城遗址发掘简报　江西省博物馆、北京大学历史系考古专
业、清江县博物馆　考古　1976 年 6 期 383 页

江西万年大源仙人洞洞穴遗址第二次发掘报告　江西省博物馆　文

物 1976 年 12 期 23 页

萍乡市大安里新石器时代遗址调查 萍乡市博物馆 江西历史文物 1979 年 1 期 26 页

清江樊城堆遗址试掘记 清江县博物馆 江西历史文物 1980 年 1 期 5 页

江西最早的居民 李科友 江西日报 1981 年 5 月 24 日

宜丰发现原始文化遗存 漆跃庆 江西日报 1981 年 9 月 20 日

江西清江樊城堆遗址试掘 清江县博物馆 考古学集刊 1981 年 11 月第 1 集 82 页

宜丰县太平岗遗址的调查 宜春地区文化局 江西历史文物 1982 年 2 期 45 页

江西清江筑卫城遗址第二次发掘 江西省博物馆、清江县博物馆、厦门大学历史系考古专业 考古 1982 年 2 期 130 页

靖安县发现新石器时代墓地 江西省文物工作队、靖安县文物普查队 江西历史文物 1983 年 3 期 3 页

江西宜丰县太平岗遗址调查 宜春地区文化局 考古 1983 年 12 期 1102 页

龙南县出土三件石矛 廖光琚 江西历史文物 1984 年 2 期 20 页

安远县枫树冈发现石器 欧阳意 江西历史文物 1984 年 2 期 21 页

清江樊城堆遗址发掘简报 江西省文物工作队、清江县博物馆、中山大学考古专业 江西历史文物 1985 年 2 期 2 页；考古与文物 1989 年 2 期 20 页

1976 年清江下游沿岸考古调查 长江流域规划办公室考古队 江汉考古 1985 年 4 期 20 页

永丰县尹家坪遗址试掘简报 江西省文物工作队 江西历史文物 1986 年 2 期 1 页

江西瑞昌县良田寺遗址调查 瑞昌县博物馆 考古 1987 年 1 期 1 页

九江神墩遗址发掘简报 江西省文物工作队、九江县文物管理所 江西历史文物 1987 年 2 期 1 页

江西九江神墩遗址发掘简报 江西省文物工作队、九江市博物馆 江汉考古 1987 年 4 期 12 页

新余发掘拾年山遗址 李家和、刘诗中 中国文物报 1988 年 1 月 1 日 2 版

江西清江县新石器时代遗址的调查与分析 清江县博物馆 考古 1988 年 4 期 295 页

江西省进贤县古文化遗址调查简报 江西省文物工作队、进贤县文化馆 东南文化 1988 年 3/4 期 59 页

新余出土一批新石器时代玉石器 胡小勇 中国文物报 1988 年 7 月 8 日 2 版

江西省新干县牛头城遗址调查与试掘 江西省文物工作队、江西省新干县博物馆 东南文化 1989 年 1 期 40 页

江西余江县三处古文化遗址调查简报 杨巨源 东南文化 1989 年 1 期 47 页

清江山前遗址调查简报 江西省文物考古研究所 江西文物 1989 年 1 期 35 页

新余收集一批新石器时期玉石器 胡小勇 江西文物 1989 年 1 期 114 页

丰城出土的良渚文化玉器 万德强 江西文物 1989 年 2 期 40 页

江西安义县两处古遗址调查 江西省文物考古研究所 江西文物 1989 年 3 期 47 页

定南大教场发现新石器时代遗址 任章汉、廖振洲、廖根深 江西文物 1989 年 3 期 114 页

江西省新余市渝水区古文化遗址调查 江西省新余市博物馆 考古与文物 1989 年 4 期 16 页

江西靖安郑家坳新石器时代墓葬清理简报 江西省文物工作队、靖安县博物馆 东南文化 1989 年 4/5 期 1 页

江西德兴县几处古文化遗址调查 张德生、孙以刚 江西文物 1990 年 1 期 52～55 页

景德镇沽演发现一批新石器时代遗物　王建新　江西文物　1990 年 1 期 115～116 页

拾年山遗址进行第三次发掘　李小平　中国文物报　1990 年 3 月 8 日 1 版

江西湖口县文昌浃遗址调查　石钟山文物管理所（杨赤宇、刘诗中）　东南文化　1990 年 4 期 197～203 页

永修县古文化遗址调查与试掘　江西省文物考古研究所等　江西文物　1991 年 2 期 28～39 页

江西宜春下浦坝上古墓群发掘报告　江西省文物考古研究所、宜春市博物馆（李科友、陈定荣）　江西文物　1991 年 2 期 1～27 页

新干县湖西、牛城遗址试掘与复查　江西省文物考古研究所、江西省新干县博物馆　江西文物　1991 年 3 期 68～75 页

江西新余市拾年山遗址　江西省文物考古研究所等（刘诗中、李家和）　考古学报　1991 年 3 期 285～323 页

江西南昌县古文化遗址调查　南昌县博物馆（万鹏）　南方文物　1992 年 1 期 68～72 页

江西靖安寨下山遗址调查简报　李弦、适中　南方文物　1992 年 1 期 73～77 页

江西瑞昌大路口遗址调查简报　瑞昌市博物馆（冯利华）　南方文物　1992 年 1 期 78～82 页

赣江流域的考古发现巡礼　许智范　中国文物世界　1993 年 90 期 118～122 页

江西去年田野考古喜获成果　中国文物报　1993 年 5 月 9 日 1 版

江西瑞昌大路口、螺石口遗址调查　刘礼纯　考古　1993 年 7 期 654～655 页

江西重要考古发现与考古学研究　许智范　南方文物　1993 年 4 期 86～92 页

靖安郑家坳墓地第二次发掘　江西省文物考古研究所等（徐长青等）　考古与文物　1994 年 2 期 12～26 页

赣东北农业考古获初步成果　周广明、陈建平　中国文物报　1994年5月29日1版

江西德安蚌壳山遗址发掘简报　江西省文物考古研究所、德安县博物馆（张文江）　南方文物　1994年3期24~39页

江西史前考古获重大突破　刘诗中、许智范　南方文物　1995年4期125页

中美联合发掘取得成果　江西史前考古成果丰硕　许智范　文汇报　1996年2月8日6版

新沂花厅村新石器时代遗址　米振明　江西历史档案　1996年6期36~38页

江西广丰社山头遗址第三次发掘　江西省文物考古研究所等（徐长青、庄景辉）　南方文物　1997年1期1~22页

江西湖口城墩坂新石器时代遗址　石钟山文物管理所（杨赤宇）南方文物　1997年3期29~34页

江西文物概述　许智范　南方文物　1999年3期47~54页

江西萍乡市禁山下遗址的发掘　江西省文物考古研究所、萍乡市博物馆（王上海、余江安）　考古　2000年12期35~49页

江西湖口县城墩坂发现原始稻作遗存　杨赤宇　农业考古　2001年3期39~45页

江西浮梁县王港发现新石器时代遗物　李新才　中国文物报·收藏鉴赏周刊　2002年1月23日2版

21世纪江西文物考古工作的思考　樊昌生　南京大学历史系考古专业成立三十周年纪念文集　2002年480~482页

江西新余龚门山遗址发掘简报　江西省文物考古研究所（高增忠等）南方文物　2003年2期1~11页

江西发现新石器晚期人类遗址　胡廷发等　光明日报　2003年9月7日A2版

（十六）山　东

平陵访古记　吴金鼎　国立中央研究院历史语言研究所集刊　1930年第一本第四分 471 页

龙山城子崖实物整理报告书　吴金鼎　"国立"中央研究院院务月报　1931 年 2 卷 7 期 73 页

发掘龙山城子崖的理由及成绩　李济　山东省立图书馆季刊　1931年 3 月 1 集 1 期

中国考古报告集之一——城子崖发掘报告序　李济　东方杂志 1935 年 31 卷 1 期

发掘日照古物　科学　1936 年 6 月 20 卷 6 期 521 页

关于青岛市郊出土的黑陶　韩东生　文史哲　1952 年 4 期 49 页

山东第一次发现彩陶　文物参考资料　1954 年 2 期 98 页

山东最近发现很多古文化遗址和汉墓　文物参考资料　1954 年 3 期 117 页

山东禹城发现新石器时代古文化遗址　文物参考资料　1954 年 3 期 118 页

山东沂南发现古遗址　蒋宝庚　文物参考资料　1954 年 7 期 128 页

青岛崂山发现新石器时代的石器　王子先　考古通讯　1955 年 5 期 56 页

日照县两城镇等七个遗址初步勘查　山东省文物管理处　文物参考资料　1955 年 12 期 20 页

读《日照县两城镇等七个遗址初步勘查》后的一些补充意见　刘敦愿　文物参考资料　1956 年 6 期 50 页

山东大学历史系师生调查滕县陈家岗文化遗址　文物参考资料 1956 年 5 期 76 页

山东的历史和文物　王献唐　文物参考资料　1957 年 2 期 9 页

滕县新石器时代遗址调查　山东大学滕县考古调查小组　文物参考资料　1958 年 1 期 50 页

曲阜的文物调查与收集　孔繁银　文物参考资料　1958 年 1 期 80 页

安丘县清理了古代墓葬七处　祝志成、王思礼　文物参考资料 1958 年 2 期 80 页

在胶东半岛上又发现了一处古遗址　刘桂芳　文物参考资料　1958 年 3 期 82 页

日照两城镇龙山文化遗址调查　刘敦愿　考古学报　1958 年第 1 期 25 页

山东五莲、即墨县两处龙山文化遗址的调查　刘敦愿　考古通讯 1958 年 4 期 14 页

莱西县发现新石器时代遗址　王明芳　文物参考资料　1958 年 9 期 73 页

胶东半岛一带发现新石器时代遗址　杨子范　文物参考资料　1958 年 12 期 60 页

山东平阴县于家林新石器时代遗址调查　山东省文物管理处　考古 1959 年 6 期 315 页

宁阳县发现重要古遗址　王思礼　文物　1959 年 9 期 83 页

山东安邱景芝镇新石器时代墓葬发掘　王思礼　考古学报　1959 年 第 4 期 17 页

山东宁阳县堡头遗址清理简报　杨子范　文物　1959 年 10 期 61 页

惠民专区几处古代文化遗址　王思礼　文物　1960 年 3 期 91 页

山东济宁琵琶山新石器时代遗址　郑伟　考古　1960 年 6 期 9 页

山东日照两城镇遗址勘察纪要　山东省文物管理处　考古　1960 年 9 期 10 页

莒县发现新石器时代遗址　孙传魁　大众日报　1960 年 10 月 28 日

泰安市发现古代文物　翟所淦　文物　1961 年 1 期 74 页

泰安出土新石器时代文物　翟所淦　大众日报　1961 年 5 月 27 日

山东临沂新石器时代遗址调查　刘敦愿　考古　1961 年 11 期 611 页

山东梁山青堌堆发掘简报　中国科学院考古研究所山东发掘队　考古　1962 年 1 期 28 页

山东平度东岳石村新石器时代遗址与战国墓　中国科学院考古研究所山东发掘队　考古　1962 年 10 期 509 页

根据一张古画寻找到的龙山文化遗址——山东胶县三里河遗址调查小记　刘敦愿　文史哲　1963 年 2 期 37 页

山东潍姚官庄遗址发掘简报　山东省博物馆　考古　1963 年 7 期 347 页

山东烟台市郊丘家庄发现新石器时代遗址　烟台市博物馆　考古　1963 年 7 期 350 页

山东滕县岗上村新石器时代墓葬试掘报告　山东省博物馆　考古　1963 年 7 期 351 页

山东曲阜新石器时代遗址调查　山东省博物馆　考古　1963 年 7 期 362 页

山东胶东地区新石器时代遗址的调查　山东省文物管理处　考古　1963 年 7 期 369 页

山东安丘峒峪、胡峪新石器时代遗址调查　山东省博物馆　考古　1963 年 10 期 529 页

山东曲阜西夏侯遗址第一次发掘报告　中国科学院考古研究所山东队　考古学报　1964 年 2 期 57 页

青岛市郊区的三处龙山文化遗址　孙善德　考古　1964 年 11 期 550 页

山东泗水、兖州考古调查简报　中国科学院考古研究所山东工作队　考古　1965 年 1 期 6 页

济南东郊出土的龙山陶器　刘敦愿　考古　1965 年 7 期 365 页

青岛市郊区发现新石器时代和殷周遗址　孙善德　考古　1965 年 9 期 480 页

山东历城柳埠发现大汶口文化遗物　济南市文化局　考古　1965 年 10 期 535 页

烟台郊区发现新石器时代遗址　烟台市博物馆　考古　1965 年 10 期 537 页

山东曲阜考古调查试掘简报　中国科学院考古研究所山东工作队、曲阜县文物管理委员会　考古　1965 年 12 期 599 页

山东栖霞下渔稼沟发现新石器时代遗址　栖霞县文化馆　考古 1966 年 3 期 167 页

山东野店新石器时代墓葬遗址试掘简报　山东省博物馆　文物 1972 年 2 期 25 页

记两城镇遗址发现的两件石器　刘敦愿　考古　1972 年 4 期 56 页

山东蓬莱紫荆山遗址试掘简报　山东省博物馆　考古　1973 年 1 期 11 页

山东诸城县前寨遗址调查　诸城县文化馆　文物　1974 年 1 期 75 页

山东邹县县城附近发现石锯　王言京　文物　1974 年 6 期 86 页

山东临沂大范庄新石器时代墓葬的发掘　临沂文物组　考古　1975 年 1 期 13 页

一九七五年东海峪遗址的发掘　山东省博物馆、日照县文化馆、东海峪发掘小组　考古　1976 年 6 期 378 页

山东胶县三里河遗址发掘简报　昌维地区艺术馆、考古研究所山东队　考古　1977 年 4 期 262 页

山东荏平县尚庄遗址第一次发掘简报　山东省博物馆、聊城地区文化局、荏平县文化馆　文物　1978 年 4 期 35 页

山东兖州王因新石器时代遗址发掘简报　中国社会科学院考古研究所山东队、济宁地区文化局　考古　1979 年 1 期 5 页

母系氏族社会末期文化遗址——王因遗址　人民日报　1979 年 3 月 18 日 2 版

山东泗水尹家城第一次试掘　山东大学历史系考古专业　考古 1980 年 1 期 11 页

山东滕县古遗址调查简报　中国社会科学院考古研究所山东队、滕县博物馆　考古　1980 年 1 期 32 页

山东烟台芝罘岛新石器时代遗址和春秋、战国时期墓葬　烟台市博物馆　文物资料丛刊　1980 年 5 月 3 期 121 页

山东曹县莘冢集遗址试掘简报　菏泽地区文物工作队　考古　1980年5期385页

山东诸城呈子遗址发掘报告　昌潍地区文物管理组、诸城县博物馆　考古学报　1980年第3期329页

山东即墨县新石器时代遗址调查　孙善德　考古　1981年1期5页

济南西郊发掘古文化遗址　蒋宝庚　考古　1981年1期89页

山东烟台市白石村遗址调查简报　烟台市博物馆　考古　1981年2期185页

山东胶县三里河出土一件陶鬹　李林、高愈诚　文物　1981年7期64页

山东姚官庄遗址发掘报告　山东省文物考古研究所、山东省博物馆、中国社会科学院考古研究所山东队、山东省昌潍地区文物管理小组　文物资料丛刊　1981年12月5期1页

访大汶口文化遗址　韩尚义　大众日报　1982年7月16日4版

临沂首次发现中石器时代灶坑遗迹　人民日报　（本报讯：据《大众日报》报道）1983年2月19日3版

山东长岛县史前遗址　北京大学考古实习队、烟台地区文管会、长岛县博物馆　史前研究　1983年1期114页

山东省海阳、莱阳、莱西、黄县原始文化遗址调查　北京大学考古实习队、烟台地区文物管理委员会　考古　1983年3期193页

山东临沂县凤凰岭发现细石器　临沂地区文物管理委员会　考古　1983年5期385页

山东济宁县古遗址　济宁地区行署文化局文物普查队　考古　1983年6期489页

山东禹城县邢寨汪遗址的调查与试掘　德州地区文物工作队　考古　1983年11期966页

山东邹县古代遗址调查　中国社会科学院考古研究所山东工作队、邹县文物保管所　考古学集刊　1983年11月第3集98页

枣庄市南部地区考古调查纪要　枣庄市文物管理站　考古　1984年4

期 289 页

山东滕县北辛遗址发掘报告　中国社会科学院考古研究所山东队、山东省滕县博物馆　考古学报　1984 年第 2 期 159 页

山东栖霞杨家圈遗址发掘简报　山东省文物考古研究所、北京大学考古实习队　史前研究　1984 年 3 期 91 页

山东潍县狮子行遗址发掘简报　潍坊市艺术馆、潍坊市寒亭区图书馆　考古　1984 年 8 期 673 页

山东曲阜南兴埠遗址的发掘　山东省文物考古研究所　考古　1984 年 12 期 1057 页

山东发现四千年前的古城堡遗址　人民日报　1985 年 1 月 3 日

寿光县发现龙山文化城堡遗址　光明日报　1985 年 1 月 9 日

山东省茌平县南陈庄遗址发掘简报　山东大学历史系考古专业、聊城地区文化局、茌平县图书馆　考古　1985 年 4 期 303 页

泗水尹家城遗址第二、三次发掘简报　山东大学历史系考古专业、济宁地区文物科、泗水县文化馆　考古　1985 年 7 期 595 页

潍县鲁家口新石器时代遗址　中国社会科学院考古研究所山东队、山东省潍坊地区艺术馆　考古学报　1985 年第 3 期 313 页

济南大辛庄龙山、商遗址调查　任相宏　考古　1985 年 8 期 753 页

日照尧王城龙山文化遗址试掘简报　临沂地区文管会、日照县图书馆　史前研究　1985 年 4 期 65 页

山东广饶新石器时代遗址调查　山东省文物考古研究所、广饶县博物馆　考古　1985 年 9 期 769 页

茌平尚庄新石器时代遗址　山东省文物考古研究所　考古学报　1985 年 4 期 465 页

山东省海阳县史前遗址调查　王洪明　考古　1985 年 12 期 1057 页

山东省长岛县砣矶岛大口遗址　中国社会科学院考古研究所山东队　考古　1985 年 12 期 1068 页

鲁北广饶博家遗址出土大批珍贵文物　颜华、崔继曾　文物报　1986 年 1 月 7 日 3 版

西夏侯遗址第二次发掘报告　中国社会科学院考古研究所山东工作队　考古学报　1986 年 3 期 307 页

兖州西吴寺遗址第一、二次发掘简报　文化部文物局田野考古领队培训班　文物　1986 年第 8 期 45 页

山东日照龙山文化遗址调查　日照市图书馆、临沂地区文化管理委员会　考古　1986 年 8 期 680 页

山东费县古遗址调查纪要　费县文物管理所　考古　1986 年 11 期 966 页

山东牟平照格庄遗址　中国社会科学院考古研究所山东队、烟台市文管会　考古学报　1986 年 4 期 447 页

山东郯城马陵山细石器遗存调查报告　山东省文物考古研究所、临沂地区文管会、郯城县图书馆　史前研究　1987 年 1 期 42 页

蓬莱发现大型石斧　袁晓春　文物报　1987 年 3 月 20 日 2 版

山东临沂湖台遗址及墓葬　临沂市博物馆　文物资料丛刊　1987 年 3 月 10 期 16 页

山东泗水尹家城遗址第四次发掘简报　山东大学历史系考古专业　考古　1987 年 4 期 289 页

山东烟台毓璜顶新石器时代遗址发掘简报　烟台市文管会、烟台市博物馆　史前研究　1987 年 2 期 62 页

山东长岛北庄遗址发掘简报　北京大学考古实习队、烟台地区文管会、长岛县博物馆　考古　1987 年 5 期 385 页

山东昌乐县邹家庄遗址发掘简报　北京大学考古实习队、昌乐县图书馆　考古　1987 年 5 期 395 页

山东莒县陵阳河大汶口文化墓葬发掘简报　山东省考古所、山东省博物馆、莒县文管所　史前研究　1987 年 3 期 62 页

山东昌乐县原始文化遗址调查　潍坊市博物馆、昌乐县文物管理所　考古　1987 年 7 期 577 页

临朐发现龙山文化重要墓葬　李曰训　中国文物报　1987 年 10 月 23 日 2 版

菏泽安邱堌堆遗址发掘简报　北京大学考古系商周组、山东省菏泽地区文展馆、山东省菏泽市文化馆　文物　1987 年 11 期 38～42 页

山东苍山县新石器时代墓葬清理简报　苍山县图书馆文物组　考古 1988 年 1 期 12 页

山东邹平发掘丁公遗址　郭世云　中国文物报　1988 年 1 月 22 日 2 版

有关日照两城镇玉坑玉器的资料　刘敦愿　考古　1988 年 2 期 121 页

山东临沂王家三岗新石器时代遗址　冯沂、杨殿旭　考古　1988 年 8 期 682 页

山东莒县杭头遗址　山东省文物考古研究所、莒县博物馆　考古 1988 年 12 期 1057 页

临朐县西朱封龙山文化重椁墓的清理　山东省文物考古研究所、临朐县文化保管所　海岱考古　1989 年第一辑 219 页

莒县查明新石器时代遗址群　常兴照　中国文物报　1989 年 2 月 17 日 2 版

山东邹平丁公遗址试掘简报　山东大学历史系考古专业、邹平县文化局　考古　1989 年 5 期 391 页

山东泗水尹家城遗址第五次发掘简报　山东大学历史系考古专业 考古　1989 年 5 期 399 页

山东莒南化家村遗址试掘　山东大学历史系考古专业、莒南县文物管理所　考古　1989 年 5 期 407 页

考古学界新发现，平原地带有细石器　张晓玉、梁金河　人民日报 1989 年 6 月 6 日 4 版

山东邹平县苑城早期新石器文化遗址调查　山东大学历史系考古专业　考古　1989 年 6 期 489 页

山东邹平县古文化遗址调查　山东大学历史系考古专业、邹平县文化局　考古　1989 年 6 期 505 页

山东临沂市后明坡遗址试掘简报　任相宏　考古　1989 年 6 期 560 页

山东即墨县新石器时代遗址调查简报　即墨县博物馆　考古　1989 年 8 期 673 页

潍坊市文化遗址调查　潍坊市博物馆　考古　1989 年 9 期 769 页

淄博市张店周村古遗址调查报告　淄博市博物馆　海岱考古　1989 年第一辑 6 页

鲍家遗址调查　邹平县图书馆　海岱考古　1989 年第一辑 24 页

寿光县古遗址调查报告　寿光县博物馆　海岱考古　1989 年第一辑 29 页

广饶县五村遗址发掘报告　山东省文物考古研究所、广饶县博物馆　海岱考古　1989 年第一辑 61 页

青州市新石器遗址调查　青州市博物馆　海岱考古　1989 年第一辑 124 页

青州市凤凰台遗址发掘　山东省文物考古研究所、山东大学历史系考古教研室、青州市博物馆　海岱考古　1989 年第一辑 141 页

青州市赵铺遗址的清理　青州市博物馆　海岱考古　1989 年第一辑 183 页

山东临朐县史前遗址普查简报　山东省文物考古研究所、临朐县文物保护管理所　海岱考古　1989 年第一辑 202 页

山东诸城史前文化遗址调查　诸城博物馆　海岱考古　1989 年第一辑 225 页

山东章丘县西部原始文化遗址调查　济南市文化局文物处、章丘县博物馆　海岱考古　1989 年第一辑 237 页

山东海阳司马台遗址清理简报　烟台市文管会、海阳县博物馆　海岱考古　1989 年第一辑 250 页

临朐出土一批文物距今达四千年以上　人民日报　1989 年 12 月 12 日 1 版

临朐发现四千年前文物　光明日报　1989 年 12 月 12 日 2 版

山东苍山县发现的石器　林茂法　考古　1989 年 12 期 1152 页

山东朱封遗址发现龙山时期大墓　王立早　中国文物报　1990 年 2 月 15 日 1 版

北辛文化原始墓葬群在山东发掘　人民日报　1990 年 5 月 27 日 3 版

山东临沭县北沟头和寨子遗址调查　王亮　考古　1990 年 6 期 489 ~ 494 页

山东济阳县邝冢遗址调查　熊建平　考古　1990 年 6 期 569 页

山东临朐朱封龙山文化墓葬　中国社会科学院考古研究所山东工作队（韩榕）　考古　1990 年 7 期 587 ~ 594 页

城子崖遗址又有重大发现，龙山岳石周代城址重见天日　山东省文物考古研究所　中国文物报　1990 年 7 月 26 日 1 版

尹家城遗址发掘的主要收获和意义　任相宏、于海广　山东大学学报（哲学社会科学版）　1990 年 4 期 83 ~ 86 页

山东省沂水县宅科的细石器遗存　孔繁刚　东南文化　1990 年 4 期 174 ~ 179 页

山东乳山县史前遗址调查　乳山县文物管理所（姜树振）　考古 1990 年 12 期 1057 ~ 1062 页

山东济宁凤凰台遗址发掘简报　国家文物局考古领队培训班（李季、何德亮）　文物　1991 年 2 期 55 ~ 60 页

山东邹县南关遗址发掘简报　国家文物局考古领队培训班（李季、何德亮）　文物　1991 年 2 期 61 ~ 68 页

山东济宁潘庙遗址发掘简报　国家文物局考古领队培训班（李季、何德亮）　文物　1991 年 2 期 69 ~ 80 页

章丘女郎山考古获重大成果　李曰训　中国文物报　1991 年 5 月 26 日 1 版

山东沂水县新石器时代遗址调查　沂水县博物馆（孔繁刚、马玺伦）　考古　1991 年 6 期 562 ~ 565 页

莒县大朱家村大汶口文化墓葬　山东省文物考古研究所、莒县博物馆（何德亮）　考古学报　1991 年 2 期 167 ~ 206 页

山东济宁程子崖遗址发掘简报　国家文物局考古领队培训班（李季、何德亮）　文物　1991 年 7 期 28 ~ 47 页

济青公路沿线考古发掘工作结束　常兴照　中国文物报　1991 年 9 月 15 日 1 版

邹平丁公发现龙山文化城址　山东大学历史系考古教研室　中国文物报　1992年1月12日1版

山东邹平丁公遗址第二、三次发掘简报　山东大学历史系考古专业（栾丰实等）　考古　1992年6期496~504页

山东烟台白石村新石器时代遗址发掘简报　烟台市文物管理委员会（王锡平、吴洪涛）　考古　1992年7期577~588页

山东安丘老峒峪遗址再调查　郑岩、徐新华　考古　1992年9期778~790页

广饶县傅家遗址　刘桂芹　管子学刊　1992年3期96页

山东临沂新石器时代遗址调查简报　临沂市博物馆（冯沂）　考古　1992年10期875~893页

山东临淄后李遗址第一、二次发掘简报　济青公路文物考古队（王永波等）　考古　1992年11期987~996页

山东章丘龙山三村窑厂遗址调查简报　山东省文物考古研究所　华夏考古　1993年1期1~10页

山东嘉祥发现一座新石器时代墓葬　李卫星、贺福顺　考古　1993年2期189页

史前文化珍存——野店　王昭溪、胡新立　中国文物报　1993年4月11日4版

山东邹平丁公遗址第四、五次发掘简报　山东大学历史系考古专业（栾丰实等）　考古　1993年4期295~299页

山东文物考古研究所取得新成果　溯古　中国文物报　1993年5月23日1版

山东汶上县东贾柏村新石器时代遗址发掘简报　中国社会科学院考古研究所山东工作队（胡秉华）　考古　1993年6期481~487页

山东汶、泗流域发现的一批细石器　中国社会科学院考古研究所山东工作队（胡秉华、刘景芝）　考古　1993年8期673~682页

山东沂水县杨庄新石器时代遗址　沂水县博物馆（孔繁刚、马玺伦）　考古　1993年11期1041~1046页

田横岛出土新石器时代石斧　江志礼、宫成武　中国文物报　1993年 12 月 5 日 1 版

尧王城遗址第二次发掘有重要发现　中国社科院考古研究所　中国文物报　1994 年 1 月 23 日 1 版

山东临淄后李遗址第三、四次发掘简报　济青公路文物工作队（王永波等）　考古　1994 年 2 期 97 ~ 112 页

枣庄山亭发现大汶口文化聚落遗址　鲁波　文物　1994 年 5 期 53 页

山东章丘县小荆山遗址调查简报　章丘县博物馆（宁荫棠、王方）　考古　1994 年 6 期 490 ~ 494 页

山东邹平县古文化遗址调查简报　山东省文物考古研究所、邹平县文管所（郑同修、王臻）　华夏考古　1994 年 3 期 1 ~ 13 页

山东济南市发现一批新石器时代早期遗址　刘伯勤等　考古　1994 年 11 期 961 ~ 964 页

鲁西发现两组八座龙山文化城址　山东省文物考古研究所、聊城地区文研室　中国文物报　1995 年 1 月 22 日 1 版

山东枣庄市建新遗址第一、二次发掘简报　山东省文物考古研究所（何德亮等）　考古　1995 年 1 期 13 ~ 22 页

山东广饶西杜疃遗址调查　广饶县博物馆（王建国）　考古与文物　1995 年 1 期 1 ~ 7 页

山东滕州市西康留遗址调查、发掘简报　山东省文物考古研究所鲁中南考古队、滕州市博物馆（彭锦华）　考古　1995 年 3 期 193 ~ 208 页

阳谷发现黄河流域最大龙山文化城址　范有德　光明日报　1995 年 4 月 17 日 1 版

山东章丘马彭北遗址调查简报　济南市文化局文物处、章丘县博物馆（刘伯勤、孙亮）　考古　1995 年 4 期 305 ~ 311 页

山东郯城县古文化遗址调查简报　临沂地区文物管理委员会、郯城县文物管理所　考古　1995 年 8 期 678 ~ 685 页

胶东半岛贝丘遗址调查札记　袁靖　文物天地　1995 年 4 期 24 ~ 27 页

中国最早古城址在山东聊城发现　郭小兰　人民日报（海外版）
1995 年 12 月 20 日 1 版

景阳岗龙山城址考古有重要发现　规模大规格高为全国史前城址中
所罕见　王守功　中国文物报　1996 年 1 月 7 日 1 版

山东发掘龙山文化城　刘磊　人民日报　1996 年 1 月 16 日 4 版

景阳岗下发现大型龙山文化城址群　光明日报　1996 年 2 月 11 日 1 版

山东发掘古国遗址距今有四千八百年　郭小兰　人民日报（海外版）
1996 年 4 月 18 日 1 版

山东济宁市张山遗址的发掘　济宁市文物考古研究室（田立振、李
德渠）　考古　1996 年 4 期 1～7 页

山东禹城、齐河县古遗址调查简报　李开岭　考古　1996 年 4 期 8～
15 页

广饶傅家遗址发掘有重要收获　李振光、王建国　中国文物报
1996 年 6 月 2 日 1 版

山东漳丘市小荆山遗址调查发掘报告　山东省文物考古研究所、漳
丘市博物馆（王守功、宁荫堂）　华夏考古　1996 年 2 期 1～23 页

滕州庄里西遗址考古发掘获重要成果　刘延常、李鲁滕　中国文物
报　1996 年 7 月 28 日 1 版

中美学者考察日照两城镇遗址　方辉、蔡凤书　中国文物报　1996
年 8 月 11 日 1 版

山东聊城地区新石器时代遗址调查　赵乃光、郭争鸣　考古学集刊
1991 年第 7 集 1～22 页

山东阳谷、东阿县古文化遗址调查　孙淮生、吴明新　华夏考古
1996 年 4 期 19～26 页

滕州庄里西遗址发现龙山文化炭化稻米　何德亮　中国文物报
1997 年 1 月 5 日 1 版

山东日照市两城地区的考古调查　中美两城地区联合考古队（蔡凤
书等）　考古　1997 年 4 期 1～15 页

山东阳谷县景阳岗龙山文化城址调查与试掘　山东省文物考古研究

所、聊城地区文化局文物研究所（李繁玲等）　考古　1997 年 5 期 11 ~ 24 页

　　山东省蓬莱、烟台、威海、荣成市贝丘遗址调查简报　烟台市文物管理委员会、中国社会科学院考古研究所胶东半岛贝丘遗址研究课题组（王锡平　林仙庭　袁靖　焦天龙）　考古　1997 年 5 期 25 ~ 33 页

　　山东发现史前人类文化遗址　人民日报(海外版)　1997 年 9 月 27 日 3 版

　　胶东半岛：环境考古成果颇丰　王兆麟　人民日报（海外版）1997 年 10 月 4 日 1 版

　　山东广饶县五村遗址发现大汶口文化陶鼓　刘桂芹、王建国　考古 1997 年 12 期 28 页

　　山东茌平县李孝堂遗址的调查　陈昆麟、马允华　华夏考古　1997 年 4 期 1 ~ 7 页

　　山东配合京沪高速路化临段建设进行考古　山东省文物考古研究所　中国文物报　1998 年 1 月 18 日 1 版

　　山东发现八千年前居址聚落　山东省文物考古研究所　中国文物报 1998 年 1 月 21 日 1 版

　　山东发现新石器早期文化遗址带　郭小兰　光明日报　1998 年 2 月 9 日 2 版

　　胶东考古记　严文明　文物　1998 年 3 期 37 ~ 42 页

　　山东沂南县发现一组玉石器　山东省博物馆（于秋伟、赵文俊）考古　1998 年 3 期 90 ~ 92 页

　　安丘出土龙山文化蛋壳陶杯　刘冠军　中国文物报　1998 年 4 月 26 日 1 版

　　蓬莱发现新石器时代石棺墓　董韶军　中国文物报　1998 年 5 月 13 日 1 版

　　山东章丘市焦家遗址调查　章丘市博物馆（宁荫棠、曲世广）　考古　1998 年 6 期 20 ~ 38 页

　　山东青州发现一件刻纹陶器　庄明军　考古　1999 年 1 期 90 页

蓬莱发现新石器遗址 张建芳、董韶华 中国文物报 1999 年 7 月 4 日 1 版

古镇都遗址发掘获重要成果 王金定、高大美 中国文物报 1999 年 7 月 21 日 1 版

山东济宁市程子崖遗址第二次发掘 济宁市文物考古研究室（李德渠） 考古 1999 年 7 期 8～13 页

莒县抢救一处龙山文化遗址 张玉君、李永英 中国文物报 1999 年 12 月 12 日 1 版

山东乐陵、庆云古遗址调查简报 山东省德州市文物管理室（张立明等） 华夏考古 2000 年 1 期 29～40 页

海岱地区新石器文化又出新资料 燕生东等 中国文物报 2000 年 4 月 26 日 1 版

济南市五区古遗址调查报告 济南市博物馆、济南市历城区文化局（房道国等） 华夏考古 2000 年 2 期 3～15 页

长清张官遗址发掘的主要收获 燕生东等 青年考古学家 2000 年十二期 27～29 页

山东章丘市西河新石器时代遗址 1997 年的发掘 山东省文物考古研究所（刘延常等） 考古 2000 年 10 期 15～28 页

山东滕州市西公桥大汶口文化遗址发掘简报 山东省文物考古研究所（何德亮等） 考古 2000 年 10 期 29～45 页

鲁西龙山文化又添新类型 贾笑冰 中国文物报 2000 年 12 月 17 日 1 版

五莲丹土发现大汶口文化城址 山东省考古研究所 中国文物报 2001 年 1 月 17 日 1 版

大汶口文化遗址出土的一具头骨表明我国五千年前已能开颅 文汇报 2001 年 6 月 28 日 11 版

鲁西教场铺龙山文化遗址发掘获重要收获 贾笑冰、周海铎 中国文物报 2001 年 9 月 2 日 1 版

山东省平邑县新石器时代遗址调查 山东省平邑县博物馆（王相臣）

华夏考古　2001 年 3 期 7 ~ 17 页

山东平阴县古文化遗存调查简报　济南市文化局文物处、平阴县博物馆筹建处（刘伯勤、孙亮）　考古与文物　2001 年 5 期 3 ~ 16 页

山东莱芜嬴城遗址发现新石器时代遗物　陶莉　中国文物报　2001 年 12 月 7 日 2 版

山东五莲发现大汶口文化古墓群　郭公仕　中国文物报　2002 年 1 月 2 日 3 版

山东沂水县城北郊新石器时代遗址发掘　山东省文物考古研究所鲁中南考古队、沂水县博物馆（马玺伦等）　考古　2002 年 1 期 16 ~ 28 页

山东青州市发现龙山文化器物坑　庄明军、王瑞霞　考古　2002 年 1 期 90 ~ 92 页

山东日照地区系统区域调查的新收获　中美两城地区联合考古队（方辉等）　考古　2002 年 5 期 10 ~ 18 页

山东章丘县董东村遗址试掘简报　山东省文物考古研究所（李学训等）　考古　2002 年 7 期 23 ~ 29 页

山东广饶县傅家遗址的发掘　山东省文物考古研究所、东营市博物馆（李振光等）　考古　2002 年 9 期 36 ~ 44 页

山东阳信县古文化遗址调查　山东滨州市文物管理处、阳信县文物管理所（徐其忠等）　华夏考古　2002 年 4 期 39 ~ 47 页

山东浙源县姑子坪遗址的发掘　山东大学考古系等（任相宏等）　考古　2003 年 1 期 22 ~ 32 页

胶东半岛发现龙山文化环壕聚落　高明奎　中国文物报　2003 年 4 月 11 日 1 版

济南发掘新石器时代遗址　孙浩　人民日报　2003 年 5 月 17 日 5 版

配合同三高速公路建设发掘胶南河头墓地与遗址　兰玉富等　中国文物报　2003 年 6 月 6 日 1 版

山东淄博桐林遗址有新发现　高明奎等　中国文物报　2003 年 9 月 10 日 1 版

山东章丘市小荆山后李文化聚落勘探报告　山东省文物考古研究所、

章丘市博物馆（王守功、宁荫堂） 华夏考古 2003 年 3 期 3~11 页

2003 年度山东临淄桐林遗址的调查发掘 北京大学考古文博学院 古代文明研究通讯 2004 年 20 期 1~5 页

山东日照市两城镇遗址 1998~2001 年发掘简报 中美两城地区联合考古队（栾丰实等） 考古 2004 年 9 期 7~18 页

山东泰安市龙门口遗址调查 泰安市博物馆（刘卫东、张爱菊） 文物 2004 年 11 期 4~12 页

山东茌平教场铺龙山文化城址第四次发掘获重要成果 贾笑冰 中国文物报 2004 年 12 月 22 日 1 版

山东章丘小荆山遗址第一次发掘 济南市文化局文物处、章丘市博物馆（刘伯勤等） 东方考古 第 1 集 2004 年 405~449 页

山东济宁市玉皇顶遗址发掘简报 济宁市文物考古研究所、济宁市任城区文物管理所（王政玉等） 考古 2005 年 4 期 3~11 页

山东寿光市后胡营遗址试掘简报 昌潍地区文物组、寿光市博物馆（黄爱华、贾效孔） 考古 2005 年 9 期 7~15 页

山东寿光市北部沿海环境考古报告 山东大学东方考古研究中心、寿光市博物馆（王青等） 华夏考古 2005 年 4 期 3~17 页

山东肥城市北坦遗址的大汶口文化遗存 苑胜龙等 考古 2006 年 4 期 3~11 页

济南市小清河流域区域系统考古调查 方辉等 东方考古 2006 年 第 2 集 330~352 页

2003 年山东省济南市长清区归德镇南大沙河流域系统区域调查主要收获 山东大学东方考古研究中心（王建华 卢建英） 东方考古 2006 年第 2 集 353~364 页

（十七） 河 南

记新发现的石器时代的文化 袁复礼 国学季刊 1923 年 1 卷 1 期

188 页

后岗发掘小记　梁思永　安阳发掘报告　1932 年 6 月第 4 期 609 页

浚县发掘述略　适斋　河南政治月刊　1934 年 4 月 4 卷 4 期 1 页

河南浚县大赍店史前遗址　刘耀　田野考古报告（第一册）　1936 年 8 月 69 页

偃师古灰城遗址发现石斧　李鉴昭　河南博物馆馆刊　1937 年 4 月 7/8 集 10 页

仰韶器物小记　郭豫才　河南博物馆馆刊　1937 年 8 月 11 集 11 页

河南安阳郊外后岗高楼庄两遗址发掘调查豫报　大给尹　1939 年史学 17 卷 4 期 667~685 页

南阳仰韶彩陶发现记　孙文青　金陵学报　1940 年 5 月 10 卷 1/2 期 131 页

小屯地面下的先殷文化层　李济　学术汇刊　1944 年 1 卷 2 期 1 页

小屯的文化层　石璋如　六同别录上册　1945 年 1 月 1 页

南阳的史前遗迹　刘兴唐　东方杂志　1946 年 6 月 42 卷 12 期 33 页

殷墟最近之重要发现，附论小屯地层　石璋如　中国考古学报（第二册）　1947 年 3 月 1 页

豫东商邱永城调查及造律台、黑孤堆、曹桥三处小发掘　李景聃　中国考古学报（第二册）　1947 年 3 月 83 页

河南几个新石器时代遗址　赵全嘏　新史学通讯　1951 年 1 卷 1 期 15 页

河南渑池仰韶村附近古迹近况　科学通报　1951 年 2 卷 5 期 553 页；文物参考资料　1951 年 2 卷 2 期 131 页

河南新石器时代遗址报道（之二）　赵全嘏　新史学通讯　1951 年 1 卷 4 期 15 页

河南成皋广武区考古记略　考古研究所河南调查团　科学通报 1951 年 2 卷 7 期 724 页

河南渑池的史前遗存　考古研究所河南调查团　科学通报　1951 年 2 卷 9 期 933 页

河南省郏县境内发现春秋时代铜器并发现新石器时代人类文化遗址
杨宝顺　光明日报　1953 年 8 月 17 日 3 版

河南济源留村发现古遗址　郑州文物组　文物参考资料　1953 年 12 期 150 页

河南信阳双林寺发现新石器时代遗址　李绍曾　文物参考资料 1954 年 1 期 96 页

一年来郑州市的文物调查发掘工作　文物参考资料　1954 年 4 期 35 页

郑州市郊区及市区发现古代遗址及殷商墓葬　安金槐　文物参考资料　1954 年 4 期 121 页

河南南召县发现古遗址二处　王儒林　文物参考资料　1954 年 4 期 122 页

河南沈邱赵德营镇发现古遗址　尤翰青 文物参考资料　1954 年 4 期 122 页

介绍郑州市发现的古遗址及殷代墓葬概况　安金槐、裴明相　文物 参考资料　1954 年 5 期 100 页

河南信阳三里店古文化遗址　文物参考资料　1954 年 6 期 25 页

河南项城高寺集的古代遗址　李景华　文物参考资料　1954 年 7 期 129 页

河南沁阳范村乡发现古代遗址一处　李德保　文物参考资料　1954 年 7 期 131 页

河南陕县灵宝考古调查记　中国科学院考古所河南调查队　科学通 报　1954 年 7 期 79 页

河南南召县潘寨乡发现古遗址　周兆麟　文物参考资料　1954 年 8 期 146 页

河南郏县发现古遗址等　崔墨林　文物参考资料　1954 年 10 期 144 页

河南新乡发现古代遗址　齐泰定　文物参考资料　1954 年 11 期 145 页

河南新乡发现新石器时代遗物　齐泰定　文物参考资料　1955 年 1 期 132 页

信阳市郊阳山清理了一处古遗迹　李绍曾　文物参考资料　1955 年 2 期 154 页

郑州市古遗址、墓葬的重要发现　河南省文物工作队第一队　考古通讯　1955 年 3 期 16 页

河南南召县刘村发现古代文物及遗址　文物参考资料　1955 年 3 期 154 页

河南南召县史庄乡发现古代遗址　寇金昌　文物参考资料　1955 年 3 期 154 页

河南陕县文化馆调查该县的文物古迹　刘旭初　文物参考资料 1955 年 3 期 155 页

河南舞阳县发现古代石器、兽骨和古城遗址　赵学甫　文物参考资料　1955 年 4 期 115 页

一九五四年秋季洛阳西郊发掘简报　考古研究所洛阳发掘队　考古通讯　1955 年 5 期 25 页

安阳、汤阴县发现新石器时代遗址　周到　考古通讯　1955 年 5 期 55 页

洛阳邙山发现新石器时代遗址　裴琪　考古通讯　1955 年 5 期 56 页

河南新乡专署一年来的文物工作情况　李德保　文物参考资料 1955 年 5 期 117 页

河南舞阳县文化馆调查鹅岗寺古遗址　朱帜　文物参考资料　1955 年 5 期 118 页

河南洛宁县发现大量古币、唐墓及古代遗址　裴琪、贾峨　文物参考资料　1955 年 6 期 125 页

河南信阳市阳山新石器时代遗址试掘记　河南文物工作队信阳发掘小组　文物参考资料　1955 年 8 期 59 页

河南郸城县杨台寺旧址发现兽骨、化石、陶鬲等　王可夫　文物参考资料　1955 年 8 期 160 页

河南三门峡史家滩附近发现古遗址　贾峨　文物参考资料　1955 年 8 期 161 页

河南鹿邑县隐隐山发现古代遗址　尤翰青　文物参考资料　1955 年 8 期 161 页

河南新乡市西郊发现一处古代遗址　杜静山、齐泰定　文物参考资料　1955 年 8 期 161 页

洛阳涧西孙旗屯古遗址　河南文物工作队第二队孙旗屯清理小组　文物参考资料　1955 年 9 期 58 页

河南洛阳专区今年以来先后发现多处古遗址　李健永　文物参考资料　1955 年 10 期 128 页

河南南召县崔庄乡发现古代遗址　寇金昌　文物参考资料　1955 年 10 期 130 页

记河南省潢川、商城、光山所见的几处古代文化遗址　赵全嘏　文物参考资料　1955 年 11 期 67 页

河南洛阳专区发现多处古遗址　贾峨　文物参考资料　1955 年 11 期 132 页

河南舞阳县陆续发现新石器时代遗址　周声远　文物参考资料　1955 年 11 期 133 页

洛阳专区文管会勘察偃师县灰嘴村古文化遗址　文物参考资料　1956 年 1 期 65 页

洛宁县洛河两岸古遗址调查简报　李健永、裴琪、贾峨　考古通讯　1956 年 2 期 51 页

洛阳涧滨古文化遗址及汉墓　中国科学院考古研究所洛阳发掘队　考古学报　1956 年 1 期 11 页

洛阳专区发现新石器时代遗址　李健永、裴琪　考古通讯　1956 年 3 期 50 页

河南新安玉梅水库发现古代遗址　洛阳专区文物管理委员会　考古通讯　1956 年 3 期 55 页

河南长葛县发现的古遗址　胡超然　考古通讯　1956 年 4 期 35 页

黄河三门峡水库考古调查简报　黄河水库考古工作队　考古通讯　1956 年 5 期 1 页

郑州第五文物区第一小区发掘简报　河南省文化局文物工作队第一队　文物参考资料　1956 年 5 期 33 页

河南上蔡县发现新石器时代遗址　张守良　考古通讯　1956 年 5 期 45 页

一九五四年春洛阳西郊发掘报告　郭宝钧、马得志、张云鹏、周永珍　考古学报　1956 年第 2 期 1 页

辉县孟庄乡发现古遗址　崔墨林　文物参考资料　1956 年 6 期 80 页

洛阳市又发现龙山遗址一处　李京华　文物参考资料　1956 年 7 期 79 页

漯河市附近澧河东岸发现新石器时期文化遗址　王濯　河南日报 1956 年 10 月 31 日 1 版

黄河水库考古调查的收获及其展望　安志敏　科学通报　1956 年 11 期 66 页

河南浚县的新石器时代遗址　周到　考古通讯　1957 年 1 期 11 页

河南卫河滞洪工程中的考古调查简报　卫河考古调查工作小组　考古通讯　1957 年 2 期 32 页

河南郭庄南大岗古代文化遗址的调查　朱帜　考古通讯　1957 年 2 期 53 页

河南新乡、封邱发现古遗址　李德宝　考古通讯　1957 年 2 期 53 页

河南漯河市澧河古文化遗址的发现　王濯　考古通讯　1957 年 3 期 55 页

一九五六年秋河南陕县发掘简报　黄河水库考古工作队　考古通讯 1957 年 4 期 1 页

河南辉县发现新石器时代遗址一处　李德宝、周到　考古通讯 1957 年 5 期 70 页

河南孟县发现古代遗址和墓葬　廖永民　考古通讯　1957 年 5 期 76 页

洛阳专区文物普查中调查得 37 处古遗址　李健永、贾峨　文物参考资料　1957 年 5 期 85 页

汤阴朝歌镇发现龙山和商代等文化遗址　安金槐　文物参考资料

1957 年 5 期 86 页

郑州地区的古代遗存介绍 安金槐 文物参考资料 1957 年 8 期 16 页

洛阳市东郊的几处遗址 继才 文物参考资料 1957 年 8 期 84 页

郾城发现多处古文化遗址 王濯 文物参考资料 1957 年 9 期 80 页

郑州发现的几个时期的古代窑址 马全、毛宝亮 文物参考资料 1957 年 10 期 58 页

河南伊阳汝河沿岸古遗址调查纪要 贾峨 考古通讯 1958 年 1 期 4 页

郑州西郊仰韶文化遗址发掘简报 河南省文化局、文物工作队第一队 考古通讯 1958 年 2 期 1 页

河南淅川县的新石器时代遗址 赵世纲 考古通讯 1958 年 3 期 32 页

新安县安乐村古文化遗址调查 贾峨 文物参考资料 1958 年 3 期 83 页

河南修武、获嘉、辉县发现古文化遗址 李德宝 考古通讯 1958 年 5 期 33 页

郑州旭旮王村遗址发掘报告 河南省文化局文物工作队第一队 考古学报 1958 年 3 期 41 页

1957 年郑州西郊发掘纪要 河南省文化局文物工作队 考古通讯 1958 年 9 期 54 页

郑州牛砦龙山文化遗址发掘报告 河南省文化局文物工作队 考古学报 1958 年第 4 期 19 页

1957 年河南陕县发掘简报 黄河水库考古工作队 考古通讯 1958 年 11 期 67 页

河南信阳三里店遗址发掘报告 河南省文化局文物工作队 考古学报 1959 年第 1 期 1 页

河南陕县七里铺第一、二区发掘概要 黄河水库考古队河南分队 考古 1959 年 4 期 176 页

河南南召二郎岗新石器时代遗址 河南省文化局文物工作队 文物 1959 年 7 期 55 页

河南新乡龙山文化遗址调查 周到 考古 1959 年 9 期 477 页

1958 年洛阳东干沟遗址发掘简报　考古研究所洛阳发掘队　考古 1959 年 10 期 537 页

1959 年夏豫西调查"夏墟"的初步报告　徐旭生　考古　1959 年 11 期 592 页

河南偃师灰嘴遗址发掘简报　河南省文化局文物工作队　文物 1959 年 12 期 41 页

淅川县下集附近发现古遗址　游清汉　文物　1960 年 1 期 77 页

临汝大张发现新石器时代及商代遗址　倪自励　文物　1960 年 4 期 87 页

河南临汝大张新石器时代遗址发掘简报　河南省文化局文物工作队 考古　1960 年 6 期 1 页

河南灵宝两处新石器时代遗址复查和试掘　黄河水库考古工作队河南分队　考古　1960 年 7 期 12 页

洛阳涧滨仰韶、殷文化遗址和宋墓清理　考古研究所洛阳发掘队 考古　1960 年 10 期 10 页

1959 年豫西六县调查简报　中国科学院考古研究所洛阳发掘队　考古　1961 年 1 期 29 页

1958～1959 年殷墟发掘简报　中国科学院考古研究所安阳发掘队 考古　1961 年 2 期 63 页

河南荥阳河王新石器时代遗址　河南省文化局文物工作队　考古 1961 年 2 期 94 页

洛阳王湾遗址发掘简报　北京大学考古实习队　考古　1961 年 4 期 175 页

河南镇平赵湾新石器时代遗址的发掘　河南省文化局文物工作队 考古　1962 年 1 期 23 页

河南鲁山邱公城古遗址的发掘　河南省文化局文物工作队　考古 1962 年 11 期 557 页

河南偃师汤泉沟新石器时代遗址的试掘　河南省文化局文物工作队 考古　1962 年 11 期 562 页

河南唐河寨茨岗新石器时代遗址　河南省文化局文物工作队　考古 1963 年 12 期 641 页

伊河下游几处新石器遗址的调查　中国科学院考古研究所洛阳发掘 队　考古 1964 年 1 期 13 页

河南偃师"滑城"考古调查简报　中国科学院考古研究所洛阳发掘 队　考古 1964 年 1 期 30 页

河南偃师仰韶及商代遗址　杨育彬　考古 1964 年 3 期 161 页

河南栾川合峪的龙山遗址　李京华　考古 1964 年 3 期 162 页

河南渑池县考古调查简报　中国科学院考古研究所洛阳发掘队　考 古 1964 年 9 期 431 页

河南偃师伊河南岸考古调查试掘报告　北京大学历史系洛阳考古实 习队　考古 1964 年 11 期 543 页

河南唐河茅草寺新石器时代遗址　河南省文化局文物工作队　考古 1965 年 1 期 1 页

河南偃师酒流沟新石器时代遗址的调查　董祥　考古 1965 年 1 期 40 页

河南襄城县发现一处龙山文化遗址　赵世纲　考古 1965 年 1 期 41 页

河南鄢陵扶沟商水几处古文化遗址的调查　刘东亚　考古 1965 年 2 期 94 页

河南舞阳的几处新石器时代遗址　舞阳县人民文化馆　考古 1965 年 5 期 252 页

安阳洹河流域几个遗址的试掘　中国科学院考古研究所安阳发掘队 考古 1965 年 7 期 326 页

河南泌阳板桥新石器时代遗址的调查和试掘　河南省文化局文物工 作队　考古 1965 年 9 期 433 页

河南渑池西河庵村新石器时代遗址发掘简报　河南省文化局文物工 作队　考古 1965 年 10 期 498 页

河南新乡刘庄营新石器时代遗址　新乡市博物馆　考古 1966 年 3 期 168 页

河南淅川下王岗遗址的试掘　河南省博物馆　长江流域规划办公室文物考古队河南分队　文物　1972 年 10 期 6 页

1971 年安阳后岗发掘简报　中国科学院考古研究所安阳发掘队　考古　1972 年 3 期 14 页

1972 年春安阳后岗发掘简报　中国科学院考古研究所安阳工作队　考古　1972 年 5 期 8 页

郑州大何村仰韶文化的房基遗址　郑州市博物馆　考古　1973 年 6 期 330 页

河南许昌灵井的石器时代遗存　周国兴　考古　1974 年 2 期 91 页

河南临汝煤山遗址调查与试掘　洛阳博物馆　考古　1975 年 5 期 285 页

南阳地区的文物普查工作　南阳地区革命委员会文管会、文化局　河南文博通讯　1977 年 1 期 18 页

汤阴白营发现一处龙山文化晚期聚落遗址　安阳地区文管会　河南文博通讯　1977 年 1 期 37 页

一九七七年上半年告成遗址的调查发掘　河南省博物馆登封工作站　河南文博通讯　1977 年 2 期 41 页

河南省禹县谷水河遗址发掘简报　河南省博物馆　河南文博通讯　1977 年 2 期 44 页

河南平顶山市发现一座大汶口类型墓葬　张脱　考古　1977 年 5 期 353 页

洛阳矬李遗址试掘简报　洛阳市博物馆　考古　1978 年 1 期 5 页

1975 年豫西考古调查　中国社会科学院考古研究所洛阳工作队　考古　1978 年 1 期 23 页

1977 年河南永城王油坊遗址发掘概况　商丘地区文物管理委员会、中国社会科学院考古研究所洛阳工作队　考古　1978 年 1 期 35 页

河南新郑裴李岗新石器时代遗址　开封地区文管会、新郑县文管会　考古　1978 年 2 期 73 页

河南临汝中山寨新石器时代遗址　方孝廉　考古　1978 年 2 期 138 页

一九七七年下半年登封告成遗址的调查发掘　河南省博物馆登封工

作站　河南文博通讯　1978 年 1 期 30 页

孟津小潘沟遗址试掘简报　洛阳市博物馆　考古　1978 年 4 期 244 页

一九七八年上半年登封告成遗址的发掘　河南省博物馆登封工作站　河南文博通讯　1978 年 3 期 12 页

河南省发现一处新石器早期文化遗址　李友谋　光明日报　1979 年 1 月 10 日 3 版

裴李岗遗址一九七八年发掘简报　开封地区文物管理委员会、新郑县文物管理委员会、郑州大学历史系考古专业　考古　1979 年 3 期 197 页

河南开封地区新石器时代遗址调查简报　开封地区文物管理委员会　考古　1979 年 3 期 206 页

河南禹县谷水河遗址发掘简报　河南省博物馆　考古　1979 年 4 期 300 页

河南密县莪沟北岗新石器时代遗址发掘简报　河南省博物馆、密县文化馆　文物　1979 年 5 期 14 页

河南郏县水泉发现的新石器时代遗址　郏县文化馆　考古　1979 年 6 期 562 页

郑州大何村遗址发掘报告　郑州市博物馆　考古学报　1979 年 3 期 301 页

河南密县莪沟北岗新石器时代遗址发掘报告　河南省博物馆、密县文化馆　河南文博通讯　1979 年 3 期 30 页

新乡地区文物普查的主要收获　新乡地区博物馆　河南文博通讯　1979 年 3 期 47 页

安阳县发掘一处龙山文化遗址　河南日报　1980 年 2 月 16 日 2 版

河南汤阴白营龙山文化遗址　安阳地区文物管理委员会　考古　1980 年 3 期 193 页

河南巩县铁生沟新石器早期遗址试掘简报　开封地区文管会、巩县文管会、郑州大学历史系考古专业　文物　1980 年 5 期 16 页

安阳八里庄龙山遗址发掘简报　安阳地区文管会　河南文博通讯

1980 年 2 期 19 页

巩县铁生沟发现裴李岗文化遗址　傅永魁　河南文博通讯　1980 年 2 期 28 页

河南淮滨发现新石器时代墓葬　信阳地区文管会、淮滨县文化馆　考古　1981 年 1 期 1 页

河南商水发现一处大汶口文化墓地　商水县文化馆　考古　1981 年 1 期 88 页

淮阳发现一座龙山文化古城址　曹桂岑　河南日报　1981 年 1 月 25 日 1 版

淮阳发现一座龙山文化古城址　人民日报　1981 年 2 月 10 日 4 版

河南郸城段砦出土大汶口文化遗物　郸城县文化馆　考古　1981 年 2 期 187 页

临汝阎村新石器时代遗址调查　临汝县文化馆　中原文物　1981 年 1 期 3 页

河南淇县花窝遗址试掘　安阳地区文管会、淇县文化馆　考古　1981 年 3 期 279 页

河南密县马良沟遗址调查和试掘　开封地区文管会、密县文管会、郑州大学考古专业　考古　1981 年 3 期 282 页

1977 年豫东考古纪要　中国社会科学院考古研究所河南二队、商丘地区文物管理委员会　考古　1981 年 5 期 385 页

河南密县新砦遗址的试掘　中国社会科学院考古研究所河南二队　考古　1981 年 5 期 398 页

淮阳发现一座四千多年前的古城址　曹桂岑　光明日报　1981 年 6 月 15 日 4 版

郸城段寨遗址试掘　曹桂岑　中原文物　1981 年 3 期 4 页

潢川县发现裴李岗文化类型的石磨盘　杨履选　中原文物　1981 年 4 期 59 页

河南密县莪沟北岗新石器时代遗址　河南省博物馆、密县文化馆　考古学集刊　1981 年 11 月 1 集 1 页

长葛县裴李岗文化遗址调查简报　长葛县文化馆　中原文物　1982年1期37页

郑州宋庄出土的石磨盘　赵清　考古　1982年3期254页

河南登封程窑遗址试掘简报　赵会军、曾晓敏　中原文物　1982年2期9页

沙窝李新石器时代遗址调查　薛文灿　中原文物　1982年2期14页

1979年裴李岗遗址发掘简报　中国社会科学院考古研究所河南一队　考古　1982年4期337页

河南偃师二里头遗址发现龙山文化早期遗存　中国社会科学院考古研究所二里头工作队　考古　1982年5期460页

安阳后岗新石器时代遗址的发掘　中国社会科学院考古研究所安阳工作队　考古　1982年6期565页

洛阳西吕庙龙山文化遗址发掘简报　洛阳市文物工作队　中原文物　1982年3期7页

伊川白元遗址发掘简报　洛阳地区文物队　中原文物　1982年3期7页

荥阳点军台遗址1980年发掘报告　郑州市博物馆　中原文物　1982年4期1页

郑州马庄龙山文化遗址发掘简报　郑州市博物馆　中原文物　1982年4期22页

河南临汝煤山遗址发掘报告　中国社会科学院考古研究所河南二队　考古学报　1982年第4期427页

河南洛阳吉利东杨村遗址　洛阳市文物工作队　考古　1983年2期101页

河南商丘县坞墙遗址试掘简报　商丘地区文物管理委员会、中国社会科学院考古研究所河南二队　考古　1983年2期116页

舞阳贾湖遗址调查简报　朱帜　中原文物　1983年1期13页

登封王城岗遗址的发掘　河南省文物研究所、中国历史博物馆考古部　文物　1983年3期8页

河南淮阳平粮台龙山文化城址试掘简报　河南省文物研究所、周口

地区文化局文物科　文物　1983 年 3 期 21 页

禹县瓦店遗址发掘简报　河南省文物研究所、郑州大学历史系考古专业　文物　1983 年 3 期 37 页

考古工作者在登封县发现两座四千多年前的古城　河南日报　1983 年 4 月 2 日 1 版

河南方城县大张庄新石器时代遗址　南阳地区文物队、方城县文化馆　考古　1983 年 5 期 398 页

郑州阎庄龙山文化遗址发掘简报　郑州市博物馆　中原文物　1983 年 4 期 1 页

孟津平乐新石器时代遗址调查　朱亮　中原文物　1983 年 4 期 112 页

河南伊川马迴营遗址试掘简报　洛阳地区文物保护管理处　考古 1983 年 11 期 1039 页

汤阴白营河南龙山文化村落遗址发掘报告　河南省安阳地区文物管理委员会　考古学集刊　1983 年 11 月第 3 集 1 页

河南上蔡十里铺新石器时代遗址　河南省驻马店地区文管会　考古学集刊　1983 年 11 月第 3 集 69 页

河南安阳洹河流域的考古调查　中国社会科学院考古研究所安阳工作队　考古学集刊　1983 年 11 月第 3 集 90 页

河南新郑沙窝李新石器时代遗址　中国社会科学院考古研究所河南一队　考古　1983 年 12 期 1057 页

河南邓县房山新石器时代遗址及秦汉墓调查　南阳地区文物工作队、邓县文化馆　考古　1984 年 1 期 91 页

1979 年裴李岗遗址发掘报告　中国社会科学院考古研究所河南一队　考古学报　1984 年 1 期 23 页

河南新郑唐户新石器时代遗址试掘简报　中国社会科学院考古研究所河南一队　考古　1984 年 3 期 193 页

河南孟县西后津遗址发掘简报　河南省文物研究所、新乡地区文管会、孟县文化馆　中原文物　1984 年 4 期 1 页

河南周口地区考古调查简报　中国社会科学院考古研究所河南二队、

河南省周口地区文物管理委员会　考古学集刊　1984 年 10 月第 4 集 40 页

1979 年安阳后岗遗址发掘报告　中国社会科学院考古研究所安阳工作队　考古学报　1985 年第 1 期 33 页

河南新乡县洛丝潭遗址试掘简报　新乡地区文管会、新乡县文化馆（刘习祥、汪秀峰）　考古　1985 年 2 期 97 页

偃师二里头遗址发现仰韶文化遗存　中国社会科学院考古研究所二里头工作队　考古　1985 年 3 期 193 页

河南临汝柏树圪垯遗址出土的遗物　临汝县文化馆　考古　1985 年 3 期 282 页

渑池仰韶遗址 1980~1981 年发掘报告　河南省文物研究所、渑池县文化馆　史前研究　1985 年 3 期 38 页

河南考古新发现　杨育彬　文物报　1985 年 8 月 16 日 3 版

临汝县裴李岗文化遗址调查简报　临汝县汝瓷博物馆　中原文物 1985 年 4 期 1 页

济源苗店龙山文化遗址发掘结束　杨守礼、张新斌　文物报　1985 年 12 月 25 日 2 版

临汝征集到两件仰韶中晚期陶器　张怀银　文物报　1986 年 2 月 21 日 2 版

周口市大汶口文化墓葬清理简报　周口地区文化局文物科　中原文物　1986 年 1 期 1 页

1984 年河南巩县考古调查与试掘　中国社会科学院考古研究所河南一队　考古　1986 年 3 期 193 页

河南许昌丁庄遗址试掘　中国社会科学院考古研究所河南一队　考古　1986 年 3 期 278 页

大赉店遗址　吴焕章、杨清秀　文物报　1986 年 3 月 7 日 3 版

登封王城岗遗址铜器残片出土记　李先登　文物天地　1986 年 4 期 44 页

郑州市西山村新石器时代遗址调查简报　刘东亚　中原文物　1986

年 2 期 23 页

郑州市陈庄遗址发掘简报　郑州市博物馆　中原文物　1986 年 2 期 27 页

河南临汝中山寨遗址调查简报　临汝县博物馆　考古　1986 年 6 期 481 页

豫北洹水两岸古代遗址调查简报　安阳市博物馆　中原文物　1986 年 3 期 1 页

河南临汝中山寨遗址试掘　中国社会科学院考古研究所河南一队　考古　1986 年 7 期 577 页

舞阳裴李岗文化有新发现，渔猎采集经济占重要地位　张居中、杨振威　文物报　1986 年 7 月 11 日 1 版

河南发掘一处古文化遗址　人民日报　1986 年 7 月 20 日 3 版

河南文物研究所发掘郝家台遗址　许天申、曹桂岑　文物报　1986 年 7 月 25 日 1 版

郑州市西北郊考古调查简报　张松林　中原文物　1986 年 4 期 1 页

濮阳市郊区考古调查简报　马连成、廖永民　中原文物　1986 年 4 期 12 页

内乡县香花寨遗址新出土陶器　徐新华　中原文物　1986 年 4 期 98 页

裴李岗遗址新发现两件石器　宋国定　文物报　1986 年 9 月 19 日 2 版

河南新发掘一处龙山文化遗址　人民日报　1986 年 12 月 18 日 3 版

河南省新发掘一处龙山文化遗址　光明日报　1986 年 12 月 18 日 1 版

青台仰韶文化遗址 1981 年上半年发掘简报　郑州市文物工作队　中原文物　1987 年 1 期 1 页

河南永城王油坊遗址发掘报告　中国社会科学院考古研究所河南二队、河南商丘地区文物管理委员会　考古学集刊　1987 年 3 月第 5 集 79 页

长葛石固遗址发掘报告　河南省文物研究所　华夏考古　1987 年 1 期 3 页

中原考古取得重大突破，濮阳发现远古六千年间文化遗址，探明上古先民部落融合聚居之地　缪金花　人民日报（海外版）　1987 年 3 月

21 日 4 版

河南伊川发现两件彩陶缸　张怀银、杨海欣　文物　1987 年 4 期 78 页

郑州市站马屯遗址发掘报告　河南省文物研究所、文化部文物局郑州培训中心　华夏考古 1987 年 2 期 3 页

洛阳市一九八四年古文化遗址调查简报　方孝廉　中原文物　1987 年 3 期 3 页

伊川土门、水寨新石器时代遗址调查简报　洛阳市第二工作队、伊川县文化馆　中原文物　1987 年 3 期 19 页

应国墓地贾湖遗址又有新发现　许天申　文物报　1987 年 7 月 10 日 2 版

黄河小浪底水库淹没区又有新发现　许天申　中国文物报　1987 年 11 月 27 日 2 版

河南濮阳发现华夏第一龙，八千年前骨笛仍可吹奏　光明日报 1987 年 12 月 11 日

8000 年前的甲骨契刻符号和骨笛在舞阳出土，自濮阳同时传来考古新闻，距今 6000 年的蚌砌龙虎重新面世　河南日报　1987 年 12 月 11 日

骨笛销迹 8000 年，出土犹奏新旋律　人民日报　1987 年 12 月 11 日

八千年前骨笛仍可吹佳音　文汇报　1987 年 12 月 11 日

我国新石器时代考古又一惊人发现，八千年前的甲骨契刻符号和骨笛在河南出土　中国文物报 1987 年 12 月 11 日

河南濮阳出土"华夏第一龙"　人民日报　1987 年 12 月 12 日

8000 年前的甲骨契刻符号在河南舞阳贾湖遗址出土　人民日报 1987 年 12 月 13 日

8000 年前甲骨契刻符号被发现　光明日报　1987 年 12 月 13 日

河南发现八千年前甲骨契刻符号　文汇报　1987 年 12 月 13 日

考古学和古文字学家研究证明贾湖遗址契刻符号早于甲骨卜辞　侯红光　光明日报　1987 年 12 月 17 日

中国新石器时代考古研究新观点，仰韶时代已进入父系氏族社会，濮

阳仰韶文化遗址发掘成果震动考古界 人民日报 1988年1月17日1版

考古专家根据河南濮阳西水坡遗址发掘出的文化遗存断定，六千年前中原地区已进入父系氏族社会 侯红光 光明日报 1988年1月17日1版

濮阳出土六千年前的龙虎图案 孙德萱、丁清贤、赵连生、张相梅 中国文物报 1988年1月29日1版

濮阳西水坡遗址试掘简报 濮阳市文物管理委员会、濮阳市博物馆、文物队 中原文物 1988年1期1页

襄城县台王遗址试掘简报 河南省文物研究所 中原文物 1988年1期7页

河南濮阳西水坡遗址发掘简报 濮阳市文物管理委员会、濮阳市博物馆、濮阳市文物工作队 文物 1988年3期1页

濮阳西水坡遗址发掘简报 濮阳市文物管理委员会、濮阳市博物馆、文物队 华夏考古 1988年1期1页

郑州后庄王遗址的发掘 河南省文物研究所 华夏考古 1988年1期5页

安阳鲍家堂仰韶文化遗址 中国社会科学院考古研究所安阳工作队 考古学报 1988年2期169页

河南温县仰韶文化遗址调查简报 张新斌、王再建 中原文物 1988年2期1页

舞阳贾湖遗址的试掘 河南省文物研究所 华夏考古 1988年2期1页

武陟县保安庄遗址调查简报 河南省文物研究所 中原文物 1988年3期1页

禹县吴湾遗址试掘简报 河南省文物研究所、禹县文管会 中原文物 1988年4期5页

河南舞阳贾湖新石器时代遗址第二至六次发掘简报 河南省文物研究所 文物 1989年1期1页

淅川下集新石器时代遗址发掘报告 长江流域规划办公室考古队河南分队 中原文物 1989年1期1页

河南鹿邑栾台遗址发掘简报　河南省文物研究所　华夏考古　1989年1期1页

信阳孙砦遗址发掘报告　河南省文物研究所　华夏考古　1989年2期1页

郑州大学考古实习喜获硕果　中国文物报　1989年12月8日1版

1988年河南濮阳西水坡遗址发掘简报　濮阳西水坡遗址考古队　考古　1989年12期1057页

登封双庙新石器时代早期文化遗存的调查与试掘　河南省文物研究所　华夏考古　1989年4期1页

河南灵宝涧口遗址发掘报告　河南省文物研究所　华夏考古　1989年4期10页

安阳大寒村南岗遗址　中国社会科学院考古研究所安阳队　考古学报　1990年1期43～68页

河南武陟东石寺遗址调查简报　新乡地区文管会、武陟县博物馆（张新斌、刘习祥）　考古　1990年3期193～199页

河南偃师灰嘴遗址发掘报告　河南省文物研究所（罗桃香等）　华夏考古　1990年1期1～33页

河南信阳南山咀新石器时代遗址试掘简报　中国社会科学院考古研究所河南一队（王吉怀）　考古　1990年5期385～389页

新乡市博物馆馆藏一件石祖　傅山泉　考古与文物　1990年3期111页

河南临汝北刘庄遗址发掘报告　河南省文物研究所（袁广阔）　华夏考古　1990年2期11～42页

舞阳大岗发现细石器文化遗存　张居中　中国文物报　1990年7月5日1版

河南淅川黄楝树遗址发掘　长江流域规划办公室考古队河南分队　华夏考古　1990年3期1～69页

河南巩县水地河新石器遗址调查　廖永民、王保仁　考古　1990年11期961～968页

河南济源苗店遗址发掘简报　中国历史博物馆考古部（李先登等）

考古与文物　1990 年 6 期 1～17 页

　　河南乳香台遗址的发掘　河南省文物研究所、周口地区文化局（张志清、李占扬）　华夏考古　1990 年 4 期 1～13 页

　　信阳发现世界最早的金属弹簧形器，英国人发明弹簧之说难于成立　光明日报　1990 年 12 月 29 日 2 版

　　鹿台岗段遗址发掘喜获硕果　中国文物报　1991 年 1 月 13 日 1 版

　　河南汝州中山寨遗址　中国社会科学院考古研究所河南一队（郑乃武等）　考古学报　1991 年 1 期 57～89 页

　　河南禹县颍河两岸考古调查与试掘　河南省文物研究所、禹县文管会（姜涛、方燕明）　考古　1991 年 2 期 97～109 页

　　河南舞阳贾湖遗址发掘侧记　张居中　文物天地　1991 年 1 期 6～8 页

　　舞阳贾湖遗址出土的龟甲和骨笛　张居中　华夏考古　1991 年 2 期 106～107 页

　　灵宝北万回头遗址出土的彩陶盆　陈焕玉　华夏考古　1991 年 2 期 108 页

　　河南郾城郝家台遗址出土的陶瓶和陶鬹　杨清　华夏考古　1991 年 2 期 109～110 页

　　淮阳平粮台龙山文化城址出土的陶甗和陶水管　曹桂岑　华夏考古　1991 年 2 期 111～112 页

　　扶沟出土最大裴李岗石磨盘　郝万章、张桂云　中国文物报　1991 年 9 月 22 日 1 版

　　神秘的刻符石柄形器出土记　宋豫秦　中国文物报　1991 年 9 月 22 日 4 版

　　临汝煤山遗址 1987～1988 年发掘报告　河南省文物研究所（袁广阔）　华夏考古　1991 年 3 月　5～23 页

　　河南内乡县部分新石器时代遗址调查简报　内乡县综合博物馆（徐新华）　考古与文物　1992 年 1 期 1～4 页

　　巩义调查二十余处古遗址　赵向清　中国文物报　1992 年 6 月 7 日 1 版

登封八方、双庙仰韶文化遗址的试掘 河南省文物研究所（安金槐）
华夏考古 1992 年 2 期 1～13 页

汝州发现四千年前炭化稻米 吴耀利、陈星灿 中国文物报 1992
年 7 月 26 日 1 版

巩义市坞罗河流域裴李岗文化遗存调查 巩义市文管所（赵玉安）
中原文物 1992 年 4 期 1～7 页

巩义市坞罗河流域仰韶文化遗址调查 巩义市文管所（王保仁）
中原文物 1992 年 4 期 8～31 页

巩义市坞罗河流域河南龙山文化遗址调查 巩义市文管所（赵海星）
中原文物 1992 年 4 期 32～42 页

1991 年河南罗山考古主要收获 河南省文物研究所等 华夏考古
1992 年 3 期 45～61 页

郾城郝家台遗址的发掘 河南省文物研究所等（曹桂岑） 华夏考
古 1992 年 3 期 62～91 页

河南郏县水泉新石器时代遗址发掘简报 中国社会科学院考古研究
所河南一队（郑乃武） 考古 1992 年 10 期 865～874 页

辉县孟庄发现龙山文化城址 袁广阔 中国文物报 1992 年 12 月 6
日 1 版

河南汝州李楼遗址出土炭化稻米 吴耀利、陈星灿 农业考古
1993 年 1 期 123 页

巩义考古调查又有新收获，发现原始文化遗址十一处 赵海星 中
国文物报 1993 年 2 月 21 日 1 版

班村遗址发掘获重大成果 蒋迎春 中国文物报 1993 年 2 月 21 日
1 版

八里岗发掘获重要收获 张师 中国文物报 1993 年 3 月 28 日 1 版

驻马店杨庄遗址发掘告捷 宋豫秦、李亚东 中国文物报 1993 年 4
月 11 日 1 版

巩义新石器时代考古调查的新收获 席延昭、周理明 中国文物报
1993 年 6 月 13 日 3 版

河南巩县稍柴遗址发掘简报　河南省文物研究所　华夏考古　1993年 2 期 1 ~ 42 页

三年来河南考古的重要发现与研究　秦文生　河洛文明论文集 1993 年 608 ~ 617 页

河南密县黄寨遗址的发掘　河南省文物研究所　华夏考古　1993 年 3 期 1 ~ 9 页

"夏代阳城"探索记　安金槐　文物天地　1993 年 5 期 32 ~ 35 页

舞阳贾湖遗址发现栽培水稻　张居中　中国文物报　1993 年 10 月 31 日 1 版

上穷碧落下黄泉——1992 年班村遗址发掘散记　丙如　文物天地 1994 年 1 期 24 ~ 26 页

洛汭地带河南龙山与二里头文化遗存调查　河南省社科院河洛文化研究所、河南省巩义市文物保护管理所（赵海星、张毅敏）　中原文物 1994 年 1 期 80 ~ 90 页

郑州西山遗址发掘获丰硕成果　张玉石、乔梁　中国文物报　1994 年 3 月 13 日 1 版

河南汝州李楼遗址的发掘　中国社会科学院考古研究所河南一队（吴耀利、陈星灿）考古学报　1994 年 1 期 63 ~ 97 页

焦作市府城古城遗址调查报告　杨贵金、张立东　华夏考古　1994 年 1 期 1 ~ 11 页

河南武陟大司马遗址调查简报　杨贵金等　考古　1994 年 4 期 289 ~ 300 页

河南去年田野考古工作成绩斐然　赵会军、张慧明　中国文物报 1994 年 5 月 8 日 1 版

河南邓州八里岗遗址的调查与试掘　北京大学考古系、南阳地区文物研究所（樊力、梁玉坡）　华夏考古　1994 年 2 期 1 ~ 5 页

河南杞县鹿台岗遗址发掘简报　郑州大学考古专业等（张国硕等）考古　1994 年 8 期 673 ~ 682 页

商丘地区重要考古发现概述　郑清森　黄淮学刊（社科版）1994 年

10 卷 3 期 95～99 页

八里岗史前聚落发掘再获重要成果　张弛　中国文物报　1994 年 12 月 25 日 1 版

商丘连续发现仰韶时期墓葬　曾华国等　人民日报　1995 年 1 月 20 日 5 版

河南郏县水泉裴李岗文化遗址　中国社会科学院考古研究所河南一队（郑乃武）　考古学报　1995 年 1 期 39～77 页

洛汭地带仰韶文化遗存调查　河南社科院河洛文化研究所、河南省巩义市文物保护管理所　中原文物　1995 年 1 期 45～67 页

巩义考古调查取得新收获　李靖宇　中国文物报　1995 年 3 月 12 日 1 版

沁阳抢救发掘崇义遗址　张红军　中国文物报　1995 年 3 月 19 日 1 版

河南省巩义市里沟遗址调查　河南省巩义市文物保护管理所（王保仁、刘洪森）　考古　1995 年 4 期 297～304 页

河南汝州洪山庙遗址发掘　河南省文物考古研究所（袁广阔）　文物　1995 年 4 期 4～11 页

光山王围孜赵山遗址发现大型祭祀性遗址　魏兴涛　中国文物报 1995 年 5 月 7 日 1 版

华夏最早城址重见天日　周笑雪　光明日报　1995 年 5 月 14 日 1 版

淇县发现——"龙山文化"遗址　文汇报　1995 年 6 月 14 日 4 版

河南登封县几处新石器时代遗址的调查　郑州市文物工作队（张松林等）　考古　1995 年 6 期 481～496 页

河南荥阳县楚湾新石器时代遗址调查报告　郑州市文物工作队、荥阳县文物保护管理所（张松林等）　考古　1995 年 6 期 497～505 页

郑州大河村遗址 1983、1987 年仰韶文化遗存发掘报告　郑州市文物工作队、郑州市大河村遗址博物馆（李昌韬、廖永民）　考古　1995 年 6 期 505～525 页

河南巩义市里沟遗址发掘简报　郑州市文物工作队、巩义市文物保管所（王文华等）　考古　1995 年 6 期 526～542 页

巩义新发现一裴李岗文化遗址　马健、杨权　中国文物报　1995 年 7 月 30 日 1 版

郑州发现中国最早古城址　程红根、王恒韬　人民日报（海外版）1995 年 9 月 4 日 3 版

五千年前古城遗址黄河岸边重见天日　人民日报（海外版）1995 年 9 月 8 日 1 版

新石器时代考古获重大发现　郑州西山仰韶时代晚期遗址面世　张玉石、杨肇清　中国文物报　1995 年 9 月 10 日 1 版

仰韶时代古城址重见天日，我城市起源史上推近千年　顾月忠　光明日报　1995 年 9 月 18 日 2 版

郑州发现新石器时代的西山遗址　周文　人民日报（海外版）1995 年 10 月 5 日 8 版

华夏第一城在郑州发现　周文　人民日报（海外版）1995 年 10 月 18 日 8 版

河南驻马店市杨庄遗址发掘简报　北京大学考古系、驻马店市文物保护管理所　考古　1995 年 10 期 873 ~ 882 页

巩义考古又有重要发现　席彦昭、廖永民　中国文物报　1995 年 11 月 12 日 1 版

河南巩义市洛汭地带古代遗址调查　河南省社科院河洛文化研究所、河南省巩义市文物保护管理所（崔耀银、廖永民）　考古学集刊　1995 年第 9 集 44 页

商丘发现帝尧天文观测台遗址　崔振华等　炎黄世界·商丘专刊（1995 年增刊）38 ~ 39 页

郑州大河村遗址 1983、1987 年发掘报告　郑州市文物工作队、郑州市大河村遗址博物馆（李昌韬、李建和）　考古学报　1996 年 1 期 111 ~ 141 页

郑州西山发现黄帝时代古城　许顺湛　中原文物　1996 年 1 期 1 ~ 4 页

伊川出土裴李岗文化骨针　范兴运　中国文物报　1996 年 3 月 17 日 1 版

探索者的足迹（一至七）——郑州西山仰韶时代城址发掘纪实 张玉石 中国文物报 1996年3月24日4版、3月31日4版、4月7日4版、4月14日4版、4月21日4版、4月28日4版、5月5日4版

1991年唐白河流域及淮源史前遗址的考古调查 北京大学考古实习队、河南省南阳市文物研究所（樊力） 江汉考古 1996年2期1~10页

河南驻马店市党楼遗址的发掘 北京大学考古系、驻马店市文物保护管理所（韩建业等） 考古 1996年5期1~9页

河南去年考古发掘取得丰硕成果 张慧明 中国文物报1996年5月26日1版

河南考古又有重大发现 汝州煤山遗址发现龙山文化排房和墓葬 袁广阔、韩召会 中国文物报 1996年6月2日1版

河南舞阳大岗细石器地点发掘报告 张居中、李占扬 人类学学报 1996年2期105~113页

河南巩义市瓦窑嘴新石器时代遗址试掘简报 巩义市文物管理所（吴茂林等） 考古 1996年7期12~16页

夏邑发现一处古遗址及汉墓群 王爱华 中国文物报 1996年7月7日1版

黄河小浪底水库孟津县区古遗址抢救性发掘取得可喜成果 陈旭等 中国文物报 1996年10月27日1版

河南焦作地区的考古调查 中国社会科学院考古研究所河南一队、焦作市文物工作队（陈星灿、傅宪国） 考古 1996年11期31~45页

河南省发现四千年前的锅巴 人民日报（海外版）1996年12月18日1版

鹿台岗遗址龙山文化祭祀建筑遗迹 刘春迎 中国文物报 1996年12月22日3版

河南荥阳竖河遗址发掘报告 河南省文物研究所（张志清、靳松安） 考古学集刊 1996年第10集1~47页

洛阳市偃师县高崖遗址发掘报告 洛阳市第二文物工作队、偃师县文物管理委员会 华夏考古 1996年4期1~18页

巩义市瓦窑嘴遗址第三次发掘报告　巩义市文物保护管理所　中原文物　1997 年 1 期 41~52 页

妯娌遗址名列十大考古新发现　光明日报　1997 年 2 月 10 日 1 版

河南商丘发现我国现存最早的天文观测台遗址　王红闯　文汇报 1997 年 3 月 12 日 4 版

荥阳方靳寨新石器时代遗址发掘简报　郑州市文物考古研究所、荥阳市文物保护管理所（张松林、于宏伟）　中原文物　1997 年 3 期 1~12 页

黄河小浪底库区考古发掘收获　赵清等　中国文物报　1997 年 8 月 24 日 3 版

巩义瓦窑嘴遗址出土裴李岗文化遗物　刘洪淼　中国文物报　1997 年 9 月 7 日 1 版

河南尉氏县椅圈马遗址发掘简报　郑州大学考古系等（李锋、陈朝云）　华夏考古　1997 年 3 期 1~16 页

中美联合发现新的龙山文化遗址　文汇报　1997 年 10 月 17 日 9 版

河南巩义市塌坡仰韶文化遗址调查　巩义市文物管理所（刘洪淼）　考古　1997 年 11 期 19~23 页

河南夏邑县清凉山遗址 1988 年发掘简报　北京大学考古学系、商丘地区文管会（张翠莲）　考古　1997 年 11 期 24~35 页

河南邓州市八里岗遗址 1992 年的发掘与收获　北京大学考古学系、南阳地区文物研究所（樊力、金志伟）　考古　1997 年 12 期 1~7 页

河南伊川县伊阙城遗址仰韶文化遗存发掘简报　洛阳市第二文物工作队（史家珍、桑永夫）　考古　1997 年 12 期 8~16 页

1982、1985 年河南郑州市大河村遗址发掘　郑州市文物考古研究所（李昌韬）　考古学集刊　1997 年 11 集 33~83 页

三门峡市发现一处遗址，仰韶时期文化堆积丰富　桂娟　人民日报（海外版）1998 年 1 月 12 日 1 版

三门峡市发现一处仰韶文化遗址　桂娟　光明日报　1998 年 1 月 13 日 2 版

河南新安县太涧遗址发掘简报——黄河小浪底水库淹没区考古发掘简报之一　洛阳市文物工作队、新安县文物保护管理所（刘富良等）考古与文物　1998年1期3～21页

河南汝州市李楼遗址出土的石制品　中国社会科学院考古研究所河南一队（陈星灿、吴耀利）考古　1998年3期1～7页

罗山姚台子遗址发掘获重要成果　张志清等　中国文物报　1998年3月1日1版

黄河小浪底水库文物考古工作硕果累累　张玉石　中国文物报　1998年5月3日1版

河南省孟州市义井遗址调查简报　焦作市文物处、孟州市博物馆（郭建设、梁永照）　华夏考古　1998年2期1～4页

河南省登封矿区铁路登封伊川段古遗址调查发掘报告　河南省文物考古研究所（靳松安、张志清）　华夏考古　1998年2期5～28

河南邓州八里岗遗址发掘简报　北京大学考古实习队、河南省南阳市文物研究所（张江凯）　文物　1998年9期31～45页

郑州大河村遗址发掘记实　李昌韬　河南文史资料　1998年3期24～33页

洹河流域区域考古研究初步报告　中国社会科学院考古研究所等（唐际根等）　考古　1998年10期13～22页

河南灵宝市发现我国目前面积最大的遗址　王自民　中国文物报　1998年10月18日1版

黄河小浪底库区考古发掘收获　赵清等　中国文物报　1998年12月9日3版

河南焦作陨城寨遗址的发掘　河南省文物考古研究所、焦作市文物工作队（赵新平等）　华夏考古　1998年4期1～10页

河南孟县许村新石器时代遗址　河南省文物考古研究所（赵新平、靳松安）　考古　1999年2期41～54页

河南辉县孟庄遗址的裴李岗文化遗存　河南省文物考古研究所（袁广阔等）　华夏考古　1999年1期1～6页

300 多件仰韶文化文物在洛三公路工地出土　牛英、王蔚　光明日报 1999 年 3 月 31 日 2 版

灵宝铸鼎塬仰韶文化遗址群考古调查新成果　杨中林等　中国文物报　1999 年 4 月 14 日 1 版

河南淇县王庄龙山文化遗址发掘简报　河南省文物考古研究所（袁广阔）　考古　1999 年 5 期 1～14 页

巩义市聚落考古取得丰硕成果　陈星灿等　中国文物报　1999 年 5 月 19 日 1 版

豫西灵宝盆地聚落考古研究课题启动　灵宝联合考古队　中国文物报　1999 年 6 月 13 日 1 版

荥阳青台遗址出土纺织物的报告　郑州市文物考古研究所（张松林）中原文物　1999 年 3 期 1～9 页

郑州西山仰韶时代城址的发掘　国家文物局考古领队培训班（张玉石等）　文物　1999 年 7 期 4～15 页

三门峡南交口遗址发掘收获　魏兴涛　中国文物报　1999 年 8 月 4 日 3 版

河南新安县西沃遗址发掘简报　河南省文物考古研究所（樊温泉、靳松安）　考古　1999 年 8 期 1～16 页

河南灵宝铸鼎塬及其周围考古调查报告　河南省文物考古研究所等（马萧林等）　华夏考古　1999 年 3 期 19～42 页

河南巩义市瓦窑嘴新石器时代遗址的发掘　郑州市文物工作队、巩义市文物管理所（周军等）考古　1999 年 11 期 13～20 页

河南灵宝市北阳平遗址调查　中国社会科学院考古研究所河南第一工作队等（陈星灿等）考古　1999 年 12 期 1～15 页

河南夏邑清凉山遗址发掘报告　北京大学考古学系、商丘地区文管会（张翠莲）　考古学研究（四）　2000 年 443～519 页

河南禹州市瓦店龙山文化遗址 1997 年的发掘　河南省文物考古研究所（方燕明、韩朝会）　考古　2000 年 2 期 16～39 页

关家遗址发掘获重要成果　樊温泉　中国文物报　2000 年 2 月 13 日

1版

北阳平遗址抢救性试掘成果喜人　任敏录　中国文物报　2000年2月27日1版

中澳美继续联合开展伊洛河流域考古调查　席彦昭　中国文物报 2000年3月1日1版

河南辉县市孟庄龙山文化遗址发掘简报　河南省文物考古研究所（袁广阔等）　考古　2000年3期1～20页

洛阳古严庄遗址试掘　俞凉亘　中国文物报　2000年3月29日1版

河南新密古城寨考古有重大发现，目前发现的古城是迄今我国保存最好的一座龙山时期城址　崔志坚　光明日报　2000年5月20日A2版

龙山时代考古的重大收获　蔡全法等　中国文物报　2000年5月21日1版

小浪底发现庙底沟文化遗址　文汇报　2000年6月7日6版

河南新密发现4000多年前古城　光明日报　2000年6月28日A1版

新密发现4000年前古城，考古专家认为是一处古代的政治军事中心　陆伟强　文汇报　2000年6月30日6版

河南罗山县李上湾新石器时代遗址　河南省文物考古研究所、信阳市文物管理委员会（赵新平、张志清）　华夏考古　2000年3期3～16页

河南固始平寨古城遗址发掘报告　北京大学考古文博院、信阳地区文物管理委员会（李维明等）　考古学报　2000年3期331～358页

河南省新密市发现龙山时代重要城址　蔡全法等　中原文物　2000年5期4～9页

河南郑州八里岗遗址1998年度发掘简报　北京大学考古文博院、南阳地区文物研究所（张弛等）　文物　2000年11期23～31页

四千年古城封尘抖落现真容——河南新密古城寨龙山古城发掘记 马俊才　文物世界　2000年6期7～10页

河南新密市新砦1999年试掘简报　北京大学考古文博院、郑州市文物考古研究所（赵春青等）　华夏考古　2000年4期3～10页

河南灵宝西坡遗址发现仰韶时代的蓄水设施　铸鼎塬联合考古队

（陈星灿）　中国社会科学院古代文明研究中心通讯　2001 年 1 期 30 ~
31 页

八里岗仰韶文化遗址有新资料　张弛　中国文物报　2001 年 1 月 31
日 1 版

灵宝西坡遗址发现仰韶时期蓄水设施　李丽静　光明日报　2001 年 2
月 23 日 A1 版

登封发现一处新石器文化遗址　张德卿、杨远　中国文物报·收藏
赏周刊　2001 年 4 月 8 日 2 版

仰韶文化新发现——河南灵宝铸鼎塬西坡遗址发现蓄水设施　铸鼎
塬联合考古队　中国文物报　2001 年 5 月 9 日 1 版

河南灵宝市北阳平遗址试掘简报　中国社会科学院考古研究所河南
第一工作队等（黄卫东等）　考古　2001 年 7 期 3 ~ 20 页

灵宝西坡遗址发现仰韶文化大型房址　魏兴涛等　中国文物报
2001 年 8 月 19 日 1 版

河南灵宝市西坡遗址试掘简报　中国社会科学院考古研究所等（陈
星灿等）　考古　2001 年 11 期 3 ~ 14 页

河南巩义市里沟遗址 1994 年度发掘简报　郑州市文物考古研究所、
巩义市文物保护管理所（张建华等）　华夏考古　2001 年 4 期 3 ~ 24 页

河南发现多座仰韶文化中期房基　崔志坚　光明日报　2002 年 2 月 8
日 A2 版

灵宝西坡遗址发现仰韶文化特大型房址　魏兴涛、李胜利　中国文
物报　2002 年 3 月 8 日 1 版

河南鹿邑县武庄遗址的发掘　河南省文物考古研究所（赵新平等）
考古　2002 年 3 期 3 ~ 15 页

河南新安县槐林遗址仰韶文化陶窑的清理　河南省文物考古研究所
（赵清、韩朝会）　考古　2002 年 5 期 3 ~ 9 页

河南舞阳贾湖遗址 2001 年春发掘简报　中国科学技术大学科技史与
科技考古系等（张居中、潘伟斌）　华夏考古　2002 年 2 期 14 ~ 30 页

河南灵宝市西坡遗址 2001 年春发掘简报　河南省文物考古研究所等

（魏兴涛等）　华夏考古　2002 年 2 期 31～52 页

　　河南新密市古城寨龙山文化城址发掘简报　河南省文物考古研究所、新密市炎黄历史文化研究会（蔡全法、马俊才）　华夏考古　2002 年 2 期 53～82 页

　　河南巩义市滩小关遗址发掘报告　河南省文物考古研究所（赵清等）　华夏考古　2002 年 4 期 3～38 页

　　河南省淅川双河镇遗址发掘简报　北京大学考古学系、南阳市文物考古研究所　考古与文物增刊·先秦考古　2002 年 13～22 页

　　庙底沟遗址再次发掘又有重要发现　樊温泉等　中国文物报　2003 年 2 月 14 日 1 版

　　开封文物考古回眸　丘刚　中原文物考古研究　2003 年 73～80 页

　　信阳文物考古发现与研究　刘开国　中原文物考古研究　2003 年 81～86 页

　　小浪底库区考古发现及相关问题　朱亮　中原文物考古研究　2003 年 2 月 96～101 页

　　新密莪沟北岗遗址发现发掘亲历记　杨肇清　河南文史资料　2003 年 2 期 134～145 页

　　河南灵宝西坡遗址 105 号仰韶文化房址　河南省文物考古研究所等（魏兴涛、李胜利）　文物　2003 年 8 期 4～16 页

　　巩县花地嘴遗址发现"新砦期"遗存　顾万发、张松林　古代文明研究通讯　2003 年 18 期 37～45 页

　　河南济源抢救一批新石器时代遗址　桂娟　光明日报　2004 年 2 月 8 日 A1 版

　　河南济源发掘留村龙山文化遗址和西窑头汉墓群　河南省文物考古研究所、济源市文物工作队　中国文物报　2004 年 2 月 13 日 1 版

　　河南新密新砦遗址发现城墙和大型建筑　赵春青等　中国文物报 2004 年 3 月 3 日 1 版

　　河南省新密市新砦遗址 2000 年发掘简报　北京大学古代文明研究中心、郑州市文物考古研究所（赵春青等）　文物　2004 年 3 期 4～20 页

河南西平县上坡遗址发掘简报 河南省文物考古研究所等（余新宏） 考古 2004 年 4 期 7 ~ 28 页

新密市新砦遗址布局探索的新进展 中国社会科学院考古研究所河南新砦队、郑州市文物考古研究所（赵春青等） 中国社会科学院古代文明研究中心通讯 2004 年 8 期 56 ~ 60 页

河南新乡李大召遗址 2002 年秋发掘简报 郑州大学考古专业等（韩国河等） 考古与文物 2004 年 5 期 3 ~ 19 页

河南登封王城岗遗址发现龙山晚期大型城址 方燕明 中国文物报 2005 年 1 月 28 日 1 版

河南安阳发现一处龙山文化遗址 刘先琴 光明日报 2005 年 3 月 21 日 4 版

河南灵宝市西坡遗址发现一座仰韶文化中期特大房址 中国社会科学院考古研究所河南一队等（李新伟等） 考古 2005 年 3 期 3 ~ 6 页

河南长垣宜丘遗址发掘简报 郑州大学历史与考古系等（李锋、陈旭等） 中原文物 2005 年 2 期 4 ~ 17 页

河南洛阳盆地 2001 ~ 2003 年考古调查简报 中国社会科学院考古研究所二里头工作队（许宏等） 考古 2005 年 5 期 18 ~ 37 页

河南发现仰韶中期墓葬区 光明日报 2005 年 6 月 3 日 1 版

河南发现仰韶中期墓葬区 中华文明史有望提前 500 年 孟国栋 人民日报 2005 年 6 月 3 日 11 版

河南巩义市花地嘴遗址"新砦期"遗存 郑州市文物考古研究所、北京大学考古文博学院（顾万发、张松林） 考古 2005 年 6 期 3 ~ 6 页

豫东商丘地区考古调查简报 郑州大学历史学院考古系（靳松安等） 华夏考古 2005 年 2 期 13 ~ 27 页

河南新乡李大召遗址试掘简报 郑州大学考古系等（韩国河等） 中原文物 2005 年 3 期 4 ~ 8 页

河南灵宝西坡遗址第五次发掘获重大突破 马萧林等 中国文物报 2005 年 8 月 26 日 1 版

河南卫辉市倪湾遗址发掘简报 新乡市文物工作队、卫辉市博物馆

（刘习祥等）　华夏考古　2005 年 3 期 3～14 页

　　新郑唐户新石器时代遗址调查　河南省文物考古研究所、新郑市文物事业管理局（蔡全法等）　中原文物　2005 年 5 期 12～23 页

　　开封城墙西门北侧古马道勘探与试掘　开封市文物工作队（刘春迎）中原文物　2005 年 5 期 24～29 页

　　河南鹤壁刘庄遗址考古发掘取得重要收获　赵新平等　中国文物报 2006 年 1 月 27 日 1 版

　　河南新密市新砦城址中心区发现大型浅穴式建筑　中国社会科学院考古研究所、郑州市文物考古研究所（赵春青等）　考古　2006 年 1 期 3～6 页

　　河南平顶山蒲城店发现龙山文化与二里头文化城址　魏兴涛等　中国文物报　2006 年 3 月 3 日 1 版

　　王城岗遗址考古新发现及其意义　方燕明　中原地区文明化进程学术研讨会文集　2006 年 313～325 页

　　春风拂面来——南水北调中线工程河南考古发掘侧记　张俊梅　中国文物报　2006 年 4 月 21 日 3 版

　　河南温县陈家沟遗址考古发掘获重要收获　杨树刚、郭亮　中国文物报　2006 年 5 月 3 日 1 版

　　河南新密新砦城址发掘城墙西北角与浅穴式大型建筑　赵春青等中国文物报　2006 年 6 月 30 日 2 版

　　河南登封市王城岗遗址 2002、2004 年发掘简报　北京大学考古文博学院（方燕明、刘绪）　考古　2006 年 9 期 3～15 页

　　河南三门峡三里桥遗址发掘取得重要收获　李素婷等　中国文物报 2006 年 11 月 8 日 2 版

（十八）湖　北

湖北阳新、鄂城两县发现新石器时代遗址　文物参考资料　1954 年 5

期 102 页

湖北黄石市发现古代遗址　高应勤、刘修堤、蔡成鼎　文物参考资料　1954 年 8 期 148 页

湖北英山县发现古代石器　谭维四　文物参考资料　1954 年 8 期 148 页

湖北阳新县发现新石器时代遗址　湖北省文管会　文物参考资料 1954 年 9 期 162 页

湖北京山发现新石器时代遗址　文物参考资料　1955 年 2 期 127 页

湖北京山县发现古代陶片　吴端生、江海　文物参考资料　1955 年 2 期 155 页

湖北京山县石龙过江水库工程中发现的新石器时代遗址简报　王劲、吴瑞生、谭维四　文物参考资料　1955 年 4 期 41 页

湖北黄陂县盘土城发现古城遗址及石器等　蓝蔚　文物参考资料 1955 年 4 期 118 页

湖北省文化局组织文物工作队发掘京山发现的古遗址　文物参考资料　1955 年 5 期 120 页

湖北文管会召开有关京山等地文化遗址研究座谈会　文物参考资料　1955 年 7 期 162 页

湖北钟祥县刘家石门水库工地内发现古遗址四处　江海　文物参考资料　1955 年 8 期 162 页

湖北黄石市东方乡发现古代遗址、遗物　文物参考资料　1956 年 1 期 65 页

湖北鄂城县金鸡乡发现古代遗址、遗物　文物参考资料　1956 年 1 期 65 页

武昌洪山发现石斧　夏盾　考古通讯　1956 年 1 期 79 页

湖北京山、天门考古发掘简报　石龙过江水库指挥部文物工作队 考古通讯　1956 年 3 期 11 页

湖北圻春易家山新石器时代遗址调查简报　湖北省文物管理委员会 考古通讯　1956 年 3 期 21 页

湖北圻春易家山新石器时代遗址 湖北省文物管理处 考古 1960年 5 期 1 页

湘乡县发现新石器时代的石器 杨桦 文物 1960 年 5 期 88 页

长江中游湖北地区考古调查 杨锡璋 考古 1960 年 10 期 43 页

长江西陵峡考古调查与试掘 中国科学院考古研究所长江队三峡工作组 考古 1961 年 5 期 231 页

一九五八年至一九六一年湖北郧县和均县发掘简报 长办文物考古队直属工作队 考古 1961 年 10 期 519 页

湖北黄冈螺蛳山遗址的探掘 中国科学院考古研究所湖北发掘队 考古 1962 年 7 期 339 页

湖北京山朱家咀新石器遗址第一次发掘 湖北省文物管理委员会 考古 1964 年 5 期 215 页

湖北宜都甘家河新石器时代遗址 高仲达 考古 1965 年 1 期 41 页

湖北松滋县桂花树新石器时代遗址 湖北省荆州地区博物馆 考古 1976 年 3 期 187 页

江陵毛家山发掘记 纪南城文物考古发掘队 考古 1977 年 3 期 158 页

江陵张家山遗址的试掘与探索 陈贤一 江汉考古 1980 年 2 期 77 页

孝感地区两处新石器遗址调查 蒲显钧、蔡先启 江汉考古 1980 年 2 期 93 页

湖北枝江县关庙山新石器时代遗址发掘简报 中国社会科学院考古研究所湖北工作队 考古 1981 年 4 期 289 页

武汉市汉阳县发现陈子墩新石器时代文化遗址 武汉市文物管理处历史文物科 文物资料丛刊 1981 年 12 月 5 期 199 页

鄂东南首次试掘新石器时代遗址 李龙章 江汉考古 1982 年 1 期 8 页

沮漳河中游考古调查 湖北省博物馆 江汉考古 1982 年 2 期 79 页

湖北枝江关庙山遗址第二次发掘 中国社会科学院考古研究所湖北工作队 考古 1983 年 1 期 17 页

当阳冯山、杨木岗遗址试掘简报 湖北省博物馆 武汉大学历史系考古专业 江汉考古 1983 年 1 期 43 页

湖北省宜昌县清水滩新石器时代遗址的发掘　宜昌地区博物馆、四川大学历史系考古专业　考古与文物　1983 年 2 期 1 页

湖北宜昌白庙遗址试掘简报　湖北宜昌地区博物馆　四川大学历史系考古专业　考古　1983 年 5 期 415 页

湖北通城尧家林遗址的试掘　武汉大学历史系考古专业、咸宁地区博物馆、通城县文化馆　江汉考古　1983 年 3 期 1 页

孝感、黄陂两县部分遗址复查简报　孝感地区博物馆　江汉考古　1983 年 4 期 1 页

大冶上罗村遗址试掘简报　黄石市博物馆　江汉考古　1983 年 4 期 14 页

黄梅龙感湖三处遗址调查　黄冈地区文物普查队　江汉考古　1983 年 4 期 21 页

秭归龚家大沟遗址的调查与试掘　湖北省博物馆　江汉考古　1984 年 1 期 3 页

武昌县豹澥、湖泗古文化遗址调查　武汉市文物管理处　江汉考古　1984 年 1 期 21 页

大悟县几处古文化遗址调查　孝感地区博物馆、大悟县文化馆　江汉考古　1984 年 1 期 24 页

湖北王家岗新石器时代遗址　湖北省荆州地区博物馆　考古学报　1984 年 2 期 193 页

湖北监利县柳关和福田新石器时代遗址试掘简报　荆州地区博物馆　江汉考古　1984 年 2 期 1 页

房县七里河遗址发掘的主要收获　王劲、林邦存　江汉考古　1984 年 3 期 1 页

随州西花园与庙台子遗址简述　方殷　江汉考古　1984 年 3 期 12 页

枣阳雕龙碑遗址调查简报　阎金安　江汉考古　1984 年 3 期 14 页

大冶古文化遗址考古调查　黄石市博物馆　江汉考古　1984 年 4 期 8 页

阳新和尚垴遗址调查简报　咸宁地区博物馆、阳新县博物馆　江汉考古　1984 年 4 期 17 页

宜昌杨家湾新石器时代遗址　宜昌地区博物馆　江汉考古　1984 年 4 期 27 页

湖北郧县和均县考古调查与试掘　中国社会科学院考古研究所长江工作队　考古学集刊　1984 年 10 月第 4 集 76 页

随州几处古遗址调查　襄阳地区博物馆　江汉考古　1985 年 2 期 9 页

赫家洼遗址调查简报　湖北省博物馆、宜昌地区博物馆　江汉考古　1985 年 2 期 14 页

大悟吕王城重点调查简报　孝感地区博物馆　江汉考古　1985 年 3 期 5 页

天门县谭家岭遗址发掘简讯　茂林　江汉考古　1985 年 3 期 82 页

房县发现新石器时代遗址和古城址　李俊　江汉考古　1985 年 4 期 76 页

湖北宜都石板巷子新石器时代遗址　宜都考古发掘队　考古　1985 年 11 期 961 页

鄂西发现的古文化遗存　卢德佩　考古　1986 年 1 期 16 页

三峡坝区发现多处古文化遗址　陈为民　文物报　1986 年 2 月 7 日 1 版

三峡坝区前期准备工作中考古发掘初见成果　湖北宜昌地区博物馆　江汉考古　1986 年 1 期 95 页

西陵峡一带发现六十多处古文化遗址　光明日报　1986 年 3 月 2 日 2 版

大悟县土城古遗址探掘简报　孝感地区博物馆、大悟县博物馆　江汉考古　1986 年 2 期 1 页

南漳县几处古文化遗址调查简报　武汉大学荆楚史地与考古研究室　江汉考古　1986 年 2 期 29 页

沔阳月洲湖遗址考古调查　姚高悟　江汉考古　1986 年 3 期 5 页

湖北孝感地区古文化遗址调查　孝感地区博物馆　考古　1986 年 7 期 597 页

湖北均县乱石滩遗址发掘报告　中国社会科学院考古研究所长江工作队　考古　1986 年 7 期 586 页

大冶县三处古遗址调查　大冶县博物馆　江汉考古　1986 年 4 期 17 页

西陵峡两处古文化遗址再次证明，长江流域同是中华民族摇篮　人民日报　1987 年 1 月 22 日

湖北云梦新石器时代遗址调查简报　云梦县博物馆　考古　1987 年 2 期 97 页

兴山县古文化遗址调查简报　宜昌地区博物馆、兴山县王昭君纪念馆　江汉考古　1987 年 1 期 11 页

宜昌中堡岛新石器时代遗址　湖北省宜昌地区博物馆、四川大学历史系　考古学报　1987 年 1 期 45 页

长江三峡发现五千年前乱葬坑　人民日报　1987 年 3 月 19 日

湖北当阳季家湖新石器时代遗址　湖北省博物馆　文物资料丛刊 1987 年 3 月 10 期 1 页

湖北荆门、钟祥、京山、天门四县古遗址调查　荆州地区博物馆 文物资料丛刊　1987 年 3 月 10 期 44 页

钟祥六合遗址　荆州地区博物馆、钟祥县博物馆　江汉考古　1987 年 2 期 1 页

荆门荆家城新石器时代遗址调查　荆门市博物馆　江汉考古　1987 年 2 期 32 页

黄陂境内的新石器时代文化遗存　黄陂县文化馆　江汉考古　1987 年 2 期 37 页

武汉市郊发现打制石器　李天元　江汉考古　1987 年 2 期 54 页

湖北洪湖乌林矶新石器时代遗址　洪湖博物馆文物组　考古　1987 年 5 期 403 页

长江葛洲坝发现古文化遗址　施勇峰　瞭望（海外版）　1987 年 19 期 34 页

孝感市几处古遗址调查简报　湖北省孝感地区博物馆　江汉考古 1987 年 3 期 1 页

汉阳东城垸纱帽山遗址调查　湖北省博物馆　江汉考古　1987 年 3 期 7 页

湖北黄冈螺蛳山遗址墓葬　湖北省黄冈地区博物馆　考古学报

1987 年 3 期 339 页

宜昌杨家湾在新石器时代陶器上发现刻划符号　余秀翠　考古 1987 年 8 期 763 页

天门县新石器时代遗址调查简报　天门县博物馆　江汉考古　1987 年 4 期 32 页

1949 年以来湖北十大考古发现　雷鸣　湖北方志　1987 年 4 期 72 页

石河遗址考古有惊人发现，已发掘出城垣、铜块和五千余件陶塑小动物，这对研究长江流域远古文明起源有重要意义　文汇报　1988 年 1 月 13 日 1 版

天门出土新石器时代铜块和孔雀石　刘安国　中国文物报　1988 年 2 月 5 日 1 版

宜昌伍相庙新石器时代遗址发掘简报　湖北省博物馆、江陵考古工作站　江汉考古　1988 年 1 期 9 页

湖北沙市新石器时代遗址调查　沙市博物馆　江汉考古　1988 年 1 期 15 页

湖北宜城曹家楼新石器时代遗址　武汉大学历史系考古教研室、襄樊市博物馆、宜城县博物馆　考古学报　1988 年 1 期 51 页

白庙子遗址第二次试掘简报　湖北省宜昌地区博物馆　中原文物 1988 年 2 期 6 页

湖北长阳清江沿岸遗址调查　湖北长阳县博物馆　考古　1988 年 6 期 490 页

清水滩遗址 **1984** 年发掘简报　武汉大学历史系考古专业　江汉考古 1988 年 3 期 1 页

湖北枣阳毛狗洞遗址调查　襄樊市博物馆　江汉考古　1988 年 3 期 10 页

关庙山原始村落遗址发掘有重大收获，发现一批堪称"大溪文化之最"的遗物遗址　光明日报　1988 年 7 月 4 日 1 版

关庙山遗址发掘有重大收获，位于湖北枝江境内的这一遗址，包含原始社会的三种文化遗存，其中以大溪文化最为丰富　文汇报　1988 年 7

月 4 日 2 版

关庙山原始村落发掘获重大收获　人民日报　1988 年 7 月 4 日 3 版

城背溪遗址复查记　长办库区处红花套考古工作站、枝城市博物馆　江汉考古　1988 年 4 期 7 页

江陵朱家台遗址调查简报　纪南城考古工作站　杨权喜　江汉考古　1988 年 4 期 15 页

荆门市新石器时代遗址调查简报　荆门市博物馆　江汉考古　1988 年 4 期 23 页

湖北宜昌中堡岛遗址发掘简报　国家文物局三峡考古队　文物　1989 年 2 期 32 页

湖北秭归朝天嘴遗址发掘简报　国家文物局三峡考古队　文物　1989 年 2 期 41 页

黄冈地区的几处古文化遗址　黄冈地区博物馆　江汉考古　1989 年 1 期 4 页

湖北均县朱家台遗址　中国社会科学院考古研究所长江工作队　考古学报　1989 年 1 期 25 页

湖北考古科研双丰收　陈树祥　中国文物报　1989 年 3 月 31 日 2 版

石河遗址群 1987 年考古发掘的主要收获　石河联合考古队　江汉考古　1989 年 2 期 1 页

应城市新石器时代遗址调查　孝感地区博物馆、应城市博物馆　江汉考古　1989 年 2 期 5 页

汉阳县陈岭台遗址调查简报　汉阳县博物馆　江汉考古　1989 年 2 期 15 页

湖北洪湖圃山新石器时代遗址　洪湖市博物馆　考古　1989 年 5 期 385 页

汉江上游发掘出一处新石器时代的公共墓地　中国文物报　1988 年 6 月 10 日 2 版

宜昌县艾家河古遗址调查简报　卢德佩　江汉考古　1989 年 3 期 26 页

湖北江陵荆南市遗址第一、二次发掘简报　荆州地区博物馆、北京

大学考古系 考古 1989 年 8 期 679 页

当阳罗家山新石器时代遗址调查简报 宜昌地区博物馆 江汉考古 1989 年 4 期 9 页

湖北省文物考古近期连获重大成果 中国文物报 1989 年 12 月 8 日 2 版

枝江发现六千年前石器制作工场 黄道华 中国文物报 1990 年 2 月 15 日 1 版

石家河遗址第五次发掘获新成果 张弛 中国文物报 1990 年 4 月 5 日 1 版

孝感市大台子新石器时代遗址调查 孝感市文管所（陈明芳） 江汉考古 1990 年 2 期 13～18 页

枣阳雕龙碑遗址首次发掘 徐正国、周龙成 中国文物报 1990 年 6 月 21 日 1 版

枣阳发现远古氏族部落遗址 人民日报 1990 年 7 月 11 日 3 版

湖北省石河遗址群 1987 年发掘简报 石河考古队 文物 1990 年 8 期 1～16 页

神农架发现石斧 周学森 江汉考古 1990 年 4 期 99 页

湖北麻城栗山岗新石器时代遗址 武汉大学历史系考古教研室等（李龙章） 考古学报 1990 年 4 期 439～473 页

湖北孝感地区新石器时代遗址调查试掘 孝感地区博物馆（熊卜发） 考古 1990 年 11 期 981～988 页

雕龙碑遗址发掘获重大收获，专家认为可能产生新的原始文化类型 人民日报 1991 年 1 月 27 日 1 版

雕龙碑遗址发掘获重大收获 柯岩 中国文物报 1991 年 2 月 10 日 1 版

雕龙碑原始氏族聚落遗址发掘收获 中国文物报 1991 年 4 月 14 日 3 版

随州西花园遗址发掘简报 武汉大学随州考古发掘队（方酉生） 江汉考古 1991 年 2 期 15～22 页

湖北黄梅陆墩新石器时代墓葬　中国社会科学院考古研究所湖北工作队（任式楠、陈超）　考古　1991年6期481～496页

湖北江陵朱家台遗址发掘简报　湖北省文物考古研究所（杨权喜）　江汉考古　1991年3期1～13页

通山县高湖乡发现石斧　范国千　江汉考古　1991年3期91页

罗田庙山岗遗址发掘　周国平　江汉考古　1991年4期93页

湖北发掘庙山岗遗址　田桂萍　中国文物报　1991年12月15日1版

屈家岭遗址第三次发掘　屈家岭考古发掘队（林邦存等）　考古学报　1992年1期63～96页

湖北枝江新石器时代遗址调查　枝江县博物馆（黄道华）　考古　1992年2期97～106页

澧县城头山屈家岭文化城址被确认　单先进、曹传松　中国文物报　1992年3月15日1版

湖北荆门市新石器时代遗址调查　荆门市博物馆（李兆华）　考古　1992年6期489～495页

麻城金罗家遗址调查简报　麻城市博物馆（江益林）　江汉考古　1992年3期1～9页

湖北枣阳市雕龙碑新石器时代遗址试掘简报　中国社会科学院考古研究所湖北队（王杰等）　考古　1992年7期589～606页

湖北蕲春坳上湾新石器时代遗址　汪宗耀　考古　1992年7期663～665页

枣阳雕龙碑遗址发掘又有新收获　王杰、黄卫东　中国文物报　1992年8月9日1版

湖北新州香炉山遗址（南区）发掘简报　武汉大学历史系考古教研室、武汉市博物馆　江汉考古　1993年1期14～19页

天门邓家湾遗址1987年春季发掘简报　荆州地区博物馆、北京大学考古系　江汉考古　1993年1期1～13页

湖北武汉市阳逻香炉山遗址考古发掘纪要　香炉山考古队　南方文物　1993年1期1～7页

湖北天门市邓家湾遗址 1992 年发掘简报　石河考古队（孟华平等）
文物　1994 年 4 期 32～41 页

湖北石家河罗家柏岭新石器时代遗址　湖北省文物考古研究所、中
国社会科学院考古研究所（张云鹏、王劲）　考古学报　1994 年 2 期
191～229 页

湖北省重要考古发现大事记（1950～1992 年）　江汉考古　1994 年
2 期 94～96 页；3 期 94～95 页

湖北黄梅县考古调查简报　中国社会科学院考古研究所湖北工作队、
黄梅县博物馆（陈超等）　考古　1994 年 6 期 495～508 页

黄冈蕲水流域古遗址调查　黄冈地区博物馆（刘瑜）　江汉考古
1994 年 3 期 1～8 页

宜昌窝棚墩遗址的调查与发掘　湖北省文物考古研究所（杨权喜）
江汉考古　1994 年 3 期 13～21 页

竹山县霍山遗址调查简报　郧阳地区博物馆、竹山县文化馆（祝恒
富等）　江汉考古　1994 年 4 期 1～10 页

湖北宜昌中堡岛发现原始社会群体器物坑　卢德佩　江汉考古
1994 年 4 期 91 页

湖北孝感市古文化遗址调查简报　李端阳、陈明芳　考古　1994 年 9
期 769～778 页

湖北罗田庙山岗遗址发掘报告　湖北省考古研究所（梁柱等）　考
古　1994 年 9 期 779～800 页

湖北京山油子岭新石器时代遗址的试掘　湖北省荆州地区博物馆
（何德珍）　考古　1994 年 10 期 865～876 页

巫山巫溪三峡工程淹没区地下文物保护规划前期工作获重大成果
中国社会科学院考古研究所　中国文物报　1994 年 10 月 9 日 1 版

湖北清江流域考古获重大成果　王善才、张典维　中国文物报
1994 年 11 月 27 日 1 版

枣阳一遗址考古发掘证实——单元套房出现在五千年前　卢齐平
文汇报　1995 年 2 月 22 日 4 版

枣阳市发掘我国最古老单元套房遗址　李正东、卢齐平　人民日报（海外版）　1995 年 2 月 24 日 3 版

湖北黄冈浠水流域古文化遗址调查　黄冈地区博物馆（吴晓松、洪刚）江汉考古　1995 年 1 期 25 ~ 33 页

武穴市新石器及商周遗址调查　武穴市博物馆（刘凯）　江汉考古　1995 年 1 期 34 ~ 36 页

湖北省重要考古发现大事记（续）（50 ~ 92 年）　江汉考古　1995 年 1 期 96 ~ 100 页

宜昌新发现的城背溪文化遗存　卢德佩　宜昌师专学报（社科版）17 卷 1 期 32 ~ 34 页

武穴鼓山聚落遗址发掘取得重大成果　宋俊英　中国文物报　1995 年 3 月 5 日 1 版

武当山发现龙山文化断层　文汇报　1995 年 5 月 4 日 8 版

武当山发现龙山文化断层　袁正洪、韩郭　人民日报（海外版）1995 年 5 月 5 日 3 版

长江西陵峡地区发现多处屈家岭文化遗址　人民日报（海外版）1995 年 5 月 15 日 3 版

孝感市古文化遗址调查简报　孝感市博物馆（陈明芳）　江汉考古 1995 年 3 期 8 ~ 11 页

江汉新石器时代古城群令人瞩目　汪梁　人民日报（海外版）1995 年 8 月 9 日 8 版

随枣走廊几处新石器时代遗址调查　襄樊市博物馆　江汉考古 1995 年 4 期 1 ~ 12 页

湖北黄冈巴水流域部分古文化遗址　黄冈地区博物馆（吴晓松、刘焰）　考古　1995 年 10 期 883 ~ 894 页

南水北调工程丹江口水库郧县淹没区新石器时代考古调查　湖北省文物考古研究所等（宋有志等）　江汉考古　1996 年 2 期 11 ~ 19 页

南水北调工程丹江口水库郧县淹没区考古调查　湖北省文物考古研究所等（祝恒富等）　江汉考古　1996 年 2 期 20 ~ 33 页

南水北调工程丹江口水库郧西县淹没区考古调查简报　十堰市博物馆、郧西县文化馆（胡魁等）　江汉考古　1996 年 2 期　35～40 页

十堰市犟河沿岸两处古遗址调查　十堰市博物馆（王毅）　江汉考古　1996 年 2 期 41～44 页

黄黄公路考古调查　湖北省黄黄公路考古队（刘国胜等）　江汉考古　1996 年 2 期 45～48 页

南水北调中线工程丹江口水库淹没区文物调查概况　长江水利委员会文物考古队　江汉考古　1996 年 2 期 60～65 页

三峡考古取得新进展　孟华平　中国文物报　1996 年 5 月 5 日 1 版

七千年前大别山就有人类文明：麻城首次发现大溪文化遗址　程胜利　人民日报（海外版）　1996 年 5 月 21 日 3 版

1985～1986 年宜昌白庙遗址发掘简报　湖北省文物考古研究所　江汉考古　1996 年 3 期 1～12 页

1983 年湖北宜都城背溪遗址发掘简报　湖北省文物考古研究所　江汉考古　1996 年 4 期 1～17 页

钟祥左家坡遗址调查　钟祥市博物馆　江汉考古　1996 年 4 期 27～28 页

湖北宜昌市中堡岛遗址西区 1993 年发掘简报　宜昌博物馆（卢德佩）　考古　1996 年 9 期 23～28 页

荆当公路当阳段文物考古有新发现　宜昌博物馆　中国文物报 1996 年 9 月 15 日 1 版

湖北江陵朱家台遗址 1991 年的发掘　湖北省文物考古研究所、武汉大学历史系考古教研室（余西云等）　考古学报　1996 年 4 期 443～472 页

阴湘城古城址发掘获重大成果　刘德银　中国文物报　1996 年 11 月 24 日 1 版

湖北天门市石家河三处新石器时代遗址发掘　湖北省考古研究所、中国社会科学院考古研究所　考古学集刊第 10 集　1996 年 48～88 页

秭归庙坪遗址发掘的主要收获　孟华平等　江汉考古　1997 年 1 期

33～35 页

湖北三峡库区考古发掘获阶段性成果　孟华平等　中国文物报 1997 年 4 月 20 日 1 版

监利狮子山遗址调查与试掘　荆州博物馆、监利县博物馆（王宏、王维清）　江汉考古　1997 年 2 期 1～9 页

湖北荆州市阴湘城遗址东城墙发掘简报　荆州博物馆、福冈教育委员会（院文清）　考古　1997 年 5 期 1～10 页下转 24 页

郧县梅子园遗址调查简报　十堰市博物馆（祝恒富、李海勇）　江汉考古　1997 年 3 期 14～26 页

荆门马家院屈家岭文化城址调查　湖北省荆门市博物馆（王传富、汤学锋）　文物　1997 年 7 期 49～53 页

湖北枣阳雕龙碑遗址的考古收获　王杰　江汉考古　1997 年 4 期 23～26 页

湖北荆州市阴湘城遗址 1995 年发掘简报　荆州博物馆（贾汉清）　考古　1998 年 1 期 17～28 页

湖北石首市走马岭新石器时代遗址发掘简报　荆州博物馆等（陈官涛）　考古　1998 年 4 期 16～38 页

房县羊鼻岭遗址再调查　十堰市博物馆、房县博物馆（龚德亮等）　江汉考古　1998 年 2 期 11～15 页

屈家岭遗址周围又新发现一批屈家岭文化遗址　湖北省文物考古研究所等（林邦存、黄凤春）　江汉考古　1998 年 2 期 21～25 页

湖北公安鸡鸣城遗址的调查　荆州博物馆（贾汉清）　文物　1998 年 6 期 25～30 页

洪山放鹰台遗址 97 年度发掘报告　武汉市博物馆（魏航空等）　江汉考古　1998 年 3 期 1～33 页

阴湘城发掘又获重大成果　贾汉清、张正发　中国文物报　1998 年 7 月 1 日 1 版

湖北孝感吴家坟遗址发掘　孝感市博物馆（熊卜发、李端阳）　考古学报　1998 年 3 期 331～360 页

潜江首次发现新石器至唐宋时期遗址　罗德胜　中国文物报　1998年 12 月 6 日 1 版

三峡库区首次发现原始社会腰坑墓葬　卢德佩　中国文物报　1998年 12 月 23 日 1 版

湖北巴东县雷家坪遗址发掘简报　吉林大学考古系、国家文物局湖北省三峡考古工作站（陈国庆、冯恩学、李言）　考古　1999 年 1 期 11~22页

湖北秭归县庙坪遗址 1995 年试掘简报　湖北省文物考古研究所三峡考古队（孟华平、周国平）　考古　1999 年 1 期 23~30 页

湖北宜昌县下岸遗址发掘　国家文物局三峡考古队（王晓田）　考古　1999 年 1 期 31~39 页

湖北荆州观音垱汪家屋场遗址的调查　荆州博物馆（贾汉清）　文物　1999 年 1 期 17~20 页

三峡库区旧州河遗址考古有重大收获　卢德佩　中国文物报　1999年 1 月 31 日 1 版

长江三峡工程坝区白狮湾遗址发掘简报　湖北省文物考古研究所（杨权喜）　江汉考古　1999 年 1 期 1~10 页

长荆铁路应城钟祥段调查简报　湖北省文物考古研究所（宋有志等）　江汉考古　1999 年 1 期 11~14 页

三峡地区发现原始社会腰坑墓葬　宜昌博物馆（卢德佩）　江汉考古　1999 年 1 期 43 页

三峡考古又获新成果　周国平、王凤竹　中国文物报　1999 年 3 月10 日 1 版

应城门板湾遗址发掘获重要成果　陈树祥、李桃元　中国文物报1999 年 4 月 4 日 1 版

三峡库区东门头遗址考古获丰硕成果　孟华平　中国文物报　1999年 4 月 7 日 1 版

1985~1986 三峡坝区三斗坪遗址发掘简报　湖北省文物考古研究所（杨权喜）　江汉考古　1999 年 2 期 1~20 页

天门张家山新石器时代遗址考古发掘取得重要成果　朱俊英　江汉考古　1999 年 2 期 41～42 页

荆门发掘古墓群及屈家岭遗址　徐义德　中国文物报　1999 年 6 月 13 日 1 版

郧县三浪子滩遗址调查简报　十堰市博物馆（胡魁、祝恒富）　江汉考古　1999 年 3 期 1～6 页

鄂发现大规模原始遗址　姜诚　文汇报　2000 年 2 月 25 日 8 版

湖北枣阳市雕龙碑遗址 15 号房址　中国社会科学院考古研究所湖北队（王杰、黄卫东）　考古　2000 年 3 期 45～58 页

1998 年江夏潘柳村遗址发掘报告　武汉市博物馆、江夏区博物馆（刘森淼、罗宏斌）　江汉考古　2000 年 3 期 1～10 页

江夏区锣鼓包遗址发掘简报　武汉市博物馆、江夏区博物馆（陈艳）　江汉考古　2000 年 3 期 11～15 页

大悟张家湾遗址发掘简报　湖北省文物考古研究所（郑远华）　江汉考古　2000 年 3 期 23～25 页

鄂西发掘新石器文化遗址　杨权喜　中国文物报　2000 年 7 月 2 日 1 版

湖北秭归县柳林溪遗址 1998 年发掘简报　湖北省文物考古研究所（王凤竹等）　考古　2000 年 8 期 13～22 页

湖北宜城市原种场发现新石器遗址　刘建新　中国文物报　2000 年 11 月 26 日 1 版

湖北应城陶家湖古城址调查　李桃元、夏丰　文物　2001 年 4 期 71～76 页

太山庙新石器时代遗址第一次发掘简报　湖北省文物考古研究所、湖北省十堰市博物馆（朱俊英等）　江汉考古　2001 年 2 期 1～10 页

荆门林叉堰冲遗址发掘简报　湖北省文物考古研究所（杨权喜）　江汉考古　2001 年 3 期 20～37 页

柳林溪遗址 1998 年发掘主要收获　国家文物局三峡湖北工作站（罗运兵）　江汉考古　2001 年 4 期 30～31 页

鄂巴东楠木园一期遗存发掘　王凤竹等　中国文物报　2001 年 12 月

28 日 1 版

秭归县望家湾遗址发掘简报 湖北省文物考古研究所（杨权喜） 江汉考古 2002 年 1 期 1～14 页

巴东鸭子嘴新石器至商周时代遗址的新发现 程超美 江汉考古 2002 年 1 期 93 页

湖北巴东县李家湾遗址考古新发现 唐斑 江汉考古 2002 年 2 期 94～95 页

湖北秭归何家坪遗址发掘简报 湖北省文物考古研究所（孟华平、徐梦林） 江汉考古 2002 年 3 期 3～13 页

湖北宜昌市鹿角包遗址发掘简报 湖北省文物考古研究所三峡考古队（孟华平等） 考古 2002 年 7 期 30～36 页

湖北库区考古工作的主要收获 王凤竹 重庆·2001 三峡文物保护学术研讨会论文集 325～326 页

湖北松滋西斋汪家嘴遗址发掘报告 枝柳铁路复线工程考古队荆州博物馆支队（何弩等） 江汉考古 2002 年 4 期 3～43 页

湖北襄阳法龙王树岗遗址二里头文化灰坑清理简报 襄石复线襄樊考古队（王先福） 江汉考古 2002 年 4 期 44～50 页

三峡考古的一个坐标点——巴东楠木园遗址的发掘 余西云、王凤竹 永不逝落的文明：三峡文物抢救纪实 2003 年 21～24 页

待解读的历史遗存——记秭归柳林溪遗址 周国平、王凤竹 永不逝落的文明：三峡文物抢救纪实 2003 年 25～29 页

湖北宜城老鸹仓遗址试掘报告 湖北省文物考古研究所、宜城市博物馆（贾汉清等） 江汉考古 2003 年 1 期 16～39 页

湖北丹江口市玉皇庙遗址调查简报 丹江口市博物馆（杨学安、刘志军） 华夏考古 2003 年 2 期 3～10 页

"太阳人"与东门头遗址 孟华平 文物天地 2003 年 6 期（湖北篇） 48～49 页

湖北宜城顾家坡遗址 2000～2001 年发掘的主要收获 湖北省文物考古研究所等（贾汉清） 中国社会科学院古代文明研究中心通讯 2003

年 6 期 44 ~ 48 页

湖北省京山县青树岭新石器时代遗址发掘简报 湖北省文物考古研究所（冯少龙等） 江汉考古 2004 年 1 期 3 ~ 9 页

湖北省天门市张家山新石器时代遗址发掘简报 天门市博物馆、湖北省文物考古研究所（周文等） 江汉考古 2004 年 2 期 3 ~ 18 页

湖北省巴东县李家湾遗址发掘简报 湖北省文物考古研究所（陈安宁等） 江汉考古 2004 年 3 期 14 ~ 27 页

巴东店子头遗址发掘简报 湖北省文物考古研究所（胡雅丽、武仙竹） 江汉考古 2004 年 3 期 28 ~ 36 页

湖北石首发现"姊妹古城"存在于新石器时代——考古史上极为罕见 钱忠军 文汇报 2004 年 6 月 29 日 7 版

湖北巴东县楠木园遗址发掘简报 武汉大学考古学系（余西云等） 考古 2005 年 6 期 7 ~ 16 页

湖北公安、石首三座古城勘查报告 荆州市文物考古研究所等（贾汉清、杨开勇） 古代文明（第 4 卷） 2005 年 11 月 391 ~ 412 页

荆门叉堰冲新石器时代遗址第二次发掘简报 湖北省文物考古研究所（杨权喜） 江汉考古 2006 年 1 期 3 ~ 20 页

湖北天门笑城城址发现新石器至明代文化遗存 黄文新 中国文物报 2006 年 9 月 8 日 2 版

（十九）湖 南

本省首次发现新石器时代文化遗址 新湖南报 1955 年 8 月 18 日 2 版

湖南长沙烟墩冲附近发现新石器时代遗址 戴亚东 文物参考资料 1955 年 9 期 164 页

湖南文管会清理了长沙县烟墩冲新石器时代遗址，并调查了朴塘，岱峰山、蝶坪里古遗址 湖南省文物管理委员会 文物参考资料 1956 年 4 期 84 页

长沙烟墩冲新石器时代遗址调查简报　湖南省文物管理委员会　考古通讯　1956 年 5 期 12 页

湖南桃江县发现新石器　戴亚东　考古通讯　1957 年 6 期 38 页

近几年来湖南发现的新石器时代遗址及其遗物　湖南省文物工作委员会　湖南历史资料　1958 年 1 期 127 页

湖南衡阳、长沙、宁乡、澧县、石门等地调查记　湖南省博物馆考古　1959 年 12 期 647 页

湖南安仁新石器时代遗址试掘简报　湖南省博物馆　考古　1960 年 6 期 5 页

湖南华容县时家岗发现新石器时代遗址　湖南省博物馆　考古 1961 年 11 期 618 页

湖南浏阳樟树潭新石器时代遗址调查　湖南省博物馆　考古　1965 年 7 期 368 页

湖南益阳鹿角山发现新石器时代遗址　湖南省博物馆　考古　1965 年 10 期 536 页

湖南南岳新石器时代遗址　周世荣　考古　1966 年 4 期 217 页

澧县梦溪新石器时代遗址试掘简报　湖南省博物馆　文物　1972 年 2 期 31 页

安乡县发掘两处原始社会聚落遗址　何介钧　湖南日报　1979 年 4 月 3 日 2 版

湖南安乡县发掘两处新石器时代的聚落遗址　人民日报　1979 年 5 月 21 日 4 版

湖南发掘两处新石器时代遗址　光明日报　1979 年 5 月 27 日 3 版

文物考古三十年　高至喜等　湖南日报　1979 年 9 月 26 日 3 版

澧县梦溪三元宫遗址　湖南省博物馆　考古学报　1979 年第 4 期 461 页

沅江石君山发现新石器时代晚期遗址　邓企华　湖南日报　1979 年 12 月 19 日 3 版

湖南沅江中下游古文化遗址调查　湖南省博物馆　考古　1980 年 1 期 1 页

沅江又发现两处新石器时代早期遗址　湖南日报　1980 年 8 月 9 日 2 版

君山发现新石器时代遗址　熊培根　湖南日报　1980 年 12 月 13 日 3 版

华容县发现新石器时代遗址　杨含春　湖南日报　1981 年 5 月 2 日 3 版

南县首次发现原始社会遗址　张北超　湖南日报　1981 年 6 月 15 日
2 版

泸溪县浦市镇发掘一处原始社会遗址　谢申国　湖南日报　1981 年 9
月 14 日 2 版

湖南安乡县汤家岗新石器时代遗址　湖南省博物馆　考古　1982 年 4
期 341 页

澧县东田丁家岗新石器时代遗址　湖南省博物馆　湖南考古辑刊（1
集）　1982 年 11 月 2 页

湖南衡阳复溪公社金山岭遗址　湖南省博物馆　考古学集刊（第 2
集）　1982 年 12 月第 2 集 18 页

安乡划城岗新石器时代遗址　湖南省博物馆　考古学报　1983 年第 4
期 427 页

湖南华容县试掘车轱山新石器时代遗址　郭胜斌　江汉考古　1984
年 1 期 68 页

湘乡岱子坪新石器时代遗址　湖南省博物馆　湖南考古辑刊（2 集）
1984 年 9 月 1 页

沅江县漉湖石君山遗址　沅江县图书馆文物组、湖南省博物馆　考
古　1984 年 9 期 846 页

我省在临澧县进行文物普查试点，发现古代遗址七十五处，古墓近
千座　湖南日报　1984 年 12 月 28 日 1 版

湖南石门县皂市下层新石器遗存　湖南省博物馆　考古　1986 年 1
期 1 页

湖南临澧县早期新石器文化遗存调查报告　湖南省文物普查办公室、
湖南省博物馆　考古　1986 年 5 期 385 页

华容车轱山新石器时代遗址第一次发掘简报　湖南省岳阳地区文物
工作队　湖南考古辑刊（3 集）　1986 年 1 页

益阳县石湖、新兴古遗址的调查试掘　益阳地区博物馆　湖南考古辑刊（3集）　1986年6月19页

武岗发现新石器时代溶洞遗址　王长永、杨运炳　文物报　1986年7月25日

资兴发现龙山文化晚期遗址　彭金琳、龙福廷　文物报　1986年8月8日2版

古洞庭湖底发现五千年前文化遗址　舒华昌　文物报　1986年9月19日1版

隆回发现一处新石器文化遗址　刘伟顺　文物报　1987年1月30日2版

湖南石门发现一批古文化遗址　光明日报　1987年4月30日

湘江流域发现大溪文化遗址　曹敬庄　人民日报　1987年8月17日

悠久的历史精美的文物——介绍湖南省文物普查成果展览　吴铭生　中国文物报　1987年12月25日2版

澧县发现民族部落居住遗址，洞庭湖区新石器时代人类活动频繁　刘金勋、谭晓春　光明日报　1988年2月2日1版

湖南发现一处新石器时代遗址　安强、何建明　中国文物报　1988年4月29日1版

湖南临澧古遗址普查报告　湖南省文物普查办公室、湖南省文物考古研究所　考古　1988年3期193页

澧县彭头山发现新石器时代早期遗址　曹传松　中国文物报　1988年5月20日1版

湖南对彭头山遗址进行正式发掘——新石器时代早期遗址在长江中游亮相　老奀　中国文物报　1989年2月24日1版

湖南省澧县新石器时代早期遗址调查报告　湖南省文物考古研究所、湖南省澧县博物馆　考古　1989年10期865页

湖南临澧县太山庙遗址发掘　湖南省文物考古研究所、常德地区文物工作队、临澧县文物管理所　考古　1989年10期876页

南洞庭湖发现古村落遗址　柴一平　中国文物报　1989年11月17

日 2 版

湖南省津市市新石器时代遗址普查简报　湖南省津市市文物普查办公室（谭远辉）　考古　1990 年 1 期 11～19 页

沅江发掘一大溪文化遗址　邓建强、向军　中国文物报　1990 年 3 月 1 日 1 版

北洞庭湖区发现八千年前遗址　何钦法、罗仁林　中国文物报　1990 年 8 月 2 日 1 版

湖南澧县彭头山新石器时代早期遗址发掘简报　湖南省文物考古研究所、澧县文物管理所（裴安平、曹传松）　文物　1990 年 8 期 17～29 页

湖南篷坡遗址发掘获重大收获　贺刚　中国文物报　1991 年 3 月 24 日 1 版

益阳泽群村古遗址调查　益阳地区博物馆、益阳县博物馆　江汉考古　1991 年 4 期 1～5 页

怀化南坎垅新石器时代遗址　湖南省文物考古研究所、怀化地区文物工作队（贺刚）　考古学报　1992 年 3 期 301～328 页

湖南新宁地区新石器时代遗址调查与试掘　李福生　考古　1991 年 10 期 865～872 页

沅江洞庭湖洲发现史前遗存　刘建强　中国文物报　1991 年 11 月 24 日 1 版

湖南新晃石器时代文化遗存调查　怀化地区文物工作队、新晃侗族自治县文化局（舒向今）　考古　1992 年 3 期 273～276 页

湖南津市古遗址调查报告　津市文物管理所　江汉考古　1993 年 1 期 20～30 页

湖南临澧县胡家屋新石器时代遗址　湖南省文物考古研究所（王文建、张春龙）　考古学报　1993 年 2 期 171～203 页

十年来湘西北地区史前考古收获　席道合、雷芬　江汉考古　1993 年 4 期 30～33 页

澧县城头山屈家岭文化城址调查与试掘　湖南省文物考古研究所、湖南省澧县文物管理所（单先进等）　文物　1993 年 12 期 19～30 页

湖南发掘澧县城头山古城遗址　刘春贤　人民日报　1994 年 2 月 22 日 4 版

钱粮湖坟山堡新石器时代遗址试掘报告　岳阳地区博物馆等　湖南考古辑刊（6 集）　1994 年 17～33 页

南县涂家台早期新石器时代遗址调查报告　益阳地区博物馆等　湖南考古辑刊（6 集）　1994 年 34～43 页

株洲县磨山新石器时代遗址试掘报告　湖南省文物考古研究所等（李景业、师悦菊）　湖南考古辑刊（6 集）　1994 年 44～63 页

澧县发现我国最早聚落围壕与围墙　裴安平　中国文物报　1994 年 12 月 4 日 1 版

新石器时代古城在湘重见天日　周建强　文汇报　1994 年 12 月 22 日 1 版

新石器时代古城在湘重见天日　周建强　人民日报（海外版）1995 年 1 月 12 日 8 版

七千年前散文重见天日　小雨　人民日报（海外版）1995 年 2 月 9 日 8 版

湖南发掘我国迄今最早古城　刘春贤等　人民日报　1995 年 2 月 14 日 5 版

世界最早栽培稻在湖南道县发现　周建强　文汇报　1996 年 2 月 15 日 5 版

玉蟾岩获水稻起源重要新物证　袁家荣　中国文物报　1996 年 3 月 3 日 1 版

湖南澧县梦溪八十垱新石器时代早期遗址发掘简报　湖南省文物考古研究所（裴安平、尹检顺）　文物　1996 年 12 期 26～39 页

城头山为中国已知时代最早城址　蒋迎春　中国文物报　1997 年 8 月 10 日 1 版

茶陵独岭坳遗址发掘取得新成果　席道合　中国文物报　1997 年 11 月 9 日 1 版

澧县八十垱遗址出土大量珍贵文物　裴安平　中国文物报　1998 年 2

月 8 日 1 版

常德发掘新石器及东周遗址　王永彪　中国文物报　1998 年 2 月 22 日 1 版

益阳市沙头镇丝茅岭新石器时代遗址调查报告　益阳市文物管理处（潘茂辉）　江汉考古　1999 年 1 期 15～22 页

城头山古城考古又获新成果　郭伟民　中国文物报　1999 年 3 月 3 日 1 版

考古发现江南最早墓葬群　张翼飞　光明日报　1999 年 4 月 18 日 1 版

考古发现长江以南最早墓葬群　张翼飞　文汇报　1999 年 4 月 18 日 2 版

澧县城头山古城址 1997～1998 年度发掘简报　湖南省文物考古研究所（何介钧）　文物　1999 年 6 期 4～17 页

湖南湘潭县堆子岭新石器时代遗址　湖南省文物考古研究所（郭伟民）　考古　2000 年 1 期 22～37 页

湖南安乡县划城岗遗址第二次发掘简报　湖南省文物考古研究所（尹检顺）　考古　2001 年 4 期 13～26 页

湖南黔阳高庙遗址发掘简报　湖南省文物考古研究所（贺刚、向开旺）　文物　2000 年 4 期 1～23 页

湖南辰溪县松溪口贝丘遗址发掘简报　湖南省文物考古研究所（吴顺东、贺刚）　文物　2001 年 6 期 4～16 页

澧县孙家岗新石器时代墓群发掘简报　湖南省文物考古研究所、澧县文物管理处（郑元日、封剑平）　文物　2000 年 12 期 35～42 页

湖南辰溪县征溪口贝丘遗址发掘简报　湖南省文物考古研究所（吴顺东、贺刚）　文物　2001 年 6 期 17～27 页

澧县城头山考古发现史前城墙与壕沟　郭伟民等　中国文物报 2002 年 2 月 22 日 1 版

湖南常德发掘石家河文化遗址　王永彪　中国文物报　2002 年 5 月 3 日 2 版

澧县鸡叫城古城址试掘简报　湖南省文物考古研究所（尹检顺）

文物　2002 年 5 期 58～68 页

　　邵阳城步西岩遗址发掘出独特史前文化　尹检顺　中国文物报 2002 年 11 月 27 日 1 版

　　吉首市河溪教场遗址发掘简报　湘西自治州文物管理处、吉首市文物管理所（龙京沙、林媛）　湖南考古　2004 年（上）　52～71 页

　　益阳市李昌港麻绒塘新石器时代遗址调查报告　益阳市文物管理处（潘茂辉）　湖南考古　2004 年（下）　361～372 页

　　湖南安乡划城岗遗址第二次发掘报告　湖南省文物考古研究所等（尹检顺）　考古学报　2005 年 1 期 55～108 页

　　玉蟾岩遗址发现 1.2 万年前古栽培稻　龙军　光明日报　2005 年 3 月 2 日 2 版

　　湖南岳阳发现 7300 年前古岩画　专家判定为新石器时代星云图　龙军　光明日报　2005 年 3 月 26 日 1 版

　　湖南怀化考古发现 7000 年前祭祀场所　龙军　光明日报　2005 年 5 月 12 日 2 版

　　湖南洪江高庙遗址考古发掘获重大发现　贺刚　中国文物报　2006 年 1 月 6 日 1 版

　　高庙文化遗址考古研究有新进展　专家称"凤凰"崇拜始于高庙文化　龙军　光明日报　2006 年 2 月 16 日 2 版

　　湖南洪江市高庙新石器时代遗址　湖南省文物考古研究所　考古 2006 年 7 期 9～15 页

（二十）广　东

　　海丰史前遗物发见记　〔英〕R. Maglioni　黄素封译　说文月刊 1940 年 8 月 1 卷合订本 663 页

　　广东海丰先史遗址探检记（上）　顾铁符　文学　1948 年 2 期 61 页

　　广东潮州发现史前遗迹　燕京学报　1948 年 6 月 34 期 311 页；原载

4 月 18 日北平（华北日报）

广州市发现唐代白瓷及古代石斧　黄文宽　文物参考资料　1954 年 4 期 123 页

我校东北区两次发现新石器时代有肩石斧　中山大学学报　1955 年 1 期 92 页

广州中山大学东北区内发现石斧　骆宝善　考古通讯　1955 年 5 期 57 页

广州中山大学多次发现有肩石斧　文物参考资料　1955 年 11 期 137 页

广东潮阳新石器时代遗址调查简报　广东省文物管理委员会　考古通讯　1956 年 4 期 4 页

广东省文管会发现新石器时代遗址八处并在清理古墓葬中获得完整古瓷器一批　凡明　文物参考资料　1956 年 4 期 85 页

广东清远县湛江河支流新石器时代遗址调查发掘简报　莫稚　文物参考资料　1956 年 11 期 40 页

省文化普查队在粤东发现很多古遗址和文物　区家发　文物参考资料　1956 年 12 期 79 页

潮安县陈桥乡发现古文化遗址　文物参考资料　1957 年 4 期 85 页

广东保安新石器时代遗址调查简报　莫稚　考古通讯　1957 年 6 期 8 页

广州新石器时代原始居民的文化遗址又有发现　莫稚　理论与实践　1958 年 1 期 12 页

中山大学发现有肩石斧是新石器时代遗物　光明日报　1958 年 3 月 31 日 2 版

一九五七年广东省文物古迹调查简记　莫稚　文物参考资料　1958 年 9 期 60 页

广东南海县西樵山石器的初步调查　中山大学调查小组　中山大学学报（自然科学版）　1959 年 1 期 50 页

西樵山古代石器　彭如策、王维　文物　1959 年 5 期 75 页

广东南海西樵山出土的石器　广东省博物馆　考古学报　1959 年第 4 期 1 页

广东省南海县西樵山石器时代遗址的发现和对遗址性质的一些看法
（摘要） 梁剑韬 古脊椎动物与古人类 1960 年 2 卷 1 期 63 页

广东中部低地区新石器时代遗存 广东省博物馆 考古学报 1960
年 2 期 107 页

广东新丰江新石器时代遗址调查简报 杨豪 考古 1960 年 7 期 31 页

我省栽培稻谷的历史有多久？广东马坝出现新石器时代稻谷 彭如
策 南方日报 1961 年 10 月 28 日

广东潮安的贝丘遗址 广东省文物管理委员会 考古 1961 年 11 期
577 页

广东翁源县青塘新石器时代遗址 广东省博物馆 考古 1961 年 11
期 585 页

广东北部山地区新石器时代遗存 广东省博物馆 考古 1961 年 11
期 589 页

广东南路地区原始文化遗址 广东省文物管理委员会 考古 1961
年 11 期 595 页

广东东兴新石器时代贝丘遗址 广东省博物馆 考古 1961 年 12 期
644 页

广东东部地区新石器时代遗存 广东省博物馆 考古 1961 年 12 期
650 页

广东考古调查发掘的新收获 莫稚 考古 1961 年 12 期 666 页

广东连南县发现新石器时代遗址 李始文、彭如策 南方日报
1963 年 5 月 17 日

广东紫金县在光顶遗址的试掘 广东省博物馆 考古 1964 年 5 期
251 页

广东曲江鲶鱼转、马蹄坪和韶关走马岗遗址 广东省文物管理委员
会、华南师范学院历史系 考古 1964 年 7 期 323 页

广东潮安梅林湖西岸新石器时代遗址 曾广亿 考古 1965 年 2 期
93 页

广东梅县大埔县考古调查 黄玉质、杨式梃 考古 1965 年 4 期 159

页

广东西江两岸地区古文化遗址的调查　广东省文物管理委员会　考古　1965 年 9 期 443 页

广东发现新石器时代的石峡文化　人民日报　1977 年 6 月 15 日 4 版

广东曲江石峡墓葬发掘简报　广东省博物馆、曲江县文化局石峡发掘小组　文物　1978 年 7 期 1 页

佛山市郊发现四千多年前古遗址，它是继曲江石峡遗址之后，我省原始社会考古的又一重要发现　南方日报　1978 年 8 月 8 日 4 版

高要县首次发现古代水上居住遗址，对研究南方水上民族提供重要资料　南方日报　1979 年 3 月 20 日 3 版

广东南海县西樵山遗址的复查　黄慰文、李春初、王鸿寿、黄玉昆　考古　1979 年 4 期 289 页

考古学家证明梅县经历了原始社会　南方日报　1980 年 11 月 30 日 2 版

西樵山东麓的细石器　曾骐　考古与文物　1981 年 4 期 1 页

广东阳春独石仔新石器时代洞穴遗址发掘　邱立诚、宋方义、王令红　考古　1982 年 5 期 456 页

深圳市考古重要发现　莫稚　文物　1982 年 7 期 17 页

广东封开黄岩洞洞穴遗址　宋方义、邱立诚、王令红　考古　1983 年 1 期 1 页

读者、作者来函二则　考古　1983 年 7 期 669 页

古代人类在粤北居住有新证据，始兴发现新石器时代遗址　李庆余等　南方日报　1983 年 7 月 3 日 2 版

粤西发现的大石铲　邱立诚、邓增魁　考古　1983 年 9 期 838 页

广东南海县西樵山遗址　广东省博物馆　考古　1983 年 12 期 1085 页

广东廉江县出土新石器和青铜器　湛江地区博物馆　文物　1984 年 6 期 85 页

广东出土两件原始石器　文汇报　1984 年 11 月 15 日

五千年前石器陶片在路环出土　南方日报　1985 年 1 月 24 日 4 版

珠海市发现古代沙丘遗址，出土遗物十分丰富，证明早在五六千年

前就有人群在这里生息繁衍　南方日报　1985 年 1 月 26 日 1 版

珠海市沿海线发现新石器时代沙丘遗址　李汀等　光明日报　1985 年 7 月 28 日

珠海拱北新石器与青铜器遗址的调查与试掘　广东省博物馆、珠海市图书馆　考古　1985 年 8 期 686 页

珠海市淇澳岛发现新石器时代遗址　文物报　1986 年 3 月 7 日 1 版

广州天河区发现近似新石器时代末期文物再次证明了"南方文化"的存在　光明日报　1986 年 5 月 18 日 2 版

深圳发掘一处新石器时代沙丘遗址　杨耀林　文物报　1986 年 5 月 30 日 1 版

广东始兴县马市、陆源发现新石器晚期遗址　王晓华　考古　1987 年 2 期 179 页

珠海市淇澳岛古文化遗址调查　广东省博物馆、珠海市文物普查队　广东省博物馆馆刊　1988 年 1 期 1 页

高要广利贝丘遗址又有重要发现　陈小鸿　广东省博物馆馆刊　1988 年 1 期 7 页

高要发掘新石器时代贝丘墓地　陈振元　中国文物报　1988 年 3 月 18 日 2 版

广东考古工作取得重要成绩　黄道钦　中国文物报　1988 年 4 月 1 日 1 版

1986—1987 年西樵山考古的新收获　"西樵山细石器"课题组　中山大学学报　1988 年 3 期 74 页

广东封开县杏花河两岸古遗址调查与试掘　杨式挺、邓增魁　考古学集刊 (第 6 集)　1989 年 3 月 63 页

广东中山市发现彩陶遗存　张玉文　中国文物报　1989 年 11 月 24 日 2 版

封开发掘新石器时代墓地　梁耀均、蔡永胜　中国文物报　1990 年 4 月 12 日 1 版

广东珠海市淇澳岛沙丘遗址调查　广东省博物馆、珠海市博物馆

（李子文）　考古　1990 年 6 期 495～499 页

　　广东高要县蚬壳洲发现新石器时代贝丘遗址　李子文、李岩　考古 1990 年 6 期 565～568 页

　　深圳市大鹏咸头岭沙丘遗址发掘简报　深圳博物馆、中山大学人类学系（彭全民等）　文物　1990 年 11 期 1～11 页

　　广东深圳市大黄沙沙丘遗址发掘简报　深圳博物馆、中山大学人类学系（文本亨、谌世龙）　文物　1990 年 11 期 12～20 页

　　广东东莞市三处贝丘遗址调查　广东省博物馆、东莞市博物馆（李岩、李子文）　考古　1991 年 3 期 193～197 页

　　广东省和平县古文化遗存调查　广东省博物馆、和平县博物馆（刘建安）　考古　1991 年 3 期 198～205 页

　　封开县乌骚岭新石器时代墓葬群发掘简报　广东省文物考古研究所、封开县博物馆（古运泉）　文物　1991 年 11 期 1～7 页

　　高要县龙一乡蚬壳洲贝丘遗址　广东省博物馆（古运泉、李岩）文物　1991 年 11 期 8～13 页

　　广东连平县黄潭寺遗址发掘简报　广东省博物馆、连平县博物馆（李子文等）　考古　1992 年 2 期 122～130 页

　　广东封开黄岩洞 1989 年和 1990 年发掘简报　宋方义等　东南文化 1992 年 1 期 148～155 页

　　广东始兴县史前遗址调查　廖晋雄　东南文化　1992 年 5 期 81～88 页

　　三水银州贝丘遗址发掘获重要成果　粤考文　中国文物报　1993 年 6 月 20 日 1 版

　　1986—1987 年西樵山发掘简报　张镇洪　文物　1993 年 9 期 32～39 页

　　广东三水豆边岗发现新石器时代晚期遗址　邱立诚　文物　1993 年 10 期 96 页

　　深圳市大鹏咸头岭沙丘遗址发掘简报　深圳博物馆（彭全民等）深圳考古发现与研究　1994 年 6 月 28～41 页

　　南海西樵山考古取得新进展　冯孟钦　中国文物报　1994 年 12 月 11 日 1 版

广东南澳县象山新石器时代遗址　南澳县海防博物馆、中山大学韩江流域考古课题组　考古与文物　1995 年 5 期 1～7 页

广东普宁掘出古人类活动遗址　方楠　人民日报（海外版）1995 年 11 月 6 日 3 版

广东普宁市发掘古人类生活遗址　沈山　人民日报（海外版）1995 年 11 月 21 日 3 版

珠江三角洲地区史前遗址调查　珠江三角洲地区考古调查小组（赵辉、袁靖）　中国文物报　1995 年 11 月 25 日 3 版

东莞的三处古文化遗址　张光华　南方文物　1995 年 4 期 126 页

广东南海市鱿鱼岗贝丘遗址的发掘　广东省文物考古研究所、北京大学考古学系实习队（李子文、李岩）　考古　1997 年 6 期 65～76 页

广东英德沙口狗了冲古文化遗存调查与试掘　邱立诚等　江汉考古　1998 年 1 期 6～13 页

广东东莞市蚝岗贝丘遗址调查　李子文　考古　1998 年 6 期 80～82 页

广东丰顺县先秦遗存调查　邱立诚等　考古与文物　1998 年 3 期 8～14 页

广东普宁市池尾后山遗址发掘简报　广东省文物考古研究所、普宁市博物馆（吴雪彬等）　考古　1998 年 7 期 1～10 页

广东仁化覆船岭遗址发掘　广东省文物考古研究所（李子文）　文物　1998 年 7 期 31～37 页

广东封开簕竹口遗址发掘简报　广东省文物考古研究所、封开县博物馆（冯孟钦）　文物　1998 年 7 期 38～41 页

广东珠海市宝镜湾遗址试掘简报　珠海市博物馆（张之恒、陈振忠）　东南文化　1999 年 2 期 72～80 页

广东考古五十年　广东省文物考古研究所　广东文物　1999 年 2 期 3～19 页

始兴考古 50 年　廖晋雄　广东文物　1999 年 2 期 29～38 页

建国五十周年连州考古发掘工作述略　黄洪威　广东文物　1999 年 2

期 39 ~ 40 页

澄海文物考古五十年　蔡文胜　广东文物　1999 年 2 期 43 ~ 45 页

广东南海市西樵山佛子庙遗址的发掘　广东省文物考古研究所、南海市博物馆（冯孟钦、卢筱洪）　考古　1999 年 7 期 28 ~ 37 页

广东珠海荷包岛锁匙湾遗址调查　珠海市博物馆（尚元正）　东南考古研究（第二辑）　1999 年 71 ~ 82 页

广东珠宝镜湾考古的学术意义　李世源　东南考古研究（第二辑）129 ~ 131 页

珠江三角洲史前遗址调查　珠江三角洲史前遗址调查组（赵辉等）考古学研究（四）　1999 年 355 ~ 401 页

广东东莞市圆洲贝丘遗址的发掘　广东省文物考古研究所、东莞市博物馆（吴海贵）　考古　2000 年 6 期 11 ~ 23 页

广东三水市银洲贝丘遗址发掘简报　广东省文物考古研究所等（李子文）　考古　2000 年 6 期 24 ~ 36 页

南海市鱿鱼岗贝丘遗址发掘报告　广东省文物考古研究所、北京大学考古实习队（李子文、李岩）　广东省文物考古研究所建所十周年文集　2001 年 11 月 282 ~ 328 页

广东台山铜鼓湾沙丘遗址发掘　广东省文物考古研究所、台山市博物馆（冯孟钦）　广东省文物考古研究所建所十周年文集　2001 年 11 月 329 ~ 340 页

珠海宝镜湾遗址第一次发掘　广东省文物考古研究所、珠海市博物馆（陈振忠、冯孟钦）　广东省文物考古研究所建所十周年文集　2001 年 11 月 341 ~ 358 页

揭阳发现国内新石器时代最大窑群　侯伟生　人民日报　2003 年 11 月 13 日 2 版

深圳咸头岭遗址出土新石器时代彩陶　易运文　光明日报　2004 年 9 月 13 日 A2 版

2004 年广东中山龙穴遗址发掘简报　广东省中山市博物馆、广东省文物考古研究所（李法军等）　四川文物　2005 年 4 期 3 ~ 9 页

东莞发现昙石山文化晚期陶壶　冯孟钦　中国文物报　2005 年 11 月 11 日 2 版

广东考古新成果述略　蔡奕芝　岭南考古研究　2006 年（5）72～85 页

广东省蕉岭县东山、河岭遗址调查发掘简报　广东省文物考古研究所、广东省蕉岭县博物馆（尚杰、李岩）　南方文物　2006 年 4 期 13～23 页

深圳咸头岭遗址发现距今 7000 年前新石器时代遗存　深圳市文物考古鉴定所　中国文物报　2006 年 12 月 6 日 2 版

广东古椰贝丘遗址考古有重大发现，四千年稻谷完好如新　张景华　光明日报　2006 年 12 月 27 日 2 版

（二十一）广　西

广西古代文化遗址之一考察　陈志良　建设研究　1940 年 3 卷 1 期 63 页

广西全县卢家桥发现古遗址　方一中　文物参考资料　1954 年 6 期 120 页

广西僮族自治区上林县发现石器及大批古生物化石　文物参考资料　1955 年 9 期 166 页

广西左右江流域新石器时代遗物简介　容观夐　文物参考资料 1956 年 6 期 58 页

广西凤山县月里圩发现古代遗址　艾未　文物参考资料　1957 年 4 期 123 页

广西柳州白莲洞新石器时代石斧出土　肖泽昌　光明日报　1962 年 7 月 3 日

宜山县发现新石器时代古人类遗骸　何乃汉　广西日报　1963 年 1 月 8 日

南宁专区普查文物的收获　文物　1964 年 2 期 66 页

发现大批历代古墓群和石器时代的文物　光明日报　1964 年 6 月 21 日

广西柳城发现新石器　韩康信　考古　1964 年 11 期 591 页

广西柳江发现新石器　覃骏、卢成英　考古　1965 年 6 期 313 页

广西南宁地区新石器时代贝丘遗址　广西壮族自治区文物考古训练班、广西壮族自治区文物工作队　考古　1975 年 5 期 295 页

广西桂林甑皮岩洞穴遗址的试掘　广西壮族自治区文物工作队、桂林市革命委员会文物管理委员会　考古　1976 年 3 期 175 页

桂林甑皮岩洞穴遗址正式开放，出土文物比较丰富，有较高科研价值　广西日报　1979 年 4 月 11 日 2 版

广西柳州首次发现新石器时代晚期文化遗存　文物资料丛刊　1981 年 12 月 5 期 195 页

广西钦州独料新石器时代遗址　广西壮族自治区文物工作队、钦州县文化馆　考古　1982 年 1 期 1 页

广西隆安大龙潭新石器时代遗址发掘简报　广西壮族自治区文物工作队　考古　1982 年 1 期 9 页

广西柳州新石器时代遗址调查与试掘　柳州市博物馆　考古　1983 年 7 期 577 页

柳州市大龙潭鲤鱼嘴新石器时代贝丘遗址　柳州市博物馆、广西壮族自治区文物工作队　考古　1983 年 9 期 769 页

广西百色地区新石器时代文化遗存　广西壮族自治区文物工作队　考古　1986 年 7 期 607 页

广西桂平县石器时代文化遗存　何乃汉、陈小波　考古　1987 年 11 期 961 页

郁江发现大型新石器遗址　蓝日勇　中国文物报　1990 年 1 月 18 日 1 版

南昆铁路南平段调查发现文物　谢日万　中国文物报　1991 年 10 月 13 日 1 版

广西灵山县新石器时代遗址调查简报　王永琎　考古　1993 年 12 期

1076～1084 页

浦北出土新石器时代玉铲　邓兰　文物　1994 年 9 期 93 页

右江河谷考古有新发现　杨维成　文汇报　1995 年 12 月 1 日 4 版

广西田阳县新洞村发现四件大石铲　明标等　考古　1996 年 8 期 90 页

1996 年广西石器时代考古调查简报　中国社会科学院考古研究所广西工作队、广西壮族自治区文物工作队（傅宪国等）　考古　1997 年 10 期 15～35 页

顶蛳山贝丘遗址发掘获丰硕成果　傅宪国等　中国文物报　1997 年 12 月 14 日 1 版

邕宁出土四千年前大石铲　人民日报（海外版）　1998 年 2 月 12 日 3 版，2 月 16 日 5 版

资源发现一处新石器遗址　彭书琳　中国文物报　1998 年 6 月 21 日 1 版

广西发现远古肢解葬　文汇报　1998 年 8 月 6 日 5 版

广西考古四十年概述　蒋廷瑜　考古　1998 年 11 期 1～10 页

广西邕宁县顶蛳山遗址的发掘　中国社会科学院考古研究所广西工作队等（傅宪国等）　考古　1998 年 11 期 11～33 页

广西横县江口新石器时代遗址的发掘　广西壮族自治区文物工作队（梁旭达）　考古　2000 年 1 期 12～21 页

广西顶蛳山发掘完整贝丘遗址，一批惊世宝藏初露真容　刘昆　光明日报　2000 年 1 月 21 日 A3 版

资源县晓锦遗址发现炭化稻米　蒋廷瑜等　中国文物报　2000 年 3 月 15 日 1 版

广西文物考古工作新成果的考察与思考　韦江　广西民族研究 2001 年 1 期 86～90 页

桂林地区史前文化面貌轮廓初现　傅宪国等　中国文物报　2001 年 4 月 4 日 1 版

桂林甑皮岩遗址发现目前中国最原始的陶器　傅宪国　中国文物报 2002 年 9 月 6 日 1 版

广西平南县石脚山遗址发掘简报　广西壮族自治区文物工作队、平南县博物馆（陈文）　考古　2003 年 1 期 15 ~ 21 页

广西革新桥发现一处大规模石器加工场　谢光茂等　中国文物报 2003 年 3 月 5 日 1 版

广西南宁市豹子头贝丘遗址的发掘　中国社会科学院考古研究所广西工作队等　考古　2003 年 10 期 22 ~ 34 页

广西那坡县感驮岩遗址发掘简报　广西壮族自治区文物工作队、那坡县博物馆（韦江、何安益）　考古　2003 年 10 期 35 ~ 56 页

广西百色市革新桥新石器时代遗址　广西壮族自治区文物工作队（谢光茂等）　考古　2003 年 12 期 3 ~ 6 页

广西资源县晓锦新石器时代遗址发掘简报　广西壮族自治区文物工作队、资源县文物管理所（何安益等）　考古　2004 年 3 期 7 ~ 30 页

资源县晓锦新石器时代遗址发掘简报　广西壮族自治区文物工作队、资源县文物管理所（何安益等）　广西考古文集　2004 年 101 ~ 153 页

象州南沙湾贝丘遗址 1999 ~ 2000 年度发掘简报　广西壮族自治区文物工作队（杨清平、梁旭达）　广西考古文集　2004 年 176 ~ 191 页

广西红水河流域发现最大新石器时代加工厂　王勉、秦桂媛　人民日报　2004 年 12 月 30 日 5 版

广西都安北大岭遗址考古发掘取得重要成果　林强等　中国文物报 2005 年 12 月 2 日 1 版

（二十二）重　庆

重庆地区发现新石器时代遗址　四川日报　1981 年 5 月 9 日 1 版

重庆九龙坡区发现新旧石器时代遗物　董晏明　四川文物　1989 年 6 期 73 页

重庆开展三峡库区考古调查　达立　中国文物报　1992 年 11 月 22 日 1 版

重庆市长江河段新石器时代遗址调查与试掘　重庆市博物馆（申世放）　考古　1992年12期1068～1081页

巴东雷家坪遗址考古发掘收获　王凤竹等　中国文物报　1998年4月1日3版

巫山境内长江、大宁河流域古遗址调查简报　四川省文物管理委员会等　四川考古报告集　1998年1～10页

奉节县老关庙遗址第三次发掘　吉林大学考古学系、四川省文物考古研究所　四川考古报告集　1998年11～40页

忠县中坝遗址发掘获重大成果　孙智彬　中国文物报　1999年2月10日1版

巫山锁龙遗址发掘有重要收获　成研　中国文物报　1999年3月7日1版

忠县甘井口遗址群发掘获重要成果　孙华、赵化城　中国文物报1999年3月24日1版

四川（重庆）奉节老关庙遗址第一、二次发掘　吉林大学考古学系（赵宾福）　江汉考古　1999年3期7～13

重庆黄柏溪遗址两度发掘　潘茂辉　中国文物报　2000年11月5日1版

重庆麻柳沱遗址又获考古新成果　高蒙河等　中国文物报　2000年11月29日1版

川渝新石器文化有重要发现　樊力等　中国文物报　2001年2月7日1版

配合三峡文物抢救巫山大溪遗址再次发掘　邹后曦、白九江　中国文物报　2001年9月7日1版

重庆市辖区2001年度的主要考古发现　邹后曦　重庆历史与文化2002年1期16～22页

巫山大溪遗址再次发掘发现丰富遗存　邹后曦、白九江　中国文物报　2002年5月10日1版

重庆巫山江东嘴遗址发掘获重要成果　张之恒等　中国文物报

2002 年 5 月 10 日 3 版

中坝遗址抢救文物 20 万件　夏桂廉　光明日报　2003 年 2 月 14 日 A1 版

万州区麻柳沱遗址　邹后曦　重庆历史与文化　2003 年 2 期 1 页

1999 年度重庆万州麻柳沱遗址发掘简报　复旦大学考古队　文化遗产研究集刊（第 3 辑）　2003 年 431～450 页

纵将万管玲珑笔　难写瞿塘两岸山——三峡工程重庆库区二期水位阶段考古收获　刘豫川、邹后曦　中国文物报　2003 年 6 月 18 日 1 版

全国最大的考古工地——重庆库区 1997～2003 考古成果　刘豫川、邹后曦　文物天地　2003 年 6 期（重庆篇）40～41 页

1998 年全国十大考古新现：12 米文化层　5000 年无字史书——忠县中坝遗址　孙智彬　文物天地　2003 年 6 期（重庆篇）43～45 页

重庆云阳大地坪发掘新石器时代聚落遗址　席道合　中国文物报 2003 年 7 月 30 日 1 版

三峡文明之曙光——奉节鱼复浦遗址发现七千多年前的陶片　卫奇　永不逝落的文明：三峡文物抢救纪实　2003 年 8～13 页

渝东地区新发现最早的新石器遗存——丰都玉溪遗址的发掘　邹后曦、袁东山　永不逝落的文明：三峡文物抢救纪实　2003 年 14～20 页

一个渐开的谜——巫山大溪遗址　白九江　永不逝落的文明：三峡文物抢救纪实　2003 年 30～35 页

渝东地区新发现的新石器晚期文化——忠县哨棚嘴遗址的发掘　孙华　永不逝落的文明：三峡文物抢救纪实　2003 年 36～43 页

五千年的无字"史书"——记忠县中坝遗址的发掘　孙智彬　永不逝落的文明：三峡文物抢救纪实　2003 年 44～55 页

取证历史 5000 年——2002 年冬至 2003 年春中坝遗址考查和提取地层保护工作追忆（上、下）　李维明　中国文物报　2004 年 1 月 30 日 4 版，2004 年 2 月 6 日 4 版

三峡工程重庆库区 2003 年度十项重要考古发现　市文化局三峡办地下项目室　重庆历史与文化　2004 年 1 期 21～23 页

重庆巫山魏家梁子发掘新石器时代遗址　重庆市文化局、凉山州博物馆　中国文物报　2004年6月11日2版

重庆云阳大地坪遗址进行第三次发掘　席道合　中国文物报　2004年7月23日1版

巫山培石遗址第一次发掘简报　南京博物院考古研究所、巫山县文物管理所（张浩林、裴健）　重庆库区考古报告集（1999卷）59～79页

忠县哨棚嘴遗址发掘报告　北京大学中国考古学研究中心等（樊力）重庆库区考古报告集（1999卷）530～643页

重庆市巫山县锁龙遗址1997年发掘简报　成都市文物考古研究所（李明斌、陈剑）　考古　2006年3期14～31页

重庆奉节县老关庙新石器时代遗址土坑墓的发掘　赵宾福等　考古2006年8期89～93页

（二十三）　四　川

华西的史前石器　郑德坤　说文月刊　1942年8月3卷7期83页

广汉古代遗物之发现及其发掘　林名均　说文月刊　1942年8月3卷7期93页

四川威州彩陶发现记　林名均　说文月刊　1944年5月4卷合订本7页

成渝铁路筑路当中出土文物调查报告　西南文教部文物调查征集工作小组　文物参考资料　1951年2卷11期69页

宝成铁路修筑工程中发现的文物简介　西南博物院筹备处　文物参考资料　1954年3期10页

四川藏区孟董沟的磨制石器　徐鹏章　文物参考资料　1955年6期40页

四川新津县发现新石器时代遗物　罗永祚　考古通讯　1957年3期66页

雅安石器调查记　魏达议　文物参考资料　1958 年 1 期 48 页

四川忠县发现新石器时代遗址　袁明森、庞有林　考古通讯　1958 年 5 期 31 页

夔峡口发现古文化遗址　陈培绪　文物　1959 年 5 期 75 页

川东长江沿岸新石器时代遗址调查简报　四川省博物馆　考古 1959 年 8 期 393 页

四川省长江三峡水库考古调查简报　四川省博物馆　考古　1959 年 8 期 398 页

四川试掘新石器时代遗址收获很大　张祥光　光明日报　1959 年 10 月 15 日 2 版

忠县井沟新石器时代遗址试掘简况　忠县试掘工作组　文物　1959 年 11 期 76 页

巫山县发现原始社会墓葬群　光明日报　1960 年 3 月 11 日 3 版

四川巫山大溪新石器时代遗址发掘记略　四川长江流域文物保护委员会文物考古队　文物　1961 年 11 期 15 页

四川忠县井沟遗址的试掘　四川省长江流域文物保护委员会文物考古队　考古　1962 年 8 期 416 页

四川理县汶川县考古调查简报　四川大学历史系考古教研组　考古　1965 年 12 期 614 页

四川省汉源县大树公社狮子山发现新石器时代遗址　刘磐石、魏达仪　文物　1974 年 5 期 91 页

四川凉山彝族自治州喜德县的新石器时代遗址　王恒杰　考古 1979 年 1 期 95 页

四川西昌礼州新石器时代遗址　礼州遗址联合考古发掘队　考古学报　1980 年 4 期 443 页

凉山地区近年来发现的部分石器介绍　凉山彝族自治州博物馆　凉山彝族奴隶制研究　1981 年 1 期 76 页

巫山大溪遗址第三次发掘　四川省博物馆　考古学报　1981 年第 4 期 461 页

西昌杨家山新石器时代晚期遗存　文物资料丛刊　1981 年 12 月 5 期 201 页

四川石棉县考古调查　张弗尘　考古　1982 年 2 期 207 页

四川省新津县修觉山首次发现新石器时代石器　汤玉玖　文物 1982 年 4 期 82 页

广汉县发现四千年前的居住遗址　陈显丹　四川日报　1982 年 5 月 21 日 1 版

四川普格县新石器时代遗址调查简报　凉山彝族自治州博物馆、普 格县文化馆　考古与文物　1982 年 5 期 1 页

四川成都发现新石器　周尔太、潘云磨　化石　1983 年 2 期 31 页

四川资阳等县石器时代文化　四川省文物管理委员会　考古　1983 年 6 期 481 页

四川嘉陵江中下游新石器时代遗址调查　重庆市博物馆　考古 1983 年 6 期 496 页

四川普格县瓦打洛遗址调查　凉山彝族自治州博物馆、普格县文化 馆　考古　1983 年 6 期 562 页

新津县首次发现新石器时代有孔石斧　汤玉玖　四川文物　1984 年 3 期 55 页

四川宜宾南部首次发现新石器时代遗物　四川大学历史系考古实习 队　考古与文物　1984 年 4 期 1 页

四川盐源县轿顶山发现新石器时代遗址　四川凉山彝族自治州博物 馆、四川盐源县文化馆　考古　1984 年 9 期 849 页

荥经发现新石器时代的文物　周丙华、李晓鸥　四川日报　1985 年 1 月 9 日 1 版

四川乐山市考古调查报告　中国社会科学院考古研究所四川工作队 考古　1988 年 1 期 7 页

岷江下游宜宾河段再次发现新石器时代遗物　魏宁等　四川文物 1989 年 3 期 56 页

绵阳发掘边堆山新石器时代遗址　何志国　四川文物　1990 年 2 期

21 页

　　四川绵阳边堆山新石器时代遗址调查简报　中国社会科学院考古研究所四川工作队（郑若葵、叶茂林）　考古　1990 年 4 期 307～313 页

　　四川万县地区考古调查简报　中国社会科学院考古研究所四川工作队（吴加安、叶茂林）　考古　1990 年 4 期 314～321 页

　　达县发现新石器时代石器加工场　马幸辛　中国文物报　1990 年 5 月 17 日 1 版

　　汉源县瀑布沟水库淹没区文物古迹调查简况　王瑞琼　四川文物 1990 年 3 期 68～71 页

　　四川凉山州新石器时代文化调查　黄承宗　考古与文物　1990 年 4 期 1～6 页

　　广元出土大量有地层根据的细石器　叶茂林　中国文物报　1991 年 2 月 3 日 1 版

　　四川广元市中子铺细石器遗存　中国社会科学院考古研究所四川工作队（王仁湘）　考古　1991 年 4 期 289～299 页

　　四川广元市张家坡新石器时代遗址的调查与试掘　中国社会科学院考古研究所四川工作队、四川省广元市文物管理所（郑若葵、王仁湘）　考古　1991 年 9 期 774～780 页

　　四川大石遗迹揭秘　谢芳琳等　历史大观园　1991 年 11 期 48～49 页

　　巴中月亮岩和通江擂鼓寨遗址调查简报　雷雨等　四川文物　1991 年 6 期 52～55 页

　　一九九一年成都市田野考古工作纪要　雷玉华等　成都文物　1992 年 1 期 65～68 页

　　广元市鲁家坟新石器时代遗址调查记　郑若葵等　四川文物　1992 年 3 期 58～60 页

　　宝珠寺水库淹没区文物调查记　黄家祥　四川文物　1992 年 3 期 63～67 页

　　会理城河流域的古代文化遗存　唐翔　四川文物　1992 年 4 期 14～

18 页

都江堰市芒城遗址调查简况　樊拓宇　成都文物　1992 年 4 期 23～24 页

忠县三峡淹没区地下文物保护前期规划圆满完成　李水城　中国文物报　1994 年 8 月 14 日 1 版

成都市一九九四年文物工作纪要　市文管办　成都文物　1995 年 1 期 64～70 页

奉节老关庙遗址第三次发掘获成果　赵宾福等　中国文物报　1996 年 3 月 24 日 1 版

三峡库区云阳县李家坝遗址　陈剑　中国文物报　1996 年 5 月 19 日 3 版

成都平原发现一批史前城址　中国文物报　1996 年 8 月 18 日 1 版

四川巫山县魏家梁子遗址的发掘　中国社会科学院考古研究所长江三峡考古队（吴耀利、刘国祥）　考古　1996 年 8 期 1～18 页

考古发现：成都历史可追溯到四千多年前　王存理、熊艳　人民日报（海外版）　1996 年 12 月 5 日 3 版

成都史前城址发掘又获重大成果　中国文物报　1997 年 1 月 19 日 1 版

四川新津县宝墩遗址调查与试掘　成都市文物考古工作队等（王毅等）　考古　1997 年 1 期 40～52 页

1996 年成都田野考古概述　成都市文物考古队　成都文物　1997 年 1 期 64～69 页

四川广元市古文化遗址调查　唐志工　考古　1997 年 5 期 85～86 页

中国长江文明起源研究的新成果——成都平原史前城址群发现记　王毅等　成都文物　1997 年 2 期 23～29 页

四川新津县宝墩遗址 1996 年发掘简报　中日联合考古调查队（江章华等）　考古　1998 年 1 期 29～50 页

四川西昌市横栏山新石器时代遗址调查　西昌市文物管理所（张正宁）　考古　1998 年 2 期 5～9 页

郫县古城发掘取得重大收获　中国文物报　1998 年 3 月 18 日 1 版

成都市一九九七年田野考古概述　市考古队　成都文物　1998 年 1 期 69 ~ 72 页

成都市博物馆考古工作回顾　翁善良　成都文物　1998 年 3 期 13 ~ 15 页

四川省温江县鱼凫村遗址调查与试掘　成都市文物考古工作队等（蒋成等）　文物　1998 年 12 期 38 ~ 56 页

成都发现史前文化遗址　熊艳　人民日报　1999 年 1 月 12 日 5 版

四川省郫县古城遗址调查与试掘　成都市文物考古工作队、郫县博物馆（蒋成、颜劲松）　文物　1999 年 1 期 32 ~ 42 页

成都发掘出较大规模史前古墓群　熊艳、徐旭忠　人民日报（海外版）　1999 年 2 月 9 日 1 版

成都市一九九八年田野考古工作概述　成都市文物考古工作队（雷玉华）　成都文物　1999 年 1 期 68 ~ 72 页

成都地区近年考古综述　王毅等　四川文物　1999 年 3 期 3 ~ 12 页

四川都江堰市芒城遗址调查与试掘　成都市文物考古工作队、都江堰市文物局（颜劲松等）　考古　1999 年 7 期 14 ~ 27 页

安宁河流域的古遗址　凉山州博物馆、西昌市文管所（张蓉）　四川文物　2000 年 1 期 62 ~ 67 页

成都市 1999 年田野考古工作综述　成都市文物考古工作队　成都文物　2000 年 1 期 65 ~ 72 页

中华文明起源多元性的新佐证，紫竹古城址在川发现　文汇报 2000 年 3 月 31 日 6 版

宝墩文化发现新遗址　叶茂林、李明斌　中国文物报　2000 年 7 月 12 日 1 版

四川发掘罗家坝先秦遗址　王鲁茂、何振华　中国文物报　2000 年 10 月 8 日 1 版

汶川姜维城发现五千年前文化遗存　王鲁茂、黄家祥　中国文物报 2000 年 11 月 26 日 1 版

四川宝兴发现独特石制品　宋甘文　中国文物报　2000 年 12 月 6 日

1 版

大邑县韩场乡三墩村发现穿孔石斧　汤玉玖　四川文物　2001 年 1 期 73 页

四川省郫县古城遗址 1997 年发掘简报　成都市文物考古研究所、郫县博物馆（颜劲松等）　文物　2001 年 3 期 52～68 页

岷江上游考古发现新石器遗址　蒋成等　中国文物报　2002 年 1 月 2 日 2 版

万州苏和坪遗址考古发现独特的古代文化　袁东山、彭学斌　中国文物报　2002 年 5 月 24 日 1 版

四川崇州市双河史前城址试掘简报　成都市文物考古工作队（蒋成、李明斌）　考古　2002 年 11 期 3～19 页

成都发现第七座史前古城遗址　苑坚　人民日报　2003 年 1 月 18 日 2 版

四川郫县清江村遗址发掘简报　成都市文物考古研究所、郫县博物馆（江章华、颜劲松）　文物　2003 年 1 期 56～64 页

四川省文物部门三峡库区考古大事记　四川省文物考古研究所（冯超南、辛玉）　四川文物　2003 年 3 期 53～59 页

成都发现 4000 年前村落遗址　刘海、熊艳　人民日报　2003 年 11 月 5 日 4 版

成都市 2003 年田野考古工作述要　成都市文物考古研究所（王方）　成都文物　2004 年 1 期 67～76 页

汶川姜维城发掘的初步收获　黄家祥　四川文物　2004 年 3 期 6～9 页

四川汶川姜维城遗址发掘取得重要成果　辛中华　中国文物报 2004 年 7 月 2 日 2 版

四川瀑布沟水电站淹没区考古取得重大收获　雷雨等　中国文物报 2004 年 9 月 10 日 1 版

岷江上游新石器时代遗址调查及营盘山考古试掘综述　陈剑等　阿坝师范高等专科学校学报　2004 年 21 卷 4 期 25～28 页

茂县营盘山遗址群再现岷江上游五千年前辉煌　陈剑　中国文物报

2004 年 12 月 22 日 1 版

营盘山遗址面面观　陈剑、陈学志　中国文物报　2004 年 12 月 22 日 4 版

成都市 2004 年田野考古工作述要　成都市文物考古研究所　成都文物　2005 年 1 期 70～76 页

渠江流域古遗址调查简报　四川省文物考古研究院（张肖马、陈卫东）　四川文物　2005 年 6 期 10～16 页

大渡河双江口水电站地下文物遗存调查　四川省文物考古研究院、阿坝州文物管理所（潘新宁、任江）　四川文物　2005 年 6 期 17～20 页

四川江油市发现新石器时代洞穴遗址　胡昌钰　中国文物报　2005 年 11 月 30 日 1 版

四川汉源大地头新石器时代遗址　四川省文物考古研究院等（郭富、胡昌钰）　文物　2006 年 2 期 4～9 页

成都市 2005 年田野考古工作纪要　成都市考古队　成都文物　2006 年 1 期 61～74 页

四川汉源县麦坪村、麻家山遗址试掘简报　中国社会科学院考古研究所　四川文物　2006 年 2 期 3～19 页

四川阿坝哈休遗址考古取得重要成果　蒋明权　中国文物报　2006 年 5 月 24 日 2 版

四川汉源麦坪遗址发掘取得重要收获　郭富、任江　中国文物报 2006 年 10 月 11 日 2 版

四川汶川县姜维城新石器时代遗址发掘简报　四川省文物考古研究所（黄家祥）　考古　2006 年 11 期 3～14 页

四川江油市大水洞新石器时代遗址发掘简报　四川省文物考古研究所等（胡昌钰等）　四川文物　2006 年 6 期 10～16 页

（二十四）贵　州

贵州地区发现的几件石器　贵州省博物馆筹备处　文物参考资料

1955 年 9 期 67 页

贵州毕节专区发现新石器　中央民族学院研究部　考古通讯　1956 年 3 期 48 页

新石器时代的贵州石器　默溪　贵州日报　1962 年 10 月 19 日

贵州清镇、平坝发现的石器　贵州省博物馆　考古　1965 年 4 期 206 页

贵州威宁中河发现新石器时代遗物　贵州省博物馆　文物　1973 年 1 期 61 页

我院历史系师生在省博物馆指导下，在开门办学中首次发现贵州新石器时代遗物　贵州师院学报　1977 年 4 期 77 页

我省在平坝飞虎山洞穴首次出土新石器时代彩陶　万光云、李衍垣　贵州日报　1981 年 11 月 28 日 3 版

贵州榕江发现石器　宋先世　考古　1986 年 10 期 953 页

贵州清镇仙人洞新石器遗址的发现　傅贵中　贵州民族学院学报 1987 年 3 期 24 页

贵州毕节县青场新石器遗址调查　贵州省博物馆　考古　1987 年 9 期 860 页

贵州西部发现的有段石器　王海平　考古　1988 年 1 期 89 页

安龙观音洞遗址首次发掘及其意义（一、二）　蔡回阳、王新金 贵州文史丛刊　1998 年 3 期 24～29 页；5 期 58～61 页

黔南发现一处石器时代遗址　祝迎生　中国文物报　1999 年 6 月 23 日 1 版

贵州一村庄发现三处新石器时期遗址　秦亚洲　人民日报　2004 年 3 月 29 日 5 版

贵州威宁中水考古发掘取得重要收获　贵州威宁中水联合考古队 中国文物报　2005 年 1 月 5 日 1 版

贵州六枝老坡底抢救发掘新石器时代聚落遗址群　张合荣　中国文物报　2005 年 10 月 5 日 1 版

贵州威宁中水鸡公山遗址发掘又获重要收获　张合荣　中国文物报 2006 年 3 月 17 日 1 版

贵州威宁县鸡公山遗址 2004 年发掘简报　贵州省文物考古研究所、威宁县文物保护管理所（张合荣等）　考古　2006 年 8 期 11~27 页

（二十五）云　南

两年来云南古遗址及古墓葬的发现与清理　孙太初　文物参考资料 1955 年 6 期 30 页

云南大理历史文物的初步察访　费孝通　考古通讯　1957 年 3 期 1 页

云南剑川海尾河沿岸发现新石器　杨延福　考古通讯　1957 年 6 期 39 页

云南维西县发现新石器时代居住山洞　熊瑛　文物参考资料　1958 年 10 期 73 页

剑川发现古代居住遗迹　杨延福　文物参考资料　1958 年 12 期 62 页

云南滇池东岸新石器时代遗址调查记　黄展岳、赵学谦　考古 1959 年 4 期 173 页

昭通县发现古文化遗址　陈万煜　文物　1959 年 9 期 86 页

云南剑川又发现一处古遗址　杨延福　考古　1959 年 9 期 481 页

云南昭通闸心场新石器时代遗址的发掘　葛季芳　考古　1960 年 5 期 12 页

云南昭通县文物调查简报　云南省文物工作队　文物　1960 年 6 期 49 页

云南滇池周围新石器时代遗址调查简报　云南省文物工作队　考古 1961 年 1 期 46 页

云南昭通马厂和闸心场遗址调查简报　云南省文物工作队　考古 1962 年 10 期 529 页

云南西双版纳勐腊发现石器　杨玠　考古　1963 年 6 期 337 页

云南孟连老鹰山的新石器时代岩穴遗址　马长舟　考古　1963 年 10 期 573 页

云南景洪附近的新石器时代遗址　宋兆麟　考古　1965 年 11 期 588 页

宾川县白羊村遗址简介　云文　云南文物　1973 年 2 期 7 页

元谋新石器时代遗址　元谋县文化馆　云南文物　1974 年 4 期 34 页

剑川县西湖出土新石器时代文物　欧阳春　云南文物　1975 年 6 期 68 页

禄丰十八犁田发现新石器时代遗址　王正举　云南文物　1975 年 6 期 69 页

元谋大墩子新石器时代遗址　云南省博物馆　考古学报　1977 年 1 期 43 页

云南云县忙怀新石器时代遗址调查　云南省博物馆文物工作队　考古　1977 年 3 期 176 页

云南发现的有段石锛　葛季芳　考古　1978 年 1 期 68 页

元谋县发现一处新石器遗址　肖永福　云南日报　1981 年 2 月 9 日

云南宾川白羊村遗址　云南省博物馆　考古学报　1981 年 3 期 349 页

白羊村新石器时代晚期遗址　张兴永　云南日报　1981 年 10 月 25 日

大墩子新石器时代晚期遗址　张兴永　云南日报　1981 年 11 月 1 日

忙怀新石器时代遗址　云南日报　1982 年 2 月 8 日

云南腾冲县发现石器　崔海亭　考古　1982 年 4 期 424 页

云龙县发现新石器　云龙县文化馆　云南文物　1982 年 11 期 34 页

腾冲县发现新石器遗址　腾冲县文化馆　云南文物　1983 年 13 期 58 页

永仁县发现新石器时代石板墓　马长舟　云南文物　1983 年 13 期 62 页

昆明宝石洞发现新石器时代遗址　中国地质报　1983 年 8 月 5 日

云南禄丰新石器时代遗址　举芳　考古　1983 年 9 期 664 页

丽江发现新石器时代的石器　张兴永、贺世熙　云南日报　1983 年 11 月 19 日

云南麻栗坡县小河洞新石器时代洞穴遗址　云南省博物馆文物工作队　考古　1983 年 12 期 1108 页

云南永仁菜园子新石器遗址调查简报　肖明华、张兴永、郑良　云南文物　1983 年 14 期 5 页

南碧桥新石器时代洞穴遗址　云南省博物馆文物队　云南文物 1984 年 16 期 6 页

宣威格宜尖角洞新石器遗址调查简报　曲靖地区文物管理所等　云南文物　1984 年 16 期 13 页

永仁莱园子遗址试掘记略　阚勇　云南文物　1984 年 16 期 19 页

广南县八宝铜木犁洞新石器遗址调查　李加能、白天明　云南文物 1985 年 17 期 1 页

沧源丁来新石器时代遗址清理报告　沧源岩画联合调查组　云南文物　1985 年 17 期 4 页

镇源发现新石器时代石斧　郑显文　云南文物　1985 年 17 期 10 页

文山、广南、西畴三县考古调查记　熊正益　云南文物　1985 年 17 期 11 页

云南永仁莱园子新石器时代遗址调查　云南省博物馆　考古　1985 年 11 期 1039 页

云南维西哥登村新石器　云南省博物馆　云南文物　1985 年 18 期 1 页

鲁甸野石新石器时代遗址调查报告　游有山　云南文物　1985 年 18 期 9 页

云南宣威县尖角洞新石器遗址调查　曲靖地区文物管理所、宣威县文物普查办公室　考古　1986 年 1 期 12 页

云南沧源丁来新石器遗址清理报告　沧源崖画联合调查组　史前研究　1986 年 1~2 期 129 页

云南怒江州发现的新石器　张兴永、黄德荣、包秀芬　云南文物 1986 年 19 期 26 页

滇西已有八千年人类开发史　人民日报　1987 年 1 月 16 日

云南维西哥登村新石器遗址　云南省博物馆保管部　史前研究 1987 年 2 期 73 页

云南江川、通海考古调查简报　张兴永、赵云龙、蒋文忠　云南文物　1987 年 21 期 1 页

怒江流域发现一重要石器文化区域　耿德铭　文物报　1987 年 9 月 4 日

云南施甸火星山石器遗址调查简报　保山地区文管所、施甸县文管所　云南文物　1987 年 22 期 14 页

保山发现二台坡新石器遗址　唐丽华　云南文物　1987 年 22 期 25 页

建水南盘江流域发现新石器石斧　张建农　云南文物　1987 年 22 期 107 页

昌宁县发现新石器时代有肩石斧　尹建华　云南文物　1987 年 22 期 133 页

滇西又发现新石器时代遗址　吴学明　中国文物报　1988 年 4 月 8 日 2 版

施甸新发现八处石器文化遗址　耿德铭　云南文物　1988 年 23 期 6 页

潞西县首次发现新石器时代石斧　潞西县政协　云南文物　1988 年 23 期 7 页

龙陵县发现新石器时代玉器　王锦麟　云南文物　1989 年 25 期 113 页

建水发现洞穴遗址　张兴永　中国文物报　1989 年 7 月 14 日 2 版

云南发现一种新的新石器时代文化　何金龙　中国文物报　1989 年 9 月 8 日 2 版

基诺山新石器遗址调查记　马长舟　云南文物　1989 年 26 期 8 页

昌宁出土新石器时代房屋和稻米遗存　耿德铭等　中国文物报 1990 年 5 月 3 日 1 版

云南禄丰发现新石器时代遗址　王正举　考古　1991 年 3 期 277～ 279 页

云南龙陵怒江流域新石器时代遗址调查　保山地区文物管理所、龙陵县文物管理所（耿德铭）　考古　1991 年 6 期 497～505 页

云南发现特殊史前文化　杨正纯　中国文物报　1992 年 2 月 23 日 1 版

云南龙陵县新石器时代遗址调查　龙陵县文物管理所（王锦麟）考古　1992 年 4 期 289～293 页

云南巧家发掘新石器晚期墓葬　游有山　中国文物报　1992 年 8 月 2 日 1 版

云南保山二台坡新石器时代遗址调查　罗睿　考古　1992 年 9 期 859 页

李家山墓地发掘获硕果　何金龙、张新宁　中国文物报　1993 年 1 月 10 日 1 版

云南禄劝县营盘山新石器时代洞穴遗址调查　白肇喜　考古　1993 年 3 期 225 ~ 234 页

云南思茅地区新石器时代遗址调查　黄桂枢　考古　1993 年 9 期 769 ~ 780 页

云南施甸县半坡牛汪塘遗址调查简报　杨生义　南方文物　1993 年 4 期 1 ~ 3 页

云南腾冲发现古文化遗址群　徐冶、任维东　光明日报　1994 年 7 月 12 日 2 版

云南个旧市倘甸新石器时代遗址　红河州文管所、个旧市博物馆（朱云生）　考古　1996 年 5 期 10 ~ 13 页

麻栗坡又发现一处原始崖画　李玉禄　中国文物报　1998 年 3 月 11 日 1 版

曼干新石器遗址发掘获重要成果　马娟　中国文物报　1999 年 1 月 13 日 1 版

云南元谋雷老发现的古猿下颌骨　付丽亚　人类学学报　2001 年 20 卷 3 期 200 页

永仁菜园子、磨盘地遗址发掘揭开滇西北史前文化面纱　戴宗品　中国文物报　2001 年 9 月 14 日 1 版

滇南发现万年前文物　文汇报　2001 年 10 月 23 日 7 版

云南考古述略　肖明华　考古　2001 年 12 期 3 ~ 15 页

云南永平新光遗址发掘报告　云南省文物考古研究所等（戴宗品）　考古学报　2002 年 2 期 203 ~ 234 页

云南永仁菜园子、磨盘地遗址 2001 年发掘报告　云南省文物考古研究所等（戴宗品等）　考古学报　2003 年 2 期 263 ~ 293 页

云南永仁磨盘地新石器时代遗址出土稻谷遗存分析报告　赵志军　考古学报　2003 年 2 期 294 ~ 295 页

云南耿马石佛洞新石器遗址发掘纪略　周志清　成都文物　2004 年 2

期 27～31 页

　　云南云县曼干遗址的发掘　戴宗品　考古　2004 年 8 期 89～92 页

　　云南耿马石佛洞遗址考古发掘展示古文化面貌　马娟、董宏　中国文物报　2003 年 9 月 12 日 1 版

（二十六）西　藏

　　西藏聂拉木县发现的石器　戴尔俭　考古　1972 年 1 期 43 页

　　西藏自治区林芝县发现的新石器时代遗址　王恒杰　考古　1975 年 5 期 310 页

　　西藏墨脱县马尼翁发现磨制石斧　新安考古　1975 年 5 期 315 页

　　西藏墨脱县又发现一批新石器时代遗物　尚坚、江华、兆林　考古　1978 年 2 期 136 页

　　我区一批四千多年前的文物出土　西藏日报　1978 年 11 月 27 日 1 版

　　西藏出土一批新石器时代的文物　光明日报　1979 年 2 月 17 日 3 版

　　藏北申扎、双湖的旧石器和细石器　安志敏、尹泽生、李炳元　考古　1979 年 6 期 481 页

　　卡若新石器时代遗址开始第二期发掘　西藏日报　1979 年 7 月 2 日 3 版

　　西藏卡若村附近出土一批新石器时代文物　人民日报　1979 年 9 月 6 日 4 版

　　西藏昌都卡若遗址试掘简报　西藏自治区文物管理委员会　文物 1979 年 9 期 22 页

　　卡若遗址发掘工作胜利结束　西藏日报　1979 年 11 月 9 日 1 版

　　昌都城南发现新石器时代遗址显示：西藏文明史已绵延五千年，有力地批驳了西藏民族及文化外来的谬论　陈儒珍　文汇报　1982 年 9 月 28 日

　　西藏发现一新石器时期文化遗址　人民日报　1984 年 12 月 24 日

　　西藏发现新石器时期文化遗址　光明日报　1984 年 12 月 24 日

拉萨曲贡村遗址调查试掘简报　西藏文管会文物普查队　文物 1985 年 9 期 20 页

西藏乃东县发现新石器时代遗存　西藏文管会文物普查队　文物 1985 年 9 期 30 页

西藏穷结发现新石器时期遗址　王望生　文博　1987 年 6 期 40 页

西藏发现新石器时代小恩达遗址　陈建彬　中国文物报　1987 年 1 2 月 25 日 2 版

藏北高原各处石器初步观察　钱方等　人类学学报　1988 年 7 卷 1 期 75 页

西藏昌都地区文物考古的新发现　王家凤　文物天地　1989 年 2 期 28 页

西藏小恩达新石器时代遗址试掘简报　西藏文管会文物普查队（陈建彬）　考古与文物　1990 年 1 期 28～43 页

（西藏）曲贡文化遗址重大发现　拉萨河谷早有农业文明　人民日报 1990 年 9 月 26 日 4 版

西藏新石器文化重大发现　人民日报（海外版）　1990 年 10 月 24 日 4 版

拉萨发掘一海拔最高的新石器遗址　李茜　中国文物报　1990 年 11 月 1 日 1 版

曲贡遗址出土大量新石器时代文物——西藏神秘史前之谜初步揭开 拉萨河谷古代文明辉煌灿烂　文汇报　1990 年 12 月 3 日 4 版

西藏拉萨市曲贡村新石器时代遗址第一次发掘简报　中国社会科学院考古研究所西藏工作队、西藏自治区文物管理委员会（李永宪等） 考古　1991 年 10 期 873～881 页

西藏堆龙德庆发现一新石器时代遗址　索朗旺堆、何强　中国文物报　1990 年 11 月 29 日 1 版

西藏拉孜发现大型古墓群　郭周虎　中国文物报　1991 年 6 月 2 日 1 版

众里寻他千百度——西藏文物普查手记　何强　中国文物报　1991 年 6 月 2 日 4 版

拉萨曲贡遗址出土早期青铜器　中国社会科学院考古研究所　中国文物报　1992 年 1 月 26 日 1 版

西藏居民区史前遗址发掘报告　〔德〕奥夫施内特著　杨元方等译　中国藏学　1992 年 1 期 64～71 页

西藏高原西部发现石器遗存　李永宪　中国文物报　1993 年 3 月 7 日 1 版

西藏考古工作的回顾与展望　霍巍　民族研究动态　1994 年 2 期 15～23 页

西藏仲巴县城北石器地点　西藏自治区文管会文物普查队（李永宪、霍巍）　考古　1994 年 7 期 577～586 页

雪域远古农牧文明探寻——西藏拉萨曲贡遗址发掘琐记（上、下）　王仁湘　文物天地　1997 年 5 期 7～11 页；6 期 7～11 页

西藏贡嘎县昌果沟新石器时代遗址　中国社会科学院考古研究所西藏工作队、西藏自治区文物管理委员会（刘景芝、赵慧民）　考古　1999 年 4 期 1～10 页

配合青藏铁路建设工程唐古拉山发现史前石器地点　中国文物报 2003 年 6 月 13 日 1 版

西藏羊八井加日塘发现游牧部落新石器时代遗址　更堆　中国文物报　2003 年 10 月 8 日 1 版

沿着青藏铁路考古　仁青次仁、哈比布　文物天地　2003 年 12 期 26～27 页

在 5000 米高度生存　李永宪　文物天地　2003 年 12 期 28～32 页

唐古拉山的游牧部落——加日塘新石器遗址　张建林、更堆　文物天地　2003 年 12 期 33～35 页

（二十七）陕　西

陕西调查古迹报告　徐炳昶、常惠　北平研究院院务汇报　1933 年

11 月 4 卷 6 期 1 页

陕西最近发现之新石器时代遗址　徐炳昶　北平研究院院务汇报 1936 年 6 期 201 页

陕西发现新石器时代遗址　燕京学报　1936 年 20 期 592 页

宝鸡斗鸡台发现上古遗物　禹贡　1937 年 6/7 期 363 页

斗鸡台掘获仰韶期前古物　燕京学报　1937 年 21 期 285 页

长安城外鱼化寨新石器时代之遗物　何士骥　西北史地季刊　1938 年 2 月 1 卷 1 期 123 页

陕西扶风绛帐镇姜嫄村武功永安镇圪塔庙之史前遗存　吴良材　华西边疆研究学会杂志甲种 16 期 104 页　1945 年

长安近郊发现史前遗迹　燕京学报　1947 年 32 期 262 页

渭南故市发现古代史前陶器　容媛　燕京学报　1948 年 6 月 12 日 34 期 309 页

长安鱼化寨史前陶器考古记　陈进宜　光明日报　1950 年 10 月 8 日

西北大学发掘长安鱼化寨史前遗迹　陈进宜　燕京学报　1950 年 12 月 39 期 286 页

1951 年春季陕西考古调查工作简报　考古研究所陕西省调查发掘团通讯组　科学通报　1951 年 9 期

陕西北黄堆堡古遗址概况　何修龄　文物参考资料　1953 年 8 期 104 页

岐山县发现史前遗址　龙门　群众日报　1953 年 12 月 12 日

陕西省岐山县发现新石器时代遗址　新华社　文物参考资料　1954 年 2 期 107 页

陕西文管会调查蓝田县的文物古迹　文物参考资料　1954 年 7 期 139 页

陕西汧阳县陇县发现数处新石器时代文化遗址　关琳　文物参考资料　1954 年 8 期 154 页

陕西岐山县京当乡王家嘴子的原始社会遗址　关琳　文物参考资料　1954 年 10 期 89 页

陕西扶风县案板乡的古代遗址　何修龄　文物参考资料　1954 年 10 期 93 页

陕西华县发现明万历时石碣及古代遗址　王重九　文物参考资料
1954 年 10 期 152 页

西北工程地区文物清理委员会七、八月份发现了很多珍贵文物　文
物参考资料　1954 年 11 期 156 页

陕西文管会发现石公寺石窟及古遗址等　陕西省文物管理委员会
文物参考资料　1954 年 11 期 157 页

丰镐一带考古调查简报　石兴邦　考古通讯　1955 年 1 期 28 页

陕西宝鸡发现古代陶器二十九件　文物参考资料　1955 年 2 期 146 页

浐河东岸发掘仰韶期的一个村落遗址　陕西日报　1955 年 3 月 12 日

新石器时代村落遗址的发现——西安半坡　考古研究所西安工作队
考古通讯　1955 年 3 期 7 页

西安地区考古工作中的发现　茹士安　何汉南　考古通讯　1955 年 3
期 20 页

陕西省发现一个四千多年以前的村落遗址　文物参考资料　1955 年 4
期 107 页

陕西朝邑发现一处彩陶遗址　文物参考资料　1955 年 4 期 108 页

西安半坡村新石器村落遗址的发掘　中国科学院考古研究所西安工
作队　科学通报　1955 年 7 期 72 页

仰韶文化的新发现　石兴邦　历史研究　1955 年 7 期 66 页

陕西省文物管理委员会宝成路郭家湾古遗址清理结束　文物参考资
料　1955 年 10 期 120 页

浐河东岸发掘四千多年前的村落遗址　陕西日报　1955 年 12 月 21 日

西安半坡遗址第二次发掘的主要收获　考古研究所西安半坡工作队
考古通讯　1956 年 2 期 23 页

凤县古文化遗址清理简报　陕西省文物管理委员会　文物参考资料
1956 年 2 期 34 页

陕西兴平仪空乡附近发现古墓、古遗址　何汉南　考古通讯　1956
年 3 期 61 页

关中考古调查报告　石璋如　中研院历史语言研究所集刊二十七本

1956 年 4 月 205 页

南殿村发现新石器时代的遗址　田野　考古通讯　1956 年 5 期 26 页

西安米家崖新石器时代遗址调查简报　考古研究所西安半坡工作队
考古通讯　1956 年 6 期 30 页

西安新发现的古代房屋建筑　武伯伦　陕西日报　1956 年 9 月 9 日

我们祖先在原始氏族社会时代的生活情景——西安半坡遗址发掘的
主要收获　石兴邦　人民日报　1956 年 11 月 9 日

中国科学院考古研究所在西安等地考古发掘收获很大　光明日报
1957 年 3 月 5 日

西安半坡的建筑遗址　祁英涛　古建筑通讯　1957 年 2 期 14 页

陕西朝邑大荔沙苑地区的石器时代遗存　安志敏、吴汝祚　考古学
报　1957 年第 3 期 1 页

咸阳境内发现新石器时代文化遗存　魏如斌　陕西日报　1957 年 12
月 11 日

陕西咸阳尹家村新石器时代遗址的发现　陕西省文物管理委员会
文物参考资料　1958 年 4 期 55 页

洛川县一处较大的新石器时代遗址　田野　文物参考资料　1958 年 4
期 73 页

陕北榆林县沙丘中发现两处石器时代遗址　王世昌　文物参考资料
1958 年 10 期 70 页

陕西华县柳子镇考古发掘简报　黄河水库考古队华县队　考古
1959 年 2 期 71 页

陕西宝鸡新石器时代遗址发掘记要　考古研究所宝鸡发掘队　考古
1959 年 5 期 229 页

新石器时代的村落　茹遂初　人民画报　1959 年 5 期

1955—1957 年陕西长安沣西发掘简报　考古研究所沣西发掘队　考
古　1959 年 10 期 516 页

陕西华县柳子镇第二次发掘主要收获　黄河水库考古队华县队　考
古　1959 年 11 期 585 页

陕西渭水流域调查简报　考古研究所渭水调查发掘队　考古　1959年11期588页

陕西邠县下孟村遗址发掘简报　陕西考古所泾水队　考古　1960年1期1页

中国科学院陕西分院考古研究所1959年考古工作简报　人文杂志1960年1期

宝鸡新石器时代遗址第二、三次发掘的主要收获　考古研究所渭水调查发掘队　考古　1960年2期4页

我省最近又发现百余处文物古迹　陕西日报　1960年2月29日

陕西凤翔、兴平两县考古调查简报　陕西考古所谓水队　考古1960年3期13页

陕西安康专区考古调查简报　陕西考古所汉水队　考古　1960年3期19页

陕南汉水流域调查发现很多处遗址　熊培庚　文物　1960年4期84页

陕西华阴横阵发掘简报　黄河水库考古工作队陕西分队　考古1960年9期5页

陕西西乡李家村新石器时代遗址　陕西分院考古研究所　考古1961年7期352页

在原始村落中漫步——西安半坡遗址参观记　王均贵　文汇报1961年10月22日

浐坝两河沿岸的古文化遗址　张彦煌　考古　1961年11期601页

陕西西乡李家村新石器时代遗址一九六一年发掘简报　陕西省社会科学院考古研究所汉水队　考古　1962年6期290页

陕西邠县下孟村仰韶文化遗址续掘简报　陕西省社会科学院考古研究所泾水队　考古　1962年6期292页

陕西泾水上游调查　陕西省社会科学院考古研究所泾水队　考古1962年6期296页

陕西汉中专区考古调查简报　陕西省社会科学院考古研究所汉水队

考古　1962 年 6 期 298 页

陕西长安鄠县调查与试掘简报　中国科学院考古研究所沣西发掘队
考古　1962 年 6 期 305 页

临潼康桥石川河发现西汉石羊和仰韶文化遗址　李仰松　文物
1964 年 5 期 56 页

陕西临潼康桥义和村新石器时代遗址调查记　李仰松　考古　1965
年 9 期 440 页

1972 年春临潼姜寨遗址发掘简报　西安半坡博物馆、临潼县文化馆
考古　1973 年 3 期 134 页

1971 年半坡遗址发掘简记　西安半坡博物馆　考古　1973 年 3 期
146 页

陕西武功发现新石器时代遗址　西安半坡博物馆、武功县文化馆
考古　1975 年 2 期 97 页

陕西临潼姜寨遗址第二、三次发掘的主要收获　西安半坡博物馆、
临潼县文化馆姜寨遗址发掘队　考古　1975 年 5 期 280 页

临潼姜寨新石器时代遗址的新发现　西安半坡博物馆　文物　1975
年 8 期 82 页

陕西神木县石峁龙山文化遗址调查　戴应新　考古　1977 年 3 期 154
页

陕西城固县莲花池新石器时代遗址　唐金裕、王寿芝　考古　1977
年 5 期 351 页

陕西渭南史家新石器时代遗址　西安半坡博物馆、渭南县文化馆
考古　1978 年 1 期 41 页

陕西文物：1. 蓝田猿人，2. 半坡遗址，3. 沙苑文化　陕西日报
1978 年 7 月 10 日 4 版

姜寨遗址的发掘　巩启明等　陕西日报　1978 年 9 月 18 日 3 版

一九七七年宝鸡北首岭遗址发掘简报　中国社会科学院考古研究所
宝鸡工作队　考古　1979 年 2 期 97 页

汉江上游的几处新石器时代遗址　陕西省考古研究所　考古与文物

1980 年 2 期 6 页

安康花园柏树岭新石器时代遗址调查试掘记 陕西省考古研究所、陕西省文物管理委员会 考古与文物 1980 年 2 期 12 页

临潼姜寨遗址发掘有重要收获，发现仰韶文化早期基本完整的原始氏族村落基址，为研究我国原始社会提供了重要资料 人民日报 1980 年 5 月 27 日 4 版；陕西日报 1980 年 5 月 28 日 1 版

临潼姜寨遗址第四至十一次发掘纪要 西安半坡博物馆、临潼县文化馆 考古与文物 1980 年 3 期 1 页

姜寨遗址发掘中的新发现 王兆麟 陕西日报 1980 年 7 月 10 日

华县、渭南古代遗址调查与试掘 北京大学考古教研室华县报告编写组 考古学报 1980 年第 3 期 297 页

陕西长安县王曲地区新石器时代遗址调查 冯其庸、周红兴 考古 1981 年 1 期 84 页

汉中地区新石器时代遗址调查简报 唐金裕 考古与文物 1981 年 1 期 1 页

陕西南洛河上游古文化遗址调查简报 卫迪誉、王宜涛 考古与文物 1981 年 3 期 17 页

丹江上游考古调查简报 商洛地区考古调查组 考古与文物 1981 年 3 期 27 页

陕西商县紫荆遗址发掘简报 商县图书馆、西安半坡博物馆、商洛地区图书馆 考古与文物 1981 年 3 期 33 页

陕西西乡何家湾新石器时代遗址首次发掘 陕西省考古研究所汉水考古队 考古与文物 1981 年 4 期 13 页

临潼原头、邓家庄遗址勘查记 临潼县博物馆 考古与文物 1982 年 1 期 1 页

陕西华县梓里村发掘收获 历史系考古专业 77 级实习队 西北大学学报 1982 年 3 期

渭南北刘新石器时代早期遗址调查与试掘简报 西安半坡博物馆、渭南县文管会、渭南地区文管会 考古与文物 1982 年 4 期 1 页

陕西西乡红岩坝遗址的调查与试掘　陕西省考古研究所汉水考古队　考古与文物　1982 年 5 期 6 页

陕西铜川吕家崖新石器时代遗址调查　铜川市耀州窑博物馆　考古学集刊（第 2 集）　1982 年 12 月 1 页

陕西洛河上游两处遗址的试掘　陕西省商洛地区图书馆　考古　1983 年 1 期 10 页

陕西大荔沙苑地区考古调查报告　西安半坡博物馆、大荔县文化馆　史前研究　1983 年 1 期 101 页

临潼白家和渭南白庙遗址的调查　西安半坡博物馆　考古　1983 年 3 期 271 页

陕西武功县新石器时代及西周遗址调查　中国社会科学院考古研究所陕西武功发掘队　考古　1983 年 5 期 389 页

陕西安康地区新石器时代遗址调查　李启良　考古　1983 年 6 期 484 页

1981～1982 年陕西武功县赵家来遗址发掘的主要收获　中国社会科学院考古研究所武功发掘队　考古　1983 年 7 期 584 页

陕西临潼白家遗址调查试掘简报　西安半坡博物馆　史前研究　1983 年 2 期 89 页

陕西神木石峁遗址调查试掘简报　西安半坡博物馆　史前研究　1983 年 2 期 92 页

陕西绥德小官道龙山文化遗址的发掘　陕西省考古研究所陕北考古队　考古与文物　1983 年 5 期 10 页

陕西岐山双庵新石器时代遗址　西安半坡博物馆　考古学集刊（第 3 集）　1983 年 11 月 51 页

陕西庞崖马陵两遗址的出土文物　临潼县博物馆　考古　1984 年 1 期 88 页

西安南殿村新石器时代遗址的调查　西安半坡博物馆　史前研究　1984 年 1 期 56 页

铜川李家沟新石器时代遗址发掘报告　西安半坡博物馆　考古与文物　1984 年 1 期 5 页

咸阳市、高陵县古遗址调查简报　咸阳地区咸高文物普查队　考古与文物　1984 年 1 期 34 页

陕南发掘一处仰韶文化遗址　秦闻　文汇报　1984 年 2 月 8 日

陕西华阴南城子遗址的发掘　中国社会科学院考古研究所陕西工作队　考古　1984 年 6 期 481 页

陕西岐山王家咀遗址的调查与试掘　西安半坡博物馆　史前研究 1984 年 3 期 78 页

陕西旬邑县崔家河遗址调查记　曹发展、景凡　考古与文物　1984 年 4 期 3 页

陕西华阴横阵遗址发掘报告　中国社会科学院考古研究所陕西工作队　考古学集刊（第 4 集）　1984 年 10 月 1 页

陕西临潼白家村新石器时代遗址发掘简报　中国社会科学院考古研究所陕西大队　考古　1984 年 11 期 961 页

华县南沙遗址龙山文化层发现两具完整马骨　王志俊　陕西日报 1985 年 1 月 4 日 1 版

陕西临潼康家遗址第一、二次试掘简报　西安半坡博物馆　史前研究　1985 年 1 期 56 页

陕西省发掘出一处新石器时期墓地　人民日报　1985 年 2 月 26 日

陕西山阳县古文化遗址普查简报　董雍斌　考古与文物　1985 年 2 期 1 页

陕西扶风县案板遗址 **1984 年试掘的主要收获**　历史系考古专业八一级实习队　西北大学学报　1985 年 2 期 35 页

镇安县新石器时代遗址的调查　董雍斌　史前研究　1985 年 4 期 65 页

扶风发现新石器时代大型袋足瓮　卞吉　文博　1986 年 1 期 78 页

渭南北刘遗址第二、三次发掘简报　西安半坡博物馆、渭南市博物馆、陕西省考古研究所　史前研究　1986 年 1/2 期 111 页

西安出土一批原始时期甲骨文　光明日报　1986 年 5 月 1 日 1 版

靖边县收藏的一批新石器时代遗物　赵世林　文博　1986 年 3 期 88 页

临潼任留出土的新石器时代陶器　马咏钟　文博　1986 年 3 期 90 页

陕西凤翔新石器时代遗址调查　赵丛苍、宋新潮　史前研究　1986年3/4期62页

西安龙山文化遗址出土原始甲骨文实物，中国文字历史提早千余年　人民日报（海外版）　1987年3月2日4版

西安又出土一批原始时期甲骨文　光明日报　1987年3月19日

陕西发现完整龙山文化遗址　云摘　文物报　1987年3月20日2版

西安郊区出土一批原始甲骨文　中国文物报　1987年4月17日1版

宝鸡石嘴头东区发掘报告　西北大学历史系考古专业82级实习队　考古学报　1987年2期209页

陕西华县、扶风和宝鸡古遗址调查简报　西北大学历史系考古专业77、82级实习队　文博　1987年2期3页

1982年商县紫荆新石器时代遗址的发掘　王世和、张宏彦　文博　1987年3期3页

陕西榆林地区查明文物点三千余处　文物报　1987年9月4日

陕西渭水流域新石器时代遗址调查　中国社会科学院考古研究所陕西六队　考古　1987年9期769页

陕西扶风县案板遗址第二次发掘　西北大学历史系考古专业　考古　1987年10期865页

陕西陇县川口河齐家文化陶器　尹盛平　考古与文物　1987年5期1页

宝鸡市福临堡遗址**1984年**发掘简报　陕西省考古研究所宝鸡工作站　考古与文物　1987年6期1页

陕南发掘新石器遗址，发现迄今最早石棺墓　人民日报　1988年2月13日3版

宝鸡发现仰韶文化早、中、晚三期遗址　人民日报　1988年4月4日1版

汉江上游发掘出一处新石器时代的公共墓地　中国文物报　1988年6月10日2版

榆林发掘新石器时代遗址　艾有为　中国文物报　1988年7月8日2版

1982～1983年陕西武功黄家河遗址发掘简报　中国社会科学院考古

研究所武功发掘队　考古　1988 年 7 期 601 页

陕西麟游古遗址调查简报　王麟昌、尹申平　文博　1988 年 4 期 3 页

延安地区查明各类文物点五千余处　姬乃军　中国文物报　1988 年 9 月 2 日 2 版

延安发现大型龙山文化遗址　孟西安、姬乃军　人民日报　1988 年 9 月 18 日 3 版

陕西南郑龙岗寺发现的"前仰韶"遗存　陕西省考古研究所汉水队　考古与文物　1988 年 5/6 期 156 页

陕西扶风县案板遗址第三、四次发掘　西北大学历史系考古专业实习队　考古与文物　1988 年 5/6 期 167 页

陕西临潼康家遗址发掘简报　陕西省考古研究所康家考古队　考古与文物　1988 年 5/6 期 214 页

陕西长安花楼子客省庄二期文化遗址发掘　郑洪春、穆海亭　考古与文物　1988 年 5/6 期 229 页

陕西南郑龙岗寺半坡类型墓地发掘简报　陕西省考古所汉江考古队　史前研究（辑刊）　1988 年 163 页

无定河流域考古调查简报　吕智荣　史前研究（辑刊）　1988 年 218 页

陕西黄龙县古遗址调查　黄龙县文物管理所、陕西省考古研究所　考古与文物　1989 年 1 期 1 页

陕西华阴西关堡新石器时代遗址发掘　中国社会科学院考古研究所陕西工作队　考古学集刊（第 6 集）　1989 年 3 月 52 页

陕西神木县石峁遗址发现细石器　吕智荣　文博　1989 年 2 期 82 页

陕西蓝田泄湖新石器时代遗址发掘简报　中国社会科学院考古研究所陕西六队　考古　1989 年 6 期 497 页

宝鸡市附近古遗址调查　宝鸡市考古队　文物　1989 年 6 期 22 页

陕西普查出文物点三万余处　尤宝铭　中国文物报　1989 年 11 月 3 日 1 版

陕西旬阳出土大溪文化石铲　张沛　农业考古　1990 年 2 期 220 页

神木县新石器时代遗址调查简报　艾有为　考古与文物　1990 年 5 期 3 ~ 6 页

眉县杨家村发现仰韶文化遗址　刘怀君、刘宝爱　考古与文物 1990 年 5 期 12 ~ 14 页

陕西合阳吴家营仰韶文化遗址清理简报　陕西省考古研究所配合基建考古队（姜捷、邢福来）　考古与文物　1990 年 6 期 18 ~ 27 页

陕西陇县出土马家窑文化彩陶罐　肖琦　考古与文物　1990 年 5 期 110 页

近年来陕西配合基建考古工作的主要收获　巩启明、呼林贵　考古与文物　1991 年 4 期 1 ~ 5 页

陕西子长县栾家坪遗址试掘简报　中国社会科学院考古研究所陕西六队（吴耀利）　考古　1991 年 9 期 769 ~ 773 页

陕西蓝田泄湖遗址　中国社会科学院考古研究所陕西六队（吴耀利、袁靖）　考古学报　1991 年 4 期 415 ~ 447 页

渭水流域仰韶文化遗址调查　中国社会科学院考古研究所渭水考古调查发掘队（刘随盛）　考古　1991 年 11 期 961 ~ 982 页

陕西省宝鸡市福临堡遗址 1985 年发掘简报　陕西省考古研究所宝鸡工作站、宝鸡市考古工作队（张天恩）　考古　1992 年 8 期 689 ~ 704 页

陕西省临潼县康家遗址发掘简报　陕西省考古研究所康家考古队（秦小丽等）　考古与文物　1992 年 4 期 11 ~ 25 页

陕西扶风案板遗址第五次发掘　西北大学文博学院考古专业（王世和等）　文物　1992 年 11 期 1 ~ 10 页

陕北甘泉县史家湾遗址　陕西省考古研究所（姜捷等）　文物 1992 年 11 期 11 ~ 25 页

陕西渭水流域龙山文化遗址调查　中国社会科学院考古研究所渭水考古调查发掘队（刘随盛）　考古　1992 年 12 期 1057 ~ 1067 页

怀化高坎垄新石器时代遗址调查简报　怀化地区文物工作队　考古与文物　1993 年 1 期 1 ~ 5 页

陕西铜川吕家崖新石器时代遗址试掘简报　陕西省考古研究所、西

北大学文博学院文博教研室　考古与文物　1993 年 6 期 14~24 页

陕西靖边县安子梁、榆林县白兴庄等遗址调查简报　吕智荣　考古 1994 年 2 期 113~118 页

陕西宝鸡北首岭又发现仰韶文化墓葬　啸鸣、田仁孝　考古　1994 年 3 期 274~276 页

1987~1989 年陕西安康地区新石器时代遗址调查　安康地区博物馆（宋玉彬、王青）　考古　1994 年 6 期 509~524 页

瓦窑沟史前遗址发掘取得重要成果　王炜林　中国文物报　1995 年 5 月 21 日 1 版

陕西商州市庚原遗址调查　董雍斌　考古　1995 年 10 期 868~872 页

礼泉县烽火村发现新石器时代遗址　梁晓青等　考古与文物　1995 年 6 期 88~89 页

渭北三原、长武等地考古调查　王世和、钱耀鹏　考古与文物 1996 年 1 期 1~22 页

案板遗址仰韶时期大型房址的发掘——陕西扶风案板遗址第六次发掘纪要　西北大学文博学院考古专业（张宏彦）　文物　1996 年 6 期 41~48 页

陕西临潼县骊山西麓的新石器时代遗址　临潼县文管会　考古 1996 年 12 期 32~35 页

陕西眉县白家遗址发掘简报　陕西省考古研究所（杨亚长、闫毓民）考古与文物　1996 年 6 期 9~14 页

黄帝陵首次发现仰韶文化刻符　人民日报（海外版）　1997 年 3 月 25 日 3 版

新石器时代遗存　文博　1997 年 3 期 15~21 页

近年来陕西史前考古的新收获　巩启明　考古与文物　1997 年 4 期 27~32 页

黄河流域首次发现炭化稻米　王兆麟　光明日报　1997 年 10 月 3 日 1 版

陕西泉护村新石器遗址考古获重大发现：史前关中出稻米　文汇报

1997 年 10 月 3 日 4 版

陕北神府煤田考古调查简报　吕智荣　文博　1997 年 5 期 3 ~ 14 页

陕西陇县霸关口遗址试掘简报　陕西省考古研究所宝中铁路考古队
（田亚岐、杨亚长）　考古与文物　1998 年 1 期 39 ~ 42 页

仙游寺遗址考古发掘获重大成果　王自力等　中国文物报　1998 年
11 月 1 日 1 版

陕西临潼零口遗址第二期遗存发掘简报　陕西省考古研究所（周春
茂、阎毓民）　考古与文物　1999 年 6 期 3 ~ 14 页

夏文化早期遗存在陕东龙山发现　王兆麟、冯国　人民日报　2000
年 1 月 17 日 2 版

20 世纪陕西 10 大考古发现　本刊编辑部　文博　2000 年 1 期 3 ~ 10 页

二十世纪三秦考古十大新发现　岳志勇　中国文物报　2000 年 2 月 2
日 1 版

西安宝鸡仝家崖遗址发掘新石器时代已用砖　秦剑　文汇报　2000
年 4 月 25 日 6 版

陕西麟游县蔡家河遗址龙山遗存发掘报告　北京大学考古学系、宝
鸡市考古工作队（张天恩等）　考古与文物　2000 年 6 期 3 ~ 16 页

陕西府谷县郑则峁遗址发掘简报　陕西省考古研究所陕北考古队、
榆林地区文管会　考古与文物　2000 年 6 期 17 ~ 27 页

户县兆伦新石器时代遗址调查简报　姜宝莲等　文博　2000 年 6 期
3 ~ 9 页

20 世纪陕西考古发现述略　雒长安　文博　2001 年 1 期 3 ~ 9 页

宝山遗址发现特异陶窑群　光明日报　2001 年 2 月 12 日 A1 版

陕西临潼康家龙山文化遗址 1990 年发掘动物遗存　刘莉等　华夏考
古　2001 年 1 期 3 ~ 24 页

城固宝山发现新石器时代陶窑群　赵丛苍　中国文物报　2001 年 5
月 3 日 1 版

二十世纪的陕西文物与重大考古发现　雒长安　中国文物世界（191
期）2001 年 7 月 66 ~ 79 页

宝山遗址发掘获重要进展　赵丛苍　中国文物报　2001年8月19日1版

陕靖边五庄果墚仰韶晚期遗址考古收获丰　孙周勇等　中国文物报 2001年12月28日2版

陕西丹凤县巩家湾遗址发掘简报　陕西省考古研究所、商洛地区文管会（杨亚长等）　考古与文物　2001年6期3~12页

渭河北岸发现阳古渡遗址　郑少忠　人民日报　2002年5月12日1版

陕西发掘出土国内最大陶鼓　呼延思正、张娜　中国文物报·收藏鉴赏周刊　2002年8月14日2版

宝鸡关桃园遗址发现前仰韶时期文化遗存　张天恩等　中国文物报 2002年10月11日1版

2000年长安、户县古遗址调查简报　陕西省考古研究所　考古与文物增刊·先秦考古　2002年23~31页

六千年玉铲在宝鸡晁峪出土　阎瑜　中国文物报　2003年1月3日2版

宝鸡晁峪出土石器　阎瑜　文博　2003年1期77页

城固宝山遗址发掘出大量烧烤坑　赵丛苍　中国文物报　2003年5月23日1版

陕西横山发现史前聚落遗址　李恭、丁岩　中国文物报　2004年8月20日1版

西安再次发现大型史前环壕聚落遗址　尚民杰等　中国文物报 2003年8月29日1版

陕西扶风案板遗址（下河区）发掘简报　宝鸡市考古工作队（刘军社、辛怡华）　考古与文物　2003年5期3~14页

西安浮现大型古聚落遗址——中心区数百万平方米，初步推断距今5000年　韩宏　文汇报　2004年7月10日4版

七星河流域区域调查结果的初步认识　徐良高　2004年安阳殷商文明国际学术研讨会论文集　603~607页

山西旬邑下魏洛遗址发掘取得重要收获　刘瑞俊等　中国文物报 2004年9月29日1版

下魏洛遗址龙山时代窑址的考察　陈洪海、刘瑞俊　中国文物报 2004 年 10 月 15 日 7 版

周公庙西周大墓最新发掘及周围遗迹表明——5000 年前就有人类在此生活　杨永林　光明日报　2004 年 10 月 27 日 A1 版

仰韶晚期遗址——杨官寨遗址初掀面纱　韩宏　文汇报　2004 年 11 月 19 日 7 版

陕北惊现史前人类遗址　4500 年前人类已大量修筑窑洞　韩宏　文汇报　2004 年 11 月 24 日 7 版

陕西旬邑下魏洛遗址考古发掘的主要收获　陈洪海、刘瑞俊　西北大学学报（哲学社会科学版）　2004 年 6 期 24～25 页

陕西临潼零口遗址 M21 发掘简报　陕西省考古研究所（周春茂、阎毓民）　考古与文物　2005 年 3 期 3～12 页

山西乾县河里范遗址首次调查和抢救性发掘　田亚岐等　中国文物报　2005 年 8 月 24 日 1 版

陕西吴堡县后寨子峁遗址发现庙底沟二期至龙山早期遗存　王炜林等　中国文物报　2005 年 9 月 21 日 1 版

陕西彬县水北遗址考古发掘取得重要收获　田亚岐等　中国文物报 2005 年 12 月 14 日 1 版

陕西岐山发现新石器时代陶器残片　周原文明史提前至 6000 年前 王科、杨曙明　人民日报　2006 年 2 月 21 日 11 版

毛乌素沙漠腹地发现龙山晚期遗址　陕西境内最早铜器出土　韩宏 文汇报　2006 年 5 月 16 日 7 版

半坡遗址考古新发现　何周德　中国文物报　2006 年 6 月 7 日 7 版

陕西宝鸡市关桃园遗址发掘简报　陕西省考古研究所、宝鸡市考古工作队（张天恩等）　考古与文物　2006 年 3 期 3～14 页

陕西临潼零口北牛遗址发掘简报　陕西省考古研究所、西安市临潼区文化局（杜应文等）　考古与文物　2006 年 3 期 15～28 页

陕西东部南流黄河地带区域考古调查　陕西课题组　中国文物报 2006 年 8 月 4 日 7 版

陕西旬邑下魏洛遗址发掘简报　西北大学文化遗产与考古学研究中心、旬邑县博物馆（陈洪海等）　文物　2006 年 9 期 21～31 页

陕西宜川龙王辿遗址考古发掘取得重大收获　尹申平、王小庆　中国文物报　2006 年 12 月 1 日 2 版

（二十八）甘　肃

西果园附近发现新石器时代人类遗迹　说文月刊　1943 年 5 月 3 卷 10 期 185 页（原载 1941 年 11 月 2 日甘肃《民国日报》）

裴文中博士甘肃考古志略　安志敏　燕京学报　1947 年 12 月 33 期 311 页

渭河上游史前人类遗址之初步调查　裴文中、王永焱、米泰恒　燕京学报　1948 年 34 期 303 页

临兆临夏附近史前人类遗址调查简报　裴文中、米泰恒　燕京学报　1948 年 34 期 305 页

兰州附近几个史前遗址　米泰恒　西北论坛　1948 年 1 卷 5 期 8 页

中国远古文化之调查　裴文中　西北通讯　1948 年 3 卷 7 期 1 页

临洮寺洼山发掘记　夏鼐　中国考古学报（第四册）　1949 年 12 月 71 页

兰州附近的史前遗存　夏鼐、吴良才　中国考古学报（第五册）1951 年 12 月 63 页

兰新铁路工程地区文物勘查清理组发现大批史前及汉代以后珍贵文物　甘肃日报　1953 年 7 月 17 日

兰新铁路工程地区发现大批古代文物　文物参考资料　1953 年 9 期 73 页

兰新铁路工程地区文物勘查清理组发现大批古代的珍贵文物　文物参考资料　1954 年 1 期 100 页

兰新铁路沿线工程地区有许多文物古迹应注意保护　文物参考资料

1954 年 1 期 102 页

兰新铁路文物清理组在古浪黑松驿发现重要文物　甘肃省文物管理委员会　文物参考资料　1954 年 2 期 105 页

甘肃天兰铁路沿线甘谷县境内发现古遗址多处　武克雄　文物参考资料　1954 年 8 期 156 页

兰新铁路沿线工程地区半年的文物勘查清理工作　兰新路文物清理组　文物参考资料　1954 年 10 期 71 页

甘肃清水县发现两处古代遗址　王增寿　文物参考资料　1955 年 2 期 148 页

甘肃兰州白道沟坪发掘出古代遗址及墓葬　甘肃日报　文物参考资料　1955 年 5 期 110 页

兰包铁路沿线发现多处古代遗址　陈贤儒　文物参考资料　1955 年 7 期 156 页

甘肃古浪黑松驿谷家坪滩新石器时代遗址　甘肃省文物管理委员会　文物参考资料　1955 年 8 期 46 页

甘肃武威县大垞附近的两个新石器时代遗址　甘肃省文物管理委员会　文物参考资料　1955 年 11 期 63 页

包兰铁路工地发现新石器时代墓葬　文物参考资料　1955 年 11 期 94 页

甘肃永昌县南滩和北滩的古遗址及古墓葬　甘肃省文物管理委员会　文物参考资料　1955 年 12 期 42 页

皋兰县蔡家河在改造自然中挖出彩陶器　甘肃省文物管理委员会　文物参考资料　1956 年 4 期 79 页

秦安县发现古代遗址　乔今同　文物参考资料　1956 年 9 期 73 页

临夏、永靖县文物普查情况　朱耀山　文物参考资料　1956 年 10 期 75 页

平凉县发现石器时代遗址　乔今同　文物参考资料　1956 年 12 期 75 页

兰州新石器时代的文化遗存　甘肃省文物管理委员会　考古学报 1957 年第 1 期 1 页

甘肃皋兰糜地岘新石器时代墓葬清理记　陈贤儒、郭德勇　考古通讯　1957年6期7页

天水发现小口尖底陶缸　王正东　文物参考资料　1957年8期82页

齐家文化遗址发现了铜器　党国栋　甘肃日报　1958年4月27日

渭河上游天水、甘谷两县考古调查简报　甘肃省文物管理委员会　考古通讯　1958年5期1页

甘肃秦安县新石器时代居住遗址　任步云　考古通讯　1958年5期6页

甘肃渭河上游渭源、陇西、武山三县考古调查　甘肃省文物管理委员会　考古通讯　1958年7期6页

甘肃临洮、临夏两县考古调查简报　甘肃省文物管理委员会　考古通讯　1958年9期36页

甘肃的彩陶　秦明智　甘肃日报　1959年1月7日

庆阳县发现新石器时代遗址　倪思贤　文物　1959年1期73页

甘肃西汉水流域考古调查简报　甘肃省博物馆　考古　1959年3期138页

甘肃永靖县张家咀遗址发掘简报　黄河水库考古队甘肃分队　考古　1959年4期181页

兰州市几处新石器时代遗址调查　甘肃省文物管理委员会　考古　1959年7期323页

甘肃渭河支流南河、榜沙河、漳河考古调查　甘肃省博物馆　考古　1959年7期326页

甘肃洮河上游发现的几处新石器时代遗址　袁樾方　考古　1959年9期477页

武威齐家文化遗址中发现卜骨　怡如　文物　1959年9期82页

甘肃武威郭家庄和磨咀子遗址调查记　甘肃省博物馆　考古　1959年11期583页

民乐县发现的二处四坝文化遗址　宁笃学　文物　1960年1期74页

黄河寺沟峡水库新石器时代遗址调查简报　甘肃省博物馆　考古

1960 年 3 期 7 页

临夏大何庄、秦魏家两处齐家文化遗址发掘简报　黄河水库考古队甘肃分队　考古　1960 年 3 期 9 页

甘肃武威皇娘娘台遗址发掘报告　甘肃省博物馆　考古学报　1960 年第 2 期 53 页

甘肃兰州西坡遗址发掘简报　甘肃省博物馆　考古　1960 年 9 期 1 页

马家窑文化　光明日报　1961 年 4 月 18 日

有关甘肃的几种文化遗址　甘肃日报　1961 年 5 月 24 日

临夏范家村马家窑文化遗址试掘　黄河水库考古工作队甘肃分队　考古　1961 年 5 期 281 页

甘肃灰地儿及青岗岔新石器时代遗址的调查　马承源　考古　1961 年 7 期 355 页

甘肃临夏马家湾遗址发掘简报　黄河水库考古队甘肃分队　考古 1961 年 11 期 609 页

甘肃临夏姬家川遗址发掘简报　黄河水库考古队甘肃分队　考古 1962 年 2 期 69 页

甘肃临夏秦魏家遗址第二次发掘的主要收获　黄河水库考古队甘肃分队　考古　1964 年 6 期 267 页

黄河上游盐锅峡与八盘峡考古调查记　黄河水库考古队甘肃分队 考古　1965 年 7 期 321 页

甘肃兰州青岗岔遗址试掘简报　甘肃省博物馆　考古　1972 年 3 期 26 页

兰州曹家嘴遗址的试掘　甘肃省博物馆　考古　1973 年 3 期 149 页

甘肃永靖大何庄遗址发掘报告　中国科学院考古研究所甘肃工作队 考古学报　1974 年 2 期 29 页

永昌鸳鸯池新石器时代墓地的发掘　甘肃省博物馆文物工作队、武威地区文物普查队　考古　1974 年 5 期 299 页

甘肃永靖马家湾新石器时代遗址的发掘　中国科学院考古研究所甘肃工作队　考古　1975 年 2 期 90 页

甘肃永靖秦魏家齐家文化墓地　中国社会科学院考古研究所甘肃工作队　考古学报　1975 年第 2 期 57 页

兰州马家窑和马厂类型墓葬清理简报　甘肃省博物馆文物工作队　文物　1975 年 6 期 76 页

甘肃景泰张家台新石器时代的墓葬　甘肃省博物馆　考古　1976 年 3 期 180 页

广河地巴坪"半山类型"墓地　甘肃省博物馆文物工作队　考古学报　1978 年第 2 期 193 页

武威皇娘娘台遗址第四次发掘　甘肃省博物馆　考古学报　1978 年第 4 期 421 页

白龙江流域考古调查简报　长江流域规划办公室考古队甘肃分队　文物资料丛刊　1978 年 12 月 2 期 26 页

甘肃发现新石器时代早期文化遗址——秦安大地湾遗址　人民日报　1979 年 12 月 24 日 4 版

甘肃兰州焦家庄和十里店的半山陶器　甘肃省博物馆文物工作队　考古　1980 年 1 期 7 页

甘肃永靖张家咀与姬家川遗址的发掘　中国社会科学院考古研究所甘肃工作队　考古学报　1980 年第 2 期 187 页

兰州花寨子"半山类型"墓葬　甘肃省博物馆兰州市文化馆、兰州市七里河区文化馆　考古学报　1980 年第 2 期 221 页

甘肃灵台桥村齐家文化遗址试掘简报　甘肃省博物馆考古队　考古与文物　1980 年 3 期 22 页

秦安大地湾发掘新石器时代遗址　甘肃省博物馆　甘肃日报　1980 年 3 月 2 日

天水县甘泉发现几处古文化遗址　何双全　甘肃日报　1981 年 3 月 8 日

陇东镇原常山遗址发掘简报　中国社会科学院考古研究所泾渭工作队　考古　1981 年 3 期 201 页

兰州发现一处四千年前文化遗址　徐建国　甘肃日报　1981 年 4 月 14 日

大地湾古遗址丰富绚丽　杨旺炜　甘肃日报　1981 年 4 月 19 日

甘肃秦安大地湾新石器时代早期遗存　甘肃省博物馆、秦安县文化馆大地湾发掘小组　文物　1981 年 4 期 1 页

甘肃康乐县清理发掘一古文化遗址　赵忠　甘肃日报　1981 年 7 月 26 日

古浪县发现古文化遗址　钟长发　甘肃日报　1982 年 4 月 8 日

甘肃永昌鸳鸯池新石器时代墓地　甘肃省博物馆文物工作队、武威地区文物普查队　考古学报　1982 年 2 期 199 页

一九八零年秦安大地湾一期文化遗存发掘简报　甘肃省博物馆、秦安县博物馆大地湾发掘组　考古与文物　1982 年 2 期 1 页

秦安县发现六千年前的古墓葬　阎渭清　甘肃日报　1982 年 8 月 22 日

和政县发现齐家文化遗址出土一件罕见的陶鬶　马元祥、芦仲和　甘肃日报　1982 年 10 月 17 日

甘肃兰州青岗岔半山遗址第二次发掘　甘肃省博物馆文物工作队　考古学集刊（第 2 集）　1982 年 12 月 10 页

甘肃临夏发现齐家文化骨柄铜刃刀　临夏回族自治州博物馆　文物　1983 年 1 期 76 页

兰州土谷台半山一马厂文化墓地　甘肃省博物馆、兰州市文化馆　考古学报　1983 年第 2 期 191 页

皋兰出土一批新石器时代陶器　甘肃日报　1983 年 6 月 9 日

甘肃漳县出土一件双颈红陶壶　漳县文化馆　考古　1983 年 6 期 516 页

甘肃古浪县老城新石器时代遗址试掘简报　武威地区博物馆　考古与文物　1983 年 3 期 1 页

古浪县高家滩新石器时代遗址试掘简报　武威地区博物馆　考古与文物　1983 年 3 期 5 页

甘肃宁县阳坬遗址试掘简报　庆阳地区博物馆　考古　1983 年 10 期 869 页

甘肃岷县山那新石器时代遗址调查简报　杨益民　考古与文物　1983 年 5 期 20 页

甘肃秦安大地湾第九区发掘简报　甘肃省博物馆文物工作队　文物 1983 年 11 期 1 页

秦安大地湾 405 号新石器时代房屋遗址　甘肃省博物馆文物工作队 文物　1983 年 11 期 15 页

甘肃秦安大地湾遗址 1978 至 1982 年发掘的主要收获　甘肃省博物馆 文物工作队　文物　1983 年 11 期 21 页

甘肃天水地区考古调查纪要　中国社会科学院考古研究所甘肃工作 队　考古　1983 年 12 期 1066 页

兰州皋兰山营盘岭出土半山类型陶器　甘肃省博物馆文物工作队、 兰州市城关区文化馆　考古与文物　1983 年 6 期 1 页

甘肃秦安王家阴洼仰韶文化遗址的发掘　甘肃省博物馆大地湾发掘 小组　考古与文物　1984 年 2 期 1 页

酒泉新发现古文化遗址　李春元　甘肃日报　1984 年 5 月 8 日

甘肃东乡林家遗址发掘报告　甘肃省文物工作队、临夏回族自治州 文化局、东乡族自治县文化馆　考古学集刊（第 4 集）　1984 年 10 月 111 页

考古工作的重大收获，可与半坡遗址相媲美——甘肃大地湾新石器 文化遗址经科学发掘显露于世　光明日报　1984 年 11 月 17 日

我省考古工作的又一重大发现，秦安大地湾新石器文化遗址规模宏 大　甘肃日报　1984 年 11 月 18 日

堪与半坡村新石器文化遗址媲美，甘肃发现大地湾文化遗址　文汇 报　1985 年 5 月 11 日

甘肃秦安县发现马家窑文化人面饰彩陶壶　秦安县文化馆　考古与 文物　1985 年 3 期 82 页

甘肃岷县杏林齐家文化遗址调查　甘肃省岷县文化馆　考古　1985 年 11 期 977 页

甘肃发现百平方米古代混凝土地面，五千年前水泥与现代水泥基本 相同　人民日报　1986 年 1 月 24 日 3 版

甘肃秦安大地湾 901 号房址发掘简报　甘肃省文物工作队　文物

1986 年 2 期 1 页

大地湾遗址仰韶晚期地画的发现　甘肃省文物工作队　文物　1986 年 2 期 13 页

甘肃省考古发掘工作成绩显著　光明日报　1986 年 3 月 6 日 1 版

甘肃发现五千年前的水泥地面　文物报　1986 年 5 月 2 日 2 版

甘肃秦安大地湾遗址发掘告一段落　光明日报　1986 年 8 月 6 日 1 版

甘肃出土五千年前殿堂遗址提供了探索中华文明起源和形成的重要线索　人民日报　1986 年 8 月 7 日 1 版

甘肃出土原始社会大型建筑遗址　文汇报　1986 年 8 月 7 日 1 版

大地湾出土我国最早的绘画　人民日报　1986 年 8 月 9 日 1 版

甘肃皋兰阳洼窑"马厂"墓葬清理简报　甘肃省文物考古研究所、皋兰县文化馆　中原文物　1986 年 4 期 24 页

甘肃安西县发现一处新石器时代遗址　安西县文化馆　考古　1987 年 1 期 91 页

武威百余墓葬出土大批珍贵文物　文物报　1987 年 3 月 6 日第 1 版

甘肃甘谷毛家坪遗址发掘报告　北京大学考古学系、甘肃省文物工作队　考古学报　1987 年 3 期 359 页

甘肃宁县董庄新石器时代遗址试掘简报　甘肃庆阳地区博物馆　史前研究　1987 年 4 期 67 页

河西走廊发现 5000 年前的粮食作物，考古研究表明我国是小麦高粱起源中心之一　人民日报　1987 年 11 月 28 日

甘肃正宁县宫家川新石器时代遗址调查记　庆阳地区博物馆、正宁县文化馆　考古与文物　1988 年 1 期 26 页

天水普查出千余处遗存　史学英　中国文物报　1988 年 3 月 25 日 2 版

庆阳地区文物普查取得可喜成果　何翔　中国文物报　1988 年 4 月 22 日 2 版

甘肃省天水市西山坪早期新石器时代遗址发掘简报　中国社会科学院考古研究所甘肃工作队　考古　1988 年 5 期 385 页

甘肃庆阳地区南四县新石器时代文化遗址调查与试掘简报　李红雄

等 考古与文物 1988 年 3 期 7 页

武威地区文物普查硕果累累 钟长发 中国文物报 1988 年 9 月 2 日 1 版

秦安县几处新石器时代遗址调查简报 甘肃省文物考古研究所 辽海文物学刊 1988 年 2 期 16 页

永登乐山坪出土一批新石器时代的陶器 马德璞、曾爱、魏怀珩 史前研究辑刊 1988 年 201 页

甘谷又出土一批仰韶文化珍品 史学英 中国文物报 1989 年 3 月 3 日 2 版

甘肃天水师赵村史前文化遗址发掘 中国社会科学院考古研究所甘肃工作队（赵信等） 考古 1990 年 7 期 577～586 页

临夏发现尖底彩陶瓶 李成瑞 中国文物报 1991 年 4 月 14 日 1 版

甘肃张家川县原始文化遗址调查 张家川县文化局、张家川县文化馆（崔峻峰） 考古 1991 年 12 期 1057～1070 页

甘肃白龙江流域古文化遗址调查简报 赵雪野等 西北史地 1992 年 1 期 79～84 页

侯家台遗址发现齐家文化窑洞式房屋 王辉 中国文物报 1992 年 4 月 12 日 1 版

甘肃康乐县边家林新石器时代墓地清理简报 临夏回族自治州博物馆（田毓璋、石龙） 文物 1992 年 4 期 63～76 页

甘肃康乐县张寨出土新石器时代陶器 石龙 文物 1992 年 4 期 77～81 页

洮河中上游（甘南部分）考古调查简报 李振翼 文博 1992 年 5 期 3～11 页

难忘的青冈岔 严文明 文物天地 1993 年 1 期 37～39 页；1993 年 2 期 39～41 页

武山傅家门发掘获新成果 赵信 中国文物报 1993 年 3 月 28 日 3 版

永登团庄、长阳出土的一批新石器时代器物 苏裕民 考古与文物 1993 年 2 期 14～25 页

临夏县发现彩陶人头像　张晓波　文物　1993 年 5 期 39 页

武威新石器时代晚期玉石器作坊遗址　梁晓英、刘茂德　中国文物报　1993 年 5 月 30 日 3 版

甘肃白龙江流域古文化遗址调查简报　赵雪野、司有为　考古与文物　1993 年 4 期 8~16 页

甘肃卓尼县纳乡考古调查简报　甘南藏族自治州文化局（樊维华）考古　1994 年 7 期 587~598 页

甘肃甘谷县大石乡麻坪村陈家河老村出土珍稀文物——陶铃　陈守德　考古与文物　1994 年 4 期 101 页

甘肃崇信古文化遗址调查　陶荣　考古　1995 年 1 期 5~12 页

甘肃西和县宁家庄发现彩陶权杖头　王彦俊　考古　1995 年 2 期 184~185 页

甘肃武山傅家门史前文化遗址发掘简报　中国社会科学院考古研究所甘青工作队（赵信）　考古　1995 年 4 期 289~296 页

兰州市徐家山东大梁马厂类型墓葬　蒲朝绂　考古与文物　1995 年 3 期 11~18 页

甘肃积石山县新庄坪齐家文化遗址调查　甘肃省博物馆（贾建威）考古　1996 年 11 期 46~52 页

甘肃发现五千年前陶鼓　陈伟光　人民日报　1998 年 8 月 2 日 4 版

白银发现一批文化遗址　张维忠　中国文物报　1999 年 5 月 19 日 1 版

张掖发现新石器时期墓葬　寇克英等　中国文物报　1999 年 7 月 21 日 1 版

甘肃武都县大李家坪新石器时代遗址发掘报告　北京大学考古学系、甘肃省文物考古研究所（张强禄、王辉）　考古学集刊（13 辑）　2000 年 12 月 1~36 页

大李家坪遗址石器鉴定报告　颉吉普　考古学集刊（13 辑）　2000 年 12 月 37~38 页

大李家坪遗址孢粉研究报告　杜乃秋等　考古学集刊（13 辑）2000 年 12 月 38~40 页

大李家坪遗址动物骨骼初步鉴定报告　黄蕴萍　考古学集刊（13 辑）
2000 年 12 月 40 页

甘肃大地湾遗址有新发现　林海辑　中国文物报　2001 年 7 月 29 日
2 版

甘肃庄浪发现仰韶文化遗址　李晓斌　中国文物报　2002 年 1 月 18
日 2 版

甘肃秦安大地湾遗址考古获重大成果刷新六项中国考古之最　冯诚
等　文汇报　2002 年 10 月 22 日 2 版

西气东输工程甘肃段发现 18 处重要文化遗址　陈宗立　光明日报
2003 年 1 月 25 日 A1 版

甘肃安西潘家庄遗址调查试掘　西北大学考古专业等（刘瑞俊等）
文物　2003 年 1 期 65~72 页

甘肃秦安县大地湾遗址仰韶文化早期聚落发掘简报　甘肃省文物考
古研究所（赵建龙）　考古　2003 年 6 期 19~31 页

临夏市发现马厂类型人像彩陶　李永魁等　考古与文物　2003 年 3
期 96 页

甘肃海石湾下海石半山、马厂类型遗址调查简报　甘肃省文物考古
研究所（周广济、毛瑞林）　考古与文物　2004 年 1 期 3~5 页

张掖西闸村新石器时代墓葬清理简报　孙宏武　陇右文博　2004 年 1
期 3~6 页

西气东输考古：揭开甘肃神秘史前文化　王文元　丝绸之路　2004
年 5 期 13~18 页

西汉水流域考古调查的主要收获和初步认识　五方联合考古队（梁
云）　古代文明研究通讯　2004 年 6 月 21 期 16~23 页

甘肃敦煌西土沟遗址调查试掘简报　西北大学考古系等（刘瑞俊等）
考古与文物　2004 年 3 期 3~7 页

武威塔儿湾新石器时代遗址及五坝山墓葬发掘简报　甘肃省文物考
古研究所（王辉等）　考古与文物　2004 年 3 期 8~11 页

西河滩遗址发掘主要收获及其意义　赵丛苍　西北大学学报（哲学

社会科学版）2005 年 35 卷 3 期 50～51 页

甘肃发现鸡蛋状陶制渔网坠　光明日报　2004 年 11 月 10 日 A1 版

甘肃发现"狼形纹"彩陶壶　光明日报　2005 年 1 月 9 日 1 版

甘肃酒泉西河滩揭露出一处史前大型聚落遗址　赵丛苍、王辉　中国文物报　2005 年 7 月 29 日 1 版

酒泉史前遗址"浮出"地面　王艳明　人民日报　2005 年 11 月 28 日 11 版

武山傅家门遗址的发掘与研究　中国社会科学院考古研究所甘青工作队（谢端琚、赵信）　考古学集刊（16 辑）　2006 年 10 月 380～458 页

（二十九）青　海

青海乐都发现大量的彩陶遗址和古代遗物　文物参考资料　1954 年 8 期 158 页

青海省文物工作组调查兰青铁路沿线文物　赵生琛、李恒年　文物参考资料　1956 年 11 期 80 页

总寨发现彩陶文化遗址　赵生琛　文物参考资料　1957 年 6 期 89 页

民和古鄯水渠工程中出土新石器时代文物　青海省文物管理委员会　文物参考资料　1958 年 3 期 82 页

民和县阳洼坡发现了仰韶文化遗址　李恒年　文物　1959 年 2 期 74 页

青海湟中古代文化调查简报　青海省文物管理委员会　文物　1960 年 6 期 35 页

湟中发现古代文化遗址　赵生琛　青海日报　1964 年 5 月 21 日

湟中县骆驼堡村马厂遗址　青海日报　1964 年 5 月 21 日

乐都新盛大队出土新石器时代陶、石器　青海省文物管理委员会青海日报　1966 年 3 月 25 日

我省乐都柳湾地区发掘出大批珍贵文物　省革委会文化局　青海日报　1976 年 8 月 9 日 3 版

青海乐都发掘出一处大型原始社会晚期氏族公共墓地　甘肃日报 1977 年 1 月 21 日

乐都县发掘出原始社会晚期氏族公共墓地　——为探讨我国古代文化历史发展过程，私有制的产生和阶级起源等提供了珍贵的实物例证，有力地批驳了苏修叫嚣的所谓中国西北古代文化是外来的谬论　人民日报　1977 年 1 月 28 日 4 版

黄河上游的青海省乐都县发掘出一处大型原始社会晚期氏族公共墓地　光明日报　1997 年 1 月 28 日

乐都县发掘出原始社会晚期氏族公共墓地　文汇报　1977 年 1 月 29 日

我省考古工作的一项重大发现，贵南县尕马台发现距今四、五千年的古代文化遗址和古墓葬　青海日报　1978 年 2 月 18 日 3 版

青海大通县上孙家寨出土的舞蹈纹彩陶盆　青海省文物管理处考古队　文物　1978 年 3 期 48 页

一只绘有集体舞蹈图案的原始社会彩陶盆在我省大通出土　青海日报　1978 年 9 月 16 日 2 版

青海出土一只原始社会彩陶盆　人民日报　1978 年 9 月 17 日 2 版

青海出土五千年前的舞蹈图案彩陶盆　新华社新闻稿　1978 年 9 月 25 日

民和核桃庄发现距今五千年的原始社会墓葬　青海日报　1979 年 7 月 17 日 3 版

青海民和核桃庄马家窑类型第一号墓葬　青海省考古队　文物 1979 年 9 期 29 页

民和发掘一批距今四千多年的古墓葬　青海考古队　青海日报 1980 年 6 月 5 日

我省又发现一处仰韶文化遗址　刘小河、刘杏改　青海日报　1980 年 7 月 23 日

青海民和县发现原始社会的陶喇叭　人民日报　1980 年 12 月 31 日

马厂文化的新发现，省文物考古队最近在民和发掘墓葬 130 余座，出土文物 2000 余件　青海日报　1981 年 1 月 3 日

青海湖地区发现古代文化遗址——发现新石器时代晚期和青铜时代遗址八处历代古城八座　李明　青海日报　1981 年 6 月 13 日 1 版

青海乐都县脑庄发现马家窑类型墓　青海省文物考古队　考古 1981 年 6 期 554 页

乐都发现古代文化遗址　雪梅　青海日报　1981 年 11 月 9 日

我省发现七千年前的中石器时代文化遗址　王国道　青海日报 1982 年 5 月 2 日

青海隆务河流域考古调查　青海文物考古队　考古与文物　1982 年 3 期 4 页

黄河上游拉己亥中石器时代遗址发掘报告　盖培、王国道　人类学学报　1983 年 2 卷 1 期 49 页

青海民和阳洼坡遗址试掘简报　青海省文物考古队　考古　1984 年 1 期 15 页

青海民和县阳山墓地发掘简报　青海省文物考古队　考古　1984 年 5 期 388 页

青海龙羊峡达玉台遗址的打制石器　青海省文物考古队　考古 1984 年 7 期 577 页

民和县转导公社古文化遗址调查　青海省文物考古队　史前研究 1985 年 3 期 60 页

青海互助土族自治县总寨马厂、齐家、辛店文化墓葬　青海省文物考古队　考古　1986 年 4 期 306 页

青海东部文物普查获可喜成果　孙惠林　文物报　1987 年 1 月 30 日

循化发现六千年前的古代文化遗址　青海日报　1987 年 2 月 24 日 2 版

青海考古发现距今六千年前仰韶文化遗存　人民日报　1987 年 3 月 6 日

青海完成田野文物普查　中国文物报　1987 年 12 月 25 日 1 版

我国首次发现彩陶靴　光明日报　1989 年 10 月 31 日 1 版

青海平安、互助县考古调查简报　青海省文物考古研究所（陈海清等）　考古　1990 年 9 期 774～789 页

青海化隆、循化两县考古调查简报　青海省文物考古研究所　考古 1991 年 4 期 313～331 页

青海古代文化分布概述　白万荣　青海社会科学　1991 年 2 期 76～81 页

青海发掘一处大型齐家文化聚落遗址　王武　中国文物报　1992 年 2 月 23 日 1 版

青海民和县古文化遗存调查　青海省文物考古研究所（吴平）　考古 1993 年 3 期 193～224 页

青海考古学成果综述　白万荣　青海社会科学　1994 年 1 期 82～89 页

青海大通县黄家寨墓地发掘报告　青海省文物考古研究所（高东陆等）　考古　1994 年 3 期 193～206 页

青海大通县文物普查简报　青海省文物考古研究所（贾鸿健）　考古　1994 年 4 期 320～329 页

青海宗日遗址考古获重大发现　首次出土五千年前舞蹈纹彩陶盆 刘鹏　光明日报　1995 年 9 月 15 日 1 版

青海宗日遗址有重要发现　宗日遗址发掘队　中国文物报　1995 年 9 月 24 日 1 版

青海循化苏呼撒墓地　青海省考古研究所（李伊萍、许永杰）　考古学报　1994 年 4 期 425～469 页

青海出土稀世珍宝　南风　人民日报（海外版）1996 年 1 月 11 日 8 版

青海宗日遗址考古又获重大发现 "双人抬物" 彩陶盆重见天日　刘鹏　光明日报　1996 年 4 月 28 日 1 版

宗日遗址又获重大发现　宗日遗址发掘队　中国文物报　1996 年 5 月 19 日 1 版

青贵德县考古调查　青海省文物考古研究所（陈海清）　考古学集刊　1999 年 5 月第 12 期 1～19 页

民和官亭盆地考古初获成果　叶茂林等　中国文物报　2000 年 3 月 15 日 1 版

青海喇家遗址发现齐家文化石刀　刘鹏　光明日报　2000 年 6 月 28

日 A1 版

青海喇家村齐家文化遗址最新揭示——史前灾难现场慑人心魄，黄河慈母佑子情动天地 国道等 中国文物报 2000 年 7 月 5 日 1 版

青海民和县胡李家遗址的发掘 中国社会科学院考古研究所甘青队、青海省文物考古研究所（叶茂林等） 考古 2001 年 1 期 40～58 页

青海柳湾墓地发现重要遗址 刘鹏 光明日报 2001 年 4 月 9 日 A2 版

首次发掘柳湾遗址 肖永明 中国文物报 2001 年 8 月 12 日 1 版

喇家遗址发掘出中国最大的磬 钱荣、梁娟 中国文物报·收藏鉴赏周刊 2002 年 2 月 27 日 2 版

民和喇家遗址发现地震和洪灾新证据 叶茂林等 中国文物报 2002 年 3 月 15 日 1 版

青藏铁路沿线考古获重大发现 王军、钱玲 光明日报 2002 年 6 月 10 日 A3 版

青藏铁路格拉段青海境内文物考古调查结束 王永昌、刘宝山 中国文物报 2002 年 7 月 19 日 1 版

青海民和喇家史前遗址的发掘 中国社会科学院考古研究所、青海省文物考古研究所（叶茂林） 考古 2002 年 7 期 3～5 页

青海民和县喇家遗址 2000 年发掘简报 中国社会科学院考古研究所甘青工作队、青海省文物考古研究所（任晓燕等） 考古 2002 年 12 期 12～28 页

青海喇家遗址齐家文化的重要发现 中国社会科学院考古研究所、青海省文物考古研究所（叶茂林） 中国社会科学院古代文明研究中心通讯 2002 年 1 3 期 73～76 页

青海大通陶家寨齐家文化遗址发掘简报 青海省文物考古研究所 考古与文物增刊（2002 先秦考古）1～8 页

青海喇家遗址又发现史前地震证据 叶茂林等 中国文物报 2003 年 3 月 14 日 1 版

青海喇家遗址的最新发现及其在文明起源研究中的重要学术意义 叶茂林 中国社会科学院古代文明研究中心通讯 2004 年 1 7 期 64～

67 页

青海喇家遗址发现齐家文化祭坛　叶茂林等　中国文物报　2004 年 3 月 17 日 1 版

青海民和喇家遗址发现齐家文化祭坛和干栏式建筑　中国社会科学院考古研究所甘青工作队、青海省文物考古研究所（叶茂林等）　考古 2004 年 6 期 3～6 页

青海发现 4000 年前的骨质吹奏乐器　庄电一　光明日报　2004 年 7 月 14 日 A1 版

青海省境内青藏铁路沿线细石器地点调查简报　青海省文物考古研究所（刘宝山）　考古与文物增刊·（2004 先秦考古）4～9 页

喇家遗址发现经过　何克洲、李晓东　中国文物报　2005 年 1 月 7 日 7 版

青海喇家遗址发现史前灾难遗迹　叶茂林等　中国文物报　2005 年 3 月 30 日 1 版

"第一碗面"出自青海　4000 多年前我国先民最早用小米和黍制成面条　任荃　文汇报　2005 年 10 月 14 日 7 版

青海喇家遗址去年发掘又取得新进展　叶茂林等　中国文物报 2006 年 6 月 21 日 2 版

（三十）宁　夏

宁夏回族自治区中卫县古遗迹及墓葬调查　宁笃学　考古　1959 年 7 期 329 页

宁夏青铜峡市广武新田北的细石器文化遗址　宁夏地质博物馆　考古　1962 年 4 期 170 页

宁夏陶乐县细石器遗址调查　钟侃　考古　1964 年 5 期 227 页

宁夏西吉县兴隆镇的齐家文化遗址　钟侃、张心智　考古　1964 年 5 期 232 页

宁夏隆德李世选村发现新石器文化遗物　董居安　考古　1964 年 9 期 475 页

中卫发现十处新石器时代遗址　钟侃　宁夏日报　1964 年 10 月 11 日

宁夏中卫镇罗堡、孟家湾、营盘水等发现有各种纹饰的彩陶　宁夏日报　1964 年 10 月 11 日

宁夏海源龚弯新石器时代遗址　宁夏博物馆　考古　1965 年 5 期 254 页

宁夏固原海家湾齐家文化墓葬　宁夏回族自治区博物馆　考古 1973 年 5 期 290 页

我区出土的原始社会彩陶　钟侃　宁夏日报　1979 年 5 月 27 日 3 版

同心红城水发现新石器时代遗址　马振福　宁夏文物　1986 年 1 期 88 页

宁夏新出土古代珍贵文物一千五百余件　光明日报　1986 年 1 月 28 日 2 版

银川发现一批珍贵文物　光明日报　1986 年 4 月 29 日 1 版

谢端琚考察宁夏新石器文化，固原等地发现新的文化类型　李祥石　文物报　1986 年 7 月 11 日 1 版

宁夏发掘新石器中晚期墓地　人民日报　1986 年 7 月 24 日 1 版

同心县十六个乡镇有十五个发现文物　光明日报　1986 年 9 月 22 日 2 版

宁夏固原店河齐家文化墓葬清理简报　宁夏文物考古研究所　考古 1987 年 8 期 673 页

海原县发现新石器时代窑洞式房屋　光明日报　1988 年 6 月 24 日 1 版

宁夏海原发现窑洞之祖　人民日报　1988 年 6 月 27 日 3 版

宁夏菜园村新石器遗址获重大发现，其年代相当于仰韶文化晚期，是自成体系的原始土著文化　光明日报　1988 年 8 月 13 日 1 版

宁夏海原县菜园村遗址、墓地发掘简报　宁夏文物考古研究所、中国历史博物馆考古部　文物　1988 年 9 期 1 页

考古工作者对新石器遗址复查表明，宁夏南部山区确有"菜园文化"遗存　庄电一　光明日报　1988 年 10 月 12 日 1 版

固原考古有新的发现，原始人骨珠石珠之谜待解　人民日报　1989年10月11日4版

宁夏海原县菜园村遗址切刀把墓地　宁夏文物考古研究所　考古学报　1989年4期415页

宁夏海原曹洼遗址发掘简报　北京大学考古实习队、宁夏固原县博物馆（王辉、杨明）　考古　1990年3期206～209页

宁夏隆德县页河子新石器时代遗址发掘简报　北京大学考古实习队、宁夏固原县博物馆（杨明、王辉）　考古　1990年4期289～294页

宁夏发现细石器文化遗址　马振福　中国文物报　1990年5月10日1版

宁夏新发现文物遗迹近700处　庄电一　光明日报　1990年7月15日2版

宁夏固原县红圈子新石器时代墓地调查简报　固原县文管所、中国历史博物馆考古部　考古　1993年2期103～116页

固原文物考古十年概述　耿志强　固原师专学报　1994年15卷1期78～83页

宁夏文化遗址考古证明人类存在中石器时代　周清印　人民日报（海外版）　1997年1月27日3版

隆德页河子新石器时代遗址发掘报告　北京大学考古实习队、固原博物馆（王辉等）　考古学研究（三）　1997年6月158～195页

宁夏文物杂记　朱威、蒋迎春　中国文物报　1998年1月7日4版、1月11日4版、1月28日4版、2月11日4版、2月18日4版、2月22日4版、2月25日4版

中卫发现马家窑文化遗址　李永祥　中国文物报　1998年11月18日1版

宁夏发现10余处新石器时代遗址　庄电一　光明日报　2003年12月14日A1版

宁夏水洞沟遗址发现古人类用火遗迹　中国文物报　2004年9月17日2版

宁夏贺兰山贺兰口发现新石器时代遗址　闫秀芳　中国文物报
2005 年 11 月 9 日 2 版

（三十一）　新　疆

新疆发现的彩陶　李遇春　考古　1959 年 3 期 153 页

新疆文物调查随笔　史树青　文物　1960 年 6 期 22 页

新疆东部的几处新石器时代遗址　吴震　考古　1964 年 7 期 333 页

新疆疏附县阿克塔拉等新石器时代遗址的调查　新疆维吾尔自治区
博物馆考古队　考古　1977 年 2 期 107 页

新疆奇台县半截沟新石器时代遗址　新疆维吾尔自治区博物馆考古
队　考古　1981 年 6 期 552 页

新疆木垒县四道沟遗址　新疆维吾尔自治区文物管理委员会　考古
1982 年 2 期 113 页

新疆奇台县发现的石器时代遗址与古墓　奇台县文化馆　考古学集
刊（第 2 集）　1982 年 12 月 22 页

新疆哈密拉甫乔克发现新石器时代晚期墓葬　新疆考古研究所东疆
队　考古与文物　1984 年 4 期 105 页

普查天山南北戈壁绿洲、新疆发现多处古代遗迹　人民日报　1986
年 8 月 1 日 3 版

新疆克里雅河上游初现细石器遗址　何德修　中国文物报　1988 年
12 月 16 日 2 版

新疆柴窝堡湖畔细石器遗存调查报告　新疆社会科学院考古研究所
考古与文物　1989 年 2 期 1 页

和硕县新塔拉和曲惠遗址调查　张平、王博　考古与文物　1989 年 2
期 16 页

新疆新石器时代的文化遗址　鲁迪　新疆日报　1989 年 10 月 14 日 4 版

昌吉州细石器文化的基本特征　迟文杰　中国文物报　1989 年 12 月

15 日 2 版

　　吉木萨尔发现两处古遗址　霍玉忠　中国文物报　1993 年 3 月 14 日 1 版

　　新疆准噶尔盆地东部两处细石器遗址　王博等　考古与文物　1993 年 5 期 1～7 页

　　新疆考古成绩斐然　刘同起　人民日报（海外版）1995 年 1 月 24 日 1 版

　　新疆克拉玛依市细石器遗存　新疆文物考古研究所、克拉玛依市文化局　新疆文物　1996 年 2 期 1～9 页

　　新疆文物考古发掘工作收获丰硕　辛文　新疆文物　1996 年 3 期 88 页

（三十二）海　南

　　海南岛文昌县发现新石器时代遗物　文物参考资料　1951 年 2 卷 12 期 140 页

　　海南岛发现古代石器　文物参考资料　1955 年 6 期 128 页

　　海南岛黎族区发现的新石器　容观夐　考古通讯　1956 年 2 期 38 页

　　海南黎族苗族自治州毛道乡发现新石器　广东少数民族社会历史情况调查组　考古通讯　1957 年 4 期 52 页

　　海南黎、苗族自治州发现古代文化遗物　曾广亿　文物参考资料 1958 年 1 期 84 页

　　广东海南岛原始文化遗址　广东省博物馆　考古学报　1960 年第 2 期 121 页

　　海南岛发现古代遗址　黄宝玮、李居礼　中国文物报　1987 年 12 月 25 日 2 版

　　海南岛琼山县首次发现新石器时代遗物　人民日报　1988 年 1 月 1 日 2 版

　　琼山发现新石器时代遗址　郭克辉　中国文物报　1988 年 3 月 25 日

2 版

琼山首次发现新石器时代石器　潘先茗　中国文物报　1988 年 9 月
16 日 2 版

乐东县发现石器时代遗址　郝思德　文物　1993 年 11 期 96 页

天涯海角访古行　王恒杰遗作　中国文物报　1998 年 2 月 25 日 4 版

（三十三）香　港

香港舶辽洲史前遗物发现记　〔英〕D. J. Finn, S. T 著　黄素封译
说文月刊　1940 年 8 月 1 卷合订本 687 页（原载 1932 年 12 月香港《自
然科学杂志》3 卷 3~4 期）

香港石器时代遗址的发现　陈志良　说文月刊　1938 年 1 卷 7 期

香港史前遗迹发现　科学　1940 年 5 月 24 卷 5 期 415 页

香港访古纪　陈志良　说文月刊　1940 年 8 月 1 卷合订本　705 页

香港考古述略　许地山　国粹与国学 89 - 95 页　1946 年

香港考古发掘　陈公哲　考古学报　1957 年第 4 期 1 页

香港新石器时代遗物发现追记　林惠祥　厦门大学学报　1959 年 2
期 221 页

香港发现新石器时代遗址　文物报　1986 年 5 月 2 日 2 版

深港合作发掘香港东湾沙丘遗址　中国文物报　1988 年 11 月 18 日 1 版

香港大屿山东湾新石器时代沙丘遗址的发掘　区家发、邓聪　纪念
马坝人化石发现三十周年文集　1988 年 11 月

香港考古工作简述　云翔　中国文物报　1992 年 11 月 15 日 3 版

香港地区考古工作现状　白云翔　文物工作　1993 年 3 期 4~6 页

香港近五年考古抢救工作的成果　招绍瓒　东南亚考古论文集
1995 年 3 月 397~428 页

香港沙柳塘湾新石器时代遗址考古收获　邹兴华　东南亚考古论文
集　487~508 页

香港深湾遗址石器时代人牲遗迹考察　区家发　东南亚考古论文集 479~486 页

香港涌浪新石器时代遗址发掘简报　香港古物古迹办事处（招绍瓒等）　考古　1997 年 6 期 35~53 页

香港大屿山白芒遗址发掘简报　邓聪等　考古　1997 年 6 期 54~64 页

香港回归后首次考古发掘获丰硕成果　香港古物古迹办事处、中国社会科学院考古研究所　中国文物报　1998 年 1 月 7 日 1 版

香港发现新石器时期遗址　文汇报　1999 年 6 月 7 日 3 版

香港马湾岛东湾仔北史前遗址发掘简报　香港古物古迹办事处、中国社会科学院考古研究所（邹兴华等）　考古　1999 年 6 期 1~17 页

香港元朗下白泥吴家园沙丘遗址的发掘　香港考古学会（区家发、莫稚）　考古　1999 年 6 期 26~42 页

香港发现新石器时代遗址　刘泰山　人民日报（海外版）1999 年 7 月 7 日 5 版

香港西贡蚝涌抢救发掘收获丰富　邹兴华　中国文物报　1999 年 7 月 25 日 1 版

香港近年考古新发现及其意义　吴诗池　中国史研究动态　1999 年 9 期 20~25 页

香港考古纪实　韩伟　考古与文物　1999 年 5 期 3~6 页

香港首次发现同地不同文化遗存　杨丽萍　中国文物报　2000 年 6 月 4 日 1 版

香港元朗辋井围鹤洲岭遗址发掘　香港考古学会、广东省文物考古研究所（李子文）　广东省文物考古研究所建所十周年文集　2001 年 11 月 359~380 页

香港元朗厦村乡陈家园沙丘遗址的发掘　香港考古学会（区家发、莫稚）　考古学报　2002 年 3 期 335~358 页

香港沙下遗址考古发掘取得重要收获　香港西贡沙下联合考古队　中国文物报　2002 年 12 月 13 日 1 版

2002 年度香港西贡沙下遗址 C02 区和 DII02 区考古发掘简报　香港

古物古迹办事处、河南省文物考古研究所（方燕明等）　华夏考古
2004 年 4 期 3 ~ 47 页

香港考古重大发现将改写香江人类活动史　向剑帼　中国文物报
2006 年 1 月 18 日 1 版

（三十四）澳　门

澳门发现新石器时代文物　光明日报　1995 年 2 月 9 日 2 版
澳门考古回顾与展望　邓聪　中国文物报　1999 年 12 月 15 日 3 版

（三十五）台　湾

台南乌山头遗迹　佐山融吉　人类学杂志　1923 年 38 卷 3 期 130 ~
131 页

台湾恒春垦丁莊贝塚　松村暸　人类学杂志　1927 年 42 卷 9 期
372 ~ 373 页

苏澳郡新城石器时代遗迹　移川子之藏　宫本延人　1934 年南方土
俗 2 卷 3 期 19 ~ 28 页

圆山贝塚　宫原敦　史迹调查报告　1936 年第二辑 1 页

垦丁寮石器时代遗迹　移川子之藏　史迹调查报告　1936 年第二辑
53 页

曾文溪　国分直一　文艺台湾　1942 年 4 卷 1 期 32 页

台中县营埔遗迹调查豫报　金关丈夫、国分直一　台湾文化　1949
年 5 卷 1 期 29 页

关于最近踏查之新竹县及台北县之海边遗迹　国分直一、陈奇禄、
何廷瑞、宋文薰、刘斌雄　台湾文化　1949 年 5 卷 1 期 35 页

白守莲石棺遗迹调查简报　刘茂源　台湾公论报台湾风土　1949 年

12 月 12 日 78 期

大南社踏查记 刘茂源 台湾公论报台湾风土 1950 年 1 月 9 日 81 期

台北附近的古迹（先史时代的古迹） 林衡道 文献专刊 1950 年 1 卷 4 期 24 页

［卑南社］石柱遗迹调查简报 刘茂源 台湾公论报 1950 年 3 月 27 日；台湾风土 91 期 1950 年 3 月 27 日

新竹县［苑里贝塚］之贝类分布 刘茂源 台湾公论报台湾风土 95 期 1950 年 4 月 24 日

台中县［大甲贝塚］发掘记（一）、（二）、（三）、（四） 刘茂源、郑换壁、刘清海、邱万福 台湾公论报台湾风土 1950 年 5 月 22 日 98 期、29 日 99 期，6 月 12 日 101 期、19 日 102 期

水底寮公茗坪先史遗迹调查（一）、（二）、（三）、（四）、（五） 国分直一、刘茂源 台湾公论报 台湾风土 1950 年 108 期 8 月 7 日，110 期 8 月 25 日，111 期 8 月 28 日，117 期 10 月 16 日，125 期 12 月 29 日

大甲史前遗迹概况（一）、（二）、（三） 孙家骥 台湾公论报 台湾风土 1950 年 114 期 9 月 18 日、115 期 9 月 25 日，118 期 10 月 23 日

台湾大马璘遗址发掘简报 石璋如 考古人类学刊 1953 年 1 期 13 页

桃园大园乡考古调查 石璋如 考古人类学刊 1953 年 1 期 38 页

桃园大园乡尖山第一次考古发掘 石璋如 考古人类学刊 1953 年 1 期 38 页

台湾红毛港等十一遗址初步调查简报 石璋如、宋文薰 考古人类学刊 1953 年 2 期 10 页

红头屿 稻叶直通、濑川孝吉原著 野人珊珊译 台湾风物 1953 年 3 卷 4 期 6 页

记私人收藏的圆山贝塚出土遗物 张衡 台湾公论报台湾风土 165 期 1954 年 3 月 22 日

古迹古物的调查研究 曾迺硕 台湾公论报台湾风土 166 期 1954 年 3 月 28 日

南投洞角遗址的发掘　曾实　方志通讯　1954 年 3 卷 1～2 期 40 页

圆山贝塚发掘经过　王理璜等　方志通讯　1954 年 3 卷 1～2 期 42 页

台中县水尾溪畔史前遗址试掘报告　宋文薰、张光直　考古人类学刊　1954 年 3 期 26 页

圆山贝塚之发掘　石璋如　考古人类学刊　1954 年 3 期 62 页

圆山贝塚发掘概况　石璋如　台北文物　1954 年 3 卷 1 期 8 页

台南县先史遗迹　江家锦　南瀛文献　1954 年 2 卷 1/2 期 8 页

台湾南部先史遗迹及其遗物　国分直一著　周全德译　南瀛文献 1954 年 2 卷 1/2 期 19 页

台南地方的石器时代遗迹　国分直一著　林永梁译　南瀛文献 1954 年 2 卷 1/2 期 29 页

洞角遗址发掘简报　刘斌雄　台湾风物　1954 年 4 卷 6/7 期 3 页

洞角遗址发掘简报　刘斌雄　南投文献丛辑　1954 年 3 页

花连县［平林］遗迹调查初步报告　刘茂源　文献专刊　1954 年 5 卷 1/2 期 47 页

树林狗蹄山史前遗址发掘　宋文薰　考古人类学刊　1955 年 5 期 73 页

本系在台中县铁砧山发现俯身葬　宋文薰　考古人类学刊　1955 年 6 期 61 页

铁砧山史前遗址试掘报告　石璋如、宋文蕉　考古人类学刊　1956 年 8 期 35 页

台中县清水镇牛骂头遗址之调查　台湾文献　1955 年 6 卷 4 期 69 页

东海岸史前遗址之调查　宋文薰　考古人类学刊　1956 年 7 期 78 页

南投县浊水溪南岸社寮台地史前遗址　刘枝萬　南投文献丛辑四 1956 年 91 页

光复后台北盆地边缘史前采集简报　盛清沂　台北文物　1957 年 6 卷 2 期 1 页

台北县八里乡史前遗址的调查与发掘　杨尹实　考古人类学刊 1959 年 13/14 期 137 页

新近发现之台北三处史前遗址　盛清沂　台北文物　1959 年 8 卷 2

期 1 页

台中县谷关史前遗址　刘枝萬　台湾省立博物馆科学年刊　1960 年 3 期 7 页

南投县军功寮遗址调查报告　刘枝萬　台湾文献　1960 年 11 卷 3 期 另册

台北县港子平遗址　盛清沂　台湾文献　1961 年 12 卷 3 期 142 页

台北县八里乡十三行及大坌坑两史前遗址调查报告　杨君实　考古人类学刊　1961 年 17/18 期 45 页

台中县大甲镇番仔园贝塚第三次发掘　宋文薰　考古人类学刊 1961 年 17/18 期 144 页

记台北地区二处史前遗址　盛清沂　台北文物　1961 年 10 卷 2 期 13 页

台北县关渡遗址调查记　盛清沂　台湾文献　1962 年 13 卷 1 期 29 页

台湾省北海岸史前遗址调查报告　盛清沂　台湾文献　1962 年 13 卷 3 期 60 页

台中县番仔园贝塚之墓葬　宋文薰　考古人类学刊　1962 年 19/20 期 83 页

南投县集集镇田寮里大坪顶遗址考古试掘　宋文薰　考古人类学刊 1962 年 19/20 期 99 页

淡水河上游史前遗址调查报告　盛清沂　台湾文献　1962 年 13 卷 4 期 111 页

台湾新近发掘大批史前文物，证明原始文化和中原同一系统　文物 1962 年 12 期 37 页

宣兰平原边缘史前遗址调查报告　盛清沂　台湾文献　1963 年 14 卷 1 期 92 页

桃园县沿海及台北地区史前遗址调查报告　盛清沂　台湾文献 1963 年 14 卷 2 期 117 页

台北八里坌史前遗址之发掘　刘斌雄　台北文献　1963 年 3 期 52 页

番子塭贝塚　吴新荣　南瀛文献　1963 年 9 期 87 页

太麻里区发现的史前遗物简报　吴燕和　考古人类学刊　1963 年 21/

22 期 69 页

记台中县大甲附近出土石器 盛清沂 台湾文献 1963 年 14 卷 4 期 53 页

台湾北部地区史前调查 盛清沂 中国东亚学术研究计划委员会年报 1964 年 3 期 62 页

记营埔最近发现的几件巴图石器 柯思庄 考古人类学刊 1964 年 23/24 期 106 页

泰源史前遗存拾零 孙家骥 台湾风物 1964 年 15 卷 4 期 31 页

新竹县地区史前遗址调查报告 盛清沂 台湾文献 1964 年 15 卷 4 期 93 页

八里及凤鼻头史前遗址发掘 中国民族学通讯编辑委员会 中国民族学通讯 1965 年 1 期 23 页

台中县大肚乡曾埔史前遗址的发掘 中国民族学通讯编辑委员会 中国民族学通讯 1965 年 1 期 24 页

台湾省新竹及苗栗二县地区史前调查 盛清沂 中国东亚学术研究计划委员会年报 1965 年 4 期 168 页

苗栗县地区史前遗址调查报告 盛清沂 台湾文献 1965 年 16 卷 3 期 91 页

屏东县恒春半岛考古与地质学调查 中国民族学通讯编辑委员会 中国民族学通讯 1966 年 5 期 27 页

台大考古系师生在台南发掘古物 游醒民 台南文化（新） 1967 年 2 期 156 页

本系新藏的关岛考古标本 连照美 考古人类学刊 1967 年 29/30 期 66 页

东台湾之巨石文化遗物 陈邦雄 台湾风物 1967 年 17 卷 4 期 47 页

鹅銮鼻——台湾南端的史前遗址 宋文薰、黄士强、连照美、李光周 中国东亚学术研究计划委员会年报 1967 年 6 期 1 页

台湾东部最近的考古工作 陈邦雄 台湾风物 1968 年 18 卷 3 期 66

页

台北市西新庄子贝塚发掘报告 宋文薰 1969 年"国家"科学委员会年报 57~58 年 106 页

台湾东南部的考古调查 中研院民族学研究所集刊 1970 年 30 期 317 页

国母山遗迹发掘经过及隆田附近的昔今 陈春木 南瀛文献 1970 年 15 期 84 页

台南县国母山遗址试掘简报 刘茂源 中国民族学通讯 1971 年 12 期 13 页

台北八里坌史前遗址之发掘 刘斌雄 中原文化与台湾 1971 年 233 页

金门复国墩贝塚遗址 林朝棨 考古人类学刊 1973 年 33/34 期 36 页

东海岸田野考古工作简介 罗世长 中国民族学通讯 1973 年 14 期 21 页

最近台南县出土的古遗物 陈春木 南瀛文献 1973 年 18 期 100 页

淡水八里坌史迹调查报告 蔡相辉 台湾文献 1974 年 25 卷 1 期 89 页

台南县归仁乡八甲村遗址调查 黄士强 考古人类学刊 1974 年 35/36 期 62 页

牛稠子试掘 刘益昌 人类与文化 1977 年 9 期 23 页

茑松先史遗址的出土物 陈邦雄 台南文化（新） 1977 年 4 期 35 页

田寮园遗址发掘简报 臧振华 中国民族学通讯 1977 年 15 期 27 页

南投县内辐遗址调查 黄士强 中国民族学通讯 1977 年 15 期 28 页

庄后村龙泉村与山脚遗址试掘报告 孙宝钢 台湾省立博物馆科学年刊 1977 年 20 期 197 页

内辐田野考古日记 陈仲玉 人类与文化 1978 年 10 期 31 页

垦丁考古记闻 王国铮 人类与文化 1978 年 10 期 40 页

垦丁史前遗址的发掘与其陶片的处理 李光周 文史哲学报 1978 年 27 期 285 页

新竹县蝙蝠洞考古 卫聚贤 国教世纪 1978 年 14 卷 6 期 4 页

南投县集集镇田寮园史前遗址试掘　臧振华　中研院历史语言研究所集刊　1978 年 49 本 4 分册 515 页

新发现的澎湖新石器时代遗址　黄士强　艺术家　1979 年 9 卷 4 期 42 页

澎湖考古日记　蔡玫芬　艺术家　1979 年 9 卷 4 期 66 页

台南永康茑松遗址　吴天泰、李莎莉　人类与文化　1979 年 13 期 95 页

新竹关西蝙蝠洞遗址试掘　黄士强　李光周、李美玲　文史哲学报 1979 年 28 期 179 页

芝山岩先民遗址的抢救工作　史联杂志编辑部　史联杂志　1980 年 1 卷 1 期 43 页

卑南巨石文化遗址的发展　史联杂志编辑部　史联杂志　1980 年 1 卷 1 期 45 页

芝山岩遗址第一次发掘　连照美　人类与文化　1980 年 14 期 72 页

芝山岩遗址抢救考古田野日记　王强　人类与文化　1980 年 14 期 75 页

台北市芝山岩遗址的发掘　林淑蓉　台湾风物　1981 年 31 卷 1 期 117 页

台东市卑南遗址的发掘　刘益昌　台湾风物　1981 年 31 卷 1 期 116 页

卑南遗址的发掘　宋文薰　大众科学　1981 年 2 卷 1 期 1 页

卑南遗址发掘　连照美　科学月刊　1981 年 12 卷 1 期 40 页

芝山岩考古发掘　黄台香　人类与文化　1981 年 16 期 83 页

卑南遗址第三次发掘散记（上）（下）　宋龙飞　艺术家　1981 年 12 卷 6 期 124 页、7 期 164 页

芝山岩遗址发掘及其所引起的问题　黄士强　台湾史迹源流　1981 年 79 页

挖掘曲冰遗址工作已告一段落　台湾风物编辑部　台湾风物　1982 年 32 卷 2 期 119 页

曲冰遗址与洞角遗址发掘记　黄绍贤　南投文献丛辑二十八　1982 年 245 页

石公坑出土之石刀石镞　林宗贤　花莲师专学报　1982 年 13 期 605 页

洞角与长山顶遗址试掘报告　孙宝钢　台湾省立博物馆年刊　1982年25期73页

浊水溪上游河谷的考古学调查　陈仲玉　中研院历史语言研究所集刊　1982年五十三本四分711页

澎湖发现四千年前古物　人民日报　1983年5月15日

台东县卑南遗址发掘报告（一）　宋文薰、连照美　考古人类学刊　1983年43期117页

高雄出土新石器时代文物，再次证实史前台湾大陆先民一脉相承，百万年前台湾是大陆相连的半岛　人民日报　1984年3月19日

马公发现贝塚遗址　台湾风物编辑部　台湾风物　1984年34卷2期128页

曲冰遗址第一次发掘报告　陈仲玉　中研院历史语言研究所集刊　1984年五十五本二分261页

顶崁子遗址试掘报告　臧振华　中研院历史语言研究所集刊　1984年五十五本三分567页

南投县的遗址　黄绍贤　南投文献丛辑三十　1984年261页

挖宝——卑南考古日记　梁正居　幼狮月刊　1985年39卷1期20页

曲冰遗址第一次发掘简报　陈仲玉　汉学研究　1985年3卷1期255页

宝贵的文化资源：台东境内史前文化遗迹遗址的查访　林崑成　史联杂志　1985年6期39页

处理卑南遗址非考古所出土之石板棺殉葬物简报　吴敦善　史联杂志　1985年7期79页

屏东县埔姜山遗址调查报告　刘益昌　台湾省立博物馆年刊　1985年28期1页

苗栗县三櫃坑遗址试掘报告　刘益昌　中研院历史语言研究所集刊　1986年五十七本二分351页

曲冰遗址发掘计划正进行发掘工作　刘益昌　中国民族学通讯　1986年25期65页

鲤鱼潭水库计划地区考古调查　陈仲玉　中国民族学通讯　1986年

25 期 66 页

屏东县近山区域考古调查　陈仲玉　中国民族学通讯　1986 年 25 期 67 页

台北圆山遗址现况调查研究报告　胡家瑜　中国民族学通讯　1986 年 25 期 69 页

抢救圆山遗址　张光直　人间杂志　1986 年 14 期 48 页

台湾卑南遗址发掘简介　游学华　史前研究　1987 年 1 期 77 页

苗家县山住遗址简报　谢佳荣　台湾博物　1987 年 16 卷 4 期 48 页

南投县内辅遗址　黄士强　"国立"历史博物馆馆刊　1987 年 2 卷 5 期 31 页

卑南遗址第 9～10 次发掘工作报告　宋文薰、连照美　"国立"台湾大学考古人类学专刊　1987 年第八种

台出土一具"海蚀洞人"估计为五千年前先民遗骸　人民日报（海外版）　1988 年 2 月 5 日 5 版

台发现海蚀洞人蹲踞葬遗骨，再次证明台湾文化源自大陆　人民日报　1988 年 2 月 11 日 3 版

卑南遗址第 11～13 次发掘工作报告　宋文薰、连照美　"国立"台湾大学考古人类学专刊　1988 年第十二种

卑南考古参观记　颜娟英　艺术家　1988 年 26 卷 4 期 34～40 页

东埔第一邻遗址——玉山国家公园早期人类聚落史的考古学研究（一）　高有德、邱敏勇　玉山国家公园研究丛刊　1988 年 1002 号

台北圆山遗址现况调查研究报告　连照美　台北文献　直字 1988 年 83 期 1 页

八里十三行遗址挖掘　吕小燕　历史月刊　1989 年 19 期 9 页

台南县七股乡番仔塭遗址　刘益昌　台湾史田野研究通讯　1989 年 13 期 37 页

台北市圆山遗址第二地点试掘报告　黄士强　考古人类学刊　1989 年 45 期 20 页

抢救曲冰遗址　江中明　历史月刊　1989 年 23 期 5 页

卑南遗址抢救考古发掘始末　连照美　考古人类学刊　1989 年 45 期 66 页

芜浓溪流域——玉山国家公园早期人类聚落史的考古学研究（二）　高有德、邱敏勇　玉山国家公园研究丛刊　1989 年 1012 号

台东县卑南文化公园考古试掘报告　连照美、宋文薰　"国立"台湾大学考古人类学专刊　1989 年第十五种

台湾地区重要考古遗址图说——大坌坑遗址　李德仁　田野考古 1993 年 4 卷 1 期 81～88 页

小琉球屿史前遗址调查报告　刘克竑　田野考古　1993 年 4 卷 2 59～76 页

澎湖发现四千五百年前石斧　人民日报（海外版）1996 年 2 月 23 日 5 版

金门发现史前遗址　人民日报（海外版）　1996 年 8 月 15 日 5 版

从历史文献看台湾早期的"考古"发现　陈光祖　田野考古第六卷 1998 年 13～66 页

南投县平林遗址抢救发掘简报——兼谈对于考古文化资产的几点意见　赵金勇　田野考古第六卷 1998 年 67～78 页

卑南遗址"抢救考古"发掘点滴——《卑南遗址发掘 1980～82 遗址概况、堆积层次及生活层出土遗物分析》代序　宋文薰、连照美　历史文物　2005 年 1 期 33～35 页

台北县双溪河口龙门旧社遗址发掘简报　陈有贝　潘玮玲　九十四年台湾考古工作会报报告集（4—1）（4—27）　2006 年

台中县和平乡 Babao 遗址的发掘与问题　刘益昌　曾宏民　李佳瑜　九十四年台湾考古工作会报报告集（5—1）（5—15）　2006 年

台中公园的绳纹陶　何传坤、屈慧丽　九十四年台湾考古工作会报报告集（6～1）～（6～36）　2006 年 3 月

台中县沙鹿镇南势坑遗址 2005 年的发掘工作　何传坤　刘克竑　九十四年台湾考古工作会报报告集（7—1）（7—47）　2006 年

"澎湖七美岛史前石器制造场考古发掘计划"工作成果概述　臧振

华、潘怡仲　九十四年台湾考古工作会报报告集（8～1）～（8～12）
2006 年 3 月

　　"南科液晶电视专区等相关考古钻探工作" 成果概要　南科考古队
九十四年台湾考古工作会报报告集（9—1）（9—50）　2006 年

　　卑南遗址考古现场工作简报　李坤修　叶美珍　九十四年台湾考古
工作会报报告集（11～1）～（11～21）　2006 年 3 月

　　台东县旧香兰遗址的抢救发掘及其重要的发现　李坤修　九十四年
台湾考古工作会报报告集（12—1）（12—30）　2006 年

　　成都平原地区新石器时代遗址调查计划第一年初步成果报告　陈伯
祯　九十四年台湾考古工作会报报告集（24—1）（24—16）　2006 年

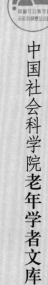

中国社会科学院老年学者文库

中国社会科学院考古研究所

中国新石器时代考古八十四年
文献目录（1923-2006）

下册

策划人：王 巍
主 编：王 巍 赵 辉
编 辑：李新伟 刘国祥 王 辉

社会科学文献出版社

目　录

·上册·

第一部分　图书资料

第二部分 报刊资料

·下册·

第二部分　报刊资料

第二部分
报刊资料

二 论文

（一）综论

1. 史前史与原始社会

（1）史前史

中国之史前遗存 缪凤林 东方杂志 1928 年 6 月 25 卷 11 期 59 页

中国最近发现之新史料 李济讲 余永梁笔述 中山大学语言历史学研究所周刊 1928 年 12 月 5 集 57～58 期 1 页

中国史前史 翁文灏讲 历记 清华周刊 1928 年 12 月 30 卷 6 期 9 页

有史以前中国社会概论 白进彩 新晨报 （副刊） 1929 年 6 月 17～22 日 297～300 页，304～305 页

中国史前文化的推测 杨筠如 暨大文学院集刊 1931 年 6 月 2 集 1 页

中土史前时代的光景——石器时代 湘灵 清华周刊 1931 年 3～4 月 35 卷 5 期 23 页 35 卷 6 期 43 页

史前人类及其文化 林惠祥讲 陈元恒记 厦大周刊 1932 年 12 月 12 卷 13 期 1 页

史前文化 王进展 安徽大学月刊 1933 年 2、4、5、6 月 1 卷 1

期 1 页　1 卷 3 期 1 页　1 卷 4 期 1 页　1 卷 5 期 1 页

中国史前文化概略　裴文中　益世报社会思想　1933 年 12 月 11、18 日 57～58 期

中国原始人类与其社会之形成　徐心芹　朔望半月刊　1933 年 5 月 1 期 14 页

中国古代社会新论（史地讲座讲稿之一）　卫聚贤　史地丛刊（大夏大学）　1933 年 11 月 1 辑 1 页

中国古代氏族社会之研究　钟道铭　东方杂志　1934 年 1 月 31 卷 1 期 161 页

中国的氏族社会　卫聚贤　新中国杂志　1934 年 4、6 月　1 卷 5 期 1 页　1 卷 6 期 1 页　行素杂志　1935 年 1 月 1 卷 5～6 期

中国史前经济考　何建民　中国经济　1934 年 12 月 2 卷 12 期 1 页

史前期中国社会研究　乃鼎　图书季刊　1934 年 1 卷 3 期

中国史前社会的研究　徐平　文化批判　1935 年 1 月 2 卷 2～3 期 208 页

中国史前社会　非斯著　苏亦农译　中国经济　1935 年 3 月　3 卷 3 期 1 页　译自日本《历史科学》1934 年 11 月号

我国史前史的轮廓　何炳松　暨南学报　1936 年 6 月 1 卷 1 期 1 页　中学月刊　1947 年 4～5 期合刊

史前学研究概述　岑家梧　广州学报　1937 年 1 月 1 卷 1 期 1 页

我国史前文化　郑师许　中山学报　1 卷 1 期 7 页　1 卷 8 期 67 页 2 卷 1 期 26 页　2 卷 2 期 73 页　1941 年 11 月、1943 年 1，8 月　1944 年 2 月

史前期的人类社会　中英　中国学生　1942 年 11 月 1 卷 1 期 34 页

史前之东北与中原的关系　郑师许　现代史学　1942 年 3 月 4 卷 4 期 28 页

中国史前期概况　金穉　中国学生　1943 年 3 月 1 卷 6 期 24 页

史前学发达略史　裴文中　现代学报　1948 年 1 卷 6，7 合刊 1 页

史前史与地质年代　阮维周　大陆杂志　1950 年 9 月 1 卷 6 期 1 页

中国史前文化 李济 大陆杂志 1951 年 6 月 2 卷 11 期 1 页

中国史前年代的新估计 安特生著 赵光贤译 光明日报 1951 年 1 月 27 日 5 版

论安特生对中国史前史分期的根本错误（评《中国史前年代的新估计》） 许毅 光明日报 1951 年 3 月 17 日 5 版

论中国史前年代答许毅先生 赵光贤 光明日报 1951 年 6 月 23 日

史前时代人类的文化 宋文薰 大陆杂志 1971 年 1 月 42 卷 1 期 13 页

（2）原始社会

中国的原始社会 程憬 大陆杂志 1933 年 8～10 月 2 卷 2 期 97 页 2 卷 3 期 71 页 2 卷 4 期 101 页

中国原始社会晚期历史的几个特征 佟柱臣 考古 1960 年 5 期 27 页 《中国原始社会史文集》 1964 年 10 月 101 页

原始社会史研究中的若干理论问题 丛林 历史教学问题（华东师大） 1982 年 6 期 40 页

从现有原始遗存看古代原始社会 时墨庄 人类学研究 1984 年 1 月 224 页

从考古资料看我国原始社会氏族聚落的平面布局 巩启明 人类学研究 1984 年 1 月 214 页 半坡博物馆三十年学术论文选编 1989 年 160 页

我国考古材料中反映的原始社会 曾骐 中山大学学报 1984 年 3 期 63 页

原始社会史研究中必须坚持的几个基本观点 陈启新 中山大学学报 1984 年 3 期 53 页

中国原始社会史的研究及其史料学与方法论——为纪念尹达同志诞辰八十周年而作 石兴邦、周星 史前研究 1986 年 1、2 期 1 页

中国原始社会末期不存在"禅让制度" 罗旭华 广西党校学报

1989 年 2 期 52 页

中国原史时代论纲 钱耀鹏 文博 2002 年 2 期 12～16 页

试论原始社会史的分期法问题 杨堃 学术研究 1964 年 4 期 36 页

试谈原始社会早期的分期 杜耀西、黎家芳 中国历史博物馆馆刊 1980 年 2 期 23 页

原始社会史分期问题讨论综述 龚若栋 历史教学问题 1981 年 2 期 70～72 页

近年来我国学术界关于原始社会分期问题的讨论概述 伊力奇 光明日报 1982 年 5 月 24 日

论从摩尔根的原始社会分期法到马克思主义的原始社会史分期法 杨堃 史前研究 1983 年 1 期 7 页

原始社会史分期学术讨论会纪略 纪闻 民族研究 1984 年 2 期 63 页

关于人类起源及原始社会史的分期 陈国强 云南社会科学 1984 年 4 期 47 页

试论原始社会史分期的几个问题 范志文 史前研究 1984 年 4 期 81 页 新华文摘 1985 年 1 期 54 页 半坡博物馆三十年学术论文选编 1989 年 233 页

《关于原始社会的分期》余论 陈克进 中央民族大学学报 1996 年 3 期 33～38 页

中国原始共产社会经济研究 吴泽 劳动季报 1936 年 3 月 8 期 87 页

试论原始社会的剩余财产 李启谦 齐鲁学刊 1985 年 5 期 43 页

平均分配不是原始社会的分配特征 金安江 华中师范大学研究生学报 1987 年 1 期 17 页

从羿的悲剧看中国原始社会解体期 邓启耀 思想战线 1981 年 1

期 67 页

从我国的考古材料看私有制的产生和原始社会的解体　张景贤　历史教学　1987 年 10 期 2 页

中国父系氏族时代战争问题探索　王育成　中国史研究　1986 年 3 期 71 页

史前战争述略　王育成　历史教学问题　1987 年 3 期 1～6 页

略论原始社会俘虏的命运　范传贤　东北师大学报　1988 年 1 期 59 页

战争的起源及其原始形态　房立中　军事史林　1988 年 6 期 6 页

中国史前战争初论　何德亮　史前研究（2004）2005 年 195～212 页

从说文解字看原始社会　秦和鸣　历史社会季刊　1947 年 9 月 1 卷 2 期 135 页

《楚辞》与原始社会史研究　萧兵　淮阴师专学报　1980 年 3 期 34 页

《山海经》与原始社会史研究　王珍　中原文物　1983 年特刊 187 页

我国原始社会土地公有制初探　郭小东　中山大学研究生学刊 1984 年特刊号 112 页

我国原始社会婚姻形态研究　李衡梅　历史研究　1986 年 2 期 95 页

（3）理论探讨

从考古材料试探我国的私有制和阶级的起源　佟柱臣　考古　1975 年 4 期 213 页

从钱山漾等原始文化遗址看社会分工和私有制的产生　吴汝祚　考古　1975 年 5 期 271 页

关于我国阶级社会产生的一些问题　施新　文物　1975 年 5 期 27 页

从江苏原始社会后期考古资料看私有制的产生　钟麓　考古　1976 年 3 期 165 页

试论我国最早的阶级分化——原始社会文物考古资料的一些分析

卫今　文物　1976 年 8 期 1 页

关于私有制起源的探讨——学习恩格斯《家庭、私有制和国家的起源》的一点体会　张青、徐元邦　考古　1976 年 3 期 161 页

我国私有制产生究竟从何种动产开始　彭适凡　文物　1980 年 2 期 76 页

从考古学文化探讨我国私有制和国家的起源问题——纪念摩尔根逝世一百周年　石兴邦　史前研究　1983 年 1 期 27 页

母权制时期私有制问题的考察　张忠培　史前研究　1984 年 1 期 26 页

试论中国私有制的起源　李朝远、成岳冲　宁波师院学报　1986 年 1 期 54 页

略谈私有制在我国的起源　赵文艺　半坡博物馆三十年学术论文选编　1989 年 417 页

马克思主义与史前史的研究——纪念马克思逝世一百周年　石兴邦　史前研究　1983 年 2 期 1 页

试论中国古代的军事民主制——纪念恩格斯《家庭、私有制和国家的起源》发表一百周年　李仰松　考古　1984 年 5 期 432 页

恩格斯论氏族的起源——《家庭、私有制和国家的起源》有关论述学习札记　程德祺　史前研究　1984 年 3 期 8 页

《起源》是指导史前研究的光辉指南——纪念《家庭、私有制和国家的起源》发表一百周年笔谈会　日知　史前研究　1984 年 4 期 1 页

血族关系和阶级关系　日知　史前研究　1984 年 4 期 2 页

恩格斯是马克思主义史前学的奠基人　杨堃　史前研究　1984 年 4 期 3 页

学习《起源》开创史前文化研究的新局面　石兴邦　史前研究　1984 年 4 期 5 页

学习《起源》，促进史前考古学的科学研究　佟柱臣　史前研究　1984 年 4 期 7 页

谈《起源》对于我国新石器时代考古研究的指导作用　李仰松　史

前研究 1984 年 4 期 9 页

发展民族学和史前学研究的合作 宋恩常 史前研究 1984 年 4 期 11 页

实事求是，推进史前史研究 张忠培 史前研究 1984 年 4 期 11 页

史前考古学的理论基础 严文明 史前研究 1984 年 4 期 13 页

开创史前研究的新局面 宋兆麟 史前研究 1984 年 4 期 14 页

科学原始社会史的伟大奠基人 刘士莪 史前研究 1984 年 4 期 12 页

《起源》与原始社会研究 陈国强 史前研究 1984 年 4 期 15 页

史前史科研理论体系的探讨与血缘家庭的研究 刘达成 史前研究 1984 年 4 期 16 页

《家庭、私有制和国家的起源》在理论上的伟大贡献 何介钧 史前研究 1984 年 4 期 17 页

经济分析原始社会史的典范 范志文 史前研究 1984 年 4 期 18 页

实事求是的光辉典范 齐鸣 史前研究 1984 年 4 期 20 页

《起源》与石器时代考古 陆勤毅 文物研究 1985 年第 1 期 74 页

母系社会 李霖灿 大陆杂志 1950 年 8 月 1 卷 4 期 16 页

简论我国母系氏族社会的形成、发展和繁荣 黄崇岳 史前研究 1983 年 2 期 48 页

关于母系氏族形成的原因的探讨——读《家庭·私有制和国家的起源》的体会 廖廷柏 湘潭大学社会科学学报 1983 年 4 期 69 页

试论中国母系氏族公社时期的社会规范 昭秦 史前研究 1985 年 3 期 95 页

我国母系氏族社会与传说时代——黄帝等人为女人辨 郑慧生 河南大学学报 1986 年 4 期 24 页

论母系制度产生的原因 张国洪 苏州大学学报 1987 年 2 期 111 页

关于母系氏族公社之探讨 王承权 思想战线 1987 年 4 期 84 页

论氏族社会发展的两个阶段 刘达成 人类学研究 1984 年 1 月 251 页

从母系制过渡到父系制的一场夺子之争 涂元济 福建师大学报 1981 年 1 期 94 ~ 101 页

母系向父系过渡是否是由公有制向私有制过渡　夏之乾　史学月刊 1982 年 5 期 9~15 页

从考古资料看母系氏族向父系氏族的过渡　王秀娥　陕西省文博考古科研成果汇报会论文选集　1982 年 11 月 61 页

由先秦礼俗和亲属称谓看母系向父系氏族的转变　马良民　文史哲 1987 年 5 期 16 页

中国古代的父系家庭及其亲属称谓　徐中舒　四川大学学报　1980 年 1 期 110 页

我国"夫权"的出现与发展　刘蕙孙　福建师大学报　1981 年 1 期 125~131 页

关于原始时代家族公社问题　林耀华、庄孔韶　中央民族学院学报 1983 年 1 期 3 页

氏族源流蠡测并论彩陶之可能联系　岑仲勉　中山大学学报　1959 年 1、2 期合刊 61 页

氏族的起源及其早期发展　梁钊韬　学术研究（广东）　1963 年 4 期 56 页

氏族起源初探　陈启新　史前研究　1983 年 1 期 18 页

2. 考古学家与考古学史

（1）考古学家

1）李济

我国考古界的老前辈李济博士　宋文薰　百科知识　1980 年 6 期 22~24 页

考古学家李济传略　冯人　晋阳学刊　1981 年 6 期 54~58 页

李济先生的生平和学术贡献　王世民　考古　1982 年 3 期 335 页

忆三叔李济博士　黄英莉　故宫文物月刊（1983 年）1 卷 9 期 19 ~ 21 页

李济传略　李光谟　中国现代社会科学家传略（第三辑）　1983 年 153 ~ 173 页

人类学派的古史学家李济先生　张光直　历史月刊（1988 年）　9 期 4 ~ 7 页

挖出中国上古史——李济　李子宁　中原文献（1987 年）19 卷 1 期 1 ~ 6 页，19 卷 2 期 4 ~ 10 页，19 卷 3 期 6 ~ 11 页、19 卷 4 期 12 ~ 16 页

纪念《李济考古学论文选集》的出版　李光谟　中国文物报　1990 年 10 月 18 日 3 版

李济先生学行纪略（未定稿）　李光谟　考古学研究（二）（北京）1994 年 391 ~ 429 页

济老四忆——为李济先生百年诞辰而作　李霖灿　故宫文物月刊 1995 年 149 期 6 ~ 12 页

西阴奠基 泽滋百世——李济先生发掘西阴遗址 70 周年纪念　张忠培　三晋考古（第二辑）（1996）3 ~ 4 页

史语所、李济先生与我　张光直　新学术之路——中研院历史语言研究所七十周年纪念文集　1998 年 971 ~ 974 页

李济与友人通信选辑　李光谟　中国文化　1997 年 15 ~ 16 期 365 ~ 387 页

从一封信看中国近代考古学的发轫　李光谟　文物天地　1997 年 5 期 19 ~ 21 页

为了人类知识的增进和传播——考古学宗师李济传略　李光谟　东南文化　1998 年 1 期 8 ~ 20 页

李济先生与中国考古学　石璋如　新学术之路——中研院历史语言研究所七十周年纪念文集 1998 年 135 ~ 162 页

史语所的体质人类学家——李济、史禄国、吴定良、杨希枚、余锦帛　王道远　新学术之路——中研院历史语言研究所七十周年纪念文集

1998 年 163 ~ 188 页

李济与西阴村和夏文化 张立东 华夏考古 2003 年 1 期 95 ~ 99 页

论李济 刘文锁 考古 2005 年 3 期 86 ~ 94 页

2）梁思永

悼念考古学家梁思永先生 尹达 光明日报 1954 年 4 月 19 日 2 版

悼念梁思永先生 尹达 文物参考资料 1954 年 4 期 8 ~ 11 页 又见《梁思永考古论文集》1 ~ 3 页

追悼考古学家梁思永先生 夏鼐 新建设 1954 年 6 期 46 ~ 48 页

梁思永先生传略 夏鼐 考古学报（1954 年）第 7 册 1 ~ 3 页 又见《梁思永考古论文集》5 ~ 8 页

梁思永先生与中国现代考古学——纪念安阳后岗遗址发掘五十周年 黄景略、张忠培 考古与文物 1981 年 3 期 1 ~ 4 页

梁思永传略 夏鼐 中国现代社会科学家传略（第七辑） 1985 年 376 ~ 379 页

梁思永 安志敏 《当代中国社会科学名家》 1989 年 6 月 293 ~ 303 页

梁思永先生和中国近代考古学 安志敏 文物天地 1990 年 1 期 1 ~ 8 页

梁思永先生与龙山文化研究 靳桂云 管子学刊 1992 年 1 期 65 ~ 68 页

梁思永与城子崖真假龙山文化城 王恩田 山东社会科学 1995 年 1 期 89 ~ 91 页

我国考古学先驱梁思永 黄增章 广东史志 1998 年 4 期 49 ~ 52 页

考古方法改革者梁思永先生 石璋如 新学术之路——中研院历史语言研究所七十周年纪念文集 1998 年 353 ~ 366 页

中国近代考古学的先驱——梁思永先生 安志敏 考古 2000 年 7 期 91 ~ 94 页

梁思永先生对中国考古学的五大贡献——纪念梁思永先生诞辰一百

周年　孙文政　中国文物报　2005 年 1 月 28 日 7 版

　　3）尹达

深切悼念尹达同志　石兴邦　史前研究　1983 年 2 期 1～6 页

深切悼念尹达同志　侯外庐　史学史研究　1983 年 4 期 54～56 页

尹达同志传略（1906～1983 年）　王世民　考古学报　1983 年 4 期 403～406 页

斯人离世去，业绩在人间——悼念尹达同志　杨向奎、张政烺　历史研究　1983 年 5 期 73～77 页

尹达同志与中国原始社会研究　周星　考古与文物　1983 年 5 期 1—5 页

尹达——著名的马克思主义史学家　叶桂生　中国史研究动态 1983 年 8 期 1～3 页

悼念尹达同志（1906～1983）　夏鼐　考古　1983 年 11 期 1054～1056 页

悼念尹达同志　公盾　中国科技史料　1984 年 5 卷 1 期 79～82 页

尹达先生逝世周年祭　王震中　中原文物　1984 年 2 期 1～3 页

尹达同志与《史前研究》——纪念尹达同志逝世一周年　巩启明　史前研究　1984 年 3 期 100～101 页

尹达的治学道路和学术贡献　谢保成　河南大学学报　1986 年 4 期 18～23 页

纪念尹达，学习尹达，继承尹达：纪念尹达八十诞辰　田昌五、石兴邦　中国原始文化论集：纪念尹达八十诞辰　1989 年 1～12 页

尹达的生平和著述年表　翟福清　中国原始文化论集：纪念尹达八十诞辰 441～446 页；当代中国社会科学名家　1989 年 327～341 页

从考古到史学研究：记尹达的治学道路　吕何生　中州今古　1991 年 4 期 8～10 页

刘燿先生考古的五大贡献　石璋如　新学术之路——中研院历史语言研究所七十周年纪念文集　1998 年 655～662 页

怀念史前研究的先驱——尹达同志　石兴邦　考古　2000 年 7 期 95～97 页　史前研究（2000）542～548 页

尹达先生至今仍生活在我们当中　张忠培　中国文物报　2006 年 10 月 13 日 7 版

4）夏鼐

夏鼐同志当选为英国学术院通讯院士　考古　1980 年 3 期 218 页

辛勤发掘古代文明的人——访考古学家夏鼐　陈可雄　文汇报 1982 年 11 月 29 日 2 版

夏鼐教授接受德国考古研究所通讯院士证书　考古　1983 年 6 期 511 页

夏鼐教授接受瑞典皇家文学、历史、考古科学院外国院士证书　子明　考古　1984 年 3 期 285 页

夏鼐教授被授予美国科学院外籍院士称号　子明　考古　1984 年 10 期 871 页

夏鼐先生与中国考古学　〔日〕樋口隆康　社会科学战线　1985 年 1 期 199～202 页

忆夏鼐先生对湖北文物考古工作的关怀　湖北省博物馆　江汉考古 1985 年 3 期 1～3 页

为考古工作而献身的人——沉痛悼念夏鼐同志　安志敏　中原文物 1985 年 3 期 1～2 页

夏鼐先生传略　王仲殊　考古学报　1985 年 4 期 407～415 页，又见 考古　1985 年 8 期 678～685 页，中国考古学研究：夏鼐先生考古五十年 纪念论文集（一集）3～24 页

夏鼐先生与中国史前考古学　周星　史前研究　1985 年 4 期 1～5 页

沉痛悼念夏鼐同志　中国社会科学院考古研究所、中国考古学会　考 古学报　1985 年 4 期 403～406 页；又见考古　1985 年 8 期 675～677 页

沉痛悼念夏鼐同志逝世　石兴邦　考古与文物　1985 年 5 期 1～10 页

夏鼐同志被授予第三世界科学院院士和意大利近东远东研究所通讯院士称号　考古研究所科研处　考古　1985 年 6 期 575 页

著名考古学家夏鼐在京逝世　人民日报　1985 年 6 月 21 日 3 版

部分党和国家领导人及首都各界群众向夏鼐同志遗体告别　人民日报　1985 年 6 月 30 日 3 版

痛悼卓越的考古学家夏鼐同志　胡乔木　人民日报　1985 年 6 月 30 日 3 版。

忆田野考古工作中的夏鼐同志　王仲殊　人民日报　1985 年 7 月 5 日 3 版

华罗庚、夏鼐两同志回想记　刘大年　光明日报　1985 年 7 月 7 日 3 版

悼念夏鼐公　阎文儒　光明日报　1985 年 7 月 24 日 3 版

我国杰出的考古学家夏鼐同志逝世 首都隆重举行向夏鼐同志遗体告别仪式　本刊记者　考古　1985 年 8 期 673～674 页

他是献身精神的典范（夏鼐的足迹之一）　张天来　光明日报 1985 年 9 月 7 日 1 版

他在田野上辛勤耕耘（夏鼐的足迹之二）　金涛　光明日报　1985 年 9 月 8 日 1 版

无私的奉献（夏鼐的足迹之三）　张天来　光明日报　1985 年 9 月 9 日 1 版

碳十四和两个年轻人的命运（夏鼐的足迹之四）　金涛　光明日报 1985 年 9 月 12 日 1 版

"吃的是草、挤出的是奶"（夏鼐的足迹之五）　金涛　光明日报 1985 年 9 月 13 日 1 版

俭朴和慷慨之间（夏鼐的足迹之六）　张天来　光明日报　1985 年 9 月 14 日 1 版

他的心中只有国家利益（夏鼐的足迹之七）　金涛 光明日报　1985 年 9 月 18 日 1 版

顽强的探索（夏鼐的足迹之八）　张天来　光明日报　1985 年 9 月

20 日 2 版

模范党员（夏鼐的足迹之九）　张天来　光明日报　1985 年 9 月 28 日 1 版

永恒的纪念（夏鼐的足迹之十）　金涛　光明日报　1985 年 9 月 30 日 1 版

杰出的考古学家夏鼐　王仲殊　人民画报　1985 年 12 期 16～17 页

悼念夏鼐氏　〔日〕末永雅雄　考古　1986 年 1 期 95 页

缅怀夏鼐先生　〔日〕菅谷文则　考古　1986 年 1 期 95～96 页

哀悼夏鼐先生逝世　〔日〕前园实知雄　考古 1986 年 1 期 96 页

老师，夏鼐先生　〔日〕河上邦彦　考古　1986 年 1 期 96 页

悼念旷世的考古历史学家夏鼐　徐贤珍　传记文学（1986 年）49 卷 4 期 36～38 页

夏鼐在考古学与科技史上的成就　刘广定　传记文学（1986 年）49 卷 5 期 22 页

无私才能献身——忆良师夏鼐先生　楼宇栋　文物报　1986 年 7 月 11 日 2 版

悼念夏鼐先生　〔日〕三上次男　考古　1986 年 7 期 671～672 页

夏鼐先生和中国考古学　王仲殊　文物天地　1987 年 3 期 2～4 页

夏鼐同志与定陵发掘　赵其昌　文物天地　1987 年 3 期 5～6 页

忆夏鼐先生在马王堆汉墓发掘工作中　侯良等　文物天地　1987 年 3 期 6～8 页

求实、踏实、朴实——纪念夏鼐同志　吴德铎　文汇报　1987 年 6 月 23 日 3 版

尽瘁于新中国考古事业的忠诚战士：夏鼐同志的学问、道德和事功　石兴邦　中国考古学研究论集：纪念夏鼐先生考古五十周年 1987 年 1～10 页

著作等身一代巨星陨落，考古半百严谨学风永垂：悼念夏鼐先生　张忠培　中国考古学研究论集：纪念夏鼐先生考古五十周年 1987 年 11～14 页

夏鼐同志学术活动年表　王世民　中国考古学研究论集：纪念夏鼐先生考古五十周年 1987 年 40～47 页

夏鼐先生传略（附：夏鼐先生论著目录）　王仲殊　中国考古学研究：夏鼐先生考古五十年纪念论文集 1987 年 3～24 页，又见《当代中国社会科学名家》430～444 页

夏鼐先生的一封复信——纪念夏鼐先生逝世十周年　李仰松　文物天地　1995 年 4 期 45～46 页

纪念夏鼐先生逝世十周年　任式楠　中国文物报　1995 年 6 月 18 日 2 版

夏鼐先生的英伦之缘　汪涛、费尔德著　书玉译　文物天地　1998 年 6 期 6～9 页

夏鼐先生行传　石兴邦　新学术之路——中研院历史语言研究所七十周年纪念文集　1998 年 709～736 页

夏鼐先生的治学之路　王仲殊、王世民　考古　2000 年 3 期 81～93 页

对《夏鼐先生的英伦之缘》一文的几点补充　汪涛　文物天地 2000 年 4 期 40～44 页

仰之弥高　德音不瑕——缅怀夏鼐先生　卢兆荫　考古　2000 年 7 期 98～100 页

夏鼐先生与埃及学　杜平　殷都学刊　2002 年 2 期 39～42 页

夏鼐先生的学术思想　姜波　华夏考古　2003 年 1 期 100～112 页

夏鼐与中央研究院第一届院士选举　罗丰　考古与文物　2004 年 4 期 84～89 页

文化与文明：夏鼐农史三题　张爱冰　东南文化　2005 年 2 期 6～10 页

5）苏秉琦

探索与追求　俞伟超、张忠培 文物　1984 年 1 期 1～9 页；苏秉琦考古学论述选集　文物出版社　1984 年 306～319 页

考古学简札——苏秉琦先生给陈晶同志的信　辽海文物学刊　1989年2期116～129页

苏秉琦先生与辽宁文物考古工作　郭大顺　辽海文物学刊　1989年2期134～143页

苏秉琦先生对河南考古工作的关怀与指导　安金槐　华夏考古　1989年3期93页

学者与管理——记苏秉琦先生关心考古管理工作二三事　黄景略、李季　华夏考古　1989年3期90～92页

为我国考古学教育事业的发展而倾注心血——祝贺苏秉琦教授八十寿辰　匡瑜　华夏考古　1989年3期94～96页

巨大的贡献　和煦的春晖——祝贺秉琦师从事考古研究五十五年　高广仁、邵望平　文物研究　1989年5期12～18页

老树春深更著花——记著名考古学家苏秉琦（上、中、下）　周明　中国文物报　1990年10月25日2版、11月1日2版、11月8日2版

迎接中国考古学的新世纪——中国考古学会理事长苏秉琦教授访谈录　邵望平、汪遵国　东南文化　1993年1期1～17页

沉痛悼念敬爱的苏秉琦先生　内蒙古考古博物馆学会、内蒙古文物考古研究所　内蒙古文物考古　1997年2期首页

一代宗师风范长存　苏俊　内蒙古文物考古　1997年2期1页

谨记苏秉琦先生的教谕以自励　刘观民、刘晋祥　内蒙古文物考古　1997年2期2页

生命的幸福——记苏秉琦老师的最后留言　俞伟超　辽海文物学刊　1997年2期3～4页，人民日报　1997年9月4日12版

沉痛哀悼　深切怀念　徐光冀　内蒙古文物考古　1997年2期3～5页

中国考古学的奠基人与开拓者——沉痛悼念苏秉琦教授　张忠培　辽海文物学刊　1997年2期5页，南方文物　1997年3期1～2页，光明日报1997年8月8日

记苏秉琦先生的一次谈话　杨虎　内蒙古文物考古　1997年2期6

页

先走一步的辽河文明——苏秉琦先生学术活动和学术思想追忆之三
郭大顺 辽海文物学刊 1997 年 2 期 6～9 页

风范长存——记与苏先生的交往 鲁明 内蒙古文物考古 1997 年 2
期 7～11 页

情钟红山 魂驻渤海 孙守道 辽海文物学刊 1997 年 2 期 10～12
页

苏秉琦先生与赤峰的古文化研究 田广林 内蒙古文物考古 1997
年 2 期 12～17 页

苏秉琦先生与辽宁考古 辛占山 辽海文物学刊 1997 年 2 期 13～
16 页

高山景行 私所仰慕——忆苏秉琦先生与内蒙古文物考古二三事
魏坚、郭治中 内蒙古文物考古 1997 年 2 期 18 页

苏公绝唱 草原生辉——内蒙古古代文化对中华文明的贡献 王大方
内蒙古文物考古 1997 年 2 期 29～30 页

深切怀念敬爱的导师苏秉琦先生 湖北省考古学会 江汉考古
1997 年 3 期 2～5 页

深切的怀念——痛悼苏秉琦先生 谭维四 江汉考古 1997 年 3 期
6～8 页

考古泰斗一代宗师——深切缅怀苏秉琦先生 陈振裕 江汉考古
1997 年 3 期 9～11 页

缅怀苏秉琦先生 杨权喜 江汉考古 1997 年 3 期 12～13 页

深切悼念苏秉琦先生 河北省文物考古学会等 文物春秋 1997 年 3
期 13 页

深切怀念——良师苏秉琦先生 齐心 北京文博 1997 年 3 期 86～
87 页

中国考古学的重要奠基人与中国考古学新时代的开拓者——沉痛悼
念恩师苏秉琦教授 张忠培 北方文物 1997 年 4 期 2～4 页

苏秉琦教授与晋文化研究——沉痛悼念苏秉琦先生 山西省考古研

究所　文物世界　1997 年 4 期 3~7 页

缅怀考古宗师苏秉琦先生　山西省考古研究所侯马工作站　文物季刊　1997 年 4 期 8~9 页

深切怀念我的老师苏秉琦先生　杨富斗　文物季刊　1997 年 4 期 10~12 页

他把考古学推向一个新时代——记苏秉琦先生一九九六年深圳行　郭大顺　文物天地　1997 年 5 期 2~6 页

苏秉琦先生与四川文物考古工作　沈仲常　四川文物　1997 年 6 期 3~4 页

斯人去矣　斯人永存——缅怀苏秉琦先生　朱秉璋　四川文物　1997 年 6 期 5~9 页

怀念中国考古学导师苏秉琦先生　谢飞　文物春秋　1998 年 1 期 53~56 页

悼念苏秉琦先生　徐苹芳　文物春秋　1998 年 3 期 80 页

世界的中国考古学的提出——苏秉琦先生学术活动和学术思想追忆之二　郭大顺　文物春秋　1998 年 3 期 81~84 页

心系辽河情寄渤海——苏公与辽宁考古　辽宁省考古学会、辽宁省文物考古研究所　文物春秋　1998 年 3 期 85~87 页

创建中国考古学派：苏秉琦和当代中国考古学　汪涛　文物春秋　1998 年 3 期 88~91 页

怀念苏公　金家广　文物春秋　1998 年 3 期 92~94 页

生命在事业中延续——先师苏秉琦教授逝世周年祭　邵望平　炎黄春秋增刊　1998 年 5 期 183~191 页

苏秉琦与 21 世纪考古学　张忠培、李季　文物　1999 年 12 期 35~39 页

忆苏公　侯石柱　中国文物报　2000 年 9 月 17 日 4 版

20 世纪中国考古学的一座里程碑　俞伟超　苏秉琦与当代中国考古学　2001 年 3~9 页

苏秉琦与 21 世纪考古学　张忠培、李季　苏秉琦与当代中国考古学

2001 年 10 ~ 14 页

泥河湾：构筑中国历史基本框架的支柱——纪念苏秉琦先生逝世六周年　谢飞　文物春秋　2003 年 3 期 68 ~ 74 页

苏秉琦先生与中国考古学的区系类型学说　曹兵武　中国文物报2003 年 1 月 10 日 7 版

苏秉琦先生的遗产与中国史前考古学展望　张学海　中国文物报2003 年 6 月 27 日 5 版

苏秉琦与张光直　郭大顺　中国文物报　2003 年 12 月 31 日 3 版

略谈苏秉琦先生晚年的学术研究主线——苏秉琦与中国文明起源研究之一　朱乃诚　东方考古研究通讯　2003 年 1 期 8 页

略谈苏秉琦晚年的学术研究主线——苏秉琦与中国文明起源研究之一　朱乃诚　中原文物　2004 年 1 期 18 ~ 21 页

苏秉琦开展中国文明起源研究的思想发轫过程——苏秉琦与中国文明起源研究之二　朱乃诚　中原文物　2004 年 2 期 4 ~ 8 页

苏秉琦 20 世纪 80 年代后期的中国文明起源研究——苏秉琦与中国文明起源研究之三　朱乃诚　中原文物　2004 年 3 期 4 ~ 11 页

苏秉琦重建中国史前史的努力和中国文明起源研究——苏秉琦与中国文明起源研究之四　朱乃诚　中原文物　2004 年 4 期 21 ~ 25 页

一首诗与半部史——记苏秉琦先生关于中国文明起源的一段研究历程　郭大顺　中国文物报　2004 年 10 月 8 日 7 版

苏秉琦关于吴城遗址致饶惠元的信　李伯谦　古代文明研究通讯2004 年 20 期 29 ~ 30 页

苏秉琦先生谈"岭南考古开题"　郭大顺　华南考古 1 辑（2004）1 ~ 6 页

从"三岔口"到"Y"形文化带——重温苏秉琦先生关于中华文化与文明起源的一段论述　郭大顺　内蒙古文物考古　2006 年 2 期 96 ~ 104 页

6）裴文中

裴文中同志当选联合国史前学与原史学协会常务理事　考古　1980

年 3 期 286 页

为中华民族文明奋斗不息——记古人类学家裴文中教授　牟小东　中国青年　1981 年 10 期 12～14 页

深切悼念著名科学家裴文中同志　古脊椎动物与古人类（1982 年）20 卷 4 期

裴文中先生传略（1904～1982 年）　安志敏　考古学报　1983 年 1 期 1～5 页

"春蚕到死丝方尽"——深切怀念裴文中老师　张森水　史前研究 1983 年 2 期 182～184 页

悼念裴文中先生　安志敏　考古　1983 年 3 期 287～288 页

我国旧石器文化研究的拓荒者——纪念裴文中教授逝世三周年　张森水　贵阳师范学院学报　1985 年 1 期 9～15 页

裴文中与"北京人"　关志昌　传记文学（1985 年）44 卷 3 期95～100 页

业精于勤——纪念裴文中先生　张森水　文物天地　1986 年 1 期 7～8 页

7）张光直

锄头下的学问：初访张光直　高友德、刘益昌、陈其南　当代（1987 年）16 期 91～105 页

玉器里的文化：再访张光直　高友德、刘益昌、陈其南　当代（1987 年）17 期 65～75 页

张光直先生及其考古学——兼读张光直《中国考古学论文集》及《考古人类学随笔》　曹兵武　东南文化　1998 年 2 期 140～143 页

回首忍倾东海泪——追念张光直先生　张忠培等　中国文物报 2001 年 2 月 7 日 5 版

追念张光直先生　陈星灿　文物天地　2001 年 2 期 2～4 页

我与张光直先生的人缘与书缘　曹兵武　文物天地　2001 年 2 期 4～6 页

忆张光直先生　刘莉　文物天地　2001 年 2 期 7 页

怀念张光直教授　张凤　寻根　2001 年 2 期 81 ~ 84 页

张光直生平事略　臧振华　古今论衡　2001 年 6 期 106 ~ 110 页

巨大的身影——追念张光直先生　杜正胜　古今论衡　2001 年 6 期 111 ~ 114 页

朴实无华——怀念张光直先生　臧振华　古今论衡　2001 年 6 期 115 ~ 118 页

桃李不言——怀念张光直先生　陈光祖　古今论衡　2001 年 6 期 119 ~ 122 页

悼念张光直老师　黄铭崇　古今论衡　2001 年 6 期 123 ~ 124 页

忆光直师　李永迪　古今论衡　2001 年 6 期 125 ~ 126 页

忆张光直师琐记　洪晓纯　古今论衡　2001 年 6 期 127 ~ 130 页

深切怀念张光直先生　陈星灿、刘莉　考古　2001 年 10 期 88 ~ 92 页

忆张光直先生在西安的几次访问——纪念张光直逝世一周年　魏京武　考古与文物　2002 年 1 期 94 ~ 96 页

张光直教授的成就　李润权　中原文物　2002 年 2 期 4 ~ 6 页

与张光直先生交往二三事　李学勤　中国文物报　2002 年 6 月 14 日 5 版

张光直和中美在商丘的合作发掘　张长寿　中国文物报　2002 年 6 月 14 日 5 版

永恒的友谊——忆我和张光直先生的交往　邹衡　中国文物报　2002 年 6 月 14 日 5 版

张光直对中华文明起源研究的得与失　李宏伟　河北学刊　2003 年 23 卷 5 期 144 ~ 147 页

由张光直想起的　王铭铭　读书　2003 年 6 期 72 ~ 80 页

以春风风人的张光直先生　邓聪　中国文物报　2003 年 6 月 27 日 5 版

张光直先生作品目录　慕容捷等　史前研究（2002）2004 年 9 月

529~557 页

张光直课堂笔记所见李济晚年在台大教书的片段　陈星灿　中国文物报　2005 年 3 月 11 日 7 版

一代宗师对中国考古的期望　沈辰　中国文物报　2005 年 3 月 11 日 7 版

我所认识的张光直先生　赵春青　中国文物报　2004 年 7 月 9 日 4 版

三秋风雨祭光直　石兴邦　史前研究　（2002）1~17 页

8）其他学者

吴金鼎博士逝世　安志敏　燕京学报 35：285~287　1948 年 12 月

怀念吴金鼎先生　刘敦愿　文物天地　1989 年 1 期 2~4 页

吴金鼎先生与龙山文化——纪念龙山文化发现六十周年　于中航　中国文物报　1988 年 12 月 23 日 2 版

我国考古界泰斗吴金鼎先生　杨泽本　成都文物　1998 年 3 期 70~71 页

田野考古第一人——吴金鼎先生　石璋如　新学术之路——中研院历史语言研究所七十周年纪念文集　1998 年 631~638 页

吴金鼎在中国史前考古学上的贡献　林锦源、陈淑玲　考古与文物　2003 年 3 期 69~80 页

施昕更何以能首先发现良渚文化遗址　周如汉　浙江学刊　1992 年 3 期 124~125 页

良渚文化发现与研究的先驱——施昕更　蔡乃武　文物天地　1993 年 6 期 31~33 页

施昕更与《良渚》　杨楠　青年考古学家　1995 年总 7 期 39~42 页

我的爷爷施昕更——纪念良渚遗址发掘六十周年　施时英　中国文物报　1996 年 12 月 15 日 2 版

施昕更与何天行　吴汝祚　东南文化　1997 年 1 期 12~15 页

良渚文化的最早发现者施昕更　施时英　浙江学刊　1997 年 1 期 128～129 页

施昕更与《良渚》　杨楠　良渚文化研究——纪念良渚文化发现六十周年国际学术讨论会文集　1999 年 300～303 页

史语所藏施昕更信函介绍　丁瑞茂　古今论衡　2006 年 15 期 31～38 页

"小人物"发现"大文化"——良渚文化发现者施昕更评传　王心喜　华夏考古　2006 年 1 期 102～109 页

良渚文化研究的先驱者——何天行　吴汝祚　文物天地　1997 年 6 期 28～31 页

何天行先生的行述　石兴邦　史前研究（2000）549～551 页

林惠祥教授逝世（1901～1958）　作铭　考古通讯　1958 年 3 期 78～79 页

林惠祥同志事略（1901～1958）　厦门大学人类学博物馆　考古学报　1958 年 3 期 125～126 页

林惠祥同志对人类学、考古学的贡献　厦门大学人类学博物馆　考古学报　1958 年 3 期 127～130 页

林惠祥的考古生涯与学术思想　吴春明　文物天地　1992 年 4 期 2～4 页

郭沫若同志对于中国考古学的卓越贡献——悼念郭沫若同志（1892～1978）　夏鼐　考古　1978 年 4 期 217～222 页

郭沫若同志在古文字学和古史研究上的卓越贡献　斯维至　思想战线　1978 年 4 期 68～73 页

德业巍巍，典范长存——回忆郭老在文物考古战线的事迹　本刊编辑部　文物　1978 年 9 期 1～13 页

郭沫若在先秦史研究上的贡献　黄烈　文史知识　1986 年 6 期 60～

63 页

郭沫若同志和田野考古学　夏鼐　考古　1982 年 5 期 452～455 页

我与考古学　郭沫若　考古　1982 年 5 期 449～451 页

徐旭生先生在历史学上的贡献　黄石林　考古　981 年 4 期 383～384
页

徐旭生传略　黄石林　中国现代社会科学家传略（第三辑）　山西人
民出版　1983 年375～386 页；中国当代社会科学家（第六辑）书目文献
出版社 1984 年 293～303 页；当代中国社会科学名家　社会科学文献出版
社，1989 年 15～26 页

考古学家徐旭生　谭秉玺　中州今古　1987 年 4 期 30～32 页

忆曾昭燏先生　赵青芳　考古　1981 年 6 期 563～564 页

曾昭燏——我国著名的女博物馆学家和考古学家　汪遵国　南京博
物院集刊（1985 年）8 集 31～34 页

女考古学家曾昭燏传略（附：著作目录）　沈道初　中国当代社会
科学家（第七辑）1985 年 289～298 页

考古、博物馆事业和她结下终身姻缘——回忆前南京博物院院长曾
昭燏先生　赵青芳　文物天地　1986 年 5 期 6～8 页

忆前中央博物院的幕后功臣——曾昭燏女士　高仁俊　故宫文物月
刊　2006 年 281 期 102～107 页

考古女杰曾昭燏　陈品　中国文物报　2006 年 10 月 4 日 3 版、2006
年 10 月 11 日 3 版、2006 年 10 月 18 日 3 版

专访石璋如先生　刘益昌　中国民族学通讯（1985 年）22 期 3～11
页

石璋如先生对中国考古学的贡献　臧振华　中国民族学通讯（1988
年）25 期 1～2 页

我在史语所　石璋如　新学术之路——中研院历史语言研究所七十

周年纪念文集　1998 年 639 ~ 654 页

我在史语所　石璋如　古今论衡　2001 年 1 期 70 ~ 80 页

中国考古学的奠基人之一——祝贺石璋如先生百岁寿辰　邹衡　石璋如院士百岁祝寿论文集·考古. 历史. 文化　2002 年 1 ~ 2 页

蓦然回首、白云依旧——石璋如爷爷的早年教育　邢本宁　石璋如院士百岁祝寿论文集：考古、历史、文化　2002 年 607 ~ 612 页

百岁考古老人石璋如在台湾病逝　中国文物报　2004 年 4 月 2 日 2 版

深切怀念石璋如先生——2004 年 4 月 16 日在石璋如先生追思会上的发言　李伯谦　古代文明研究通讯　2004 年 21 期 1 ~ 3 页

石璋如先生纪念专号（史语所档案选辑）　古今论衡　2005 年 12 期 81 ~ 95 页

石璋如先生与台湾考古学　刘益昌　古今论衡　2005 年 12 期 97 ~ 106 页

石璋如先生追思会感言　冯忠美、赖淑丽　古今论衡　2005 年 12 期 119 ~ 122 页

袁复礼在中国史前考古学上的贡献　安志敏　考古　1998 年 7 期 86 ~ 94 页

沉痛悼念安志敏先生　单霁翔　中国文物报　2005 年 11 月 4 日 1 版

安志敏先生与三门峡的考古情缘　侯俊杰、刘社刚　中国文物报 2005 年 11 月 30 日 3 版

怀念安志敏先生　陈星灿　中国文物报　2006 年 1 月 4 日 3 版

悼念冯汉骥先生　童恩正　考古　1981 年 3 期 288 页

童恩正小传　农业考古　1997 年 3 期 284 ~ 286 页

童恩正对民族学的重大贡献　李绍明　农业考古　1997 年 3 期 290 ~

292 页

童恩正导师与西南民族考古学　罗开玉　农业考古　1997 年 3 期 293~294 页

童恩正教授主要学术论著编目　农业考古　1997 年 3 期 305~306 页

童恩正先生与西南考古　范勇　四川文物　2000 年 5 期 56~58 页

石兴邦与半坡遗址　魏京武　文物天地　1994 年 4 期 2~5 页

拽 "车" 到 "半坡" ——记考古学家石兴邦　孟西安　人民日报 1989 年 6 月 12 日 4 版

一位勤谨谦和的学者——写于石兴邦先生考古半世纪暨八秩华诞文集出版之际　王仁湘　中国文物报　2003 年 10 月 29 日 4 版

情系半坡一长者　魏光　中国文物报　2003 年 11 月 26 日 3 版

考古学家卫聚贤教授生平事略　山西文献（1990 年）35 期 96 页

安特生与中国史前考古学的早期研究——为纪念仰韶文化发现七十周年而作　陈星灿　华夏考古　1991 年 4 期 39~50 页

安特生在华北的考古活动　张静河　汉学世界　1998 年 1 期 162~176 页

胡适与安特生——兼谈胡适对 20 世纪前半叶中国考古学的看法　陈星灿、马思中　考古　2005 年 1 期 76~87 页

追怀鸟居龙藏先生　安志敏　文物天地　1993 年 1 期 2~4 页

访考古学家佟柱臣先生　翀之　文物天地　1991 年 6 期 2~4 页

戈壁滩头正远征——记我的老师佟柱臣先生　邵望平　中国文物报 1990 年 4 月 5 日 2 版

张忠培教授的考古学研究　王强　史学史研究　1992 年 4 期 64~72

页

博学、慎思、明辨、笃行——严文明先生访谈录　李秀国　东南文
化　1992 年 5 期 112～127 页

抢救：考古学家俞伟超的人生履历　方华　跨世纪人才　1997 年 5
期 6～8 页

俞伟超与水下考古　张威　中国文物报　2004 年 1 月 30 日 4 版

俞伟超与航空考古　杨林　中国文物报　2004 年 2 月 20 日 4 版

班村发掘之缘起　曹兵武　中国文物报　2004 年 2 月 27 日 3 版

思念：北京·东瀛·班村　袁靖　中国文物报　2004 年 2 月 27 日 3 版

俞伟超先生与科技考古　王昌燧　中国文物报　2004 年 3 月 26 日 4 版

俞伟超与三峡文物保护　郝国胜　中国文物报　2004 年 4 月 23 日 4 版

俞伟超先生考古学思想的历程　张爱冰　中国文物报　2004 年 10 月
15 日 5 版

思想是考古学的工具——论俞伟超的考古学理论与实践　张爱冰
东南文化　2004 年 6 期 6～15 页

渐中语类——俞伟超先生晚年思想随录　刘文锁　东南文化　2005
年 4 期 6～15 页

怀念俞伟超呼唤"班村"精神　裴安平　文物　2004 年 11 期 87～
90 页

李仰松与民族考古学　赵春青　青年考古学家　2000 年 12 期 1～10 页

李仰松先生与民族考古学　赵春青　文物世界　2001 年 1 期 42～45 页

新中国河南考古第一人——记考古学家安金槐先生　方燕明　考古
2002 年 2 期 94～96 页

安金槐对考古事业的贡献　郭胜强　殷都学刊　2003 年 2 期 30～34 页

凿枘于考古与历史之间——许顺湛先生访谈录　张得水、曹兵武　中国文物报　2003 年 6 月 27 日 7 版

呕心沥血勇求"真"——记河南博物院研究员许顺湛先生　张俊梅、张鹏林　中国文物报　2006 年 9 月 13 日 3 版

梁启超与中国近代考古学　沈颂金　松辽学刊（社科版）　2000 年 1 期 35～37 页

傅斯年与中国考古学　沈颂金　山东社会科学　2000 年 3 期 75～79 页

傅斯年与中国近代考古学的建立　王凤青　信阳师范学院学报·哲社版　2002 年 22 卷 2 期 112～114 页

傅斯年与中研院历史语言研究所　王凤青　殷都学刊　2006 年 3 期 44～47 页

蒙德留斯与中国考古学　陈星灿、马思中　21 世纪中国考古学与世界考古　2002 年 686～695 页

心系考古、寄情后学——纪念考古专业王世和教授　钱耀鹏、史翔　西部考古（第一辑）（2006）23～25 页

怀念杨虎先生　同仁　北方文物　2006 年 3 期 111～112 页

（2）考古学史

1）综合

中国考古学之过去与未来　李济　东方杂志　1935 年 31 卷 7 期

中国考古学概述　张永康　湖南大学季刊　1935 年 1 卷 6 期 1 页

旧金石学与复古主义——批判封建金石学札记之一　仪真　文物

1976 年 12 期 85 ~ 86 页

旧金石学的神秘性——批判封建金石学札记之二　仪真　文物　1977 年 3 期 69 ~ 70 页

中国考古学的现状　夏鼐　文物参考资料　1954 年 1 期 60 页

建国以来中国考古学的发展　苏秉琦　史学史研究　1981 年 4 期 9 页

二十世纪初年西方近代考古学思想在中国的介绍和影响　俞旦初　考古与文物　1983 年 4 期 107 ~ 111 页

中国考古学的黄金时代　中国社会科学院考古研究所　考古　1984 年 10 期 865 页

做考古学新时期的开拓者　苏秉琦　考古学文化论集（一）　1987 年 12 月 297 页

对于中国考古学现阶段发展方向的拙见　张光直　中国考古学研究论集　1987 年 12 月 48 页

中国考古学的现在与未来　张忠培　中国文物报　1988 年 1 月 15 日 4 版

中国考古学从初创到开拓　苏秉琦　中国文物报　1988 年 4 月 15 日 3 版

考古学文化研究的回顾与展望　林沄　辽海文物学刊　1989 年 2 期 1 ~ 14 页

考古学学科史的建设应予加强　唐含　宋新潮　中国文物报　1989 年 4 月 21 日 3 版

在前辈开创的中国考古学的科学道路上前进　王步毅、李国梁　文物研究　（1989 年）5 期 19 ~ 21 页

中国考古工作过去十年成就令人瞩目　人民日报　1989 年 5 月 19 日 4 版

硕果累累的中国考古学研究　中国社会科学院考古研究所　光明日报　1989 年 9 月 11 日 2 版

我国文物考古工作四十年回顾　黄景略　中国文物报　1989 年 9 月 29 日 2 版

我国考古重大发现四十年巡礼　谷丛　北京科技报　1989 年 10 月 4 日 3 版

新中国考古学的回顾　徐苹芳　瞭望周刊　1989 年 40 期 15 页

新中国考古学回顾　徐苹芳　瞭望（海外版）　1989 年 40 期 36 页

考古学发展史的回顾与思考　李水城　庆祝苏秉琦考古五十五年论文集　文物出版社　1989 年 129~143 页

二十世纪初叶以前外国学者在中国的考古活动述评　陈星灿　思想战线　1993 年 4 期 89~94 页

欧美对早期中国的研究：战前考古及艺术史　杜朴（Robert L. Thorp）"迎接二十一世纪的中国考古学"国际学术讨论会　1998 年 435~455 页

中国古代金石学及其向近代考古学的过渡　陈星灿　河南师范大学学报（哲社版）　1992 年 19 卷 3 期 37~42 页

中国考古学小史（公元前 6 世纪至公元 1949 年）　刘式今　河北大学学报（社科版）1993 年 4 期 113~120 页

考古学研究的中介方法——对考古学史的简单回顾和前瞻　曹兵武　东南文化　1993 年 2 期 29~35 页

中国考古学的发展历程——谈《中国考古学史》　刘兴林　社会科学辑刊　1993 年 4 期 150~151 页

二元对立——30 年代中国史前文化研究的新阶段　陈星灿　近代史研究　1993 年 4 期 161~178 页

中国考古学史的几点认识　张忠培　史学史研究　1995 年 3 期 47~

53 页

筚路蓝缕，艰苦创业——记抗日战争期间中国的考古和博物馆事业
罗宗真　东南文化　1995 年 3 期 94～100 页

中国考古学的发展历程　王世民　炎黄春秋增刊　1996 年 3 期 73～81 页

五十年中国考古学的发展　李朝远　学术月刊　1999 年 9 期 12～20 页

二十世纪的中国考古　王仁湘　中国文物报·月末鉴赏　2000 年 12 月 31 日 1 版

二十世纪的世界考古　曹兵武　中国文物报·月末鉴赏　2000 年 12 月 31 日 4 版

20 世纪考古学的历程　曹兵武　东南文化　2002 年 5 期 6～9 页

中国考古学 80 年　陈淳　历史教学问题　2003 年 1 期 33～37 页

抗战时期的中国考古学　沈颂金　山西师大学报·社科版　2003 年 30 卷 1 期 128～134 页

"殷墟漂没说"与中国考古学的科学化进程　郭旭东　考古与文物 2003 年 3 期 63～68 页

中国考古学的百年历程　曹兵武　四川文物　2003 年 5 期 10～15 页

考古学诞生阶段的三大动力　傅斌　中国文物报　2003 年 8 月 29 日 7 版

中国考古学的历程　李伯谦　古代文明研究通讯　2006 年总第 30 期 39～49 页

The Sweden Connection：Swedish Archaeologists in Chinese Archaeology　Magnus Fiskesjo 桃李成蹊集——庆祝安志敏先生八十寿辰 2004 年 12～21 页

《甘肃考古发现》与《甘肃考古记》——一个学术史的问题　陈星灿、马思中　庆祝张忠培先生七十岁论文集　2004 年 63～73 页

"官叫"与"私叫"——谈考古学史中的"官学"和"私学"传统
陈洪波　中国文物报　2006 年 11 月 10 日 7 版

2）黄河流域相关考古

半坡博物馆史前考古实验概述　赵文艺等　文博　1990 年 4 期 49 ～
51 页

半坡遗址纪事　石兴邦　中国文物报　1997 年 11 月 9 日 4 版，1997
年 11 月 16 日 4 版，1997 年 11 月 30 日 4 版，1997 年 12 月 14 日 4 版

**半坡遗址的发掘和半坡博物馆的建立——纪念半坡博物馆建立 40 周
年忆事**　石兴邦　史前研究——西安半坡博物馆成立四十周年纪念文集
1998 年 380 ～ 389 页

仰韶村文化遗址的发现与发掘　曹静波等　历史大观园　1992 年 3
期 36 ～ 37 页

庙底沟遗址发掘回忆　欧燕　河南文史资料　1998 年 4 期 197 ～ 203 页

仰韶文化遗址的发现与发掘　曹静波　河南文史资料　1998 年 3 期
16 ～ 23 页

仰韶村和仰韶文化——纪念仰韶文化发现 80 周年　安志敏　中原文
物　2001 年 5 期 15 ～ 18 页

仰韶文化发现记　石耘　三门峡文史资料·第十二辑：灿烂的仰韶文
化　2003 年 22 ～ 27 页

袁复礼谈仰韶村文化遗址的首次发掘　常满仓　三门峡文史资料·
第十二辑：灿烂的仰韶文化　2003 年 28 ～ 30 页

仰韶村与安特生　郭鹄群　三门峡文史资料·第十二辑：灿烂的仰
韶文化　2003 年 31 ～ 37 页

仰韶文化遗址的发现与三次发掘　曹静波　三门峡文史资料·第十
二辑：灿烂的仰韶文化　2003 年 38 ～ 45 页

仰韶文化的发现彻底否定了"中国文明西来说"　董来运　三门峡
文史资料·第十二辑：灿烂的仰韶文化　2003 年 52 ～ 59 页

回忆裴李岗文化遗址的发现与发掘 崔耕 河南文史资料 2004 年 3 期 102～118 页

裴李岗遗址发掘的回忆 郑乃武 河南文史资料 2004 年 3 期 119～129 页

走向辉县——新中国考古的开篇之作 石兴邦 中国文化遗产创刊号 2004 年 78～91 页

回忆 1955 年客省庄遗址的发掘 胡谦盈 中国文物报 2005 年 7 月 6 日 3 版

西阴村发掘与中国考古学的历程 陈淳、高书勤 文化遗产研究集刊第 3 辑（2003 年）1～19 页

停在西阴——中国人的第一次独立考古发掘 田建文 中国文化遗产 2006 年 6 期 96～102 页

中国考古学的新的里程碑：在纪念辉县发掘四十周年学术座谈会上的发言 王仲殊 平原大学学报 1990 年 4 期 50～53 页

辉县发掘：中国考古学发展的转折点 张新斌 平原大学学报 1990 年 4 期 54～58 页

中国考古学的新起点——纪念辉县发掘四十年 安志敏 文物天地 1990 年 5 期 30～34 页

三下河西——河西史前考古调查发掘记 水城 文物天地 1990 年 6 期 5～9 页

河南辉县市孟庄龙山文化夏商三叠层发现记 贺惠陆 河南文史资料 1999 年 1 期 211～214 页

大谷光瑞考察团与中国西北史地研究 刘进宝 敦煌研究 1999 年 3 期 131～138 页

幽梦·寻求·现实——城子崖遗址发掘记 张学海 中国文物报 1992 年 9 月 20 日 4 版，1992 年 9 月 27 日 1 版，1992 年 10 月 11 日 4 版，

1992 年 10 月 18 日 4 版，1992 年 10 月 25 日 4 版

西北科学考察团在考古学上的重大贡献　傅振伦　敦煌学辑刊
1989 年 1 期 1～4 页

西北地区史前考古研究的回顾与前瞻　水涛　考古学文化论集（三）
1993 年 1～11 页

中瑞西北科学考察团的组成　王云　西北史地　1998 年 3 期 89～93
页

陕西神木石峁遗址发掘二三事　魏世刚　史前研究（2000）483～
488 页

青海柳湾考古记　赵信　收藏　2006 年 1 期 79～80 页

3）长江流域相关考古

记广汉地区最早的一次科学考古发掘　陈星灿　文物天地　1992 年 3
期 37～40 页

上海首次田野考古的前前后后　陶喻之　东南文化　1996 年 3 期
23～29 页

浙江良渚考古又十年　牟永抗　东南文化　1997 年 1 期 8～11 页

关于良渚、马家浜考古的若干回忆——纪念马家浜文化发现四十周
年　牟永抗　农业考古　1999 年 3 期 5～20 页

关于良渚遗址的发现　毛昭晰　浙江省文物考古研究所学刊第八
辑——纪念良渚遗址发现七十周年学术研讨会文集　2006 年 9～13 页

再谈良渚遗址的发现是在 1935 年　吴汝祚　浙江省文物考古研究所
学刊第八辑——纪念良渚遗址发现七十周年学术研讨会文集　2006 年
74～75 页

潜山薛家岗新石器时代遗址考古纪略　杨德标　江淮文史　1999 年 3

期 165 ~ 170 页

河姆渡遗址试掘漫忆　汪济英　东方博物第四辑　（1999）131 ~ 135 页

河姆渡遗址第一次发掘记　牟永抗　浙江文物　2005 年 3 期 40 ~ 42 页

禹会村遗址——二十岁时的一个发现　张宏明　中国文物报　2006 年 12 月 29 日 3 版

仙人洞里尽朝晖　刘诗中　农业考古　2004 年 3 期 1 ~ 28 页

道县玉蟾岩古稻出土记　黎石生　中国文物报　1999 年 9 月 5 日 4 版

4）其他地区相关考古

港、九前代考古杂录　饶宗颐　新亚学术集刊　（1983 年）4 期 165 ~ 184 页

解放前俄国人在黑龙江的学术团体及其考古活动简述　谭英杰　北方文物　1986 年 2 期 24 ~ 30 页

台湾考古学史　米泽容一著　王怡文译　人类与文化　（1989 年）25 期 56 ~ 64 页

清代台湾的考古　尹章义　历史月刊　（1989 年）21 期 112 ~ 113 页

5）研究与教学机构历史回顾

北京大学考古学系缘起　贾梅仙　文物天地　1992 年 5 期 39 ~ 41，1992 年 6 期 27 ~ 29 页

中国考古学的黄金时代即将到来——纪念北京大学创设考古专业四十年　苏秉琦　中国文物报　1992 年 12 月 27 日 3 版

北京大学考古学系的世纪回顾　高崇文　古代文明研究通讯　2002 年 13 期 1 ~ 5 页

数代人心血五十年奋斗——谨以此献给北大考古 50 周年庆典　赵辉

等　中国文物报　2002 年 4 月 26 日 7 版

忆第一期考古人员训练班——新中国文物考古工作的"黄埔一期"
罗哲文　文物天地　2001 年 2 期 40～42 页

忆第一届全国考古训练班　戴尊德　文物世界　2004 年 3 期 78 页

考古的"黄埔四期"——记 1950 年考古工作人员训练班　孙秀丽
中国文化遗产　2005 年 3 期 72～82 页

考古工作人员训练班片断　石兴邦　中国文化遗产　2005 年 3 期
83～87 页

为中国考古学发展而奋进的四十年　中国社会科学院考古研究所科
研处　中国文物报　1990 年 7 月 26 日 3 版

考古研究所史前考古二十年　中国社会科学院考古研究所原始社会
考古研究室（杨虎）　考古　1997 年期 8 期 7～19 页

考古研究所科技考古二十年　中国社会科学院考古研究所　考古科
学技术实验研究中心（吴加安、袁靖）　考古　1997 年 8 期 40～52 页

**改革开放的二十年　蓬勃发展的二十年——中国社会科学院成立以
来考古研究所成就记述**　本刊记者　考古　1997 年 8 期 53～60 页

庆祝中国社会科学院考古研究所建所五十周年笔谈　佟柱臣等　考
古　2000 年 7 期 101～108 页

记抗战初期西北联大考古委员会几次考古活动　陶喻之　文物天地
1990 年 3 期 40～41 页

河南省文物研究所四十年发展历程的回顾　安金槐　华夏考古
1992 年 3 期 1～33 页

**积四十年之艰苦开文物考古之新元——纪念陕西省考古研究所成立
四十周年**　中国文物报　1998 年 11 月 1 日 3 版

追怀史语所前辈师友考古学与历史学整合的先进经验　胡厚宣　中
国考古学与历史学之整合研究　1997 年 1123～1128 页

清华与中国考古学　李学勤　清华大学学报·哲社版　2001 年 16 卷 2 期 7～9 页

3. 学术动态与综合研究

（1）综合报道与研究

十年来之中国考古学　郑师许　大夏　1934 年 1 卷 5 期

一年来之中国考古学　郑师许　中华月报　1934 年 2 卷 1 期 9 页

新中国的考古学　夏鼐　考古　1962 年 9 期 453 页

近六十年来中国史前史的研究　宋晞　史学汇刊　1971 年 4 期 143 页

三十年来的中国考古学　夏鼐　考古　1979 年 5 期 385 页

笔谈建国三十年来文物考古工作　安志敏等　文物　1979 年 10 期 1 页

一九七九年的中国考古研究　王世民　考古　1980 年 2 期 159 页

一九八○年的中国考古研究　王世民　考古　1981 年 3 期 243 页

一九八一年的中国考古研究　王世民　考古　1982 年 5 期 499 页

近年来中国考古工作新发现　游学华　明报月刊　（1985 年）20 卷 7 期 77～80 页

1987 年中国史前考古重大发现　朱齐　北京科技报　1988 年 6 月 29 日 3 版

一九八八年我国考古学的重大发现　朱齐　北京科技报　1989 年 7 月 19 日 3 版

1989 年我国考古重大发现　文纪　文物天地　1990 年 1 期 46～48 页

1989 年中国考古学的重大发现　谷丛　北京科技报　1990 年 5 月 16 日 3 版

1990 年我国重大考古发现综述　文纪　文物天地　1991 年 2 期 45～47 页

近年来中国考古新发现及研究概述　俞永炳　国际汉学　1996 年

302～309 页

近年来中国考古学的重要发现及其研究　许宏　燕京学报　新 4 期（1998 年）335～354 页

1996～1998 年中国考古学新发现述要　许宏　燕京学报　新六期（1999 年）277～288 页

1999 年中国考古发现与研究　刘庆柱、朱乃诚　光明日报　2000 年 2 月 18 日 4 版

2002 年史前及夏商史研究概况　王泽文　中国史研究动态　2003 年 10 期 2～10 页

2003 年中国考古学研究热点综述　王巍　中国文物报　2004 年 1 月 16 日 7 版

2004 年中国新石器时代考古主要收获　张弛　古代文明研究通讯 26 期 2005 年 1～9 页

走向世界面对未来——新年述怀　苏秉琦　中国文物报　1991 年 1 月 6 日 4 版

考古学·现代·过去·梦——考古学的价值　曹兵武　文物天地 1993 年 4 期 44～46 页

中国考古学的反思与前瞻　曹兵武 文物季刊　1996 年 4 期 63～74 页

张光直谈中国考古学的问题与前景　唐际根、曹音　考古　1997 年 9 期 85～92 页

走向 21 世纪的中国考古学　严文明　文物　1997 年 11 期 67～71 页

二十世纪后半的中国考古学　张光直　古今论衡　1998 年 1 期 38～43 页

中国考古学世纪的回顾与前瞻　张忠培　文物　1998 年 3 期 27～36 页

夏商周三代及其前期：考古学的进展与前瞻　张忠培　故宫学术季刊　1998 年 15 卷 4 期 1～10 页

走向二十一世纪的中国考古学　严文明"迎接二十一世纪的中国考古学"国际学术讨论会论文集　1998 年 3～8 页

向世界开放的中国考古学 张光直（K. C. Chang） "迎接二十一世纪的中国考古学"国际学术讨论会论文集 1998 年 9 ~ 14 页

中国考古学：现状与未来 杜朴（Robert L. Thorp）"迎接二十一世纪的中国考古学"国际学术讨论会 1998 年 26 ~ 32 页

关于中国考古学的过去、现在与未来的思考 张忠培 青果集——吉林大学考古系建系十周年纪念文集 1998 年 484 ~ 494 页

关于中国考古学过去、现在与未来的思考 张忠培 传统文化与现代化 1999 年 1 期 3 ~ 14 页

迈向 21 世纪的中国考古学 何弩 华夏考古 1999 年 1 期 95 ~ 107 页

五十载耕耘成果再现五千年文明——《中国文物事业五十年》考古发掘篇 刘丽 中国文物报 1999 年 10 月 13 日 2 版

二十一世纪考古学的展望 陈星灿等 东南文化 2000 年 1 期 19 ~ 25 页

中国考古学的回顾与前瞻 张文彬 文物天地 2000 年 2 期 2 ~ 6 页

21 世纪的中国考古学 曹兵武 中原文物 2000 年 3 期 4 ~ 12 页

考古部二十年工作回顾 考古部部委会（信立祥） 中国历史博物馆考古部纪念文集 2000 年 1 ~ 12 页

新世纪关于中国考古学的思考 易西兵 中山大学研究生学刊·社科版 2000 年 21 卷 2 期 21 ~ 26 页

陶器谱系研究的问题与前景 冰白 中国考古学跨世纪的回顾与前瞻（1999 年西陵国际学术研讨会文集） 2000 年 160 ~ 165 页

中国考古学的世纪回顾 殷玮璋 人民日报 2001 年 1 月 13 日 6 版

世纪之交话考古 俞伟超 中国文物报 2001 年 2 月 7 日 7 版，2001 年 2 月 14 日 7 版，2001 年 2 月 21 日 4 版，2001 年 2 月 28 日 7 版，2001 年 3 月 7 日 7 版，2001 年 3 月 14 日 7 版

考古学的回顾与展望 Sarah. Allan 等 考古 2001 年 1 期 4 ~ 39 页

中国考古学观念的回顾与反思 戴向明 东南文化 2001 年 1 期 18 ~ 24 页

中国考古学研究的世纪回顾与新世纪展望（上） 俞伟超 江阴文

博　2001 年 2 期 2~7 页

未来中国考古学发展的思考　朱乃诚　四川大学考古专业创建四十周年暨冯汉骥教授百年诞辰纪念文集　2001 年 78~91 页

我国考古学的回顾与展望　刘庆柱　群言　2002 年 10 期 16~19 页

展望考古学的前景　袁靖　光明日报　2003 年 6 月 17 日 B3 版

当代考古学的视野——世界考古联盟及其第 5 届世界考古大会扫描　曹兵武等　中国文物报　2003 年 10 月 3 日 5~8 版

中国考古学黄金时代的来临——两岸三地百年考古的反思　吴志华等　东南考古研究第三辑　2003 年 366~376 页

中国近代考古学的一百年　安志敏　中国历史文物　2006 年 1 期 4~9 页

从考古学物质文化上观察中华民族融合的痕迹　佟柱臣　社会科学战线　1985 年 2 期 133 页

试论"漩涡地带"的考古学文化研究　高蒙河　东南文化　1989 年 1 期 15 页

中华民族的多元一体格局　费孝通　北京大学学报　1989 年 4 期 1 页

考古遗存中所反映的史前天文知识　卢央、邵望平　中国古代天文文物论集　1989 年 12 月

略论中国古代文化发展的因素　姜惠发　东疆学刊（哲社版）1991 年 8 卷 3 期 39~44 页

论考古学与饮食文化史研究　王仁湘　中国文物报　1991 年 11 月 17 日 3 版

关于《中国考古主题词表》的编纂　李科威　华夏考古　1992 年 2 期 106~110 页

中国原始文化探索　冯庆余　松辽学刊　1992 年 3 期 1~7 页

母权制时期：武装冲突问题探索　王育成　中国历史博物馆馆刊　1992 年 18~19 期 81~93 页

石器时代分野问题　陈淳　考古　1994 年 3 期 239~246 页

中国史前居民的食物结构　靳桂云　中原文物　1995 年 4 期 49～53 页

木器先于石器说申论　任凤阁等　陕西师大学报（哲社版）　1995 年 24 卷 1 期 67～71 页

史前技术之演变　陈淳　文物季刊　1997 年 3 期 49～54 页

对中国先秦史新结构的一个建议　张光直　中国考古学与历史考古学之整合研究　1997 年 1～12 页

接触、冲击与调适：文化群之间的互助　许倬云　中国考古学与历史考古学之整合研究　1997 年 67～84 页

史前中西卐形纹新探　周新华　东方博物　1998 年第 2 辑 34～45 页

从疑古谈起　施劲松、王齐　中国文物报　1998 年 11 月 25 日 3 版

开展外国考古教学与研究刍议　蔡凤书　"迎接二十一世纪的中国考古学"国际学术讨论会论文集　1998 年 519～523 页

谈史前器物用途的研究　汪宁生　史前研究——西安半坡博物馆成立四十周年纪念文集　1998 年 95～106 页

华夏人本主义文化渊源、特征及意义　〔美〕何炳棣　史前研究——西安半坡博物馆成立四十周年纪念文集　1998 年 486～509 页

一个整合过程的假设　许倬云　周秦文化研究　1998 年 20～22 页

南中国汉人来源问题：从语言学到考古学　邓晓华　东南考古研究　1999 年第二辑 95～100 页

关于中国是否存在军事民主制的探讨　李之龙　史前研究　2000 年 520～527 页

史前武器及其军事学意义考察　钱耀鹏　文博　2000 年 6 期 21～29 页

论父系氏族社会的起源　李书谦、李谦甫　三门峡考古文集　2001 年 45～49 页

一份重要的考古学史文献——梁思永评点《中国史前陶器》　严文明　宿白先生八秩华诞纪念文集　2002 年 51～62 页

中国的"原史时代"　吴晓筠　古代文明研究通讯　2002 年 12 期 1～6 页

追寻中国文化的根　严文明　揖芬集——张政烺先生九十华诞纪念文集　2002 年 41~44 页

先秦时期长城沿线陶器遗存的北界线及相关问题　韩建业　中国历史文物　2004 年 2 期 72~82 页

中国古代社会发展阶段论纲　白云翔　东方考古第 1 集　（2004）290~301 页

一元抑或多元：中国文化发展历程再考察　徐良高　古代文明研究通讯　2004 年 22 期 10~17 页

也谈刀形端刃器的命名问题　周润垦　东南文化　2005 年 1 期 65~70 页

中国的"原史时代"　吴晓筠　华夏考古　2005 年 1 期 96~101 页

我国史前人类治水的考古学证明　张应桥　中原文物　2005 年 3 期 22.~26 页

史前考古中人类情感的体现　于建军　新疆文物　2005 年 3 期 104~109 页

采集狩猎者的命运　星灿　中国文物报　2006 年 3 月 3 日 7 版

华夏边缘与文化互动——以长城沿线西段的陶鬲为例　李水城　新世纪的考古学——文化、区位、生态的多元互动　2006 年 292~313 页

关于考古学文化和对考古学文化的研究　赵辉　考古　1993 年 7 期 620~626 页

考古学当前讨论的几个问题　张忠培　中国文物报　1993 年 10 月 24 日 3 版

考古学文化概念之演变　陈淳　文物季刊　1994 年 4 期 18~26 页

为未来保存过去——美国、加拿大的文化资源管理与合同考古学　陈淳　东南文化　1994 年 5 期 60~66 页

考古学文化传统——一种尚待分析的考古学现象　问鼎、拓古　江汉考古　1995 年 1 期 93~95 页

一个美国人类学家看中国考古学的一些重要问题　张光直　华夏考

古 1995 年 1 期 36~43 页

关于发展中国考古学的管见 吴诗池 南方文物 1995 年 3 期 95~101 页

建立有中国特色的考古学派 苏秉琦 考古 1995 年 6 期 561~563 页

韩国的中国考古学研究动向 （韩）林永珍著 李云锋、顾铭学译 华夏考古 1996 年 1 期 84~93 页

中国考古学与中国传统文化的再认识 曹兵武 传统文化与现代化 1997 年 5 期 60~66 页

中国考古学的发展特点及其相关问题 钱耀鹏 文博 1998 年 1 期 56~66 页

考古学文化传统的嬗变 潘佳红 江汉考古 1998 年 2 期 92~93 页

中国考古学研究的国际化趋势 唐际根 中国文物报 1998 年 6 月 17 日 3 版

考古学新论 梁振晶 中国文物报 1998 年 10 月 11 日 3 版

中日考古学发展的若干比较与思考 腾铭予 青果集——吉林大学 考古系建系十周年纪念文集 1998 年 478~483 页

浅谈考古学的局限性 张忠培 故宫博物院院刊 1999 年 2 期 67~69 页

考古学和人类学的再认识 陈鸿军 文博 1999 年 3 期 13~16 页

哲学的变化与考古学的发展 （论纲） 朔知 文物研究 第 12 辑 （1999） 25~32 页

考古学与持续发展之路 张忠培 江汉考古 2000 年 1 期 22~23 页

结构、意义和文化——不同的表述逻辑及其考古学含义 怀特著 元欣译 第欧根尼 2000 年 1 期 51~67 页

考古学导论 〔英〕柴德尔著 安志敏、安家瑷译 考古与文物 2000 年 1 期 85~91 页，2000 年 2 期 89~96 页，2000 年 3 期 85~91 页，2000 年 4 期 92~96 页，2000 年 5 期 89~96 页，2000 年 6 期 84~91 页

考古学导论 （续） 〔英〕柴尔德著 安志敏、安家瑷译 考古与

文物　2001 年 1 期 92～95 页

《山海经》在中国考古学研究的应用　何驽　人民政协报　2001 年 3 月 27 日 4 版

面对新世纪的中国考古学　侯毅　文物世界　2001 年 2 期 12～17 页

人类学对考古学的启迪　彭舟　南方文物　2001 年 3 期 26～27 页

考古学——连接中国西部古今之桥　张忠培　北方文物　2001 年 4 期 1～5 页

考古发现与考古研究的关系　董琦　中国文物报　2001 年 8 月 5 日 7 版

考古的动力　蒋乐平　中国文物报　2001 年 8 月 19 日 7 版

考古复杂性的回归　董琦　中国文物报　2001 年 9 月 7 日 7 版

作为独立学科的考古学——考古学、人类学、历史学学科体系之比较　王婧　东南文化　2001 年 9 期 13～16 页

创建中国考古学派——兼谈西方考古界对苏秉琦学术思想的认识　汪涛　苏秉琦与当代中国考古学　2001 年 30～36 页

考古学与"全球变化研究"　宋豫秦　中原文物　2002 年 4 期 4～6 页

中国考古学新世纪的机遇和挑战　严文明　石璋如院士百岁祝寿论文集·考古·历史·文化　2002 年 11～14 页

20 世纪 90 年代的文化性别考古人类学　王迎　追寻中华古代文明的踪迹——李学勤先生学术活动五十年纪念文集　2002 年 350～355 页

考古学的辩证　安志敏　中国文物报　2003 年 1 月 15 日 3 版

考古学中的世界观研究　量博满　中国社会科学院古代文明研究中心通讯　2003 年 5 期 1～8 页

考古学文化发展的延滞现象和边缘化效应　唐际根、荆志淳　中国文物报　2004 年 1 月 2 日 7 版

考古学与性别　〔英〕马太·约翰逊著　王苏琦译　江汉考古 2004 年 1 期 89～94 页

中国考古学中的动静异同　程一凡　中原文物　2004 年 2 期 18～30

页

考古学研究与文物保护——**2004 年 4 月 28 日在南昌的演讲** 张忠培
南方文物 2004 年 4 期 1~6 页

考古学研究中跨学科问题刍议 黄厚明、杭春晓 四川文物 2004
年 4 期 26~30 页

考古学研究中的特例与常例 董琦 中国文物报 2004 年 8 月 20 日
7 版

世界性语境中的中国考古学 皮特·阿科 汪涛 中国文物报
2004 年 10 月 1 日 7 版

略谈考古学文化与史前社会研究 钱耀鹏 中原文物 2005 年 3 期
9~13 页

论走向多元化时代的中国考古学 水涛 古代文明研究（第一辑）
（2005）263~268 页

论走向多元化时代的中国考古学 水涛 东方考古第 2 集（2006）
1~6 页

初论公众考古学 郭立新、魏敏 东南文化 2006 年 4 期 54~60 页

地下文物的寻找与发掘 熊传薪 中国文物世界 1985 年 11 月号
13~17 页

田野考古概述 李仰松 文博 1991 年 3 期 3~6 页

谈提高田野考古工作的质量问题 李仰松 中国文物报 1994 年 8
月 7 日 3 版

论遗址博物馆学 吴永琪等 文博 1996 年 1 期 86~97 页

加强高校考古专业田野实习教学的思考 庄景辉 南方文物 1997
年 3 期 119~120 页

田野考古中存在的几个问题 刘绪 跋涉集 1998 年 307~314 页

考古发掘中的大面积揭露问题 闻悟 中国文物报 2001 年 8 月 26
日 7 版

考古学与地下遗存保护的认识与实践 张忠培 中国文物报 2002

年 8 月 23 日 7 版

"小件"、"标本"小议　段天璟　中国文物报　2003 年 2 月 21 日 7 版

考古发掘与现场保护（上、下）　郑军　中国文物报　2003 年 2 月 21 日 8 版，2 月 28 日 8 版

正确认识遗址的规模　董琦　中国文物报　2003 年 6 月 13 日 7 版

考古发掘与考古发现　曹兵武　江汉考古　2004 年 1 期 83~88 页

十二米剖面再现五千年文明　高大伦　中国历史文物　2004 年 3 期 84~85 页

重建中国古史的远古时代：《中国通史》第二卷序言　苏秉琦　史学史研究　1991 年 3 期 1~9 页

关于重建中国史前史的思考　苏秉琦　考古　1991 年 12 期 1109~1118 页

关于重建中国史前史的思考　苏秉琦　中国考古学论丛　1993 年 1~11 页

关于考古解释与历史重建的一些反省　杜正胜　中国考古学与历史考古学之整合研究　1997 年 13~44 页

古史重建与地域扩张问题　饶宗颐　九州　2000 年 11 期 21~28 页

考古学与中国历史的重构——为纪念北京大学考古专业成立五十周年而作　北京大学考古文博学院（赵辉）　文物　2002 年 7 期 75~81 页

疑古、考古与古史重建　陈淳　文史哲　2006 年 6 期 16~27 页

中国史前考古学发展的若干问题　陈星灿　史学理论研究　1997 年 4 期 54~60 页

半个世纪以来的中国史前史研究　朱乃诚　东南文化　1998 年 3 期 6~11 页，4 期 6~14 页

中国史前时代研究的一些认识　张忠培　北方文物　1999 年 4 期 1~5 页

史前考古中几个被淡漠的问题 张忠培 中国文物报 1999 年 12 月 1 日 3 版

中国史前文化研究的心路历程 陈星灿 良渚文化研究——纪念良渚文化发现六十周年国际学术讨论会文集 1999 年 133 ~ 143 页

关于历史学与考古学 闻异 中国文物报 1992 年 1 月 5 日 3 版

考古学和中国历史学 张光直著 陈星灿译 考古与文物 1995 年 3 期 1 ~ 10 页

浅谈考古学对历史学的影响 华锋林 福建文博 1996 年 1 期 78 ~ 79 页

考古学与中国历史图景 陈星灿等 读书 1996 年 9 期 3 ~ 25 页

考古学与传统文明史观 杜金鹏 考古求知集 1997 年 18 ~ 28 页

考古学与人类学、历史学关系漫议 郭立新 中国文物报 1998 年 1 月 21 日 3 版

新史学与中国考古学的发展 杜正胜 文物季刊 1998 年 1 期 33 ~ 50 页

关于历史与考古研究的结合 陈春生 中国文物报 2000 年 9 月 13 日 3 版

浅谈史前考古学与历史考古学 董琦 中国文物报 2000 年 12 月 27 日 3 版

论中国考古学与历史学的关系 朱凤瀚 历史研究 2003 年 1 期 13 ~ 22 页

中国环壕聚落的演变 严文明 国学研究 1994 年 2 卷 483 ~ 492 页

略论史前时期的环壕聚落 钱耀鹏 考古文物研究：纪念西北大学考古专业成立四十周年文集（1956 ~ 1996） 1996 年 136 ~ 144 页

近年聚落考古的进展 严文明 考古与文物 1997 年 2 期 34 ~ 38 页

聚落考古与史前社会研究 严文明 文物 1997 年 6 期 27 ~ 35 页

关于环境聚落的几个问题 钱耀鹏 文物 1997 年 8 期 57 ~ 65 页

从聚落布局看史前社会交换方式的变化——来自西亚地区的三个实例 杨建华 考古 1999 年 5 期 55～64 页

史前聚落与考古遗址 刘辉 东南文化 2000 年 5 期 20～24 页

中国史前聚落形态的演变 吴耀利 21 世纪中国考古学与世界考古学 2002 年 106～117 页

略论史前聚落的萌芽与发生 钱耀鹏 中原文物 2003 年 5 期 8～13 页

以考古学文化区系类型框架为基础推进聚落研究 张学海 中国文物报 2004 年 1 月 28 日 3 版

中国史前的聚落围沟 裴安平 东南文化 2004 年 6 期 21～30 页

中国史前的聚落围沟 裴安平 东亚古物〔A 卷〕 2004 年 19～36 页

窖穴与灰坑小议 京武 考古与文物 1981 年 2 期 107 页

对灰坑的讨论 拓古、问鼎 江汉考古 1995 年 3 期 94～96 页

"灰坑"小议 吴小平 中国文物报 1999 年 12 月 29 日 3 版

"灰坑"新议 刘志一 中国文物报 2000 年 4 月 19 日 3 版

窖穴和灰坑 星灿 中国文物报 2000 年 7 月 12 日 3 版

史前窖穴初步研究 何周德 史前研究（2000） 2000 年 510～519 页

从灰坑的用途和性质说起 卜工 中国文物报 2001 年 1 月 10 日 7 版

史前水井的考古学分析 王涛 文博 2001 年 2 期 28～34 页

论新石器时代"窖穴"的功能 李润全、何周德 文博 2003 年 6 期 30～32 页

（2）学术会议、访谈、随笔

燕山南北地区考古——1983 年 7 月在辽宁朝阳召开的燕山南北、长城地带考古座谈会上的讲话（摘要） 苏秉琦 文物 1983 年 12 期 50

页

　　燕山南北、长城地带考古专题座谈会纪要　龙源　文物　1983 年 12
期 55 页

　　辽西古文化古城古国——试论当前考古工作重点和大课题　苏秉琦
辽海文物学刊　1986 年创刊号 2 页

　　辽西古文化古城古国——兼谈当前田野考古工作的重点或大课题
苏秉琦　文物　1986 年 8 期 41 页

　　文化与文明——**1986 年 10 月 5 日在辽宁兴城座谈会上的讲话**　苏秉
琦　辽海文物学刊　1990 年 1 期 1～6 页

　　百万年连绵不断的中华文化——苏秉琦谈考古学的中国梦　邵望平、
俞伟超　内蒙古文物考古　1997 年 2 期 31～43 页

　　国外考古和中国考古的动态——安志敏先生在河南讲学纪要　曹汉
刚　文物报　1987 年 8 月 21 日 2 版

　　中国考古学的思考与展望——张忠培先生访谈录　谷建祥、舒天
东南文化　1992 年 2 期 49～59 页

　　希望寄托在年轻朋友身上　张忠培　青果集　1993 年 402～408 页

　　关于中国考古学实践和理论的探索与思考——张忠培教授访谈记
王晖　史学史研究　1997 年 3 期 1～9 页

　　我的事业在祖国大地——记农业考古学家陈文华　邱长华　光明日
报　1989 年 9 月 22 日 1 版

　　情系中国远古文化——记考古工作者彭适凡　刘翔　中国文物报
1989 年 12 月 29 日 2 版

　　勤勉治学严谨踏实——记北大著名科技考古学者陈铁梅教授　王建
平　青年考古学家　2004 年 15 期 1～5 页

台湾大学考古人类学系创立四十年——一个考古工作者的随笔（三）
张光直　中国文物报　1993年9月12日3版

建议文物考古工作者熟读民族学——一个考古工作者的随笔（四）
张光直　中国文物报　1993年10月31日3版

要是有个青年考古工作者来问道——一个考古工作者的随笔（五）
张光直　中国文物报　1993年11月7日3版

考古工作者对发掘物的责任与权利——一个考古工作者的随笔（八）
张光直　中国文物报　1994年2月27日3版

追记台湾《浊大计划》——一个考古工作者的随笔（十）　张光直
中国文物报　1994年4月10日3版

取长补短百家争鸣——从俞伟超、张忠培二先生论文谈考古理论
张光直　中国文物报　1994年5月8日3版

中国考古向何处去——张光直先生访谈录　陈星灿　华夏考古
1996年1期72～83页

考古学是什么？——俞伟超先生访谈录　张爱冰　东南文化　1990
年3期67～73页

中国考古学的新阶段——俞伟超先生访谈录　谷建祥　东南文化
1997年3期6～13页

重估中华古文明，揭示历史真面目：访李学勤先生　李四龙等　北
京大学研究生学刊　1996年4期4～7页

重估中华古文明揭示历史真面目——访著名学者李学勤先生　李四
龙等　北京大学学报（哲学社会科学版）1997年1期142～144页，文博
1997年6期81～84页

走出疑古时代——李学勤先生谈考古发现与中国文明史学术史研究
江林昌　中国教育报　2000年4月25日7版

比较考古学续笔（四篇）　李学勤　山西师大学报·社科版　2003
年30卷3期5～9页

（3）考古普及

学习中国历史史前时期中应注意的几个问题　刘尧庭　新史学通讯 1952 年 12 期 9 页

新石器和旧石器怎样区别　安志敏　历史教学　1956 年 2 期 54 页

关于"史前"　张子扬　光明日报　1956 年 11 月 22 日 3 版

"史前"一词可否使用？　日知　光明日报　1957 年 1 月 3 日 3 版

新石器时代考古学常识（一）　佟柱臣　文物　1959 年 1 期 57 页

新石器时代考古学常识（二）　佟柱臣　文物　1959 年 2 期 67 页

新石器时代考古学常识（三）　佟柱臣　文物　1960 年 5 期 90 页

新石器时代考古学常识（四）　佟柱臣　文物　1960 年 7 期 62 页

新石器时代考古学常识（四）　佟柱臣　文物　1960 年 8～9 期 88 页

新石器时代考古学常识（五）　佟柱臣　文物　1960 年 10 期 68 页

新石器时代考古学常识（六）　佟柱臣　文物　1961 年 1 期 67 页

新石器时代考古学常识（七）　佟柱臣　文物　1961 年 2 期 63 页

石器怎样发展到铁器　戴裔煊　学术研究（广东）　1963 年 1 期 1 页

原始社会文化遗存指什么？　杨升南　文物天地　1984 年 5 期 40 页

原始社会已经有骨、角、木、陶质器，为什么只称它是石器时代 浩波　文物天地　1984 年 5 期 42 页

为什么要研究几千年前的盆盆罐罐　佟柱臣　文物天地　1985 年 1 期 52 页

世纪的疑问——为什么考古　朔知　中国文物报　2002 年 1 月 18 日 7 版

陶塑的滥觞　杨妍　收藏家　2002 年 3 期 31～34 页

飞翔的纺轮　郑岩　文物天地　2002 年 3 期 48～49 页

考古与大众　王仁湘等　中国文物报　2002 年 6 月 28 日 5 版

从"十大考古新发现"到"金手铲"——再谈考古的普及问题　黄

颖　中国文物报　2002 年 7 月 12 日 5 版

世纪的疑问——为什么考古　朔知　中国文物报　2002 年 1 月 18 日 7 版

彩陶：反转来看又何妨　王仁湘　文物天地　2002 年 6 期 46～51 页

手秉黄钺　如火烈烈　王仁湘　文物天地　2002 年 11 期 38～39 页

考古资料分享与考古知识普及　傅斌　中国文物报　2003 年 6 月 27 日 7 版

古代人骨研究中慎用"复原"二字　王明辉、王蕾　中国文物报 2004 年 12 月 31 日 7 版

考古类文章缺乏可读性的两个批评性解释　陈洪波　中国文物报 2006 年 6 月 23 日 7 版

4. 理论与方法

保存石器的新法　云　东方杂志　20 卷 17 期：69　1923 年 9 月

东亚考古学之研究法　〔日〕滨田耕作著　姚薇元 译　新晨报副刊 618（原载日本《刁江刊报》创刊号）　1930 年 5 月 30 日

考古学的新方法　傅斯年讲　王培棠笔记　史学（中）1 卷 195～206 页　1930 年 12 月

古代遗物之整理法　陈百城　学生杂志　18 卷 3 期；25～1　1931 年 3 月

考古学上的证据　〔美〕W. M. Flinders Petrie 著 刘朝阳译 中山大学语言历史学研究所周刊 2 卷 18 期：147～155 页　1928 年 2 月；徐克译 史学（中）2 卷：1～7 1933.3 题名《考古学之证验》

孟德鲁斯（Montelius）与考古学研究法　郑师许　大陆杂志　1 卷 8 期：19～23 页　1933 年 2 月

考古学之辅助科学与研究方法　葛定华　河南大学学报　1 卷 1 期：1～8 页　1934 年 4 月

考古学研究法　斯石鹿　艺凤　2 卷 12 期 21～30 页，1934 年 12 月

滨田耕作日文译本考古学研究法序例　胡肇椿译　学术世界　1 卷 7 期：54～55 页　1935 年 12 月

考古学研究法　〔瑞典〕孟德鲁斯著　郑师许、胡肇椿译　学术世界 1 卷 2 期：30～39 页，1 卷 3 期：53～59，1 卷 4 期：47～56，1 卷 5 期：32～49，1 卷 6 期：5～22　　1935.7～11

考古学研究法译者序　郑师许　学术世界　1 卷 7 期：51～53 1935.12

考古与搜访　李鉴昭　河南博物馆馆刊　9：1～9　1937 年 5 月

国立北京大学文科研究所第六次学术讲演——考古学方法论 夏鼐讲演　图书季刊（新）　3 卷 1～2 期：143～150　1941 年 6 月

有关考古学方法论的几个问题　蔡凤书　山东大学文科论文集刊（1979 年）2 期 206～213 页

《论先周文化》商榷　梁星彭　考古与文物　1982 年 4 期 86～91 页

关于考古学理论和方法上的几个问题——与梁星彭同志讨论　邹衡 考古与文物　1982 年 6 期 46～52 页

尹达同志谈考古学研究　中原文物　1982 年 3 期 1 页

旧大陆考古学的理论与解释　凌平彰译　人类与文化（1984 年）20 期 122～129 页

对于中国考古学的若干认识（英文论文）　李光周　台湾大学文史哲学报（1984 年）33 期 229～236 页

研究考古学文化需要探索的几个问题　张忠培　文物与考古论集 1986 年 12 月 177 页

考古发现与古史研究　石兴邦　中外历史　1987 年 2 期 3 页

美洲考古学的理论与方法综述　陈玛玲　人类与文化（1987 年）23 期 14～28 页

考古学与考古学文化　赵朝洪　中国文物报　1988 年 3 月 18 日 4 版

考古学文化研究的反思　星灿　中国文物报　1988 年 11 月 18 日 3

版

考古学文化纵横关系的若干问题　董琦　四川文物　1989 年 2 期 3 页

关于考古学研究的几个问题　张忠培　文物研究　1989 年 5 期 46 页

考古学研究与社会　李匡悌　人类与文化　（1989 年）25 期 41～45 页

谈考古学的空间研究　臧振华　中国民族学通讯（1990 年）27 期 63～67 页

什么是历史考古学　臧振华　人类与文化　（1990 年）26 期 48～50 页

考古学文化新界说　谢仲礼　东南文化　1990 年 1、2 期 177～179 页

对我国考古学理论的一点认识　徐祖祥　中国文物报　1990 年 7 月 12 日 3 版

考古学"相关性"浅论　陈淳　中国文物报　1990 年 8 月 9 日 3 版

从传统的考古学中走出来　〔日〕小林达雄著　袁靖译　东南文化　1990 年 4 期 163～165 页

考古学与未来　〔加拿大〕布鲁斯·特里格著　陈淳编译　东南文化　1990 年 4 期 166～169 页

系统科学思想与中国考古学研究　裴安平　东南文化　1990 年 5 期 268～273 页

关于考古学的几个问题　张忠培　文物　1990 年 12 期 27～31 页

美英考古学的异同　曹兵武　中国文物报　1990 年 12 月 13 日 3 版

考古学思潮的变化　俞伟超　中国文物报　1991 年 1 月 13 日 3 版，1991 年 1 月 20 日 3 版，1991 年 1 月 27 日 3 版

埋藏学浅释　陈淳　中国文物报　1991 年 6 月 2 日 3 版

也谈考古学的中间理论——读俞伟超先生《考古学思潮的变化》随感　傅斌　中国文物报　1991 年 8 月 4 日 3 版

历史唯物主义的考古例证：半坡、大汶口文化之比较　黄启后　东

疆学刊（哲社版）1991 年 8 卷 3 期 50~54 页

关于考古学文化的"时代"问题　房迎三　中国文物报　1991 年 12 月 1 日 3 版

埋藏学与遗址动态分析　陈淳　中国文物报　1991 年 12 月 1 日 3 版

也谈"文化"和"时代"　陈淳　中国文物报　1992 年 3 月 29 日 3 版

考古学与中国古代史研究——一个方法学的探讨　杜正胜　考古 1992 年 4 期 335~346 页

关于考古学文化传统中心交界地带及新区域的思考　郭伟民　南方 文物　1992 年 3 期 106~110 页

浅议考古学文化的"交互作用区"　戴向明　中国文物报　1992 年 7 月 19 日 3 版

考古学文化的功能观　陈淳　中国文物报　1992 年 8 月 23 日 3 版

考古学主要概念的历史演变　〔加〕布鲁斯·特里格（B. Trigger）著　陈淳译　东南文化　1992 年 5 期 14~19 页

浅谈考古学文化编年　李维明　中国文物报　1992 年 11 月 8 日 3 版

考古学理论、环境与诠释　〔加〕布鲁斯·特里格著　陈淳译　东南文化　1992 年 6 期 37~64 页

考古学新理解论纲　俞伟超等　中国社会科学　1992 年 6 期 147~166 页

考古遗物共存空间关系概念的初步研究　何驽　东南文化　1992 年 6 期 52~56 页

批评考古学：文化的象征与结构观　陈淳　中国文物报　1992 年 12 月 6 日 3 版

试论考古学研究的三个过程及其方法　潘松鹤　史林　1993 年 1 期 1~6 页

考古学与思想状态——中国的创建　〔美〕吉德炜著　陈星灿译　曹兵武校　华夏考古　1993 年 1 期 97~108 页

文化心态考据——中国造型心理探源（节译）〔美〕D. N. 吉德炜著

李荣华译 松龄校 南方文物 1993 年 1 期 118～125 页

谈谈实验考古学 顾玉才 辽海文物学刊 1993 年 1 期 150～156 页

考古学之演变 陈淳 文物季刊 1993 年 2 期 33～42 页

中国考古学三重困惑 丙吾 南方文物 1993 年 2 期 123～126 页

全息考古论 李科威 文物 1993 年 10 期 46～50 页

论古代物质文化群体 徐鹏章 文物考古研究 1993 年 365～371 页

中国考古学的现实与理想——俞伟超先生访谈录 曹兵武、戴向明 江汉考古 1994 年 2 期 74～85 页

美国考古学中的马克思主义 〔美〕安·吉尔曼著 王纪潮译 任秦校 东南文化 1994 年 3 期 9～16 页

碳－14 断代和中国史前考古学 安志敏 文物 1994 年 3 期 83～87 页

考古学境界论 车广锦 东南文化 1994 年 3 期 17～19 页

关于考古学理论探索的若干问题 董琦 华夏考古 1994 年 4 期 107～109 页

近年来考古学理论动态摘编综述 沈跃萍 青海文物 1994 年总第 8 期 129～135 页

考古学——最基础的科学 〔美〕莱斯特·爱布里著 袁进京译 北京文物与考古（1994）第四辑 169～172 页

考古学与历史地理学之关系 杨纯渊 山西省考古学会论文集（二）1994 年 36～44 页

"根据实物资料来恢复历史原貌"不是考古学方法论——与俞伟超先生商榷 阎友兵 湘潭大学学报（哲社版） 1995 年 19 卷 1 期 71～73 页

中国考古学的理论、方法与东北考古学〔美〕S. M. 尼尔森著 王育译 历史与考古信息 1995 年 1 期 101～110 页

论中国考古学的编史倾向 〔美〕洛沙·冯·福尔肯霍森著（Lather Von Falkenhausen）陈淳译 文物季刊 1995 年 2 期 53～89 页

理论与方法学在考古研究中的作用——以一研究计划为例 陈玛玲

考古人类学刊 1995 年 50 期 218~229 页

考古分析的归纳与演绎 陈淳 中国文物报 1996 年 3 月 31 日 3 版

试论考古学的目标 昭明、郭妍利 文博 1996 年 2 期 10~14 页

认知考古学在欧洲的兴起 杨建华、张文立 华夏考古 1996 年 2 期 105~112 页

古代陶器的研究视野——有关中国考古学方法的几点思考 汪海宁 东南文化 1997 年 2 期 6~19 页

关于中国考古学的思考 陈雍 文物季刊 1997 年 2 期 74~81 页

酋邦的考古学观察 陈淳 文物 1998 年 7 期 46~52 页

考古学方法论的思考与借鉴 陈淳 东南文化 1997 年 4 期 42~47 页

考古学文化与文化生态 陈淳 文物季刊 1997 年 4 期 88~94 页

考古学应该开放自己 思东 读书 1997 年 7 期 94~95 页

关于"考古学文化"概念及相关问题 向绪成 江汉考古 1998 年 1 期 82~85 页

先秦年代学研究的理论与方法初探 宋会群 华夏考古 1998 年 2 期 97~102 页

作为后过程主义考古学的"表现象征主义" 李伯谦 民族艺术 1998 年 4 期 34 页

考古学随笔五则 陈淳 中国文物报 1998 年 7 月 1 日 3 版

考古学是什么——在班村的思考 曹兵武 文物天地 1998 年 5 期 34~35 页

认识系统考古单元 李浪林 远望集——陕西省考古研究所华诞四十周年纪念文集 1998 年 40~46 页

简介国外对酋邦社会及其理论的研究 全洪 广州文物考古集 1998 年 120~131 页

考古学研究方法概要（上、下） 李明斌 成都文物 1999 年 3 期 62~66 页，1999 年 4 期 55~58 页

军事考古学初论 赵丛苍 中国文物报 1999 年 11 月 10 日 3 版，

1999 年 11 月 17 日 3 版

从世界性联系看考古学解释　〔英〕Ucko. P. J. 著　秦岭译　北京大学研究生学报　2000 年 2 期 4～11 页

考古对象对考古学研究的影响　郭立新　华夏考古　2000 年 2 期 103～108 页

物质文化研究基本概念与研究方法　潘守勇　中国历史博物馆馆刊　2000 年 2 期 127～132 页

谈淡考古学的科学性　陈淳　文物世界　2000 年 4 期 26～31 页

美国考古学的发展现状和趋势　李润权、陈星灿　社会科学管理与评论　2000 年 4 期 47～55 页

为考古学问题设计的定量方法　〔美〕基·W. 金迪著　柯考译　博物馆研究　2000 年 4 期 72～75 页

关于陶器生产方式之探析　穆朝娜　文物春秋　2000 年 5 期 18～20 页

西方考古学观念的演变　戴向明　中国历史博物馆考古部纪念文集　2000 年 269～279 页

考古学研究与信息提炼——谈考古学范例的演变　陈淳　文化遗产研究集刊（第一辑）（2000）50～68 页

考古学变革的理论建树——布鲁斯·特里格《时间与传统》导读　陈淳　文化遗产研究集刊（第一辑）（2000）256～271 页

考古学理论与治学方法　安志敏等　社会科学管理与评论　2001 年 2 期 44～60 页

论福柯的考古学与谱系学　李晓林　齐鲁学刊　2001 年 2 期 56～60 页

考古实践与理论思维——兼评《关于考古学文化及其命名问题》　方酉生　东南文化　2001 年 3 期 6～7 页

新技术新方法带来的考古学革命　郑建明　考古与文物　2001 年 4 期 80～84 页

考古学的理论多样化　马瑞　古代文明研究通讯　2001 年 10 期 25～

29 页

对依据出土文物进行考古断代的点滴思考　袁永明　青年考古学家
2001 年 13 期 202 页

关于中国考古学的基本理念　卜工　中国文物报　2001 年 5 月 9 日 7
版

作为考古学的考古学——在实践中体会现代考古工作　唐际根、荆
志淳　中国文物报　2001 年 10 月 26 日 7 版

考古学方法论与考古学　王小庆　中国文物报　2001 年 12 月 28 日 7
版

试论台湾考古学理论应用与系统性知识建立的问题　陈玛玲　考古
人类学刊　2001 年 55 期 32～48 页

英国考古的政策、管理和操作　李浪林　华夏考古　2002 年 1 期
98～105 页

文献考古方法论刍议　何驽　华夏考古　2002 年 1 期 106～111 页

也谈考古资料的公布　张小虎　中国文物报　2002 年 2 月 22 日 7 版

为更多学科服务是考古学的宗旨吗　俞伟超　中国文物报　2002 年 6
月 21 日 7 版

考古学形成的哲学根源　陈永志　内蒙古社会科学　2002 年 23 卷 3
期 49～53 页

当代考古学理论的多样化及其问题　〔澳〕蒂姆·马瑞著　马萧林
译　华夏考古　2002 年 3 期 110～112 页

知识的历史：福柯的"知识考古学"浅析　王星星　理论探索
2002 年 5 期 20～21 页

考古学应当"与时俱进"　陈淳　文物世界　2002 年 5 期 23～29 页

关于中国考古学与发展方向的思考　王巍　21 世纪中国考古学与世
界考古学　2002 年 40～52 页

人口考古学——一个不该被忘却的领域　王建华　中国文物报
2002 年 12 月 4 日 7 版

关于中国石器时代划分的讨论　陈文　东南考古研究第三辑　2003

年 388~392 页

20 世纪末中国考古学走向的争论——以俞伟超和张忠培的观点为中心　查晓英　四川大学学报·哲学社会科学版　2003 年 1 期 101~115 页

考古学的文化传统与开展社会考古学的可能性　提穆·马瑞（Tim Murray）　考古　2003 年 3 期 82~87 页

考古学研究的范围、对象、内容与目标　王巍　中国社会科学院院报　2003 年 7 月 1 日 3 版

中国考古学发展方向刍议　王巍　光明日报　2003 年 9 月 2 日 B3 版

马克思主义理论与中国考古学的发展　沈颂金　郭沫若学刊　2003 年 3 期 1~11 页

考古哲学在西方发展以及在中国的任务　赵敦华　求是学刊　2003 年 30 卷 5 期 16~27 页

后过程主义考古学的形成——读伊恩·哈德《解读过去》　张海　东南文化　2003 年 11 期 13~16 页

技术进步与观念创新——考古学理论方法的进程与人文关怀　曹兵武　文化遗产研究集刊第 3 辑（2003 年）289~299 页

后现代主义与人类学、考古学的研究——地域文化研究要注意的一个理论问题　王纪潮　东南文化　2003 年 11 期 6~12 页

考古学文化的理论与方法　张全民　中国社会科学院研究生院学报　2004 年 1 期 126~131 页

考古学文化的动态特征　王昌燧、张爱冰　中国文物报　2004 年 7 月 30 日 7 版

考古学研究方法散论——评塔尔格伦的《史前考古学方法》　臭慧璇　华夏考古　2004 年 3 期 102~108 页

考古研究中的"文化传统"　刘颂华　四川文物　2004 年 4 期 10~12 页

走出来的路与还未走出的路　张忠培　江汉考古　2004 年增刊·三峡考古报告集 14~20 页

从淮河流域发现的符号所看到的世界观——以贾湖、双墩、龙虬庄

遗址为中心的考察 〔日〕荒木日吕子 2004 年安阳殷商文明国际学术研讨会论文集 2004 年 554～565 页

欧美考古学理论的发展与所谓理论流派 唐际根 东亚古物 2004 年〔A 卷〕229～246 页

考古学文化概念的变迁与思考 陈淳 中国文物报 2005 年 1 月 28 日 7 版

呼唤世界考古学中的中国考古学 王建新 中国文化遗产 2005 年 1 期 7 页

考古学阐释背后的社会思潮 陈洪波 博物馆研究 2006 年 1 期 34～40 页

实物是考古学的前提与目的——从宾福德的怀疑论说起 蒋乐平 中国文物报 2006 年 3 月 10 日 7 版

Site Catchment Analysis（遗址资源域分析）译法及其考古学意义的思考 李果 中国文物报 2006 年 3 月 10 日 7 版

考古学目标的再思 陈洪波 中国文物报 2006 年 3 月 31 日 7 版

考古发掘与历史复原 陈星灿 南方文物 2006 年 3 期 101～102 页

考古研究的哲学思考 陈淳 中国文物报 2006 年 8 月 11 日 7 版

考古学研究的"入世"与"出世" 陈洪波 中国文物报 2006 年 9 月 15 日 7 版

考古学研究中的系统论 〔美〕弗雷德·T. 普洛格（Fred · T. P1og）著 陈虹译 南方文物 2006 年 4 期 85～92 页

地震考古——用考古学方法介入地震科学研究 叶茂林 成都文物 2006 年 4 期 41～43 页

关于考古学文化互动关系研究 李伯谦 古代文明研究通讯 2006 年总 31 期 51～59 页

美国新考古学一瞥 尤玉柱、史鉴 福建文博 1989 年 1、2 期 135～160 页

新考古学述略 星灿 中国文物报 1990 年 1 月 4 日 3 版

略谈"新考古学"与国情　李仰松　中国文物报　1990 年 1 月 4 日 3 版

评欧美"新考古学派"——兼论我国史前考古学传统模式的变革 霍巍　四川文物　1992 年 1 期 8~13 页

论新考古学　〔美〕路易斯·宾福德著　陈淳译　东南文化　1992 年 1 期 41~46 页

新考古学之后——考古学的解释：1985　〔美〕Fatt Jo Watson 著 赫俊红译　曹兵武校　东南文化　1992 年 1 期 47~53 页

新考古学溯源　陈淳　中国文物报　1992 年 7 月 19 日 3 版

美国新考古学述评　〔加〕布鲁斯·特里格著　陈淳译　文物季刊 1992 年 3 期 387~395 页

考古学的新思维——新考古学述评　曹兵武　中国历史博物馆馆刊 1993 年 1 期 83~92 页

从美洲考古学史看新考古学　杨建华　考古学文化论集（三）1993 年 453~465 页

考古学史、"新考古学"与山西考古的几个问题　张忠培　山西省考古学会论文集（二）1994 年 23~35 页

关于"新考古学"的思考　刘文锁　新疆文物　1995 年 1 期 22~27 页

新考古学批评及传统考古学反思（上、下）　刘学堂、李文瑛　新疆文物　1996 年 2 期 34~46 页，1996 年 3 期 38~48 页

从《从事考古》看宾福德新考古学　孙祖初　东南文化　1997 年 1 期 16~26 页

谈谈考古学的新与旧　陈淳　文物季刊　1999 年 1 期 14~19 页

新考古学论纲　沈颂金　华夏考古　2001 年 1 期 102~109 页

十字路口的考古学：新在哪里　〔加〕布鲁斯·特里格（Bruce Trigger）著　陈洪波译　南方文物　2006 年 3 期 114~122 页

关于学科建设的思考　苏秉琦　辽海文物学刊　1997 年 2 期 1~2 页

中国考古学的研究状况与发展趋势　全国哲学社会科学规划考古学科调研组　文物季刊　1998 年 4 期 28 ~ 37 页

中国考古学学科发展调研报告　全国哲学社会科学规划考古学科调研组　华夏考古　2001 年 3 期 105 ~ 112 页

考古学科"十一五"规划调研报告　陈星灿等　中国文物报　2006 年 3 月 17 日 5 版

浅淡考古学的学科地位及分支　陈洪海　考古文物研究——纪念西北大学考古专业成立四十周年文集（1956 ~ 1996）　1996 年 460 ~ 466 页

科学·社会学·考古学——考古学学科定位的哲学思考　王齐　中国文物报　1998 年 3 月 18 日 3 版，1998 年 3 月 25 日 3 版

关于当代中国考古学学科重点的转移与考古学文化的整体研究　裴安平　文物季刊　1998 年 3 期 73 ~ 79 页

谈考古学的学术定位　陈淳　文物世界　2001 年 6 期 10 ~ 14 页

浅谈中国考古学的学科定位　王巍　中国文物报　2001 年 11 月 2 日 7 版

考古学科学原则的捍卫　詹姆斯·斯图尔门　中国文物报　2001 年 11 月 16 日 7 版

关于考古学定位的再思考　赵春青　中国文物报　2001 年 11 月 23 日 7 版

考古学的定位、视野与研究　陈淳　中国文物报　2001 年 12 月 14 日 7 版

考古学的定位和有关问题　安志敏　东南文化　2002 年 1 期 11 ~ 12 页

"考古学的定位"学术研讨会笔谈　王巍等　考古　2002 年 3 期 81 ~ 89 页

定位基层根深叶茂——"考古学的定位"　黄道华　中国文物报 2002 年 1 月 25 日 7 版

关于中国考古学发展方向与道路的思虑——"考古学的定位"　朱

乃诚　中国文物报　2002 年 2 月 22 日 7 版

考古学就是考古学——兼谈考古学定位的阶段性——考古学的定位
曹兵武　中国文物报　2002 年 3 月 8 日 7 版

"三期说"与考古学——"考古学的定位"　蒋乐平　中国文物报
2002 年 4 月 5 日 7 版

关于中国考古学所谓定位问题的思考——"考古学的定位"　罗丰
中国文物报　2002 年 5 月 10 日 7 版

关于考古学上文化的定名问题　夏鼐　考古　1959 年 4 期 169 页

从磁山、裴李岗文化的命名谈到原始文化的命名问题　赵朝洪　江
汉考古　1990 年 1 期 33~42 页

论考古文化的命名方法　张国硕　中原文物　1995 年 2 期 102~107
页

关于考古学文化及其命名问题　安志敏　考古　1999 年 1 期 81~89
页

考古学文化的命名原则与程序问题　王仁湘　文物季刊　1999 年 3
期 18~23 页

史前考古学几种重要概念的辨析　陈星灿　四川文物　1992 年 1 期
14~18 页

"史前"概念的由来及其在中国的传播　陈星灿　史学月刊　1994 年
1 期 2~8 页

谈史前学的方法论　陈淳　文物季刊　1995 年 4 期 27~32 页

论史前原史及历史时期的概念　刘文锁　华夏考古　1998 年 3 期
93~95 页

史前考古学与诗性智慧　户晓辉　华夏考古　2001 年 1 期 98~101
页

史前考古学中的术语问题　谢仲礼　华夏考古　2003 年 2 期 101~
104 页

中国田野考古与史前学 郑德坤 香港中文大学 中国文化研究所学报 1976 年 8 卷 1 期 1 页

简谈田野考古工作的理论与实践 石兴邦 考古与文物 1981 年 3 期 5 页

古居址文化层概述 张建民编译 文博 1992 年 2 期 43～47 页

地层与"生活面"——田野考古认识点滴 蒋乐平 南方文物 1994 年 3 期 70～71 页

勘探试掘·大遗址保护·聚落形态研究——田野考古工作方法探讨 张学海 中国文物报 1994 年 12 月 25 日 3 版

考古遗址的发掘方法 严文明 考古学研究（二）（北京）1994 年 249～266 页

班村遗址发掘操作原则（讨论稿） 班村考古队 中国历史博物馆馆刊 1995 年 1 期 44～46 页

文化层与自然层 王建新 中国历史博物馆馆刊 1995 年 1 期 46～51 页

考古发掘的新思考 曹兵武 中国历史博物馆馆刊 1995 年 1 期 51～56 页

谈古遗址陶片的采集与保存 宋豫秦 中国文物报 1995 年 5 月 21 日 3 版

遗址中的"地面"及其清理 赵辉 文物季刊 1998 年 2 期 77～86 页

考古学是什么——在班村的思考 曹兵武 文物天地 1998 年 5 期 34～35 页

考古遗址形成过程研究——理论与应用 陈维钧 考古人类学刊 2001 年 55 期 49～63 页

遗址面积：平面考古数据的缺憾 高蒙河 中国文物报 2004 年 4 月 2 日 7 版

"遗址域分析"含义再探 陈洪波 中国文物报 2006 年 2 月 17 日 7 版

类型排比与考古研究　邹衡　辽宁省考古、博物馆学会成立大会会刊（1981 年）29～32 页

关于考古学文化的区系类型问题　苏秉琦、殷玮璋　文物　1981 年 5 期 10 页

地层学与器物形态学　苏秉琦、殷玮璋　文物　1982 年 4 期 1～7 页

地层学与类型学的若干问题　张忠培　文物　1983 年 5 期 60 页

考古资料整理中的标型学研究　严文明　考古与文物　1985 年 4 期 30 页

关于"考古地层学"问题　俞伟超　考古学文化论集（一）　1987 年 12 月 1 页

考古学文化区系类型问题的学习和探索　肖一亭　江西文物　1989 年 1 期 79 页

关于"考古类型学"问题——为北京大学七七至七九级青海、湖北考古实习同学而讲　俞伟超　考古类型学的理论与实践　1989 年 5 月 1 页

谈谈考古研究中的"类同"和"趋同"　陈淳　中国文物报　1990 年 2 月 22 日 3 版

考古分类本质之再考察　张爱冰　合肥教育学院学报（社科版）1990 年 3 期 58～61 页

考古学对象与分类的重新考察　张爱冰　东南文化　1990 年 5 期 274～278 页

考古类型学的进化观与文化动力学问题　李科威　东南文化　1992 年 2 期 74～98 页

类型、形制与类型学　陈淳　中国文物报　1993 年 12 月 5 日 3 版

文化区系理论在海岱考古的实践　张学海　中国文物报　1994 年 5 月 1 日 1 版

考古类型学的原理和问题　李科威　东南文化　1994 年 3 期 1～8 页

浅析考古地层学的产生和发展　丁家奎　南方文物　1995 年 1 期 103～106 页

区系类型学——俯瞰中国考古学的一个视点　孙祖初　学人　1997年 11 期 509～522 页

区系类型学说与中国考古学的发展——苏秉琦先生两本考古学论文集学习笔记　曹兵武　中原文物　1998 年 1 期 110～117 页

考古类型学的中国化历程　孙祖初　文物季刊　1998 年 4 期 38～53 页

考古地层学的中国化历程　孙祖初　青果集——吉林大学考古系建系十周年纪念文集　1998 年 464～470 页

考古研究中的聚类方法　张微　安徽教育学院学报　1999 年 17 卷 4 期 26～28 页

文化区域分类的定量讨论　张微　东南文化　1999 年 4 期 46～48 页

关于地层学与类型学的关系及其相关问题——与梁星彭先生讨论　刘军社　考古与文物　1999 年 6 期 42～49 页

考古发掘中的"地层"问题　蒋乐平　纪念浙江省文物考古研究所建所二十周年论文集（1979—1999）　1999 年 161～165 页

从考古学角度谈古代中国的区域形成——由施坚雅的区系理论说起　秦岭　青年考古学家　1999 年总第 11 期 118～121 页

从考古学角度谈古代中国的区域形成——由施坚雅的区系理论说起　秦岭　文物世界　2000 年 2 期 54～56 页

考古地层学断想　孙周勇、郑红利　中国文物报　2000 年 5 月 17 日 3 版

考古学区系类型理论带来的史学变革　邵望平　文史知识　2000 年 12 期 43～50 页

考古地层学及其作用小议　王炜林　中国考古学跨世纪的回顾与前瞻：1999 年西陵国际学术研讨会文集 2000 年 173～180 页

对中国考古类型学研究方法的反思　黄建秋　东南文化　2001 年 9 期 6～12 页

考古学区系类型学理论带来的史学变革　邵望平　苏秉琦与当代中国考古学　2001 年 15～19 页

论考古学文化区系理论在实践中的发展　郭大顺　苏秉琦与当代中国考古学　2001 年 20～29 页

检视器物类型学　陈淳　中国文物报　2002 年 1 月 2 日 7 版

考古类型学的一点思考　赵东升　文物世界　2002 年 6 期 17～19 页

考古类型学的理性思考　黄建秋　南京大学历史系考古专业成立三十周年纪念文集　2002 年 464～470 页

建国后考古地层学的发展　刘斌、张婷　文博　2003 年 3 期 29～35 页

谈地层学与形制学在考古学中的作用及相互关系　方酉生　华夏考古　2003 年 3 期 109～112 页

考古遗存的分类与形式　余西云　庆祝张忠培先生七十岁论文集 2004 年 58～62 页

三位中国考古学家类型学研究之比较　陈畅　四川文物　2005 年 6 期 87～92 页

试沦考古类型学的逻辑与原则　陈畅　华夏考古　2006 年 1 期 88～101 页

考古类型学的诞生与发展——考古类型学系列研究之一　汤惠生　文博　2006 年 4 期 24～29 页

中国考古类型学的形成与发展——考古类型学系列研究之二　汤惠生　文博　2006 年 5 期 21～29 页

考古类型学方法论的学术检讨——考古类型学系列研究之三　汤惠生　文博　2006 年 6 期 20～29 页

考古学区域分析　〔美〕格雷戈里·A. 约翰逊著　陈洪波译　东方考古第 2 集（2006）312～329 页

论文化因素分析方法　李伯谦　中国文物报　1988 年 11 月 4 日 3 版

考古学文化因素分析法与文化因素传播模式论　何驽　考古与文物 1990 年 6 期 101～108 页

共同体文化与考古学文化　吴春明　东南文化　1993 年 1 期 68～74 页

论文化的起源、传播与迁移　〔加拿大〕　布鲁斯·特里格著（Bruce G·Trigger）　陈淳译　文物季刊　1994 年 1 期 81～94 页

"双重文化形态"和"文化滞后"的思考　黄展岳　中国文物报 1994 年 6 月 26 日 3 版

考古学文化传播刍议　张立东　中原文物　1998 年 3 期 100～104 页

移民与殖民——考古学文化现象之一　朔知　中国文物报　1998 年 7 月 29 日 3 版

文化传播与文化变迁　魏峻　青年考古学家　1999 年总第 11 期 111～117 页

关于文化因素分析方法的几点认识　宋玲平　青年考古学家　2000 年 12 期 116～117 页

关于如何正确运用文化因素分析方法的思考　宋玲平　古代文明研究通讯　2001 年 10 期 21～24 页

人群移动与考古学文化的变迁　焦天龙　中国文物报　2005 年 2 月 25 日 7 版

器物本位与聚落本位　周星　中国文物报　1989 年 6 月 30 日 3 版

聚落形态理解与聚落形态研究　孙庆伟　南方文物　1994 年 3 期 62～69 页

浅谈聚落形态考古　刘国祥　中国文物报　1995 年 6 月 11 日 3 版

聚落考古学的几个问题　曹兵武　考古　1995 年 3 期 268～276 页

聚落、居址与围墙、城址　陈淳　文物　1997 年 8 期 43～47 页

等级——规模模型在聚落考古研究上的应用　陈星灿　学人　1997 年 11 期 523～540 页

聚落形态的昨天与今天　杨建华　青果集——吉林大学考古系建系十周年纪念文集　1998 年 471～477 页

聚落考古初论　张忠培　中原文物　1999 年 1 期 31～33 页

居址考古学的探索与启示　陈淳　文物世界　1999 年 1 期 33～36 页

Settlement archaeology 与聚落考古　陈淳　中国文物报　2000 年 9 月 27 日 3 版

聚落考古工作方法的尝试　赵辉　中国考古学跨世纪的回顾与前瞻：1999 年西陵国际学术研讨会文集　2000 年 166～172 页

考古学中的聚落形态　〔美〕张光直著　胡鸿保、周燕译　华夏考古　2002 年 1 期 61～84 页

关于聚落考古学研究中的共时性问题　栾丰实　考古　2002 年 5 期 65～73 页

也谈聚落形态考古　贾伟明　文物　2003 年 1 期 82～89 页

聚落考古综述　王建华　华夏考古　2003 年 2 期 97～100 页

聚落考古学管见　王建华、李春华　中国文物报　2003 年 12 月 12 日 7 版

维鲁河谷课题与聚落考古——回顾与当前的认识　〔美〕高登·R.威利著　〔澳〕贾伟明译　华夏考古　2004 年 1 期 66～68 页

美洲聚落形态研究的过去、现在和未来　〔美〕布莱恩·R. 贝尔曼著　〔澳〕贾伟明译　华夏考古　2005 年 1 期 102～107 页

美国聚落考古学的历史与未来　〔美〕杰里米·页·萨布罗夫、温迪·阿什莫尔著　陈洪波、方辉译　中原文物　2005 年 4 期 54～62 页

社会考古学与聚落考古　杨建华　古代文明研究通讯　2005 年 25 期 1～9 页

聚落与景观考古学　〔美〕加里·费曼著　方辉、惠夕平译　东方考古（第 2 集）（2006）272～279 页

廊道理论对三峡史前聚落认识的启发——景观生态学理论与考古研究思考之一　何驽　中国文物报　2000 年 5 月 3 日 3 版

本底与斑块的考古学研究——景观生态学理论与考古研究思考之二 何驽 中国文物报 2000年6月21日3版

景观同考古学文化的关系——景观生态学理论与考古研究思考之三 何驽 中国文物报 2000年7月19日3版

从异质性文化斑块角度看早期夏文化问题——景观生态学理论与考古研究思考之四 何驽 中国文物报 2000年8月30日3版

文化与文化类型之辨证——景观生态学理论与考古学研究思考之五 何驽 中国文物报 2000年9月20日3版

考古学与生态学 李德仁译 人类与文化（1984年）20期141~147页

文化人类学知识与考古学研究 容观夐 史前研究辑刊 1988年28页

考古学走与人类学相结合的道路——再论文化人类学知识与考古学研究 容观琼 东南文化 1990年3期74~79页

试论中国考古学的人类学传统 陈星灿 云南社会科学 1991年4期62~68页

考古学与民俗学 周星 江汉考古 1991年4期52~56页

作为人类生态学的考古学（节译）〔美〕卡尔·W. 布策尔著 李非译 华夏考古 1993年3期103~108页

宾福德《作为人类学的考古学》述评 黄海 中山大学研究生学刊（社科版） 1995年16卷1期100~102页

从一位考古学家的诤言谈起：三论文化人类学知识与考古学研究 容观夐 广西民族学院学报（哲社版） 1995年2期11~16页

谈谈民族考古学 陈淳 中国文物报 1990年5月10日3版

考古学文化与族称研究的问题 刘观民 昭乌达蒙族师专学报 1990年3期1~6页

什么是"民族考古学" 韩建业 东南文化 1993年2期35~42页

谈谈民族学在考古学中的应用 赵雍 北方文物 1994年3期47~48页

民族学与考古学的关系 张忠培 中国文物报 1995年7月30日3版

中国民族社会考古研究的理论实践与方法问题 石兴邦 远望集——陕西省考古研究所华诞四十周年纪念文集 1998年1~26页

谈考古学中的民族学类比方法 陈雄飞 华夏考古 2000年1期101~110页

美国考古学中的民族学传统 曹兵武 中国文物报 2001年9月28日7版

灰坑的民族考古学考察——石璋如《晋绥纪行》的再发现 星灿 中国文物报 2002年3月1日7版

理想的考古报告——"理想的考古报告"之一 闻悟 中国文物报 2001年4月11日7版

从考古报告的特点看理想的考古报告——"理想的考古报告"之二 朔知 中国文物报 2001年4月18日7版

增强考古报告的科学性——"理想的考古报告"之三 陈淳 中国文物报 2001年5月2日7版

考古报告时间性的背后——"理想的考古报告"之四 蒋乐平 中国文物报 2001年5月9日7版

我看考古报告的编写——"理想的考古报告"之五 星灿 中国文物报 2001年5月16日7版

考古发掘报告的客观性——"理想的考古报告"之六 董琦 中国文物报 2001年5月23日7版

文物报与考古报告——"理想的考古报告"之七 知言 中国文物报 2001年6月6日7版

考古报告的定位与生命力：关于考古报告"过时"问题的思考——"理想的考古报告"之八 峰之 中国文物报 2001年6月13日7版

如何编写理想的考古报告——"理想的考古报告"之九　刘国祥中国文物报　2001 年 7 月 4 日 7 版

关于理想的考古报告的理性思考——"理想的考古报告"之十　黄建秋　中国文物报　2001 年 7 月 11 日 7 版

"理想的考古报告"之我见——"理想的考古报告"之十一　者之中国文物报　2001 年 7 月 22 日 7 版

漫议考古报告——"理想的考古报告"之十二　张忠培　中国文物报　2001 年 9 月 2 日 7 版

理想的考古报告——不厌其详的"全信息报告"——"理想的考古报告"之十三　王妙发　中国文物报　2001 年 9 月 7 日 7 版

考古学文化因素分析方法辨正　袁永明　中国文物报　2001 年 9 月 14 日 7 版

编写考古报告的几点意见　赵春青　中国文物报　2001 年 9 月 14 日 7 版

关于考古报告的发表方式　文博　中国文物报　2001 年 9 月 14 日 7 版

从考古学报告的作用谈报告的编写　赵东升　中国文物报　2001 年 9 月 14 日 7 版

考古报告三题　曹兵武　江汉考古　2002 年 2 期 85 ~ 86 页

关于考古报告的几个问题　方燕明　中国文物报　2002 年 6 月 21 日 7 版

试论考古报告的几个问题　方燕明　中原文物　2002 年 6 期 16 ~ 22 页

墓葬发掘简报存在的几个问题　张小丽、张翔宇　中国文物报 2004 年 6 月 11 日 7 版

考古发掘报告体例的变迁　袁靖　中国文物报　2004 年 7 月 9 日 7 版

也谈考古报告的编写　霍东峰、华阳　文物世界　2006 年 5 期 27 ~ 28 页

（二） 黄河流域的新石器时代文化研究

略述黄河流域新石器时代三种文化和三种陶器　赵全嘏　新史学通讯　1953 年 12 期 10 页

试论黄河流域新石器时代文化　安志敏　考古　1959 年 10 期 559 页

黄河流域原始社会考古研究上的若干问题　石兴邦　考古　1959 年 10 期 566 页

黄河流域的古文化遗址　李启予　黄河史资料　1985 年 2 期 18 页

黄河流域原始聚落的遗址　曾骐　历史大观园　1986 年 3 期 36 页

为什么说黄河是中华民族的摇篮　唐嘉弘　文史知识　1986 年 6 期 112 页

黄河流域母权制倾覆的历史时限　李友谋　论仰韶文化　1986 年 12 月 165 页，史学月刊　1986 年 4 期 14 页

黄河中上游新石器时代的住宅形式与聚落形态　周星　中国考古学研究论集　1987 年 12 月 117 页

黄河流域新石器时代炊器之演变　赵清　中原文物　1988 年 1 期 52 页

略论陕、甘、青地区几种主要文化的源流　张学飞　西北史地 1988 年 4 期 38 页

黄河流域的史前聚落　王妙发　历史地理　1988 年 6 期 73 页

黄河流域的史前住宅形式及其发展　周星　中国原始文化论集 1989 年 6 月 281 页

黄河流域新石器时代早期遗址异同性分析　宋建忠　文物季刊 1990 年 1 期 27～38 页

黄河流域新石器时代的陶鼓辨析　高天麟　考古学报　1991 年 2 期 125～139 页

黄河流域的史前文化　文园　化石　1995 年 4 期 7～8 页

黄河流域龙山时代陶鬲研究　高天麟　考古学报　1996 年 4 期 399 ～ 442 页

黄河流域文明的发祥与发展　严文明　华夏考古　1997 年 1 期 49 ～ 54 页

史前时期黄河流域的三大文化区　马世之　中原文物　1998 年 1 期 9 ～ 18 页

龙山文化的酋邦与聚落形态　〔澳〕刘莉著　陈星灿译　华夏考古 1998 年 1 期 88 ～ 110 页

关于黄河流域前期新石器文化研究的一些问题　王吉怀　文物季刊 1999 年 3 期 32 ～ 39 页

黄河流域新石器时代文化格局之演变　戴向明　考古学报　1998 年 4 期 389 ～ 418 页

论黄河流域前期新石器文化的文化特征和时代特征　王吉怀　东南 文化　1999 年 4 期 6 ～ 13 页

试从陶鼎看新石器时期黄河流域各文化的差异与融合　王勇、王育 玲　文博　2005 年 3 期 79 ～ 83 页

黄河中下游地区新石器时代文化谱系的动态思考　张居中　中原文 物　2006 年 6 期 18 ～ 25 页

1. 黄河上游

黄河上游史前遗存及其族属推定　周星　西北史地　1990 年 4 期 21 ～ 28 页

黄河上游地区史前考古的回顾与展望　谢端琚　陇右文博　2001 年 1 期 3 ～ 13 页

（1）甘肃、青海、宁夏地区新石器时代文化研究

原始时代的青甘宁　杜光简　西北通讯　1948 年 3 卷 4 期 12 页

甘青地区原始文化的概貌及其相互关系　吴汝祚　考古　1961 年 1 期 12 页

试论泾河上游地区新石器时代文化　李红雄　考古与文物　1988 年 3 期 56 页

甘肃与青海东部地区史前文化试探　马建华　西北史地　1991 年 2 期 96～103 页

甘肃青海新石器时代艺术综述　刘溥等　文艺理论研究　1991 年 3 期 74～77 页

甘、宁史前文化探源（上）　张奇、杨三佛　甘肃社会科学　1999 年 4 期 73～77 页

甘青地区新石器时代的水器　阎渭清　考古与文物　2004 年 3 期 28～31 页

甘青地区考古文化的重要内涵及其意义　郑振香　新世纪的中国考古学；王仲殊先生八十华诞纪念论文集　2005 年 232～241 页

1）甘肃

中国的一支早期文化　安特生　中国地理学会志　1923 年 5 卷 1 期

甘肃考古　裴文中　北平华北日报　1937 年 11 月 14 日

甘肃考古　裴文中　上海申报　1941 年 12 月 20～27 日

甘肃考古　裴文中　讲演北大史学会记　申报·文史周刊　3～4 期 1947 年 12 月 20 日、27 日

甘肃远古文化及其有关的几个问题　安志敏　考古通讯　1956 年 6 期 9 页

关于甘肃远古文化的一些新论据　安志敏　历史教学　1958 年 1 期 20 页

甘肃远古历史初探　曹怀玉　历史教学与研究　1959 年 4 期 31 页

甘肃古文化遗存　甘肃省博物馆　考古学报　1960 年 2 期 11 页

甘肃古史中的几个问题（与曹怀玉先生商榷）　张玉璞　历史教学与研究　1960 年 2 期 20 页

甘肃的远古文化　余尧　西北师大学报　1980 年 4 期 112～116 页

略论甘肃仰韶文化的类属和社会性质　伍德煦　西北师院学报 1982 年 1 期 52 页

甘肃古代文化遗存概说　文秋　兰州学刊　1986 年 2 期 98 页

甘肃史前文化及其研究　王吉怀　西北史地　1989 年 2 期 5 页

甘肃史前考古十年　郎树德　西北史地　1989 年 4 期 13～19 页

甘肃地区新石器中期以前诸远古文化的发现与研究　方群　甘肃社 会科学　1991 年 6 期 102～107 页

简评甘肃史前考古研究的新收获　张行　甘肃社会科学　1992 年 2 期 74～78 页

甘肃史前史研究与展望　郎树德　西北史地　1992 年 2 期 1～8 页

20 世纪甘肃考古的回顾与展望　王辉　考古　2003 年 6 期 7～18 页

浅述白龙江流域史前文化发展的内涵　裴卷举　西北史地　1996 年 3 期 18～25 页

白龙江流域新石器时代文化谱系的初步研究　张强禄　考古　2005 年 2 期 54～70 页

论常山下层文化　胡谦盈　中国原始文化论集　1989 年 6 月 91 页

答《陇东镇原常山下层遗存浅析》　胡谦盈　考古　1991 年 3 期 238～244 页

天水师赵村史前文化遗址发掘主要收获　赵信　中国文物报　1990 年 8 月 9 日 3 版

天水西山坪和师赵村遗址发掘的学术意义　王吉怀　考古　1991 年 7 期 639～648 页

师赵村一期文化的发现及其意义　谢端琚　中国文物报　1992 年 8 月 23 日 3 版

论师赵村一期文化　谢端琚　陇右文博创刊号　1996 年 64～71 页

师赵村一期文化的发现与研究　谢端琚　新世纪的中国考古学：王 仲殊先生八十华诞纪念论文集　2005 年 102～120 页

甘肃天水师赵村遗址发掘与研究　赵信　新世纪的中国考古学：王

仲殊先生八十华诞纪念论文集　2005 年 121～129 页

　　临洮史前人类住所值得商榷的问题　王治卿　陇衡　1948 年 4 卷

　　甘肃山丹四霸滩新石器时代遗址　安志敏　考古学报　1959 年 3 期 7 页

　　试论陇西黄土区古文化、古民族及早期经济开发　冯志毅　西北民族学院学报　1983 年 2 期 64 页

　　兰州新石器时代文化述论　何砚寺　兰州学刊　1986 年 5 期 88 页

　　大何庄遗址"分段"研究商榷——与张忠培同志讨论　伊竺　考古 1988 年 6 期 538 页

　　雁儿湾和西坡呱　严文明、张万仓　考古学文化论集（三）1993 年 12～31 页

　　苍儿遗址文化性质初探　樊维华　考古　1994 年 1 期 66～69 页

　　傅家门发掘追记　赵信　中国文物报　1995 年 8 月 20 日 3 版

　　西河滩遗址发掘主要收获及其意义　赵丛苍　西北大学学报（哲学社会科学版）　2005 年 35 卷 3 期 50～51 页

　　2）青海

　　青海古代社会性质演变的探讨　白砥民　青海师范学院学报　1960 年创刊号 75 页

　　青海乐都柳湾原始社会墓葬第一次发掘的初步收获　青海省文物管理处考古队、北京大学历史系考古专业　文物　1976 年 1 期 67 页

　　青海的古代文化　安志敏　考古　1979 年 7 期 375 页

　　丰富多彩的青海古代文化　青海省文物考古队　青海社会科学 1980 年 1 期

　　青海考古学文化概论　许新国　青海地方史志研究　1983 年创刊号

　　青海地区原始生活初探　陈国显、尚民杰　青海社会科学　1984 年 1 期 68 页

　　青海古文化的内涵及其研究　谢佐　青海地方史志研究　1984 年 2 期

灿烂的青海古代文化　李蔚　光明日报　1984 年 12 月 30 日 2 版

从柳湾古墓发掘出来的大量遗物看几千年前青海社会的一角　光明日报　1985 年 5 月 19 日 2 版

青海民族考古的发现与研究　谢端琚　民族研究动态　1988 年 1 期 1 页

青海考古的回顾与展望　许新国　考古　2002 年 12 期 3 ~ 11 页

青海远古文化是中原仰韶文化的延伸和发展　岳永芳　青海社会科学　2006 年 3 期 122 ~ 125 页

试论宗日遗址的文化性质　陈洪海等　考古　1998 年 5 期 15 ~ 26 页

西吉县宗日遗存研究中的几点思考　陈洪海　西部考古（第一辑）2006 年 106 ~ 113 页

喇家遗址绝对年代的初步认识　叶茂林　中国文物报　2004 年 2 月 6 日 7 版

"东方庞贝" ——喇家遗址　章易等　丝绸之路　2004 年 2 期 11 ~ 14 页

喇家遗址发掘与齐家文化研究　谢端琚　中国文物报　2005 年 1 月 7 日 7 版

喇家遗址发掘与官亭盆地遗址群的聚落考古　叶茂林、任晓燕　中国文物报　2005 年 1 月 21 日 7 版

喇家遗址中古人类死亡及遗址废弃原因分析　夏正楷、杨晓燕　中国文物报　2005 年 1 月 21 日 7 版

意外的喇家　王仁湘　中国文物报　2005 年 1 月 21 日 7 版

湟中县骆驼堡村马厂遗址　青海日报　1964 年 5 月 21 日

隆务河流域的远古文化　格桑本　青海日报　1981 年 7 月 28 日

近年来在循化撒拉族自治县发掘出大量新石器时期文物　明瑞恒、康钱塘　青海日报　1985 年 8 月 25 日

青海民和出土的一件特殊陶鼓　李晓东、叶茂林　中国文物报 2003 年 12 月 19 日 7 版

3）宁夏

河套之史前文化　裴文中　中央亚细亚　1943 年 4 月 2 卷 2 期 10 页，中国史前时期之研究　1948 年 12 月

宁夏回族自治区文物考古工作的主要收获　宁夏回族自治区博物馆 文物　1978 年 8 期 54 页

史前宁夏境内两种经济文化类型的存在与发展　张跃东等　宁夏社 会科学　1989 年 5 期 53 页

宁夏文物考古发现与研究概述　韩小忙　宁夏大学学报（社科版） 1992 年 14 卷 4 期 79~84 页

近两年来宁夏文物考古发现与研究　韩小忙　固原师专学报　1997 年 18 卷 4 期 73~77 页

宁夏境内史前人类居住形态述略　余军　宁夏社会科学　1998 年 6 期 70~75 页

固原新石器考古文化的发现与研究　马建军、石磊　固原师专学报 2001 年 2 期 46~49 页

二十世纪宁夏考古的回顾与反思　罗丰　固原师专学报　23 卷 2002 年 2 期 68~75 页

20 世纪宁夏考古的回顾与思考　罗丰　考古　2002 年 8 期 3~13 页

菜园遗存的多维剖析　许成　宁夏考古科学　1988 年 6 期 78 页

论菜园遗存与周边文化的关系　陈斌　中国历史博物馆考古部纪念 文集　2000 年 95~106 页

隆德新石器文化述略　王全甲　固原师专学报　1986 年 1 期 66 页

隆德县新石器时代文化浅析　王全甲　宁夏文物　1986 年 1 期 66

（2）大地湾文化

试谈大地湾一期和其它类型文化的关系　张朋川、周广济　文物 1981 年 4 期 9 页

试论大地湾仰韶晚期遗存　郎树德、许永杰、水涛　文物　1983 年 11 期 31 页

新石器考古的空前发现——大地湾遗址　文秋　兰州学刊　1986 年 4 期 98 页

略论大地湾遗址的发掘意义　阎渭清　西北史地　1988 年 3 期 53 页

关于大地湾 F901 房基的几点认识　赵建龙、阎渭清　考古与文物 1990 年 5 期 70～74 页

大地湾遗址与中国古代文化　张忠尚等　甘肃社会科学　1993 年 1 期 33～35 页

大地湾地画再考　吕恩国、刘学堂　考古与文物　1995 年 3 期 67～ 74 页

大地湾地画的含义　汪国富　陇右文博创刊号　1996 年 150～152 页

大地湾遗址的文化内涵与开发前景　汪国富　西北史地　1996 年 2 期 25～29 页

大地湾地画和史前社会的男性同性爱型岩画　陈星灿　东南文化 1998 年 4 期 72～77 页

甘肃秦安大地湾地画是一幅野合图　祝恒富　四川文物　1999 年 1 期 54～55 页

再议秦安大地湾地画　吴敏娜　青年考古学家　2000 年 12 期 14～18 页

大地湾考古与甘肃新石器时代研究　郎树德　陇右文博　2002 年 2 期 9～13 页

大地湾遗址的发现的初步研究　郎树德　甘肃社会科学　2002 年 5 期 136～139 页

从大地湾一、二期文化看我国古代母系氏族社会　汪国富　天水师范学院学报　2002 年 22 卷 6 期 35～37 页

大地湾考古创 6 项中国之最　郎树德　收藏界　2003 年 1 期 8~11 页

西北先民拓荒之始——大地湾　郎树德　丝绸之路　2003 年 4 期 4~8 页

甘肃秦安县大地湾遗址聚落形态及其演变　郎树德　考古　2003 年 6 期 83~89 页

大地湾考古对仰韶文化研究的贡献　郎树德　三门峡文史资料·第十二辑：灿烂的仰韶文化　2003 年 246~256 页

从大地湾遗址一、二期遗存看母系氏族社会　汪国富　史前研究（2002）2004 年 252~258 页

再议秦安大地湾地画　吴敏娜　考古与文物　2004 年增刊·先秦考古 147~149 页

（3）马家窑文化

五千年前兰州附近的马家窑氏族　薛英群　甘肃日报　1962 年 5 月 12 日

有关马家窑文化的一些问题　石兴邦　考古　1962 年 6 期 318 页

马家窑文化诸类型及其相关的问题　谢端琚　考古与文物　1985 年 1 期 63 页

从半山、马厂类型看马家窑文化的社会性质及演进　戴春阳　西北史地　1989 年 3 期 75 页

关于马家窑文化的几个问题　张忠培、李伊萍　庆祝苏秉琦考古五十五年论文集　1989 年 8 月 265 页

青海省马家窑文化聚落规模考察　王妙发　青果集——吉林大学考古系建系十周年纪念文集　1998 年 84~99 页

河西地区新见马家窑文化遗存及相关问题　李水城　苏秉琦与当代中国考古学　2001 年 121~135 页

马家窑文化渊源试探　谢端琚　中国考古学研究——夏鼐先生考古五十年纪念论文集（二）　1986 年 8 月 19 页

试论马家窑文化的渊源及有关问题 戴春阳 西北史地 1988 年 3 期 42 页

试以文化变迁理论评马家窑文化的起源、发展说 邓建富 中原文物 1995 年 3 期 40～45 页

谈马家窑、半山、马厂类型的分期和相互关系 张学正、张朋川、郭德勇 中国考古学会第一次年会论文集（1979） 1980 年 12 月 50 页

马家窑文化与仰韶文化的关系 张强禄 考古 2002 年 1 期 47～60 页

马家窑文化的分期、类型、来源及其周边文化关系（内容提要）丁见祥 古代文明研究通讯 总 30 期 2006 年 22 页

半山、马厂文化研究 李伊萍 考古学文化论集（三）1993 年 32～67 页

关于半山文化和马厂文化关系的讨论 陈雍 考古学文化论集（三）1993 年 68～79 页

半山式文化遗存分析 张弛 考古学研究（二）（北京）1994 年 33～77 页

论石岭下类型的文化性质 谢端琚 文物 1981 年 4 期 21 页

石岭下类型文化与付家门遗址发掘新成果 赵信、陈建平 陇右文博创刊号 1996 年 72～73 页

石岭下类型初论 赵信 中国文物报 1996 年 7 月 21 日 3 版

（4）齐家文化

齐家期墓葬的新发现及其年代的改订 夏鼐 中国考古学报 1948 年 5 月第三册 101 页

论大何庄与秦魏家齐家文化的分期 谢端琚 考古 1980 年 3 期 248 页

试论齐家文化 谢端琚 考古与文物 1981 年 3 期 76 页

我省齐家文化的发掘及其研究 许兴国等 青海社会科学 1981 年 3

期 96 页

齐家文化研究（上）　张忠培　考古学报　1987 年 1 期 1 页

齐家文化研究（下）　张忠培　考古学报　1987 年 2 期 153 页

关于齐家文化研究中的几个问题　陈迟　考古　1988 年 6 期 528 页

齐家文化卜俗探讨　木易　中国文物报　1993 年 12 月 19 日 3 版

齐家文化的动物与精神生活　杨涛　青年考古学家　总第 1997 年 9
期 30～33 页

齐家文化是马家窑文化的继续和发展　谢端琚　考古　1976 年 6 期
352 页

试论齐家文化的不同类型及其源流　胡谦盈　考古与文物　1980 年 3
期 77 页

齐家文化起源探讨　梁星彭　史前研究　1984 年 3 期 33 页

黄河上游的父系氏族社会——齐家文化社会经济形态的探索　石陶
考古　1961 年 1 期 3 页

关于齐家文化主要经济形态的探讨　一丁　考古　1961 年 7 期 388 页

齐家文化的经济形态　宋涛　丝绸之路　1996 年 5 期 22 页

从齐家文化考古资料看西北地区私有制和阶级的起源　王吉怀　青
海师范大学学报　1988 年 4 期 107 页

齐家文化社会形态浅析　戴春和　西北史地　1990 年 1 期 46～51 页

齐家文化概貌及社会性质的研究　王吉怀　西北史地　1990 年 4 期
12～20 页

2. 黄河中游

"河套地区"新石器时代遗存的研究　张忠培、关强　江汉考古

1990 年 1 期 17 ~ 32 页

关于黄河中游新石器时代早中期考古学文化的相关问题　方燕明
中原文物　1994 年 2 期 31 ~ 40 页

简论黄河中游新石器时代考古研究　立夫　华夏考古　1995 年 3 期
25 ~ 37 页

陕北、内蒙古中南部及晋北地区寨峁文化　吕智荣　史前研究
（2000）2000 年 133 ~ 147 页

豫北冀中南地区新石器时代考古回顾与展望　乔登云　文物春秋
2001 年 5 期 7 ~ 17 页

简述丹江上游新石器时代遗址　周星、王昌富　文博　1992 年 3 期
3 ~ 8 页

丹江上游地区新石器时代考古学文化初探　李永强　考古与文物增
刊・先秦考古　2004 年 60 ~ 65 页

（1）北京、天津、河北地区新石器时代文化研究

史前时代的华北　〔日〕三森定男著　徐闻译　中日文化　1941 年
1 月 1 卷 1 期 87 页

华北新石器时代文化的类别、分布与编年　李济　大陆杂志　1968
年 2 月 36 卷 4 期 99 页

华北农业村落生活的确立与中原文化的黎明　张光直　中研院历史
语言研究所集刊　1970 年 10 月四十二本第一分 113 页

蓟运河上游地区史前文化遗存初探　文启明　文物　1999 年 11 期
67 ~ 71 页

1）北京

十年来北京市所发现的重要古代墓葬和遗址　苏天钧　考古　1959
年 3 期 135 页

建国四十年北京市文物工作成绩显著　孙玲　中国文物报　1989 年 10 月 6 日 3 版

北京市新石器时代考古发现与研究　郁金城　跋涉集　1998 年 39~44 页

北京市考古工作的回顾与展望　北京市文物研究所（王鑫）　考古 2004 年 2 期 7~17 页

燕山南麓新石器时代文化初论　段宏振　北方文物　1995 年 1 期 17~21 页

燕山南麓新石器早期遗存的若干问题　王月前　文物春秋　2002 年 4 期 1~6 页

燕山南麓地区新石器文化的发现与研究　郭京宁　文物春秋　2005 年 4 期 1~6 页

东胡林人与雪山文化遗址　齐心　学习与研究　1982 年 1 期 50 页

论雪山一期文化　韩建业　华夏考古　2003 年 4 期 46~54 页

雪山一期文化研究　王策、王清林　北京文博　2004 年 2 期 56~67 页

关于雪山二期文化的几个问题　张锟　考古与文物增刊·先秦考古 2004 年 53~59 页

试论上宅文化　刘化成　华夏考古　1999 年 1 期 18~25 页

北京转年遗址的农业考古意义　于德源　农业考古　2003 年 3 期 56~58 页

2）天津

环渤海考古及其相关的问题　徐光冀　文物春秋　1992 年增刊 22~24 页

五千年前环渤湾考古学文化区系关系　刘观民　环渤海考古国际学

术讨论会论文集 1996 年 50 ~ 53 页

"用边脚料做时装"——温习苏秉琦先生对天津考古的一项教导 韩嘉谷 苏秉琦与当代中国考古学 2001 年 103 ~ 120 页

环渤海考古与青州考古 苏秉琦 考古 1989 年 1 期 47 页

论环渤海的史前文化——兼评"区系"观点 安志敏 考古 1993 年 7 期 609 ~ 615 页

环渤海史前考古研究在日本 蔡凤书 环渤海考古国际学术讨论会论文集 1996 年 80 ~ 85 页

环渤海考古的新起点——世界的中国考古学 苏秉琦 考古学文化论集（四） 1997 年 1 ~ 2 页

试论环渤海地区史前文化的关系与文明 王锡平 考古学文化论集（四）1997 年 96 ~ 103 页

环渤海考古学文化变迁刍议 韩嘉谷 考古学文化论集（四）1997 年 135 ~ 154 页

环渤海古文化谱系和区系类型说 韩嘉谷 中国考古学会第九次年会论文集 1997 年 20 ~ 34 页

从考古学资料看天津平原发展的曲折历程 韩嘉谷 中国考古学会第二次年会论文集 1982 年 6 月 225 页

天津史前文化遗存刍议 文启明 史前研究（2000）2000 年 36 ~ 51 页

天津史前时期经济与文化 文启明 农业考古 2004 年 1 期 29 ~ 33 页

考古的天津 陈雍 庆祝张忠培先生七十岁论文集 2004 年 558 ~ 570 页

3）河北
解放以来热河省考古的新发现 郑绍宗 考古通讯 1955 年 5 期 52 页

河北省考古工作概述　河北日报　1957 年 2 月 20 日 3 版

河北地区原始社会文化简介　郑绍宗　河北日报　1962 年 8 月 21 日

有关河北长城区域原始文化类型的讨论　郑绍宗　考古　1962 年 12 期 658 页

张家口地区新石器时代和青铜时代考古研究学术讨论会侧记　华泉　史学集刊　1982 年 4 期 76 页

论蔚县周以前的古代遗存　张忠培　中国原始文化论集　1989 年 6 月 229 页

河北省新石器时代考古发现与研究　郑绍宗　磁山文化论集　1989 年 6 月 104 页

关于河北新石器时代考古学文化研究中的几个问题　石永士　磁山文化论集　1989 年 6 月 114 页

河北省文物考古工作十年的主要收获（1979～1988）　郑绍宗　文物春秋　1989 年创刊号 38 页

河北考古学研究与展望　张忠培　文物春秋　1991 年 2 期 1～9 页

河北文物考古概述　张立柱　三代文明研究（一）——1998 年河北邢台中国商周文明国际学术研讨会论文集　1999 年 1～3 页

邢台文物考古概述　刘龙启　三代文明研究（一）——1998 年河北邢台中国商周文明国际学术研讨会论文集　1999 年 4～6 页

河北省考古工作 50 年回顾　河北省文物研究所（郭瑞海、段宏振）文物春秋　1999 年 5 期 15～34 页

河北考古的世纪回顾与思考　段宏振　考古　2001 年 2 期 1～12 页

试论几项河北考古发现的重要意义　唐晓燕　文物春秋　2002 年 6 期 21～25 页

邯郸考古世纪回眸与前瞻　乔登云　文物春秋　2004 年 6 期 1～15 页

滦河流域安新庄类型遗存初析　金家广　河北大学学报　1988 年 2 期 12 页

安新庄遗址再认识 文启明 考古 1998 年 8 期 60 ~ 70 页

孟各庄新石器时代遗存的初探 金家广 考古 1983 年 5 期 446 页

午方新石器时代遗存的发现和认识 文启明 考古学集刊 1987 年 3 月第 5 集 285 页

略谈安新县梁庄、留村遗存的发现 金家广、徐浩生 磁山文化论集 1989 年 6 月 149 页

论滦平后台子下层文化遗存及相关问题 刘国祥 考古求知集 1997 年 194 ~ 212 页

唐山地区滦河流域新石器遗存初论 刘化成 文物春秋 1998 年 4 期 36 ~ 43 页

南杨庄遗址及其相关问题 文启明 考古 1999 年 11 期 46 ~ 55 页

河北围场县的新石器时代文化概貌 彭立平 文物春秋 2005 年 1 期 17 ~ 20 页

西寨遗址陶器分析 张治强 北方文物 2005 年 3 期 11 ~ 18 页

（2）河南、陕西、山西地区新石器时代文化研究

陕晋豫地区仰韶晚期遗存的若干问题 卜工、许永杰 华夏考古 1991 年 4 期 51 ~ 60 页

陕晋豫地区新石器时代的文化汇聚 薛新民、宋建忠 山西省考古学会论文集（三） 2000 年 212 ~ 216 页

晋西南豫西北部庙底沟二期——龙山时代文化的分期与谱系 韩建业 考古学报 2006 年 2 期 179 ~ 204 页

新石器时代的中原 石璋如 大陆杂志 1952 年 4 卷 3 期 65 页

关于中原新石器时代文化几个问题 许顺湛 文物 1960 年 5 期 90 页

《关于中原新石器时代文化几个问题》一文的商榷 张勋燎 考古

1961 年 9 期 497 页

中原地区古代文化发展序列的缩影——记登封告成地下古代文化遗存 安金槐 史学月刊 1984 年 3 期 1 页

中原地区原始文化的几个问题 赵芝荃 吴加安 中国原始文化论集 1989 年 6 月 135 页

试论中原新石器时代文化的分期标准及相关问题 王宜涛 文博 1990 年 4 期 19～23 页

从放射性碳素断代看中原地区新石器文化的几个问题 魏书亚、宋国定 中原文物 1997 年 2 期 100～103 页

中原地区新石器时代中期向晚期的过渡 孙祖初 华夏考古 1997 年 4 期 47～59 页

以中原为中心的历史趋势的形成 赵辉 文物 2000 年 1 期 41～47 页

中原文化中的东方因素 邵望平 中原文物 2002 年 2 期 9～11 页

新中原中心论 张学海 中原文物 2002 年 3 期 7～12 页

论新石器时代中原文化的历史地位 韩建业 江汉考古 2004 年 1 期 59～64 页

公元前 2500～公元前 1500 年中原地区经济形态研究 袁靖 中国文物报 2006 年 10 月 27 日 7 版

1）河南

八个月来的郑州文物工作概况 河南文物工作队第一队 文物参考资料 1955 年 9 期 56 页

建国以来河南考古的重要收获 河南省博物馆 文物 1972 年 10 期 2 页

河南文物考古三十年 杨育彬 河南文博通讯 1979 年 3 期 4 页

密县古文化遗址概述 魏殿臣、谷洛群 河南文博通讯 1980 年 3 期 28 页

七十年代初信阳地区考古勘察回忆录——追记一篇下落不明的考古

调查记 苏秉琦 中原文物 1981 年 4 期 1 页

近年来河南夏商文化考古的新收获——为中国考古学会第四次年会而作 安金槐 文物 1983 年 3 期 1 页

河南地下文物新发现——庆祝中华人民共和国成立三十五周年 河南省文化厅文物局地下文物科 中原文物 1984 年 3 期 5 页

近十年河南原始社会考古的重要发现与研究 杨肇清 华夏考古 1989 年 3 期 1 页

河南新石器时代考古概述 李绍连 中原文物 1989 年 3 期 15 页

河南文物工作四十年 河南省文物局 中原文物 1989 年 4 期 51 页

淮阳的考古发现与研究 曹桂岑 中原文物 1989 年 4 期 64 页

河南省文物考古四十年 杨育彬 史学月刊 1989 年 4 期 1 页

河南先秦考古的新发现 杨振威等 中州今古 1991 年 6 期 34 ~ 36 页

河南省文物研究所四十年来发展历程的回顾 安金槐 华夏考古 1992 年 3 期 1 ~ 33 页

河南省文物研究所的成就、现状与展望 郝本性、杨育彬、杨肇清、许天申 华夏考古 1992 年 3 期 34 ~ 44 页

试论河南新石器时代诸文化的区域类型 孙广清 中原文物 1995 年 1 期 34 ~ 43 页

近年来河南考古新发现与研究 杨育彬 "迎接二十一世纪的中国考古学"国际学术讨论会论文集 1998 年 203 ~ 211 页

濮阳新石器文化初探 万共瑞、王义印 中国文物报 1999 年 8 月 11 日 3 版

河南考古五十年回眸 杨育彬 华夏考古 1999 年 3 期 1 ~ 9 页

二十年来河南考古发现与研究 杨肇清 华夏考古 1999 年 3 期 10 ~ 18 页

河南考古的世纪回顾与前瞻 河南省文物考古研究所（杨育彬） 考古 2000 年 2 期 1 ~ 15 页

世纪之交的河南考古（提要） 杨育彬 文化的馈赠：汉学研究国

际会议论文集（考古学卷） 2000年81～83页

略论"郑洛文化区" 杨亚长 华夏考古 2002年1期43～55页

豫东地区考古学文化初论 段宏振、张翠莲 中原文物 1991年2期43～46页

试论豫东龙山文化时期的社会经济基础 郑清森 黄淮学刊（哲社版） 1996年12卷2期91～94页

豫东南地区新石器时代文化初探 张志清 河南文物考古论集 1996年86～91页

豫东西部地区考古文化概论 魏兴涛 河南文物考古论集 1996年92～97页

河南商丘地区新石器时代考古综述 王良田 河南文物考古论集 1996年98～111页

豫西南地区新石器文化的发展序列及其与邻近地区的关系 樊力 考古学报 2000年2期147～182页

豫东考古学文化综论 阎道衡 中原文物考古研究 2003年87～95页

九朝故都考古述略 吴戈、张剑 中原文物 1983年4期62页

孙旗屯遗址——洛阳新石器时代遗址之二 谭洛风 洛阳师专学报 1987年1期163页

近十年洛阳市文物工作队考古工作概述 叶万松 文物 1992年3期41～45页

六年来考古工作的回顾 郭引强 中国文物报 1992年8月16日3版

洛阳新石器时代考古发现与研究 洛冰 河洛文明论文集 1994年14～37页

四十年来伊洛地区原始社会考古的主要收获 叶万松、李德方 洛阳考古四十年——一九九二年洛阳考古学术研讨会论文集 1996年1～13

页

　　洛阳地区新石器文化区系　李友谋　洛阳考古四十年——一九九二年洛阳考古学术研讨会论文集　1996 年 139～145 页

　　洛阳新石器时代考古综述　张剑　华夏考古　1999 年 2 期 46～55 页

　　河洛文化的融合性——兼谈河洛文化与闽台的关系　张文军　中原文物　2003 年 1 期 9～12 页

　　南阳新石器时代初步探讨　孙文青　刘兴唐　金陵学报　1940 年 5 月 10 卷 1～2 期 119 页

　　南阳地区新石器时代文化初探　王建中　论仰韶文化　1986 年 12 月 216 页

　　从考古发现谈南阳在华夏古文明中的历史地位　杨育彬、孙广清　学术研究文集——纪念南阳市博物馆建馆四十周年（1959～1999）2000 年 45～78 页

　　新乡地区新石器时代文化初探　刘习祥、张新斌　考古与文物 1985 年 6 期 47 页

　　新乡地区新石器时代考古综述　杨守礼、刘习祥　论仰韶文化 1986 年 12 月 210 页

　　高井台子三种陶业概述　吴金鼎　田野考古报告　1926 年 8 月　第一册　201 页

　　关于许昌灵井遗址和大荔沙苑石器地点群一些问题的看法　张瑞岭 中原文物　1988 年 3 期 27 页

　　试析寨茨岗遗址的文化性质　吴汝祚　华夏考古　1988 年 4 期 71 页

　　坞罗西坡文化遗存试析　廖永民　中原文物　1994 年 1 期 38～40 页

　　小浪底水库区姑婳、寨根新石器遗址的发现与意义　叶万松、李友

谋　中国文物报　1997年1月5日3版

方城大张庄新石器时代文化源流　李骁、范海　中原文物　1998年4期44～45页

试析河南鹿邑县武庄遗址新石器时代文化遗存　张文军等　考古2003年2期51～56页

试论尉氏椅圈马遗址第四期遗存的文化性质　郑清森　华夏考古2004年2期48～52页

2）陕西

陕西省社会科学院考古研究所三年来的科学研究工作简介　吴子荣考古　1962年5期271页

三十年来陕西石器时代考古的主要收获　巩启明　考古与文物1980年1期54页

陕西新石器时代考古工作的几个问题　巩启明　考古与文物丛刊1983年3期8页；陕西省考古学会第一届年会论文集　1983年11月8页

建国三十五年来陕西考古工作的主要收获　考古与文物编辑部　考古与文物　1984年5期1页

碳－14测定年代与陕西地区新石器时代考古学文化　魏京武　史前研究　1985年1期29页

陕西新石器时代考古研究概况——巩启明先生在纪念仰韶村遗址发现65周年学术讨论会上的演讲　论仰韶文化　1986年12月37页

陕西省考古研究所三十年来研究工作的主要收获　陕西省考古研究所科研规划室　考古与文物　1988年5、6期合刊5页

陕西新石器时代考古工作与研究　巩启明　考古与文物　1988年5、6期合刊41页

建国后陕西地区史前研究的主要成果　石兴邦　史前研究辑刊1988年1页

成绩辉煌的陕西文博事业——为庆祝国庆四十周年而作　陈全方、文博　1989年5期3页

陕西文博科研成果览要——庆祝中华人民共和国建国四十周年　王丕忠、文博　1989 年 5 期 18 页

举世瞩目的陕西考古新发现　陈全方　龙语·文物艺术　1990 年创刊号 20～24 页，1990 年 2 期 33～40 页

建国以来陕西省史前考古发掘主要成果　陈全方　文博　1990 年 4 期 3～8 页

华夏文明面面观——陕西考古成就巡礼　黄新亚　文史知识　1992 年 6 期 81～89 页

周原地区新石器时代考古文化　张洲　西北大学学报（哲社版）1995 年 1 期 21～27 页

榆林区新石器时代文化遗存　巩启明、吕智荣　中国考古学会第八次年会论文集　1996 年 50～68 页

陕西地区史前考古的主要收获　杨亚长　考古与文物　1998 年 5 期 12～20 页

试论汉水上游地区的新石器时代文化　杨亚长　远望集——陕西省考古研究所华诞四十周年纪念文集　1998 年 97～112 页

陕西史前文化的谱系研究与周文明的形成　张忠培、孙祖初　远望集——陕西省考古研究所华诞四十周年纪念文集　1998 年 145～163 页

汉江上游史前文化研究——兼论与渭河流域史前文化的比较　魏京武　苏秉琦与当代中国考古学　2001 年 318～336 页

陕北新石器时代石城聚落的发现与初步研究　王炜林、马明志　中国社会科学院古代文明研究中心通讯　11 期 2006 年 34～44 页

西安附近古文化遗存的类型和分布　苏秉琦、吴汝祚　考古　1956 年 2 期 32 页

西安地区史前文化概述　王志俊、王颖娟·西部考古（第一辑）2006 年 77～85 页

汉中区的史前文化　陆懋德　说文月刊　1943 年 11 月 3 卷 11 期 7

页

汉中的史前文化 陈兴云 陕西史志 1994 年 5 期 54～56 页

渭水流域早期新石器遗存的相关问题 王吉怀 文物春秋 1990 年 4 期 32～40 页

李家村文化与渭河流域早期新石器文化的关系 吴加安 考古 1990 年 7 期 814～620 页

论渭河上游史前文化 谢端琚 中国考古学论丛 1993 年 12～28 页

试论"华渭文化区" 杨亚长 考古与文物 1998 年 4 期 28～56 页

新石器时代"泾渭文化区"的类型学划分 赵建龙 考古与文物 2005 年 1 期 18～22 页

陕西扶风县案板遗址 1984 年试掘的主要收获 历史系考古专业八一级实习队 西北大学学报 1985 年 2 期 35 页

论案板三期文化遗存 王世和、张宏彦、莫枯 考古 1987 年 10 期 917 页

试论案板遗址仰韶文化遗存的分期 张宏彦 考古与文物 1988 年 5、6 期合刊 191 页

案板遗址发掘的主要收获及意义 王世和、张宏彦 考古学研究（陕西） 1993 年 166～173 页

专家论证零口遗存 周言 考古与文物 1995 年 6 期 1 页

零口文化的发现及其意义 周春茂、阎毓民 文博 1997 年 5 期 30～33 页

零口遗存初探 阎毓民 远望集——陕西省考古研究所华诞四十周年纪念文集 1998 年 113～120 页

枣园 H1 遗存与零口文化 阎毓民 文物季刊 1999 年 2 期 22～26 页

零口遗址第二期文化遗存的碳－14 年代及相关问题 周春茂、阎毓

民 文博 2001 年 5 期 29~31 页

关于零口村文化的年代问题 周春茂 考古与文物 2002 年 1 期 51~55 页

"零口文化"试析 吉笃学 考古与文物 2002 年 3 期 61~65 页

零口文化层的热释光年龄 尹功明等 考古与文物 2002 年 1 期 91~93 页

临潼零口遗址二期文化 **M21** 墓主死因试探 徐婵菲 耕耘论丛 (二)2003 年 16~22 页

零口二期遗存的文化性质及相关问题 杨亚长 考古与文物 2003 年 6 期 40~43 页

零口遗存的认识问题及其他 田建文 考古与文物 2004 年 3 期 20~27 页

新华遗存及其相关问题初探 王炜林 庆祝张忠培先生七十岁论文集 2004 年 150~162 页

新华文化述论 孙周勇 考古与文物 2005 年 3 期 40~48 页

试论石峁等遗存与客省庄二期文化的关系 魏世刚 文博 1990 年 4 期 33~40 页

石峁遗存试析 张宏彦、孙周勇 考古与文物 2002 年 1 期 56~61 页

郑则峁一期遗存的相关问题初探 吕智荣 内蒙古文物考古 2001 年 2 期 1~5 页

郑则峁一期遗存的相关问题初探 吕智荣 史前研究(2002)2004 年 350~355 页

商县紫荆第四期文化遗存试析 梁星彭、陈超 考古与文物 1984 年 3 期 49 页

史前聚落考古的重要成果——《姜寨》评述 严文明 文物 1990

年 12 期 22～26 页

朱开沟古文化遗存与李家崖文化　吕智荣　考古与文物　1991 年 6 期 47～52 页

客省庄二期文化遗存分析　姜捷　史前研究（2002）　2004 年 356～375 页

3）山西

山西省几年来考古工作概况　山西省文物管理工作委员会、山西省考古研究所　文物　1962 年 4～5 期 19 页

山西省十年来的文物考古新收获　山西省文物工作委员会　文物 1972 年 4 期 1 页

晋国建立前晋地文化的发展　王克林　中国考古学会第三次年会论文集　1984 年 4 月 195 页

近年来山西发现的文物　乔家才　山西文献　（1986 年）28 期 29～43 页

谈"晋文化"考古　苏秉琦　文物与考古论集　1986 年 12 月 44 页

史前太原研究　马剑东　城市研究　1989 年 3 期 55 页

论河东文化的历史地位　李元庆　晋阳学刊　1990 年 1 期 40～48 页

山西考古学文化的区系类型问题　田建文　汾河湾——丁村文化与晋文化考古学术研讨会文集　1996 年 126～137 页

追寻文明的足迹——山西五十年考古纵览　宁立新　文物世界 1999 年 1 期 6～9 页

跨向 21 世纪的山西考古工作　张庆捷　山西省考古学会论文集（三）　2000 年 7～14 页

山西考古笔记　田建文　山西省考古学会论文集（三）　2000 年 484～497 页

浅谈山西庙底沟二期文化及相关问题　张素琳　中国历史博物馆考古部纪念文集　2000 年 71～81 页

山西考古的世纪回顾与展望　张庆捷　考古　2002 年 4 期 3～15 页

关于"尧都平阳"历史地望的再探讨——兼与王尚义先生商榷　卫斯　中国历史地理论丛　2005 年 1 期 146～151 页

晋南——文物的宝库　顾铁符　文物参考资料　1956 年 10 期 22 页

晋南地区新石器时期考古学文化的新认识　田建文等　文物季刊 1992 年 2 期 35～43 页

史前时期晋中与晋南的文化交流——大运高速公路上的马和遗址勘探纪实　王万辉　文物世界　2005 年 3 期 19～21 页

山西怀仁窑子头的细石器遗存　陈哲英、丁来普　史前研究　1984 年 4 期 63 页

山西大同高山镇之细石器　陈哲英、王清诗、解廷琦　史前研究 1985 年 2 期 56 页

山西细石器研究　陈哲英　山西省考古学会论文集（三）　2000 年 193～205 页

试论东庄村和西王村遗存的文化性质　张忠培　考古　1979 年 1 期 37 页

东庄村西王村遗存的文化性质与年代分析　李友谋　中原文物 1985 年 4 期 40 页

关于垣曲古城早期遗存的性质和年代　阎毓民　考古与文物　1999 年 2 期 30～35 页

关于古城东关早期文化遗存的若干相关问题　许志勇　中国历史博物馆考古部纪念文集　2000 年 26～33 页

垣曲盆地古城东关史前聚落之变迁——史前聚落个案分析　佟伟华 古代文明　2004 年第 3 卷 1～14 页

宁家坡陶窑引发的思考　宋建忠、薛新民　山西省考古学会论文集

（三） 2000 年 217~220 页

宁家坡遗址发掘追记（上、下） 薛新明、宋建忠 文物世界
2004 年 4 期 61~66 页、2004 年 6 期 29~31 页

侯马东呈王新石器时代遗址发掘的重要意义 高天麟 考古 1992
年 1 期 62~68 页

大同马家小村遗存分析 海金乐 文物季刊 1992 年 4 期 55~61 页

岔沟陶鬲与峪道河三足瓮的时代问题 张德光 文物季刊 1994 年 1
期 48~52 页

黎城县东阳关遗存分析 杨林中、王京燕 山西省考古学会论文集
（三） 2000 年 226~230 页

洪洞侯村新石器时代遗存分析 王晓毅、翟少冬 山西省考古学会
论文集（三） 2000 年 231~236 页

（3） 新石器时代早期文化

太行山东麓地区新石器时代早期文化的新认识 段宏振 文物春秋
1992 年 3 期 1~8 页

华北中部旧石器晚期至新石器早期聚落形态的变化 李德森、许成
等 考古 1995 年 11 期 1013~1027 页

环渤海新石器时代早期的文化系统 〔日〕宫本一夫 环渤海考古
国际学术讨论会论文集 1996 年 112~113 页

中国北方早期新石器文化特点初探 郭瑞海、李珺 河北省考古文
集（二） 2001 年 358~364 页

从北京转年遗址的发现看我国华北地区新石器时代早期文化的特征
郁金城 北京文物与考古 2003 年第五辑 37~43 页

浅议徐水南庄头新石器时代早期遗存 金家广、徐浩生 考古
1992 年 11 期 1018~1022 页

新石器时代早期遗存南庄头的发现与思考　金家广、徐浩生　文物春秋　1994 年 1 期 34～39 页

南庄头与华北平原——环渤海地区新石器时代早期文化　金家广、郁金城　苏秉琦与当代中国考古学　2001 年 59～75 页

专家谈东胡林遗址的学术背景和意义　曹兵武　中国文物报　2003 年 11 月 7 日 7 版

浅议北京东胡林遗址的新发现　于德源　农业考古　2006 年 4 期 14～18 页

（4）新石器时代中期文化

陕西地区新石器时代早期文化　张瑞岭、范志文　人文杂志　1984 年 1 期 120 页

论中原新石器时代中期文化　孙祖初　文物季刊　1996 年 4 期 39～56 页

试论河南省前仰韶文化　张居中　河南文物考古论集　1996 年 1～11 页

许昌地区的新石器时代早期遗存　朱帜　论仰韶文化　1986 年 12 月 229 页

试论豫东地区新发现的新石器时代早中期遗存　韩玉玲、李锋　中原文物考古研究　2003 年 6～11 页

裴李岗、磁山和仰韶——试论中原新石器文化的渊源及发展　安志敏　考古　1979 年 4 期 335 页

试论磁山、裴李岗遗存的性质——兼论中原地区新石器文化系统的区分　张之恒　考古与文物　1981 年 1 期 53 页

李家村、老官台、裴李岗——关于黄河中游地区新石器时代早期文

化的几个问题 魏京武 考古与文物 1981 年 4 期 69 页

略谈裴李岗文化的类型及其与仰韶文化的关系 郑乃武 中国考古学研究——夏鼐先生考古五十年纪念论文集 1986 年 8 月 1 页

周口地区的裴李岗、仰韶和大汶口文化 韩维龙、秦永军 论仰韶文化 1986 年 12 月 224 页

论裴李岗文化在华北地区早期新石器文化中的领先地位 李友谋 中原文物 1988 年 4 期 34 页

磁山、裴李岗文化与黄河流域同时代诸文化的关系 张之恒 磁山文化论集 1989 年 6 月 70 页

磁山、裴李岗、下潘汪和后岗 张居中 磁山文化论集 1989 年 6 月 81 页

白家文化和裴里岗文化的比较研究 王志俊 史前研究——西安半坡博物馆成立四十周年纪念文集 1998 年 270～282 页

论白家文化和裴李岗文化 王志俊、王颖娟 文博 2003 年 5 期 28～36 页

河南周口迄今发现的裴李岗、仰韶文化初探 秦永军、李全立 中国文物报 2005 年 5 月 27 日 7 版

北福地与磁山——约公元前 6000～前 5000 年黄河下游地区史前文化的格局 段宏振、张渭莲 文物 2006 年 9 期 52～61 页

关于磁山、裴李岗文化的几个问题——从莪沟北岗遗址谈起 李绍连 文物 1980 年 5 期 20 页

略论"磁山"和"裴李岗"的有关问题 唐云明 考古与文物 1981 年 1 期 58 页

关于裴李岗、磁山文化的定名及其年代问题的探讨 杨肇清 华夏考古 1987 年 1 期 138 页

磁山、裴李岗两种遗存的比较和探讨 佟伟华、刘勇 史前研究 1987 年 3 期 21 页

磁山、裴李岗遗存文化性质与命名讨论 向绪成 磁山文化论集

1989 年 6 月 47 页

磁山与裴李岗　孙德海　磁山文化论集　1989 年 6 月 27 页

论磁山和裴李岗文化遗存的相互关系　李友谋　磁山文化论集 1989 年 6 月 52 页

略论裴李岗文化与磁山文化的关系　杨肇清　磁山文化论集　1989 年 6 月 60 页

略谈磁山与裴李岗文化的关系和发展　乐庆森　磁山文化论集 1989 年 6 月 96 页

裴李岗文化与磁山文化的关系　赵世纲　磁山文化论集　1989 年 6 月 100 页

试论裴李岗文化　李友谋、陈旭　考古　1979 年 4 期 347 页

论裴李岗文化　许顺湛　河南文博通讯　1980 年 1 期 10 页

关于"裴李岗文化"问题　荆三林　社会科学战线　1981 年 2 期 220 页

裴李岗文化并未产生私有财产——与李友谋同志商榷　马洪路　中原文物　1982 年 2 期 37 页

关于裴李岗文化的性质和年代　安志敏　社会科学战线　1982 年 1 期 204 页

谈谈裴李岗文化　李友谋　今昔谈　1982 年 3 期 33 页

七千多年前的古代文明（裴李岗文化）　王吉怀　自学　1983 年 9 期 34 页

裴李岗文化遗址　郑乃武　历史知识　1983 年 4 期 41 页

古老的裴李岗文化　赵会军　中州今古　1984 年 1 期 17 页

裴李岗文化的几个问题　赵世纲　史前研究　1985 年 2 期 27 页

对中原地区裴李岗文化的分析　王吉怀　中州今古　1986 年 1 期 56 页

我国新石器时代的裴李岗文化　王吉怀　许昌师专学报　1986 年 1 期 62 页

裴李岗文化陶器分期和年代分析　方孝廉　论仰韶文化　1986 年 12 月 279 页

裴李岗文化的发展阶段　丁清贤　中原文物　1987 年 2 期 93 页

从石固遗址略谈裴李岗文化的若干问题　郭天锁　中原文物　1987 年 4 期 108 页

关于裴李岗文化若干问题的探讨　赵世纲　华夏考古　1987 年 2 期 160 页

试论裴李岗文化遗存的几个问题　蒋晔　商丘师专学报　1987 年 2 期 57 页

裴李岗文化的发现经过及研究概况　黄克映　中国文物报　1989 年 6 月 9 日 3 版

裴李岗文化发现十年　李友谋　中原文物　1989 年 3 期 9 页

试论裴李岗文化的分期　丁清贤　文物春秋　1990 年 2 期 22～39 页

裴李岗文化先民的活动　郑乃武　中州今古　1990 年 3 期 39～41 页

试论裴李岗文化类型的区分　李友谋　郑州大学学报 （哲社版） 1991 年 6 期 1～7 页

河南裴李岗文化的分布和地域类型　孙广清　华夏考古　1992 年 4 期 47～62 页

沙窝李遗址分析——试论裴李岗文化分期　缪雅娟　考古　1993 年 9 期 843～851 页

关于裴李岗文化一支西迁的几个问题　袁广阔　华夏考古　1994 年 3 期 41～46 页

试论裴李岗文化时期的社会阶段　张长安、姚志国　中原文物 1996 年 2 期 319～346 页

裴李岗文化的发现与研究　曹桂岑　考古文物研究——纪念西北大学考古专业成立四十周年文集 （1956～1996）　1996 年 101～106 页

瓦窑嘴裴李岗文化遗存试析　廖永民、刘洪淼　中原文物　1997 年 1 期 53～57 页

谈磁山文化的几个问题　赵朝洪　磁山文化论集　1989 年 6 月 32 页

略谈和磁山文化有关的几个问题　陈光唐　磁山义化论集　1989 年 6 月 88 页

磁山祭祀遗址及相关问题　卜工　文物　1987 年 11 期 43 页

磁山文化丧葬遗迹初探　乔登云、刘勇　磁山文化论集　1989 年 6 月 136 页

磁山文化工具的个性　佟柱臣　磁山文化论集　1989 年 6 月 13 页

磁山晚期："组合物"遗迹初探　金家广　考古　1995 年 3 期 231 ~ 237 页

磁山文化再观察　梅鹏云　文物春秋　2002 年 4 期 7 ~ 15 页

关于磁山文化研究中的几个问题　乔登云　邯郸职业技术学院学报　2005 年 18 卷 1 期 10 ~ 13 页

舞阳贾湖遗址发掘的意义　吴汝祚　中原文物　1991 年 2 期 1 ~ 6 页

舞阳贾湖遗址的重大发现　张居中　中州今古　1988 年 3 期 32 页

试论贾湖类型的特征及与周围文化的关系　张居中　文物　1989 年 1 期 18 页

淮河上游新石器时代的绚丽画卷——舞阳贾湖遗址发掘的主要收获　张居中　东南文化　1999 年 2 期 6 ~ 9 页

贾湖类型是海岱史前文化的一个源头　邵望平、高广仁　考古学研究（五）上册——庆祝邹衡先生七十五寿辰暨从事考古研究五十年论文集　2003 年 121 ~ 128 页

裴李岗文化绿松石初探——以贾湖为中心　陈星灿　新世纪的中国考古学——王仲殊先生八十华诞纪念论文集　2005 年 57 ~ 73 页

关于老官台文化的几个问题　张忠培　社会科学战线　1981 年 2 期 224 页

关于老官台文化的新认识　郎树德、赵建龙　考古与文物　1984 年 6 期 56 页

试论老官台文化　巩启明　中国考古学会第四次年会论文集　1985年 12 月 264 页

试论老官台文化　巩启明　半坡博物馆三十年学术论文选编　1989年 194 页

试论老官台文化及相关诸问题　王辉　西北史地　1989 年 1 期 52 页

老官台文化再研究　赵宾福　江汉考古　1992 年 2 期 39~46 页

论老官台文化的类型与分期　杨亚长　考古与文物　1992 年 4 期 59~76 页

老官台文化命名刍议　阎毓民、周春茂　陕西历史博物馆馆刊第六辑　1999 年 65~69 页

老官台文化研究的回顾　杨亚长　史前研究（2000）　2000 年 10~18 页

老官台文化命名之终结　阎毓民　考古与文物　2002 年增刊·先秦考古　87~92 页

试论"北首岭类型"——兼论与北刘下层一类遗存的关系　吴加安　文物资料丛刊　1987 年 3 月 10 期 55 页

宝鸡北首岭的分期及有关问题　郭引强　中原文物　1987 年 3 期 50 页

北首岭新石器时代遗存再探讨　陈雍　华夏考古　1990 年 3 期 70~85 页

再论北首岭下层类型的文化性质　梁星彭　考古　1992 年 12 期 1103~1110 页

北首岭下层遗存的复原研究　吴耀利　考古与文物　1996 年 4 期 21~27 页

试论北首岭仰韶文化的分期　郭京宁　考古与文物　2004 年 1 期 35~49 页

李家村新石器时代遗址的性质及文化命名问题　魏京武　中国考古

学会第一次年会论文集　1980 年 12 月 14 页

　　论李家村一老官台文化的性质　吴汝祚　考古与文物　1983 年 2 期 52 页

　　李家村文化再探讨　魏京武　中国考古学研究论集　1987 年 12 月 92 页

　　密县莪沟北岗新石器时代早期遗址的分期　丁清贤　史前研究 1986 年 3、4 期合刊 1 页

　　龙岗寺"前仰韶"遗存有关问题初探　杨亚长　考古与文物　1988 年 5、6 期合刊 162 页

　　试论关桃园前仰韶时期文化遗存的相关问题　张天恩　考古与文物 2006 年 3 期 29~35 页

（5）仰韶文化

1）总论

　　试谈豫北、冀南仰韶文化的类型与分期　唐云明　考古　1977 年 4 期 233 页

　　鄂西北、豫西南仰韶文化的性质与分期　丁清贤　中原文物　1982 年 4 期 45 页

　　磁山、下潘汪、大司空——从下潘汪仰韶文化第二类型的性质谈起　丁清贤　史前研究　1983 年 1 期 91 页

　　试谈豫北冀南仰韶文化的源流——兼论区域原始文化序列说　孟献武、段振　论仰韶文化　1986 年 12 月 241 页

　　仰韶时代——史前社会的繁荣与向文明时代的转变　张忠培　故宫博物院院刊　1996 年 1 期 1~41 页

　　试论仰韶时代东方与中原的关系　栾丰实　考古　1996 年 4 期 45~58 页

　　仰韶时代——史前社会的繁荣与向文明时代的转变　张忠培　文物

季刊　1997 年 1 期 1~44 页

20 世纪仰韶文化的重要发现与研究　杨肇清　四川大学考古专业创建四十周年暨冯汉骥教授百年诞辰纪念文集　2001 年 150~167 页

天水至郑州间仰韶文化晚期聚落群与中心聚落的初步考察　巩文　中原文物　2003 年 4 期 28~38 页

揭开中国考古学研究第一页——仰韶文化发现之后　杨育彬　三门峡文史资料·第十二辑：灿烂的仰韶文化　2003 年 60~76 页

中华民族发展史上的里程碑　段屹　三门峡文史资料·第十二辑：灿烂的仰韶文化　2003 年 77~83 页

仰韶文化的分布与典型的河南仰韶文化遗址　杨肇清、张怀银　三门峡文史资料·第十二辑：灿烂的仰韶文化　2003 年 105~116 页

"阳平"释古——从"阳平"真谛看仰韶文化庙底沟类型之中心　张维华　三门峡文史资料·第十二辑：灿烂的仰韶文化　2003 年 335~338 页

文化结构、社会媒介和建筑环境的多元互动——论仰韶先民的主观能动　李润权　新世纪的考古学——文化、区位、生态的多元互动　2006 年 26~60 页

仰韶文化的几个问题　杨建芳　考古　1962 年 5 期 262 页

从庙底沟彩陶的分析谈仰韶文化的分期问题　方殷　考古　1963 年 3 期 149 页

关于"仰韶文化"的讨论综述　李衍垣　历史教学　1964 年 4 期 50 页　考古　1964 年 7 期 374 页

关于仰韶文化的若干问题　苏秉琦　考古学报　1965 年 1 期 51 页

关于仰韶文化的几个问题　巩启明　陕西省文博考古科研成果汇报会论文选集　1982 年 11 月 9 页

论仰韶文化　巩启明　史前研究　1983 年 1 期 71 页

论仰韶文化的起源　张瑞岭　考古与文物丛刊　1983 年 3 期 14 页；陕西省考古学会第一届年会论文集　1983 年 11 月 14 页

关于"仰韶文化"的问题　丁清贤　史前研究　1985 年 3 期 1 页

"仰韶文化"及其新论争　王蔚波　河南日报　1987 年 9 月 2 日 3 版

试论仰韶文化　巩启明　半坡博物馆三十年学术论文选编　1989 年 91 页

仰韶文化绝对年代研究检视　王仁湘　远望集——陕西省考古研究所华诞四十周年纪念文集　1998 年 83～96 页

仰韶文化的聚落结构　〔日〕冈村秀典著　姜宝莲、秦小丽译　考古与文物　2001 年 6 期 83～89 页

"仰韶文化"发现的重大意义和深远影响　张文彬　中国文物报 2001 年 11 月 9 日 1 版

丰富的仰韶文化遗存　灿烂的古代人类文明　史治民、胡焕英　三门峡考古文集　2001 年 29～32 页

从仰韶开始　知原　文物天地　2002 年 7 期 48～49 页

仰韶文化渊源研究检视　王仁湘　考古　2003 年 6 期 70～82 页

仰韶文化中心区原始意识蠡测　郭敏　殷都学刊　2003 年 3 期 38～41 页

仰韶陶器的色调　姚江波　中国文物报　2003 年 11 月 19 日 7 版

仰韶文化发展的历史阶段　李友谋　华夏文明的形成与发展——河南省文物考古研究所建所五十周年庆祝会暨华夏文明的形成与发展学术研讨会论文集　2003 年 125～131 页

"仰韶文化"发现的重大意义和深远影响　张文彬　三门峡文史资料·第十二辑：灿烂的仰韶文化　2003 年 3～6 页

仰韶文化的内涵　赵会军、王蔚波　三门峡文史资料·第十二辑：灿烂的仰韶文化　2003 年 224～227 页

仰韶文化的源与流　侯铁军、杨海波　三门峡文史资料·第十二辑：灿烂的仰韶文化　2003 年 237～241 页

仰韶文化的断代及同期其他文化　侯铁军、侯海杰　三门峡文史资料·第十二辑：灿烂的仰韶文化　2003 年 257～261 页

中原"泛仰韶文化"解析　王永波　庆祝张忠培先生七十岁论文集 2004 年 94～120 页

关于仰韶文化时空范围的界定问题　张宏彦　考古与文物　2006 年 5 期 66～70 页

仰韶文化中心区原始意识蠡测　郭敏　中国古代文明探索——庆祝李民先生 70 寿辰论文集　2006 年 71～77 页

"仰韶"时期已进入父系氏族社会　许顺湛　考古　1962 年 5 期 256 页

略论仰韶文化的群婚和对偶婚　王珍　考古　1962 年 7 期 382 页

仰韶时期已进入父系氏族社会了吗？　杨建芳　考古　1962 年 11 期 592 页

对《"仰韶"时期已进入父系氏族社会》一文的意见　周庆基　考古 1962 年 11 期 598 页

仰韶文化对偶家庭的分期　丁祖春　西南民族学院学报　1983 年 2 期 26 页

浅析仰韶文化早期的氏族制度　聂玉海　殷都学刊　1984 年 1 期 85 页

浅析仰韶文化中、晚期的氏族制度　聂玉海　殷都学刊　1984 年 4 期 22 页

仰韶时期社会父系说商榷　程德祺　苏州大学学报　1985 年 3 期 103 页

"仰韶"社会进化论　李绍连　史学月刊　1986 年 3 期 1 页

从考古资料看仰韶文化的社会组织及社会发展阶段　巩启明　中原文物　2001 年 5 期 29～37 页

仰韶文化的社会组织及社会发展阶段　巩启明　三门峡文史资料· 第十二辑：灿烂的仰韶文化　2003 年 182～200 页

2）各地区仰韶文化的发现与研究

鄂西北仰韶文化及同时期文化分析　王劲　华夏考古　1987 年 2 期

189 页

略论汉水中游地区的仰韶文化　靳松安、任伟　中原文物　1994 年 4 期 14 ~ 21 页

试论豫北冀南地区的仰韶文化　李友谋　中原文物　1998 年 2 期 28 ~ 33 页

关于汉江中游地区仰韶文化时期遗存及其相关问题探讨　李政　史前研究（2000）　2000 年 63 ~ 100 页

汉江上游及丹江流域的仰韶文化　魏京武　三门峡文史资料·第十二辑：灿烂的仰韶文化　2003 年 117 ~ 128 页

①河北

谈谈有关河北仰韶文化中的一些问题　唐云明　考古　1964 年期 9 期 462 页

略谈河北仰韶文化南阳庄类型　文启明　考古与文物　1985 年 4 期 47 页

河北境内仰韶时期遗存初探　孔哲生、张文军、陈雍　史前研究 1986 年 3、4 期合刊 7 页

阎村类型研究　袁广阔　考古学报　1996 年 3 期 307 ~ 324 页

武安赵窑仰韶文化遗存分析　马萧林　青年考古学家　1997 年总第 9 期 23 ~ 26 页

②河南

中原地区仰韶文化的发掘与研究　郑杰祥　中原文物　1996 年 2 期 9 ~ 19 页

河南仰韶文化聚落群研究　许顺湛　中原文物　2001 年 5 期 19 ~ 28 页

河南仰韶文化的发现与研究——纪念仰韶文化发现 80 周年　孙广清 中原文物　2001 年 5 期 41 ~ 52 页

豫西考古纪略——对于仰韶文化的新认识　安志敏　历史教学

1952 年 3 卷 1 期 13 页

论郑洛地区的仰韶文化及其相互关系　李友谋　中原文物　1992 年 3 期 67~78 页

渑池仰韶村新石器时代遗址　李绍连　河南文博通讯　1978 年 4 期 43 页

点军台遗址文化分期与仰韶文化遗存试析　张松林、郭光生　中原文物　1988 年 1 期 47 页

八里岗仰韶聚落发掘的收获及意义　樊力　中国文物报　1997 年 11 月 16 日 3 版

试论班村仰韶文化遗存的分期及相关问题　王建新、张晓虎　考古与文物　2001 年 3 期 41~50 页

略论渑池早期考古学文化　刘宇翔　三门峡考古文集　2001 年 2~10 页

星罗棋布的三门峡仰韶文化遗址　刘宇翔　三门峡文史资料·第十二辑：灿烂的仰韶文化　2003 年 129~137 页

③陕西

陕西仰韶文化聚落群的启示　许顺湛　中原文物　2002 年 4 期 7~13 页

西安半坡博物馆十多年来考古工作的主要收获　巩启明　史前研究　1985 年 1 期 102 页

半坡遗址的发现、发掘与建馆——记我国第一座遗址博物馆　巩启明　文物天地　1988 年 5 期 8 页

陕西渭水流域新石器时代的仰韶文化（上）（下）　石兴邦　人文杂志　1957 年 2 期 75 页、3 期 71 页

关中地区渭水流域新石器时代的仰韶文化　石兴邦　中国原始社会史文集　1964 年 10 月 197 页

关中仰韶文化的几个问题　梁星彭　考古　1979 年 3 期 260 页

渭河流域前仰韶文化与仰韶文化半坡类型的关系　吴加安　中国考古学论丛　1993 年 40 ~ 48 页

渭水流域仰韶文化分期问题　张宏彦　文物　2006 年 9 期 62 ~ 69 页

铜川李家沟仰韶文化遗存的初步分析　赵辉　考古与文物　1986 年 4 期 30 页

试论福临堡仰韶晚期文化遗存　张天恩　考古与文物　1987 年 6 期 69 页

记华县井家堡仰韶文化角状陶号　戴彤心　考古与文物　1988 年 4 期 31 页

略论渭南史家遗存的文化性质与年代　张瑞岭　考古与文物　1980 年 2 期 90 页；又见半坡博物馆三十年学术论文选编　1989 年 18 页

论仰韶文化史家类型　王小庆　考古学报　1993 年 4 期 415 ~ 435 页

④山西

万荣西解遗存的发现及其在仰韶文化中的位置　陈斌　中国历史博物馆馆刊　1989 年 11 期 6 页

晋中地区仰韶晚期文化遗存研究　海金乐　山西省考古学会论文集（二）　1994 年 84 ~ 90 页

关于古城东关仰韶早期文化遗存的几个相关问题　许志勇　中国历史博物馆馆刊　1996 年 1 期 19 ~ 24 页

山西垣曲县古城东关遗址出土新石器时代的细石器　张素林　考古　1998 年 2 期 1 ~ 4 页

3）仰韶文化各类型

从仰韶文化半坡类型文化遗存看母系氏族公社　西安半坡博物馆文物　1975 年 12 期 72 页

半坡仰韶文化的分期与类型问题　严文明　考古　1977 年 3 期 182

页

半坡的氏族组织　玉玺　史学月刊　1981年3期92～93页

略谈半坡遗址同时期存在房屋的数字问题　茹士安　史前研究 1983年1期163页；半坡博物馆三十年学术论文选编　1989年127页

从少数民族的火塘分居制看仰韶文化早期半坡类型的社会性质　黄崇岳　中原文物　1983年4期29页

半坡遗址　赵文艺　历史教学问题　1983年6期60页

半坡类型社会制度研究的进展　华泉　史学集刊　1984年1期73页

关于半坡遗址F6与F7两座房屋的层位认识问题　胡顺利　史前研究　1985年1期108页

试论仰韶文化半坡类型的编年与社会性质　李仰松　史前研究 1985年4期28页

对西安半坡遗址小口尖底瓶的考察　周衍勋、苗润才　中国科技史料　1986年2期48页

半坡类型尖底瓶测试　孙霄、赵建刚　文博　1988年1期19页；半坡博物馆三十年学术论文选编　1989年371页

半坡遗址三十年研究综述　张云　文博　1989年2期73页

三十年科研工作的回顾与展望　王志俊、孙霄　半坡博物馆三十年学术论文选编　1989年1页

从仰韶文化半坡类型文化遗存看母系氏族社会　张鼎钰　半坡博物馆三十年学术论文选编　1989年7页

从半坡、姜寨遗址与民族学资料看母系氏族公社　赵文艺　半坡博物馆三十年学术论文选编　1989年405页

半坡尖底瓶的用途及其力学性能的讨论　王大钧、唐琲、张菁、孙霄、赵建刚　文博　1989年6期36页

半坡文化研究　赵宾福　华夏考古　1992年2期84～54页

半坡类型早期文化遗存初探　朱乃诚　考古与文物　1992年3期 69～79页

略论仰韶文化半坡类型的社会经济生活　巴家云　中原文物　1996

年 1 期 49 ~ 55 页

关于半坡遗址的环境与哨所——半坡聚落形态考察之一 钱耀鹏
考古 1998 年 2 期 45 ~ 52 页

半坡遗址发掘在中国史前考古学的意义 魏京武 史前研究——西
安半坡博物馆成立四十周年纪念文集 1998 年 176 ~ 182 页

半坡文化再研究 孙祖初 考古学报 1998 年 4 期 419 ~ 446 页

关于半坡聚落及其形态演变的考察 钱耀鹏 考古 1999 年 6 期
69 ~ 77 页

半坡文化与河姆渡文化的比较研究 魏光 史前研究（2000）
2000 年 336 ~ 344 页

半坡史前文化遗存反映的几个问题 王颖娟 文博 2003 年 1 期
59 ~ 64 页

半坡史前文化遗存反映的几个问题 王颖娟 史前研究（2002）
2004 年 311 ~ 318 页

半坡遗址的发掘、研究和展示的实践及其意义 石兴邦 西安文物
考古研究——西安市文物保护考古所成立十周年纪念 2004 年 287 ~ 292
页

对半坡遗址几个相关问题的探讨 何周德 史前研究（2004）2005
年 317 ~ 324 页

关于半坡遗址几个问题的提出与思考 马雨林 史前研究（2004）
2005 年 325 ~ 330 页

半坡遗址的发掘、研究和展示的实践及其意义 石兴邦 史前研究
（2004）2005 年 7 ~ 10 页

从姜寨早期村落布局探讨其居民的社会组织结构 巩启明、严文明
考古与文物 1981 年 1 期 63 页；半坡博物馆三十年学术论文选编
1989 年 46 页

姜寨遗址发掘的意义 苏秉琦 考古与文物 1981 年 2 期 36 页

姜寨遗址考古发掘的主要收获及其意义 巩启明 人文杂志 1981

年 4 期 119 页；半坡博物馆三十年学术论文选编 1989 年 67 页

试论姜寨二期遗存的文化性质 王志俊 史前研究 1985 年 3 期 7
页；半坡博物馆三十年学术论文选编 1989 年 252 页

关于姜寨遗址的几个问题 尚民杰 考古与文物 1992 年 5 期 78～
82 页

试论姜寨一期文化的劳动分工 庞雅妮 考古与文物 1995 年 2 期
33～44 页

探讨姜寨一期：聚落的重新分组 李新伟、贾笑冰 考古 1995 年 9
期 831～834 页

姜寨聚落再检讨 陈雍 华夏考古 1996 年 4 期 53～76 页

姜寨史前聚落的经济类型 高强、张青 史前研究——西安半坡博
物馆成立四十周年纪念文集 1998 年 300～311 页

对姜寨一期文化社会组织结构的探讨 杨肇清 河南博物院落成暨
河南省博物馆建馆 70 周年纪念论文集 1998 年 27～33 页

姜寨遗址"牲畜夜宿场"遗迹辨析 何周德 考古与文物 2003 年
2 期 27～31 页

姜寨一期房屋的分类及相关问题 于璞 四川文物 2006 年 2 期
25～33 页

论庙底沟仰韶文化的分期 严文明 考古学报 1965 年 2 期 49 页

庙底沟遗址 安志敏 河南文史资料 1998 年 2 期 79～85 页

试论庙底沟文化的起源 戴向明 青果集——吉林大学考古系建系
十周年纪念文集 1998 年 18～26 页

关于庙底沟文化两问题的思考 王炜林 中国文物报 1998 年 12 月
16 日 3 版、1998 年 12 月 23 日 3 版

谈庙底沟类型 杨亚长 中原文物 2000 年 5 期 10～14 页

晋中地区庙底沟文化及相关问题 海金乐、董楼平 山西省考古学
会论文集（三） 2000 年 221～225 页

谈庙底沟类型的来源问题 杨亚长 中原文物 2001 年 5 期 38～40

页

对庙底沟文化的重新认识　许海星　三门峡考古文集　2001 年 11 ~
15 页

庙底沟仰韶文化与华夏族的起源　田双印、李丽　三门峡考古文集
2001 年 16 ~ 19 页

北橄遗存分析——兼论庙底沟文化的渊源　宋建忠、薛新民　考古
与文物　2002 年 5 期 23 ~ 30 页

庙底沟文化渊源探析　薛新明、宋建忠　中原文物　2003 年 2 期
14 ~ 17 页

庙底沟遗址的发掘与仰韶文化的再认识　安志敏　三门峡文史资
料·第十二辑：灿烂的仰韶文化　2003 年 262 ~ 268 页

仰韶文化庙底沟类型的发现与研究　樊温泉　三门峡文史资料·第
十二辑：灿烂的仰韶文化　2003 年 269 ~ 279 页

庙底沟文化的聚落与社会　戴向明　古代文明　2004 年第 3 卷 15 ~
39 页

从泉护村遗址的发掘看庙底沟文化的相关问题　王炜林　史前研究
（2002）2004 年 341 ~ 349 页

试论大河村类型　郑杰祥　中国考古学会第三次年会论文集　1984
年 4 月 50 页

试论大河村仰韶文化的分期及类型　郭引强、赵清　中原文物
1984 年 4 期 33 页

关于大河村四期遗存的文化性质与命名问题　廖永民　中原文物
1986 年 1 期 35 页

大河村遗址的发掘与郑州地区的原始时代　廖永民　中州今古
1986 年 6 期 51 页

关于郑州大河村遗址若干房基相对年代的探讨　贾峨　华夏考古
1987 年 1 期 148 页

从大河村遗址谈郑州地区原始时代的自然景象　廖永民　中国文物

报　1988 年 12 月 23 日 3 版

大河村遗址的发掘与研究　廖永民　中原文物　1989 年 3 期 21 页

试论大河村文化　李昌韬　河南文物考古论集　1996 年 28～42 页

秦王寨遗址与秦王寨类型　李昌韬　中原文物　1981 年 3 期 1 页

试论"秦王寨类型"和"大河村类型"　李昌韬　史前研究　1985 年 3 期 16 页

关于秦王寨类型与大河村类型的划分问题　廖永民　中原文物 1986 年 4 期 54 页

秦王寨文化研究　孙祖初　华夏考古　1991 年 3 期 64～78 页

仰韶文化后岗类型的来龙去脉　丁清贤　中原文物　1981 年 3 期 33 页

试论后岗仰韶文化的年代和分期　吴耀利　考古与文物　1984 年 6 期 69 页

尚庄遗存与后岗类型　于中航　华夏考古　1987 年 1 期 154 页

后冈一期文化研究　张忠培、乔梁　考古学报　1992 年 3 期 261～280 页

后冈一期文化研究　张忠培、乔梁　考古学研究（陕西）1993 年 147～165 页

后岗一期文化研究综述　郭济桥　文物春秋　1997 年 3 期 41～44 页

试论后岗一期文化　陈光　苏秉琦与当代中国考古学　2001 年 299～317 页

试论仰韶文化下王岗类型的渊源　丁清贤　中原文物　1983 年特刊 185 页

试论淅川下王岗仰韶文化时期的生产经济状况　杨肇清　史前考古学新进展——庆贺贾兰坡院士九十华诞国际学术讨论会文集　1999 年 98～102 页

下王岗"仰韶文化一期"遗存试析　余西云　中国考古学跨世纪的回顾与前瞻（1999年西陵国际学术研讨会文集）　2000年199~206页

论淅川下王岗仰韶文化的社会性质　杨肇清　学术研究文集——纪念南阳市博物馆建馆四十周年（1959~1999）　2000年79~87页

关于磁县下潘汪仰韶文化遗存的讨论　高天麟　考古　1979年1期51页

磁县下潘汪遗址仰韶文化遗存的分析　乔登云　中原文物　1989年1期25页

濮阳西水坡遗址发掘现场会发言摘要　李京华等　华夏考古　1988年4期22页

关于濮阳西水坡遗址发掘简报及其有关的两篇文章中若干问题的商榷　言明　华夏考古　1988年4期50页

河南濮阳西水坡第45墓主人考　丁清贤、张相梅　史前研究辑刊1988年127页

论中国龙神虎神的起源——兼论濮阳龙虎和墓主人　胡昌健　中国文物报　1988年6月24日3版

中国美术史上的新发现——濮阳西水坡仰韶墓内摆塑龙虎图案艺术　丁清贤、宋峰　美术　1988年4期59页

中华第一龙　宋全忠、丁清贤　中州今古　1988年4期30页

试谈六千年前的濮阳蚌砌龙　李京华　中州今古　1988年5期30页

西水坡"龙虎墓"与四象的起源　李学勤　中国社会科学院研究生院学报　1988年5期75页

关于濮阳西水坡蚌壳龙虎陪葬墓及仰韶文化的社会性质——兼答言明提出的几个问题　丁清贤等　华夏考古　1991年4期61~79页

濮阳西水坡遗址探讨　张相梅　中原文物考古研究　2003年30~33页

略论"大司空类型"　陈冰白　青果集　1993 年 72～84 页

大司空文化陶器分期研究　吴东风　环渤海考古国际学术讨论会论文集　1996 年 53～161 页

仰韶文化后岗类型与大司空村类型略论　曹艳宏、周伟　中原文物 2001 年 5 期 53～58 页

对仰韶文化西坡遗址的初步调查和认识　宁建民、杨海青　三门峡考古文集　2001 年 36～38 页

略谈河南灵宝西坡考古新发现及其重要意义　杨肇清　华夏文明的形成与发展——河南省文物考古研究所建所五十周年庆祝会暨华夏文明的形成与发展学术研讨会论文集　2003 年 132～135 页

河南灵宝市西坡仰韶文化遗址的考古收获及其意义　魏兴涛　中国古代文明探索——庆祝李民先生 70 寿辰论文集　2006 年 78～85 页

灵宝史前聚落考古的意义及其前景　高炜　中原地区文明化进程学术研讨会文集　2006 年 307～312 页

荆山铸鼎塬及仰韶文化遗存的初步分析　张怀银等　中原文物 1999 年 3 期 17～20 页

追溯铸鼎原的历史辉煌　许顺湛　三门峡文史资料·第十二辑：灿烂的仰韶文化　2003 年 297～310 页

灵宝铸鼎原聚落考古发掘对仰韶文化研究的新贡献　魏兴涛　三门峡文史资料·第十二辑：灿烂的仰韶文化　2003 年 324～334 页

河南灵宝铸鼎原仰韶聚落遗址群考古工作的回顾与思考　侯俊杰中国文物报　2005 年 9 月 30 日 7 版

浅论西王村类型几个问题　张天恩　考古与文物　1994 年 2 期 70～80 页

山西芮城东庄村仰韶遗存再分析　赵春青　考古　2000 年 3 期 65～74 页

试论河南境内的西王村类型文化 樊温泉 中原地区文明化进程学术研讨会文集 2006 年 195 ~ 202 页

对西阴村遗址再次发掘的思考 杨富斗 三晋考古第一辑 1994 年 14 ~ 17 页

西阴村史前的遗存 李济 三晋考古第二辑 1996 年 265 ~ 286 页

山西西阴村史前遗址的新石器时代的陶器 梁思永 三晋考古第二辑 1996 年 287 ~ 324 页

西阴村史前遗存分析 严文明 三晋考古第二辑 1996 年 325 ~ 330 页

4）文化关系与文化传承

论半坡类型和庙底沟类型 严文明 考古与文物 1980 年 1 期 64 页

试论半坡和庙底沟类型文化的相互关系 李友谋 中州学刊 1985 年 3 期 110 页

尖底瓶的起源—兼谈半坡文化与庙底沟文化的关系问题 田建文 文物季刊 1994 年 1 期 41 ~ 46 页

再论仰韶文化半坡类型与庙底沟类型 魏世刚、何周德 文博 1999 年 3 期 3 ~ 7 页

半坡和庙底沟文化关系研究检视 王仁湘 文物 2003 年 4 期 26 ~ 34 页

"庙底沟与三里桥"文化性质的几个问题 柳用能 考古 1961 年 1 期 22 页

谈谈庙底沟与三里桥仰韶遗存的先后关系 张世铨 考古 1961 年 7 期 380 页

庙底沟仰韶遗存应比三里桥的为晚 吴力 考古 1961 年 7 期 384 页

三里桥仰韶遗存的文化性质与年代 张忠培、严文明 考古 1964

年 6 期 301 页

关于三里桥仰韶遗存文化性质和年代的讨论　李诗桂、曾骐　考古 1965 年 11 期 577 页

陕县的庙底沟和三里桥文化　陈显泗、戴可来　郑州大学学报（社科版）　1978 年 1 期 76 页

仰韶文化后冈类型和大司空村类型的相对年代　杨锡璋　考古 1977 年 4 期 242 页

略论仰韶文化和后岗第二期文化关系　吴汝祚　考古与文物　1980 年 1 期 73 页

仰韶文化后岗类型和大司空类型的若干问题　朱延平　史前研究辑刊　1988 年 131 页

略论仰韶文化和马家窑文化的问题　马承源　考古　1961 年 7 期 375 页

略论仰韶文化和马家窑文化的分期　杨建芳　考古学报　1962 年 1 期 49 页

略论仰韶文化和马家窑文化的分期　杨建芳　中国原始社会史文集 1964 年 10 月 139 页

龙山文化与仰韶文化之分析　刘耀　中国考古学报　第二册 1937 年 3 月 251 页

仰韶文化与龙山文化——学习中国上古新石器时代文化札记　刘湘舲　历史教学　1951 年 2 卷 5 期 35 页

我国新石器时代的仰韶文化和龙山文化　安志敏　历史教学　1960 年 8 期 7 页

河南的仰韶文化和龙山文化　陈显泗、戴可来　郑州大学学报（社科版）　1978 年 1 期 74 页

仰韶、龙山工具的工艺研究　佟柱臣　文物　1978 年 11 期 56 页

仰韶、龙山文化的工具使用痕迹和力学上的研究 佟柱臣 考古
1982 年 6 期 614 页

小屯与仰韶 李济 安阳发掘报告 1930 年第 2 期 337 页
再论小屯与仰韶 徐中舒 安阳发掘报告 1931 年第 3 期 523 页
小屯龙山与仰韶 梁思永 庆祝蔡元培先生六十五岁论文集（下）
1935 年 1 月 555 页
仰韶文化与小屯文化 任友三 中学生 1937 年 2 月 72 期 81 页

5）仰韶文化学术会议
全国仰韶文化学术讨论会在渑池召开 光明日报 1985 年 11 月 8 日
1 版
学者专家云集渑池讨论仰韶文化，对仰韶文化时期的社会性质等问题
充分交换了看法 河南日报 1985 年 11 月 13 日 1 版
仰韶文化学术讨论会在渑池举行 天舟 中州学刊 1986 年 1 期 105
页
璀璨的仰韶文化——读《论仰韶文化》札记 余昂 河南日报
1987 年 6 月 20 日 3 版

纪念仰韶村遗址发现 65 周年（代序言） 苏秉琦 论仰韶文化
1986 年 12 月 1 页
纪念仰韶村遗址发现 65 周年学术讨论会开幕词 许顺湛 论仰韶文
化 1986 年 12 月 7 页
纪念仰韶村遗址发现 65 周年学术讨论会闭幕词 张文彬 论仰韶文
化 1986 年 12 月 10 页
对河南境内仰韶文化的浅见——安金槐先生在纪念仰韶村遗址发现
65 周年学术讨论会上的演讲 论仰韶文化 1986 年 12 月 11 页
汉江上游及丹江流域的仰韶文化 魏京武 论仰韶文化 1986 年 12
月 16 页

仰韶文化研究中几个值得重视的问题——严文明先生在纪念仰韶村遗址发现 65 周年学术讨论会上的演讲　论仰韶文化　1986 年 12 月 18 页

关于仰韶文化研究中的若干问题——李仰松先生在纪念仰韶村遗址发现 65 周年学术讨论会上的演讲　论仰韶文化　1986 年 12 月 37 页

马克思主义史学观与仰韶文化研究——朱江先生在纪念仰韶村遗址发现 65 周年学术讨论会上的演讲　论仰韶文化　1986 年 12 月 46 页

论黄河流域仰韶文化区系类型——张学政先生在纪念仰韶村遗址发现 65 周年学术讨论会上的演讲　论仰韶文化　1986 年 12 月 46 页

仰韶文化研究的现状与展望　李友谋、张文彬　论仰韶文化　1986 年 12 月 69 页

关于河南地区仰韶文化的两个问题　杨育彬　论仰韶文化　1986 年 12 月 77 页

试论河南地区的仰韶文化　李昌韬　论仰韶文化　1986 年 12 月 83 页

商丘地区仰韶文化初探　孙明　论仰韶文化　1986 年 12 月 92 页

仰韶时代文化刍议　张居中　论仰韶文化　1986 年 12 月 94 页

浅谈仰韶文化的类型与类型划分　张松林　论仰韶文化　1986 年 12 月 107 页

浅析大河村三、四期仰韶文化之类型　赵青　论仰韶文化　1986 年 12 月 112 页

河北仰韶文化的发现和研究　唐云明、孟繁峰　论仰韶文化　1986 年 12 月 122 页

谈谈仰韶村遗址和仰韶文化的几个问题　赵会军、段晓宝　论仰韶文化　1986 年 12 月 126 页

试论临汝阎村文化遗址的有关问题　黄士斌、张怀银　论仰韶文化　1986 年 12 月 131 页

论庙底沟类型东方变体和秦王寨类型　郭引强、曹静波、郭敬书　论仰韶文化　1986 年 12 月 135 页

姜寨二期类型发现的意义　王志俊　论仰韶文化　1986 年 12 月 139

页；又见半坡博物馆三十年学术论文选编 1989 年 321 页

也谈仰韶文化下潘汪类型 唐云明 论仰韶文化 1986 年 12 月 142 页

大地湾考古对仰韶文化研究的贡献 郎树德 论仰韶文化 1986 年 12 月 146 页

仰韶文化社会性质的讨论及我见 丁清贤、曹静波 论仰韶文化 1986 年 12 月 172 页

仰韶文化社会形态初探 李绍连 论仰韶文化 1986 年 12 月 184 页

从半坡类型和庙底沟类型谈仰韶文化的社会性质 郭引强 论仰韶文化 1986 年 12 月 206 页

试论淅川下王岗仰韶一期文化的渊源 杨肇清 论仰韶文化 1986 年 12 月 247 页

试论从仰韶到河南龙山的过渡文化 廖永民 论仰韶文化 1986 年 12 月 252 页

仰韶文化与夏文化 李先登 论仰韶文化 1986 年 12 月 259 页

伊川缸和豫中地区仰韶文化 宋会群 论仰韶文化 1986 年 12 月 286 页

(6) 龙山文化

1）总论

黄河前套及其以南部分地区的龙山文化遗存试析 高天麟 史前研究 1986 年 3、4 期合刊 25 页

三北地区龙山文化研究 许永杰、卜工 辽海文物学刊 1992 年 1 期 73 ~ 85 页

陕晋北部及内蒙古中南部地区龙山时代晚期遗存 吕智荣 考古与文物 2002 年 3 期 66 ~ 70 页

关于河套地区龙山时代考古学文化研究的几个问题 孙周勇 考古

与文物　2002 年增刊·先秦考古　93~116 页

中原地区龙山文化的类型和年代　张彦煌、张岱海　中国考古学研究——夏鼐先生考古五十年纪念论文集　1986 年 8 月 46 页

略论"中原龙山文化"的统一性与多样性　王震中　中国原始文化论集　1989 年 6 月 153 页

关于龙山文化的一些问题的讨论　唐云明　考古　1964 年 1 期 49 页

龙山文化和龙山时代　严文明　文物　1981 年 6 期 41 页

龙山文化乱葬坑尸骨身份辨析　郝铁川　中原文物　1983 年 4 期 39 页

略谈龙山文化　郝明华　文博通讯　1983 年 5 期 10 页

龙山文化中出土的原始青瓷　黄石林　景德镇陶瓷　1984 年 2 期 80 页

虞代与龙山文化　黄崇岳　中原文物　1987 年 2 期 102 页

龙山时代的礼制　高炜　庆祝苏秉琦考古五十五年论文集　1989 年 8 月版 235 页

龙山文化的时空框架　高蒙河　上海大学学报　1989 年 5 期 84 页

试论龙山文化晚期的社会形态　郑洪春　文博　1990 年 4 期 52~56 页

论龙山文化土窑洞的分期　傅淑敏　文物季刊　1994 年 2 期 78~92 页

关于龙山文化的考古学思考　赵清　中原文物　1995 年 4 期 62~69 页

晋南庙底沟二期文化分期试探　张岱海、高天麟、高炜　史前研究　1984 年 2 期 34 页

试论陕西庙底沟二期文化　梁星彭　考古学报　1987 年 4 期 397 页

庙底沟二期文化与常山下层文化　胡谦盈　庆祝苏秉琦考古五十五年论文集　1989 年 8 月 252 页

试论垣曲古城东关庙底沟二期文化　张素琳　文物季刊　1995 年 4 期 38~47 页

庙底沟遗址第二期遗存分析　靳松安　江汉考古　2000 年 4 期 47～53 页

试析煤山矬李两遗址的河南龙山文化和二里头文化　方孝廉、李德方、隋裕仁　中原文物　1983 年特刊 4 页

郑州地区龙山、二里头和商文化浅探　李昌韬　中原文物　1983 年特刊 19 页

河南龙山、二里头与二里岗　方酉生　考古与文物　1984 年 3 期 53 页

淅川下王冈龙山至二里头时期陶器群初探　常怀颖　四川文物 2005 年 2 期 30～38 页

2) 各地区龙山文化的发现与研究

①河北

关于唐山大城山遗址文化性质的讨论　康捷　考古　1960 年 6 期 21 页

试论任邱哑叭庄遗址的龙山文化遗存　王青中　中原文物　1995 年 4 期 75～86 页

试析大城山遗址　张锟　文物春秋　2002 年 5 期 1～9 页

②河南

河南龙山文化分析　郑杰祥　开封师院学报　1979 年 4 期 35 页

略论河南龙山文化的社会性质　方酉生　江汉考古　1980 年 2 期 73 页

从河南龙山文化的几个类型谈夏文化的若干问题　李仰松　中国考古学会第一次年会论文集　1980 年 12 月 32 页；夏文化论文选集　1985 年 3 月 277 页

试论河南“龙山文化”与夏商文化的关系　安金槐　中国考古学会

第二次年会论文集　1982 年 6 月 153 页

河南龙山文化的社会经济基础　叶万松、余扶危　中原文物　1984 年 3 期 81 页

试论河南地区龙山文化的社会性质　安金槐　中原文物　1989 年 1 期 20 页

略论郑州地区的龙山文化　李友谋　中原文物　1994 年 4 期 27～32 页

华夏文明与河南龙山文化　方孝廉　河洛春秋　1995 年 2 期 22～27 页

河南龙山文化水井初探　杨肇清　洛阳考古四十年——一九九二年洛阳考古学术研讨会论文集　1996 年 116～120 页

试论河南境内的五处龙山文化城址　安金槐　周秦文化研究　1998 年 36～41 页

河南龙山聚落群研究　许顺湛　中原文物考古研究　2003 年 39～60 页

关于河南龙山文化时期的社会性质问题　郑杰祥　考古学研究（五）上册——庆祝邹衡先生七十五寿辰暨从事考古研究五十年论文集 2003 年 161～169 页

豫西地区龙山文化典型遗址分析　郭引强　中原文物　1986 年 1 期 41 页

试论豫西龙山文化　方酉生　考古与文物　1986 年 1 期 66 页

试论豫东西部地区龙山时代文化遗存　魏兴涛　华夏考古　1995 年 1 期 44～69 页

试论豫东地区龙山文化及其源流　郑清森　中原文物　1995 年 3 期 46～52 页

试论豫东南地区龙山时代的考古学文化　韩建业　考古学研究（三）1997 年 68～83 页

豫东龙山文化研究　高天麟　新世纪的中国考古学——王仲殊先生八十华诞纪念论文集　2005 年版 242 ~ 259 页

试论河南龙山文化"王湾类型"　高天麟、孟凡人　中原文物 1983 年 2 期 15 页

从王湾类型、二里头文化与陶寺类型的关系试论夏文化　何建安　考古与文物　1986 年 6 期 67 页

王湾遗址有关学术问题的探索　李仰松　洛阳考古四十年——一九九二年洛阳考古学术研讨会论文集　1996 年 84 ~ 94 页

中原龙山文化王湾类型再分析　赵春青　洛阳考古四十年——一九九二年洛阳考古学术研讨会论文集　1996 年 95 ~ 115 页

略论王湾文化——兼对"河南龙山文化"名称的讨论　郭引强、宋云涛　河南文物考古论集　1996 年 119 ~ 123 页

王湾三期文化研究　韩建业、杨新改　考古学报　1997 年 1 期 1 ~ 21 页

王湾三期文化研究历程评述　郭京宁　华夏考古　2005 年 1 期 62 ~ 71 页

国家文物局在登封召开告成遗址发掘现场会　余波　河南文博通讯 1978 年 1 期 22 页

谈谈探讨夏文化的几个问题——在"登封告成遗址发掘现场会"闭幕式上的讲话　夏鼐　河南文博通讯　1978 年 1 期 32 页

关于登封王城岗遗址几个问题的探讨　贾峨　文物　1984 年 11 期 63 页

登封告成王城岗遗址的初步分析　李先登　中国考古学会第四次年会论文集　1985 年 12 月 7 页

河南孟津小潘沟遗址河南龙山文化陶器的分期　余扶危、叶万松　考古　1982 年 2 期 186 页

论造律台类型　李伯谦　文物　1983 年 4 期 50 页

关于"后岗第二期文化"类型有关问题的讨论　唐云明　中原文物 1983 年 3 期 18 页

清凉山龙山遗存的分期及相关问题　段宏振　文物春秋　1997 年 1 期 1～16 页

王油坊类型龙山文化去向初探——江苏境内王油坊类型龙山文化遗存分析　谷建祥、申宪　南京大学历史系考古专业成立三十周年纪念文集　2002 年 44～48 页

"新砦文化"研究历程述评　许宏　三代考古（二）　2006 年 146～158 页

③陕西

从双庵遗址的发掘看陕西龙山文化的有关问题　籍和平　史前研究 1986 年 1、2 期合刊 90 页，又见半坡博物馆三十年学术论文选编 1989 年 328 页

试论"陕西龙山文化"康家类型　魏世刚　文博　1995 年 5 期 3～9 页

渭泾水流域龙山时代早期诸文化的比较研究　张宏彦　史前研究——西安半坡博物馆成立四十周年纪念文集　1998 年 206～215 页

客省庄文化及其相关诸问题　张忠培　考古与文物　1980 年 4 期 78 页

也谈客省庄二期文化的性质及其年代　高煦、吴宇　史前研究 1984 年 4 期 28 页

关于客省庄文化的若干问题　巩启明　中国原始文化论集　1989 年 6 月 79 页

临潼康家遗址客省庄文化遗存分期初探　秦小丽、阎毓民　考古与文物　1993 年 1 期 45～53 页

《陕西长安花楼子客省庄二期文化遗址发掘》中的几个问题　赵辉

华夏考古 1994 年 3 期 72 ~ 78 页

试论客省庄二期文化 梁星彭 考古学报 1994 年 4 期 397 ~ 424 页

试论客省庄文化的分期 秦小丽 考古 1995 年 3 期 238 ~ 255 页

关于客省庄二期：文化几个问题的探讨 张天恩、刘军社 考古与文物 1995 年 2 期 46 ~ 55 页

论"客省庄二期文化"康家遗存 魏世刚 考古文物研究——纪念西北大学考古专业成立四十周年文集（1956 ~ 1996） 1996 年 145 ~ 154 页

客省庄文化单把鬲的研究——兼谈客省庄文化流向 张忠培、杨晶 北方文物 2002 年 3 期 1 ~ 15 页

客省庄与三里桥文化的单把鬲及相关问题 张忠培、杨晶 宿白先生八秩华诞纪念文集 2002 年版 1 ~ 49 页

绥德小官道龙山文化房屋中心图案的意义 郭政凯 考古与文物 1990 年 5 期 87 ~ 91 页

西安老牛坡龙山文化的几个问题 刘士莪 史前研究——西安半坡博物馆成立四十周年纪念文集 1998 年 127 ~ 136 页

石峁遗存试析 张宏彦、孙周勇 考古与文物 2002 年 1 期 56 ~ 61 页

蔡家河龙山时代早期遗存试析 缐琦 文博 2006 年 1 期 17 ~ 21 页

④山西
山西龙山文化土窑洞的分期 傅淑敏 山西大学学报（哲社版）1989 年 1 期 90 页

山西龙山时代考古遗存的类型与分期 宋建忠 文物季刊 1993 年 2 期 44 ~ 62 页

试论山西垣曲盆地龙山文化遗存的年代与分期 佟伟华 中国历史博物馆考古部纪念文集 2000 年 82 ~ 94 页

龙山文化陶寺类型初探　徐殿魁　中原文物　1982年2期20页

龙山文化陶寺类型的年代与分期　高天麟、张岱海、高炜　史前研究　1984年3期22页

陶寺遗址的发掘与夏文化的探索　高炜、张岱海、高天麟　中国考古学会第四次年会论文集　1985年12月25页

陶寺龙山文化木器的初步研究——兼论北方漆器的起源问题　高炜　中国考古学研究——夏鼐先生考古五十年纪念论文集（二集）　1986年5月24页

陶寺遗址的发现和夏文化的探索　张长寿　文物与考古论集　1986年12月110页

试论陶寺遗址和陶寺类型龙山文化　高炜　华夏文明（1）　1987年7月53页

再论夏文化问题——关于陶寺龙山文化的探讨　黄石林　华夏文明（1）　1987年7月77页

陶寺文化与龙山时代　张岱海　庆祝苏秉琦考古五十五年论文集　1989年8月245页

陶寺遗寺及邻近地区考古地磁研究　张维玺　考古　1989年10期933页

陶寺文化再研究　罗新、田建文　中原文物　1991年2期17～21页、36页

丁村新石器时代遗存与陶寺类型龙山文化的关系　学晋　考古　1993年1期52～59页

陶寺遗存与陶寺文化　董琦　华夏考古　1998年1期30～37页

汾河湾旁磬和鼓——苏秉琦先生关于陶寺考古的论述　高炜、张岱海　苏秉琦与当代中国考古学　2001年654～670页

陶寺遗址扁壶朱书"文字"新探　何驽　中国文物报　2003年11月28日7版

陶寺大墓中出土的"仓形器"名实浅说　卫斯　中国文物报　2003年11月28日7版

专家论证陶寺遗址大型建筑基址 王晓毅 中国文物报 2004 年 12 月 31 日 7 版

陶寺文化谱系研究综论 何驽 古代文明 2004 年第 3 卷 54～86 页

陶寺文化中的古文明因素 张之恒 中国文物报 2005 年 6 月 10 日 7 版

陶寺彩绘龙源自良渚文化的新证据 朱乃诚 中国社会科学院古代文明研究中心通讯 2005 年 10 期 18～21 页

陶寺遗址出土陶瓦略论 何驽 中国文物报 2006 年 6 月 30 日 7 版

陶寺文化谱系研究综述 何驽 考古学集刊 16 集 2006 年 151～177 页

陶寺城址宫殿区发现的陶板功能试析——陶寺文化的陶瓦 何驽 中原地区文明化进程学术研讨会文集 2006 年 265～276 页

东下冯和南礼教龙山文化遗存初析 崇麓 史前研究 1984 年 4 期 36 页

《山西夏县东下冯龙山文化遗址》读后 朱延平 考古 1984 年 9 期 833 页

东下冯"龙山文化早期遗存"的再认识 李健民 考古 1984 年 9 期 837 页

关于夏县东下冯"龙山文化晚期"遗存的讨论 隋裕仁 中原文物 1985 年 4 期 50 页

东下冯龙山晚期：遗存分析及意义 田建文 三晋考古 第二辑 1996 年 259～264 页

3. 黄河下游

试论史前黄河下游的改道与古文化的发展 王青 中原文物 1993 年 4 期 63～71 页

对黄河下游青莲岗时期诸类文化遗存的认识 向绪成 华夏考古

1995 年 2 期 61～69 页

苏秉琦学术理论体系对山东及邻境地区考古的导向　高广仁　苏秉琦与当代中国考古学　2001 年 220～226 页

黄淮下游地区沙基堌堆遗址辨析　孙波　考古　2003 年 6 期 90～94 页

（1）山东地区新石器时代文化研究

山东省之史前文化　安志敏　益世报史地周刊　64 期 1947 年 10 月 21 日

山东地区史前文化发展序列及相关问题　伍人　文物　1982 年 10 期 44 页

对山东史前考古的追述与瞻望（代前言）　杨子范　山东史前文化论文集　1986 年 9 月 1 页

山东史前考古　苏秉琦　山东史前文化论文集　1986 年 9 月 17 页

山东地区史前考古方面的有关问题　石兴邦　山东史前文化论文集　1986 年 9 月 22 页

论潍、淄流域的原始文化　杜在忠　山东史前文化论文集　1986 年 9 月 129 页

从地形变化和地理分布观察山东地区古文化的发展　巫鸿　考古学文化论集（一）　1987 年 12 月 165 页

山东古代文化的分区研究　王树明、常兴照　中国文物报　1989 年 3 月 17 日 3 版

山东原始社会史论纲　李启谦　烟台师范学院学报　1988 年 2 期 1 页

关于齐鲁文化的几个问题　张学海　考古学文化论集（二）　1989 年 9 月 184 页

论四十年来山东先秦考古的基本收获　张学海　海岱考古第一辑 1989 年 9 月 325 页

泗河流域古代文化的编年与类型　李季、何德亮　文物　1991 年 7

期 48～51 页

山东史前考古的几个新课题 高广仁 中国考古学论丛 1993 年 63～71 页

简述山东史前文化发展序列 蔡培桂 山东师大学报（社科版）1994 年 4 期 29～33 页

山东细石器文化概论 逢振镐 华夏考古 2000 年 2 期 65～73 页

山东新石器时代早期考古新收获 佟佩华 华夏考古 2000 年 3 期 41～47 页

山东考古的世纪回顾与展望 山东省文物考古研究所（佟佩华）考古 2000 年 10 期 1～14 页

悠久的历史、精美的文物（上）史前至商代——近年来山东省出土文物精品综述 李曰训 中国文物世界 2001 年 186 期 12～37 页

山东史前聚落时空关系宏观研究——苏秉琦思想在山东考古的再实践 张学海 苏秉琦与当代中国考古学 2001 年 227～245 页

二十世纪山东考古的回顾与展望 严文明 中国文物报 2006 年 9 月 8 日 7 版

海岱文化刍议——关于"考古学文化、区、系、类型问题"的研究 韩榕 中国考古学论丛 1993 年 72～82 页

海岱地区史前考古若干问题的思考 张学海 中国考古学会第九次年会论文集 1997 年 1～19 页

文化区系理论在海岱考古的实践 张学海 "迎接二十一世纪的中国考古学"国际学术讨论会论文集（1998 年）86～93 页

海岱地区史前文化的发现和研究 栾丰实 21 世纪中国考古学与世界考古学 2002 年 143～163 页

Haidai Region Landscape Archaeology Bennett Gwen 东方考古 2004 年第 1 集 217～225 页

胶东史前文化与莱夷的历史贡献 宋承钧、史明 东岳论丛 1984

年 1 期 84 页

胶东原始文化初论　严文明　山东史前文化论文集　1986 年 9 月 63 页

胶东史前文化初探　韩榕　山东史前文化论文集　1986 年 9 月 96 页

胶东半岛新石器文化初论　李步青、王锡平　考古　1988 年 1 期 66 页

胶东半岛石器时代考古工作的回顾与展望　王锡平　北方文物 1990 年 4 期 8~13 页

胶东半岛在东北亚考古学研究中的地位　王锡平　青果集　1993 年 1~6 页

胶东半岛在东北亚考古学中的地位　王锡平、王茂盛　环渤海考古国际学术讨论会论文集　1996 年 149~152 页

胶东新石器时代遗址的地理分布及相关认识　王富强　北方文物 2004 年 2 期 1~10 页

论泰沂文化区　郑笑梅　海岱考古第一辑　1989 年 9 月 344 页

泰山文化的历史分期及特点　韩光辉、石宁　中国历史博物馆馆刊 1992 年 17 期 24~29 页

泰沂山北侧地区考古的新进展　张学海　环渤海考古国际学术讨论会论文集　1996 年 73~79 页

小荆山遗址第二次发掘的收获　王守功、宁荫堂　中国文物报 1994 年 3 月 27 日 3 版

浅谈小荆山遗址的文化特征　宁荫棠　中原文物　1995 年 4 期 70~74 页

前埠下一期文化的性质及意义　王守功、李繁玲　中国文物报 1999 年 4 月 28 日 3 版

也说前埠下一期文化的重要意义　张学海　中国文物报　1999 年 7

月 28 日 3 版

大汶口文化——东夷族的早期史略　吴汝祚　东岳论丛　1983 年 2 期 97 页

东夷及其史前文化试论　逄振镐　历史研究　1987 年 3 期 54 页；东夷古国史研究第一辑　1988 年 10 月 9 页

东夷的史前史及其灿烂文化　王震中　中国史研究　1988 年 1 期 121 页

建国以来东夷古国史研究讨论述要　逄振镐　整理　东夷古国史研究　1988 年 10 月第一辑　270 页

史前东夷族的历史地位　王震中　中国社会科学院研究生院学报 1988 年 6 期 67 页

东夷文化的探索　严文明　文物　1989 年 9 期 1 页，中国文物报 1989 年 12 月 8 日 4 版

试论东夷史前经济　刘俊勇　中原文物　1994 年 4 期 23 ~ 26 页

论"夷"和"东夷"　栾丰实　中原文物　2002 年 1 期 16 ~ 20 页

东夷社会机制变革的考古学探索——以邳县大墩子遗址 M44 为契机 郭物　古代文明研究（第一辑）2005 年 98 ~ 114 页

对姚官庄与青堌堆两类遗存的分析　吴秉楠、高平　考古　1978 年 6 期 402 页

试论杨家圈遗存的文化性质　何德亮、竞放　考古与文物　1985 年 1 期 75 页

山东兖州史前文化遗存概述　孙华铎、于之友　史前研究　1985 年 2 期 63 页

山东莒县史前天文遗址　杜升云　科学通报　1986 年 9 期 677 页

菏泽地区的堌堆遗存　郅田夫、张启龙　考古　1987 年 11 期 1002 页

山东临沂湖台石器时代遗存及研究　徐淑彬、杨佃旭、冯沂　东南

文化　1989 年 3 期 192 页

　　威海地区的史前文化　刘玉明等　管子学刊　1994 年 2 期 94～96 页

　　再谈山东尚庄遗址的分期、分类与文化关系　吴诗池　东南考古研究　1996 年（第一辑）173～180 页

　　论北庄类型　张江凯　考古学研究（三）　1997 年 37～51 页

　　谈石山子古文化遗存　贾庆元　文物研究　1998 年 11 期 12～17 页

　　论五村类型　常兴照　青果集——吉林大学考古系建系十周年纪念文集　1998 年 129～148 页

　　论陆庄新石器时代遗存的文化性质和年代　栾丰实　考古　2000 年 2 期 89～96 页

（2）后李、北辛文化

　　北辛遗址与北辛文化　吴汝祚　中国考古学研究——夏鼐先生考古五十年纪念论文集　1986 年 8 月 10 页

　　北辛文化　吴汝祚　中国原始文化论集　1989 年 6 月 175 页

　　北辛文化的几个问题　吴汝祚　庆祝苏秉琦考古五十五年论文集 1989 年 8 月 155 页

　　北辛文化制陶工艺初探　钟华南　考古学文化论集（三）　1993 年 419～428 页

　　从北辛三里河遗址发掘引出的一点感想　吴汝祚　中国文物报 1998 年 5 月 20 日 3 版

　　北辛文化研究　栾丰实　考古学报　1998 年 3 期 265～288 页

　　略论北辛文化及其相关问题　张江凯　考古学研究（四）　2000 年 1～22 页

　　《大汶口续集》中北辛文化分期问题　陈冰白、刘敏哲　华夏考古 2002 年 3 期 31～41 页

　　试论北辛文化及其与大汶口文化的关系　郑笑梅　史前研究　1986

年 1、2 期合刊 26 页；山东史前文化论文集　1986 年 9 月 211 页

试论北辛文化——兼论大汶口文化的渊源　吴汝祚　山东史前文化论文集　1986 年 9 月 196 页

后李文化与北辛文化的关系　王永波　中国文物报　1993 年 4 月 18 日 3 版

关于后李文化的谱系问题——兼论北辛文化的内涵和分期　王永波　青果集　1993 年 15～28 页

再论后李文化与北辛文化的关系——兼述对北辛文化的再认识　王永波　故宫学术季刊　1994 年 12 卷 2 期 81～106 页

黄河下游新发现的后李文化　任相宏　中国文物报　1992 年 2 月 16 日 3 版

西河类型、后李文化的发现意义　张学海　中国文物报　1993 年 1 月 31 日 3 版

后李文化的发现与研究　王永波　管子学刊　1994 年 1 期 93～95 页

章丘西河新石器时代遗址　佟佩华、魏成敏　中国文物报　1994 年 2 月 20 日 3 版

海岱地区史前考古的新课题——试论后李文化　王永波等　考古　1994 年 3 期 247～255 页

鲁北地区早期新石器文化的发现与认识　王守功　华夏考古　1995 年 2 期 41～53 页

略谈山东地区新发现的后李文化　王守功　中国文物世界　1995 年 115 期 105～122 页

后李文化的初步分期及相关问题　王守功　中国文物世界　1995 年 118 期 77～83 页

后李文化初探　于海广　环渤海考古国际学术讨论会论文集　1996 年 96～101 页

后李早期陶器的类型学研究　张江凯　中原文物　1998 年 4 期 35～43 页

山东章丘西河新石器时代早期遗址试析　佟佩华等　揖芬集——张政烺先生九十华诞纪念文集　2002 年 45～56 页

后李文化的社会组织及其相关问题　栾丰实　庆祝张忠培先生七十岁论文集　2004 年 74～93 页

后李文化聚落的初步分析　孙波　东方考古　2006 年第 2 集 104～118 页

（3）大汶口文化

略论河南境内发现的大汶口文化　武津彦　考古　1981 年 3 期 261 页

试论鲁南苏北地区的大汶口文化　何德亮、孙波　东南文化　1997 年 3 期 23～31 页

试论鲁南苏北地区的大汶口文化　何德亮、孙波　中国考古学会第九次年会论文集　1997 年 50～61 页

河南境内的大汶口文化和屈家岭文化　孙广清　中原文物　2000 年 2 期 22～28 页

皖北、豫东地区大汶口文化的分期与性质　肖燕、春夏　华夏考古　2001 年 3 期 36～51 页

试论河南境内的大汶口文化与屈家岭文化——纪念苏秉琦师诞辰九十周年　杨育彬　苏秉琦与当代中国考古学　2001 年 286～298 页

试论大汶口文化在河南境内的传播　张翔宇、曹建敦　平顶山师专学报　2002 年 17 卷 3 期 75～79 页

试论泰沂山北侧地区的大汶口文化　王芬　中原文物　2003 年 5 期 14～25 页

中原地区大汶口文化因素浅析　张翔宇　华夏考古　2003 年 4 期 39～45 页

谈谈大汶口文化　山东省博物馆　文物　1978 年 4 期 58 页；大汶口

文化讨论文集 1979 年 11 月 13 页；文物集刊 1980 年 1 月 1 期 19 页

试论大汶口文化的分期 高广仁 考古学报 1978 年 4 期 399 页；大汶口文化讨论文集 1979 年 11 月 287 页；文物集刊 1980 年 1 月 1 期 47 页

碳 –14 测定年代和大汶口文化 夏鼐 大汶口文化讨论文集 1979 年 11 月 1 页

试论大汶口文化在发展过程中的长期性与复杂性 蔡凤书 文物集刊 1980 年 1 月 1 期 66 页

略论大汶口文化 丁季华 上海师范大学学报 1980 年 1 期 90 页

论大汶口文化的类型与分期 吴汝祚 考古学报 1982 年 3 期 261 页

试论大汶口文化及其有关问题——中国原始社会文化探索之二 石兴邦 山东史前文化论文集 1986 年 9 月 177 页

论新出大汶口文化陶器符号 李学勤 文物 1987 年 12 期 75 页

大汶口文化探源——纪念大汶口遗址发掘三十周年 于中航 华夏考古 1989 年 2 期 77 页

试论大汶口文化时期的商品交换 何德亮 考古与文物 1991 年 6 期 40 ~ 46 页

再论大汶口文化的陶刻 王吉怀 东南文化 2000 年 7 期 6 ~ 14 页

大汶口文化发现与研究概论 何德亮、张万春 史前研究（2002） 2004 年 321 ~ 340 页

大汶口文化陶器礼器化进程及其意义 郭大顺 东方考古 2004 年 第 1 集 93 ~ 107 页

我国私有制出现的重要例证——对大汶口遗址随葬制度的剖析 宋兆麟 光明日报 1975 年 5 月 6 日；大汶口文化讨论文集 1979 年 11 月 61 页

从大汶口文化墓葬看私有制的起源 魏勤 考古 1975 年 5 期 264 页；大汶口文化讨论文集 1979 年 11 月 47 页

从大汶口文化遗存看我国古代私有制的孕育和萌芽　单达、史兵　文物　1976 年 4 期 84 页；大汶口文化讨论文集　1979 年 11 月 69 页

从大汶口文化看我国私有制的起源　鲁波　文物　1976 年 7 期 74 页；大汶口文化讨论文集　1979 年 11 月 57 页

大汶口文化的社会性质及有关问题的讨论综述　考古编辑部　考古　1979 年 1 期 33 页

初步剖析大汶口文化私有制的起源——纪念恩格斯《家庭、私有制和国家的起源》发表一百周年　吴汝祚　中国历史博物馆馆刊　1984 年 6 期 3 页

试论大汶口文化中期出现我国早期阶级对立　屈川　南充师院学报　1986 年 3 期 85 页

从大汶口文化的陶器文字看我国最早文化的年代　唐兰　光明日报　1977 年 7 月 14 日

是氏族社会不是奴隶社会——就大汶口文化和唐兰先生商榷　彭邦炯　光明日报　1977 年 12 月 15 日；大汶口文化讨论文集　1979 年 11 月 85 页

再论大汶口文化的社会性质和大汶口陶器文字——兼答彭邦炯同志　唐兰　光明日报　1978 年 2 月 23 日；大汶口文化讨论文集　1979 年 11 月 90 页

大汶口文化的社会性质与年代——兼与唐兰先生商榷　高广仁　光明日报　1978 年 4 月 27 日；大汶口文化讨论文集　1979 年 11 月 110 页

略论大汶口墓葬的社会性质——与唐兰同志商榷　陈国强　大汶口文化讨论文集　1979 年 11 月 96 页；考古论文选（第一集）　1980 年 3 月 66 页

中国奴隶制社会的上限远在五、六千年前——论新发现的大汶口文化与其陶器文字，批判孔丘的反动历史观　唐兰　大汶口文化讨论文集　1979 年 11 月 120 页

大汶口文化和原始社会的解体　于中航　文物　1976 年 5 期 64 页；大汶口文化讨论文集　1979 年 11 月 29 页

从大汶口文化看氏族制度的演变　罗琨、张永山　中国史研究 1979 年 2 期 122 页

关于大汶口文化时期社会性质的初步探讨　蔡凤书　大汶口文化讨论文集　1979 年 11 月 47 页

从大汶口葬俗的演变看其社会性质　黎家芳　大汶口文化讨论文集 1979 年 11 月 190 页

关于大汶口文化社会性质探讨中的几个问题　王宇信　大汶口文化讨论文集　1979 年 11 月 203 页

大汶口文化中晚期的父系氏族社会　王真　史学月刊　1981 年 4 期 88 页

试论大汶口墓葬所反映的社会性质　王锡平　山东史前文化论文集 1986 年 9 月 234 页

大汶口早期文化及其社会性质　竞放　聊城师范学报　1989 年 2 期 61 页

大汶口文化与龙山文化的关系　吴诗池　史前研究　1983 年 1 期 99 页

胶莱地区的大汶口——龙山文化　吴汝祚　考古学文化论集（一） 1987 年 12 月 156 页

浅谈大汶口文化向龙山文化的过渡　韩榕　庆祝苏秉琦考古五十五年论文集　1989 年 3 月 172 页

从黑陶杯看大汶口——龙山文化发展的阶段性及其中心范围　吴汝祚　考古学文化论集（二）　1989 年 9 月 31 页

关于大汶口文化与良渚文化的几个问题　杜金鹏　考古　1992 年 10 期 915～928 页

论大汶口文化和崧泽、良渚文化的关系　栾丰实　中国考古学会第九次年会论文集　1997 年 62～81 页

大汶口文化对良渚文化及屈家岭——石家河文化的影响　张弛　浙

江省文物考古研究所学刊第八辑——纪念良渚遗址发现七十周年学术研讨会文集　2006 年 14～22 页

专家座谈安徽蒙城尉迟寺遗址发掘的收获　王吉怀　考古　1995 年 4 期 338～345 页

试论大汶口文化尉迟寺类型　王吉怀　考古求知集　1997 年 213～223 页

大汶口文化考古的新突破——略谈皖北尉迟寺遗址发掘的收获及意义　王吉怀　文物季刊　1998 年 3 期 58～65 页

大汶口文化尉迟寺类型及其年代与分期　苗霞　考古与文物　1998 年 6 期 33～48 页

尉迟寺类型初论　梁中合　青果集——吉林大学考古系建系十周年纪念文集　1998 年 110～121 页

尉迟寺聚落遗址的初步探讨　王吉怀　考古与文物　2001 年 4 期 20～28 页

试论蒙城尉迟寺遗址的大汶口文化遗存　郑清森　江汉考古　2002 年 1 期 50～57 页

尉迟寺遗址的大汶口文化聚落与社会　魏峻　东方考古　2004 年第 1 集 108～124 页

"蒙城尉遲寺"を読む　大贯静夫　桃李成蹊集——庆祝安志敏先生八十寿辰　2004 年 139～152 页

尉迟寺史前聚落遗存的微观考察与研究　孙迪　文物世界　2005 年 2 期 10～17 页

大汶口文化刘林期遗存试析　张忠培　吉林大学学报（哲社版）1979 年 1 期 87 页

论大汶口文化中的陶温器——写在《从陶鬹谈起》一文后　唐兰　故宫博物院院刊　1979 年 2 期 46 页

试论大汶口文化颍水类型　杜金鹏　考古　1992 年 2 期 157～169 页

临沂地区大汶口文化研究综览　徐淑彬　临沂师专学报　1994 年 16 卷 1 期 53 ~ 60 页

论枣庄建新大汶口文化遗存　何德亮　华夏考古　1998 年 4 期 47 ~ 56 页

试谈莒地大汶口文化时期的社会经济　马庆民、来永青　临沂师专学报　1999 年 21 卷 5 期 74 ~ 75 页

日照地区大汶口、龙山文化聚落形态之研究　栾丰实　中国考古学跨世纪的回顾与前瞻（1999 年西陵国际学术研讨会文集）　2000 年 227 ~ 244 页

兖州六里井大汶口文化遗存分析　何德亮　中原文物　2001 年 1 期 22 ~ 28 页

试论周口地区大汶口文化及其相关问题　张志华　中原文物　2001 年 5 期 59 ~ 63 页

前埠下大汶口文化的性质与年代　何德亮　华夏考古　2004 年 1 期 25 ~ 36 页

（4）龙山文化

龙山文化若干问题质疑　刘敦愿　文史哲　1958 年 1 期 45 页

谈谈龙山文化　杨子范、王思礼　考古　1963 年 7 期 377 页

典型龙山文化的来源、发展及社会性质初探　黎家芳、高广仁　文物　1979 年 11 期 56 页

山东龙山文化"去脉"之推论　蔡凤书　文史哲　1982 年 2 期 79 页

沂蒙山区龙山文化的分布及相关问题的探讨　徐淑彬　临沂师专学报　1988 年 4 期 40 页

山东龙山文化部分石、陶玉器制作工艺的探讨　聂新民　史前研究辑刊　1988 年 272 页

吴金鼎先生与龙山文化——纪念龙山文化发现六十周年　于中航　中国文物报　1988 年 12 月 23 日 2 版

山东龙山文化与其周围同时期诸文化的关系　蔡凤书　山东大学学报（哲社版）　1989 年 1 期 64 页

龙山文化研究的历程与展望　蔡凤书　管子学刊　1990 年 4 期 81～86 页

龙山文化研究的历史回顾　李宗山　中国文物报　1991 年 12 月 22 日 3 版、1991 年 12 月 29 日 3 版

龙山文化与良渚文化衰变的奥秘——致"纪念发掘城子崖遗址六十周年国际学术讨论会"的贺信　俞伟超　文物天地　1992 年 3 期 27～28 页

龙山文化的分期和地方类型　赵辉　考古学文化论集（三）1993 年 230～269 页

试论山东龙山文化的社会性质——兼与《丁公遗址龙山陶文质疑》一文商榷　方酉生　史学月刊　1995 年 2 期 7～12 页

海岱龙山文化研究综论　栾丰实　东岳论丛　1995 年 3 期 77～82 页

论山东龙山文化陶器的分期及地域性　李权生　考古学集刊第 9 集 1995 年 45～137 页

山东龙山文化的类型与分期　何德亮　考古　1996 年 4 期 63～76 页

试论海岱龙山文化消退的原因　田继宝　史前研究（2000）2000 年 529～534 页

山东龙山文化研究世纪述评　佟佩华　中国文物报　2000 年 12 月 20 日 3 版

考古学文化的层次划分——以龙山文化为例　李伊萍　中原文物 2003 年 6 期 4～9 页

海岱龙山文化灰坑研究初论　王建华　博物馆研究　2004 年 4 期 38～42 页

龙山文化研究　李伊萍　中国文物报　2005 年 3 月 25 日 7 版

海岱龙山文化遗址人均用地面积的初步研究　王建华　文物春秋 2005 年 1 期 10～16 页

海岱龙山文化遗址人均用地面积的初步研究　王建华　四川文物 2005 年 3 期 43～48 页

海岱龙山文化区域不平衡发展的讨论（内容提要）　伊藤广树　古代文明研究通讯　2006 年 30 期 23 页

试论城子崖类型　韩榕　考古学报　1989 年 2 期 137 页

五千年文化堆积重现——城子崖遗址一瞥　周衍麟、刘湘鲁　文汇报　1990 年 8 月 6 日 4 版

谈谈城子崖龙山文化城址及其有关问题（纪念城子崖龙山文化遗址发掘六十周年）　安金槐　中原文物　1992 年 1 期 1～6 页

论城子崖类型与后冈类型的关系　栾丰实　考古　1994 年 5 期 435～442 页

龙山文化城子崖类型分期　靳桂云　北方文物　1994 年 4 期 18～27 页

龙山文化"城子崖类型"解析　李伊萍　庆祝张忠培先生七十岁论文集　2004 年 138～149 页

城子崖遗址与山东龙山文化　张万春、何德亮　史前研究（2004）2005 年 173～181 页

山东日照两城镇的发掘及其学术价值　高广仁　东南文化　2000 年 3 期 25～32 页

谈山东日照两城镇发现的烤箅　钱益汇　中原文物　2002 年 4 期 32～34 页

中美合作两城镇考古及其意义　栾丰实　文史哲　2003 年 2 期 96～102 页

龙山文化尹家城类型的分期及其源流　栾丰实　华夏考古　1992 年 2 期 56～80 页

尹家城遗址龙山文化礼器及社会组织结构的探讨　王建华　绥化学院学报　2005 年 25 卷 1 期 133～135 页

试论山东龙山文化郭家村类型　王青　考古　1995 年 1 期 50～62 页

再论龙山文化郭家村类型　王青　北方文物　1998 年 3 期 8~21 页

两城类型分期问题初探　吴汝祚、杜在忠　考古学报　1984 年第 1 期 1 页

青堌堆龙山文化遗存之分析　栾丰实　中原文物　1991 年 2 期 6~11 页

龙山文化王油坊类型初论　栾丰实　考古　1992 年 10 期 924~935 页

论山东龙山文化西吴寺类型　李季、何德亮　东南文化　1996 年 2 期 31~38 页

论龙山文化景阳岗类型　张学海　考古学研究（五）上册——庆祝邹衡先生七十五寿辰暨从事考古研究五十年论文集　2003 年 129~145 页

（5）岳石文化

有关岳石文化的几个问题　赵朝洪　考古与文物　1984 年 1 期 92 页

岳石文化——山东史前考古的新课题　邵望平　山东史前文化论集　1986 年 9 月 120 页

谈岳石文化的几个问题　方辉　管子学刊　1988 年 4 期 65 页

岳石文化来源初探　张国硕　郑州大学学报（社科版）　1989 年 1 期 1 页

济南大辛庄遗址的第二类遗存探索岳石文化的发展去向　徐基　辽海文物学刊（1990）1 辑：65~74 页

浅谈岳石文化的来源及族属问题　方辉、崔大勇　中国考古学会第九次年会论文集　1997 年 93~107 页

（三）中国北方及东北地区的新石器时代文化研究

满洲先史时代之研究（节译）　〔日〕八木奘三郎著　东北文化月报　1924 年 10~11 月 3 卷 10 期 30 页，3 卷 11 期 19 页

中国西部及蒙古新疆几个新石器（或旧石器）之发现　德日进、相钟健　中国地质学会志　1933 年 12 卷

中国石棚之研究　乌居龙藏　燕京学报　1946 年 12 月 31 期 119 页

小营子史前文化之研究　安志敏　学原　1948 年 12 月 2 卷 8 期 26 页

沙锅屯洞穴层位之研究　安志敏　燕京学报　1949 年 36 期 71 页

关东史前文化之我见　紫实　关东日报　1949 年 3 月 31 日

西北史前文化遗址概况　王永焱　文物参考资料　1951 年 2 卷 10 期 155 ~ 165 页

考古学上所见汉代以前的西北　张光直　中研院历史语言研究所集刊　1970 年 10 月第四十二本一分 81 页

试论中国北方和东北地区含有细石器的诸文化问题　佟柱臣　考古学报　1979 年 4 期 403 页

松花江中游和嫩江下游的原始文化遗址　丹化沙、谭英杰　东北考古与历史　1982 年 1 辑 184 页

对乌苏里江以东地区作考古学与历史学的考察　佟柱臣　社会科学战线　1984 年 1 期 189 页

满洲东部的史前文化　V. V. 包诺索夫著、高晓梅译　靳维伯校　北方文物　1987 年 2 期 24 页

试论内蒙古赤峰市及辽宁省西部新石器遗存的相关问题　光远　内蒙古社会科学　1987 年 6 期 52 页

关于东北亚和北美细石器文化的几个问题　康昱　北方文物　1991 年 3 期 27 ~ 31 页

论辽东半岛与山东半岛先史文化的地域性及其相互影响　〔日〕宫本一夫著　姚义田译　辽海文物学刊　1993 年 1 期 138 ~ 144 页

中国古代文化三系统说（提要）——兼论赤峰地区在中国古代文化发展中的地位　严文明　中国北方古代文化国际学术研讨会论文集 1995 年 17 ~ 18 页

论中国古代北方文化　王承礼、李亚泉　中国北方古代文化国际学术研讨会论文集　1995 年 19 ~ 21 页

两个现象，一个假设　林沄　中国北方古代文化国际学术研讨会论文集　1995 年 22～25 页

从小山陶尊谈北方龙文化的发源　陆思贤　北方民族文化遗产研究文集　1995 年 323～336 页

我国东北与贝加尔湖周围地区新石器时代文化交流的三个问题　冯恩学　辽海文物学刊　1997 年 2 期 72～77 页

燕山南北长城地带史前聚落形态的初步研究　刘晋祥、董新林　文物　1997 年 8 期 48～56 页

试论偏堡文化　李恭笃、高美璇　北方文物　1998 年 2 期 11～16 页

新开流文化陶器的纹饰及其年代　朱延平　青果集——吉林大学考古系建系十周年纪念文集　1998 年 11～17 页

燕辽新石器时代考古学文化的若干问题　孙祖初　史前研究——西安半坡博物馆成立四十周年纪念文集　1998 年 233～257 页

中国北方地区龙山时代聚落的变迁　安·P. 安德黑尔著　陈淑卿译　华夏考古　2000 年 1 期 80～97 页

河套地区先秦两汉时的生业、文化与环境　张忠培　中国文物报 2000 年 6 月 1 日 3 版

史前经济形态的转化与突变——来自辽东半岛黄海沿岸新石器时代文化的两个例证　唐淼、赵宾福　博物馆研究　2002 年 4 期 45～48 页

史前阴山北侧　王行恭　历史文物　2002 年 12 卷 5 期 23～29 页

河套地区史前考古学史初步研究　孙周勇　文博　2002 年 6 期 53～61 页

席纹初探　王月前　北方文物　2003 年 1 期 15～20 页

河套地区新石器时代文化研究的回顾　魏坚　庆祝张忠培先生七十岁论文集　2004 年 121～137 页

小河西文化初论　索秀芬　考古与文物　2005 年 1 期 23～26 页

关于之字纹陶器的几个问题　都兴智　北方文物　2006 年 4 期 1～6 页

试论东北亚南部四千年前以远的新石器时代考古学文化区　朱延平

新世纪的考古学——文化、区位、生态的多元互动 2006 年 1～16 页

原始时代之东北 冯家昇 禹贡半月刊 1936 年 10 月 6 卷 3、4 期合刊 11 页

东北原始文化的分布与分期 佟柱臣 考古 1961 年 10 期 557 页；中国原始社会史文集 1964 年 10 月 295 页

东北考古的主要收获 王承礼、张忠培、林沄、方起东 东北考古与历史 1982 年 1 辑 1 页

东北考古综述 蒋秀松 黑河学刊 1989 年 3 期 112 页，1989 年 4 期 116 页

东北亚洲中的中国东北地区原始文化 大贯静夫 庆祝苏秉琦考古五十五年论文集 1989 年 8 月 38 页

东北平底筒形罐区系研究 冯恩学 北方文物 1991 年 4 期 28～41 页

中国东北地区史前陶器的编年与分区 〔日〕宫本一夫著 于建华译 北方文物 1993 年 2 期 99～106 页

中国东北地区史前陶器的编年与地域性 〔日〕宫本一夫著 贺伟译 辽海文物学刊 1995 年 2 期 109～130 页

论东北文化区及其前沿 郭大顺 文物 1999 年 8 期 57～61 页

东北史前考古世纪回眸 赵菊梅、赵晓刚 博物馆研究 2001 年 1 期 65～75 页

对中国东北赤峰遗址的格局进行考察的初步报告 〔以〕吉迪 考古与文物 2002 年 2 期 43～50 页

东北文化区的提出及意义 郭大顺 边疆考古研究 1 辑（2002）170～180 页

中国东北先史环壕聚落的演变与传播 朱永刚 华夏考古 2003 年 1 期 32～42 页

我对东北文化区的认识 郭大顺 辽宁考古文集 2003 年 1～11 页

20 世纪东北地区史前考古的重大发现与研究 都兴智 辽宁师范大

学学报（社会科学版） 2005 年 28 卷 1 期 112～115 页

东北自然环境与史前文化区——论东北新石器时代 佟柱臣 辽海引年集 1947 年 7 月 111 页

略论东北新石器时代文化 曲石 史前研究 1987 年 4 期 4 页

东北地区新石器时代文化概述 许玉林 辽海文物学刊 1989 年 1 期 56 页

东北地区南部公元前三千纪初以远的新石器考古学文化编年、谱系及相关问题 朱延平 考古学文化论集（四）（1997 年）84～95 页

东北地区新石器时代考古学文化的发展阶段与区域特征 赵宾福 社会科学战线 2004 年 4 期 172～176 页

东北新石器文化的分期与特点 赵宾福 求是学刊 2004 年 31 卷 4 期 117～120 页

中国东北东部地区石器时代文化的发展脉络与渊源关系 王嗣洲 边疆考古研究第 4 辑 2006 年 36～51 页

辽河流域新石器时代的考古发现与认识 刘观民、徐光冀 中国考古学会第一次年会论文集 1980 年 12 月 72 页

从新乐文化的发现论辽河流域诸文化类型的关系 高青山 新乐遗址学术讨论会文集 1983 年 1 月 68 页；辽宁省博物馆学术论文集 1985 年 1 月 134 页

论辽河流域的原始文明与龙的起源 孙守道、郭大顺 文物 1984 年 6 期 11 页；辽宁省博物馆学术论文集 1985 年 1 月 93 页

以辽河流域为中心的新石器文化 郭大顺、马沙 考古学报 1985 年 4 期 417 页

下辽河流域原始文化 马洪路 史前研究 1986 年 3、4 期合刊 16 页

1. 吉林、辽宁、黑龙江地区新石器时代文化研究

（1）吉林

吉林市郊古代遗址的文化类型　张忠培　吉林大学学报（社会科学版）　1963 年 1 期 69 页

吉林省的考古发现和研究　王承礼　学术研究丛刊　1982 年 3 期 11 页

长春考古四十年　万顺　长春史志　1988 年 5 期 56 页

白城地区三十年来文物考古工作的主要收获　吴喜才　博物馆研究　1989 年 1 期 59 页

吉林省近十年考古工作的主要收获（1979 ~ 1989）　吉林省文物考古研究所（方起东、刘景文）　博物馆研究　1990 年 1 期 57 ~ 71 页

吉林省文物考古的世纪回顾与展望　吉林省文物考古研究所（金旭东）　考古　2003 年 8 期 3 ~ 11 页

吉林的新石器时代文化　佟柱臣　考古通讯　1955 年 2 期 5 页

吉林新石器文化的三种类型　佟柱臣　考古学报　1957 年 3 期 31 页

吉林省原始文化中的几种新石器时代遗存　刘振华　博物馆研究　1982 年 1 期 72 页

论腰井子新石器时代文化类型——兼谈吉林省西北部新石器时代文化若干问题　刘景文　博物馆研究　1990 年 3 期 56 ~ 63 页

吉林省延边新石器时代文化及初步研究　侯莉闽　博物馆研究　1994 年 2 期 51 ~ 64 页

第二松花江流域新石器时代遗存研究　金旭东　中国考古学会第八次年会论文集　1996 年 13 ~ 34 页

吉林新石器时代的考古发现与认识　何明　跋涉集　1998 年 79 ~ 91 页

论中国境内图们江流域的原始文化　刘景文　博物馆研究　2005 年 3 期 29 ~ 40 页

左家山新石器时代遗址的分期及相关文化遗存的年代序列　陈全家、赵宾福　考古　1990 年 3 期 234～238 页

左家山新石器时代遗存分析　陈雍　考古　1992 年 11 期 1033～1038 页

试论西断梁山新石器时代遗存　金旭东　考古　1992 年 9 期 849～853 页

东丰西断梁山遗存的文化性质与年代探讨　刘国祥　中国文物报 2000 年 12 月 13 日 3 版

论西梁遗存及其相关问题　朱永刚　考古　2006 年 2 期 15～25 页

林西井沟子西梁新石器早期遗存初识　朱永刚　红山文化研究——2004 年红山文化国际学术研讨会论文集　2006 年 505～511 页

（2）辽宁

辽宁省博物馆十年来的考古工作简介　沈文　考古　1959 年 3 期 132 页

辽宁新石器时代文化概述　李恭笃　辽宁师院学报　1980 年 5 期 46 页

试论辽宁地区几个新石器时代文化类型的关系　李恭笃　新乐遗址学术讨论会文集　1983 年 1 月 21 页；辽宁省博物馆学术论文集　1985 年 1 月 115 页

近十年来辽宁地区考古发现述要　王绵厚　东北地方史研究　1990 年 1 期 25～31 页

辽宁新石器时代考古发现和认识　李宇峰　辽宁大学学报（哲社版）1991 年 3 期 28～30 页

辽宁环渤海地区的考古发现与研究　孙守道、郭大顺　考古学文化论集（四）（1997 年）3～14 页

世纪之交的辽宁考古　郭大顺　考古　2001 年 8 期 3～14 页

辽东半岛的巨石文化　陶炎　理论与实践　1981 年 1 期 62 页

辽东半岛石棚综述　许玉林、许明纲　辽宁省博物馆学术论文集
1985 年 1 月 183 页

辽东半岛石棚之研究　许玉林　北方文物　1985 年 3 期 16 页

辽东半岛的石棚文化及其明珠——析木城石棚　宋延英　鞍山师专
学报　1986 年 2 期 85 页

辽东地区旧石器、新石器时代文化遗址概述　傅仁义、王连春、刘
兴林　史前研究　1987 年 3 期 8 页

辽东半岛新石器时代文化初探　许玉林　考古学文化论集（二）
1989 年 9 月 96 页

谈龙山时代辽东文化的土著性与外来因素　印群　丹东师专学报
（哲社版）　1992 年 1 期 86～89 页

论辽东半岛黄海沿岸新石器文化　许玉林　博物馆研究　1992 年 2
期 78～87 页

辽东地区新石器时代含条形堆纹陶器遗存研究　朱永刚　青果集
1993 年 146～153 页

辽东半岛新石器时代晚期文化的再认识　苏小幸、王嗣洲　考古
1994 年 6 期 547～550 页

对辽东半岛新石器时代晚期文化的再认识　苏小幸、王嗣洲　环渤
海考古国际学术讨论会论文集　1996 年 114～119 页

辽东半岛新石器时代考古学文化谱系研究　王嗣洲　史前研究
（2000）2000 年 52～62 页

试论辽东半岛南部地区的史前文化　王建华　辽宁师范大学学报
（社科版）　2005 年 28 卷 4 期 118～120 页

考古学家高度评价辽西考古新发现　光明日报　1986 年 7 月 25 日 1 版
五千年中华文明史的力证——辽西发现红山文化重大遗存纪实

（照片十二幅）人民日报（海外版） 1986 年 7 月 26 日 4 版

祭坛、女神庙、积石冢——辽西考古新发现引起的思考 郑重 文汇报 1986 年 9 月 21 日 2 版

辽西古文化的新认识 郭大顺 庆祝苏秉琦考古五十五年论文集 1989 年 8 月 203 页

辽西地区新石器——铜石并用时代考古文化序列与分期 杨虎 文物 1994 年 5 期 37~52 页；环渤海考古国际学术讨论会论文集 1996 年 165~173 页

辽西地区古文化中的祭祀遗存 朱延平 中国考古学跨世纪的回顾与前瞻（1999 年西陵国际学术研讨会文集） 2000 年 207~226 页

辽西区古文化（新石器至青铜时代）综论 徐光冀、朱延平 苏秉琦与当代中国考古学 2001 年 86~96 页

辽西区史前社会的复杂化进程 王立新 吉林大学社会科学学报 2005 年 2 期 101~110 页

建国前辽西区新石器时代考古学文化发现与研究 李少兵、索秀芬 内蒙古文物考古 2006 年 2 期 89~95 页

辽中区新石器时代文化刍议 朱延平 辽海文物学刊 1990 年 1 期 60~64 页

辽中地区古文化遗存浅析 李倩 辽海文物学刊 1996 年 1 期 85~88 页

辽北地区新石器时代文化初探 许志国 北方文物 1998 年 2 期 17~24 页

新石器时代的旅大 言午 旅大日报 1962 年 6 月 3 日

旅大地区新石器时代文化和青铜时代文化概述 许玉林、许明纲、高美璇 东北考古与历史 1982 年 1 期；辽宁省博物馆学术论文集 1985 年 1 月 162 页

试论大连地区原始文化社会经济形态 王嗣洲 沈阳师范学院学报（社科版） 1988 年 2 期 57 页

大连地区史前开发史初探 王嗣洲、苏小幸 辽海文物学刊 1990年 2 期 38 ~ 44 页

大连地区新石器文化和青铜文化述论 大连市文物博物馆学会（李雅等） 大连文物 1990 年 2 期 22 ~ 30 页

论大连地区原始文化与周边诸原始文化的关系 王嗣洲 沈阳师范学院学报（社科版） 1991 年 2 期 112 ~ 116 页

大连地区新石器时代文化和青铜文化断代划分 徐建华 辽海文物学刊 1994 年 1 期 49 ~ 57 页

大连地区筒形罐谱系研究 许明纲 环渤海考古国际学术讨论会论文集 1996 年 211 ~ 216 页

大连北三市新石器文化研究 王嗣洲 北方文物 2000 年 4 期 7 ~ 11 页

本溪地区三种原始文化的发现及研究 李恭笃 辽海文物学刊 1989 年 1 期 102 页

本溪地区洞穴文化遗存的发现与研究 李恭笃 北方文物 1992 年 2 期 12 ~ 17 页

略谈郭家村新石器时代遗址 许玉林、苏小幸 辽宁大学学报 1980 年 1 期 43 页

郭家村下层新石器的考察 佟柱臣 辽海文物学刊 1992 年 2 期 8 ~ 12 页

中华文明起源的牛河梁红山文化遗址发现始末 李廷俭等 朝阳师专学报 1987 年 1 期 81 页

五千年文明历史的见证——牛河梁 施学珍 旅游 1987 年 2 期 40 页

东西方"早期维那斯"比较研究——牛河梁"女神庙"考古发现的

重大意义　汪玢玢　民间文学论坛　1987 年 3 期 31 页

五千年前的哲学王国：靳之林牛河梁红山文化遗址考察印象记　卜昭文　瞭望周刊　1991 年 15 期 36～38 页

关于牛河梁之行的通信　干志耿　北方文物　1992 年 3 期 3～7 页

小珠山下层文化类型与后洼下层文化类型的比较　王嗣洲　博物馆研究　1990 年 3 期 64～68 页

辽东地区小珠山下、中层文化的再检讨　赵辉　考古与文物　1995 年 5 期 28～36 页

小珠山下层文化试析　朱延平　考古求知集　1997 年 186～193 页

从出土文物看沈阳地区的人类原始社会　孙守道　辽宁日报　1961 年 11 月 7 日

长海县贝丘遗址发掘收获　许明纲　辽宁大学学报　1979 年 5 期 48 页

座谈东山嘴遗址　文物　1984 年 11 期 12 页

三堂新石器时代遗址分期及相关问题　陈全家、陈国庆　考古　1992 年 3 期 232～235 页

（3）黑龙江

我省原始社会的诸阶段　丹化沙　黑龙江日报　1961 年 3 月 28 日

黑龙江古代文化初论　杨虎、谭英杰、张泰湘　中国考古学会第一次年会论文集　1980 年 12 月 80 页

充分认识黑龙江省的悠久历史和灿烂文化　张向凌　北方文物　1985 年 1 期 3 页

黑龙江省的原始社会考古学研究　张泰湘　史前研究　1986 年 1、2 期合刊 36 页

黑龙江省近十年考古工作的主要收获　郝思德、刘晓东　黑河学刊　1989 年 2 期 94 页

建国以来黑龙江省考古的主要收获　黑龙江省文物考古研究所　北方文物　1989 年 3 期 3 页

黑龙江原始社会的人类活动　方衍等　学术交流　1992 年 5 期 112 ~ 114 页

黑龙江考古学的几个问题的讨论——**1996 年 8 月 24 日在"渤海文化研讨会"上的发言**　张忠培　北方文物　1997 年 1 期 6 ~ 12 页

二十年来的黑龙江区系考古——谨以此文悼念中国考古学会理事长苏秉琦先生　杨志军等　北方文物　1997 年 4 期 5 ~ 9 页

世纪之交的黑龙江考古学　许永杰等　北方文物　1999 年 4 期 6 ~ 12 页

黑龙江考古与历史杂谈　刘岩等　北方文物　2000 年 4 期 23 ~ 26 页

黑龙江考古界说　许永杰　北方文物　2001 年 4 期 32 ~ 36 页

20 年来的黑龙江区系考古——谨以此文纪念新中国考古事业的指导者苏秉琦先生　杨志军等　苏秉琦与当代中国考古学　2001 年 76 ~ 85 页

黑龙江考古的世纪思考　许永杰等　考古　2003 年 2 期 3 ~ 10 页

试谈大庆地区的原始文化　唐国文　大庆师专学报　1988 年 1 期 61 页

大庆地区十年文物考古主要成果　唐国文　大庆师专学报　1992 年 2 期 62 ~ 65 页

对牡丹江中游原始文化的几点认识　于建华　黑龙江文物丛刊 1982 年 2 期 50 页

关于牡丹江流域原始文化的几点认识　张泰湘　考古与文物　1982 年 4 期 75 页

牡丹江地区原始文化试论　杨志军　黑龙江文物丛刊　1983 年 3 期 52 页

嫩江细石器文化初探　丹化沙　黑龙江日报　1961 年 6 月 6 日

略论嫩江细石器文化　丹化沙　考古　1961 年 10 期 568 页

呼兰河畔早期细石器遗址考察　魏正一　黑龙江文物丛刊　1982 年 3 期 47 页

黑龙江省龙江县缸窑地点的细石器遗存　于汇历、邹向前　北方文物 1992 年 3 期 8～15 页

试论黑龙江省新石器时代文化的特点　郝思德　求是学刊　1981 年 2 期 96 页

黑龙江沿岸地区（苏境）新石器时代的考古文化　姚凤编译　黑河学刊　1988 年 2 期 105 页

对黑河地区新石器时代遗址的几点看法　郝思德、张鹏　黑河学刊 1988 年 4 期 87 页

对大庆地区新石器时代遗址的研究　唐国文　大庆社会科学　1991 年 2 期 78～80 页

大庆地区新石器时代文化遗存之探索　唐国文　北方文物　1992 年 2 期 25～27 页

黑龙江下游地区新石器遗址出土的陶器施纹工具　〔俄〕B.E. 麦德利维杰夫等著　宋玉彬译　历史与考古信息　1995 年 1 期 8～11 页

鸭绿江右岸地区新石器遗存研究　王月前　中国历史博物馆考古部纪念文集　2000 年 107～126 页

嫩江流域三种新石器文化的辨析　赵宾福　边疆考古研究　2004 年第 2 辑 101～112 页

绥芬河流域原始文化初探　张泰湘　社会科学战线　1982 年 2 期 181 页

嫩江流域原始文化初论　张泰湘　北方文物　1985 年 2 期 11 页

齐齐哈尔北湖遗址出土的陶祖　傅维光　北方文物　1989 年 1 期 33 页

也谈昂昂溪文化的经济生活　云瑶等著　黑河学刊　1992 年 1 期 102～109 页

黑龙江饶河小南山遗存的文化性质与年代探讨　刘国祥　中国文物报　1999 年 3 月 24 日 3 版

黑龙江尚志亚布力遗存试析　刘国祥　中国文物报　2000 年 1 月 12 日 3 版

2. 内蒙古和新疆地区新石器时代文化研究

考古学上所见汉代以前的北疆草原地带　张光直　中研院历史语言研究所集刊　1971 年 9 月第四十三本二分 277 页

内蒙古长城地带诸考古学文化与邻境同期文化相互影响规律的研究　田广金　内蒙古文物考古　1993 年 1 ~ 2 期 16 ~ 22 页

苏秉琦先生论西辽河古文化　昭乌达蒙族师专学报（汉文哲社版）1993 年 14 卷（增刊）北方民族文化　1 ~ 3 页

西辽河流域原始聚落形态研究　李宇峰　昭乌达蒙族师专学报（汉文哲社版）1993 年 14 卷（增刊）北方民族文化　44 ~ 52 页

西辽河地区的早期文化传播　田广林　中国北方古代国际学术研讨会论文集　1995 年 32 ~ 38 页

西辽河流域新石器时代至早期青铜时代考古学文化概论　刘国祥　辽宁师范大学学报（社科版）　2006 年 29 卷 1 期 113 ~ 122 页

（1）内蒙古

内蒙古自治区文物考古工作的重大成果　内蒙古文物工作队、内蒙古博物馆　文物　1977 年 5 期 1 页

内蒙古石器时代考古发现与研究　马耀圻　内蒙古社会科学　1985 年 6 期 45 页

论内蒙古文物考古　李逸友　内蒙古文物考古文集　1994 年 1 ~ 40 页

论内蒙古地区的考古学文化　张忠培　内蒙古文物考古　2006 年 2 期 31 ~ 35 页

论内蒙古草原文化的初始阶段　王大方　古代文明研究通讯　总 31 期 2006 年 1 ~ 5 页

内蒙古西部地区原始文化的编年及相关问题　内蒙古自治区考古学会　文物　1985 年 5 期 77 页

内蒙古东部地区新石器——青铜时代的考古发现与研究　郭治中　内蒙古文物考古文集　1997 年第 2 辑 13～23 页

内蒙古东部地区含之字纹诸考古学文化综述　王素清　内蒙古文物考古文集　1997 年第 2 辑 38～44 页

内蒙古东南部地区新石器时代原始经济初探　张景明　史前研究（2000）2000 年 499～509 页

赤峰地区新石器时代文化的发现及其意义　于海燕、王瑞金　内蒙古文物考古　2001 年 2 期 55～58 页

内蒙古中南部考古学文化序列与年代试探　崔璇　内蒙古社会科学　1985 年 5 期 30 页

内蒙古中南部新石器至青铜时代文化初探　崔璇、斯琴　中国考古学会第四次年会论文集 1985 年 12 月 173 页

对内蒙古中南部一些考古问题的考辨　崔璇　内蒙古社会科学（文史哲版）1992 年 4 期 70～76 页

内蒙古中南部新石器时代考古学文化命名问题综述　杨杰　内蒙古文物考古　1994 年 1 期 1～6 页

内蒙古中南部原始文化的发现与研究　魏坚、崔璇　内蒙古文物考古文集　1994 年 125～143 页

内蒙古中南部仰韶时代早、中期遗存述论　崔璇　内蒙古文物考古文集　1994 年 144～151 页

内蒙古中南部新石器时代至青铜时代的居址建筑　杨杰　内蒙古文物考古文集　1994 年 152～162 页

论内蒙古中南部史前考古　田广金　考古学报　1997 年 2 期 121～145 页

内蒙古中南部地区新石器时代原始经济类型　张景明　内蒙古文物考古　2005 年 2 期 60～65 页

西拉木伦河流域不同系统的考古学文化分布区域的变迁 刘观民 考古学文化论集 （一）1987 年 12 月 48 页

西拉木伦河流域先秦时期考古学文化简论 张国强 北方文物 2006 年 3 期 12 ~ 17 页

西拉木伦河流域先秦时期文化遗存的编年与谱系研究 朱永刚、王 立新 边疆考古研究第四辑 （2006） 52 ~ 69 页

查干木伦河下游细石器初步分析 蒋璐、朱永刚 边疆考古研究 2004 年第 2 辑 66 ~ 87 页

查干木伦河流域古遗址文化类型及相关问题 朱永刚 考古与文物 2004 年 3 期 40 ~ 47 页

环岱海史前聚落形态研究 田广金、郭素新 文化的馈赠：汉学研 究国际会议论文集 （考古学卷） 2000 年 97 ~ 121 页

中日合作进行岱海地区考古研究的收获和意义 田广金 岱海考古 （二）——中日岱海地区考察研究报告集 2001 年 1 ~ 7 页

中日岱海地区联合考察研究概况 〔日〕秋山进午著 杜晓帆译 岱海考古 （二）——中日岱海地区考察研究报告集 2001 年 8 ~ 17 页

环岱海史前聚落形态研究 田广金、郭素新 岱海考古 （二）—— 中日岱海地区考察研究报告集 2001 年 377 ~ 410 页

发掘阿善遗址的主要收获 崔璇等 内蒙古社会科学 1982 年 5 期 81 页

阿善文化述论 崔璇 中国考古学会第八次年会论文集 1996 年 35 ~ 49 页

试论阿善文化 魏坚 青果集——吉林大学考古系建系十周年纪念 文集 1998 年 27 ~ 34 页

试论富河文化的社会经济形态 栾丰实 史前研究 1987 年 4 期 25 页

富河文化的若干问题 朱延平 内蒙古文物考古文集 1994 年 114 ~

118 页

也论富河文化经济形态　滕海键　赤峰学院学报（汉文哲社版）2005 年 26 卷 4 期 22～23 页

富河文化及相关问题研究　刘国祥　新世纪的中国考古学——王仲殊先生八十华诞纪念论文集　2005 年 141～166 页

谈庙子沟原始文化遗址　侯峰　中国文物报　1990 年 6 月 14 日 3 版

试论庙子沟文化　魏坚　青果集　1993 年 85～100 页

庙子沟文化筒形罐及相关问题　魏坚、曹建恩　青果集　1993 年 101～109 页

庙子沟文化浅说　魏坚　内蒙古日报　1996 年 9 月 30 日 3 版

白音长汗遗址红山文化遗存分期探索　索秀芬、郭治中　内蒙古文物考古　2004 年 1 期 41～58 页

白音长汗遗址兴隆洼文化一期及相关问题　索秀芬、郭治中　边疆考古研究　2004 年第 2 辑 88～100 页

白音长汗遗址小河西文化遗存　索秀芬、郭治中　边疆考古研究 2005 年第 3 辑 301～310 页

试论白音长汗类型　索秀芬　考古与文物　2005 年 4 期 48～53 页

白音长汗遗址第二期乙类遗存聚落形态和人类行为浅析　郭治中　红山文化研究——2004 年红山文化国际学术研讨会论文集　2006 年 512～525 页

朱开沟Ⅶ区遗存讨论　崔璿、斯琴　考古　1992 年 9 期 841～848 页

试论海生不浪类型　魏坚、计红　内蒙古文物考古　1994 年 1、2 期合刊 9～13 页

乌尔吉木伦河流域的三种史前文化　徐光冀　内蒙古文物考古文集 1994 年 83～86 页

大沁他拉陶器再认识　朱永刚、王立新　内蒙古文物考古文集

1995 年 119 ~ 124 页

试论永兴店文化　魏坚　文物　2000 年 9 期 64 ~ 68 页

王墓山坡上遗址陶器编年与聚落研究　〔日〕宫本一夫　岱海考古（二）——中日岱海地区考察研究报告集　2001 年 360 ~ 376 页

南台子类型分期初探　索秀芬、李少兵　内蒙古文物考古　2004 年 2 期 29 ~ 36 页

（2）新疆

新疆维吾尔自治区文物考古工作概况　李遇春　文物　1962 年 7、8 期合刊 11 页

新疆考古三十年　穆舜英　新疆社会科学　1985 年 3 期 86 页

新疆考古三十年　穆舜英　新疆日报　1985 年 9 月 23 日 4 版

论新疆考古学研究中存在的几个问题　吕恩国　新疆文物　1995 年 2 期 70 ~ 77 页

新疆考古述略　张玉忠　考古　2002 年 6 期 3 ~ 13 页

新疆之史前考古　裴文中　中央亚细亚　1942 年 7 月 1 卷 1 期 34 页

新疆史前文化研究评述　陈戈　中国文物报　1994 年 1 月 16 日 3 版；1994 年 1 月 23 日 3 版

新疆史前文化　陈戈　西北民族研究　1994 年 2 期 102 ~ 111 页

新疆史前文化　陈戈　西北民族研究　1995 年 1 期 39 ~ 51 页

新疆史前文化　陈戈　传统文化与现代化　1995 年 5 期 47 ~ 54 页

新疆史前文化　陈戈　十世纪前的丝绸之路和东西文化交流　1996 年 291 ~ 304 页

新疆史前考古文化的特殊性　刘学堂　中国文物报　1998 年 10 月 21 日 3 版

新疆史前时期考古学研究现状　王鹏辉　华夏考古　2005 年 2 期 51 ~ 61 页

对新疆早期文化定性问题的基本认识　水涛　中国文物报　1998 年 6 月 17 日 3 版

新疆早期文化发展的打断现象　郭物　新疆文物　2006 年 2 期 56～63 页

关于新疆石器时代文化的初步探讨　吴震　新疆日报　1962 年 3 月 3 日；光明日报　1962 年 3 月 28 日

关于新疆新石器时代文化的新认识　陈戈　考古　1987 年 4 期 343 页

关于新疆新石器时代文化的讨论　陈戈　中国文物报　1999 年 3 月 10 日 3 版

试论新疆的细石器　羊毅勇　史前研究　1987 年 4 期 17 页

昌吉州细石器文化的基本特征　迟文杰　中国文物报　1989 年 12 月 15 日 2 版

阿尔金山细石器　塔克拉玛干沙漠综合考察队考古组、阿尔金山自然保护区管理处　新疆文物　1990 年 4 期 14～19 页

木垒石祖　孙伯海　中国文物报　1988 年 4 月 22 日 3 版

从陶器耳看新疆东部部分古代文化间的关系　羊毅勇　新疆文物 1991 年 2 期 49～57 页

3. 兴隆洼文化

试论兴隆洼文化及相关问题　杨虎　中国考古学研究——夏鼐先生考古五十年纪念论文集　1986 年 8 月 71 页

内蒙古新石器时代考古的重要突破——兴隆洼文化的发现与研究及其所提出的问题　崔璇　内蒙古社会科学　1987 年 1 期 66 页

兴隆洼文化的发现及其意义——兼与华北同时期的考古学文化相比较 任式楠 考古 1994 年 8 期 710～718 页

走进 8000 年前的村落——敖汉"华夏第一村" 光明日报 2002 年 3 月 10 日 B4 版

新石器时代的兴隆洼文化 伍长云、刘云伟 唐山师范学院学报 2003 年 25 卷 3 期 55～57 页

兴隆洼文化与富河文化比较研究 刘国祥 北方文物 2006 年 2 期 1～10 页

兴隆洼文化聚落形态初探 刘国祥 考古与文物 2001 年 6 期 58～67 页

试论兴隆洼文化的传播 刘云伟、伍长云 文物春秋 2003 年 2 期 1～4 页

兴隆洼文化分期及相关问题探讨 陈国庆 边疆考古研究 2004 年第 3 辑 9～22 页

兴隆洼文化的类型、分期与聚落结构研究 赵宾福 考古与文物 2006 年 1 期 25～31 页

西拉木伦河北部兴隆洼文化早期遗存探索 刘国祥 中国文物报 2006 年 4 月 7 日 7 版

兴隆洼文化之字纹筒形陶罐分析 （韩）姜寅虎 红山文化研究——2004 年红山文化国际学术研讨会论文集 2006 年 519～520 页

兴隆沟遗址发掘回顾与思考 刘国祥 中国文物报 2002 年 3 月 22 日 7 版

兴隆沟遗址的发掘对兴隆洼文化聚落研究的学术意义 王吉怀 红山文化研究——2004 年红山文化国际学术研讨会论文集 2006 年 512～518 页

兴隆沟遗址第一地点发掘回顾与思考 刘国祥 内蒙古文物考古 2006 年 2 期 8～15 页

4. 新乐文化

沈阳市新乐遗址煤制品产地探讨　辽宁省煤田地质勘探公司科学技术研究所　考古　1979 年 1 期 79 页

新乐文化及其有关问题　李仰松　新乐遗址学术讨论会文集　1983 年 1 月 13 页

关于篦纹陶器的几点想法——从沈阳新乐下层文化和裴李岗——磁山文化的比较谈起　孙力　新乐遗址学术讨论会文集　1983 年 1 月 51 页；辽宁省博物馆学术论文集　1985 年 1 月 149 页

新乐文化与辽宁旧石器晚期文化的有关问题　傅仁义　新乐遗址学术讨论会文集　1983 年 1 月 56 页；辽宁省博物馆学术论文集　1985 年 1 月 127 页

新乐遗址的历史、艺术科学价值及其保护　于崇源　新乐遗址学术讨论会文集　1983 年 1 月 64 页

新乐文化的科学价值和历史地位　黎家芳　中国历史博物馆馆刊 1986 年 8 期 10 页

试论新乐文化　曲瑞琦　新乐遗址学术讨论会文集　1983 年 1 月 8 页

新乐拾羽　孟方平　新乐遗址学术讨论会文集　1983 年 1 月 59 页

新乐古文化遗址　刘伟　百科知识　1984 年 10 期 37 页

新乐遗址拾遗　王金铲　理论与实践　1987 年 6 期 46 页

新乐遗址新石器的考察　佟柱臣　辽海文物学刊　1989 年 1 期 88 页

新乐文化聚落形态及社会性质初探　周阳生　史前研究（2002）2004 年 287～296 页

新乐文化浅析　于崇源　史前研究（2002）2004 年 297～300 页

从出土文物看新乐文化的原始渔猎　郝立泉　史前研究（2002）2004 年 301～302 页

新乐文化细石器及其相关问题 周阳生 史前研究（2004）2005 年 289～300 页

沈阳新乐遗址第三次发掘主要收获 周阳升 新乐遗址学术讨论会文集 1983 年 1 月 73 页

新乐遗址发掘的点滴收获 刘长江、林茂雨 史前研究（2002）2004 年 303～305 页

新乐斜口异形器用途研究 刘焕民 新乐遗址学术讨论会文集 1983 年 1 月 76 页

浅谈"新乐文化"出土的斜口器 周延忠 新乐遗址学术讨论会文集 1983 年 1 月 81 页

5. 赵宝沟文化

赵宝沟文化初论 刘晋祥 庆祝苏秉琦考古五十五年论文集 1989 年 8 月 198 页

赵宝沟文化的分期与源流 赵宾福 中国考古学会第八次年会论文集 1996 年 1～12 页

赵宝沟遗址浅析 朱延平 内蒙古文物考古集 1997 年第 2 辑 24～29 页

赵宝沟文化研究 董新林 考古求知集 1997 年 172～185 页

关于赵宝沟文化的几个问题 刘国祥 北方文物 2000 年 2 期 8～17 页

赵宝沟文化经济形态及相关问题探讨 刘国祥 21 世纪中国考古学与世界考古学 2002 年 164～174 页

赵宝沟遗址房屋分类与布局初探 刘国祥 中国文物报 1999 年 5 月 26 日 3 版

赵宝沟文化聚落形态及相关问题研究 刘国祥 文物 2001 年 9 期

52～63 页

赵宝沟聚落结构的微观考察　陈淑卿　考古与文物　2003 年 4 期
33～40 页

6. 红山文化

辽宁凌源县三官甸子城子山红山文化遗存分期探索　高美璇、李恭
笃　考古　1986 年 6 期 531 页

牛河梁红山文化女神头像的发现与研究　孙守道、郭大顺　文物
1986 年 8 期 18 页

论红山文化非商先文化——商先起源于幽燕说商榷　郑佰昂　商丘
师专学报　1987 年 1 期 28 页

内蒙古敖汉旗四棱山红山文化窑址　李恭笃、高美璇　史前研究
1987 年 4 期 52 页

大南沟的一种后红山文化类型　郭大顺　考古学文化论集（二）
1989 年 9 月 59 页

红山文化和先红山文化——赤峰红山考古之一　〔日〕秋山进午著
肖爱民译　昭乌达蒙族师专学报（汉文哲社版）14 期（增刊）北方民
族文化　1993 年 1～22 页

红山后发掘以来赤峰地区考古发现中提出的问题与认识　刘观民
中国北方古代国际学术研讨会论文集　1995 年 11～16 页

中华北方古老文明之摇篮——红山文化探论　穆鸿利　社会科学辑
刊　1997 年 2 期 88～92 页

论聚落的层次性——红山文化与良渚文化的比较研究　郭大顺　良
渚文化研究——纪念良渚文化发现六十周年国际学术讨论会文集　1999
年 61～66 页

牛河梁红山文化墓葬分期及相关问题　吕学明、朱达　玉魂国
魄——中国古代玉器与传统文化学术讨论会文集　2002 年 128～134 页

论史前东北西辽河地区古文化发展特征及其历史分期："红山文化"
田广林　辽宁师范大学学报（社会科学版）　2004 年 27 卷 1 期 111～
114 页

赤峰红山后考古纪略　徐子峰　昭乌达蒙族师专学报（汉文哲社版）
2004 年 25 卷 4 期 29～30 页

试析红山文化海金山遗址　雪莲　赤峰学院学报（汉文哲学社会科
学版）2005 年 26 卷 2 期 9 页

红山文化五十年——在红山文化国际学术研讨会上的讲话　严文明
红山文化研究——2004 年红山文化国际学术研讨会论文集　2006 年 5～
11 页

红山与良渚——考古学文化交流和凝聚的若干思考　牟永抗　红山文
化研究——2004 年红山文化国际学术研讨会论文集　2006 年 216～224 页

从红山文化看我国东西部史前文化的交流　吴耀利　红山文化研
究——2004 年红山文化国际学术研讨会论文集　2006 年 234～246 页

红山文化琐谈　项春松　内蒙古日报　1983 年 1 月 27 日

红山文化与古史传说　蔺辛建　北方文物　1987 年 3 期 15 页

关于红山文化的几个问题　杨虎　庆祝苏秉琦考古五十五年论文集
1989 年 8 月 216 页

论红山文化的几个问题（上）　张永江　昭乌达蒙族师专学报（汉
文哲社版）　1990 年 1 期 16～28 页

红山诸文化所反映的原始文明　刘素侠　昭乌达蒙族师专学报（汉
文哲社版）1991 年 2 期 27～31 页

红山文化分期初探　张星德　考古　1991 年 8 期 727～736 页

红山文化源流浅析　张星德　辽宁大学学报（哲社版）1992 年 5 期
48～53 页

红山文化的特征及其兴衰初探　张启成　贵州社会科学　1994 年 4
期 75～80 页

红山诸文化的构成及相互关系　郭治中　中国文物世界　2000 年 179

期 38～45 页

红山文化陶器分期研究　顾罡　四川大学考古专业创建四十周年暨冯汉骥教授百年诞辰纪念文集　2001 年 168～189 页

红山文化陶器器型新发现　王刚　中国文物报·收藏鉴赏周刊 2001 年 3 月 11 日 5 版

对红山文化典型器物的再认识　秦守雍　辽宁广播影视大学学报 2002 年 4 期 50～52 页

关于红山文化的内涵问题　吴耀利　新世纪的中国考古学——王仲殊先生八十华诞纪念论文集　2005 年 130～140 页

红山文化三环石坛析疑与中印盖天宇宙观源流试探　万欣　北方文物　2003 年 4 期 1～8 页

红山文化"坛、庙、冢"与中国古代宗庙、陵寝的起源　田广林　史学集刊　2004 年 2 期 68～73 页

论红山文化"坛庙冢"与中华传统礼制的起源　田广林　红山文化研究——2004 年红山文化国际学术研讨会论文集　2006 年 170～181 页

从牛河梁遗址看红山文化的社会变革　郭大顺　古代文明研究（第一辑）　2005 年 115～130 页

比较视野中的红山社会　张弛　红山文化研究——2004 年红山文化国际学术研讨会论文集　2006 年 105～118 页

试论红山文化的社会性质　王立新　红山文化研究——2004 年红山文化国际学术研讨会论文集　2006 年 119～129 页

中国东北红山文化中的领导阶层　S. M. 尼尔森著　王波然译　红山文化研究——2004 年红山文化国际学术研讨会论文集　2006 年 130～131 页

试论红山文化社会经济形态　王嗣洲　博物馆研究　1993 年 3 期 30～33 页

红山文化经济形态初探　徐子峰　昭乌达蒙族师专学报（汉文哲社

版） 2004 年 25 卷 2 期 5～6 页

试论红山文化经济形态及其相关问题 滕海键 红山文化研究——2004 年红山文化国际学术研讨会论文集 2006 年 182～188 页

红山诸文化经济形态之整体与动态性 德力格尔 红山文化研究——2004 年红山文化国际学术研讨会论文集 2006 年 189～204 页

红山文化定居农业生活方式——兼论游牧生活方式的起源 易华 红山文化研究——2004 年红山文化国际学术研讨会论文集 2006 年 205～215 页

2004 年红山诸文化研究述评 李雪梅 辽宁师范大学学报（社会科学版） 2005 年 28 卷 4 期 114～117 页

红山文化研究历程及相关问题再认识 赵宾福 内蒙古大学学报（人文社会科学版） 2005 年 37 卷 4 期 53～58 页

红山文化研究回顾与展望 席永杰 红山文化研究——2004 年红山文化国际学术研讨会论文集 2006 年 12～16 页

红山诸文化论著检索 田广林等 昭乌达蒙族师专学报（汉文哲社版） 1990 年 3 期 90～96 页

文明发端玉龙故乡 郭大顺 中国文物报 1993 年 1 月 31 日 4 版

中华第一村揽胜 戚玉箴、干振玮 北方文物 1993 年 1 期 3～8 页

笔记二则（红山文化） 布谷 昭乌达蒙族师专学报（汉文哲社版） 1995 年 16 卷 1 期 1～2 页

方法论四题（红山文化） 布谷 昭乌达蒙族师专学报（汉文哲社版） 1998 年 19 卷 3 期 1～10 页

7. 小河沿文化

小河沿文化陶器初步研究——兼论与红山文化的关系 杨福瑞 红

山文化研究——2004 年红山文化国际学术研讨会论文集　2006 年 536～541 页

关于红山文化与小河沿文化关系的若干问题　朱乃诚　中国社会科学院古代文明研究中心通讯　2006 年 12 期 23～26 页

试论小河沿文化　李恭笃、高美璇　中国考古学会第二次年会论文集　1982 年 6 月 144 页

关于小河沿文化的几点认识　赵宾福　文物　2005 年 7 期 63～68 页

小河沿文化分期初探　索秀芬、李少兵　考古与文物　2006 年 1 期 32～43 页

小河沿文化陶器分群及其相关问题　张星德　中国社会科学院古代文明研究中心通讯　2006 年 12 期 27～35 页

（四）　长江流域的新石器时代文化研究

长江流域考古问题　夏鼐　考古　1960 年 2 期 1 页

长江流域——中华民族远古文明的又一摇篮　周国兴　史前研究 1983 年 2 期 37 页

为什么说长江流域也是中华民族文化的摇篮　黄崇岳　文物天地 1984 年 6 期 35 页

浅谈长江中下游诸原始文化向广东地区的传播与消亡　区家发　岭南古越族文化论文集　1993 年 24～33 页

长江流域的史前文化　文津　化石　1995 年 4 期 9 页

长江中下游史前遗址分布规律与新石器时代早期遗址的探索　张之恒　中国文物报　1995 年 8 月 27 日 3 版

长江流域原始文化与亚洲文明（提纲）　黄盛璋　长江中游史前文化暨第二届亚洲文明学术讨论会论文集　1996 年 345～346 页

长江流域的史前文化　张之恒　长江论坛　1997 年 4 期 59～63 页

长江流域史前美术概述　邵学海　社会科学动态　1998 年 11 期 123～126 页

长江中下游新石器时代的区域经济与聚落变迁　张弛　古代文明研究通讯　2001 年第 11 期 11～15 页

长江三角洲新石器时代"文化中断说"商榷　宋建　南京大学历史系考古专业成立三十周年纪念文集　2002 年 13～17 页

"长江文化"与"考古学"刍议　贺云翱　南京大学历史系考古专业成立三十周年纪念文集　2002 年 471～479 页

试论史前时期长江文化的重要性　吴汝祚　长江文化议论集（上）2005 年 42～76 页

"长江文化"与"考古学"刍议　贺云翱　长江文化议论集（下）2005 年 509～528 页

1. 长江中上游

长江中游原始文化初论　何介钧　湖南考古辑刊　1982 年 1 集 47 页

长江中游的史前器座及其相关问题　高蒙河　江汉考古　1992 年 3 期 42～46 页

长江中游史前文化的文明化过程　赵辉　寻根　1996 年 2 期 36～38 页

长江中游新石器时代考古学文化谱系初探　孟华平　长江中游史前文化暨第二届亚洲文明学术讨论会论文集　1996 年 74～80 页

长江中游原始文化再论　何介钧　长江中游史前文化暨第二届亚洲文明学术讨论会论文集　1996 年 183～209 页

长江中游地区新石器时代的文化变迁　郭凡　文物考古文集　1997 年 11～20 页

新石器时代长江中上游居民用"釜"的研究　邓辉　文物考古文集　1997 年 21～28 页

长江中游史前考古的新收获　张绪球　"迎接二十一世纪的中国考

古学"国际学术讨论会论文集 1998 年 107~115 页

长江中游地区初期社会复杂化研究 郭立新 古代文明研究通讯 2002 年 14 期 10~15 页

长江中游新石器时代的成就和特色文化现象 任式楠 中国社会科学院古代文明研究中心通讯 2003 年 6 期 10~12 页

长江中游新石器时代考古学文化结构研究 何介钧 考古学研究 （五）上册——庆祝邹衡先生七十五寿辰暨从事考古研究五十年论文集 2003 年 111~120 页

长江中游新石器时代的显著成就和特色文化现象 任式楠 江汉考古 2004 年 1 期 42~51 页

探索与论争长江中游新石器时代晚期的文化谱系 郭立新 江汉考古 2004 年 3 期 69~74 页

关于长江三峡地区古文化遗址分布的几个特点 马继贤 江汉考古 1988 年 4 期 115 页

三峡地区新石器时代早期文化 杨权喜 中国文物报 1993 年 10 月 17 日 3 版

三峡地区史前文化初论 杨权喜 南方文物 1996 年 1 期 75~80 页

关于三峡地区田野考古工作的几点认识 张昌平 中国文物报 1998 年 7 月 15 日 3 版

对三峡库区考古工作的几点意见 徐光冀 四川文物 2001 年 2 期 60~62 页

三峡考古琐记 林向 四川文物 2003 年 3 期 43~48 页

对长江三峡地区新石器时代文化遗存的认识 杨华等 四川文物 2003 年 5 期 16~20 页

三峡地区"新石器时代晚期"诸遗存分析 孟华平 三峡文物保护与考古研究学术研讨会论文集 2003 年 66~81 页

三峡考古回顾与探讨 胡昌钰、赵殿增 四川文物 2003 年 3 期 27~31 页

三峡库区考古学文化的新认识　邹后曦　重庆历史与文化　2004 年 1 期 8 ~ 16 页

三峡考古回眸　徐光冀　中国文物报　2004 年 2 月 20 日 7 版

长江三峡地区考古文化综述　杨华　重庆师范大学学报（哲学社会科学版）　2006 年 1 期 5 ~ 15 页

江汉地区新石器时代文化综述　王劲　江汉考古　1980 年 1 期 7 页

论汉江流域的新石器时代文化　陕西省考古研究所魏京武、杨亚长　考古与文物　1983 年 6 期 53 页

关于江汉地区新石器晚期文化类型的几点认识　范勇　史前研究 1984 年 2 期 43 页

江汉地区新石器时代考古收获（1955 ~ 1965）　张云鹏　江汉考古　1985 年 4 期 38 页

江汉地区以黑陶为主的原始文化遗存　张绪球　湖北省考古学会论文选集（一）　1987 年 7 月 26 页

试论江汉地区原始文化的地理诸问题　袁纯富、范志谦　考古 1987 年 9 期 803 页

近十年江汉史前考古的重大收获　亚权　中国文物报　1992 年 9 月 6 日 3 版

古为今用再创辉煌——江汉地区人地关系历程的回顾与借鉴　何驽　青年考古学家　2000 年 12 期 50 ~ 57 页

汉江上游新石器时代文化初探　魏京武　中国考古学会第二次年会论文集　1982 年 6 月 107 页

汉江东部地区新石器时代文化初论　张绪球　考古与文物　1987 年 4 期 56 页

金沙江流域新石器遗址的文化类型问题　马长舟　云南文物　1987 年 6 期 26 页；考古　1987 年 10 期 926 页

汉江新石器时代文化系统族属考　李龙章　江汉考古　1988 年 2 期

115 页

汉江流域是中国原始文化的交汇中心之一　魏京武　中国原始文化论集　1989 年 6 月 190 页

长江文化不可缺少的一环——试论金沙江文化　刘弘、李安民　长江文化论集　1995 年 68～73 页

浅析金沙江流域新石器时代文化类型　周志清　中华文化论坛 2002 年 4 期 45～51 页

由石棺葬遗存谈对金沙江中游新石器时代文化的再认识　徐学书中华文化论坛　2002 年 4 期 133～138 页

金沙江流域早期考古的几个问题　赵殿增　中华文化论坛　2002 年 4 期 58～64 页

（1）湖南、湖北、江西、四川、重庆的新石器时代文化研究

丹江流域新石器时代遗存试析　樊力　江汉考古　1997 年 4 期 27～37 页

论鄂西与洞庭湖区新石器时代早期文化序列及相互关系　尹检顺江汉考古　1998 年 2 期 35～49 页

两湖史前城建与楚文化　江奇艳　理论月刊　2000 年 8 期 22～25 页

洞庭湖区汤家岗文化与大溪文化特征的新认识　郭伟民　中国文物报　2001 年 3 月 28 日 7 版

1）湖南

湖南古代文化初探　周世荣　中国考古学会第一次年会论文集1980 年 12 月 195 页

湖南新石器时代文化的分区研究　何介钧　考古学文化论集（一）1987 年 12 月 181 页

湖南发现前大溪文化及屈家岭文化中期遗存　金则恭　中国原始文化论集　1989 年 6 月 199 页

发展文博事业弘扬民族文化——四十年来湖南省文物事业成就巡礼　熊传新　中国文物报　1989 年 9 月 29 日 2 版

四十年来湖南省的重大考古发现和主要收获　熊传薪　文物考古论丛——敏求精舍三十周年纪念论文集　1995 年 29～43 页

湖南考古的世纪回眸　何介钧　考古　2001 年 4 期 2～12 页

长沙古代文化及遗存概述　黄纲正　长沙史志通讯　1985 年 2 期 31 页

湘西先秦考古文化的多元性建构探讨　周明阜　吉林大学学报（社科版）1993 年 12 期 71～79 页

洞庭湖区新石器时代文化　何介钧　考古学报　1986 年 4 期 385 页

湘江流域新石器文化序列及相关问题　郭伟民　华夏考古　1999 年 3 期 59～72 页

湘江流域原始文化初论　尹检顺　南方文物　1999 年 4 期 51～63 页

湘江流域的大塘文化　王立华　中国文物报　2005 年 6 月 24 日 7 版

湖南澧阳平原史前文化的区域考察　尹检顺　考古　2003 年 3 期 56～68 页

澧阳平原史前聚落形态的特点与演变　裴安平　考古　2004 年 11 期 63～76 页

澧阳平原史前聚落形态的研究与思考　裴安平　庆祝张忠培先生七十岁论文集　2004 年 192～242 页

澧阳平原的考古学启示　郭伟民　中原文物　2005 年 6 期 43～53 页

澧县三元宫晚期遗存浅祈　李龙章　考古与文物　1987 年 6 期 78 页

三元宫史前遗存文化属性及相关问题　郭胜斌　江汉考古　1988 年 2 期 42 页

对三元宫遗址文化性质和分期问题的探讨　吴汝祚　江汉考古 1990 年 3 期 33～41 页

三元宫遗址的分期及其文化性质　余西云　江汉考古　1992 年 2 期 36～38 页

论安乡划城岗遗址的两个问题　邵兴　江汉考古　1984 年 3 期 49 页

磨山类型初探　李景业　湖南考古辑刊　1994 年 6 期 154～160 页

附山园——黄家园遗址的考古发现与初步研究　郭胜斌、罗仁林 长江中游史前文化暨第二届亚洲文明学术讨论会论文集　1996 年 167～ 176 页

长沙南托遗址文化类型试析　黄纲正　长江中游史前文化暨第二届 亚洲文明学术讨论会论文集　1996 年 177～182 页

油子岭一期遗存试析　沈强华　考古　1998 年 9 期 53～63 页

试论独岭坳与磨山遗址的分期、年代及文化属性　席道合　考古耕 耘录——湖南省中青年考古学者论文选集　1999 年 69～81 页

城头山遗址变迁与建筑遗构之关系　〔日〕宫本长二郎　长江流域 青铜文化研究　2002 年 204～206 页

论堆子岭文化　郭伟民　江汉考古　2003 年 2 期 37～45 页

益阳蔡家园遗存试析　潘茂辉　湖南考古 2002（下）　2004 年 474～490 页

2）湖北

零的突破与黄金时代——湖北的考古发现与研究述略　谭维四　湖 北省考古学会论文选集（一）　1987 年 7 月 3 页

三年来的考古收获——湖北省文物考古研究所考古发掘工作汇报会 述要　本刊记者　江汉考古　1989 年 2 期 104 页

湖北新石器——商周时期亟待解决主要问题　问鼎、拓古　江汉考 古　1995 年 4 期 87～88 页

湖北考古的世纪回顾与展望　陈振裕　考古　2000 年 8 期 1～12 页

黄梅龙感湖三处新石器遗址文化性质初析 向绪成 江汉考古 1987 年 1 期 33 页

对孝感地区新石器时代文化的几点认识 周厚强 湖北省考古学会论文选集（一） 1987 年 7 月 42 页

枝城市新石器文化概述 黎泽高 江汉考古 1991 年 11 期 20 ~ 26 页

宜昌地区原始文化综述 卢德佩 江汉考古 1993 年 2 期 42 ~ 49 页

浅论洞庭湖北岸石器时代文化 曹传松 东南文化 1994 年 6 期 59 ~ 71 页

湖北武汉地区发现的红陶系史前文化遗存 黄锂 考古 1996 年 12 期 25 ~ 31 页

试论黄冈地区新石器时代文化 向绪成 湖北省考古学会论文选集（三） 1998 年 17 ~ 25 页

试谈鄂西地区古代文化的发展与楚文化的形成问题 杨权喜 中国考古学会第二次年会论文集 1982 年 6 月 21 页

鄂西"季石遗存"的序列及其与诸邻同期遗存的关系 裴安平 考古类型学的理论与实践 1989 年 5 月 36 页

鄂西北史前文化综述 李桃元等 江汉考古 1996 年 2 期 54 ~ 59 页

鄂西古代文化浅识 王润涛 文物考古文集 1997 年 94 ~ 101 页

鄂西白庙与番炉石遗址初探 李明斌 成都文物 1998 年 4 期 10 ~ 12 页

关于鄂西六处新石器时代晚期遗存的探讨 杨权喜 考古 2001 年 5 期 40 ~ 47 页

浅谈鄂东北地区古代文化 熊卜发、宋焕文 湖北省考古学会论文选集 1987 年 7 月 52 页

鄂东北地区新石器时代文化试探 熊卜发 考古 1994 年 2 期 140 ~ 145 页

鄂东北地区新石器时代文化初论 魏峻 江汉考古 1999 年 1 期

49～56 页

西陵峡考古学文化发展序列探索　杨权喜　中国文物报　1992 年 11 月 29 日 3 版

长江西陵峡考古学文化遗存的发现与研究　王家德、高应勤　考古 1995 年 9 期 820～830 页

长江西陵峡考古学文化发展序列综论　高应勤　长江论坛　1997 年 5 期 61～63 页

西陵峡新石器时代文化序列研究　高应勤　四川文物　1998 年 2 期 8～11 页

西陵峡古文化遗存综述　余秀翠　湖北省考古学会论文选集（三） 1998 年 26～29 页

回忆西陵峡考古　宋治民　四川文物　2003 年 3 期 41～43 页

西陵峡考古亲历记　马继贤　四川文物　2003 年 3 期 49～52 页

峡江地区新石器时代遗存的谱系研究　孟华平　华夏考古　1993 年 3 期 35～51 页

峡江地区龙山时代遗存初步研究　李明斌　东南文化　2000 年 1 期 33～39 页

峡江地区的先秦文化　孙华　文化的馈赠：汉学研究国际会议论文集（考古学卷）2000 年 338～341 页

宜昌中堡岛遗址第四层文化性质及其有关问题的探讨　吴汝祚　江汉考古　1989 年 1 期 41 页

宜昌中堡岛遗址大溪、屈家岭和哨棚嘴三种文化因素的分析　白九江　江汉考古　2003 年 2 期 46～54 页

三峡大坝厚重的基础——中堡岛遗址　王风竹　文物天地　2003 年 6 期（湖北篇）50 页

三峡坝址宜昌中堡岛遗址考古发掘及初略认识　杨华、李大地

2003 三峡文物保护与考古研究学术研讨会论文集　2003 年 157 ~ 167 页

雕龙碑文化的命名　王杰　中国文物报　1994 年 11 月 20 日 3 版

枣阳雕龙碑遗址揭示一个新的文化类型　王杰　中国文物报　1994 年 11 月 20 日 3 版

雕龙碑遗址与其它文化的关系　王杰　中国文物报　1994 年 11 月 20 日 3 版

雕龙碑遗址文物精华　王杰　中国文物报　1994 年 11 月 20 日 3 版

雕龙碑新石器时代遗址发掘收获　王杰　江汉考古　1995 年 3 期 43 ~ 48 页

湖北随州市西花园早期遗存分析　韩建业　考古　1999 年 3 期 65 ~ 71 页

关于西花园遗址早期文化遗存分析——对《湖北随州市西花园早期遗存分析》一文的答复　方酉生　江汉考古　2001 年 2 期 63 ~ 68 页

试论柳林溪文化　罗运兵　2003 三峡文物保护与考古研究学术研讨会论文集　2003 年 101 ~ 114 页

新石器时代的崆岭滩——柳林溪文化　罗运兵　文物天地　2003 年 6 期（湖北篇）46 ~ 47 页

楠木园：三峡考古的一个坐标点　余西云　文物天地　2003 年 6 期：（湖北篇）42 ~ 45 页

湖北巴东楠木园遗址的文化特征　余西云　中国社会科学院古代文明研究中心通讯　2003 年 6 期 41 ~ 43 页

巴东楠木园遗址的发现与研究　王风竹、余西云　重庆·2001 三峡文物保护学术研讨会论文集　2003 年 59 ~ 61 页

楠木园文化及其相关诸问题　余西云　中国文物报　2005 年 9 月 30 日 7 版

湖北宜昌李家河新石器时代遗址中的鱼骨　刘宪亭　考古通讯 1957 年 3 期 78 页

当阳季家湖考古试掘的主要收获　杨权喜　江汉考古　1980 年 2 期 87 页

湖北公安王家岗遗址发掘的意义　袁靖　江汉考古　1988 年 1 期 36 页

试论朱家台文化　沈强华　江汉考古　1992 年 2 期 51～56 页

宜昌杨家湾遗址的重要考古发现和研究成果　林邦存　中国文物报 1994 年 10 月 23 日 3 版

石家河遗址群的田野调查方法　赵辉　考古学研究（三）1997 年 52～56 页

邓家湾考古的收获　严文明　考古学研究（五）上册——庆祝邹衡 先生七十五寿辰暨从事考古研究五十年论文集　2003 年 105～110 页

秭归台丘遗址二期文化遗存简析　梅鹏云　2003 三峡文物保护与考 古学研究学术研讨会论文集　2003 年 130～136 页

湖北黄梅陆墩遗存再分析　周剑　四川文物　2005 年 4 期 34～39 页

试论肖家屋脊文化及其相关问题　何驽　三代考古（二）2006 年 98～145 页

3）江西

江西省考古工作的概况　何国维　考古通讯　1955 年 3 期 24 页

江西地区新石器时代文化概述　彭适凡　江西大学学报　1981 年 4 期 95 页

江西新石器时代文化的特点　李科友　江西历史文物　1982 年 1 期 76 页

关于江西新石器时代文化的几个问题——与彭适凡等同志商榷　李 家和　江西历史文物　1982 年 4 期 59 页

近年来江西考古新收获　许智范　江西历史文物　1985 年 1 期 6 页

江西先秦考古几个问题的探索　白坚、林中根　江西历史文物

1986 年 2 期 71 页

江西古代文明史概述　彭适凡　江西文物　1989 年 2 期 15 页

樊城堆文化初论——谈江西新石器时代晚期文化　李家和、刘林、刘诗中　江西历史文物　1986 年 1 期 52 页；考古与文物　1989 年 2 期 65 页

再论樊城堆—石峡文化——二谈江西新石器晚期文化　李家和　东南文化　1989 年 3 期 156 页

江西薛家岗类型文化遗存的发现和研究——四谈江西新石器时代晚期文化　李家和、杨巨源、刘诗中　东南文化　1989 年 3 期 148 页

江西近十年考古新收获　赵承告、刘诗中　东南文化　1990 年 4 期 218 ~ 226 页

关于江西新石器时代晚期文化的探索　肖一亭　江西文物　1991 年 2 期 44 ~ 50 页

从考古发现谈江西古代文化渊源　王敬　南方文物　1992 年 3 期 60 ~ 66 页

江西新石器时代文化探讨　刘诗中　考古　1993 年 12 期 1099 ~ 1109 页

稳步前进硕果累累——江西考古五十年　彭适凡　南方文物　1999 年 3 期 16 ~ 28 页

江西考古的世纪回顾与思考　江西省文物考古研究所（刘诗中）考古　2000 年 12 期 24 ~ 34 页

追寻时代的步伐——江西考古如何应对二十一世纪中国考古学的发展　樊昌生、周广明　中国文物报　2000 年 12 月 6 日 3 版

鄱阳湖地区的考古收获　许智范　江汉考古　1986 年 3 期 8 页

赣鄱流域先秦文化探讨　许智范　东南亚考古论文集　1995 年 117 ~ 122 页

论赣鄱地区新石器晚期文化　钟礼强　南方文物　1997 年 1 期 76 ~ 81 页

赣南文物考古五十年　赣南地方历史文化研究室（张嗣介）　南方文物　2001 年 4 期 100 ~ 104 页

赣北地区古代文明　李科友、张人鑫　南方文物　1995 年 1 期 80 ~ 87 页

赣北新石器时代文化类型研究　徐长青　南方文物　1998 年 4 期 31 ~ 41 页

赣北新石器乱石滩文化初论　樊力　江汉考古　1998 年 4 期 41 ~ 48 页

营盘里"三迭层"问题　白坚　江西历史文物　1980 年 3 期 7 页

营盘里遗址"三迭层"和年代问题商榷　李家和　江西历史文物 1982 年 2 期 10 页

南方古文化遗存中的"三迭层"及营盘里遗址诸问题　彭适凡　江 西历史文物　1983 年 3 期 29 页

对清江筑卫城遗址时代的商榷（两篇）　刘兴、刘林、李家和　考 古　1980 年 6 期 555 页

试论筑卫城文化　唐舒龙　南方文物　1996 年 2 期 56 ~ 66 页

试论山背文化　彭适凡　考古　1982 年 1 期 40 页

对"山背文化"的几点看法　李家和　江西历史文物　1984 年 1 期 25 页

拾年山遗存文化分析　刘诗中　南方文物　1992 年 3 期 52 ~ 56 页

拾年山遗址的发掘及其意义　廖根深　中国文物报　1993 年 1 月 3 日 3 版

拾年山遗址的分期及相关问题研究　徐长青　南方文物　1996 年 2 期 49 ~ 55 页

清江县新石器时代晚期文化的初步探讨　付冬根　江西历史文物 1982 年 2 期 13 页

清江新石器时代遗址的调查与分析　李玉林　江西历史文物　1987

年 1 期 3 页

江西樟树古遗址的类型　李玉林等　考古　1992 年 4 期 357 ~ 365 页

关于樊城堆文化的若干思考　曹柯平　南方文物　1993 年 4 期 53 ~ 57 页

郑家坳遗存文化分析　徐长青等　考古与文物　1994 年 2 期 64 ~ 69 页

4）四川

四川的一种新石器时代晚期文化　葛维汉　华西边疆研究学会杂志 1935 年 7 卷

四川史前石器文化　郑德坤　华西边疆研究学会杂志　1942 年 14 卷 1 页

四川史前文化　郑德坤　学思　1942 年 11 月 2 卷 9 期 5 页

四川省近年来的考古发现概况　川博文物　1961 年 11 期 13 页

略谈四川的新石器时代文化遗址　冉光瑜　历史知识　1983 年 5 期 37 页

四川原始文化类型初探　赵殿增　中国考古学会第三次年会论文集 1984 年 4 月 115 页

四川文博事业四十年的回顾　四川省文管会办公室、四川省文物考古研究所　四川文物　1989 年 5 期 3 页

四川十年考古收获　赵殿增　四川文物　1989 年 5 期 8 页

1989 年四川主要考古发现概述　孙智斌　四川文物　1990 年 1 期 33 ~ 34 页

四川先秦时期考古研究的问题　宋治民　四川考古论文集　1996 年 145 ~ 152 页

从考古发现看四川上古文化的开放性　高大伦　天府新论　1996 年 5 期 75 ~ 79 页

四川史前考古学的希望　贾兰坡　四川考古论文集　1996 年 3 ~ 5 页

试论白龙江流域新石器文化与川北、川西地区新石器文化的关系 张强禄　四川大学考古专业创建三十五周年纪念文集　1998 年 70 ~ 75 页

四川盆地先秦考古学文化的变迁及其动因的初步考察　江章华、颜劲松　重庆·2001 三峡文物保护学术研讨会论文集　2003 年 76～82 页

四川古代文化序列概述　赵殿增　中华文化论坛　2003 年 2 期 37～41 页

四川地区考古文化问题思考　俞伟超　四川文物　2004 年 2 期 3～5 页

四川考古的世纪回顾与展望　赵殿增　考古　2004 年 10 期 3～13 页

四川盆地及其邻近地区新石器时代考古　陈伯桢、傅罗文　中国盐业考古——长江上游古代盐业与景观考古的初步研究（第一集）　2006 年 182～259 页

西康的石器时代遗存　叶长青　华西边疆研究学会杂志　1933～1934 年 1 卷 56～61 页

川康史前大石文化遗址的检讨　鲍文熙　中国考古（第一册）1950 年 8 月

试论西昌礼州遗址及其与周围文化的关系　赵殿增　凉山彝族奴隶制研究　1981 年 1 期 81 页

略谈四川凉山州石器的下延使用问题　黄承宗　四川文物　1985 年 1 期 57 页

大邑县出土的细石器和陶器　古光　成都文物　1985 年 1 期 46 页

绵阳市四十年文物考古综述　王代升　四川文物　1991 年 5 期 3～9 页

绵阳文物考古札记　赵殿增　四川文物　1991 年 5 期 35～38 页

大巴山脉与川北史前文化的探讨　马幸辛　四川文物　1993 年 5 期 8～14 页

西昌礼州新石器时代遗址之检讨　黄家祥　四川文物　2000 年 4 期 3～9 页

锁定峡江新石器土著文化——丰都玉溪、玉溪坪遗址　袁东山　文物天地　2003 年 6 期（湖北篇）42 页

试析巫峡峡区先秦时期考古学文化　邹厚本　重庆·2001 三峡文物保护学术研讨会论文集　2003 年 57～58 页

营盘山遗址：藏彝走廊史前区域文化中心　陈剑等　阿坝师范学院

学报　2005 年 22 卷 1 期 1～3 页

　　成都平原之大石文化遗迹　冯汉骥　冯汉骥考古学论文集　1985 年 10 月 7 页

　　试谈成都的新石器时代考古　叶茂林　成都文物　1989 年 3 期 41 页

　　关于成都市区新发现的几处新石器时代遗址的几个问题　李明斌　成都文物　2003 年 3 期 11～14 页

　　成都平原新石器时代遗址调查第一季工作初步成果报告　陈伯桢　九十四年台湾考古工作会报报告集　2006 年 24：1～16 页

　　岷江上游新石器时代文化的初步研究　徐学书　考古　1995 年 2 期 415～426 页

　　岷江上游新石器时代遗存新发现的几点思考　江章华　四川文物　2004 年 3 期 10～14 页

　　浅议岷江上游新石器时代文化　陈卫东、王天佑　四川文物　2004 年 3 期 15～21 页

　　波西、营盘山及沙乌都——浅析岷江上游新石器文化演变的阶段性　陈剑　中国社会科学院古代文明研究中心通讯　2004 年 8 期 31～38 页

　　岷江上游新石器时代遗存及相关问题探讨　辛中华　四川文物　2005 年 1 期 9～14 页

　　岷江上游新石器文化演变的阶段性　陈剑　成都文物　2005 年 2 期 4～13 页

　　岷江上游新石器时代文化景观与环境动因　孙吉、邓文　四川文物　2006 年 5 期 44～50 页

　　川东北考古文化分期刍论　马幸辛　四川文物　1989 年 6 期 26 页

　　忠县甘井沟遗址群哨棚嘴遗址分析——兼论川东地区的新石器文化及早期青铜文化　王鑫　四川考古论文集　1996 年 19～43 页

　　川东史前文化初探　王鲁茂　四川文物　1997 年 3 期 9～12 页

川东长江沿岸史前文化初论　江章华、王毅　四川文物　1998 年 2 期 3～7 页

再论川东长江沿岸的史前文化　江章华　四川文物　2002 年 5 期 17～22 页

宝墩村文化的初步认识　王毅、孙华　考古　1999 年 8 期 60～73 页

略论新津宝墩遗址的分期　李明斌　华夏考古　2001 年 1 期 37～40 页

试论鱼凫村遗址第三期遗存　李明斌　考古与文物　2001 年 1 期 40～41 页

温江鱼凫村遗址的分期研究与土墙功能考察　黄昊德、李蜀蕾　四川文物　2005 年 4 期 44～50 页

老关庙下层文化初论　赵宾福、王鲁茂　四川考古论文集　1996 年 44～56 页

试论魏家梁子文化　吴耀利、丛德新　考古　1996 年 8 期 19～26 页

奉节县原始文化初探　赵宾福　青果集——吉林大学考古系建系十周年纪念文集　1998 年 100～109 页

广汉月亮湾遗存试析　李明斌　华夏考古　1999 年 1 期 26～35 页

试论罗家坝遗存　马幸辛　四川文物　2002 年 5 期 42～46 页

5）重庆

重庆地区的远古文化　董其祥　史学通讯　1983 年 2 期

重庆地区史前文化之特征　张之恒　重庆·2001 三峡文物保护学术研讨会论文集　2003 年 11～16 页

重庆市万州区大周溪下层遗存浅析　陈淑卿　重庆·2001 三峡文物保护学术研讨会论文集　2003 年 51～56 页

重庆三峡库区新石器时代考古的新认识　赵宾福　2003 三峡文物保护与考古学研究学术研讨会论文集　2003 年 168～178 页

三峡地区次生规程分析与玉溪坪遗址的采集实践　白九江　重庆历史与文化　2004 年 1 期 17～20 页

重庆峡江地区的新石器文化　邹后曦、袁东山　重庆·2001 三峡文物保护学术研讨会论文集　2003 年 17～40 页

重庆峡江地区的新石器文化　赵宾福　文物　2004 年 8 期 54～60 页

渝东峡江地区新石器时代文化谱系概论　孙智彬　中国社会科学院古代文明研究中心通讯　2004 年 8 期 15～26 页

中坝遗址新石器时代遗存初论　孙智彬　四川文物　2003 年 3 期 32～40 页

中坝文化与宝墩文化辨　孙智彬　中华文化论坛　2005 年 3 期 5～16 页

论中坝遗址与老关庙遗址下层和哨棚嘴遗址新石器时代遗存间的关系　孙智彬　考古与文物　2006 年 4 期 23～30 页

从中坝和大溪遗址看老关庙下层文化的分期与年代　赵宾福　考古　2006 年 6 期 66～72 页

考古学文化的"命名"与"易名"——以"老关庙下层文化"和"哨棚嘴文化"概念为例　赵宾福　东南文化　2004 年 4 期 36～39 页

考古发掘资料的真实性和客观性不容怀疑——就重庆老关庙遗址地层关系等问题与孙华先生商榷　赵宾福　考古与文物增刊（先秦考古）2004 年 235～241 页

（2）新石器时代早期文化

湘鄂两省早期新石器文化研究中的几个问题　尹检顺　考古耕耘录——湖南省中青年考古学者论文选集　1999 年 11～26 页

湖南早期新石器时代文化遗存　何介钧　东南亚考古论文集　1995年 71～78 页

湖南道县玉蟾岩 1 万年以前的稻谷和陶器　袁家荣　稻作陶器和都市的起源　2000 年 31～42 页

湘西北澧阳平原新旧石器过渡时遗存与相关问题　裴安平　文物 2000 年 4 期 24～34 页

有关华南新石器早期万年仙人洞文化的几个问题　彭适凡　江西历史文物　1981 年 2 期 9 页

万年仙人洞遗址的年代问题　孔桂珍　江西大学学报　1981 年 4 期 92 页

关于万年仙人洞文化几个问题的探讨　彭适凡　争鸣　1982 年 1 期 69 页

江西万年仙人洞文化的两个问题　钟礼强　东南考古研究　1996 年（第一辑）38～42 页

江西史前考古的重大突破——谈万年仙人洞与吊桶环发掘的主要收获　彭适凡　农业考古　1998 年 1 期 389～392 页

江西万年仙人洞及吊桶环遗址发掘的意义　彭明瀚　中国文物报 1998 年 5 月 13 日 3 版

江西万年仙人洞遗存再研究及中国稻作农业起源新认识　曹柯平 东南文化　1998 年 3 期 25～31 页

仙人洞与吊桶环——华南史前考古的重大突破　严文明、彭适凡 中国文物报　2000 年 7 月 5 日 3 版

骨角蚌器及仙人洞的生产生活　周广明、刘诗中　中国文物报 2000 年 7 月 5 日 3 版

丰富而自成系列的早期陶器　张弛　中国文物报　2000 年 7 月 5 日 3 版

江西万年早期陶器和稻属植硅石遗存　张弛　稻作陶器和都市的起源　2000 年 43～50 页

长江中游 7000 年以前的稻作农业和陶器　裴安平　稻作陶器和都市的起源　2000 年 81～96 页

仙人洞陶罐与仙人洞遗址——兼谈对其年代的认识过程　孙其刚中国历史文物　2002 年 4 期 43～50 页

江西万年仙人洞与吊桶环遗址——旧石器时代向新石器时代过渡模式的个案研究　彭适凡、周广明　农业考古　2004 年 3 期 29～39 页

江西万年仙人洞与吊桶环遗址　彭适凡、周广明　华南及东南亚地区史前考古——纪念甑皮岩遗址发掘 30 周年国际学术研讨会论文集 2006 年 102～115 页

（3）新石器时代中期文化

浅谈城背溪文化遗存　卢德佩　文物研究　1994 年 9 期 53～56 页
从甑皮岩到彭头山——生态环境对新石器时代初期文化的影响　曾骐　长江中游史前文化暨第二届亚洲文明学术讨论会论文集　1996 年 261～266 页

湖南彭头山刻符考证　刘志　江西文物　1991 年 3 期 7～8 页
彭头山文化初论　裴安平　长江中游史前文化暨第二届亚洲文明学术讨论会论文集　1996 年 81～104 页
彭头山文化的编年及其聚落特征　尹检顺　华南及东南亚地区史前考古——纪念甑皮岩遗址发掘 30 周年国际学术研讨会论文集　2006 年 444～465 页

试论皂市下层文化的分期及相关问题　罗仁林　湖南考古辑刊 1994 年 6 期 142～153 页
试析湖南洞庭湖地区皂市下层文化的分期及其文化属性　尹检顺长江中游史前文化暨第二届亚洲文明学术讨论会论文集　1996 年 105～125 页

皂市文化初论　张春龙　一剑集　1996 年 30～40 页

论皂市下层文化　裴安平　苏秉琦与当代中国考古学　2001 年 414～431 页

（4）大溪文化

三峡大溪文化的光彩　成缓台　长江日报　1981 年 11 月 29 日 3 版

试论大溪文化　张之恒　江汉考古　1982 年 1 期 66 页

试论大溪文化　何介钧　中国考古学会第二次年会论文集　1982 年 6 月 116 页

大溪文化与巫山大溪遗址　林向　中国考古学会第二次年会论文集　1982 年 6 月 124 页

对大溪文化中几个问题的探讨　王杰　江汉考古　1984 年 1 期 61 页

略论大溪文化　任式楠　中国考古学研究——夏鼐先生考古五十年纪念论文集　1986 年 8 月 33 页

对大溪文化两个问题的看法　李龙章　武汉大学学报（社科版）1986 年 6 期 84 页

试论大溪文化　方酉生　论仰韶文化　1986 年 12 月 232 页

探访祖先的足迹——大溪文化见闻　光明日报　1986 年 12 月 20 日 1 版

大溪文化之最　李文杰　江汉考古　1988 年 1 期 93 页

对长江三峡地区大溪文化早期遗存的一点认识　向绪成　江汉考古　1990 年 3 期 41～44 页

试论大溪文化的发展和社会形态　王杰　华夏考古　1990 年 4 期 57～67 页

论大溪文化　孟华平　考古学报　1992 年 4 期 393～412 页

大溪文化综论　吴汝祚　江汉考古　1993 年 2 期 34～41 页

江陵朱家台出土的大溪文化"砖墙"　杨权喜　中国文物报　1994 年 5 月 22 日 3 版

巫山大溪遗址和考古发现与研究　杨华、丁建华　四川文物　2000年1期9～19页

论大溪文化　孟华平　奋发荆楚探索文明：湖北省文物考古研究论文集　2000年58～73页

从关庙山遗址看大溪文化的分期——兼评目前大溪文化的几种分期　向绪成　江汉考古　1983年3期68页

大溪文化的类型和分期　李文杰　考古学报　1986年2期131页

大溪文化关庙山类型的分期问题　何介钧　江汉考古　1987年2期69页

丁家岗遗存的相对年代与大溪文化的分期　李龙章　湖北省考古学会论文选集（一）　1987年7月13页

论大溪文化关庙山类型　向绪成　长江中游史前文化暨第二届亚洲文明学术讨论会论文集　1996年126～139页

大溪遗址新石器遗存的初步分期　白九江　南京大学历史系考古专业成立三十周年纪念文集　2002年57～63页

巫山大溪遗址历次发掘与分期　邹后曦、白九江　重庆·2001三峡文物保护学术研讨会论文集　2003年41～50页

鄂西地区大溪文化的去向和屈家岭文化的来源　沈强华　江汉考古　1994年4期41～47页

试论大溪文化的变迁　徐祖祥　四川文物　1997年1期9～14页

试论大溪文化类型及其交互作用　吴贤龙　湖南考古2002（下）　2004年491～499页

冲突与战争：从大溪到石家河　郭立新　2003三峡文物保护与考古研究学术研讨会论文集　2003年137～156页

试论大溪文化与屈家岭文化、仰韶文化的关系　李文杰　考古1979年2期161页

浅议大溪文化与屈家岭文化的关系——与张之恒同志商榷　向绪成　江汉考古　1983 年 1 期 65 页

从划城岗中一期遗存看大溪文化与屈家岭文化的关系　李龙章　江汉考古　1987 年 4 期 45 页

论大溪文化与其它原始文化的关系　王杰、田富强　江汉考古 1989 年 2 期 41 页

论鄂西大溪文化　卢德佩　江汉考古　1985 年 1 期 71 页

湖南"大溪文化"质疑　王杰　史前研究　1987 年 3 期 32 页

试论湖南大溪文化　王杰　考古　1990 年 3 期 289 页

洞庭湖区大溪文化研究　郭伟民　长江中游史前文化暨第二届亚洲文明学术讨论会论文集　1996 年 140～166 页

（5）屈家岭文化、石家河文化

试论屈家岭文化　方酉生　武汉大学学报（社科版）　1986 年 3 期 116 页

试论屈家岭文化的社会性质　裴明相　华夏考古　1990 年 3 期 86～91 页

屈家岭文化的天体崇拜——兼谈纺轮向玉璧的演变　蔡运章　中原文物　1996 年 2 期 47～49 页

屈家岭·石家河文化属城市文明吗　〔日〕冈村秀典著　黄晓芬译　稻作陶器和都市的起源　2000 年 181～188 页

屈家岭文化的界定与分期　陈文　考古　2001 年 4 期 63～77 页

试论鄂西北地区的"仰韶文化"和"屈家岭文化"　任新雨　江汉考古　2001 年 4 期 32～39 页

屈家岭文化与石家河文化研究的回顾　刘德银　海峡两岸楚文化学术研讨会论文集　2002 年 75～104 页

论长江三峡地区的屈家岭文化遗存　水涛　南京大学历史系考古专

业成立三十周年纪念文集　2002 年 64 ~ 68 页；2003 三峡文物保护与考古学研究学术研讨会论文集　2003 年 125 ~ 129 页

屈家岭文化的聚落形态与社会结构分析——以淅川黄楝树遗址为例　郭立新　中原文物　2004 年 6 期 9 ~ 14 页

屈家岭文化渊源试探　郑杰祥　楚文化研究论文集　1983 年 9 月 194 页

屈家岭文化来龙去脉浅探——从划城岗遗址的发现谈起　郭胜斌　考古　1986 年 1 期 56 页

屈家岭下层遗存的文化性质和屈家岭文化的来源　朱乃诚　考古　1993 年 8 期 734 ~ 740 页

屈家岭遗址下层及同类遗存文化性质讨论　向绪成　考古　1985 年 7 期 627 页

试论屈家岭文化的地域类型　沈强华　考古与文物　1986 年 2 期 37 页

试论屈家岭文化的类型及相关问题　祁国钧　江汉考古　1986 年 4 期 49 页

论屈家岭文化划城岗类型的分期　何介钧　考古　1989 年 4 期 340 页

关于屈家岭文化区、系、类型问题的初步分析　林邦存　江汉考古　1997 年 1 期 36 ~ 48 页；1997 年 2 期 50 ~ 57 页

论屈家岭文化青龙泉二期类型　樊力　考古　1998 年 11 期 76 ~ 89 页

屈家岭遗址与屈家岭文化的分期——屈家岭遗址第三次发掘的再认识之二　林邦存　中国文物报　1994 年 1 月 9 日 3 版

论屈家岭文化形成的年代和主要成因　林邦存　江汉考古　1996 年 2 期 66 ~ 73 页

论屈家岭文化形成的年代和主要成因　林邦存　奋发荆楚探索文明：湖北省文物考古研究论文集　2000 年 74 ~ 82 页

鄂西屈家岭文化遗存的分期与研究　王晓田　中国历史博物馆考古部纪念文集　2000 年 58 ~ 70 页

屈家岭文化与大溪文化关系问题探讨　王杰　江汉考古　1985 年 3 期 34 页

屈家岭遗址下层与大溪文化晚期是同类性质的遗存吗？　王杰　江汉考古　1987 年 2 期 64 页

屈家岭文化与大溪文化关系的新证据——屈家岭遗址第三次发掘的认识　林邦存　中国文物报　1993 年 10 月 17 日 3 版

屈家岭文化对大溪文化的继承与变异　何介钧　"迎接二十一世纪的中国考古学"国际学术讨论会　1998 年 116~147 页

江汉地区"龙山时代"遗存的命名问题——"石河文化"的特征、年代与分布　王红星、胡雅丽　江汉考古　1985 年 3 期 50 页

浅议石家河文化　李龙章　江汉考古　1985 年 3 期 41 页

石家河文化典型陶器及相关问题刍议　彭明麟　湖北省考古学会论文选集（一）　1987 年 7 月 35 页

论石家河文化早期与屈家岭文化晚期的关系　刘德银　江汉考古　1990 年 3 期 45~50 页

石家河文化的分期分布和类型　张绪球　考古学报　1991 年 4 期 389~413 页

关于"石家河文化"的几个问题　白云　江汉考古　1993 年 4 期 41~48 页

石家河文化形成和发展过程中的外力作用问题　王红星　中国考古学会第九次年会论文集　1997 年 151~160 页

石家河文化初论　王红星　文物考古文集　1997 年 43~70 页

石家河文化的空间分布　郭立新　南方文物　2000 年 1 期 37~42 页

石家河文化初论　王红星　奋发荆楚探索文明：湖北省文物考古研究论文集　2000 年 83~110 页

论湖北龙山文化　方酉生　江汉考古　1985 年 1 期 77 页

汉江上游的龙山文化初探　杨亚长　史前研究辑刊　1988 年 149 页

关于季家湖龙山时代遗存的年代分期　裴安平　江汉考古　1988 年 4 期 29 页

江西龙山文化初探　李家和、杨巨源、刘诗中　东南文化　1989 年 1 期 20 页

论石家河文化青龙泉三期类型　樊力　考古与文物　1999 年 4 期 50 ~ 61 页

天门石家河出土的一批红陶小动物　刘安国　江汉考古　1980 年 2 期 103 页

浅议石家河文化雕塑人像　周光林　江汉考古　1996 年 1 期 55 ~ 59 页

石家河文化"人抱鱼"形象试解　星灿　中国文物报　1998 年 1 月 7 日 3 版

2. 长江下游

中国东南沿海发现史前文化遗址的探讨　卫聚贤　说文月刊　1940 年 8 月 1 卷合订本 637 页（此文已在香港《自然界》9 卷 4 期发表）

从发现的文物中谈华东区古文化概况　尹焕章　文物参考资料 1954 年 4 期 26 页

我国东南地区原始文化的分布　蒋赞初　学术月刊　1961 年 11 期 34 页

我国东南地区苏、浙、闽新石器时代文化概况　尹焕章　中国原始社会史文集　1964 年 10 月 315 页

略谈我国东南沿海地区的新石器时代考古——在长江下游新石器时代文化考古学术讨论会上的一次发言提纲　苏秉琦　文物　1978 年 3 期 40 页；文物集刊　1980 年 1 月 1 期 28 页

长江下游新石器时代文化若干问题的探析　南京博物院　文物 1978 年 4 期 46 页；文物集刊　1980 年 1 月 1 期 7 页

关于我国东部沿海地区新石器时代文化系统的区分　张之恒　文物

集刊　1980 年 1 月 1 期 138 页

对于长江下游新石器时代文化几个问题的再认识　蒋赞初　文物集刊　1980 年 1 月 1 期 142 页

我对江南地区新石器时代文化的几点认识　蒋华　文物集刊　1980 年 1 月 1 期 152 页

试谈安徽新石器时代文化与长江下游诸文化的关系　安徽省博物馆　文物集刊　1980 年 1 月 1 期 83 页

从考古发现看东南地区上古和中古时代文化上的起伏　蒋赞初　东南文化　1988 年 2 期 6 页

长江下游新石器时代文化的考古学编年　曾骐、蒋乐平　中国原始文化论集　1989 年 6 月 207 页

长江下游地区史前文化的炊器研究　陈国庆　考古学文化论集 （二）　1989 年 9 月 213 页

长江下游新石器文化源流散论　龚若栋　江海学刊　1990 年 4 期 111～116 页

试论长江下游的史前文化区域　高蒙河　学术月刊　1990 年 10 期 75 页～封三

中国长江下游新石器时代木器的应用　陈晶　华夏考古　1994 年 1 期 54～59 页

我国东方沿海地区的远古文化考察　高蒙河　复旦学报 （社会科学版）　1999 年 1 期 93～97 页

长江下游史前遗址的统计分析　高蒙河　东方考古　2004 年第 1 集 135～149 页

长江下游早期遗址的高分辨率解析　高蒙河　中国社会科学院古代文明研究中心通讯　2004 年 7 期 30～34 页

考古地理学观察——长江下游史前聚落　高蒙河等　长江下游地区文明化进程学术研讨会论文集　2004 年 95～106 页

长江下游考古时代遗址群的空间分析　高蒙河　庆祝张忠培先生七十岁论文集　2004 年 243～254 页

人口迁徙与长江下游新石器时代晚期文化的变迁——从"广富林遗存"的发现谈起　焦天龙　中国文物报　2005 年 8 月 19 日 7 版

"长江下游新石器时代文化"学术讨论会在南京举行　光明日报 1977 年 10 月 28 日 3 版

长江下游新石器时代文化学术讨论会纪要　《文物》月刊通讯员 文物　1978 年 3 期 35 页；文物集刊　1980 年 1 月 1 期 1 页

长江下游古文化研讨会简述　胡安贵　历史教学　1988 年 5 期 56 页

（1）江苏、浙江、安徽、上海地区新石器时代文化研究

试论江浙新石器时代遗址的类型　张翔　考古　1964 年 9 期 468 页

关于秦淮河流域古代文化的一些问题　蒋赞初　中国考古学会第一次年会论文集　1980 年 12 月 131 页

苏南浙北新石器文化的区域特点和相关问题　何平　南开学报 1985 年 5 期 9 页

薛家岗遗址和北阴阳营遗址的关系以及有关问题的探讨　吴汝祚 文物研究　1994 年 9 期 15～24 页

江淮地区与江南古文化的交融　肖梦龙　南方文物　1996 年 2 期 67～74 页

横亘东西的淮汉中介文化带——青莲岗—下王岗文化传统　石兴邦 长江中游史前文化暨第二届亚洲文明学术讨论会论文集　1996 年 210～230 页

淮河中下游地区的早期新石器时代文化　梁中合、傅宪国　考古求知集　1997 年 158～171 页

淮河下游三角洲新石器时代文化初论　邹厚本、谷建祥　"迎接二十一世纪的中国考古学"国际学术讨论会论文集　1998 年 94～106 页

淮河下游新石器时代的绚丽画卷——龙虬庄遗址与江淮地区古文化学术座谈会专家发言纪要　黄景略等　东南文化　1999 年 3 期 6～16 页

先吴时期古吴地区考古文化的族属问题　纪仲庆　东方文明之韵——吴文化国际学术研讨会论文集　2000 年 117～122 页

江南史前的红烧土与红烧土遗迹　蒋乐平　中国文物报　2001 年 7 月 22 日 7 版

从青莲岗文化的命名谈淮河流域与长江流域原始文化的相互关系　张敏　郑州大学学报（哲学社会科学版）　2005 年 38 卷 2 期 12～14 页

淮河史前文化大系提出的学术意义　高广仁　郑州大学学报（哲学社会科学版）　2005 年 38 卷 2 期 5～7 页

略论淮河流域新石器时代文化　张居中　郑州大学学报（哲学社会科学版）　2005 年 38 卷 2 期 7～10 页

文化交汇与夷夏东西：淮河东西部地区史前文化发展的历史趋势　栾丰实　郑州大学学报（哲学社会科学版）　2005 年 38 卷 2 期 10～12 页

对江苏太湖地区新石器文化的一些认识　尹焕章、张正祥　考古 1962 年 3 期 147 页

太湖地区的原始文化　吴汝祚　文物集刊　1980 年 1 月 1 期 88 页

太湖地区的原始文化　南京博物院　文物集刊　1980 年 1 月 1 期 93 页

太湖地区原始文化的分析　汪遵国　中国考古学会第一次年会论文集　1980 年 12 月 111 页

太湖地区新石器时代文化剖析　黄宣佩　史前研究　1984 年 3 期 14 页

太湖流域考古座谈会纪要　汪玉　东南文化　1985 年 1 期 250 页

江浙沪考古工作者对良渚文化遗址的研究证实、太湖流域是我国早期文化发展中心之一　光明日报　1986 年 11 月 7 日 1 版

太湖流域考古问题：1984 年 11 月 17 日在太湖流域古动物古人类文化学术座谈会上的讲话　苏秉琦　东南文化　1987 年 1 期 22 页

太湖地区远古文化探源　陈淳　上海大学学报　1987 年 3 期 101 页

太湖地区的原始文明　耿曙生　苏州大学学报（哲社版）1992 年 4 期 108～112 页

徐海、太湖区原始文化的交流　姚勤德　东南文化　1993 年 5 期 37～43 页

太湖流域考古的回顾和新认识　王明达　苏秉琦与当代中国考古学 2001 年 358～364 页

环太湖地区文明进程的新课题——从好川与广富林的新发现谈起 宋建　考古学研究（五）上册——庆祝邹衡先生七十五寿辰暨从事考古 研究五十年论文集　2003 年 146～160 页

环太湖地区史前社会结构的探索（摘要）　秦岭　古代文明研究通 讯　2003 年 17 期 15～27 页

关于环太湖地区原始文化的思考　张敏　庆祝张忠培先生七十岁论 文集　2004 年 255～270 页

太湖西部骆驼墩文化遗存的初步认识　林留根　长江下游地区文明 化进程学术研讨会论文集　2004 年 238～253 页

环太湖与宁绍平原史前社会复杂化比较研究　郑建明　南方文物 2005 年 4 期 19～27 页

太湖流域史前社会的礼器与礼制　王书敏　东南文化　2005 年 5 期 25～32 页

环太湖地区新石器时代末期考古学研究的新进展　宋建　中国文物 报　2006 年 7 月 21 日 7 版

太湖地区史前期水井遗存的考察　姚勤德　无锡文博　2006 年 3 期 17～21 页

史前太湖流域社会复杂化进程初步研究　王书敏　东南文化　2006 年 3 期 10～16 页

在"环太湖地区新石器时代末期文化暨广富林遗存学术研讨会"的 讲话　张忠培　中国文物报　2006 年 7 月 14 日 7 版

解惑与求真——在"环太湖地区新石器时代末期文化暨广富林遗存 学术研讨会"的讲话　张忠培　南方文物　2006 年 4 期 6～8 页

环太湖地区新石器时代末期考古学研究的新进展　宋建　南方文物 2006 年 4 期 9～12 页

环太湖地区史前社会复杂化进程的考古学探索 郑建明 浙江省文物考古研究所学刊第八辑——纪念良渚遗址发现七十周年学术研讨会文集 2006年600～613页

江淮东部地区古文化的初步认识 张敏、韩明芳 中国考古学会第九次年会论文集 1997年108～124页

江淮东部原始文化初论 张敏 南京大学历史系考古专业成立三十周年纪念文集 2002年24～43页

海安青墩遗存再分析——江淮东部地区考古学文化研究之一 燕生东 东南文化 2004年4期25～33页

江淮东部原始文化的命名与青墩文化的内涵 王其银 东南文化 2005年5期22～24页

1）江苏

江苏古文化时期之重新估定 卫聚贤讲演 江苏研究 1936年6月2卷6期1页

南京博物院十年来的考古工作 尹焕章 文物 1959年4期13页

关于江苏的原始文化遗址 蒋赞初 考古学报 1959年4期35页

江苏省十年来考古工作中的重要发现 南京博物院等 考古 1960年7期1页

根据考古资料对江苏古代历史进行探讨 南京博物院曾昭燏、尹焕章 文物 1962年2期57页

对江苏古代历史的新探讨 考古 1962年3期146页

江苏省"文化大革命"中发现的重要文物 吴山菁 文物 1973年4期2页

江苏近年考古发现综述 苏文 东南文化 1985年1期86页

江苏考古的回顾与思考 邹厚本 考古 2000年4期1～11页

江苏考古工作世纪之初的思考 徐湖平 东南文化 2002年1期6～10页

20 世纪江苏考古工作的回顾与 21 世纪的展望　张敏　东南文化 2005 年 3 期 6 ~ 11 页

江苏史前考古的发现和研究　张之恒　东南文化　2006 年 2 期 6 ~ 13 页

关于江苏南部新石器时代陶器性质问题　朱江　考古通讯　1957 年 5 期 97 页

南京的原始共产社会的居民　蒋赞初　江海学刊　1958 年 10 月 8 期 60 页

略论苏州地区的原始文化　吴奈夫　中学历史　1981 年 4 期 46 页

南京历史的黎明——南京最早的人类居住地北阴阳营遗址　罗宗南　南京史志　1983 年 1 期 14 页

试论江苏常州地区新石器时代文化序列及其有关问题　陈丽华　华夏考古　1988 年 3 期 47 页

苏北淮海地区新石器诸文化的再认识　纪仲庆、车广锦　考古学文化论集（二）　1989 年 9 月 199 页

扬州考古五十年　顾风　扬州博物馆建馆五十周年纪念文集　东南文化增刊（1）2001 年 8 ~ 18 页

宁镇地区新石器时代文化的特点与分期　魏正瑾　考古　1983 年 9 期 822 页

宁镇地区新石器时代文化与相邻地区诸文化的关系　纪仲庆　中国考古学会第三次年会论文集　1984 年 4 月 34 页

浅论宁镇地区古代文化的几个问题　刘建国　考古　1986 年 8 期 738 页

张家港市许庄新石器遗址　王德庆　东南文化　1990 年 5 期 309 ~ 312 页

张家港市——原始滨海文化交流的渡口　缪自强、钱公麟　东南文化　1990 年 6 期 307 ~ 308 页

青墩出上麋鹿角上刻划纹之文化涵义探析　徐冬昌　东南文化 1990 年 5 期 299～301 页

青墩遗址的重大考古发掘　纪仲庆　江苏地方志　2005 年 1 期 35～38 页

龙虬庄遗址：江淮地区史前文化的明珠　陈其昌、李国耀　中国名城　1997 年 1 期 19～20 页

对龙虬庄遗址考证要深化　张佩琪　农业考古　1999 年 128～131 页

龙虬庄遗址的进食工具——箸勺　刘辉　中国文物报　2000 年 5 月 17 日 3 版

江阴祁头山遗存的多文化因素　俞伟超　江阴文博　2001 年 1 期 2～4 页

江阴祁头山遗存的多文化因素　俞伟超　中国文物报　2001 年 5 月 2 日 7 版

南荡遗存的发现及其意义　张敏　中国社会科学院古代文明研究中心通讯　2002 年 4 期 24～33 页

南荡遗存的发现及其意义　张敏　华夏文明的形成与发展——河南省文物考古研究所建所五十周年庆祝会暨华夏文明的形成与发展学术研讨会论文集　2003 年 172～182 页

金坛三星村遗址的发掘与思考　王根富　中国文物报　1996 年 9 月 22 日版

江苏高邮周邶墩遗址发掘报告　南京博物院考古研究所等（张敏等）　考古学报　1997 年 4 期 481～514 页

略谈吉家屯新石器时代文化遗址　徐治亚　东南文化　1990 年 5 期 297 页

试论龙南文化　张照根　一剑集　1996 年 5～21 页

藤花落遗址的发掘与思考　林留根、李虎仁　中国文物报　2000 年 7

月 19 日 3 版

菱莲·稻米·船橹·木技·骨艺——圩墩新石器时代先民生活小景模拟 陈晶 故宫文物月刊 2006 年 284 期 66~77 页

徐州原始雕塑艺术 吴玲、俪华 中国文物报 2006 年 5 月 3 日 5 版

2）浙江

浙江古文化的时期重新估定 卫聚贤 时事新报古代文化 1937 年 3 月 24 日、31 日，4 月 7 日、14 日、21 日，6 月 2 日、16 日、23 日 1~6 期、11 期、13~14 期

江南出土古物的经过及感想 卫聚贤讲演 陈志良笔记 时事新报古代文化 1937 年 6 月 23 日 14 期

浙江果有新石器时代文化乎？ 胡行之 江苏研究 3 卷 5~6 期 1937 年 6 月；吴越文化论丛 1937 年 7 月 282 页

石器的形成与地层之探讨——质卫聚贤先生 刘之远 江苏研究 1937 年 6 月 3 卷 5~6 期；吴越文化论丛 1937 年 7 月 290 页

浙江石器年代的讨论 卫聚贤 江苏研究 1937 年 6 月 3 卷 5~6 期；吴越文化论丛 1937 年 7 月 295 页

三十五年来浙江文物考古事业的回顾 王士伦 浙江学刊 1985 年 6 期 95 页

原始社会时期的浙江 王士伦 浙江日报 1962 年 7 月 29 日

浙江省新石器时代文化的特点 王心喜 杭州师院学报 1982 年 2 期 127 页

浙江新石器时代文化的初步认识 牟永抗 中国考古学会第三次年会论文集 1984 年 4 月 1 页

根据考古材料试论浙江省商业的起源——浙江原始社会研究之四 王心喜 史前研究 1986 年 3、4 期合刊 126 页

浙江史前文化初论 芮国耀 东南文化 1989 年 6 期 59 页

浅谈聚落形态考古与浙江史前聚落形态的考察 桑坚信 南方文物 1992 年 3 期 102~105 页

江南地区史前木器初探　谢仲礼　东南文化　1993 年 6 期 17～25 页

浙江新石器时代的考古学文化　刘军　东南亚考古论文集　1995 年 95～110 页

浙江史前文化演进的形态与轨迹　蒋乐平　南方文物　1996 年 4 期 27～33 页

浙江史前鸟像图符的寓义及流变　蒋乐平　浙江省文物考古研究所学刊　1997 年 219～226 页

浙江考古的世纪回顾与展望　刘军　考古　2001 年 10 期 3～13 页

十年磨一剑——世纪之交的浙江史前考古（代序）　曹锦炎　浙江省文物考古研究所学刊第八辑——纪念良渚遗址发现七十周年学术研讨会文集　2006 年序言

新安江流域古文化初探　鲍绪先　杭州考古　1991 年 2 期 2～18 页

对建德县几处新石器时代的思考（提要）　姚桂芳　杭州考古 1991 年 4 期 1～5 页

史前时期的杭嘉湖地区　吴汝祚　浙江学刊　1992 年 4 期 101～107 页

温州史前文化初探　徐定水　东南文化　1994 年 4 期 74～78 页

浙江南部先秦文化浅析　王海明　纪念浙江省文物考古研究所建所二十周年论文集　1999 年 137～146 页

浙江余杭市瓶窑、良渚地区遗址的遥感地学分析　张立、刘树人 考古　2002 年 2 期 87～93 页

杭州湾地区原始文化海路输入日本论　王心喜　文博　2002 年 2 期 54～61 页

浦阳江流域新石器时代遗址的发现与思考　蒋乐平　浙江省文物考古研究所学刊第八辑——纪念良渚遗址发现七十周年学术研讨会文集 2006 年 439～461 页

宁波沿海地区原始文化初探　林士民　东南文化　1990 年 5 期 279～284 页

宁绍地区史前时期的文化　吴汝祚　浙江学刊　1994 年 2 期 89～95 页

宁绍地区早期遗址群的量化分析　冯小妮、高蒙河　东南文化
2004 年 6 期 31～37 页

钱塘江两岸新石器时代晚期文化关系初论　丁品　纪念浙江省文物
考古研究所建所二十周年论文集　1999 年 49～58 页

钱塘江流域史前艺术审美意义之探讨　洪丽亚　东方博物　2004 年
第 13 辑 36～43 页

从湖州钱山漾发现石器说起　慎微之演讲　时事新报古代文化
1937 年 6 月 23 日 14 期

湖州钱山漾石器之发现与中国文化之起源　慎微之　时事新报古代
文化　1937 年 4 月 14 日 4 期；江苏研究　1937 年 6 月 3 卷 5～6 期 1 页；
吴越文化论丛　1937 年 7 月 217 页

关于吴兴钱山漾遗址的发掘　汪济英、牟永抗　考古　1980 年 4 期
353 页

浙江湖州钱山漾遗址第三次发掘带来的新思考　丁品　南方文物
2006 年 4 期 73～76 页

钱山漾遗址第三次发掘与 "钱山漾类型文化遗存"　丁品　浙江省
文物考古研究所学刊第八辑——纪念良渚遗址发现七十周年学术研讨会
文集　2006 年 497～505 页

罗家角陶片的初步研究　张福康　浙江省文物考古所学刊　1981 年
11 月 54 页

浙江洞头岛九亩区新石器时代遗存　方加松、古成崇　考古　1991
年 6 期 861 页

鲞架山遗址发掘的启示　王海明、孙国平　纪念浙江省文物考古研
究所建所二十周年论文集　1999 年 17～22 页

浙江嘉兴出土新石器时代陶塑撷珍　陈行一　南方文物　2002 年 1

期 54～58 页

塘山遗址初论　费国平　南方文物　2002 年 2 期 26～27 页

塔山中层一号房址性质探析　蒋乐平　东南文化　2003 年 11 期 20～26 页

好川文化的几个问题　王海明　长江下游地区文明化进程学术研讨会论文集　2004 年 175～181 页

海盐仙坛庙遗址中期聚落试析　王宁远　浙江省文物考古研究所学刊第八辑——纪念良渚遗址发现七十周年学术研讨会文集　2006 年 561～577 页

3）安徽

安徽地区四年来发现的考古材料　殷涤非　文物参考资料　1954 年 4 期 31 页

试谈安徽地区的原始社会　胡悦谦　安徽日报　1961 年 8 月 20、23 日，9 月 1、3、7 日

安徽史前史初探　李南蓉　淮北煤矿师院学报　1981 年 4 期 117 页

安徽近年石器时代考古　陆勤毅　文物研究　1988 年 9 月第 3 期 1 页

安徽江淮地区原始文化初探　杨立新　文物研究　1988 年 11 月第 4 期 63 页

安徽新石器文化发展谱系的初步观察　严文明　文物研究　1989 年 9 月第 5 期 42 页

关于安徽原始文化研究中的几个问题　何长风　文物研究　1989 年 9 月第 5 期 93 页

安徽考古的回顾与思索　安徽省文物考古研究所（杨立新）　考古　2002 年 2 期 3～13 页

谈谈对安徽淮北地区新石器时代遗址的初步认识　高广仁　文物研究　1989 年 9 月第 5 期 50 页

试论安徽淮河流域早期新石器文化遗存　何长风　一剑集　1996 年 22～29 页

试论淮河流域的侯家寨文化　阚绪杭　中国考古学会第九次年会论文集　1997 年 125～139 页

安徽淮河流域早期原始文化略说　朔知　东南文化　1999 年 5 期 32～37 页

对淮南市新石器时代遗址的初步认识　李文玉　文物研究第 12 辑 2000 年 36～39 页

涂山与淮河流域的历史文明　李学勤　文物研究 13 辑　2001 年 1～2 页

先秦时安徽淮河流域文化的开放性特征　方林　文物研究 13 辑 2001 年 73～77 页

安徽北部的新石器文化遗存　吴加安　考古　1996 年 9 期 62～73 页

试论皖北地区新石器时代早期文化　冀和　中原文物　1997 年 2 期 18～22 页

试论皖西南原始文化　宋康年　考古与文物　1992 年 6 期 32～36 页

皖西南新石器时代文化的变迁　朔知　南方文物　2006 年 2 期 58～64 页

皖南地区经济、文化的源头——试论石器时代的皖南开发　张宏明 文物研究　1998 年 11 期 29～35 页

皖南沟汀遗址文化遗物分析及相关问题讨论　黄宁生　考古与文物 1999 年 6 期 31～33 页

沟汀遗址的年代及皖南山区新石器遗址的几个问题　朔知　考古与文物　2002 年 5 期 18～22 页

含山凌家滩玉器和考古学中研究精神领域的问题　俞伟超　文物研究　1989 年 9 月第 5 期 57 页

安徽含山凌家滩祭坛的初步研究——兼及良渚文化祭坛　周玮　东南文化　2001 年 1 期 31～34 页

凌家滩聚落与玉器文明　张敬国　文物研究　2001 年 13 辑 28～34 页

凌家滩遗址与世界性课题巨石建筑遗存　杨鸿勋　中国文物报
2001 年 11 月 16 日 7 版

朝拜圣地——凌家滩　张敬国　中原文物　2002 年 1 期 73～77 页

凌家滩文化应是"三皇"时代的有巢氏文化　王文清　东南文化
2002 年 11 期 32～36 页

朝拜圣地——凌家滩　张敬国　凌家滩文化研究　2006 年 133～139 页

安徽含山凌家滩祭坛初步研究——兼及良渚文化祭坛　周玮　凌家
滩文化研究　2006 年 140～145 页

凌家滩祭坛遗迹试论　朔知　凌家滩文化研究　2006 年 170～180 页

蚌埠双墩新石器遗址陶器刻划初论　徐大立　文物研究　1989 年 5
期 246 页

安徽淮河流域新石器时代考古的重大突破——双墩文化概说　阚绪
杭、周群　中国文物报　2005 年 12 月 16 日 7 版

淮河中游地区的双墩文化　阚绪杭、周群　古代文明研究通讯
2005 年 27 期 33～38 页

古新安文明概述　方光禄　徽州社会科学　1990 年 1 期 36～38 页

尉迟寺聚落与聚落群的初步考察　梁中合　文物季刊　1996 年 4 期
58～62 页

薛城遗址的发现与古芜湖文化区　张敏、王志高　中国文物报
1998 年 7 月 8 日 3 版

安庆新石器时代考古发掘成果及其重要地位　鲁尧贤　安庆师院社
会科学学报　1998 年 17 卷 2 期 5～8 页

4）上海

上海地区古文化遗址综述　黄宣佩、张明华　上海博物馆集刊
1983 年 2 期 211 页

上海考古五十年成就　黄宣佩　上海博物馆集刊　2000 年第八期 1～

12 页

上海考古的世纪回顾与展望　宋健　考古　2002 年 10 期 3 ~ 12 页

上海"第一人"　上海"第一房"　周丽娟　上海文博论丛　2004
年 2 期 40 ~ 41 页

四千多年前上海人的装饰品　张尉　中国文物世界　1997 年 137 期 42 页

福泉山遗址考古发掘的重大收获　张明华　历史教学问题　1986 年 3
期 64 页

珍宝璀璨的福泉山　张明华　文物天地　1987 年 1 期 6 页

从上海福泉山遗址的考古发现谈我国古代有关祀天活动的几个问题
葛治功　东南文化　1988 年 2 期 72 页

崧泽、福泉山古文化遗址　朱习理　档案学探索　1991 年 3 期 44 ~ 46 页

福泉山新石器时代遗址堆积的层位学分析——兼与《福泉山—新石
器时代遗址发掘报告》作者商榷　肖达顺　四川文物　2005 年 5 期 72 ~
79 页

广富林考古新发现——梅花鹿石钺图　宋建　上海文博　2002 年 2
期 34 ~ 35 页

王油坊类型与广富林遗存　宋建　华夏文明的形成与发展——河南
省文物考古研究所建所五十周年庆祝会暨华夏文明的形成与发展学术研
讨会论文集　2003 年 183 ~ 190 页

广富林文化初论　陈杰　南方文物　2006 年 4 期 53 ~ 63 页

广富林遗址广富林文化的分期和年代　翟杨　南方文物　2006 年 4
期 64 ~ 72 页

（2）新石器时代早期文化

浙江嵊州小黄山和浦江上山两遗址的文化时代和年代再研讨　张之
恒　中国文物报　2006 年 6 月 30 日 7 版

从东亚最早陶器谈跨湖桥和小黄山遗址年代　陈淳　中国文物报
2006 年 3 月 3 日 7 版

错综复杂的东南新石器时代早期文化——也谈浙江新发现的几处较
早期新石器时代遗址　蒋乐平　中国文物报　2006 年 4 月 28 日 7 版

专家谈：浙江嵊州小黄山遗址　张忠培等　中国文物报　2006 年 1
月 11 日 4 版

浙江嵊州小黄山遗址文化时代的研讨　张之恒　中国文物报　2006
年 2 月 17 日 7 版

长江下游原始文明新源头——浙江嵊州小黄山新石器时代早期遗存
的考古学研讨　王心喜　文博　2006 年 4 期 72～77 页

九千年前的远古文化——浙江嵊州小黄山遗址　王海明　浙江省文
物考古研究所学刊第八辑——纪念良渚遗址发现七十周年学术研讨会文
集　2006 年 401～412 页

溧水神仙洞——一万年前陶片的发现及其意义　葛治功　东南文化
1990 年 5 期 302～303 页

专家研讨浦江上山遗址新发现　李政　中国文物报　2006 年 11 月 10
日 2 版

（3）跨湖桥文化

跨湖桥遗址的人们在浙江史前史上的贡献　吴汝祚　杭州师范学院
学报　2002 年 18 卷 5 期 51～55 页

跨湖桥遗址刍识——一个八千年前文化遗址的启示　王屹峰　故宫
文物月刊　2003 年 245 期 104～111 页

跨湖桥与河姆渡：东南区域文化传统源头的若干问题　曹兵武　中
国文物报　2005 年 2 月 4 日 7 版

皂市下层与跨湖桥新石器时代文化的比较　薛琳　无锡文博　2006
年 4 期 15～20 页

试论跨湖桥遗址　方向明　东方博物第二辑　1998 年 46～55 页

二论萧山跨湖桥新石器时代文化遗存　王海明　东方博物第四辑 1999 年 19～28 页

跨湖桥遗址的思考　蒋乐平　中国文物报　2002 年 5 月 31 日 7 版

跨湖桥出土的"中药、中药罐"应是"茶、茶釜"辨　陈珲　中国 文物报　2002 年 7 月 12 日 7 版

试论跨湖桥文化　王心喜　绍兴文理学院学报　2003 年 23 卷 6 期 35～41 页

跨湖桥新石器时代文化遗存的考古学观察　王心喜　文博　2004 年 1 期 88～93 页

试论跨湖桥文化　王心喜　四川文物　2006 年 4 期 61～70 页

跨湖桥文化的命名及年代学的讨论　王心喜　杭州师范学院学报 2006 年 26 卷 1 期 64～70 页

论跨湖桥文化独木舟的年代　朱乃诚　浙江省文物考古研究所学刊 第八辑——纪念良渚遗址发现七十周年学术研讨会文集　2006 年 76～ 83 页

论跨湖桥文化的来源　焦天龙　浙江省文物考古研究所学刊第八 辑——纪念良渚遗址发现七十周年学术研讨会文集　2006 年 372～379 页

跨湖桥遗址地层性质的盐量法研究　卢衡、靳海斌　东方博物第十 八辑　2006 年 40～45 页

跨湖桥文化的命名及其学术意义　王心喜　东方博物第十八辑 2006 年 58～64 页

（4）河姆渡文化

河姆渡遗址第一期发掘工作座谈会纪要　本刊通讯员　文物　1976 年 8 期 15 页

中华民族的又一个摇篮（从河姆渡遗址看长江流域古文化）　汪月 启　中国青年报　1979 年 2 月 8 日 4 版

河姆渡文化——七千年长江流域的史迹　汪济英、孙志江　人民画报　1984 年 2 期 28 页

祖国古代文化的明珠——余姚河姆渡遗址　劳伯敏　学习与思考 1984 年 12 期 20 页

让七千年前的河姆渡人类文明遗址大放光彩　文汇报　1987 年 3 月 9 日 2 版

中国南方史前文明的代表河姆渡文化　李永飞　光明日报　1993 年 5 月 9 日 6 版

再现七千年前的辉煌　李永飞　瞭望周刊　1993 年 5、6 期合刊 36～37 页

从宁绍地区的遗址看河姆渡文化的发展　林士民　浙东文化论丛 1995 年 21～32 页

二十年来河姆渡文化的认识与探索　河姆渡文化课题组（蒋乐平）纪念浙江省文物考古研究所建所二十周年论文集　1999 年 1～16 页

河姆渡文化对研究环太平洋区域的起源与传播的意义　陈炎　东南亚　1993 年 1 期 49～53 页

试论河姆渡文化与马家浜文化的关系　吴汝祚　南方文物　1996 年 3 期 33～40 页

关于河姆渡遗址年代的讨论　黄宣佩　上海博物馆集刊第七辑 1996 年 289～292 页

河姆渡遗址的废弃和河姆渡文化消亡原因的研究　邵九华　史前研究 2000 年 345～351 页

试论河姆渡遗址各文化层的年代　黄渭金　史前研究 2000 年 372～384 页

河姆渡文化的扩散与传播　王海明、刘淑华　南方文物　2005 年 3 期 114～118 页

河姆渡文化研究进展与保护对策　孙栋苗　东方博物第十八辑 2006 年 65～72 页

试论河姆渡文化 牟永抗 中国考古学会第一次年会论文集 1980年 12 月 97 页

河姆渡文化的再认识 刘军 中国考古学会第三次年会论文集 1984 年 4 月 15 页

河姆渡文化 龚若栋 历史教学问题 1985 年 1 期 52 页

也谈河姆渡文化 史红卫 中山大学研究生学刊 1987 年 4 期 97 页

河姆渡文化管窥 林华东 民间文艺季刊 1988 年 1 期 65 页

河姆渡遗址发现的重大意义 之文 光明日报 1976 年 12 月 7 日 4 版

略论河姆渡文化 方酉生 武汉大学学报（哲社版）1994 年 1 期 76 ~ 80 页

河姆渡遗址与河姆渡文化 王海明 东南文化 2000 年 7 期 15 ~ 23 页

河姆渡陶文化探索 李军 景德镇陶瓷第 6 卷 1996 年 3 期 36 ~ 40 页

河姆渡陶器研究 刘军 东方博物 1997 年 1 ~ 9 页

河姆渡文化"蝶形器"的用途和名称 王仁湘、袁靖 考古与文物 1984 年 5 期 64 页

河姆渡遗址出土蝶形器的研究 宋兆麟 中国原始文化论集 1989 年 6 月 391 页

关于河姆渡 T226（3B）：79"双鸟朝阳"蝶形器 方向明 东方博物第二十一辑 2006 年 12 ~ 16 页

河姆渡文化鸟形象探讨 孙其刚 中国历史博物馆馆刊 1987 年 10 期 10 页

河姆渡文化日鸟图像试析 金文馨 考古求知集 1997 年 138 ~ 143 页

河姆渡文化鸟纹及相关图像辨正 黄厚明 南方文物 2005 年 4 期 31 ~ 36 页

河姆渡遗址出土"陶羊"质疑 黄渭金 中国文物报 1994 年 10 月

30 日 3 版

河姆渡遗址出土"陶羊"释疑　星灿　中国文物报　1998 年 7 月 29 日 3 版

河姆渡遗址的陶羊为何引起争论　蔡保全　中国文物报　1998 年 9 月 2 日 3 版

河姆渡遗址"陶羊"问题　黄渭金　中国文物报　1999 年 3 月 3 日 3 版

河姆渡文化"骨耜"新探　黄渭金　文物　1996 年 1 期 61~65 页

河姆渡遗址"骨哨"小议　袁尧明　中国文物报　1996 年 5 月 26 日 3 版

试析河姆渡骨匕的用途　黄渭金　农业考古　1998 年 3 期 64~66 页

河姆渡文化骨耜新探　黄渭金　考古与文物　1999 年 6 期 34~37 页

河姆渡人饮食习俗　黄渭金　农业考古　1997 年 3 期 250~254 页

河姆渡人饮食考察　卢小明　农业考古　2000 年 3 期 225~227 页

谈河姆渡木筒的用途　吴玉贤　浙江省文物考古所学刊　1981 年 11 月 189 页

河姆渡舟船技术浅析　陈延杭　海交史研究　1997 年 2 期 38~48 页

关于河姆渡原始艺术的探讨　李彤　东南文化　2000 年 7 期 119~121 页

与太阳有关的神——野猪　林巳奈夫　故宫学术季刊　2005 年第 22 卷 3 期 1~15 页

（5）马家浜文化

马家浜文化和良渚文化——太湖流域原始文化的分期问题　牟永抗、魏正瑾　文物　1978 年 4 期 67 页；文物集刊　1980 年 1 月 1 期 102 页

二论马家浜文化　姚仲源　中国考古学会第二次年会论文集　1982 年 6 月 133 页

试论马家浜文化的分布和分期　耿曙生　苏州大学学报　1985 年 2 期 104 页

论马家浜文化自南而北传播　贺云翱　史前研究　1987 年 1 期 21 页

回忆、认识和建议——在纪念马家浜遗址考古发掘四十周年座谈会上的发言　姚仲源　农业考古　1999 年 3 期 21 ~ 25 页

浅谈嘉兴地区史前文化——纪念马家浜遗址发掘四十周年　陆耀华　农业考古　1999 年 3 期 64 ~ 69 页

马家浜——良渚文化若干问题的探讨　方向明　纪念浙江省文物考古研究所建所二十周年论文集　1999 年 33 ~ 48 页

马家浜文化研究的回顾与展望——纪念马家浜遗址发现 45 周年　郑建明、陈淳　东南文化　2005 年 4 期 16 ~ 25 页

漫话马家浜文化的发现和命名　汪济英　农业考古　1999 年 3 期 26 ~ 30 页

马家浜文化的社会生产问题的探讨　吴汝祚　农业考古　1999 年 3 期 31 ~ 38 页

马家浜文化——东方文明的曙光　车广锦　农业考古　1999 年 3 期 39 ~ 43 页

漫谈嘉兴史前马家浜文化　丁仲康　农业考古　1999 年 3 期 62 ~ 63 页

马家浜文化两个类型的分析　陈晶　中国考古学会第三次年会论文集　1984 年 4 月 21 页

后李类型与马家滨文化之联系初探　张学海　中国文物报　1998 年 1 月 7 日 3 版

关于马家浜文化的类型问题　张照根　农业考古　1999 年 3 期 48 ~ 56 页

试析马家浜文化罗家角时期类型的内涵与特征　张梅坤　农业考古　1999 年 3 期 70 ~ 72 页

马家浜文化罗家角时期的交往网络和信息传递　张梅坤　农业考古　1999 年 3 期 73 ~ 76 页

（6）崧泽文化

关于崧泽墓地文化的几点认识　黄宣佩、张明华　文物集刊　1980年1月1期109页

崧泽文化初论——兼论长江三角洲地区新石器文化相关问题　王仁湘　考古学集刊　1984年10月第4集278页

关于崧泽文化至良渚文化过渡阶段的几个问题　宋建　考古　2000年11期49~57页

崧泽文化再探索　方向明　东方博物第五辑　2000年120~128页

崧泽文化显示的文明曙光——纪念苏秉琦先生诞辰90周年　黄宣佩　苏秉琦与当代中国考古学　2001年671~675页

关于崧泽墓群分期的一点看法　章山　考古　1964年6期306页

略论崧泽文化的分期　黄宣佩　中国考古学会第三次年会论文集1984年4月28页

试论崧泽文化分期　郭明　东方博物　2004年第11辑39~50页

崧泽文化的分期及与良渚文化的关系　刘斌　庆祝张忠培先生七十岁论文集　2004年271~288页

崧泽文化"葫芦形神人"探秘　海门、陆思贤　东南文化　1997年3期42~46页

苏皖江北地区的崧泽文化因素　郝明华　东南文化　2001年5期18~23页

崧泽文化部分遗址中遗存缺失现象分析　郭明　中国文物报　2003年1月10日7版

（7）青莲岗文化

略论青莲岗文化　吴山菁　文物　1973年6期45页

关于"青莲岗遗址"和"青莲岗文化"问题　朱江　考古　1977 年 3 期 189 页

青莲岗文化的类型、特征、分期和年代　南京博物院　文物集刊 1980 年 1 月 1 期 31 页

青莲岗文化的经济形态和社会发展阶段　南京博物院　文物集刊 1980 年 1 月 1 期 37 页

试论青莲岗文化　马洪路　考古学集刊　1984 年 10 月第 4 集 252 页

青莲岗文化再研究　邹厚本、谷建祥　东南文化　1992 年 1 期 58～70 页

苏北淮海地区青莲岗文化新论　肖燕　华夏考古　1998 年 2 期 54～63 页

长江南北青莲岗文化的相互关系　吴绵吉　文物集刊　1980 年 1 月 1 期 125 页

论青莲岗文化和大汶口文化的关系　严文明　文物集刊　1980 年 1 月 1 期 116 页

试说青莲岗文化与北辛—大汶口文化的关系　徐基　山东大学学报 (哲社版)　1991 年 1 期 86～97 页

(8) 薛家岗文化

谈薛家岗文化　杨德标　中国考古学会第三次年会论文集　1984 年 4 月 44 页

论薛家岗文化　刘和惠　文物研究　1988 年 4 期 47 页

关于薛家岗文化几个问题的探讨　高一龙　文物研究　1988 年 4 期 55 页

薛家岗文化浅析　于建华、陈国庆　青果集——吉林大学考古系建系十周年纪念文集　1998 年 122～128 页

关于薛家岗文化的几个问题　黄厚明　江苏文史研究　1999 年 1 期 36～44 页

薛家岗遗址　徐礼智　史前研究（2000）　2002 年 686～688 页

走近薛家岗　张宏明　中国文物报　2000 年 3 月 15 日 4 版

浅谈古皖国和薛家冈文化　徐平　江淮论坛　1983 年 4 期 92 页

潜山薛家岗文化遗址与镂空陶球活动　郭成杰等　安庆师院学报
1986 年 4 期 115 页

薛家岗新石器遗存分期的讨论　赵善德　江汉考古　1988 年 4 期 69 页

薛家岗文化葬俗述要　任式楠　文物研究　1989 年 5 期 53 页

（9）良渚文化

良渚文化与玉器时代　杨菊华　文博　1994 年 4 期 12～16 页

良渚、大汶口图文的一二考察　饶宗颐　东南亚考古论文集　1995
年 211～220 页

苏州的良渚遗存及古代文明　张志新　苏州大学学报（哲社版）
1997 年 1 期 111～117 页

良渚文化与中原、北方红山文化的比较　朱薇君　南方文物　1997
年 1 期 45～48 页

良渚文化与宁绍地区的史前考古学　蒋乐平　良渚文化研究——纪
念良渚文化发现六十周年国际学术讨论会文集　1999 年 282～290 页

良渚古国范围及其与周邻文化交往的主要特征　丁品　史前研究
（2000）2000 年 577～588 页

史前文化格局中的良渚文化　赵辉　长江下游地区文明化进程学术
研讨会论文集　2004 年 89～94 页

初识薛家岗与良渚的文化交流——兼论皖江通道与太湖南道问题
朔知　浙江省文物考古研究所学刊第八辑——纪念良渚遗址发现七十周
年学术研讨会文集　2006 年 105～122 页

好川·良渚·花厅　孙国平　浙江省文物考古研究所学刊第八
辑——纪念良渚遗址发现七十周年学术研讨会文集　2006 年 483～496 页

关于良渚文化若干问题的认识　黄宣佩　中国考古学会第一次年会论文集　1980 年 12 月 124 页

关于良渚文化的两个问题　李文明　考古　1986 年 11 月 1005 页

良渚文化研究 50 年　牟永抗、刘斌　史学情报　1987 年 3 期 13 页

良渚文化简述　舒衡　杭州师院学报　1987 年 3 期 119 页

有关良渚文化的几个问题　方酉生　武汉大学学报（哲社版）1987 年 6 期 18 页

良渚遗址发掘的意义　吴汝祚　良渚文化　1987 年 12 月 1 页

纪念良渚文化遗址发掘五十周年　牟永抗　刘斌　良渚文化　1987 年 12 月 14 页

良渚文化的回顾与探讨　汪济英　良渚文化　1987 年 12 月 20 页

关于良渚文化的若干问题——为纪念良渚文化发现五十周年而作　安志敏　考古　1988 年 3 期 236 页

良渚人的衣冠文化　董楚平　东南文化　1988 年 3、4 期合刊 89 页

论良渚文化　曾骐等　中山大学学报（哲社版）　1990 年 3 期 82 ~ 90 页

在沪举行的学术讨论会做出科学测定：良渚文化距今四千余年　文汇报　1990 年 8 月 7 日 2 版

良渚文化纵横论　张明华　考古与文物　1993 年 6 期 61 ~ 69 页

良渚随笔　严文明　文物　1996 年 3 期 28 ~ 35 页

良渚文化与良渚文化研究——兼贺南京博物院编辑《良渚文化发现 60 周年纪念文集》出版　朱启新　中国文物报　1996 年 9 月 15 日 3 版

良渚文化的历史地位——纪念良渚遗址发现六十周年　苏秉琦　中国文物报　1996 年 10 月 13 日 3 版

专家笔谈良渚文化　林巳奈夫等　浙江学刊　1996 年 5 期 10 ~ 34 页

良渚文化六十周年纪念　张明华　中国文物世界　1996 年 133 期 38 ~ 54 页

良渚文化发现与研究六十年　良渚文化六十周年纪念专辑小组编　中国文物世界　1996 年 136 期 40 ~ 51 页

良渚文化及其文明诸因素的剖析——纪念良渚文化发现六十周年 安志敏 考古 1997年9期77～81页

良渚文化考古研究简述 王云路 杭州考古 1997年总第12期3～4页

良渚文化分布范围的探讨 黄宣佩 文物 1998年2期21～30页

良渚文化的发现与研究 刘斌 东方博物 1998年第2辑27～33页

关于良渚文化研究的若干问题 朱乃诚 四川大学考古专业创建三十五周年纪念文集 1998年39～60页

关于研究良渚文化的几点思考 芮国耀 东方博物第四辑 1999年39～44页

良渚文化研究的过去、现状和展望——纪念良渚文化发现六十周年国际学术讨论会小结 石兴邦 良渚文化研究——纪念良渚文化发现六十周年国际学术讨论会文集 1999年1～11页

城市化和国家形成——良渚文化的政治考古学 〔日〕中村慎一 良渚文化研究——纪念良渚文化发现六十周年国际学术讨论会文集 1999年25～29页

良渚文化高土台及相关问题的思考与探讨 蒋卫东 纪念浙江省文物考古研究所建所二十周年论文集 1999年96～115页

良渚文化的初步分析 朔知 考古学报 2000年4期421～450页

良渚文化的研究现状及相关问题 秦岭 考古学研究（四）2000年77～100页

良渚文化研究50年 黄宣佩 史前研究（2000） 2000年19～25页

东方文明之光——良渚文化 陆文宝 文物天地 2001年3期6～9页

良渚文化的礼制 吴汝祚、牟永抗 苏秉琦与当代中国考古学 2001年676～687页

良渚文化的地域间关系 〔日〕今井晃树著 姜宝莲、赵强译 文博 2002年1期62～70页

良渚文明研究 王震中 浙江学刊 2003年增刊5～19页

良渚文化与《山海经》对照研究 董楚平 浙江学刊 2003 年增刊 45~52 页

良渚学引论 周膺、吴晶 浙江学刊 2003 年增刊 189~204 页

良渚文化的动向——当前良渚文化研究的一点思考 王明达 长江下游地区文明化进程学术研讨会论文集 2004 年 205~213 页

科学和思想——从事良渚文化考古的断想 方向明 史前研究（2004）2005 年 386~395 页

关于良渚文化晚期较晚阶段的遗存 杨晶 浙江省文物考古研究所学刊第八辑——纪念良渚遗址发现七十周年学术研讨会文集 2006 年 62~73 页

良渚礼制研究 卜工 浙江省文物考古研究所学刊第八辑——纪念良渚遗址发现七十周年学术研讨会文集 2006 年 316~333 页

纪念良渚遗址发现 70 周年 牟永抗 浙江省文物考古研究所学刊第八辑——纪念良渚遗址发现七十周年学术研讨会文集 2006 年 380~392 页

余杭县良渚文化遗存简介 顾文浩 良渚文化 1987 年 12 月 114 页

"良渚"遗址群概述 王明达 良渚文化 1987 年 12 月 118 页

从良渚文化遗址群看方国的形成 费国平 浙江学刊 1997 年 2 期 128 页

失落的文明——论良渚遗址群 芮国耀 良渚文化研究——纪念良渚文化发现六十周年国际学术讨论会文集 1999 年 79~85 页

良渚文化的遗址群 中村慎一 古代文明研究通讯 2001 年第 11 期 15~17 页、84 页

良渚遗址群的考古发现 王明达 中国文物报 2002 年 5 月 31 日 7 版

谈良渚遗址群的考古学问题 芮国耀 中国社会科学院古代文明研究中心通讯 2003 年 5 期 14~15 页

良渚遗址群的考古历程及今后的学术构想 刘斌 史前研究（2004）2005 年 338~346 页

良渚遗址群再认识　王明达　浙江省文物考古研究所学刊第八辑——纪念良渚遗址发现七十周年学术研讨会文集　2006 年 393 ~ 400 页

良渚遗址群的时空观察　赵晔　浙江省文物考古研究所学刊第八辑——纪念良渚遗址发现七十周年学术研讨会文集　2006 年 462 ~ 482 页

良渚文化聚落群的特征　张之恒　中国文物报　1996 年 4 月 7 日 3 版

良渚文化与聚落考古　魏正瑾、吴玉贤　南方文物　1997 年 1 期 33 ~ 38 页

从神人族徽、聚落网络和文化关系看文明前夕的良渚酋邦　戴尔俭　良渚文化研究——纪念良渚文化发现六十周年国际学术讨论会文集 1999 年 43 ~ 60 页

良渚文化与聚落考古　魏正瑾、吴玉贤　良渚文化研究——纪念良渚文化发现六十周年国际学术讨论会文集　1999 年 67 ~ 72 页

良渚文化聚落研究的线索与问题　刘斌　良渚变化研究——纪念良渚文化发现六十周年国际学术讨论会文集　1999 年 73 ~ 78 页

从江苏龙南遗址论良渚文化的聚落形态　高蒙河　考古　2000 年 1 期 54 ~ 60 页

村落、城镇、都邑——良渚文化聚落研究　高蒙河　文化遗产研究集刊（第一辑）2000 年 118 ~ 144 页

余杭良渚遗址群聚落形态的初步考察　赵晔　东南文化　2002 年 3 期 24 ~ 29 页

良渚文化居住址与聚落　丁金龙　中国社会科学院古代文明研究中心通讯　2002 年 4 期 14 ~ 22 页

良渚遗址群聚落考古研究问题的思考　芮国耀　长江下游地区文明化进程学术研讨会论文集　2004 年 107 ~ 114 页

良渚文化居住址与聚落　丁金龙　长江下游地区文明化进程学术研讨会论文集　2004 年 115 ~ 123 页

论良渚文化中心聚落的特殊性　陈声波　东南文化　2005 年 2 期 11 ~ 15 页

良渚文化聚落群初论 丁品 史前研究（2004）2005 年 396～409 页

关于良渚聚落与居住址建筑形式及结构的探讨 丁金龙 浙江省文物考古研究所学刊第八辑——纪念良渚遗址发现七十周年学术研讨会文集 2006 年 177～193 页

瑶山祭坛与墓葬 费国平 良渚文化 1987 年 12 月 130 页

瑶山良渚文化祭坛小议 林华东 东南文化 1988 年 5 期 77 页

良渚文化土筑高台遗址探析 丁金龙、何凤英 东南文化 1997 年 3 期 54～56 页

良渚文化瑶山遗址刍议 叶维军 史前研究 2000 年 567～576 页

反山 M14 相关问题的补充和研究 方向明 浙江省文物考古研究所学刊第八辑——纪念良渚遗址发现七十周年学术研讨会文集 2006 年 519～560 页

略论良渚文化的分期 张之恒 良渚文化 1987 年 12 月 47 页

良渚文化分期及相关问题 陈国庆 东南文化 1989 年 6 期 78 页

良渚文化特征分析 黄宣佩 上海博物馆集刊（1990）5 辑：50～58 页

良渚文化的分期与年代 栾丰实 中原文物 1992 年 3 期 79～86 页

良渚文化的分期研究 李新伟 考古学集刊 1999 年 12 期 223～254 页

再论良渚文化的年代 栾丰实 故宫学术季刊 2003 年 20 卷 4 期 15～43 页

再论良渚文化的年代 栾丰实 浙江学刊 2003 年增刊 53～69 页

良渚文化年代之讨论 宋建 故宫学术季刊 2005 年第 23 卷 2 期 1～19 页

试论良渚文化的社会性质及其有关问题 袁樾方 良渚文化 1987 年 12 月 57 页

试论良渚文化的社会性质 吴绵吉 南方文物 1992 年 1 期 11～17 页

良渚文化的社会性质及其与夏王朝的关系　方酉生　浙江学刊 1997 年 5 期 110~112 页

良渚文化经济形态与社会形态试说　王奇志　东南文化　1998 年 2 期 109~114 页

良渚文化社会形态探析　李之龙　考古　2002 年 9 期 70~79 页

从良渚文化社会组织形态分析其文化个性与文明进程　李之龙　华夏考古　2003 年 2 期 46~56 页

良渚社会的基本结构及其形成过程　张弛　新世纪的考古学——文化、区位、生态的多元互动　2006 年 533~545 页

良渚文化的去向和后良渚文化　杨群　良渚文化　1987 年 12 月 88 页

良渚文化去向蠡测　叶文宪　良渚文化　1987 年 12 月 96 页

谈良渚文化的渊源和去向　沈德祥　良渚文化　1987 年 12 月 109 页

良渚文化向马桥文化演化过程初探　宋健　上海博物馆集刊（1990）5 辑 59~66 页

良渚文化的北渐　栾丰实　中原文物　1996 年 3 期 51~58 页

良渚文化突然消亡的原因是洪水泛滥　张明华　江汉考古　1998 年 1 期 62~65 页

浅谈对良渚文化归宿问题的一些认识　蒋卫东　东方博物　1998 年第 2 辑 21~26 页

良渚文化源流探索：江南历史文化的"源"和"流"探讨之一　邹身城　学术月刊　1998 年 7 期 88~92 页

浅析良渚文化消亡的原因　蒋卫东　中国文物报　1998 年 11 月 18 日 3 版

从逐疫文化现象谈良渚文化的衰落　朱建明　南方文物　1999 年 4 期 42~45 页

试论良渚文化中断的成因及其去向　程鹏、朱诚　东南文化　1999 年 4 期 14~21 页

论良渚文明的兴衰过程　宋健　良渚文化研究——纪念良渚文化发现六十周年国际学术讨论会文集　1999 年 86 ~ 103 页

良渚文化的若干特殊性——论一处中国史前文明的衰落原因　赵辉　良渚文化研究——纪念良渚文化发现六十周年国际学术讨论会文集 1999 年 104 ~ 119 页

良渚文化到哪里去了　许倬云　良渚文化研究——纪念良渚文化发现六十周年国际学术讨论会文集　1999 年 120 ~ 132 页

试论崧泽文化向良渚文化的转变　丁品　良渚文化研究——纪念良渚文化发现六十周年国际学术讨论会文集　1999 年 264 ~ 272 页

良渚文化去向之再研究　郭雁冰　文物研究　2002 年 13 辑 35 ~ 41 页

良渚文化的去向——当前良渚文化研究的一点思考（提要）　王明达　中国社会科学院古代文明研究中心通讯　2003 年 5 期 12 ~ 13 页

良渚文化的余辉在三星堆文化中闪烁　程世华　浙江学刊　2003 年增刊 213 ~ 224 页

良渚文化解体蠡测及相关问题探析　赵慧群　农业考古　2004 年 1 期 24 ~ 26 页

良渚文明崩溃探究——社会动力及与玛雅崩溃之比较研究　陈淳　浙江省文物考古研究所学刊第八辑——纪念良渚遗址发现七十周年学术研讨会文集　2006 年 194 ~ 207 页

良渚文化衰变研究　宋建　浙江省文物考古研究所学刊第八辑——纪念良渚遗址发现七十周年学术研讨会文集　2006 年 227 ~ 237 页

良渚文化时期的太湖流域　诸汉文　良渚文化　1987 年 12 月 34 页

宁绍平原良渚文化初探　刘军、王海明　东南文化　1993 年 1 期 92 ~ 102 页

阜宁陆庄遗址发现晚期良渚文化遗址的意义　韩明芳等　中国文物报　1995 年 7 月 9 日 3 版

宁镇地区良渚文化研究　王书敏、肖梦龙　浙江学刊　2003 年增刊

165～174 页

卞家山遗址良渚晚期遗存的观察与思考　赵晔　史前研究（2004）
2005 年 377～381 页

双桥和普安桥：嘉兴地区良渚文化考古随感　芮国耀　史前研究
（2004）2005 年 382～385 页

广富林遗址良渚文化遗存　周丽娟　南方文物　2006 年 4 期 44～52 页

广富林遗址良渚文化末期遗存　周丽娟　浙江省文物考古研究所学
刊第八辑——纪念良渚遗址发现七十周年学术研讨会文集　2006 年 238～
257 页

良渚陶器造型艺术后续形式及其相关问题　张明华　中国文物世界
1997 年 147 期 33～51 页

良渚文化人像纹饰考略　朱乃诚　中国考古学会第九次年会论文集
1997 年 140～150 页

也说"耘田器"　蒋卫东　中国文物报　1998 年 12 月 30 日 3 版

"鸟田器"试说　董楚平　故宫文物月刊　1998 年 185 期 56～61 页

良渚先人的治水实践——试论塘山遗址的功能　张炳火　东南文化
2003 年 7 期 16～19 页

良渚先人的治水实践——试论塘山遗址的功能　张炳火　浙江学刊
2003 年增刊 70～73 页

（10）马桥文化

马桥古遗址和上海历史研究　杨宽　文汇报　1960 年 3 月 18 日

马桥类型文化分析　黄宣佩、孙维昌　考古与文物　1983 年 3 期
58 页

马桥文化探源　宋健　东南文化　1988 年 1 期 11 页

马桥文化的源流　李伯谦　中国原始文化论集　1989 年 6 月 222 页

初论马桥——肩头弄文化　陆建方　东南文化　1990 年 1、2 期合刊

58～67 页

马桥文化二题　宋建　上海博物馆集刊第七辑　1996 年 293～303 页

（五）　中国南方地区的新石器时代文化研究

中国东南地区新石器时代的初步研究　陈存洗等　厦门大学学生科学研究　1956 年 1 期

我国东南沿海新石器时代文化的分布和年代探讨　梁钊韬　考古 1959 年 9 期 491 页

东南亚文化史上的若干重要问题　张光直　中研院民族学研究所集刊　1962 年 13 期 1 页

华南东南亚及中美洲的树皮布石打棒　凌纯声　中研院民族学研究所集刊　1962 年 13 期 195 页；树皮布印文陶与造纸印刷术发明　1963 年 185 页

略谈对于粤赣地区几处新石器遗址的认识　饶惠元　考古　1965 年 10 期 517 页

中国南部的史前文化　张光直　中研院历史语言研究所集刊　1970 年 10 月第四十二本一分　143 页

中国东南海岸考古与南岛语族起源问题　张光直　南方民族考古 1987 年 1 期 1 页

中国东南海岸的"富裕的食物采集文化"　张光直　上海博物馆集刊　1987 年 4 期 143 页

论南方新石器时代考古　曾骐　中山大学学报（哲社版）　1989 年 3 期 95 页

南中国海及邻近地区史前文化研究　安志敏　中国文物报　1991 年 9 月 22 日 3 版

岭南及东南亚地区的史前文化　C. F. W. Higham　东南亚考古论文集 1995 年 23～39 页

中国东南早期历史与考古文化　厦门大学历史系考古教研室（吴春明）　东南考古研究（第一辑）　1996年1~24页

从不同性质的贝类遗存看东南亚地区的滨海文化　Richard A. Engel－hardtey，　罗美娜　东南亚考古论文集　1996年305~318页

我国南方古文化概论　许智范、申夏　南方文物　1997年3期99~103页

南岭南北地区新石器时代中晚期文化的关系　贺刚　中国考古学会第九次年会论文集　1997年175~194页

环北部湾沿岸古代文化的考古发现和研究：环北部湾沿岸经济文化变迁系列研究论文之一　廖国一　黄华枢　广西民族研究　1998年2期54~62页

从石打棒说开去——有关华南史前原始居民迁移的假设　史红蔚　文物天地　1998年6期10~11页

新石器时代晚期岭南地区复杂社会的出现及其与北部地区的相互影响　〔加〕安赋诗著　阎晓青译　广州文物考古集　1998年342~353页

中国东南海岸史前文化的适应与扩张　臧振华　考古与文物　1999年3期20~33页

史前蒙古人种海洋扩散研究——岭南树皮布文化发现及其意义　邓聪　东南文化　2000年11期6~22页

略论我国新石器时代南方文化系统　龙家有　广东省博物馆集刊（1996）2000年3~9页

中国南方地区古文化区系类型研究新成果　许智范　苏秉琦与当代中国考古学　2001年495~513页

新石器时代考古三题　严文明　广东省文物考古研究所建所十周年文集　2001年11~18页

珠江文化在我国文化地带中的地位——祝中山大学岭南考古研究中心成立一周年　曾昭璇　农业考古　2002年1期58~62页

航海术、新石器时代台湾海峡的交流与南岛语族的起源　罗莱等

福建文博 2002 年 1 期 102 ~ 107 页

试论中国东南沿海史前的海洋族群 陈仲玉 考古与文物 2002 年 2 期 38 ~ 42 页

东南沿海的史前文化与南岛语族的扩散 焦天龙 中原文物 2002 年 2 期 13 ~ 16 页

琉球列岛与环中国海地域史前文化比较研究的几个问题 〔日〕后藤雅彦著 邓聪译 东南考古研究第三辑 2003 年 284 ~ 289 页

从晓锦遗址看新石器时代洞庭湖区与珠江流域地区原始文化的交往 何安益、彭长林 广西考古文集 2004 年 315 ~ 321 页

"农作/语言扩散假说"与中国考古学 焦天龙 中国文物报 2004 年 4 月 9 日 7 版

南方史前文化的发展及其意义——代"史前文化"专栏主持词 张弛 南方文物 2006 年 2 期 38 ~ 46 页

云贵高原与岭南早期文化关系的考古学观察 彭长林 广西民族研究 2006 年 2 期 149 ~ 153 页

族群、生态与两岸史前文化关系研究 陈有贝 新世纪的考古学——文化、区位、生态的多元互动 2006 年 61 ~ 70 页

华南、台湾与东南亚的史前文化关系——生态、区位与历史过程 臧振华 新世纪的考古学——文化、区位、生态的多元互动 2006 年 71 ~ 89 页

有关东南沿海与珠江流域氏族部落文化的一些问题（摘要） 石兴邦 华南及东南亚地区史前考古——纪念甑皮岩遗址发掘 30 周年国际学术研讨会论文集 2006 年 250 ~ 260 页

Typological Analysis of Stone Adzes From Neolithic Sites in Southeast China：Implications for Cultural Change and Regional Interaction， Tianlong Jiao、Barry V. Rolett. 华南及东南亚地区史前考古——纪念甑皮岩遗址发掘 30 周年国际学术研讨会论文集 2006 年 298 ~ 323 页

Chronological Framework from the Palaeolithic to Iron Age in the

Red River Plain and the Sumrending Nishimura Masanari（西村昌也）
华南及东南亚地区史前考古——纪念甑皮岩遗址发掘 30 周年国际学术研讨会论文集 2006 年 347～373 页

Chronology of the Neolithic Cultures on the Coast of Southeast China， Tianlong Jiao. 华南及东南亚地区史前考古——纪念甑皮岩遗址发掘 30 周年国际学术研讨会论文集 2006 年 374～386 页

环北部湾地区史前文化的考古发现和研究 廖国一 华南及东南亚地区史前考古——纪念甑皮岩遗址发掘 30 周年国际学术研讨会论文集 2006 年 387～395 页

1. 东南沿海地区

福建、台湾的贝丘遗址及其文化关系 吕荣芳 考古论文选（第一集） 1980 年 3 月 28 页；文物集刊 1981 年 3 月 3 期 177 页

海峡地区原始文化考古的回顾与展望 金家广 文物春秋 1993 年 1 期 1～6 页

海南与两广地区史前文化的关系 王亦平等 海南师院学报（人文版）1994 年 7 卷 4 期 114～117 页

试论史前南海地区沙丘和贝丘遗址 瓯燕 深圳考古发现与研究 1994 年 168～179 页

粤东闽南早期古文化的初步分析 吴春明 东南考古研究（第一辑） 1996 年 68～81 页

对武夷山脉以东地区史前文化聚落研究的几点思考 吴春明 考古与文物 1996 年 3 期 40～46 页

沙丘遗址中的间歇层 肖一亭 中国文物报 2000 年 11 月 1 日 3 版

广东南、北地区的史前文化差异兼论台湾史前史的相关问题 陈有贝 考古人类学刊 2001 年 55 期 64～85 页

福建黄瓜山遗址与台湾海峡两岸史前文化的交流 林公务 福建文

博 2003 年 1 期 82 ~ 86 页

闽粤台地域史前文化交流的问题 〔日〕加藤晋平 东南考古研究第三辑 2003 年 277 ~ 283 页

岭南地区 ^{14}C 测定年代和史前文化发展序列 张永钊 考古与文物 1991 年 3 期 32 ~ 43 页

从交叉学科时代看岭南地区考古研究 容观琼 岭南考古论文集 (1) 2001 年 28 ~ 30 页

对发展岭南及澳门地区考古文化工作的几点浅见 程惕洁 岭南考古论文集 (1) 2001 年 58 ~ 62 页

运用考古资料探索先秦岭南文化的尝试 赵善德 文博 2003 年 4 期 69 ~ 75 页

华南史前民族文化史提纲 张光直 中研院民族学研究所集刊 1959 年 7 期 43 页

试论华南地区新石器时代文化 曾骐 史前研究 1983 年 1 期 57 页

华南的"海洋文化"与人类征服太平洋 乔晓勤 深圳考古发现与研究 1994 年 180 ~ 186 页

华南新石器时代文化的领先性与滞后性初探 黄崇岳 中原文物 1995 年 2 期 7 ~ 12 页

华南新石器时代遗存与先越文化 刘诗中 南方文物 1995 年 3 期 52 ~ 59 页

华南新石器时代文化的领先性与滞后性初探 黄崇岳 东南亚考古论文集 1995 年 79 ~ 85 页

华南沿岸史前生活形态 罗美娜 东南亚考古论文集 1995 年 467 ~ 478 页

从考古看华南沿海先秦社会的发展 吴春明 厦门大学学报（哲社版）1997 年 1 期 98 ~ 104 页

试论华南沿海新石器文化的几个问题 史红蔚 东南文化 1997 年 4

期 100～104 页

华南土著文化圈之考古学重建举要　邓聪　东南考古研究第二辑
（1999）83～94 页

华南东部地区史前陶器文化研究（论文摘要）　劳洁灵　古代文明
研究通讯　2001 年第 10 期 30～32 页

环珠江口史前沙丘遗址的特点及有关问题　商志、谌世龙　文物
1990 年 11 期 48～52 页

环珠江口史前遗存陶器编年试析　李岩　东南文化　1992 年 5 期
67～71 页

环珠江口史前沙丘遗址的特点及有关问题　商志、谌世龙　深圳考
古发现与研究　1994 年 161～167 页

环珠江口两侧的史前文化　曾骐　东南亚考古论文集　1995 年 285～
294 页

环珠江口新石器时代沙丘遗址的聚落特色　李果　考古　1997 年 2
期 63～68 页

环珠江口地区咸头岭型的序列与文化性质　裴安平　东南考古研究
第二辑　1999 年 117～128 页

环珠江口新石器时代晚期考古学遗存的编年与谱系　卜工　文物
1999 年 11 期 48～56 页

关于环珠江口地区史前"树皮布文化"若干问题的探讨　容达贤
深圳文博　2001 年 152～163 页

论新石器时代珠江三角洲区域文化　吴曾德、叶杨　考古学报
1993 年 2 期 153～169 页

珠江三角洲史前文化分期　邹兴华　岭南古越族文化论文集　1993
年 40～55 页

论新石器时代珠江三角洲区域文化　吴曾德、叶杨　深圳考古发现
与研究　1994 年 143～159 页

珠江三角洲贝丘遗址考古研究的实践与思考 李岩、赵善德 南方文物 1995 年 1 期 38～45 页

从经济形态探索珠江三角洲先秦文化之源 古运泉 东南亚考古论文集 1995 年 57～69 页

"大湾文化"初议——珠江三角洲考古学文化命名探讨 杨式挺 南方文物 1997 年 2 期 7～27 页

珠江三角洲的沙丘遗址与贝丘遗址 邝桂荣 岭南文史 1998 年 3 期 29～31 页

从经济形态探索珠江三角洲先秦文化之源 古运泉 跋涉集 1998 年 159～165 页

珠江三角洲贝丘遗址的环境考古学问题 袁靖 东南考古研究第二辑 1999 年 147～149 页

珠江三角洲考古发现的新认识 朱非素 文化的馈赠：汉学研究国际会议论文集（考古学卷）2000 年 88～96 页

原始时期的闽台关系 孙英龙 化石 1987 年 4 期 15 页

考古学文化所反映的闽台古代经济关系 卢美松、林利本 福建文博 1989 年 1、2 期合刊 38 页

闽台史前遗存试探 安志敏 福建文博增刊 1990 年 3～7 页

闽台远古人类文化关系 陈国强、周立方 福建文博增刊 1990 年 16～20 页

闽台史前考古的发现与展望 陈国强 福建历史文化与博物馆学研究 1993 年 19～25 页

闽台考古文化源远流长 欧谭生 中国文物报 1997 年 6 月 15 日 3 版

世纪闽台考古研究的回顾与思考 吴春明、钟礼强 厦门大学学报（哲社版）2001 年 2 期 22～29 页

闽台考古百年刍议 吴春明 21 世纪中国考古学与世界考古学 2002 年 69～81 页

闽台史前文化考古的发现和研究　陈龙　福建文博　2003 年 1 期 78~81 页

珠澳史前文化及其共同性　陈振忠　东南文化　1998 年 2 期 115~116 页

珠海、澳门史前史的重建　肖一亭　东南文化　1998 年 4 期 108~112 页

澳门、珠海史前文化探索　萧一亭　文物　1999 年 11 期 57~66 页

珠澳新石器时代文化若干问题之浅析　郭雁冰　南京大学历史系考古专业成立三十周年纪念文集　2002 年 69~74 页

（1）福建、广东、广西、海南、港澳台地区新石器时代文化研究

1）福建

福建省四年来发现的文物简介　林剑　文物参考资料　1955 年 11 期 83 页

福建考古工作概况　福建省文物管理委员会　考古　1959 年 11 期 619 页

福建新石器时代文化几个问题的初步探讨　福建新石器时代文化编写小组　厦门大学学报（哲社版）　1961 年 1 期 42 页

关于福建史前文化遗存的探讨　曾凡　考古学报　1980 年 3 期 263 页

关于福建史前考古若干问题的初步分析　王振镛　福建文博　1987 年 2 期 9 页

福建史前考古的几个问题　陈存洗　福建文博　1987 年 2 期 20 页

福建史前考古和印纹陶的几个问题　陈存洗　人类学论丛　1987 年第一辑 150 页

福建古代文明的新发现　孟国楚　华声报　1987 年 1 月 6 日 4 版

十年来的福建史前考古　林公务　福建文博　1989 年 1、2 期合刊 27 页

福建史前考古三题　陈存洗　福建文博增刊　1990 年 56~61 页

福建史前文化遗存概论　林公务　福建文博增刊　1990 年 62~82 页

福建史前考古的重大发现——兼谈漳州地区考古的意义　陈国强、周立方　福建论坛　1990 年 5 期 76 ~ 79 页

福建石器时代文化特征与年代初论　陈存洗、杨琮　福建历史文化与博物馆学研究　1993 年 42 ~ 51 页

从考古发现谈福建史前社会的发展问题　曾凡福　福建历史文化与博物馆学研究　1993 年 52 ~ 60 页

福建史前文化研究的若干思考　吴绵吉　福建历史文化与博物馆学研究　1993 年 61 ~ 68 页

福建境内史前文化的基本特点及区系类型　林公务　福建历史文化与博物馆学研究　1993 年 69 ~ 88 页

论福建史前时代的陶窑及陶瓷业的发展　杨琮　东南亚考古论文集 1995 年 267 ~ 284 页

福建境内史前文化区系类型初论　林公务　跋涉集　1998 年 98 ~ 113 页

论福建沿海史前文化的经济形态　钟礼强　东南考古研究第二辑 1999 年 155 ~ 159 页

"富国墩文化"命名问题　田新艳　中国文物报　2002 年 1 月 2 日 7 版

寻觅历史的踪迹——跨世纪的福建考古　郑国珍　福建文博　2002 年 2 期 1 ~ 8 页

福建新石器时代考古　林公务、林秉亮　福建文博　2002 年 2 期 21 ~ 37 页

福建考古的回顾与思考　福建博物院林公务　考古　2003 年 12 期 7 ~ 18 页

福建沿海新石器时代文化的科学测试年代及相关问题　焦天龙等 福建文博　2004 年 3 期 36 ~ 40 页

福建沿海新石器时代文化综述　林公务　福建文博　2005 年 4 期 41 ~ 50 页

福建史前考古十年收获（1996 ~ 2005 年）　陈兆善　浙江省文物考古研究所学刊第八辑——纪念良渚遗址发现七十周年学术研讨会文集 2006 年 275 ~ 283 页

福建南部的新石器时代遗址　林惠祥　考古学报第八册　1954 年 49 页

浅谈福建南部先秦考古及有关问题　吴诗池　福建文博　1987 年 2 期 14 页

五千年文化　古史谱新篇——福建闽江下游新石器时代考古的重要收获　陈龙　福建文博　1986 年 1 期 78 页

闽江下游史前文化发展序列的初步线索　吴春明　东南文化　1990 年 3 期 84～90 页

闽江流域先秦两汉文化的初步研究　吴春明　考古学报　1995 年 2 期 147～172 页

论闽江下游新石器时代晚期文化的社会性质　钟礼强　南方文物 2004 年 3 期 9～15 页

九龙江流域先秦文化发展序列的探讨　郑辉、陈兆善　福建历史文化与博物馆学研究　1993 年 89～96 页

晋江、九龙江流域新石器和青铜时代文化遗存　吴春明　南方文物 1996 年 3 期 41～47 页

试论福建贝丘遗址的文化类型　王振镛　中国考古学会第三次年会论文集　1984 年 4 月 59 页

谈福建贝丘遗址消亡的原因——与蔡保全先生商榷　吴小平　中国文物报　2003 年 9 月 5 日 7 版

也谈福建贝丘遗址消亡的原因　吴小平　农业考古　2004 年 1 期 27～28 页

就 "福建贝丘遗址消亡原因" 答吴小平先生　蔡保全　中国文物报 2004 年 5 月 7 日 7 版

武平新石器时代遗物遗址发现的经过　梁惠溥　台湾省博物馆科学年刊　1966 年 9 期 37 页

福州地区的原始社会居民　陈龙　福建文博　1998 年 1 期 45～55 页

2）广东

广东原始社会初探　中山大学历史系考古学教研组　理论与实践
1959 年 12 期 29 页

广东新石器文化浅议　饶启光　中学历史教学　1981 年 3 期 5 页

广东新石器时代若干问题的探讨　朱非素　广东出土先秦文物
1981 年 13 页

略论广东新石器时代文化　莫稚　中国考古学会第三次年会论文集
1984 年 4 月 81 页

建国以来广东新石器时代考古概述　杨式挺　学术研究　1985 年 5
期 67 页

浅谈广东新石器时代遗存的若干问题　杨建芳　明报　1985 年 20 卷
1 期 44 页

广东新石器时代文化及相关问题的探讨　杨式挺　史前研究　1986
年 1、2 期合刊 63 页

试析广东远古文化与经济生活方式　宋方义　广东省博物馆馆刊
1988 年 1 期 29 页

浅析广东地区史前时代经济生活类型　李岩　广东省博物馆馆刊
1988 年 1 期 43 页

近年来广东考古发掘新收获　朱非素　广东省博物馆馆刊　1988 年 1
期 47 页

广东地区前期新石器文化　邱立诚　中国文物报　1998 年 7 月 15 日
3 版

广东考古世纪回顾　广东省文物考古研究所（古运泉等）　考古
2000 年 6 期 1～10 页

广东新石器时代遗存的年代与分期　齐晓光　中国文物报　2003 年
10 月 24 日 7 版

广东新石器时代考古学研究的几个问题　卜工、齐晓光　东南考古
研究第三辑　2003 年 155～159 页

深圳文物考古工作十年　黄崇岳、文本亨　文物　1990 年 11 期 53 ～ 56 页

深圳史前遗址所见之文化交流　胡鸿保　南方文物　1992 年 3 期 47 ～ 50 页

深圳考古二十年琐记　王璧　深圳文博　2001 年 1 ～ 6 页

西樵山石器和"西樵山文化"　曾骐　中国考古学会第三次年会论文集　1984 年 4 月 69 页

试论西樵山文化　杨式挺　考古学报　1985 年 1 期 9 页

西樵山遗址诸问题研究刍议　李岩　考古与文物　1992 年 3 期 81 ～ 84 页

广东咸头岭一类遗存浅识　李伯谦　东南文化　1992 年 3、4 期合刊 45 ～ 48 页

试论咸头岭文化　李松生　深圳考古发现与研究　1994 年 187 ～ 191 页

深圳咸头岭史前文化遗存初步研究　杨耀林　深圳文博　2001 年 7 ～ 17 页

浅析咸头岭遗址　叶扬　深圳文博　2001 年 18 ～ 21 页

深圳咸头岭史前文化遗存初步研究　杨耀林　广东省文物考古研究所建所十周年文集　2001 年 85 ～ 94 页

几种简易的摄食方法与咸头岭文化的谋生方式　赵善德　中国文物报　2002 年 6 月 7 日 7 版

广东中山市龙穴遗址发掘的重要意义　龙家有　中国文物报　1992 年 2 月 23 日 3 版

龙穴沙丘遗址的环境、年代和聚落特征浅析　李子文　中国文物报 1997 年 10 月 26 日 3 版

龙穴沙丘遗址发掘及相关问题的考察　李子文　广州文物考古集 1998 年 166 ～ 173 页

宝镜湾——五千年太阳永不落（上、下）　李世源　中国文物报 1999 年 3 月 3 日 4 版、1999 年 3 月 7 日 4 版

从宝镜湾遗址看环珠江口史前先民的生产生活　肖一亭　南方文物 1999 年 2 期 85 ~ 92 页

关于宝镜湾遗址与岩画的两个问题　郭雁冰　南方文物　2002 年 2 期 34 ~ 38 页

谈谈佛山河宕遗址的重要发现　杨式挺、陈志杰　文物集刊　1981 年 3 月 3 期 234 页

关于潮汕史前文化的年代问题　王治功　汕头大学学报（人文版） 1999 年 15 卷 2 期 76 ~ 83 页

英德牛栏洞遗址的初步研究　邱立诚　广东文物千年特刊　2000 年 8 ~ 16 页

3）广西

建国以来广西文物考古工作的主要收获　王克荣　文物　1978 年 9 期 8 页

广西新石器时代考古述略　蒋廷瑜　中国考古学会第三次年会论文集 1984 年 4 月 96 页

广西贝丘遗址初探　何乃汉　考古　1984 年 11 期 1021 页

广西考古的世纪回顾与展望　陈远璋　考古　2003 年 10 期 7 ~ 21 页

广西考古七十年　蓝日勇　中国文物报　2004 年 6 月 18 日 8 版

广西地区史前文化发展序列初论　傅宪国　桃李成蹊集——庆祝安志敏先生八十寿辰　2004 年 194 ~ 204 页

广西史前经济浅说　梁旭达　广西考古文集　2004 年 348 ~ 356 页

回顾与前瞻——写在广西考古七十年之际　蓝日勇　广西考古文集（第二辑）——纪念广西考古七十周年专集　2006 年 1 ~ 8 页

广西新石器时代考古七十年述略　李珍　广西考古文集（第二辑）——纪念广西考古七十周年专集　2006 年 36 ~ 47 页

广西先秦考古述评　韦江　广西考古文集（第二辑）——纪念广西考古七十周年专集　2006 年 48～59 页

广西武鸣弄山、岜旺岩洞葬的发掘与研究——兼论广西早期岩洞葬的有关问题　李珍等　华南及东南亚地区史前考古——纪念甑皮岩遗址发掘 30 周年国际学术研讨会论文集　2006 年 421～434 页

红水河流域原始文化概述　梁旭达　广西民族研究　2000 年 2 期 82～88 页

广西柳江—红水河区域的石器时代文化及其渊源　漆招进　史前研究（2002）2004 年 103～111 页

桂林史前洞穴文化遗存探析　张子模　社会科学家　1989 年 4 期 67 页

广西桂林的古人类及其文化新探　廖国一　史前研究（2002）2004 年 154～160 页

桂林洞穴考古的回顾与展望　周海　华南及东南亚地区史前考古——纪念甑皮岩遗址发掘 30 周年国际学术研讨会论文集　2006 年 46～57 页

广西南部地区的新石器时代晚期文化遗存　广西壮族自治区文物考古训练班、广西壮族自治区文物工作队　文物　1978 年 9 期 14 页

柳州史前文化综述　元令、程州　史前研究（2002）2004 年 137～147 页

桂东南地区的史前文化　彭鹏程、李珍　广西民族研究　2004 年 3 期 113～117 页

建国以来右江流域史前文化的考古发现与研究　徐靖彬　华南及东南亚地区史前考古——纪念甑皮岩遗址发掘 30 周年国际学术研讨会论文集　2006 年 396～408 页

广西湘江流域史前文化的初步认识　李珍　华南及东南亚地区史前考古——纪念甑皮岩遗址发掘 30 周年国际学术研讨会论文集　2006 年 435～443 页

4）海南

海南岛的主要考古发现及其重要价值 王克荣 海南大学学报 1988 年 1 期 1 页

海南原始文化遗存及其面貌 何翔、张健平 南方文物 1994 年 3 期 1~7 页

海南考古的回顾与展望 郝思德、王大新 考古 2003 年 4 期 3~11 页

海南史前文化遗存经济生活初探 郝思德、王明忠 南方文物 2004 年 4 期 28~34 页

5）香港、澳门

香港与广东大陆的关系：赴港考古印象记 杨式挺 源流（1985 年）2 期 36~38 页

从东亚考古学角度谈香港史前史重建 邓聪 中国文物报 1996 年 1 月 21 日 3 版；1996 年 1 月 28 日 3 版

论香港地区新石器时代沙丘遗址的两个特点——兼论环珠江口新石器时代特点的共同性 商志、李果 中原文物 1997 年 2 期 1~8 页

试述安特生对东亚南部的考古工作——香港考古学个案研究之一 邓聪 南方文物 1997 年 2 期 28~33 页

香港古代文化与珠江三角洲文化圈 云翔 中国文物报 1997 年 6 月 8 日 3 版

穗港自古是一家 麦英豪 中国文物报 1997 年 6 月 29 日 3 版

香港地区新石器文化分期及与珠江三角洲地带的关系 商志、毛永天 考古学报 1997 年 3 期 255~284 页

香港的远古文化及其根源 安志敏 中国文化研究所学报 新 1998 年第 7 期 167~180 页

古代香港树皮布文化发现及其意义浅释 邓聪 东南文化 1999 年 1 期 30~33 页

香港古代社会的考古学考察 白云翔 考古学集刊 12 辑（1999）：

194~222 页

香港古代居民对环境的适应与利用　安家瑗　南方文物　2002 年 1 期 31~32 页

香港史前文化　〔英〕白尔德著　李秀国译　东南文化　1990 年 5 期 119~124 页

考古学与香港古代史重建　邓聪　当代香港史学研究　1994 年 305~331 页

香港考古工作的发展及成就　白尔德　东南亚考古论文集　1995 年 383~396 页

对香港考古学的几点认识　安志敏　文物　1995 年 7 期 64~68 页

香港访古记　巩启明　文博　1997 年 2 期 50~53 页

香港考古学发展史简论（上、下）（1921~1996）　商志醰、吴伟鸿 考古与文物　1997 年 2 期 39~55 页；3 期 39~53 页

香港考古六十年　吴伟鸿　文物天地　1997 年 3 期 7~10 页

香港考古话由来　饶宗颐　中国文物报　1997 年 6 月 22 日 3 版

香港考古文物工作简述　邓聪　中国文物报　1997 年 6 月 29 日 3 版

香港考古的回顾与展望　安志敏　考古　1997 年 6 期 1~10 页

1925~1936 年香港考古工作试述　邓聪　考古　1997 年 6 期 20~26 页

香港考古印象　严文明　中国文物报　1997 年 7 月 13 日 3 版

香港文物考古工作近况　马文光　青年考古学家　总第 1997 年 9 期 7~9 页

香港地区的史前文化遗存　巩启明　史前研究——西安半坡博物馆 成立四十周年纪念文集　1998 年 137~145 页

世纪之交回顾香港考古　李浪林　中国考古学跨世纪的回顾与前瞻 （1999 年西陵国际学术研讨会文集）　2000 年 74~82 页

香港大屿山东湾遗址发掘小记　乔晓勤、黄建秋　文物天地　1990年 3 期 30 ~ 32 页

香港沙螺湾新石器时代遗址的发掘方法及结果　祖彼德　东南亚考古论文集　1995 年 429 ~ 441 页

涌浪南的新石器中期及晚期文化　秦维廉　东南亚考古论文集 1995 年 445 ~ 466 页

香港新石器时代文化的分期与断代　商志醰、吴伟鸿　考古　1997年 6 期 11 ~ 19 页

香港蟹地湾遗址的考古分期及文化内涵——为怀念刘敦愿先生而作 商志醰　考古与文物　1998 年 3 期 32 ~ 43 页

港澳史前文化的序列及与大陆的关系　吴耀利　史前研究——西安半坡博物馆成立四十周年纪念文集　1998 年 216 ~ 232 页

澳门半岛最古老的文化　邓聪　文物　1999 年 11 期 28 ~ 32 页

6）台湾

台湾西南部之贝塚与其地史学意义　林朝棨　考古人类学刊　1960年 15、16 期合刊 49 页

对台湾远古文化史研究的一些意见　张光直　南瀛文献　1963 年 9 期 2 页

台湾西部史前文化的年代　宋文薰　台湾文献　1965 年 16 卷 4 期 144 页

台湾新石器时代文化综述　张之恒　史前研究　1985 年 4 期 39 页

北方文化对台湾史前时代的影响　〔日〕金关丈夫著　杨琮、林蔚文译　福建文博　1989 年 1、2 期合刊 161 ~ 166 页

新石器时代的台湾海峡　张光直　考古　1989 年 6 期 541 页

台湾东海岸地区的海岸线变迁与史前遗址关系之研究　林俊全　田野考古　1993 年 4 卷 1 期 15 ~ 32 页

台湾南端的史前海岸适应经济学与生态学的研究途径　Kuang – ti Li

考古人类学刊　1995 年 50 期 197～217 页

台湾早期原始社会的演进与祖国大陆　周文顺　中南民族学院学报（哲社版）1996 年 16 卷 4 期 47～52 页

台湾大坌坑文化的年代及其来源　臧振华著　林建红译　南方文物 1997 年 2 期 116～117 页

考古学与台湾史　臧振华　中国考古学与历史学之整合研究　1997 年 721～742 页

台湾地区树皮布石拍初探　邓聪　东南文化　1999 年 5 期 6～13 页

台湾史前文化架构下的大陆要素　陈有贝　考古人类学刊　2000 年 54 期 115～132 页

台湾地区史前文化层序研究的省思　刘益昌　石璋如院士百岁祝寿论文集·考古·历史·文化　2002 年 349～362 页

琉球列岛与台湾史前关系研究　陈有贝　考古人类学刊　2002 年 58 期 1～35 页

论台湾高山地区的史前聚落　陈仲玉　桃李成蹊集——庆祝安志敏先生八十寿辰　2004 年 266～271 页

台湾海峡两岸的史前移民与区域互动　焦天龙　东方考古　2006 年第 2 集 15～38 页

从台湾南科大坌坑文化遗址的新发现检讨南岛语族的起源地问题　臧振华　浙江省文物考古研究所学刊第八辑——纪念良渚遗址发现七十周年学术研讨会文集　2006 年 337～348 页

台湾考古学研究简史　〔日〕金关丈夫、国分直一著　陈奇禄、宋文薰译　台湾文化　1950 年 6 卷 1 期 9 页

考古学上的台湾　宋文薰　台湾文化论集（一）　1954 年 91 页

一年来的考古学　石璋如　教育与文化　1956 年 10 卷 11 期 14 页

台湾的考古遗址　宋文薰　台湾文献　1961 年 12 卷 3 期 1 页

台湾的考古发现　海外编辑部　海外　1969 年 134 页

台湾考古的重要性　张光直　台湾风物　1972 年 22 卷 3 期 37 页

台湾东海岸考古调查与研究　宋文薫　"国家科学委员会"年报 62～
63 年　1974 年 407 页

台湾史前文化及其遗址　台湾史迹研究会汇编　台湾丛谈　1977 年 1
页

台湾省原始社会考古概述　韩起　考古　1979 年 3 期 245 页

台湾省三十年来考古发现　陈国强、吕荣芳　考古论文选（第一集）
1980 年 3 月 22 页

由考古学看台湾　宋文薫　中国的台湾　1980 年 93 页

三十年来台湾考古的重要发掘　刘益昌　大众科学　1981 年 2 卷 1
期 1 页

台湾史前遗址　黄士强　中国民族学通讯　1983 年 20 期 13 页

台湾：一个罕见的考古学实验室　李光周　文史哲学报　1985 年 34
期 215 页

对于台湾考古研究的若干认识　李光周　台湾文献　1985 年 36 卷 3、
4 期合刊 15 页

考古学研究的一个趋势　李光周　中国民族学通讯　1986 年 24 期 5
页

立雾溪流域的考古学调查　陈仲玉　历史文化与台湾　1988 年 643
页

台湾的考古学　宋文薫主讲　谢士曼等记录　台湾风物　（1988 年）
38 卷 4 期 165～183 页（附：1977 年以后出版或完稿的台湾考古学专书单
刊目录　宋文薫编 179～183 页）

台湾考古学史　王怡文　久部良和子译　人类与文化　1989 年 25 期
56 页

转变中的台湾考古学　臧振华　中国民族学通讯　1989 年 26 期 24
页

谈台湾地区新考古学研究发展所见的问题　李匡悌　大陆杂志
1989 年 78 卷 6 期 272 页

地下出土的台湾古史　臧振华　国文天地　（1990 年）5 卷 11 期

8 页

研究者与其研究对象的关系：以考古学为例　陈玉美　田野考古（1990 年）1 卷 1 期 9 页

从两件器物到两个问题：田野拾零　陈玉美　田野考古（1990 年）1 卷 2 期 81 页

从考古学看台湾文化的起源　陈存洗　福建师范大学学报（哲社版）1994 年 4 期 103 页

台湾考古研究概述　臧振华　文博　1998 年 4 期 53 页

台湾考古的发现和研究　臧振华　东南考古研究第二辑（1999）101 页

台湾考古文化说略　徐达　中国文物报　2000 年 3 月 8 日 3 版、2000 年 3 月 15 日 3 版

台湾考古学的回顾与前瞻　陈仲玉　中国考古学跨世纪的回顾与前瞻（1999 年西陵国际学术研讨会文集）　2000 年 83 页

关于台湾先史遗址散布图　国分直一　台湾文化　1949 年 5 卷 1 期 41 页

谈谈台湾先史时代的范围　宋文薰　台湾风物　1951 年 1 卷 1 期 4 页

台湾先史新考　振华　旁观杂志　1951 年 15 期 26 页

台湾先史时代的文化层序　鹿野、忠雄著　宋文薰译　文献专刊 1952 年 3 卷 3、4 期合刊 59 页

台湾先史学民族学概观序　凌纯声　文献专刊　1954 年 5 卷 1、2 期合刊 7 页

台湾先史考古学近年之工作　金关丈夫、国分直一著　宋文薰译 台北县文献丛辑（二）　1956 年 7 页

台湾的史前文化　殷塵　中国考古　1950 年 8 月第一册

台湾史前文化　宋文薰　史化　1970 年 2 期 1 页

台湾史前史 宋文薰 辅仁历史系通讯 1974 年 3 期 9 页

台湾史前文化概观 余泽宇 台北文献直字 1976 年 38 期 85 页

史前时期之台湾 盛清沂等编 台湾史 1977 年 1 页

史前时期的台湾 宋文薰 台湾史论丛 1980 年 9 页

从茑松遗址看台湾史前最后文化 黄士强口述 林朵儿记 南瀛文献 1980 年 25 期 1 页

史前时期的台湾 宋文薰 历史月刊 1989 年 21 期 68 页

台湾史前时代生活图谱 国分直一著 李维译 历史月刊 1989 年 21 期 81 页

台湾为什么长期停留在史前时代 莫方明 历史月刊 1989 年 21 期 114 页

试论台湾史前史上的几个重要问题 臧振华 考古人类学刊 1989 年 45 期 85 页

石器时代遗物（台湾番族之原始文化） 林惠祥 中研院社会科学研究所专刊三号 1930 年

台湾的史前遗物（二）台湾史前时代之穿孔技术 张光直 台湾公论报 1954 年 3 月 1 日；台湾风土 162 期

台湾石器时代遗物的研究 林惠祥 厦门大学学报 1955 年 4 期 135 页；考古论文选（第一集） 1980 年 3 月 9 页

台湾史前边刃器之研究 刘克竑 人类与文化 1987 年 23 期 30 页

澎湖七美岛史前石器制造场的发现和初步研究 臧振华、洪晓纯 中研院历史语言研究所集刊 2001 年第七十二本第四分 889～940 页

台湾土著族与石器时代遗存物之关系 宫本延人著 宋烨译 台湾公论报 1954 年 6 月 14 日；台湾风土 177 期

排湾族的史前文化 杜而未恒毅 1964 年 14 卷 5 期 35 页

台湾土著族的考古语言文化初步综合研究 费罗礼 中研院民族学研究所集刊 1966 年 21 期 97 页

台湾西部排湾群土著族和史前黑陶文化　费罗礼　中研院民族学研究所集刊　1969 年 28 期 197 页

台湾北部地区史前文化概略　刘益昌　台湾风物　1983 年 33 卷 2 期 115 页

台湾北部史前文化研究的几个问题　臧振华　大陆杂志　1983 年 66 卷 4 期 151 页

台湾西海岸中部地区的文化层序　宋文薰、连照美　考古人类学刊　1975 年 37/38 期 85 页

台湾西海岸史前文化编年初论　李家添、吴春明　南方文物　1992 年 3 期 39～46 页

台湾东海岸的巨石文化　宋文薰　中国民族学通讯　1967 年 7 期 20 页

台湾东海岸巨石文化的研究　宋文薰　1968 年　"国家科学委员会"年报 56～57 年 89 页

台湾东海岸巨石文化在东南亚史前史上的地位　宋文薰　1972 年 "国家科学委员会"年报 60～61 年　366 页

台北盆地的史前文化　张光直　台湾公论报　1954 年 5 月 24 日；台湾风土 174 期

再论台北盆地的史前文化　张光直　台湾公论报　1954 年 7 月 5 日；台湾风土 180 期

台北市西新庄子贝塚的文化　宋文薰　中国民族学通讯　1971 年 12 期 12 页

台北盆地史前文化　黄士强　台北市发展史（一）　1981 年 865 页

台中县营埔遗址之发掘研究　宋文薰　"中国东亚学术研究计划委员会"年报　1966 年 5 期 96 页

台中县营埔遗址发现遗物之整理与研究　宋文薰　"中国东亚学术研究计划委员会"年报　1967 年 6 期 273 页

台中县史前遗址　刘益昌　台中县志卷一土地志　1989 年第三章 773 页

台南先史遗物的考察　江家锦　台南文化　1951 年 1 卷 1 期 2 页

台南在台湾考古学上的重要性　石璋如　台南文化　1954 年 3 卷 4 期 4 页

凤鼻头——台湾南部出土彩陶与黑陶之史前遗址　坪井清足著　张衡译　台湾公论报　1954 年 8 月 2 日；台湾风土 183 期 182 页

台南近十年来的考古工作概要（一）（二）（三）　朱锋　台北文物　1957 年 6 卷 2 期 89 页、3 期 101 页、4 期 52 页

高雄市史前文化概述　刘益昌　高市文献　1985 年 22、23 期合刊 1 页

高雄地区史前时代的居民　刘益昌　高市史献　1989 年 2 卷 1 期 11 页

南投的史前文化　石璋如　南投文献丛辑（四）　1956 年 1 页

南投县考古志要　刘枝万　南投文献丛辑（四）　1956 年 7 页

南投县集集镇洞角史前遗址发掘材料的整理研究　连照美　1970 年"国家科学委员会"年报 58～59 年　93 页

集集镇洞角长山顶二遗址发掘的意义　孙宝钢　中国民族学通讯 1977 年 15 期 26 页

文化层下的瑰宝——澎湖古代的遗址　黄士强　中国时报　1978 年 3 月 30 日

澎湖古代文化　黄士强　人类与文化　1981 年 15 期 61 页

澎湖群岛上的远古文化　臧振华　历史月刊　1989 年 21 期 102 页

再看鹅銮鼻——台湾南端的史前遗址　李光周　考古人类学刊　1974

年 35、36 期合刊 48 页

鹅銮鼻第二史前遗址考古调查　李光周　历史文化与台湾　1988 年 313 页

鹅銮鼻Ⅲ—Ⅳ文化相的聚落模式与系统　陈玛玲　考古人类学刊 2000 年 54 期 63~96 页

从垦丁的考古发掘说起　李光周　人类与文化　1978 年 11 期 3 页

垦丁发掘引起之问题　李光周　考古人类学刊　1983 年 43 期 86 页

垦丁国家公园所见的先陶文化及其相关问题　李光周　考古人类学刊　1984 年 44 期 79 页

人类学研究的实验室——垦丁国家公园的史前文化　李光周　中央日报　1986 年 8 月 18 日

垦丁国家公园的史前文化　李光周　中国地方文献学会年刊　1987 年 124 页

芝山岩贝塚出土之史前时代原住民生活　陈得次　史联杂志　1980 年 1 卷 1 期 47 页

介绍台湾新发现的芝山岩文化　香港中文大学中国考古艺术研究中心　游学华　文物　1986 年 2 期 31 页

芝山岩遗址的发掘　黄士强　历史文化与台湾　1988 年 251 页

龟山遗址出土的食用贝类及其相关问题的探讨　李匡悌　田野考古 5 卷 1994 年 1 期 45~72 页

论龟山遗址出土穿孔人齿的意义　李匡悌　中研院历史语言研究所集刊　2001 年第七十二本第三分 699~722 页

台湾东部新石器时代卑南聚落形态初探　连昭美　史前研究（2000） 2000 年 623~636 页

考古学的理论与实践——卑南研究二十年　连照美　考古人类学刊

2001 年 55 期 5~31 页

鱼池盆地的史前文化　孙宝钢　人类与文化　1972 年 1 期 22 页

曲冰史前遗址——台湾一处高山古墟　陈仲玉　历史月刊　1989 年 21 期 84 页

大坌坑文化与富国墩类型　吴绵吉　福建文博增刊　1990 年 26~32 页

遗址内部空间分析——船帆石遗址　陈玛玲　考古人类学刊　2002 年 58 期 36~58 页

二件史前时代的人形器物——兼谈台湾的史前艺术　杨淑玲　历史文物　2005 年 5 期 58~67 页

（2）新石器时代早期文化

岭南早期新石器时代文化研究的回顾及相关问题　焦天龙　南方文物　1992 年 1 期 4~9 页

关于岭南中石器、早期新石器文化与越南和平文化、北山文化的关系的初步探讨　何乃汉　广西博物馆建馆 60 周年论文选集　1993 年 34~39 页

关于华南旧、新石器过渡阶段的一些思考　张松　广东省文物考古研究所建所十周年文集　2001 年 19~23 页

新旧石器时代的划分和岭南早期新石器文化　陈文　华南考古 2004 年 1 辑 11~20 页

对岭南地区一种早期石器时代文化的辨析　楚小龙　华夏考古 2004 年 2 期 23~36 页

中国东南区旧石器时代向新石器时代过渡的文化类型分析　彭维斌、陈建标　福建文博　2005 年 1 期 31~35 页

华南早期新石器试析　安志敏　华南及东南亚地区史前考古——纪念甑皮岩遗址发掘 30 周年国际学术研讨会论文集　2006 年 23~30 页

桂南大龙潭类型遗址初论　陈远璋　华南及东南亚地区史前考

古——纪念甑皮岩遗址发掘 30 周年国际学术研讨会论文集　2006 年 409～420 页

从广西史前文化看旧石器时代向新石器时代过渡　何英德、孙明光　南方文物　1992 年 3 期 34～37 页

广西地区早期新石器文化　李珍　中国文物报　1998 年 7 月 29 日 3 版

广西新石器时代早期文化遗存初探　梁旭达　华南及东南亚地区史前考古——纪念甑皮岩遗址发掘 30 周年国际学术研讨会论文集　2006 年 84～101 页

甑皮岩洞穴遗址及其年代浅析　张子模　江西文物　1989 年 1 期 11 页

甑皮岩氏族初探　何英德　社会科学家　1989 年 4 期 72 页

关于桂林甑皮岩遗址的年代和华南新石器时代的早期开发问题　何乃汉　广西博物馆建馆 60 周年论文选集　1993 年 40～44 页

桂林甑皮岩遗址研究的新进展　漆招进　中国文物报　2000 年 4 月 2 日 3 版

推翻与重建——甑皮岩遗址发掘的启示　慕涵　中国文化遗产创刊号　2004 年 66～69 页

桂林甑皮岩洞穴遗址钙华板^{14}C 年代学研究　王华等　地球学报 2005 年 26 卷 4 期 333～336 页

再谈甑皮岩遗址的内涵变化及考古学意义　陈远徘　史前研究（2004）2005 年 241～252 页

试论"甑皮岩人"的去向　漆招进　史前研究（2004）2005 年 253～263 页

对再次发掘甑皮岩遗址的几点看法　张忠培　华南及东南亚地区史前考古——纪念甑皮岩遗址发掘 30 周年国际学术研讨会论文集　2006 年 31～32 页

甑皮岩遗址与华南地区史前考古　严文明　华南及东南亚地区史前考古——纪念甑皮岩遗址发掘 30 周年国际学术研讨会论文集　2006 年

33~36 页

甑皮岩与华南史前洞穴遗址 吴耀利 华南及东南亚地区史前考古——纪念甑皮岩遗址发掘 30 周年国际学术研讨会论文集 2006 年 73 ~ 83 页

（3） 新石器时代中期文化

顶蛳山支解葬成因初析 郭京宁 北京大学研究生学志 2003 年 1 期 70 ~ 75 页

顶蛳山文化衰变的人类学探索 覃芳 广西考古文集 2004 年 322 ~ 329 页

论顶蛳山第四期与感驮岩第一期的关系——兼谈其他问题 何安益 广西考古文集（第二辑）——纪念广西考古七十周年专集 2006 年 456 ~ 463 页

（4） 石峡文化

试论石峡遗址与珠江三角洲古文化的关系 朱非素 广东省文物考古研究所建所十周年文集 2001 年 24 ~ 63 页

论石峡文化与江西新石器时代晚期文化遗存之间的关系 古运泉 广东省文物考古研究所建所十周年文集 2001 年 64 ~ 84 页

石峡文化初论 苏秉琦 文物 1978 年 7 期 16 页

石峡新石器遗址的文化因素分析 曾骐 纪念马坝人化石发现三十周年文集 1988 年 175 页

广东石峡文化出土的琮和钺 朱非素 良渚文化研究——纪念良渚文化发现六十周年国际学术讨论会文集 1999 年 273 ~ 281 页

关于《石峡遗址发掘报告》整理编写工作的谈话 严文明 广东文物千年特刊 2000 年 19 ~ 25 页

（5）昙石山文化

从昙石山到顶沃仔　宋伯胤　福建文博　1991年1、2合刊79～83页

昙石山文化的生产方式与邻省区同期原始文化的异同　钟礼强　南方文物　1993年1期60～63页

昙石山文化与周邻新石器文化比较研究　林清哲　南方文物　2004年3期16～27页

略论昙石山文化与良渚文化的关系　钟礼强　文化　2005年6期31～34页

试论昙石山遗址的文化性质及其文化命名　吴绵吉　厦门大学学报1979年2期；考古论文选（第一集）　1980年3月74页

关于昙石山文化的社会性质问题　曾凡　中国考古学会第一次年会论文集　1980年12月137页

昙石山遗址的分期和年代　吴绵吉　文物集刊　1981年3月3期187页

昙石山文化原始居民的经济生活　钟礼强　厦门大学学报　1986年1期117页

昙石山文化研究中的若干问题　吴绵吉　福建文博　1987年2期34页

昙石山文化原始居民的经济生活　钟礼强　史前研究　1987年4期29页

福建远古文明的火花：昙石山文化　陈梓生　福建史志　1988年3期60页

略论昙石山文化内涵　钟礼强　江西文物　1991年1期69～71、38页

昙石山墓葬陶器分期　欧潭生　南方文物　2002年1期28～30页

论"昙石山文化"居民的食物构成与获取方式　陈兆善　福建文博2004年3期41～46页

保护展示福建昙石山遗址全面繁荣海峡西岸经济区　林恭务　中国文物报　2005 年 5 月 11 日 8 版

昙石山遗址与昙石山文化　林公务　福建文博　2006 年 4 期 36～42 页

（6）圆山文化

圆山贝塚石器之寻获　林惠祥　台湾番族之原始文化　1930 年 76 页

台北市圆山贝塚（湮灭中的台北史前遗址一）　宋文薰　台湾公论报　1951 年 12 月 14 日；台湾风土 147 期

圆山石器时代大砥石（湮灭中的史前遗址二）　宋文薰　台湾公论报　1951 年 12 月 28 日；台湾风土 148 期

圆山贝琢和大砥石　王一刚　台北文物　1953 年 2 卷 2 期 86 页

发掘圆山贝塚的意义　宋烨　台湾公论报　1954 年 3 月 9 日；台湾风土 163 期

连堂与圆山贝塚　杨云萍　台湾公论报　1954 年 4 月 12 日；台湾风土 168 期

圆山贝塚民族的生产方式　宋文薰　台北文物　1954 年 3 卷 1 期 2 页

圆山发掘对台湾史前史研究之贡献　张光直　大陆杂志　1954 年 9 卷 2 期 4 页

圆山贝塚之发掘与发现　石璋如　大陆杂志　1954 年 9 卷 2 期 28 页

圆山出土的一颗人齿　张光直　考古人类学刊　1957 年 9/10 期 146 页

圆山文化的年代　宋文薰、张光直　考古人类学刊　1964 年 23/24 期 1 页

圆山贝塚的石器及骨角器工业　宋文薰　"中国东亚学术研究计划委员会"年报　1964 年 3 期 56 页

圆山贝塚的陶器　宋文薰　"中国东亚学术研究计划委员会"年报　1965 年 4 期 174 页

圆山贝塚碳十四年代更正　宋文薫、张光直　考古人类学刊　1966
年 5 月 27 期 36 页

圆山文化：4000 年前的台北人和文化　刘益昌　人间杂志　1986 年
14 期 52 页

圆山文化初论　董允　东南文化　1989 年 3 期 120 页

台湾台北圆山遗址　连照美　往来成古今——中国重大考古发现
1989 年 70 页

（7） 卑南文化

卑南遗址的石棺　蔡碧珠　妇女综合周刊　1980 年 117 期 8 页，

卑南文化　利惠　光华　1980 年 5 卷 12 期 46 页

抢救卑南遗址的行动　庄展鹏　汉声　1981 年 9 期 84 页

卑南巨石文化　陈邦文　台北文献（直字）　1981 年 55/56 期 387 页

台湾最完整的史前人类遗迹——卑南文化遗址　陈嘉信　香火
1982 年 4 期 35 页

卑南遗址第 109 号墓葬及其相关问题　连照美　文史哲学报　1982
年 31 期 191 页

卑南专栏　王强、瞿海良、陈维钧　人类与文化　1983 年 18 期 36 页

卑南文化探源　阮昌锐　台湾画刊　1984 年 2 月号 14 页

卑南文化简介　阮昌锐　台湾月刊　1984 年 15 期 44 页

卑南文化与中国大陆文化　邢福泉　东方　1984 年 17 卷 9 期 41 页

台东县卑南史前遗址的地下层位研究　王强　人类与文化　1985 年
21 期 107 页

关于卑南文化遗址　黄守诚　东部采风录　1987 年 241 页

悠悠卑南五千年　黄美英　台湾文化沧桑　1988 年 235 页

台湾东部新石器时代卑南文化　连照美　历史月刊　1989 年 21 期 94 页

台湾台东卑南遗址　连照美　往来成古今——中国重大考古发现
1989 年 64 页

2. 西南地区

西（喜）马拉雅山脉史前的先民住窟　H. D. Terra 著　贺昌群译　东方杂志　1931 年 7 月 28 卷 14 期 75 页

试论横断山区新石器时代文化的几个问题　张建世　史前研究 1984 年 4 期 42 页

试论中国西南地区的细石器　李永宪　中国考古学会第九次年会论文集　1997 年 195～204 页

西南地区新石器时代文化的分布、传播与地理环境的关系　周必素　贵州文史丛刊　1998 年 1 期 79～83 页

中国西南细石器与石器时代文化的几个问题　李永宪　四川大学考古专业创建四十周年暨冯汉骥教授百年诞辰纪念文集　2001 年 101～110 页

（1）云南、贵州地区新石器时代文化研究

1）云南

在云南考古工作中得到的几点认识　孙太初　文物参考资料　1957 年 11 期 47 页

试论云南新石器时代文化　李昆声、肖秋　云南文物　1979 年 2 月 8 期 13 页；文物集刊　1980 年 9 月 2 期 126 页

云南省博物馆建馆三十年概况　云南省博物馆建馆三十周年纪念文集　1981 年 8 月 2 页

试论云南新石器文化　阚勇　云南省博物馆建馆三十周年纪念文集 1981 年 8 月 45 页

试论云南原始社会的教育——从考古和民族资料看教育的起源和发展　袁祖楠　云南省博物馆建馆三十周年纪念文集　1981 年 8 月 73 页

云南考古三十五年——为庆祝中华人民共和国成立三十五周年而作

李昆声 云南社会科学 1984 年 5 期 30 页

建国以来云南文物考古工作的主要收获 李昆声 云南文史丛刊 1985 年 3 期 151 页

云南文物考古四十年 李昆声 云南文物 1989 年 6 月 25 期 1 页

试论云南新、旧石器时代界限及有关问题 张兴永 思想战线 1991 年 5 期 80～82 页

世纪之交的云南考古之思考 蒋志龙 云南文史丛刊 2001 年 2 期 32～35 页

55 年来云南考古的主要成就（1949～2004） 李昆声 四川文物 2004 年 3 期 46～51 页

怒江中游新石器文化概说 耿德铭 云南文史丛刊 1989 年 4 期 91 页

怒江流域史前文化探析 耿德铭 思想战线 1989 年 6 期 86 页

怒江中游史前文化遗存综说 耿德铭 考古 1991 年 7 期 626～638 页

试论元谋大墩子新石器时代遗址的社会性质 阚勇 云南文物 1975 年 10 月 6 期 16 页

元谋大墩子新石器时代遗址的社会性质 阚勇 文物 1978 年 10 期 19 页

元谋大墩子新石器时代墓主死因初探 陈廷凡 云南文物 1980 年 5 月 10 期 49 页

对元谋大墩子遗址社会性质的探讨 葛季芳 云南社会科学 1987 年 4 期 66 页

元谋大墩子新石器时代遗址的思考 黄家祥 考古 2003 年 10 期 78～85 页

剑川海门口古文化遗址的几个问题 马长舟 云南省博物馆建馆三十周年纪念文集 1981 年 8 月 68 页

云南沧源丁来新石器及其崖画初探 肖明华 云南文物 1985 年 6

月 17 期 35 页；史前研究 1986 年 1/2 期 83 页

石佛洞新石器文化与沧源崖画关系探索 吴学明 云南文物 1989 年 6 月 25 期 38 页

洱海区域新石器时代文化概述 李云晋 大理学院学报（大理） 2004 年 3 卷 4 期 1～3 页

2）贵州

贵州的新石器与飞虎山洞穴遗址 李衍坦 贵州社会科学 1982 年 4 期 66 页

贵州高原的石器时代文化遗存 康健文 贵州文史丛刊 1984 年 1 期 71 页

贵州文物工作十年回顾与展望 秦天真 贵州日报 1992 年 11 月 21 日 2 版

贵州普定及平坝史前文化初探 刘恩元 南方文物 1996 年 3 期 25～32 页

贵州史前考古学的定位——多学科的研究 曹波 贵州省文物研究考古研究所 贵州文史丛刊 2000 年 3 期 48～55 页

贵州考古的新发现和新认识 王红光 考古 2006 年 8 期 3～10 页

（2） 西藏地区新石器时代文化研究

从近年新发现看西藏的原始文化 一丁 化石 1981 年 2 期 22 页

喜马拉雅山南麓与澜沧江流域的新石器时代农业村落——兼论克什米尔布鲁扎霍姆遗址与我国西南地区新石器时代农业文化的联系 霍巍 农业考古 1990 年 2 期 101～107 页

雅鲁藏布江中下游流域的原始文化：西藏考古新发现及相关问题初论 霍巍等 西藏研究 1991 年 3 期 136～144 页

西藏石器时代的考古发现对认识西藏远古文明的价值 石硕 中国藏学 1992 年 1 期 53～63 页

西藏考古与西藏原始文化东向开放　刘志清　考古文物研究——纪念西北大学考古专业成立四十周年文集（1956～1996）　1996 年 467～473 页

史前藏文化思考　白玛措　西藏研究　2006 年 1 期 53～58 页

西藏高原新石器时代文化简论　杨曦　西藏研究　2006 年 3 期 75～80 页

西藏考古工作的回顾——为西藏自治区成立二十周年而作　西藏自治区文物管理委员会　文物　1985 年 9 期 1 页

西藏考古综述　童恩正　文物　1985 年 9 期 9 页

西藏文物考古四十年获重大成果　中国文物报　1991 年 6 月 2 日 1 版

西藏史前考古的新收获　西藏自治区文物管理委员会　中国文物报　1992 年 1 月 26 日 3 版

近十年西藏考古的发现与研究　霍巍　文物　2000 年 3 期 85～95 页

20 世纪西藏考古的回顾与展望　甲央、霍巍　考古　2001 年 6 期 3～13 页

西藏考古 40 年　夏格旺堆、普智　中国藏学　2005 年 3 期 201～212 页

对卡若新石器遗址的初步研究　冷健等　西藏日报　1980 年 3 月 26 日 3 版

西藏昌都卡若新石器时代遗址的发掘及其相关问题　童恩正、冷健　民族研究　1983 年 1 期 54 页

论卡若遗址经济文化类型的发展演变　霍巍　中国藏学　1993 年 3 期 93～106 页

从卡若到曲贡——西藏高原新石器文化简论　王仁湘　苏秉琦与当代中国考古学　2001 年 432～450 页

西藏细石器遗存　段清波　考古与文物　1989 年 5 期 87 页

藏北细石器遗存分析——兼论西藏细石器的起源、工艺及年代　段清波等　西藏民族学院学报　1990 年 3 期 34～41 页

略论西藏的细石器遗存　李永宪　西藏研究　1992 年 1 期 126～132 页

拉萨河谷的新石器时代居民：曲贡遗址发掘记　王仁湘　西藏研究 1990 年 4 期 135～139 页

曲贡文化石器的涂红现象　王仁湘　文物天地　1993 年 6 期 16～19 页

关于西藏早期陶器及相关问题的探讨　李玉香　中国藏学　1997 年 2 期 93～100 页

浅说西藏新石器时代陶器　杨曦　西藏大学学报　2001 年 16 卷 1 期 20～24 页

西藏林芝地区的古人类骨骸和墓葬　王恒杰　西藏研究　1983 年 2 期 112 页

对墨脱又一新石器遗物的随想　姚兴奇　西藏研究　1991 年 1 期 159～160 页

（六）　新石器时代文化专题研究

1. 中石器时代及早期新石器时代文化

中国新旧两石器时代的文化相　〔日〕西村真次著　晁庵译　文化与 教育 46 期 20 页　（原载《世界古代文化史》中国文化之部）1935 年 2 月

从人类学上观察中国旧石器时代晚期与新石器时代的关系　颜訚 考古　1965 年 10 期 513 页

公元前五千到一万年前中国远古文化资料　张光直　中研院民族学 研究所集刊　1979 年 5 月 46 期 113 页

关于旧石器时代向新石器时代过渡的几个问题　张之恒　史前研究

1984 年 3 期 57 页

岭南旧石器时代向新石器时代的过渡及其有关的几个问题　何乃汉
中国考古学会第五次年会论文集　1988 年 3 月 158 页

新旧两大石器时代的过渡问题　孙守道　磁山文化论集　1989 年 6 月 120 页

更新世末至全新世初岭南地区的史前文化　焦天龙　考古学报 1994 年 1 期 1～24 页

环渤海地域新旧石器文化过渡问题研究纲要　谢飞　中国考古学跨世纪的回顾与前瞻（1999 年西陵国际学术研讨会文集）2000 年 181～189 页

中国从旧石器时代向新石器时代过渡阶段研究的新进展　赵朝洪 文化的馈赠：汉学研究国际会议论文集（考古学卷）　2000 年 182～187 页

东亚地区更新世末期到全新世初期的文化发展初探　吕烈丹　东亚古物　2004 年［A 卷］1～18 页

从灵井遗址看中原地区新、旧石器文化过渡　李占扬　中国文物报 2006 年 3 月 31 日 7 版

资源、技术与史前居住方式的演变——旧石器时代向新石器时代的过渡　钱耀鹏　华南及东南亚地区史前考古——纪念甑皮岩遗址发掘 30 周年国际学术研讨会论文集　2006 年 157～169 页

旧·新石器时代转变与"居住革命"论　钱耀鹏　中原地区文明化进程学术研讨会文集　2006 年 183～194 页

万年前后的"亚洲东南海洋地带"吴春明　浙江省文物考古研究所学刊第八辑——纪念良渚遗址发现七十周年学术研讨会文集　2006 年 258～274 页

（1）中石器时代

中石器时代之研究　郑师许　学术世界　1936 年 10 月～12 月　2 卷 1 期 54 页　2 卷 2 期 20 页

关于我国中石器时代的几个遗址　安志敏　考古通讯　1956 年 2 期

2 页

试论岭南中石器时代　何乃汉、覃圣敏　人类学学报　1985 年 4 卷 4 期 308 页

"中石器时代"概念刍议　黄其煦　史前研究　1987 年 3 期 14 页

我国是否存在"中石器时代"　张瑞岭　社会科学评论　1987 年 7 期 97 页

关于中石器时代　戴尔俭　考古与文物　1988 年 1 期 10 页

再谈中国的"中石器时代"问题　张瑞岭　史前研究辑刊　1988 年 81 页

试论中石器时代　赵朝洪　北京大学学报　1989 年 4 期 73 页；中国文物报　1989 年 12 月 8 日 4 版

从黄岩洞石器工具论中国之中石器时代　张镇洪　东南文化　1992 年 1 期 79 ~ 82 页

中国中石器时代文化初探（续上）　王明亮　中山大学研究生学刊（社科版）　1993 年 1 期 79 ~ 85 页

中石器时代的研究与思考　陈淳　农业考古　2000 年 1 期 11 ~ 22 页

中石器时代研究随笔　陈淳　中国文物报　2000 年 3 月 15 日 3 版

论广东地区的中石器时代文化　邱立诚　岭南考古论文集　2001 年（1）97 ~ 118 页

(2)　细石器文化

中国细石器文化略说　裴文中　燕京学报　1947 年 12 月 33 期 1 页；中国史前时期之研究　1948 年 12 月

细石器文化　安志敏　考古通讯　1957 年 2 期 36 页；中国原始社会史文集　1964 年 10 月 279 页

海拉尔的中石器遗存——兼论细石器的起源和传统　安志敏　考古学报　1978 年 3 期 289 页

从桑干河流域几处遗址的发现看我国细石器文化的起源　李壮伟等

山西大学学报 1980 年 3 期 75 页

大贤庄的中石器时代细石器——兼论我国细石器的分期与分布 葛治功、林一璞 东南文化 1985 年第一辑 2 页

苏北马陵山中段的细石器 张祖方 东南文化 1985 年第一辑 23 页

从自然环境看中国南方细石器的分布 任海 史前研究 1987 年 3 期 42 页

中原地区细石器初探 吴加安 考古与文物 1987 年 3 期 47 页

中国细石器发现一百年 安志敏 考古 2000 年 5 期 45~56 页

（3）早期新石器时代文化

我国新石器早期文化特点与文化起源问题 李友谋 郑州大学学报 1982 年 1 期 20 页

新石器时代早期文化几个问题的探讨 张之恒 考古与文物 1984 年 1 期 86 页

试论前陶新石器文化 张之恒 东南文化 1985 年第一辑 42 页

前仰韶文化的发现及其意义 石兴邦 中国考古学研究——夏鼐先生考古五十年纪念论文集（二集） 1986 年 5 月 1 页

关于中国的早期新石器文化 安志敏 香港中文大学中国文化研究所学报 1986 年 17 卷 1 页

试论"磁山·裴李岗文化"的时代与社会——兼论我国新石器时代早期文化 黄崇岳 论仰韶文化 1986 年 12 月 262 页

略论中国的早期新石器文化 安志敏 磁山文化论集 1989 年 6 月 1 页

距今七千年前的我国新石器遗存研究 裴安平 湖南考古辑刊 （1989）5 辑 143~153 页

中国新石器时代早期文化的发现、研究及相关问题的探讨 赵朝洪 考古学研究 1997 年（三）19~36 页

中国新石器时代早期文化遗存的新发现和新思考 朱乃诚 东南文

化 1999 年 3 期 27～34 页

中国新石器时代早期文化的探索——关于最早陶器的一些问题 陈星灿 史前考古学新进展——庆贺贾兰坡院士九十华诞国际学术讨论会文集 1999 年 189～202 页

简论南中国地区的新石器时代早期文化 张弛 中国考古学跨世纪的回顾与前瞻（1999 年西陵国际学术研讨会文集） 2000 年 190～198 页

试论新石器时代开始的标志 戴国华 江西历史文物 1986 年 2 期 85 页

也论新石器时代开始的标志——与戴国华同志商榷 袁俊杰 江西文物 1989 年 1 期 99 页

新石器时代早期文化的特征 张之恒 中国文物报 1999 年 3 月 10 日 3 版

论中国新石器时代的开始 朱乃诚 华南及东南亚地区史前考古——纪念甑皮岩遗址发掘 30 周年国际学术研讨会论文集 2006 年 58～72 页

最初的新石器时代概念 〔瑞典〕芒努斯·安德松著 王辉译 中国考古学与瑞典考古学——第一届中瑞考古学论坛文集 2006 年 146～164 页

黄河流域新石器时代早期文化的新发现 严文明 考古 1979 年 1 期 45 页

中原新石器早期文化问题探讨 李友谋 郑州大学学报 1981 年 1 期 29 页

前仰韶时期黄河流域新石器时代的考古发现与研究 华泉 史学集刊 1983 年 3 期 91 页

我国新石器时代考古有新发现，仰韶文化的渊源是磁山和裴李岗文化 人民日报 1985 年 11 月 17 日 3 版

仰韶文化及"前仰韶文化"试探——从石固遗址的发掘谈起 陈嘉

祥、宋国定　论仰韶文化　1986 年特刊 238 页

略论华北的早期新石器文化　安志敏　考古　1984 年 10 期 936 页

华北地区"前仰韶"文化的若干问题　丁清贤　磁山文化论集　1989 年 6 月 169 页

渭水流域新石器早期遗存的文化性质与年代　张瑞岭　考古与文物 1982 年 4 期 71 页

试论渭水流域的新石器时代早期文化遗存　张瑞岭　陕西省文博考古科研成果汇报会论文选集　1982 年 11 月 39 页；考古学集刊　1984 年 10 月第 4 集 208 页；半坡博物馆三十年学术论文选编　1989 年 206 页

汉水上游和渭河流域"前仰韶"新石器文化的性质问题　吴加安、吴耀利、王仁湘　考古　1984 年 11 期 1012 页

陕南甘东的先仰韶文化　林晋寿、游学华　文物与考古论集　1986 年 12 月 55 页

论渭河流域早期新石器文化发展的两个阶段　王仁湘　考古　1989 年 1 期 60 页

泾渭地区前仰韶文化再检讨　阎渭清　西北史地　1989 年 2 期 17 页

试论华南地区新石器时代早期文化——兼论有关的几个问题　彭适凡　文物　1976 年 12 期 15 页

关于华南早期新石器的几个问题　安志敏　文物集刊　1981 年 3 月 3 期 98 页

略论华南洞穴新石器时代早期文化　丘立诚　史前研究　1985 年 1 期 24 页

华南地区新石器时代早期文化的年代序列与分期　戴国华　江西历史文物　1985 年 1 期 47 页

华南地区的前陶新石器文化　张之恒　考古与文物　1985 年 4 期 41 页

台湾大盆坑文化与华南地区新石器时代早期文化的关系　李家添
人类学论丛第一辑　1987 年 164 页

谈华南地区新石器时代早期文化的两个问题　张之恒　东南文化
1989 年 3 期 141 页

华南地区新石器时代早期文化的类型与分期　戴国华　考古学报
1989 年 3 期 263 页

华南早期新石器 ^{14}C 年代数据引起的困惑与真实年代　原思训　考古
1993 年 4 期 367～375 页

2. 新石器时代文化

记新发现的石器时代的文化　袁复礼　国学季刊　1923 年 1 月 1 卷 1
期 188 页；史地学报　1923 年 5 月 2 卷 4 期 133 页

近十年来中国史前时代之新发现　翁文灏　科学　1926 年 6 月 11 卷
6 期 707 页

中国史前学上之重要发现　裴文中　史学年报　1940 年 12 月 3 卷 2
期 1 页；中国史前时期之研究　1948 年 12 月

六种石器与中国史前文化　石璋如　中研院历史语言研究所集刊
1959 年 10 月第三十本上册 103 页

新石器时代考古工作的回顾与展望　尹达　考古　1963 年 11 期 577
页；新建设　1963 年 10 期 20 页

略论三十年来我国的新石器时代　安志敏　考古　1979 年 5 期 393 页

来自远古的信息——30 年来中国石器时代考古学的主要成就　安志
敏　百科知识　1981 年 12 期 4 页

新石器时代考古研究的回顾与前瞻　严文明　文物　1985 年 3 期 20 页

中国新石器时代考古学向何处去——访严文明教授　蒋迎春　中国
文物报　1989 年 3 月 17 日 2 版

当前中国新石器时代文化出现的一些新迹象　佟柱臣　海岱考古

1989 年第一辑 358 页

二十世纪后半期中国新石器时代考古历程　张忠培　故宫学术季刊 1999 年 17 卷 1 期 67~86 页

20 世纪后半期中国新石器时代考古的历程　张忠培　文物季刊 1999 年 3 期 8~17 页

中国新石器时代考古学五十年　任式楠、吴耀利　考古　1999 年 9 期 11~22 页

20 世纪下半中国新石器时代考古研究的进展和展望　张忠培　文物研究 12 期（1999）：2000 年 2~6 页

20 世纪后半中国新石器时代考古学的历程　张忠培　中国考古学跨世纪的回顾与前瞻（1999 年西陵国际学术研讨会文集）2000 年 27~41 页

中国新石器时代考古的 20 世纪的历程　张忠培　故宫学刊总第一辑 2004 年 36~98 页

论我国新石器时代的考古研究工作　尹达　考古通讯　1955 年 2 期 1 页；中国原始社会史文集　1964 年 10 月 331 页

中国新石器时代考古学上的主要成就　安志敏　文物　1959 年 10 期 19 页

中国新石器时代概说　安志敏　中国原始社会史文集　1964 年 10 月 69 页

中国的新石器时代　安志敏　考古　1981 年 3 期 252 页

中国新石器时代的考古收获　安志敏　中国建设　1982 年 6 期 57 页

中国新石器时代文化的特点和发展序列　曾骐　考古与文物　1983 年 1 期 64 页

新石器时代考古　严文明　中国考古学年鉴　（1984）11 页

中国新石器时代研究的发展　〔日〕量博满　朱振明译　民族考古译文集　1985 年 1 期 1 页

新石器时代考古研究的两个问题　严文明　文物　1985 年 8 期 9 页

论新石器时代革命及其主要文化特征　陈恩志　社会科学评论

1985 年 12 期 30 页

新石器时代考古　严文明　中国考古学年鉴　（1985）10 页

新石器时代考古　谢端琚　中国考古学年鉴　（1986）11 页

中国西部的新石器时代　安志敏　考古学报　1987 年 2 期 133 页

中国新石器时代的考古研究　安志敏　中国社会科学院研究生院学报　1987 年 4 期 12 页

新石器时代考古　任式楠　中国考古学年鉴　（1987）12 页

石器时代的再分与新石器革命　戴尔俭　农业考古　1988 年 2 期 126 页

我国的石器时代考古　张江凯　文史知识　1988 年 2 期 85 页

论新石器时代晚期权力与地位的象征物　袁靖、王仁湘　史前研究辑刊　1988 年 141 页

新石器时代考古　谢端琚　中国考古学年鉴　（1988）13 页

新石器时代考古　任式楠　中国考古学年鉴　（1989）18 页

浅谈中国新石器时代考古研究　赵辉　中国文物报　1990 年 4 月 9 日 3 版、1990 年 4 月 12 日 3 版、1990 年 5 月 3 日版

试论新石器时代的特征与开始的标志　焦天龙　东南文化　1990 年 3 期 80～83 页

新石器时代考古　谢端琚　中国考古学年鉴　（1990）23 页

公元前五千年前中国新石器文化的几项主要成就　任式楠　考古 1995 年 1 期 37～49 页

我国新石器中后期科技繁荣成为科技发展史第一个高峰　文汇报 1995 年 2 月 4 日 1 版

中国新石器时代的战争　〔日〕冈村秀典著　张玉石译　朱延平校　华夏考古　1997 年 3 期 100～112 页

我国新石器时代考古发掘和研究的几点认识　缪雅绢、刘忠伏　考古求知集　1997 年 52～67 页

关于中国新石器时代的几个问题　吴小平　文博　1998 年 3 期 42～45 页；中原文物　1998 年 1 期 19～22 页

关于新石器时代特征与标志的几点看法　袁俊杰　河南大学学报

（社科版） 1998年35卷5期66～68页

中国新石器时代考古研究的三个重要成就 吴耀利 史前研究
（2000）2000年248～257页

中国新石器时代文化格局的历史影响 毛曦 文博 2001年5期
24～28页

中国新石器时代几种主要特征的起源兼论中国新石器时代开始的标
志 朱乃诚 21世纪中国考古学与世界考古学 2002年89～105页

中国新石器时代考古新观察 高蒙河 历史教学问题 2003年3期
21～26页

中国东方地区新石器时代早中期诸文化因素异同之考辨 徐基 东
方考古 2004年第1集75～92页

论中国新石器时代的分期问题 尹达 考古学报 1955年第九册1页

黄河长江中下游新石器文化的分布与分期 佟柱臣 中国原始社会
史文集 1964年10月114页；考古学报 1957年2期7页

对"黄河长江中下游新石器文化的分布与分期"一文的意见（三篇）
王思礼、陈惠、朱江 考古通讯 1958年2期53页

中国新石器时代文化断代 张光直 中研院历史语言研究所集刊
1959年10月第三十本上册259页

从新乐及有关遗存的发现谈我国新石器时代分期问题 郭大顺 新
乐遗址学术讨论会文集 1983年1月27页；辽宁省博物馆学术论文集
1985年1月131页

碳－14断代和中国新石器时代 安志敏 考古 1984年3期271页

史前考古学中的时代划分问题 吴耀利 史前研究 1985年1期1页

中国新石器时代的文化区系与分期 罗二虎 四川大学考古专业创
建三十五周年纪念文集 1998年24～38页

关于我国若干原始文化年代的讨论 安志敏 考古 1972年1期57页

略论我国新石器时代文化的年代问题 安志敏 考古 1972年6期

35 页；大汶口文化讨论文集　1979 年 11 月 265 页

　　碳－14 测定年代和中国史前考古学　夏鼐　考古　1977 年 4 期 217 页

　　新的发现、新的年代测定对中国石器时代考古学提出的新问题　佟柱臣　社会科学战线　1979 年 1 期 211 页

　　试论我国新石器时代文化讨论中的共性与个性两个理论问题　朱江　文物集刊　1980 年 1 月 1 期 130 页

　　中国新石器时代文化三个接触地带论——中国新石器时代文化综合研究之一　佟柱臣　史前研究　1985 年 2 期 1 页

　　中国新石器时代考古文化体系及其有关问题　石兴邦　亚洲文明论丛　1986 年 8 月 33 页

　　关于我国新石器时代考古学文化区系类型的研究问题　李仰松　山东史前文化论文集　1986 年 9 月 56 页

　　中国史前文化的统一性与多样性　严文明　文物　1987 年 3 期 38 页；中国文物报　1988 年 1 月 15 日 4 版

　　中国新石器时代海洋文化体系中不同文化圈之形成与交融　谷建祥、贺云翱　东南文化　1990 年 5 期 96 ~ 107 页

　　关于新石器时代考古学文化交集问题的探讨——兼论屈家岭下层及同类遗存的文化属性　彭明麒　江汉考古　1992 年 3 期 35 ~ 41 页

　　中国新石器时代南北文化交流的重要地区　陆勤毅　安徽大学学报（哲社版）1997 年 3 期 47 ~ 51 页

　　长江三角洲与珠江三角洲新石器时代经济形态比较研究　陈杰　东南文化　1999 年 1 期 104 ~ 109 页

　　新石器时代长江、黄河两大文化体系比较　萧平汉　衡阳师范学院学报　2001 年 22 卷 5 期 85 ~ 89 页

　　中国新石器时代考古文化体系研究的理论与实践　石兴邦　考古与文物　2002 年 1 期 38 ~ 50 页

　　中国新石器时代文化区划述论　毛曦　中国历史地理论丛　2002 年 1 期 110 ~ 117 页

石器时代人们的居地及其聚落分布　史念海　人文杂志　1959 年 3 期 41 页

中国新石器时代聚落形态的考察　严文明　庆祝苏秉琦考古五十五年论文集　1989 年 8 月 24 页

我国新石器时代聚落的形成与发展　任式楠　考古　2000 年 7 期 48～59 页

新石器时代湖边居址和自然资源的管理———一种多学科交叉的环境研究方法　皮埃尔·白特甘著　赵冰译　考古学研究（四）2000 年101～114 页

中国新石器时代的物质文化　安志敏　文物参考资料　1956 年 8 期 41 页

"中国新石器时代的物质文化"一文商榷　马承源　文物参考资料 1957 年 2 期 41 页

关于中国新石器时代物质文化的几个问题　安志敏　文物参考资料 1957 年 2 期 44 页

论新石器时代经济重心的迁移　孙瑞宁　文物研究　1988 年 9 月 3 期 6 页

中国新石器时代复合工具的研究　佟柱臣　中国原始文化论集 1989 年 6 月 345 页

我国水井起源的探讨　方酉生　江汉考古　1986 年 3 期 18 页

中国新石器时代水井的考古发现　张明华　上海博物馆集刊　1990 年 5 期 67～76 页

论新石器时代的纺轮及其纹饰的文化涵议　刘昭瑞　中国文化 1995 年 11 期 144～153 页

中国新石器时代的卜骨及其社会意义　〔日〕荒木日吕子　夏商周文明研究　1999 年 257～303 页

中国新石器时代人类的食物与进食工具　王志俊　史前研究（2000）

2000 年 440 ~ 450 页

新石器时代文身工具初探 杨振彬 中国文物报 2001 年 9 月 28 日 7 版

中国新石器时代的龟甲和卜骨 秦岭 青年考古学家 2001 年 13 期 114 ~ 120 页

3. 新石器时代陶、玉、石、铜器

（1） 陶器

1）陶器综论

A. 总论

黑陶 吴金鼎、刘骏 斯文 1941 年 6 月一卷十七、十八期

中国黑陶文化概说 裴文中 中国学报 1945 年 3 月 3 卷 3 期 1 页；中国史前时期之研究 1948 年 12 月

中国古代陶鬲及陶鼎之研究 裴文中 现代学报 1947 年 1 卷 2/3 期合刊 49 页；1 卷 4、5 期合刊 37 页

东南亚细亚的黑陶与红陶 鹿野忠雄著 宋文薰译 台湾风物 1952 年 2 卷 3 期 23 页、2 卷 4 期 14 页

陶器 安志敏 文物参考资料 1953 年 1 期 66 页

龙山文化与殷文化陶器间的关系 唐云明 文物参考资料 1958 年 6 期 67 页

黑陶文化在中国上古史中所占的地位 李济 考古人类学刊 1963 年 11 月 21/22 期 1 页

中国新石器时代的鬶与盉 黄士强 文史哲学报 1977 年 12 月 26 期 1 页

论陶鬲向北方的延布 吕光天、古清尧 学习与探索 1982 年 1 期 130 页

我国新石器时代——西周陶窑综述　徐元邦、刘随盛、梁星彭　考古与文物　1982 年 1 期 8 页

以辽东半岛为中心的远东史前陶器考察　〔日〕小川静夫著　蔡凤书译　辽海文物学刊　1988 年 1 期 134 页

斝、鬲渊源试探　柯昊　北方文物　1990 年 4 期 19～26 页

大溪文化、屈家岭文化及薛家岗三期文化空心陶球初识　方建军　考古与文物　1991 年 2 期 57～60 页

地理资源造成史前南北陶器装饰风格的差异　邵学海　江汉考古　2005 年 2 期 66～69 页

关于陶器起源的商榷　孟昭林　文物参考资料　1955 年 8 期 8 页

我对陶器起源的看法　吴震　文物参考资料　1956 年 7 期 63 页

陶器起源新释　邹文　工艺美术参考　1985 年 1 期 27 页

我国的陶器起源于何时　孙淼　文物天地　1985 年 1 期 54 页

新石器时代早期陶器的研究——兼论中国陶器起源　李家治等　考古　1996 年 5 期 83～91 页

纸盆、火盆和陶器的起源　星灿　文物天地　1998 年 4 期 31～33 页

从南庄头遗址看华北地区农业和陶器的起源　郭瑞海、李珺　稻作陶器和都市的起源　2000 年 51～64 页

中国早期陶器与陶器起源　曹兵武　中国文物报　2001 年 12 月 7 日 7 版

中国早期陶器的发现及相关问题的讨论　赵朝洪、吴小红　考古学研究（五）上册——庆祝邹衡先生七十五寿辰暨从事考古研究五十年论文集　2003 年 95～104 页

中国陶器的起源　朱乃诚　考古　2004 年 6 期 70～78 页

《中国早期陶器研究》内容提要　王涛　古代文明研究通讯 25 期（2005 年）57～58 页

早期陶器刍议　王昌燧、刘歆益　中国文物报　2005 年 11 月 11 日 7 版

东胡林、转年、南庄头与于家沟——华北早期陶器的初步探讨　赵

朝洪等 华南及东南亚地区史前考古——纪念甑皮岩遗址发掘 30 周年国际学术研讨会论文集 2006 年 116~127 页

植物质陶器与石煮法 刘莉 中国文物报 2006 年 5 月 26 日 7 版

植物质陶器、石煮法及陶器的起源：跨文化的比较 刘莉 西部考古（第一辑）2006 年 32~42 页

史前器座初探 高蒙河 考古 1993 年 1 期 42~51 页

礼器"鼎"的渊源探索 蒋乐平 南方文物 1993 年 2 期 102~105 页

中国史前的釜鼎文化 陈文玲 南方文物 1996 年 2 期 11~24 页

试论长江流域史前时期的白色陶器 牟永抗 长江中游史前文化暨第二届亚洲文明学术讨论会论文集 1996 年 273~279 页

黄河流域龙山时代陶鬲研究 高天麟 考古学报 1996 年 4 期 399~442 页

新石器时代空足三足器源流新探 陈冰白 中国考古学会第八次年会论文集 1996 年 84~101 页

新石器时代早期文化陶三足器初论 吴耀利 考古 1997 年 3 期 58~67 页

黄河流域空三足器的兴起 张忠培 华夏考古 1997 年 1 期 30~48 页

中国新石器时代陶鏊初考 张松林 中原文物 1997 年 3 期 75~88 页

斝式鬲与先商文化 铜官 文物考古文集 1997 年 118~126 页

远东史前陶器 〔日〕大贯静夫 考古学文化论集（四）（1997 年）27~31 页

史前东方大口尊初论 方向明 东南文化 1998 年 4 期 37~44 页

应当为"新石器时代"正名——兼论"陶器时代" 李作智 中国历史博物馆考古部纪念文集 2000 年 17~25 页

楚地史前的原始宗教性陶器 张绪球 历史文物 2001 年 101 期 26~33 页

斜腹杯与三苗文化 韩建业 江汉考古 2002 年 1 期 67~72 页

珠江三角洲与粤北地区史前陶器比较分析 劳洁灵 东南考古研究

第三辑 2003 年 160～169 页

B. 黄河流域

中原古代陶器初探 陈旭 中原文物 1981 年特刊 41 页

中原古陶管窥 马世之 文物报 1986 年 2 月 21 日 3 版

试析豫中地区原始时代的陶鼎 廖永民 中原文物 1988 年 1 期 59 页

北大赛克勒博物馆馆藏陶器 宋向光 中国文物报 1999 年 1 月 31 日 3 版

甘肃出土的新石器时期尖底瓶研究 王勇 陇右文博 2002 年 1 期 18～21 页

齐家文化陶器试探 李纪贤 美术史论丛刊 1981 年 1 辑 197～206 页

仰韶文化前期的陶器 张忠培 北方文物 1989 年 2 期 3 页

河南舞阳贾湖遗址陶片的研究 左健等 文物 1997 年 12 期 81～83 页

裴李岗文化陶器的谱系研究 张江凯 考古与文物 1997 年 5 期 32～54 页

对仰韶时期尖底器的再认识 赵宇共 陕西历史博物馆馆刊 1998 年 5 期 244～249 页

对瓦窑嘴裴李岗文化泥质黑陶器的初步探讨 廖永民、杨瑞甫 考古与文物 2000 年 1 期 29～32 页

淅川下王冈龙山至二里头时期陶器群初探 常怀颖 四川文物 2005 年 2 期 30～38 页

蛋形三足瓮初探 张斌宏、杨巧灵 文物季刊 1997 年 3 期 55～58 页

老官台遗址陶器分析 阎毓民 文博 1998 年 1 期 28～29 页

客省庄文化单把鬲的研究——兼谈客省庄文化流向 张忠培、杨晶 北方文物 2002 年 3 期 1～15 页

客省庄与三里桥文化的单把鬲及相关问题 张忠培、杨晶 宿白先

生八秩华诞纪念文集 2002 年 1 ~ 49 页

杏花文化的侧装双鋬手陶鬲 张忠培 故宫博物院院刊 2004 年 4 期 6 ~ 50 页

滹沱河上游和桑干河流域的正装双鋬鬲 张忠培 新世纪的考古学——文化、区位、生态的多元互动 2006 年 276 ~ 291 页

浅谈山东龙山文化的陶器 吴诗池 景德镇陶瓷 1984 年 2 期 4 页

浅谈大汶口文化陶器 吴诗池 考古与文物 1987 年 1 期 52 页

山东胶莱地区的素面陶鬲 杜在忠 考古学文化论集（二） 1989 年 9 月 45 页

从山东龙山文化的陶器看当时的饮食生活 于海广 民俗研究 1991 年 4 期 69 ~ 73 页

山东龙山文化陶器群概观 蔡凤书、于海广 考古学集刊第 8 集 1994 年 12 月 163 ~ 180 页

论大汶口文化大口尊 王吉怀等 中原文物 2001 年 2 期 45 ~ 54 页

山东史前陶器简述与赏析 邵云 历史文物 2002 年 12 卷 11 期 74 ~ 81 页

山东日照市两城镇龙山文化陶器的初步研究 范黛华等 考古 2005 年 8 期 65 ~ 73 页

C. 北方地区

东北境内新石器时代筒形罐的谱系研究 许永杰 北方文物 1989 年 2 期 19 页

朱开沟遗址陶器试析 崔璇 考古 1991 年 4 期 361 ~ 371 页

石虎山遗址陶器研究 〔日〕宫本一夫、小田木治太郎 岱海考古（二）——中日岱海地区考察研究报告集 2001 年 344 ~ 359 页

D. 长江流域

浙江省新石器时代的陶器及其文化内涵 王心喜 杭州师院学报

1984 年 1 期 96 页

长江中游新石器时代的陶鼎研究　余西云　华夏考古　1994 年 2 期 61~71 页

江西万年两处新石器时代洞穴遗址出土陶片的初步分析　〔美〕大卫·V. 希尔著　唐舒龙译　彭劲松校　南方文物　1997 年 2 期 114~115 页

湖南新石器文化早期陶器特征分析　张春龙　考古耕耘录——湖南省中青年考古学者论文选集　1999 年 27~41 页

青墩陶器杂谈　张敏　江苏地方志　2005 年 5 期 29~31 页

论马桥遗址 M24 出土的特殊陶杯及相关问题　顾问　古代文明研究通讯　2006 年总 31 期 6~12 页

河姆渡遗址陶器的研究　李家治、陈显求、邓泽群、谷祖俊　中国古陶瓷论文集　1982 年 12 月 1 页

良渚文化陶器　黄宣佩　文物考古论丛——敏求精舍三十周年纪念论文集　1995 年 3~6 页

新石器时代崧泽文化陶器珍品鉴赏　孙维昌　中国文物世界　2001 年 183 期 10~13 页

崧泽文化陶器珍品鉴赏　孙维昌　上海文博　2002 年 2 期 58~59 页

马家浜文化和良渚文化陶器浅说　李文华　无锡文博　2002 年 2 期 35~36 页

试论大溪文化陶器的特点　张绪球、何德珍、王运新　江汉考古 1982 年 2 期 13 页

试论屈家岭文化划城岗类型陶器造型　高中晓　湖南考古辑刊 1994 年 6 期 161~169 页

E. 东南沿海及西南地区

台湾的涂研赤色陶器　鹿野忠雄著　宋文薰译　台湾公论报　1952

年 2 月 8 日；台湾风土 150 期

福建闽侯昙石山遗址陶器分析　张其海、吕荣芳　考古　1965 年 4 期 193 页

台湾绳纹陶的分析研究　黄士强　1972 年"国家科学委员会"年报 60~61 年 367 页

香港龙鼓州新石器时代绳文陶片的初步观察　孙德荣　南方文物 1995 年 3 期 47~51 页

云南出土的新石器时代陶器　王永胜　中国文物报　2004 年 2 月 11 日 7 版

石峡文化的陶器　曾骐　中山大学学报（哲社版）　1982 年 2 期

昙石山文化陶器及其相关问题　林蔚文　故宫文物月刊　2001 年 217 期 102~109 页

广西桂林甑皮岩遗址陶器的成型工艺　李文杰　文物春秋　2005 年 6 期 30~35 页

2）陶器专题研究

A. 器类研究

偶谈船形壶与细颈瓶　惠元　考古　1959 年 6 期 281 页

略谈船形壶　王珍　考古　1961 年 1 期 62 页

新石器时代的艺术珍品——崧泽文化黑衣陶镂孔双层壶　孙维昌 民间文艺季刊　1988 年 2 期 37 页

黑陶飞禽纹贯耳壶　于华　中国文物报　1996 年 6 月 16 日 3 版

细刻纹阔把黑陶壶　张明华　中国文物世界　1997 年 137 期 43~45 页

存于美国的良渚文化陶壶及其字符　钱玉趾　四川文物　1997 年 2 期 63~56 页

北首岭遗址之船形壶所反映的历史事实　张维慎　文博　2004 年 6 期 76~77 页

从陶鬶谈起　刘心健、范华　故宫博物院院刊　1979 年 2 期 45 页

史前陶鬶初论　高广仁、邵望平　考古学报　1981 年 4 期 427 页

宁阳磁窑鸟形陶鬶　刘敦愿　文物天地 1996 年 4 期 25~26 页

龙山文化的鸟形陶鬶　王瑞霞　中国文物报　1997 年 2 月 16 日 3 版

陶鬶起源探讨　黄宣佩　东南文化　1997 年 2 期 59~64 页

山东史前陶鬶赏鉴　王宝刚　收藏家　1998 年 2 期 42~44 页

尉迟寺出土陶鬶的启示　（台湾）吕琪昌　江汉考古　2006 年 1 期 38~43 页

解读陶鬶　王信堂　收藏　2006 年 6 期 80~81 页

古陶瑰宝——蛋壳陶　苏迎堂　文物　1980 年 9 期 82 页

试论龙山文化的"蛋壳陶"　杜在忠　考古　1982 年 2 期 176 页

对《试论龙山文化的"蛋壳陶"》的意见　胡顺利　考古　1982 年 5 期 545 页

试论龙山文化的蛋壳陶杯　吴汝祚　史前研究　1987 年 1 期 27 页

中国古代的陶支脚　严文明　考古　1982 年 6 期 622 页

华东地区新石器时代的陶支座　马洪路　考古与文物　1983 年 2 期 60 页

浅谈大溪文化的陶支座　卢德佩　史前研究　1984 年 4 期 26 页

磁山文化的陶盂和支座　佟伟华　磁山文化论集　1989 年 6 月 124 页

大溪文化中的猪嘴形陶支座　王晓宁　四川文物　1990 年 4 期 29~31 页

大溪文化陶支座用途剖析　陈国庆、孟华平　江汉考古　1991 年 3 期 61~64 页

陶支架功用新探　陈晓华　南方文物　1996 年 3 期 79~85 页

大溪文化猪嘴形陶支座　杨权喜　江汉考古　1998 年 2 期 96 页

鼎的器形与演变 高仁俊 故宫文物月刊 1983 年 4 月 1 卷 1 期 48 页

大汶口文化双连鼎 郑建芳 中国文物报 1995 年 10 月 8 日 3 版

垣曲古城东关的一件陶鼎 田建文 文物世界 2005 年 2 期 47~51 页

从筒形罐谈陶器器形的起源 姜念思 辽海文物学刊 1995 年 1 期 9~13 页

红山文化筒形器研究 郑红 辽海文物学刊 1997 年 1 期 43~46 页

筒形器用途初探 傅宗德 辽海文物学刊 1997 年 1 期 47 页

浅析红山文化筒形器 陈国庆 北方文物 2003 年 4 期 9~14 页

红山文化无底筒形陶器初步研究 王惠德 红山文化研究——2004 年红山文化国际学术研讨会论文集 2006 年 143~147 页

陶臼的发现及研究 郭仁 中国文物报 1988 年 2 月 26 日 3 版

牛角形陶角号 吴汝祚 文物天地 1993 年 4 期 30~31 页

试论河姆渡出土的"陶舟" 李跃 南方文物 1995 年 1 期 58~62 页

大汶口文化陶背壶简说 苗霞 考古求知集 1997 年 224~238 页

城背溪文化花边陶盆 杨权喜 江汉考古 1998 年 1 期 95 页

良渚文化陶缸观察与分析 孙国平 纪念浙江省文物考古研究所建所二十周年论文集 1999 年 70~88 页

从河姆渡陶质耳栓说起 邓聪 杭州师范学院学报 2000 年 2 期 14~21 页

独具神韵红陶盉 陈行一 中国文物报 2000 年 4 月 9 日 3 版

陶漏斗 许志勇 文物天地 2004 年 3 期 72~73 页

带柄穿孔陶斧发掘记 殷志强 江苏地方志 2005 年 1 期 39~40 页

B. 功能与用途

尖底中耳瓶和"欹器"的关系 张颔 山西师范学院学报 1958 年 1 期 45 页

石刀陶刀小议　王杰　考古与文物　1980 年 4 期 137 页

擂钵小议　安家瑗　考古　1986 年 4 期 344 页

浅谈澄滤器　聂新民　中国考古学研究论集　1987 年 12 月 210 页

澄滤器——人类最早的淘金工具　邵国郴　中国文物报　2000 年 2 月 2 日 3 版

尖底瓶汲水力学原理有新说　中国文物报　1988 年 4 月 29 日 4 版

我国新石器时代的泡菜罐和封闭式陶瓶　李仰松　史前研究辑刊 1988 年 257 页

红山文化无底筒形器的考古发现及其功用　刘国祥　中国文物报 1994 年 9 月 13 日 3 版

石家河文化红陶杯与陶塑品之功用　宋豫秦　江汉考古　1995 年 2 期 47~48 页

"鼓形器"之时代与用途考述　庞雅妮　陕西历史博物馆馆刊　1996 年第 3 辑 168~172 页

中空类糙面陶具的定名与用途　齐鸿浩　华夏考古　1998 年 1 期 48~50 页

试论半坡文化"圆陶片"之功用　王炜林、王占奎　考古　1999 年 12 期 54~60 页

细颈壶用途试探——兼探仰韶文化半坡类型葬仪祭酒　张幼萍　史前研究（2000）2000 年 489~498 页

红山文化斜口器是盛放器不是撮搂工具　吉向前　中国文物报 2000 年 12 月 24 日 3 版

盘状器功能的再探讨　刘宇翔　三门峡考古文集　2001 年 42~44 页

尉迟寺遗址发现特殊器物对大汶口文化鸟形"神器"的观察与思考 陶威娜、王吉怀　中国社会科学院古代文明研究中心通讯　2002 年 4 期 49~53 页

尉迟寺遗址出土"七足镂孔器"的命名及用途　卫斯　中国文物报 2004 年 12 月 17 日 7 版

尖底瓶的用法　星灿　中国文物报　2006 年 1 月 6 日 7 版

记一件罕见的仰韶文化莲蓬头状流陶壶——兼论大河村 H66 出土器物的功能　陈星灿等　中国文物报　2006 年 3 月 31 日 7 版

C. 纹饰研究

试论辽宁的之字纹陶　许玉林　新乐遗址学术讨论会文集　1983 年 1 月 46 页；辽宁省博物馆学术论文集　1985 年 1 月 144 页

关于篦纹陶器的几点想法　孙力　辽宁省博物馆学术论文集　1985 年 1 月 149 页

"之"字纹研究　陈国庆　北方文物　1987 年 1 期 12 页

早期篦纹及相关问题的探讨　于建华　辽海文物学刊　1987 年 1 期 79 页

篦纹的起源与传播　赵世纲　中原文物　2006 年 2 期 46～58 页

河姆渡双鸟与日（月）同体刻纹　董楚平　故宫文物月刊　1994 年 134 期 32～33 页

河姆渡文化猪形塑及图案装饰器新探　俞为洁　农业考古　1994 年 3 期 139～142 页

猪纹方钵　黄渭金　中国文物报　1995 年 7 月 2 日 3 版

河姆渡文化"五叶纹"陶块考略　黄渭金　农业考古　1997 年 1 期 265～267 页

河姆渡五叶纹陶块之我见——兼与俞为洁女士商榷　马永新、张全启　农业考古　2005 年 1 期 92～95 页

对河姆渡遗址第一期文化"三叶纹"、"五叶纹"陶块的几点看法　熊巨龙　农业考古　2005 年 1 期 96～98 页

余姚河姆渡猪纹陶钵　裘峥　浙江文物　2005 年 4 期 44 页

三论五叶纹陶块　俞为洁　农业考古　2006 年 1 期 103～105 页

河姆渡五叶纹陶块研究　蔡爱梅　农业考古　2006 年 4 期 114～120 页

对河姆渡遗址第一期文化"三叶纹"、"五叶纹"陶块的几点看法　熊巨龙　东方博物第十九辑　2006 年 62～65 页

良渚文化陶器上的细刻纹饰鉴赏　孙维昌　故宫文物月刊　1994 年 140 期 110~119 页

良渚的蛇纹陶片和陶寺的彩绘龙盘——兼论良渚文化北上中原的性质　朱乃诚　东南文化　1998 年 2 期 15~22 页

良渚陶罐鸟纹释　尤仁德　文物天地　1998 年 3 期 14 页

营埔文化陶器纹饰的初步研究　邱敏勇　人类与文化　1985 年 21 期 111 页

大溪文化陶器纹饰浅析　高中晓　湖南考古辑刊　1986 年 3 辑 184 页

鱼藻纹盆刍议　周新华　东南文化　1994 年 1 期 39~41 页

浅议"人抱鱼形器"　孟华平　中国文物报　1994 年 4 月 24 日 3 版

长江南托遗址陶器鸟纹饰及有关问题　黄纲正　长江文化论集 1995 年 181~188 页

查海龙纹陶钵和龙形堆塑研究　吉成名　辽宁师范大学学报（社科版）1998 年 3 期 86~88 页

拍印纹饰与陶器　马雨林　史前研究——西安半坡博物馆成立四十周年纪念文集　1998 年 317~321 页

7400 年前舱舱船图　刘志一　寻根　1999 年 3 期 20~23 页

长江中游新石器时代晚期的太阳纹杯　日本　黄建秋　东南考古研究第二辑　1999 年 160~174 页

介绍一件有刻符的大口尖底瓶　张毅海　古代文明研究通讯　2004 年 20 期 51 页

3）彩陶

A. 总论

中国彩陶文化概况　安志敏　益世报史地周刊　1946 年 11 月 27 日 17 期

中国之彩陶文化　裴文中　历史与考古（沈）　1946 年 10 月第 1 号

2 页；中国史前时期之研究 1948 年 12 月

安特生彩陶分布说之矛盾 荆三林 新中华（复刊） 1948 年 4 月 6 卷 7 期 42 页

彩陶文化东来西向，甘肃考古获得结论 贾兰坡 世界日报 1948 年 9 月 16 日

中国彩陶文化的分布 史地 中原文献 1971 年 3 卷 11 期 4 页

公元前两千年以前黄河中上游彩陶文化的演变 华泉 史学集刊 1984 年 3 期 75 页

试论我国黄河流域、长江流域和华南地区新石器时代的装饰图案 吴山 文物 1975 年 5 期 59 页

漫谈新石器时代彩陶图案花纹带装饰部位 谷闻 文物 1977 年 6 期 67 页

我国新石器时代的旋律纹样 濮安国 姑苏工艺美术 1982 年 1 期 6 页

论我国新石器时代彩绘花瓣纹图案 王仁湘 考古与文物 1989 年 1 期 49 页

中国史前彩陶地纹辨识 王仁湘 21 世纪中国考古学与世界考古学 2002 年 130 ~ 142 页

从原始时期看原始艺术之功能——兼谈对彩陶纹饰来源图腾的不同看法 王小倩 工艺美术研究 1984 年 6 期 35 页

略论我国新石器时代彩陶的起源 吴耀利 史前研究 1987 年 2 期 22 页

我国最早的彩陶在世界早期彩陶中的位置——再论我国新石器时代彩陶起源 吴耀利 史前研究辑刊 1988 年 88 页

试论中国史前彩陶的起源 王国栋 考古与文物 2005 年 2 期 37 ~ 42 页

我国新石器时代的彩陶工艺　王家树　历史教学　1962 年 12 期 2 页

黄河流域的原始彩陶艺术　汤池　美术研究　1982 年 3 期 73 页

试论我国彩陶艺术对民族美术风格的影响　邱立新　西北民族学院学报　1983 年 2 期 25 页

彩陶艺术纵横谈　张明川　美术　1983 年 8 期 9 页

试分析原始社会的彩陶艺术　张合盛　实用美术　1987 年总 25 期 13 页

中国的彩陶（照片十五幅）　安志敏撰文　人民画报　1982 年 9 期 22 页

原始彩陶略说　张少侠　福建工艺美术　1985 年 1 期 19 页

彩陶锯齿纹试解　蒋书庆　美术　1985 年 12 期 62 页

关于几幅彩陶图案的管见　马宝光　中原文物　1987 年 1 期 44 页

略谈大溪文化的彩陶　卢德佩　史前研究　1987 年 3 期 38 页

关于史前中国一个认知体系的猜想——彩陶解读之一　王仁湘　华夏考古　1999 年 4 期 32～57 页

B. 黄河流域

甘肃彩陶文化新论　安志敏　益世报史地周刊　1947 年 7 月 29 日 52 期

甘肃彩陶的源流　严文明　文物　1978 年 10 期 62 页

优美的甘肃彩陶艺术　张明川　中国工艺美术　1983 年 3 期 14 页

甘肃彩陶的形制与用途　陈擎光　故宫文物月刊　1983 年 8 月 1 卷 5 期 39 页

甘肃、青海彩陶器上的蛙纹图案研究　陆思贤　内蒙古师大学报 1983 年 3 期 39 页

涡纹、蛙纹浅说　刘溥、尚民杰　考古与文物　1987 年 6 期 91 页

甘青地区新石器时代彩陶图案母题研究　王仁湘　中国考古学研究论集　1987 年 12 月 171 页

论西北地区彩陶图案的发展与演变 王吉怀 西北史地 1988 年 1 期 25 页

柳湾彩绘符号试析 尚民杰 文博 1988 年 3 期 31 页

半山——马厂文化彩陶艺术的观念主题 倪志云 美术研究 1989 年 4 期 4 页

五千年前的艺术美——仰韶文化的彩陶纹饰 沈之瑜 文汇报 1962 年 3 月 27、28 日

仰韶文化时期的鱼、鸟、石斧纹彩陶缸 吕树芝 历史教学 1982 年 3 期 51 页

原始社会的艺术明珠——仰韶文化彩陶 张明川 文物天地 1984 年 2 期 37 页

坲垱坡遗址仰韶文化彩陶简论 邓宏里 论仰韶文化 1986 年 12 月 300 页

仰韶文化"鱼纹"和"人面鱼纹"含义的再探讨 刘夫德 青海社会科学 1986 年 5 期 27 页；半坡博物馆三十年学术论文选编 1989 年 343 页

仰韶文化的鱼纹和鸟纹不是图腾崇拜 巴家云、胡昌钰 西南师范大学学报 1988 年 4 期 79 页

关于西安半坡人面形彩陶花纹形象的商榷 老武 考古通讯 1956 年 6 期 81 页

《关于西安半坡人面形彩陶花纹形象的商榷》读后 石兴邦 考古通讯 1956 年 6 期 83 页

再论半坡人面形彩陶花纹 刘敦愿 考古通讯 1957 年 5 期 95 页

说半坡"人面网纹"彩陶盆 辛夷 史学月刊 1987 年 4 期 99 页

半坡人面鱼纹新探 钱志强 美术 1988 年 2 期 50 页

半坡彩陶鱼纹艺术试析 钱志强 朵云 1988 年 3 期 39 页

试论半坡彩陶鱼纹艺术 钱志强 史前研究辑刊 1988 年 100 页

半坡类型彩陶上的人面纹及其不同解释　蒋书庆　美术　1988 年 12 期 59 页

半坡姜寨遗址“人面鱼纹”新考　李荆林　江汉考古　1989 年 3 期 59 页

八卦符号与半坡鱼纹——从印度的六字真言说起　赵国华　考古学文化论集（二）　1989 年 9 月 274 页

庙底沟仰韶遗址彩陶纹饰的分析　杨建芳　考古　1961 年 5 期266 页

关于庙底沟仰韶彩陶纹饰分析的讨论　安志敏　考古　1961 年 7 期 385 页

略论庙底沟仰韶文化彩陶纹饰的分析与分期　吴力　考古　1973 年 5 期 292 页

庙底沟类型彩陶纹饰新探　马宝光、马自强　中原文物　1988 年 3 期 31 页

谈谈郑州大河村遗址出土的彩陶上的天文图象（像）　郑州市博物馆发掘组　河南文博通讯　1978 年 1 期 44 页

大河村新石器时代彩陶上的天文图象（像）　李昌韬　文物　1983 年 8 期 52 页

大河村天文图象（像）彩陶试析　彭曦　中原文物　1984 年 4 期 49 页

大河村新石器时代的彩陶艺术　廖永民　中原文物　1984 年 4 期 40 页

再谈大河村新石器时代的彩陶艺术　廖华　论仰韶文化　1986 年 12 月 293 页

原始艺术的瑰宝——记仰韶文化彩陶上的《鹳鱼石斧图》　张绍文　中原文物　1981 年 1 期 21 页

《鹳鱼石斧图》跋　严文明　文物　1981 年 12 期 79 页

临汝阎村新石器时代遗址出土陶画《鹳鱼石斧图》试释　范毓周　中原文物　1983 年 3 期 8 页

河南临汝仰韶陶缸彩绘图象（像）考略 马世之 中州学刊 1984 年 6 期 128 页

鹳鱼石斧图考 牛济普 中原文物 1985 年 1 期 46 页

C. 北方地区

试论辽西地区两种彩陶文化的特征及其关系 李恭笃 文物集刊 1980 年 9 月 2 期 126 页

概述大连地区的彩陶 许玉林 史前研究 1987 年 2 期 42 页

略论新疆的彩陶 陈戈 新疆社会科学 1982 年 2 期 77 ~ 103 页

新疆出土彩陶 王炳华 新疆社会科学 1986 年 4 期 78 页

4）印纹陶

A. 总论

关于"硬陶文化"的问题 尹达 考古通讯 1956 年 1 期 85 页

也谈印纹陶的几个问题 饶惠元 考古 1960 年 3 期 47 页

印纹陶问题初探 王子岗 文物集刊 1981 年 3 月 3 期 70 页

从原始瓷器到早期青瓷及其与印纹陶的关系 彭适凡 争鸣 1984 年 2 期 89 页

我国南方几何形印纹陶遗存的分区、分期及有关问题 李伯谦 北京大学学报 1981 年 1 期 83 页

试谈南方地区几何印纹陶的分期和断代 江西省博物馆"印纹陶问题"研究小组 文物集刊 1981 年 3 月 3 期 20 页

南方地区几何印纹陶几个问题的探索 江西省博物馆"印纹陶问题"研究小组 文物集刊 1981 年 3 月 3 期 34 页

我国南方古代印纹陶研究历史的回顾与展望 彭适凡 江西历史文物 1982 年 4 期 44 页

我国南方古代印纹陶制作工艺的探讨 彭适凡 景德镇陶瓷 1984 年 2 期 8 页

试论南方古代制陶拍印技术的萌芽与印纹陶的产生　彭适凡　史前研究　1987 年 2 期 32 页

江南地区印纹陶学术讨论会在庐山召开　江西省博物馆　江西日报　1978 年 9 月 8 日 3 版

论江南地区印纹陶的衰落　王子岗　四川大学学报（社科版）　1980 年 4 期 87 页

江南地区印纹陶问题学术讨论会纪要　彭适凡　文物　1979 年 1 期 53 页；文物集刊　1981 年 3 月 3 期 1 页

关于"几何印纹陶"——"江南地区印纹陶问题学术讨论会"论文学习笔记　苏秉琦　文物集刊　1981 年 3 月 3 期 10 页

关于东南地区几何印纹陶时代的初步探测　尹焕章　考古学报　1958 年 1 期 75 页

中国东南区新石器文化特征之一：印纹陶　吕荣芳　厦门大学学报　1959 年 2 期 45 页；考古论文选（第一集）　1980 年 3 月 55 页

关于我国东南沿海地区印纹陶的探讨　张之恒　南京大学学报哲学社会科学丛刊　1979 年 65 页

略论我国东南沿海地区的印纹陶　张之恒　文物集刊　1981 年 3 月 3 期 62 页

关于印纹陶与"几何形印纹陶文化"的问题　杜耀西、李作智　中国历史博物馆馆刊　1979 年 1 期 20 页；文物集刊　1981 年 3 月 3 期 85 页

有段石锛、双肩石器和"几何形印纹陶"的有关问题　曾骐　文物集刊　1981 年 3 月 3 期 106 页

对我国原始陶器几何纹起源问题的思考　李冀川　美术史话　1988 年 1 期 60 页

B. 长江流域

江西地区陶瓷器几何形拍印纹样综述　江西省博物馆　文物　1977 年 9 期 40 页

从江西出土"几何印纹陶"情况，谈谈有关问题的看法　饶惠元

文物集刊　1981 年 3 月 3 期 77 页

江西地区陶瓷器几何形拍印纹样综述　江西省博物馆"印纹陶问题"研究小组　文物集刊　1981 年 3 月 3 期 110 页

略谈湖南出土的印纹陶　高至喜、周世荣　文物集刊　1981 年 3 月 3 期 253 页

郴州地区几何印纹陶遗址分布及印纹陶分期初探　龙福廷　江西文物　1989 年 1 期 12 页

略论太湖地区几何印纹陶遗存的分期　黄宣佩、孙维昌　上海博物馆馆刊　1981 年 1 期 114 页

浙江的印纹陶——试谈印纹陶的特征以及与瓷器的关系　牟永抗　文物集刊　1981 年 3 月 3 期 261 页

良渚文化末期的印纹陶遗存　汪洋、翟杨　中国文物报　2005 年 4 月 8 日 7 版

C. 东南沿海及西南地区

福建地区几何印纹陶分期初探　庄锦清　考古论文选（第一集）1980 年 3 月 89 页；文物集刊　1981 年 3 月 3 期 164 页

闽江下游印纹陶遗存的初步分析　王振镛、林公务　文物集刊　1981 年 3 月 3 期 152 页

广东几何印纹陶纹饰演变初步认识　徐恒彬　文物集刊　1981 年 3 月 3 期 203 页

谈谈马坝石峡遗址的几何印纹陶　朱非素、彭如策、刘成德　文物集刊　1981 年 3 月 3 期 225 页

广西几何印纹陶的分布概况　广西壮族自治区文物工作队　文物集刊　1981 年 3 月 3 期 244 页

云南印纹陶文化初论　阚勇　云南文物　1982 年 6 月 11 期 3 页

（2）玉器

1）总论

古玉新诠 郭宝钧 中研院历史语言研究所集刊 1949 年第二十本下册 1 页

所谓玉璿玑不会是天文仪器 夏鼐 考古学报 1984 年 4 期 403 页

略论我国新石器时代玉器 黄宣佩 上海博物馆集刊 1987 年 4 期 150 页；中国文物报 1988 年 4 月 29 日 4 版

中国古代玉器面面观 杨伯达 故宫博物院院刊 1989 年 1 期 32 页 1989 年 2 期 31 页

古玉研究中几个未解决的问题 那志良 故宫学术季刊 1985 年 3 卷 2 期 1 页

中国古玉研究刍议五题 杨伯达 文物 1986 年 9 期 64 页

殷代以前的玉器文化 〔日〕林巳奈夫著 纪仲庆译 文博通讯 1983 年 4 期 35 页

古代玉器的起源和发展 曲石 文博 1987 年 3 期 73 页

殷墟玉器探源 郑振香 庆祝苏秉琦考古五十五年论文集 1989 年 8 月 315 页

故宫博物院藏的几件新石器时代饰纹玉器 周南泉 文物 1984 年 10 期 42 页

故宫博物院所藏新石器时代玉器研究之一——璧与牙璧 邓淑苹 故宫学术季刊 1987 年 10 月 5 卷 1 期 1 页

新石器时代的中国玉器——谈美国佛里尔艺术馆玉器藏品 〔美〕朱莉亚·凯·默里作 苏文译 东南文化 1988 年 2 期 51 页

治玉说——长江下游新石器时代三件玉制品弃余物的研究 周晓陆、张敏 南京博物院集刊 1984 年 7 期 46 页

关于我国古代玉器材料问题 曲石 文物 1987 年 4 期 53 页

中国古玉料定义和产地考 周南泉 文博 1988 年 1 期 64 页

水稻、蚕丝和玉器——中华文明起源的若干问题 牟永抗、吴汝祚

考古 1993 年 6 期 543～553 页

史前玉礼的播迁及其历史意义 何宏波 考古与文物增刊·先秦考古 2004 年 66～73 页

对玉石之路形成时间和线路的一些认识 古方 考古与文物增刊·先秦考古 2004 年 74～77 页

试谈玉器时代——中华文明起源的探索 牟永抗、吴汝祚 中国文物报 1990 年 11 月 1 日 3 版

牟永抗、吴汝祚等人经过大量考古发掘研究证明中国在石器和青铜器时代之间曾有一个玉器时代 叶辉 光明日报 1990 年 7 月 4 日 1 版

"玉器时代"之我见 张明华 中国文物报 1991 年 10 月 27 日 3 版

中国玉器时代及社会性质的考古学观察 曲石 江汉考古 1992 年 1 期 41～55 页

玉器时代献疑与美感探源 戴尔俭 东南文化 1992 年 2 期 100～107 页

水稻、蚕丝和玉器——中华文明起源的若干问题 牟永抗、吴汝祚 考古 1993 年 6 期 543～553 页

"玉器时代"说的溯源和商榷 安志敏 21 世纪中国考古学与世界考古学 2002 年 175～179 页

论中国史上"玉兵时代"的提出 孙守道 辽宁省博物馆学术论文集第一辑 1985 年 1 月 122 页

中国玉器时代及社会性质的考古学观察 曲石 江汉考古 1992 年 1 期 41～55 页

玉器时代说 吴汝祚 中华文化论坛 1994 年 3 期 31～37 页

"玉器时代"——一个新概念的分析 谢仲礼 考古 1994 年 9 期 832～836 页

"玉器时代"管窥 林华东 浙江社会科学 1996 年 4 期 44～47 页

玉器与中国文明起源 尤仁德 故宫文物月刊 1997 年 171 期 78～

91 页

试论玉器时代——中国文明时代产生的一个重要标志　牟永抗、吴汝祚　考古学文化论集（四）（1997 年）164～187 页

兽面玉雕、兽面纹、神人兽面纹　陈星灿　远望集——陕西省考古研究所华诞四十周年纪念文集　1998 年 389～395 页

关于"玉器时代"的再讨论　张明华　中国文物报　1999 年 5 月 19 日 3 版

谁首先提出"玉器时代"？　闻广　中国文物报　1999 年 6 月 16 日 3 版

关于"玉器时代"说的溯源　安志敏　东南文化　2000 年 9 期 31～33 页

关于《试论玉器时代》一文的若干说明——答谢仲礼、张明华诸同志　牟永抗、吴汝祚　中国文物报　1999 年 12 月 29 日 3 版

关于《试论玉器时代》一文的若干说明——答谢仲礼、张明华诸同志　牟永抗、吴汝祚　中国文物报　2000 年 1 月 5 日 3 版

学术讨论要符合逻辑理顺概念——读《关于"试论玉器时代"一文的若干说明》后　张明华　中国文物报　2000 年 7 月 12 日 3 版

关于中国古代玉文化的几点思考　邵望平、高广仁　玉魂国魄——中国古代玉器与传统文化学术讨论会文集　2002 年 45～57 页

有关"玉器时代"的再思考　陆建芳　江阴文博　2004 年 2 期 2～3 页

"玉器时代"研究述评：良渚文化　魏真　河南社会科学　2004 年 12 卷 5 期 129～131 页

中华古史上的玉器时代：中华文明之一　张碧波　学习与探索　2006 年 4 期 154～158 页

2）黄河流域

神木石峁龙山文化玉器　戴应新　考古与文物　1988 年 5/6 期 239 页

齐家文化的玉石器　叶茂林　考古求知集　1997 年 251～261 页

关于山东莒县陵阳河出土的小玉片　王青、苏兆庆　中国文物报 2004 年 12 月 3 日 7 版

3）北方地区

三星他拉红山文化玉龙考　孙守道　文物　1984 年 6 期 7 页

红山文化玉龙考　郭晓晖　北方文物　1988 年 1 期 13 页

红山、良渚文化玉器的比较研究　殷志强　北方文物　1988 年 1 期 8 页

红山文化的史前玉器与中国"尚玉"的古文化源头　任爱君　昭乌达蒙族师专学报　1990 年 3 期 19～29 页

史前金字塔·大型墓葬·最早的玉器——来自辽西红山文化遗址的最新报告　魏运享、卜昭文　瞭望　1990 年 4 期 25～26 页

黑龙江省出土的新石器时代玉器及相关问题　于建华　北方文物 1992 年 4 期 11～17 页

从牛河梁积石冢谈红山玉器的功能　吕军　考古与文物增刊·先秦考古　2002 年　80～86 页

牛河梁第二地点一号积石冢 21 号墓及出土玉器探析　崔岩勤　赤峰学院学报（汉文哲社版）2005 年 26 卷 4 期 15～16 页

4）长江流域

江苏吴县新石器时代遗址出土的古玉研究　郑建　考古学集刊 1983 年 11 月第 3 集 218 页

玉琮的形制与纹饰　那志良　故宫学术季刊　1985 年 2 卷 4 期 1 页

试论太湖地区新石器时代玉器　周南泉　考古与文物　1985 年 5 期 74 页

太湖地区史前玉器述略　殷志强　史前研究　1986 年 3/4 期 143 页

吴县张陵山、东山遗址出土玉器鉴定报告　南京矿产地质研究所 郑建　文物　1986 年 10 期 39 页

苏南新石器时代玉器的考古地质学研究　中国地质科学院地质研究所　闻广　文物　1986 年 10 期 42 页

谈"琮"及其在中国古史上的意义　张光直　文物与考古论集 1986 年 12 月 252 页

最大最古的 ○ △纹碧玉琮　石志廉　中国文物报　1987 年 10 月 1

日 3 版

略论江南地区古文化遗址玉琮等玉器的性质及其年代　朱江　吴文
化研究论文集　1988 年 8 月 165 页

考古出土新石器时代玉琮研究　邓淑苹　故宫学术季刊　1988 年 10
月 6 卷 1 期 1 页

璇玑·齐家铜镜·良渚璧琮—中国早期琢玉砣机研究　刘森森　考
古与文物增刊·先秦考古　2002 年 117～121 页

从安徽凌家滩墓地出土玉器谈中国玉器时代　张敬国　凌家滩文化
研究　2006 年 79～83 页

凌家滩聚落与玉器文明　张敬国　凌家滩文化研究　2006 年 123～
132 页

论含山凌家滩玉龟、玉版　李学勤　凌家滩文化研究　2006 年 32～
37 页

凌家滩新石器时代遗址出土的玉制式盘　钱伯泉　凌家滩文化研究
2006 年 84～88 页

含山玉龟及玉片八角形来源考　王育成　凌家滩文化研究　2006 年
89～94 页

龙山文化玉凤　石志廉　中国文物报　1988 年 6 月 17 日 3 版
这是龙山文化的玉凤吗？　蒋树成　中国文物报　1988 年 8 月 26 日
3 版

关于龙山文化玉凤的赘议　石志廉　中国文物报　1988 年 10 月 14
日 3 版

良渚古玉探讨　陈左夫　考古通讯　1957 年 2 期 77 页
良渚玉琮试析　诸汉文　文博通讯　1983 年 5 期 6 页；苏州历史学会
论文选　1983 年 87 页

良渚文化“玉敛葬”述略　汪遵国　文物　1984 年 2 期 23 页

关于良渚文化玉器的若干问题　〔日〕林巳奈夫著　黎忠义译　南京博物院集刊　1984 年 7 期 52 页；史前研究　1987 年 1 期 89 页

良渚文化"玉锥形器"的用途名称考　薛理勇　复旦学报　1985 年 2 期 108 页

良渚文化玉琮刍议　王巍　考古　1986 年 11 期 1009 页

良渚文化玉琮纹饰探析　车广锦　东南文化　1987 年 3 期 18 页

良渚文化璧琮的考察　汪遵国　良渚文化　1987 年 12 月 64 页

对良渚文化兽面纹璜形玉的一些看法　石志廉　史希光　中国历史博物馆馆刊　1987 年 10 期 18 页

良渚玉戚的完整发现及其重要意义　张明华　中国文物报　1988 年 2 月 5 日 3 版

豪华型良渚玉戚组合附件的发现　张明华　文物天地　1988 年 4 期 10 页

良渚文化玉器的两个问题　彭林　北京师范大学学报（社科版）1988 年 5 期 77 页

良渚玉器上神崇拜的探索　牟永抗　庆祝苏秉琦考古五十五年论文集　1989 年 8 月 184 页

良渚文化璧琮意义研究　丁乙　中国文物报　1989 年 11 月 24 日 3 版

良渚治玉的社会性质问题初探　刘斌　东南文化　1993 年 1 期 103 ~ 110 页

从淳安发现的玉琮、玉钺看淳安古文化与良渚文化的关系　鲍玉敏　南方文物　1993 年 3 期 42 ~ 47 页

良渚玉器和中华文明起源研究　牟永抗　杭州文物　1994 年 1 ~ 2 期 6 ~ 12 页

余杭反山良渚文化玉琮上的神像形纹新释　吴汝祚　中原文物 1996 年 4 期 35 ~ 40 页

良渚文化玉琮在中华文明起源中的特殊作用　骆晓红　浙江学刊 1997 年 4 期 128 ~ 129 页

良渚文化琮、钺、璧等玉器的功能、传播以及衰落诸问题的探讨

（提要）　吴汝祚　中国社会科学院古代文明研究中心通讯　2002 年 4 期
23 页

　　良渚玉器纹饰的比较研究——从刻纹玉器看良渚社会的关系网络
秦岭　浙江省文物考古研究所学刊第八辑——纪念良渚遗址发现七十周
年学术研讨会文集　2006 年 23～52 页

　　5）东南沿海及西南地区
　　台湾史前时代人兽形玉块耳饰　宋文薰、连照美　考古人类学刊
1984 年 44 期 148 页
　　论台湾及环中国南海史前时代玦形耳饰　宋文薰　中研院第二届国
际汉学会议论文集　1989 年 117 页

　　（3）石器

　　1）总论
　　中国上古石器图说　陆懋德　清华学报　1924 年 1 卷 1 期 82 页
　　石器概说　林惠祥　厦门大学学报　1932 年 10 月 1 卷 2 期 1 页
　　古人对石器之观念　安志敏　益世报史地周刊　1946 年 10 月 8 日、
22 日 10 期、12 期
　　环状石斧考　安志敏　益世报史地周刊　1948 年 9 月 28 日 108 期
　　石器略说　安志敏　考古通讯　1955 年 5 期 62 页
　　试论中国新石器时代的石钺　傅宪国　考古　1985 年 9 期 820 页
　　精巧的磨制石器　韩兆民、王全甲　宁夏文物　1986 年 1 期
　　我国发现的环刃石器及相关问题　云翔　考古　1986 年 6 期 535 页
　　关于我国新石器时代双肩石器的几个问题　王仁湘　南方民族考古
1987 年 1 期 21 页
　　试论石刃骨器　云翔　考古　1988 年 9 期 825 页
　　环状石器始末个人之管见　武家昌　辽海文物学刊　1993 年 1 期
81～85 页

论"雷公斧"　陆思贤　昭乌达蒙族师专学报（汉文哲社版）1993年 14 卷增刊北方民族文化 53 ~ 59 页

中国新石器时代的石犁试探　杨生民　首都师范大学学报（社科版）1996 年 1 期 29 ~ 36 页

型式学之外——磨制石器的研究应当加强　郭晓晖　农业考古 1996 年 3 期 133 ~ 135 页

论后台子原始女性分娩系列石雕——兼与汤池先生商榷　王育成 文物季刊　1997 年 1 期 57 ~ 61 页

新石器时代对有机质宝石的认识与利用　孔德安　中国文物报 1997 年 4 月 13 日 3 版

环状石器琐谈——由镇赉出土的一件环状石器所想到的　郭珉　博物馆研究　1997 年 3 期 62 ~ 63 页

中国古文献中的磨制石器　安志敏　演化的实证——纪念杨钟健教授百年诞辰论文集　1997 年 93 ~ 96 页

东亚地区史前石镞的初步研究　张宏彦　考古　1998 年 3 期 41 ~ 55 页

关于新石器时代的钺——论圆孔的象征意义　〔日〕量博满　良渚文化研究——纪念良渚文化发现六十周年国际学术讨论会文集　1999 年 227 ~ 232 页

有孔玉、石斧的孔之象征　〔日〕林巳奈夫　良渚文化研究——纪念良渚文化发现六十周年国际学术讨论会文集　1999 年 233 ~ 241 页

骨石复合器的研究（上）　杨美莉　故宫学术季刊　1999 年 17 卷 2 期 147 ~ 197 页

骨石复合器的研究（下）　杨美莉　故宫学术季刊　2000 年 17 卷 3 期 165 ~ 191 页

拾荒者与石器——简介林耀振先生捐赠石器特展　杨美莉　故宫文物月刊　2003 年 243 期 4 ~ 13 页

石器的故事——以林耀振先生捐赠的良渚文化石器为例　杨美莉 故宫文物月刊　2003 年 247 期 60 ~ 74 页

略论磨制石器的起源及其基本类型　钱耀鹏　考古　2004 年 12 期 66～75 页

石器工艺学研究之一：两极法初探　邓聪　香港中文大学中国文化研究所学报（1986 年）17 卷 19～55 页

石器设计：人类第一次创造生存方式的设计　曾辉　工艺美术参考 1990 年 4 期 19～21 页

石片之形成　〔澳〕布赖恩·科特雷尔、约翰·坎明加　陈淳、王益人译　文物季刊　1993 年 3 期 80～98 页

细石器传统工艺概述　王璟　史前研究——西安半坡博物馆成立四十周年纪念文集　1998 年 325～328 页

零台面石片与磨制石斧　李天元、冯小波　农业考古　2000 年 1 期 79～82 页

浅谈我国新石器时代绿松石器及制作工艺　孔德安　考古　2002 年 5 期 74～80 页

石器使用痕迹显微观察（高倍法）的研究　王小庆　中国文物报 2002 年 2 月 1 日 7 版

石器使用痕迹显微观察的研究　王小庆　21 世纪中国考古学与世界考古学　2002 年 552～568 页

新石器时代石材绳切技术研究　孙长庆　北方文物　2005 年 3 期 1～10 页

2）黄河流域

庙底沟的"饼状磨石"与"石轮"　许永生、何康民　论仰韶文化 1986 年 12 月 284 页

河北徐水南庄头遗址出土石器（石块）鉴定报告　周廷兴、文建　考古　1992 年 11 期 970 页

甘肃史前石刃骨器研究　郎树德　内蒙古文物考古　1993 年 1～2 期

9～15 页

四千年前的石锯 郑建芳 中国文物报 1995 年 6 月 11 日 3 版

史前人类的生产工具——宁夏鸽子山遗址的石制品 余军 故宫文物月刊 2001 年 216 期 110～121 页

青海大通田家沟齐家文化遗址出土石器的研究 汤惠生 史前研究 （2002）2004 年 385～392 页

山西襄汾县大崮堆山史前石器制造场新材料及其再研究 陶富海 考古 1991 年 1 期 1～7 页

从灰嘴发掘看中国早期国家的石器工业 陈星灿 中国考古学与瑞典考古学——第一届中瑞考古学论坛文集 2006 年 51～61 页

3）北方地区

我国东北地区的环状石器——考古工作札记之一 张绍维 黑龙江文物丛刊 1984 年 1 期 45 页

东北地区的石镞 贾伟明 北方文物 1985 年 2 期 2 页

中国北方的史前石镞 赵辉 国学研究 1997 年第 4 卷 485～520 页

试谈辽宁出土的环状石器与石棍棒头 许玉林 博物馆研究 1984 年 2 期 83 页

略谈黑龙江省新石器文化中的压制石器 云瑶、亚斌 黑河学刊 1989 年 1 期 115 页

吉林有节石铲初论 朱永刚 北方文物 1996 年 1 期 16～21 页

两件极为相似的石器 吴永昌 中国文物报 2000 年 11 月 26 日 4 版

内蒙古史前石刃骨器初论 连吉林 内蒙古文物考古文集 1997 年第 2 辑 30～37 页

内蒙古中南部新石器时代至青铜时代的石器 杨杰、田丽 内蒙古文物考古文集 1997 年第 2 辑 45～52 页

发现于内蒙古祖勒格图的石器 迟振卿等 第四纪研究 1998 年 3 期 285 页

赵宝沟遗址出土细石叶的微痕研究——兼论赵宝沟文化的生业形态 王小庆 桃李成蹊集——庆祝安志敏先生八十寿辰 2004 年 112~120 页

赵宝沟遗址出土石器的微痕研究——兼论赵宝沟文化的生业形态 王小庆 考古学集刊 16 集 2006 年 124~150 页

兴隆洼与赵宝沟遗址出土细石叶的微痕研究——兼论兴隆洼文化和赵宝沟文化的生业形态 王小庆 西部考古（第一辑） 2006 年 59~76 页

论新疆省陶克苏出土之石刀 安志敏 学原 1948 年 1 卷 1 期 33 页

新疆发现的石刀、石镰和铜镰 张平、陈戈 考古与文物 1991 年 1 期 23~29 页

4）长江流域

三峡地区的打制石器 杨权喜 中国文物报 1999 年 1 月 20 日 3 版

洞庭湖区澧水流域新石器时代早期遗址的打制石器 向安强 史前研究（2000）2000 年 119~132 页

安徽淮河流域新石器时代的骨角蚌器与石器 刘锋 文物研究 2002 年 13 辑 42~48 页

三峡洋安渡遗址石制品研究 陈福友等 人类学学报 2006 年 4 期 309~322 页

谈中堡岛大溪文化遗址石器的特点及工艺 卢德佩 湖北省考古学会论文选集（一） 1987 年 7 月 21 页

大溪、北阴阳营和薛家岗的石、玉器工业 张弛 考古学研究（四） 2000 年 55~76 页

复原仙人洞人历史的石制品 王幼平 中国文物报 2000 年 7 月 5 日 3 版

薛家岗石刀钻孔定位与制作技术的观测研究 朔知、杨德标 中国历史文物 2003 年 6 期 21~27 页

河姆渡先民的石器制作　黄渭金　东方博物　2004 年第十三辑 66～71 页

略谈浙江出土的"石钺"　沙孟海　考古通讯　1955 年 6 期 54 页

良渚文化石器的考察　佟柱臣　中国考古学论丛　1993 年 83～89 页

释杭州良渚等地出土的三角形石器　汪宁生　故宫文物月刊　1996 年 156 期 72～78 页

关于良渚文化双翼形石器的讨论　任式楠　江汉考古　2000 年 1 期 24～29 页

杭县良渚镇之石器与黑陶　何天行　史前研究（2000）2000 年 552～557 页

新地里遗址出土的良渚文化石犁的初步研究　蒋卫东　史前研究（2004）2005 年 347～353 页

5）东南沿海及西南地区

东南亚最大的石斧　鹿野忠雄著　宋文薰译　旁观杂志　1952 年 17 期 28 页

关于有段石锛的分型　饶惠元　考古通讯　1957 年 4 期 83 页

中国东南区新石器时代文化特征之一：有段石锛　林惠祥遗著　考古学报　1958 年 3 期 1 页；考古论文选（第一集）　1980 年 3 月 39 页

闽台凹石初探　郑辉　福建文博增刊　1990 年 83～88 页

闽粤港台地区石锛横剖面的初步考察　傅宪国　文物　1992 年 1 期 58～63 页

略论粤、港、海南岛的有肩石器和有段石器　杨式挺　东南亚考古论文集　1995 年 249～258 页

沙丘遗址出土的环和环砥石　肖一亭　华南考古 1 辑　2004 年 38～52 页

两广地区史前穿孔石器的类型学考察　漆招进　岭南考古研究（5）2006 年 97～110 页

史前台湾石锛的选材研究　洪晓纯　东南考古研究第三辑　2003 年

71~99 页

香港新石器时代东湾遗址的尖嘴手斧（PICK）　邓聪等　考古学研究（陕西）1993 年 112~117 页

从佛子庙的发掘谈西樵山双肩石器的若干问题　冯孟钦、卢筱洪　广东省博物馆集刊（1996）1997 年 26~33 页

试论西樵山双肩石器的源流——西樵山遗址探索之一　易西兵　史前研究（2002）2004 年 161~170 页

北江流域新石器时代的石器与经济生活　王宏、金国林　岭南考古论文集（1）2001 年 119~127 页

试论广西的有肩石器　彭书琳、蒋廷瑜　广西博物馆建馆 60 周年论文选集　1993 年 45~56 页

桂南大石铲及其遗址探秘　王永琁　东南文化　1995 年 2 期 22~25 页

甑皮岩新石器时代遗址打击石制品研究　张森水、阳吉昌　演化的实证——纪念杨钟健教授百年诞辰论文集　1997 年 77~92 页

桂南地区大石铲新探　容达贤　文物　2003 年 2 期 66~68 页

福建省长汀县河田镇乌石岽出土的二件新石器时代的石犁之我见　邱荣渊　龙岩师专学报　1989 年 7 卷 1 期 87 页

福建沿海地区出土石锛的分类　林公务　东南考古研究第三辑　2003 年 100~108 页

台湾先史时代靴形石器考　〔日〕金关丈夫、国分直一著　张樑标译　人文科学论丛　1949 年第一辑 73 页

台湾有肩石斧与有段石斧的经济阶段　石璋如　台湾文化　1950 年 6 卷 2 期 11 页

台湾新石器时代斧锛形石器之研究　黄士强　"国家科学委员会"年报 58~59 年　1970 年 93 页

台湾的有槽石棒　连照美　大陆杂志　1979 年 58 卷 4 期 164 页

台湾史前时代靴形石器考　〔日〕金关丈夫、国分直一著　林蔚文译　杨琼校　农业考古　1991 年 3 期 169 ~ 172 页

台湾出土冯原式石拍的探讨　邓聪　桃李成蹊集——庆祝安志敏先生八十寿辰　2004 年 254 ~ 265 页

我国西南地区有段石器的研究　王海平　四川文物　1987 年 2 期 17 页

我国西南地区有肩石器的研究　王海平　四川文物　1989 年 3 期 10 页

6）石器专题研究

A. 器类研究

台湾的史前遗物（一）石刀形制之分类及其系统　张光直　台湾公论报　1954 年 2 月 22 日　台湾风土　161 期

中国古代的石刀　安志敏　考古学报　1955 年第十册 27 页

略论长方形有孔石刀　饶惠元　考古通讯　1958 年 5 期 40 页

石刀形制的演化　陈邦雄　台湾风物　1968 年 18 卷 2 期 73 页

东北地区新石器时代石刀的研究　王嗣洲　东北地方史研究　1991 年 1 期 49 ~ 54 页

史前的石刀刃有多锋利　星灿　文物天地　1993 年 4 期 41 ~ 43 页

浅议安徽省薛家岗遗址出土的石刀　卢茂村　农业考古　1995 年 3 期 115 ~ 121 页

记玉丁宁馆藏的两件骨柄石刃刀　杨美莉　故宫文物月刊　1999 年 193 期 56 ~ 69 页

骨梗石刃刀探究　孙其刚　中国历史文物　2003 年 6 期 12 ~ 20 页

长方形多孔石刀源流考　郑建明　浙江学刊　2003 年增刊 149 ~ 157 页

玦形石环之研究　黄士强　中国民族学通讯　1967 年 7 期 22 页

台湾的石玦　黄士强　中国民族学通讯　1971 年 12 期 12 页

玦的研究　黄士强　考古人类学刊　1975 年 37/38 期 44 页

贵州有段石锛之研究　王海平　贵州省博物馆馆刊　1985 年创刊 16 页

论有段石锛和有肩石器　傅宪国　考古学报　1988 年 1 期 1 页

有段石锛和有肩石器的起源中心初探　傅宪国　中国文物报　1988 年 10 月 7 日 4 版

石器时代的石磨盘　吴加安　史前研究　1986 年 1/2 期 46 页

我国圆形石磨起源历史初探　卫斯　中国农史　1987 年 1 期 26 页

新石器时代的石磨盘、石磨棒　周昕　古今农业　2000 年 3 期 1～8 页

B. 功能与用途

台湾土著族的刮皮具与偏锋石器的用途　鹿野忠雄著　宋文薰译　台湾公论报　1952 年 4 月 18 日；台湾风土　155 期

试析锯齿石镰　杨肇清　中原文物　1981 年 2 期 23 页

石粗考　阎万石　考古与文物　1983 年 1 期 70 页

锯镰辨析　云翔　文物　1984 年 10 期 65 页

论石器的用途　宋先世　贵州省博物馆馆刊　1986 年 3 期 27 页

试论环状石器及其用途　张英、贾莹　中国考古学会第五次年会论文集　1988 年 3 月 167 页

试释几种石器的用途　汪宁生　中国原始文化论集　1989 年 6 月 378 页；民族考古学论集　1989 年 1 月 132 页

关于蓝田泄湖镇新石器遗址中出现大量盘状石器的初步认识　高兴学　江汉考古　1992 年 2 期 49～50 页

盘状器与古代农耕部落的太阳崇拜——"盘状器"用途新探　向安强　南方文物　1993 年 4 期 28～43 页

石器研究琐谈　曹兵武　中原文物　1994 年 3 期 107～108 页

河姆渡"石磨盘"质疑　黄渭金、卢小明　农业考古　2000 年 1 期 197～201 页

呼伦贝尔草原发现的环状石器及其用途　王成　北方文物　2002 年 2 期 22～24 页

金塔县所见新石器时代的射猎石器　陈康、段小强　敦煌研究 2003 年 1 期 8 ~ 12 页

从二重证据法论史前石拍的功能　邓聪　东南考古研究　2003 年第三辑 133 ~ 154 页

C. 其他

史前石斧的几种装柄方法　杨亚长　史前研究　1986 年 3/4 期 155 页

新石器时代有孔石斧的柄尾装饰物　于中航　中国文物报　1988 年 8 月 26 日 3 版

（4）铜器

铜鬶的启示　邵望平　文物　1980 年 2 期 86 页

中国早期铜器的几个问题　安志敏　考古学报　1981 年 3 期 269 页

中国早期铜器的初步研究　北京钢铁学院冶金史组　考古学报 1981 年 3 期 287 页

试论中国早期打制成形的铜盉——中西古代金属技术发展比较之三　万家保　大陆杂志　1983 年 6 月 66 卷 6 期 263 页

关于中原地区早期冶铜技术及相关问题的几点看法　李京华　文物 1985 年 12 期 75 页

中国早期铜器的发现与研究　华泉　史学集刊　1985 年 3 期 72 页

陶寺发掘出土的和二里头发掘出土的铜铃——早期技术演进的一个例子　万家保　大陆杂志　1987 年 11 月 75 卷 5 期 193 页

我国早期铜器　谢端琚　中国文物报　1988 年 3 月 11 日 3 版

中国早期铜器有关问题的再探讨　滕铭予　北方文物　1989 年 2 期 8 页

论中国早期铜器中的若干问题　杜逎松　故宫博物院院刊　1993 年 1 期 3 ~ 14 页

试论中国的早期铜器　安志敏　考古　1993 年 12 期 1110 ~ 1119 页

中国青铜时代早期形成的地域和年代初论　黄盛璋　传统文化与现

代化　1994 年 1 期 29~39 页

青海早期铜器的讨论　王国道　青海社会科学　1999 年 6 期 84~87 页

早期铜器与海岱文明（简稿）　何德亮　中国社会科学院古代文明研究中心通讯　2005 年 10 期　10~13 页

论中国的铜石并用时代　严文明　史前研究　1984 年 1 期 36 页

略述我国的铜石并用时代　杨杰　内蒙古社会科学　1985 年 4 期 46 页

试论铜器在中国原始社会氏族阶段分期中的重要作用　李先登　文物研究　1985 年 12 月第 1 期 89 页

论中国青铜时代艺术中的东方史前因素　刘敦愿　史前研究　1985 年 4 期 12 页

中国金属文化史上的"红铜时期"问题　金正耀　中国社会科学院研究生院学报　1987 年 1 期 59 页

试论中国铜器和青铜文化本土起源　吴诗池、李萍　中国文物世界　1994 年 8 期 27~33 页

王城岗遗址出土的铜器残片及其它　李先登　文物　1984 年 11 期 73 页

甘南出土的齐家文化铜镯　韩玉玲　陇右文博　2002 年 2 期 48 页

4. 墓葬研究

（1）综合研究

墓葬略说　王仲殊　考古通讯　1955 年 1 期 56 页

从墓葬发掘试探我国父系氏族社会的发展与解体　刘式今　社会科学战线　1980 年 1 期 202 页

说坟　黄展岳　文物　1981 年 2 期 89 页

略谈我国新石器时代的人祭遗存　李健民　中原文物　1981 年 3 期 27 页

新石器时代葬猪的宗教意义——原始宗教文化遗存探讨札记　王仁湘　文物　1981 年 2 期 79 页

试论我国人祭和人殉的起源　王克林　文物　1982 年 2 期 69 页

我国新石器时代的二次合葬及其社会性质　王仁湘　考古与文物 1982 年 3 期 43 页

试论氏族公社时期夫妻埋葬习俗的演变　夏之乾　云南社会科学 1982 年 5 期 59 页

中国史前时代的龟灵与犬牲　高广仁、邵望平　中国考古学研究——夏鼐先生考古五十年纪念论文集　1986 年 8 月 57 页

中国古代"人殉"和"人牲"研究概述　顾德融　中国史研究动态 1986 年 11 期 12 页

改变中国历史文化的大陆古墓群　蒲叔华　联合月刊（1986 年）64 期 81 ~ 87 页

中国古代的人牲人殉问题　黄展岳　考古　1987 年 2 期 159 页

中国史前期人牲人殉遗存的考察　黄展岳　文物　1987 年 11 期 48 页

宫室、礼制与伦理：古代建筑墓址的社会史解释　杜正胜　国史释论：陶希圣先生九秩荣庆祝寿论文集（上）1987 年 1 ~ 31 页

论中国古代的墓葬形制　蒲慕州　台湾大学文史哲学报（1989 年）37 期 233 ~ 280 页

玉敛葬式散论　朱启新　中国文物报　1996 年 1 月 28 日 3 版

中国王墓的出现　严文明　考古与文物　1996 年 1 期 24 ~ 26 页

试析史前遗存中的家畜埋葬　王吉怀　华夏考古　1996 年 1 期 24 ~ 31 页

中国古代人牲人殉新资料概述　黄展岳　考古　1996 年 12 期 53 ~ 61 页

我国史前及商周时代的"玲"略探　胡金华　远望集——陕西省考古研究所华诞四十周年纪念文集　1998 年 364 ~ 372 页

试论龙山文化时代的人殉和人祭　王磊　东南文化　1999 年 4 期

22～27 页

史前烧土墓与烧土坑　王仁湘　中国文物报　2001 年 5 月 23 日 7 版

先秦时期的生死观及埋葬思想　刘来成　河北省考古文集 （二）
2001 年 381～385 页

史前碎物葬　黄卫东　中原文物　2003 年 2 期 24～29 页

黄河下游的屈肢葬问题　高去寻　中国考古学报　1937 年 3 月第二
册 121 页

上村岭的屈肢葬及其渊源　林寿晋　考古　1961 年 11 期 625 页

《上村岭的屈肢葬及其渊源》管见　杨锡璋　1962 年 2 期 95 页

我国古代屈肢葬俗研究　容观复　中南民族学院学报　1983 年 2 期
40 页

桂林甑皮岩屈肢蹲葬根源之我见　张超凡　广西社会科学　1987 年 1
期 221 页

略论西安半坡等地发现的 "割体葬仪"　肖兵　考古与文物　1980
年 4 期 73 页

释新石器时代的 "割体葬仪"　容观复　史前研究　1984 年 4 期 23 页

谈谈同性埋葬习俗　夏之乾　史前研究　1984 年 4 期 98 页

史前的猎头与断头葬　陈星灿　中国社会科学院研究生院学报
1989 年 6 期 73 页

从埋葬制度探讨社会制度的有益尝试——《元君庙仰韶墓地》读后
严文明　史前研究　1984 年 4 期 106 页

从原始人墓葬中可以看到当时社会制度的哪些方面？　申男　文物
天地　1984 年 5 期 41 页

我国史前时期的墓葬　曾骐　史前研究　1985 年 2 期 18 页

中国父系氏族制发展阶段的考古学观察——对含男性居本位的合葬
墓墓地的若干分析　张忠培　吉林大学社会科学学报　1987 年 1 期 1 页

试论我国早期土洞墓 谢端琚 考古 1987 年 12 期 1097 页

试论黄河流域的洞室墓 赵建龙 西北史地 1988 年 3 期 29 页

略论我国史前时期瓮棺葬 许宏 考古 1989 年 4 期 331 页

黄河流域史前合葬墓反映的社会制度的变迁 张忠培 华夏考古 1989 年 4 期 94 页

史前居室葬俗的研究 陈星灿 华夏考古 1989 年 2 期 93 页

我国新石器时代墓葬方向研究 王仁湘 中国原始文化论集 1989 年 6 月 320 页

原始人的埋葬方向种种（上）（下） 王仁湘 中国文物报 1989 年 7 月 28 日 3 版、8 月 4 日 3 版

中国新石器时代的合葬墓 王辉 西北史地 1990 年 4 期 51～60 页

中国新石器墓葬成年人骨性比异常的问题 陈铁梅 考古学报 1990 年 4 期 511～522 页

我国原始时代葬俗演变分类试论 吴存浩 民俗研究 1991 年 1 期 42～50 页

我国古代墓葬制度的变迁 廖鸿 中国民政 1991 年 3 期 28～29 页

对史前时期成年男女合葬墓的初步探讨 尚民杰 中国史研究 1991 年 3 期 50～57 页

史前墓葬分期：排序研究方法的考察——从史家墓地的分析结果谈起 朱乃诚 考古 1991 年 3 期 233～237 页

墓葬的考古学研究——理论与方法探讨 韩建业 东南文化 1992 年 3～4 期 32～37 页

中国古代洞室墓 〔日〕高滨侑子著 韩剑译 文博 1994 年 1 期 17～22 页

丧葬礼俗起源初探 刘曙光 中原文物 1994 年 2 期 62～66 页

中国境内石构墓葬形式的演变略论 谭长生 华夏考古 1994 年 4 期 53～60 页

新石器时代墓葬中随葬劳动工具的考察——以黄河中游地区为例 云翔 考古求知集 1997 年 83～113 页

古代特殊葬俗丛考　汪宁生　故宫文物月刊　1997 年 176 期 98～111 页

新石器时代典型巫师墓葬剖析　张得水　中原文物　1998 年 4 期 27～34 页

新石器时代"灰坑葬"中所见祭祀现象　李伊萍　青果集——吉林大学考古系建系十周年纪念文集　1998 年 162～166 页

我国古代氏族社会二次葬　张锴生　中原文物　1999 年 1 期 43～48 页

我国史前居室葬俗述略　刘国祥　中国文物报　2000 年 9 月 27 日 13 版

二次葬式流变　尚民杰　史前研究（2000）2000 年 477～482 页

墓葬价值与类型价值——介绍墓葬研究中的一种量化方法　秦岭　青年考古学家　2002 年 14 期 6～12 页

从氏族公共墓地到族坟墓——谈中原地区早期的埋葬制度　张得水　中原文物考古研究　2003 年 12～19 页

史前墓葬考古研究质疑　郑阳力、罗先文　绥化师专学报　2004 年 24 卷 1 期 114～115 页

史前墓地研究述评　王芬　东南文化　2004 年 5 期 16～20 页

论洛阳古代墓葬的特点　董延寿　史学月刊　2005 年 9 期 22～29 页

史前棺椁的产生、发展和棺椁制度的形成　栾丰实　文物　2006 年 6 期 49～55 页

屈肢葬——一种可能由南往北传播的葬俗　冯孟钦　岭南考古研究（5）2006 年 111～117 页

中国古代屈肢葬谱系梳理　韩建业　文物　2006 年 1 期 53～60 页

（2）个案研究

1）黄河流域

黄河流域新石器时代墓土标志初探　周广济　西北史地　1990 年 1 期 52～57 页

黄河流域史前葬俗与社会制度（上、下）　张忠培、朱延平　文物季刊　1994 年 1 期 1～28、2 期 1～18 页

浅谈中原地区原始葬具 王晓 中原文物 1997 年 3 期 93~100 页

黄河流域前期新石器时代墓葬的研究 白云翔、张建锋 华夏考古 2001 年 2 期 14~28 页

中原地区棺椁制度的起源与发展 张得水 中原地区文明化进程学术研讨会文集 2006 年 299~306 页

黄河中、下游地区早期异类葬研究（内容提要） 雷英 古代文明研究通讯 总 30 期 2006 年 23 页

试论裴李岗新石器时代早期墓葬的分期 金家广 考古与文物 1987 年 2 期 31 页

裴李岗文化墓葬初步考察 李友谋 中原文物 1987 年 2 期 86 页

裴李岗文化墓地初探 朱延平 华夏考古 1987 年 2 期 176 页

裴李岗文化墓地再探 朱延平 考古 1988 年 11 期 1021 页

关于裴李岗文化墓葬的几个问题 朱延平 考古 1989 年 11 期 1006 页

试论莪沟墓葬分期 金家广 磁山文化论集 1989 年 6 月 157 页

裴李岗文化葬俗浅议 王晓 中原文物 1996 年 1 期 76~80 页

裴李岗墓地新探 戴向明 华夏考古 1996 年 3 期 65~79 页

试论裴李岗文化墓葬分期 周军 洛阳考古四十年——一九九二年洛阳考古学术研讨会论文集 1996 年 76~83 页

舞阳贾湖遗址墓葬分期研究 段天璟 华夏考古 2006 年 2 期 57~66 页

仰韶文化的埋葬制度 金则恭 考古学集刊 1984 年 10 月第 4 期 222 页

从墓葬发掘来看仰韶文化的社会性质 吴汝祚 考古 1961 年 12 期 691 页

关于根据半坡类型的埋葬制度探讨仰韶文化社会制度问题的商榷 张忠培 考古 1962 年 7 期 377 页

关于解释半坡类型墓葬制度的商榷 夏之乾 考古 1965 年 11 期

582 页

仰韶文化葬俗和社会组织的研究——对仰韶母系社会说及其方法论的商榷　汪宁生　文物　1987 年 4 期 36 页；民族考古学论集　1989 年 1 月 116 页

从濮阳蚌壳龙虎墓的发现谈仰韶文化的社会性质　丁清贤、孙德萱、赵连生、张相梅　中原文物　1988 年 1 期 43 页

仰韶文化合葬习俗的几点补充解释　方杨　考古　1962 年 3 期 158 页

对仰韶文化多人合葬的一点看法　夏之乾　考古　1976 年 6 期 361 页

半坡类型多人合葬墓与母系家族　吴绵吉　人类学研究　1984 年 1 月 239 页

谈谈仰韶文化的瓮棺葬　李仰松　考古　1976 年 6 期 356 页

论仰韶文化的"二次葬"　曹桂岑　论仰韶文化　1986 年 12 月 201 页

元君庙墓地反映的社会组织初探　张忠培　中国考古学会第一次年会论文集　1980 年 12 月 23 页

元君庙墓地的分期与布局——《元君庙仰韶墓地》商榷　马洪路　中原文物　1985 年 1 期 35 页

答《元君庙仰韶墓地》商榷　张忠培　中原文物　1985 年 4 期 30 页

元君庙墓地反映的社会性质　艾延丁　论仰韶文化　1986 年 12 月 196 页

横阵仰韶文化墓地的性质与葬俗　邵望平　考古　1976 年 3 期 168 页

华阴横阵母系氏族墓地剖析　李文杰　考古　1976 年 3 期 173 页

横阵墓地试析　严文明　文物与考古论集　1986 年 12 月 66 页

史家村墓地的研究　张忠培　考古学报　1981 年 2 期 147 页

史家墓地再检讨　陈雍　史前研究　1986 年 3/4 期 158 页

关于元君庙、史家村仰韶墓地的讨论　伊竺　考古　1985 年 9 期 813 页

元君庙、史家村仰韶墓地刍议　侯升　北方文物　1988 年 1 期 15 页

华县梓里仰韶人葬俗的意义　张洲　西北大学学报　1989 年 4 期 72 页

试论关中地区仰韶文化的二次合葬墓　王志俊　文博　1990 年 4 期

24 ~ 32 页

陕西滑南北刘遗址庙底沟类型墓葬人骨的研究 高强 文博 1990年 4 期 96 ~ 105 页

北首岭遗址广场墓葬的特殊含义 卜工 辽海文物学刊（1990）2 辑 45 ~ 54 页

略谈裴李岗文化的埋葬制度 郑乃武 中国考古学论丛 1993 年 29 ~ 39 页

横阵墓地初识 朱延平 青果集 1993 年 42 ~ 58 页

中原龙山文化葬制研究 高炜 中国考古学论丛 1993 年 90 ~ 105 页

龙岗寺新石器时代公共墓地的发掘与初步研究 魏京武、杨亚长 考古学研究（陕西）1993 年 91 ~ 111 页

横阵排葬墓再检讨 陈雍 考古 1994 年 10 期 929 ~ 934 页

姜寨一期墓地再探 赵春青 华夏考古 1995 年 4 期 26 ~ 39 页

元君庙仰韶墓地的研究 朱乃诚 考古学集刊第 9 集 1995 年 162 ~ 199 页

濮阳西水坡蚌壳龙虎图案研究述评 孙德萱、李忠义 河南文物考古论集 1996 年 17 ~ 23 页

濮阳西水坡 M45 与第二、三组蚌塑图关系的讨论 方酉生 中原文物 1997 年 1 期 58 ~ 59 页

龙岗寺仰韶墓地葬俗管窥 尚民杰 考古与文物 1997 年 1 期 26 ~ 30 页

从墓葬看仰韶文化的社会状况 张曼晨 史前研究——西安半坡博物馆成立四十周年纪念文集 1998 年 333 ~ 335 页

姜寨遗址半坡文化墓葬分期试析 张治强 考古 1999 年 12 期 61 ~ 68 页

对濮阳蚌塑龙虎墓的几点看法 孙其刚 中国历史博物馆馆刊 2000 年 1 期 14 ~ 21 页

豫西地区史前成人瓮棺合葬墓试析 俞凉亘 耕耘论丛（二）2002

年 23～26 页

濮阳西水坡 M45 号墓的释读问题　叶林生　苏州大学学报（哲学社会科学版）　2004 年 2 期 103～107 页

读《洞悉一切的"第三只眼"》联想到濮阳西水坡仰韶文化遗址 M45 墓主人身份问题　李京华　中国文物报　2004 年 11 月 12 日 7 版

仰韶墓葬试解读——半坡类型墓葬随葬品的意义与作用　张幼萍　史前研究（2004）2005 年 165～172 页

龙岗寺半坡文化墓葬的几个问题　李英华　华夏考古　2005 年 3 期 68～77 页

姜寨一期墓地的初步研究　黄可佳　中国历史文物　2006 年 3 期 34～44 页

关于陶寺墓地的几个问题　高炜、高天麟、张岱海　考古　1983 年 6 期 531 页

陶寺墓地及其相关问题　宁立新　太原师专学报　1987 年 1 期 75 页

陶寺中期大墓 M22 随葬公猪下颌意义浅析　罗明　中国文物报 2004 年 6 月 4 日 7 版

有关清凉寺墓地的几个问题　王晓毅、薛新明　文物　2006 年 3 期 63～65 页

山西芮城清凉寺史前墓地死者身份解析　薛新明　西部考古（第一辑）2006 年 94～105 页

关于大汶口文化及其墓葬制度剖析中的几个问题　胡顺利　文物 1977 年 7 期 54 页；大汶口文化讨论文集　1979 年 11 月 173 页

略论大汶口的男女合葬墓　于中航　大汶口文化讨论文集　1979 年 11 月 182 页

对大汶口男女合葬墓的一些分析　黎家芳　文物集刊　1980 年 1 月 1 期 74 页

略论大汶口的男女合葬墓　钟航　文物集刊　1980 年 1 月 1 期 79 页

大汶口男女合葬墓的时代和性质　薛寿菽　东岳论丛　1982 年 1 期 95 页

大汶口墓葬出土的酒器　李健民　考古与文物　1984 年 6 期 64 页

试论大汶口文化的三处墓地　吴汝祚　考古学报　1987 年 3 期 275 页

陵阳河墓地刍议　王树明　史前研究　1987 年 3 期 49 页

大汶口文化的葬俗　高广仁　中国原始文化论集　1989 年 6 月 334 页

大汶口文化的墓葬　吴汝祚　考古学报　1990 年 1 期 1～18 页

大汶口文化墓葬中龟甲用途的推测　王树明　中原文物　1991 年 2 期 22～26、36 页

大汶口墓地分析　韩建业　中原文物　1994 年 2 期 48～60 页

论大汶口文化的合葬墓　何德亮　华夏考古　1994 年 3 期 49～56 页

大汶口——龙山文化屈肢葬俗探析　何德亮、牛瑞红　辽海文物学刊　1996 年 1 期 79～84 页

枣庄建新大汶口文化墓葬分析　何德亮、牛瑞红　中原文物　1996 年 4 期 23～34 页

略论邹县野店大汶口文化墓葬分期　董新林　北方文物　1999 年 2 期 12～20 页

论陵阳河大汶口文化墓葬所反映的社会分层——从文化人类学和民族学角度说起　燕生东、尹秀蛟　江汉考古　2001 年 1 期 47～55 页

试论大汶口文化的合葬墓　王光明　文物春秋　2005 年 1 期 1～9 页

安徽尉迟寺大汶口文化土坑墓随葬品所反映的社会现象　马艳　四川文物　2005 年 5 期 22～29 页

龙山时代的古城与墓葬　靳桂云　华夏考古　1998 年 1 期 38～45 页

山东龙山文化墓葬形态研究——龙山时期社会分化、礼仪活动及交换关系的考古学分析　刘莉　文物季刊　1999 年 2 期 32～49 页

山东龙山文化大型墓葬分析　于海广　考古　2000 年 1 期 61～67 页

王因墓地分析　王芬　考古学报　2006 年 1 期 1～30 页

青海乐都柳湾原始社会墓地反映出的主要问题　青海省文物管理处考古队、中国科学院考古研究所青海队　考古　1976年6期365页

柳湾墓地中的三个问题　王杰　考古与文物　1982年6期56页

试论马厂类型墓葬的几个问题　袁靖　中国原始文化论集　1989年6月109页

对临夏遗迹合葬墓的一点说明　郭沫若　考古　1964年8期379页

齐家文化墓葬的初步剖析　吴汝祚　史前研究　1983年2期58页

略论齐家文化墓葬　谢端琚　考古　1986年2期147页

齐家文化墓葬的几种埋葬方式　王吉怀　考古与文物　1989年6期47页

柳湾墓地与氏族制度研究　尚民杰　青海社会科学　1990年5期82～87页

甘肃鸳鸯池和土谷台两墓地的初步剖析　吴汝祚　考古　1990年1期56～65页

秦安王家阴洼墓地结构的分析　许永杰　考古与文物　1992年2期46～60页

关于民和阳山墓地的两个问题　尚民杰　青海文物　1994年总第8期56～61页

从柳湾墓地的埋藏习俗看婚姻形态　吴平　青海文物　1994年总第8期69～73页

王家阴洼墓地婚姻形态初探　王占奎　考古与文物　1996年3期31～38页

东灰山墓地的几个问题的检讨　张忠培　史前研究——西安半坡博物馆成立四十周年纪念文集　1998年76～84页

论宗日火葬墓及其相关问题　李锦山　考古　2002年11期50～59页

甘青地区史前期的火葬墓举例　陈洪海　考古与文物　2002年增刊·先秦考古150～152页

甘青地区史前文化中的二次扰乱葬辨析　陈洪海　考古　2006年1期54～68页

2）长江流域

碰撞与征服——花厅墓地埋葬情况的思考　严文明　文物天地 1990 年 6 期 18～20 页

花厅墓地初论　栾丰实　东南文化　1992 年 1 期 71～77 页

花厅墓地初探　王根富　东南文化　1992 年 2 期 124～136 页

新沂花厅墓地的发现及其意义　钱锋　中国考古学会第八次年会论文集　1996 年 69～83 页

花厅墓地浅析　徐坚　东南文化　1997 年 3 期 32～41 页

新沂市博物馆藏花厅墓地出土文物　臧公珩　东南文化　1998 年 3 期 53～55 页

花厅墓地"文化两合现象"的分析　高广仁　东南文化　2000 年 9 期 25～30 页

花厅墓地研究　王根富　南京大学历史系考古专业成立三十周年纪念文集　2002 年 110～126 页

反山墓地与随葬玉器　姚水荣　良渚文化　1987 年 12 月 124 页

反山良渚文化墓地初论　王明达　文物　1989 年 12 期 48 页

略论江浙地区史前文化的埋葬习俗　陈国庆　东南文化　1990 年 5 期 294～296 页

试析浙江余杭反山、瑶山两良渚文化墓地的几个问题　吴汝祚　华夏考古　1991 年 4 期 80～86 页

太湖文化区史前时期的墓葬　吴汝祚　文物　1992 年 11 期 69～72 页

从反山墓地和瑶山祭坛论良渚文化的社会性质　李绍连　中原文物 1992 年 3 期 74～78 页

福泉山良渚文化墓地剖析　孙维昌　南方文物　1993 年 3 期 20～27 页

良渚文化祭坛与大墓共存的关系探索　沈德祥　东南文化　1994 年 5 期 58～59 页

考古发掘的第一座良渚文化大墓——苏州草鞋山第 198 墓　汪遵国 中国文物世界　1996 年 134 期 53～70 页

赵陵山墓地和良渚文化的等级制度　陆建方　中国文物世界　1996年133期56~60页

鸟冠　江松　中国文物世界　1996年135期81~89页

良渚神祇与祭坛　杜金鹏　考古　1997年2期52~62页

良渚文化祭坛墓地概论　朱乃诚　考古求知集　1997年239~25页

良渚文化大墓试析　张弛　考古学研究　1997年（三）57~67页

马家浜诸文化墓葬头向等变化探源　彭景元　南方文物　1998年4期27~30页

反山、瑶山墓地年代学研究　方向明　东南文化　1999年6期36~44页

良渚文化祭坛、墓地及其反映的社会形态初探　赵晔　良渚文化研究——纪念良渚文化发现六十周年国际学术讨论会文集　1999年291~299页

良渚文化祭坛释义：兼释人工大土台和安溪玉璧刻符　董楚平　浙江社会科学　1999年3期143~148页

塔山下层墓地与塔山文化　蒋乐平　东南文化　1999年6期26~35页

崧泽墓地随葬陶器的编年研究　赵辉　东南文化　2000年3期11~24页

良渚文化祭坛释义兼释人工土台和安溪玉璧刻符　董楚平　故宫文物月刊　2001年216期60~75页

良渚文化人殉人祭现象试析　赵晔　南方文物　2001年1期32~37页

余杭良渚文化显贵墓地的发掘与研究　赵晔　南京大学历史系考古专业成立三十周年纪念文集　2002年104~109页

福泉山良渚文化墓地的家族与奴隶迹象　黄宣佩　中国社会科学院古代文明研究中心通讯　2003年5期9~11页

广富林遗址良渚文化墓葬与水井的发掘　周丽娟　东南文化　2003年11期27~30页

福泉山良渚文化墓地的家庭与奴隶迹象　黄宣佩　长江下游地区文明化进程学术研讨会论文集　2004年124~135页

广富林遗址良渚文化墓地研究　周丽娟　长江下游地区文明化进程学术研讨会论文集　2004 年 136～154 页

福泉山墓地研究　秦岭　古代文明　2005 年第 4 卷 1～36 页

反山 M12 再思——良渚遗址群显贵者墓葬个案的研究　方向明　南方文物　2006 年 2 期 48～58 页

瑶山墓地研究　吴敬　东南文化　2006 年 6 期 17～20 页

论良渚文化的高台墓地　刘恒武　西北大学学报（哲学社会科学版）2006 年 5 期 119～124 页

良渚文化的祭坛与观象测年　刘斌　浙江省文物考古研究所学刊第八辑——纪念良渚遗址发现七十周年学术研讨会文集　2006 年 428～438 页

龙虬庄遗址墓葬统计学分析尝试　王奇志　东南文化　2003 年 1 期 19～22 页

龙虬庄墓地葬俗研究　夏寒　东南文化　2004 年 4 期 18～24 页

江苏青墩史前墓葬研究　夏寒　南方文物　2005 年 1 期 54～60 页

江苏沿海原始墓地红陶钵盖头葬俗初探——兼谈头向朝东的仰身直肢葬的含义　丁义珍、刘桂凤　东南文化　1988 年 2 期 74 页

窥探凌家滩墓地　张忠培　文物　2000 年 9 期 55～63 页

凌家滩墓地发掘的意义　吴汝祚　凌家滩文化研究　2006 年 22～27 页

窥探凌家滩墓地　张忠培　凌家滩文化研究　2006 年 40～49 页

湖南湘乡岱子坪遗址第二期墓葬的初步剖析　吴汝祚　江汉考古 1986 年 2 期 64 页

划城岗遗址中一期墓地剖析　吴汝祚　江汉考古　1987 年 1 期 22 页

三元宫墓葬的分期及其文化性质　朱乃诚　考古　1990 年 5 期 433～440 页

屈家岭文化墓葬浅析　周光林　江汉考古　1993 年 4 期 34～40 页

对三峡坝区新石器时代墓葬的初步认识　杨权喜　湖北省考古学会论文选集（三）1998 年 11~16 页

长江三峡地区远古人类埋葬习俗（墓葬）资料的考古发现与研究　杨华　东南文化　2000 年 3 期 33~44 页

长江中游地区新石器时代墓地研究　赵辉　考古学研究（四）2000 年 23~54 页

石家河文化的墓葬　郭立新、雷冠中　江苏文史研究　2001 年 1 期 42~44 页

试论洞庭湖区史前墓葬　郭伟民　南京大学历史系考古专业成立三十周年纪念文集　2002 年 127~138 页

解开大溪人的丧葬之谜——巫山大溪遗址　白九江　文物天地 2003 年 6 期（重庆篇）46~47 页

三峡地区土坑洞室墓初探　孟华平　江汉考古　2004 年 2 期 48~55 页

从顾家坡墓地的发掘看史前时代文化交叉地带的部落冲突　贾汉清　华夏考古　2004 年 4 期 77~86 页

石家河文化晚期的瓮棺葬研究　郭立新　四川文物　2005 年 3 期 22~26 页

屈家岭文化中的儿童瓮棺葬　龚丹　上海文博论丛　2006 年 3 期 40~43 页

屈家岭文化中的儿童埋葬方式探析　龚丹　东南文化　2006 年 5 期 10~14 页

郑家墓地陶器分析新论　曹柯平　岭南考古研究（5）2006 年 132~156 页

3）华南地区

关于红头屿的埋葬样式　国分直一　台湾文化　1949 年 5 卷 1 期 45 页

台湾先史时代的埋葬习俗　国分直一著　宋烨译　台湾公论报 1954 年 6 月 7 日；台湾风土　176 期

台湾史前的石棺与埋葬风俗 黄士强 "国家科学委员会"年报62～63年 1974年408页

卑南墓葬群的墓葬方向问题 毕长朴 中央日报 1981年5月19日

壮族地区新石器时代墓葬及其有关问题的探讨 覃彩銮 广西民族学院学报 1984年3期35页

南宁地区新石器时代墓葬剖析 覃彩銮 考古 1984年11期1030页

台湾史前的埋葬模式 何传坤 香港中文大学 中国文化研究所学报 1988年19期433页

台湾史前的埋葬模式 〔美〕何传坤著 鲍卫东译 东南文化1992年1期93～112页；3～4期73～81页；6期76～95页

东湾仔北史前墓地的考古人类学观察——兼论古代遗存的研究视野 易西兵、罗耀 岭南考古论文集（1）2001年88～97页

邕宁县顶蛳山遗址葬俗试释 覃芳 广西民族研究 2002年2期107～110页

石峡文化墓葬所反映的若干问题 朱非素 中国考古学会第三次年会论文集 1984年4月90页

漫谈石峡文化的二次葬 曾骐 历史大观园（广州） 1985年12期36页

华南地区史前墓葬探析 陈远徘（王非）华南及东南亚地区史前考古——纪念甑皮岩遗址发掘30周年国际学术研讨会论文集 2006年207～222页

台中惠来遗址俯身葬新见解 何传坤 九十四年台湾考古工作会报报告集 2006年（14～1）～（14～10）页

4）东北地区

试论红山文化墓葬 高美璇 北方文物 1989年1期25页

东北地区新石器时代至青铜时代葬俗试析 陈国庆 吉林大学社会科学学报 1989年4期90页

牛河梁红山文化遗存丧葬习俗初探　尚晓波　青果集　1993 年 110 ～ 113 页

新开流墓地试析　朱延平　中国考古学论丛（1993 年）56 ～ 62 页

牛河梁红山文化第三地点积石冢石棺墓　魏凡　辽海文物学刊 1994 年 1 期 9 ～ 13 页

兴隆洼文化居室葬俗及相关问题探讨　杨虎、刘国祥　考古　1997 年 1 期 27 ～ 36 页

红山文化墓葬剖析　华玉冰、杨荣昌　青果集——吉林大学考古系建系十周年纪念文集　1998 年 35 ～ 43 页

试析兴隆洼文化的居室墓葬　吕春林　青年考古学家　2000 年 12 期 19 ～ 22 页

兴隆洼文化居室葬俗再认识　刘国祥　华夏考古　2003 年 1 期 43 ～ 51 页

牛河梁红山文化积石冢探析　徐子峰　中央民族大学学报（哲学社会科学版）　2005 年 32 卷 2 期 58 ～ 63 页

牛河梁红山文化积石冢探析　徐子峰　红山文化研究——2004 年红山文化国际学术研讨会论文集　2006 年 161 ～ 169 页

红山文化与陶寺文化埋葬习俗及历史源流的比较研究　李健民、陈春生　红山文化研究——2004 年红山文化国际学术研讨会论文集　2006 年 225 ～ 233 页

论辽西和辽东南部史前时期的积石冢　栾丰实　红山文化研究——2004 年红山文化国际学术研讨会论文集　2006 年 550 ～ 564 页

5）其他地区

西藏高原史前时期墓葬的考古发现与研究　霍巍　中国藏学　1994 年 4 期 46 ～ 60 页

元谋大墩子新石器时代遗址成人墓葬新探　段志刚　文物考古文集 1997 年 71 ～ 77 页

试析西藏史前石棺葬的类型与年代　夏格旺堆　西藏研究　1998 年 4

期 40 ~ 44 页

哈密焉不拉克墓地单人葬、合葬关系及相关问题探讨 李文瑛 新疆文物 1997 年 2 期 23 ~ 30 页

塔里木盆地的干尸 〔美〕维克托·H. 梅著 俞为洁译 新疆文物 1997 年 4 期 74 ~ 77 页

额尔齐斯河畔的石器遗存及其类型学研究 伊弟利斯·阿不都热苏勒等 新疆文物 1998 年 3 期 45 ~ 54 页

新疆地区史前时期多人二次合葬墓试析 刘学堂 中国文物报 1999 年 3 月 3 日 3 版

5. 人口、性别与体质人类学

（1）人口与性别研究

原始社会人口控制之谜 王仁湘 化石 1980 年 4 期 19 页

半坡人杀女婴吗？——《原始社会人口控制之谜》商榷 汤池 化石 1981 年 4 期

新石器时代人口发展刍议 陈一得 中国文物报 1988 年 7 月 8 日 3 版

元君庙墓地所反映的人口自然结构之分析 辛怡华 考古 1991 年 5 期 436 ~ 441 页

聚落规模与人口增长趋势推测——长江中游地区新石器时代各发展阶段的相对人口数量的研究 郭凡 南方文物 1992 年 1 期 55 ~ 59 页

从我国史前考古测年数据的分布看古气候和史前人口的相互关系 陈铁梅 考古学研究（二）（北京）1994 年 10 ~ 18 页

人口数量的分析与社会组织结构的复原——以龙岗寺、元君庙和姜寨三处墓地为分析对象 朱乃诚 华夏考古 1994 年 4 期 46 ~ 51 页

校《元君庙墓地所反映的人口自然结构之分析》 素勤 考古与文

物 1995 年 5 期 72～74 页

关于史前文化城址的规模与人口问题 马世之 河南文物考古论集 1996 年 170～175 页

新石器时代的人口增长机制 〔美〕费克里·A. 哈桑著 龚国强译 莫润先校 新疆文物 1997 年 3 期 96～104 页

我国新石器时代人口性别构成再研究 王仁湘 考古求知集 1997 年 68～82 页

"人口考古学"研究刍议 王建华 中国文物报 2001 年 12 月 7 日 7 版

史前人口研究初论 王建华 文物 2003 年 4 期 35～39 页

江苏金坛三星村新石器时代墓葬中的人口统计与研究 张君、王根富 文物 2004 年 2 期 54～60 页

仰韶文化时期的人口问题研究 辛怡华 考古学集刊 14 集 2004 年 280～310 页

日照两城地区聚落考古人口问题 方辉等 华夏考古 2004 年 2 期 37～40 页

黄河中下游地区史前人口研究 王建华 中国文物报 2005 年 12 月 30 日 7 版

关于人口考古学的几个问题 王建华 考古 2005 年 9 期 50～59 页

河北阳原姜家梁新石器时代遗址人口寿命研究 李法军 中山大学学报（社会科学版） 2006 年 1 期 62～66 页

江苏高邮龙虬庄史前墓葬人口状况分析 夏寒 江汉考古 2006 年 2 期 40～46 页

探求墓地延续时间的人口学方法——以好川墓地的研究为例 汪洋、翟扬 中国文物报 2006 年 9 月 29 日 7 版

论长江中游地区新石器时代晚期的生计经济与人口压力 郭立新 华夏考古 2006 年 3 期 33～39 页

从性角色的渲染到性别角色的出现——新石器时代的男女之别 赵东玉 中国历史文物 2006 年 5 期 20～32 页

性别考古与玉璜的社会学观察　陈淳、孔德贞　考古与文物　2006年 4 期 31～37 页

（2）体质人类学研究

人类骨骼在考古学研究中的地位　颜訚　考古通讯　1958 年 5 期 55～61 页

人类学与考古学的关系——人类骨骼性别和年龄的鉴定　颜訚　考古　1961 年 7 期 364～370 页

人骨的年龄、性别和人种鉴定　王令红　化石　1982 年 3 期 14～15 页

零散人肢骨材料在考古上的采用　刘振华　博物馆研究　1984 年 3 期 80～84 页

1）人种学

原始时代东北居民与中国之关系　田凤章　禹贡半月刊　1937 年 5 月 7 卷 5 期 1 页

我国新石器时代居民种系分布研究　潘其风、韩康信　考古与文物　1980 年 2 期 84 页

大汶口文化居民的种属问题　韩康信、潘其风　考古学报　1980 年 3 期 387 页

古代中国人种成分研究　韩康信、潘其风　考古学报　1984 年 2 期 245 页

下王岗新石器时代居民的种族类型　张振标、陈德珍　史前研究　1984 年 1 期 69 页

中国新石器时代居民体质类型及其继承关系　陈德珍　人类学学报　1986 年 5 卷 2 期 114 页

中国新石器时代和现代居民的时代变化和地理变异——颅骨测量性状的统计分析研究　王令红　人类学学报　1986 年 5 卷 3 期 243 页

中国古代居民种系分布初探　潘其风　考古学文化论集（一）1987 年 12 期 221 页

仰韶新石器时代人类学材料种系特征研究中的几个问题　韩康信　史前研究辑刊　1988 年 240 页

中国新石器时代种族人类学研究　韩康信　中国原始文化论集 1989 年 6 月 40 页

考古学文化与古代人种　焦天龙　中国文物报　1989 年 4 月 28 日 3 版

黄河流域新石器时代居民体质特征的聚类分析　朱泓　北方文物 1990 年 4 期 14～16 页

中国新石器时代居民体质特征的多元统计分析　孟庆福等　社会科学战线　1992 年 4 期 316～322 页

西北地区古代居民人种成分研究史　郑晓英　考古与文物　1995 年 3 期 86～89 页

西北地区古代居民体质特征的地理变异　郑晓瑛　文博　1996 年 6 期 11～15 页

早期新石器时代贾湖遗址人类的体质特征及与其他地区新石器时代人和现代人的比较　陈德珍、张居中　人类学学报　1998 年 17 卷 3 期 191～211 页

中国东北地区的古代种族　朱泓　文物季刊　1998 年 1 期 54～63 页

辽河流域古代居民的种系构成及相关问题　王明辉　华夏考古 1999 年 2 期 56～66 页

日本弥生时代居民与中国古代居民的人种学比较　潘其风、朱泓　华夏考古　1999 年 4 期 63～67 页

试析华夏族体质特征的形成　汪炜　文物研究第 12 辑　2000 年 309～312 页

中国古代居民种族人类学研究的回顾与前瞻　朱泓　中国考古学跨世纪的回顾与前瞻（1999 年西陵国际学术研讨会文集）　2000 年 118～127 页

圩墩遗址新石器时代居民的人种学研究　魏东　文物春秋　2000 年 5 期 11 ~ 17 页

先秦时期我国居民种族类型的地理分布　潘其风、朱泓　苏秉琦与当代中国考古学　2001 年 525 ~ 535 页

陶寺居民人类学类型的研究　李法军　文物春秋　2001 年 4 期 8 ~ 16 页

中国南方地区古代种族　朱泓　吉林大学社会科学学报　2002 年 3 期 5 ~ 12 页

内蒙古长城地带的古代种族　朱泓　边疆考古研究 1 辑（2002）301 ~ 313 页

试论中国南方新石器时代居民的种系源流　周黎明　东南文化 2003 年 3 期 14 ~ 18 页

中原地区的古代种族　朱泓　庆祝张忠培先生七十岁论文集　2004 年 549 ~ 557 页

辽西地区古代居民的体质特征及相关问题　王明辉　红山文化研究——2004 年红山文化国际学术研讨会论文集　2006 年 565 ~ 581 页

2）人骨鉴定

甘肃齐家文化墓葬中头骨的初步研究　颜訚　考古学报　1955 年第九册 193 页

宝鸡新石器时代人头骨的研究报告　颜訚等　古脊椎动物与古人类 1960 年 2 卷 1 期 33 页

西安半坡人骨的研究　颜訚、吴新智、刘昌芝、顾玉珉　考古 1960 年 9 期 36 页

华县新石器时代人骨的研究　颜訚　考古学报　1962 年 2 期 85 页

大汶口新石器时代人骨的研究报告　颜訚　考古学报　1972 年 1 期 91 页

西夏侯新石器时代人骨的研究报告　颜訚　考古学报　1973 年 2 期 91 页

陕西华阴横阵的仰韶文化人骨　考古研究所体质人类学组　考古 1977 年 4 期 247 页

陕县庙底沟二期文化墓葬人骨的研究　韩康信、潘其风　考古学报 1979 年 2 期 255 页

河南长葛石固早期新石器时代人骨研究　陈德珍、吴新智　人类学学报　1985 年 4 卷 3 期 205 页、4 卷 4 期 314 页

渭南北刘早期新石器时代人骨的研究　高强、张端岭　史前研究 1986 年 3/4 期 113 页

临潼姜寨一期文化墓葬人骨研究　夏元敏、巩启明、高强、周春茂 史前研究　1983 年 2 期 112 页

临潼姜寨第二期墓葬人骨研究　巩启明、高强、周春茂、王志俊 中国考古学研究论集　1987 年 12 月 99 页

山东诸城呈子新石器时代人骨　韩康信　考古　1990 年 7 期 644～654 页

陕西铜川吕家崖遗址史前墓葬人骨性别与年龄鉴别　高强　考古与文物　1993 年 6 期 27 页

宁夏海原菜园村新石器时代墓地人骨的性别年龄鉴定与体质类型 韩康信　中国考古学论丛　1993 年 170～181 页

古代人骨研究的新方法　张君　中国文物报　1996 年 5 月 19 日 3 版

浅议人骨鉴定　杨永清　陇右文博创刊号　1996 年 52～54 页

饮牛沟墓地 1997 年发掘出土人骨研究　何嘉宁　岱海考古（二）——中日岱海地区考察研究报告集　2001 年 527～541 页

陕西神木县寨峁遗址古人骨研究　方启　边疆考古研究第 2 辑　2004 年 316～336 页

河南禹州市瓦店新石器时代人骨研究　朱泓等　考古　2006 年 4 期 87～94 页

宗日遗址墓葬出土人骨的研究　陈靓　西部考古（第一辑）2006 年 114～129 页

南京北阴阳营新石器时代晚期人类遗骸（下颌骨的研究）　吴定良 古脊椎动物与古人类　1961 年 3 卷 1 期 49 页

江苏邳县大墩子新石器时代人骨的研究　韩康信、陆庆伍、张振标 考古学报　1974 年 2 期 125 页

闽侯昙石山遗址的人骨　韩康信、张振标、曾凡　考古学报　1976 年 1 期 121 页

浙江余姚河姆渡新石器时代人类头骨　韩康信、潘其风　人类学学 报　1983 年 2 卷 2 期 124 页

广东南海县鱿鱼岗新石器时代晚期墓葬人骨　黄新美、刘建安　人 类学学报　1988 年 7 卷 2 期 102 页

广饶古墓地出土人类学材料的观察与研究　韩康信、常兴照　海岱 考古　1989 年 9 月第一辑 390 页

花厅遗址 1987 年发掘墓葬出土人骨的鉴定报告　黄象洪　文物 1990 年 2 期 27～29 页

圩墩遗址第五次发掘人骨鉴定　李民昌　东南文化　1996 年 1 期 51～54 页

尉迟寺新石器时代墓地人骨的观察与鉴定　张君、韩康信　人类学 学报　1998 年 17 卷 1 期 22～31 页

湖北枣阳市雕龙碑新石器时代人骨分析报告　张君　考古　1998 年 2 期 76～84 页

香港东湾仔北遗址新石器时代人骨　韩康信　第四纪研究　1999 年 2 期 184 页

香港马湾岛东湾仔北史前遗址出土人骨鉴定　韩康信、董新林　考 古　1999 年 6 期 18～25 页

福州闽侯县昙石山遗址第八次发掘出土人骨的观察研究　潘其风 南方文物　2000 年 1 期 48～50 页

金坛三星村新石器时代人骨研究　韩康信　东南文化　2003 年 9 期 15～21 页

成都市十街坊遗址新石器时代晚期人骨的观察　张君、朱章义　考古　2006 年 7 期 75～79 页

3）专题研究

A. 颅骨研究

大墩子和王因新石器时代人类颌骨的异常变形　韩康信、潘其风　考古　1980 年 2 期 185 页

新石器时代人骨颞下颌关节的研究　曾祥龙等　人类学学报　1986 年 5 卷 4 期 346 页

兖州西吴寺龙山文化颅骨的人类学特征　朱泓　考古　1990 年 10 期 908～914 页

广西崇左县冲塘新石器时代遗址的发现及其人类颅骨的初步研究　魏博源等　人类学学报　1994 年 13 卷 1 期 78～80 页

内蒙古察右前旗庙子沟新石器时代颅骨的人类学特征　朱泓　人类学学报　1994 年 13 卷 2 期 126～133 页

用逐步判别分析法对成人头颅性差的研究　李仁等　人类学学报　1996 年 2 期 172～174 页

考古发现的头骨穿孔现象研究　刘学堂　新疆文物　1998 年 2 期 49～67 页

头骨穿孔的奥秘　星灿　中国文物报　1998 年 4 月 22 日 3 版

内蒙古庙子沟遗址新石器时代颅骨的人像复原　林雪川　北方文物　2000 年 4 期 19～22 页

河北阳原姜家梁新石器时代遗址头骨非测量性状的观察与研究　李法军、朱泓　人类学学报　2003 年 22 卷 3 期 206～217 页

广饶新石器时代人类头骨的小变异　尚虹等　人类学学报　2003 年 22 卷 3 期 218～224 页

陕西临潼零口村文化墓葬女性颅骨观察与测量　周春茂　人类学学报　2004 年 23 卷增刊（纪念裴文中教授百年诞辰论文集）47 ~ 53 页

广饶新石器时代人类的变形颅　尚虹等　人类学学报　2004 年第 23 卷增刊（纪念裴文中教授百年诞辰论文集）54 ~ 60 页

B. 口腔研究

河南成皋广武镇出土新石器时代人头骨的口腔情况　周大成　中华口腔杂志　1959 年 5 期 285 页

宝鸡、华县新石器时代人骨的错畸形　曾祥龙、黄金芳等　人类学学报　1983 年 2 卷 4 期 352 页

下王岗新石器时代人类的牙病　李瑞玉等　人类学学报　1991 年 10 卷 3 期 200 ~ 205 页

史前东夷头骨人工变形、拔齿、含球习俗　逄振镐　民俗研究 1993 年 1 期 84 ~ 88 页

内蒙古察右前旗庙子沟新石器时代人类牙齿的形态观察　朱泓　人类学学报　1993 年 12 卷 3 期 283 ~ 284 页

广西崇左县冲塘新石器遗址人骨和牙齿年龄的组织学鉴定　魏博源等　人类学学报　1994 年 13 卷 2 期 134 ~ 137 页

庙子沟新石器时代人类牙齿非测量特征　刘武等　人类学学报 1995 年 14 卷 1 期 8 ~ 20 页

华北新石器时代人类牙齿形态特征及其在现代中国人起源与演化上的意义　刘武　人类学学报　1995 年 14 卷 4 期 360 ~ 378 页

中国和日本古代仪式拔牙的比较研究　韩康信、中桥孝博　考古学报　1998 年 3 期 289 ~ 306 页

中国古人类连续演化的牙齿特征证据　刘武　史前考古学新进展——庆贺贾兰坡院士九十华诞国际学术讨论会文集　1999 年 203 ~ 215 页

河北阳原姜家梁新石器时代人类牙齿形态特征的观察与研究　李法军、朱泓　人类学学报　2006 年 2 期 87 ~ 101 页

C. 其他

从社会性意义探讨仰韶时期居民的疾病和生死 宋镇豪 考古与文物 1990 年 5 期 79~86 页

中国古代人类遗骸的骨折病理 张振标 人类学学报 1993 年 12 卷 4 期 319~326 页

广西崇左县冲塘新石器时代人骨微量元素的初步研究 魏博源 人类学学报 1994 年 13 卷 3 期 260~263 页

危险的手术 孙秀丽、田远新 中国文物报 2001 年 8 月 26 日 5 版

中国北方地区古代人骨上所见骨骼病理与创伤的统计与分析 李法军 博物馆研究 2001 年 4 期 55~61 页

河北阳原县姜家梁遗址新石器时代人骨 DNA 的研究 吉林大学考古 DNA 实验室（万诚等） 考古 2001 年 7 期 74~81 页

内蒙古赤峰市兴隆洼居室葬的人骨调查 张君、巴巴拉·李·史密斯 中国考古学与瑞典考古学——第一届中瑞考古学论坛文集 2006 年 127~138 页

6. 动物考古

（1）历史、理论与方法

必须重视新石器时代遗址中动物遗骸的研究 韩立刚、方笃生 文物研究 1986 年 12 月第 2 期 124 页

根据动物牙齿状况判断哺乳动物的年龄 〔日本〕小池裕子、大泰司纪之著 袁靖译 北方文物 1992 年 3 期 104~106 页

动物考古学在美国 〔美〕吉黛纳（讲授） 安家瑗、龙凤骧整理 文物天地 1993 年 1 期 44~45 页

动物考古学研究的进展——以西欧、北美为中心 〔日〕松井章著 袁靖、秦小丽译 考古与文物 1994 年 1 期 92~110 页

动物考古学：形成、发展与问题研究　祁国琴、袁靖　田野考古 1994 年第 5 卷 1 期 21～44 页

关于动物考古学研究的几个问题　袁靖　考古　1994 年 10 期 919～928 页

研究动物考古学的目标、理论和方法　袁靖　中国历史博物馆馆刊 1995 年 1 期 59～67 页

试论中国动物考古学的形成与发展　袁靖　江汉考古　1995 年 2 期 84～88 页

动物考古学与埋藏学的研究与新发展　何传坤　田野考古　1995 年 5 卷 1 期 1～16 页

国外动物考古学研究的新进展　安家瑗、袁靖　文物季刊　1995 年 4 期 76～81 页

国外动物考古学研究的新进展：1994 年度《动物考古学研究动态》简介　安家瑗、袁靖　文物季刊　1996 年 4 期 88～94 页

国外考古学中动物区系分析方法简介　李雅轩、李学东　化石 1996 年 2 期 16～18 页

动物考古学研究　袁靖　中国文物报　1996 年 7 月 28 日 3 版

欧美动物考古学简史　祁国琴、袁靖　华夏考古　1997 年 3 期 91～99 页

中国动物考古学研究的两个问题　袁靖、安家瑗　中国文物报 1997 年 4 月 27 日 3 版

动物考古学的方法　〔日〕西本丰弘著　陈杰译　农业考古　1999 年 3 期 291～298 页

分异度、均衡度在动物考古中的应用　胡松梅　考古与文物　1999 年 2 期 92～96 页

超越最优化模式——人类利用动物研究方法的选择　朱里埃·芝沫曼·浩尔特著　安家瑗译　中国历史博物馆馆刊　1999 年 2 期 96～107 页

动物考古学的方法　〔日〕西本丰弘著　陈杰译　北方文物　2000 年 1 期 102～107 页

动物年龄不再是判断是否家养的主要标志　星灿　中国文物报 2000 年 5 月 24 日 3 版

猪在史前文化中的象征意义　户晓辉　中原文物　2003 年 1 期 13～17 页

考古遗址出土家猪的判断标准　袁靖　中国文物报　2003 年 8 月 1 日 7 版

动物考古学研究的新发现与新进展　袁靖　考古　2004 年 7 期 54～59 页

走向世界的中国动物考古学　袁靖　中国文物报　2006 年 9 月 8 日 7 版

（2）综合研究

中国首次发现的地平龟甲壳　叶祥奎　古脊椎动物与古人类　1961 年 1 期 58 页

华南地区新石器时代早期文化的动物考古学研究　戴国华　史前研究　1985 年 2 期 95 页

中国新石器时代各地区家养动物与野生动物的比例　袁靖　远望集——陕西省考古研究所华诞四十周年纪念文集　1998 年 137～144 页

论中国新石器时代居民获取肉食资源的方式　袁靖　考古学报 1999 年 1 期 1～22 页

动物考古学中的痕迹化石　〔美〕Achilles Gautier 著　赵天雅译　山西省考古学会论文集（三）2000 年 515～519 页

家猪起源的研究现状与思考　胡耀武、王昌燧　中国文物报　2004 年 3 月 12 日 7 版

史前随葬猪下颌骨现象的思考——以动物考古为例　马萧林　中国文物报　2004 年 10 月 15 日 7 版

西亚与中国新石器时代动物驯养之比较　陈畅　文物春秋　2005 年 1 期 21～24 页

论长江流域新石器时代居民获取肉食资源的方式　袁靖　新世纪的中国考古学——王仲殊先生八十华诞纪念论文集　2005 年 967～983 页

（3） 个案研究

河北武安磁山遗址的动物骨骸　周本雄　考古学报　1981 年 3 期 339 页

山东兖州王因新石器时代遗址中的扬子鳄遗骇　周本雄　考古学报 1982 年 2 期 251 页

陕西西安半坡新石器时代遗址中之兽类骨骼　李有恒、韩德芬　古脊椎动物与古人类　1959 年 1 卷 4 期 173 页

河南淅川县下王岗遗址中的动物群　贾兰坡、张振标　文物　1977 年 6 期 41 页

河南汤阴白营河南龙山文化遗址的动物遗骸　周本雄　考古学集刊 1983 年 11 月第 3 集 48 页

大连郭家村遗址的动物遗骨　傅仁义　考古学报　1984 年 3 期 331 页

陕西扶风案板遗址动物遗存的研究　傅勇　考古与文物　1988 年 5，6 期 203 页

河北省徐水县南庄头遗址的动物遗骸　周本雄　考古　1992 年 11 期 966 页

农安左家山遗址动物骨骼鉴定及痕迹研究　陈全家　青果集　1993 年 57～71 页

河南舞阳县贾湖遗址中的龟鳖类　叶祥奎　人类学学报　1994 年 13 卷 1 期 32～38 页

驻马店杨庄遗址发现兽骨及其意义　周军、朱亮　考古与文物 1998 年 5 期 56～59 页

陕西丹凤巩家湾新石器时代动物骨骼分析　胡松梅　考古与文物 2001 年 6 期 53～57 页

石虎山 I 遗址动物骨骼鉴定与研究　黄蕴平　岱海考古（二）——中日岱海地区考察研究报告集　2001 年 489～513 页

石虎山 I 遗址猪骨鉴定　〔日〕西本一夫　岱海考古（二）——中日岱海地区考察研究报告集　2001 年 514～526 页

忠县瓦渣地遗址 T363 动物遗骸初步观察　黄蕴平、朱萍　重庆·

2001 三峡文物保护学术研讨会论文集 2003 年 273～278 页

中国北方考古遗址常见大型牛科动物比较研究 汤卓炜等 科技考古论丛第三辑（2003）177～180 页

赤峰地区汉代以前动物遗存初探 宋蓉、陈全家 内蒙古文物考古 2004 年 2 期 85～101 页

灵宝西坡遗址动物骨骼的收集与整理 马萧林、魏兴涛 华夏考古 2004 年 3 期 35～88 页

淮河流域史前动物驯化论纲 张爱冰 中国农史 2004 年 2 期 51～54 页

郑州西山遗址出土动物遗存研究 陈全家 考古学报 2006 年 3 期 385～418 页

内蒙古林西县井沟子西梁遗址出土的动物遗存 陈全家 内蒙古文物考古 2006 年 2 期 105～110 页

第四种动物的探索——中国内蒙古地区赵宝沟文化尊形器动物纹饰再考 〔日〕佐川正敏著 于艳春译 红山文化研究——2004 年红山文化国际学术研讨会论文集 2006 年 526～535 页

圩墩新石器时代遗址出土动物遗骨的鉴定 黄文几 考古 1978 年 4 期 241 页

河姆渡遗址动植物遗存的鉴定研究 浙江省博物馆自然组 考古学报 1978 年 1 期 95 页

河姆渡新石器时代遗址发现的两种犀亚化石及其意义 吴维棠 古脊椎动物与古人类 1983 年 21 卷 2 期 160 页

罗家角遗址的动物群 张明华 浙江省文物考古所学刊 1981 年 11 月 43 页

湖北天门石家河遗址出土的泥塑小动物 刘安国 农业考古 1984 年 1 期 114 页

元谋大墩子新石器时代遗址出土的动物遗骨 张兴永 云南文物 1985 年 6 月 17 期 29 页

从动物考古学谈昙石山文化的有关问题 严晓辉 考古与文物 1992 年 1 期 102～109 页

安徽省濉溪县石山子遗址动物骨骼鉴定与研究 安徽省文物考古研究所（韩立刚） 考古 1992 年 3 期 253～262 页

湖北省黄梅县塞墩遗址动物考古学研究 韩立刚 文物研究 1994 年 9 期 31～52 页

试论台湾各时代的哺乳动物群及其相关问题——台湾地区动物考古学研究的基础资料之一（上篇） 陈光祖 中研院历史语言研究所集刊 2000 年第七十一本第一分 129～198 页

试论台湾各时代的哺乳动物群及其相关问题——台湾地区动物考古学研究的基础资料之一（下篇） 陈光祖 中研院历史语言研究所集刊 2000 年 第七十一本第二分 367～458 页

几种动物遗骸反映的河姆渡文化 金幸生等 东方博物 第五辑 2000 年 278～282 页

太湖地区的史前动物群 黄象洪 无锡文博 2001 年 3 期 18～20 页

邓家湾遗址陶塑动物的动物考古学研究 武仙竹 江汉考古 2001 年 4 期 65～72 页

台湾新石器时代猪的畜养和狩猎：利用牙齿标准区分家猪和野猪的研究 邱敏勇 中研院历史语言研究所集刊 2002 年第七十三本第二分 271～302 页

论甑皮岩遗址居民获取肉食资源的方式 袁靖 桃李成蹊集——庆祝安志敏先生八十寿辰 2004 年 188～193 页

湖北官庄坪遗址动物遗骸研究报告 武仙竹、周国平 人类学学报 2005 年第 24 卷 3 期 232～248 页

平湖庄桥坟遗址动物祭祀的初步认识 徐新民 浙江省文物考古研究所学刊第八辑——纪念良渚遗址发现七十周年学术研讨会文集 2006 年 506～517 页

营盘山遗址出土动物骨骼研究（内容提要） 何锟宇 古代文明研究通讯 总 30 期 2006 年 38 页

7. 新石器时代的建筑

（1） 总论

原始社会的房屋形式与婚姻的关系　刘式今　河北大学学报　1980年 1 期 56 页

中国早期木结构建筑的时代特征　祁英涛　文物　1983 年 4 期 60 页

从巢穴到宫室——漫话原始社会的居住建筑　杨鸿勋　文物天地 1984 年 2 期 38 页

从龙山文化的建筑技术探索夏文化　王克林　夏文化论文选集 1985 年 3 期 327 页

中国古建筑特色的形成与地理环境的关系　石宁、刘啸　文物 1986 年 5 期 61 页

黄土地带源于穴居的建筑发展　杨鸿勋　文物天地　1987 年 6 期 38 页

中国与美洲原始房屋比较研究　刘式今　河北大学学报　1988 年 3 期 129 页

中国古代细木工榫接合工艺的起源与发展　胡永庆　华夏考古 1989 年 2 期 100 页

论中国新石器时代住宅建筑与聚落的产生、发展及演变　巩启明、 王小庆　考古学研究　（陕西）　1993 年 69～90 页

营窟与营卫　周星　考古与文物　1997 年 5 期 55～57 页

我国史前房屋的废弃习俗　李新伟　考古求知集　1997 年 131～137 页

原始社会多空间居住建筑探讨　沈聿之　考古　1999 年 3 期 53～64 页

资源开发与史前居住方式及建筑技术进步　钱耀鹏　中国历史地理 论丛　2004 年 3 期 5～12 页

史前房屋布局变化的比较及其意义 杨建华、阿瑟·罗恩 古代文明 2004 年第 3 卷 40~53 页

陶板为砖说 刘军社 中国文物报 2005 年 11 月 2 日 7 版

"干栏"式建筑的考古研究 安志敏 考古学报 1963 年 2 期 65 页

"干栏文化"和云南古代的"干栏"式建筑 赵永勤 云南民族学院学报 1984 年 3 期 90 页

石斧石楔辨——兼及石锛与石扁铲 杨鸿勋 考古与文物 1982 年 1 期 66 页

论石楔及石扁铲——新石器时代考古中被误解了的重要工具 杨鸿勋 文物与考古论集 1986 年 12 月 239 页

石楔器在建筑中的重要作用 王吉怀 中国文物报 2004 年 6 月 18 日 7 版

新石器时代排房式建筑解析 刘式今 中国文物报 1993 年 8 月 22 日 3 版

新石器时代晚期的排房建筑及相关问题 贾笑冰 考古求知集 1997 年 144~157 页

考古学实验——红烧土房屋的建造与烧烤 王吉怀 中国文物报 2002 年 12 月 27 日 7 版

安徽蒙城县尉迟寺遗址红烧土排房建筑工艺的初步研究 李乃胜 考古 2005 年 10 期 76~82 页

"白灰面"究竟是用什么做成的 胡继高 文物参考资料 1955 年 7 期 120 页

新石器时代及商代人类住地的白灰面 赵全嘏 考古通讯 1956 年 5 期 55 页

人工烧制石灰始于何时?——^{14}C 方法可以判定 仇士华 考古与文

物　1980 年 3 期 126 页

白灰面的应用及其意义　王吉怀　中国文物报　2004 年 3 月 12 日 7 版

早期人类怎样"住"　苏君砚　百科知识　1985 年 2 期 34 页

一个六千年前的原始村落　楼宇栋　中国文化创刊号　1989 年 189 页

（2）黄河流域

从白营遗址中的房基布局结构看当时的社会性质　赵连生、张相梅　中原文物　1983 年特刊 8 页

黄河上游原始文化居住建筑略说　谢端琚、赵信　中国原始文化论集　1989 年 6 月 297 页

陕西武功赵家来院落居址初步复原　梁星彭、李淼　考古　1991 年 3 期 245～251 页

豫晋龙山文化房屋建筑比较分析　傅淑敏　文物　1992 年 9 期 88～94 页

山东龙山文化房屋建筑初探　于海广　山东大学学报（哲社版）1993 年 10 期 88～92 页

东夷史前住屋建筑及其演变　逄振镐　考古与文物　1995 年 3 期 78～85 页

北庄类型前期的房屋建筑与聚落结构　张江凯　苏秉琦与当代中国考古学　2001 年 246～261 页

山西古文明发展历程系列追踪之一：山西新石器时代房屋发展研究　董永刚　沂州师范学院学报　2003 年 19 卷 5 期 73～76 页

新密古城寨龙山城筑城技术的初步研究　马俊才　中原文物考古研究　2003 年 106～111 页

后李文化房址及其相关问题　李振光、马志敏　考古与文物增刊·

先秦考古 2004 年 44~52 页

　　谈黄河流域首次发现的干阑遗迹与土台陵墓 杨鸿勋 中国文物报
2005 年 1 月 7 日 7 版

　　磁山人住的房子 罗平 文物春秋 2006 年 1 期 1~2 页

　　陶寺遗址出土陶瓦略论 何驽 中国文物报 2006 年 6 月 30 日 7 版

　　仰韶文化居住建筑发展问题的讨论 杨鸿勋 考古学报 1975 年 1
期 39 页

　　从大河村房基遗址看原始社会房屋的建筑 陈显泗等 郑州大学学
报 1978 年 2 期 89 页

　　也谈姜寨一期村落中的房屋与人口 赵春青 考古与文物 1998 年 5
期 49~55 页

　　灵宝西坡遗址铸鼎原的仰韶大房子 魏兴涛 文物天地 2002 年 6
期 30~33 页

　　我国古代建筑史上的奇迹——关于秦安大地湾仰韶文化房屋地面建
筑材料及其工艺的研究 李最雄 考古 1985 年 8 期 741 页

　　图书馆溯源：秦安大地湾 405 号新石器时代房屋用途新探 刘正英
江苏图书馆学报 1996 年 6 期 46~47 页

　　秦安大地湾建筑遗址略析 钟晓青 文物 2000 年 5 期 62~73 页

　　大地湾遗址房屋遗存的初步研究 郎树德 考古与文物 2002 年 5
期 12~17 页

（3）北方地区

　　论红山文化建筑与手工业技术进步 刘国祥 汉唐与边疆考古研究
第一辑 1994 年 8 月 272~284 页

　　东北地区新石器时代房址 赵永军 北方文物 1995 年 2 期 21~29 页

　　辽宁及内蒙古东部地区新石器时代居址习俗初探 张志立、陈国庆

考古学文化论集（四）（1997年）76～83页

原始建筑的美学与环境设计意识：红山文化聚落遗址及城堡建筑的考究　叶芃等　辽宁师专学报（社科版）　2005年4期130～131页

（4）长江流域

大溪文化房屋的建筑形式和工程做法　李文杰　考古与文物　1986年4期38页

浅论良渚文化的建筑　朱薇君　南方文物　2000年1期43～47页

石家河文化的房屋遗存　郭立新　中国文物报　2000年5月3日3版

苏州地区新石器时代居住址及相关问题之探析　丁金龙　南京大学历史系考古专业成立三十周年纪念文集　2002年92～103页

三峡地区史前人类房屋建筑遗迹的考古发现与研究　杨华等　重庆·2001三峡文物保护学术研讨会论文集　2003年62～75页

雕龙碑文化的大型房屋建筑　王杰　中国文物报　1994年11月20日3版

雕龙碑三期建筑遗存揭示的母系亲族居住方式　沈聿之　中国文物报　1995年10月8日3版

雕龙碑三期文化的房屋建筑　王杰　中国文物报　1995年10目29日3版

关于"雕龙碑三期建筑遗存"所揭示的社会形态　张之恒　中国文物报　1995年12月24日版

史前建筑的新发现：推拉式屋门　王杰　文物天地　1996年1期20～21页

再论雕龙碑三期建筑遗存揭示的母系亲族居住方式　沈聿之　中国文物报　1996年3月31日3版

下王岗和雕龙碑从排房建筑看社会形态　黄卫东　中国文物报

2001 年 9 月 2 日 7 版

河姆渡干栏式建筑遗迹初探　劳伯敏　南方文物　1995 年 1 期 50 ~ 57 页

河姆渡遗址发现的部分木制建筑构件和木器的初步研究　吴汝祚　浙江学刊　1997 年 2 期 91 ~ 96 页

河姆渡聚落建筑浅析　潘欣信　南方文物　1999 年 2 期 23 ~ 24 页

新石器时代河姆渡人与半坡人居址选择比较研究　张维慎　陕西师范大学学报（哲社版）　2000 年 29 卷 4 期 97 ~ 102 页

河姆渡遗址干栏式建筑的再认识　赵晓波　史前研究（2000）2000 年 352 ~ 358 页

河姆渡遗址木构建筑遗迹研究　黄渭金　史前研究（2004）2005 年 264 ~ 276 页

尉迟寺史前红烧土房屋的废弃原因　王吉怀　中国文物报　2004 年 4 月 30 日 7 版

仙坛庙干栏式建筑图案试析　王依依、王宁远　东方博物第十六辑 2005 年 95 ~ 100 页

（5）东南沿海及西南地区

史前的居住遗址（台湾的建筑）　宋祖平　自由中国　1952 年 6 卷 12 期 18 页

西藏卡若文化的居住建筑初探　江道元　西藏研究　1982 年 3 期 103 ~ 126 页

广东高要茅岗新石器时代干栏式建筑遗存　杨耀林　史前研究 1985 年 1 期 43 页

8. 原始农业、畜牧业、渔业

（1）原始农业

1）总论

中国史前时期之农业　安志敏　燕京社会科学　1949 年 2 卷 37 页

中国史前农业的发展　安志敏　历史教学　1952 年 3 卷 4 期 5 页

中国史前小米农业的开始及中国史前史的回顾　李光周　考古人类学刊　1976 年 39/40 期 116 页

光辉灿烂的中国古代农业科技——中国古代农业科学技术成就展览巡礼　陈文华　文物　1980 年 8 期 68 页

独龙族的刀耕火种农业——附论原始农业的早期阶段及其命名　卢勋、李根蟠　农业考古　1981 年 2 期 95 页

中国古代农业的发展历程（上）（下）　〔日〕西定生著　董恺忱译　农业考古　1981 年 1 期 10 页，1981 年 2 期 140 页

我国原始社会的农业　李友谋　史学月刊　1981 年 5 期 14 页

对我国原始农业发展阶段的一点看法　范志文　陕西省文博考古科研成果汇报会论文选集　1982 年 11 月 73 页；史前研究　1983 年 1 期 146 页

裴李岗、耶利哥与特瓦坎　黄其煦　农业考古　1983 年 1 期 182 页

试论原始农业的经济地位　黄崇岳　农业考古　1984 年 1 期 211 页

原始农业考古的几个问题　张忠培　农业考古　1984 年 2 期 18 页

农业考古与现代考古学　严文明　农业考古　1984 年 2 期 31 页

我国粮仓的起源和发展　杜葆仁　农业考古　1984 年 2 期 299 页

史前农业研究的新道路　何兆雄　史前研究　1985 年 1 期 82 页

中国史前农业概说　安志敏　农业考古　1987 年 2 期 98 页

中国的史前农业　安志敏　考古学报　1988 年 4 期 369 页

努力促进农业考古研究　严文明　农业考古　1990 年 2 期 21～22 页

我看《农业考古》 游修龄 农业考古 1990 年 2 期 25～26 页

农业考古与现代科学技术—日本的最新发展与我们的思索 周晓陆
农业考古 1993 年 3 期 54～63 页

农业的起源及原始形态 陈国强 厦门大学学报 1956 年 1 期 73 页

略述东南亚及中国南部农业起源的若干问题——兼论农业考古研究
方法 童恩正 农业考古 1984 年 2 期 21 页

中国原始农业的产生和发展 张之恒 农业考古 1984 年 2 期 36 页

中国农业的本土起源 何炳棣 农业考古 1984 年 2 期 43 页，1985
年 1 期 90 页

中国沿海地区的农业起源 张光直 农业考古 1984 年 2 期 52 页

关于第一次社会大分工问题的再认识——从考古发现看我国农业、
牧业起源和发展的多样性 杨阳 安徽师大学报 1985 年 3 期 37 页

谈谈我国原始农业遗存的重要发现和农业起源问题 冉光瑜 历史
教学 1985 年 7 期 6 页

论中国农业的起源与传播 王在德 农业考古 1986 年 2 期 25 页

农业起源的研究与环境考古学 黄其煦 农业考古 1987 年 2 期 74
页；中国原始文化论集 1989 年 6 月 69 页

中国南方农业的起源及其特征 童恩正 农业考古 1989 年 2 期 57 页

从东灰山新石器遗址古农业遗存探讨黄河流域农业起源和形成 李
璠 大自然探索 1989 年 3 期 47 页

我国原始农业起源于山地考 李根蟠、卢勋 农业考古 1981 年 1
期 21 页

原始农业都起源于山地吗？ 黄崇岳 中原文物 1981 年 3 期 24 页

试论我国犁耕农业的起源 余扶危、叶万松 农业考古 1981 年 1
期 32 页

江浙的石犁和破土器——试论我国犁耕的起源 牟永抗、宋兆麟

农业考古　1981 年 2 期

　　台湾史前农业——兼论农业起源　丘其谦　科学月刊　1971 年 2 卷 6 期 22 页

　　台湾日月潭农业起源说及大坌坑式绳纹陶文化　何传坤　思与言 1978 年 16 卷 2 期 150 页

　　台湾高山族原始农业的起源与发展　陈国强　农业考古　1982 年 1 期 99 页

　　2）黄河流域

　　从考古资料看中原地区的原始农业　方酉生　农业考古　1984 年 1 期 208 页

　　海岱文化区的史前农业　吴汝祚　农业考古　1985 年 1 期 103 页

　　从裴李岗文化的生产工具看中原地区早期农业　王吉怀　农业考古 1985 年 2 期 81 页

　　从考古资料看陕西古代农业的发展　魏京武、杨亚长　农业考古 1986 年 1 期 91 页

　　洛阳农业考古概述　余扶危、叶万松　农业考古　1986 年 1 期 101 页

　　甘肃先秦农业考古概述　何双全　农业考古　1987 年 1 期 55 页

　　青海早期农业考古概述　尚民杰　农业考古　1987 年 1 期 62 页

　　从考古发现略述北京地区古代农业生产　张量　古今农业　1988 年 1 期 77 页

　　河东史前农业的考古观察　卫斯　古今农业　1988 年 1 期 82 页

　　河北新石器时代遗址农业考古概述　唐云明　农业考古　1989 年 1 期 111 页

　　略论黄河流域前仰韶文化时期农业　吴加安　农业考古　1989 年 2 期 118 页

　　试论山东地区的原始农业　何德亮　考古与文物增刊·先秦考古 2002 年 150～152 页

半坡氏族的原始农业　陈正奇　西安教育学院学报　2001 年 16 卷 1 期 50~55 页

从半坡遗址考古材料探讨原始农业的几个问题　黄克映　农业考古 1986 年 2 期 112 页

半坡的原始农业浅析　王秀娥　农业考古　1988 年 1 期 136 页

浅谈半坡原始农业　桓历萍　史前研究（2002）2004 年 319~320 页

磁山遗址的原始农业遗存及其相关问题　佟伟华　农业考古　1984 年 1 期 194 页

磁山遗址农业生产初探　罗平　磁山文化论集　1989 年 6 月 146 页

试谈磁山文化的农业与建筑　陈兴唐　环渤海考古国际学术讨论会论文集　1996 年 144~148 页

小谈齐家文化的农业遗存　郑乃武　农业考古　1984 年 2 期 58 页

齐家文化农业概述　王吉怀　农业考古　1987 年 1 期 71 页

甘肃省民乐县东灰山新石器遗址古农业遗存新发现　李璠、李敬仪、卢晔、白品、程华芳　农业考古　1989 年 1 期 56 页

试论李家崖文化的农业　吕智荣　农业考古　1989 年 2 期 131 页

3）北方地区

西辽河流域原始农业考古概述　李宇峰　农业考古　1986 年 1 期 79 页

黑龙江农业考古概述　李砚铁、郑秀山　农业考古　1989 年 1 期 85 页

试析新乐文化的原始农业　马沙　新乐遗址学术讨论会文集　1983 年 1 月 30 页；辽宁省博物馆学术论文集　1985 年 1 月 139 页

试谈昂昂溪遗存的原始农业　李龙　黑河学刊　1988 年 2 期 106 页

试析查海遗址的原始农业问题　胡健等　辽海文物学刊　1995 年 2 期 33~35 页

试析查海遗址的原始农业　胡健等　农业考古　1995 年 3 期 27～28 页

4）长江流域

湖北农业考古概述　陈振裕　农业考古　1983 年 1 期 91 页

从出土文物看浙江省的原始农业　王心喜　浙江农业大学学报 1983 年 4 期 367 页

长江下游的水田农业　宋兆麟　中国历史博物馆馆刊　1984 年 6 期 9 页

浅谈鄂西原始农业　卢德佩　农业考古　1985 年 1 期 110 页

江苏连云港地区农业考古概述　李洪甫　农业考古　1985 年 2 期 96 页

江西先秦农业考古概述　彭适凡　农业考古　1985 年 2 期 108 页

太湖文化区的史前农业　吴汝祚　农业考古　1987 年 2 期 103 页

上海地区农业考古概述　顾音海　农业考古　1987 年 2 期 112 页

湖南车辕山遗址的原始农业遗存　郭胜斌　农业考古　1985 年 2 期 86 页

湖南高坎垄新石器时代农业遗存　舒向今　农业考古　1988 年 1 期 155 页

试谈仙人洞洞穴遗址的农业问题　李恒贤　江西历史文物　1981 年 3 期 18 页

江西湖口县文昌洑原始农业遗存　杨赤宇　农业考古　1988 年 1 期 142 页

江西新余拾年山遗址原始农业遗存　诗中、家和　农业考古　1989 年 2 期 126 页

大溪文化的农业　王杰　农业考古　1987 年 1 期 78 页

小议河姆渡农业　柳勇明　农业考古　1987 年 2 期 100 页

5）东南沿海及西南地区

珠江流域新石器时代晚期农业考古概述　李岩　农业考古　1988 年 1

期 149 页

台湾先史遗物与农耕文化　陈邦雄　台湾风物　1967 年 17 卷 5 期 60 页

云南农业考古概述　李昆声　农业考古　1981 年 1 期 70 页

福建农业考古概述　林蔚文　农业考古　1984 年 1 期 223 页

贵州农业考古概述　李衍垣　农业考古　1984 年 1 期 239 页

从石铲看桂南地区新石器时代晚期的农业　覃彩銮　农业考古 1984 年 2 期 60 页

广西史前农业的产生和发展　何乃汉　农业考古　1985 年 2 期 90 页

6）专题研究

A. 作物

黄河流域新石器时代农耕文化中的作物　黄其煦　农业考古　1982 年 2 期 55 页，1983 年 1 期 39 页，1983 年 2 期 86 页

我国新石器—铜石器并用时代农作物和其它食用植物遗存　任式楠 史前研究　1986 年 3/4 期 77 页

a. 水稻

我国水稻品种资源的历史考证　游修龄　农业考古　1981 年 2 期 2 页

水稻品种的发生、发展与展望　孙开铨　农业考古　1981 年 2 期 21 页

关于中国古代稻作文化的考古学调查研究　〔日〕冈崎敬著　李梁 译　夏麦陵校　农业考古　1988 年 2 期 293 页

彭头山文化的稻作遗存与中国史前稻作农业　裴安平　农业考古 1989 年 2 期 102 页

一个值得认真研究的问题——稻作文化与大理文明史的关系　王明 达　大理文化　1989 年 5 期 50 页

云南在亚洲栽培稻起源研究中的地位　李昆声　云南社会科学 1981 年 1 期 69 页

百越——我国稻谷的最早栽培者　李昆声　云南省博物馆建馆三十周年纪念文集　1981 年 8 月 88 页

中国稻作农业的起源　严文明　农业考古　1982 年 1 期 19 页，1982 年 2 期 50 页

亚洲稻作文化的起源　李昆声　社会科学战线　1984 年 4 期 122 页

我国早期种植水稻的氏族部落　吴汝祚　史前研究　1985 年 2 期 12 页

长江、钱塘江中下游地区新石器时代地理与稻作起源和分布　林承坤　农业考古　1987 年 1 期 283 页

云南农耕低湿地水稻起源考　尹绍亭　中国农史　1987 年 2 期 52 页；云南文物　1987 年 6 月 21 期 18 页

再论中国稻作农业的起源　严文明　农业考古　1989 年 2 期 72 页

中国稻作起源的几个问题——《中国的稻作起源》序言　陈文华　农业考古　1989 年 2 期 84 页

略论中国栽培稻的起源和传播　严文明　北京大学学报（社科版） 1989 年 2 期 51 页

中国稻作的起源和东传日本的路线　陈文华　文物　1989 年 10 期 24 页

江汉平原新石器时代红烧土中的稻谷壳考查　丁颖　考古学报 1959 年 4 期 31 页

对河姆渡遗址第四层出土稻谷和骨耜的几点看法　游修龄　文物 1976 年 8 期 20 页

谈谈石峡发现的栽培稻遗迹　杨式挺　文物　1978 年 7 期 23 页

浙江种稻已有近七千年的历史——从余姚河姆渡出土的炭化稻谷谈起　浙江日报　1978 年 12 月 30 日 3 版

从出土文物看安宁河流域的水稻种植　黄承宗　农业考古　1982 年 2 期 73 页

江苏吴县出土新石器时代稻谷　张志新　农业考古　1983 年 2 期 84 页

关于仰韶遗址出土的稻谷 黄其煦 史前研究 1986 年 1/2 期 88 页

对草鞋山遗址马家浜文化时期稻作农业的初步认识 谷建祥等 东南文化 1998 年 3 期 15~24 页

b. 粟、黍、小麦、高粱、稷等

古粟考 吴梓林 史前研究 1983 年 1 期 151 页

新郑沙窝李遗址发现碳化粟粒 王吉怀 农业考古 1984 年 2 期 276 页

姜炎文化与粟作文化 高强 寻根 2003 年 1 期 30~33 页

论试黍的起源 魏仰浩 农业考古 1986 年 2 期 248 页

大地湾农业遗存黍和羊的发现及启示 郎树德 古今农业 1987 年 1 期 61 页

淮北平原的新石器时代小麦 金善保 作物学报 1962 年 1 期 67 页

安徽钓鱼台出土小麦年代商榷 杨建芳 考古 1963 年 11 期 630 页

东灰山遗址炭化小麦年代考 李水城、莫多闻 考古与文物 2004 年 6 期 51~60 页

大河村炭化粮食的鉴定和问题——兼论高粱的起源及其在我国的栽培 安志敏 文物 1981 年 11 期 66 页

试探我国高粱栽培的起源——兼论万荣荆村遗址出土的有关标本 卫斯 中国农史 1984 年 2 期 45 页

葫芦的家世——从河姆渡出土的葫芦种子谈起 游修龄 文物 1977 年 8 期 63 页

甘肃东乡林家马家窑文化遗址出土的稷与大麻 西北师范学院植物研究所 甘肃省博物馆考古 1984 年 7 期 654 页

杭州水田畈史前"瓜子"的鉴定 杨鼎新 考古 1987 年 3 期 273 页

B. 原始农业生产工具

中国原始社会生产工具试探　李仰松　考古　1980 年 6 期 515 页

试论我国农具史上的几个问题　陈文华　考古学报　1981 年 4 期 407 页

试论石斧石锛的安柄与使用　肖梦龙　农业考古　1982 年 2 期 108 页

红山文化的石农具　李宇峰　农业考古　1985 年 1 期 52 页

我国新石器时代的生产工具综述　曾骐　考古与文物　1985 年 5 期 61 页

我国的原始农具　宋兆麟　农业考古　1986 年 1 期 122 页

中国古代石斧初论　殷志强　农业考古　1986 年 1 期 137 页

中国新石器时代的蚌制生产工具　王仁湘　农业考古　1987 年 1 期 145 页

长江中游的先秦农具　文士丹　农业考古　1987 年 1 期 156 页

试论新石器时代的镰和刀　王吉怀　农业考古　1988 年 2 期 180 页

海岱地区龙山文化生产工具的类型学考察　陈淑卿　辽海文物学刊 1997 年 2 期 54~71 页

黄河流域新石器时代的骨制生产工具　王仁湘　中国考古学论丛 1993 年 142~161 页

东南亚大陆贝丘遗址等出土的生产工具　〔日〕西村昌也著　陈文 译　东南考古研究第三辑　2003 年 305~310 页

史前遗存中生产工具与建筑工具的比较研究　王吉怀　考古与文物 2000 年 6 期 36~41 页

史前工具研究的若干问题　吕烈丹　华南及东南亚地区史前考 古——纪念甑皮岩遗址发掘 30 周年国际学术研讨会论文集　2006 年 282~297 页

新石器时代谷物加工方法演变试探　马洪路　农业考古　1984 年 2 期 90 页

再论我国新石器时代的谷物加工　马洪路　农业考古　1986 年 2 期 135 页

我国史前先民的食物来源与加工　刘兴林　中国农史　1989 年 4 期
29 页

仰韶文化盘状器用途考　张寿祺　农业考古　1985 年 2 期 66 页
仰韶文化时期的农业工具——锄耕农业工具的演变和应用　范志文
中国农史　1988 年 3 期 1 页
仰韶文化生产工具研究现状　阎毓民　史前研究（2002）2004 年
200～205 页

长春附近发现的石制农业工具　王亚洲　考古　1960 年 4 期 31 页
长春近郊的亚腰型石铲　段一平　农业考古　1982 年 8 期 124 页

江西古农具定名初探　李恒贤　农业考古　1981 年 2 期 69 页
江西地区新石器时代晚期的生产工具和生活用器　刘诗中　江西历
史文物　1981 年 4 期 60 页
江西万年仙人洞遗址农具质疑　李家和　农业考古　1982 年 2 期 129 页

对河姆渡遗址骨制耕具的几点看法　华泉　文物　1977 年 7 期 51 页
河姆渡遗址出土骨耜的研究　宋兆麟　考古　1979 年 2 期 155 页

江苏吴县出土的石犁　叶玉奇　农业考古　1984 年 1 期 43 页
福建省长汀县河田镇乌石出土的二件新石器时代的石犁之我见　邱
荣渊　龙岩师专学报　1989 年 7 卷 1 期 87 页
我国南方原始石犁与犁耕　李再华　中国文物报　1989 年 6 月 16 日
3 版

（2）原始畜牧业

试论黄河流域新石器时代晚期畜牧业的作用　刘敦愿　山东大学学

报（社科版） 1962 年 12 期 58 页

我国的原始畜牧业及其与农业的关系窥探 黄崇岳 中原文物 1983 年 3 期 1 页

内蒙古地区原始牧业经济研究 张秉铎 中国农史 1984 年 2 期 66 页

论固原畜牧业的发展历史及其启示 罗丰 宁夏社会科学 1985 年 1 期 77 页

中国原始畜牧业的起源和发展 谢崇安 农业考古 1985 年 1 期 282 页

云南新石器时代的家畜 张兴永 农业考古 1987 年 1 期 370 页

内蒙古先秦时期畜牧遗存述论 崔璇 内蒙古社会科学 1988 年 1 期 69 页

从我国早期畜牧民的产生看第一次社会大分工 罗琨、张永山 历史研究 1988 年 5 期 21 页

史前时期新疆地区的狩猎和游牧经济 吴震 西域研究 1996 年 3 期 29～35 页

从河姆渡遗址出土的猪骨和陶猪试论我国养猪的起源 钟遐 文物 1976 年 8 期 24 页

出土文物所见我国家猪品种的形成和发展 张仲葛 文物 1979 年 1 期 82 页

我国养猪史话 刘敦愿、张仲葛 农业考古 1981 年 1 期 103 页

从出土文物看大连地区汉代以前养猪业 许明纲 农业考古 1984 年 1 期 116 页

从桂林甑皮岩猪骨看家猪的起源 谭圣敏 农业考古 1984 年 2 期 339 页

论山东地区新石器时代的养猪业 何德亮 农业考古 1986 年 1 期 372 页

（3）原始渔业

从考古发现看我国古代捕鱼的起源与发展 曲石 农业考古 1986

年 2 期 220 页

从考古资料看我国史前渔业生产 吴诗池 农业考古 1987 年 1 期 234 页

中国的史前渔业 邢湘臣 化石 1989 年 4 期 8 页

黄河流域新石器时代渔猎经济的考察 王吉怀 华夏考古 1992 年 2 期 81~88 页

试论长江三峡地区大溪文化的原始渔猎 王家德 江汉考古 1994 年 3 期 52~55 页

中国史前时代的渔捞 〔日〕甲元真之 滕铭予译 东南文化 1996 年 4 期 13~20 页

黄渤海周围地区的史前时期渔捞 〔日〕甲元真之 环渤海考古国际学术讨论会论文集 1996 年 102~105 页

嫩江流域新石器时代生业方式研究——"渔猎型新石器文化"的一个区域性实例分析 赵宾福 新世纪的考古学——文化、区位、生态的多元互动 2006 年 17~25 页

我对"网坠"的刍见 陈达农 考古通讯 1957 年 3 期 80 页

再谈"网坠" 陈达农、张雲、金镇 考古通讯 1957 年 5 期 100 页

带索标——锋利的渔猎工具 宋兆麟 中国考古学会第一次年会论文集 1980 年 12 月 142 页

试论史前捕鱼工具 李宗山 中国文物报 1990 年 7 月 12 日 3 版

中国史前时期捕鱼工具之演进 韩建武 陕西历史博物馆馆刊 1995 年第 2 辑 174~182 页

北辛文化中的渔猎工具 李光雨 农业考古 1996 年 3 期 190~194 页

史前特殊的渔猎工具——假鱼和弯体穿孔镖 冯恩学 文物天地 1998 年 2 期 30~32 页

湖州钱山漾遗址出土古渔具考 邱鸿圻 农业考古 2001 年 1 期 260~261 页

9. 原始手工业、交通

（1）原始手工业

我国的原始手工业　李友谋　史学月刊　1983 年 1 期 6 页

原始先民是怎样烧制陶器的？　孙淼　文物天地　1985 年 1 期 55 页

蛋壳彩陶制作的奥秘　李文杰　文物天地　1986 年 5 期 19 页

原始社会的编织工艺　吴山　艺苑　1988 年 1 期 55 页

论史前编织技术　阎小红　史前研究——西安半坡博物馆成立四十周年纪念文集　1998 年 329～332 页

1）古代陶瓷工艺

我国古代陶器和瓷器工艺发展过程的研究　李家治　考古　1978 年 3 期 179 页

关于我国陶器向青瓷发展的工艺探讨　叶宏明、曹鹤鸣、程朱海　中国古陶瓷论文集　1982 年 12 月 140 页

中国早期的"模制法"制陶术　俞伟超　文物与考古论集　1986 年 12 月 228 页

我国制陶转盘的起源及早期的应用　禚振西　考古与文物　1989 年 4 期 80 页

关于我国新石器时代制陶术的若干问题　牟永抗　考古学文化论集（二）　1989 年 9 月 1 页

A. 黄河流域

我国黄河流域新石器时代和殷周时代制陶工艺的科学总结　周仁、张福康、郑永圃　考古学报　1964 年 1 期 1 页

试论中原地区陶器的起源和早期制陶技术　邓昌宏　中原文物　1981 年 3 期 30 页

论龙山文化陶器的技术和艺术　刘敦愿　山东大学学报（社科版）1959 年 3 期 76 页

试析仰韶文化彩陶的泥料、制作工艺、轮绘技术和艺术　李湘生　中原文物　1984 年 1 期 53 页

裴李岗文化的陶器制作工艺　赵世纲　景德镇陶瓷　1984 年 2 期 1 页

仰韶文化陶器的成型与加工修整　禚振西　中国考古学研究论集 1987 年 12 月 203 页

大汶口—龙山文化黑陶高柄杯的模拟试验　钟华南　考古学文化论集（二）　1989 年 9 月 255 页

B. 长江流域

论汉江东部地区史前时期的手工业专门化生产　郭立新　东南文化 2003 年 9 期 22～28 页

浅谈大溪文化陶器的渗碳工艺　李文杰、黄素英　江汉考古　1985 年 4 期 46 页

试谈快轮所制陶器的识别——从大溪文化晚期轮制陶器谈起　李文杰　文物　1988 年 10 期 92 页

大溪文化的制陶工艺　李文杰、黄素英　中国原始文化论集　1989 年 6 月 400 页

湖北枝江关庙山新石器时代遗址陶片的初步研究　李敏生、黄素英、武亦文　中国原始文化论集　1989 年 6 月 428 页

C. 东南沿海及西南地区

记云南景洪傣族慢轮制陶工艺　傣族制陶工艺联合考察小组　考古 1977 年 4 期 251 页

再谈台湾古陶片的火候问题　涂心园　大陆杂志　1984 年 68 卷 1 期 28 页

云南碧江县加车寨怒族制陶业调查——兼谈原始制陶业的几个问题

李根蟠、卢勋　中原文物　1984 年 4 期 52 页

云南元谋红告村的制陶工艺　杨原　考古　1986 年 12 期 1133 页

2）原始纺织工业

浅谈我国原始社会纺织手工业的起源与发展　王晓　中原文物 1987 年 2 期 96 页

东夷史前纺织业简论　逢振镐　齐鲁学刊　1989 年 4 期 2 页

纺轮与纺专　王若愚遗作　文物　1980 年 3 期 75 页

纺轮——原始的纺绩工具　曲守成　学习与探索　1981 年 2 期

从民族学资料看远古纺轮的形制　宋兆麟　中国历史博物馆馆刊 1986 年 8 期 9 页

3）古代蚕、桑、丝、绸工艺

我国古代蚕、桑、丝、绸的历史　夏鼐　考古　1972 年 2 期 12 页

养蚕起源问题的研究　周匡明　农业考古　1982 年 1 期 133 页

中国桑蚕丝帛起源的研讨　高汉玉　亚洲文明论丛　1986 年 8 月 73 页

钱山漾残绢片出土的启示　周匡明　文物　1980 年 1 期 74 页

河北正定南杨庄发掘一处重要仰韶文化遗址——为研究我国原始瓷器、育蚕织绸的起源问题提供了重要实物资料　唐云明　史前研究 1985 年 3 期 108 页

我国栽桑育蚕起始时代初探——兼论西阴遗址和钱山漾遗址出土的有关标本　卫斯　农史研究　1985 年 6 辑 115 页

中国早期的丝织业和红山文化白玉蚕蛾　石志廉　文物报　1987 年 3 月 20 日 3 版

4）古代酿酒

对我国酿酒起源的探讨　李仰松　考古　1962 年 1 期 41 页

我国酿酒当始于龙山文化　方扬　考古　1964 年 2 期 94 页

考古发现中的陶缸与我国古代的酿酒　王树明　海岱考古　1989 年 9 月第一辑 370 页

（2）　原始交通

古代中国船只到达美洲的文物证据——石锚和有段石锛　石钟健　思想战线（云南大学学报）　1983 年 1 期 39 页

水上交通在考古学文化中的作用　黎君　中国文物报　1993 年 1 月 3 日 3 版

中国沿海史前文化的交往和海上交通　吴汝祚　东南文化　1993 年 2 期 43～49 页

先史时代台湾与大陆的交通——从彩陶、黑陶、肩斧、段锛等研讨　石璋如　台北文献　1962 年 2 期 1 页

从彩陶黑陶肩斧段锛等研究先史时代台湾与大陆交通　石璋如　中原文化与台湾　1971 年 223 页

略谈史前时期闽台之间陆上与海上交通　陈存洗　泉州文博　1996 年 2 期 7～9 页

新石器时代的航海业：中国大陆和台湾之间早期的文化交流（摘要）〔美〕罗勒特·巴里　陈伟春译　农业考古　1998 年 1 期 388 页

从出土文物看胶东半岛与辽东半岛史前时期的海上交通　王锡平　海交史研究　2004 年 2 期 31～34 页

中国古代的独木舟和木船的起源　戴开元　船史研究　1985 年 1 期 4 页

从辽东半岛黄海沿岸发现的舟形陶器谈我国古代舟船的起源与应用　许玉林　船史研究　1986 年 2 期 1 页；辽海文物学刊　1986 年 2 期 57 页

原始渡具与早期舟船的考古学观案　王永波　江汉考古　1989 年 1 期 32 页

从考古发现谈宁波沿海地区原始居民的海上交通　吴玉贤　史前研究　1983 年 1 期 156 页

再议河姆渡人的水上交通工具　李跃　东方博物第九辑　2003 年 18～26 页

10. 原始宗教

（1）总论

史前葬俗的特征与灵魂信仰的演变　雷中庆　世界宗教研究　1982 年 3 期 133 页

论原始宗教的进步作用　成建正　陕西省文博考古科研成果汇报会论文选集　1982 年 11 月 88 页

试析原始宗教的历史地位　成建正　史前研究　1983 年 2 期 144 页；半坡博物馆三十年学术论文选编　1989 年 132 页

从文身看原始宗教和艺术　许良国　学术月刊　1984 年 2 期 66 页

远古宗教的象征——试论彩陶装饰纹样与远古宗教关系　陈志超　浙江工艺美术　1985 年 3 期 15 页

獐牙器——原始自然崇拜的产物　王永波　北方文物　1988 年 4 期 22 页

东夷原始宗教概论　李锦山　东夷古国史研究第一辑　1988 年 10 月 46 页

濮阳三蹻与中国古代美术上的人兽母题　张光直　文物　1988 年 11 期 36 页

我国新石器时代对“稷”神的祭祀　薛新民　文物季刊　1990 年 1 期 50～55 页

中国新石器时代祭祀遗迹　靳桂云　东南文化　1993 年 2 期 50～59 页

中国远古的女神　宋兆麟　寻根　1995 年 4 期 17～19 页

史前人类绘身习俗初探　何周德　文博　1996 年 4 期 27～31 页

史前时期的头骨穿孔现象研究　陈星灿、傅宪国　考古　1996 年 11 期 62～74 页

口琀的起源　星灿　中国文物报　1998 年 7 月 15 日 3 版

论中国史前卜骨　谢端琚　史前研究——西安半坡博物馆成立四十周年纪念文集　1998 年 115～126 页

史前祭坛概论　郭伟民　考古耕耘录——湖南省中青年考古学者论文选集　1999 年 82～100 页

中国史前"旋目"神面图像认读　王仁湘　文物　2000 年 3 期 26～35 页

我国史前祭祀遗迹初探　井中伟　北方文物　2002 年 2 期 6～15 页

神祇与祖灵　许倬云　石璋如院士百岁祝寿论文集·考古·历史·文化　2002 年 383～391 页

中国新石器时代的宗教遗迹　王芬　四川文物　2004 年 4 期 17～25 页

申论中国史前的龟甲响器　陈星灿、李润权　桃李成蹊集——庆祝安志敏先生八十寿辰　2004 年 72～97 页

论中国史前彩陶起源于原始宗教的祭器　王国栋　历史文物（国立历史博物馆馆刊）　2005 年 8 期 62～71 页

论磁山遗址性质与中国最早祭场的发现　金家广　环渤海考古国际学术讨论会论文集　1996 年 132～143 页

试析鹿台岗遗址 I、II 号遗迹的性质　刘春迎　江汉考古　1997 年 2 期 45～49 页

海岱上古祭祀遗迹　高广仁　中国文物报　2000 年 8 月 9 日 3 版

论半坡文化的祭祀　何周德　史前研究（2002）2004 年 410～417 页

海岱地区史前祭祀遗存二题　栾丰实　浙江省文物考古研究所学刊第八辑——纪念良渚遗址发现七十周年学术研讨会文集　2006 年 85～91 页

论仰韶文化的祭祀——从半坡遗址发现祭祀遗址谈起　何周德　西

部考古（第一辑）2006 年 86～93 页

祭灶（火）与藏种巫术——读《西安半坡》札记　刘敦愿　山东大学学报　1963 年 4 期 47 页

后洼遗址雕塑品中的巫术寓意　宋兆麟　文物　1989 年 12 期 23 页

试论滦平后台子出土的石雕女神像　汤池　文物　1994 年 3 期 46～51 页

巫与史前艺术　刘小葱、张锡瑛　博物馆研究　1999 年 3 期 50～58 页

巫与史前艺术（下）　刘小葱、张锡瑛　博物馆研究　2000 年 2 期 37～43 页

半坡彩陶人面纹的巫师属性　冯利　民族艺术　2001 年 3 期 93～102 页

中国原始社会的图腾　万九河　贵州民族研究　1983 年 1 期 46 页

史前东夷人的图腾　李锦山　历史知识　1983 年 5 期 61 页

姜寨史前居民图腾初探　高强　史前研究　1984 年 1 期 63 页；半坡博物馆三十年学术论文选编　1989 年 169 页

龙与远古图腾　肖红　河南大学学报　1984 年 5 期 56 页

原始氏族的"图腾"　冉光瑜　历史知识　1984 年 6 期 16 页

图腾制度反映的古代部落与考古文化的关系　陈江　南京博物院集刊　1984 年 7 期 1 页

大溪文化图腾说辨析　胡顺利　江汉考古　1987 年 1 期 37 页

龙与黄帝部族的图腾崇拜——兼析濮阳西水坡仰韶文化遗址出土的"中华第一龙"　马世之　中州学刊　1988 年 2 期 113 页

试论姜寨二期的鱼鸟图腾及其演变　张希玲　史前研究——西安半坡博物馆成立四十周年纪念文集　1998 年 347～353 页

原始的生育信仰——兼论图腾和石祖崇拜　宋兆麟　史前研究　1983 年 1 期 131 页

原始社会的"石祖"崇拜　宋兆麟　世界宗教研究　1983 年 1 期 16 页

女娲考——论中国古代的母性崇拜与图腾　杨堃　民间文学论坛 1986 年 6 期 4 页

生殖崇拜文化略论　赵国华　中国社会科学　1988 年 1 期 131 页

陶瓷与原始宗教中的生殖崇拜　杨静荣　考古与文物　1989 年 4 期 70 页

彩陶纹饰与生殖崇拜　徐建融　美术史论　1989 年 4 期 71 页

生殖崇拜的演化和发展——木垒石祖品类多且有男有女　孙伯海 新疆文物　1991 年 1 期 133～134 页

新石器时代的鸟形装饰与太阳崇拜　陆思贤　史前研究　1986 年 1/2 期 55 页

我国东方沿海和东南地区古代文化中鸟类图像与鸟祖崇拜的有关问 题　石兴邦　中国原始文化论集　1989 年 6 月 234 页

太阳鸟与鸟蛇并绘——中国早期鸟造型与鸟图腾的演变　周怡　寻 根　1998 年 5 期 11～15 页

广场上的神鸟　陶威娜、王吉怀　文物天地　2002 年 7 期 33～35 页

从我国古代的日月崇拜看华夏族　刘夫德　半坡博物馆三十年学术 论文选编　1989 年 270 页

上古时期中国东南地区的太阳崇拜　李修松　历史研究　2002 年 2 期 20～31 页

史前猎头习俗中的宗教色彩　李锦山　文史杂志　1987 年 2 期 31 页

试论我国史前时代的猎头习俗　钱耀鹏　考古与文物　1994 年 4 期 41～46 页

（2）黄河流域

试谈我国新石器时代出土的"双连杯"和"三耳杯"及其有关问题

李仰松　河南文博通讯　1980年4期13页

齐家坪遗址出土双连杯上刻划图象（像）的刍见　胡顺利　中原文物　1983年2期29页

柳湾出土陶壶上"双性象"的宗教意义　周庆基　史学月刊　1987年2期97页

绥德小官道龙山文化房屋中心图案的意义　郭政凯　考古与文物　1990年5期87～91页

释大汶口等地出土的龟甲器　汪宁生　故宫文物月刊　1994年132期78～85页

从连通灶看史前半坡人的火崇拜　张志敏　史前研究——西安半坡博物馆成立四十周年纪念文集　1998年341～343页

伊川陶缸图案与四面八方的宇宙观念　陈新　洛阳博物馆建馆四十周年纪念文集　1999年1～8页

浅议大地湾先民的原始宗教意识　程晓钟、王晓珠　史前研究（2002）2004年393～398页

濮阳西水坡蚌图考略　丁清贤　美术史论　1990年3期4～8页

西水坡三组摆塑综考——兼论原始天人关系　史道祥等　郑州大学学报（哲社版）　1992年1期48～54页

"华夏第一龙"探析　何星亮　东南文化　1993年3期41～51页

濮阳仰韶文化蚌图小议　郝本性　中原文物　1996年1期56～60页

濮阳西水坡M45蚌壳摆塑龙虎图的发现及重大学术意义　方酉生　中原文物　1996年1期61～64页

从濮阳西水坡45号墓看"骑龙升天"神话母题　陈江风　中原文物　1996年1期65～71页

颛顼时代与濮阳西水坡蚌塑龙的划时代意义　王大有　中原文物　1996年1期72～75页

北斗祭——对濮阳西水坡45号墓贝塑天文图的再思考　伊世同　中原文物　1996年2期22～31页

河南濮阳仰韶文化蚌壳龙的象征意义 何星亮 中原文物 1998 年 2 期 34～42 页

西水坡蚌壳龙虎图案及其原始宗教思维 李中义、万洪瑞 中国文物报 1998 年 8 月 5 日 3 版

西水坡 45 号墓、古天球、大荔人 周春茂 文博 1999 年 1 期 3～6 页

濮阳西水坡 45 号墓主人的人格与神格 陆思贤 华夏考古 1999 年 3 期 73～83 页

中华第一龙——濮阳西水坡蚌壳龙虎图案的发现与研究 孙德萱、李中义 寻根 2000 年 1 期 10～16 页

濮阳蚌塑龙虎随想 孙其刚 中国文物报 2000 年 2 月 2 日 3 版

濮阳西水坡 M45 号墓的初步探索 杨肇清 濮阳教育学院学报 2002 年 15 卷 1 期 1～4 页

西水坡"御龙奔虎"的天文意义 宋会群 中原文物考古研究 2003 年 20～29 页

西水坡蚌壳龙虎图案与原始宗教 李中义 中原文物考古研究 2003 年 34～36 页

（3） 北方地区

牛河梁祭祀遗址及其相关问题 卜工 辽海文物学刊 1987 年 2 期 103 页

中国史前祭祀遗址初探——以喀左东山嘴为中心 〔日〕池田末利著 姚义田译 辽海文物学刊 1988 年 2 期 148 页

东山嘴原始祭坛与中国古代的社崇拜 王震中 世界宗教研究 1988 年 4 期 82 页

小山尊形器"鸟兽图"试析 朱延平 考古 1990 年 4 期 360～365 页

人面纹石斧、人面纹石铲的神话学考察——兼论匈奴"龙祠"祭典的神话学传统 陆思贤 内蒙古文物考古文集 1994 年 74～82 页

赤峰地区发现的新石器时代女性雕塑及相关问题浅议 海燕 内蒙

古文物考古　2002年1期39～48页

赵宝沟文化动物纹图案的神话学考察　陆思贤　内蒙古文物考古文集（第三辑）　2004年434～446页

也谈东山嘴红山文化神祀遗址　殷志强　北方文物　1986年3期16页

红山文化裸体女神为女娲考　陆思贤　北方文物　1993年3期33～36页

红山文化裸体女神像的神话考察　陆思贤　文艺理论研究　1993年3期79～84页

试论红山文化辽西"女神庙"的性质　任芬　昭乌达蒙族师专学报（汉文哲社版）　1993年14卷4期10～13页

红山文化女神塑像乃是女娲形象　石云子　中国文物报　1993年11月14日3版

红山文化女神之性质及地位考　张星德　辽海文物学刊　1995年2期36～42页

红山文化女神像与史前宗教中的土地神　张星德　社会科学辑刊1996年2期98～100页

孔雀河古墓沟木雕人像试析　陈星灿　华夏考古　1995年2期71～77页

新疆察吾乎沟四号基地头骨穿孔之谜　刘学堂　中国文物报　1998年7月1日3版

新疆地区史前木雕人像发现与研究　刘学堂　中国文物报　1999年5月5日3版

（4）长江流域

河姆渡人的宗教观念和"凤"的起源　周庆基　河北大学学报（哲社版）　1993年2期65～68页

河姆渡残陶画的释读——兼论河姆渡文化的原始崇拜　王宁远　南

方文物　1997 年 1 期 70 ~ 75 页

良渚文化神像的辨析　汪遵国　中国文物报　1991 年 4 月 28 日 3 版

良渚文化"鸟蛇组合图案"试析　方向明　东南文化　1992 年 2 期 120 ~ 123 页

瑶山祭坛及良渚文化神徽含义的初步解释　王立新　江汉考古 1994 年 3 期 42 ~ 46 页

良渚文化神像释义——兼与牟永抗先生商榷　董楚平　浙江学刊 1997 年 6 期 100 ~ 103 页

良渚文化"神巫组合像"新考　江松　故宫文物月刊　1997 年 174 期 32 ~ 41 页

良渚文化创世神话补证　董楚平　故宫文物月刊　1997 年 174 期 76 ~ 85 页

良渚文化人像纹饰考略　朱乃诚　中国考古学会第九次年会论文集 1997 年 140 ~ 150 页

良渚文化不祭天　玉璧像天也像地——兼释口形器与山字形器　董 楚平　中国文物世界　1997 年 141 期 66 ~ 75 页

试论良渚神徽起源及意义　王宁远　浙江省文物考古研究所学刊 （第三辑）1997 年 238 ~ 245 页

赵陵山（族徽）考辨　江松　历史文物　1998 年 4 期 37 ~ 45 页

伏羲：良渚文化的祖宗神　董楚平　杭州师范大学学报　1999 年 4 期 21 ~ 25 页

良渚文化的鸟与神　刘斌　纪念浙江省文物考古研究所建所二十周 年论文集　1999 年 89 ~ 95 页

九屈神人与良渚古玉纹饰　潘守永、雷虹霁　民族艺术　2000 年 1 期 150 ~ 165 页

良渚文化的太阳之"气"和鸟　〔日〕林巳奈夫著　杨美莉译　故 宫学术季刊　2003 年 20 卷 4 期 1 ~ 14 页

"神像"图说　蒋乐平　浙江学刊　2003 年增刊 85 ~ 94 页

从龙南遗址看良渚文化的住居和祭祀　郑小炉　东南文化　2004 年 1
期 16~20 页

鸟崇拜与良渚文化神人兽面纹　孙荣华　东方博物　2004 年第 10 辑
16~21 页

尉迟寺的"神器"和良渚文化的"神徽"　吴耀利　长江下游地区
文明化进程学术研讨会论文集　2004 年 182~188 页

良渚文化神徽解析　黄建康　东南文化　2006 年 3 期 17~22 页

浅谈良渚文化的崇鸟习俗　杨菊华　江汉考古　1994 年 3 期 48~51 页

良渚文化鸟人纹像的内涵和功能（上）　黄厚明　民族艺术　2005
年 1 期 44~51 页

（5）东南沿海及西南地区

关于台湾原始陶器之信仰（一）、（二）、（三）　〔日〕宫本延人著
李根源译　台湾公论报　1951 年 2 月 23 日、3 月 9 日、5 月 18 日；台
湾风土　129，130，135 期

从考古遗物看莴松文化的信仰　刘克竑　人类与文化　1986 年 22 期
20 页

11. 古代文化生活

（1）总论

从历史文物试探体脑分工的起源　李泽厚　文物　1975 年 9 期 61 页

中国原始社会生物学思想的萌芽　甄朔南　史前研究　1984 年 1 期
77 页

辩证法思想萌芽于原始社会　李启谦、葛行举　史前研究　1984 年 4

期 94 页

中国武术源于原始社会的狩猎活动　李兴东　武魂　1987 年 6 期 18 页

陶器的肩腹分化和人的审美活动——从原始陶器看日用生活器具方面审美关系的发生　章建刚　文物　1987 年 11 期 65 页

先秦两汉美术考古材料中所见世界观的变化　俞伟超　庆祝苏秉琦考古五十五年论文集　1989 年 8 月 111 页

原始时期的人生礼俗初探　晁福林　民族研究　1996 年 3 期 37~44 页

我国远古数学初探　彭曦　考古与文物　1981 年 2 期 95 页

史前时期的数学知识　富严　史前研究　1985 年 2 期 104 页

原始彩陶纹饰中的数学观念　钱志强　美术　1986 年 2 期 54 页

中国原始社会先民们"数"的知识　庄福林　史前研究　1986 年3/4 期 118 页

（2）　古代文化

1）原始艺术

江苏新石器时代原始艺术初探　钱锋　文博通讯　1983 年 3 期 12 页

我国原始艺术的成就　李友谋　郑州大学学报　1984 年 1 期 79 页

江苏新石器时代艺术考古综述　钱锋　美术史论　1984 年 4 期 90 页

大连沿海地区原始文化艺术刍论　王宇、陈丽华、王珍仁　辽宁师范大学学报　1986 年 5 期 83 页

云南原始社会艺术初论　李昆声　云南文物　22 期 1987 年 12 月

云南原始社会艺术初论　申戈　四川文物　1988 年 4 期 3 页

史前艺术品的发现及史前艺术功能的演变　邵望平　庆祝苏秉琦考古五十五年论文集　1989 年 8 月 82 页

东北原始艺术述略　董国尧　学术交流　1989 年 6 期 128 页

五千年中国艺术的文化基础　俞伟超　文物　1998 年 2 期 16~20 页

中国东南地区史前艺术考察（上、下）　赵杰　文物世界　2002 年 1 期 51～58 页，2002 年 2 期 13～21 页

中国艺术考古学的奠基　孙长初　东南文化　2002 年 5 期 10～15 页

从符号学角度浅谈史前艺术的意义和作用　王幼平　陕西历史博物馆馆刊第九辑　2002 年 250～257 页

关于古代艺术史学问题的讨论——在"海峡两岸艺术史学与考古学方法研讨会"上的讲话　张忠培　中国文物报　2004 年 4 月 9 日 7 版

试论我国新石器时代的器皿造型　吴山　美术纵横　1982 年 1 期 74 页

中国古文物中所见人体造型艺术　杨泓　文物　1987 年 1 期 54 页

造型艺术的起源及动物在原始造型艺术中的地位　王秀娥　史前研究辑刊　1988 年 123 页

我国史前时期的人体装饰品　李永宪、霍巍　考古　1990 年 3 期 255～267 页

我国史前的动物形艺术品　安家瑷　中国历史博物馆馆刊　1998 年 2 期 75～81 页

原始社会时期的装饰纹样　张朋川　图案　1985 年 1 期 37 页、2 期 37 页

再谈装饰纹样的起源问题　张朋川　图案　1988 年 8 辑 48 页

仰韶文化的美术考古简述　杨亚长　华夏考古　1988 年 1 期 64 页

近年来陕西新出土的仰韶文化原始艺术品　魏京武、杨亚长　考古与文物　1991 年 5 期 54～61 页

浅谈半坡史前艺术　宋澎　史前研究（2000）2000 年 592～595 页

仰韶文化的原始艺术　吴诗池等　史前研究（2004）2005 年 122～151 页

大汶口——龙山文化原始艺术初探　吴家哲、李秀治、何德亮、吴诗池　史前研究　1984 年 4 期 75 页

试析大汶口文化的艺术成就　竟放、陈昆麟　中原文物　1988 年 4 期 40 页

七千年前的远古艺术——河姆渡图案　宋馨萍　浙江工艺美术　1982 年 1 期 7 页

河姆渡的原始艺术　吴玉贤　文物　1982 年 7 期 61 页

河姆渡原始艺术的地位与价值　龚若栋　民间文艺季刊　1988 年 1 期 72 页

七千年前的璀璨艺术　陈忠来　群众文化　1989 年 8 期 36 页

从出土文物看古代的龙　孙广清　中原文物　1988 年 1 期 72 页

从考古发现看龙种族系的形成　王家祐　四川文物　1988 年 2 期 13 页

先秦龙虎图案溯源　王家祐　四川文物　1989 年 4 期 11 页

论龙的传人　许顺湛　中原文物　1994 年 4 期 1 ~ 12 页

说龙虎——一个被遗忘的文化现象　刘宗意　中国文化研究　1997 年 1 期 106 ~ 107 页

2）文字起源

中国文字的原始与演变　李孝定　中研院历史语言研究所集刊　1974 年 2 月、5 月第四十五本二分 343 页，三分 529 页

从原始记事到文字发明　汪宁生　考古学报　1981 年 1 期 1 页；民族考古学论集　1989 年 1 月 9 页

我国上古结绳记事探究　刘正英　寻根　2000 年 5 期 4 ~ 12 页

关于长江下游地区的早期文字　张明华　长江下游地区文明化进程学术研讨会论文集　2004 年 189 ~ 204 页

从新石器时代的刻划符号谈"指事"在"六书"中的次第　海萌辉　郑州大学学报　1983 年 2 期 80 页

南方古代刻划文字和符号浅谈　李家和　江西历史文物　1985年1期64页

究竟是不是文字——谈谈我国新石器时代使用的符号　裘锡圭　文物天地　1993年2期26～30页

试论菱形符号的产生、发展及意义——对一种观念符号的研究　王宁远　纪念浙江省文物考古研究所建所二十周年论文集　1999年152～160页

再论史前陶文和汉字起源问题　李孝定　中研院历史语言研究所集刊　1979年9月第五十本三分431页

论陶符兼谈汉字的起源　高明　北京大学学报　1984年6期47页

从陶文探索汉字起源问题的总检讨　陈昭容　中研院历史语言研究所集刊　1986年12月第五十七本第四分669～762页

中国文字起源之我见　林小安　传统文化与现代化　1993年3期82～85页

文字源于图腾崇拜考　陈代兴　湖北教育学院学报（哲社版）1993年4期60～65页

史前陶器符号的发现与汉字起源的探索　王蕴智　华夏考古　1994年3期95～108页

刻符彩符非文字之说——兼谈文字的起源　吴诗池　南方文物　1994年4期20～28页

远古文明的火花——陶尊上的文字　邵望平　文物　1978年9期74页；大汶口文化讨论文集　1979年11月237页

中国原始社会的文字遗迹——陶文　尹显德等　源流　1985年6期42页

宜昌杨家湾遗址的彩陶和陶文介绍　宜昌地区博物馆　史前研究　1986年3/4期74页

谈陵阳河与大朱村出土的陶尊"文字"　王树明　山东史前文化论文集　1986年9月249页

我国最早的文字——山东大汶口及内蒙翁牛特旗石棚山原始文字例释　陆思贤　书法　1988 年 6 期 9 页

西水坡虎图案的文字学观察——兼论 M45 主人身份　孟华平　江汉考古　1993 年 4 期 87~89 页

良渚文化陶文释例——最古的太阳年星历记录　陆思贤　考古与文物　1993 年 5 期 51~56 页

简论长安斗门花园村客省庄二期文化遗址出土骨刻原始文字　郑洪春、穆海亭　考古学研究（陕西）1993 年 196~200 页

石棚山 M52 原始图画文字的破译：兼论小河沿文化父系制过渡形式　布谷　昭乌达蒙族师专学报（汉文哲社版）　1994 年 15 卷 2 期 1~12 页

陶寺遗址扁壶朱书"文字"新探　何驽　中国文物报　2003 年 11 月 28 日 7 版

从民族学发现的新材料看大汶口文化陶尊的"文字"　王恒杰　考古　1991 年 12 期 1119~1120 页

大汶口文化陶尊上的符号及与良渚文化的关系　刘斌　青果集　1993 年 114~123 页

仓颉作书与大汶口文化发现的陶尊文字　王树明　中国文物世界　1994 年 2 期 38~47 页

大汶口文化陶尊符号试解　张文考　考古与文物　1994 年 3 期 73~79 页

邹平丁公发现龙山文化文字　山东大学考古实习队　中国文物报　1993 年 1 月 3 日 3 版

关于丁公陶文的疑问　明儒　南方文物　1993 年 3 期 97~99 页

丁公龙山文化文字的发现及其意义　许宏　传统文化与现代化　1993 年 3 期 82~85 页

专家笔谈丁公遗址出土陶文　考古　1993 年 4 期 344~354 页

龙山文化陶文——中国考古的一个重大发现　刘关权等　瞭望周刊

（海外版）　1993 年 4～5 期 58～59 页

山东丁公龙山时代文字解读　冯时　考古　1994 年 1 期 37～54 页

试论丁公龙山文化刻陶文字的发现及其意义　杜征　西北第二民族学院学报（哲社版）　1994 年 1 期 73～76 页

龙山文化丁公陶书简说　徐基　东南文化　1994 年 3 期 56～59 页

丁公龙山城址和龙山文字的发现及其意义　栾丰实　文史哲　1994 年 3 期 85～89 页

丁公陶文之初步研究　王宏理　浙江大学学报（社科版）　1994 年 8 卷 3 期 111～118 页

关于"丁公陶文"的讨论　卞仁　考古　1994 年 9 期 825～831 页

山东省邹平县丁公遗址发现的龙山文化多字陶文　方辉　故宫文物月刊　1994 年 133 期 98～103 页

关于"丁公陶文"的时代　张学海　中国文物报　1994 年 12 月 4 日 3 版

关中地区仰韶文化刻划符号综述　王志俊　考古与文物　1980 年 3 期 14 页；半坡博物馆三十年学术论文选编　1989 年 27 页

普米族的刻划符号——兼谈对仰韶文化刻划符号的看法　严汝娴　考古　1982 年 3 期 312 页

仰韶文化中的几个字　张在明、刘夫德　文博　1987 年 6 期 41 页；半坡博物馆三十年学术论文选编　1989 年 355 页

半坡类型陶器刻划符号的分类和解释　严文明　文物天地　1993 年 6 期 40～42 页

3）原始音乐

有关新石器时代的彩陶细腰鼓资料　牛龙菲　西北史地　1987 年 1 期 99 页

史前音乐起源之我见　袁宏平　音乐探索　1988 年 2 期 57 页

原始时代和商代的陶埙　李纯一　考古学报　1964 年 1 期 51 页

从原始氏族社会到殷代的几种陶埙探索我国五声音阶的形成年代
吕骥　文物　1978 年 10 期 54 页

原始社会末期的旋律乐器——甘肃玉门火浇沟陶埙初探　尹德生
西北师院学报　1984 年 3 期 39 页

山东莒县陵阳河大汶口文化墓葬中发现笛柄杯简说　王树明　齐鲁
艺苑　1986 年 5 期 52 页

笛柄杯——大汶口文化中发现的唯一一件乐器　曲广义　中国音乐
　1987 年 3 期 53 页

贾湖骨笛在音乐史上的重大价值　中国文物报　1988 年 6 月 17 日 3
版

考古新发现——贾湖骨笛　张居中　音乐研究　1988 年 4 期 97 页

舞阳贾湖骨笛的测音研究　黄翔鹏　文物　1989 年 1 期 15 页

探析贾湖骨笛承载的社会信息　宋爽　东南文化　2006 年 4 期 89～
93 页

甘肃出土的几件原始社会打击乐器　尹德生　西北史地　1987 年 2
期 91 页

原始社会晚期的打击乐器——兰州市永登县乐山坪陶鼓浅探　尹德
生、魏怀珩　史前研究辑刊　1988 年 156 页

对石固遗址出土的管形骨器的探讨　陈嘉祥　史前研究　1987 年 3
期 93 页

4）原始舞蹈

原始壁画音乐和舞蹈　之远　文物报　1986 年 3 月 21 日 3 版

青海大通县上孙家寨出土的舞蹈纹彩陶盆　青海省文物管理处考古
队　文物　1978 年 3 期 48 页

舞蹈纹陶盆与原始舞乐　金维诺　文物　1978 年 3 期 50 页

从彩陶盆上的原始乐舞谈起　常任侠　舞蹈　1978 年 3 期

谈舞蹈陶盆纹饰　汤池　美术研究　1979 年 2 期

试谈彩陶盆上的舞蹈图　孙景深　舞蹈艺术　1981 年 1 期 61 页

五千年前的舞蹈图案　杨立本文　马兰图　人民日报　1981 年 2 月 17 日

优美的古代舞蹈纹饰　谢佐　青海日报　1983 年 7 月 9 日

彩陶盆舞蹈图案辨疑　王克林　考古与文物　1986 年 3 期 47 页

关于马家窑时期原始舞蹈的几个问题　王真　史学月刊　1983 年 6 期 13 页

《九招》《九歌》与上古旱祭之舞乐——兼释青海大通彩陶盆所绘的舞蹈场面　沈海波　江淮论坛　1987 年 2 期 87 页

石峡遗址的舞蹈纹陶片　崔勇　文物天地　1989 年 6 期 19 页

5）原始绘画

新石器时代之绘画　杜学知　大陆杂志　1947 年 2 月 14 卷 3 期 78 页，14 卷 3 期 122 页

有趣的原始陶画　周到　文物报　1985 年 8 月 16 日 3 版

原始社会的绘画　翟路　文物报　1986 年 3 月 21 日 2 版

一幅描绘原始部落战争的陶画　金家广　中国文物报　1990 年 6 月 14 日 3 版

原始社会的绘画珍品——临汝仰韶陶缸彩绘　牛济普　美术　1981 年 9 月号 60 页

秦安大地湾遗址仰韶晚期地画研究　李仰松　考古　1986 年 11 期 1000 页

迄今发现的我国最早的绘画——大地湾原始社会居址地面　张朋川　美术　1986 年 11 期 51 页

室内地画与丧迁风俗——大地湾地画考释　宋兆麟　论仰韶文化

1986 年 12 月 159 页

大地湾地画释意　尚民杰　中原文物　1989 年 1 期 35 页

6）原始雕塑

A. 雕塑、陶塑

黄河中上游地区出土的史前人形彩绘与陶塑初释　张广立、赵信、王仁湘　考古与文物　1983 年 3 期 48 页

东北地区原始雕塑艺术初探　李宇峰　史前研究　1987 年 2 期 90 页

我国新石器时代雕塑人像的研究　曲石、孙倩　中原文物　1989 年 1 期 39 页

中国史前裸体女塑像概述　刘凤君　美苑　1989 年 1 期 52 页

中国原始社会雕塑艺术概述　杨晓能　文物　1989 年 3 期 63 页

东北地区史前文化图案和雕塑的研究　徐海　文物季刊　1999 年 2 期 61 ~ 65 页

黄河流域史前雕塑艺术概述　申芝茹　史前研究（2002）2004 年 428 ~ 434 页

史前时期的雕刻与陶塑　王吉怀　东南文化　2005 年 1 期 6 ~ 14 页

山东史前雕塑浅谈　何德亮　美术史论　1984 年 4 期 80 页

山东史前时期的陶塑艺术　何德亮　文物世界　2003 年 1 期 8 ~ 17 页

山东新石器时代的陶塑及其相关问题探讨　何德亮　历史文物 2004 年 9 期 42 ~ 53 页

河南的史前陶塑艺术　张得水　文物天地　2005 年 11 期 34 ~ 36 页

甘肃出土的几件仰韶文化人像陶塑　张朋川　文物　1979 年 11 期 52 页

仰韶文化陶塑艺术浅议　张瑞岭　中原文物　1989 年 1 期 30 页

浮塑裸人形饰彩陶壶　谢端琚　人民中国　1981 年 4 期 44－45 页

试论怀化高坎垄新石器时代遗址出土的双头犬形陶塑　舒向今　中南民族学院学报　1989 年 5 期 14 页

敖包山遗址的陶人　戴丽君　文物天地　1990 年 6 期 8 页

红山文化泥塑与陶塑艺术探析　都仁仓　红山文化研究——2004 年红山文化国际学术研讨会论文集　2006 年 148～153 页

B. 骨雕、牙雕

我国上古的象牙雕刻　刘道凡　文物　1980 年 11 期 91 页

我国最早的骨雕人头像　魏京武、杨亚长　考古与文物　1982 年 5 期 5 页

我国最早的骨雕人头像　魏京武　化石　1983 年 2 期 3 页；中国美术报　1986 年 7 月 14 日 4 版

我国史前精湛的骨雕和牙雕艺术　杨亚长　历史知识　1986 年 6 期 40 页

角器上孔穴制作之法——《古俗新研·技术篇》之三　汪宁生　中国文物报　1991 年 2 月 3 日 3 版

大汶口文化的骨牙雕筒不是斧柄尾饰　李永宪、霍巍　中国文物报　1988 年 10 月 14 日 3 版

大汶口文化中骨、牙雕筒用途的推测　王树明　考古与文物　1991 年 3 期 44～49 页

骨、牙雕筒——大汶口文化的特殊器物之一　栾丰实　故宫文物月刊　1995 年 142 期 126～135 页

龟甲器——大汶口文化的特殊器物之二　栾丰实　故宫文物月刊　1995 年 143 期 122～129 页

獐牙勾形器——大汶口文化特殊器形之三　栾丰实　故宫文物月刊

1995 年 144 期 74 ~ 83 页

大汶口文化的骨牙"雕筒"　杨晶　故宫博物院院刊　2003 年 1 期 50 ~ 61 页

C. 石、木 、玉雕

台湾兰屿发现的石制雕刻品　宋文薰著　连照美译　故宫季刊 1980 年 31 页 4 卷 3 期

新乐木雕艺术品初探　孙庆永、王菊耳　新乐遗址学术讨论会文集 1983 年 1 月 78 页

红山文化玉雕艺术初析　李恭笃、高美璇　史前研究　1987 年 3 期 83 页

（3）古代生活

1）原始医疗

中国原始人类的口腔　周宗歧　中华口腔杂志　1955 年 4 期 290 页

对我国原始社会医疗保健的初步考察　彭曦　史前研究　1985 年 3 期 67 页

豫鲁新石器时代人类牙槽疾病的初步观察　詹龙聘　人类学学报 1986 年 4 期 357 页

史前医疗与巫教信仰　宋兆麟　史前研究辑刊　1988 年 258 页

我国新石器时代医药卫生状况探析　戴应新　史前研究辑刊　1988 年 262 页

考古发现的中国古代开颅术证据　韩康信、陈星灿　考古　1999 年 7 期 63 ~ 68 页

2）原始风俗

我国新石器时代断指习俗试探　李健民　考古与文物　1982 年 6 期 53 页

史前民俗概观　张紫晨　史前研究　1985 年 3 期 74 页

大汶口文化三种习俗的文化思考　张碧波　民俗研究　1998 年 2 期 47~53 页

母系氏族向父系氏族过渡时期的产物——"不落夫家"等习俗剖析 林蔚文　史前研究　1984 年 2 期 82 页

试论原始社会的收养习俗　高蒙河　上海大学学报　1987 年 1 期 71 页

史前捐弃房屋风俗的再研究　王仁湘　中原文物　2001 年 6 期 16~28 页

我国拔牙风俗的源流及其意义　韩康信、潘其风　考古　1981 年 1 期 64 页

古代的凿齿民——中国新石器时代的拔牙风格　张振标　江汉考古 1981 年 1 期 65 页

涧沟的头盖杯和剥头皮风俗　严文明　考古与文物　1982 年 2 期 38 页

对《古代的凿齿民》一文的几点资料补充　韩康信　江汉考古 1983 年 1 期 70 页

中国史前人类的风俗——有意识的改形颅骨　张振标、尤玉柱　史 前研究　1985 年 3 期 81 页

新石器时代的外科手术——拔除侧门齿及颅骨变形术　李牧　中华 医史杂志　1986 年 16 卷 1 期 12 页

对原始人拔牙奇俗的考察和探索　龚维英　社会科学　1986 年 1 期 112 页

初民凿齿及其蛮性遗留的面面观　龚维英　文物研究　1986 年 12 月 第 2 期 51 页

凿齿神话的原始内涵　张福三　思想战线　1987 年 4 期 49 页

台湾史前时代拔齿习俗之研究　连照美　文史哲学报　1987 年 35 期 227 页

中国考古遗址中所见的拔牙风俗 韩康信 文物天地 1992 年 6 期 34～37 页

中国新石器时代拔牙风俗新探 陈星灿 考古 1996 年 4 期 59～62 页

一种奇特的古老风俗——拔牙 王晓 河南博物院落成暨河南省博物馆建馆 70 周年纪念论文集 1998 年 134～137 页

中国古代的剥头皮风俗及其他 陈星灿 文物 2000 年 1 期 48～55 页

中亚地区新发现的剥头皮材料述略——对《中国古代的剥头皮风俗及其他》一文的补充 陈星灿 华夏文明的形成与发展——河南省文物考古研究所建所五十周年庆祝会暨华夏文明的形成与发展学术研讨会论文集 2003 年 213～215 页

大汶口文化时期原始居民随葬獐牙和獐牙钩形器习俗试析 李健民 文物资料丛刊 1985 年 9 期 77 页

大汶口文化獐牙勾形器和象牙雕筒文化含意考释 吴汝祚 东南文化 1988 年 1 期 7 页

大汶口文化獐牙习俗考略 刘慧、徐存凤 民俗研究 1998 年 3 期 57～60 页

3）原始生活

由原始思维探索初民的口阴一致观 龚维英 文物研究 1989 年 9 月第 5 辑 115 页

史前人的节约意识 星灿 中国文物报 1998 年 5 月 27 日 3 版

良渚文化的家庭形态及其相关问题 高蒙河 青果集——吉林大学考古系建系十周年纪念文集 1998 年 149～154 页

后李文化西河聚落的婚姻、家族形态初探 马良民 东方考古 2004 年第 1 集 65～74 页

问君已有几多寿——古代人类的年龄是怎样测定的 甄朔南 知识就是力量 1979 年 1 期 52 页

从半坡遗存看原始人的生活　王志杰　文史知识　1992 年 6 期 90～95 页

半坡文化先民之饮食考古　杨亚长　考古与文物　1994 年 3 期 63～71 页

半坡人的饮食琐议　郝娟　史前研究（2000）2000 年 603～605 页

从尉迟寺遗址出土的酒具看当时酒文化的发展　王吉怀　中国文物报　2004 年 5 月 28 日 7 版

中美考古学家对河南贾湖遗址联合研究发现我国 9000 年前已开始酿制米酒　蓝万里　中国文物报　2004 年 12 月 15 日 1 版

12. 文化起源、传播与交流

（1）总论

中国史前文化之传布及混合　裴文中　大公报文史周刊　1946 年 12 月 25 日 11 期。

中国史前时期之研究　裴文中　商务印书馆　1950 年 9 月文 139 页

石器时代欧亚文化的关系　石兴邦　考古通讯　1957 年 5 期 67 页

帕米尔和石器时代人类人居亚洲高山地区问题　〔苏联〕B. A. 拉诺夫　刘蜀永译　考古学参考资料　1980 年 3～4 辑 97 页（原载苏联《东方国家与民族》丛刊 1975 年第 16 期）

试论我国从东北至西南的边地半月形文化传播带　童恩正　文物与考古论集　1986 年 12 月 17 页

我国原始文化的传播与交流　靳桂云　东岳论丛　1994 年 3 期 76～81 页

试析史前文化的海上交流及相关问题　李东　博物馆研究　1995 年 3 期 23～28 页

考古学文化的传播与迁徙 田名利 中原文物 2001 年 3 期 58 ~ 62 页

试论中日文化交流的黎明期——以日本绳纹时代为中心的中日关系
〔日〕河森一浩 考古与文物增刊·先秦考古 2002 年 160 ~ 167 页

文化传播与文化变迁 魏峻 华夏考古 2003 年 2 期 105 ~ 112 页

从交错地带看社会集团的地域性和文化交流 〔日〕宫本一夫著
张国硕译 华夏考古 2006 年 3 期 106 ~ 112 页

中国文化的起源与发达 贾丰臻 东方杂志 1937 年 34 卷 7 期 159 ~
168 页

中国文化之起源及发达 林惠祥 东方杂志 1937 年 34 卷 7 期
177 ~ 194 页

中国文化的起源与世界文化移动之研究 李长傅 东方杂志 1937
年 34 卷 7 期 169 ~ 175 页

东亚古代文化的起源 〔苏联〕刘克甫 莫润先译 考古学参考资
料 1978 年 1 辑 22 页（原载苏联《亚非人民》1964 年 6 期）

中国文化起源"单一中心"说质疑 丁季华 华东师范大学学报
1982 年 4 期 49 页

中国文化起源的考古新发现 杨朝岭、杨桃源 瞭望 1986 年 38 期
39 页

从马家窑类型驳瓦西里耶夫的"中国文化西来说" 甘肃省博物馆、
北京大学历史系考古专业连城考古发掘队 文物 1976 年 3 期 24 页

论"仰韶文化西来说" 林寿晋 香港中文大学中国文化研究所学
报 1979 年 10 卷下册 273 页

关于中国远古文化的源流问题——评瓦西里耶夫中国文化西来说
许顺湛 郑州大学学报 1980 年 2 期 67 页

略论桂林甑皮岩洞穴遗址的重大意义——兼批"中国文化南来说"
的谬论 阳吉昌 广西师范学院学报 1980 年 2 期 15 页

东南亚——古代的文化中心 〔苏联〕Д. Б. 切斯诺夫 莫润先译 考古学参考资料 1978 年 1 辑 153 页（原载苏联《历史问题》1973 年 1 期）

试谈古代四川与东南亚文明的关系 童恩正 文物 1983 年 9 期 73 页

东南亚大陆与华南史前陶器的相互关系 R. J. Pearson 彭南林译 云南文物 1986 年 6 月 19 期 152 页

关于中国华南地区和东南亚地区史前文化关系的几点看法——兼评 W. G. 索尔海姆《史前时期中国南部主人是谁?》 张永钊 广东省博物 馆馆刊 1988 年创刊号 163 页

长江下游史前文化对海东的影响 安志敏 考古 1984 年 5 期 439 页

日本史前文化与中国北方古文化的渊源 孟宪仁 东北地方史研究 1986 年 4 期 52 页

江南地区新石器时代文化对日本影响的蠡测 王心喜 江西大学学 报 1987 年 4 期 41 页

古代中国与史前时代的日本——中日文化交流溯源 蔡凤书 考古 1987 年 11 期 1026 页

太平洋区几种武器起源于亚洲说 孔尼华 中研院民族学研究所集 刊 1960 年 10 期 9 页

中国古代几种玉石兵器及其太平洋区的类缘 凌纯声 中研院民族 学研究所集刊 1960 年 10 期 15 页

试论长江中游与黄河原始文化的关系 向绪成 考古与文物 1988 年 1 期 1 页

长江黄河中下游新石器文化的交流 任式楠 庆祝苏秉琦考古五十 五年论文集 1989 年 8 月 65 页

从拔牙风俗看文化传播 史红卫 中山大学研究生学刊 1987 年 2 期 56 页

从我国拔牙风俗看文化传播 史红卫 广西民族研究 1988 年 3 期 106 页

（2） 黄河流域

吴越文化传播于黄河流域的说明 卫聚贤 东方杂志 1937 年 34 卷 10 期

中国古文化由东南传播于黄河流域 卫聚贤 吴越文化论从 1937 年 7 月

新石器时代中原文化的扩张 张光直 中研院历史语言研究所集刊 1969 年 6 月第四十一本二分 317 页

略论河南发现的屈家岭文化——兼述中原与周围地区原始文化的交流问题 罗彬柯 中原文物 1983 年 3 期 11 页

试论中原和江汉两地区新石器时代文化的关系 李绍连 考古学集刊 1984 年 10 月第 4 集 307 页

试论齐家文化与陕西龙山文化的关系 谢端琚 文物 1979 年 10 期 60 页

试论齐家文化与晋南龙山文化的关系——兼论先周文化的渊源 王克林 史前研究 1983 年 2 期 70 页

（3） 北方地区

贝加尔湖地区和黑龙江流域与中原的文化关系——旧石器晚期至铜石并用时期 吕光天 北方文物 1985 年 1 期 59 页

喜马拉雅山南麓所见的中国北方新石器时代文化因素——浅谈克什米尔地区的新石器时代遗址布鲁扎霍姆 〔日〕徐朝龙 农业考古 1988 年 2 期 137 页

辽东半岛与山东半岛原始文化的关系　许明纲　东北地方史研究 1989 年 1 期 68 页

胶东半岛与辽东半岛原始文化的交流　佟伟华　考古学文化论集（二）　1989 年 9 月 78 页

大连与山东地区原始文化的发展及异同　王宇等　辽宁师范大学学报　1989 年 6 期 83 页

辽东半岛与山东半岛史前文化的交流　〔日〕冈村秀典　环渤海考古国际学术讨论会论文集　1996 年 108～111 页

（4）长江流域

试论青龙泉文化与屈家岭文化、庙底沟二期文化的关系　李文杰 中国考古学会第二次年会论文集　1982 年 6 月 11 页

大溪文化玉器渊源探索——兼论有关中国新石器时代文化传播、影响的研究方法　杨建芳　南方民族考古　1987 年 1 期 15 页

试论湖北龙山文化与河南龙山文化的关系　方酉生　江汉考古 1989 年 4 期 32 页

论良渚文化与大汶口、龙山文化的关系　吴汝祚　东南文化　1989 年 6 期 65 页

试论良渚文化与山东龙山文化的关系　吴诗池　东南文化　1989 年 6 期 73 页

（5）东南沿海及西南地区

台湾原始文化中非印度尼西亚系要素之来源（一）（二）（三）　张光直　台湾公论报　1954 年 2 月 1 日、8 日、15 日；台湾风土　158，159，160 期

中国台湾与东亚的巴图石匕兵器及其在太平洋与美洲的分布　凌纯

声 考古人类学刊 1956 年 7 期 1 页

台湾与环太洋的树皮布文化 凌曼立 中研院民族学研究所集刊 313 页 9 期 1960 年；树皮布印纹陶与造纸印刷术发明 1963 年 211 页

台湾与东亚及西南太平洋的石棚文化 凌纯声 中研院民族学研究所专刊之十 1967 年

从印纹陶对西南和台湾等地的影响与传播看百越民族的流向 彭适凡 中南民族学院学报 1986 年增刊 126 页

先史时代的台湾与大陆 石璋如 第二届亚洲历史学家会议论文集 1962 年 1 页

台湾地区史前文化与大陆为同一系统 中原文献编辑室 中原文献 1969 年 1 卷 9 期 43 页

新石器时代台湾与大陆的"对渡" 林惠玲 台南文化 新 1977 年 3 期 2 页

台湾史前时代的大陆文化影响 〔日〕金关丈夫、国分直一著 袁韶莹编译 国外社会科学 1981 年 6 期 46 页； 学术研究丛刊 1981 年 2 期 105 页

追根寻源海峡西——台湾省远古文化的渊源初探 一丁 化石 1983 年 2 期 5 页

寻根——台湾与大陆 林衡道 台北文献 直字 1983 年 63/64 期 7 页

台湾人的根——台湾根源之探讨 邱奕松 台北文献 直字 1986 年 76 期 47 页

中原文化与台湾 王宇清 中原文献 1971 年 3 卷 1 期 1 页

彩陶文化如何传入台湾 林惠玲 台南文化 新 1977 年 3 期 3 页

台湾先史时代之北方文化的影响 金关丈夫 王金连译 台湾省通志馆馆刊 1948 年 1 卷 2 期 24 页；石璋如译 台湾公论报 1954 年 5 月

10、17、24 日；台湾风土　172、173、174 期

北方文化对台湾史前时代的影响　杨琮、林蔚文　福建文博　1989年 1/2 期 163 页

试论中国东南地区新石器时代与台湾史前文化的关系　黄士强　文史哲学报　1985 年 12 月 34 期 192 页

史前时代台湾与华南关系初探　刘益昌　台湾史田野研究通讯1988 年 7 期 6 页；中国海洋发展史论文集（三）　1988 年 1 页

略论西藏的原始文化与中原地区的关系——兼论西藏原始文化的一些地方特点　格勒　民族研究　1986 年 3 期 21 页

青藏高原石器文化的联系　黄有汉、李玉洁　中州学刊　1988 年 2期 117 页

试论云南新石器文化与黄河流域的关系　李昆声　云南文物　1982年 12 月 12 期 19 页

论云南与我国东南地区新石器时代文化的关系　李昆声、肖秋　中国考古学会第三次年会论文集　1984 年 4 月 107 页

论云南与黄河流域新石器时代文化的关系　李昆声　史前研究1985 年 1 期 36 页

13. 古史传说与文献考证

（1）总论

论先秦考古学国家文化与民族文化的关系　刘建国　南方文物1993 年 1 期 64～70 页

从炎黄时代到周秦文化　张岂之　陕西日报　1993 年 10 月 1 日 3 版

论上古时期的方国文化　钟仕伦　青海民族学院学报（社科版）1995 年 3 期 71～75 页

嫘祖蚕桑文化的形成与生态环境之关系　蔡正邦　中华文化论坛 1996 年 1 期 78～83 页

关于我国古代结绳记事的探讨　刘志远　河南教育学院学报（哲社版）　1996 年 15 卷 1 期 81～84 页

试论华夏与东夷集团文化交流及融合的地理背景　王青　中国史研究　1996 年 2 期 125～132 页

试论北方英雄时代对观念"大"的崇拜，兼说少皞氏凤鸟崇拜发祥于燕北南渐于中原　布谷　昭乌达蒙族师专学报（汉文哲社版）1996 年 17 卷 3 期 1～7 页

"禅让"的传说与史实新证　罗琨炎　炎黄春秋（增刊）　1996 年 3 期 30～36 页

神话与史实二则　陈星灿　原学第五辑　1996 年 384～388 页

根据古代文献构建中国史前史的历程——1919～1950 年中国史前学理论与方法论评述　孙祖初　考古求知集　1997 年 1～17 页

古史传说时代的"丘"与"虚"　李锦山　传统文化与现代化 1998 年 2 期 18～26 页

论中国古史上的英雄时代　白云翔　华夏文明的形成与发展——河南省文物考古研究所建所五十周年庆祝会暨华夏文明的形成与发展学术研讨会论文集　2003 年 154～164 页

也谈尧舜禅让与篡夺　王晓毅、丁金龙　中国文物报　2004 年 5 月 7 日 7 版

女娲传说与其在文化史上的意义　李学勤　中国文物报　2004 年 12 月 10 日 7 版

"启以夏正　疆以戎索"的考古学考察　田建文　庆祝张忠培先生七十岁论文集　2004 年 323～334 页

感生故事与早期政权的更迭　钱耀鹏　中原文物　2006 年 3 期 32～38 页

（2）古史传说与文献考证

五帝史迹考——兼论中国古代社会文明的产生　巩文　史前研究——西安半坡博物馆成立四十周年纪念文集　1998 年 263～269 页

中国历史上有个五帝时代　许顺湛　中原文物　1999 年 2 期 39～48 页

试论三皇五帝的谱系、时代与考古学文化　潘佳红　奋发荆楚探索文明：湖北省文物考古研究论文集　2000 年 111～114 页

考古追寻五帝踪迹——苏秉琦主编《中国通史·远古时代》学习笔记　郭大顺　文化的馈赠：汉学研究国际会议论文集（考古学卷）2000 年 122～124 页

论中国古代的"五帝时代"　曹桂岑　华夏考古　2001 年 3 期 52～59 页

五帝时代都邑考　曹桂岑　华夏文明的形成与发展——河南省文物考古研究所建所五十周年庆祝会暨华夏文明的形成与发展学术研讨会论文集　2003 年 165～171 页

五帝时代与夏代史迹的考古学观察　王迅　考古学研究（五）上册——庆祝邹衡先生七十五寿辰暨从事考古研究五十年论文集　2003 年 170～178 页

论五帝时代　李先登　中国古都研究第十五辑　2004 年 46～67 页

炎黄文化与裴李岗文化　李友谋　郑州大学学报（哲社版）1993 年 6 期 55～61 页

炎黄二帝与炎黄文化　应永深、胡振宇　炎黄春秋增刊　1996 年 3 期 46～53 页

炎黄文化研究若干问题之管见　蔡全法　河南文物考古论集　1996 年 176～182 页

仰韶文化与原始华夏族——炎、黄部族　黄怀信　考古与文物 1997 年 4 期 33～37 页

炎黄历史传说与中华文明　陈旭　河南博物院落成暨河南省博物馆

建馆 70 周年纪念论文集 1998 年 142~150 页

炎黄二帝与科技发明 王星光 中原文物 1999 年 4 期 25~33 页

涿鹿之战探索 韩建业 中原文物 2002 年 4 期 20~27 页

试析炎黄文化的发祥地 马世之 中国古都研究第十五辑 2004 年 34~45 页

炎黄文化东西说 常兴照 文物春秋 2005 年 6 期 9~19 页

从仰韶文化与大溪文化的交流看黄帝与嫘祖的传说 王震中 江汉考古 1995 年 1 期 37~42 页;炎黄文化研究 1995 年 2 期 43~48 页

黄帝的传说与燕文明的渊源 李民 中原文物 1996 年 1 期 6~9 页

黄帝婚蜀族嫘祖诞盐亭 衡平 四川文物 1996 年 5 期 16~21 页

跨越疑古思潮 重建黄帝世系 景以恩 东南文化 1997 年 3 期 57~61 页

略论阪泉、涿鹿大战前后黄帝族的来龙去脉 陈平 北京文博 1998 年 4 期 23~31 页

"黄帝南伐赤帝"刍议 韩嘉谷 北京文博 2003 年 3 期 76~82 页

黄帝族探源与中华第一古都 刘文学、王金岭 中国古都研究第十五辑 2004 年 6~21 页

黄帝都有熊在新郑 许顺湛 中国古都研究第十五辑 2004 年 22~26 页

论新郑黄帝古都文化的研究与开发 李留建等 中国古都研究第十五辑 2004 年 27~33 页

黄帝的故里和老家分别为新郑、洛阳——小浪底考古发掘随笔 李德方、黄吉博 中国古都研究第十五辑 2004 年 68~74 页

中原第一城——黄帝时代的郑州西山古城 许顺湛 炎黄文化研究 2004 年第一辑 25~33 页

黄帝部族活动的北线地域 李绍连 中原文物 2006 年 1 期 21~23 页

黄帝部族活动的北线地域 李绍连 中国社会科学院古代文明研究中心通讯 2006 年 11 期 20~24 页

岐水、姜水与姜氏城　刘宏斌　文博　1997 年 6 期 52～54 页

史前考古学与传说时代——雕龙碑考古发现与炎帝文化　王杰　江汉考古　1998 年 2 期 26～31 页

炎帝族与北首岭遗址——北首岭仰韶文化学术研讨会的一个中心议题　霍彦儒　文博　1998 年 3 期 46 页

有关炎帝文化的几个问题　石兴邦　文博　2000 年 1 期 11～15 页

探寻炎帝氏族的足迹——从雕龙碑考古发现探讨炎帝都邑问题　王杰　江汉考古　2000 年 4 期 42～47 页

炎帝考辨　王水根　南方文物　2001 年 3 期 28～33 页

蚩尤辨证　王树明等　中原文物　1993 年 1 期 26～31 页

炎帝就是蚩尤：兼论太暤神农与炎帝蚩尤之史迹　刘俊男　山东师大学报（社科版）　1997 年 42 卷 6 期 51～55 页

中国有六千多年的文明史——论大汶口文化是少昊文化　唐兰　大公报在港复刊三十周年纪念文集（上）　1978 年 9 月 23 页

东方地区风、嬴、偃诸姓部落群发展概势——兼论少暤之族与大汶口文化的关系　陈怀荃　安徽师大学报　1980 年 3 期 81 页

大汶口文化颍水类型为太暤文化考　杜金鹏　史学月刊　1993 年 2 期 7～13 页

太昊部落与豫东地区史前文化　李全立　中原文物　1999 年 2 期 65～67 页

少昊、帝舜与大汶口文化（上）　常兴照　文物春秋　2003 年 6 期 1～13 页

试论太昊、少昊时代——兼论太昊、少昊与炎、黄的关系　张富祥　齐鲁文化研究　2003 年总第二辑 16～23 页

少昊、帝舜与大汶口文化（下）　常兴照　文物春秋　2004 年 1 期 1～10 页

从大汶口到龙山：少昊氏迁移与发展的考古学探索　王青　东岳论

丛　2006 年 3 期 46 ~ 52 页

山东宁阳堡头大汶口墓地和有虞氏关系问题的探索　刘敦愿　大汶口文化讨论文集　1979 年 11 月 219 页

陶寺类型为有虞氏遗存论　许宏、安也致　考古与文物　1991 年 6 期 34 ~ 38 页

虞舜之墟在永济：舜帝历史文化遗迹考略　郝仰宁　山西师大学报（社科）　1996 年 23 卷 2 期 62 ~ 66 页

晋西南龙山文化与有虞氏　王克林　文物世界　2002 年 1 期 20 ~ 23 页

虞舜的王都与帝都　马世之　中原文物　2006 年 1 期 24 ~ 27 页

"有虞氏"谱系探析　罗琨　中原文物　2006 年 1 期 28 ~ 32 页

伏羲文化起源略说　熊国尧、张士伟　陇右文博　1997 年 2 期 44 ~ 47 页

良渚神像"鸟首龙身"说——伏羲新考　董楚平　中国文物世界 1998 年 156 期 32 ~ 41 页

伏羲与大禹：基于信仰与民俗起源意义上的比较研究　徐斌　杭州师范学院学报　2006 年 28 卷 1 期 58 页

苗蛮集团来源与形成的探索　韩建业、杨新改　中原文物　1996 年 4 期 44 ~ 49 页

略论三苗族及其文化在中华文明进程中地位和作用　樊力　中原文物　1998 年 1 期 49 ~ 59 页

"窜三苗于三危"的考古学研究　杨建芳　东南文化　1998 年 2 期 71 ~ 78 页

长江中游地区史前农业文化与古苗蛮文化关系初探　郑若葵　华夏考古　2000 年 2 期 74 ~ 80 页

再论屈家岭文化为三苗创造的早期文化　林邦存　湖北省考古学会论文选集（三）　2000 年 1 ~ 10 页

关于三苗与三苗文化的讨论　刘彬徽　江汉考古　2003 年 4 期 30 ~
32 页

洪灾之夏话共工——"共工振滔洪水"与红山文化的衰落　何驽　中
国文物报　1998 年 9 月 23 日 3 版

红山文化不是共工氏文化　李先登　中国文物报　1998 年 11 月 4 日
3 版

大禹治水的地理背景　王清　中原文物　1999 年 1 期 34 ~ 42 页

河北平原两侧新石器文化关系变化和传说中的洪水　韩嘉谷　考古
2000 年 5 期 57 ~ 67 页

大禹亦大鱼——华夏民族古代的神灵图腾　白剑　四川文物　2001
年 1 期 12 ~ 14 页

（3）考古学文化与文献考证

古史传说与典型龙山文化　刘敦愿　山东大学学报　1963 年 2 期 1 页

尧舜禅让故事的考古学研究　钱耀鹏　中原文物　2002 年 4 期 14 ~
19 页

夷羿族团的衍变与考古发现辩证　王守功　古代文明（第 1 卷）
2002 年 153 ~ 179 页

传说中的三大氏族集团在考古学上的反映　刘宝山　东南文化
2003 年 5 期 21 ~ 31 页

"神话考古"的若干反思　肖发荣　考古与文物　2005 年 2 期 29 ~
36 页

《禹贡》五服的考古学观察　赵春青　中原文物　2006 年 5 期 10 ~
22 页

《禹贡》"五服"的考古学观察　赵春青　中国社会科学院古代文明
研究中心通讯　2006 年 11 期 25 ~ 33 页

1）黄河流域

诸夏的分布与鼎鬲文化　翦伯赞　中国史论集　1947 年 1 期 48 页

论黑陶文化非夏代文化　赵光贤　光明日报　1957 年 1 月 17 日

关于夏文化及其来源的初步探索　吴汝祚　文物　1978 年 9 期 70 页

略说典型龙山文化即夏朝文化　程德祺　苏州大学学报　1982 年 1
期 107 页

漫谈父系氏族社会与夏文化的问题　曾意丹　中原文物　1983 年特
刊 12 页

先夏文化探索　田昌五　文物与考古论集　1986 年 12 月 93 页

从我国古史传说看原始氏族公社到奴隶制国家的过渡　刘毓璜　社
会科学辑刊　1988 年 1 期 84 页

早期中国的四大联盟集团"夏·夷联盟、商·狄联盟、周·羌联盟、
楚·越联盟"　俞伟超　香港中文大学中国文化研究所学报（1988 年）
19 卷（香港中文大学创校廿五周年纪念专号）11～19 页

炎黄传说的考古学证明　金宇飞　复旦学报（社会科学版）　2003
年 3 期 102～108 页

黄帝地望诸说考　王光镐　首都博物馆丛刊　2003 年 17 期 124～130 页

"有虞氏"系谱探论　罗琨　古代文明研究通讯　2005 年 26 期 24～29 页

炎黄文化研究及有关问题　石兴邦　中国社会科学院古代文明研究
中心通讯　2006 年 11 期 11～16 页

大汶口文化居民的拔牙风俗和族属问题　严文明　大汶口文化讨论
文集　1979 年 11 月 245 页

试论二里头文化渊源——兼论泰山周围大汶口、龙山文化系统的族
属问题　杜在忠　史前研究　1985 年 3 期 27 页

从考古发现谈鲁西南地区古史传说的几个问题　张学海　中原文物
1996 年 1 期 31～42 页

关中地区龙山文化特征及其族属问题的探讨　徐锡台　洛阳考古四
十年——一九九二年洛阳考古学术研讨会论文集　1996 年 121～138 页

东土古国探索　张学海　华夏考古　1997 年 1 期 60～72 页

史前民族融合在豫西地区的反映　许顺湛　学术研究文集——纪念南阳市博物馆建馆四十周年（1959～1999）　2000 年 36～44 页

虞夏时的中原　董琦　中国历史博物馆考古部纪念文集　2000 年 132～139 页

从房县七里河诸遗址看史前东夷族的西迁　郑建明　华夏考古 2003 年 2 期 57～63 页

海岱龙山文化与尧舜之乡考辨　侯仰军　齐鲁学刊　2006 年 1 期 95～98 页

新密古城寨城址与祝融之墟问题探索　马世之　中原文物　2002 年 6 期 23～26 页

大隗氏与新密古城寨龙山古城　周书灿　河南科技大学学报（社科版）　2005 年 23 卷 4 期 21～24 页

新密市古城寨龙山古城的族属及相关地理问题　周书灿　中原文物 2006 年 1 期 33～36 页

神农氏与仰韶文化——从庆阳地区的仰韶文化谈起　于祖培　陇右文博　2002 年 2 期 62～66 页

从仰韶文化考古学现象看炎黄阪泉之战及其迁移　丁清贤　三门峡文史资料·第十二辑：灿烂的仰韶文化　2003 年 339～349 页

尧舜时代与陶寺遗址　李民　史前研究　1985 年 4 期 34 页

陶寺遗存可能是陶唐氏文化遗存　王文清　华夏文明（1）　1987 年 7 月 106 页

陶唐氏与陶寺遗存　周苏平　考古文物研究——纪念西北大学考古专业成立四十周年文集（1956～1996）　1996 年 155～159 页

陶寺文化遗址走出尧舜禹 "传说时代" 的探索　何驽　中国文化遗产创刊号　2004 年 59～65 页

论陶寺文化和三里桥文化的族属　张锟、姜宁　文物世界　2005 年 6

期 15 ~ 18 页

大河村类型文化与祝融部落　王震中　中原文物　1986 年 2 期 83 页

论河南濮阳墓主和淮阳平粮城的族属　杨东晨　青岛师专学报 1992 年 9 卷 3 期 37 ~ 40 页

从地域分布上看马家窑诸文化的族属　李振翼　西藏研究　1996 年 3 期 96 ~ 99 页

鸟夷的考古发现　刘德增　文史哲　1997 年 6 期 85 ~ 90 页

西迁有蟜氏族与宝鸡北首岭遗址考——兼论陕西老官台和宝鸡福临堡等遗址的部族等问题　杨东晨　文博　1999 年 2 期 37 ~ 44 页

"唐地"考辨　张锟　中原文物　2003 年 1 期 18 ~ 22 页

"阳平"释古　张维华　中原文物考古研究　2003 年 37 ~ 38 页

帝丘考　张相梅　古代文明研究通讯　2004 年 23 期 4 ~ 8 页

2）北方地区

牛河梁"女神庙"族属考　傅朗云　北方文物　1993 年 1 期 46 ~ 50 页

辽东后洼图腾文化族属初探　傅朗云　博物馆研究　1995 年 1 期 14 ~ 21 页

3）长江流域

长江中游氏族部落文化的考古学考察　徐祖祥　四川文物　1999 年 1 期 13 ~ 18 页

试论长江中游原始文化的变迁与古史传说　高崇文　稻作陶器和都市的起源　2000 年 189 ~ 197 页

试论长江中游原始文化的变迁与古史传说　高崇文　文化的馈赠：汉学研究国际会议论文集（考古学卷）　2000 年 211 ~ 217 页

古人类的故乡澧阳平原——中国环境考古随笔之五　周昆叔　中国文物报　2002 年 8 月 16 日 7 版

先楚与三苗文化的考古学推测——为中国考古学会第二次年会而作
俞伟超　文物　1980年10期1页

从楚文化探索中提出的问题　苏秉琦　江汉考古　1982年1期3页

寻找楚文化渊源的新线索　俞伟超　江汉考古　1982年2期1页

楚文化渊源初探　王劲　中国考古学会第二次年会论文集　1982年6月1页

楚文化探源　马世之　楚文化研究论文集　1983年9月73页

略论江淮地区的古文化及其与吴楚文化的融合　杨国宜　安徽史学1985年3期57页

良渚文化的影响与古史传说　纪仲庆　东南文化　1990年5期108～112页

试说防风氏国与良渚文化的关系　夏星南　史前研究（2000）2000年558～566页

心手纹·鱼凫·颛顼　冯广宏　四川文物　2001年4期62～64页

14. 文明起源

（1）总论

关于中国文明起源的继续探索　〔美〕张光直著　张长寿译　考古学参考资料　1978年1辑3页（原载考古学第30卷第2期、3期1977年）

中亚文明的历史地位　〔苏联〕B. M. 马松著　金晔译　考古学参考资料　1980年3—4辑1页（原载《苏联考古学》1964年1期）

试论中国古代文明之发祥地　刘式今　考古与文物　1982年4期63页

试论探讨中国古代文明起源的途径　乔晓勤　史前研究　1984年3期41页

中国古代文明起源新探　姚政　南充师院学报　1985 年 3 期 97 页

中国文明的起源　夏鼐　文物　1985 年 8 期

连续与破裂：一个文明起源新说的草稿　张光直　九州学刊（1986 年）1 卷 1 期 1～8 页

对中国文明起源的探索　田昌五　殷都学刊　1986 年 4 期 1 页

中国当代考古学界对中国文明起源问题的不同看法　蒋祖棣　九州学刊　（1987 年）2 卷 3 期 139～142 页

中国文明起源的考古线索及其启示　李绍连　中州学刊　1987 年 1 期 101 页

略谈文明的起源与发展　智纯　宁夏大学学报　1987 年 2 期 70 页

试论文明的起源　安志敏　考古　1987 年 5 期 453 页

邹衡教授谈"中国古代文明起源"问题　浩波　江汉考古　1987 年 3 期 97 页

中国文明的诞生　邹衡　文物　1987 年 12 期 69 页

中国新石器时代与中国古代文明　郑光　华夏考古　1988 年 2 期 51 页

"文明"源于"野蛮"——论中国文明的起源　李绍连　中州学刊 1988 年 2 期 108 页

关于中国古代文明起源的若干问题　李先登　天津师大学报　1988 年 2 期 44 页

我国原始社会和中国文明的起源　臧嵘　教学月刊　1988 年 2 期 25 页

中华文明起源"新说"驳议　蔡凤书　文史哲　1988 年 4 期 12 页

中华文明的新曙光　苏秉琦　东南文化　1988 年 5 期 1 页

谈谈中国古代文明产生的时间和地区　张之恒　百科知识　1988 年 12 期 8 页

有关文明起源的几个问题——与安志敏先生商榷　童恩正　考古 1989 年 1 期 51 页

张光直教授谈中国文明的起源　郭晓辉　中国文物报　1989 年 3 月 17 日 3 版

考古学研究敲响中华五千年文明史的钟声　吴汝祚　北京科技报

1989 年 3 月 29 日 3 版

从考古发现谈中国古代文明的起源问题　孙广清　中原文物　1989 年 2 期 7 页

中国古代文明的环太平洋的底层　张光直　辽海文物学刊（1989）2 期 15~21 页

我国社会发展到文明的两个里程碑　吴汝祚　辽海文物学刊（1989）2 期 31~39 页

关于文明起源的几个问题　许顺湛　中州学刊　1989 年 3 期 73 页

中国相互作用圈与文明的形成　张光直　庆祝苏秉琦考古五十五年论文集　1989 年 8 月 1 页

中国文明起源的考古学研究　耿铁华　中原文物　1990 年 2 期 19~23 页

关于探索中国文明起源的几点看法　王德培　中原文物　1990 年 2 期 24~28 页

黄河文明与中国传统文化导论　唐嘉弘　中原文物　1990 年 2 期 13~18 页

关于中国文明起源问题研究述评　李立新　社会科学评论　1990 年 3 期 24~27 页

中国古代文明起源途径的探讨　王秀娥　文博　1990 年 4 期 57~63 页

华夏文明起源的假说　张敏　东南文化　1990 年 4 期 26~32 页

关于中华文明起源研究中的几个问题　陈连开　北方文物　1990 年 4 期 51~57 页

谈谈中国文明的起源　安志敏　河南师范大学学报（哲社版）1991 年 18 卷 3 期 67~72 页

略论中国文明的起源　严文明　文物　1992 年 1 期 40~49 页

黄帝时代是中国文明的源头　许顺湛　中州　1992 年 1 期 67~71 页

《华夏文明之源》序　严文明　中原文物　1992 年 3 期 56~57 页

中外文明起源问题对比研究　马世之　中原文物　1992 年 3 期 58~65 页

论文明时代和文明起源——兼评商周文明的传统观点　张连会　辽宁师范大学学报（社科版）　1993年4期67~70页

中国文明起源形成过程中的几个特点　王震中　中国社会科学院研究生院学报　1993年5期23~31页

文明起源研究略说　蒋乐平　考古与文物　1993年5期36~40页

中华文明起源研究随想　陈剩勇　浙江社会科学　1993年6期100~105页

我国何时进入文明时代　曹桂岑　河洛文明论文集　1993年93~104页

炎黄时代：中华文明的开端　刘宝才　西北大学学报（哲社版）1994年24卷3期52~55页

夏代前有个联邦制王朝　许顺湛　中原文物　1995年2期1~6页

中国文明起源考古学研究的回顾与展望　徐苹芳　炎黄文化研究1995年2期21~27页

探讨中国文明起源的几个有关问题　吴汝祚　华夏考古　1995年2期55~60页

论早期文明探索中的几个重要概念　彭邦本　四川文物　1995年3期3~8页

中国文明的起源与形成　李伯谦　华夏考古　1995年4期18~25页

中国文明起源的多角度思索　郑重　寻根　1995年6期4~6页

关于"文明"的涵义问题　孙淼　夏商文明研究　1995年1~14页

中国文化与文明形成和发展史的考古探讨　石兴邦　亚洲文明第三集（1995）1~26页

中国文明起源的探索　严文明　中原文物　1996年1期10~16页

论华夏文明的起源　李模　中原文物　1996年1期17~22页

中国古代文明的发展状况与特点　李友谋　中原文物　1996年1期23~30页

黄河、长江与中华文明起源　张正明　湖北社会科学　1996年3期12~13页

古代中国文明　李济　考古　1996年8期57~60页

简述中国文明的起源问题　贾峨　洛阳考古四十年——一九九二年洛阳考古学术研讨会论文集　1996 年 146～149 页

关于中国古代文明起源的考古观察　孙广清　河南文物考古论集 1996 年 142～154 页

中国古代文明之形成论纲　张忠培　考古与文物　1997 年 1 期 19～21 页

研究我国文明起源问题的一些思考　李仰松　考古与文物　1997 年 1 期 22～25 页

再论黄帝时代是中国文明的源头　许顺湛　考古与文物　1997 年 4 期 19～26 页

中国文明起源的考古学研究　徐苹芳　人民政协报　1997 年 4 月 7 日 3 版

北方文化与草原文明　田广金、郭素新　内蒙古文物考古文集第 2 辑　1997 年 1～12 页

中国文化与文明发展和形成史的考古学探讨　石兴邦　中国考古学与历史学之整合研究　1997 年 85～130 页

中国北方与南方古代文明发展轨迹之异同　童恩正　中国考古学与历史学之整合研究　1997 年 161～198 页

中国先秦文明之路概论　武建平　博物馆研究　1998 年 1 期 31～40 页

中国文明起源：一个轮廓性概说　曹兵武　中国文物报　1998 年 6 月 24 日 3 版

中国文化与文明史形成的过程和特点　石兴邦　"迎接二十一世纪的中国考古学"国际学术讨论会　1998 年 44～47 页

试论中国文明起源及其发展的推动因素　秦小丽、姜宝莲　周秦文化研究　1998 年 74～80 页

试论中国文明的起源及其形成　范勇　四川大学考古专业创建三十五周年纪念文集　1998 年 87～98 页

从考古展现黄帝时代的中国文明　张光远　故宫文物月刊　1998 年

185 期 62~79 页

中国文明起源探索的回顾与思考　缪雅娟　中国历史博物馆馆刊 1999 年 2 期 4~11 页

试论文明在黄河与两河流域的兴起　杨建华　华夏考古　1999 年 4 期 17~31 页

中国文明的形成及其在世界文明史上的地位　徐苹芳、张光直　燕京学报　1999 年新 6 期 1~18 页

文明起源研究的回顾与思考　严文明　文物　1999 年 10 期 27~34 页

对推进文明起源研究的几点意见　张学海　中国文物报　1999 年 9 月 1 日 3 版

探索文明之路　芮国耀　纪念浙江省文物考古研究所建所二十周年论文集　1999 年 23~32 页

五十年来的中国考古学与古代文明研究　李学勤　中国史研究 1999 年 4 期 3~5 页

中国古代文明形成的考古学研究　张忠培　故宫博物馆院刊　2000 年 2 期 1~23 页

论中华文明起源及其早期发展的基本特点　陈连开　中央民族大学学报（哲社版）　2000 年 5 期 22~34 页

中国文明起源研究中的一个基本问题　赵辉　稻作陶器和都市的起源　2000 年 135~142 页

中国文明起源的探索　严文明　文物研究　第 12 辑（1999）2000 年 7~13 页

东方文明的摇篮　严文明　文化的馈赠：汉学研究国际会议论文集（考古学卷）　2000 年 45~64 页

中国文明起源之我见　张学海　文化的馈赠：汉学研究国际会议论文集（考古学卷）　2000 年 71~73 页

中国古代文明起源之我见　迟宓宓　古籍整理研究学刊专刊　2000 年 56~57 页

中国古代文明起源与夏文化　李先登　中国历史博物馆考古部纪念

文集 2000 年 127～131 页

中国古代文明形成的考古学研究几点意见 刘庆柱 中国社会科学院古代文明研究中心通讯 2001 年 1 期 14～16 页

关于开展中国古代文明起源与早期发展过程研究的构想 王巍 中国社会科学院古代文明研究中心通讯 2001 年 1 期 17～20 页

我很赞成文明探源的研究工作 石兴邦 中国社会科学院古代文明研究中心通讯 2001 年 1 期 21～22 页

中国文明起源问题的探索 佟柱臣 中国社会科学院古代文明研究中心通讯 2001 年 1 期 23～26 页

中国古代的文化与文明 张忠培 考古与文物 2001 年 1 期 35～39 页

中国文明探源刍议 陈淳 中国社会科学院古代文明研究中心通讯 2001 年 2 期 35～39 页

夏文化与中国古代文明起源 李先登 中原文物 2001 年 3 期 11～17 页

检阅成果，展望未来，把中国古代文明研究提高到一个新水平——在"中国古代文明起源及早期发展国际学术研讨会"开幕式上的致辞 李伯谦 古代文明研究通讯 2001 年第 10 期 1～2 页

早期文明比较研究 格雷．M．费曼 考古 2001 年 10 期 83～87 页

21 世纪中国文明起源研究的思索 陈淳 中国文物报 2001 年 10 月 19 日 7 版

中国文明时代青铜时代形成的地域和年代的综合研究 黄盛璋 青铜文化研究 2001 年第二集 23～46 页

东方文明的摇篮 严文明 苏秉琦与当代中国考古学 2001 年 633～653 页

关于中国古代文明起源问题的理性思考 张居中 中原文物 2002 年 1 期 14～15 页

《历史研究》的中国文明观与中国文明起源研究 王健 东南文化 2002 年 1 期 45～47 页

中原古代文明起源新解：从伏羲文化的地位和作用谈起 吴海文

周口师范高等专科学校学报　2002 年 19 卷 3 期 99～101 页

中原文明形成过程中的几个特点　张得水　华夏考古　2002 年 4 期 48～53 页

世界四大古代文明起源模式的比较偶得　何驽　中国社会科学院古代文明研究研中心通讯　2002 年 4 期 58～60 页

关于中国文明起源与形成研究的几个问题——在《中原文物》百期：纪念暨中原文明学术研讨会上的讲话　张忠培　中原文物　2002 年 5 期 12～23 页

三大区交汇与中国文明起源　郭大顺　古代文明研究通讯　2002 年 13 期 23～26 页

文明起源研究的核心问题与中国文明进程的基本估计　唐际根　古代文明研究通讯　2002 年 15 期 13～18 页

对国内文明起源研究的几点思考　郭立新　中国文物报　2002 年 11 月 1 日 7 版

文明进程研究的思考　陈淳　中国文物报　2002 年 11 月 15 日 7 版

中国古文明起源的特征　张之恒　南京大学历史系考古专业成立三十周年纪念文集　2002 年 1～12 页

中国古代的文化与文明　张忠培　石璋如院士百岁祝寿论文集·考古·历史·文化　2002 年 3～10 页

论中国古代文明的起源与形成　张国硕　考古与文物增刊·先秦考古　2002 年 122～127 页

公元前 2000 年前后我国大范围文化变化原因探讨　王巍　东方考古研究通讯　2003 年 1 期 13 页

文明起源的三大阶段新论　王东　吉林大学社会科学学报　2003 年 2 期 85～91 页

中国古代文明起源与形成研究的回顾与展望　李伯谦　郑州大学学报（社会科学版）　2003 年 36 卷 3 期 5～7 页

中国文明起源研究的历程　朱乃诚　中国文物报　2003 年 11 月 21 日 7 版

关于中华文明起源与形成的几点思考　王巍　华夏文明的形成与发展——河南省文物考古研究所建所五十周年庆祝会暨华夏文明的形成与发展学术研讨会论文集　2003 年 42～46 页

关于中国古代文明起源与发展的几个问题　杨育彬、孙广清　华夏文明的形成与发展——河南省文物考古研究所建所五十周年庆祝会暨华夏文明的形成与发展学术研讨会论文集　2003 年 87～98 页

中华文明的始原和早期发展　严文明　国学研究第十二卷　2003 年 3～28 页

关于中国文明形成的思考　缪雅娟　中原文物　2004 年 1 期 22～28 页

公元前 2000 年前后我国大范围文化变化原因探讨　王巍　考古 2004 年 1 期 67～77 页

论"中国文明的起源"　张光直　文物　2004 年 1 期 73～82 页

西方对中国文明起源和早期发展的研究　王青　中国文物报　2004 年 2 月 27 日 7 版

谈谈中国古代文明的形成——2004 年 3 月 24 日在台湾逢甲大学的演讲　李伯谦　古代文明研究通讯　2004 年 21 期 41～50 页

关于文明探源工程的质疑　张忠培　中国文物报　2004 年 7 月 16 日 7 版

谈考古学的文化研究与文明研究　陈冰白　庆祝张忠培先生七十岁论文集　2004 年 1～7 页

文化馈赠与文明的成长　李水城　庆祝张忠培先生七十岁论文集 2004 年 8～20 页

关于中国文明起源和形成研究的几个问题　栾丰实　长江下游地区文明化进程学术研讨会论文集　2004 年 1～9 页

文明探源的考古学视野　陈淳　长江下游地区文明化进程学术研讨会论文集　2004 年 40～50 页

中国王权的产生　吴耀利　史前研究（2002）　2004 年 171～177 页

从"夏商周断代工程"到"中华文明探源工程"　李学勤　中国文化遗产秋季号　2004 年 19～20 页

从地下考古看华夏文明的起源：新石器时代　孙海洲、孙玮　安徽史学　2004 年 5 期 16～22 页

二十一世纪的中国古代文明研究　李学勤　中华文化画报　2004 年 8 期 8～11 页

中国古代社会的文明化进程和相关问题　栾丰实　东方考古　2004 年第 1 集 302～312 页

中国古代文明起源纵横谈　于海广　东方考古　2004 年第 1 集 313～318 页

1989～1991：中国文明起源研究历程中的重要时刻　朱乃诚　东亚古物　2004 年［A 卷］247～260 页

中国文明形成的考古学研究　徐苹芳　吉林大学社会科学学报 2005 年 1 期 15～21 页

中国文明形成的考古学研究（上、下）　徐苹芳　中国文物报 2005 年 2 月 25 日 7 版，2005 年 3 月 4 日 7 版

考古发现与中国古代文明研究　江林昌　东岳论丛　2005 年 26 卷 2 期 5～8 页

中国古代文明过程考察的不同角度及其相关问题　杨建华　吉林大学社会科学学报　2005 年 2 期 111～116 页

西方关于中国和埃及文明起源研究的启示　王青　中原文物　2005 年 3 期 14～21 页

苏秉琦重建中国古史框架的努力和中国文明起源研究——苏秉琦与中国文明起源研究之五　朱乃诚　中原文物　2005 年 5 期 30～37 页

世纪之交的文字起源与文明起源研究　魏小巍　古代文明研究通讯 2005 年 24 期 13～16 页

中国文明起源研究回顾与思考　刘国祥　中国文物报　2005 年 8 月 5 日 7 版

谈中华文明的早期演进　曲英杰　古代文明研究（第一辑）2005 年 30～39 页

不懈的探索——严文明先生访谈录　严文明、庄丽娜　南方文物

2006 年 2 期 7～15 页

从考古与历史的整合看中原文明起源的方式　吴耀利　中原文物 2006 年 2 期 21～26 页

中国早期文明研究中的几个问题　徐良高　中原文物　2006 年 2 期 27～32 页

摒弃中国古文明研究中的两种误解　江林昌　东岳论丛　2006 年 2 期 40～48 页

《考古追寻五帝踪迹》续论　郭大顺　中原文物　2006 年 3 期 28～31 页

中国早期文明研究中的两个问题　徐良高　中国社会科学院古代文明研究中心通讯　2006 年 11 期 61～65 页

文明之火照耀中国　赵春青　中国文物报　2006 年 4 月 28 日 3 版

关于中国文明形成的思考　缪雅娟　中原地区文明化进程学术研讨会文集　2006 年 26～36 页

关于中国古代文明起源与发展的几个问题　杨育彬、孙广清　中原地区文明化进程学术研讨会文集　2006 年 37～50 页

三论黄帝时代是中国文明的源头　许顺湛　炎黄文化研究第三辑 2006 年 6～16 页

关于中华文明起源研究的几个问题　王巍　中国考古学与瑞典考古学——第一届中瑞考古学论坛文集　2006 年 18～29 页

夏鼐与中国文明起源研究　朱乃诚　考古学集刊　2006 年 16 集 59～88 页

关于在文明探源中考古与历史整合的思考　王巍　中国社会科学院古代文明研究中心通讯　2006 年 11 期 7～10 页

龙山文化——中国文明的史前期之一　梁思永遗著　考古学报 1954 年第七册 5 页；中国原始社会史文集　1964 年 10 月 260 页

中国古代文明与龙山文化　王克林　华夏文明（1）　1987 年 7 月 124 页

初探龙山文化的社会性质——兼论中国文明时代产生的多元性 吴汝祚 文物研究 1989 年 5 期 104 页

"二里头"与华夏文化源头 马先醒 简牍学报（1990 年）13 期 299～317 页

从龙山文化城址谈起——试论中国古代文明的起源 孙广清、杨育彬 华夏考古 1994 年 2 期 72～77 页

试探龙山文化与商周社会文明的关系 郑洪春 文博 1994 年 3 期 13～16 页

华夏文明与河南龙山文化 方孝廉 河南文物考古论集 1996 年 155～160 页

龙山文化与中国古代文明 曹桂岑 河南文物考古论集 1996 年 161～169 页

中国古代王的兴起与城邦的形成 张光直 燕京学报 1997 年新 3 期 1～14 页

龙山时代与二里头文化时期——中国文明起源的两个阶段 张强禄 广州文物考古集 1998 年 78～98 页

从早期城址看华夏文明的起源 马利清 内蒙古大学学报（人文版）1998 年 3 期 49～58 页

从二里头文化探索中国文明的起源 谢高文 文物考古论集——咸阳市文物考古研究所成立十周年纪念 2000 年 38～46 页

史前城址与中原地区中国古代文明中心地位的形成 张玉石 华夏考古 2001 年 1 期 29～36 页

再说龙山时代还不是真正的文明时代 吴春明 古代文明研究通讯 2001 年第 9 期 12～15 页

童年的中国：龙山时代 王仁湘等 中国国家地理 2003 年 3 期 85～97 页

略论中华文明的起源：龙山文化 郝建平 唐山师范学院学报 2004 年 26 卷 6 期 71～75 页

龙山时代中原与海岱地区文化分布格局的比较 赵春青 东方考古

2004 年第 1 集 177~188 页

龙山文化是我国古代的五帝文化　曹桂芩　中原地区文明化进程学术研讨会文集　2006 年 203~211 页

我国奴隶制国家形成前夕的社会经济形态　石兴邦　历史教学 1964 年 5 期 2 页

试论龙崇拜与古代国家的形成　傅光宇、张福三　思想战线　1981 年 4 期 47 页

从考古资料论中原国家的起源及其早期的发展（附：二里头出土铜玉器墓葬表等四种）杜正胜　中研院历史语言研究所集刊（1987 年）五十八本一分 1~82 页

农耕文明的早熟与中国古代国家政体　郑敬高　江汉论坛　1988 年 1 期 49 页

中国国家形成的考古学考察　侯毅　文物季刊　1993 年 3 期 38~48 页

中国上古奴隶制方国探幽　刘式今　中国文物报　1994 年 1 月 30 日 3 版

中国的早期文明和国家的起源　何兹全　中国史研究　1995 年 2 期 3~10 页

中国古代社会与国家之关系的变动　许倬云　文物季刊　1996 年 2 期 63~77 页

国家起源之研究　陈淳　文物季刊　1996 年 2 期 81~87 页

中国文明的起源与国家的形成——从聚落到国家　王震中　周秦文化研究　1998 年 59~73 页

中国上古时期国家道路的几个特点　韦正、马彬　东南文化　1998 年 2 期 96~108 页

古代国家形成的比较　许倬云　北方文物　1998 年 3 期 1~7 页

从民族志和考古学资料看中国国家的起源　何国强、曾国华　中山大学学报（哲学社会科学版）　1999 年 3 期 104~111 页

中国文明与国家起源研究是一个需要国际学术大背景的课题 易建平 中国社会科学院古代文明研究中心通讯 2001 年 2 期 40 ~ 42 页

"连续" 中的 "断裂" ——关于中国文明与早期国家形成过程的思考 许宏 文物 2001 年 2 期 86 ~ 91 页

中国文明与国家探源的思考 陈淳 复旦学报（社会科学版）2002 年 1 期 45 ~ 52 页

近五十年中国古代国家起源研究的回顾与思考 王震中 追寻中华古代文明的踪迹——李学勤先生学术活动五十年纪念文集 2002 年 228 ~ 237 页

酋邦与中国早期国家探源 陈淳 中国学术 2003 年 2 期 214 ~ 233 页

从邦国到王国再到帝国——先秦国家形态的演进 王震中 中国社会科学院古代文明研究中心通讯 2004 年 7 期 42 ~ 46 页

"百姓" 古义新解——兼论中国早期国家的社会基础 林沄 吉林大学社会科学学报 2005 年 4 期 193 ~ 200 页

古代两河流域国家的起源 刘健 中国社会科学院古代文明研究中心通讯 2005 年 10 期 54 ~ 57 页

国家起源问题研究的回顾与展望 刘军 古代文明研究通讯 2005 年 24 期 1 ~ 12 页

掌握钥匙更深入地比较——关于开展文明与国家起源问题研究的一些想法 廖学盛 古代文明研究通讯 2005 年 26 期 30 ~ 33 页

试谈文明与国家概念的异同 王巍 古代文明研究（第一辑）2005 年 1 ~ 3 页

试论中国早期国家的若干特点 陈恩林、孙晓春 古代文明研究（第一辑）2005 年 40 ~ 49 页

重提 "文明" 与 "国家" 的概念问题 彭邦炯 古代文明研究（第一辑）2005 年 197 ~ 201 页

中国早期文明与国家的特征 李玉洁 中国古代文明探索——庆祝李民先生 70 寿辰论文集 2006 年 37 ~ 43 页

酋邦、早期国家与中国古代国家起源及形成问题　沈长云　史学月刊　2006 年 1 期 5～11 页

社会进化模式与中国早期国家的社会性质　陈淳　复旦学报（社会科学版）　2006 年 6 期 125～132 页

关于早期国家的早期研究　克赖森著　胡磊译　中国社会科学院古代文明研究中心通讯　2006 年 12 期 44～53 页

中国古代国家形成论纲　王巍　中原地区文明化进程学术研讨会文集　2006 年 78～85 页

祖先崇拜与中国早期国家　徐良高　中原地区文明化进程学术研讨会文集　2006 年 123～158 页

论早期都邑　董琦　文物　2006 年 6 期 56～60 页

黄河文明与长江文明　〔日〕贝塚茂树著　彭适凡译　江西社会科学　1981 年 5～6 期 144 页

不能以"中原中心论"否定江南古文明　向尊　江淮论坛　1984 年 3 期 112 页

不能以"中原中心论"否定以楚国为代表的江南古文明　向一尊　荆州师专学报　1985 年 1 期 152 页

中国新石器时代文化的多中心发展论和发展不平衡论——论中国新石器时代文化发展的规律和中国文明的起源　佟柱臣　文物　1986 年 2 期 16 页

我国考古界根据新发现探索中华文明发祥地有"四大区域"　人民日报　1986 年 9 月 23 日 1 版

《禹贡》九州的考古学研究：兼说中国古代文明的多元性　邵望平　九州学刊（1987 年）2 卷 1 期 9～18 页

《禹贡》九州风土考古学丛考　邵望平　九州学刊（1987 年）2 卷 2 期 23～30 页

［注：以上两篇文章以"《禹贡》'九州'的考古学研究"为题，收录在考古学文化论集（二）11～30 页］

《禹贡》"九州"的考古学研究 邵望平考古学文化论集(二) 1989年9月11页

从多元起源到一体结构的演进律则——兼论中华民族凝聚力的考古文化渊源 覃德清 东南文化 1993年1期22~29页

中国文明起源始于二里头文化——兼议多源说 安志敏 寻根 1995年6期7页

中国文明起源多元论与有中心论 陈旭 洛阳考古四十年——一九九二年洛阳考古学术研讨会论文集 1996年156~163页

中国史前文化的多样性与融合性——论中国文明形成的融合性 魏京武 远望集——陕西省考古研究所华诞四十周年纪念文集 1998年27~39页

从中国原始艺术看中国文明的本土起源——兼谈中国文明起源的多元性 吴诗池 史前研究——西安半坡博物馆成立四十周年纪念文集 1998年166~175页

从一元到多元:中国文明起源研究的心路历程 陈星灿 中原文物 2002年2期6~9页

农业起源与文明起源 日知 史前研究 1983年2期34页

从我国史前期的铜器看文明的开端 杨东晨 郑州大学学报 1985年4期17页

原始农业与中国古代文明 尚民杰 青海师范大学学报 1987年2期76页

农业与文明 牟永抗 农业考古 1992年3期75~80页

文明起源的"三要素"说质疑 彭邦本 考古与文物 1993年1期54~59页

论中国早期文明的物证 刘英伟 山东师大学报(社科版)1994年3期40~43页

试谈人类文明礼仪的起源问题 马拱正 淄博师专学报 1994年3期65~66页

论古代礼制的产生、形成与历史作用　许顺湛　洛阳考古四十年——一九九二年洛阳考古学术研讨会论文集　1996 年 164～172 页

新石器考古与文明起源研究——论文明产生的社会历史条件　李绍连　河南文物考古论集　1996 年 124～130 页

青铜时代与玉器时代——再论中国文明的起源　陈星灿　考古求知集　1997 年 29～42 页

史前城址在文明起源与形成过程中的作用——兼论文明要素与文明形成的标准问题　钱耀鹏　文博　1999 年 6 期 18～25 页

稻作陶器和都市的起源　严文明　稻作陶器和都市的起源　2000 年 3～16 页

试论中国早期文明诸社会因素的物化表现　朱凤瀚　文物　2001 年 2 期 70～79 页

以原始农业为基础的中华文明传统的出现　俞伟超等　农业考古 2001 年 3 期 15～22 页

从史前聚落的发展看古代文明的起源　王吉怀　文物研究 13 辑 2001 年 14～20 页

农业社会与文明的形成　〔日〕冈村秀典著　秦小丽、姜宝莲译 华夏考古　2002 年 1 期 85～97 页

古代城市发展的演变历程及其与文明的关系　邵凤芝　文物春秋 2002 年 4 期 16～22 页

古代中国复杂社会的发展与衰落：社会与环境因素之分析　刘莉 追寻中华古代文明的踪迹——李学勤先生学术活动五十年纪念文集 2002 年 307～333 页

中国史前农业、经济的发展与文明的起源——以黄河、长江中下游地区为核心　张弛　古代文明（第 1 卷）2002 年 35～57 页

中国上古及史前时期的权钺　李锦山　考古与文物增刊·先秦考古 2002 年 128～138 页

聚落形态调查与早期文明的比较研究　〔美〕加里·费曼　21 世纪中国考古学与世界考古学　2002 年 204～217 页

聚落形态研究与文明探源 王巍 郑州大学学报（社会科学版）2003 年 36 卷 3 期 9~13 页

墓葬研究与中国文明探源 唐际根 郑州大学学报（社会科学版）2003 年 36 卷 3 期 13~14 页

礼制——中国古代文明的一大特征 邵望平 东方考古研究通讯 2003 年 1 期 9~10 页

龙山时代礼制问题研究的回顾反思和展望 朱乃诚 中国社会科学院古代文明研究中心通讯 2004 年 8 期 8~14 页

农具与文明——石斧、石钺、玉钺的演变关系探究 王根富 东亚古物 2004 年 [A 卷] 63~75 页

中国礼制起源研究的几点思考 王建华 考古与文物增刊·先秦考古 2004 年 78~81 页

礼制遗存与礼乐文化的起源 许宏 古代文明 2004 年第 3 卷 87~101 页

文字与文明——以楔形文字为例 拱玉书 古代文明 2004 年第 3 卷 380~404 页

中国新石器和铜器时代早期礼器的生产 刘莉 桃李成蹊集——庆祝安志敏先生八十寿辰 2004 年 98~111 页

考古学文化传播的路径与内容——以大石铲、牙璋、彩陶等为例兼谈中国文明的礼制根基 卜工 中国文物报 2004 年 9 月 10 日 7 版

有关农业起源和文明起源的植物学研究 赵志军 社会科学管理与评论 2005 年 2 期 82~91 页

小农经济与中国文明的形成及特征——中国早期文明研究札记之三 曹兵武 浙江省文物考古研究所学刊第八辑——纪念良渚遗址发现七十周年学术研讨会文集 2006 年 53~61 页；中原文物 2006 年 4 期 4~9 页

聚落形态研究与中华文明探源 王巍 文物 2006 年 5 期 58~66 页

文明初期的部族融合与龙凤崇拜的形成 王子今 文博 1986 年 1 期 18 页

龙凤问题与中国文明起源——香港版《谈龙》序言　何新　晋阳学刊　1989 年 3 期 96 页

宗教祭祀与王权　〔美〕张光直著　明歌编译　华夏考古　1996 年 3 期 103～108 页

祭坛与文明　张德水　中原文物　1997 年 1 期 60～67 页

兽面纹与神圣王权：先秦艺术与中国文明起源研究之一　谢崇安　广西民族学院学报（哲社版）　1998 年 20 卷 2 期 94～98 页

人鸟合一玉饰与君权神授：先秦艺术与中国文明起源研究之三　谢崇安　广西民族学院学报（哲社版）　1998 年 20 卷 4 期 86～90 页

农业文明与史前宗教礼仪性建筑　李锦山　农业考古　1998 年 3 期 193～208 页

资源、神权与文明的兴衰　陈淳　东南文化　2000 年 5 期 14～19 页

原始宗教与文明的诞生　刘式今　史前研究（2000）2000 年 239～247 页

论原始宗教与祭祀在王权与国家形成过程中的作用　王巍　中国社会科学院古代文明研究中心通讯　2001 年 2 期 4～6 页

中华古代文明与巫（纲要）　吴汝祚　中国社会科学院古代文明研究中心通讯　2001 年 2 期 7～12 页

东方与文明——关于古汉字起源于宗教之假说　孙敬明　东方考古 2004 年第 1 集 376～384 页

中华古代文明与巫　吴汝祚　古代文明研究（第一辑）2005 年 4～29 页

马克思主义与华夏文明的起源　田昌五　华夏文明（1）　1987 年 7 月 1 页

略论中国的史前酋邦　龚缨晏　杭州大学学报（哲社版）1995 年 25 卷 2 期 30～35 页

中国文明起源：理论与实际　曹兵武　中原文物　1996 年 4 期 50～57 页

食物生产革命与文明起源——中国文明起源理论思考之一　曹兵武　中国文物报　1998 年 4 月 15 日 3 版

青铜器·文字·城市与文明社会——中国文明起源理论思考之二　曹兵武　中国文物报　1998 年 5 月 20 日 3 版

文明与国家——中国文明起源理论思考之三　曹兵武　中国文物报　1998 年 6 月 3 日 3 版

文明与民族文化传统的形成——中国文明起源理论思考之四　曹兵武　中国文物报　1998 年 6 月 10 日 3 版

苏公绝唱草原生辉——从苏秉琦"三部曲"、"三模式"理论看内蒙古古代文化对中华文明的伟大贡献　王大方　文物季刊　1999 年 3 期 46～47 页

中外文明比较研究中的方法论问题　水涛　中原文物　2000 年 1 期 20～24 页

关于考古学研究中国文明起源的理论与方法　陈雍　文物　2001 年 2 期 80～85 页

文明与国家起源研究的理论问题　陈淳　东南文化　2002 年 3 期 6～15 页

谈酋邦　陈淳　中国文物报　2002 年 3 月 29 日 7 版

有关国家起源的两个理论问题　李润权、陈星灿　中国文物报　2002 年 10 月 25 日 7 版

中国早期国家研究中考古学证据的认定和相关理论问题　谢维扬　社会科学战线　2003 年 1 期 136～140 页

文明起源的中国模式　卜工　中国文物报　2003 年 2 月 21 日 7 版

古城、酋邦与古蜀共主政治的起源——以川西平原古城群为例　彭邦本　四川文物　2003 年 2 期 18～22 页

两种国家起源模式的比较研究——国家起源道路新探　李宏伟　中央民族大学学报（哲学社会科学版）　2003 年 2 期 71～75 页

探索中国文明历程特殊性的尝试——再论文明起源的中国模式　卜工　中国文物报　2003 年 5 月 9 日 7 版

从墓葬制度的变化看文明化的进程——三论文明起源的中国模式
卜工　中国文物报　2003 年 8 月 29 日 7 版

关于古文化与古国的思考——四论文明起源的中国模式　卜工　中国文物报　2003 年 10 月 24 日 7 版

对史前人类生活的考古哲学反思：兼论探索中国文明起源问题的解释模式　赵敦华　江苏社会科学　2003 年 5 期 1～6 页

有关国家起源的几个理论问题再思考——重读恩格斯《家庭、私有制和国家起源》一书札记　宫长为　中国社会科学院古代文明研究中心通讯　2003 年 5 期 27～30 页

中国早期文明的起源模式与演进轨迹　江林昌　古代文明研究通讯 2003 年 17 期 1～14 页

文明形成与发展的理论纠葛　许顺湛　华夏文明的形成与发展——河南省文物考古研究所建所五十周年庆祝会暨华夏文明的形成与发展学术研讨会论文集　2003 年 37～41 页

分封制度与华夏传统的普世化——中国文明起源研究札记之二　曹兵武　华夏文明的形成与发展——河南省文物考古研究所建所五十周年庆祝会暨华夏文明的形成与发展学术研讨会论文集　2003 年 47～50 页

当前中国文明起源研究中几个需要重视的理论问题　朱乃诚　中国社会科学院古代文明研究中心通讯　2005 年 9 期 10～13 页

中国文明起源考古学研究理论与方法的若干问题　何驽　古代文明研究（第一辑）　2005 年 202～210 页

他山之石，可以攻玉——英美学术界"文明起源"研究的理论及其启示　徐良高　古代文明研究（第一辑）　2005 年 211～223 页

塞维斯的酋邦学说及其相关文化演进理论　易建平　古代文明研究（第一辑）　2005 年 224～262 页

父权制社会就是阶级社会——中国是世界上第一个进入文明时代的国家　徐殿玖　史前研究（2004）2005 年 182～188 页

20 世纪中国文明起源研究中对研究方法与途径的探索　朱乃诚　新世纪的中国考古学——王仲殊先生八十华诞纪念论文集　2005 年 189～

220 页

聚落群再研究——兼说中国有无酋邦时期 张学海 华夏考古 2006 年 2 期 102 ~ 112 页

马克思、恩格斯文明理论与中国"早期文明" 江林昌 中原文物 2006 年 6 期 8 ~ 17 页

中国文明起源研究对"文明"一词的概念和标志的理论探索 朱乃诚 中原地区文明化进程学术研讨会文集 2006 年 1 ~ 25 页

试论中国古代文明起源与地理环境关系 李先登 河洛文明论文集 1993 年 105 ~ 114 页

中国史前文明研究的地理学方法 王小盾等 上海师范大学学报 (哲社版) 1994 年 3 期 54 ~ 60 页

文明起源的地理分析 王恩涌 北京大学学报(哲学社会科学版) 1995 年 2 期 88 ~ 92 页

人类活动对生态环境的影响与古代中国文明中心的迁移 段昌群 思想战线 1996 年 4 期 75 ~ 88 页

从生态学的交会带(ecotone)、边缘效应(edge effect)试论史前中原核心文明的形成 陈良佐 中国考古学与历史学之整合研究 1997 年 131 ~ 160 页

古代中国文明与中国古环境 王宜涛 史前研究——西安半坡博物馆成立四十周年纪念文集 1998 年 283 ~ 289 页

中华文明形成的地理条件分析 毛曦 西安联合大学学报 2002 年 5 卷 3 期 12 ~ 16 页

从地理环境和变动看文明的诞生 〔日〕安田喜宪著 赖涪林译 长江流域青铜文化研究 2002 年 17 ~ 26 页

(2)黄河流域

论黄河流域在中华文明起源中的地位——兼谈夏王朝建立的契因

王飞　中国人民大学学报　1989年3期95页

黄河流域文明起源问题初探　马世之　中州学刊　1989年4期103页

天水远古文化与中华文明　雍际春、陈逸平　甘肃社会科学　1995年3期78～81页

晋西南与中国古代文明的形成　高炜　汾河湾——丁村文化与晋文化考古学术研讨会文集　1996年111～118页

从皖北大汶口文化看黄淮文明的历史进程　王吉怀　文物研究1998年11期22～28页

渭水上游的文明时代　徐日辉　考古与文物增刊·先秦考古　2002年139～146页

探寻中华五千年文明史　曹桂岑　中原文物考古研究　2003年61～67页

豫西北地区国家起源初探　张学海　华夏文明的形成与发展——河南省文物考古研究所建所五十周年庆祝会暨华夏文明的形成与发展学术研讨会论文集　2003年143～153页

黄河流域古礼传统东西论　卜工　庆祝张忠培先生七十岁论文集2004年52～57页

豫西—晋南地区华夏文明形成过程的环境背景研究　夏正楷　古代文明　2004年第3卷102～114页

豫陕晋相邻地区与中国古代文明起源　张国硕　古代文明研究（第一辑）　2005年60～69页

华夏文明起"河东"初论（上）　王克林　文物世界　2005年6期9～14页

华夏文明起"河东"（下）　王克林　文物世界　2006年1期27～32页

自然环境对黄河文明形成的影响——炎黄二帝称谓的内涵与中华文明的诞生　曹世雄　农业考古　2006年1期1～7页

晋南与中华文明起源　山西省考古研究所　中国文物报　2006年11月24日7版

豫陕晋相邻地区与中国古代文明起源 张国硕 中国古代文明探索——庆祝李民先生 70 寿辰论文集 2006 年 27～36 页

河洛文化与黄河文明 许顺湛 中原地区文明化进程学术研讨会文集 2006 年 158～161 页

试论中原地区的古代文化与文明 马世之 中州学刊 1983 年 4 期 93 页

试论中原地区文明的起源 方酉生、赵连生 史学月刊 1989 年 2 期 8 页

灿烂的中原古代文化 孙传贤 中华文物学会 1989 年刊 58～64 页

试论中原地区国家的起源 杨肇清 华夏考古 1993 年 1 期 74～80 页

谈河洛文明 黄明兰 河洛文明论文集 1993 年 1～13 页

伊洛—郑州地带的文明起源 马世之 河洛文明论文集 1993 年 138～148 页

河洛地区：华夏文明的策源地 陈昌远 史学月刊 1994 年 1 期 9～15 页

从新石器时代文化分布及其经济类型看远古文明的中心区——兼论河洛文明 陈昌远 河洛文明论文集 1994 年 60～82 页

河洛地区的文明起源 张德水 中原文物 1995 年 3 期 58～63 页

试论中原地区国家的起源 杨肇清 夏商文明研究 1995 年 23～39 页

伊洛系文化是中国早期文明的主源 李绍连 洛阳考古四十年——一九九二年洛阳考古学术研讨会论文集 1996 年 150～155 页

论中华文明形成的多元性——兼论河洛文明在中华文明发展史上的地位 吴汝祚 河南博物院落成暨河南省博物馆建馆 70 周年纪念论文集 1998 年 151～156 页

中华古代文明探源 曹桂岑 河南博物院落成暨河南省博物馆建馆 70 周年纪念论文集 1998 年 157～162 页

河洛地区——中华文明起源的中心与发祥地 张锴生 河南博物院落成暨河南省博物馆建馆 70 周年纪念论文集 1998 年 163～171 页

中原文明的起源与形成　吴耀利　中原文物　2001 年 4 期 16～23 页

中原史前文化的优势——中国早期文明研究札记之一　曹兵武　中原文物　2001 年 4 期 43～45 页

以夏商周断代工程成果为起点，深入探讨中原古文明——在《中原文物》百期纪念暨中原文明学术研讨会上的发言　李伯谦　中原文物 2001 年 6 期 7～10 页

论中原地区在中国文明化进程中的作用和影响　水涛　中原文物 2001 年 6 期 29～31 页

略论中原古代文明的中心地位　张锴生　中原文物　2001 年 6 期 32～38 页

略论中原地区文明的起源及形成　杨肇清　华夏考古　2002 年 2 期 93～100 页

从考古发现谈中原文明在中国古代文明中的地位　杨育彬、孙广清　中原文物　2002 年 6 期 33～42 页

中国文明腹地的社会复杂化进程——伊洛河地区的聚落形态研究 陈星灿等　考古学报　2003 年 2 期 161～218 页

考古学文化与中原地区的古代文明形成　刘庆柱　华夏文明的形成与发展——河南省文物考古研究所建所五十周年庆祝会暨华夏文明的形成与发展学术研讨会论文集　2003 年 27～30 页

中原文明是中国文明的源头　秦文生　华夏文明的形成与发展——河南省文物考古研究所建所五十周年庆祝会暨华夏文明的形成与发展学术研讨会论文集　2003 年 191～194 页

河洛与中国文明的起源　程翀、段晓宝　中原文物考古研究　2003 年 117～125 页

黄帝铸鼎原与中华文明起源　许永生　三门峡文史资料·第十二辑：灿烂的仰韶文化　2003 年 350～376 页

中原古代文明进程中的"万邦"时期　李民　中原文物　2005 年 1 期 21～24 页

中原古代文明进程中的"万邦"时期　李民　中国社会科学院古代

文明研究中心通讯　2005 年 9 期 14～18 页

中原地区国家形态的演进看其文明化进程　王震中　中国社会科学院古代文明研究中心通讯　2005 年 9 期 19～23 页

周边地区对中原文明化进程的影响——从河南古玉文化的起源与发展谈起　张得水　东岳论丛　2006 年 3 期 41～45 页

五帝时代的城址与中原早期文明　马世之　中州学刊　2006 年 3 期 167～171 页

中原地区古代国家的起源和形成特点的探讨　郑杰祥　中原文物 2006 年 4 期 10～14 页

中国的史前基础——再论以中原为中心的历史趋势　赵辉　文物 2006 年 8 期 50～54 页

中原地区文明化进程及文明化特点的探索　李京华　中国社会科学院古代文明研究中心通讯　2006 年 11 期 17～19 页

中原地区文明化进程的考古学研究　高江涛　中国社会科学院古代文明研究中心通讯　2006 年 12 期 54～61 页

中原文明的起源与形成　吴耀利　中原地区文明化进程学术研讨会文集　2006 年 51～62 页

中原文明是中国文明的源头　秦文生　中原地区文明化进程学术研讨会文集　2006 年 63～67 页

从中原地区国家形态的演进看其文明化进程　王震中　中原地区文明化进程学术研讨会文集　2006 年 68～72 页

中原古代文明进程中的"万邦"时期　李民　中原地区文明化进程学术研讨会文集　2006 年 73～77 页

中原地区公共权力形成的可能途径　赵瑞民、郎保利　中原地区文明化进程学术研讨会文集　2006 年 175～182 页

华夏文明之根——嵩山地区在华夏文明起源及早期发展中的地位 杜金鹏　中原文物　2002 年 2 期 20～29 页

论嵩山文化圈　周昆叔等　中原文物　2005 年 1 期 12～20 页

论中华民族文化的核心——嵩山文化圈　周昆叔　中国文物报
2005 年 3 月 11 日 7 版

嵩山文化圈在中国古代文明进程中的地位和作用　张松林等　中国
社会科学院古代文明研究中心通讯　2005 年 9 期 24~29 页

中华民族文化的核心——嵩山文化圈　周昆叔　中国社会科学院古
代文明研究中心通讯　2005 年 9 期 30~33 页

嵩山与嵩山文化圈　张松林、张莉　中原地区文明化进程学术研讨
会文集　2006 年 86~116 页

嵩山文化圈在中国古代文明进程中的地位和作用　张松林等　中原
地区文明化进程学术研讨会文集　2006 年 117~122 页

仰韶文化研究与中国文明起源若干理论问题——田昌五先生在纪念
仰韶村遗址发现 65 周年学术讨论会上的演讲　论仰韶文化　1986 年 12
月 13 页

大地湾考古与中国文明起源的线索　郎树德　西北史地　1988 年 3
期 36 页

仰韶时代文明因素的创造和积累　张得水、刘秋霞　河南博物院落
成暨河南省博物馆建馆 70 周年纪念论文集　1998 年 172~178 页

仰韶文化与中国古代文明　李友谋　中原文物　2002 年 3 期 13~17 页

仰韶文化社会性质与中国文明起源理论　田昌五　三门峡文史资料·第
十二辑：灿烂的仰韶文化　2003 年 157~166 页

从考古资料看仰韶文化对中国古代文明因素的孕育　巩文　古代文
明研究（第一辑）　2005 年 50~59 页

陶寺考古发现对探讨中国古代文明起源的意义　高炜　中国原始文
化论集　1989 年 6 月 56 页

陶寺文化与唐尧、虞舜——论华夏文明的起源　王克林　文物世界
2001 年 1 期 9~17，2001 年 2 期 18~23 页

陶寺晚期：龙山文化与夏文化——论华夏文明的形成　王克林　文

物世界 2001 年 5 期 17 ～ 23 页，2001 年 6 期 23 ～ 31 页

陶寺遗址乃尧至禹都论 黄石林 文物世界 2001 年 6 期 21 ～ 22 页

尧的政治中心的迁移及其意义 王守春 古代文明研究通讯 2001 年第 8 期 7 ～ 14 页

陶寺城址的发现及其对中国古代文明起源研究的学术意义 梁星彭、严志斌 中国社会科学院古代文明研究中心通讯 2002 年 3 期 60 ～ 63 页

古城·宫殿·大墓·观象台——唐尧帝都考古新进展 王晓毅 文物世界 2004 年 3 期 43 ～ 47 页

从陶寺城址的考古新发现看我国古代文明的形成 侯毅 中原文物 2004 年 5 期 13 ～ 19 页

中国文明起源中的唐尧文化：以陶寺遗址为中心 张童心、贾志强 忻州师范学院学报 2004 年 20 卷 6 期 1 ～ 5 页

陶寺文化中的古文明因素 张之恒 中国文物报 2005 年 6 月 10 日 7 版

再论陶寺彩绘龙源自良渚文化——兼论中原地区"王室文化"的形成 朱乃诚 古代文明研究（第一辑） 2005 年 70 ～ 79 页

唐尧文化在古国文明中的作用 胡建 文物世界 2005 年 5 期 16 ～ 22 页

唐尧文化在古国文明中的作用 胡建 广州文博 2006 年 2 期 9 ～ 16 页

试从淅川下王岗文化遗存考察文明起源的历史过程 李绍连 中原文物 1995 年 2 期 21 ～ 25 页

浅谈三圣古文化遗址——三圣遗址与中华文明的渊源 王自民 三门峡考古文集 2001 年 39 ～ 41 页

新密古城寨城址在文明探源研究中的地位 蔡全法 华夏文明的形成与发展——河南省文物考古研究所建所五十周年庆祝会暨华夏文明的形成与发展学术研讨会论文集 2003 年 205 ～ 212 页

新砦遗址与中国古代文明起源问题 高江涛 中原文物 2005 年 4 期 22 ～ 27 页

试论中国文明的发生及其与东夷文化　罗世长　人类学研究：庆祝芮逸夫教授九秩华诞论文集　1979 年 333～372 页

中华文明发祥地之一——海岱历史文化区　高广仁、邵望平　史前研究　1984 年 1 期 7 页

东夷族文化初探——东夷族在中国走向文明过程中的历史作用　宫衍兴、吕浩文　史前研究　1986 年 1、2 期合刊 133～149 页

山东史前文化在中华远古文明形成中的地位　黎家芳　山东史前文化论文集　1986 年 9 月 154 页

文明与国家——东夷民族的文明起源　王震中　中国史研究　1990 年 3 期 31～37 页

论中国古代文明的起源与东夷人的历史贡献　逄振镐　中原文物 1991 年 2 期 37～42、84 页

海岱地区文明起源视探　车广锦　东南文化　1994 年 4 期 50～58 页

初探海岱地区古代文明的起源　吴汝祚　中原文物　1995 年 2 期 13～20 页

论东夷文明的诞生与发展　张学海　古代文明（第 1 卷）　2002 年 135～152 页

海岱地区文明化进程的考察（提要）　何德亮　中国社会科学院古代文明研究中心通讯　2003 年 6 期 56～59 页

海岱系文化在华夏文明形成过程中的作用——从海岱、中原两大文化区系的相互关系谈起　栾丰实　华夏文明的形成与发展——河南省文物考古研究所建所五十周年庆祝会暨华夏文明的形成与发展学术研讨会论文集　2003 年 99～107 页

齐鲁文化在中国早期文明中的多彩展现　王志民　齐鲁文化研究（总第二辑）　2003 年 8～15 页

海岱地区文明形成进程的考古学研究：兼论鲁北地区新石器时代文化的序列、特征与社会性质　张光明、芦琳琳　管子学刊　2004 年 1 期 70～80 页

聚落·城址·部落·古国——张学海谈海岱考古与中国文明起源

曹兵武 中原文物 2004 年 2 期 9 ~ 17 页

再论东夷文明的诞生（提纲） 张学海 中国社会科学院古代文明研究中心通讯 2004 年 7 期 13 ~ 16 页

海岱地区古代社会的复杂化进程 栾丰实 中国社会科学院古代文明研究中心通讯 2004 年 7 期 17 ~ 19 页

再论东夷文明的诞生与发展 张学海 东方考古 2004 年第 1 集 334 ~ 347 页

海岱地区文明化进程研究的历史回顾 燕生东 东方考古 2004 年第 1 集 363 ~ 375 页

海岱地区古代社会的文明化进程 何德亮 中原文物 2005 年 4 期 10 ~ 21 页

东方古代文明的曙光——大汶口 孟宪武 河南文物考古论集 1996 年 112 ~ 118 页

山东龙山文化与古代文明形成研究 何德亮 古代文明研究通讯 2001 年第 10 期 3 ~ 15 页

山东龙山文化与中国古代文明的起源 何德亮 文物春秋 2002 年 1 期 11 ~ 17 页

谈海岱地区龙山文化和岳石文化的文明进程 张光明 2004 年安阳殷商文明国际学术研讨会论文集 2004 年 504 ~ 509 页

从大汶口文化看古代文明的发展过程 何德亮 古代文明研究（第一辑） 2005 年 80 ~ 97 页

（3） 北方地区

燕山南北长城地带也是中华民族古代文明的摇篮 徐自强 北京日报 1985 年 6 月 5 日 3 版

中华文明史的新曙光——就辽西考古新发现访考古学家苏秉琦 魏亚南 人民日报（海外版） 1986 年 8 月 4 日 2 版

中华五千年文明的曙光　孙守道、郭大顺等　人民画报　1986 年 8 期 2 页

进一步探讨中国文明的起源——苏秉琦关于辽西考古新发现的谈话　童明康　史学情报　1987 年 1 期 29 页

对辽西发现五千年前文明曙光的历史蠡测　张博泉　辽海文物学刊 1987 年 2 期 96 页

中华文明源流问题的新信息——山海关外访古之二　卜昭文　瞭望 1987 年 35 期 44 页

中华文明多元一体构成的格局——从红山文化的积石遗存和玉器谈起　孙敬明　昭乌达蒙族师专学报（汉文哲社版）　1990 年 3 期 30～37 页

辽宁史前考古与辽河文明探源　郭大顺　辽海文物学刊　1995 年 1 期 14～20 页

宗（庙）、示、主、祐、宝、祖（且）的来源与中国文明形成的关系略说　黄盛璋　夏商文明研究　1995 年 15～22 页

红山文化、岭南文化与中原文明——两种异质文化并存区域的比较研究　李勤德　中国北方古代国际学术研讨会论文集　1995 年 26～31 页

辽河文明的提出与对传统史学的冲击　郭大顺　寻根　1995 年 6 期 10～11 页

关于探索黑龙江文明起源的几个问题　许永杰　北方文物　2001 年 1 期 1～5 页

大青山下斝与瓮　田广金、郭素新　苏秉琦与当代中国考古学 2001 年 97～102 页

文明的非稳定性特征：关于辽西考古文化演替规律的思考　李永化 辽宁师范大学学报（社会科学版）　2003 年 26 卷 5 期 109～112 页

论史前中国东北地区的文明进程：西辽河地区为中心　田广林　辽宁师范大学学报（社会科学版）　2005 年 1 期 106～111 页

北京地区古代文明起源的思考　齐心　北京文博　1995 年 1 期 55～

60 页

环境与北京文明的诞生 李维明、李海荣 中国历史文物 2002 年 2 期 50~58 页

河北北部文明起源进程中的特点 王玉亮 文物春秋 2003 年 6 期 14~17 页

河北北部文明起源新说 王玉亮、金久红 河北学刊 2006 年 6 期 210~214 页

西辽河流域早期文明的起源 段渝 昭乌达蒙族师专学报（汉文哲社版） 1990 年 3 期 38~57 页

辽西地区文明探源 何贤武 辽海文物学刊 1994 年 1 期 44~48 页

论老哈河、大凌河地区的文明起源 吴汝祚 北方文物 1995 年 1 期 2~8 页

辽西古文化区的早期农耕文明 田广林 北方民族文化遗产研究文集 1995 年 337~355 页

六千年前的一幅透视画——辽河文明巡礼之一 郭大顺 故宫文物月刊 1996 年 159 期 46~55 页

龙出辽河——辽河文明巡礼之二 郭大顺 故宫文物月刊 1996 年 161 期 126~137 页

揭开辽西五千年古国之谜 郭大顺 中华文化画报 1998 年 2 期 11~19 页

辽河流域——中国古代最早的文明中心 吉成名 北方文物 2002 年 1 期 12~14 页

西辽河流域文明起源探索 刘国祥 中国文物报 2005 年 7 月 1 日 7 版

辽河流域文明起源研究回顾与前瞻 郭大顺 中国社会科学院古代文明研究中心通讯 2006 年 12 期 7~12 页

关于辽西地区文明起源的初步认识 田广林 中国社会科学院古代文明研究中心通讯 2006 年 12 期 13~16 页

辽西地区文明起源研究的历程 朱乃诚 红山文化研究——2004 年

红山文化国际学术研讨会论文集 2006年17~44页

牛河梁遗址与文明起源的诸因素 彭邦本 昭乌达蒙族师专学报（汉文哲社版） 1990年3期11~18页

论"文明的曙光"和牛河梁遗址的考古实证 安志敏 北方文物 2002年1期9~11页

关于牛河梁遗址的重新认识——非单一的文化遗存以及"文明的曙光"之商榷 安志敏 考古与文物 2003年1期17~20页

试论牛河梁东山嘴红山文化的归属——中国古代文明探源之一 李民 郑州大学学报 1987年2期8页

从红山文化的最新发现看中国文明的起源 何贤武 辽宁大学学报（社科版） 1987年4期70页

文明诸因素的起源与文明时代——兼论红山文化还没有进入文明时代 陈星灿 考古 1987年5期458页

论红山文化代表的中国古代文明 王惠德 昭乌达蒙族师专学报（汉文哲社版） 1989年2期48页

红山诸文化与中华文明 薛志强 中国北方古代国际学术研讨会论文集 1995年43~49页

红山文化与西辽河流域的原始文明 刘素侠 中国北方古代国际学术研讨会论文集 1995年50~54页

关于"红山古国"的几个问题 布谷 中国北方古代国际学术研讨会论文集 1995年86~102页

红山女神问世纪——辽河文明巡礼之三 郭大顺 故宫文物月刊 1996年162期62~71页

红山文化的"唯玉为葬"与辽河文明起源特征再认识 郭大顺 文物 1997年8期20~26页

红山文化与中华文明的起源试析 徐子峰 昭乌达蒙族师专学报（汉文哲社版） 2004年25卷3期16~17页

无底筒形器与红山文化文明进程　张星德、齐伟　文物世界　2005年6期23~25页

红山文化与中国文明起源的道路与特点　郭大顺　红山文化研究——2004年红山文化国际学术研讨会论文集　2006年45~54页

红山文化与中华文明起源研究　王巍　红山文化研究——2004年红山文化国际学术研讨会论文集　2006年55~61页

红山文化与西辽河流域文明起源探索　刘国祥　红山文化研究——2004年红山文化国际学术研讨会论文集　2006年62~104页

红山文化聚落的层次化演变与文明起源　张星德、金仁安　理论界2006年1期172~174页

红山文化坛、庙、冢与辽河文明　徐子峰　赤峰学院学报（汉文哲社版）　2006年27卷1期1~3页

（4）长江流域

长江流域也是中国古代文明的摇篮——略谈楚文化　文肃　北京日报　1985年4月26日3版

长江流域的文明之花为何迟开　裘士京　安徽师大学报　1985年4期57页

略论长江流域文化落后的原因——兼与裘士京同志商榷　王圣宝　安徽史学　1986年1期7页

东南古文化的启示　郭大顺　东南文化　1988年5期19页

黄河长江同为中华文明的摇篮：评述近几年来长江流域的考古发现　卢晶等　瞭望周刊（海外版）1991年5期34~35页

长江流域考古与中国古代文明——牟永抗先生访谈录　芮国耀　东南文化　1992年6期1~10页

在"长江文化"中见到的"渔猎文明"的曙光　陆思贤　东南文化　1993年3期22~31页

中国东部的三角洲文明　陈述彭等　亚洲文明第三集　1995年52~

64 页

长江流域也是中国古文明的发祥地　张之恒　长江文化论集　1995
年 61～67 页

中国远古文明起源长江流域考古概述　李家添　中国文物世界
1996 年 127 期 107～115 页

长江流域文明的进程　李伯谦　考古与文物　1997 年 4 期 12～18 页

长江流域在中国文明起源和早期发展中的地位和作用　严文明　古
代文明研究通讯　2001 年第 8 期 19～22 页

江南地区文明初期发展迟滞原因探析　李鑫　陕西师范大学学报
（哲社版）　2003 年 32 卷 3 期 70～75 页

文明化进程中的环境作用——以长江三角洲为例　陈杰　长江下游
地区文明化进程学术研讨会论文集　2004 年 51～68 页

中国东部地区在文明化进程中的地位　宋建　东方考古　2004 年第 1
集 319～328 页

三峡考古与长江文明　俞伟超　长江文化议论集（上）　2005 年 13～
20 页

长江流域是中华文明的重要发源地　陈连开、潘守永　长江文化议
论集（上）　2005 年 21～41 页

长江文明的第一次浪潮　张忠培、孟华平　长江文化议论集（上）
2005 年 77～90 页

森林、稻作与长江文明论　〔日〕安田喜宪著　赖涪林译　长江文
化议论集（上）　2005 年 105～128 页

长江上游文明的起源、形成与发展——兼论成都平原先秦文化的发
现及意义　姜世碧　农业考古　2003 年 1 期 68～75 页

长江上游古代文明的探索　林向　长江文化议论集（上）　2005 年
193～224 页

成都平原更新世、全新世中期的地理环境与文明进入和选择　孙吉
成都大学学报（社科版）　2006 年 1 期 23～27 页

长江中游史前文明因素的发展　张绪球　长江文化论集　1995 年 34 ～ 39 页

长江中游地区文明起源问题的思考　刘彬徽　南方文物　1996 年 2 期 75 ～ 77 页

长江中游文明的进程　何驽　古代文明研究通讯　2001 年第 9 期 38 ～ 44 页

长江中游地区文明化进程研究的几点认识　王巍　中国社会科学院古代文明研究中心通讯　2003 年 6 期 5 ～ 9 页

长江中游文明进程的阶段与特点简论　何驽　中国社会科学院古代文明研究中心通讯　2003 年 6 期 13 ～ 20 页

长江中游文明进程的阶段与特点简论　何驽　江汉考古　2004 年 1 期 52 ～ 58 页

长江中游早期文明初步研究　孟华平　庆祝张忠培先生七十岁论文集　2004 年 163 ～ 179 页

长江中游史前古城与早期文明　何介钧　长江文化议论集（上）2005 年 91 ～ 104 页

长江中游的文明化进程与环太湖地区比较　宋建　庆祝张忠培先生七十岁论文集　2004 年 180 ～ 191 页

江西古代文明的起源　肖一亭　南方文物　1993 年 3 期 70 ～ 75 页

两湖地区史前文化的发展与文明的起源　王劲　中国社会科学院古代文明研究中心通讯　2003 年 5 期 22 ～ 26 页

雕龙碑遗址的文明化进程　吴耀利　中国社会科学院古代文明研究中心通讯　2003 年 6 期 37 ～ 40 页

雕龙碑第三期遗存的文明化进程　吴耀利　江汉考古　2004 年 3 期 49 ～ 55 页

长江下游都市文明起源初探　张明华　上海博物馆集刊第八期 2000 年 64 ～ 78 页

关于长江下游地区文明化进程研究的几点意见　王巍　中国社会科学院古代文明研究中心通讯　2002 年 4 期 8～9 页

关于长江下游地区文明化进程研究的几点意见　王巍　长江下游地区文明化进程学术研讨会论文集　2004 年 10～12 页

长江下游地区文明起源考古学研究的回顾与思考　牟永抗　长江下游地区文明化进程学术研讨会论文集　2004 年 13～22 页

对长江下游地区文明化进程的几点思考　蒋卫东　长江下游地区文明化进程学术研讨会论文集　2004 年 23～30 页

长江下游地区文明化进程散论　朔知　长江下游地区文明化进程学术研讨会论文集　2004 年 31～39 页

长江下游的文明化进程及其原因　曹峻　中国社会科学院古代文明研究中心通讯　2005 年 10 期 14～17 页

古代太湖地区对开创中华文明的贡献　董楚平　浙江学刊　1987 年 4 期 116 页

初论太湖地区文明的产生　吴汝祚　亚洲文明第二集　1992 年 1～20 页

环太湖地区原始农业的发展及其对文明起源的作用（简稿）　朱乃诚　中国社会科学院古代文明研究中心通讯　2002 年 4 期 10～13 页

太湖及杭州湾地区原始稻作农业的发展及其对文明起源的作用　朱乃诚　长江下游地区文明化进程学术研讨会论文集　2004 年 69～88 页

环太湖地区与中原地区文明化进程的宏观比较　高江涛　东南文化 2006 年 6 期 12～16 页

江淮地区史前文明化进程初探　杨立新　中国社会科学院古代文明研究中心通讯　2003 年 5 期 16～21 页

江淮地区史前文明化进程初探　杨立新　长江下游地区文明化进程学术研讨会论文集　2004 年 229～237 页

淮河流域史前稻作农业与文明进程的关系　张居中等　中国社会科

学院古代文明研究中心通讯 2004 年 7 期 25～29 页

淮河流域史前稻作农业与文明进程的关系 张居中等 东方考古
第 1 集 2004 年 198～209 页

析中国文明主源之一——淮系文化 高广仁、邵望平 东方考古第 1
集 2004 年 36～64 页

在淮河流域古代社会文明化进程学术研讨会开幕式上的发言 张敏
中国社会科学院古代文明研究中通讯 2005 年 9 期 45～47 页

淮河流域古文化与中华文明 杨育彬、孙广清 东岳论丛 2006 年 2
期 49～54 页

良渚文化的"玉敛葬"——兼谈良渚文化是中国古代文明的渊源之
一 汪遵国 南京博物院集刊 1984 年 7 期 32 页

专家研究良渚文化作出新推论,四千年前太湖地区已形成国家 人
民日报（海外版） 1987 年 11 月 11 日 4 版

良渚文化与中国文明的起源 杨群 上海大学学报（社科版）1991
年 1 期 86～91 页

良渚莫角山遗址发掘与中华文明的起源 周如汉 杭州师范学院学
报 1995 年 2 期 6～10 页

良渚文化的年代和其所处社会阶段——五千年前中国进入文明的一
个例证 张忠培 文物 1995 年 5 期 47～58 页

良渚文化:中国文明的一个重要源头 严文明 寻根 1995 年 6 期
8～9 页

从良渚探寻中华文明的源头 王遂今 文化交流 1995 年 19 期 9～
12 页

礼的起源——兼论良渚文化与文明起源 陈剩勇 汉学研究 1999
年 17 卷 1 期 49～77 页

良渚文化及其文明诸因素的剖析 安志敏 良渚文化研究——纪念
良渚文化发现六十周年国际学术讨论会文集 1999 年 12～16 页

论莫角山古国 张学海 良渚文化研究——纪念良渚文化发现六十

周年国际学术讨论会文集 1999 年 17～24 页

良渚文化的礼制和中华文明的起源 陈剩勇 良渚文化研究——纪念良渚文化发现六十周年国际学术讨论会文集 1999 年 30～42 页

农业与中国文明的形成——兼论良渚文化在中国文明形成过程中的地位 魏京武 良渚文化研究——纪念良渚文化发现六十周年国际学术讨论会文集 1999 年 151～159 页

早期国家之黎明——兼谈良渚文化社会政治演化水平 陈淳 东南文化 1999 年 6 期 20～25 页

良渚文化与华夏文明 叶文宪 江阴文博 2001 年 1 期 5～9 页

良渚文化与中国文明 杨楠 中原文物 2002 年 2 期 11～13 页

初论良渚文化文明产生的渊源 吴汝祚 浙江学刊 2003 年增刊 20～32 页

良渚文化与文明起源 孙维昌 浙江学刊 2003 年增刊 33～44 页

古国、方国阶段神权在社会结构扩大和维系中的作用管见——《反山》报告学习体会 李岩 浙江省文物考古研究所学刊第八辑——纪念良渚遗址发现七十周年学术研讨会文集 2006 年 311～315 页

探索中国文明起源的重要例证——介绍武进寺墩遗址的考古发现 汪遵国、李文明、钱锋 江海学刊 1983 年 2 期 127 页

福泉山遗址发现的文明迹象 黄宣佩 考古 1993 年 2 期 144～149 页

新探河姆渡文化系与中国文明起源的关系 何鸿 南方文物 2001 年 2 期 32～41 页

从广富林遗存看环太湖地区早期文明的衰变 宋建 长江下游地区文明化进程学术研讨会论文集 2004 年 214～228 页

（5）东南沿海及西南地区

近二十年来东南亚地区的考古新发现及国外学者对我国南方古文明

起源的研究　童恩正　西南民族学院学报　1983 年 3 期 17 页

南方——中华民族古文明的重要孕育之地　童恩正　南方民族考古 1987 年第 1 辑 1 页

华南沿海的先秦文化与早期文明　吴春明　中原文物　1997 年 2 期 9～17 页

揭开羌塘高原的古代文明面纱　夏格旺堆、达瓦次仁　西藏大学学报（社会科学版）　2005 年 20 卷 1 期 71～75 页

（6）其他

中国古代文明起源研究综述　彭光辉　中国史研究动态　1988 年 10 期 7 页

概述中国文明起源问题的讨论　李绍连　中国文物报　1988 年 12 月 2 日 3 版

中国文明起源座谈纪要　白云翔、顾智界整理　考古　1989 年 12 期 1110 页

中国的金字塔在哪里？——中国文明起源探访札记之一　郑重　文汇报　1990 年 7 月 6 日 3 版

玉器是金字塔文明的支柱——中国文明起源探访札记之二　郑重　文汇报　1990 年 7 月 7 日 3 版

黄河是中华文明的摇篮吗——中国文明起源探访札记之三　郑重　文汇报　1990 年 7 月 8 日 3 版

没有封口的中国文明国——中国文明起源探访札记之四　郑重　文汇报　1990 年 7 月 10 日 4 版

稻谷是传播文明的媒介——中国文明起源探访札记之五　郑重　文汇报　1990 年 7 月 11 日 3 版

一半是海水，一半是黄土——中国文明起源探访札记之六　郑重　文汇报　1990 年 7 月 13 日 3 版

东方文明与西方甲胄——中国文明起源探访札记之七　郑重　文汇

报 1990 年 7 月 14 日 3 版

中国文明起源研讨会纪要 白云翔、顾智界 考古 1992 年 6 期 526～549 页

1991 年以来中国文明起源研究述评 中国社会科学院考古研究所资料信息中心 考古 1998 年 6 期 90～95 页

中国文明起源探讨论著目录（1954～1992） 缪雅娟、朋林 史前研究——西安半坡博物馆成立四十周年纪念文集 1998 年 552～561 页

中国文明起源和早期国家形态研讨会发言摘要 中国文明起源和早期国家形态研讨会秘书组 考古 2001 年 2 期 86～95 页

中国文明起源与早期国家学术研讨会纪要 王冠英 历史研究 2001 年 1 期 173～177 页

中国古代文明的起源及早期发展国际学术研讨会第一组讨论总结发言 宋建 中国社会科学院古代文明研究中心通讯 2002 年 3 期 17～19 页

中国古代文明的起源及早期发展国际学术研讨会第二组讨论总结发言 栾丰实 中国社会科学院古代文明研究中心通讯 2002 年 3 期 20～22 页

中国古代文明的起源及早期发展国际学术研讨会第三组讨论总结发言 宋镇豪 中国社会科学院古代文明研究中心通讯 2002 年 3 期 23～28 页

全新世中期：气候转变在中国古代文明起源中的可能作用 刘东生、吴文祥 中国社会科学院古代文明研究中心通讯 2002 年 3 期 29～32 页

近年西方学者对文明问题的研究概况 于沛 中国社会科学院古代文明研究中心通讯 2002 年 3 期 33～35 页

中国古代文明过程考察的不同角度及其相关问题 杨建华 中国社会科学院古代文明研究中心通讯 2002 年 3 期 37～39 页

试论中国古代王权与君主制政体的成因 王震中 中国社会科学院古代文明研究中心通讯 2002 年 3 期 40～41 页

中国文明形成时期的自然环境 周昆叔 中国社会科学院古代文明研究中心通讯 2002 年 3 期 42～43 页

20 世纪中国文明起源研究的回顾 朱乃诚 中国社会科学院古代文

明研究中心通讯 2002 年 3 期 53～56 页

对中国文明起源和文明社会形成问题的思考（提要） 任式楠 中国社会科学院古代文明研究中心通讯 2002 年 4 期 6～7 页

15. 史前城址

（1） 总论

我国史前都邑的形成及其特点 丘菊贤、杨东晨 河南大学学报（哲社版） 1987 年 1 期 41 页

论我国史前时期的城堡 董琦 北方文物 1988 年 4 期 17 页

中国古代"集中市制"及有关方面的考察 宋镇豪 文物 1990 年 1 期 39～46 页

论中国古代都城民居规划与居住习俗的演变 许宏 民俗研究 1991 年 1 期 57～64 页

中国古都概说（六） 史念海 陕西师大学报（哲社版）1991 年 2 期 66～73 页

黄土与中国古代城市 张新斌 河南师范大学学报（哲社版）1991 年 18 卷 2 期 49～54 页

中外古代城市比较研究的现状与展望 杜瑜 中国史研究动态 1991 年 5 期 5～8 页

中国古代都城规划中的"象天"问题 马世之 中州学刊 1992 年 1 期 110～114 页

中国先秦城市发展史概述 董琦 中原文物 1995 年 1 期 73～77 页

"墙"与"城"的关系内涵与起源 陈淳 中国文物报 1995 年 11 月 12 日 3 版

我国新石器时代城址综合研究 张国硕、阴春枝 郑州大学学报（哲社版） 1997 年 30 卷 2 期 58～62 页

中国新石器时代城址的发现与研究　赵辉、魏峻　古代文明（第1卷）2002年1～34页

考察日本弥生时代环壕聚落的两点启示——"早期城址与中国文明"之十一　许永杰　中国文物报　2003年1月17日7版

关于史前筑城技术的几个问题　张志敏　史前研究（2002）2004年206～208页

长江中游与黄河中游史前城址的比较　赵春青　江汉考古　2004年3期56～62页

中国史前城址略论　曹兵武　中原文物　1996年3期37～46页

中国史前城址考察　任式楠　考古　1998年1期1～16页

中国史前城址的区域与类型研究　卢可可　中国历史地理论丛1998年3期9～44页

中国史前时代的筑城　钟少异　华学4辑　2000年159～173页

史前城址的自然环境因素分析　钱耀鹏　江汉考古　2001年1期41～46页

试论史前城址的社会历史意义　钱耀鹏　西北大学学报（哲学社会科学版）　2002年32卷2期91～95页

史前城址研究面临的问题与思考　钱耀鹏　中国文物报　2002年6月28日7版

史前城址研究中的几个问题　魏峻　中国文物报　2002年7月5日7版

史前古城功能辨析　何驽　中国文物报　2002年7月19日7版

史前古城与中心聚落的关系　何驽　中国文物报　2002年8月9日7版

史前古城与城市的关系　何驽　中国文物报　2002年9月20日7版

中国史前城址特征浅析　马世之　中州学刊　2002年5期98～101页

史前古城与社会发展阶段的关系　何驽　中国文物报　2002年11月1日7版

中国史前城址的文化背景与地域特征　林留根　南京大学历史系考

古专业成立三十周年纪念文集 2002 年 74～94 页

中国史前城址的地域特征及其平面布局初探 林留根 东方考古研究通讯 2003 年 1 期 11～12 页

中国史前城址的分布及功能分析 裴士京、姚义斌 中国历史地理论丛 2003 年 18 卷 1 辑 100～106 页

论中国史前城址地域特征及其在平面布局的若干特点 林留根 东方考古 2004 年第 1 集 150～168 页

中国史前城址分布与规模之研究 王妙发 新世纪的考古学——文化、区位、生态的多元互动 2006 年 205～228 页

论龙山文化古城的社会性质 曹桂岑 中国考古学会第五次年会论文集 1988 年 3 月 1 页

论龙山文化时期古城址 曲英杰 中国原始文化论集 1989 年 6 月 267 页

论龙山时代城堡的性质 肖燕 东南文化 1994 年 6 期 52～58 页

龙山时代城址的初步研究 严文明 中国考古学与历史学之整合研究 1997 年 235～256 页

中国古代城市的起源 谢仲礼 社会科学战线 1990 年 2 期 142～147 页

中西古代城市起源比较研究 张南等 江汉论坛 1991 年 12 期 56～61 页

关于我国早期城市起源的初步探讨 高松凡、杨纯渊 文物季刊 1993 年 3 期 48～54 页

简论中国古代"城"的起源问题 钱耀鹏 新疆文物 1995 年 3 期 171～74 页

说"丘"——城的起源一议 高广仁 考古与文物 1996 年 3 期 26～30 页

关于城市起源问题的几点思考 许宏 中国文物报 1997 年 1 月 26

日 3 版

试论城的起源及其初步发展　钱耀鹏　文物季刊　1998 年 1 期 70 ~ 78 页

城市起源之研究　陈淳　文物季刊　1998 年 2 期 58 ~ 64 页

中国古代的早期城市　邹衡　海岱考古　第一辑　1989 年 9 月 349 页

环壕聚落·土围聚落·城堡·早期城市　张学海　中国文物报 1996 年 4 月 21 日 3 版

浅说中国早期城的发现　张学海　长江中游史前文化暨第二届亚洲文明学术讨论会论文集　1996 年 243 ~ 251 页

从考古发现谈中国早期古城址的几个问题　孙广清　河南博物院落成暨河南省博物馆建馆 70 周年纪念论文集　1998 年 60 ~ 64 页

早期城址研究中的几个问题　许宏　中国文物报　2002 年 6 月 14 日 7 版

论早期城址的城郭之制　张国硕　中国文物报　2002 年 12 月 13 日 7 版

中国古代早期城市化进程与最初的文明　段宏振　华夏考古　2004 年 1 期 77 ~ 89 页

说到城与文明起源的关系　方酉生　历史教学问题　1990 年 2 期 57 ~ 60 页

中国史前城址与古代文明　孙广清　中原文物　1999 年 2 期 49 ~ 64 页

中国古代城市与文明起源　徐龙国　管子学刊　2003 年 2 期 83 ~ 88 页

史前城址与文明起源关系略论　毛曦　云南社会科学　2003 年 2 期 93 ~ 96 页

从史前城址看中国文明的起源　余介方　中原文物　2003 年 4 期 39 ~ 45 页

中国史前城镇与早期文明的孕育　段宏振　科技考古论丛第三辑　2003 年 33 ~ 42 页

试论城的出现及其防御职能　马世之　中原文物　1988 年 1 期 66 页

我国早期城市的防御设施研究 李民等 河南师范大学学报（哲社版）1992 年 1 期 55～60 页

中国史前防御设施纵谈 马雨林 中原文物 1998 年 1 期 29～32 页

浅议史前聚落的两大防御工程——环壕与城墙 张志敏 史前研究（2000）2000 年 589～591 页

中国史前防御设施的社会意义考察 钱耀鹏 华夏考古 2003 年 3 期 41～48 页

史前防御设施的发展脉络 马雨林、师瑞玲 文博 2005 年 1 期 62～67 页

近年来中国古代城市研究综述 张东刚 历史教学 1990 年 5 期 29～30 页

近年来古代城市研究综述 曲英杰 中国史研究动态 1990 年 9 期 1～7 页

八年来中国古都学研究概述 朱士光 中国史研究动态 1991 年 5 期 1～5 页

1999 年史前城址研究综述 叶茂林、何克洲 成都文物 2000 年 3 期 4～8 页

（2）黄河流域

黄河流域新石器时代的"村"与"城" 马世之 论仰韶文化 1986 年 12 月 151 页

黄河中下游龙山文化"城堡"初探 隋裕仁 中原文物 1988 年 4 期 46 页

史前时期黄河流域的城址 马世之 史前研究——西安半坡博物馆成立四十周年纪念文集 1998 年 151～158 页

半坡聚落与黄河流域夯筑城址的发生 钱耀鹏 文博 2000 年 2 期 3～8 页

黄河流域龙山时期古城起源探析　一文　文物考古论集——咸阳市文物考古研究所成立十周年纪念　2000 年 32～37 页

上古洪水传说与中原地区龙山时代城堡　何宏波　郑州大学学报（哲社版）1994 年 1 期 10～17 页

中原地区早期古城址的发现与初步研究　杨肇清　四川大学考古专业创建三十五周年纪念文集　1998 年 76～86 页

中原龙山城址的聚落考古学研究　钱耀鹏　中原文物　2001 年 1 期 29～39 页

中原史前城址与华夏文明　马世之　华夏文明的形成与发展——河南省文物考古研究所建所五十周年庆祝会暨华夏文明的形成与发展学术研讨会论文集　2003 年 136～142 页

1）河南

试论河南境内的五处龙山文化城址　安金槐　周秦文化研究　1998 年 36～41 页

孟庄龙山文化遗存研究　袁广阔　考古　2000 年 3 期 21～38 页

关于孟庄龙山城址毁因的思考　袁广阔　考古　2000 年 3 期 39～44 页

郑州西山发现黄帝时代古城　许顺湛　中国文物报　1995 年 11 月 12 日 3 版

关于郑州西山古城的一点思考　曹兵武　中国文物报　1995 年 11 月 12 日 3 版

西山古城兴废缘由试探　韩建业　中原文物　1996 年 3 期 59～62 页

郑州西山遗址发掘的主要收获　张玉石　河南文物考古论集　1996 年 24～27 页

郑州西山仰韶文化城址浅析　马世之　考古文物研究——纪念西北大学考古专业成立四十周年文集（1956～1996）　1996 年 107～112 页

试论郑州西山仰韶文化晚期古城的性质　杨肇清　华夏考古　1997

年 1 期 55～59 页

略谈河南郑州西山发现仰韶文化古城址及其重要意义 杨肇清 史前研究——西安半坡博物馆成立四十周年纪念文集 1998 年 159～165 页

关于西山城址的特点和历史地位 钱耀鹏 文物 1999 年 7 期 41～45 页

谈郑州西山仰韶文化古城——看黄河文化源远流长 杨肇清 中原文物考古研究 2003 年 68～72 页

河南淮阳平粮台龙山文化古城考 曹桂岑 中原文物 1983 年特刊 17 页；华夏文明（1）1987 年 7 月 269 页

河南淮阳平粮台龙山文化古城址试析——兼论登封王城岗遗址非夏都阳城 马世之 史前研究 1984 年 2 期 51 页

淮阳"龙山城"与登封"小城堡" 李绍连 中州学刊 1984 年 4 期 125 页

关于平粮台古城址 裴明相 中国历史博物馆馆刊 1984 年 6 期 27 页

淮阳平粮台城址社会性质探析 曹桂岑 中原文物 1990 年 2 期 89～92 页

淮阳平粮台古城的族属问题 马世之 中州学刊 1990 年 2 期 108～112 页

平粮台古城遗址与陈国相关问题 陈昌远 河南大学学报（哲社版）1990 年 4 期 67～73 页

舜都于淮阳平粮台龙山文化古城考 秦文生 中原文物 1991 年 4 期 45～50 页

平粮台古城遗址的发现及其价值和意义 张志华 中原文物考古研究 2003 年 102～105 页

登封王城岗与"禹都阳城" 杨宝成 文物 1984 年 2 期 63 页

禹居阳城与王城岗遗址 京浦 文物 1984 年 2 期 67 页

登封王城岗小城堡质疑 许顺湛 中州学刊 1984 年 4 期 122 页

王城岗城堡遗址分析　董琦　文物　1984 年第 11 期 69 页

试论登封王城岗龙山文化城址与夏代阳城　安金槐　中国考古学会第四次年会论文集　1985 年 12 月 1 页

关于王城岗城堡的性质问题　郑杰祥　中州学刊　1986 年 2 期 115 页

登封王城岗城堡遗址时代试探　陈绍棣　华夏文明（1）1987 年 7 月295 页

王城岗城堡毁因初探　董琦　考古与文物　1988 年 1 期 32 页　中国文物报　1988 年 4 月 29 日 4 版

王城岗城堡筑墙技术源流　董琦　江汉考古　1989 年 1 期 48 页

王城岗遗址的再探讨　马世之　中原文物　1995 年 3 期 53～57 页

试论王城岗城堡和平粮台古城　裴明相　华夏考古　1996 年 2 期86～89 页

论登封告成王城岗遗址为禹都阳城说——兼与《禹都阳城即濮阳说》一文商榷　方酉生　考古与文物　2001 年 4 期 29～35 页

论禹都阳城为颍川阳城——兼与《禹都阳城即濮阳说》一文商榷方酉生　殷都学刊　2001 年 4 期 22～27 页

王城岗城堡遗址再分析　董琦　中国历史文物　2002 年 3 期 15～23 页

登封八方王城岗遗址的聚落形态考察　方燕明　东方考古　2004 年第 1 集 169～176 页

登封王城岗遗址的新发现与夏文化研究　方燕明　中国文物报2005 年 1 月 28 日 7 版

略论登封王城岗遗址大城与小城的关系及其性质　杨肇清　中原文物　2005 年 2 期 33～35 页

登封告成王城岗遗址考古发现与研究　方燕明　安金槐先生纪念文集　2005 年 116～131 页

登封王城岗遗址考古新发现及其意义　方燕明　中国社会科学院古代文明研究中心通讯　2005 年 9 期 34～39 页

登封王城岗城址的年代及相关问题探讨　方燕明　考古　2006 年 9 期 16～23 页

古城寨龙山城址与中原文明的形成 蔡全法 中原文物 2002 年 6 期 27 ~ 32 页

新密古城寨龙山文化城址的发现及其意义 孙新民 21 世纪中国考古学与世界考古学 2002 年 218 ~ 222 页

新密古城寨龙山城址的发现与认识 蔡全法 中原文物考古研究 2003 年 112 ~ 116 页

关于新密古城寨城址的年代与性质 方燕明 华夏文明的形成与发展——河南省文物考古研究所建所五十周年庆祝会暨华夏文明的形成与发展学术研讨会论文集 2003 年 195 ~ 204 页

2）山东

试论山东龙山文化的历史地位及其衰落原因 靳松安等 郑州大学学报（哲社版） 1994 年 4 期 1 ~ 7 页

山东龙山文化城址的发现及其历史地位 逢振镐 山东社会科学 1995 年 3 期 82 ~ 85 页

试论山东地区的龙山文化城 张学海 文物 1996 年 12 期 40 ~ 52 页

边线王龙山文化城堡的发现及其意义 杜在忠 中国文物报 1988 年 7 月 15 日 3 版

边线王龙山文化的城堡试析——兼述我国早期国家诞生、文化融合等有关问题 杜在忠 中原文物 1995 年 2 期 31 ~ 37 页

试析景阳岗龙山文化城址 王守功、李繁玲 中国社会科学院古代文明研究中心通讯 2004 年 7 期 20 ~ 24 页

试析景阳冈龙山文化城址——也谈海岱文化对中原文明的影响 王守功等 东方考古 2006 年第 2 集 119 ~ 134 页

论齐国领地内发现的龙山文化城址 何德亮 中原文物 1993 年 1 期 1 ~ 5 页

泰沂山北侧的龙山文化城　张学海　中国文物报　1993 年 5 月 23 日 3 版

鲁西两组龙山文化城址的发现及对几个古史问题的思考　张学海

华夏考古　1995 年 4 期 47~58 页

3）山西

陶寺文化城址的发现及其意义　梁星彭　文物世界　2000 年 6 期

33~34 页

陶寺城址南墙夯土层中人骨说明的问题　何驽　中国文物报　2002

年 3 月 8 日 7 版

陶寺城址的发现及其学术意义　梁星彭　中国文物报　2002 年 4 月

12 日 7 版

再论陶寺城址发现的意义　张德光　文物世界　2003 年 3 期 24~28 页

陶寺中国早期城市化的重要里程碑　何驽　中国文物报　2004 年 9

月 3 日 7 版

论陶寺古城的发展阶段与性质　程平山　江汉考古　2005 年 3 期

48~53 页

对襄汾陶寺大型建筑基址的几点想法　周晓陆　古代文明研究通讯

2005 年 27 期 1~7 页

陶寺中期小城内大型建筑 II FJT1 发掘心路历程杂谈　何驽　新世纪

的中国考古学——王仲殊先生八十华诞纪念论文集　2005 年 221~231 页

（3）北方地区

内蒙古中南部的原始城堡及相关问题　崔璇等　内蒙古社会科学

（文史哲版）1991 年 3 期 75~80 页

内蒙古古代城址的考古研究　李逸友　中国考古学会第八次年会论

文集　1996 年 175~183 页

长城地带史前石城聚落址略说　曹兵武　华夏考古　1998 年 3 期

59~61 页

内蒙古中南部新石器时代石城址初步研究　魏坚、曹建恩　文物 1999 年 2 期 57 ~ 62 页

凉城老虎山石城　石云子　中国文物报　1994 年 7 月 10 日 3 版

大青山南麓石城聚落初步研究　孙周勇　文博　2000 年 5 期 47 ~ 53 页

（4） 长江流域

长江中游地区早期城址管窥　王红星　长江中游史前文化暨第二届 亚洲文明学术讨论会论文集　1996 年 252 ~ 260 页

长江流域史前古城的初步研究　张之恒　东南文化　1998 年 2 期 6 ~ 14 页

98 荆江特大洪灾的考古学启示　何弩　中国文物报　1998 年 8 月 26 日 3 版

试论长江中游古城的兴起　孟华平　青果集——吉林大学考古系建 系十周年纪念文集　1998 年 155 ~ 161 页

长江中游史前古城　何介钧　文化的馈赠：汉学研究国际会议论文 集（考古学卷）　2000 年 131 ~ 139 页

长江中游史前城址和石家河聚落群　张绪球　稻作陶器和都市的起 源　2000 年 167 ~ 180 页

长江中游史前古城与古国研究　何介钧　苏秉琦与当代中国考古学 2001 年 688 ~ 698 页

长江中游地区城壕聚落的源起、功能及其对文明进程的作用　王红 星　中国文物报　2002 年 10 月 11 日 7 版

长江中游地区新石器时代城濠聚落源起与功用之我见　王红星　中 国社会科学院古代文明研究中心通讯　2003 年 6 期 21 ~ 26 页

长江中游与黄河中游史前城址的比较（摘要）　赵春青　中国社会 科学院古代文明研究中心通讯　2003 年 6 期 27 ~ 31 页

长江中游史前古城与稻作农业　刘德银　江汉考古　2004 年 3 期

63～68 页

成都平原早期城址的发现与初步研究　王毅、蒋成　稻作陶器和都市的起源　2000 年 143～166 页

成都平原史前古城性质初探　段渝、陈剑　天府新论　2001 年 81～86 页

成都平原早期城址及其考古学文化初论　江章华等　苏秉琦与当代中国考古学　2001 年 699～721 页

三峡地区新石器时代古城遗迹的考古与研究　杨华　中南民族学院学报（人文社科版）　2000 年 20 卷 3 期 176～185 页

三峡地区远古至战国时古城遗迹考古研究（上）——兼说与湖北、湖南及成都平原地区古城遗址比较　杨华　湖北三峡学院学报　2000 年 22 卷 1 期 35～40 页

石家河古城社会性质浅析　杨权喜　中原文物　1995 年 4 期 87～91 页

可持续发展定乾坤——石家河酋邦崩溃与中原崛起的根本原因之对比分析　何驽　中原文物　1999 年 4 期 34～40 页

史前城壕的防洪功能——应城门板湾城壕聚落发掘的启示　王红星　中国文物报　2002 年 8 月 31 日 7 版

从门板湾城壕聚落看长江中游地区城壕聚落的起源与功用　王红星　考古　2003 年 9 期 61～75 页

良渚文化古城古国研究　车广锦　东南文化　1994 年 5 期 50～57 页

从聚落中心到良渚酋邦　戴尔俭　东南文化　1997 年 3 期 47～53 页

对良渚文化莫角山城址的认识　魏京武　文博　1998 年 1 期 21～22 页

余杭良渚遗址群内的良渚文化古城　蒋卫东　中国文物报　1999 年 1 月 13 日 3 版

龙山时代城址与良渚文化的中心聚落　陈声波　东亚古物　2004 年

[A 卷] 53~62 页

屈家岭文化古城的发现和初步研究 张绪球 考古 1994 年 7 期 629~634 页

城起源研究的重要突破——读八十垱遗址发掘简报的心得，兼谈半坡遗址是城址 张学海 考古与文物 1999 年 1 期 36~43 页

试论四川温江鱼凫村遗址、新津宝墩遗址和郫县古城遗址 宋治民 四川文物 2000 年 2 期 9~18 页

湖北应城陶家湖城址辨析 曲英杰 考古与文物 2002 年增刊·汉唐考古 141~143 页

城头山城墙、壕沟的营造及其所反映的聚落变迁 郭伟民 中国社会科学院古代文明研究中心通讯 2003 年 6 期 32~36 页

郫县古城遗址初识 代自明 成都文物 2004 年 4 期 18~22 页

16. 民族考古

（1） 总论

环东海地区考古学的民族学的几个问题 国分直一著 许成章译 文史荟刊第二辑 1960 年

我国若干少数民族的原始公社制或其残余 吕振羽 民族团结 1961 年 4 期 10 页；史前期中国社会研究 1934 年、1961 年 12 月再版

中国考古发现中的"大房子" 汪宁生 考古学报 1983 年 3 期 271 页；民族考古学论集 1989 年 1 月 91 页

古代中国人的民族起源问题（摘译） 〔苏联〕刘克甫等著 莫润先译 考古学参考资料 1983 年 6 辑 1 页

民族形成问题和新石器时代人们共同体的称谓 田继周 民族研究 1984 年 6 期 60 页

十多年来民族考古学研究述评　容观夐　民族研究动态　1992 年 3 期 1～6 页

"民族考古学"的译法、涵义及其他　陈淳　东南文化　1992 年 3/4 期 40～41 页

论中国民族考古学的形成和初步发展　蔡葵　思想战线　1992 年 4 期 67～72 页

试论民族考古学的理论基础　李富强　广西民族研究　1993 年 4 期 107～113 页

从民族学有关资料看中国早期新石器遗址的经济文化类型　刘凤芹　华夏考古　1994 年 2 期 50～58 页

史前人类的文化与生态——民族考古学的透视　周大鸣、孙九霞　南方文物　1997 年 3 期 8～52 页

民族学与考古学的关系　张忠培　中国考古学与历史学之整合研究 1997 年 45～66 页

考古学与民族学相互关系的再思考　潘守永　中国历史博物馆馆刊 1998 年 2 期 67～74 页

考古所见缺头习俗的民族学考查　孙其刚　中国历史博物馆馆刊 1998 年 2 期 84～96 页

民族学的模式——《中国北方考古文集》札记之一　张爱冰　东南文化　1998 年 3 期 12～14 页

中国民族考古学及其有关问题　李仰松　"迎接二十一世纪的中国考古学"国际学术讨论会论文集　1998 年 343～349 页

再谈民族考古学　汪宁生　"迎接二十一世纪的中国考古学"国际学术讨论会论文集　1998 年 350～355 页

试论发展中的我国民族考古学　容观夐　广西民族研究　1999 年 4 期 15～18 页

中国民族考古学的形成与考古学的本土化　周大鸣　东南文化 2001 年 3 期 8～14 页

考古学文化与考古学的族文化　郭妍利　东南文化　2004 年 1 期

11 ~ 15 页

东南汉人的形成：民族考古学提纲　吴春明　桃李成蹊集——庆祝安志敏先生八十寿辰　2004 年 1 ~ 11 页

"割体"葬的民族学证据　星灿　中国文物报　2006 年 5 月 19 日 7 版

（2）黄河流域

齐家文化所发现卜骨的民族考古学研究　木易　西北史地　1993 年 4 期 10 ~ 14 页

半坡遗址和我的民族与考古学研究——纪念半坡遗址发掘五十周年　李仰松　古代文明研究通讯　2004 年 22 期 1 ~ 9 页

半坡遗址和我的民族与考古学研究　李仰松　史前研究（2004）2005 年 77 ~ 84 页

（3）北方地区

额尔古纳旗鄂温克人的原始社会形态　内蒙古少数民族社会历史调查组鄂温克分组　民族团结　1961 年 6 期 25 页

论古代鄂温克人的群婚家族及氏族的产生　吕光天　考古　1962 年 8 期 420 页

论鄂温克人由母权制向父权制的发展　吕光天　史学月刊　1965 年 6 期 14 页

从家庭公社到地域公社——鄂伦春族原始生产方式的解体　满都尔图　文物　1976 年 7 期 62 页

（4）东南沿海及西南地区

滇西有关民族原始社会史调查材料初释　梁钊韬　中山大学学报　1964 年 3 期 10 页

解放前云南几个民族的土地制度的演变——从原始公社所有制到私有制　田继周　文史哲　1964年4期56页

云南少数民族父系家庭公社的考察　许鸿宝　史学月刊　1964年11期27页

独龙族父系氏族中的家庭公社试析　杨鹤书、陈启新　文物　1976年8期78页

过渡型的阿美人母系社会　张崇根　中央民族学院学报　1983年3期74页

从黔东南苗族习俗看"普那路亚"及对偶婚的残余　陈默溪　辽海文物学刊　1986年创刊号120页

简述柳州石器时代遗址以及与骆越民族的关系　程州　史前研究（2002）2004年112～117页

柳州石器时代遗址与侗民族起源关系谈　程州　广西考古文集（第二辑）——纪念广西考古七十周年专集　2006年464～473页

黎族母系氏族制的遗迹　岑家梧　史学月刊　1957年9期13页

海南岛黎族人民的葬俗　志远　考古　1958年7期57页

黎族原始社会初探　王穗琼　学术研究（广东）　1962年4期109页

黎族的母权制遗风　邢关英　中央民族学院学报　1983年2期92页

黎族母系制残余试析　马建钊　社会科学战线　1984年4期227页

从文化遗存试探黎族母系氏族制及其向父系氏族制过渡　陈风贤　中央民族学院学报　1987年2期3页

从考古资料看广西僮族的由来及其在原始氏族社会的生活情况　黄增庆　广西日报　1957年4月19日3版

对《从考古资料看广西僮族的由来及其在原始氏族社会的生活情况》一文的商榷　巫惠民　广西日报　1957年4月26日3版

试论广西僮族之为土著民族——兼评巫惠民的《对〈从考古资料看广西僮族的由来及其在原始氏族社会的生活情况〉一文的商榷》　覃骏

广西日报 1957 年 5 月 31 日

母系氏族社会对女性崇拜的典型——侗族的撒妈和撒堂 莫俊卿
史前研究 1983 年 1 期 140 页

侗族民俗及民族文化中原始社会残余试析 石佳熊、黄雪鸿 中南
民族学院学报 1988 年 1 期 72 页

纳西族的母系家庭 宋恩常 民族团结 1962 年 8 期 32 页

云南永宁纳西族的葬俗——兼谈对仰韶文化葬俗的看法 宋兆麟
考古 1964 年 4 期 200 页

云南永宁纳西族的住俗——兼谈仰韶文化房子的用途 宋兆麟 考
古 1964 年 8 期 409 页

永宁纳西族的母系家庭 詹承绪 史学月刊 1965 年 7 期 28 页

《永宁纳西族的母系家庭》一文的补充 詹承绪 史学月刊 1965 年
8 期 51 页

永宁温泉纳西族的母系血缘村落 高宗裕 云南省博物馆建馆三十
周年纪念文集 1981 年 8 月 215 页

从永宁纳西族的"阿注"婚姻谈起 秋浦 云南社会科学 1984 年
5 期 70 页

彝族和纳西族的羊卜骨——再论古代甲骨占卜习俗 汪宁生 文物
与考古论集 1986 年 12 月 137 页

又一个"新发现的群婚实例"——云南永宁纳西族的阿注婚 宋敏
史前研究 1987 年 1 期 65 页

也论永宁纳西母系制和阿注婚的起源——兼答赵蔚杨先生 王承权
云南社会科学 1989 年 4 期 64 页

云南省佤族制陶概况 李仰松 考古通讯 1958 年 2 期 32 页

从佤族制陶探讨古代陶器制作上的几个问题 李仰松 考古 1959
年 5 期 250 页

佤族的葬俗对研究我国远古人类葬俗的一些启发　李仰松　考古
1961 年 7 期 371 页

云南傣族制陶术调查　林声　考古　1965 年 12 期 645 页

解放前云南西盟佤族的概况——兼谈对龙山文化的一些看法　蔡葵
史前研究　1984 年 3 期 95 页

17．环境考古

（1）综合研究

中国近五千年来气候变迁的初步研究　竺可桢　考古学报　1972 年 1
期 15 页

文化的生态史观——环境考古学要旨　丙吾　东南文化　1990 年 1/2
期 180～182 页

考古学和土壤　〔日〕小林达雄著　李陈奇译　北方文物　1990 年
4 期 94～97 页

首届中国环境考古学学术讨论会纪要　李民昌　东南文化　1990 年 5
期 381～382 页

史前考古所研究的"人"和"自然环境"——考古琐谈之五　李济
文物天地　1991 年 5 期 19～21 页

专家在京座谈环境考古学　蒋迎春　中国文物报　1992 年 1 月 5 日 2 版

环境考古学与新考古学　曹兵武　文物天地　1992 年 2 期 44～46 页

区域环境考古学的最近进展——美国俄勒冈大学艾肯斯教授在班村
遗址论证会上的发言　张爱冰译　东南文化　1992 年 3/4 期合刊 42～44
页

考古遗址在研究古环境方面的应用　任晓华　江汉考古　1993 年 2
期 86～90 页

环境考古学导论　约翰·G. 埃文斯著　索秀芬译　内蒙古文物考古

1994 年 2 期 88～104 页

环境考古学导论（二） 约翰·G. 埃文斯著 索秀芬译 内蒙古文物考古 1995 年 1/2 期 133～155 页

关于环境考古学的几个问题 王青 博物馆研究 1995 年 2 期 82～85 页

晋陕蒙接壤区生态环境变迁初探 王广智 中国农史 1995 年 14 卷 4 期 78～86 页

环境考古初论 武仙竹 中国文物报 1996 年 1 月 14 日 3 版

自然环境的变迁在社会形态发展中的作用——环境考古学研究之一 董琦 东南文化 1996 年 1 期 87～89 页

建立自然与文化堆积序列复原古代环境的实践与方法 裴安平 中国文物报 1996 年 6 月 9 日 3 版

生态环境对史前文化的影响 张之恒 江汉考古 1996 年 3 期 41～44 页

环境考古学研究 袁靖 中国文物报 1997 年 12 月 7 日 3 版

有关环境考古学的一些方法 靳桂云译 文物季刊 1998 年 1 期 87～96 页

环境考古研究的历史与现状 靳桂云 中国文物报 1999 年 2 月 24 日 3 版

一门新兴学科——中国环境考古学 周昆叔 中国文物报 2000 年 3 月 15 日 3 版

考古地理学研究之回顾与前瞻 王妙发 中国考古学跨世纪的回顾与前瞻（1999 年西陵国际学术研讨会文集）2000 年 151～159 页

环境考古学论纲 曹兵武 东南文化 2001 年 1 期 25～30 页

区域对比环境与聚落的演进 李水城 古代文明研究通讯 2001 年第 11 期 1～10 页

黄土与华夏文明——中国环境考古随笔之一 周昆叔 中国文物报 2002 年 7 月 5 日 7 版

中华大地的赠礼——中国环境考古随笔之二 周昆叔 中国文物报

2002 年 7 月 12 日 7 版

西山访古——中国环境考古随笔之四　周昆叔　中国文物报　2002 年 8 月 2 日 7 版

平谷环境考古纪事——中国环境考古随笔之六　周昆叔　中国文物报　2002 年 9 月 20 日 7 版

区域对比：环境与聚落的演进　李水城　考古与文物　2002 年 6 期 33～38 页

考古学与人地关系研究　宋豫秦　中原文物　2002 年 6 期 4～6 页

中国新石器时代的人地关系及其特点　毛曦　人文地理　2002 年 17 卷 4 期 71～74 页

中国大陆沿海地区史前时期人地关系研究　袁靖　古代文明（第 1 卷）2002 年 58～70 页

当前中国考古学与环境考古学　曹兵武　中国文物报　2003 年 1 月 31 日 7 版

环境考古学的基本理论问题　王青　华夏考古　2004 年 1 期 90～97 页

窑洞式建筑的产生及其环境考古学意义　钱耀鹏　文物　2004 年 3 期 69～77 页

距今四千年前后环境灾变与洪水事件的新思考　王青　中国文物报 2004 年 7 月 23 日 7 版

燕山南北长城地带中全新世气候环境的演化及影响　靳桂云　考古学报　2004 年 4 期 485～505 页

环境与人类关系研究在欧洲　靳桂云　中国社会科学院古代文明研究中心通讯　2004 年 7 期 47～50 页

环境考古学的点滴再思　袁永明　青年考古学家　2004 年 15 期 158～160 页

十余年来的中国环境考古　周昆叔　中国文物报　2005 年 6 月 10 日 7 版，6 月 17 日 7 版

西方环境考古研究的遗址域分析　王青　中国文物报　2005 年 6 月 17 日 7 版

环境变迁与文化未来　周昆叔　中国文物报　2005 年 10 月 14 日 6 版

中国北方农牧交错带的形成与气候变迁　韩茂莉　考古　2005 年 10 期 57 ~ 67 页

古代中国的环境研究——关于解释和年代对应方面的问题　佟派等 东方考古　2006 年第 2 集 263 ~ 271 页

新石器时代初期人类生存环境的初步考察　翟霖林、陈钢　文博 2006 年 6 期 30 ~ 32 页

生物标志物与古环境重建　仝艳锋等　文物保护与科技考古　2006 年 112 ~ 115 页

考古学史中的环境考古学现状　燕生东　青年考古学家　2006 年 18 期 126 ~ 130 页

（2）古文化与古环境

我国新石器时代文化发展与地理环境变迁的关系　孙瑞宁　文物资 料丛刊　1987 年 3 月 10 期 62 页

新石器以来的北温带草原文化与气候变迁　吕厚远　文物保护与考 古科学　1991 年 3 卷 2 期 43 ~ 50 页

自然环境对大汶口文化、屈家岭文化发展的影响　高广仁　长江中 游史前文化暨第二届亚洲文明学术讨论会论文集　1996 年 267 ~ 272 页

黄河、长江流域新石器时代文化和环境　钱方　黄土、黄河、黄河 文化　1998 年 196 ~ 201 页

从生态环境看中国新石器时代文化分布　周俊玲　华夏文化　1999 年 3 期 21 ~ 23 页

略说环境与中国史前文化的南北差异　曹兵武　东南考古研究 1999 年第二辑 141 ~ 146 页

胶东半岛的贝丘遗址和环境考古学　袁靖、焦天龙　中国文物报 1995 年 3 月 12 日 3 版

关于中国大陆沿海地区贝丘遗址研究的几个问题　袁靖　考古 1995 年 12 期 1100~1109 页

胶东半岛北岸贝丘遗址环境考古学研究　胶东半岛贝丘遗址研究小组（袁靖、焦天龙）　中国文物报　1996 年 3 月 10 日 3 版

胶东半岛南岸贝丘遗址的环境考古学研究　袁靖、梁中合　中国文物报　1997 年 3 月 30 日 3 版

新石器时代的人与环境——胶东半岛的贝丘遗址与环境考古学研究 刘洋　中国文物报　1997 年 8 月 24 日 3 版

关于胶东半岛贝丘遗址环境考古学研究的几点思考　袁靖　东南文化　1998 年 2 期 36~39 页

从胶东半岛贝丘遗址的孢粉分析看当时的人地关系　齐乌云等　考古　2002 年 7 期 70~79 页

中国大陆沿海地区贝丘遗址的环境考古研究　袁靖　追寻中华古代文明的踪迹——李学勤先生学术活动五十年纪念文集　2002 年 334~349 页

从中日两国贝丘遗址看古代人类与自然环境的相互关系　袁靖　21 世纪中国考古学与世界考古学　2002 年 576~587 页

1）黄河流域

环渤海环境考古探讨　王青、李慧竹　辽海文物学刊　1992 年 1 期 87~95 页

从远古人类对环境的适应试探黄河流域早期新石器文化　王宜涛 考古与文物　1994 年 3 期 57~61 页

西北史前人类对居址选择和环境关系的研究　张行　甘肃社会科学 1994 年 3 期 99~103 页

华北古代自然环境和人类活动与发展　郑绍宗　内蒙古文物考古文集　1995 年 41~53 页

一万年来渤海西岸环境变迁对古文化发展的影响　韩嘉谷　环渤海考古国际学术讨论会论文集　1996 年 57~67 页

西北史前时期人类对居址的选择及与周围环境关系的研究　张行

陇右文博创刊号 1996 年 30 ~ 40 页

京津地区的自然环境与新石器时代文化 王其腾 环渤海考古国际学术讨论会论文集 1996 年 162 ~ 164 页

渭泾水流域的古环境与古文化 张宏彦 考古文物研究——纪念西北大学考古专业成立四十周年文集（1956 ~ 1996） 1996 年 119 ~ 135 页

渭水流域新石器时代环境气候演变的初步研究 张宏彦 远望集——陕西省考古研究所华诞四十周年纪念文集 1998 年 121 ~ 128 页

戴家湾遗址地貌环境变迁的考古学探讨 梁晓青 考古与文物 2000 年 2 期 64 ~ 70 页

环渤海地区的早期新石器文化与海岸变迁——环渤海环境考古之二 王青 华夏考古 2000 年 4 期 62 ~ 75 页

环境与仰韶文化 张广如 中国历史博物馆考古部纪念文集 2000 年 34 ~ 40 页

黄土高原华夏之根 周昆叔 中原文物 2001 年 3 期 4 ~ 10 页

新石器时期渭水上游的生态变化 徐日辉 中国历史地理论丛 2002 年 3 期 20 ~ 26 页

山西垣曲古文化与环境之关系探究 张素琳 中国历史文物 2003 年 3 期 72 ~ 81 页

要重视中原新石器时代人类与环境关系的研究 张居中等 华夏文明的形成与发展——河南省文物考古研究所建所五十周年庆祝会暨华夏文明的形成与发展学术研讨会论文集 2003 年 51 ~ 56 页

华北平原全新世古洪水及其对古代人类活动的影响 邱维理等 科技考古论丛第三辑 2003 年 163 ~ 168 页

再论周原黄土及其与文化层的关系 周昆叔等 华夏文明的形成与发展——河南省文物考古研究所建所五十周年庆祝会暨华夏文明的形成与发展学术研讨会论文集 2003 年 237 ~ 278 页

4000aBP 前后东亚季风变迁与中原周围地区新石器文化的衰落 吴文祥、刘东生 第四纪研究 2004 年 3 期 278 ~ 284 页

地层·环境·嵩山文化圈 周昆叔 安金槐先生纪念文集 2005 年

109～115 页

A. 黄河上游

兰州地区远古时期生态环境初探 张行 兰州学刊 1988 年 3 期 93 页

大地湾遗址农业植物遗存与人类生存的环境探讨 刘长江等 中原文物 2004 年 4 期 26～30 页

大地湾文明兴盛的地理原因及文明对环境变化的适应模式 苏海洋 天水师范学院学报 2005 年 25 卷 4 期 47～49 页

青海喇家遗址的环境考古及思考札记 叶茂林 中国文物报 2003 年 11 月 14 日 7 版

青海官亭盆地考古遗址堆积形态的环境背景 杨晓燕等 地理学报 2004 年 59 卷 3 期 455～461 页

中全新世气候突变对青海东北部史前文化的影响 刘峰贵等 物理学报 2005 年 60 卷 5 期 733～741 页

B. 黄河中游

白洋淀地区古环境变迁与史前文化 李月丛等 同济大学学报（社科版） 2000 年 11 卷 4 期 22～27 页

河北中南部地区新石器时代遗址的环境考古学研究 胡金华 文物春秋 2003 年 6 期 18～28 页

东胡林遗址环境考古信息 周昆叔 中国文物报 2003 年 12 月 12 日 7 版

南庄头遗址的古植被与古环境分析 李月丛 科技考古论丛第三辑 2003 年 169～176 页

试论环境对上宅文化的影响 王玮宏、刘化成 中国文物报 2004 年 8 月 20 日 7 版

试论河北东北部地区新石器时代遗址与生态环境的关系 张晓峥 文物春秋 2006 年 3 期 1～4 页

河南辉县及其附近地区环境考古研究 曹兵武 华夏考古 1994 年 3 期 61~66 页

浅析豫西地区新石器时代古环境 方孝廉 河洛春秋 1995 年 3 期 26~32 页

全新世时期：河南的地理环境与气候 周锋 中原文物 1995 年 4 期 111~114 页

河南商丘全新世地貌演变及其对史前和早期历史考古遗址的影响 荆志淳、高天麟 考古 1997 年 5 期 68~84 页

河南驻马店杨庄遗址龙山时代环境考古 姜钦华等 考古与文物 1998 年 2 期 34~40 页

试论河南舞阳贾湖遗址地貌演化与古人类活动之关系 张居中等 黄土、黄河、黄河文化 1998 年 209~214 页

从考古学文化看豫西地区古环境的变迁——为洛阳博物馆建馆四十周年而作 方孝廉 洛阳博物馆建馆四十周年纪念文集 1999 年 246~254 页

渑池班村新石器遗址植物遗存及其在人类环境学上的意义 孔昭宸等 人类学学报 1999 年 18 卷 4 期 291~295 页

论自然环境对河洛地区史前文化发展的影响 靳松安、张进 中原文物 2004 年 4 期 31~35 页

试论陕西关中地区新石器时代遗址的地理环境与人类生产活动的关系 张瑞岭 生态学杂志 1982 年 1 期 20 页；半坡博物馆三十年学术论文选编 1989 年 81 页

陕西新石器时代居民对环境的选择 尹申平 中国考古学研究论集 1987 年 12 月 160 页

西安半坡遗址的古植被与古气候 柯曼红、孙建中 考古 1990 年 1 期 87~90 页

半坡遗址与历史地理研究 史念海 文博 1998 年 3 期 40~41 页

从考古学材料看半坡先民开发利用自然资源与环境 高强 史前研

究 (2002) 2004 年 306~310 页

陕北靖边五庄果墚动物遗存及古环境分析　胡松梅、孙周勇　考古与文物　2005 年 6 期 72~84 页

　　C. 黄河下游

王因遗址形成时期的生态环境　高广仁、胡秉华　庆祝苏秉琦考古五十五年论文集　1989 年 8 月 165 页

大汶口文化环境考古初论　王青　辽海文物学刊　1996 年 2 期 64~72 页

山东史前时期自然环境的考古学观察　何德亮　华夏考古　1996 年 3 期 80~87 页

山东史前文化遗迹与海岸、湖泊变迁及相关问题　胡秉华　中国考古学会第九次年会论文集　1997 年 35~49 页

山东滕州市庄里西遗址植物遗存及其在环境考古学上的意义　孔昭宸等　考古　1999 年 7 期 59~62 页

山东新石器时代环境考古信息及其与文化的关系　高广仁、胡秉华　中原文物　2000 年 2 期 4~12 页

山东新石器时代的自然环境　何德亮、毛晓平　南方文物　2003 年 4 期 38~46 页

山东新石器时代环境考古学研究　何德亮　东方博物　2004 年第 11 辑 24~38 页

自然环境与沂蒙史前文化　许汝贞　临沂师范学院学报　2005 年 27 卷 5 期 66~70 页

山东沂沭河流域 2000BC 前后古文化兴衰的环境考古　高华中等　地理学报　2006 年 61 卷 3 期 255~261 页

山东沭河上游史前自然环境变化对文化演进的影响　齐乌云　考古 2006 年 12 期 78~84 页

山东日照地区龙山时代自然环境初探　王春燕、靳桂云　文物保护与科技考古　2006 年 108~111 页

2）北方地区

葫芦河流域的古文化与古环境 李非等 考古 1993 年 9 期 822 ~ 842 页

辽东半岛的獐与古环境变迁 王清 考古与文物 1999 年 5 期 28 ~ 34 页

红山文化牛河梁遗址形成的环境背景与人地关系研究 莫多闻等 第四纪研究 2002 年 22 卷 2 期 174 ~ 181 页

西拉木伦河流域古文化变迁及人地关系 李水城 边疆考古研究 2002 年 1 辑 269 ~ 288 页

吉林通化万发拨子遗址地学环境考古研究 汤卓炜等 边疆考古研究第 2 辑 2004 年 384 ~ 392 页

论双砣子第三期文化在黄渤海沿岸地理分布上的差异 张翠敏 东北史地 2006 年 2 期 73 ~ 79 页

辽东半岛全新世最大海侵的考古学观察 史本恒 四川文物 2006 年 6 期 37 ~ 41 页

辽河流域全新世人地关系 索秀芬 边疆考古研究第四辑 2006 年 247 ~ 260 页

内蒙古农牧交错地带环境考古研究——考古文化分布与自然环境及其演变关系分析 史培军等 内蒙古文物考古 1993 年 1 ~ 2 期 168 ~ 171 页

科尔沁草原史前时代的聚落与沙漠化过程的环境考古学研究 〔德〕梅克·汪耐尔著 靳桂云译 辽海文物学刊 1996 年 1 期 134 ~ 140 页

中国北方长城地带环境考古学的初步研究 田广金、史培军 内蒙古文物考古 1997 年 2 期 44 ~ 51 页

岱海地区距今 7000 ~ 2000 年间人地关系演变研究 田广金、唐晓峰 岱海考古（二）——中日岱海地区考察研究报告集 2001 年 328 ~ 343 页

内蒙古农牧交错带考古学文化经济形态转变及其原因 索秀芬 内蒙古文物考古 2003 年 1 期 62 ~ 68 页

内蒙古中南部考古学文化演变的环境学透视 魏峻 华夏考古

2005 年 1 期 62～68 页

中全新世内蒙古东南部和中南部环境考古对比研究　索秀芬　内蒙古文物考古　2005 年 2 期 42～55 页

内蒙古喀济纳旗苏泊淖尔石制品的发现及当时的环境特征　迟振卿等　地质通报　2005 年 24 卷 2 期 165～169 页

赤峰地区环境考古学研究的回顾与展望　滕铭予　边疆考古研究第 3 辑　2005 年 263～273 页

赤峰地区全新世环境演变对考古学文化影响的研究　任晓辉　红山文化研究——2004 年红山文化国际学术研讨会论文集　2006 年 542～549 页

3）长江流域

论长江三角洲及太湖平原史前文化和环境的关系　苏文　南京大学学报　1968 年增刊 152 页

长江三角洲古地理与新石器时代文化的关系　林承坤　文物集刊 1980 年 1 月 1 期 147 页

史前中国东南滨海文化的生态学研究　乔晓勤　东南文化　1987 年 3 期 11 页

长江三角洲史前遗址的分布与环境变迁　吴建民　东南文化　1988 年 6 期 16 页

长江中游地区新石器时代遗址分布规律、文化中心的转移与环境变迁的关系　王红星　江汉考古　1998 年 1 期 53～61 页

长江流域环境变化与人类活动的相互影响　武仙竹　东南文化 2000 年 1 期 26～32 页

长江三角洲的史前环境　吴锤、曹柯平　东南文化　2000 年 9 期 6～13 页

长江三角洲新石器时代文化环境考古学考察纲要　陈杰　中国社会科学院古代文明研究中心通讯　2002 年 4 期 44～48 页

长江中游地区新石器时代的环境变化信息　王红星　华夏文明的形成与发展——河南省文物考古研究所建所五十周年庆祝会暨华夏文明的

形成与发展学术研讨会论文集　2003 年 108～116 页

长江中游地区新石器时代自然环境变迁研究　郭立新　中国历史地理论丛　2004 年 2 期 5～16 页

全新世海侵对长江口沿海平原新石器遗址分布的影响　王张华、陈杰　第四纪研究　2004 年 5 期 537～545 页

对长江流域新石器时代以来环境考古研究问题的思考　朱诚　自然科学进展　15 卷 2005 年 2 期 149～153 页

长江下游文明化初期的人地关系——多学科交叉的实践与探索　高蒙河　复旦学报（社会科学版）　2005 年 2 期 128～134 页

江南海岸线变迁的考古地理研究　孙林、高蒙河　东南文化　2006 年 4 期 11～17 页

长江河口海岸考古地理三题　刘志岩等　浙江省文物考古研究所学刊第八辑——纪念良渚遗址发现七十周年学术研讨会文集　2006 年 208～216 页

A. 长江中上游

长江三峡全新世以来的生态特征　武仙竹　中国文物报　1995 年 4 月 9 日 3 版

试论三峡地区大溪文化的经济活动及其地理环境的关系　吴小平　江汉考古　1998 年 2 期 32～34 页

自然环境对三峡新石器文化发展的影响　武仙竹　中国文物报　1999 年 2 月 3 日 3 版

考古地理学与三峡考古实践　高蒙河　中原文物　2002 年 6 期 7～15 页

长江三峡大宁河流域的沉积环境与古洪水研究　张芸等　中国历史文物　2004 年 2 期 83～88 页

三峡古文化的生态学观察　陈淳、潘艳　中国文物报　2004 年 11 月 26 日 7 版

从三峡地区与东部平原的对比看考古学文化中的环境因素　尹宏兵　江汉考古　2005 年 2 期 61～65 页

三峡库区全新世环境考古及环境演变研究综述　史威　重庆师范大学学报（哲社版）　2006 年 3 期 106~110 页

长江三峡大宁河流域的环境考古学研究　石俊会　四川文物　2006 年 3 期 64~70 页

成都平原古城遗址与古河道的关系　王纯五　成都文物　1998 年 4 期 39~41 页

成都平原古城群兴废与古气候问题　刘兴诗　四川文物　1998 年 4 期 34~37 页

洞庭湖区新石器时代遗址的分布与古环境变迁的关系　吴小平、吴建民　东南文化　1998 年 1 期 35~40 页

湖北枣阳市雕龙碑遗址房屋建筑出土木炭的研究　王树芝等　考古 2002 年 11 期 85~87 页

B. 长江下游

从考古材料看太湖地区新石器时代遗址分布的特征及与古地理的关系　闻惠芬　史前研究　1985 年 4 期 84 页

太湖平原中石器、新石器时代人类文化的发展与环境　景存义　南京师大学报（自然科学版）　1989 年 3 期 12 卷 81 页

略论自然环境在太湖流域文明化进程中的地位　曹峻　东南文化 2004 年 3 期 10~13 页

江苏苏州绰墩遗址孢粉记录与太湖地区的古环境　张瑞虎　古生物学报　2005 年 44 卷 2 期 314~321 页

人地关系简论——以环太湖史前的食物结构变化为例　贾学德、郑建明　农业考古　2006 年 1 期 18~22 页

江苏青墩古人生活时期的地理环境　黄赐璇等　地理学报　1984 年 39 卷 1 期 97 页

江苏新石器时代遗址分布与环境演变　吴建民　南京大学历史系考古专业成立三十周年纪念文集　2002 年 18～23 页

浙北平原新石器文化的生态学分析　徐建春　浙江学刊　1989 年 1 期 79 页

杭州湾两岸新石器时代文化与环境　蔡保全　厦门大学学报（哲社版）　2001 年 3 期 126～133 页

宁绍地区史前文化遗址地理环境特征及相关问题探索　孙国平　东南文化　2002 年 3 期 16～23 页

浙江诸暨楼家桥新石器时代文化遗址古环境研究　金幸生等　考古与文物　2004 年 2 期 25～28 页

从海陆变迁看浙东沿海新石器早期遗址的形成背景　王青　中国文物报　2006 年 3 月 24 日 7 版

安徽淮河流域全新世环境演变对新石器遗址分布的影响　黄润等　地理学报　2005 年 60 卷 5 期 742～750 页

安徽省新石器和夏商周时代遗址时空分布与人地关系的初步研究　朱光耀等　地理科学 25 卷　2005 年 3 期 346～352 页

上海市大陆部分的海陆变迁和开发过程　谭其骧　考古　1973 年 1 期 2 页

从考古发现谈上海成陆年代及港口发展　黄宣佩、吴贵芳、杨嘉祐　文物　1976 年 11 期 45 页

上海地区史前文化时期环境的演变及其对人类活动的影响　吴小平　华夏考古　1998 年 4 期 43～46 页

上海马桥遗址古环境探析　宋建、洪雪晴　考古　1999 年 8 期 81～85 页

上海新石器时代环境变化与文化发展的关系　吴小平　东南考古研究第二辑　1999 年 150～154 页

高邮龙虬庄遗址史前人类生存环境与经济生活　李民昌等　东南文化　1997 年 2 期 31～40 页

江苏龙虬庄新石器遗址环境考古研究　朱诚等　南京大学学报（自然科学版）　2000 年 36 卷 3 期 286～292 页

河姆渡文化的文化生态研究　李抱荣　东南文化　1993 年 4 期 54～67 页

试论河姆渡史前先民与自然环境关系　黄渭金　农业考古　1999 年 1 期 20～24 页

河姆渡文化兴衰与水环境的变化　邵九华等　中国文物报　2002 年 3 月 29 日 7 版

试论河姆渡史前先民与自然环境的关系　黄渭金　华夏考古　2002 年 1 期 28～32 页

环境与河姆渡文化　魏女　考古与文物　2002 年 3 期 57～60 页

马家浜文化时期的自然环境与人类活动　丁金龙　农业考古　1999 年 3 期 44～47 页

马家浜文化区的地理景观　孙林、高蒙河　华夏考古　2006 年 3 期 40～45 页

论古代良渚人与良渚的自然环境　陈桥驿　杭州师范学院学报 1995 年 2 期 1～5 页

自然环境变迁与良渚文化兴衰关系的思考　蒋卫东　华夏考古 2003 年 2 期 38～45 页

良渚时期古环境对良渚文化的影响　郭青岭　浙江学刊　2003 年增刊 175～179 页

良渚文明兴衰的生态史观　陈杰　东南文化　2005 年 5 期 33～40 页

4）东南沿海及西南地区

珠江三角洲新石器考古文化与古地理环境　黄光庆　地理学报

1996 年 51 卷 6 期 508 ~ 516 页

华南沿海新石器文化的系统环境及稳定性 史红蔚 考古 1999 年 10 期 64 ~ 68 页

台湾生态考古学研究的回顾与展望 李匡悌 中国考古学跨世纪的回顾与前瞻（1999 年西陵国际学术研讨会文集） 2000 年 92 ~ 102 页

岭南田野考古的地理环境研究 谭惠忠 岭南考古论文集（1）2001 年 63 ~ 66 页

岭南沿海地区近几千年生态环境的人为干扰 郑卓等 岭南考古论文集（1）2001 年 67 ~ 74 页

生态环境与珠江三角洲古文化 肖一亭 珠海潮 2002 年 1 期 52 ~ 55 页

华南沿海地理环境变化对人类活动的影响 李平日 岭南考古研究（5）（2006）51 ~ 55 页

从生态的角度看大梅沙遗址所反映的生产方式 丁家奎 中山大学研究生学刊（社科版）1993 年 3 期 84 ~ 91 页

香港地区史前考古与生态环境的研究 商志覃、吴伟鸿 东南文化 1997 年 2 期 20 ~ 30 页

从贝丘遗址看福建沿海先民的居住环境与资源开发 蔡保全 厦门大学学报（哲社版） 1998 年 3 期 106 ~ 111 页

生态环境对广东先秦聚落分布与文化的影响 赵善德 中国文物报 2001 年 2 月 28 日 7 版

广西史前生态环境 林强 广西考古文集 2004 年 357 ~ 362 页

从考古发现看闽台史前住民的生活习俗与生态环境 林小云 福建文博 1998 年 1 期 98 ~ 100 页

台湾中部地区史前文化与古生态环境互动关系初探 何传坤 新世纪的考古学——文化、区位、生态的多元互动 2006 年 90 ~ 106 页

从碳氧同位素分析论古代台湾贝类采集与古环境的含意 李匡悌

新世纪的考古学——文化、区位、生态的多元互动 2006 年 107～162 页

七美南港遗址出土贝类碳氧同位素所反映之环境记录 林怡美等 九十四年台湾考古工作会报报告集 2006 年 （19～1）～（19～9）页

（3）地学方法

试论形成中原仰韶文化模式的地理生态原因 金国樵、潘贤家、孙仲田 论仰韶文化 1986 年 12 月 310 页

环境考古学研究中的沉积物分析方法 朱晓东 中国文物报 1992 年 4 月 19 日 3 版

关中盆地全新世古土壤考古地层断代 秦建明等 西北地质 1994 年 15 卷 2 期 23～32 页

土质土色成因及其在考古学中应用的探讨 于汇历 北方文物 1994 年 4 期 113～116 页

环境考古研究中地学调查纲要 李容全 中国历史博物馆馆刊 1995 年 1 期 56～59 页

周原黄土及其与文化层的关系 周昆叔 第四纪研究 1995 年 2 期 174～179 页

粘土上的人类记录 〔美〕夏洛特·F. 司匹得著 东耳译 建文校 南方文物 1996 年 4 期 106～112 页

地貌学与考古学 秦建明、程音 文博 1998 年 1 期 67～73 页

考古学中土壤微形态分析 靳桂云 中国文物报 1998 年 7 月 15 日 3 版

地质学方法在考古学中的应用 靳桂云 文物季刊 1998 年 4 期 77～81 页

（4）植物考古方法

植物考古学概述 赵志军 农业考古 1992 年 1 期 26～30 页

植物考古学的学科定位与研究内容　赵志军　考古　2001 年 7 期 55 ~ 61 页

考古出土植物遗存中存在的误差　赵志军　文物科技研究第一辑 2004 年 78 ~ 84 页

植物考古学和动物考古学研究的新进展　赵志军、袁靖　中国文物报　2005 年 2 月 18 日 7 版

植物考古学及其新进展　赵志军　考古　2005 年 7 期 42 ~ 49 页

浅谈考古学上植物遗留的研究方法　徐子富等　九十年台湾考古工作会报报告集　2006 年（17 ~ 1）~（17 ~ 7）页

植物淀粉粒分析在考古学中的应用　杨晓燕等　考古与文物　2006 年 3 期 87 ~ 91 页

西安半坡新石器时代遗址的孢粉分析　周昆叔　考古　1963 年 9 期 520 页

察右中旗大义发泉村细石器文化遗址花粉分析　周昆叔、叶永英、严富华　考古　1975 年 1 期 25 页

花粉分析法及其在考古学中的运用　周昆叔、严富华、叶永英　考古　1975 年 1 期 65 页

台湾之古生态研究（六）——台湾中部十八张、大邱园、牛骂头、草鞋墩等史前遗址的孢粉分析　黄增泉、臧振华　考古人类学刊　1976 年 39/40 期 91 页

菘泽遗址的孢粉分析研究　王开发、张玉兰、蒋辉、叶志华　考古学报　1980 年 1 期 59 页

江苏常州圩墩遗址孢粉组合及其古环境　王开发　历史地理　1983 年 3 期 63 页

陕西临潼姜寨遗址文化层的孢粉分析　王开发　考古与文物　1985 年 2 期 103 页

浙江罗家角遗址的孢粉研究　王开发、蒋新禾　考古　1985 年 12 期 1136 页

孢粉学与植硅石分析在考古学中的应用　姜钦华　"迎接二十一世纪的中国考古学"国际学术讨论会论文集　1998年586～595页

江苏新石器时代遗址出土陶器的植物蛋白石分析　〔日〕宇田津彻朗等　农业考古　1999年1期36～45页

山东临淄田旺龙山文化遗址植物硅酸体研究　靳桂云等　考古1999年2期82～87页

吊桶环遗址稻属植硅石研究　赵志军　中国文物报　2000年7月5日3版；农业考古　2000年3期68～69页

江苏昆山市少卿山遗址的植物蛋白石分析　王才林、丁金龙　考古2000年4期87～92页

武汉地区部分先秦遗址土壤标本中植硅石组合及其意义　中国地质大学地球科学学院、武汉市文物考古研究所（顾延生等）　江汉考古2000年3期77～81页

江苏高淳县薛城遗址的植物蛋白石分析　王才林等　农业考古2002年3期55～61页

考古研究中的植硅石分析　姚政权等　中国文物报　2004年12月17日7版

山东聊城教场铺遗址出土炭化碎块的鉴定以及古代人类对木本植物利用的初步分析　王树芝等　新世纪的中国考古学——王仲殊先生八十华诞纪念论文集　2005年984～1003页

广西邕宁县顶蛳山遗址出土植硅石的分析与研究　赵志军等　考古2005年11期76～84页

山西襄汾陶寺遗址的植硅石分析　姚政权等　农业考古　2006年4期19～26页

三维图像重建在植硅体研究中的应用　吴妍等　农业考古　2006年1期61～64页

"灰像法"在考古学中的应用　黄其煦　考古　1982年4期418页

案板遗址灰土中所见到的农作物——兼论灰像法的改进　谢伟　考

古与文物 1988 年 5/6 期 209 页

考古发掘中水洗选别法的应用 熊海堂 农业考古 1989 年 2 期 155～174 页

水选法在我国考古发掘中的首次应用 吴耀利、陈星灿 文物天地 1993 年 3 期 38～39 页

水选法在我国考古发掘中的应用 吴耀利 考古 1994 年 4 期 363～366 页

考古中应用的浮扬选择法 〔美〕M. 罗宾斯等著 王则译 博物馆研究 1984 年 4 期 93～94 页

考古发掘工作中回收植物遗存的方法之一：泡沫浮选法 黄其煦 农业考古 1986 年 2 期 95～99 页

浮选法：发现和获取植物遗存 赵志军 中国文物报 2003 年 7 月 11 日 6 版

青海喇家遗址尝试性浮选的结果 赵志军 中国文物报 2003 年 9 月 19 日 7 版

植物考古学的田野工作方法浮选法 赵志军 考古 2004 年 3 期 80～87 页

陶寺城址 2002 年度浮选结果及分析 赵志军、何弩 考古 2006 年 5 期 77～86 页

木炭在考古学研究中的应用 王树芝 江汉考古 2003 年 1 期 85～88 页

木炭碎块分析在考古学研究中的作用 王树芝 中国文物报 2003 年 7 月 11 日 6 版

简论甑皮岩遗址植物群及其相关问题 阳吉昌 考古 1992 年 1 期 90～93 页

石家河文化的生计经济 郭立新 中国文物报 1997 年 1 月 12 日 3 版

河姆渡文化植物遗存的研究　俞为洁、徐耀良　东南文化　2000 年 7 期 24～32 页

河姆渡遗址农业形态的探讨　赵晓波　史前研究（2002）2004 年 267～272 页

山东日照市两城镇遗址龙山文化植物遗存的初步分析　凯利·克劳福德等　考古　2004 年 9 期 73～80 页

（5）动物考古方法

从哺乳动物化石来探讨中国新石器时代一些遗址的自然环境　计宏祥　史前研究　1985 年 2 期 85 页

海岱地区的随葬獐牙器墓——一个环境考古问题的探讨　王青　辽海文物学刊　1994 年 1 期 91～98 页

史前考古遗址中一种重要的古气候信息载体：软津动物贝壳　靳桂云　东南文化　1999 年 1 期 68～71 页

海岱地区的獐与史前环境变迁　王青、李慧竹　东南文化　1994 年 5 期 67～74 页

18. 考古技术与方法

（1）科技史与科技考古综论

史前时代的技术的研究　戈尔耶夫　考古　1959 年 1 期 55 页

新技术在考古工作中的应用　国外科技动态　1977 年 10 期 69 页

考古学与现代自然科学　仇士华　光明日报　1978 年 11 月 16 日 3 版

现代技术与考古　仇士华　百科知识　1980 年 1 期 57～59 页

实验室考古学的兴起　李虎侯　考古与文物　1980 年创刊号 147～149 页

科技考古在"四化"建设中的现实意义 许顺湛 中原文物 1981年 4 期 29 ~ 32 页

考古学与当代新兴学科 刘薪 南京博物院集刊 1984 年 7 集116 ~ 121 页

科学在考古学领域的发展和应用 〔英〕格林·丹尼尔著 贾莹译 博物馆研究 1984 年 4 期 90 ~ 92 页

考古定年方法初探 余敦平 雄狮美术 1984 年 159 期 114 ~ 117 页

谈谈实验考古学 贺云翱 南京博物院集刊 1984 年 7 集 121 ~ 126 页

用自然科学方法进行农业考古研究的新途径 陈健 农业考古 1984 年 2 期 33 ~ 35 页

现代考古学中的物理技术——物理考古学 金国樵、潘贤家 中原文物 1985 年 3 期 102 ~ 108 页

化学与考古 王一川、王立群 科学实验 1985 年 3 期 20 ~ 21 页

实验考古学 李虎侯 百科知识 1986 年 10 期 29 ~ 31 页

古物年龄之定年法 余敦平 故宫文物月刊 1986 年 4 卷 1 期132 ~ 137 页

浅议现代考古学与自然科学的应用 吴绵吉 人类学论丛（第一辑） 1987 年 184 ~ 191 页

自然科学方法与考古学研究 陈铁梅 考古与文物 1987 年 2 期 94 ~ 101 页

模糊聚类分析在考古学分类及相对年代研究中的初步运用 李连 四川大学学报 1987 年 4 期 85 ~ 93 页

尖端科学技术在考古学中的应用 弋君 中国文物报 1988 年 1 月 22 日 3 版

残存脂肪分析法和原始古代的生活环境复原——关于残存脂肪分析法的实际应用和存在的问题 〔日〕佐原真等著 徐天进译 考古与文物 1988 年 1 期99 ~ 100 页

实验考古学在发展——记 1988 年全国实验考古学术讨论会 王昌燧、李世红 文物 1989 年 1 期 90 ~ 91 页

模拟考古　冷健　文物天地　1989 年 3 期 42~43 页

再谈筹建考古实验站与课题问题——苏秉琦教授给山东省文物局负责人的一封信　苏秉琦　海岱考古　1989 年第一辑 3~5 页

自然科学对农业考古研究的重要意义——访联邦德国巴登符腾堡州考古学自然科学研究中心　罗宗真　农业考古　1989 年 2 期 149~154 页

尖端技术与考古学　〔日〕结城三郎　世界科学　1989 年 11 卷 1 期 25~27 页

月球探测仪用于考古　陈淳　中国文物报　1989 年 2 月 24 日 2 版

实验室考古纲要　李虎侯　中国文物世界　1989 年 1 月号 148~157 页

PIXE：一种多元素分析法及其在考古学上的应用　陈光祖　中国民族学通讯　1990 年 27 期 67~73 页

dBASE III Plusgn 与 Lotus 123 对考古学的应用　孙宝刚　人类学研究：庆祝芮逸夫教授九秩华诞论文集　1990 年 1~70 页

水文考古开拓了文物考古学应用的新领域　谭维四　葛洲坝工程文物考古成果汇编　1990 年 395~397 页

现代自然科学技术与考古学　仇士华、蔡莲珍　中国考古学论丛 1993 年 495~501 页

考古学与现代科学技术（上）李水城　文物天地　1994 年 6 期 32~34 页

关于开发计算机考古软件的建议　房迎三　文物研究　1994 年 9 期 307~309 页

考古学与现代科学技术（下）　李水城　文物天地　1995 年 1 期 25~27 页

科学技术在考古学中的应用　中国社会科学院考古研究所考古科技实验研究中心（袁靖等）　考古　1996 年 7 期 1~11 页

Internet 考古信息资源纵横谈（一——四）　高立兵　中国文物报 1997 年 1 月 19 日 3 版，1997 年 1 月 26 日 3 版，1997 年 2 月 23 日 3 版，1997 年 3 月 16 日 3 版

浅谈科学技术在考古学中的应用　中国社会科学院考古研究所考古科技实验研究中心　中国文物报　1997 年 1 月 19 日 3 版

现代科技与考古科学 龚德才等 文物季刊 1998 年 3 期 91～93 页

考古研究与现代科学技术 巩启明、尹申平 "迎接二十一世纪的中国考古学"国际学术讨论会论文集 1998 年 308～312 页

试析"或然率"在田野考古中的应用 瑜琼 文物季刊 1999 年 1 期 33～35 页

人文科学与自然科学的结合 在"现代科技考古研讨会"上的发言 俞伟超 文物 1999 年 5 期 53～54 页

中国科技考古五十年 袁靖等 考古 1999 年 9 期 59～68 页

我国科技考古发展的回顾 陈铁梅 中国文物报 1999 年 11 月 17 日 3 版

文物产地研究溯源兼论科技考古与 Archaeometry 王昌燧 中国文物报 1999 年 12 月 29 日 3 版

科技考古学的现状与展望 冼鼎昌等 农业考古 2000 年 3 期 17～23 页

科技考古学的现状与展望——香山科学会议第 136 次学术讨论会综述 李增惠 科技政策与发展战略 2000 年 7 期 1～5 页

考古学与多重视野下的人类古代 曹兵武 中国文物报 2003 年 7 月 11 日 5 版

当代科技与考古学 袁靖 中国文物报 2003 年 7 月 11 日 5 版

科学技术与考古学(讲话要点) 严文明 科技考古论丛(第三辑) 2003 年 3～5 页

实验考古学的五种类型 中国文物报 2004 年 1 月 2 日 7 版

论考古学方法的多样化 袁靖 中国文物报 2004 年 8 月 13 日 7 版

2004 年的中国科技考古 袁靖 中国文物报 2005 年 2 月 18 日 7 版

科技考古学初论 赵丛苍、郭妍利 西北大学学报(哲学社会科学版) 2006 年 6 期 87～93 页

我国史前人类对于矿物岩石认识的历史 李仲均、王根元 科学通报 1975 年 5 期 208 页

中国原始社会有关矿冶方面的考古发现和历史传说 杨文仲 中国

冶金史料 1989 年 2 期 59 页

中国古代的树皮布文化与造纸术发明 凌纯声 中研院民族学研究所集刊 1961 年 11 期 1 页；树皮布印文陶与造纸印刷术发明 1963 年 1 页

新石器时代原始先民对"机械运动"的认识——论"璇玑" 陆思贤 内蒙古师大学报 1986 年 3 期 36 页

关于我国的原始齿轮——和吴正伦同志商榷 柯墨 中国文物报 1988 年 9 月 2 日 3 版

考古发现与中国古代家具史的研究 杨泓 庆祝苏秉琦考古五十五年论文集 1989 年 8 月 121 页

（2） 年代学

1） 放射性碳素断代

放射性同位素在考古学上的应用——放射性碳素或碳 14 的断定年代法 夏鼐 考古通讯 1955 年 4 期 73～78 页

放射性碳素断代介绍 仇士华、蔡连珍 考古 1962 年 8 期 441～446 页

碳 14 的"语言"（考古新技术） 孟琳 科学画报 1965 年 12 期 432 页

原子时钟——漫谈碳十四方法在测定年代上的应用 黎兴国 化石 1973 年 2 期 26 页

碳－14 年代的误差问题 中国科学院考古研究所实验室 考古 1974 年 5 期 328～332 页

放射性碳绝对年龄测定 陆国琦 科学实验 1975 年 3 期 34 页

中国考古学上的放射性碳素年代及其意义 张光直 考古人类学刊 1975 年 37/38 期 29 页

骨质标本的碳－14 年代测定方法 中国科学院考古研究所实验室、古脊椎动物与古人类研究所实验室 考古 1976 年 1 期 28～30 页

液体闪烁法碳十四年代测定 文物保护科学技术研究所碳十四实验室 文物 1978 年 5 期 70 ~ 74 页

古遗址古生物年龄是怎么知道的 董盛福 科学实验 1979 年 1 期 9 页

碳十四年代测定法 陈铁梅 地理知识 1979 年 9 期 30 页

^{14}C 年代测定——史前考古断代方法之一 中国社会科学院考古研究所 蔡莲珍 考古与文物 1980 年 2 期 126 页

应用于考古学中的年代测定方法综评 陈铁梅 考古与文物 1980 年 3 期 120 ~ 125 页

碳十四测定年代的误差 崔晓麟 考古与文物 1980 年 4 期 134 ~ 136 页

石灰岩地区碳 – 14 样品年代的可靠性与甑皮岩等遗址的年代问题 北京大学历史系考古专业 ^{14}C 实验室、中国社会科学院考古研究所 ^{14}C 实验室 考古学报 1982 年 2 期 243 页

碳十四（液体闪烁法）测定文物年代 文物保护科学技术研究所 ^{14}C 实验室 文物保护技术 1982 年 2 期 111 ~ 123 页

碳 – 14 测定年代与考古研究 仇士华、蔡莲珍 考古 1982 年 3 期 316 页

碳十四测定年代用"中国糖碳标准"的建立 仇士华等 科学通报 1983 年 3 期 170 ~ 174 页

天然放射性碳年代测定报告（一） 华东师范大学河口海岸研究所 ^{14}C 实验室 历史地理（1983 年）3 辑 249 ~ 250 页

碳十三测定和古代食谱研究 蔡莲珍、仇士华 考古 1984 年 10 期 949 ~ 955 页

碳十四年代的树轮年代校正——介绍新校正表的使用 蔡莲珍 考古 1985 年 3 期 279 ~ 281 页

碳十四断代的加速器质谱计数方法 仇士华 考古 1987 年 6 期 562 ~ 567 页

碳十四检测法能否运用于崖壁绘画的断代问题 石钟健 中央民族学院学报 1988 年 5 期 82 ~ 85 页

采集和送交碳素测年样品的有关问题　〔加〕A. B. 布雅文著　于汇历、盖立新译校　北方文物　1989 年 4 期 98～102 页

中国史前考古中碳 14 年代测定及其意义　仇士华等　中国第四纪研究　1989 年 11 卷 1 期 31～40 页

台湾地区碳十四年代数据辑　朱正宜　田野考古（1990 年）1 卷 1 期 95～122 页

碳十四测年的加速器质谱方法与考古学研究法　陈铁梅　考古与文物　1990 年 2 期 100～106 页

碳十四测定年代　崔晓林　中国文物报　1994 年 3 月 27 日 2 版

彭头山等遗址陶片和我国最早水稻遗存的加速器质谱 ^{14}C 测年　陈铁梅、R. E. M. Hedges　文物　1994 年 3 期 88～94 页

北方新石器文化中人骨标本的碳十四年代的初步分析　赵朝洪　考古学研究（二）（北京）1994 年 19～32 页

加速器质谱技术在田野考古上应用的进展　弗·遏多夫著　郭庆春译　陈星灿校　中原文物　1995 年 4 期 117～120 页

碳十四测年概述　阮鸿骞　故宫文物月刊　2001 年 214 期 54～63 页

从考古视角看碳十四测定的年代　李浪林　广东省文物考古研究所建所十周年文集　2002 年 189～193 页

放射性碳素的第二次革命　张雪莲等　新世纪的中国考古学——王仲殊先生八十华诞纪念论文集　2005 年 905～922 页

考古学年代与碳十四年代的碰撞　张国硕　中国文物报　2005 年 4 月 8 日 7 版

^{14}C 测年与我国陶器溯源　原思训　华南及东南亚地区史前考古——纪念甑皮岩遗址发掘 30 周年国际学术研讨会论文集　2006 年 128～136 页

甑皮岩遗址与石灰岩地区 ^{14}C 测年　仇士华　华南及东南亚地区史前考古——纪念甑皮岩遗址发掘 30 周年国际学术研讨会论文集　2006 年 37～38 页

放射性碳素测定年代报告（一）　　中国科学院考古研究所实验室
考古　1972年1期52页

放射性碳素测定年代报告（二）　　中国科学院考古研究所实验室
考古　1972年5期56页

放射性碳素测定年代报告（三）　　中国科学院考古研究所实验室
考古　1974年5期333页

放射性碳素测定年代报告（四）　　中国科学院考古研究所实验室
考古　1977年3期200页

放射性碳素测定年代报告（五）　　中国科学院考古研究所实验室
考古　1978年4期280页

放射性碳素测定年代报告（六）　　中国社会科学院考古研究所实验
室　考古　1979年1期89页

放射性碳素测定年代报告（七）　　中国社会科学院考古研究所实验
室　考古　1980年4期372页

放射性碳素测定年代报告（八）　　中国社会科学院考古研究所实验
室　考古　1981年4期363页

放射性碳素测定年代报告（九）　　中国社会科学院考古研究所实验
室　考古　1982年6期657页

放射性碳素测定年代报告（一〇）　　中国社会科学院考古研究所实
验室　考古　1983年7期646页

放射性碳素测定年代报告（一一）　　中国社会科学院考古研究所实
验室　考古　1984年7期649页

放射性碳素测定年代报告（一二）　　中国社会科学院考古研究所实
验室　考古　1985年7期654页

放射性碳素测定年代报告（一三）　　中国社会科学院考古研究所实
验室　考古　1986年7期656页

放射性碳素测定年代报告（一四）　　中国社会科学院考古研究所实
验室　考古　1987年7期653页

放射性碳素测定年代报告（一五）　　中国社会科学院考古研究所实

验室 考古 1988 年 7 期 658 页

放射性碳素测定年代报告（一六） 中国社会科学院考古研究所实验室 考古 1989 年 7 期 657 页

放射性碳素测定年代报告（一七） 中国社会科学院考古研究所实验室 考古 1990 年 7 期 663~668 页

放射性碳素测定年代报告（一八） 中国社会科学院考古研究所实验室 考古 1991 年 6 期 657~663 页

放射性碳素测定年代报告（一九） 中国社会科学院考古研究所实验室 考古 1992 年 7 期 655~662 页

放射性碳素测定年代报告（二〇） 中国社会科学院考古研究所实验室 考古 1993 年 7 期 645~649 页

放射性碳素测定年代报告（二一） 中国社会科学院考古研究所实验室 考古 1994 年 7 期 662~664 页

放射性碳素测定年代报告（二三） 中国社会科学院考古研究所考古科技实验研究中心 考古 1996 年 7 期 66~70 页

放射性碳素测定年代报告（二四） 中国社会科学院考古研究所考古科技实验研究中心 考古 1997 年 7 期 35~38 页

放射性碳素年代测定报告（二五） 中国社会科学院考古研究所考古科技实验研究中心（蔡莲珍） 考古 1999 年 7 期 80~83 页

放射性碳素年代测定报告（二六） 中国社会科学院考古研究所考古科技实验中心 考古 2000 年 8 期 70~74 页

放射性碳素测定年代报告（二七） 中国社会科学院考古研究所考古科技实验中心 考古 2001 年 7 期 82~86 页

放射性碳素测定年代报告（二八） 中国社会科学院考古研究所考古科技实验研究中心碳十四实验室 考古 2002 年 7 期 49~58 页

放射性碳素测定年代报告（二九） 中国社会科学院考古研究所考古科技实验研究中心碳十四实验室 考古 2003 年 7 期 64~68 页

放射性碳素测定年代报告（三一） 中国社会科学院考古研究所考

古科技实验研究中心碳十四实验室 考古 2005 年 7 期 57 ~ 61 页

放射性碳素测定年代报告（三二） 中国社会科学院考古研究所考古科技实验研究中心碳十四实验室 考古 2006 年 7 期 65 ~ 67 页

液体闪烁法碳 14 年代测定工作初步报告 北京大学历史系考古专业碳十四实验室 文物 1976 年 12 期 80 页

碳十四年代测定报告（续一） 北京大学历史系考古专业碳十四实验室 文物 1978 年 5 期 75 页

碳十四年代测定报告（三） 北京大学历史系考古专业碳十四实验室 文物 1979 年 12 期 77 页

碳十四年代测定报告（四）——河姆渡遗址年代的测定与讨论 北京大学历史系考古专业碳十四实验室 文物 1979 年 12 期 81 页

碳十四年代测定报告（五） 北京大学历史系考古专业碳十四实验室 文物 1982 年 6 期 92 页

碳十四年代测定报告（六） 北京大学考古系碳十四实验室 文物 1984 年 4 期 92 页

碳十四年代测定报告（七） 北京大学考古系碳十四实验室 文物 1987 年 11 期 89 页

碳十四年代测定报告（八） 北京大学考古系碳十四实验室 文物 1989 年 11 期 90 页

碳十四年代测定报告（九） 原思训 文物 1994 年 4 期 89 ~ 95 页

碳十四年代测定的报告（一〇） 北京大学考古系碳十四实验室 文物 1996 年 6 期 91 ~ 96 页

碳十四年代测定报告（二） 文物保护科学技术研究所碳十四实验室 文物 1980 年 2 期 82 页

碳十四年代测定报告（三） 文物保护科学技术研究所碳十四实验室 文物 1980 年 7 期 81 页

碳十四年代测定报告（四） 文物保护科学技术研究所碳十四实验

室　文物　1982 年 4 期 88 页

碳十四年代测定报告（五）　文物保护科学技术研究所碳十四实验室　文物　1984 年 4 期 87 页

碳十四年代测定报告（六）　文物保护科学技术研究所碳十四实验室　文物　1990 年 7 期 80～85 页

台湾史前贝塚绝对年代之测定　宋文薰　"中国东亚学术研究计划委员会"年报　1966 年 5 期 84 页

台湾地区碳十四年代　朱正宜　人类与文化　1989 年 25 期 75 页

2）热释光断代

测量古物年代的新方法　自然杂志　1979 年 2 卷 1 期 63 页

古遗址古生物年龄是怎么知道的　黄盛福　科学实验　1979 年 1 期 9 页

辉县陶疑案与热释光断代技术　王维达　科学实验　1980 年 2 期 14～15 页

陶器细粒热释光断代的原理和实验　王维达　上海博物馆馆刊 1981 年 1 期 123～138 页

热释光断代——细粒技术记要　李虎侯　考古　1981 年 6 期 539～550 页

用陶器细颗粒进行热释光断代的方法　王维达、周智新　文物保护技术　1982 年 2 期 123～140 页

上海博物馆用热释光测定出土陶瓷年代　徐洁人　文汇报　1982 年 9 月 23 日 2 版

测定文物年代的新技术——热释光法　王维达　文物天地　1983 年 3 期 6～7 页

热释光测定年代报告（一）　上海博物馆实验室　上海博物馆集刊·建馆三十周年特辑（总第 2 期）　1983 年 303～307 页

粗粒石英测定年代中测量 p 剂量的 TL 技术　王维达　上海博物馆集刊·建馆三十周年特辑（总第 2 期）　1983 年 308～314 页

直接用热释光测定年代研究　王维达、周智新　科学通报　1983 年 24 期 1513～1516 页

热释光测定年代的误差分析及可靠性问题　王维达　考古　1986 年 11 期 1026～1036 页

上海博物馆实验室热释光断代报告　王维达、夏君定　考古　1990 年 3 期 273～283 页

热释光断代研究：原源小计数　王维达　文物保护与考古科学 1991 年 3 卷 1 期 1～10 页

热释光测定年代　崔晓林　中国文物报　1994 年 4 月 10 日 2 版

前剂量热释光测定年代方法　王维达　文物保护与考古科学　1995 年 2 期 21～27 页

热释光测定年代　周智新译　文物保护与考古科学　1996 年 2 期 54～58 页

热释光法和电子自旋共振法在考古断代方面的应用　盛发和　中国文物报　1999 年 2 月 10 日 3 版

长沙出土古代陶瓷器的热释光年代　龚革联等　考古　2003 年 11 期 91～93 页

热释光测定年代述略　鲁方　文物鉴定与研究（二）2004 年 229～246 页

陶器的热释光测定年代介绍　仇士华、蔡莲珍　考古　1978 年 5 期 344 页

古代陶器的热释光年代　王维达　考古　1979 年 1 期 82 页

用热释光测出的关庙山遗址陶片的年龄　中国社会科学院考古研究所实验室　考古　1982 年 4 期 417 页

用热释光元件测定陶器的年热释光量——热释光断代技术的新进展　王维达、周智新　考古　1983 年 7 期 653 页

河姆渡和甑皮岩陶片热释光年代的测定——兼论粗粒石英断代技术　王维达　考古学集刊　1984 年 10 月第 4 集 321 页～327 页

3）其他

新石器时代姜寨遗址的考古地磁研究　魏青云等　地球物理学报 1980 年 4 期 403～414 页

多元分析方法应用于考古学中相对年代的研究——兼论渭南史家墓地三种相对年代分期方案的比较　陈铁梅　史前研究　1985 年 3 期 101 页

脂肪酸分析法与树木年轮年代测定法　赵力华　文物　1999 年 8 期 94～96 页

文物相对年代的数量分析初探　张微　合肥教育学院学报（哲社版） 1999 年 16 卷 3 期 47～50 页

年代学研究的新进展　殷玮璋　中原文物　2001 年 2 期 27～30 页

树木年轮分析在考古学研究中的应用　王树芝　中国文物报　2001 年 5 月 16 日 7 版

（3）考古测量、绘图与摄影技术

考古测量　郭义孚　考古通讯　1955 年 4 期 78～87 页

罗盘仪在考古中的应用　刘萱堂　博物馆研究　1982 年创刊号 154～161 页

古遗址快速成图　赵培洲、沈耀成　考古与文物　1982 年 6 期 108～111 页

考古测量中利用现成地形图的简单方法　刘震伟　考古　1986 年 9 期 852～855 页

罗盘的应用和遗址平面图测量　刘震伟　华夏考古　1987 年 2 期 218～223 页

论地形图在文物考古中的应用　刘萱堂　博物馆研究　1988 年 1 期 75～81 页

考古测量的要点　刘震伟　江汉考古　1988 年 4 期 120～126 页。

遗址地形图测量　刘震伟　考古与文物　1990 年 3 期 104～109 页

介绍二种田野考古中探方平剖面图的测绘方法　赵德祥　考古

1990 年 6 期 563 ~ 564 页

考古测量的基本特点 刘震伟 考古学集刊（第 8 集） 1994 年 181 ~ 186 页

摄影测量与遥感——文物考古新手段 赖百炼 中国文物报 1995 年 9 月 24 日 3 版

考古发掘中的高程测量 赵辉 中国文物报 1996 年 7 月 28 日 3 版

考古应用绘图 徐智铭 文物参考资料 1953 年 9 期 116 ~ 153 页

立体缩绘仪 考古所技术室 考古通讯 1958 年 9 期 76 ~ 78 页

考古绘图的一点体会 李爱云 中原文物 1984 年 1 期 74 ~ 78 页

考古绘图浅谈 刘萱堂 博物馆研究 1984 年 2 期 105 ~ 111 页

报告插图的画法和使用 张孝光 华夏考古 1990 年 1 期 92 ~ 112 页

谈三足器的画法 陈红冰 考古 1990 年 10 期 956 ~ 958 页

应重视考古绘图的应用 安立华 中国文物报 1992 年 3 月 29 日 2 版

试谈"依样精绘制图法"的实用性 贺林 考古与文物 1994 年 6 期 88 ~ 93 页

考古绘图中聚酯薄膜的应用 王辉 北方文物 1997 年 2 期 96 ~ 98 页

考古绘图漫谈 马鸿藻 青年考古学家 1999 年总第 11 期 151 ~ 152 页

谈考古绘图 周群 文物研究（第 12 辑）（1999） 335 ~ 341 页

考古绘图漫谈 马鸿藻 中国文物报 2000 年 1 月 5 日 3 版

简论考古绘图的意义与基本要求 马鸿藻 青年考古学家 2000 年 12 期 157 ~ 158 页

电脑三维建模在考古绘图中的应用前景 王春斌 中国文物报 2002 年 2 月 8 日 7 版

关于考古绘图的几点思考 李森 21 世纪中国考古学与世界考古学 2002 年 648 ~ 654 页

利用 CoreIDRAW 软件绘制考古器物图 韦荃、贺晓东 四川文物 2003 年 5 期 92 ~ 95 页

考古制图中 Photoshop 的运用 张蕾 中国文物报 2004 年 4 月 9

日 7 版

石器画法述要 孙大伦 史前研究（2002）（2004 年）449～454 页

基于 SuperMap 的田野考古机助制图的设计及其实现 杨林等 计算机应用研究 2005 年 22 卷 11 期 44～45 页

AutoCAD 在考古绘图中的应用 黄文信 江汉考古 2006 年 2 期 86～96 页

关于田野考古绘图的一点思考 徐承泰 华夏考古 2006 年 4 期 99～104 页

关于器物照像的几个问题 赵铨 考古通讯 1957 年 1 期 84～95 页

一架能消灭器物阴影的照象仪器 考古所技术室 考古通讯 1958 年 9 期 75～76 页

文物摄影的特性 李昕 博物馆研究 1984 年 2 期 112 页

考古摄影 崔声宙 博物馆研究 1989 年 1 期 87～91 页

考古摄影的特点与应用 赵铨 考古学集刊（第 7 集） 1991 年 192～196 页

浅谈室内文物摄影艺术 杨作鉴 福建文博 1998 年 1 期 92～94 页

浅谈单灯拍摄法 孙克让 中国文物报 1999 年 3 月 24 日 2 版

谈文物考古摄影中彩色反转片的偏色因素及其应注意的问题 冀介良 华夏考古 1999 年 2 期 94～97 页

田野考古摄影方法与实践 李滨等 中国历史博物馆考古部纪念文集 2000 年 291～295 页

试谈深色器物的摄影用光方法 冀介良 东南文化 2001 年 1 期 71～74 页

Photoshop 在读取文物图像信息过程中的作用 翁蓓 江汉考古 2001 年 2 期 93～95 页

从城头山遗址的共同调查看运用高空摄影技术勘察地下文化遗存 何介钧、安田喜宪 中国文物报·收藏鉴赏周刊 2001 年 6 月 3 日 1 版

数码垂直照相技术在考古发掘中的应用 王炜林 中国文物报

2002 年 10 月 18 日 7 版

摄像技术在考古工作中的应用 吴英才、徐景华 北方文物 2003 年 1 期 106~108 页

略谈文物摄影 王蔚波 中原文物考古研究 2003 年 407~411 页

数码相机拍摄文物与图片处理技巧 曾智德 中国文物报 2006 年 3 月 15 日 8 版

谈拓本 君羽 考古通讯 1955 年 5 期 72~75 页

简易传拓法介绍 董自海 文物参考资料 1955 年 6 期 94 页

考古类型学的计算机实现问题和前景 李科威 考古与文物 1990 年 5 期 106~109 页

模糊图像处理技术在文物考古中的应用 盛发和 中国文物报 2000 年 12 月 27 日 3 版

田野考古数字图像的记录与处理 林雪川 文物保护与科技考古 2006 年 122~123 页

Photoshop 图像处理技术在考古类型学中的应用 吴双成等 文物保护与科技考古 2006 年 143~145 页

（4）考古调查、发掘与整理技术

田野考古序论 夏鼐 文物参考资料 1952 年 4 期 81~91 页

清理发掘和考古研究 夏鼐 文物参考资料 1954 年 9 期 55 页

形式逻辑在考古学研究中的作用问题 蔡凤书、丁文方 山东大学文科论文集刊 1981 年 1 期 129~136 页

简谈田野考古工作的理论与实践 石兴邦 考古与文物 1981 年 3 期 5~11 页

田野考古的技术工作：陶器编 吴文彬 人文及社会学科教学通讯 （1990 年）1 卷 1 期 87~92 页

田野考古的技术工作：石器编　吴文彬　人文及社会学科教学通讯（1990 年）1 卷 2 期 92～100 页

田野考古中存在的几个问题　刘绪　中国文物报　1996 年 5 月 26 日 3 版

田野考古资料发表的几个问题　杨建华　中国文物报　1997 年 6 月 22 日 3 版

研究考古遗存的三个过程及其方法　高蒙河　上海大学学报（社科版）1997 年 4 卷 4 期 94～100 页

加强田野考古的自然科学方法　李平日　华南考古 1 辑（2004 年）7～10 页

中国大陆与香港两地田野考古方法的比较与借鉴　王宏、李浪林　考古与文物增刊·先秦考古　2004 年 29～43 页

1）考古发掘

略谈新石器时代晚期居住遗址的发掘　石兴邦　考古通讯　1956 年 5 期 69～90 页

由湖北石家河遗址发掘方法的主要错误谈学习苏联先进经验　张云鹏　考古通讯　1957 年 2 期 68～73 页

开探方的小经验　徐殿魁　考古通讯　1958 年 5 期 6 页

谈谈遗址发掘工作中的一些问题　许益　文物参考资料　1958 年 11 期 53 页

发掘工作中多学科的合作研究　陈晶　中国文物报　1988 年 8 月 12 日 3 版

考古发掘中有组合关系标本的清理、复原工作要点　白荣金　华夏考古　1991 年 4 期 106～110 页

甜苹果——考古发掘工地上的选择与析疑　武昂、徐蕴　文物天地 1992 年 4 期 42～43 页

得与失——考古发掘工地上的选择与析疑　武昂、徐蕴　文物天地

1992 年 6 期 13 页

遗址区地形模型的复制方法 刘震伟 辽海文物学刊 1995 年 2 期 101 ~ 105 页

柱状取样法在贝丘遗址发掘中的应用 袁靖、赵辉 中国文物报 1995 年 6 月 25 日 3 版

系统考古单位的定义和运用 李浪林 东南亚考古论文集 1995 年 341 ~ 344 页

地层与遗址发掘——田野考古认识点滴（二） 蒋乐平 南方文物 1996 年 1 期 98 ~ 99 页

探沟法与沟探法在考古实践中的运用 欧潭生 中国文物报 1998 年 3 月 25 日 2 版

田野考古抽样方法及实践 招绍瓒、李浪林 广州文物考古集 1998 年 335 ~ 338 页

CONTEXT 方法浅谈 李新伟 东南文化 1999 年 1 期 64 ~ 67 页

基点·地面·层面——关于田野考古工作的几点思考 段天璟 中国文物报 1999 年 6 月 16 日 3 版

试述 Context System 及其考古地层学原理 孙德荣 文物世界 2000 年 1 期 73 ~ 76 页

灰坑发掘中应当注意的三种情况 王立新 中国文物报 2000 年 9 月 20 日 3 版

考古发掘工地石膏封护提取文物的方法及实践 〔德〕H. V. 雷可夫基著 侯改玲编译 考古与文物 2000 年 6 期 80 ~ 83 页

三峡地区次生堆积剖析的考古学实践 潘碧华 华夏考古 2001 年 2 期 29 ~ 33 页

考古学次生堆积的研究与探索 高蒙河、陈淳 华夏考古 2001 年 2 期 94 ~ 101 页

田野考古编号记录中的几个问题 陈官涛 江汉考古 2002 年 2 期 87 ~ 90 页

考古遗址的三维再现 叶心适 文博 2002 年 5 期 70 ~ 74 页

关于木构建筑遗迹考古发掘的几个问题　孙国平　东南文化　2004年6期38~42页

发掘方法　冯恩学　中国文物报　2005年4月1日4版

成都平原古遗址的考古方法问题　叶茂林　成都文物　2006年2期24页

安徽蒙城尉迟寺遗址地层的磁化率与元素地球化学记录研究　马春梅等　地层学杂志30卷　2006年2期124~130页

对考古层位学与田野考古操作的几点思考　于孟洲　成都文物2006年3期72~76页

当代法国田野考古发掘方法与技术　丁兰　华夏考古　2006年4期105~110页

沙丘遗址发掘方法试探——以深圳咸头岭遗址 **2004** 和 **2006** 年的发掘为例　李海荣　古代文明研究通讯　2006年总29期42~50页

2）考古调查

考古调查的目标和方法　夏鼐　考古通讯　1956年1期1~10页

古代遗迹的调查线索　安志敏　考古通讯　1956年1期11~14页

关于考古调查工作的一些经验和体会　安志敏　文物参考资料1958年2期43~45页

古遗址和古遗址的调查　闻辛　河南文博通讯　1977年2期57~59页

文物普查札记　许明纲　辽宁文物　1981年1期13~15页

谈谈在我省境内进行田野考古调查的体会　克生　青海考古学会会刊（1981年）2期24~26页

怎样做好文物普查工作　李科友　江西历史文物　1981年4期90~95页

遗址的探查法　〔日〕奈良国立文物研究所编　杨晶译　北方文物1996年4期98~102页

航片、地图资料在文物遗址普查与测绘中的作用　黄星坤　文物工作　1996年4期48~49页

卫星定位仪和地理信息系统在颍河上游考古调查中的应用　宋国定等　中国文物报　1997年11月16日3版

河南颍水河上游考古调查中运用 GPS 与 GIS 的初步报告　中国河南省文物考古研究所、美国密苏里州立大学人类学系（许天申等）　华夏考古　1998 年 1 期 1 ~ 16 页

史前城址调查发现方法简述　李明斌　成都文物　1998 年 2 期 22 页

谈谈考古调查　刘峰　文物研究（第 12 辑）　1999 年 331 ~ 334 页

考古调查与区域研究　曹兵武　中国历史博物馆考古部纪念文集 2000 年 280 ~ 286 页

对区域系统调查法的几点认识与思考　方辉　考古　2002 年 5 期 56 ~ 64 页

全覆盖式（拉网式）区域调查方法试谈——从伊洛河下游区域调查说起　陈星灿等　中国文物报　2002 年 2 月 20 日 7 版

坚持田野调查　宋兆麟　史前研究（2002）　2004 年 47 ~ 54 页

关于区域考古调查的讨论　乔晓勤　岭南考古研究（5）2006 年 223 ~ 231 页

区域系统调查法在我国考古学中的初步实践　陈国梁　三代考古（二）2006 年 540 ~ 545 页

3）考古勘探技术

洛阳铲　若是、士斌　文物参考资料　1955 年 7 期 117 ~ 120 页

洛阳铲的使用方法　郭文轩　文物参考资料　1955 年 9 期 108 ~ 111 页

配合基建使用"洛阳铲"钻探古墓的一些工作方法与经验　郭文轩　文物参考资料　1955 年 10 期 97 ~ 100 页

考古钻探　李世凯　辽宁文物　1981 年 1 期　59 ~ 60 页

新型考古钻探工具——装配式钻探铲　许自然　考古与文物　1985 年 3 期 111 ~ 112 页

田野考古中的钻探技术　海金乐　文物季刊　1992 年 2 期 69 ~ 77 页

遗址的磁气探查　〔日〕田中琢等著　李秀琴译　文博　1984 年 3 期 93 页

泉州应用地质雷达对古迹扫描　刘志城　文物报　1986 年 2 月 7 日 2 版

地质素描与考古　任秀　化石　1987 年 2 期 11~12 页

一种考古勘探的新技术——应用电阻率法勘探地下文物　张寅生　文物　1987 年 4 期 71~75 页

航空考古的新发现　方勤　文博　1987 年 5 期 80 页

探查地下文物的新技术——物探考古　张寅生　中国文物报　1988 年 1 月 8 日 3 版

GPM 技术在被掩埋古代遗址勘探中的应用　江苏省地震局科技开发部　东南文化　1988 年 5 期 178~179 页

航空考古　陶铮　博物馆研究　1989 年 1 期 98 页

考古地磁学及其在考古学中的应用　张维玺　考古　1989 年 10 期 927~932 页

地质雷达与考古勘察　王传雷等　江汉考古　1995 年 3 期 86~93 页

考古磁学——磁学在考古中的应用　阎桂林　考古　1997 年 1 期 85~91 页

3D 激光扫描量测仪与考古学　秦建明　中国文物报　2001 年 8 月 26 日 3 版

运用 GIS 技术提高田野考古质量水平　裴安平等　中国文物报 2003 年 7 月 11 日 7 版

Arc View 地理信息系统在中原地区聚落考古研究中的应用　张海　华夏考古　2004 年 1 期 98~106 页

地球物理技术应用于考古研究　宋宇辰等　地学前缘　2005 年 12 卷 1 期 320 页

基于 GIS 数据库的田野地层剖面空间数据挖掘：以陕西临潼姜寨遗址为例　杨林　地理与地理信息科学　2005 年 21 卷 2 期 28~31 页

GIS 在环境考古研究中应用的若干案例　滕铭予　吉林大学社会科学学报　2006 年 3 期 96~102 页

遥感考古　朱来东　百科知识　1982 年 3 期 75~76 页

遥感技术与农业考古　朱来东　农业考古　1986 年 2 期 90~94 页

遥感、物探与考古　吴樛生、王敷玉　文物报　1986 年 6 月 13 日 3 版

物探考古的应用与展望　张寅生　文物研究　1988 年 3 期 101～106 页

遥感技术在现代考古中的应用　张宏斌　中国文物报　1988 年 10 月 7 日 2 版

遥感技术在考古学中的运用　肖梦龙、施玉平　文物天地　1989 年 3 期 38～40 页

遥感考古简论　谈三平、刘树人　东南文化　1990 年 4 期 170～173 页

4）整理与编写报告

对于编写报告的一些体会　陈公柔　考古通讯　1955 年 4 期 89～95 页

坚持两利方针和边发掘边整理的体会　河南省文化局文物工作队　文物参考资料　1958 年 6 期 12～13 页

边发掘边整理的田野考古方法　河南省文化局文物工作队　考古通讯　1958 年 10 期 37～41 页

我们是如何开展积压资料清底工作的　河南省文化局文物工作队　考古通讯　1958 年 10 期 42～44 页

从芝山岩考古发掘浅谈考古学室内标本处理与分析　李匡悌　中华文化复兴月刊（1983 年）16 卷 4 期 61～66 页

关于编写田野考古发掘报告问题　苏秉琦　辽海文物学刊　1987 年 1 期 1～15 页

关于编写考古简报的若干问题　顾理言　考古与文物　1988 年 3 期 97～102 页

（5）物质遗存分析

中国古代陶器穆斯堡尔谱的初步研究　潘贤家、金国樵、孙仲田　中原文物　1983 年 4 期 106 页

公元前 2000 年河南龙山文化时期古陶片的穆斯堡尔谱研究　潘贤家等　核技术　1983 年 5 期 49～50 页

二里头文化与龙山文化古陶片的穆斯堡尔谱研究　孙仲田、金国樵、潘贤家　中原文物　1985 年 1 期 83 页

河南荥阳古陶片穆斯堡尔谱和 X 射线研究　孙仲田、潘家贤、金国樵　论仰韶文化　1986 年 12 月 315 页

青台遗址第十四文化层古陶片的穆斯堡尔谱分析　潘贤家、孙仲田、李仓、金国樵　论仰韶文化　1986 年 12 月 318 页

穆斯堡尔谱学及其在文物考古学中的应用　李士　文物　1988 年 5 期 82～84 页

穆斯堡尔谱学在古陶瓷研究中的应用　高正耀、陈松华　文物保护与考古科学（1990 年）2 卷 1 期 38～46 页

中国古陶瓷标准样品（KPS—1）的仪器中子活化分析　孙用均等　核技术　1985 年 6 期 9 页

山西襄汾陶寺遗址陶片的测试和分析　中国社会科学院考古研究所实验室（李敏生、黄素英）　考古　1993 年 2 期 176～183 页

古代陶器的长石分析与考古研究　刘方新等　考古学报　1993 年 2 期 239～250 页

班村遗址出土彩陶的陶彩分析　王昌燧等　中国历史博物馆馆刊　1995 年 1 期 78～80 页

陶器用途与有机残渣　James M. Skibo & Michael Deal　东南亚考古论文集　1995 年 319～330 页

用新的 X 荧光分析法进行古代陶器产地推定法的开发研究　〔日〕三辻利一　郎惠云译　文博　1996 年 4 期 92～101 页

北辛文化和山东龙山文化陶器成分的聚类分析　陆巍　考古　1996 年 11 期 78～83 页

安徽蒙城尉迟寺遗址大口尊古陶器的稀土元素地球化学研究　徐安武等　稀土　1999 年 20 卷 3 期 1～4 页

大汶口文化陶大口尊产地的初步研究　徐安武等　考古　2000 年 8 期 87～92 页

贾湖遗址出土古陶产地的初步研究 邱平等 东南文化 2000 年 11 期 41~47 页

古陶瓷的同步辐射 X 射线荧光分析研究 黄宇营等 文物 2000 年 12 期 81~83 页

浅析古陶烧结温度的检测方法 雷勇 青年考古学家 2000 年 12 期 100~104 页

博物馆藏古陶瓷元素成份的无损分析 何文权、熊樱菲 上海博物馆集刊 2000 年第八期 672~676 页

甘肃古代彩陶的科学分析与鉴别 马清林等 故宫文物月刊 2001 年 222 期 76~83 页

甘肃秦安大地湾遗址出土彩陶（彩绘陶）颜料以及块状颜料分析研究 马清林等 文物 2001 年 8 期 84~92 页

甘肃新石器时代与青铜时代陶器研究的内容和科学意义 马清林等 文物保护与考古科学 2002 年 14 卷 2 期 44~51 页

考古器物的残余物分析 吕烈丹 文物 2002 年 5 期 83~91 页

广东博罗先秦陶瓷的 INAA 研究 王建平 青年考古学家 2002 年 14 期 101~107 页

中子活化分析在陶器分析中的应用 赵春燕等 中国文物报 2003 年 7 月 11 日 6 版

山东地区龙山文化陶器的中子活化分析与研究 王增林等 考古 2003 年 10 期 86~94 页

甘肃秦安大地湾遗址出土陶器成分分析 马清林等 考古 2004 年 2 期 86~93 页

五千年前陶质建材的测试研究 李乃胜等 文物保护与考古科学 16 卷 2004 年 2 期 13~20 页

陶器化学组成分析在新石器时代考古研究中的意义 许志勇 北方文物 2004 年 4 期 101~106 页

西山遗址陶器导热性能初探 温睿等 中国科学技术大学学报 2004 年 34 卷 5 期 643~646 页

热释光技术在陶器及青铜器测年上的应用　马宏林等　文物保护科学论文集　2004 年 37～43 页

分析技术在古陶瓷中的应用研究　冯松林等　原子核物理评论 2005 年 22 卷 1 期 131～134 页

双墩遗址黑陶渗炭工艺初探　朱铁权等　文物保护与考古科学 2005 年 2 期 1～8 页

江西万年仙人洞遗址出土陶片的科学技术研究　吴瑞等　考古 2005 年 7 期 62～69 页

双墩遗址陶器掺和物的显微研究　朱铁权等　文物保护与科技考古 2006 年 87～90 页

跨湖桥遗址盐量测定及钾检测量偏高原因分析　靳海斌、卢衡　文物保护与科技考古　2006 年 116～121 页

五千年前陶质建材的测试研究　李乃胜等　凌家滩文化研究　2006 年 222～231 页

内蒙古大山前遗址陶片化学成分测定和分析　吉林大学边疆考古研究中心（刘爽、金海燕）　边疆考古研究（第四辑）2006 年 330～338 页

显微拉曼光潜应用在陶片矿物成分分析初探　刘莹三、刘益昌　九十四年台湾考古工作会报报告集　2006 年（21～1）～（21～12）页

三件古玉器的无损分析　熊樱菲　文物保护与考古科学　2000 年 12 卷 2 期 36～38 页

古玉器的无损检测体系　冯敏　东南文化　2001 年 9 期 79～82 页

贾湖遗址绿松石产地初探　冯敏等　文物保护与考古科学　2003 年 15 卷 3 期 9～12 页

凌家滩古玉受沁过程分析　冯敏等　文物保护与考古科学　2005 年 1 期 22～26 页

用光学相于断层扫描仪观察古玉的表层形态　熊樱菲　文物保护与考古科学　2005 年 2 期 35 页

齐家文化铜镜的非破坏鉴定——快中子放射化分析法　李虎侯　考

古 1980 年 4 期 365 页

日本对古物质料的化学分析 〔日〕山崎一雄著 李云铎译 博物馆研究 1984 年 4 期 95 ~ 102 页

激光全息文物无损检验 贾德芳等 考古学集刊（4 集） 1984 年 372 ~ 378 页

铅同位素比值法在考古研究中的应用 彭子成等 考古 1985 年 11 期 1032 ~ 1037 页

氨基酸测年法及其在考古学和古人类学研究中的应用 王将克等 史前研究 1986 年 1/2 期 161 ~ 171 页

同位素比值方法与古代文化研究 金正耀 百科知识 1987 年 5 期 68 ~ 69 页

遗迹中无机盐的鉴定 〔瑞士〕A. Arnold 著 姜进展摘译 文博 1988 年 2 期 66 ~ 70 页

树木年轮记录的火山喷发与考古断代 金木 中国文物报 1989 年 1 月 27 日 3 版

PIXE 在考古学中的应用 曾宪周等 文物保护与考古科学 1989 年 1 卷 1 期 40 ~ 47 页

脂肪酸分析——日本考古学最新的研究方法 戈君泽 北方文物 1990 年 2 期 106 页

残存脂肪分析法在考古学中的应用 王培新编译 博物馆研究 1991 年 4 期 82 ~ 83 页

扫描电子显微镜在考古中的应用简介 王增林 考古 1994 年 11 期 1043 ~ 1046 页

实验室考古学 李虎侯 故宫文物月刊 1994 年 135 期 112 ~ 125 页

荧光与文物考古研究 王进玉 光谱实验室 1997 年 14 卷 4 期 78 ~ 79 页

红外成像技术在文物中应用 许志正、裴元勋 文物保护与考古科学 1998 年 10 卷 2 期 22 ~ 25 页

遗留物分析能告诉我们什么 星灿 中国文物报 1998 年 10 月 11 日 3 版

有机质地文物的化学微量分析测定方法　张晋平　文物保护与考古科学　1999 年 11 卷 1 期 46～50 页

X－射线照相技术在考古学研究上的应用　李匡悌、苏春华　古今论衡　2001 年 4 期 114～119 页

光导纤维反射光谱法及其在文物保护中的应用　郑利平等　文物保护与考古科学　2002 年 14 卷 1 期 50～55 页

文物断源研究之成果、心得和思考　王昌燧等　科技考古论丛（第三辑）2003 年 26～32 页

X 光照相技术在文物及考古学研究中的应用　杨军昌　文物保护科学论文集　2004 年 21～36 页

贾湖遗址墓葬腹土古寄生物的研究　张居中等　中原文物　2006 年 3 期 86～90 页

辨别骨质工具的新方法——微痕观察　沈辰、曲彤丽　中国文物报 2006 年 7 月 7 日 7 版

87 M4 出土朱砂测试报告　冯敏、张敬国　凌家滩文化研究　2006 年 261～262 页

（6）古代人类生计

碳十三测定和古代食谱研究　蔡莲珍、仇士华　考古　1984 年 10 期 949 页

我国早期不同经济文化类型形成的考古学分析　杨阳　辽海文物学刊　1990 年 2 期 32～37 页

关于古人类食物结构研究　张雪莲　中国文物报　2002 年 2 月 1 日 7 版

骨骼的化学分析　〔英〕西蒙·梅斯著　肖健一、张小涓译　考古与文物　2002 年 2 期　85～94 页

应用古人骨的元素、同位素分析研究其食物结构　张雪莲　人类学学报　2003 年 22 卷 1 期 75～84 页

古人类食物结构研究　张雪莲等　考古　2003 年 2 期 62～75 页

古食谱与微量元素分析 王轶华 华夏考古 2003 年 3 期 98~108 页

同位素分析在食物结构研究中的应用 张雪莲 中国文物报 2003 年 7 月 11 日 6 版

研究人口迁移的新方法——锶同位素分析技术 方辉 中国文物报 2004 年 11 月 5 日 7 版

山东沭河上游出土人骨的食性分析研究 齐乌云等 华夏考古 2004 年 2 期 41~47 页

食性分析在考古学研究中的应用 张雪莲 中国文物报 2005 年 2 月 18 日 7 版

山东滕州西公桥遗址人骨和稳定同位素分析 胡耀武等 第四纪研究 2005 年 25 卷 5 期 561~567 页

贾湖遗址人骨的元素分析 胡耀武等 人类学学报 2005 年 24 卷 2 期 158~165 页

中国若干考古遗址的古食谱分析 胡耀武、王昌燧 农业考古 2005 年 3 期 49~54 页

应当重视古代排泄物遗存的研究 陈雪香 中国文物报 2006 年 6 月 23 日 7 版

碳十三和氮十五分析与古代人类食物结构研究及其新进展 张雪莲 考古 2006 年 7 期 50~56 页

农业社会的出现对古代人群健康的影响 张君 中国文物报 2006 年 8 月 11 日 7 版

青海喇家遗址面条发现和揭取的总结与思考 叶茂林 中国文物报 2006 年 10 月 27 日 7 版

论台湾南部地区史前采贝经济策略与古环境内涵：碳氧同位素分析的考古学应用 李匡悌等 九十四年台湾考古工作会报报告集 2006 年 （20~1）~（20~36）页

资源域分析与珠江口地区新石器时代生计 李果 华南及东南亚地区史前考古——纪念甑皮岩遗址发掘 30 周年国际学术研讨会论文集 2006 年 170~197 页

《微机彩色文物图像管理系统》概述　王道武、张伟　文物工作 1992年2期45～48页

考古情报检索与分类法、主题词法　李科威　考古与文物　1992年2期111～112页

考古计算机情报检索系统问世　刘春贤　中国文物报　1992年8月2日2版

考古学中的定量研究　陈铁梅　考古与文物　1993年6期94～100页

数学分析方法在考古学中的应用　陈建立　中原文物　2000年1期48～52页

基于规则的属性泛化算法在聚落考古中的应用：以姜寨遗址一期文化为例　汪懿青等　计算机工程与应用　2005年41卷35期189～192页

地理资讯系统在考古研究的应用　赖进贵　田野考古　1993年4卷2期1～18页

浅谈考古资料系统化与解释研究的方法　王立新等　吉林大学社会科学学报　1993年3期89～95页

微型计算机在文物普查资料管理中的应用　和玲等　考古与文物 1994年6期97～100页

地理信息系统与考古学研究　刘建国　中国文物报　1996年7月21日3版

计算机在遗址博物馆发掘资料管理中的应用　袁红蕾、孟中元　博物馆研究　1997年2期93～96页

计算机与考古学：计算机技术在中国考古学领域的应用　滕铭予 吉林大学社会科学学报　1997年3期85～90页

中国地下文物基本情况数据库系统的设计与实现　杨华民等　情报学报　1997年16卷4期278～282页

计算机技术在考古资料管理中的优势　孟中元、袁红蕾　文博 1998年3期61页

GIS支持的考古信息管理系统——以长江三角洲地区为例　肖彬等

南京师范大学学报（社科版） 1999 年 22 卷 3 期 110~114 页

电脑技术在田野考古中的应用 沈辰、陈淳 中国文物报 1999 年 9 月 5 日 3 版

考古专业文献的检索方法 张广荣 南方文物 2000 年 1 期 121~124 页

中国希腊 3S 技术考古应用的合作研究 高立兵、刘建国 中国文物报 2000 年 5 月 24 日 3 版

田野考古资料的信息化处理与《田野考古·2000》 广东省文物考古研究所（李岩） 考古 2000 年 6 期 88~95 页

3S 在考古领域的应用与研究 刘建国 青年考古学家 2000 年 12 期 153~156 页

多变量分析及其在考古学研究中的应用 滕铭予 考古学集刊（第 13 集） 2000 年 309~319 页

计算机考古的应用 刘宇翔、张颖岚 三门峡考古文集 2001 年 355~359 页

田野考古档案与管理刍议 朔知 文物工作 2001 年 4 期 38~41 页

ArcView 地理信息系统在中原地区聚落考古研究中的应用 张海 青年考古学家 2002 年 14 期 91~100 页

田野考古 2000 软件的设计与运用（一）——考古资料信息化处理的若干问题 李岩 广东省文物考古研究所建所十周年文集 2002 年 198~205 页

田野考古 2000 软件的设计与运用（二）——数字化管理在旧石器与古生物研究中的运用 张松 广东省文物考古研究所建所十周年文集 2002 年 206~217 页

田野考古 2000 软件的设计与运用（三）——图形管理（以石峡遗址资料整理为例） 陈君樱 广东省文物考古研究所建所十周年文集 2002 年 218~221 页

"数字考古"纵论 刘建国 21 世纪中国考古学与世界考古学 2002 年 639~647 页

电子测绘在三峡考古中的应用 秦岭 重庆·2001 三峡文物保护学

术研讨会论文集 2003 年 279~283 页

考古资料的数字化存储 张立莹 科技考古论丛（第三辑）2003 年 156~159 页

互联网上考古资源概览 王涛编译 中国文物报 2004 年 10 月 22 日 7 版

数学方法在考古类型学研究中的实践与思考 滕铭予 边疆考古研究（第 2 辑）2004 年 414~424 页

地理信息系统在考古研究中的应用类型 齐乌云等 华夏考古 2005 年 2 期 108~112 页

地理信息系统在考古研究中的应用 刘建国 社会科学管理与评论 2006 年 1 期 79~86 页

浅谈数字化测量技术在田野考古中的应用 吴立军、肖玉军 江汉考古 2006 年 3 期 74~77 页

电子全站仪在田野考古中的应用 秦岭、张海 考古 2006 年 6 期 73~78 页

GIS 在考古学的应用现状和前景展望 张颖岚 西北大学学报（哲学社会科学版） 2006 年 6 期 94~97 页

基于 GIS 技术的聚落考古研究 刘建国 中国考古学与瑞典考古学——第一届中瑞考古学论坛文集 2006 年 105~114 页

19. 文化遗产保护与文物修复

（1）总论

被忽视的古迹：谈历史考古学对古迹保存的重要性 臧振华 中国民族学通讯 1983 年 20 期 14 页

"文化资产保存法"增加"考古遗址"一章刍议 臧振华 中国民族学通讯 1990 年 27 期 63~66 页

关于现行"文化资产保存法"的几点讨论　厉以状　人类与文化 1990 年 26 期　86～92 页

考古发掘中文物的现场保护　周双林　文物世界　1999 年 1 期 37～40 页

谈谈考古发掘中文物的现场保护　周双林　青年考古学家　1999 年总第 11 期 147～150 页

考古工作与文物保护　徐苹芳　中国文物报·月末鉴赏　2000 年 12 月 31 日 3 版

考古发掘的现场文物保护问题　吴小红　中国文物报　2003 年 10 月 3 日 8 版

（2）考古遗迹、遗物保护

古玉器的腐烂　静野　科学实验　1981 年 10 期 39～40 页

考古发掘中彩绘木器的清理和起取　王振江　考古　1984 年 3 期 178～282 页

考古遗物的保存法——以现场脆弱遗物的处理法为中心　〔日本〕田正昭、秋山隆保著　王峻译　文博　1984 年创刊号 91～96 页

半坡遗址风化问题浅析　张万学　文博　1985 年 4 期 54 页；半坡博物馆三十年学术论文选编　1989 年 398 页

古迹保护的阴影：从圆山遗址遭破坏谈起　刘益昌　中国时报 1986 年 3 月 31 日 8 版

一件疏松玉器出土后之现场修复　秋枫　东南文化　1988 年 2 期 101 页

古文化遗址风化机理及其保护的初步研究　刘林学等　文博　1988 年 6 期 71～75 页

从石固遗址看史前遗存的保护问题　韩星　中国文物报　1990 年 4 月 19 日 3 版

古代土遗迹保护的试验　张宗仁等　西北大学学报（自然版）1990 年 3 期 43～50 页

（3）文物修复

中文专著、论文集、资料集索引

（共收录 1406 种，以音序排列）

A

B

C

D

H

J

K

L

M

N

W

X

Y

Z

中文报刊索引

（共 694 种，依音序排列）

F

H

503, 505, 513 ～ 515, 527, 536, 543, 552, 585, 586, 588, 599, 600, 603, 605, 608, 613, 719, 763, 776, 850, 851, 858, 876, 900, 911, 929, 936, 948, 949, 960, 971, 1021, 1044, 1126 ～ 1128, 1139, 1143, 1145

考古学杂志　409

考古与文物　96, 156, 315, 324, 355, 359, 360, 362, 369, 370, 372, 376, 397, 428, 453, 470 ～ 472, 485, 489, 508, 509, 516, 520, 521, 526, 551, 554, 564, 565, 577, 583 ～ 593, 598 ～ 604, 607, 609, 610, 613, 614, 616, 640 ～ 642, 645, 651, 652, 659, 661, 673, 677, 678, 683, 688, 695 ～ 698, 706, 711 ～ 716, 723 ～ 729, 731, 732, 735 ～ 737, 739 ～ 748, 750 ～ 752, 755, 757 ～ 761, 767, 771, 774, 778, 780, 781, 788, 789, 793, 794, 797, 800, 804, 807, 809, 815, 817, 820, 821, 827, 829, 841, 842, 848, 854, 861, 863, 865, 873, 877, 895, 897, 898, 900, 901, 903, 906, 908, 911, 915, 916, 919 ～ 921, 927, 929, 930, 936, 940, 943, 944, 947, 950 ～ 953, 960 ～ 962, 964, 968, 969, 971, 973 ～ 978, 982, 987, 988, 992, 999, 1000, 1005, 1006, 1009, 1010, 1012 ～

1018, 1020, 1026, 1028, 1030, 1034, 1037, 1038, 1040, 1041, 1049 ～ 1051, 1056, 1066, 1068, 1077, 1082, 1087, 1094, 1096, 1097, 1099 ～ 1101, 1105, 1106, 1109, 1110, 1113 ～ 1115, 1119, 1120, 1126, 1127, 1129 ～ 1131, 1133, 1135, 1140, 1143, 1144, 1148

考古与文物丛刊　34, 724, 738

考古通讯　5, 95, 111, 154, 348, 357, 358, 367, 368, 378, 379, 395, 404, 420 ～ 423, 436, 437, 450, 458 ～ 460, 468, 474, 475, 493 ～ 496, 523, 524, 541, 542, 549, 562, 563, 570, 571, 580, 581, 595, 596, 614, 653, 706, 717, 783, 813, 814, 835, 897, 898, 902, 905, 922, 923, 931, 933, 937, 939, 943, 961, 976, 991, 1018, 1091, 1118, 1126 ～ 1130, 1132, 1135, 1148

科技政策与发展战略　1117

科学　435, 457

科学通报　5, 348, 366, 436, 457, 468, 491, 492, 495, 579, 580, 767, 1117, 1119, 1125

科学月刊（台湾）　623, 982

跨世纪人才　657

L

兰州学刊　707, 708, 711, 1098

689，697，699，711，714，741，807，877，907，946，958，1094

清华大学学报（哲学社会科学版） 667

清华学报 932

清华周刊 631

情报学报 1144

求是学刊 690，782，790

泉州文博 995

群言 32，670

群众日报 579

群众文化 405，1007

R

人间杂志（台湾） 625，890

人类学学报 360，363，373，514，575，577，607，897，937，962，964～968，971，973，1015，1099，1140～1142

人类学研究 39，52，159，227，633，637，884，948，961～963，1061，1116，1139

人类与文化（台湾） 622，623，665，683，684，701，880，882，884，885，891

人民画报 581，644，846，920，1063

人民日报 78，120，326，348～351，353，354，357，360，361，365，368，369，371，372，375，383，388，397～400，402，407，416，418，425～427，429～431，439～442，446，448～450，452～455，467，477～479，481，482，485～487，489，501，505，506，512～515，521，527，528，530，531，534～536，542，544～546，551，554，555，558，559，566～568，570，573，576，577，581，584，586～588，590～593，598，600，601，603，605～608，611～614，616，624～626，643，646，656，659，669，785，900，1012，1048，1063，1071

人民日报（海外版） 441，505，515，558，577，587，608，614，625

人民政协报 350，674，1038

人民中国 1013

人文地理 1094

人文杂志 582，731，742，745，906

S

山东大学学报（哲社版） 350，775，852，976

山东社会科学 640，658，1083

山东省立图书馆季刊 474

山东师大学报 765，1028，1049

山东师大学报（社科版） 765，1028，1049

58, 64, 67, 68, 83, 95, 96, 112, 113, 118, 131, 199, 210, 219, 229, 238, 242, 347, 348, 354, 358, 359, 369, 370, 378 ~ 381, 383, 384, 386, 395, 396, 405, 406, 411, 421, 423, 424, 451, 454, 458, 470, 471, 477, 478, 485, 493, 494, 496 ~ 498, 502, 503, 505, 507, 512 ~ 517, 520 ~ 523, 542 ~ 545, 557 ~ 559, 566, 571, 572, 589, 597 ~ 601, 605, 615, 715, 720 ~ 722, 728, 791, 875, 877, 893, 926, 1132, 1135, 1144, 1145

文物集刊 271, 288, 770, 771, 829 ~ 832, 849 ~ 852, 865, 873, 889, 892, 901, 905, 923 ~ 926, 951, 1102

文物季刊 371 ~ 375, 648, 671, 677, 686, 687, 692 ~ 695, 697, 699, 705, 729 ~ 731, 751, 756, 761, 774, 843, 902, 933, 934, 947, 952, 969, 996, 1013, 1046, 1053, 1077, 1078, 1093, 1108, 1117, 1133

文物天地 77, 349 ~ 353, 373, 391, 415, 419, 448, 454, 455, 485, 504, 509, 511, 540, 561, 577, 578, 602, 639, 640, 644, 645, 648, 650, 652 ~ 654, 656, 663 ~ 669, 681, 682, 687, 695, 739, 742, 776, 804, 812, 813, 818, 843, 855, 863, 877, 895, 908, 909, 914 ~ 916, 918, 921, 931, 940, 945, 953, 956, 969, 974, 977, 978, 991, 992, 999, 1008, 1010, 1012 ~ 1014, 1016, 1092, 1113, 1116, 1124, 1130, 1131, 1135, 1143

文物世界 375, 376, 472, 518, 591, 647, 657, 666, 674, 675, 688, 689, 693, 697, 698, 700, 703, 728 ~ 730, 765, 769, 774, 801, 843, 854, 861, 913 ~ 915, 942, 954, 1003, 1005, 1009, 1013, 1029, 1032, 1056, 1060, 1061, 1066, 1068, 1084, 1116, 1131, 1147

文物研究 10, 14, 39, 41, 43, 44, 52, 54, 58, 62, 65, 68, 70, 71, 75, 79, 82, 88, 99, 181, 206, 208, 217, 229, 243, 262, 324, 355, 360 ~ 365, 451 ~ 453, 455, 456, 486, 502 ~ 511, 514 ~ 516, 518, 637, 646, 659, 666, 673, 677, 684, 693, 716, 718, 721, 734, 761, 768, 823, 831, 840 ~ 842, 852, 860, 893, 894, 902, 907, 936, 942, 963, 968, 973, 1016, 1017, 1032, 1039, 1044, 1050, 1056, 1080, 1097, 1116, 1127, 1132, 1133, 1135, 1148

文物资料丛刊 359, 381, 397, 424, 425, 477, 478, 480, 525, 528, 557, 563, 598, 736, 1017, 1095

文献专刊（台湾） 618, 619, 881

文艺理论研究 706, 1002

文艺台湾（台湾） 617

人名索引

（依音序排列）

陈淳　27，28，73，661，663，670 ~
672，676，684 ~ 689，691 ~ 694，
696，698 ~ 702，833，844，849，
860，897，898，934，961，1040 ~
1042，1046，1047，1052，1053，
1072，1075，1078，1088，1103，
1116，1131，1145

陈存洗　464，861，869，880，995

陈达农　436，437，991

陈大为　395，396

陈代兴　1008

陈得次　885

陈德珍　962，964

陈定荣　472

陈恩林　1047

陈恩志　903

陈风贤　1090

陈福坤　422

陈福友　355，937

陈钢　1095

陈戈　795，796，923，936

陈公柔　1135

陈公哲　615

陈官涛　537，1131

陈光　355，748

陈光唐　735

陈光月　8

陈光祖　626，651，973，1116

陈国梁　1133

陈国强　466，634，637，772，868，
869，879，981，982

陈国庆　393，394，401，414，538，

788，797，830，852，858，915，
917，954，958，978

陈国显　708

陈海清　607，608

陈寒　368

陈红冰　1127

陈洪波　661，682，691，692，695，
698，700

陈洪海　131，592 ~ 594，693，709，
953

陈鸿军　673

陈怀荃　1028

陈欢乐　443

陈环　363

陈焕玉　509

陈珲　845

陈惠　362，905

陈家木　407

陈嘉祥　900，1011

陈嘉信　890

陈建标　886

陈建彬　577

陈建立　1144

陈建明　82

陈建平　472，713

陈剑　562，566，568，569，818，819，
1086

陈健　1115

陈江　998

陈江风　1000

陈江凤　307

陈杰　419，844，906，969，970，

胡悦谦　450，840

胡肇椿　683

胡振宇　1026

胡之德　323

户晓辉　286，694，970

华锋林　677

华觉明　309

华梅　260，288，289

华平　181，205，206

华泉　718，744，900，919，942，989

华石　280

华阳　703

华玉冰　401，958

怀华　459

怀特　673

桓历萍　983

荒木日吕子　690，907

黄爱华　490

黄宝玮　614

黄炳元　459，460，463

黄承宗　565，818，986

黄崇文　295，296

黄崇岳　45，119，177，637，744，
　756，804，866，872，899，980，
　981，990

黄传懿　342

黄赐璇　1104

黄道华　531，532，693

黄道钦　552

黄德荣　573

黄凤春　537

黄纲正　809，810，918

黄光庆　1107

黄桂枢　575

黄海　250，399，533，701，780，785，
　995

黄汉杰　459

黄昊德　820

黄洪威　554

黄厚明　675，848，852，1004

黄华枢　862

黄怀信　1026

黄吉博　1027

黄家祥　565，567～569，818，893

黄建康　1004

黄建秋　697，698，703，877，919

黄金芳　967

黄景略　640，646，660，832

黄俊英　456

黄可佳　950

黄克映　734，983

黄克忠　135

黄锂　533，811

黄烈　653

黄美英　891

黄明兰　1057

黄铭崇　651

黄能馥　125，130，270，289，290

黄宁生　842

黄萍　418

黄其熙　897

黄其煦　9，980，981，985，986，
　1112，1113，1143

黄启后　684

编后记

　　《中国新石器时代考古八十四年文献目录》是《中国新石器时代考古文献目录》（1923～1989）的增订本。《中国新石器时代考古文献目录》出版于1993年，时至今日，20多年过去了，我国的新石器时代考古发现和研究均取得了重要收获，为了展现这一领域近20年来的发现与研究的诸多进展，我们向中国社会科学院考古研究所申请了相关课题"中国新石器时代考古文献目录增订本（1923～2006）"，2009年项目获批，被列为考古研究所重点课题。

　　近20年来，我国的新石器时代考古发展迅速，无论是文化命名、还是新石器时代考古发展阶段的划分以及新石器时代考古研究方向等，都有了很大的变化，即便同一文化命名，其内涵也有了变化。因此，1990～2006年考古资料除基本保持初版的框架，还增加了很多新的内容，如科技考古、环境考古以及文化遗产保护等是20年来取得重要进展的领域。读者可对中国新石器时代考古不同发展阶段作比较研究，并从中探索中国新石器时代考古发展的基本规律和特点。

　　本书中1923～1989年考古文献资料，由缪雅娟、郭引强、刘忠伏三位负责编辑，承蒙王世民、谢端琚先生写序，洛阳市第二文物工作队鼎力资助，于1993年由科学出版社出版发行。本书1990～2006年文献资料，书目部分由缪雅娟、尉苗负责收集编辑，报刊资料论著部分由王涛、缪雅娟负责收集、分类和编辑，田野资料部分由王铮负责收集资料和编辑；以上先由王涛汇总编辑，最后由缪雅娟统稿完成。需要说明的是，本书书目部分内容提要，多引自《中国考古学年鉴》，年鉴上无提要者，由本书编辑根据书目内容自己摘编。

本课题的立项、出版得到了考古所领导王巍、白云翔、陈星灿等的大力支持，本书编辑过程中，考古学界老前辈张忠培、任式楠、殷玮璋、李健民及学界诸多师长和同行也给予热诚指导和帮助，在此表示诚挚谢意。中国社会科学院考古研究所资料信息中心张文辉、陆志红、罗明、曹原及本所研究生李鹏为等诸位同行，为我们的图书借阅提供了极大方便；资料收集和编辑过程中，中国科学院研究生院科技考古系的多名研究生也做了不少工作，在此一并致谢。从这个角度讲，本书也是考古界诸多同仁共同努力的结晶。

本书的编者基本为中国新石器时代考古领域研究人员，课题组共6人，主编缪雅娟，副主编王涛、王铮，成员尉苗、郭引强、刘忠伏，课题执行过程5年，期间未增加过其他成员。本书在多年关注和积累新石器时代考古资料的基础上编辑而成，收集新石器时代考古资料，为考古界同仁研究提供便利，为新中国考古学的繁荣发展作出贡献，是我们的共同心愿。由于编者水平有限，所收资料，可能挂一漏万，疏漏和错误之处在所难免，敬请学界同仁批评指正并见谅。

图书在版编目（CIP）数据

中国新石器时代考古八十四年文献目录：1923 – 2006：全 2 册 / 缪雅娟主编 . -- 北京：社会科学文献出版社，2017.9

（中国社会科学院老年学者文库）

ISBN 978 – 7 – 5097 – 9552 – 1

Ⅰ . ①中… Ⅱ . ①缪… Ⅲ. ①新石器时代考古 – 专题目录 – 中国 – 1923 – 2006 Ⅳ . ①Z88：K871.13

中国版本图书馆 CIP 数据核字（2016）第 193390 号

· 中国社会科学院老年学者文库 ·

中国新石器时代考古八十四年文献目录（1923~2006）（全二册）

主　　编 / 缪雅娟

副主编 / 王　涛　王　铮

出 版 人 / 谢寿光

项目统筹 / 宋月华　杨春花

责任编辑 / 周志宽

出　　版 / 社会科学文献出版社·人文分社（010）59367215
　　　　　　地址：北京市北三环中路甲 29 号院华龙大厦　邮编：100029
　　　　　　网址：www. ssap. com. cn

发　　行 / 市场营销中心（010）59367081　59367018

印　　装 / 三河市东方印刷有限公司

规　　格 / 开　本：787mm × 1092mm　1/16
　　　　　　印　张：83.5　字　数：1233 千字

版　　次 / 2017 年 9 月第 1 版　2017 年 9 月第 1 次印刷

书　　号 / ISBN 978 – 7 – 5097 – 9552 – 1

定　　价 / 780.00 元（全二册）

本书如有印装质量问题，请与读者服务中心（010 – 59367028）联系